中華古籍保護計劃

ZHONG HUA GU JI BAO HU JI HUA CHENG GUO

·成果·

山東師範大學圖書館古籍普查登記目錄

全國古籍普查登記目錄

國家圖書館出版社
National Library of China Publishing House

圖書在版編目(CIP)數據

山東師範大學圖書館古籍普查登記目録/《山東師範大學圖書館古籍普查登記目録》編委會編. —北京:國家圖書館出版社,2019. 11
(全國古籍普查登記目録)
ISBN 978 -7 -5013 -6686 -6

Ⅰ. ①山… Ⅱ. ①山… Ⅲ. ①院校圖書館—古籍—圖書館目録—山東 Ⅳ. ①Z838

中國版本圖書館 CIP 數據核字(2019)第 043703 號

書　　名 山東師範大學圖書館古籍普查登記目録
著　　者 《山東師範大學圖書館古籍普查登記目録》編委會 編
責任編輯 張珂卿

出版發行 國家圖書館出版社(北京市西城區文津街 7 號 100034)
(原書目文獻出版社 北京圖書館出版社)
010 -66114536 63802249 nlcpress@ nlc. cn(郵購)
網　　址 http://www. nlcpress. com
排　　版 凡華(北京)文化傳播有限公司
印　　裝 河北三河弘翰印務有限公司
版次印次 2019 年 11 月第 1 版 2019 年 11 月第 1 次印刷

開　　本 787 ×1092(毫米) 1/16
印　　張 43
字　　數 895 千字
書　　號 ISBN 978 -7 -5013 -6686 -6
定　　價 430. 00 圓

《全國古籍普查登記目録》

工作委員會

主　任： 周和平

副主任： 張永新　詹福瑞　劉小琴　李致忠　張志清

委　員（按姓氏筆畫排序）：

于立仁　王水喬　王　沛　王紅蕾　王筱雯
方自今　尹壽松　包菊香　任　競　全　勤
李西寧　李　彤　李忠昊　李春來　李　培
李曉秋　吴建中　宋志英　努　木　林世田
易向軍　周建文　洪　琰　倪曉建　徐欣禄
徐　蜀　高文華　郭向東　陳荔京　陳紅彦
張　勇　湯旭岩　楊　揚　賈貴榮　趙　嫄
鄭智明　劉洪輝　歷　力　鮑盛華　韓　彬
魏存慶　鍾海珍　謝冬榮　謝　林　應長興

《全國古籍普查登記目録》

序　言

全國古籍普查登記工作是"中華古籍保護計劃"的首要任務,是全面開展古籍搶救、保護和利用工作的基礎,也是有史以來第一次由政府組織、參加收藏單位最多的全國性古籍普查登記工作。

2007年國務院辦公廳發布《關於進一步加强古籍保護工作的意見》(國辦發[2007]6號),明確了古籍保護工作的首要任務是對全國公共圖書館、博物館和教育、宗教、民族、文物等系統的古籍收藏和保護狀況進行全面普查,建立中華古籍聯合目録和古籍數字資源庫。2011年12月,文化部下發《文化部辦公廳關於加快推進全國古籍普查登記工作的通知》(文辦發[2011]518號),進一步落實了全國古籍普查登記工作。根據文化部2011年518號文件精神,國家古籍保護中心擬訂了《全國古籍普查登記工作方案》,進一步規範了古籍普查登記工作的範圍、内容、原則、步驟、辦法、成果和經費。目前進行的全國古籍普查登記工作的中心任務是通過每部古籍的身份證——"古籍普查登記編號"和相關信息,建立古籍總臺賬,全面瞭解全國古籍存藏情況,開展全國古籍保護的基礎性工作,加强各級政府對古籍的管理、保護和利用。

《全國古籍普查登記工作方案》規定了全國古籍普查登記工作的三個主要步驟:一、開展古籍普查登記工作;二、在古籍普查登記基礎上,編纂出版館藏古籍普查登記目録,形成《全國古籍普查登記目録》;三、在古籍普查登記工作基本完成的前提下,由省級古籍保護中心負責編纂出版本省古籍分類聯合目録《中華古籍總目》分省卷,由國家古籍保護中心負責編纂出版《中華古籍總目》統編卷。

在黨和政府領導下,在各地區、各有關部門和全社會共同努力下,古籍普查登記工作得以扎實推進。古籍普查已在除臺、港、澳之外的全國各省級行政區域開展,普查内容除漢文古籍外,還包括各少數民族文字古籍,特别是於2010年分别啓動了新疆古籍保護和西藏古籍保護專項,因地制宜,開展古籍普查登記工作;國家古籍保護中心研製的"全國古籍普查登記平臺"已覆蓋到全國各省級古籍保護中心,并進一步研發了"中華古籍索引庫",爲及時展現古籍普查成果提供有力支持;截至目前,已有11375部古籍進入《國家珍貴古籍名録》,浙江、江蘇、山東、河北等省公布了省級《珍貴古籍名録》,古籍分級保護機制初步形成。

《全國古籍普查登記目録》是古籍普查工作的階段性成果,旨在摸清家底,揭示館藏,反映古籍的基本信息。原則上每申報單位獨立成册,館藏量少不能獨立成册者,則在本省範圍内幾個館目合并成册。無論獨立成册還是合并成册,均編製獨立的書名筆畫索引附於書後。著録的必填基本項目有:古籍普查登記編號、索書號、題名卷數、著者(含著作方式)、版本、册數及存缺卷數。其他擴展項目有:分類、批校題跋、版式、裝幀形式、叢書子目、書影、破損狀況等。有條件的收藏單位多著録的一些擴展項目,也反映在《全國古籍普查登記目録》上。目録編排按古籍普查登記編號排序,内在順序給予各古籍收藏單位較大自由度,可按分類排列古籍普查登記編號,也可按排架號、按同書名等排列古籍普查登記編號,以反映各館特色。

此次全國古籍普查登記工作,克服了古籍數量多、普查人員少、普查難度大等各種困難,也得到了全國古籍保護工作者的極大支持。在古籍普查登記過程中,國家古籍保護中心、各省古籍保護中心爲此舉辦了多期古籍普查、古籍鑒定、古籍普查目録審校等培訓班,全國共1600餘家單位參加了培訓,爲古籍普查登記工作培養了大量人才。同時在古籍普查登記工作中,也鍛煉了普查員的實踐能力,爲將來古籍保護事業發展奠定了良好的基礎。

《全國古籍普查登記目録》的出版,將摸清我國古籍家底,爲古籍保護和利用工作提供依據,也將是古籍保護長期工作的一個里程碑。

國家古籍保護中心
2013年10月

《全國古籍普查登記目録》

編纂凡例

一、收録範圍爲我國境内各收藏機構或個人所藏，産生於 1912 年以前，具有文物價值、學術價值和藝術價值的文獻典籍，包括漢文古籍和少數民族文字古籍以及甲骨、簡帛、敦煌遺書、碑帖拓本、古地圖等文獻。其中，部分文獻的收録年限適當延伸。

二、以各收藏機構爲分册依據，篇幅較小者，適當合并出版。

三、一部古籍一條款目，複本亦單獨著録。

四、著録基本要求爲客觀登記、規範描述。

五、著録款目包括古籍普查登記編號、索書號、題名卷數、著者、版本、册數、存缺卷等。古籍普查登記編號的組成方式是：省級行政區劃代碼—單位代碼—古籍普查登記順序號。

六、以古籍普查登記編號順序排序。

《山東省古籍普查登記目録》

工作委員會

主　任：王　磊

副主任：李國琳　杜澤遜　劉顯世　文善常　李勇慧

編　委（按姓氏筆畫排序）：

于　芹　于　婧　王　珂　王東波　王恒柱　王彭蘭
王曉兵　杜保國　杜雲虹　李付興　李關勇　辛鏡之
宋書蘭　金曉東　周　晶　封愛田　胡培培　柳建新
姜艷平　馬　偉　馬文遠　馬清源　馬傳江　時慶安
畢曉樂　徐西泉　高　青　郭秀海　郭思克　唐桂艷
陸　健　黄銀萍　張文珍　張海燕　張朝勇　張逸潔
張曉輝　隋永琦　葉建軍　楊愛娟　趙興勝　裴文玲
鄭同修　鄭曉光　劉玉湘　劉景東　劉樹偉　賴大邃
穆允軍

#《山東師範大學圖書館古籍普查登記目録》

編委會

《山東師範大學圖書館古籍普查登記目録》

前　言

山東師範大學的辦學歷史可追溯到1902年山東大學堂内設師範館,1903年師範館從山東大學堂獨立出來,正式成立山東師範學堂。幾經變遷,1944年,山東省立師範專科學校成立,1948年1月改爲山東省立師範學院。濟南解放後,部分并入華東大學教育學院。1950年10月,在原華東大學教育學院、山東省行政幹校基礎上,合并組建山東師範學院。1981年3月,被確定爲省屬重點高等學校,同年8月,更名爲山東師範大學。山東師範大學圖書館始建於1950年,前身是山東師範學院圖書館。建館之初,接收了原華東大學教育學院部分藏書。1952年國家高等院校院系調整,原齊魯大學物理、化學、生物三系并入山東師範學院,齊魯大學圖書館館藏部分中外文圖書亦隨之調入,其中古籍有近10萬册,使圖書館館藏初具規模。

自20世紀50年代以來,館藏有所分散。1958年,學校體育、藝術二系相繼分離出去,獨立建成山東體育學院、山東藝術專科學校(現山東藝術學院前身)。1970年9月,學校機關及中文、歷史、外語、數學、地理、生物、體育、藝術八系遷往山東聊城辦學,部分圖書資料亦隨之調撥,其中包括部分古籍綫裝書。1974年學校機關和大部分系遷回濟南,同時在原地創辦山東師範學院聊城分院,所調撥的部分圖書資料即留原地。在原藏古籍的基礎上,又經歷代圖書館工作人員辛苦搜求,加上學人的捐贈,篳路藍縷,集腋成裘,現有古籍綫裝書20萬册(件),其中善本古籍2萬册(件)。

我館古籍編目,原由采編部承擔,自20世紀50年代起,即陸續編製目録卡片,包括書名、著者、分類、叢書子目分析卡片等。同時先後編印油印書本式目録及專題目録若干種,如1957年據館藏古籍目録卡片編製《古籍目録》,著録了1957年5月份以前編目入藏的古籍綫裝書6700餘種,著録項目包括分類號、書名、著者、版本、册數。1960—1961年編印《山東師範學院圖書館館藏四部叢刊子目書名索引》《山東師範學院圖書館館藏四部備要子目書名索引》《山東師範學院圖書館館藏四庫全書珍本初集子目書名索引》《山東師範學院圖書館館藏萬有文庫子目書名索引》等叢書子目分析目録油印本,以筆畫排序,著録書名、著者、出處。1962年編印《山東師範學院圖書館館藏中文綫裝書目》(第一輯)(1962年6月底以前入藏),著録除善本書外的綫裝古籍5200餘種,著録項目包括分類、書名、著者。1964年編印《山東師範學院圖書館中文綫裝書目》(1963年入藏),著録1963年入藏的古籍綫裝書220餘種。

1982 年編印《館藏山東省地方志目録》,著録館藏山東地方志 210 餘種。1986 年據館藏古籍分類卡片編成《館藏古籍書目》,著録中文綫裝古籍 6800 餘種,著録項目包括分類號、書名、著者、版本、册數。這些古籍目録皆以山東省圖書館編《中文古籍分類表》分類。

1995 年,圖書館特藏部獨立建制,館藏古籍的庋藏利用、編目整理,均歸特藏部承擔。鑒於分校、遷館所造成的混亂,館藏古籍存藏的實際狀況已若明若暗,如不及時進行清理,勢必影響這部分圖書的存藏管理以及正常借閲和使用。圖書館安排特藏部,開始對館藏古籍進行全面清核整理。1997 年,在李伯齊館長主持下,正式决定編定館藏古籍版本目録。特藏部張宗茹、王恒柱等同志,對照目録卡片,對全部館藏古籍逐本檢閲、復核,并在力所能及的情況下逐一進行版本鑒定。《山東師範大學圖書館館藏古籍書目》1998 年形成初稿,2003 年由齊魯書社出版,這在山東高校中是最早的,王紹曾先生稱"山東師範大學圖書館一舉而成館藏古籍目録,宋元校鈔,盡入其中,可謂一舉兩得,兼而有之,在山東高校圖書館中堪稱翹楚"。《山東師範大學圖書館館藏古籍書目》著録 1911 年前寫刻抄印的各類版本古籍,并附録 1949 年以前反映中國傳統學術文化,采用傳統裝幀形式的古籍 7800 餘種。以經、史、子、集、叢分類,普通古籍與善本古籍分置,著録項目包括書名、著者、版本、册數、附注、分類、索書號等,善本并著録行款版式,比較完整地反映了館藏古籍的藏書狀況。

2007 年國家啓動"中華古籍保護計劃",我館積極響應,隨即全面開展古籍普查工作,積極申報《國家珍貴古籍名録》和《山東省珍貴古籍名録》,并於 2009 年被評爲"全國古籍重點保護單位"和"山東省古籍重點保護單位"。根據國家古籍普查的總體要求,我館在《山東師範大學圖書館館藏古籍書目》基礎上,對館藏古籍進行全面整理,逐種重新鑒定著録,修正了《山東師範大學圖書館館藏古籍書目》著録的一些錯誤,補充了原目録遺漏的部分古籍。雖然其間國家古籍普查的普查項目經歷了繁簡的變化,我館在普查中則一直堅持全面普查的原則,普通古籍增加了行款版式、附注項等内容,使普查項目包含普查編號、索書號、分類、題名卷數、著者、版本(帶補配)、批校題跋、行款版式、附注、印章、册數、存缺卷等項目,較全面地反映了館藏古籍保存的面貌,同時也爲後續的普查目録分省卷編纂打下良好的基礎。

《山東師範大學圖書館古籍普查登記目録》共收録 1911 年以前産生的中文古籍 6482 部,其中善本 1600 餘種 20000 餘册。現有 36 種古籍入選《國家珍貴古籍名録》,462 種古籍入選《山東省珍貴古籍名録》。若就版本而言,有宋刻本 1 種,元刻本 3 種,明刻本 400 餘種,清刻本 4800 餘種,活字印本 39 種,明清稿、抄、校、寫、鈐印本 192 種,明清拓本 133 種。若就館藏特色而言,明清别集、叢書等的收藏較豐富。其中元元貞二年(1296)刻本《湖州雙髻禪庵語録》一卷《杭州西天目山師子禪院語録》一卷《示禪人語》一卷，明嘉靖四十五年(1566)盛賫汝刻本《薛文清公要語内篇》一卷《外篇》一卷、明戚繼光刻本《金剛般若波羅蜜經》四卷、明刻本《袁了凡先生兩行齋集》十四卷、明崇禎八年(1635)王立準校刻本《陽明先生集要三編》十五卷，清初文新堂刻本《新鐫批評出像通俗奇俠禪真逸史八集》四十回、清康熙刻本《清忠堂撫粤奏疏》十四卷《清忠堂署理總督奏疏》一卷、清乾隆董誥寫本《御製平定廓爾喀詩》一卷、清乾隆陸錫熊寫本《御製文淵閣記》一卷、清乾隆五十四年(1789)彭元瑞泥金寫本《御製八徵耄念之寶記》一卷、清許鴻磐稿本《韓昌黎集評注》八卷、清道光二十三年(1843)李廷棨手稿本《雷州記》等，皆屬海内孤本。

我館古籍普查工作自2007年起，前後持續10餘年時間，得到了歷届圖書館領導的高度重視和大力支持，先後參與普查人員有王恒柱、張海峰、逯銘昕等。自2018年始對普查數據進行多稿整理復核。爲了較全面地反映普查成果，通過山東省古籍保護中心多次溝通，最終確定普查登記目録著録項目達12項。古籍普查工作是一項十分辛苦的工作，工作人員付出了辛勤努力，在此對他們表示感謝。爲了進一步加强古籍的保護工作，學校和圖書館也正在規劃建設新的古籍特藏書庫，以進一步改善古籍的存藏環境和閲覽服務環境，建立并完善普查、保護、修復、展示、研究五位一體的古籍保護工作模式，促進古籍保護工作向縱深發展。

古籍普查和版本鑒定是一項學術性較强的工作，由于古籍普查工作量大，衆手參與，加之時間倉促，學力水平有限，及其他各種條件限制，普查目録中，缺漏錯訛之處必然尚多，祈請方家和讀者批評指正，俾便修訂。

山東師範大學圖書館

2019年5月

目　録

370000－1542－0000001　039/262　經部/叢編

通德遺書所見録甲集十九種七十二卷　（漢）鄭玄撰　（清）孔廣林輯　清光緒十六年（1890）山東書局刻本　十行二十二字黑口單魚尾四周雙邊　内封題“光緒庚寅冬月山東書局開雕”　鈐有“碧雲仙館”　四册

370000－1542－0000002　039/262－2　經部/叢編

孔叢伯説經五稿六種三十七卷　（清）孔廣林撰　清光緒十六年（1890）山東書局刻本　十行二十五字黑口單魚尾四周雙邊　内封題“光緒庚寅冬月山東書局開雕”　七册

370000－1542－0000003　039/262　經部/叢編

通德遺書所見録甲集十九種七十二卷孔叢伯説經五稿六種三十七卷　（清）孔廣林撰　清光緒十六年（1890）山東書局刻本　行款不一　内封題“光緒庚寅冬月山東書局開雕”　鈐有“齊魯大學圖書館藏書”　十一册

370000－1542－0000004　039/303　經部/叢編

蜚雲閣淩氏叢書六種四十卷　（清）淩曙撰　清嘉慶、道光間江都淩氏蜚雲閣刻本　行款不一　内封題“蜚雲閣藏版”　鈐有“無竟先生獨志堂物”“隴西友蘭氏審定書畫”“沁香唫館珍藏書畫印”“齊魯大學圖書館藏書”　十二册

370000－1542－0000005　039/324　經部/叢編

張臯文箋易詮全集十六種五十七卷　（清）張惠言撰　清嘉慶、道光間刻本　十一行二十三字小字雙行同白口單魚尾左右雙邊　内封題“周易虞氏義原附虞氏消息　嘉慶八年揚州阮氏琅嬛僊館刊版”　鈐有“昚盦藏書”“齊魯大學圖書館藏書”　十一册　存十二種四十五卷（周易虞氏義九卷、周易虞氏消息二卷、虞氏易禮二卷、虞氏易候一卷、虞氏易言二卷、周易鄭氏注三卷、周易荀氏九家三卷、周易鄭荀義三卷、易義别録十四卷、易緯略義三卷、易圖條辨一卷、讀儀禮記二卷）

370000－1542－0000006　039/327　經部/叢編

味經齋遺書十二種四十二卷　（清）莊存與撰　清光緒八年（1882）陽湖莊氏刻本　十行二十字白口單魚尾左右雙邊　鈐有“齊魯大學圖書館藏書”“燕京大學圖書館章”　十册　存八種二十八卷（彖傳論一卷，彖象論一卷，繫辭傳論二卷，八卦觀象解二卷、附卦氣解一卷，尚書既見三卷，尚書説一卷，毛詩説四卷，春秋正辭十一卷、附春秋舉例一卷、春秋要指一卷）

370000－1542－0000007　039/142　經部/叢編

香草校書六十卷　（清）于鬯編　清光緒二十九年（1903）刻本　十行二十二字小字雙行同黑口左右雙邊　十六册　缺十二卷（四十三至五十四）

370000－1542－0000008　700/3　經部/叢編

讀書堂叢刻四種五十四卷　簡朝亮撰　清光緒至民國讀書堂刻本　十一行二十四字小字雙行同白口左右雙邊　四十八册

370000－1542－0000009　710/5　經部/叢編

孫谿朱氏經學叢書初編十三種三十八卷　（清）朱記榮編　清光緒吴縣朱氏槐廬校刻本　十一行二十一字小字雙行同黑口左右雙邊　内封題“光緒丙戌春月　行素艸堂藏板”“光緒丁亥年孟春月　吴縣朱氏家塾藏版”　鈐有“紫藤花館”“頵公鑑藏書畫印”　十二册

370000－1542－0000010　710/17：C2　經部/叢編

皮氏經學叢書八種二十一卷　（清）皮錫瑞撰　清光緒二十五年至三十四年（1899－1908）思賢書局刻本　十二行二十五字小字雙行同白口單魚尾左右雙邊　鈐有“私立齊魯大學國學研究所藏書之章”　十二册　存六種二十一卷（經學通論五卷，古文尚書冤詞平議二卷，尚書中侯疏證一卷，鄭志疏證八卷、鄭記考證一卷、附答臨孝存周禮難疏證一卷，聖證

論補評二卷,六藝論疏證一卷)

370000 - 1542 - 0000011　710/17:C1　經部/叢編

皮氏經學叢書六種二十卷　(清)皮錫瑞撰　清光緒二十五年至三十四年(1899 - 1908)思賢書局刻本　十二行二十五字小字雙行同白口單魚尾左右雙邊　經學歷史内封題"光緒丙午秋思賢書局刊"　十二冊　存六種二十卷(經學通論五卷,經學歷史一卷,尚書中侯疏證一卷,王制箋一卷,鄭志疏證八卷、鄭記考證一卷、附答臨孝存周禮難疏證一卷,聖證論補評二卷)

370000 - 1542 - 0000012　710/34　經部/叢編

通志堂經解一千八百三卷　(清)徐乾學編　(清)納蘭性德輯校　清同治巴陵鍾謙鈞重刻通志堂本　十一行二十字小字雙行三十一字白口左右雙邊　鈐有"齊魯大學圖書館藏書"　三十七冊　存二十九種一百四十二卷(易數鉤隱圖三卷、遺論九事一卷,復齋易說六卷,古周易一卷,易學啓蒙通釋二卷、圖一卷,東谷鄭先生易翼傳二卷,丙子學易編一卷,易學啓蒙小傳一卷、古經傳一卷,水村易鏡一卷,易雅一卷、筮宗一卷,易圖通變五卷,易象圖說内篇三卷、外篇三卷,大易象數鉤深圖三卷,程尚書禹貢論二卷,書疑九卷,書集傳或問二卷,杏溪傳氏禹貢集解二卷,尚書表注二卷,尚書句解十三卷,毛詩指說一卷,詩本義十五卷、鄭氏詩譜補亡一卷,詩說一卷,詩疑二卷,詩傳遺說六卷,春秋劉氏傳十五卷,劉氏春秋意林二卷,春秋年表一卷,春秋名號歸一圖二卷,西疇居士春秋本例二十卷,春秋提綱十卷)

370000 - 1542 - 0000013　710/55　經部/叢編

璜川吴氏經學叢書十五種八十九卷　(清)吴英編　清道光三年(1823)吴縣吴氏家刻本　九行二十一字小字雙行同白口單魚尾左右雙邊　内封題"道光庚寅重鎸　經學叢書　寶仁堂藏板"　鈐有"齊魯大學圖書館藏書"　三十六冊　存十種七十四卷(半農先生春秋說十五卷,詩說三卷、附録一卷,大學說一卷,禮說十四卷,易說六卷,三正考二卷,疑辯録一卷,章水流經考一卷,懶庵先生經史論存四卷、補四卷,有竹詩軒經句說二十二卷)

370000 - 1542 - 0000014　710/58　經部/叢編

鄭氏佚書二十三種七十九卷　(清)袁鈞編　清光緒十四年(1888)浙江書局刻本　十行二十一字小字雙行同黑口單魚尾左右雙邊　鈐有"黄陂陳氏究齋圖籍記""齊魯大學圖書館藏書"　八冊

370000 - 1542 - 0000015　710/59　經部/叢編

南海桂氏經學叢書十五種六十五卷附一種　(清)桂文燦撰　**漸齋詩鈔一卷**　(清)桂鴻撰　清咸豐、光緒間刻本　十行二十字小字雙行同黑口左右雙邊　鈐有"齊魯大學圖書館藏書"　十五冊　存八種十九卷(易大義補一卷、禹貢川澤考二卷、毛詩釋地六卷、詩箋禮注異義考一卷、周禮今釋六卷、孝經集解一卷、孟子趙注考證一卷、漸齋詩鈔一卷)

370000 - 1542 - 0000016　710/8　經部/叢編

羣經平議　(清)俞樾撰　清同治五年(1866)杭州刻本　十行二十一字黑口左右雙邊　内封題"同治丙寅杭州開雕"　十五冊

370000 - 1542 - 0000017　710/26　經部/叢編

羣經宫室圖二卷　(清)焦循撰　清嘉慶五年(1800)焦氏半九書塾刻本　十行二十一字小字雙行三十二字黑口左右雙邊　二冊

370000 - 1542 - 0000018　710/52　經部/叢編

羣經識小八卷　(清)李惇撰　清道光六年(1826)高郵李氏安愚堂刻本　十行二十一字小字雙行同白口單魚尾左右雙邊　内封題"高郵李氏著　羣經識小　安愚堂藏版"　鈐有"齊魯大學圖書館藏書"　四冊

370000 - 1542 - 0000019　710/78　經部/

叢編

茶香室經説十六卷 (清)俞樾撰 清光緒十四年(1888)刻本 十行二十一字白口單魚尾左右雙邊 六冊

370000－1542－0000020 710/16:C5 經部/叢編

重刊宋本十三經注疏附校勘記四百十六卷 (清)阮元校 清道光六年(1826)南昌府學重校刻本 十行二十字小字雙行同黑口雙魚尾左右雙邊 内封題"重栞宋本十三經注疏附校勘記用文選樓藏本校定 道光六年重校本" 鈐有"齊魯大學圖書館藏書" 一百八十四冊

370000－1542－0000021 710/16:C1 經部/叢編

重刊宋本十三經注疏附校勘記四百十六卷 (清)阮元校 清光緒十八年(1892)湖南寶慶務本書局刻本 十行二十字小字雙行同黑口雙魚尾左右雙邊 内封題"光緒十八年 湖南寶慶務本書局重鐫" 一百二十冊

370000－1542－0000022 710/16:C2 經部/叢編

重刊宋本十三經注疏附校勘記四百十六卷 (清)阮元校 清光緒三十年(1904)點石齋印書局石印本 二十行四十六字小字雙行同白口單魚尾四周雙邊 内封題"光緒甲辰季秋影阮氏文選樓原刻本遵殿本重校附校勘記點石齋印書局發行" 鈐有"吳金鼎印" 三十二冊

370000－1542－0000023 710/9:C2 經部/叢編

十三經札記二十二卷羣書札記十六卷 (清)朱亦棟編 清光緒四年(1878)武林竹簡齋刻本 九行二十一字小字雙行同白口單魚尾左右雙邊 内封題"光緒戊寅武林竹簡齋重刊" 十二冊

370000－1542－0000024 710/9:C1 經部/叢編

十三經札記二十二卷 (清)朱亦棟編 清光緒四年(1878)上海錦章書局刻本 九行二十一字小字雙行同白口單魚尾左右雙邊 内封題"光緒戊寅武林竹簡齋重刊" 六冊

370000－1542－0000025 710/24 經部/叢編

十三經讀本 (清)丁寶楨等校 清同治、光緒間山東書局刻民國十四年(1925)重印本 九行十九字小字雙行同白口四周單邊 内封題"同治十一年 山東書局開雕 尚志堂藏版" 六十九冊

370000－1542－0000026 710/24 經部/叢編

十三經讀本 (清)丁寶楨等校 清同治、光緒間山東書局刻民國十四年(1925)重印本 九行十九字小字雙行同白口四周單邊 内封題"同治十一年 山東書局開雕 尚志堂藏版" 六十九冊

370000－1542－0000027 710/29 經部/叢編

十三經策案二十二卷 (清)王謨編 清光緒十三年(1887)上海大同書局石印本 十二行四十五字小字雙行同白口單魚尾四周雙邊無格 内封題"光緒十三年冬十月 上海大同書局石印" 四冊

370000－1542－0000028 710/39:C2 經部/叢編

十一經音訓不分卷 (清)楊國楨等編 清光緒三年(1877)湖北崇文書局刻本 内封題"光緒三年三月湖北崇文書局開雕" 鈐有"惕齋藏書之印""趙壔元""齊魯大學圖書館藏書" 二十六冊

370000－1542－0000029 710/39:C1 經部/叢編

十一經音訓不分卷 (清)楊國楨等編 清光緒三年(1877)湖北崇文書局刻本 内封題"光緒三年三月湖北崇文書局開雕" 鈐有"齊魯大學圖書館藏書" 二十六冊

370000－1542－0000030 710/68:C2 經部/叢編

九經三傳沿革例一卷 （宋）岳珂撰 清光緒三年(1877)湖北崇文書局刻本 十二行二十四字小字雙行同黑口雙魚尾四周雙邊 内封題"光緒三年三月湖北崇文書局開雕" 一册

370000－1542－0000031 710/77 經部/叢編

九經五十卷 （明）秦鏷訂正 清觀成堂刻本 上欄小字雙行二字下欄十三行二十四字小字雙行同白口四周雙邊 内封題"悉從宋本音釋仍照秦板句讀九經 觀成堂藏板" 鈐有"齊魯大學圖書館藏書" 十六册

370000－1542－0000032 710/41 經部/叢編

七經精義三十卷 （清）黄淦纂 清道光二十年(1840)刻本 十一行二十字小字雙行同白口單魚尾四周單邊或四周雙邊 無格 内封題"道光二十年春鐫 七經精義武林黄淦緯文氏纂 書種堂藏版" 鈐有"齊魯大學圖書館藏書" 十四册

370000－1542－0000033 710/48 經部/叢編

御纂七經二百八十四卷 （清）允祿等纂 清光緒十四年(1888)上海鴻文書局、二十年(1894)上海書局石印本 二十三行五十四字小字雙行同白口單魚尾四周單邊 無格 内封題"光緒甲午杏月上海書局石印""光緒十有四年皋月上海鴻文書局石印" 鈐有"齊魯大學圖書館藏書" 二十四册

370000－1542－0000034 710/73 經部/叢編

七經孟子考文並補遺二百卷 （日本）山井鼎輯 （日）物觀補 清嘉慶二年(1797)儀徵阮氏小琅嬛僊館刻本 九行二十一字小字雙行同白口單魚尾左右雙邊 内封題"七經孟子考文並補遺二百卷 儀徵阮氏小琅嬛僊館刊本" 二十四册

370000－1542－0000035 710/13：C1 經部/叢編

仿宋相臺五經附考證九十三卷 （宋）岳珂編校 清光緒二年(1876)江南書局刻本 八行十七字小字雙行同白口雙魚尾四周雙邊 内封題"乾隆四十八年武英殿初印本 光緒二年江南書局敬謹摹雕" 鈐有"齊魯大學圖書館藏書" 三十二册

370000－1542－0000036 710/32：C1 經部/叢編

五經合纂大成四十四卷 （清）同文書局主人輯校 清光緒十一年(1885)上海同文書局石印本 十四行二十七字中字五十三字小字雙行五十三字白口單魚尾四周單邊 無格 内封題"光緒乙酉夏四月 五經合纂大成鐵城廣百宋齋藏版 上海同文書局石印" 二十册

370000－1542－0000037 710/32：C2 經部/叢編

五經合纂大成四十四卷 （清）同文書局主人輯校 清光緒二十六年(1900)上海慎記書莊石印本 十四行二十七字中字五十三字小字雙行五十三字白口單魚尾四周雙邊 内封題"光緒庚子上海慎記書莊石印" 鈐有"華東大學圖書館藏書章" 二十册

370000－1542－0000038 710/33 經部/叢編

皇朝五經彙解二百七十卷 （清）抉經心室主人原纂 （清）朱鏡清編 清光緒十九年(1893)寶文書局石印本 四十二行七十字白口單魚尾 内封題"光緒癸巳歲仲冬月 寶文書局精校石印" 鈐有"齊魯大學圖書館藏書" 三十一册 存二百六十四卷(一至二百六十四)

370000－1542－0000039 710/57：C1 經部/叢編

五經類編二十八卷附録一卷 （清）周世樟編 清孝思堂刻本 上欄小字二十四行五字下欄八行二十字小字雙行同白口單魚尾左右雙邊 内封題"婁東周章成先生編輯五經類編 孝思堂藏板" 鈐有"山東濟南齊魯大學校圖書館" 十六册

370000－1542－0000040　710/57：C2　經部/叢編

五經類編二十八卷附録一卷　（清）周世樟編　清穀詒堂刻本　雙欄或單欄上欄小字二十四行五字下欄八行二十字小字雙行同白口單魚尾左右雙邊　内封題“婁東周章成先生編輯五經類編　穀詒堂藏板”　鈐有“齊魯大學圖書館藏書”　十六册

370000－1542－0000041　710/69　經部/叢編

五經通論五卷　（清）皮錫瑞撰　清光緒三十三年（1907）思賢書局刻本　十二行二十五字小字雙行同白口單魚尾左右雙邊　鈐有“李錦章”　五册

370000－1542－0000042　710/3　經部/叢編

惠氏四説三十八卷　（清）惠士奇　（清）惠周惕撰　清乾隆至嘉慶刻本　九行二十一字小字雙行同白口單魚尾左右雙邊　内封題“研谿先生詩説　嘉慶壬申六月璜川吳氏重刊”　十三册

370000－1542－0000043　710/6：C1　經部/叢編

古經解彙函一百二十四卷附小學彙函　（清）鍾謙鈞編　清同治十二年（1873）粵東書局刻本　十行二十一字小字雙行同白口單魚尾左右雙邊　内封題“同治十二年古經解彙函附小學彙函　粵東書局刊　菊坡精舍藏版”　鈐有“碧雲僊館珍藏書畫印”“應椿”　六十六册

370000－1542－0000044　710/6：C4　經部/叢編

古經解彙函一百二十四卷附小學彙函　（清）鍾謙鈞編　清同治十二年（1873）粵東書局刻本　十行二十一字小字雙行同白口單魚尾左右雙邊　内封題“同治十二年古經解彙函附小學彙函　粵東書局刊　菊坡精舍藏版”　鈐有“齊魯大學圖書館藏書”　三十五册

370000－1542－0000045　710/6：C2　經部/叢編

古經解彙函一百二十四卷附小學彙函續附十種　（清）鍾謙鈞編　清光緒十四年（1888）石印本　十七行三十八字小字雙行同白口單魚尾左右雙邊　内封題“光緒戊子夏月　古經解彙函附小學彙函續附十種”　鈐有“嘉定學會”　二十册

370000－1542－0000046　710/6：C3　經部/叢編

古經解彙函一百二十四卷附小學彙函續附十種　（清）鍾謙鈞編　清光緒十四年（1888）上海蜚英館石印本　十七行三十八字小字雙行同白口單魚尾左右雙邊　内封題“光緒戊子夏月　古經解彙函附小學彙函續附十種　上海蜚英館印”　二十册

370000－1542－0000047　710/10：C1　經部/叢編

經典釋文三十卷　（唐）陸德明撰　**考證三十卷**　（清）盧文弨輯　清乾隆五十六年（1791）常州龍城書院刻本　十一行二十二字小字雙行同黑口雙魚尾四周單邊　内封題“宋本参校經典釋文　乾隆辛亥重雕　抱經堂藏版”“餘姚盧抱經氏綴輯經典釋文考證　常州龍城書院開雕　抱經堂藏版”　鈐有“紫藤花館藏書”“蕭氏世藏”　十二册

370000－1542－0000048　710/10：C2　經部/叢編

經典釋文三十卷　（唐）陸德明撰　**考證三十卷**　（清）盧文弨輯　清同治八年（1869）湖北崇文書局刻本　十一行二十二字小字雙行同黑口雙魚尾左右雙邊　内封題“同治八年湖北崇文書局開雕”　十二册

370000－1542－0000049　710/10：C3　經部/叢編

經典釋文三十卷　（唐）陸德明撰　**考證三十卷**　（清）盧文弨輯　清光緒十五年（1889）湘南書局刻本　十一行二十二字小字雙行同黑口雙魚尾四周單邊　内封題“光緒己丑仲夏湘南書局重刊”　十六册

370000－1542－0000050　710/12：C1　經部/

叢編

經義述聞三十二卷　(清)王引之撰　清嘉慶二十二年(1817)刻本　十行二十一字小字雙行同白口單魚尾左右雙邊　鈐有"潘彬卿藏書記"　十六册

370000－1542－0000051　710/12:C3　經部/叢編

經義述聞三十二卷　(清)王引之撰　清嘉慶二十二年(1817)刻本　十行二十一字小字雙行同白口單魚尾左右雙邊　鈐有"齊魯大學圖書館藏書"　十六册

370000－1542－0000052　710/12:C2　經部/叢編

經義述聞三十卷　(清)王引之撰　清光緒二十一年(1895)鴻文書局石印本　二十八行六十字小字雙行同黑口單魚尾四周雙邊　鈐有"震青手校""震青珍藏圖書"　四册

370000－1542－0000053　710/14:C1　經部/叢編

經傳考證八卷　(清)朱彬撰　清道光二年(1822)刻本　九行十九字白口單魚尾左右雙邊　二册

370000－1542－0000054　710/14:C2　經部/叢編

經傳考證八卷　(清)朱彬撰　清道光二年(1822)刻本　九行十九字白口單魚尾左右雙邊　鈐有"齊魯大學圖書館藏書"　二册

370000－1542－0000055　710/21:C4　經部/叢編

皇清經解一千四百八卷　(清)阮元等編　清道光九年(1829)廣東學海堂刻咸豐十一年(1861)勞崇光補刻本　十一行二十四字小字雙行同白口單魚尾左右雙邊　鈐有"書田留與子孫耕""墨溪書屋珍藏""齊魯大學圖書館藏書"　三百六十册

370000－1542－0000056　710/21:C3　經部/叢編

皇清經解一千四百八卷　(清)阮元等編　清道光九年(1829)廣東學海堂刻咸豐十一年(1861)勞崇光補刻本　十一行二十四字小字雙行同白口單魚尾左右雙邊　鈐有"山東濟南齊魯大學校圖書館"　七十九册　缺八卷(一千二百五十至一千二百五十七)

370000－1542－0000057　710/21:C5　經部/叢編

皇清經解一千四百八卷　(清)阮元等編　清光緒十三年(1887)上海書局石印本　二十八行六十字小字雙行同白口單魚尾四周雙邊　内封題"光緒十三年歲在丁亥上海書局石印"　鈐有"齊魯大學圖書館藏書"　六十四册

370000－1542－0000058　710/21:C1　經部/叢編

皇清經解一千四百八卷　(清)阮元等編　清光緒十三年(1887)上海書局石印本　二十八行六十字小字雙行同白口單魚尾四周雙邊　内封題"光緒十三年歲在丁亥上海書局石印"　鈐有"齊魯大學圖書館藏書"　六十四册

370000－1542－0000059　710/20:C4　經部/叢編

皇清經解續編一千四百三十卷　王先謙等編　清光緒十四年(1888)江陰南菁書院刻本　十一行二十四字白口單魚尾左右雙邊　三百二十册

370000－1542－0000060　710/20:C3　經部/叢編

皇清經解續編一千四百三十卷　王先謙等編　清光緒十五年(1889)上海蜚英館石印本　三十三行七十二字白口單魚尾四周單邊　内封題"光緒己丑仲夏　上海蜚英石印"　三十二册

370000－1542－0000061　710/23:C1　經部/叢編

皇清經解續編目録十七卷　(清)蜚英館編　清光緒二十三年(1897)上海蜚英書局石印本　三欄二十四行二十二字小字雙行同白口單魚尾四周單邊　内封題"上海蜚英書局石印"　鈐有"齊魯大學圖書館藏書"　四册

370000－1542－0000062　710/23:C2　經部/

叢編

皇清經解續編目録十七卷 (清)蜚英館編 清光緒二十三年(1897)上海蜚英書局石印本 三欄二十四行二十二字小字雙行同白口單魚尾四周單邊 内封題“上海蜚英書局石印” 四册

370000 – 1542 – 0000063 710/25 經部/叢編

皇清經解横直縮編目十六卷 (清)淩忠照編 清光緒十三年(1887)上海書局石印本 十六行四十五字小字雙行同白口單魚尾四周雙邊 内封題“光緒十三年歲在丁亥上海書局石印” 四册

370000 – 1542 – 0000064 710/27:C2 經部/叢編

經學歷史一卷 (清)皮錫瑞撰 清光緒三十二年(1906)思賢書局刻本 十二行二十五字小字雙行同白口單魚尾左右雙邊 内封題“光緒丙午秋思賢書局刊” 鈐有“李錦章” 一册

370000 – 1542 – 0000065 710/28 經部/叢編

經訓約編不分卷 (清)盛元珍編 清乾隆四十二年(1777)蘭山書院刻本 九行二十五字白口單魚尾四周雙邊 無格 鈐有“齊魯大學圖書館藏書” 十二册

370000 – 1542 – 0000066 710/31:C1 經部/叢編

經學輯要二十四卷 (清)吴熲炎編 清光緒十四年(1888)上海點石齋石印本 二十四行五十五字小字雙行同白口單魚尾四周單邊 内封題“光緒十四年六月 點石齋石印” 三十二册

370000 – 1542 – 0000067 710/31:C3 經部/叢編

經學輯要二十四卷 (清)吴熲炎編 清光緒十四年(1888)上海點石齋石印本 二十四行五十五字小字雙行同白口單魚尾四周單邊 鈐有“齊魯大學圖書館藏書” 三十一册 缺一卷(一)

370000 – 1542 – 0000068 710/31:C2 經部/叢編

經學輯要二十四卷 (清)吴熲炎編 清光緒二十年(1894)上海點石齋石印本 二十四行五十五字小字雙行同白口單魚尾四周單邊 内封題“光緒二十年夏五月 上海點石齋印” 鈐有“六慎齋” 三十二册

370000 – 1542 – 0000069 710/35:C1 經部/叢編

經傳釋詞十卷 (清)王引之撰 清光緒二十一年(1895)上海鴻文書局石印本 二十八行六十字小字雙行同黑口單魚尾四周雙邊 内封題“光緒乙未 上海鴻文書局石印” 鈐有“震青珍臧圖書”“震青手校” 一册

370000 – 1542 – 0000070 710/36 子部/儒家類

陽明先生集要三編十五卷 (明)王守仁撰 (明)施邦耀評輯 **年譜一卷** (明)李贄撰 清光緒三十二年(1906)鉛印本 十行二十字書眉二十行四字白口單魚尾四周雙邊 鈐有“齊魯大學圖書館藏書” 十二册

370000 – 1542 – 0000071 710/46 經部/叢編

經苑二十五種二百五十四卷 (清)錢儀吉編 清道光、咸豐間大梁書院刻同治七年(1868)王儒行等印本 十行二十字小字雙行同白口單魚尾四周雙邊 鈐有“齊魯大學圖書館藏書” 七十八册

370000 – 1542 – 0000072 710/49 經部/叢編

羣經補義五卷 (清)江永撰 (清)江鴻緒編次 清乾隆五十七年(1792)新安江氏家刻本 十行二十二字小字雙行同白口單魚尾左右雙邊 内封題“新安江慎修著 羣經補義周禮疑義舉要並刻 書業堂藏版” 二册

370000 – 1542 – 0000073 710/49 經部/叢編

周禮疑義舉要七卷 (清)江永撰 (清)江鴻

緒編次　清乾隆五十七年(1792)新安江氏家刻本　十行二十二字小字雙行同白口單魚尾左右雙邊　内封題“新安江慎修著　羣經補義周禮疑義舉要並刻　書業堂藏版”　二册

370000－1542－0000074　710/54　經部/叢編

經義圖說八卷　(清)吳寶謨輯　(清)陳逢衡校　清嘉慶二十四年(1819)刻本　九行二十二字小字雙行同黑口左右雙邊　内封題“嘉慶己卯季開雕　經義圖説　裛露軒藏版”　鈐有“齊魯大學圖書館藏書”　十六册

370000－1542－0000075　710/65　經部/叢編

經學文鈔十五卷首三卷　梁鼎芬　(清)曹元弼輯　清光緒三十四年(1908)江蘇存古學堂鉛字排印本　九行二十字小字雙行同白口單魚尾四周雙邊　三十册

370000－1542－0000076　710/7　經部/叢編

授經圖易四卷書四卷詩四卷春秋四卷禮四卷　(明)朱睦㮮撰　清道光十九年(1839)李氏惜陰軒刻本　季吾題跋　十行二十二字小字雙行同黑口單魚尾四周單邊　鈐有“私立齊魯大學國學研究所藏書之章”　四册

370000－1542－0000077　710/15:C3　經部/叢編

六藝綱目二卷附字原一卷　(元)舒天民撰　(元)舒恭注　清咸豐三年(1853)聊城楊氏海源閣刻本　八行十九字小字雙行同黑口單魚尾左右雙邊　内封題“咸豐三年歲在癸丑聊攝楊氏海源閣刊”　鈐有“元和吳石君戊戌以後所得書”　二册

370000－1542－0000078　710/15:C2　經部/叢編

六藝綱目二卷附字原一卷　(元)舒天民撰　(元)舒恭注　**重刊札記**　(清)管禮耕撰　清光緒七年(1881)錢塘汪鳴鑾據東武劉喜海本校刻本　九行十九字小字雙行同黑口單魚尾左右雙邊　内封題“光緒七年孟冬之月　籒書誃汪氏景寫　東武劉氏本校刊”　鈐有“齊魯大學圖書館藏書”　二册

370000－1542－0000079　710/15:C1　經部/叢編

六藝綱目二卷附字原一卷　(元)舒天民撰　(元)舒恭注　清光緒二十二年(1896)關中書院刻本　九行十九字小字雙行同黑口單魚尾左右雙邊　内封題“光緒二十二年丙申八月開雕十月工竣　版藏關中書院志學齋”　二册

370000－1542－0000080　710/60:C1　經部/叢編

玉函山房目耕帖三十一卷　(清)馬國翰撰　清光緒九年(1883)長沙嫏嬛館補校本　九行二十字小字雙行同白口單魚尾四周雙邊　内封題“光緒九年癸未長沙嫏嬛館補校開雕”　二十册

370000－1542－0000081　710/60:C2　經部/叢編

玉函山房目耕帖三十一卷　(清)馬國翰撰　清光緒十五年(1889)繡江李氏重校刻本　九行二十字小字雙行同白口單魚尾四周雙邊　内封題“光緒十五年己丑仲春重校刊繡江李氏藏板”　鈐有“齊魯大學圖書館藏書”　十六册

370000－1542－0000082　710/75　經部/叢編

朱子遺書二刻三十二卷　(宋)朱熹編纂　清康熙浙江呂氏寶誥堂刻本　十二行二十二字小字雙行同黑口雙魚尾左右雙邊　内封題“朱子遺書二刻　禦兒呂氏寶誥堂重刻白鹿洞原本”　鈐有“寶應劉氏食舊德齋藏書記”　六册

370000－1542－0000083　720/91　經部/叢編

曲園雜纂五十卷　(清)俞樾撰　清光緒二十五年(1899)刻本　十行二十一字小字雙行同白口單魚尾左右雙邊　一册　存十四卷(一至十四)

370000－1542－0000084　613/92　經部/群

經總義類

今古學考二卷　（清）廖平撰　清宣統三年（1911）上海國學扶輪社鉛印烏程張鈞衡適園叢書本　十一行二十九字小字雙行同黑口單魚尾四周雙邊　鈐有"馬氏藏書""桐舉盦"　一册

370000－1542－0000085　613/28　經部/群經總義類

新學僞經考十四卷　康有爲撰　清光緒十七年（1891）康氏萬木草堂刻本　十行二十字小字雙行同黑口單魚尾左右雙邊　牌記題"光緒十七年秋七月廣州康氏萬木草堂刊"　鈐有"齊魯大學圖書館藏書"　六册

370000－1542－0000086　613/28　經部/群經總義類

新學僞經考十四卷　康有爲撰　清光緒十七年（1891）武林望雲樓據萬木草堂石印本　十行二十字小字雙行同黑口單魚尾左右雙邊　牌記題"光緒辛卯年暮春武林望雲樓石印"　鈐有"齊魯大學圖書館藏書"　八册

370000－1542－0000087　720/4：C3　經部/易類

周易四卷　（宋）朱熹本義　清同治十一年（1872）山東書局刻本　九行十七字小字雙行同白口四周單邊　内封題"同治十一年山東書局開雕　尚志堂藏版"　鈐有"山東濟南齊魯大學校圖書館"　二册

370000－1542－0000088　720/4：C4　經部/易類

周易四卷　（宋）朱熹本義　清同治十一年（1872）山東書局刻本　九行十七字小字雙行同白口四周單邊　内封題"同治十一年山東書局開雕　尚志堂藏版"　鈐有"山東濟南齊魯大學校圖書館"　二册

370000－1542－0000089　720/4：C5　經部/易類

周易四卷　（宋）朱熹本義　清同治十一年（1872）山東書局刻本　九行十七字小字雙行同白口四周單邊　内封題"同治十一年山東書局開雕　尚志堂藏版"　鈐有"齊魯大學圖書館藏書"　二册

370000－1542－0000090　720/4：C1　經部/易類

周易四卷　（宋）朱熹本義　清光緒十六年（1890）東昌書業德刻本　上欄九行四字下欄九行十七字小字雙行同白口四周雙邊　内封題"光緒庚寅春鐫　重校易經本義　東昌書業德梓"　鈐有"齊魯大學圖書館藏書"　二册

370000－1542－0000091　720/4：C6　經部/易類

周易四卷　（宋）朱熹本義　清刻本　九行十七字小字雙行同白口四周雙邊　鈐有"齊魯大學圖書館藏書"　二册

370000－1542－0000092　720/4　經部/易類

周易四卷　（宋）朱熹本義　清末書業德刻本　上欄小字雙行三字下欄十一行二十三字小字雙行同白口左右雙邊　一册　存三卷（二至四）

370000－1542－0000093　720/3　經部/易類

周易説略四卷　（清）張爾岐撰　清光緒二年（1876）敬文堂刻本　九行二十二字小字雙行同白口單魚尾四周單邊　内封題"光緒二年重鐫　濟陽張稷若著　周易説略　敬文堂梓行"　鈐有"敬文堂藏書""齊魯大學圖書館藏書"　四册

370000－1542－0000094　720/5　經部/易類

御纂周易折中二十二卷首一卷　（清）李光地等撰　清尊經閣刻本　八行二十二字小字雙行同白口單魚尾四周雙邊　内封題"奉旨頒行　欽定周易折中　尊經閣藏板"　鈐有"齊魯大學圖書館藏書"　十六册

370000－1542－0000095　720/7：C2　經部/易類

周易兼義九卷附校勘記　（三國魏）王弼注（唐）孔穎達正義　清同治十二年（1873）江西書局重修刻本　十行二十字小字雙行二十四字黑口雙魚尾左右雙邊　内封題"同治十二

年江西書局重修"　鈐有"齊魯大學圖書館藏書"　八冊

370000－1542－0000096　720/7：C1　經部/易類

周易兼義九卷附校勘記　(三國魏)王弼注　(唐)孔穎達正義　清光緒十八年(1892)湖南寶慶務本書局刻本　十行二十字小字雙行二十四字黑口雙魚尾左右雙邊　内封題"光緒十八年孟秋月務本書局行栞"　鈐有"齊魯大學圖書館藏書"　七冊

370000－1542－0000097　720/11：C2　經部/易類

漢上易傳十一卷卦圖三卷叢說一卷　(宋)朱震撰　清同治巴陵鍾謙鈞重刻通志堂經解本　十三行二十三字白口單魚尾左右雙邊　八冊

370000－1542－0000098　720/17　經部/易類

童溪王先生易傳三十卷　(宋)王宗傳撰　清同治巴陵鍾謙鈞重刻通志堂經解本　十一行二十一字白口單魚尾左右雙邊　鈐有"齊魯大學圖書館藏書"　八冊

370000－1542－0000099　720/18　經部/易類

易纂言十二卷首一卷　(元)吳澄撰　清同治巴陵鍾謙鈞重刻通志堂經解本　十一行二十字小字雙行三十字白口單魚尾左右雙邊　四冊

370000－1542－0000100　720/20　經部/易類

周易經傳集程朱解附録纂注十四卷首一卷　(元)董真卿編　清同治巴陵鍾謙鈞重刻通志堂經解本　十一行二十字小字雙行三十字白口單魚尾左右雙邊　八冊

370000－1542－0000101　720/21　經部/易類

子夏易傳十一卷　題(周)卜子夏撰　清同治十二年(1873)粵東書局重刻通志堂經解本　十行二十字白口單魚尾左右雙邊　内封題"同治十二年　通志堂經解　粵東書局重刊"　鈐有"齊魯大學圖書館藏書"　三冊

370000－1542－0000102　720/22　經部/易類

易經本意四卷首一卷末一卷　(清)何西夏撰　清道光十七年(1837)重校刻本　九行二十四字小字雙行同白口單魚尾四周雙邊　内封題"道光丁酉重校　易經本意　川東南浦何氏西夏先生著板藏本邑三塗邱"　鈐有"齊魯大學圖書館藏書"　六冊

370000－1542－0000103　720/25　經部/易類

朱文公易說二十三卷　(宋)朱鑑編　清同治巴陵鍾氏重刻通志堂經解本　十行二十字小字雙行不等白口單魚尾左右雙邊　十冊

370000－1542－0000104　720/26　經部/易類

三易備遺十卷　(宋)朱元昇撰　清同治巴陵鍾氏重刻通志堂經解本　十一行二十字小字雙行不等白口單魚尾左右雙邊　四冊

370000－1542－0000105　720/27　經部/易類

讀易備忘四卷　(清)王滌心撰　清道光二十九年(1849)慎修堂刻本　九行二十五字白口單魚尾四周雙邊　内封題"道光己酉年鐫　讀易備忘　慎修堂藏板"　鈐有"齊魯大學圖書館藏書"　三冊

370000－1542－0000106　720/28　經部/易類

經笥質疑易義原則六卷附易義附篇二卷　(清)張瓚昭撰　清道光七年(1827)蘭朋堂刻本　九行二十五字小字雙行同白口單魚尾四周雙邊　内封題"經笥質疑　大司徒王省厓老夫子鑒定　易義原則　道光丁亥冬月鐫　本署藏板"　鈐有"齊魯大學圖書館藏書"　四冊

370000－1542－0000107　720/29　經部/易類

周易直解二卷首一卷　(清)牟應震撰　清道光八年(1828)刻本　十行二十六字白口單魚尾四周雙邊　内封題"道光戊子年鐫"　鈐有

"齊魯大學圖書館藏書" 三册

370000－1542－0000108 720/31 經部/易類

槎溪學易三卷 (清)陳𤩝撰 清同治十三年(1874)溧陽陳氏保定刻本 十行二十字小字雙行同白口單魚尾四周雙邊 内封題"同治十有三年刊于保定蓮花池" 鈐有"齊魯大學圖書館藏書" 二册

370000－1542－0000109 720/32：C1 經部/易類

易經大全會解四卷 (清)來爾繩撰 清道光二年(1822)金閶書業九房刻本 上欄小字二十三行二十四字下欄十一行二十三字小字雙行同上欄四周單邊下欄左右雙邊白口單魚尾 内封題"道光壬午二年冬鐫 來木臣先生纂 易經體註會解合糸 金閶書業九房梓" 鈐有"齊魯大學圖書館藏書" 二册

370000－1542－0000110 720/32：C2 經部/易類

易經大全會解四卷 (清)來爾繩撰 清道光十七年(1837)姑蘇老桐石山房刻本 上欄小字二十三行二十四字下欄十一行二十三字小字雙行同上欄四周單邊或四周雙邊下欄左右雙邊白口單魚尾 内封題"道光丁酉重刊 范子登先生重訂 易經體註會解合糸 姑蘇老桐石山房梓行" 鈐有"齊魯大學圖書館藏書" 二册

370000－1542－0000111 720/32：C3 經部/易類

易經大全會解四卷 (清)來爾繩撰 清龍江書屋吳天爵校刻本 上欄小字二十三行二十四字下欄十一行二十三字小字雙行同上欄四周單邊或四周雙邊下欄左右雙邊白口單魚尾 鈐有"基督教齊魯大學圖書館" 三册

370000－1542－0000112 720/33 經部/易類

周易本義啓蒙通刊十六卷 (清)吳世尚撰 清嘉慶七年(1802)敦化堂刻本 九行二十一字白口單魚尾四周雙邊 内封題"嘉慶壬戌年重鐫 貴池後學吳六書重訂 朱子周易本義 啟蒙羲皇元圖 孔門古本 敦化堂梓行" 鈐有"基督教齊魯大學圖書館" 八册

370000－1542－0000113 720/34 經部/易類

郭氏傳家易說十一卷 (宋)郭雍撰 清乾隆四十二年(1777)福建刻武英殿聚珍版書本 九行十九字白口單魚尾四周單邊 鈐有"基督教齊魯大學圖書館" 八册

370000－1542－0000114 720/35 經部/易類

夢雪草堂讀易錄四卷 (清)郭楷輯 清嘉慶二十四年(1819)刻本 九行二十二字小字雙行同白口單魚尾四周雙邊 内封題"嘉慶歲次己卯新鐫 讀易錄" 鈐有"基督教齊魯大學圖書館" 四册

370000－1542－0000115 720/36 經部/易類

易說十二卷附易說便録一卷 (清)郝懿行撰 清光緒八年(1882)東路廳署刻本 九行二十一字小字雙行同白口單魚尾左右雙邊 内封題"光緒八年十二月由順天府進呈 易說 東路廳同知郝聯薇恭繕" 鈐有"基督教齊魯大學圖書館" 四册

370000－1542－0000116 720/37 經部/易類

周易廓二十四卷 (清)陳世鎔撰 清咸豐元年(1851)獨秀山莊刻本 九行二十一字小字雙行同白口單魚尾左右雙邊 内封題"咸豐辛亥鐫 周易廓 獨秀山莊藏板" 六册

370000－1542－0000117 720/39 經部/易類

周易參議十二卷 (元)梁寅撰 清同治巴陵鍾氏重刻通志堂經解本 十一行二十字白口單魚尾左右雙邊 五册

370000－1542－0000118 720/40 經部/易類

合訂删補大易集義粹言八十卷 (清)納蘭性德編 清同治巴陵鍾氏重刻通志堂經解本

十三行二十三字小字雙行不等白口雙魚尾左右雙邊　二十三冊

370000－1542－0000119　720/41　經部/易類

易附録纂注十五卷　(元)胡一桂撰　清同治巴陵鍾氏重刻通志堂經解本　十一行二十字小字雙行不等白口單魚尾左右雙邊　三冊

370000－1542－0000120　720/42　經部/易類

周易發明啓蒙翼傳四卷　(元)胡一桂撰　清同治巴陵鍾氏重刻通志堂經解本　十一行二十字小字雙行不等白口單魚尾左右雙邊　四冊

370000－1542－0000121　720/43　經部/易類

芸窗易草四卷　(清)閻斌撰　清同治十二年(1873)武澄清校刻本　上欄小字四字下欄九行十八字小字雙行同白口單魚尾下欄四周雙邊　内封題"同治癸酉年鐫　閻允中先生著　芸窗易草　板藏廣郡城内"　鈐有"齊魯大學圖書館藏書"　四冊

370000－1542－0000122　720/44　經部/易類

漢魏二十一家易注　(清)孫堂編　清嘉慶四年(1799)平湖孫氏映雪草堂刻本　十行十九字小字雙行同黑口單魚尾左右雙邊　内封題"漢魏二十一家易注　映雪草堂藏書"　鈐有"鑑存""牛廷炤印""齊魯大學圖書館藏書"　五冊

370000－1542－0000123　720/45　經部/易類

易小傳六卷　(宋)沈該撰　清同治巴陵鍾氏重刻通志堂經解本　十一行二十字小字雙行不等白口單魚尾左右雙邊　四冊

370000－1542－0000124　720/46　經部/易類

周易讀本六卷　(清)夏與賢撰　清光緒三年(1877)陝西乾陽官舍刻本　十行二十三字黑口單魚尾左右雙邊　内封題"光緒三年夏敬刊於陝西乾陽官舍"　鈐有"齊魯大學圖書館藏書"　五冊

370000－1542－0000125　720/47　經部/易類

周易本義通釋十二卷　(元)胡炳文撰　清同治巴陵鍾氏重刻通志堂經解本　十一行二十字白口單魚尾左右雙邊　七冊

370000－1542－0000126　720/48　經部/易類

易章句十二卷易通釋二十卷易圖略八卷　(清)焦循撰　清道光九年(1829)廣東學海堂刻本　十一行二十四字小字雙行同白口單魚尾左右雙邊　鈐有"齊魯大學圖書館藏書"　十冊

370000－1542－0000127　720/51　經部/易類

紫巖居士易傳十卷　(宋)張浚撰　清同治巴陵鍾氏重刻通志堂經解本　十一行二十字白口單魚尾左右雙邊　鈐有"齊魯大學圖書館藏書"　六冊

370000－1542－0000128　720/53　經部/易類

周易本義辯證五卷　(清)惠棟撰　清常熟蔣光弼省吾堂校刻本　十行二十一字小字雙行同黑口單魚尾左右雙邊　内封題"惠定宇先生著　周易本義辯證　省吾堂藏板"　鈐有"齊魯大學圖書館藏書"　三冊

370000－1542－0000129　720/54　經部/易類

易說六卷　(清)惠士奇撰　清嘉慶十五年(1810)吳縣吳氏真意堂刻本　九行二十一字小字雙行同白口單魚尾左右雙邊　内封題"半農先生易說　嘉慶庚午冬日　璜川吳氏重刊"　鈐有"齊魯大學圖書館藏書"　六冊

370000－1542－0000130　720/56　經部/易類

易經離句解四卷　(清)李盤輯撰　清同治十一年(1872)同安堂刻本　十一行二十五字小字雙行同白口單魚尾四周單邊　内封題"同治壬申春鐫　易經離句　同安堂梓"　鈐有

"齊魯大學圖書館藏書" 二册

370000 - 1542 - 0000131 720/57 經部/易類

學易記九卷 (元)李簡撰 清同治巴陵鍾氏重刻通志堂經解本 十一行二十字小字雙行同白口單魚尾左右雙邊 八册

370000 - 1542 - 0000132 720/58 經部/易類

周易説十四卷 (清)吳嘉賓撰 清同治元年(1862)南豐吳氏求自得之室刻本 九行二十五字白口單魚尾四周雙邊 内封題"求自得之室 周易說十四卷 同治元年壬戌冬月本家雕版" 鈐有"齊魯大學圖書館藏書" 六册

370000 - 1542 - 0000133 720/59 經部/易類

周易通義十六卷 (清)莊忠棫撰 清光緒六年(1880)儀徵劉氏冶城山館刻本 十行二十四字黑口左右雙邊 内封題"光緒庚辰刊於冶城山館" 鈐有"齊魯大學圖書館藏書" 四册

370000 - 1542 - 0000134 720/60 經部/易類

周易揭主尊孔録便解四卷 (清)張允樸撰 清光緒十二年(1886)寶興堂刻本 上欄小字十字下欄十一行二十四字小字雙行同白口單魚尾四周雙邊 内封題"濟南新城張允樸先生著 周易揭主遵孔錄便解 寶興堂梓行" 鈐有"齊魯大學圖書館藏書" 四册

370000 - 1542 - 0000135 720/61 經部/易類

易解經傳證五卷 (清)張步騫撰 清同治十年(1871)刻本 雙欄十行二十六字小字雙行同白口單魚尾四周單邊 内封題"同治十年冬月新鎸 益陽張步騫註 易解經傳證 養静齋藏板" 鈐有"齊魯大學圖書館藏書" 五册

370000 - 1542 - 0000136 720/62 經部/易類

誠齋易傳二十卷 (宋)楊萬里撰 清乾隆四十二年(1777)福建刻武英殿聚珍版書本 十行二十一字白口單魚尾四周雙邊 鈐有"齊魯大學圖書館藏書" 八册

370000 - 1542 - 0000137 720/63:C1 經部/易類

周易變通解六卷首一卷末一卷 (清)萬裕澐撰 清光緒元年(1875)集錦堂刻本 九行二十七字小字雙行同白口單魚尾四周單邊 内封題"同治癸酉 周易變通解 集錦堂刊字" 鈐有"齊魯大學圖書館藏書" 六册

370000 - 1542 - 0000138 720/64 經部/易類

周易虞氏義九卷附虞氏消息二卷 (清)張惠言撰 清嘉慶八年(1803)揚州阮氏琅嬛僊館刻本 十一行二十三字小字雙行同白口單魚尾左右雙邊 内封題"周易虞氏義 嘉慶八年 揚州阮氏琅嬛僊館栞板" 鈐有"齊魯大學圖書館藏書" 四册

370000 - 1542 - 0000139 720/65 經部/易類

周易傳義附錄十四卷首一卷 (宋)董楷撰 清同治巴陵鍾氏重刻通志堂經解本 十一行二十字白口單魚尾左右雙邊 十二册

370000 - 1542 - 0000140 720/66 經部/易類

周易輯聞六卷 (宋)趙汝梅撰 清同治巴陵鍾氏重刻通志堂經解本 十一行二十字白口單魚尾左右雙邊 六册 缺卷一第一至六頁

370000 - 1542 - 0000141 720/67:C1 經部/易類

周易本義集成十二卷易圖一卷 (元)熊良輔編 清同治巴陵鍾氏重刻通志堂經解本 十一行十九字小字雙行三十字白口單魚尾左右雙邊 四册

370000 - 1542 - 0000142 720/68 經部/易類

周易集傳八卷 (元)龍仁夫撰 清同治七年(1868)永新尹氏鼎吉堂刻本 十行二十四字

小字雙行同白口單魚尾四周雙邊　内封題“同治戊辰刻　周易集傳　鼎吉堂藏本”　鈐有“齊魯大學圖書館藏書”　四册

370000 - 1542 - 0000143　720/70　經部/易類

格物易經景不分卷　(清)周金釗撰　清光緒十七年(1891)刻本　七行二十字或八行二十五字小字雙行三十三字白口單魚尾左右雙邊　鈐有“文衍大學校道器圖書禮蹟”　五册

370000 - 1542 - 0000144　720/73　經部/易類

新刻來瞿堂先生易註十五卷首一卷末一卷　(明)來知德撰　(清)周聘侯重校　清雍正七年(1729)朝爽堂刻本　九行二十二字小字雙行同白口四周單邊　内封題“來瞿堂先生秘本　易經來註圖解　三樂齋發兑”　鈐有“齊魯大學圖書館藏書”　十二册

370000 - 1542 - 0000145　720/74　經部/易類

易經解注傳義辯正四十四卷首二卷易經圖説辯正二卷　(清)彭申甫輯　清光緒十二年(1886)刻本　八行小字雙行二十七字白口單魚尾四周雙邊　内封題“周易解經傳義辯正四十八卷　光緒丙戌秋吴錦章署檢”　鈐有“齊魯大學圖書館藏書”　二十四册

370000 - 1542 - 0000146　720/75　經部/易類

古本易鏡十二卷附學易管窺二卷　(清)何毓福撰　清光緒十年(1884)鐵嶺何氏家刻本　九行二十字小字雙行同黑口雙魚尾四周單邊　内封題“光緒甲申春鐫　古本易鏡　本宅藏本”　鈐有“齊魯大學圖書館藏書”　十三册

370000 - 1542 - 0000147　720/76　經部/易類

周易姚氏學十六卷首一卷　(清)姚配中撰　清光緒三年(1877)湖北崇文書局刻本　十二行二十四字小字雙行同黑口雙魚尾四周雙邊　内封題“光緒三年三月湖北崇文書局開雕”　鈐有“齊魯大學圖書館藏書”　六册

370000 - 1542 - 0000148　720/85　經部/易類

易緯十二卷　(漢)鄭玄注　清乾隆四十二年(1777)福建刻道光、同治間遞修光緒二十一年(1895)增刻武英殿聚珍版書本　九行二十字小字雙行同白口單魚尾四周雙邊　鈐有“齊魯大學圖書館藏書”　二册

370000 - 1542 - 0000149　720/86　經部/易類

易原八卷　(宋)程大昌撰　清乾隆四十二年(1777)福建刻道光、同治間遞修光緒二十一年(1895)增刻武英殿聚珍版書本　九行二十一字白口單魚尾四周雙邊　鈐有“齊魯大學圖書館藏書”　二册

370000 - 1542 - 0000150　720/87　經部/易類

周易口訣義六卷　(唐)史徵撰　清乾隆四十二年(1777)福建刻道光、同治間遞修光緒二十一年(1895)增刻武英殿聚珍版書本　九行二十一字白口單魚尾四周雙邊　鈐有“齊魯大學圖書館藏書”　三册

370000 - 1542 - 0000151　720/88　經部/易類

吴園周易解九卷附録一卷　(宋)張根撰　清乾隆四十二年(1777)福建刻道光、同治間遞修光緒二十一年(1895)增刻武英殿聚珍版書本　九行二十一字白口單魚尾四周雙邊　鈐有“齊魯大學圖書館藏書”　三册

370000 - 1542 - 0000152　720/89　經部/易類

易説六卷　(宋)司馬光撰　清乾隆四十二年(1777)福建刻道光、同治間遞修光緒二十一年(1895)增刻武英殿聚珍版書本　九行二十一字白口單魚尾四周雙邊　鈐有“齊魯大學圖書館藏書”三册

370000 - 1542 - 0000153　720/92　經部/易類

易學濫觴一卷　(元)黄澤撰　清乾隆四十二

年(1777)福建刻道光、同治間遞修光緒二十一年(1895)增刻武英殿聚珍版書本　九行二十一字白口單魚尾四周雙邊　一冊

370000－1542－0000154　720/92　經部/易類

易象意言一卷　(宋)蔡淵撰　清乾隆四十二年(1777)福建刻道光、同治間遞修光緒二十一年(1895)增刻武英殿聚珍版書本　九行二十一字白口單魚尾四周雙邊　一冊

370000－1542－0000155　730/1　經部/書類

寫定尚書　(清)吳汝綸校注　清光緒十八年(1892)桐城吳氏家塾石印本　八行十七字小字雙行同黑口單魚尾四周單邊　内封題"桐城吳氏家塾本　光緒十八年春三月印"　二冊

370000－1542－0000156　730/2　經部/書類

今文尚書考證三十卷　(清)皮錫瑞撰　清光緒二十三年(1897)善化皮氏師伏堂刻本　十行二十四字小字雙行同白口單魚尾四周雙邊　内封題"丁酉孟春師伏堂刊"　六冊

370000－1542－0000157　730/4　經部/書類

欽定書經圖説五十卷　(清)孫家鼐等修　(清)李希聖等纂　(清)詹秀林　(清)詹步魁繪圖　清光緒三十一年(1905)京師大學堂編書局石印本　十行二十五字小字雙行同白口單魚尾左右雙邊　十六冊

370000－1542－0000158　730/6　經部/書類

禹貢正銓四卷　(清)姚彥渠輯　清光緒十一年(1885)歸安姚丙吉校刻本　十一行二十四字小字雙行同白口單魚尾左右雙邊　鈐有"私立齊魯大學國學研究所藏書之章"　二冊

370000－1542－0000159　730/7　經部/書類

書傳音釋六卷首一卷末一卷　(宋)蔡沈集傳　(元)鄒季友音釋　清同治五年(1866)吳氏望三益齋刻本　九行十八字小字雙行同白口單魚尾左右雙邊　内封題"同治五年三月啟工十有二月刊成"　鈐有"齊魯大學圖書館藏書"　四冊

370000－1542－0000160　730/7　經部/書類

書傳音釋六卷首一卷末一卷　(宋)蔡沈集傳　(元)鄒季友音釋　清同治五年(1866)吳氏望三益齋刻本　九行十八字小字雙行同白口單魚尾左右雙邊　内封題"同治五年三月啟工十有二月刊成"　鈐有"齊魯大學國學研究所藏書之章"　四冊

370000－1542－0000161　730/9　經部/書類

書説二卷　(清)郝懿行撰　清光緒八年(1882)東路廳署刻本　九行二十一字小字雙行同黑口單魚尾左右雙邊　内封題"光緒八年歲在壬午　東路廳署開雕"　鈐有"齊魯大學圖書館藏書"　二冊

370000－1542－0000162　730/9　經部/書類

汲冢周書輯要一卷　(清)郝懿行輯　清光緒八年(1882)東路廳署刻本　九行二十一字小字雙行同黑口單魚尾左右雙邊　鈐有"齊魯大學圖書館藏書"　一冊

370000－1542－0000163　730/10：C1　經部/書類

禹貢指南四卷　(宋)毛晃撰　清光緒九年(1883)成都刻本　九行二十一字黑口雙魚尾四周雙邊　内封題"光緒癸未刊於成都"　鈐有"私立齊魯大學國學研究所藏書之章"　二冊

370000－1542－0000164　730/10：C2　經部/書類

禹貢指南四卷　(宋)毛晃撰　清乾隆四十二年(1777)福建刻道光、同治間遞修光緒二十一年(1895)增刻武英殿聚珍版書本　九行二十一字白口單魚尾四周雙邊　鈐有"齊魯大學圖書館藏書"　二冊

370000－1542－0000165　730/14：C2　經部/書類

九州田賦等第辨土考　(□)□□撰　清抄本　九行十九字小字雙行同　無格　一冊

370000－1542－0000166　730/14：C1　經部/書類

夏書禹貢一卷　(□)□□撰　清抄本　八行

二十字　無格　鈐有“齊魯大學圖書館藏書”　一冊

370000－1542－0000167　730/16　經部/書類

禹貢今注　(清)閻寶森輯　清宣統三年(1911)京師琉璃廠鉛印本　十行二十六字白口單魚尾四周雙邊　一冊

370000－1542－0000168　730/22　經部/書類

尚書纂傳四十六卷　(元)王天與纂輯　清同治巴陵鍾氏重刻通志堂經解本　十行二十一字小字雙行三十二字白口單魚尾左右雙邊　五冊

370000－1542－0000169　730/23:C1　經部/書類

尚書後案三十卷後辨一卷　(清)王鳴盛撰　清乾隆四十五年(1780)頤志堂刻本　十四行三十字小字雙行四十五字黑口單魚尾四周單邊　内封題“東吴王氏學尚書後案　頤志堂藏版”　鈐有“齊魯大學圖書館藏書”　八冊

370000－1542－0000170　730/23:C2　經部/書類

尚書後案三十卷後辨一卷　(清)王鳴盛撰　清乾隆四十五年(1780)頤志堂刻本　十四行三十字小字雙行四十五字黑口單魚尾四周單邊　内封題“東吴王氏學尚書後案　頤志堂藏版”　八冊

370000－1542－0000171　730/24　經部/書類

書蔡氏傳輯録纂注六卷　(元)董鼎撰　清同治巴陵鍾氏重刻通志堂經解本　十一行二十字小字雙行三十字白口單魚尾左右雙邊　五冊

370000－1542－0000172　730/25:C4　經部/書類

書經集傳六卷　(宋)蔡沈撰　清同治十一年(1872)山東書局刻本　九行十七字小字雙行同白口四周單邊　内封題“同治十一年山東書局開雕　尚志堂藏版”　鈐有“基督教齊魯大學圖書館”　四冊

370000－1542－0000173　730/25:C2　經部/書類

書經集傳六卷　(宋)蔡沈撰　清光緒十七年(1891)上海埽葉山房校刻本　上欄小字雙行三字下欄九行十九字小字雙行同白口單魚尾左右雙邊　内封題“監本書經　光緒辛卯仲夏校正無訛　埽葉山房藏板”　鈐有“基督教齊魯大學圖書館”　四冊

370000－1542－0000174　730/25:C3　經部/書類

書經集傳六卷　(宋)蔡沈集傳　清紫文閣刻本　佚名批注　上欄小字雙行三字下欄九行十七字小字雙行同白口單魚尾左右雙邊　鈐有“基督教齊魯大學圖書館”　四冊

370000－1542－0000175　730/25:C1　經部/書類

書經集傳六卷　(宋)蔡沈集傳　清怡翰齋刻本　上欄小字雙行三字下欄九行十七字小字雙行同白口左右雙邊　内封題“悉遵宋刊點畫無訛　狀元書經　怡翰齋藏梓”　鈐有“基督教齊魯大學圖書館”　四冊

370000－1542－0000176　730/25:C5　經部/書類

書經集傳六卷　(宋)蔡沈集傳　清恕堂刻本　八行十七字小字雙行同白口單魚尾四周雙邊　鈐有“齊魯大學圖書館藏書”　四冊

370000－1542－0000177　730/26　經部/書類

古文尚書辨惑十八卷釋難二卷析疑一卷商是一卷　(清)洪良品撰　清光緒十四年(1888)鉛字排印本　十二行二十七字小字雙行同白口單魚尾四周雙邊　無格　内封題“光緒丁亥孟冬　古文尚書辨惑　龍岡山人撰”　鈐有“齊魯大學圖書館藏書”　六冊

370000－1542－0000178　730/27　經部/書類

尚書讀本二卷　(清)吴汝綸點勘　清光緒三十四年(1908)保陽書局鉛字排印本　八行二十三字小字雙行三十六字白口單魚尾四周雙

邊　無格　内封題“光緒戊申九月印于保陽書局”　鈐有“齊魯大學圖書館藏書”　二册

370000 - 1542 - 0000179　730/28　經部/書類

尚書説七卷　(宋)黄度撰　清同治巴陵鍾氏重刻通志堂經解本　十一行二十字小字雙行三十字白口單魚尾左右雙邊　二册

370000 - 1542 - 0000180　730/29　經部/書類

書經衷論四卷　(清)張英撰　清光緒二十三年(1897)桐城張氏刻本　十行十九字黑口雙魚尾左右雙邊　鈐有“齊魯大學圖書館藏書”　二册

370000 - 1542 - 0000181　730/30　經部/書類

尚書説五卷　(清)吴嘉賓撰　清同治元年(1862)南豐吴氏家刻本　九行二十五字白口單魚尾四周雙邊　内封題“同治元年壬戌冬月　本家雕版”　鈐有“齊魯大學圖書館藏書”　二册

370000 - 1542 - 0000182　730/32　經部/書類

尚書今文二十八篇解不分卷　(清)楊鍾泰編　清道光十八年(1838)載德堂刻本　十行二十一字白口單魚尾四周單邊　内封題“尚書今文二十八篇解　載德堂藏板”　鈐有“齊魯大學圖書館藏書”　四册

370000 - 1542 - 0000183　730/33∶C4　經部/書類

尚書大傳四卷　(漢)伏勝撰　(漢)鄭玄注　**鄭司農集一卷**　(漢)鄭玄撰　**附考異一卷補遺一卷續補遺一卷**　(清)盧文弨撰　清乾隆二十二年(1757)德州盧氏雅雨堂刻本　十行二十一字小字雙行同白口單魚尾四周單邊　一册

370000 - 1542 - 0000184　730/33∶C1　經部/書類

尚書大傳四卷　(漢)伏勝撰　(漢)鄭玄注　**考異一卷補遺一卷續補遺一卷**　(清)盧文弨撰　清光緒三年(1877)湖北崇文書局刻本　十二行二十四字小字雙行同黑口雙魚尾四周雙邊　内封題“光緒三年三月湖北崇文書局開雕”　一册

370000 - 1542 - 0000185　730/33∶C5　經部/書類

尚書大傳四卷　(漢)伏勝撰　(漢)鄭玄注　**考異一卷補遺一卷續補遺一卷**　(清)盧文弨撰　清光緒三年(1877)湖北崇文書局刻本　十二行二十四字小字雙行同黑口雙魚尾四周雙邊　内封題“光緒三年三月湖北崇文書局開雕”　鈐有“石君辛巳以後所得書”　一册

370000 - 1542 - 0000186　730/34　經部/書類

增修東萊書説三十五卷　(宋)時瀾撰　清同治巴陵鍾氏重刻通志堂經解本　十一行二十字白口單魚尾左右雙邊　八册

370000 - 1542 - 0000187　730/35　經部/書類

尚書詳解五十卷　(宋)陳經撰　清乾隆四十二年(1777)福建刻道光、同治間遞修光緒二十一年(1895)增刻武英殿聚珍版書本　九行二十一字白口單魚尾四周雙邊　鈐有“齊魯大學圖書館藏書”　十册

370000 - 1542 - 0000188　730/36　經部/書類

書集傳纂疏六卷　(元)陳櫟纂疏　清同治巴陵鍾氏重刻通志堂經解本　十一行二十字小字雙行三十字白口單魚尾左右雙邊　四册

370000 - 1542 - 0000189　730/37　經部/書類

書蔡氏傳旁通六卷　(元)陳師凱撰　清同治巴陵鍾氏重刻通志堂經解本　十一行二十字小字雙行三十字白口單魚尾左右雙邊　六册

370000 - 1542 - 0000190　730/38　經部/書類

書古微十二卷　(清)魏源撰　清光緒四年(1878)淮南書局刻本　十行二十一字小字雙行同白口單魚尾左右雙邊　四册

370000－1542－0000191　730/46　經部/書類

應制五經題解尚書一卷　(清)劉廷琨等纂　清刻本　佚名批點　上欄九行小字十六字下欄九行二十四字小字雙行同白口四周單邊　鈐有"松菊堂""趙士棠""齊魯大學圖書館藏書"　一册

370000－1542－0000192　730/47　經部/書類

尚書小札二卷　(清)郭夢星撰　清光緒二十一年(1895)濰縣郭氏家刻本　十二行二十三字小字雙行同白口單魚尾左右雙邊　鈐有"華東大學圖書館藏書章"　一册

370000－1542－0000193　730/49　經部/書類

尚書表注二卷　(宋)金履祥撰　(清)胡鳳丹校　清同治八年(1869)胡氏退補齋刻本　十行十八字小字雙行同白口單魚尾四周雙邊　鈐有"李子善所有書畫之章"　二册

370000－1542－0000194　740/29：C3　經部/詩類

詩經八卷　(宋)朱熹集傳　清同治十年(1871)埽葉山房刻本　上欄小字雙行三字下欄九行十七字小字雙行同白口單魚尾左右雙邊　內封題"監本詩經　埽葉山房校對無訛　同治十年仲秋梓"　鈐有"基督教齊魯大學圖書館"　四册

370000－1542－0000195　740/29：C2　經部/詩類

詩經八卷　(宋)朱熹集傳　清同治十一年(1872)山東書局刻本　九行十七字小字雙行同白口四周單邊　內封題"同治十一年山東書局開雕　尚志堂藏板"　四册

370000－1542－0000196　740/29：C5　經部/詩類

詩經八卷　(宋)朱熹集傳　清光緒六年(1880)文會成刻本　上欄小字雙行二字下欄九行十七字小字雙行同白口左右雙邊　內封題"光緒庚辰新鐫　監本詩經　文會成藏板"　鈐有"基督教齊魯大學圖書館"　四册

370000－1542－0000197　740/29：C4　經部/詩類

詩經八卷　(宋)朱熹集傳　清光緒十九年(1893)上海熙記書莊刻本　上欄小字雙行三字下欄九行十七字小字雙行同白口單魚尾左右雙邊　內封題"光緒癸巳孟春梓於滬上熙記書莊發兌"　鈐有"基督教齊魯大學圖書館"　四册

370000－1542－0000198　740/29：C1　經部/詩類

詩經八卷　(宋)朱熹集傳　清嘉慶刻本　九行十七字小字雙行同書眉小字雙行六字白口四周雙邊　鈐有"齊魯大學圖書館藏書"　四册

370000－1542－0000199　740/29　經部/詩類

詩經八卷　(宋)朱熹集傳　清光緒六年(1880)文會成刻本　上欄小字雙行二字下欄九行十七字小字雙行同白口左右雙邊　一册　存一卷(三)

370000－1542－0000200　740/1：C1　經部/詩類

毛詩古音考四卷附讀詩拙言一卷　(明)陳第編輯　清光緒六年(1880)武昌張氏刻本　十行二十一字小字雙行同白口單魚尾四周雙邊　內封題"武昌張氏校刊"　四册

370000－1542－0000201　740/1：C2　經部/詩類

毛詩古音考四卷附讀詩拙言一卷　(明)陳第編輯　清光緒六年(1880)武昌張氏刻本　十行二十一字小字雙行同白口單魚尾四周雙邊　內封題"武昌張氏校刊"　四册

370000－1542－0000202　740/2　經部/詩類

詩經廣詁三十卷　(清)徐璈撰輯　清道光十年(1830)桐城徐氏家刻本　十行二十三字小字雙行同黑口雙魚尾四周雙邊　八册

370000－1542－0000203　740/4　經部/詩類

毛詩品物圖考七卷　(日本)岡元鳳纂輯　清宣統二年(1910)上海掃葉山房石印本　圖文相間字數不等白口單魚尾四周單邊　内封題"宣統二年石印　掃葉山房"　二冊

370000－1542－0000204　740/7　經部/詩類
詩毛氏傳疏三十卷　(清)陳奐撰　清道光二十七年(1847)吳縣南園陳氏埽葉山莊刻本　十行二十一字小字雙行同黑口雙魚尾左右雙邊　内封題"詩毛氏傳疏　道光二十七年秋八月碩甫自題""吳門南園埽葉山莊陳氏藏版"　鈐有"齊魯大學圖書館藏書""挹秀書屋"　十冊

370000－1542－0000205　740/7　經部/詩類
詩毛氏傳疏三十卷　(清)陳奐撰　清道光二十七年(1847)吳縣南園陳氏埽葉山莊刻本　十行二十一字小字雙行同黑口雙魚尾左右雙邊　内封題"詩毛氏傳疏　道光二十七年秋八月碩甫自題""吳門南園埽葉山莊陳氏藏版"　鈐有"應椿""恨不十年讀書"　十冊

370000－1542－0000206　740/7　經部/詩類
釋毛詩音四卷　(清)陳奐撰　清咸豐元年(1851)蘇州漱房齋刻本　十行二十一字小字雙行同黑口雙魚尾左右雙邊　内封題"咸豐辛亥五月蘇州漱房齋鐫"　鈐有"齊魯大學圖書館藏書"　一冊

370000－1542－0000207　740/7　經部/詩類
釋毛詩音四卷　(清)陳奐撰　清咸豐元年(1851)蘇州漱房齋刻本　十行二十一字小字雙行同黑口雙魚尾左右雙邊　内封題"咸豐辛亥五月蘇州漱房齋鐫"　一冊

370000－1542－0000208　740/7　經部/詩類
毛詩説一卷　(清)陳奐撰　清道光二十七年(1847)武林愛日軒刻本　十行二十一字小字雙行同黑口雙魚尾左右雙邊　内封題"道光丁未七月武林愛日軒刻"　鈐有"齊魯大學圖書館藏書"　一冊

370000－1542－0000209　740/7　經部/詩類
毛詩説一卷　(清)陳奐撰　清道光二十七年(1847)武林愛日軒刻本　十行二十一字小字雙行同黑口雙魚尾左右雙邊　内封題"道光丁未七月武林愛日軒刻"　一冊

370000－1542－0000210　740/7　經部/詩類
毛詩傳義類一卷　(清)陳奐撰　清咸豐九年(1859)王載雲刻本　十行二十一字小字雙行同黑口雙魚尾左右雙邊　内封題"己未冬月王載雲刊"　鈐有"齊魯大學圖書館藏書"　一冊

370000－1542－0000211　740/7　經部/詩類
毛詩傳義類一卷　(清)陳奐撰　清咸豐九年(1859)王載雲刻本　十行二十一字小字雙行同黑口雙魚尾左右雙邊　内封題"己未冬月王載雲刊"　一冊

370000－1542－0000212　740/7　經部/詩類
鄭氏箋考徵一卷　(清)陳奐撰　清咸豐八年(1858)許文一刻本　十行二十一字小字雙行同黑口雙魚尾左右雙邊　内封題"戊午孟春許文一梓"　鈐有"齊魯大學圖書館藏書"　一冊

370000－1542－0000213　740/7　經部/詩類
鄭氏箋考徵一卷　(清)陳奐撰　清咸豐八年(1858)許文一刻本　十行二十一字小字雙行同黑口雙魚尾左右雙邊　内封題"戊午孟春許文一梓"　一冊

370000－1542－0000214　740/9　經部/詩類
毛詩異義四卷附詩譜敘一卷　(清)汪龍撰　清道光五年(1825)鮑方桀校刻本　十行二十一字小字雙行同白口單魚尾四周雙邊　内封題"道光乙酉春鐫　鮑氏藏版"　四冊

370000－1542－0000215　740/11　經部/詩類
詩志八卷　(清)牛運震撰　清嘉慶五年(1800)滋陽牛氏空山堂刻本　九行二十二字白口單魚尾四周雙邊　四冊

370000－1542－0000216　740/12：C6　經部/詩類
韓詩外傳十卷　(漢)韓嬰撰　清乾隆十七年(1752)錢江倪氏刻本　九行十九字白口左右

雙邊　鈐有“紹興府横街大帝廟間尺木堂發兑”　四册

370000－1542－0000217　740/12：C3　經部/詩類

韓詩外傳十卷　(漢)韓嬰撰　清光緒元年(1875)湖北崇文書局刻本　十二行二十四字黑口雙魚尾左右雙邊　内封題“光緒紀元年夏月湖北崇文書局開雕”　二册

370000－1542－0000218　740/12：C5　經部/詩類

韓詩外傳十卷　(漢)韓嬰撰　清光緒三年(1877)湖北崇文書局刻本　吳石君校　十二行二十四字黑口雙魚尾四周雙邊　内封題“光緒三年三月湖北崇文書局開雕”　鈐有“甲午”“壯學堂”　二册

370000－1542－0000219　740/12：C4　經部/詩類

韓詩外傳十卷　(漢)韓嬰撰　(清)黄錫禩校　清刻本　十二行二十四字黑口雙魚尾四周雙邊　四册

370000－1542－0000220　740/41　經部/詩類

續呂氏家塾讀詩記三卷　(宋)戴溪撰　清乾隆四十二年(1777)福建刻道光、同治間遞修光緒二十一年(1895)增刻武英殿聚珍版書本　九行二十一字小字雙行同白口單魚尾四周雙邊　鈐有“齊魯大學圖書館藏書”　二册

370000－1542－0000221　740/14：C2　經部/詩類

詩經世本古義二十八卷首一卷末一卷　(明)何楷撰　清嘉慶二十四年(1819)閩漳謝氏文林堂刻本　九行二十字小字雙行同白口四周雙邊　鈐有“齊魯大學圖書館藏書”　二十四册

370000－1542－0000222　740/14：C1　經部/詩類

詩經世本古義二十八卷首一卷末一卷　(明)何楷撰　清光緒十九年(1893)上海鴻寶齋石印本　十一行三十三字小字雙行同黑口單魚尾四周雙邊　内封題“光緒癸巳春　上海鴻寶叁石印”　鈐有“齊魯大學圖書館藏書”　十六册

370000－1542－0000223　740/31　經部/詩類

詩攷補注二卷補遺二卷　(宋)王應麟原輯　(清)丁晏補注　清光緒十一年(1885)蛟川花雨樓張氏校刻本　九行二十字小字雙行同黑口單魚尾左右雙邊　内封題“詩攷補注補遺　光緒乙酉雅禾氏署　蛟川花雨樓　張氏校刊本”　鈐有“書業德記發兑”“齊魯大學圖書館藏書”　三册

370000－1542－0000224　740/19　經部/詩類

毛詩韻譜八卷　(清)郭師古撰　清光緒十年(1884)永新郭氏玉屏山房刻本　七行十二字小字雙行二十四字黑口單魚尾四周雙邊　内封題“光緒十年冬刻　玉屏山房藏版”　六册

370000－1542－0000225　740/20　經部/詩類

御纂詩義折中二十卷　(清)陳兆崙等纂　清乾隆刻本　八行二十字白口單魚尾四周雙邊　鈐有“齊魯大學圖書館藏書”　八册

370000－1542－0000226　740/20　經部/詩類

御纂詩義折中二十卷　(清)陳兆崙等纂　清寶興堂刻本　九行二十字白口單魚尾左右雙邊　鈐有“齊魯大學圖書館藏書”　四册

370000－1542－0000227　740/22　經部/詩類

毛詩要義二十卷譜序一卷　(宋)魏了翁撰　清光緒八年(1882)獨山莫氏影宋刻本　九行十八字黑口雙魚尾四周雙邊　鈐有“齊魯大學圖書館藏書”　十二册

370000－1542－0000228　740/23　經部/詩類

詩問七卷　(清)王照圓撰　清光緒八年(1882)東路廳署刻本　九行二十一字小字雙行同黑口單魚尾左右雙邊　内封題“光緒八

年歲在壬午　東路廳署開雕”　鈐有“齊魯大學圖書館藏書”　六冊

370000－1542－0000229　740/5　經部/詩類

劉氏詩説十二卷總説一卷　(宋)劉克撰　清道光八年(1828)汪氏藝芸書舍影宋刻本　八行十八字白口雙魚尾左右雙邊　内封題“宋本劉氏詩説　道光戊子仲冬重刊　藝芸書舍藏板”　鈐有“紫藤花館”“蕭氏世藏”　四冊　存十卷(一至八、十一至十二)

370000－1542－0000230　740/24　經部/詩類

詩説二卷附詩經拾遺一卷　(清)王照圓撰　清光緒八年(1882)東路廳署刻本　九行二十一字小字雙行同黑口單魚尾左右雙邊　内封題“光緒八年歲在壬午　東路廳署開雕”　鈐有“齊魯大學圖書館藏書”　三冊

370000－1542－0000231　740/26　經部/詩類

尚詩徵名二卷附覺華龕詩存一卷　(清)王蔭祜撰　清光緒三十四年(1908)刻本　十行二十字黑口四周雙邊　内封題“光緒三十四年歲在戊申夏六月校刊竟”“光緒二十年歲在甲午夏五月刊成”　鈐有“齊魯大學圖書館藏書”　一冊

370000－1542－0000232　740/28　經部/詩類

毛詩後箋三十卷　(清)胡承珙撰　清道光十七年(1837)胡氏求是堂精刻本　十行二十二字白口單魚尾左右雙邊　内封題“道光丁酉孟冬　毛詩後箋　求是堂藏版”　鈐有“醉經”“彀手攷藏”“齊魯大學圖書館藏書”　二十冊

370000－1542－0000233　740/30　經部/詩類

李迂仲黃實夫毛詩集解四十二卷　(宋)李樗　(宋)黃櫄纂　(宋)呂祖謙釋音　清同治巴陵鍾氏重刻通志堂經解本　十一行二十字白口單魚尾左右雙邊　十七冊

370000－1542－0000234　740/32　經部/詩類

毛詩復古録十二卷　(清)吳懋清撰　清光緒二十年(1894)廣州刻本　十一行二十二字小字雙行同黑口雙魚尾左右雙邊　内封題“光緒甲午刻於廣州學使者署　會稽陶濬宣書”　鈐有“齊魯大學圖書館藏書”　六冊

370000－1542－0000235　740/33　經部/詩類

毛詩稽古編三十卷　(清)陳啓源撰　**附考一卷**　(清)費雲倬輯　清光緒九年(1883)上海同文書局石印本　十行二十六字白口單魚尾左右雙邊　内封題“光緒九年孟夏　毛詩稽古編　上海同文書局編印”　鈐有“齊魯大學圖書館藏書”　八冊

370000－1542－0000236　740/33　經部/詩類

毛詩稽古編三十卷　(清)陳啓源撰　**附考一卷**　(清)費雲倬輯　清光緒九年(1883)上海同文書局石印本　十行二十六字白口單魚尾左右雙邊　内封題“光緒九年孟夏　毛詩稽古編　上海同文書局編印”　八冊

370000－1542－0000237　740/34　經部/詩類

毛詩補禮六卷　(清)朱濂撰　清道光十九年(1839)刻光緒三年(1877)補刻印本　十行二十三字小字雙行同白口單魚尾左右雙邊　内封題“毛詩補禮　道光己亥孟夏鎸　後學吳雲蒸書”　鈐有“齊魯大學圖書館藏書”　二冊

370000－1542－0000238　740/35　經部/詩類

詩義旁通十二卷　(清)李允升輯　清咸豐二年(1852)易簡堂刻本　十行二十三字白口單魚尾四周雙邊　内封題“咸豐壬子清和月刊　詩義旁通　易簡堂藏板”　六冊

370000－1542－0000239　740/36　經部/詩類

詩小學三十卷詩小學補一卷　(清)吳樹聲撰　清同治七年(1868)壽光官廨刻本　十行二

十字白口單魚尾左右雙邊　内封題“同治七年弍月雕于壽光官廨”　鈐有“秦邑夏訪雪氏藏書印”“夏子猷印”“訪雪菴主”“齊魯大學圖書館藏書”　十二册

370000－1542－0000240　740/36　經部/詩類

詩小學三十卷詩小學補一卷　(清)吳樹聲撰　清同治七年(1868)壽光官廨刻本　十行二十字白口單魚尾左右雙邊　内封題“同治七年弍月雕于壽光官廨”　鈐有“齊魯大學圖書館藏書”　十二册

370000－1542－0000241　740/37　經部/詩類

詩集傳名物鈔八卷　(元)許謙撰　清同治巴陵鍾氏重刻通志堂經解本　十一行二十字白口單魚尾左右雙邊　五册

370000－1542－0000242　740/38：C1　經部/詩類

欽定詩經傳説彙纂二十一卷首二卷詩序二卷　(清)王鴻緒等編　清光緒四年(1878)廣州翰墨園刻本　八行二十二字小字雙行同白口單魚尾四周雙邊　内封題“光緒戊寅春仲廣州翰墨園栞”　二十四册

370000－1542－0000243　740/38：C2　經部/詩類

欽定詩經傳説彙纂二十一卷首二卷詩序二卷　(清)王鴻緒等編　清翻刻雍正内府本　八行二十二字小字雙行同白口單魚尾四周雙邊　鈐有“齊魯大學圖書館藏書”　二十四册

370000－1542－0000244　740/39　經部/詩類

詩補傳三十卷　(宋)范處義撰　清同治巴陵鍾氏重刻通志堂經解本　十一行二十字白口單魚尾左右雙邊　八册

370000－1542－0000245　740/42：C1　經部/詩類

詩古微十五卷首一卷　(清)魏源輯　清光緒十三年(1887)宜都楊氏刻本　十行二十二字小字雙行同白口單魚尾左右雙邊　内封題“光緒丁亥重鎸梁谿浦氏藏版”　八册

370000－1542－0000246　740/42：C2　經部/詩類

詩古微十五卷首一卷　(清)魏源輯　清光緒十三年(1887)青浦席氏掃葉山房補刻本　十行二十二字小字雙行同白口單魚尾左右雙邊　鈐有“思易草廬賈氏藏書印”　十册

370000－1542－0000247　740/45：C1　經部/詩類

毛詩訂詁八卷附録二卷　(清)顧棟高撰　清光緒二十二年(1896)江蘇書局刻本　十六行二十七字黑口雙魚尾左右雙邊　内封題“光緒丙申六月　江蘇書局刊版”　四册

370000－1542－0000248　740/45：C2　經部/詩類

毛詩訂詁八卷附録二卷　(清)顧棟高撰　清光緒二十二年(1896)江蘇書局刻本　十六行二十七字黑口雙魚尾左右雙邊　内封題“光緒丙申六月　江蘇書局刊版”　鈐有“雨來軒選藏”　四册

370000－1542－0000249　740/46　經部/詩類

詩瀋二十卷　(清)范家相撰　清乾隆三十九年(1774)古趣亭刻本　十行二十二字黑口雙魚尾左右雙邊　鈐有“紅蕉山館所藏”　六册

370000－1542－0000250　740/49　經部/詩類

毛詩傳箋通釋三十二卷　(清)馬瑞辰撰　清光緒十四年(1888)廣雅書局刻本　十一行二十四字小字雙行同黑口單魚尾四周單邊　内封題“光緒十三年二月廣雅書局刻”　十二册

370000－1542－0000251　740/51　經部/詩類

毛詩説三十卷　(清)孫燾撰　清嘉慶二十年(1815)平湖孫氏家刻本　十行二十二字小字雙行同白口單魚尾左右雙邊　二册

370000－1542－0000252　740/54　經部/詩類

絜齋毛詩經筵講義四卷　(宋)袁燮撰　清乾隆浙江翻刻武英殿聚珍版書本　九行二十一字白口單魚尾左右雙邊　二册

370000 - 1542 - 0000253　740/55　經部/詩類

毛詩補箋二十卷　(漢)鄭玄箋　王闓運補箋　清光緒三十一年(1905)江西官書局木活字印本　八行十七字小字雙行同白口單魚尾四周雙邊　牌記題"光緒乙巳夏江西官書局排印處印行"　八册

370000 - 1542 - 0000254　740/58　經部/詩類

詩義序説合鈔四卷首一卷　(清)游閎纂輯　清道光二十三年(1843)樂安游氏家刻本　上欄小字雙行十二字下欄八行二十字小字雙行同白口單魚尾左右雙邊　牌記題"道光癸卯春新鎸　樂安游白齋纂輯詩義序説合鈔　本家藏板"　四册

370000 - 1542 - 0000255　740/63　經部/詩類

韓詩遺説續考四卷　(清)顧震福撰　清光緒十九年(1893)刻本　十行二十二字小字雙行同白口單魚尾左右雙邊　牌記題"光緒癸巳夏栞"　一册

370000 - 1542 - 0000256　740/64　經部/詩類

詩經精粹四卷　(□)□□編　清末石印本　九行十九字小字雙行三十四字白口單魚尾左右單邊　鈐有"齊魯大學圖書館藏書"　四册

370000 - 1542 - 0000257　740/69　經部/詩類

虞東學詩十二卷　(清)顧鎮撰　清道光十九年(1839)刻本　十行二十一字小字雙行同白口單魚尾左右雙邊　六册

370000 - 1542 - 0000258　752/6　經部/周禮類

周禮十二卷　(漢)鄭玄注　(唐)陸德明音義　清同治十一年(1872)山東書局刻本　九行十七字小字雙行同白口四周單邊　牌記題"同治十一年山東書局開雕　尚志堂藏板"　六册

370000 - 1542 - 0000259　752/6　經部/周禮類

周禮十二卷　(漢)鄭玄注　(唐)陸德明音義　清曲阜孔氏敦本堂家塾校刻本　十行二十字小字雙行三十字黑口單魚尾左右雙邊　鈐有"齊魯大學圖書館藏書"　六册

370000 - 1542 - 0000260　752/6　經部/周禮類

周禮十二卷　(漢)鄭玄注　(唐)陸德明音義　清光緒十二年(1886)湖北官書處刻本　九行十七字小字雙行同白口單魚尾四周雙邊　鈐有"雙柏書軒""齊魯大學圖書館藏書"　六册

370000 - 1542 - 0000261　752/19　經部/周禮類

周禮六卷　(漢)鄭玄注　(唐)陸德明音義　清光緒李光明莊刻本　十一行二十二字小字雙行同白口單魚尾左右雙邊　六册

370000 - 1542 - 0000262　751/3　經部/周禮類

周禮音訓不分卷　(清)楊國楨撰　清道光十年(1830)刻本　七行二十二字中字雙行同小字四十五至四十八字書眉小字二十一行五字白口單魚尾四周單邊　内封題"道光歲次上章攝提格壯月開鎸"　鈐有"齊魯大學圖書館藏書"　二册

370000 - 1542 - 0000263　752/7　經部/周禮類

周禮正義八十六卷　(清)孫詒讓撰　清光緒三十一年(1905)鉛字排印本　十二行三十二字小字雙行三十七字黑口四周單邊　牌記題"光緒乙巳鑄成鉛版"　鈐有"齊魯大學圖書館藏書"　二十册

370000 - 1542 - 0000264　752/9　經部/周禮類

周禮十卷周禮補二卷　(清)姜兆錫輯義　清道光九年(1829)聯墨堂刻本　十行二十五字

小字雙行同白口單魚尾四周單邊　内封題“道光九年鐫　周禮註疏詳解　聯墨堂梓行”　一册

370000－1542－0000265　752/13　經部/周禮類

周官心解二十八卷　(清)蔣載康撰　清嘉慶十一年(1806)諸暨蔣氏經篚堂刻本　九行二十二字小字雙行同白口單魚尾左右雙邊　内封題“嘉慶丙寅春鐫　經篚堂藏板”　鈐有“齊魯大學圖書館藏書”　六册

370000－1542－0000266　752/14　經部/周禮類

周禮精華六卷　(清)陳龍標編輯　清光緒十一年(1885)刻本　上欄小字十四行八字下欄七行二十字小字雙行同白口單魚尾左右雙邊　内封題“光緒十一年　成文信藏板”　六册

370000－1542－0000267　752/14　經部/周禮類

周禮精華六卷　(清)陳龍標編輯　清光緒十一年(1885)成文堂刻本　佚名批注　上欄小字十四行八字下欄七行二十字小字雙行同白口單魚尾左右雙邊　内封題“光緒十一年秋新鐫　成文堂梓”　鈐有“基督教齊魯大學圖書館”　六册

370000－1542－0000268　752/14　經部/周禮類

周禮精華六卷　(清)陳龍標編輯　清光緒十一年(1885)匯文堂刻本　上欄小字十四行八字下欄七行二十字小字雙行同白口單魚尾左右雙邊　内封題“光緒十一年新鐫　匯文堂藏板”　三册

370000－1542－0000269　752/14　經部/周禮類

周禮精華六卷　(清)陳龍標編輯　清光緒十六年(1890)善成堂刻本　上欄小字十四行八字下欄七行二十字小字雙行同白口單魚尾左右雙邊　内封題“光緒十六年　善成堂藏板”　鈐有“齊魯大學圖書館藏書”　六册

370000－1542－0000270　752/14　經部/周禮類

周禮精華六卷　(清)陳龍標編輯　清刻本　上欄小字十四行八字下欄七行二十字小字雙行同白口單魚尾左右雙邊　鈐有“基督教齊魯大學圖書館”　一册

370000－1542－0000271　752/17　經部/周禮類

周官精義十二卷　(清)連斗山編　清嘉慶元年(1796)金閶書業堂刻本　九行二十三字小字雙行同白口單魚尾左右雙邊　内封題“嘉慶元年春新鐫　金閶書業堂藏板”　鈐有“齊魯大學圖書館藏書”　五册

370000－1542－0000272　752/17　經部/周禮類

周官精義十二卷　(清)連斗山編　清嘉慶十年(1805)刻本　九行二十三字小字雙行同白口單魚尾左右雙邊　内封題“嘉慶乙丑重鐫　聚瀛堂藏板”　鈐有“齊魯大學圖書館藏書”　四册

370000－1542－0000273　753/13　經部/儀禮類

儀禮十七卷　(漢)鄭玄注　(唐)陸德明音義　清同治七年(1868)湖北崇文書局刻本　九行十七字小字雙行同白口單魚尾四周雙邊　鈐有“齊魯大學圖書館藏書”　四册

370000－1542－0000274　753/14　經部/儀禮類

儀禮十七卷　(漢)鄭玄注　清嘉慶二十年(1815)吴縣黄丕烈重刻宋嚴州本　十四行二十四字小字雙行不等白口單魚尾左右雙邊　鈐有“齊魯大學圖書館藏書”　二册

370000－1542－0000275　753/1　經部/儀禮類

讀禮通考一百二十卷　(清)徐乾學撰　清光緒七年(1881)江蘇書局刻本　十三行二十一字小字雙行三十一字白口單魚尾左右雙邊　牌記題“光緒七年四月江蘇書局刊版”　鈐有“私立齊魯大學國學研究所藏書之章”　三十二册

370000 - 1542 - 0000276　753/1　經部/儀禮類

讀禮通考一百二十卷　(清)徐乾學撰　清光緒七年(1881)江蘇書局刻本　十三行二十一字小字雙行三十一字白口單魚尾左右雙邊　牌記題"光緒七年四月江蘇書局刊版"　三十二册

370000 - 1542 - 0000277　753/1　經部/儀禮類

讀禮通考一百二十卷　(清)徐乾學撰　清光緒七年(1881)江蘇書局刻本　十三行二十一字小字雙行三十一字白口單魚尾左右雙邊　牌記題"光緒七年四月江蘇書局刊版"　三十二册

370000 - 1542 - 0000278　753/3　經部/儀禮類

禮經釋例十三卷首一卷　(清)淩廷堪撰　清嘉慶十四年(1809)揚州阮氏刻本　十行二十一字小字雙行同白口單魚尾四周雙邊　鈐有"陳氏藏書""娜嬛主人""鐘山過者""茉瑕""種義堂葛珍藏""齊魯大學圖書館藏書"　八册

370000 - 1542 - 0000279　753/4　經部/儀禮類

儀禮正義四十卷　(清)胡培翬撰　(清)楊大堉補撰　清咸豐七年(1857)沔陽陸氏刻同治七年(1868)補刻本　十行二十一字小字雙行同白口單魚尾四周單邊　鈐有"齊魯大學圖書館藏書"　二十册

370000 - 1542 - 0000280　753/5　經部/儀禮類

儀禮集釋三十卷釋宮一卷　(宋)李如圭撰　清乾隆四十二年(1777)福建刻道光、同治間遞修光緒二十一年(1895)增刻本　九行二十一字白口單魚尾四周雙邊　鈐有"齊魯大學圖書館藏書"　十二册

370000 - 1542 - 0000281　753/8　經部/儀禮類

儀禮集編十七卷　(清)盛世佐撰　清嘉慶九年(1804)刻本　十三行二十三字小字雙行同白口單魚尾左右雙邊　鈐有"齊魯大學圖書館藏書"　二十册

370000 - 1542 - 0000282　753/9　經部/儀禮類

儀禮鄭注句讀十七卷附監本正誤一卷石經正誤一卷　(清)張爾岐撰　清同治十一年(1872)山東書局刻本　九行十七字小字雙行同白口四周單邊　牌記題"同治十一年山東書局開雕　尚志堂藏板"　六册

370000 - 1542 - 0000283　753/9　經部/儀禮類

儀禮鄭注句讀十七卷附監本正誤一卷石經正誤一卷　(清)張爾岐撰　清尚德堂翻刻乾隆八年(1743)高氏本　九行二十四字小字雙行同白口單魚尾左右雙邊　内封題"尚德堂藏板"　鈐有"齊魯大學圖書館藏書"　八册

370000 - 1542 - 0000284　753/16　經部/儀禮類

儀禮纂要十七卷　(清)黃元善編　清光緒二十年(1894)傳經書屋刻本　上欄小字二十七行八字下欄七行二十字小字雙行同行間夾批註白口雙魚尾四周雙邊　内封題"光緒二十年刊　傳經書屋藏本"　鈐有"齊魯大學圖書館藏書"　二册

370000 - 1542 - 0000285　039/445　類叢部/叢書類/家集之屬

德州田氏叢書十三種　(清)田雯等撰　(清)田同之輯　清康熙至乾隆刻本　行款不一　鈐有"齊魯大學圖書館藏書"　十二册　存五種五十三卷(蒙齋年譜一卷、續一卷、附補一卷,古歡堂集三十六卷,長河志籍考十卷,黔書二卷,有懷堂文集一卷、詩集一卷)

370000 - 1542 - 0000286　753/20　經部/儀禮類

儀禮圖六卷　(清)張惠言撰　清同治九年(1870)崇文書局刻本　白口單魚尾四周雙邊　牌記題"同治九年楚北崇文書局重雕"　鈐有"齊魯大學圖書館藏書"　三册

370000－1542－0000287　753/21　經部/儀禮類

任鈞臺先生遺書四卷　(清)任啓運撰　清嘉慶十五年(1810)彭信校刻本　九行二十二字小字雙行同白口單魚尾四周雙邊　鈐有"觀古堂""齊魯大學圖書館藏書"　二册

370000－1542－0000288　753/21　經部/儀禮類

天子肆獻祼饋食禮纂三卷附朝廟宮室考一卷田賦考一卷　(清)任啓運撰　清光緒十四年(1888)任氏家塾刻本　十二行二十二字小字雙行同黑口雙魚尾左右雙邊　牌記題"光緒戊子冬十二月家塾梓行"　鈐有"齊魯大學圖書館藏書"　二册

370000－1542－0000289　753/22　經部/儀禮類

欽定儀禮義疏四十八卷首二卷　(清)鄂爾泰等撰　清刻本　八行十八字小字雙行同白口單魚尾四周雙邊　無格　鈐有"齊魯大學圖書館藏書"　三十二册

370000－1542－0000290　753/23　經部/儀禮類

儀禮音訓十七卷　(清)楊國楨撰　清道光十年(1830)刻本　七行二十二字小字雙行同行間夾小字七行字數不等白口單魚尾四周單邊　内封題"道光歲次上章攝提格壯月開鐫"　鈐有"齊魯大學圖書館藏書"　二册

370000－1542－0000291　753/24　經部/儀禮類

儀禮古今文疏義十七卷　(清)胡承珙撰　清道光五年(1825)涇縣胡氏求是草堂刻本　緯餘題識　十行二十二字小字雙行同白口單魚尾左右雙邊　内封題"道光乙酉夏　求是艸堂藏板"　鈐有"醲華書屋""清河博士後裔""齊魯大學圖書館藏書"　四册

370000－1542－0000292　753/24　經部/儀禮類

儀禮古今文疏義十七卷　(清)胡承珙撰　清光緒三年(1877)湖北崇文書局刻本　十二行二十四字小字雙行同黑口雙魚尾四周雙邊　牌記題"光緒三年三月湖北崇文書局開雕"　四册

370000－1542－0000293　753/24　經部/儀禮類

儀禮古今文疏義十七卷　(清)胡承珙撰　清光緒三年(1877)湖北崇文書局刻本　十二行二十四字小字雙行同黑口雙魚尾四周雙邊　牌記題"光緒三年三月湖北崇文書局開雕"　鈐有"齊魯大學圖書館藏書"　四册

370000－1542－0000294　753/25　經部/儀禮類

儀禮識誤三卷　(宋)張淳撰　清乾隆四十二年(1777)福建刻道光、同治間遞修光緒二十一年(1895)增刻武英殿聚珍版書本　九行二十一字小字雙行同白口單魚尾四周雙邊　一册

370000－1542－0000295　750/1　經部/儀禮類

禮經箋十七卷　(漢)鄭玄注　王闓運箋　清光緒十一年(1885)成都尊經書局刻本　八行十七字小字雙行同白口雙魚尾四周雙邊　鈐有"私立齊魯大學國學研究所藏書之章"　四册

370000－1542－0000296　751/6　經部/儀禮類

禮經學七卷　(清)曹元弼撰　清宣統元年(1909)刻本　十行二十字白口單魚尾四周單邊　内封題"宣統紀元"　七册

370000－1542－0000297　754/3　經部/禮記類

禮記音訓四十九篇　(元)陳澔撰　清道光十年(1830)刻本　七行二十二字小字雙行同行間夾小字七行字數不等白口單魚尾四周單邊　内封題"道光歲次上章攝提格壯月開鐫"　四册

370000－1542－0000298　754/9　經部/禮記類

禮記集說十卷　(元)陳澔集說　清道光二十四年(1844)桐石山房刻本　九行十八字小字

雙行同白口單魚尾左右雙邊　内封題“道光甲辰孟春校刊　監本禮記　桐石山房藏版”　鈐有“齊魯大學圖書館藏書”　十冊

370000－1542－0000299　754/9　經部/禮記類

禮記集説十卷　(元)陳澔集説　清同治十一年(1872)山東書局刻本　九行十七字小字雙行同白口四周單邊　牌記題“同治十一年山東書局開雕　尚志堂藏板”　鈐有“齊魯大學圖書館藏書”　十冊

370000－1542－0000300　754/9　經部/禮記類

禮記集説十卷　(元)陳澔集説　清同治十一年(1872)山東書局刻本　九行十七字小字雙行同白口四周單邊　牌記題“同治十一年山東書局開雕　尚志堂藏板”　鈐有“齊魯大學圖書館藏書”　十冊

370000－1542－0000301　754/9　經部/禮記類

禮記集説十卷　(元)陳澔集説　清光緒四年(1878)書業德刻本　九行十八字小字雙行同眉批小字雙行二字白口左右雙邊　内封題“光緒戊寅新鐫　奎壁禮記　書業德記藏板”　鈐有“基督教齊魯大學圖書館”　十冊

370000－1542－0000302　754/9　經部/禮記類

禮記集説十卷　(元)陳澔集説　清光緒成文信刻本　九行十八字小字雙行同眉批小字雙行二字白口左右雙邊　内封題“成文信梓行”　鈐有“基督教齊魯大學圖書館”　十冊

370000－1542－0000303　754/9　經部/禮記類

禮記集説十卷　(元)陳澔集説　清恕堂刻本　八行十七字小字雙行同白口單魚尾四周雙邊　鈐有“齊魯大學圖書館藏書”　十冊

370000－1542－0000304　754/9　經部/禮記類

禮記集説十卷　(元)陳澔集説　清恕堂刻本　八行十七字小字雙行同白口單魚尾四周雙邊　鈐有“齊魯大學圖書館藏書”　十冊

370000－1542－0000305　754/9　經部/禮記類

禮記集説十卷　(元)陳澔集説　清文盛堂刻本　下欄九行十八字小字雙行同白口左右雙邊　内封題“文盛堂梓行”　鈐有“齊魯大學圖書館藏書”　十冊

370000－1542－0000306　754/10　經部/禮記類

全本禮記體注大全合參十卷　(清)徐旦編　(清)徐瑄補輯　清立達堂刻本　上欄小字二十行二十四字下欄九行十八字小字雙行同白口左右雙邊　鈐有“齊魯大學圖書館藏書”　十冊

370000－1542－0000307　754/12　經部/禮記類

禮記體注大全合參四卷　(清)徐旦編　清光緒三年(1877)刻本　佚名批注　上欄小字十八行二十二字下欄十行十九字小字雙行同白口左右雙邊　内封題“光緒丁丑年仲秋鐫　本衙藏板”　鈐有“基督教齊魯大學圖書館”　四冊

370000－1542－0000308　754/12　經部/禮記類

禮記體注大全合參四卷　(清)徐旦編　清光緒三十年(1904)翰文齋書坊刻本　上欄小字十八行二十三字下欄十行十九字小字雙行同白口單魚尾四周雙邊　内封題“光緒甲辰年重鐫　孫豁逸士鳩工　翰文齋書坊藏板”　鈐有“基督教齊魯大學圖書館”　四冊

370000－1542－0000309　754/15　經部/禮記類

禮記質疑四十九卷　(清)郭嵩燾撰　清光緒十六年(1890)思賢講舍刻本　十一行二十四字小字雙行同黑口單魚尾四周單邊　牌記題“光緒十有六年思賢講舍開雕”　鈐有“基督教齊魯大學圖書館”　十冊

370000－1542－0000310　754/16　經部/禮記類

欽定禮記義疏八十二卷首一卷　(清)允祿等纂　清刻本　八行大字十八字中字二十二字小字雙行二十二字白口單魚尾四周雙邊　無格　鈐有“齊魯大學圖書館藏書”　四十二冊

370000 - 1542 - 0000311　754/16　經部/禮記類

欽定禮記義疏八十二卷首一卷　(清)允祿等纂　清刻本　八行大字十八字中字二十二字小字雙行二十二字白口單魚尾四周雙邊　無格　鈐有“齊魯大學圖書館藏書”　六十三冊

370000 - 1542 - 0000312　754/4　經部/禮記類

明堂陰陽夏小正經傳考釋十卷夏時等例說一卷　(清)莊述祖撰　清光緒九年(1883)劉翊宸校刻本　十行二十一字小字雙行同白口單魚尾左右雙邊　鈐有“獻唐”“雙行精舍校臧經籍印”“王”　四冊

370000 - 1542 - 0000313　754/7　經部/禮記類

大戴禮記十三卷　(漢)戴德撰　清乾隆四十二年(1777)福建刻道光、同治間遞修光緒二十一年(1895)增刻武英殿聚珍版書本　九行二十一字小字雙行同白口單魚尾四周雙邊　鈐有“齊魯大學圖書館藏書”　四冊

370000 - 1542 - 0000314　754/6　經部/禮記類

大戴禮記補注十三卷序錄一卷　(清)孔廣森撰　清嘉慶五年(1800)曲阜孔氏校刻本　十行二十字小字雙行同黑口雙魚尾四周單邊　內封題“嘉慶五年校栞”　鈐有“王國維”“濟南日本中學校圖書”　二冊

370000 - 1542 - 0000315　754/2　經部/禮記類

大戴禮記解詁十三卷　(清)王聘珍撰　清光緒十三年(1887)廣雅書局刻本　十一行二十四字小字雙行同黑口單魚尾四周單邊　內封題“光緒十三年十二月廣雅書局刻”　三冊

370000 - 1542 - 0000316　751/1　經部/三禮總義類

新定三禮圖二十卷　(宋)聶崇義撰　清康熙十五年(1676)通志堂刻本　十六行二十八字小字雙行三十一字白口雙魚尾左右雙邊　四冊

370000 - 1542 - 0000317　751/1　經部/三禮總義類

新定三禮圖二十卷　(宋)聶崇義撰　清同治巴陵鍾氏重刻通志堂經解本　十四行二十八字小字雙行同白口雙魚尾左右雙邊　內封題“河南聶氏集注　通志堂藏板”　鈐有“鎔經鑄史齋”　二冊

370000 - 1542 - 0000318　751/8　經部/三禮總義類

韓氏三禮圖說二卷　(元)韓信同撰　清嘉慶十八年(1813)福鼎王氏麟後山房刻本　九行十八字小字雙行同黑口雙魚尾左右雙邊　內封題“嘉慶十八年仲夏初吉　元韓氏三禮圖說　福鼎王氏麟後山房刊”　牌記題“嘉慶十八年麟後山房王氏校本開彫”　鈐有“繆荃孫印”“誦詔覽夷之室”“齊魯大學圖書館藏書”　二冊

370000 - 1542 - 0000319　751/2　經部/三禮總義類

三禮約編十九卷　(清)汪基編　清嘉慶九年(1804)刻本　佚名校　上欄小字雙行十字下欄九行十八字小字雙行同白口單魚尾四周單邊　內封題“嘉慶甲子年重刊　家塾藏板”　鈐有“齊魯大學圖書館藏書”　八冊

370000 - 1542 - 0000320　751/2　經部/三禮總義類

三禮約編十九卷　(清)汪基編　清嘉慶十七年(1812)刻本　上欄小字雙行十字下欄九行二十一字小字雙行同白口單魚尾四周單邊　內封題“嘉慶壬申鐫　敬堂藏板”　鈐有“齊魯大學圖書館藏書”　八冊

370000 - 1542 - 0000321　751/4　經部/三禮總義類

三禮通釋二百八十卷首一卷目錄四卷　(清)林昌彝撰　清同治三年(1864)廣州刻本　十

行二十三字小字雙行同白口單魚尾四周雙邊　牌記題"同治三年歲次甲子春三月開雕於廣州省城"　鈐有"齊魯大學圖書館藏書"　四十八册

370000－1542－0000322　751/5　經部/三禮總義類
禮書通故五十卷　(清)黄以周撰　清光緒十九年(1893)黄氏試館刻本　十行二十一字小字雙行同黑口四周雙邊　牌記題"光緒癸巳孟夏黄氏試館栞成"　鈐有"齊魯大學圖書館藏書"　三十二册

370000－1542－0000323　751/15　經部/三禮總義類
讀禮條考二十卷　(清)王曜南撰　清光緒二十三年(1897)武林尚友齋石印本　八行二十二字小字雙行同白口單魚尾四周雙邊　内封題"光緒丁酉六月武林尚友齋石印"　鈐有"書聲琴韻""齊魯大學圖書館藏書"　六册

370000－1542－0000324　752/4　經部/三禮總義類
禮表一卷　(清)鄭士範編　清光緒十九年(1893)鳳翔周正誼堂刻本　表格黑口雙魚尾四周單邊　牌記題"光緒昭陽大荒落壯月周正誼堂栞"　鈐有"齊魯大學圖書館藏書"　一册

370000－1542－0000325　750/2　經部/三禮總義類
五禮通考二百六十二卷首四卷　(清)秦蕙田編輯　清光緒六年(1880)江蘇書局刻本　十三行二十一字小字雙行三十一字白口單魚尾左右雙邊　牌記題"光緒六年九月江蘇書局重刊"　一百册

370000－1542－0000326　750/2　經部/三禮總義類
五禮通考二百六十二卷首四卷　(清)秦蕙田編輯　清光緒六年(1880)江蘇書局刻本　十三行二十一字小字雙行三十一字白口單魚尾左右雙邊　牌記題"光緒六年九月江蘇書局重刊"　一百册

370000－1542－0000327　755/2　經部/三禮總義類
文公家禮儀節四卷　(宋)朱熹編撰　(明)夏允彝增輯　清刻本　九行二十八字小字雙行二十七字白口單魚尾四周單邊　鈐有"正己化人""拙著黑字""有心質古""齊魯大學圖書館藏書"　四册

370000－1542－0000328　755/3　經部/三禮總義類
文公家禮儀節八卷　(宋)朱熹編　(明)楊慎輯　清咸豐六年(1856)刻本　九行二十四字小字雙行同白口單魚尾左右雙邊或上雙邊下單邊　内封題"咸豐丙辰年新鐫　本堂藏板"　六册

370000－1542－0000329　755/3　經部/三禮總義類
文公家禮儀節八卷　(宋)朱熹編　(明)楊慎輯　清咸豐善成堂刻本　九行二十四字小字雙行同白口單魚尾左右雙邊或上雙邊下單邊　内封題"善成堂藏板"　六册

370000－1542－0000330　755/8　經部/三禮總義類
文廟思源錄考　(清)葉慶禔原輯　(清)麻兆慶考　清光緒二十年(1894)燕平書院刻本　九行二十字小字雙行同白口單魚尾四周雙邊　牌記題"光緒甲午桂秋燕平書院藏板"　二册

370000－1542－0000331　760/3　經部/樂類
律呂正義上編一卷下編一卷續編一卷　(清)聖祖玄燁撰　清康熙内府銅活字印本　九行二十字小字雙行同白口雙魚尾四周雙邊　鈐有"齊魯大學圖書館藏書"　五册

370000－1542－0000332　760/5　經部/樂類
古律經傳附考五卷　(清)紀大奎輯　清嘉慶十三年(1808)什邡衙署刻本　九行二十字小字雙行同黑口單魚尾四周雙邊　内封題"衙署藏板"　鈐有"齊魯大學圖書館藏書"　二册

370000－1542－0000333　761/1　經部/樂類

欽定詩經樂譜全書三十卷樂律正俗一卷 (清)高宗弘曆敕撰　清光緒二十年(1894)福建增刻武英殿聚珍版書本　九行字數不等小字雙行白口單魚尾四周雙邊　牌記題"光緒甲午增刻"　鈐有"齊魯大學圖書館藏書"　二十二冊

370000－1542－0000334　772/2　經部/春秋左傳類
春秋左傳五十卷 (晉)杜預　(宋)林堯叟注　(唐)陸德明音義　清三讓堂刻本　佚名圈點　八行十七字小字雙行同白口單魚尾左右雙邊　内封題"春秋左傳杜林合註　三讓堂藏板"　鈐有"齊魯大學圖書館藏書"　十六冊

370000－1542－0000335　772/2　經部/春秋左傳類
春秋左傳五十卷 (晉)杜預　(宋)林堯叟注　(唐)陸德明音義　(明)孫鑛等評點　清宣統二年(1910)上海鴻寶齋石印本　十三行二十八字小字雙行四十二字白口單魚尾四周雙邊　鈐有"齊魯大學圖書館藏書"　十二冊

370000－1542－0000336　772/7　經部/春秋左傳類
欽定春秋左傳讀本三十卷 (清)英和等編　清同治十一年(1872)山東書局刻本　九行十七字小字雙行四十二字白口四周單邊　鈐有"齊魯大學圖書館藏書"　十六冊

370000－1542－0000337　772/7　經部/春秋左傳類
欽定春秋左傳讀本三十卷 (清)英和等編　清同治十一年(1872)山東書局刻本　九行十七字小字雙行四十二字白口四周單邊　鈐有"齊魯大學圖書館藏書"　十六冊

370000－1542－0000338　772/4－2　經部/春秋左傳類
評點春秋綱目左傳句解彙雋六卷 (清)韓菼重訂　清光緒三十三年(1907)京口善化堂刻本　上欄小字二十行三字下欄十行二十字小字雙行同白口單魚尾左右雙邊　牌記題"光緒丁未年重鐫　板存京口小門外浮橋西打索街善化書局"　六冊

370000－1542－0000339　772/4　經部/春秋左傳類
評點春秋綱目左傳句解彙雋六卷 (清)韓菼重訂　清書業同文公會刻本　雙欄或單欄上欄小字二十行三字下欄十行二十四字小字雙行同白口單魚尾四周單邊　内封題"書業同文公會藏板"　鈐有"私立齊魯大學國學研究所藏書之章"　六冊

370000－1542－0000340　772/8　經部/春秋左傳類
春秋集古傳註二十六卷春秋或問六卷首一卷 (清)郜坦撰　清光緒二年(1876)淮南書局刻本　十二行二十四字小字雙行同白口單魚尾左右雙邊　牌記題"光緒二年孟秋淮南書局刊"　鈐有"齊魯大學圖書館藏書"　八冊

370000－1542－0000341　772/8　經部/春秋左傳類
春秋集古傳註二十六卷春秋或問六卷首一卷 (清)郜坦撰　清光緒二年(1876)淮南書局刻本　十二行二十四字小字雙行同白口單魚尾左右雙邊　牌記題"光緒二年孟秋淮南書局刊"　鈐有"齊魯大學圖書館藏書"　八冊

370000－1542－0000342　772/9　經部/春秋左傳類
春秋左傳杜注三十卷首一卷 (清)姚培謙補輯　清同治五年(1866)金陵書局刻本　十一行二十二字小字雙行同黑口雙魚尾左右雙邊　牌記題"同治五年七月金陵書局開雕"　鈐有"齊魯大學圖書館藏書"　十冊

370000－1542－0000343　772/10　經部/春秋左傳類
春秋左氏傳事類始末五卷附錄一卷 (宋)章沖撰　清同治十二年(1873)巴陵鍾謙鈞重刻通志堂經解本　十三行二十三字小字雙行不等白口雙魚尾左右雙邊　四冊

370000－1542－0000344　772/11　經部/春秋左傳類

東萊博議四卷附虚字注釋備考六卷 （宋）呂祖謙撰 （清）張文炳評點 清嘉慶三年（1798）致和堂刻本 九行二十字小字雙行不等白口單魚尾四周單邊 内封題“嘉慶戊午年新鐫 致和堂梓行” 鈐有“齊魯大學圖書館藏書” 四册

370000－1542－0000345 772/11 經部/春秋左傳類

東萊博議四卷附增補虚字注釋一卷 （宋）呂祖謙撰 （清）張文炳評點 清光緒七年（1881）崇明馮泰刻本 九行二十一字小字雙行同黑口單魚尾左右雙邊 牌記題“光緒辛巳刊于鳳城官舍” 鈐有“仲華”“齊魯大學圖書館藏書” 四册

370000－1542－0000346 772/11 經部/春秋左傳類

東萊先生左氏博議二十五卷 （宋）呂祖謙撰 清同治七年（1868）胡氏退補齋校刻本 九行二十字小字雙行同白口單魚尾四周雙邊 牌記題“退補齋開雕” 鈐有“齊魯大學圖書館藏書” 六册

370000－1542－0000347 772/12 經部/春秋左傳類

春秋左傳註疏六十卷附校勘記 （唐）孔穎達撰 清同治十二年（1873）江西書局刻本 十行十七字小字雙行二十三字黑口雙魚尾左右雙邊 内封題“同治十二年江西書局重修” 鈐有“齊魯大學圖書館藏書” 三十二册

370000－1542－0000348 772/13 經部/春秋左傳類

左氏傳說二十卷 （宋）呂祖謙撰 清同治十二年（1873）巴陵鍾謙鈞重刻通志堂經解本 十一行二十字白口單魚尾左右雙邊 鈐有“AUGUSTING LIBRARY TSINAN CHINA” 四册

370000－1542－0000349 772/16 經部/春秋左傳類

春秋左氏傳賈服注輯述二十卷 （清）李貽德編 清同治五年（1866）刻本 十行二十五字小字雙行同白口單魚尾左右雙邊 牌記題“同治丙寅年仲冬代州馮志沂署” 鈐有“齊魯大學圖書館藏書” 六册

370000－1542－0000350 772/17 經部/春秋左傳類

左繡三十卷首一卷 （清）馮李驊 （清）陸浩編 清光緒六年（1880）上海掃葉山房刻本 上欄小字十六行十五字下欄八行二十字小字雙行同行間夾小字評白口單魚尾左右雙邊 牌記題“光緒六年冬月校鐫 埽葉山房藏板” 十六册

370000－1542－0000351 772/17 經部/春秋左傳類

左繡三十卷首一卷 （清）馮李驊 （清）陸浩編 清光緒十二年（1886）金閶步月樓刻本 上欄小字十六行十五字下欄八行二十字小字雙行同行間夾小字評白口單魚尾左右雙邊 内封題“華川書屋藏版 左繡 金閶步月樓重刊” 鈐有“正己化人”“有心質古”“齊魯大學圖書館藏書” 十六册

370000－1542－0000352 772/18 經部/春秋左傳類

讀左漫筆十六卷 （清）常茂徠撰 清同治六年（1867）木活字印本 佚名校 十行十八字白口單魚尾四周雙邊 鈐有“齊魯大學圖書館藏書” 八册

370000－1542－0000353 772/20 經部/春秋左傳類

左傳評林八卷 （清）張光華輯 清道光二十六年（1846）刻本 上欄小字二十行八字下欄十行二十字小字雙行同行間夾小字評白口單魚尾左右雙邊 内封題“道光二十六年歲次丙午藏板” 鈐有“齊魯大學圖書館藏書” 八册

370000－1542－0000354 772/26 經部/春秋左傳類

左傳杜解補正三卷 （清）顧炎武撰 清刻本 九行二十五字小字雙行同白口單魚尾左右雙邊 鈐有“坦白”“齊魯大學圖書館藏書”

一册

370000－1542－0000355　772/27　經部/春秋左傳類

左傳易讀六卷　(清)司徒修編　清光緒十八年(1892)成文信刻本　上欄小字二十行六字下欄七行二十四字白口單魚尾四周雙邊　内封題“光緒壬辰孟冬新鐫　成文信梓”　鈐有“基督教齊魯大學圖書館”　六册

370000－1542－0000356　772/27　經部/春秋左傳類

左傳易讀六卷　(清)司徒修編　清光緒十九年(1893)成文堂刻本　佚名批注　上欄小字二十行六字下欄七行二十四字白口單魚尾四周雙邊　内封題“光緒癸巳孟冬新鐫　成文堂記梓”　六册

370000－1542－0000357　772/28　經部/春秋左傳類

左傳舊疏考正八卷　(清)劉文淇撰　清光緒三年(1877)湖北崇文書局刻本　十二行二十四字小字雙行同黑口雙魚尾四周雙邊　内封題“光緒三年三月湖北崇文書局開雕”　鈐有“齊魯大學圖書館藏書”　四册

370000－1542－0000358　772/28　經部/春秋左傳類

左傳舊疏考正八卷　(清)劉文淇撰　清光緒三年(1877)湖北崇文書局刻本　十二行二十四字小字雙行同黑口雙魚尾四周雙邊　内封題“光緒三年三月湖北崇文書局開雕”　鈐有“吴”　四册

370000－1542－0000359　772/29　經部/春秋左傳類

讀左補義五十卷首二卷　(清)姜炳璋輯　清同治十年(1871)有益堂刻本　單欄或雙欄上欄小字二十二行五字下欄十一行二十三字小字雙行同白口單魚尾左右雙邊　内封題“同治辛未冬月此書細閲重鐫”“有益堂藏板”　鈐有“齊魯大學圖書館藏書”　十六册

370000－1542－0000360　773/4　經部/春秋公羊傳類

春秋公羊傳十二卷　(漢)公羊高撰　(明)閔齊伋注　清重刻明烏程閔氏本　十行二十一字小字雙行同白口四周單邊　鈐有“齊魯大學圖書館藏書”　四册

370000－1542－0000361　773/4　經部/春秋公羊傳類

公羊傳十二卷　(漢)公羊高撰　(明)孫鑛(明)張榜評　(清)楊紹溥閲　清刻本　佚名校　九行二十一字小字雙行同單魚尾左右雙邊　鈐有“潘彬卿藏書記”“齊魯大學圖書館藏書”　二册

370000－1542－0000362　773/4　經部/春秋公羊傳類

春秋公羊傳十一卷附春秋公羊傳校刊記　(漢)何休撰　(唐)陸德明音義　清同治十一年(1872)山東書局刻本　九行十七字小字雙行同白口四周單邊　牌記題“同治十一年山東書局開雕　尚志堂藏版”　鈐有“齊魯大學圖書館藏書”　四册

370000－1542－0000363　773/4　經部/春秋公羊傳類

春秋公羊傳十一卷附春秋公羊傳校刊記　(漢)何休撰　(唐)陸德明音義　清同治十一年(1872)山東書局刻本　九行十七字小字雙行同白口四周單邊　牌記題“同治十一年山東書局開雕　尚志堂藏版”　四册

370000－1542－0000364　773/8　經部/春秋公羊傳類

春秋公羊經傳解詁十二卷附校勘記　(漢)何休撰　(唐)陸德明音義　清光緒二十一年(1895)金陵書局刻本　十一行十九字小字雙行二十七字白口雙魚尾左右雙邊　牌記題“光緒二十一年孟冬金陵書局重刊印行”　鈐有“基督教齊魯大學圖書館”　二册

370000－1542－0000365　773/2　經部/春秋公羊傳類

春秋公羊傳箋十二卷　王闓運撰　清抄本　八行二十六字　牌記題“光緒庚子栞於東州”　鈐有“約齋圖記”“齊魯大學圖書館藏書”

四册

370000－1542－0000366　773/3　經部/春秋公羊傳類

監本附音春秋公羊註疏二十八卷　（漢）何休注　（唐）徐彦疏　**校勘記二十八卷**　（清）阮元撰　清光緒十八年（1892）湖南寶慶務本書局刻本　十行十七字小字雙行同黑口雙魚尾左右雙邊　内封題“光緒十八年湖南寶慶務本書局重鐫”　鈐有“齊魯大學圖書館藏書”　十二册

370000－1542－0000367　773/5　經部/春秋公羊傳類

春秋公羊經何氏釋例十卷公羊春秋何氏解詁箋一卷發墨守評一卷左氏春秋考證二卷　（清）劉逢禄撰　清光緒二十三年（1897）刻本　十一行二十四字小字雙行同黑口單魚尾左右雙邊　鈐有“齊魯大學圖書館藏書”　六册

370000－1542－0000368　773/6　經部/春秋公羊傳類

公羊墨史二卷　（清）周拱辰撰　清道光二十三年（1843）桐鄉周氏家刻本　十行二十一字小字雙行同白口單魚尾左右雙邊　一册

370000－1542－0000369　773/8　經部/春秋公羊傳類

春秋公羊經傳解詁十二卷　（漢）何休撰　清道光四年（1824）揚州汪氏問禮堂刻同治二年（1863）重印本　十一行十八字小字雙行不等白口雙魚尾左右雙邊　封面題“揚州汪氏問禮堂栞”　鈐有“齊魯大學圖書館藏書”　二册

370000－1542－0000370　773/8　經部/春秋公羊傳類

春秋公羊經傳解詁十二卷附校記　（漢）何休撰　（清）魏彦校　清光緒江南李光明莊刻本　十一行二十二字小字雙行同白口單魚尾四周雙邊　鈐有“雲中一鶴”“景璋”　四册

370000－1542－0000371　774/4　經部/春秋穀梁類

春秋穀梁傳十二卷考一卷　（明）閔齊伋裁注　清重刻明烏程閔氏本　十行二十一字小字雙行同白口四周單邊　鈐有“齊魯大學圖書館藏書”　四册

370000－1542－0000372　774/3　經部/春秋穀梁類

春秋穀梁傳十二卷　（晉）范甯集解　清同治七年（1868）金陵書局刻光緒二十一年（1895）印本　九行二十二字小字雙行同白口單魚尾左右雙邊　牌記題“光緒二十一年冬月金陵書局重刊印行”　鈐有“雲中一鶴”“景璋”　二册

370000－1542－0000373　774/3　經部/春秋穀梁傳類

春秋穀梁傳十二卷　（晉）范甯集解　清同治七年（1868）金陵書局刻本　九行二十二字小字雙行同白口單魚尾左右雙邊　牌記題“同治七年十月金陵書局印行”　鈐有“齊魯大學圖書館藏書”　二册

370000－1542－0000374　774/3　經部/春秋穀梁傳類

春秋穀梁傳十二卷　（晉）范甯集解　（唐）陸德明音義　清同治十一年（1872）山東書局刻本　九行十七字小字雙行同白口四周單邊　牌記題“同治十一年山東書局開雕　尚志堂藏板”　鈐有“齊魯大學圖書館藏書”　四册

370000－1542－0000375　774/3　經部/春秋穀梁類

春秋穀梁傳十二卷　（晉）范甯集解　（唐）陸德明音義　清同治十一年（1872）山東書局刻本　九行十七字小字雙行同白口四周單邊　牌記題“同治十一年山東書局開雕　尚志堂藏板”　四册

370000－1542－0000376　774/3　經部/春秋穀梁傳類

春秋穀梁傳十二卷　（晉）范甯集解　清同治七年（1868）金陵書局刻光緒二十一年（1895）印本　九行二十二字小字雙行同白口單魚尾左右雙邊　牌記題“光緒二十一年冬月金陵書局重刊印行”　鈐有“基督教齊魯大學圖書館”　二册

370000－1542－0000377　774/3　經部/春秋穀梁類

春秋穀梁傳十二卷　(晉)范甯集解　(唐)陸德明音義　清同治七年(1868)湖北崇文書局刻本　九行十七字小字雙行同白口單魚尾四周雙邊　鈐有"齊魯大學圖書館藏書"　四册

370000－1542－0000378　774/2　經部/春秋穀梁傳類

春秋穀梁傳音訓不分卷　(清)□□撰　清道光十年(1830)刻本　七行二十二字小字雙行同行間夾小字評白口單魚尾四周單邊　牌記題"道光歲次上章攝提格壯月開雕"　鈐有"七十二泉間人""文瀾珍藏""齊魯大學圖書館藏書"　二册

370000－1542－0000379　774/5　經部/春秋穀梁傳類

春秋穀梁經傳補注二十四卷首一卷末一卷　(清)鍾文烝撰　清光緒二年(1876)鍾氏信美堂刻本　十一行二十二字小字雙行同黑口單魚尾左右雙邊　牌記題"光緒二年歲在丙子二月既望俞樾題僉　鍾氏信美堂藏板"　八册

370000－1542－0000380　771/28　經部/春秋總義類

公羊穀梁春秋合編附註疏纂十二卷　(漢)何休注　(唐)楊士勛疏　清乾隆五十八年(1793)致和堂刻本　佚名批注　九行十八字小字雙行同白口單魚尾四周單邊　内封題"乾隆五十八年鐫　致和堂藏板"　鈐有"基督教齊魯大學圖書館"　六册

370000－1542－0000381　771/13　經部/春秋總義類

春秋釋例十五卷　(晉)杜預撰　**校勘記二卷**　(清)孫星華撰　清乾隆四十二年(1777)福建刻道光、同治間遞修光緒二十一年(1895)增刻武英殿聚珍版書本　九行二十一字小字雙行同白口單魚尾四周雙邊　鈐有"齊魯大學圖書館藏書"　九册

370000－1542－0000382　771/12　經部/春秋總義類

石林先生春秋傳二十卷　(宋)葉夢得撰　清同治十二年(1873)巴陵鍾謙鈞重刻通志堂經解本　十一行二十字白口單魚尾左右雙邊　鈐有"AUGUSTING LIBRARY TSINAN CHINA"　六册

370000－1542－0000383　771/17　經部/春秋總義類

春秋或問二十卷附春秋五論一卷　(宋)呂大圭撰　清同治十二年(1873)巴陵鍾謙鈞重刻通志堂經解本　十行二十字白口單魚尾左右雙邊　鈐有"AUGUSTING LIBRARY TSINAN CHINA"　六册

370000－1542－0000384　771/21　經部/春秋總義類

春秋權衡十七卷　(宋)劉仲原撰　清同治十二年(1873)巴陵鍾謙鈞重刻通志堂經解本　十一行二十字白口單魚尾左右雙邊　鈐有"AUGUSTING LIBRARY TSINAN CHINA"　四册

370000－1542－0000385　771/22　經部/春秋總義類

春秋集注四十卷　(宋)高閌撰　清乾隆四十二年(1777)福建刻道光、同治間遞修光緒二十一年(1895)增刻武英殿聚珍版書本　九行二十一字白口單魚尾四周雙邊　鈐有"齊魯大學圖書館藏書"　八册

370000－1542－0000386　771/24　經部/春秋總義類

春秋經解十五卷　(宋)孫覺撰　清乾隆四十二年(1777)福建刻道光、同治間遞修光緒二十一年(1895)增刻武英殿聚珍版書本　九行二十一字白口單魚尾四周雙邊　鈐有"齊魯大學圖書館藏書"　八册

370000－1542－0000387　771/27　經部/春秋總義類

春秋集解三十卷　(宋)呂祖謙撰　清同治十二年(1873)巴陵鍾謙鈞重刻通志堂經解本　十行二十一字小字雙行同白口單魚尾左右雙

邊　十三册

370000－1542－0000388　771/30　經部/春秋總義類
春秋三十卷　(宋)胡安國傳　清恕堂刻本　八行十七字小字雙行同白口單魚尾四周雙邊　鈐有“齊魯大學圖書館藏書”　八册

370000－1542－0000389　771/34　經部/春秋總義類
春秋考十六卷　(宋)葉夢得撰　清乾隆四十二年(1777)福建刻道光、同治間遞修光緒二十一年(1895)增刻武英殿聚珍版書本　九行二十一字白口單魚尾四周雙邊　鈐有“齊魯大學圖書館藏書”　七册

370000－1542－0000390　771/35　經部/春秋總義類
春秋集注十一卷綱領一卷　(宋)張洽撰　清同治十二年(1873)巴陵鍾謙鈞重刻通志堂經解本　十一行二十字小字雙行同白口單魚尾左右雙邊　鈐有“AUGUSTING LIBRARY TSINAN CHINA”　四册

370000－1542－0000391　771/36　經部/春秋總義類
春秋辨疑四卷校勘記一卷　(宋)蕭楚撰　清乾隆四十二年(1777)福建刻道光、同治間遞修光緒二十一年(1895)增刻武英殿聚珍版書本　九行二十一字小字雙行同白口單魚尾四周雙邊　鈐有“齊魯大學圖書館藏書”　二册

370000－1542－0000392　771/37　經部/春秋總義類
木訥先生春秋經筌十六卷　(宋)趙鵬飛撰　清同治十二年(1873)巴陵鍾謙鈞重刻通志堂經解本　十一行二十字白口單魚尾左右雙邊　鈐有“齊魯大學圖書館藏書”　十一册

370000－1542－0000393　771/26　經部/春秋總義類
止齋先生春秋後傳十二卷　(元)陳傅良撰　清同治十二年(1873)巴陵鍾謙鈞重刻通志堂經解本　十一行二十字小字雙行同白口單魚尾左右雙邊　鈐有“AUGUSTING LIBRARY TSINAN CHINA”　三册

370000－1542－0000394　771/29　經部/春秋總義類
春秋五傳十七卷首一卷　(明)張岐然編　(清)張墣重編　清乾隆五十一年(1786)莆田書屋刻本　上欄九行十三字下欄九行二十字小字雙行同白口單魚尾左右雙邊　内封題“乾隆丙午春鐫　莆田書屋藏版”　鈐有“齊魯大學圖書館藏書”　二十册

370000－1542－0000395　770/2　經部/春秋總義類
春秋釋地韻編五卷首一卷　(清)徐壽基編輯　清光緒十二年(1886)桓臺官舍刻本　十一行二十字小字雙行同黑口左右雙邊　四册

370000－1542－0000396　771/1　經部/春秋總義類
春秋大事表五十卷輿圖一卷附録一卷　(清)顧棟高纂輯　清同治十二年(1873)山東尚志堂重刻乾隆萬卷樓本　十一行二十五字白口四周雙邊　牌記題“錫山顧復初先生原本　同治癸酉烋平遠丁稺璜少保鋻定重雕　山東尚志堂藏板”　鈐有“基督教齊魯大學圖書館”　二十册

370000－1542－0000397　771/1　經部/春秋總義類
春秋大事表五十卷輿圖一卷附録一卷　(清)顧棟高纂輯　清同治十二年(1873)山東尚志堂重刻乾隆萬卷樓本　十一行二十五字白口四周雙邊　二十册

370000－1542－0000398　771/1　經部/春秋總義類
春秋大事表五十卷輿圖一卷附録一卷　(清)顧棟高纂輯　清光緒十四年(1888)陝西求友齋刻本　十一行二十五字白口單魚尾左右雙邊　牌記題“光緒戊子夏四月陝西求友齋開雕”　二十四册

370000－1542－0000399　771/2　經部/春秋總義類
春秋世族譜二卷補鈔一卷　(清)陳厚耀編

(清)葉蘭輯　清嘉慶五年(1800)聊城葉蘭刻本　十行二十四字白口四周單邊　内封題"太史陳曙峰先生原本聊城葉琪園補鈔"　鈐有"齊魯大學圖書館藏書"　二册

370000－1542－0000400　771/2　經部/春秋總義類

春秋世族譜二卷　(清)陳厚耀編　(清)葉蘭輯　清嘉慶五年(1800)聊城葉蘭刻本　十行二十四字白口四周單邊　内封題"太史陳曙峰先生原本聊城葉琪園補鈔"　二册

370000－1542－0000401　771/9　經部/春秋總義類

春秋屬辭辨例編六十卷首二卷　(清)張應昌撰　清同治十二年(1873)江蘇書局刻本　十二行二十六字小字雙行同黑口左右雙邊　牌記題"錢塘張氏原本　江蘇書局重刊"　鈐有"齊魯大學圖書館藏書"　三十二册

370000－1542－0000402　771/9　經部/春秋總義類

春秋屬辭辨例編六十卷首二卷　(清)張應昌撰　清同治十二年(1873)江蘇書局刻本　十二行二十六字小字雙行同黑口左右雙邊　牌記題"同治癸酉二月江蘇書局刊版"　鈐有"齊魯大學圖書館藏書"　三十二册

370000－1542－0000403　771/15　經部/春秋總義類

春秋説略十二卷附春秋比二卷　(清)郝懿行撰　清道光七年(1827)趙銘彝刻本　十二行二十四字小字雙行同白口單魚尾四周雙邊　鈐有"齊魯大學圖書館藏書"　四册

370000－1542－0000404　771/15　經部/春秋總義類

春秋説略十二卷附春秋比二卷　(清)郝懿行撰　清光緒七年(1881)東路廳署刻本　十二行二十四字小字雙行同白口單魚尾四周雙邊　牌記題"光緒七年十二月由順天府進呈東路廳同知郝聯薇恭繕"　鈐有"齊魯大學圖書館藏書"　四册

370000－1542－0000405　771/15　經部/春秋總義類

春秋説略十二卷附春秋比二卷　(清)郝懿行撰　清光緒七年(1881)東路廳署刻本　十二行二十四字小字雙行同白口單魚尾四周雙邊　牌記題"光緒七年十二月由順天府進呈東路廳同知郝聯薇恭繕"　鈐有"李錦章"　四册

370000－1542－0000406　771/16　經部/春秋總義類

春秋比事參義十六卷　(清)桂含章輯　清光緒八年(1882)石埭務本堂桂氏金陵刻本　十一行二十二字小字雙行同白口單魚尾四周雙邊　牌記題"光緒壬午年金陵開雕石埭務本堂桂氏藏版"　鈐有"齊魯大學圖書館藏書"　十六册

370000－1542－0000407　771/18　經部/春秋總義類

春秋書法比義十二卷　(清)劉曾璇撰　清道光十九年(1839)蓮窗書屋刻本　九行二十三字小字雙行同白口單魚尾四周雙邊　内封題"道光十九年鐫　蓮窗書屋藏板"　鈐有"齊魯大學圖書館藏書"　四册

370000－1542－0000408　771/19　經部/春秋總義類

春秋提綱十卷　(清)劉景伯撰　清咸豐九年(1859)刻本　九行二十五字小字雙行同白口單魚尾四周雙邊　内封題"咸豐己未夏　本衙藏板"　鈐有"齊魯大學圖書館藏書"　三册

370000－1542－0000409　771/20　經部/春秋總義類

春秋析疑二十卷　(清)劉景伯撰　清咸豐九年(1859)刻本　劉孔閔識　九行二十五字小字雙行同白口單魚尾四周雙邊　鈐有"齊魯大學圖書館藏書"　五册

370000－1542－0000410　771/23　經部/春秋總義類

春秋董氏學八卷　康有爲撰　清光緒上海大同譯書局刻萬木草堂叢書朱印本　十二行二

十四字小字雙行同黑口四周單邊　牌記題“上海大同譯書局刊”　鈐有“齊魯大學圖書館藏書”　六冊

370000－1542－0000411　771/38　經部/春秋總義類

春秋應舉輯要十二卷　(清)潘相編輯　清嘉慶四年(1799)歙縣胡士范校刻本　十行二十四字小字雙行同白口單魚尾左右雙邊　牌記題“嘉慶己未新鐫　誠恕堂藏板”　鈐有“齊魯大學圖書館藏書”　二冊

370000－1542－0000412　771/8　經部/春秋總義類

春秋繁露十七卷　(漢)董仲舒撰　清光緒三年(1877)湖北崇文書局刻本　十二行二十四字小字雙行同黑口雙魚尾四周雙邊　牌記題“光緒三年三月湖北崇文書局開雕”　二冊

370000－1542－0000413　771/8　經部/春秋總義類

春秋繁露十七卷　(漢)董仲舒撰　**校勘記二卷**　(清)孫星華撰　清光緒二十年(1894)福建增刻武英殿聚珍版書本　九行二十一字小字雙行同白口單魚尾四周雙邊　牌記題“光緒甲午增刻”　鈐有“齊魯大學圖書館藏書”　三冊

370000－1542－0000414　771/32　經部/春秋總義類

春秋繁露義證十七卷首一卷考證一卷　(清)蘇輿撰　清宣統二年(1910)刻本　十行二十五字小字雙行同白口單魚尾左右雙邊　内封題“宣統庚戌刊”　鈐有“私立齊魯大學國學研究所藏書之章”　四冊

370000－1542－0000415　771/32　經部/春秋總義類

春秋繁露義證十七卷首一卷考證一卷　(清)蘇輿撰　清宣統二年(1910)刻本　十行二十五字小字雙行同白口單魚尾左右雙邊　内封題“宣統庚戌刊”　鈐有“齊魯大學圖書館藏書”　四冊

370000－1542－0000416　780/6　經部/四書類/總義之屬

四書集注十九卷　(宋)朱熹撰　清同治五年(1866)金陵書局刻本　九行十七字小字雙行同白口左右雙邊　牌記題“同治五年三月金陵書局印行”　鈐有“齊魯大學圖書館藏書”　六冊

370000－1542－0000417　780/6　經部/四書類/總義之屬

四書集注十九卷附校刊記　(宋)朱熹撰　清同治十一年(1872)山東書局刻本　九行十七字小字雙行同白口四周單邊　牌記題“同治十一年山東書局開雕　尚志堂藏板”　鈐有“齊魯大學圖書館藏書”　六冊

370000－1542－0000418　780/6　經部/四書類/總義之屬

四書集注十九卷附校刊記　(宋)朱熹撰　清同治十一年(1872)山東書局刻本　九行十七字小字雙行同白口四周單邊　牌記題“同治十一年山東書局開雕　尚志堂藏板”　鈐有“齊魯大學圖書館藏書”　九冊

370000－1542－0000419　780/6　經部/四書類/總義之屬

四書集注十九卷　(宋)朱熹撰　清光緒四年(1878)登郡文會成刻本　上欄小字十八行二字下欄九行十七字小字雙行同白口單魚尾左右雙邊　内封題“光緒戊寅年孟春月刊　登郡文會成藏板”　鈐有“基督教齊魯大學圖書館”　六冊

370000－1542－0000420　780/6　經部/四書類/總義之屬

四書集注十九卷　(宋)朱熹撰　清光緒四年(1878)登郡文會成刻本(論語十卷、孟子卷一至三配單欄本)　上欄小字十八行二字下欄九行十七字小字雙行同白口單魚尾左右雙邊　内封題“光緒戊寅年孟春月刊　登郡文會成藏板”　鈐有“基督教齊魯大學圖書館”　六冊

370000－1542－0000421　780/6　經部/四書類/總義之屬

四書集注十九卷 (宋)朱熹撰 (清)車鼎晉校 清光緒十二年(1886)書業德記刻本 上欄小字二十行五字下欄九行十七字小字雙行同白口單魚尾左右雙邊 内封題"光緒丙戌新鐫 書業德記梓行" 鈐有"齊魯大學圖書館藏書" 六册

370000－1542－0000422 780/6 經部/四書類/總義之屬

四書集注十九卷 (宋)朱熹撰 清光緒李光明莊刻本 上欄小字十八行六字下欄九行十七字小字雙行同白口單魚尾左右雙邊 内封題"重校栞慎詒堂原本" 六册

370000－1542－0000423 780/6 經部/四書類/總義之屬

四書集注十九卷 (宋)朱熹撰 清刻本 九行十七字小字雙行同白口四周雙邊 鈐有"齊魯大學圖書館藏書" 六册

370000－1542－0000424 780/6 經部/四書類/總義之屬

四書集注十九卷 (宋)朱熹撰 (清)儲欣批 清臨桂毓蘭書屋謝氏家塾刻本 上欄小字十六行八字下欄八行十六字小字雙行同白口單魚尾左右雙邊 内封題"臨桂毓蘭書屋謝氏家塾藏板" 鈐有"齊魯大學圖書館藏書" 六册

370000－1542－0000425 780/25 經部/四書類/總義之屬

新訂四書補注備旨十卷 (明)鄧林撰 (清)杜定基增訂 清光緒十九年(1893)熙記書莊刻本 十一行小字雙行同上欄五字中欄十字下欄三十二字白口單魚尾四周雙邊 牌記題"光緒癸巳年麥秋月鐫 四書備旨 上洋熙記書莊藏板" 鈐有"基督教齊魯大學圖書館" 七册 缺二卷(論語一至二)

370000－1542－0000426 780/25 經部/四書類/總義之屬

新訂四書補注備旨十卷 (明)鄧林撰 (清)杜定基增訂 清光緒二十年(1894)成文信刻本 十一行小字雙行同上欄五字中欄十字下欄三十二字白口單魚尾四周雙邊 牌記題"光緒甲午新鐫 古岡鄧退菴先生手著甬上仇滄柱先生參補四書補註附考備旨 成文信記藏板" 鈐有"山東濟南齊魯大學校圖書館" 七册

370000－1542－0000427 780/73 經部/四書類/總義之屬

四書集注直解說約二十七卷 (明)張居正撰 (清)顧蘿麟 (清)楊彝輯 清光緒八旗經正書院刻本 上欄二十二行十二字下欄九行十九字小字雙行同白口單魚尾四周單邊 内封題"四書集注直解說約" 牌記題"八旗經正書院翻刻" 鈐有"古崙書室藏本" 十二册

370000－1542－0000428 780/1 經部/四書類/總義之屬

四書圖考十三卷 (清)杜炳輯 清道光七年(1827)刻本 十行二十二字小字雙行同白口單魚尾左右雙邊 内封題"道光丁亥春鐫" 鈐有"齊魯大學圖書館藏書" 六册

370000－1542－0000429 780/1 經部/四書類/總義之屬

四書圖考十三卷 (清)杜炳輯 清光緒十三年(1887)鴻文書局石印本 二十行四十四字白口單魚尾四周單邊 牌記題"光緒丁亥中冬鴻文書局石印" 四册

370000－1542－0000430 780/7 經部/四書類/總義之屬

四書擇言不分卷 (清)丁大椿撰 清道光刻本 十行二十三字小字雙行同白口單魚尾左右雙邊 鈐有"齊魯大學圖書館藏書" 六册

370000－1542－0000431 780/10 經部/四書類/總義之屬

四書釋文十九卷首一卷 (清)王賡言重編 清德盛堂刻本 九行十七字小字雙行同白口四周單邊 内封題"道光二年鐫 諸城王氏塾本" 六册

370000－1542－0000432 780/10 經部/四書類/總義之屬

四書釋文十九卷首一卷 （清）王賡言重編 清道光二年（1822）諸城王氏家刻本 九行十七字小字雙行同白口四周單邊 内封題“道光二年鐫 諸城王氏塾本” 鈐有“齊魯大學圖書館藏書” 六册

370000－1542－0000433 780/10 經部/四書類/總義之屬

四書釋文十九卷首一卷 （清）王賡言重編 清光緒十四年（1888）天津文美齋刻本 九行十七字小字雙行同白口四周單邊 牌記題“光緒戊子十又一月天津文美齋重刊” 六册

370000－1542－0000434 780/11 經部/四書類/總義之屬

四書求是十六卷 （清）王餘英編輯 清嘉慶十八年（1813）王氏新康官署古香書屋刻本 九行二十四字白口單魚尾四周單邊 内封題“嘉慶癸酉新鐫 新康官署藏板” 鈐有“齊魯大學圖書館藏書” 八册

370000－1542－0000435 780/12 經部/四書類/總義之屬

四書改錯二十二卷 （清）毛奇齡撰 清嘉慶十六年（1811）甌山金孝柏學圃刻本 十行二十字小字雙行同白口四周單邊 内封題“嘉慶辛未學圃重刊” 鈐有“齊魯大學圖書館藏書” 六册

370000－1542－0000436 780/13 經部/四書類/總義之屬

四書彙解四十卷 （清）司天開纂輯 清道光二十四年（1844）修武縣署刻本 十六行三十字白口單魚尾四周雙邊偶有左單邊 内封題“柳波館藏版” 牌記題“道光廿有四年栞於脩武縣署” 鈐有“齊魯大學圖書館藏書” 八册

370000－1542－0000437 780/14 經部/四書類/總義之屬

四書衷一十九卷 （清）王基昌编 清光緒十年（1884）成文堂刻本 上欄小字二十三行三十一字下欄九行十七字白口單魚尾左右雙邊 内封題“光緒十年重雋 成文堂藏板” 鈐有“齊魯大學圖書館藏書” 六册

370000－1542－0000438 780/15 經部/四書類/總義之屬

四書釋地一卷續一卷又續一卷三續一卷附孟子生卒年月考一卷 （清）閻若璩撰 清刻本 十一行二十字小字雙行同白口單魚尾左右雙邊 鈐有“齊魯大學圖書館藏書” 五册

370000－1542－0000439 780/16 經部/四書類/總義之屬

四書論文十二卷 （清）洪天錫撰 清嘉慶二十四年（1819）聚錦堂刻本 十行二十二字小字雙行同白口單魚尾四周單邊 内封題“嘉慶乙卯年鐫 聚錦堂梓行” 鈐有“齊魯大學圖書館藏書” 六册

370000－1542－0000440 780/17 經部/四書類/總義之屬

四書經注集證十九卷附孔子弟子考 （清）吳昌宗編 清嘉慶三年（1798）江都汪氏刻本 十一行二十五字小字雙行同白口單魚尾左右雙邊 内封題“嘉慶三年鐫 江都汪氏藏板” 鈐有“齊魯大學圖書館藏書” 十六册

370000－1542－0000441 780/17 經部/四書類/總義之屬

四書經注集證十九卷附孔子弟子考 （清）吳昌宗編 清同治元年（1862）望三益齋刻本 十一行二十五字小字雙行同白口單魚尾左右雙邊 内封題“同治元年十一月刊 望三益齋藏板” 鈐有“齊魯大學圖書館藏書” 十四册

370000－1542－0000442 780/18 經部/四書類/總義之屬

四子書四卷 （□）□□輯 清末江南製造總局刻本 十二行二十一字小字雙行同下黑口雙魚尾左右雙邊 内封題“江南製造總局鋟板” 鈐有“齊魯大學圖書館藏書” 二册

370000－1542－0000443 780/18 經部/四書類/總義之屬

四子書四卷 （□）□□輯 清末江南製造總局刻本 十二行二十一字小字雙行同下黑口

雙魚尾左右雙邊　内封題“江南製造總局鋟板”　鈐有“齊魯大學圖書館藏書”　二册

370000－1542－0000444　780/23　經部/四書類/總義之屬

甌香舘四書説十卷　(清)郝寧愚撰　清道光二十九年(1849)祝阿郝氏家刻本　九行二十一字小字雙行同白口單魚尾四周雙邊　内封題“道光己酉年新鐫　栢園藏板”　鈐有“書業德記發兑”“仲華”“齊魯大學圖書館藏書”　六册

370000－1542－0000445　780/23　經部/四書類/總義之屬

甌香舘四書説十卷　(清)郝寧愚撰　清道光二十九年(1849)祝阿郝氏家刻本　九行二十一字小字雙行同白口單魚尾四周雙邊　内封題“道光己酉年新鐫　栢園藏板”　鈐有“齊魯大學圖書館藏書”　六册

370000－1542－0000446　780/24　經部/四書類/總義之屬

四書反身録八卷　(清)李顒撰　(清)王心敬輯　清浙江書局刻本　九行二十字白口單魚尾四周雙邊　内封題“浙江書局刊本”　鈐有“齊魯大學圖書館藏書”　四册

370000－1542－0000447　780/24　經部/四書類/總義之屬

四書反身録十四卷附二曲先生讀四書説　(清)李顒撰　(清)王心敬輯　清同治二年(1863)章山書院刻本　清張紹元題識　九行二十字白口單魚尾四周雙邊　鈐有“齊魯大學圖書館藏書”　四册

370000－1542－0000448　780/30　經部/四書類/總義之屬

四書疏註撮言大全三十七卷　(清)胡蓉芝輯　清乾隆二十八年(1763)崇讓堂刻本　九行三十六字小字雙行同白口單魚尾四周單邊　内封題“紀曉嵐先生鑒定　崇讓堂梓行”　鈐有“齊魯大學圖書館藏書”　十八册

370000－1542－0000449　780/30　經部/四書類/總義之屬

四書疏注撮言大全三十七卷　(清)胡蓉芝輯　清吴三讓堂刻本　下欄九行三十六字小字雙行同白口單魚尾四周單邊　内封題“崇讓堂梓”　鈐有“齊魯大學圖書館藏書”　二十四册

370000－1542－0000450　780/32　經部/四書類/總義之屬

四書考輯要二十卷　(清)陳弘謀輯　清乾隆三十六年(1771)桂林陳氏培遠堂刻本　十行二十字小字雙行同白口單魚尾四周雙邊　内封題“乾隆三十六年鐫　四書考輯要　桂林陳榕門輯　培遠堂藏版”　鈐有“齊魯大學圖書館藏書”　十册

370000－1542－0000451　780/33　經部/四書類/總義之屬

增訂四書通典人物備考十二卷　(清)陳仁錫編　清乾隆五年(1740)三樂齋刻本　上欄二十四行五字下欄十二行二十七小字雙行同白口單魚尾四周單邊　内封題“乾隆五年重鐫　龍門四書人物備考　三樂齋梓行”　鈐有“三樂齋圖書”“聖賢精義”“齊魯大學圖書館藏書”　四册

370000－1542－0000452　780/35　經部/四書類/總義之屬

四書摭餘説七卷　(清)曹之升輯　清嘉慶三年(1798)刻本　十行二十四字小字雙行同白口單魚尾四周雙邊　鈐有“齊魯大學圖書館藏書”　六册

370000－1542－0000453　780/36　經部/四書類/總義之屬

四書翼註論文三十卷　(清)張甄陶撰　清同治十二年(1873)榮茂堂刻本　九行十九字小字雙行同白口單魚尾左右雙邊　内封題“同治癸酉年榮茂堂藏板”　鈐有“齊魯大學圖書館藏書”　八册

370000－1542－0000454　780/39　經部/四書類/總義之屬

四書講義切近録三十八卷　(清)楊大受輯　清道光十五年至十六年(1835－1836)以約齋

刻本　十一行二十八字白口單魚尾四周雙邊　牌記題"道光丙辰年新鐫　以約齋藏板"　鈐有"齊魯大學圖書館藏書"　二十册

370000－1542－0000455　780/41　經部/四書類/總義之屬
四書會解二十七卷　(清)綦澧輯　清嘉慶五年(1800)還醇堂刻本　九行二十四字小字雙行同白口左右雙邊　内封題"嘉慶伍年新鐫　還醇堂藏板"　鈐有"齊魯大學圖書館藏書"　二十四册

370000－1542－0000456　780/41　經部/四書類/總義之屬
四書會解二十七卷　(清)綦澧輯　清道光九年(1829)姑蘇琴川閣刻本　九行二十四字小字雙行同白口四周雙邊　無格　内封題"道光九年新鐫　姑蘇琴川閣藏板"　鈐有"養性齋""聊敘寒暄""齊魯大學圖書館藏書"　二十册

370000－1542－0000457　780/44　經部/四書類/總義之屬
類考典故四書便蒙十九卷　(清)趙震輯　清光緒善成堂刻本　上欄十八行六字下欄九行十七字白口單魚尾左右雙邊　内封題"光緒年月新鐫　善成堂本"　鈐有"齊魯大學圖書館藏書"　六册

370000－1542－0000458　780/63　經部/四書類/總義之屬
四書正疑二十卷　(清)劉䎵撰　清嘉慶二十一年(1816)刻本　李祖陶批注題跋　九行二十一字小字雙行同白口單魚尾四周雙邊　内封題"嘉慶丙子秋鐫　叢桂堂藏版"　四册

370000－1542－0000459　780/67　經部/四書類/總義之屬
四書說略四卷附教童子法一卷　(清)王筠撰　清道光刻本　九行二十四字小字雙行同白口單魚尾四周雙邊　無格　鈐有"齊魯大學圖書館藏書"　一册

370000－1542－0000460　780/70　經部/四書類/總義之屬
四書古註羣義九種彙解　(清)□□輯　清光緒十四年(1888)上海點石齋石印本　十二行三十八字小字雙行同白口單魚尾四周雙邊　無格　牌記題"光緒十四年上海點石齋代印"　鈐有"盱眙王氏十四間書樓藏書印"　十六册

370000－1542－0000461　780/70　經部/四書類/總義之屬
四書古註九種羣義彙解　(清)□□輯　清光緒十九年(1893)上海同文書局石印本　行款不一字數不等白口單魚尾左右雙邊　十四册

370000－1542－0000462　780/3　經部/四書類/論語之屬
論語類考二十卷　(明)陳士元撰　(清)陳春校　清嘉慶二十四年(1819)蕭山陳氏湖海樓刻本　十行二十字黑口左右雙邊　四册

370000－1542－0000463　780/5　經部/四書類/論語之屬
論語註疏解經二十卷　(三國魏)何晏集解　(宋)邢昺疏　**校記**　(清)阮元撰　清光緒十八年(1892)湖南寶慶務本書局刻本　十行十八字小字雙行二十三字黑口雙魚尾左右雙邊　内封題"光緒十八年湖南寶慶務本書局重鐫"　鈐有"齊魯大學圖書館藏書"　六册

370000－1542－0000464　780/5－2　經部/四書類/論語之屬
論語注疏解經十卷札記一卷　(三國魏)何晏集解　(宋)邢昺疏　清光緒三十年至三十三年(1904－1907)貴池劉氏玉海堂刻本　十二行約二十五字小字雙行三十二字白口雙魚尾四周雙邊　内封題"景元元貞平水本論語注疏解經十卷""貴池劉氏玉海堂景宋叢書之四光緒甲辰九月付黄岡陶子麟刻丁未十一月校刊竣工"　二册

370000－1542－0000465　780/45　經部/四書類/論語之屬
戴氏注論語二十卷　(清)戴望撰　清同治十年(1871)刻本　十二行二十四字小字雙行同黑口左右雙邊　鈐有"則斯所藏""齊魯大學

圖書館藏書” 一册

370000－1542－0000466 780/52 經部/四書類/論語之屬

論語意原四卷 （宋）鄭汝諧撰 清乾隆四十二年(1777)福建刻道光、同治間遞修武英殿聚珍版書本 九行二十一字白口單魚尾四周雙邊 鈐有“齊魯大學圖書館藏書” 二册

370000－1542－0000467 780/53 經部/四書類/論語之屬

論語集注旁證二十卷 （清）梁章鉅撰 清光緒十二年(1886)鉛字排印本 十五行四十四字白口單魚尾四周雙邊 内封題“光緒十有二年丙戌六月校印” 鈐有“齊魯大學圖書館藏書” 四册

370000－1542－0000468 780/54 經部/四書類/論語之屬

論語話解十卷 （清）陳濬撰 清光緒五年(1879)廣仁堂刻本 十行二十三字小字雙行同白口單魚尾四周雙邊 鈐有“齊魯大學圖書館藏書” 二册

370000－1542－0000469 780/54 經部/四書類/論語之屬

論語話解十卷 （清）陳濬撰 清光緒三十二年(1906)上海六藝書局石印本 十二行二十八字小字雙行同白口四周單邊 内封題“光緒三十二年歲次丙午二月初十日初版 上海六藝書局” 鈐有“齊魯大學圖書館藏書” 四册

370000－1542－0000470 780/71 經部/四書類/論語之屬

論語後案二十卷 （清）黄式三撰 清道光二十三年(1843)魯岐峰木活字印本 九行二十四字小字雙行同白口單魚尾四周雙邊 四册

370000－1542－0000471 780/19 經部/四書類/論語之屬

鄉黨便蒙二卷 （清）劉傳一撰 清道光五年(1825)劉氏錫類堂刻本 佚名圈點題識 九行二十八字小字雙行同白口單魚尾四周雙邊 内封題“道光乙酉冬鐫 錫類堂藏板” 鈐有“齊魯大學圖書館藏書” 二册

370000－1542－0000472 780/19 經部/四書類/論語之屬

鄉黨便蒙二卷 （清）劉傳一撰 清抄本(據清道光五年劉氏錫類堂刻本抄) 九行二十八字小字雙行同 内封題“道光乙酉冬鐫 錫類堂藏板” 鈐有“齊魯大學圖書館藏書” 二册

370000－1542－0000473 780/3 經部/四書類/孟子之屬

孟子雜記四卷 （明）陳士元撰 （清）陳春校 清嘉慶二十四年(1819)蕭山陳氏湖海樓刻本 十行二十字小字雙行同黑口左右雙邊 二册

370000－1542－0000474 780/75 經部/四書類/孟子之屬

孟子三卷 （戰國）孟軻等撰 清光緒李光明莊刻本 九行十八字白口單魚尾四周雙邊 三册

370000－1542－0000475 780/55 經部/四書類/孟子之屬

孟子註疏解經十四卷附校勘記 （漢）趙岐注 （宋）孫奭疏 清嘉慶二十年(1815)江西南昌府學刻本 十行十六至十八字小字雙行二十三至二十四字黑口雙魚尾左右雙邊 内封題“嘉慶二十年江西南昌府學開雕” 卷末牌記題“大清嘉慶二十一年用文選樓藏本校” 鈐有“張曦照印”“格高韻雅”“齊魯大學圖書館藏書” 七册

370000－1542－0000476 780/50 經部/四書類/大學之屬

古本大學輯解二卷 （清）楊亶驊撰 清光緒刻本 十行二十二字小字雙行同黑口四周單邊 鈐有“齊魯大學圖書館藏書” 一册

370000－1542－0000477 780/51 經部/四書類/大學之屬

古本大學集說三卷附古本大學一卷 （清）王訢編 清抄本 九行十八字白口 鈐有“光熙所藏”“齊魯大學圖書館藏書” 二册

370000 - 1542 - 0000478　780/28　經部/四書類/中庸之屬

學庸詳解三卷　(清)高運庭編　清嘉慶十七年(1812)上錦堂刻本　十五行二十五字白口單魚尾四周雙邊　内封題"上錦堂藏板　學庸詳解　嘉慶十七年暑月新刊"　鈐有"齊魯大學圖書館藏書"　一册

370000 - 1542 - 0000479　780/47　經部/四書類/中庸之屬

學庸順講不分卷　(清)叢秉肅編　清道光八年(1828)刻本　十一行二十五字白口單魚尾左雙邊或左右雙邊　内封題"叢如齋先生輯　學庸順講　本衙藏版"　鈐有"齊魯大學圖書館藏書"　二册

370000 - 1542 - 0000480　780/48　經部/四書類/中庸之屬

學庸串講二卷　(清)喻遜編　清道光四年(1824)喻氏廬阜堂刻本　上欄小字十八行五字下欄九行十二字白口單魚尾四周單邊　内封題"道光甲申新鐫　學庸串講　廬阜堂梓行"　鈐有"齊魯大學圖書館藏書"　二册

370000 - 1542 - 0000481　780/49　經部/四書類/中庸之屬

大中講議三卷　(清)朱用純撰　清光緒二年(1876)江蘇書局刻本　十行二十二字白口單魚尾四周雙邊　内封題"大中講議""光緒二年六月江蘇書局刊版"　鈐有"齊魯大學圖書館藏書"　三册

370000 - 1542 - 0000482　780/50　經部/四書類/中庸之屬

中庸本解二卷　(清)楊亶驊撰　清光緒刻本　十行二十二字小字雙行同黑口四周單邊　鈐有"齊魯大學圖書館藏書"　一册

370000 - 1542 - 0000483　780/58　經部/四書類

大學臆古一卷大學古本説一卷讀大學法一卷大學章句序一卷中庸臆測一卷　(清)王定柱撰　清嘉慶二十四年(1819)刻本　九行二十五字小字雙行同白口單魚尾四周雙邊　内封題"嘉慶己卯年鐫　滇南文錦齋藏板"　鈐有"齊魯大學圖書館藏書"　二册

370000 - 1542 - 0000484　780/29　經部/四書類

松陽講義十二卷　(清)陸隴其撰　清貴文堂刻本　十一行二十字黑口雙魚尾左右雙邊　内封題"貴文堂梓行"　鈐有"齊魯大學圖書館藏書"　六册

370000 - 1542 - 0000485　780/29　經部/四書類

松陽講義十二卷　(清)陸隴其撰　清末刻本　十一行二十字黑口雙魚尾左右雙邊　内封題"西昌裘氏原本"　鈐有"葉元芳印""香祖""齊魯大學圖書館藏書"　四册

370000 - 1542 - 0000486　790/7　經部/孝經類

孝經注一卷　(漢)鄭玄注　清光緒李光明莊刻本　九行二十二字小字雙行同白口單魚尾左右雙邊　内封題"狀元閣孝經註"　一册

370000 - 1542 - 0000487　790/3　經部/孝經類

孝經一卷附校勘記　(唐)玄宗李隆基注　(唐)陸德明音義　清同治十一年(1872)山東書局刻本　九行十七字小字雙行同白口四周單邊　牌記題"同治十一年山東書局開雕　尚志堂藏板"　鈐有"齊魯大學圖書館藏書"　一册

370000 - 1542 - 0000488　790/5　經部/孝經類

今古文孝經彙刻　(清)王德瑛編　清道光福山王德瑛日省吾齋刻本　九行二十五字小字雙行同白口單魚尾四周雙邊　鈐有"關中福蔭堂李捐濟南學堂記""齊魯大學圖書館藏書"　八册　缺三種三卷(孝經全注一卷、孝經三本管窺一卷、孝經解紛一卷)

370000 - 1542 - 0000489　310/2　經部/小學類

正字略定本一卷　(清)王筠撰　清道光十九年(1839)刻本　六行大小字相間字數不等白

口單魚尾左右雙邊　一册

370000－1542－0000490　310/2　經部/小學類

字學蒙求四卷　(清)王筠撰　清道光十九年(1839)陳山嵋刻本　六行字數不等小字雙行二十字白口單魚尾左右雙邊　無格　鈐有"文安邢氏""石達摩室"　一册

370000－1542－0000491　310/2　經部/小學類

兼韻辨義略五卷　(清)何毓藻初編　(清)丁家俊重輯　清道光十七年(1837)刻本　七行二十四字小字雙行同白口單魚尾四周雙邊　一册

370000－1542－0000492　310/2　經部/小學類

佩文詩韻釋要五卷　(清)朱蘭輯　清道光十六年(1836)刻本　九行六字夾雙行小字白口單魚尾四周雙邊　一册

370000－1542－0000493　310/2　經部/小學類/文字之屬

增訂四庫全書辨證通俗文字一卷　(清)王朝梧編　清乾隆六十年(1795)刻本　清李廷棨題跋　八行二十字小字雙行同白口單魚尾四周單邊　無格　鈐有"邢""後思適齋"　一册

370000－1542－0000494　310/3　經部/小學類

小學考五十卷　(清)謝啓昆撰　清光緒十四年(1888)浙江書局刻本　十一行二十一字小字雙行同白口單魚尾左右雙邊　内封題"光緒戊子秋九浙江書局栞成"　二十册

370000－1542－0000495　310/3　經部/小學類

小學考五十卷　(清)謝啓昆撰　清光緒十四年(1888)浙江書局刻本　十一行二十一字小字雙行同白口單魚尾左右雙邊　内封題"光緒戊子秋九浙江書局栞成"　鈐有"齊魯大學圖書館藏書"　二十册

370000－1542－0000496　310/4　經部/小學類

小學類編六種附一種　(清)李祖望編　清咸豐元年至同治十年(1851－1871)江都李氏半畝園刻本　十行二十一字小字雙行同黑口單魚尾左右雙邊　内封題"江都李氏半畝園栞"　鈐有"齊魯大學圖書館藏書"　八册

370000－1542－0000497　310/5　經部/小學類

小學彙函十四種　(清)鍾謙鈞編　清同治十二年(1873)粵東書局刻本　十行二十一字小字雙行同白口單魚尾左右雙邊　鈐有"齊魯大學圖書館藏書"　三十一册

370000－1542－0000498　320/13　經部/小學類

問奇一覽二卷　(清)李書雲輯　清光緒十年(1884)聞見齋校刻本　九行二十字小字雙行同白口單魚尾左右雙邊　内封題"聞見齋校刻問奇一覽""光緒十年歲在閼逢涒灘之春殷寶龢署"　鈐有"泉唐吳子蕃收藏金石書畫印""吳氏子蕃珍藏"　二册

370000－1542－0000499　321/38　經部/小學類/文字之屬

許學叢書三集十四種　(清)張炳翔編　清光緒十年至十二年(1884－1886)長洲張氏儀鄦廬刻本　九行二十字小字雙行同黑口四周雙邊　牌記題"光緒癸未秋開雕甲申夏五工竣版藏張氏儀鄦廬"　鈐有"齊魯大學圖書館藏書"　二十四册

370000－1542－0000500　321/69　經部/小學類/文字之屬

許學叢刻二集九種　(清)許頌鼎　(清)許溎祥輯　清光緒十三年(1887)海甯許槤古均閣校刻本　十一行二十二字小字雙行同黑口雙魚尾左右雙邊　内封題"光緒十三年丁亥十月海甯許氏古均閣校刊平湖徐惟琨書檢"　四册

370000－1542－0000501　321/69　經部/小學類/文字之屬

古均閣遺著　(清)許槤撰　清光緒十四年

(1888)刻本　十一行二十二字白口雙魚尾左右雙邊　内封題"光緒十四年刻平湖徐惟琨題"　一册

370000－1542－0000502　321/57　經部/小學類/文字之屬

苗氏説文四種　(清)苗夔撰　清道光、咸豐間刻咸豐元年(1851)壽陽祁氏漢碑亭印本　内封題"咸豐辛亥冬月　苗氏説文四種　漢碑亭臧板"　説文聲讀表内封題"理董居藏板"　鈐有"齊魯大學圖書館藏書"　四册

370000－1542－0000503　321/57　經部/小學類/文字之屬

苗氏説文四種　(清)苗夔撰　清道光、咸豐間壽陽祁氏漢碑亭刻民國間重修本　鈐有"齊魯大學圖書館藏書"　六册

370000－1542－0000504　321/54　經部/小學類/文字之屬

説文引經例辨三卷　(清)雷浚撰　清光緒十年(1884)雷氏家刻本　十行二十一字小字雙行同黑口單魚尾四周雙邊　鈐有"齊魯大學圖書館藏書"　二册

370000－1542－0000505　321/54　經部/小學類/文字之屬

説文外編十六卷　(清)雷浚撰　清光緒十年(1884)雷氏家刻本　十行二十一字小字雙行同黑口單魚尾四周雙邊　鈐有"齊魯大學圖書館藏書"　五册

370000－1542－0000506　321/54　經部/小學類/文字之屬

説文辨疑一卷　(清)顧廣圻撰　清光緒十年(1884)雷氏家刻本　十行二十一字小字雙行同黑口單魚尾四周雙邊　鈐有"齊魯大學圖書館藏書"　一册

370000－1542－0000507　321/54　經部/小學類/文字之屬

劉氏碎金一卷　(清)劉禧延撰　清光緒十年(1884)雷氏家刻本　十行二十一字小字雙行同黑口單魚尾四周雙邊　鈐有"齊魯大學圖書館藏書"一册

370000－1542－0000508　321/33　經部/小學類/文字之屬

字説一卷　(清)吳大澂撰　清光緒十九年(1893)湖南思賢講舍刻本　十行十九字白口四周單邊　牌記題"光緒癸巳孟春思賢講舍重雕"　一册

370000－1542－0000509　321/40　經部/小學類/文字之屬

漢學諧聲二十四卷附説文補考一卷　(清)戚學標撰　清嘉慶九年(1804)河南涉縣官署刻本　八行十二字小字雙行二十五字白口單魚尾四周雙邊　鈐有"齊魯大學圖書館藏書"　八册

370000－1542－0000510　320/9　經部/小學類/文字之屬

六書通摭遺十卷　(清)畢星海輯　清嘉慶六年(1801)刻本　八行十二字小字雙行二十四字白口四周雙邊　鈐有"積學齋徐乃昌藏書"　四册

370000－1542－0000511　320/22－2　經部/小學類/文字之屬

字學舉隅一卷　(清)龍啓瑞撰　清同治刻本　八行字數不等白口單魚尾左右雙邊　内封題"上海曙海樓藏板"　一册

370000－1542－0000512　320/22－3　經部/小學類/文字之屬

字學舉隅一卷　(清)龍啟瑞撰　清道光二十六年(1846)刻本　八行字數不等白口單魚尾左右雙邊　内封題"道光丙午孟秋重鐫　本宅藏板"　一册

370000－1542－0000513　320/22　經部/小學類/文字之屬

增廣字學舉隅四卷　(清)龍啓瑞撰　(清)鐵珊增輯　清同治十三年(1874)蘭州郡署刻光緒二十五年(1899)增刻本　六行或八行字數不等白口單魚尾四周雙邊　牌記題"同治甲戌辜月蘭州郡署開雕"　四册

370000－1542－0000514　323/52　經部/小學類/文字之屬

增訂金壺字考一卷　（清）郝在田輯　清同治十三年(1874)刻本　八行十四字小字雙行同白口單魚尾左右雙邊　牌記題"甲戌春仲新鐫　版存京都琉璃廠東龍雲齋"　一冊

370000－1542－0000515　321/13　經部/小學類/文字之屬

說文解字十五卷　（漢）許慎撰　（宋）徐鉉校定　清嘉慶十二年(1807)長白額勒布藤花榭重刻新安鮑惜分藏宋小字本　十行十八字小字雙行二十八至三十字白口單魚尾左右雙邊　牌記題"嘉慶丁卯年開雕　藤花榭藏板"　鈐有"光熙所藏""齊魯大學圖書館藏書"　四冊

370000－1542－0000516　321/13　經部/小學類/文字之屬

說文解字十五卷　（漢）許慎撰　（宋）徐鉉校定　清嘉慶十二年(1807)長白額勒布藤花榭重刻新安鮑惜分藏宋小字本　十行十八字小字雙行二十八至三十字白口單魚尾左右雙邊　牌記題"嘉慶丁卯年開雕　藤花榭藏板"　鈐有"三近草堂印信"　四冊

370000－1542－0000517　321/13　經部/小學類/文字之屬

說文解字十五卷　（漢）許慎撰　（宋）徐鉉校定　清光緒五年(1879)平江洪氏據嘉慶十四年(1809)陽湖孫星衍校刻宋小字本　十行十八字小字雙行二十八至三十字白口單魚尾左右雙邊　牌記題"光緒己卯孟秋平江洪氏藏板"　鈐有"竹筠""齊魯大學圖書館藏書"　四冊

370000－1542－0000518　321/13　經部/小學類/文字之屬

說文解字十五卷　（漢）許慎撰　（宋）徐鉉校定　清光緒五年(1879)平江洪氏據嘉慶十四年(1809)陽湖孫星衍校刻宋小字本　十行十八字小字雙行二十八至三十字白口單魚尾左右雙邊　牌記題"光緒己卯孟秋平江洪氏藏板"　鈐有"錢塘袁氏珍藏""閒雲野鶴""臥雲先生之齋""小倉山房""齊魯大學圖書館藏書"　四冊

370000－1542－0000519　321/13　經部/小學類/文字之屬

說文解字十五卷　（漢）許慎撰　（宋）徐鉉校定　清光緒七年(1881)日照丁艮善據汲古閣舊藏北宋小字本重校刻本　十行十八字小字雙行二十八至三十字白口單魚尾左右雙邊　內封題"仿宋監本說文解字"　牌記題"據汲古閣舊藏本重校栞　光緒七年冬成"　四冊

370000－1542－0000520　321/13　經部/小學類/文字之屬

說文解字十五卷　（漢）許慎撰　（宋）徐鉉校定　清光緒七年(1881)日照丁艮善據汲古閣舊藏北宋小字本重校刻本　十行十八字小字雙行二十八至三十字白口單魚尾左右雙邊　內封題"仿宋監本說文解字"　牌記題"據汲古閣舊藏本重校栞　光緒七年冬成"　五冊

370000－1542－0000521　321/13　經部/小學類/文字之屬

說文解字十五卷　（漢）許慎撰　（宋）徐鉉校定　清光緒七年(1881)日照丁艮善據汲古閣舊藏北宋小字本重校刻本　十行十八字小字雙行二十八至三十字白口單魚尾左右雙邊　內封題"仿宋監本說文解字"　牌記題"據汲古閣舊藏本重校栞　光緒七年冬成"　四冊

370000－1542－0000522　321/13　經部/小學類/文字之屬

說文解字十五卷　（漢）許慎撰　（宋）徐鉉校定　清光緒七年(1881)日照丁艮善據汲古閣舊藏北宋小字本重校刻本　十行十八字小字雙行二十八至三十字白口單魚尾左右雙邊　內封題"仿宋監本說文解字"　牌記題"據汲古閣舊藏本重校栞　光緒七年冬成"　鈐有"齊魯大學圖書館藏書"　五冊

370000－1542－0000523　321/13　經部/小學類/文字之屬

說文解字十五卷　（漢）許慎撰　（宋）徐鉉校定　清光緒七年(1881)日照丁艮善據汲古閣舊藏北宋小字本重校刻本　十行十八字小字雙行二十八至三十字白口單魚尾左右雙邊　鈐有"AUGUSTING LIBRARY TSINAN CHI-

NA” 一册

370000－1542－0000524　321/14　經部/小學類/文字之屬

說文解字注十五卷附六書音韻表二卷　（清）段玉裁撰　**部目分韻**　（清）陳煥編　清同治六年至十一年（1867－1872）蘇州保息局刻本　九行二十二字小字雙行同白口單魚尾左右雙邊　内封題“補刻段氏說文解字注”　牌記題“同治六年七月補刊於蘇州保息局”　鈐有“齊魯大學圖書館藏書”　十八册

370000－1542－0000525　321/14　經部/小學類/文字之屬

說文解字注十五卷附六書音韻表二卷　（清）段玉裁撰　**部目分韻**　（清）陳煥編　清光緒三年（1877）成都尊經書院刻本　九行二十二字小字雙行同白口單魚尾左右雙邊　牌記題“光緒三年成都尊經書院重栞經韵樓本”　鈐有“私立齊魯大學國學研究所藏書之章”　三十册

370000－1542－0000526　322/19　經部/小學類/文字之屬

復古編二卷附録一卷校正一卷　（宋）張有撰　（清）葛鳴陽校正　**曾樂軒稿一卷**　（宋）張維撰　**安陸集一卷**　（宋）張先撰　清光緒八年（1882）江蘇淮南書局翻刻乾隆安邑葛氏刻本　五行十六字白口四周單邊　牌記題“光緒八年三月淮南書局重刊”　三册

370000－1542－0000527　322/19　經部/小學類/文字之屬

復古編二卷附録一卷校正一卷　（宋）張有撰　（清）葛鳴陽校正　**曾樂軒稿一卷**　（宋）張維撰　**安陸集一卷**　（宋）張先撰　清光緒八年（1882）江蘇淮南書局翻刻乾隆安邑葛氏刻本　五行十六字白口四周單邊　牌記題“光緒八年三月淮南書局重刊”　鈐有“齊魯大學圖書館藏書”　五册

370000－1542－0000528　321/7　經部/小學類/文字之屬

續復古編四卷　（元）曹本撰　清光緒十二年（1886）歸安姚氏咫進齋影刻元抄本　五行字數不等小字雙行同黑口單魚尾左右雙邊　牌記題“光緒十有二年歸安姚覲元咫進齋叚皕宋廔景元鈔本重模栞木”　四册

370000－1542－0000529　321/50　經部/小學類/文字之屬

說文解字韻譜十卷　（宋）徐鍇撰　（清）馮桂芬校　清同治三年（1864）吳縣馮桂芬刻本　七行大小字相間字數不等白口左右雙邊　内封題“宋本說文解字韻譜十卷”　牌記題“同治甲子嘉平月吳縣馮桂芬縮摹篆文上版”　鈐有“濟南三德堂自在江浙蘇閩揀選各種古今書籍發兊”“齊魯大學圖書館藏書”　二册

370000－1542－0000530　321/8　經部/小學類/文字之屬

許氏說文解字雙聲疊韻譜不分卷　（清）鄧廷楨撰　清光緒七年（1881）常熟鮑氏後知不足齋刻本　九行二十字小字雙行同黑口單魚尾左右雙邊　牌記題“光緒辛巳中冬後知不足齋刊”　二册

370000－1542－0000531　321/17　經部/小學類/文字之屬

許氏說文解字雙聲疊韻譜不分卷　（清）鄧廷楨撰　清末刻本　八行二十一字小字雙行同黑口雙魚尾四周雙邊　鈐有“私立齊魯大學國學研究所藏書之章”　二册

370000－1542－0000532　321/59　經部/小學類/文字之屬

說文分韻易知録五卷部首重文五卷說文分畫易知録一卷　（清）許巽行編　清光緒五年（1879）江蘇許嘉德杭州刻本　八行字數不等小字雙行約二十二字白口黑魚尾左右雙邊　牌記題“光緒五年歲在屠維單閼夏月校栞”　十册

370000－1542－0000533　321/59　經部/小學類/文字之屬

說文分韻易知録五卷部首重文五卷說文分畫易知録一卷　（清）許巽行編　清光緒五年（1879）江蘇許嘉德杭州刻本　八行字數不等

小字雙行約二十二字白口黑魚尾左右雙邊　牌記題"光緒五年歲在屠維單閼夏月校栞"　鈐有"雨來軒選臧"　十册

370000－1542－0000534　321/9　經部/小學類/文字之屬

說文解字繫傳四十卷　(宋)徐鍇撰　**校勘記三卷**　(清)祁寯藻撰　清道光十九年(1839)壽陽祁寯藻江陰刻本　七行二十二字黑口單魚尾左右雙邊　牌記題"道光十九年依景宋鈔本重彫"　鈐有"讀有用書""碧雲僊館珍藏書畫印"　八册

370000－1542－0000535　321/9　經部/小學類/文字之屬

說文解字繫傳四十卷　(宋)徐鍇撰　清光緒元年(1875)歸安姚覲元川東重刻道光祁氏本　七行二十二字黑口單魚尾左右雙邊　牌記題"光緒元年川東重刻"　七册

370000－1542－0000536　321/66　經部/小學類/文字之屬

說文解字繫傳四十卷　(宋)徐鍇撰　**校勘記三卷**　(清)祁寯藻撰　清光緒二年(1876)平江吳氏翻刻祁氏本　七行十一字小字雙行二十二字黑口單魚尾左右雙邊　牌記題"光緒二年八月平江吳氏重彫"　八册

370000－1542－0000537　321/52　經部/小學類/文字之屬

說文解字斠詮十四卷　(清)錢坫撰　清嘉慶十二年(1807)吉金樂石齋刻本　七行八字小字雙行二十四字白口單魚尾左右雙邊　内封題"嘉慶丁卯年鐫　吉金樂石齋藏板"　鈐有"齊魯大學圖書館藏書"　十二册

370000－1542－0000538　321/58　經部/小學類/文字之屬

說文解字斠詮十四卷　(清)錢坫撰　清光緒九年(1883)淮南書局刻本　七行八字小字雙行二十四字白口單魚尾左右雙邊　牌記題"光緒九年五月淮南書局重刊"　六册

370000－1542－0000539　321/12　經部/小學類/文字之屬

說文解字注箋十四卷附說文檢字三卷說文重文檢字篇一卷說文疑難檢字篇一卷　(清)徐樾撰　(清)段玉裁注　(清)徐灝箋　清光緒二十年(1894)桂林刻民國三年(1914)北京補刻本　十一行二十字小字雙行同黑口單魚尾左右雙邊　牌記題"甲午初雕於桂林　甲寅補刊於京師"　三十二册

370000－1542－0000540　321/12　經部/小學類/文字之屬

說文解字注箋十四卷附說文檢字三卷說文重文檢字篇一卷說文疑難檢字篇一卷　(清)徐樾撰　(清)段玉裁注　(清)徐灝箋　清光緒二十年(1894)桂林刻民國三年(1914)北京補刻本　十一行二十字小字雙行同黑口單魚尾左右雙邊　牌記題"甲午初雕於桂林　甲寅補刊於京師"　三十二册

370000－1542－0000541　321/10　經部/小學類/文字之屬

說文古籀補十四卷附録一卷　(清)吳大澂撰　清光緒二十四年(1898)吳氏湖南刻本　八行字數不等小字雙行不等白口單魚尾四周單邊　牌記題"光緒戊戌季冬月重刊"　二册

370000－1542－0000542　321/56　經部/小學類/文字之屬

說文古籀疏證六卷原目一卷　(清)莊述祖撰　清光緒二十年(1894)津郡明文堂刻本　九行大字十一字中字二十二字小字雙行二十二字黑口單魚尾左右雙邊　牌記題"光緒甲午十月後學汪洵書耑"　四册

370000－1542－0000543　321/18　經部/小學類/文字之屬

說文釋例二十卷補正二十卷　(清)王筠撰　清同治四年(1865)安丘王彦侗刻本　九行二十二字小字雙行同白口單魚尾四周雙邊　内封題"同治四年二月二十二日由禮部進呈同知銜附明貢生王彦侗恭繕"　十一册

370000－1542－0000544　321/18　經部/小學類/文字之屬

說文釋例二十卷補正二十卷　(清)王筠撰

清同治四年(1865)安丘王彥侗刻本　九行二十二字小字雙行同白口單魚尾四周雙邊　内封題"同治四年二月二十二日由禮部進呈　同知銜附明貢生王彥侗恭繕"　鈐有"齊魯大學圖書館藏書"　十一册

370000－1542－0000545　321/18　經部/小學類/文字之屬
說文解字句讀三十卷補正三十卷　(清)王筠撰　清同治四年(1865)安丘王彥侗刻本　大字十行八字中字十行二十四字小字雙行二十四字白口單魚尾四周雙邊　内封題"同治四年二月二十二日由禮部進呈　同知銜附明貢生王彥侗恭繕"　十六册

370000－1542－0000546　321/18　經部/小學類/文字之屬
說文解字句讀三十卷補正三十卷　(清)王筠撰　清同治四年(1865)安丘王彥侗刻本　大字十行八字中字十行二十四字小字雙行二十四字白口單魚尾四周雙邊　内封題"同治四年二月二十二日由禮部進呈　同知銜附明貢生王彥侗恭繕"　鈐有"齊魯大學圖書館藏書"　十六册

370000－1542－0000547　321/18　經部/小學類/文字之屬
說文繫傳校録三十卷　(清)王筠撰　清咸豐七年(1857)安丘王彥侗刻本　大字十行八字中字十行十二字小字雙行二十四字白口單魚尾四周雙邊　四册

370000－1542－0000548　321/18　經部/小學類/文字之屬
說文繫傳校録三十卷　(清)王筠撰　清咸豐七年(1857)安丘王彥侗刻本　大字十行八字中字十行十二字小字雙行二十四字白口單魚尾四周雙邊　鈐有"齊魯大學圖書館藏書"　四册

370000－1542－0000549　321/18　經部/小學類/文字之屬
文字蒙求四卷　(清)王筠撰　清道光二十六年(1846)刻本　六行十一字小字雙行二十二字白口單魚尾四周雙邊　一册

370000－1542－0000550　321/18　經部/小學類/文字之屬
文字蒙求四卷　(清)王筠撰　清道光二十六年(1846)刻本　六行十一字小字雙行二十二字白口單魚尾四周雙邊　鈐有"齊魯大學圖書館藏書"　一册

370000－1542－0000551　322/23　經部/小學類/文字之屬
文字蒙求四卷　(清)王筠撰　清道光二十六年(1846)刻本　六行十一字小字雙行二十二字白口單魚尾四周雙邊　一册

370000－1542－0000552　321/15　經部/小學類/文字之屬
說文釋例二十卷　(清)王筠撰　清同治四年(1865)安丘王彥侗刻本　九行二十二字小字雙行同白口單魚尾四周雙邊　内封題"同治四年二月二十二日由禮部進呈　同知銜附明貢生王彥侗恭繕"　十册

370000－1542－0000553　321/15　經部/小學類/文字之屬
說文釋例二十卷　(清)王筠撰　清同治四年(1865)安丘王彥侗刻本　九行二十二字小字雙行同白口單魚尾四周雙邊　内封題"同治四年二月二十二日由禮部進呈　同知銜附明貢生王彥侗恭繕"　鈐有"齊魯大學圖書館藏書"　十册

370000－1542－0000554　321/15　經部/小學類/文字之屬
說文釋例二十卷　(清)王筠撰　清光緒四川刻本　九行二十二字小字雙行同黑口雙魚尾左右雙邊　内封題"板藏中江家塾"　鈐有"私立齊魯大學國學研究所藏書之章"　二十册

370000－1542－0000555　321/6　經部/小學類/文字之屬
說文韻譜校五卷　(清)王筠撰　清光緒十六年(1890)濰縣劉嘉禾刻本　七行二十字小字雙行同白口單魚尾四周雙邊　牌記題"光緒

庚寅夏六月濰劉氏開雕” 二册

370000－1542－0000556 321/6 經部/小學類/文字之屬

說文韻譜校五卷 (清)王筠撰 清光緒十六年(1890)濰縣劉嘉禾刻本 七行二十字小字雙行同白口單魚尾四周雙邊 牌記題“光緒庚寅夏六月濰劉氏開雕” 鈐有“古瓦齋精鑑” 二册

370000－1542－0000557 321/27 經部/小學類/文字之屬

說文解字句讀三十卷 (清)王筠撰 清同治四年(1865)安丘王彦侗刻本 大字十行八字中字十行二十四字小字雙行二十四字白口單魚尾四周雙邊 無格 内封題“同治四年二月二十二日由禮部進呈 同知銜附貢生王彦侗恭繕” 鈐有“齊魯大學圖書館藏書” 十六册

370000－1542－0000558 321/27 經部/小學類/文字之屬

說文解字句讀三十卷 (清)王筠撰 清同治四年(1865)安丘王彦侗刻本 大字十行八字中字十行二十四字小字雙行二十四字白口單魚尾四周雙邊 無格 内封題“同治四年二月二十二日由禮部進呈 同知銜附貢生王彦侗恭繕” 鈐有“齊魯大學圖書館藏書” 十六册

370000－1542－0000559 321/27 經部/小學類/文字之屬

說文解字句讀三十卷 (清)王筠撰 清同治四年(1865)安丘王彦侗刻本 大字十行八字中字十行二十四字小字雙行二十四字白口單魚尾四周雙邊 無格 内封題“同治四年二月二十二日由禮部進呈 同知銜附貢生王彦侗恭繕” 鈐有“基督教齊魯大學圖書館” 十六册

370000－1542－0000560 321/27 經部/小學類/文字之屬

說文解字句讀三十卷 (清)王筠撰 清同治四年(1865)安丘王彦侗刻本 大字十行八字中字十行二十四字小字雙行二十四字白口單魚尾四周雙邊 無格 内封題“同治四年二月二十二日由禮部進呈 同知銜附貢生王彦侗恭繕” 十六册

370000－1542－0000561 321/27 經部/小學類/文字之屬

說文解字句讀三十卷 (清)王筠撰 清末涵芬樓影印清同治王氏家刻本 十行二十四字小字雙行同白口單魚尾四周雙邊 牌記題“王氏家刻本 涵芬樓摹印” 鈐有“李錦章” 十四册

370000－1542－0000562 321/41 經部/小學類/文字之屬

說文繫傳校録三十卷 (清)王筠撰 清咸豐七年(1857)山東王彦侗刻本 十行二十四字小字雙行同白口單魚尾四周雙邊 鈐有“基督教齊魯大學圖書館” 二册

370000－1542－0000563 321/41 經部/小學類/文字之屬

說文繫傳校録三十卷 (清)王筠撰 清咸豐七年(1857)山東王彦侗刻本 十行二十四字小字雙行同白口單魚尾四周雙邊 鈐有“齊魯大學圖書館藏書” 二册

370000－1542－0000564 321/16 經部/小學類/文字之屬

說文逸字二卷 (清)鄭珍撰 清咸豐八年(1858)刻本 六行字數不等小字雙行約二十一字黑口單魚尾左右雙邊 一册

370000－1542－0000565 321/16 經部/小學類/文字之屬

說文逸字二卷 (清)鄭珍撰 **附録一卷** (清)鄭知同撰 清光緒八年(1882)成都御風樓校刻本 十一行二十字小字雙行同黑口雙魚尾左右雙邊 牌記題“光緒壬午年成都御風樓校刊” 鈐有“私立齊魯大學國學研究所藏書之章” 二册

370000－1542－0000566 321/25 經部/小學類/文字之屬

說文逸字辨證二卷 (清)李楨撰 清光緒十

一年(1885)善化李氏家刻本　九行二十二字小字雙行同黑口單魚尾四周雙邊　内封題“畹蘭室藏版”　二冊

370000－1542－0000567　322/29　經部/小學類/文字之屬

說文佚字攷四卷　(清)張鳴珂撰　清光緒十三年(1887)豫章刻本　十一行二十二字黑口雙魚尾左右雙邊　内封題“清光緒十三年丁亥四月栞於豫章”　一冊

370000－1542－0000568　321/19　經部/小學類/文字之屬

說文校議十五卷　(清)姚文田　(清)嚴可均撰　清同治十三年(1874)浙江歸安姚覲元刻本　十行二十四字白口單魚尾左右雙邊　牌記題“同治十有三年歸安姚氏重栞”　六冊

370000－1542－0000569　321/19　經部/小學類/文字之屬

說文校議十五卷　(清)姚文田　(清)嚴可均撰　清同治十三年(1874)浙江歸安姚覲元刻本　十行二十四字白口單魚尾左右雙邊　牌記題“同治十有三年歸安姚氏重栞”　四冊

370000－1542－0000570　321/21　經部/小學類/文字之屬

說文通訓定聲十八卷附分部檢韻一卷說雅十九篇古今韻準一卷行狀一卷　(清)朱駿聲撰　(清)朱鏡蓉參訂　清道光二十九年(1849)朱駿聲黟縣刻同治九年(1870)朱孔彰修補本　十行十九字小字雙行三十字白口單魚尾四周雙邊　牌記題“說文通訓定聲十八卷柬韻一卷　附說雅十九篇　古今韻準一卷　行狀一卷　臨嘯閣藏版”　鈐有“齊魯大學圖書館藏書”　二十八冊

370000－1542－0000571　321/21　經部/小學類/文字之屬

說文通訓定聲十八卷附分部檢韻一卷說雅十九篇古今韻準一卷行狀一卷　(清)朱駿聲撰　(清)朱鏡蓉參訂　清道光二十九年(1849)朱駿聲黟縣刻同治九年(1870)朱孔彰修補本　十行十九字小字雙行三十字白口單魚尾四周雙邊　牌記題“說文通訓定聲十八卷柬韻一卷　附說雅十九篇　古今韻準一卷　行狀一卷　臨嘯閣藏版”　鈐有“齊魯大學圖書館藏書”　二十六冊

370000－1542－0000572　321/21　經部/小學類/文字之屬

說文通訓定聲十八卷附補遺附分部檢韻一卷說雅十九篇古今韻準一卷行狀一卷　(清)朱駿聲撰　(清)朱鏡蓉參訂　清光緒十三年(1887)上海積山書局石印本　十七行二十六字小字雙行五十三字白口單魚尾四周雙邊　無格　牌記題“光緒十三年十有弍月上海積山書局石印”　八冊

370000－1542－0000573　321/24　經部/小學類/文字之屬

說文新坿攷六卷說文逸字二卷附録一卷　(清)鄭珍撰　清光緒十四年(1888)山陰許氏枕碧山館刻本　十行二十字小字雙行同黑口四周單邊　牌記題“光緒戊子冬山陰許氏枕碧山館栞”　鈐有“山中無是非”“膠西老人”　九冊

370000－1542－0000574　321/24　經部/小學類/文字之屬

說文新附攷六卷續考一卷　(清)鈕樹玉撰　清同治十三年(1874)湖北崇文書局刻本　十行二十三字小字雙行同白口單魚尾四周雙邊　牌記題“同治甲戌湖北崇文書局重栞”　二冊

370000－1542－0000575　321/24　經部/小學類/文字之屬

說文新附攷六卷續考一卷　(清)鈕樹玉撰　清同治十三年(1874)湖北崇文書局刻本　十行二十三字小字雙行同白口單魚尾四周雙邊　鈐有“忠州李芋仙隨身書卷”“私立齊魯大學國學研究所藏書之章”　四冊

370000－1542－0000576　321/53　經部/小學類/文字之屬

段氏說文注訂八卷　(清)鈕樹玉撰　清同治十三年(1874)湖北崇文書局刻本　九行二十

二字白口單魚尾四周雙邊　内封題"同治甲戌湖北崇文書局重栞"　鈐有"齊魯大學圖書館藏書"　二册

370000－1542－0000577　321/28　經部/小學類/文字之屬

説文聲系十四卷　(清)姚文田撰　清嘉慶九年(1804)粤東督學使署刻本　十行二十二字小字雙行同白口單魚尾左右雙邊　鈐有"王國維""濟南日本中學校圖書"　二册

370000－1542－0000578　321/29　經部/小學類/文字之屬

説文通檢十四卷末一卷　(清)黎永椿編　清光緒二年(1876)崇文書局刻本　十行二十字小字雙行同白口單魚尾左右雙邊　内封題"光緒二年夏月崇文書局開雕"　鈐有"齊魯大學圖書館藏書"　二册

370000－1542－0000579　321/29　經部/小學類/文字之屬

説文通檢十四卷末一卷　(清)黎永椿編　清刻本　十行二十字小字雙行同白口單魚尾左右雙邊　内封題"光緒二年夏月崇文書局開雕"　鈐有"齊魯大學圖書館藏書"　二册

370000－1542－0000580　321/29　經部/小學類/文字之屬

説文通檢十四卷首一卷　(清)黎永椿編　清光緒九年(1883)宏道書坊刻本　九行二十二字小字雙行同白口單魚尾左右雙邊　内封題"光緒癸未仲春宏道書坊藏板""古香齋版式"　二册

370000－1542－0000581　321/30　經部/小學類/文字之屬

説文外編十六卷　(清)雷浚編　**劉氏碎金一卷**　(清)劉禧延撰　清光緒十四年(1888)同文書局石印本　二十行四十一字小字雙行同白口單魚尾四周單邊　牌記題"光緒戊子仲夏同文書局石印"　二册

370000－1542－0000582　321/30　經部/小學類/文字之屬

説文外編十六卷　(清)雷浚編　**劉氏碎金一卷**　(清)劉禧延撰　清光緒古吴胥門内謝文翰齋刻本　十行二十一字小字雙行同黑口單魚尾四周雙邊　六册

370000－1542－0000583　321/31　經部/小學類/文字之屬

説文答問疏證六卷　(清)薛傳均撰　清光緒十三年(1887)鴻寶齋書局石印本　十行二十一字小字雙行同黑口雙魚尾左右雙邊　牌記題"丁亥中冬月鴻寶齋書局石印"　鈐有"麗生""脉望僊館"　二册

370000－1542－0000584　321/31　經部/小學類/文字之屬

説文經字考一卷　(清)陳壽祺撰　清光緒十三年(1887)鴻寶齋書局石印本　十行二十一字小字雙行同黑口雙魚尾左右雙邊　牌記題"丁亥中冬月鴻寶齋書局石印"　一册

370000－1542－0000585　321/32　經部/小學類/文字之屬

説文提要　(清)陳建侯撰　清同治十二年(1873)湖北崇文書局刻本　小字雙行十八字白口單魚尾四周雙邊　牌記題"同治十二年湖北崇文書局重雕"　一册

370000－1542－0000586　321/32　經部/小學類/文字之屬

説文提要　(清)陳建侯撰　清末識古齋刻本　小字雙行十八字白口單魚尾四周雙邊　牌記題"同治十二年湖北崇文書局重雕"　鈐有"華東大學圖書館藏書章"　一册

370000－1542－0000587　321/35　經部/小學類/文字之屬

説文解字義證五十卷　(清)桂馥撰　清道光三十年至咸豐二年(1850－1852)靈石楊尚文刻連筠簃叢書本　十行二十三字小字雙行同白口單魚尾左右雙邊　牌記題"道光三十年二月启工咸豐二年五月訖工　日照後學許瀚校字"　鈐有"齊魯大學圖書館藏書""延緑樓珍藏書畫之章"　五十册

370000－1542－0000588　321/35　經部/小學類/文字之屬

說文解字義證五十卷 (清)桂馥撰 清同治九年(1870)湖北崇文書局刻本 十行二十三字小字雙行同白口單魚尾四周雙邊 牌記題"同治九年湖北崇文書局開彫" 鈐有"齊魯大學圖書館藏書" 三十二冊

370000－1542－0000589 321/35 經部/小學類/文字之屬

說文解字義證五十卷 (清)桂馥撰 清同治九年(1870)湖北崇文書局刻本 十行二十三字小字雙行同白口單魚尾四周雙邊 牌記題"同治九年湖北崇文書局開彫" 三十二冊

370000－1542－0000590 321/45 經部/小學類/文字之屬

說文管見三卷 (清)胡秉虔撰 清同治十二年(1873)績溪胡氏世澤樓刻本 十二行二十四字小字雙行同黑口左右雙邊 牌記題"同治癸酉峕二月世澤樓栞版" 鈐有"齊魯大學圖書館藏書" 一冊

370000－1542－0000591 321/46 經部/小學類/文字之屬

說文引經攷異十六卷 (清)柳榮宗撰 清咸豐二年(1852)刻同治六年(1867)印本 十一行二十一字小字雙行同黑口單魚尾四周雙邊 内封題"咸豐二年栞" 鈐有"齊魯大學圖書館藏書" 四冊

370000－1542－0000592 321/49 經部/小學類/文字之屬

說文引經攷證七卷說文引經互異說一卷 (清)陳瑑撰 清同治十三年(1874)湖北崇文書局刻本 十行二十三字白口單魚尾四周雙邊 牌記題"同治甲戌湖北崇文書局重栞" 鈐有"齊魯大學圖書館藏書" 二冊

370000－1542－0000593 321/49 經部/小學類/文字之屬

說文引經攷證七卷說文引經互異說一卷 (清)陳瑑撰 清光緒十年(1884)三益廬校刻本 九行二十一字小字雙行同黑口左右雙邊 牌記題"光緒甲申六月三益廬校刊" 鈐有"基督教齊魯大學圖書館" 四冊

370000－1542－0000594 321/76 經部/小學類/文字之屬

說文引經攷二卷補遺一卷 (清)吳玉搢撰 清道光元年(1821)儀徵程贊詠刻本 十一行二十字黑口單魚尾左右雙邊 鈐有"王貴忱印""文甫吉金" 四冊

370000－1542－0000595 321/48 經部/小學類/文字之屬

說文聲類二卷說文聲類出入表一卷 (清)嚴可均撰 清嘉慶七年(1802)刻四錄堂類集本 十一行三十二字小字雙行同黑口雙魚尾左右雙邊 内封題"版藏歸安吳雲二百蘭亭齋 四錄堂類集" 鈐有"齊魯大學圖書館藏書" 一冊

370000－1542－0000596 321/62 經部/小學類/文字之屬

說文古本攷十四卷 (清)沈濤纂 清光緒十年(1884)吳縣潘祖蔭滂喜齋刻本 十行二十四字白口單黑魚尾左右雙邊 内封題"吳縣潘氏滂喜齋栞" 八冊

370000－1542－0000597 321/64 經部/小學類/文字之屬

唐寫本說文解字木部箋異 (清)莫友芝撰 清同治三年(1864)曾國藩安慶刻本 十行二十二字小字雙行同黑口四周雙邊 一冊

370000－1542－0000598 322/1 經部/小學類/文字之屬

汗簡七卷 (宋)郭忠恕撰 清光緒十一年(1885)江蘇朱氏槐廬重刻錢塘汪氏一隅草堂本 八行大小字相間字數不等黑口左右雙邊 鈐有"齊魯大學圖書館藏書" 二冊

370000－1542－0000599 322/1 經部/小學類/文字之屬

汗簡七卷 (宋)郭忠恕撰 清光緒十一年(1885)江蘇朱氏槐廬重刻錢塘汪氏一隅草堂本 八行大小字相間字數不等黑口左右雙邊 二冊

370000－1542－0000600 322/1 經部/小學類/文字之屬

汗簡七卷　(宋)郭忠恕撰　清光緒九年(1883)上海點石齋石印本　八行大小字相間字數不等白口四周單邊　牌記題“光緒九年秋七月點石齋照相石印”　一冊

370000－1542－0000601　322/15　經部/小學類/文字之屬

汗簡七卷目錄一卷　(宋)郭忠恕撰　(清)鄭珍箋正　清光緒十五年(1889)廣東廣雅書局刻本　七行約十七字小字雙行二十七字黑口單魚尾四周單邊　内封題“光緒十五年廣雅書局刻”　六冊

370000－1542－0000602　322/15　經部/小學類/文字之屬

汗簡七卷目錄一卷　(宋)郭忠恕撰　(清)鄭珍箋正　清光緒十五年(1889)廣東廣雅書局刻本　七行約十七字小字雙行二十七字黑口單魚尾四周單邊　内封題“光緒屠維赤奮若枽”　鈐有“齊魯大學圖書館藏書”　四冊

370000－1542－0000603　322/15　經部/小學類/文字之屬

汗簡七卷目錄一卷　(宋)郭忠恕撰　(清)鄭珍箋正　清光緒十五年(1889)廣東廣雅書局刻本　七行約十七字小字雙行二十七字黑口單魚尾四周單邊　内封題“光緒屠維赤奮若枽”　四冊

370000－1542－0000604　322/2　經部/小學類/文字之屬

隸辨八卷　(清)顧藹吉撰　清刻本　六行十字小字雙行二十字黑口單魚尾四周單邊　内封題“玉淵堂原本”　鈐有“扶溝柳氏珍藏金石書畫之印”“毓寶圖書”　八冊

370000－1542－0000605　322/2　經部/小學類/文字之屬

隸辨八卷　(清)顧藹吉撰　清嘉慶江寧甘瑞祥翻刻天都黃晟本　六行十字小字雙行二十字黑口單魚尾四周單邊　鈐有“貴文堂藏書”　十六冊

370000－1542－0000606　322/3　經部/小學類/文字之屬

隸釋二十七卷隸續二十一卷附汪本隸釋刊誤一卷　(宋)洪适撰　清同治十年(1871)皖南洪氏晦木齋江寧摹刻汪氏樓松書屋本　九行二十字小字雙行同白口單魚尾四周單邊　内封題“樓松書屋汪氏本　皖南洪氏晦木齋集貲摹刻　同治十年曾國藩署檢”　十冊

370000－1542－0000607　322/3　經部/小學類/文字之屬

隸釋二十七卷　(宋)洪适撰　清同治十年(1871)皖南洪氏晦木齋江寧摹刻汪氏樓松書屋本　九行二十字小字雙行同白口單魚尾四周單邊　内封題“樓松書屋汪氏本　皖南洪氏晦木齋集貲摹刻　同治十年曾國藩署檢”　五冊

370000－1542－0000608　322/4　經部/小學類/文字之屬

隸續二十一卷附汪本隸釋刊誤一卷　(宋)洪适撰　清同治十年(1871)皖南洪氏晦木齋摹刻汪氏樓松書屋本　九行二十字小字雙行同白口單魚尾四周單邊　内封題“樓松書屋汪氏本　皖南洪氏晦木齋集貲摹刻　同治十年曾國藩署檢”　汪本隸釋刊誤内封題“嘉慶丙子士礼居刊行”“同治十一年皖南洪氏晦木齋摹刻”　三冊

370000－1542－0000609　322/12　經部/小學類/文字之屬

隸篇十五卷續十五卷再續十五卷　(清)翟云升編　清道光十七年至十八年(1837－1838)掖縣翟氏刻本　行數不等字數不等小字十四行二十五字白口單魚尾左右雙邊　内封題“道光十七年五月開彫十八年六月成”　鈐有“笠僧所藏”　十冊

370000－1542－0000610　322/5　經部/小學類/文字之屬

四庫全書辨正通俗文字一卷　(清)陸費墀輯　(清)王筠重編　清道光九年(1829)北京琉璃廠魁元齋刻本　八行二十字小字雙行約二十七字白口單魚尾四周雙邊　無格　牌記題“琉璃廠西口内路北魁元齋刻”　一冊

370000－1542－0000611　322/6　經部/小學類/文字之屬

六書正譌五卷　(元)周伯琦撰　清同治五年(1866)大興邵氏惜古齋刻本　五行字數不等小字雙行二十字白口單魚尾四周單邊　内封題"至正十一年　鄱陽周伯琦注"　鈐有"齊魯大學圖書館藏書"　二册

370000－1542－0000612　322/6　經部/小學類/文字之屬

六書正譌五卷　(元)周伯琦撰　清光緒十二年(1886)刻本　五行字數不等小字雙行二十字白口單魚尾四周單邊　内封題"光緒丙戌年新鐫　恭壽堂藏板"　鈐有"秋吟軒珍藏金石文字印"　二册

370000－1542－0000613　322/28　經部/小學類/文字之屬

六書通十卷　(明)閔齊伋撰　(清)畢弘述纂訂　清光緒四年(1878)繡谷三餘堂刻本　八行十二字小字雙行二十四字白口四周雙邊　牌記題"光緒四年歲次戊寅仲春月上澣本堂不惜工貲遵依原本校對無訛識者珍之　繡谷三餘堂重刊"　五册

370000－1542－0000614　322/28　經部/小學類/文字之屬

六書通十卷　(明)閔齊伋撰　(清)畢弘述纂訂　清光緒十四年(1888)上海大同書局石印本　八行十二字小字雙行二十四字白口單魚尾四周雙邊　牌記題"光緒戊子仲夏上海大同書局石印"　鈐有"齊魯大學圖書館藏書"　十二册

370000－1542－0000615　322/28　經部/小學類/文字之屬

六書通十卷　(明)閔齊伋撰　(清)畢弘述纂訂　清光緒十九年(1893)上海校經山房石印本　十六行二十四字小字雙行四十八字白口單魚尾四周雙邊　内封題"光緒癸巳孟夏上海校經山房重校石印"　五册

370000－1542－0000616　322/42　經部/小學類/文字之屬

六書原始十五卷　(清)賀松齡撰　清同治三年(1864)賀松齡四川劍州署刻本　六行十字小字雙行二十字白口單魚尾四周雙邊　内封題"同治甲子鐫　版藏劍州署"　鈐有"齊魯大學圖書館藏書"　八册

370000－1542－0000617　322/9　經部/小學類/文字之屬

倉頡篇校證三卷補遺一卷　(清)梁章鉅撰　清光緒五年(1879)福州梁恭辰寫刻本　六行二十字小字雙行同白口雙魚尾四周雙邊　鈐有"齊魯大學圖書館藏書"　二册

370000－1542－0000618　322/9　經部/小學類/文字之屬

倉頡篇校證三卷補遺一卷　(清)梁章鉅撰　清光緒五年(1879)福州梁恭辰寫刻本　六行二十字小字雙行同白口雙魚尾四周雙邊　内封題"蘇州嘉魚坊西寶華山房發行"　鈐有"郭延""丹隱居所藏書""私立齊魯大學國學研究所藏書之章"　二册

370000－1542－0000619　322/9　經部/小學類/文字之屬

倉頡篇校證三卷補遺一卷　(清)梁章鉅撰　清光緒五年(1879)福州梁恭辰寫刻本　六行二十字小字雙行同白口雙魚尾四周雙邊　二册

370000－1542－0000620　322/14　經部/小學類/文字之屬

文字存真六種　(清)饒炯撰　清光緒三十年(1904)達古軒刻本　十一行二十字小字雙行同白口單魚尾左右雙邊　内封題"光緒甲辰年達古軒刻"　鈐有"私立齊魯大學國學研究所藏書之章"　五册　存二種十五卷(六書例説一卷、説文解字部首訂十四卷)

370000－1542－0000621　322/18　經部/小學類/文字之屬

字典考證十二集　(清)奕繪等輯　清光緒二年(1876)崇文書局刻本　十行二十一字白口四周雙邊　内封題"光緒二年夏月崇文書局開雕"　六册

370000－1542－0000622　322/18　經部/小學類/文字之屬

字典考證十二集　(清)奕繪等輯　清光緒二十一年(1895)上海鴻文書局鉛字排印本　二十八行五十六字黑口單魚尾四周雙邊　内封題"光緒乙未上海鴻文書局印"　鈐有"震青珍藏圖書""震青手校"　一册

370000－1542－0000623　322/23　經部/小學類/文字之屬

文字蒙求四卷　(清)王筠撰　清道光二十六年(1846)刻本　六行十一字小字雙行二十二字白口單魚尾四周雙邊　鈐有"華東大學圖書館藏書章"　二册

370000－1542－0000624　322/23　經部/小學類/文字之屬

文字蒙求四卷　(清)王筠撰　清道光二十六年(1846)刻本　六行十一字小字雙行二十二字白口單魚尾四周雙邊　鈐有"齊魯大學圖書館藏書"　一册

370000－1542－0000625　322/23　經部/小學類/文字之屬

文字蒙求四卷　(清)王筠撰　清道光二十六年(1846)刻本　六行十一字小字雙行二十二字白口單魚尾四周雙邊　一册

370000－1542－0000626　322/24　經部/小學類/文字之屬

漢隸辨體四卷　(清)尹彭壽撰　清光緒二十一年(1895)尚志堂刻本　九行二十一字黑口單魚尾左右雙邊　内封題"光緒十三年閏四月竹年屬元和江標署"　牌記題"光緒乙未年四月刊於尚志堂"　四册

370000－1542－0000627　322/53　經部/小學類/文字之屬

字林考逸八卷補遺一卷校誤一卷附録一卷　(清)任大椿撰　清光緒二十三年(1897)成都龔氏褱馨精舍刻本　十行二十二字小字雙行同黑口雙魚尾四周單邊　牌記題"光緒丁酉成都龔氏校刊"　鈐有"齊魯大學圖書館藏書"　四册

370000－1542－0000628　322/53　經部/小學類/文字之屬

字林考逸補遺一卷　(清)陶方琦輯　(清)龔道耕補訂　清光緒二十三年(1897)成都龔氏褱馨精舍校刻本　十行二十二字小字雙行同黑口雙魚尾四周單邊　鈐有"齊魯大學圖書館藏書"　一册

370000－1542－0000629　322/53　經部/小學類/文字之屬

字林考逸校誤一卷　(清)龔道耕輯　清光緒二十三年(1897)成都龔氏褱馨精舍校刻本　十行二十二字小字雙行同黑口雙魚尾左右雙邊　鈐有"齊魯大學圖書館藏書"　一册

370000－1542－0000630　322/26　經部/小學類/文字之屬

篆訣辯釋不分卷　(明)□□撰　(明)陳鍾鳌校定　清光緒八年(1882)常熟抱芳閣刻本　行款不一字數不等白口單魚尾四周雙邊　内封題"光緒壬午仲夏常熟抱芳閣刊"　鈐有"濟南楊逢霖印""澍笙""逢霖""澍生""逢霖字曰澍生"　二册

370000－1542－0000631　322/27　經部/小學類/文字之屬

同文考證四種附一種　(清)管受之輯　清嘉慶十九年(1814)江寧王景桓刻本　七行十六字小字雙行同白口單魚尾四周雙邊　牌記題"嘉慶甲戌孟秋開雕"　鈐有"金年"　一册

370000－1542－0000632　322/30　經部/小學類/文字之屬

韻字彙錦五卷　(清)顧掄輯　清道光二年(1822)蔡厚田刻本　五行十二字白口單魚尾左右雙邊　内封題"道光壬午鐫""玉山艸堂藏板"　鈐有"齊魯大學圖書館藏書"　一册

370000－1542－0000633　322/31　經部/小學類/文字之屬

汪本隸釋刊誤不分卷　(清)黄丕烈撰　清同治十一年(1872)皖南洪氏晦木齋摹刻嘉慶黄氏士禮居本　十行二十字白口單魚尾左右雙邊　牌記題"同治十一年皖南洪氏晦木齋摹

刻”　鈐有“曠視山房丁氏珍賞”“華東大學圖書館藏書章”　一冊

370000－1542－0000634　322/33　經部/小學類/文字之屬
字辨證篆十七卷　（清）易本烺撰　清同治八年（1869）京山易崇堦蜀郡刻本　七行二十字小字雙行同白口左右雙邊或四周雙邊　内封題“同治己巳栞　京山易氏家藏”　鈐有“齊魯大學圖書館藏書”　六冊

370000－1542－0000635　322/38　經部/小學類/文字之屬
字鑑五卷　（元）李文仲撰　清道光九年（1829）鄒光第翻刻康熙澤存堂本　八行十九字小字雙行同白口單魚尾四周單邊　鈐有“齊魯大學圖書館藏書”　二冊

370000－1542－0000636　322/40　經部/小學類/文字之屬
十三經集字摹本不分卷　（清）彭玉雯纂刊（清）萬青銓校正　清道光二十九年（1849）刻本　三行二字小字九行字數不等黑口單魚尾四周雙邊　牌記題“江右彭玉雯雲墀氏纂刊　萬青銓蓬山氏校正”　鈐有“齊魯大學圖書館藏書”“余前後校刊各種原為正訛辨偽乃坊肆一見即翻訛舛實多貽悮匪淺所有原板僅戊子牌學古堂甲戌坊鴻文齋出售并不轉發書坊外此盡屬翻本望闞者察之學古堂主人白”　八冊

370000－1542－0000637　322/40　經部/小學類/文字之屬
十三經集字摹本不分卷　（清）彭玉雯纂刊（清）萬青銓校正　清道光三十年（1850）刻本　三行二字小字九行字數不等黑口單魚尾四周雙邊　牌記題“江右彭玉雯雲墀氏纂刊　萬青銓蓬山氏校正”　鈐有“山東濟南齊魯大學校圖書館”　八冊

370000－1542－0000638　322/40　經部/小學類/文字之屬
十三經集字摹本不分卷　（清）彭玉雯纂刊（清）萬青銓校正　清道光三十年（1850）刻本　三行二字小字九行字數不等黑口單魚尾四周雙邊　牌記題“江右彭玉雯雲墀氏纂刊　萬青銓蓬山氏校正　雙門底拾芥園藏板”　鈐有“燕山堂記”“山東濟南齊魯大學校圖書館”　八冊

370000－1542－0000639　322/40　經部/小學類/文字之屬
十三經集字摹本不分卷　（清）彭玉雯纂刊（清）萬青銓校正　清咸豐二年（1852）刻本　三行二字小字九行字數不等黑口單魚尾四周雙邊　牌記題“咸豐二年新鐫　江右萬青銓蓬山氏校正　彭玉雯雲墀氏纂刊”　鈐有“張氏所臧”“張氏收臧”“齊魯大學圖書館藏書”　五冊

370000－1542－0000640　322/40－2　經部/小學類/文字之屬
十三經集字摹本不分卷　（清）彭玉雯纂刊（清）萬青銓校正　清坊刻本　三行二字小字九行字數不等黑口單魚尾四周雙邊　牌記題“江右彭玉雯雲墀氏纂刊　萬青銓蓬山氏校正”　八冊

370000－1542－0000641　322/46　經部/小學類/文字之屬
四音字彙十二集　（清）鄭長庚編　清道光二十七年（1847）刻本　六行十二字小字雙行二十四字白口單魚尾四周雙邊　内封題“道光二十七年鐫　錦華堂藏板”　鈐有“齊魯大學圖書館藏書”　六冊

370000－1542－0000642　322/47　經部/小學類/文字之屬
字彙四集　（明）梅膺祚撰　清光緒十二年（1886）聚元堂刻本　十行十二字小字雙行二十四字白口單魚尾四周單邊　内封題“光緒丙戌新鐫　聚元堂梓行”　鈐有“華東大學圖書館藏書章”　四冊

370000－1542－0000643　322/47　經部/小學類/文字之屬
字彙四集　（明）梅膺祚撰　清光緒二十五年（1899）書業德記刻本　十行十二字小字雙行

二十四字白口單魚尾四周單邊　内封題"光緒二十五年新刊　書業德記□□"　鈐有"齊魯大學圖書館藏書"　四册

370000－1542－0000644　322/51　經部/小學類/文字之屬

字彙十二集首一卷末一卷附韻法直圖一卷橫圖一卷　(明)梅膺祚撰　清光緒四年(1878)善成堂刻本　九行十二字小字雙行二十四字黑口四周單邊　牌記題"光緒戊寅仲夏新鐫　宣城梅誕生先生原本　增補會海字彙　善成堂藏板"　鈐有"樂聖賢之道讀古人之書"　十四册

370000－1542－0000645　322/51　經部/小學類/文字之屬

字彙十二集首一卷末一卷　(明)梅膺祚撰　清歙縣江氏尚德堂刻本　八行十二字小字雙行二十四字黑口四周單邊　内封題"宣城梅誕生先生原本　會海字彙　尚德堂藏版"　鈐有"齊魯大學圖書館藏書"　十四册

370000－1542－0000646　322/50　經部/小學類/文字之屬

康熙字典十二集　(清)張玉書總閱　(清)凌紹雯等纂　清啓元堂刻本　八行十二字小字雙行二十四字白口單魚尾四周雙邊　鈐有"華東大學圖書館藏書"　三十九册

370000－1542－0000647　322/50　經部/小學類/文字之屬

康熙字典十二集附補遺備考　(清)張玉書總閱　(清)凌紹雯等纂　清道光七年(1827)弈繪等刻本　八行十二字小字雙行二十四字白口單魚尾四周雙邊　鈐有"齊魯大學圖書館藏書"　三十册

370000－1542－0000648　322/50　經部/小學類/文字之屬

康熙字典十二集　(清)張玉書總閱　(清)凌紹雯等纂　清光緒元年(1875)湖北崇文書局刻本　八行十二字小字雙行二十四字白口單魚尾四周雙邊　内封題"光緒元年冬湖北崇文書局敬謹重刊"　四十册

370000－1542－0000649　322/50　經部/小學類/文字之屬

康熙字典十二集　(清)張玉書總閱　(清)凌紹雯等纂　清光緒元年(1875)湖北崇文書局刻本　八行十二字小字雙行二十四字白口單魚尾四周雙邊　内封題"光緒元年冬湖北崇文書局敬謹重刊"　鈐有"齊魯大學圖書館藏書"　四十册

370000－1542－0000650　322/50　經部/小學類/文字之屬

康熙字典十二集　(清)張玉書總閱　(清)凌紹雯等纂　清光緒十八年(1892)上海同文書局石印本　十八行二十四字小字雙行四十八字白口單魚尾四周雙邊　内封題"光緒壬辰仲春上海同文書局石印"　鈐有"麗生"　七册

370000－1542－0000651　322/50　經部/小學類/文字之屬

康熙字典十二集　(清)張玉書總閱　(清)凌紹雯等纂　清光緒二十年(1894)上海同文書局石印本　十八行二十四字小字雙行四十八字白口單魚尾四周雙邊　内封題"光緒二十年歲次甲午仲冬之月上海同文書局石印"　鈐有"李錦章"　六册

370000－1542－0000652　322/50　經部/小學類/文字之屬

康熙字典十二集附補遺備考　(清)張玉書總閱　(清)凌紹雯等纂　清光緒二十年(1894)上海文寶局石印本　二十二行三十一字小字雙行六十二字白口單魚尾四周雙邊　内封題"光緒二十年歲在乙未季夏日上海久敬齋藏本文寶局代印"　六册

370000－1542－0000653　322/57　經部/小學類/文字之屬

字類標韻六卷　(清)華綱輯　(清)王庭楨重訂　清光緒八年(1882)刻本　九行十五字小字雙行同白口單魚尾四周雙邊　牌記題"光緒八年冬鐫　字類標韻"　二册

370000－1542－0000654　322/59　經部/小

學類/文字之屬

隸韻十卷附碑目一卷考證一卷 (宋)劉球纂 (清)秦恩復彙輯 清嘉慶十五年(1810)江都秦氏刻本 五行十二字白口單魚尾四周單邊 十二册

370000－1542－0000655 322/63 經部/小學類/文字之屬

文字蒙求廣義四卷 (清)王筠撰 (清)蒯光典補注 清光緒二十七年(1901)江楚書局刻本 大字五行七字中字十行二十二字小字雙行二十二字黑口單魚尾左右雙邊 牌記題"江楚書局" 五册

370000－1542－0000656 812.3/3 經部/小學類/文字之屬

籀書内篇二卷外篇二卷 (清)曹金籀撰 清同治九年(1870)刻本 十行二十一字小字雙行同白口單魚尾左右雙邊 内封題"石屋藏書启蕭鋟板" 鈐有"齊魯大學圖書館藏書" 二册

370000－1542－0000657 323/2 經部/小學類/訓詁之屬

釋名四卷 (漢)劉熙撰 (清)施惟誠閲 清刻本 九行二十字白口單魚尾左右雙邊 鈐有"雙行精舍校臧經籍印""奠生所臧" 四册

370000－1542－0000658 323/1－2 經部/小學類/訓詁之屬

釋名疏證補八卷坿一卷續釋名一卷釋名補遺一卷 王先謙撰 清光緒二十二年(1896)刻本 十一行二十四字小字雙行同黑口單魚尾左右雙邊 牌記題"光緒丙申刊" 三册

370000－1542－0000659 323/3 經部/小學類/訓詁之屬

輶軒使者絕代語釋别國方言箋疏十三卷 (清)錢繹撰 清光緒十六年(1890)廣東廣雅書局刻本 十行二十四字小字雙行同黑口單魚尾四周單邊 牌記題"光緒十六年廣雅書局刊" 四册

370000－1542－0000660 323/3 經部/小學類/訓詁之屬

輶軒使者絕代語釋别國方言箋疏十三卷 (清)錢繹撰 清光緒十六年(1890)紅蝠山房刻本 十行二十字小字雙行同白口單魚尾左右雙邊 牌記題"光緒庚寅仲夏紅蝠山房校刻" 六册

370000－1542－0000661 323/36 經部/小學類/訓詁之屬

輶軒使者絕代語釋别國方言十三卷 (漢)揚雄撰 (晉)郭璞注 清乾隆四十二年(1777)福建刻道光、同治間遞修光緒十九年(1893)補刻武英殿聚珍版書本 九行二十一字小字雙行同白口單魚尾四周雙邊 鈐有"齊魯大學圖書館藏書" 三册

370000－1542－0000662 323/53 經部/小學類/訓詁之屬

爾雅音圖三卷 (晉)郭璞注 (清)姚之麟摹圖 清嘉慶六年(1801)曾燠影宋刻民國十五年(1926)印本 十二行二十字小字雙行同粗黑口雙魚尾四周雙邊 内封題"嘉慶六年影宋繪圖本重摹刊 蓺學軒臧版" 三册

370000－1542－0000663 323/4 經部/小學類/訓詁之屬

爾雅音圖三卷 (晉)郭璞注 (清)姚之麟摹圖 清光緒十年(1884)上海點石齋石印本 十二行二十字小字雙行同黑口雙魚尾四周雙邊 牌記題"光緒十年仲夏月上海點石齋石印" 一册

370000－1542－0000664 323/4 經部/小學類/訓詁之屬

爾雅音圖三卷 (晉)郭璞注 (清)姚之麟摹圖 清光緒十年(1884)同文書局石印本 十二行二十字小字雙行同黑口雙魚尾四周雙邊 牌記題"光緒十年甲申仲春 上海同文書局石印" 鈐有"齊魯大學圖書館藏書" 二册

370000－1542－0000665 323/4 經部/小學類/訓詁之屬

爾雅音圖三卷 (晉)郭璞注 (清)姚之麟摹圖 清光緒十八年(1892)上海鴻寶齋石印本

十二行二十字小字雙行同黑口雙魚尾四周雙邊　牌記題"光緒壬辰蒲夏上洋鴻寶齋印"　二册

370000－1542－0000666　323/17　經部/小學類/訓詁之屬

爾雅匡名二十卷　(清)嚴元照撰　清光緒十一年(1885)吳興陸氏守先閣刻本　十行二十一字小字雙行同黑口左右雙邊　牌記題"光緒十一年歲在乙酉吳興陸氏守先閣重雕"　鈐有"王國維""濟南日本中學校"　六册

370000－1542－0000667　323/20　經部/小學類/訓詁之屬

爾雅三卷　(晉)郭璞注　(唐)陸德明音義　清嘉慶二十二年(1817)順德張青選清芬閣刻本　十二行二十五字小字雙行三十七字白口單黑魚尾左右雙邊　内封題"清芬閣藏版"　鈐有"繹陽董氏所藏書籍字畫之章""齊魯大學圖書館藏書"　三册

370000－1542－0000668　323/20　經部/小學類/訓詁之屬

爾雅三卷　(晉)郭璞注　清道光四年(1824)陳氏刊謬齋刻本　十行二十五字小字雙行三十七字白口單魚尾左右雙邊　内封題"爾雅郭注　道光甲申重刊景泰馬京兆本　陶山唐仲冕題　石經精舍藏板"　牌記題"道光甲申金陵陳氏刊謬齋重刊行"　卷下末牌記題"道光乙酉夏季陳氏刊謬齋續雕畢"　鈐有"齊魯大學圖書館藏書"　一册

370000－1542－0000669　323/20　經部/小學類/訓詁之屬

爾雅三卷　(晉)郭璞注　(唐)陸德明音釋　清同治十一年(1872)山東書局刻本　九行十七字小字雙行同白口四周單邊　牌記題"同治十一年山東書局開雕尚志堂藏板"　三册

370000－1542－0000670　323/20　經部/小學類/訓詁之屬

爾雅三卷　(晉)郭璞注　(唐)陸德明音釋　清光緒十二年(1886)湖北官書處刻本　九行十七字小字雙行同白口單魚尾四周雙邊　牌記題"光緒十二年冬月湖北官書處重刊"　鈐有"齊魯大學圖書館藏書"　三册

370000－1542－0000671　323/57　經部/小學類/訓詁之屬

爾雅三卷　(晉)郭璞撰　(唐)陸德明音義　清末江南城李光明莊狀元閣書坊刻本　十一行二十二字小字雙行同白口單魚尾左右雙邊　内封題"狀元閣印爾雅郭注"　鈐有"景璋""雲中一鶴""以仁存心"　四册

370000－1542－0000672　323/25　經部/小學類/訓詁之屬

爾雅郭注佚存補訂二十卷　王樹枏撰　清光緒十八年(1892)新城王氏文莫室四川資陽刻本　十行二十一字黑口左右雙邊　鈐有"齊魯大學圖書館藏書"　五册

370000－1542－0000673　323/27　經部/小學類/訓詁之屬

爾雅郭注義疏三卷　(清)郝懿行撰　清同治四年(1865)棲霞郝聯薇歷城刻本　九行二十一字小字雙行同黑口單魚尾左右雙邊　牌記題"同治四年歲在乙丑沛上重刊"　鈐有"齊魯大學圖書館藏書"　八册

370000－1542－0000674　323/27　經部/小學類/訓詁之屬

爾雅郭注義疏三卷　(清)郝懿行撰　清同治四年(1865)棲霞郝聯薇歷城刻本　九行二十一字小字雙行同黑口單魚尾左右雙邊　牌記題"同治四年歲在乙丑沛上重刊"　八册

370000－1542－0000675　323/27　經部/小學類/訓詁之屬

爾雅郭注義疏三卷　(清)郝懿行撰　清同治四年(1865)棲霞郝聯薇歷城刻本　九行二十一字小字雙行同黑口單魚尾左右雙邊　二册　存二卷(卷上之又一、卷下之五至七)

370000－1542－0000676　323/27　經部/小學類/訓詁之屬

爾雅郭注義疏三卷　(清)郝懿行撰　清光緒十四年(1888)湖北官書處翻刻郝氏歷城本　九行二十一字小字雙行同黑口單魚尾左右雙

邊　牌記題“清光緒十三年秋季湖北官書處開彫”　八册

370000－1542－0000677　323/29　經部/小學類/訓詁之屬

爾雅直音二卷　(清)孫偘撰　(清)王祖源校　清光緒六年(1880)福山王氏天壤閣刻本　四行十字黑口雙魚尾左右雙邊　牌記題“光緒庚辰福山王氏天壤閣刊”　鈐有“我思古人”“齊魯大學圖書館藏書”　二册

370000－1542－0000678　323/65　經部/小學類/訓詁之屬

爾雅補郭二卷　(清)翟灝撰　清仁和翟氏刻本　十一行二十一字白口單魚尾左右雙邊　鈐有“齊魯大學圖書館藏書”　一册

370000－1542－0000679　323/5　經部/小學類/訓詁之屬

廣雅疏證十卷附博雅音十卷　(清)王念孫撰　清嘉慶刻本　十行二十一字小字雙行同白口單魚尾左右雙邊　鈐有“紫藤華館”“讀有用書”　八册

370000－1542－0000680　323/5　經部/小學類/訓詁之屬

廣雅疏證十卷附博雅音十卷　(清)王念孫撰　清嘉慶刻本　十行二十一字小字雙行同白口單魚尾左右雙邊　鈐有“于騰之印”“飛卿”“盉齋所臧”“齊魯大學圖書館藏書”　六册

370000－1542－0000681　323/5　經部/小學類/訓詁之屬

廣雅疏證十卷附博雅音十卷　(清)王念孫撰　清光緒五年(1879)淮南書局刻本　十行二十一字小字雙行同白口單魚尾左右雙邊　牌記題“光緒五年九月淮南書局重刊”　八册

370000－1542－0000682　323/5　經部/小學類/訓詁之屬

廣雅疏證十卷附博雅音十卷　(清)王念孫撰　清光緒五年(1879)淮南書局刻本　十行二十一字小字雙行同白口單魚尾左右雙邊　牌記題“光緒五年九月淮南書局重刊”　八册

370000－1542－0000683　323/7　經部/小學類/訓詁之屬

駢雅七卷首一卷　(明)朱謀㙔撰　(清)魏茂林訓纂　清光緒七年(1881)成都瀹雅齋刻本　佚名批注　十二行二十五字白口四周雙邊　內封題“光緒辛巳春成都瀹雅齋鋟板”　鈐有“私立齊魯大學中國文學系印”　八册

370000－1542－0000684　323/23　經部/小學類/訓詁之屬

駢雅七卷首一卷　(明)朱謀㙔撰　(清)魏茂林訓纂　清光緒二十年(1894)上海萬選書局石印本　十行三十二字小字雙行同白口單魚尾四周雙邊　內封題“光緒甲午夏　上海萬選書局石印”　鈐有“齊魯大學圖書館藏書”　四册

370000－1542－0000685　323/21　經部/小學類/訓詁之屬

萬言肄雅不分卷　(清)屈曾發撰　清同治九年(1870)刻本　六行十一字小字雙行二十二字白口單魚尾四周雙邊　內封題“同治庚午重刊　亦園藏版”　鈐有“齊魯大學圖書館藏書”　六册

370000－1542－0000686　323/22　經部/小學類/訓詁之屬

別雅五卷　(清)吳玉搢撰　清道光二十九年(1849)小蓬萊山館刻本　十行二十字白口單魚尾四周雙邊　牌記題“四庫全書舊本　道光二十九年小蓬萊山館重雕”　鈐有“齊魯大學圖書館藏書”　五册

370000－1542－0000687　323/24　經部/小學類/訓詁之屬

拾雅二十卷　(清)夏味堂撰　(清)夏紀堂注　清嘉慶二十五年(1820)刻本　十行二十一字小字雙行同白口單黑魚尾左右雙邊　鈐有“黃縣王氏臧書”“齊魯大學圖書館藏書”　八册

370000－1542－0000688　323/24　經部/小學類/訓詁之屬

拾雅二十卷　(清)夏味堂撰　(清)夏紀堂注

清嘉慶二十五年(1820)刻本　十行二十一字小字雙行同白口單黑魚尾左右雙邊　內封題"嘉慶己卯秋七月遂園藏本"　鈐有"沈之德印""齊魯大學圖書館藏書"　十冊

370000－1542－0000689　323/34　經部/小學類/訓詁之屬

選雅二十卷　(清)程先甲撰　清光緒二十八年(1902)千一齋刻千一齋叢書本　十行二十一字小字雙行同黑口單魚尾左右雙邊　鈐有"齊魯大學圖書館藏書"　八冊

370000－1542－0000690　323/34　經部/小學類/訓詁之屬

選雅二十卷　(清)程先甲撰　清光緒二十八年(1902)千一齋刻千一齋全書本　十行二十一字小字雙行同黑口單魚尾左右雙邊　內封題"光緒二十有八年壬寅千一齋刊"　四冊

370000－1542－0000691　323/30　經部/小學類/訓詁之屬

廣釋名二卷　(清)張金吾撰　清光緒九年(1883)文選樓刻本　九行二十一字小字雙行同黑口左右雙邊　一冊

370000－1542－0000692　323/30　經部/小學類/訓詁之屬

比雅十九卷　(清)洪亮吉撰　清光緒九年(1883)文選樓刻本　九行二十一字小字雙行同黑口左右雙邊　二冊

370000－1542－0000693　323/30　經部/小學類/訓詁之屬

埤雅二十卷　(宋)陸佃撰　清光緒九年(1883)文選樓刻本　九行二十一字小字雙行同黑口左右雙邊或四周單邊　三冊

370000－1542－0000694　323/30　經部/小學類/訓詁之屬

廣雅十卷　(三國魏)張揖撰　(隋)曹憲音解　清光緒九年(1883)文選樓刻本　九行二十一字小字雙行同黑口左右雙邊或四周單邊　一冊

370000－1542－0000695　323/30　經部/小學類/訓詁之屬

爾雅補郭二卷　(清)翟灝撰　清光緒九年(1883)文選樓刻本　九行二十一字小字雙行同黑口左右雙邊或四周單邊　一冊

370000－1542－0000696　323/10　經部/小學類/訓詁之屬

經籍籑詁一百六卷首一卷　(清)阮元撰　清嘉慶十七年(1812)揚州阮氏琅嬛僊館刻本　八行二十字小字雙行同白口單魚尾左右雙邊　內封題"揚州阮氏琅嬛僊館栞本"　鈐有"私立齊魯大學國學研究所藏書之章"　八十冊

370000－1542－0000697　323/10　經部/小學類/訓詁之屬

經籍籑詁一百六卷首一卷　(清)阮元撰　清光緒十四年(1888)上海鴻文書局石印本　十六行四十四字小字雙行同白口單魚尾四周雙邊　牌記題"光緒戊子鴻文石印"　十六冊

370000－1542－0000698　323/10　經部/小學類/訓詁之屬

經籍籑詁一百六卷首一卷　(清)阮元撰　清光緒十四年(1888)上海鴻文書局石印本　十六行四十四字小字雙行同白口單魚尾四周雙邊　牌記題"光緒戊子鴻文石印"　十六冊

370000－1542－0000699　323/10　經部/小學類/訓詁之屬

經籍籑詁一百六卷首一卷　(清)阮元撰　清光緒十四年(1888)上海鴻寶齋石印本　十六行四十四字小字雙行同白口單魚尾四周雙邊　牌記題"光緒十有四年戊子夏五月上海鴻寶齋石印"　鈐有"釋心湛印"　十二冊

370000－1542－0000700　323/33　經部/小學類/訓詁之屬

十三經集字音韻訓詁四卷　(清)白雲青輯　清咸豐元年(1851)河南白氏青雲家塾刻本　上欄六行五字下欄六行十六字小字雙行不等白口單魚尾左右雙邊　牌記題"咸豐元年新鐫　青雲家塾藏板"　鈐有"齊魯大學圖書館藏書"　四冊

370000－1542－0000701　323/35　經部/小學類/訓詁之屬

十三經文字偏旁考略二卷　(清)吳熙編　清道光二十五年(1845)刻本　八行二十字小字雙行同白口單魚尾左右雙邊　内封題"十三經文字偏旁考略　得式齋藏板"　鈐有"齊魯大學圖書館藏書"　二册

370000－1542－0000702　323/39　經部/小學類/訓詁之屬

滿漢字清文啟蒙四卷　(清)舞格撰　清老二酉堂刻本　六行字數不等白口單魚尾四周雙邊　無格　内封題"老二酉堂藏板"　鈐有"齊魯大學圖書館藏書"　四册

370000－1542－0000703　323/39　經部/小學類/訓詁之屬

滿漢字清文啟蒙四卷　(清)舞格撰　清京都三槐堂刻本　六行字數不等白口單魚尾四周雙邊　無格　内封題"三槐堂梓行"　四册

370000－1542－0000704　323/44　經部/小學類/訓詁之屬

證俗文十九卷　(清)郝懿行撰　(清)董恂補　清光緒十年(1884)東路廳署刻本　九行二十一字小字雙行同黑口單魚尾左右雙邊　内封題"證俗文　曬書堂藏板""光緒十年歲在甲申東路廳署開雕"　鈐有"齊魯大學圖書館藏書"　六册

370000－1542－0000705　323/44　經部/小學類/訓詁之屬

證俗文十九卷　(清)郝懿行撰　(清)董恂補　清光緒十年(1884)東路廳署刻本　九行二十一字小字雙行同黑口單魚尾左右雙邊　鈐有"李華印""齊魯大學圖書館藏書"　六册

370000－1542－0000706　323/50　經部/小學類/訓詁之屬

越諺三卷越諺賸語二卷　(清)范寅編　清光緒八年(1882)刻本　十行二十五字小字雙行同白口單魚尾四周雙邊　牌記題"光緒壬午仲夏刊　谷應山房藏板"　鈐有"槐卿"　三册

370000－1542－0000707　323/55　經部/小學類/訓詁之屬

重訂合聲簡字譜　勞乃宣等編　清光緒三十二年(1906)江寧刻朱印本　十行二十二字小字雙行同黑口單魚尾左右雙邊　内封題"光緒丙午鋟板江甯"　一册

370000－1542－0000708　323/58　經部/小學類/訓詁之屬

離騷草木疏四卷　(宋)吳仁傑撰　清光緒三年(1877)湖北崇文書局刻本　十二行二十四字小字雙行同黑口四周雙邊　牌記題"光緒三年三月湖北崇文書局開雕"　鈐有"吳"　一册

370000－1542－0000709　323/60　經部/小學類/訓詁之屬

通俗字林辨證五卷　(清)唐壎輯　清咸豐刻本　十行二十二字白口單魚尾四周雙邊　二册

370000－1542－0000710　322/44　經部/小學類/訓詁之屬

文選古字通補訓四卷拾遺一卷　(清)呂錦文撰　清光緒二十七年(1901)懷硯齋刻本　九行二十一字黑口雙魚尾左右雙邊　内封題"光緒辛丑中冬懷硯齋開雕"　鈐有"齊魯大學圖書館藏書"　四册

370000－1542－0000711　322/45　經部/小學類/訓詁之屬

文選古字通疏證六卷　(清)薛傳均撰　清道光刻本　九行二十一字黑口四周單邊　鈐有"齊魯大學圖書館藏書"　一册

370000－1542－0000712　322/45　經部/小學類/訓詁之屬

文選古字通疏證六卷　(清)薛傳均撰　清道光刻本　九行二十一字黑口四周單邊　内封題"迪志齋藏板"　鈐有"齊魯大學圖書館藏書"　二册

370000－1542－0000713　323/64　經部/小學類/訓詁之屬

殷商貞卜文字考一卷　羅振玉撰　清宣統二

年(1910)玉簡齋石印本　十二行二十二字小字雙行同黑口四周單邊　内封題“宣統二年玉簡齋印”　鈐有“齊魯大學圖書館藏書”　一册

370000－1542－0000714　323/70　經部/小學類/訓詁之屬

恒言錄六卷　(清)錢大昕纂　清光緒十年(1884)長沙龍氏家塾重刻嘉定錢氏潛研堂全書本　十行二十二字小字雙行同黑口雙魚尾左右雙邊　内封題“長沙龍氏家塾重刊”　三册

370000－1542－0000715　324/10　經部/小學類/訓詁之屬

常語尋源二卷　(清)鄭志鴻編　清光緒三年(1877)刻本　八行三十二字小字雙行同黑口雙魚尾四周雙邊　牌記題“光緒弍年歲在强圉赤奮若仲春月開雕”　鈐有“齊魯大學圖書館藏書”　二册

370000－1542－0000716　324/13　經部/小學類/訓詁之屬

文科大辭典十二集　國學扶輪社編　清宣統三年(1911)上海國學扶輪社鉛字排印本　雙欄每欄十四行二十字黑口單魚尾四周單邊　十二册

370000－1542－0000717　323/18　經部/小學類/訓詁之屬

助字辨略五卷　(清)劉淇撰　清咸豐五年至六年(1855－1856)聊城楊以增海源閣刻本　佚名批注　九行二十一字白口單魚尾左右雙邊　牌記題“咸豐五年九月启工六年正月訖工”　五册

370000－1542－0000718　323/18　經部/小學類/訓詁之屬

助字辨略五卷　(清)劉淇撰　清翻刻聊城楊以增海源閣本　九行二十一字白口單魚尾左右雙邊　牌記題“咸豐五年九月启工六年正月訖工”　鈐有“齊魯大學圖書館藏書”　五册

370000－1542－0000719　613/83　經部/小學類/訓詁之屬

刊謬正俗(匡謬正俗)八卷　(清)顔師古撰　清光緒三年(1877)湖北崇文書局彙刻本　吴石君校　十二行二十四字黑口雙魚尾四周雙邊　牌記題“光緒三年三月湖北崇文書局開雕”　鈐有“壯學堂”“吴石君信印大□長壽”“甲”“午”　一册

370000－1542－0000720　330/20　經部/小學類/音韻之屬

集韻十卷　(宋)丁度等編　清嘉慶十九年(1814)桐城方葆巖刻本　八行十六字小字雙行二十字黑口左右雙邊　鈐有“王國維”“静安”“濟南日本中學校圖書”　十册

370000－1542－0000721　330/20　經部/小學類/音韻之屬

集韻十卷　(宋)丁度等編　清光緒二年(1876)歸安姚覲元川東官舍刻本　八行十六字小字雙行二十字白口左右雙邊　牌記題“光緒二年川東官舍重刊”　鈐有“于騰之印”“飛卿”“義和庫”“于騰私印”　十册

370000－1542－0000722　330/41　經部/小學類/音韻之屬

集韻考正十卷　(清)方成珪撰　清光緒五年(1879)浙江瑞安孫氏刻本　十三行二十二字黑口單魚尾左右雙邊　鈐有“齊魯大學圖書館藏書”　十册

370000－1542－0000723　330/15　經部/小學類/音韻之屬

韻補五卷附韻補正一卷　(宋)吴棫撰　(清)顧炎武補正　清光緒九年(1883)邵武徐氏刻本　九行二十二字小字雙行同白口單魚尾左右雙邊　牌記題“光緒九年秋月邵武徐氏重刊”　鈐有“私立齊魯大學國學研究所藏書之章”　二册

370000－1542－0000724　330/19　經部/小學類/音韻之屬

經韻集字析解二卷　(清)彭良敞集注　(清)熊守謙参訂　清道光十年(1830)刻本　八行十六字小字雙行三十二字白口單魚尾四周雙

邊　内封題“道光庚寅年鐫　灤源書院藏版”　四冊

370000－1542－0000725　330/19　經部/小學類/音韻之屬

經韻集字析解二卷　(清)彭良敞集注　(清)熊守謙參訂　清道光十年(1830)刻本　八行十六字小字雙行三十二字白口單魚尾四周雙邊　内封題“道光庚寅年鐫　灤源書院藏版”　鈐有“齊魯大學圖書館藏書”　四冊

370000－1542－0000726　330/6　經部/小學類/音韻之屬

聲調四譜圖説十二卷首一卷末一卷　(清)董文渙輯　清同治三年(1864)洪洞董氏刻本　佚名校　十行二十四字小字雙行同黑口單魚尾左右雙邊　牌記題“同治三年春洪洞董氏觀齋王軒署”　六冊

370000－1542－0000727　330/7　經部/小學類/音韻之屬

韻藻述五卷　(明)楊慎撰　(清)福申校定　清道光七年(1827)刻本　十行二十字小字雙行同白口單魚尾四周雙邊　内封題“道光丁亥鐫　本衙藏板”　四冊

370000－1542－0000728　330/8　經部/小學類/音韻之屬

古音諧八卷首一卷　(清)姚文田撰　清道光二十五年(1845)刻蘇州振新書社重印本　十行二十四至二十五字小字雙行同白口單魚尾左右雙邊　内封題“蘇州振新書社經印”　鈐有“振新書社發行”　六冊

370000－1542－0000729　330/8　經部/小學類/音韻之屬

古音諧八卷首一卷　(清)姚文田撰　清道光二十五年(1845)刻蘇州振新書社重印本　十行二十四至二十五字小字雙行同白口單魚尾左右雙邊　内封題“蘇州振新書社經印”　鈐有“振新書社發行”“齊魯大學圖書館藏書”　六冊

370000－1542－0000730　330/9　經部/小學類/音韻之屬

古韻通説二十卷　(清)龍啓瑞撰　清光緒九年(1883)四川尊經書局刻本　十一行二十二字小字雙行同黑口雙魚尾四周單邊　牌記題“光緒癸未四川尊經書局新鐫”　鈐有“齊魯大學圖書館藏書”　三冊

370000－1542－0000731　330/9　經部/小學類/音韻之屬

古韻通説二十卷　(清)龍啓瑞撰　清光緒九年(1883)四川尊經書局刻本　十一行二十二字小字雙行同黑口雙魚尾四周單邊　牌記題“光緒癸未四川尊經書局新鐫”　鈐有“私立齊魯大學中國文學系印”　四冊

370000－1542－0000732　330/10　經部/小學類/音韻之屬

繆篆分韻五卷補一卷　(清)桂馥撰　清光緒歸安姚氏咫進齋刻本　八行十七字小字雙行二十四字白口單魚尾左右雙邊　内封題“重刻繆篆分均　歸安姚氏咫進齋臧版”　鈐有“秋吟軒珍藏金石文字印”“書銘金石”“濟南李勛”“秋唫軒臧書”　四冊

370000－1542－0000733　330/11　經部/小學類/音韻之屬

音學五書三十八卷　(清)顧炎武撰　清光緒十一年(1885)湖南湘陰郭氏岵瞻堂刻本　九行二十一字小字雙行同黑口單魚尾左右雙邊　牌記題“光緒乙酉冬湘陰郭氏岵瞻堂重栞”　鈐有“高啟東印”　十二冊

370000－1542－0000734　330/11　經部/小學類/音韻之屬

音學五書三十八卷　(清)顧炎武撰　清光緒十六年(1890)湖南思賢講舍刻本　九行二十一字小字雙行同黑口單魚尾左右雙邊　牌記題“光緒十有六年思賢講舍開雕”　鈐有“私立齊魯大學國學研究所藏書之章”　十六冊

370000－1542－0000735　330/12　經部/小學類/音韻之屬

廣金石韻府　(明)朱雲　(清)林尚葵輯　(清)張鳳藻增　清咸豐七年(1857)巴郡張氏家刻本　大字六行七字中字六行十字小字雙

行二十一字黑口單魚尾左右雙邊　牌記題“咸豐七年丁巳新鐫　巴郡張氏藏板”　六册

370000－1542－0000736　330/12　經部/小學類/音韻之屬

廣金石韻府　（明）朱雲　（清）林尚葵輯　（清）張鳳藻增　清咸豐七年（1857）巴郡張氏家刻本　大字六行七字中字六行十字小字雙行二十一字黑口單魚尾左右雙邊　鈐有“齊魯大學圖書館藏書”　六册

370000－1542－0000737　330/13　經部/小學類/音韻之屬

古韻發明附切字肆考　（清）張畊撰　清道光刻本　十行二十四字小字雙行同白口單魚尾四周雙邊　内封題“芸心堂藏版”　鈐有“光熙所臧”“齊魯大學圖書館藏書”　四册

370000－1542－0000738　330/13　經部/小學類/音韻之屬

古韻發明附切字肆考　（清）張畊撰　清道光刻本　十行二十四字小字雙行同白口單魚尾四周雙邊　内封題“芸心堂藏版”　鈐有“齊魯大學哈佛燕京學社購置”“齊魯大學圖書館藏書之章”　四册

370000－1542－0000739　330/13　經部/小學類/音韻之屬

古韻發明附切字肆考　（清）張畊撰　清道光刻本　十行二十四字小字雙行同白口單魚尾四周雙邊　四册

370000－1542－0000740　330/16　經部/小學類/音韻之屬

龍龕手鑑四卷　（遼）釋行均編　清乾隆綿州李氏萬卷樓刻嘉慶十四年（1809）李鼎元重校印函海本　八行十六字小字雙行三十二字白口單魚尾四周雙邊　鈐有“私立齊魯大學國學研究所藏書之章”　四册

370000－1542－0000741　330/23　經部/小學類/音韻之屬

詩韻合璧五卷　（清）汪慕杜原編　（清）湯祥瑟增編　**虚字韻藪一卷**　（清）潘維城輯　清光緒七年（1881）濟南裕和堂鉛字排印本　上欄二十二行九字中欄二十二行八字下欄十八行十二字小字雙行二十四字白口單魚尾四周雙邊　内封題“校補詩韻合璧　光緒七年孟秋濟南裕和堂梓”　鈐有“裕和堂記”　五册

370000－1542－0000742　330/23　經部/小學類/音韻之屬

詩韻合璧五卷　（清）汪慕杜原編　（清）湯祥瑟增編　清光緒十三年（1887）廣百宋齋鉛字排印本　上欄三十六行十四字中欄二十二行十一字下欄十八行十七字小字雙行三十四字白口單魚尾四周雙邊　牌記題“光緒丁亥仲春廣百宋齋校印”　五册

370000－1542－0000743　330/81　經部/小學類/音韻之屬

增廣詩韻大全五卷附初學檢韻　（清）湯祥瑟輯　（清）華錕重編　清光緒二十一年（1895）焕文書局鉛字排印本　第一欄小字三十二行六字第二欄小字三十二行十五字第三欄小字三十二行十字第四欄小字三十二行八字第五欄十六行十七字小字雙行三十四字白口單魚尾四周雙邊　内封題“光緒乙未冬月　校正增廣詩韻大全　焕文書局藏本”　鈐有“守拙山房藏書”　六册

370000－1542－0000744　330/25　經部/小學類/音韻之屬

音學辨微一卷　（清）江永撰　清宣統元年（1909）上海國學保存會影印江氏手稿本　行數字數不等小字雙行不等　無格　内封題“國學保存會己酉印行本”　一册

370000－1542－0000745　330/26　經部/小學類/音韻之屬

聲律通考十卷　（清）陳澧撰　清咸豐十年（1860）刻番禺陳氏東塾叢書本　十一行二十八字小字雙行同黑口單魚尾左右雙邊　鈐有“齊魯大學圖書館藏書”　三册

370000－1542－0000746　330/26　經部/小學類/音韻之屬

切韻考六卷切韻考外篇三卷　（清）陳澧撰　清光緒八年（1882）刻番禺陳氏東塾叢書本

十一行二十八字小字雙行同黑口單魚尾左右雙邊　表格　鈐有"齊魯大學圖書館藏書"　三冊

370000－1542－0000747　330/27　經部/小學類/音韻之屬

盛世元音一卷　(清)沈學輯　清光緒二十八年(1902)上海書局影印本　九行二十字小字雙行同白口單魚尾四周單邊　無格　内封題"光緒壬寅仲秋　會稽李徐""上海書局法泰西印"　鈐有"齊魯大學圖書館藏書"　一冊

370000－1542－0000748　330/33　經部/小學類/音韻之屬

古今中外音韻通例不分卷　(清)胡垣撰　清光緒十四年(1888)刻本　十二行二十八字小字雙行五十四字黑口左右雙邊　牌記題"光緒戊子相月既望栞成"　鈐有"齊魯大學圖書館藏書"　四冊

370000－1542－0000749　330/35　經部/小學類/音韻之屬

姚氏叢刻三種三十卷　(清)姚覲元輯　清光緒二年(1876)歸安姚覲元川東官舍刻本　八行十三字小字雙行二十字白口左右雙邊　牌記題"光緒二年川東官舍重刊""光緒丙子景寫楝亭本重刊于川東官舍"　鈐有"齊魯大學圖書館藏書"　二十八冊

370000－1542－0000750　330/35　經部/小學類/音韻之屬

姚氏叢刻三種三十卷　(清)姚覲元輯　清光緒二年(1876)歸安姚覲元川東官舍刻本　八行十三字小字雙行二十字白口左右雙邊　牌記題"光緒二年川東官舍重刊""光緒丙子景寫楝亭本重刊于川東官舍"　鈐有"齊魯大學圖書館藏書"　二十九冊

370000－1542－0000751　330/36　經部/小學類/音韻之屬

佩文詩韻順讀廣解四卷末一卷　(清)史崇寬輯　清刻本　八行二十二字小字雙行同白口單魚尾左右雙邊　鈐有"齊魯大學圖書館藏書"　五冊

370000－1542－0000752　330/37　經部/小學類/音韻之屬

李氏音鑑六卷　(清)李汝珍撰　清嘉慶十五年(1810)刻本　九行二十字小字雙行同白口單魚尾左右雙邊　内封題"嘉慶十五年鐫　本衙藏版"　四冊

370000－1542－0000753　330/37　經部/小學類/音韻之屬

李氏音鑑六卷　(清)李汝珍撰　清光緒十四年(1888)埽葉山房重刻寶善堂本　九行二十字小字雙行同白口單魚尾左右雙邊　内封題"光緒戊子重修　埽葉山房藏板"　鈐有"埽葉山房督造書籍""齊魯大學圖書館藏書"　二冊

370000－1542－0000754　330/38　經部/小學類/音韻之屬

五方元音二卷　(清)樊騰鳳編　(清)年希堯增補　清同治八年(1869)刻本　十行二十一字小字雙行同白口單魚尾左右雙邊　牌記題"同治己巳校刊　修文堂藏板"　鈐有"齊魯大學圖書館藏書"　四冊

370000－1542－0000755　330/38　經部/小學類/音韻之屬

五方元音四卷　(清)樊騰鳳編　(清)年希堯增補　清宣統元年(1909)上海埽葉山房石印本　十五行三十六字小字雙行同白口單魚尾四周雙邊　牌記題"宣統元年校正　上海埽葉山房石印"　鈐有"齊魯大學圖書館藏書"　四冊

370000－1542－0000756　330/43　經部/小學類/音韻之屬

家塾謌音辨畧四卷　(清)王元坤撰　清嘉慶十二年(1807)秀野草堂刻本　七行十八字小字雙行同白口單魚尾左右雙邊　牌記題"嘉慶丁卯新鐫　秀野草堂藏板"　鈐有"齊魯大學圖書館藏書"　四冊

370000－1542－0000757　330/45　經部/小學類/音韻之屬

欽定同文韻統六卷　(清)允禄等監纂　(清)

章嘉胡士克圖纂修 (清)劉統勳等彙纂 清宣統二年(1910)理藩部仿乾隆殿版刻本 九行二十字小字雙行同白口單魚尾四周雙邊 内封題"宣統歲次庚戌 本署藏板""理藩部仿殿板重刊" 鈐有"齊魯大學圖書館藏書" 五冊

370000－1542－0000758 330/46 經部/小學類/音韻之屬

附釋文互註禮部韻略五卷 (宋)丁度編 清光緒二年(1876)歸安姚覲元川東官舍刻本 九行十二字小字雙行二十四字白口雙魚尾左右雙邊 牌記題"光緒二年川東官舍重刊" 鈐有"于騰之印""飛卿""薛郡启書""齊魯大學圖書館藏書" 五冊

370000－1542－0000759 330/48 經部/小學類/音韻之屬

重校十三經輯字十七卷 (清)羅增編 清光緒九年(1883)刻本 四行六字小字雙行同白口單魚尾四周雙邊 牌記題"光緒癸未仲夏新鎸 書業德記藏板" 鈐有"齊魯大學圖書館藏書" 四冊

370000－1542－0000760 330/49 經部/小學類/音韻之屬

四書五經音韻集字不分卷 (清)□□編 清道光十二年(1832)繡江書院刻本 九行二十一字小字雙行同書眉十行六字小字雙行同白口單魚尾左右雙邊 牌記題"道光壬辰鐫 繡江書院藏版" 鈐有"承義堂""齊魯大學圖書館藏書" 二冊

370000－1542－0000761 330/49－2 經部/小學類/音韻之屬

四書五經集字音義不分卷 (清)吳蒼虬原編 (清)張德淳音義 清道光二十八年(1848)存與書屋刻本 六行字數不等小字雙行不等白口單魚尾左右雙邊 牌記題"道光戊申夏鐫 四書五經集字新增音義 存與書屋藏板" 鈐有"齊魯大學圖書館藏書" 二冊

370000－1542－0000762 330/53 經部/小學類/音韻之屬

等韻一得内篇一卷外篇一卷補篇一卷 勞乃宣撰 清光緒二十四年(1898)吳橋官廨刻民國二年(1913)涞水寓齋補刻本 十行二十二字小字雙行同黑口單魚尾左右雙邊 牌記題"光緒戊戌刻于吳橋官廨" 鈐有"齊魯大學圖書館藏書" 三冊

370000－1542－0000763 330/56 經部/小學類/音韻之屬

佩文詩韻五卷 (清)□□撰 清道光四年(1824)刻本 毛玉成題 八行十五字小字雙行三十字白口單魚尾四周雙邊 牌記題"道光四年重刊" 鈐有"齊魯大學圖書館藏書" 一冊

370000－1542－0000764 330/58 經部/小學類/音韻之屬

四書纂韻歸部總字二卷 (清)許台元輯 清嘉慶六年(1801)嵩麓艸堂刻本 六行十六字小字雙行三十二字白口單魚尾左右雙邊 牌記題"嘉慶六年冬鐫 嵩麓艸堂藏板" 鈐有"齊魯大學圖書館藏書" 二冊

370000－1542－0000765 330/59 經部/小學類/音韻之屬

韻詁不分卷 (清)方濬頤輯 清光緒四年(1878)淮南書局刻本 八行十五字小字雙行三十字白口單魚尾左右雙邊 無格 鈐有"齊魯大學圖書館藏書" 五冊

370000－1542－0000766 330/61 經部/小學類/音韻之屬

韻徵十六卷 (清)安吉纂輯 清道光十七年(1837)華湛恩校刻本 七行字數不等小字雙行二十四字白口單魚尾左右雙邊 鈐有"漢陽葉氏藏書""葉氏東卿""葉志詵印""平安館""齊魯大學圖書館藏書" 四冊

370000－1542－0000767 330/61 經部/小學類/音韻之屬

古韻溯原八卷 (清)安念祖 (清)華湛恩同輯 清道光十九年(1839)親仁堂刻本 七行約六字小字雙行二十四字白口單魚尾左右雙邊 牌記題"道光己亥孟春月親仁堂開刊

吳門王蘭坡刻”　鈐有“漢陽葉氏藏書”“葉氏東卿”“葉志詵印”“齊魯大學圖書館藏書”　二冊

370000－1542－0000768　330/63　經部/小學類/音韻之屬

韻府拾遺一百六卷　(清)汪灝等編　清刻本　十二行二十五字小字雙行同白口單魚尾四周雙邊　鈐有“齊魯大學圖書館藏書”　三十六冊

370000－1542－0000769　330/63　經部/小學類/音韻之屬

韻府拾遺一百六卷　(清)汪灝等編　清末石印本　十二行二十五字小字雙行同白口單魚尾四周雙邊　鈐有“基督教齊魯大學圖書館”　二十冊

370000－1542－0000770　330/64　經部/小學類/音韻之屬

佩文廣韻匯編五卷　(清)李元祺輯　清同治十一年(1872)金陵書局刻本　十行十五字小字雙行三十字白口單魚尾四周雙邊　牌記題“江甯鄧氏原本　同治十一年金陵書局重刊　湘鄉曾國藩署檢”　鈐有“齊魯大學圖書館藏書”　二冊

370000－1542－0000771　330/65　經部/小學類/音韻之屬

歌麻古韻考四卷　(清)吳樹聲撰　清同治八年(1869)刻本　十行二十字小字雙行同白口單魚尾左右雙邊　鈐有“齊魯大學圖書館藏書”　二冊

370000－1542－0000772　330/67　經部/小學類/音韻之屬

同文韻綴五卷同文韻遺一卷　(清)馬魁編　清光緒元年(1875)保陽文富堂刻本　八行十六字小字雙行同白口單魚尾四周雙邊　牌記題“光緒乙亥孟春保陽文富堂開雕”　鈐有“保陽文富堂經史子籍湖筆徽墨發兑”“齊魯大學圖書館藏書”　六冊

370000－1542－0000773　330/69　經部/小學類/音韻之屬

古今韻會舉要三十卷　(元)熊忠撰　清光緒九年(1883)淮南書局刻本　八行十一字小字雙行二十二字黑口雙魚尾左右雙邊　有刻工　牌記題“光緒九年十月淮南書局重刊”　鈐有“保陽文富堂經史子籍湖筆徽墨發兑”“齊魯大學圖書館藏書”　十冊

370000－1542－0000774　330/69　經部/小學類/音韻之屬

古今韻會舉要三十卷　(元)熊忠撰　清光緒九年(1883)淮南書局刻本　八行十一字小字雙行二十二字黑口雙魚尾左右雙邊　有刻工　牌記題“光緒九年十月淮南書局重刊”　鈐有“保陽文富堂經史子籍湖筆徽墨發兑”“齊魯大學圖書館藏書”　十冊

370000－1542－0000775　330/74　經部/小學類/音韻之屬

兩漢韻珠十卷　(清)吳章澧編　清光緒十八年(1892)吳氏刻本　九行二十一字黑口單魚尾左右雙邊　牌記題“光緒壬辰孟春開雕本宅藏板”　十冊

370000－1542－0000776　330/74　經部/小學類/音韻之屬

兩漢韻珠十卷　(清)吳章澧編　清光緒十八年(1892)吳氏刻本　九行二十一字黑口單魚尾左右雙邊　牌記題“光緒壬辰孟春開雕”　十冊

370000－1542－0000777　330/78　經部/小學類/音韻之屬

聲調三譜四卷　(清)王祖源輯　清光緒九年(1883)福山王氏天壤閣刻本　十行二十二字小字雙行同黑口單魚尾四周單邊　牌記題“光緒癸未夏天壤閣斠刊”　鈐有“李錦章”　一冊

370000－1542－0000778　330/79　經部/小學類/音韻之屬

詩雙聲疊韻譜一卷　(清)鄧廷楨撰　清道光十八年(1838)刻本　九行二十字白口單魚尾四周雙邊　一冊

370000－1542－0000779　330/86　經部/小

學類/音韻之屬

中州音韻一卷　張漢重校　清末石印本　九行二十字小字雙行同白口單魚尾四周雙邊　一册

370000－1542－0000780　330/86　經部/小學類/音韻之屬

司馬溫公切韻一卷　(宋)司馬光撰　清末石印本　九行二十字表十三行十八字小字雙行同白口單魚尾四周雙邊　一册

370000－1542－0000781　330/87　經部/小學類/音韻之屬

異同韻辨六卷　(清)王籥輯　(清)王彦侗續補　清光緒十三年(1887)刻本　八行二十五字小字雙行同白口單魚尾四周雙邊　内封題"光緒丁亥仲春新鐫　槐音堂藏板"　六册

370000－1542－0000782　330/91－2　經部/小學類/音韻之屬

韻學驪珠二卷　(清)沈乘麐輯　清嘉慶元年(1796)枕流居刻本(卷上"機、微"陰去聲至卷下"侵、尋"陽去聲抄配)　八行十二字小字雙行二十四字白口單魚尾四周雙邊　内封題"嘉慶元年鐫　枕流居梓"　二册

370000－1542－0000783　412.1/1　史部/紀傳類

史記一百三十卷　(漢)司馬遷撰　(明)歸有光評點　清光緒二年(1876)武昌張氏校刻本　十一行二十字小字雙行同黑口四周雙邊　内封題"光緒二年正月武昌張氏校刊"　二十六册

370000－1542－0000784　412.1/2　史部/紀傳類

史記一百三十卷　(漢)司馬遷撰　(南朝宋)裴駰集解　(唐)司馬貞索隱　(唐)張守節正義　清同治九年(1870)湖北崇文書局刻本　十行十八字小字雙行二十三字白口單魚尾四周雙邊　牌記題"同治九年楚北崇文書局重彫"　二十四册

370000－1542－0000785　412.1/2　史部/紀傳類

史記一百三十卷　(漢)司馬遷撰　(南朝宋)裴駰集解　(唐)司馬貞索隱　(唐)張守節正義　清同治五年至九年(1866－1870)金陵書局校刻本　十一行二十二字小字雙行同黑口雙魚尾四周雙邊　内封題"同治五年首夏金陵書局校栞九年仲春畢工"　二十册

370000－1542－0000786　412.1/2　史部/紀傳類

史記一百三十卷　(漢)司馬遷撰　(南朝宋)裴駰集解　(唐)司馬貞索隱　(唐)張守節正義　清同治五年至九年(1866－1870)金陵書局校刻本　十一行二十二字小字雙行同黑口雙魚尾四周雙邊　内封題"同治五年首夏金陵書局校栞九年仲春畢工"　二十册

370000－1542－0000787　412.1/2　史部/紀傳類

史記一百三十卷　(漢)司馬遷撰　(南朝宋)裴駰集解　清光緒四年(1878)金陵書局刻本　十二行二十五字小字雙行同白口單魚尾左右雙邊　牌記題"光緒四年冬日金陵書局印行"　十六册

370000－1542－0000788　412.1/2　史部/紀傳類

史記一百三十卷　(漢)司馬遷撰　(南朝宋)裴駰集解　清光緒四年(1878)金陵書局刻本　十二行二十五字小字雙行同白口單魚尾左右雙邊　牌記題"光緒四年冬日金陵書局印行"　十六册

370000－1542－0000789　412.1/2　史部/紀傳類

史記一百三十卷　(漢)司馬遷撰　(南朝宋)裴駰集解　(唐)司馬貞索隱　(唐)張守節正義　清光緒十年(1884)上海同文書局石印本　十行二十一字小字雙行同白口單魚尾左右雙邊　牌記題"光緒十年甲申仲春上海同文書局用石影印"　二十六册

370000－1542－0000790　412.1/2　史部/紀傳類

史記一百三十卷　(漢)司馬遷撰　(南朝宋)

裴駰集解　(唐)司馬貞索隱　(唐)張守節正義　清光緒二十三年(1897)慎記書莊石印本　三欄每欄三十行二十一字小字雙行同白口單魚尾四周雙邊　牌記題"光緒丁酉仲夏慎記書莊石印"　四册

370000－1542－0000791　412.1/2　史部/紀傳類

史記一百三十卷　(漢)司馬遷撰　(南朝宋)裴駰集解　(唐)司馬貞索隱　(唐)張守節正義　清光緒三十一年(1905)武林竹簡齋石印本　二十行四十二字小字雙行同白口單魚尾左右雙邊　二册　存四十卷(四十三至六十、九十一至一百十二)

370000－1542－0000792　412.2/1　史部/紀傳類

前漢書一百二十卷　(漢)班固撰　(唐)顔師古注　清同治十二年(1873)嶺東使署校刻明汲古閣本　十二行二十五字小字雙行三十七至三十八字白口單魚尾左右雙邊　牌記題"同治癸酉孟秋嶺東使署校刻""韓江書局仿汲古閣本刊"　十六册

370000－1542－0000793　412.2/1　史部/紀傳類

前漢書一百二十卷　(漢)班固撰　(唐)顔師古注　清光緒十年(1884)上海同文書局石印本　十行二十四字小字雙行同白口單魚尾左右雙邊　牌記題"光緒十年甲申仲春上海同文書局用石影印"　三十二册

370000－1542－0000794　412.2/1　史部/紀傳類

前漢書一百二十卷　(漢)班固撰　(唐)顔師古注　清光緒十年(1884)上海同文書局石印本　十行二十四字小字雙行同白口單魚尾左右雙邊　牌記題"光緒十年甲申仲春上海同文書局用石影印"　三十二册

370000－1542－0000795　412.2/1　史部/紀傳類

前漢書一百二十卷　(漢)班固撰　(唐)顔師古注　清光緒十三年(1887)金陵書局重刻明汲古閣本　十二行二十五字小字雙行三十七至三十八字白口單魚尾左右雙邊　牌記題"光緒丁亥季冬金陵書局重刊"　十六册

370000－1542－0000796　412.2/1　史部/紀傳類

前漢書一百二十卷　(漢)班固撰　(唐)顔師古注　清光緒十三年(1887)金陵書局重刻明汲古閣本　十二行二十五字小字雙行三十七至三十八字白口單魚尾左右雙邊　牌記題"光緒丁亥季冬金陵書局重刊"　十六册

370000－1542－0000797　412.2/1　史部/紀傳類

前漢書一百二十卷　(漢)班固撰　(唐)顔師古注　清光緒二十三年(1897)慎記書莊石印本　三欄每欄三十行二十一字小字雙行同白口單魚尾四周雙邊　牌記題"光緒丁酉仲夏慎記書莊石印"　六册

370000－1542－0000798　412.2/5　史部/紀傳類

前漢書一百二十卷　(漢)班固撰　(唐)顔師古注　清同治八年(1869)金陵書局刻本　十二行二十五字小字雙行同白口單魚尾左右雙邊　内封題"同治八年九月金陵書局刊"　十六册

370000－1542－0000799　412.2/1　史部/紀傳類

前漢書一百二十卷　(漢)班固撰　(唐)顔師古注　清光緒三十一年(1905)武林竹簡齋石印本　二十行四十二字小字雙行同白口單魚尾左右雙邊　二册　存十三卷(十二至十八、九十五至一百)

370000－1542－0000800　412.2/2　史部/紀傳類

後漢書九十卷　(南朝宋)范曄撰　(唐)李賢等注　**續漢書八志**　(晉)司馬彪撰　(南朝梁)劉昭注補　清光緒十年(1884)上海同文書局石印本　十行二十一字小字雙行同白口單魚尾左右雙邊　牌記題"光緒十年甲申仲春上海同文書局用石影印"　二十八册

370000－1542－0000801　412.2/2　史部/紀傳類

後漢書九十卷　(南朝宋)范曄撰　(唐)李賢等注　**續漢書八志**　(晉)司馬彪撰　(南朝梁)劉昭注補　清光緒十三年(1887)金陵書局重刻汲古閣本　十二行二十五字小字雙行三十七至三十八字白口單魚尾左右雙邊　牌記題"光緒丁亥季冬金陵書局重刊"　十六册

370000－1542－0000802　412.2/2　史部/紀傳類

後漢書九十卷　(南朝宋)范曄撰　(唐)李賢等注　**續漢書八志**　(晉)司馬彪撰　(南朝梁)劉昭注補　清光緒十三年(1887)金陵書局重刻汲古閣本　十二行二十五字小字雙行三十七至三十八字白口單魚尾左右雙邊　牌記題"光緒丁亥季冬金陵書局重刊"　四册

370000－1542－0000803　412.2/5　史部/紀傳類

後漢書九十卷　(南朝宋)范曄撰　(唐)李賢等注　**續漢書八志**　(晉)司馬彪撰　(南朝梁)劉昭注補　清同治八年(1869)金陵書局刻本　十二行二十五字小字雙行同白口單魚尾左右雙邊　内封題"同治八年九月金陵書局校刊"　十六册

370000－1542－0000804　412.2/2　史部/紀傳類

後漢書九十卷　(南朝宋)范曄撰　(唐)李賢等注　**續漢書八志**　(晉)司馬彪撰　(南朝梁)劉昭注補　清刻本　十行二十一字小字雙行同白口單魚尾左右雙邊　二十八册

370000－1542－0000805　412.2/2　史部/紀傳類

後漢書九十卷　(南朝宋)范曄撰　(唐)李賢等注　**續漢書八志**　(晉)司馬彪撰　(南朝梁)劉昭注補　清光緒二十三年(1897)慎記書莊石印本　三欄每欄三十行二十一字小字雙行同白口單魚尾四周雙邊　牌記題"光緒丁酉仲夏慎記書莊石印"　四册

370000－1542－0000806　412.2/2　史部/紀傳類

後漢書九十卷　(南朝宋)范曄撰　(唐)李賢等注　**續漢書八志**　(晉)司馬彪撰　(南朝梁)劉昭注補　清光緒三十一年(1905)武林竹簡齋石印本　二十行四十二字小字雙行同白口單魚尾左右雙邊　一册　存八卷(後漢書一至八)

370000－1542－0000807　412.2/6　史部/紀傳類

續後漢書九十卷　(元)郝經撰　清光緒六年(1880)刻本　十一行二十二字小字雙行同黑口雙魚尾左右雙邊　二十四册

370000－1542－0000808　412.2/3　史部/紀傳類

三國志六十五卷　(晉)陳壽撰　(南朝宋)裴松之注　清光緒十年(1884)上海同文書局石印本　十行二十一字小字雙行同白口單魚尾左右雙邊　内封題"光緒十年甲申仲春上海同文書局用石影印"　十四册

370000－1542－0000809　412.2/3　史部/紀傳類

三國志六十五卷　(晉)陳壽撰　(南朝宋)裴松之注　清光緒十三年(1887)江南書局重刻汲古閣本　十二行二十五字小字雙行三十七字白口單魚尾左右雙邊　内封題"光緒十三年冬江南書局重刊"　八册

370000－1542－0000810　412.2/3　史部/紀傳類

三國志六十五卷　(晉)陳壽撰　(南朝宋)裴松之注　清光緒十三年(1887)江南書局重刻汲古閣本　十二行二十五字小字雙行三十七字白口單魚尾左右雙邊　内封題"光緒十三年冬江南書局重刊"　八册

370000－1542－0000811　412.2/3　史部/紀傳類

三國志六十五卷　(晉)陳壽撰　(南朝宋)裴松之注　清光緒十三年(1887)江南書局重刻汲古閣本　十二行二十五字小字雙行三十七字白口單魚尾左右雙邊　内封題"光緒十三

年冬江南書局重刊”　八册

370000－1542－0000812　412.2/3　史部/紀傳類

三國志六十五卷　(晉)陳壽撰　(南朝宋)裴松之注　清光緒十三年(1887)江南書局重刻汲古閣本　十二行二十五字小字雙行三十七字白口單魚尾左右雙邊　内封題“光緒十三年冬江南書局重刊”　八册

370000－1542－0000813　412.2/3　史部/紀傳類

三國志六十五卷　(晉)陳壽撰　(南朝宋)裴松之注　清光緒十三年(1887)江南書局重刻汲古閣本　十二行二十五字小字雙行三十七字白口單魚尾左右雙邊　一册　存十五卷(三十一至四十五)

370000－1542－0000814　412.2/3　史部/紀傳類

三國志六十五卷　(晉)陳壽撰　(南朝宋)裴松之注　清刻本　十行二十一字小字雙行同白口單魚尾左右雙邊　十二册

370000－1542－0000815　412.2/3　史部/紀傳類

三國志六十五卷　(晉)陳壽撰　(南朝宋)裴松之注　清光緒二十三年(1897)慎記書莊石印乾隆四年(1739)殿本　三欄每欄三十行二十一字小字雙行同白口單魚尾四周雙邊　牌記題“光緒丁酉仲夏慎記書莊石印”　二册

370000－1542－0000816　412.2/3　史部/紀傳類

三國志六十五卷　(晉)陳壽撰　(南朝宋)裴松之注　清同治十年(1871)成都書局摹刻武英殿本(卷二十七至六十五配汲古閣本)　賈重熙批點　十行二十一字小字雙行同白口單魚尾左右雙邊　十三册

370000－1542－0000817　412.2/7　史部/紀傳類

三國志六十五卷　(晉)陳壽撰　(南朝宋)裴松之注　清光緒十三年(1887)江南書局重刻汲古閣本　施煃録清朱邦衡臨何焯等批注　十二行二十五字小字雙行三十七字白口單魚尾左右雙邊　内封題“光緒十三年冬江南書局重刊”　八册

370000－1542－0000818　412.3/1　史部/紀傳類

晉書一百三十卷　(唐)房玄齡等撰　清光緒十年(1884)上海同文書局石印本　十行二十一字小字雙行同白口單魚尾左右雙邊　内封題“光緒十年甲申仲春上海同文書局用石影印”　三十册

370000－1542－0000819　413/75　史部/紀傳類

南北史補志十四卷附南北史補志贊一卷　(清)汪士鐸編　清光緒四年(1878)淮南書局刻本　十二行二十五字小字雙行同白口單魚尾四周單邊　内封題“光緒四年十月淮南書局刊成”　四册

370000－1542－0000820　412.3/3　史部/紀傳類

南齊書五十九卷　(南朝梁)蕭子顯撰　清光緒十年(1884)上海同文書局石印本　十行二十一字小字雙行同白口單魚尾左右雙邊　内封題“光緒十年甲申仲春上海同文書局用石影印”　八册

370000－1542－0000821　412.3/4　史部/紀傳類

梁書五十六卷　(唐)姚思廉撰　清光緒十年(1884)上海同文書局石印本　十行二十一字小字雙行同白口單魚尾左右雙邊　内封題“光緒十年甲申仲春上海同文書局用石影印”　八册

370000－1542－0000822　412.3/5　史部/紀傳類

陳書三十六卷　(唐)姚思廉撰　清光緒十年(1884)上海同文書局石印本　十行二十一字白口單魚尾左右雙邊　内封題“光緒十年甲申仲春上海同文書局用石影印”　六册

370000－1542－0000823　412.3/6　史部/紀傳類

魏書一百十四卷　(北齊)魏收撰　清光緒十年(1884)上海同文書局石印本　十行二十一字白口單魚尾左右雙邊　内封題"光緒十年甲申仲春上海同文書局用石影印"　二十四冊

370000－1542－0000824　412.3/7　史部/紀傳類

北齊書五十卷　(唐)李百藥撰　清光緒十年(1884)上海同文書局石印本　十行二十一字白口單魚尾左右雙邊　内封題"光緒十年甲申仲春上海同文書局用石影印"　八冊

370000－1542－0000825　412.3/8　史部/紀傳類

周書五十卷　(唐)令狐德棻撰　清光緒十年(1884)上海同文書局石印本　十行二十一字白口單魚尾左右雙邊　内封題"光緒十年甲申仲春上海同文書局用石影印"　八冊

370000－1542－0000826　412.3/9　史部/紀傳類

南史八十卷　(唐)李延壽撰　清光緒十年(1884)上海同文書局石印本　十行二十一字白口單魚尾左右雙邊　内封題"光緒十年甲申仲春上海同文書局用石影印"　二十冊

370000－1542－0000827　412.3/10　史部/紀傳類

北史一百卷　(唐)李延壽撰　清光緒十年(1884)上海同文書局石印本　十行二十一字白口單魚尾左右雙邊　内封題"光緒十年甲申仲春上海同文書局用石影印"　二十四冊

370000－1542－0000828　412.5/3　史部/紀傳類

舊五代史一百五十卷　(宋)薛居正等撰　清嘉慶元年(1796)掃葉山房據乾隆武英殿聚珍版書刻本　十二行二十五字小字雙行同白口單魚尾左右雙邊　内封題"嘉慶丙辰年鐫"　二十冊

370000－1542－0000829　412.5/4　史部/紀傳類

新五代史七十四卷　(宋)歐陽脩撰　(宋)徐無黨注　清宣統三年(1911)貴池劉氏玉海堂刻本　十二行二十三字小字雙行同白口單魚尾左右雙邊　内封題"景宋刊五代史記七十四卷""貴池劉氏玉海堂景宋叢書之七宣統建元十月付黄崗陶子麟刻三年亥閏六月竣工"　十二冊

370000－1542－0000830　412.6/1　史部/紀傳類

宋史四百九十六卷　(元)脱脱等修　清光緒十年(1884)上海同文書局石印本　十行二十一字白口單魚尾左右雙邊　内封題"光緒十年甲申仲春上海同文書局用石影印"　一百冊

370000－1542－0000831　411/4　史部/紀傳類

遼史一百十五卷語解十卷金史一百三十五卷語解十二卷元史二百十卷語解二十四卷　(元)脱脱等　(明)宋濂等撰　清道光四年(1824)校刻本　十行二十一字小字雙行同白口單魚尾四周雙邊　一百二十冊

370000－1542－0000832　412.6/2　史部/紀傳類

遼史一百十五卷　(元)托克托等修　清道光四年(1824)刻本　十行二十一字小字雙行同白口單魚尾四周雙邊　二十八冊

370000－1542－0000833　412.6/2　史部/紀傳類

遼史一百十五卷　(元)托克托等修　清光緒成都刻本　十三行二十一字小字雙行同黑口雙魚尾四周雙邊　十冊

370000－1542－0000834　412.6/3　史部/紀傳類

金史一百三十五卷　(元)托克托等修　**欽定金國語解一卷**　(清)張廷玉等撰　**欽定金史語解十二卷**　(清)張廷玉等撰　清道光四年(1824)校刻本　十行二十一字小字雙行同白口單魚尾四周雙邊　五十六冊

370000－1542－0000835　412.6/3　史部/紀傳類

金史一百三十五卷　(元)托克托等修　**欽定金國語解一卷**　(清)張廷玉等撰　清同治十三年(1874)江蘇書局刻本　十二行二十五字小字雙行同白口單魚尾左右雙邊　内封題"同治甲戌三月江蘇書局刊版"　二十册

370000－1542－0000836　412.6/3　史部/紀傳類

金史一百三十五卷　(元)脱脱等修　清光緒十年(1884)上海同文書局石印本　十行二十一字白口單魚尾左右雙邊　内封題"光緒十年甲申仲春上海同文書局用石影印"　二十四册

370000－1542－0000837　412.7/12　史部/紀傳類

元書一百二卷　(清)曾廉撰　清宣統三年(1911)層漪堂刻本　十二行二十五字小字雙行三十八字白口單魚尾左右雙邊　内封題"宣統三年栞　板藏層漪堂"　二十册

370000－1542－0000838　412.7/12　史部/紀傳類

元書一百二卷　(清)曾廉撰　清宣統三年(1911)層漪堂刻本　十二行二十五字小字雙行三十八字白口單魚尾左右雙邊　内封題"宣統三年栞　板藏層漪堂"　二十册

370000－1542－0000839　412.7/12　史部/紀傳類

元書一百二卷　(清)曾廉撰　清宣統三年(1911)層漪堂刻本　十二行二十五字小字雙行三十八字白口單魚尾左右雙邊　内封題"宣統三年栞　板藏層漪堂"　二十册

370000－1542－0000840　412.7/12　史部/紀傳類

元書一百二卷　(清)曾廉撰　清宣統三年(1911)層漪堂刻本　十二行二十五字小字雙行三十八字白口單魚尾左右雙邊　内封題"宣統三年栞　板藏層漪堂"　二十册

370000－1542－0000841　412.7/12　史部/紀傳類

元書一百二卷　(清)曾廉撰　清宣統三年(1911)層漪堂刻本　十二行二十五字小字雙行三十八字白口單魚尾左右雙邊　内封題"宣統三年栞　板藏層漪堂"　二十册

370000－1542－0000842　412.8/1　史部/紀傳類

明史三百三十二卷目録四卷　(清)張廷玉等撰　清光緒十年(1884)上海同文書局石印本　十行二十一字白口單魚尾左右雙邊　内封題"光緒十年甲申仲春上海同文書局用石影印"　一百十二册

370000－1542－0000843　412.8/1　史部/紀傳類

明史三百三十二卷目録四卷　(清)張廷玉等撰　清光緒二十九年(1903)五洲同文局石印本　十行二十一字黑口單魚尾左右雙邊　内封題"光緒癸卯冬十月五洲同文局石印"　一百十二册

370000－1542－0000844　411/7　史部/紀傳類

二十四史提綱二十卷　(清)蔡麟編　清光緒二十九年(1903)普學書莊石印本　二十二行四十八字白口單魚尾四周雙邊　牌記題"光緒貳拾玖年普學書莊石印"　八册

370000－1542－0000845　411/9　史部/史抄類

南史識小録十四卷北史識小録十四卷　(清)沈名蓀撰　(清)朱昆田輯　(清)張應昌補正　清同治十年(1871)武林吳氏清來堂校刻本　十一行二十字小字雙行同白口單魚尾左右雙邊　牌記題"同治辛未春武林吳氏清來堂校刊"　十二册

370000－1542－0000846　413/6　史部/傳記類

史姓韻編六十四卷　(清)汪輝祖編　(清)馮祖憲重校　清光緒十年(1884)石印本　三欄每欄十行字數不等小字雙行三十三字白口單魚尾四周單邊　鈐有"杭州府中學堂褒賞之章"　十二册

370000－1542－0000847　413/6　史部/傳

記類

史姓韻編二十四卷 （清）汪輝祖編　清光緒二十九年（1903）上海文瀾書局石印本　雙欄每欄十四行字數不等小字雙行三十六字白口單魚尾四周單邊　内封題"光緒癸卯春月上海文瀾書局石印"　八冊

370000－1542－0000848　413/50　史部/紀傳類

三國畺域志補注十九卷首一卷 （清）洪亮吉撰　（清）謝鍾英補注　清光緒二十四年（1898）湘中刻本　十一行二十六字小字雙行同黑口單魚尾左右雙邊　内封題"光緒己丑成書戊戌刻於湘中"　八冊

370000－1542－0000849　413/56　史部/史表類

三國郡縣表補正八卷 楊守敬撰　清光緒三十三年（1907）宜都楊氏鄂城刻本　表格黑口單魚尾四周雙邊或四周單邊　内封題"光緒丁未刊于鄂城"　四冊

370000－1542－0000850　413/112　史部/紀傳類

三國志攷證八卷 （清）潘眉撰　清嘉慶刻本　十行二十三字小字雙行同白口單魚尾左右雙邊　内封題"小遂初堂藏版"　鈐有"錢宗固"　四冊

370000－1542－0000851　413/71　史部/紀傳類

晉書校勘記五卷 （清）周家祿撰　清光緒十四年（1888）廣雅書局刻本　十一行二十四字小字雙行同黑口單魚尾四周單邊　内封題"光緒十四年十二月廣雅書局刻"　一冊

370000－1542－0000852　413/118　史部/紀傳類

廿二史考異一百卷 （清）錢大昕撰　清光緒二十年（1894）廣雅書局刻本　十一行二十四字黑口單魚尾四周單邊　鈐有"簡盦藏書之章"　一冊　存五卷（二十至二十四）

370000－1542－0000853　413/4　史部/紀傳類

廿二史劄記三十六卷補遺一卷 （清）趙翼撰　清嘉慶湛貽堂刻甌北全集本　十一行二十一字小字雙行三十二字白口單魚尾左右雙邊　内封題"湛貽堂藏板　甌北全集"　鈐有"貴文堂藏書""椿""紫藤花館"　十二冊

370000－1542－0000854　413/4　史部/紀傳類

廿二史劄記三十六卷補遺一卷 （清）趙翼撰　清嘉慶湛貽堂刻本　十一行二十一字小字雙行三十二字白口單魚尾左右雙邊　内封題"湛貽堂藏板　甌北全集"　鈐有"先賢六十九世孫""仲統祥印"　八冊

370000－1542－0000855　413/4　史部/紀傳類

廿二史劄記三十六卷補遺一卷 （清）趙翼撰　清光緒二十年（1894）廣雅書局刻本　十一行二十四字小字雙行同黑口單魚尾四周雙邊　内封題"光緒甲午中春廣雅書局刻"　鈐有"知道齋臧書""黃岡杜衛初於民國三十八年所得書"　十二冊

370000－1542－0000856　413/4　史部/紀傳類

廿二史劄記三十六卷補遺一卷 （清）趙翼撰　清光緒二十年（1894）廣雅書局刻本　十一行二十四字小字雙行同黑口單魚尾四周雙邊　内封題"光緒甲午中春廣雅書局刻"　鈐有"李邦棟郭寄媗藏書章""李邦棟印""碩梁"　十冊

370000－1542－0000857　413/4　史部/紀傳類

廿二史劄記三十六卷補遺一卷 （清）趙翼撰　清光緒二十年（1894）廣雅書局刻本　十一行二十四字小字雙行同黑口單魚尾四周雙邊　内封題"光緒甲午中春廣雅書局刻"　十冊

370000－1542－0000858　413/4　史部/紀傳類

二十二史札記三十六卷補遺一卷 （清）趙翼撰　清光緒二十五年（1899）上海千頃堂石印本　十六行四十字小字雙行同白口單魚尾四

周雙邊　内封題“光緒己亥仲冬月上海千頃堂石印”　六冊

370000 – 1542 – 0000859　413/4　史部/紀傳類

二十二史札記三十六卷補遺一卷　（清）趙翼撰　清光緒二十六年（1900）上海書局石印本　十九行四十六字小字雙行同黑口單魚尾四周雙邊　内封題“光緒庚子季春上海書局石印”　一冊

370000 – 1542 – 0000860　413/4　史部/紀傳類

廿二史劄記三十六卷補遺一卷　（清）趙翼撰　清光緒三十一年（1905）上海廣益書局鉛字排印本　二十行四十四字黑口雙魚尾四周雙邊　内封題“光緒乙巳孟春上海廣益書局排印”　八冊

370000 – 1542 – 0000861　413/4　史部/紀傳類

廿二史劄記三十六卷補遺一卷　（清）趙翼撰　清刻本　十一行二十一字小字雙行同白口單魚尾左右雙邊　内封題“湛貽堂藏板”　十二冊

370000 – 1542 – 0000862　413/13　史部/紀傳類

史記志疑三十六卷　（清）梁玉繩撰　清光緒十三年（1887）廣雅書局刻本　十一行二十四字小字雙行同黑口單魚尾四周單邊　内封題“光緒十三年秋九月廣雅書局刻”　十四冊

370000 – 1542 – 0000863　413/13　史部/紀傳類

史記志疑三十六卷　（清）梁玉繩撰　清光緒十三年（1887）廣雅書局刻本　十一行二十四字小字雙行同黑口單魚尾四周單邊　内封題“光緒十三年秋九月廣雅書局刻”　十四冊

370000 – 1542 – 0000864　413/13　史部/紀傳類

史記志疑三十六卷　（清）梁玉繩撰　清光緒十三年（1887）廣雅書局刻本　十一行二十四字小字雙行同黑口單魚尾四周單邊　内封題“光緒十三年秋九月廣雅書局刻”　十四冊

370000 – 1542 – 0000865　413/13　史部/紀傳類

史記志疑三十六卷　（清）梁玉繩撰　清光緒十三年（1887）廣雅書局刻本　十一行二十四字小字雙行同黑口單魚尾四周單邊　内封題“光緒十三年秋九月廣雅書局刻”　二十四冊

370000 – 1542 – 0000866　413/13　史部/紀傳類

史記志疑三十六卷補遺一卷　（清）梁玉繩撰　清光緒十四年（1888）餘姚朱氏重校刻本　十二行二十四字小字雙行同白口單魚尾四周單邊　内封題“光緒戊子夏四月餘姚朱氏重校刊”　十六冊

370000 – 1542 – 0000867　413/13　史部/紀傳類

史記志疑三十六卷補遺一卷　（清）梁玉繩撰　清光緒十四年（1888）餘姚朱氏重校刻本　十二行二十四字小字雙行同白口單魚尾四周單邊　内封題“光緒戊子夏四月餘姚朱氏重校刊”　鈐有“紹庭”“碧雲仙館”　十六冊

370000 – 1542 – 0000868　413/13　史部/紀傳類

史記志疑三十六卷補遺一卷　（清）梁玉繩撰　清光緒十四年（1888）餘姚朱氏重校刻本　十二行二十四字小字雙行同白口單魚尾四周單邊　内封題“光緒戊子夏四月餘姚朱氏重校刊”　十六冊

370000 – 1542 – 0000869　413/17　史部/紀傳類

校刊史記集解索隱正義札記五卷　（清）張文虎撰　清同治十一年（1872）金陵書局刻本　十一行二十二字小字雙行同黑口雙魚尾四周雙邊　内封題“同治壬申嘉平月金陵書局栞印”　二冊

370000 – 1542 – 0000870　413/29　史部/紀傳類

史記評林一百三十卷　（明）淩稚隆輯校　清同治十三年（1874）長沙魏氏養翮書屋校刻本

十二行二十四字小字雙行同黑口單魚尾左右雙邊　内封題"同治甲戌仲冬長沙魏氏養翮書屋校刊"　四十册

370000－1542－0000871　413/29　史部/紀傳類

史記評林一百三十卷　(明)凌稚隆輯校　清同治十三年(1874)長沙魏氏養翮書屋校刻本　十二行二十四字小字雙行同黑口單魚尾左右雙邊　内封題"同治甲戌仲冬長沙魏氏養翮書屋校刊"　二十八册

370000－1542－0000872　413/32　史部/紀傳類

校刊史記集解索隱正義札記五卷　(清)張文虎撰　清同治十一年(1872)金陵書局刻本　十一行二十二字小字雙行同黑口雙魚尾四周雙邊　内封題"同治壬申嘉平月金陵書局栞印"　四册

370000－1542－0000873　413/74　史部/紀傳類

史記索隱三十卷　(唐)司馬貞撰　清光緒十九年(1893)廣雅書局校刻本　十二行二十五字小字雙行同黑口單魚尾四周單邊　内封題"光緒十九年九月廣雅書局校刻"　四册

370000－1542－0000874　413/99　史部/紀傳類

史記正譌一卷　(清)王元啓撰　清光緒十四年(1888)廣雅書局刻本　十一行二十四字小字雙行同黑口單魚尾四周單邊　内封題"光緒十三年十二月廣雅書局刻"　一册

370000－1542－0000875　413/45　史部/紀傳類

史記一百三十卷史記補一卷　(漢)司馬遷撰　(明)陳子龍　(明)徐孚遠測議　清道光十四年(1834)三元堂刻本　佚名批注　九行二十字小字雙行同白口單魚尾左右雙邊　内封題"道光甲午新鐫三元堂梓行"　三十二册

370000－1542－0000876　413/37　史部/史表類

三國職官表三卷　(清)洪飴孫撰　清光緒十七年(1891)廣雅書局刻本　上欄十一行十二字中欄十一行六字下欄十一行六字小字雙行同黑口單魚尾四周單邊　内封題"光緒十七年二月廣雅書局校刊"　三册

370000－1542－0000877　413/49　史部/史表類

後漢書補表八卷　(清)錢大昭撰　清嘉慶秦鑑刻汗筠齋叢書本　表格白口單魚尾左右雙邊　二册

370000－1542－0000878　413/38　史部/史表類

元史氏族表三卷　(清)錢大昕撰　清光緒二十年(1894)廣雅書局刻本　表格黑口單魚尾四周單邊　内封題"光緒甲午春三月廣雅書局校刻"　二册

370000－1542－0000879　413/42　史部/史表類

元史氏族表三卷　(清)錢大昕撰　清末江蘇書局刻本　表格左右雙邊　内封題"江蘇書局刊版"　二册

370000－1542－0000880　413/44　史部/史表類

歷代統紀表十三卷歷代疆域表三卷歷代沿革表三卷　(清)段長基述　清同治四年(1865)曾守誠刻光緒元年(1875)趙承恩印本　表格四周雙邊　内封題"紅杏山房藏板"　二十四册

370000－1542－0000881　413/9　史部/紀傳類

五代史記七十四卷　(宋)歐陽脩撰　(宋)徐無黨原注　(清)彭元瑞注　(清)劉鳳誥排次　清道光八年(1828)刻本　十行二十一字小字雙行同白口單魚尾左右雙邊　内封題"道光八年鐫"　四十册

370000－1542－0000882　413/100　史部/紀傳類

五代史纂誤三卷　(宋)吳縝撰　清乾隆四十二年(1777)福建翻刻武英殿聚珍版書本　九行二十一字小字雙行同白口單魚尾四周雙邊

一册

370000－1542－0000883　413/10　史部/紀傳類

漢書疏證三十六卷　(清)沈欽韓撰　清光緒二十六年(1900)浙江官書局刻本　十行二十二字小字雙行同白口單魚尾左右雙邊　内封題“光緒二十六年孟冬浙江官書局栞”　二十四册

370000－1542－0000884　413/19　史部/紀傳類

漢書補注一百卷　王先謙撰　清光緒二十六年(1900)長沙王氏校刻本　十二行二十五字小字雙行同黑口單魚尾左右雙邊　内封題“光緒庚子春月長沙王氏校刊”　三十二册

370000－1542－0000885　413/27　史部/紀傳類

漢書注校補五十六卷附後漢書注補正八卷三國志注證遺四卷　(清)周壽昌撰　清光緒十年(1884)小對竹軒刻本　十二行二十三字小字雙行同白口三魚尾左右雙邊　内封題“光緒十年歲次甲申九月小對竹軒開雕”　二十册

370000－1542－0000886　413/27　史部/紀傳類

漢書注校補五十六卷附後漢書注補正八卷三國志注證遺四卷　(清)周壽昌撰　清光緒十年(1884)小對竹軒刻本　十二行二十三字小字雙行同白口三魚尾左右雙邊　内封題“光緒十年歲次甲申九月小對竹軒開雕”　十四册

370000－1542－0000887　413/30　史部/紀傳類

漢書評林一百卷　(明)凌稚隆輯校　清同治十三年(1874)魏氏養翮書屋校刻本　上欄小字雙行六字下欄十行二十一字小字雙行同白口雙魚尾四周雙邊　内封題“同治甲戌仲冬長沙魏氏養翮書屋校刊”　鈐有“李錦章”三十二册

370000－1542－0000888　413/30　史部/紀傳類

漢書評林一百卷　(明)凌稚隆輯校　清同治十三年(1874)魏氏養翮書屋校刻本　上欄小字雙行六字下欄十行二十一字小字雙行同白口雙魚尾四周雙邊　内封題“同治甲戌仲冬長沙魏氏養翮書屋校刊”　鈐有“私立齊魯大學國學研究所藏書之章”　四十册

370000－1542－0000889　413/30　史部/紀傳類

漢書評林一百卷　(明)凌稚隆輯校　清光緒二十七年(1901)上海天章書局石印本　十八行四十字小字雙行同白口單魚尾四周雙邊　内封題“光緒辛丑上海天章書局石印”　十二册

370000－1542－0000890　413/117　史部/紀傳類

漢書辨疑二十二卷　(清)錢大昭撰　清光緒十三年(1887)廣雅書局刻本　十一行二十四字小字雙行同黑口單魚尾四周單邊　内封題“光緒十三年十月廣雅書局刊”　鈐有“廣雅書院經籍金石書畫之印”“廣雅書院藏書”　五册

370000－1542－0000891　413/34　史部/紀傳類

漢書地理志水道圖説七卷附考正德清胡氏禹貢圖一卷　(清)陳澧撰　清道光二十八年(1848)刻本　十一行二十八字小字雙行同黑口單魚尾左右雙邊　二册

370000－1542－0000892　413/41　史部/紀傳類

漢書引經異文録證六卷　(清)繆祐孫撰　清光緒十一年(1885)江陰繆氏刻本　十行二十字小字雙行同黑口雙魚尾左右雙邊　内封題“光緒乙酉刻”　二册

370000－1542－0000893　413/11　史部/紀傳類

後漢書疏證三十卷　(清)沈欽韓撰　清光緒二十六年(1900)浙江官書局刻本　十行二十二字小字雙行同白口單魚尾左右雙邊　内封

題“光緒二十六年十月浙江官書局刊” 十六冊

370000－1542－0000894 413/61 史部/紀傳類

兩漢刊誤補遺十卷 (宋)吳仁傑撰 清同治七年(1868)金陵書局聚珍版排印本 九行二十一字小字雙行同白口單魚尾四周單邊 内封題“同治戊辰夏六月用聚珍版印於金陵書局” 二冊

370000－1542－0000895 413/61 史部/紀傳類

兩漢刊誤補遺十卷 (宋)吳仁傑撰 清同治七年(1868)金陵書局聚珍版排印本 九行二十一字小字雙行同白口單魚尾四周單邊 内封題“同治戊辰夏六月用聚珍版印於金陵書局” 二冊

370000－1542－0000896 413/61 史部/紀傳類

兩漢刊誤補遺十卷 (宋)吳仁傑撰 **校勘記** (清)孫星華撰 清乾隆四十二年(1777)福建翻刻武英殿聚珍版書本道光、同治間遞修光緒二十一年(1895)增刻本 九行二十一字小字雙行同白口單魚尾四周雙邊 三冊

370000－1542－0000897 413/12 史部/史評類

十七史商榷一百卷 (清)王鳴盛撰 清光緒十九年(1893)廣雅書局校刻本 十一行二十四字小字雙行同黑口單魚尾四周單邊 内封題“光緒十九年秋七月廣雅書局校栞” 十四冊

370000－1542－0000898 413/12 史部/史評類

十七史商榷一百卷 (清)王鳴盛撰 清光緒十九年(1893)廣雅書局校刻本 十一行二十四字小字雙行同黑口單魚尾四周單邊 内封題“光緒十九年秋七月廣雅書局校栞” 二十四冊

370000－1542－0000899 413/12 史部/史評類

十七史商榷一百卷 (清)王鳴盛撰 清光緒十九年(1893)廣雅書局校刻本 十一行二十四字小字雙行同黑口單魚尾四周單邊 内封題“光緒十九年秋七月廣雅書局校栞” 二十四冊

370000－1542－0000900 413/12 史部/史評類

十七史商榷一百卷 (清)王鳴盛撰 清光緒二十六年(1900)上海點石齋石印本 二十二行五十一字小字雙行同白口單魚尾四周雙邊 内封題“光緒二十六年三月上海點石齋印” 四冊

370000－1542－0000901 413/57 史部/紀傳類

王先生十七史蒙求十六卷 (宋)王令撰 清道光二十八年(1848)刻本 十一行二十一字白口單魚尾左右雙邊 内封題“道光戊申重刊 大文堂藏板” 鈐有“李方琮印”“錦章”“容膝軒珍藏” 三冊

370000－1542－0000902 413/57 史部/紀傳類

李氏蒙求補注六卷 (清)金三俊輯 清道光二十八年(1848)刻本 十一行二十一字小字雙行同白口單魚尾左右雙邊 鈐有“李方琮印”“錦章” 三冊

370000－1542－0000903 413/14 史部/紀傳類

廿一史四譜五十四卷 (清)沈炳震鈔 清同治十年(1871)武林吳氏清來堂刻本 十行二十二字小字雙行三十三字白口單魚尾左右雙邊 鈐有“紫藤華館”“紹庭珍臧” 十六冊

370000－1542－0000904 790/8 史部/目録類

隋經籍志考證十三卷 (清)章宗源撰 清光緒三年(1877)湖北崇文書局刻本 十二行二十四字黑口雙魚尾四周雙邊 牌記題“光緒三年三月湖北崇文書局開雕” 四冊

370000－1542－0000905 413/15 史部/紀傳類

金史詳校十卷史論五荅一卷　(清)施國祁撰　清光緒六年(1880)會稽章氏刻本　十行二十二字小字雙行同黑口雙魚尾左右雙邊　内封題“會稽章氏刻　庚辰五月懿榮題”　六册

370000－1542－0000906　413/15　史部/紀傳類
金史詳校十卷史論五荅一卷　(清)施國祁撰　清光緒六年(1880)會稽章氏刻本　十行二十二字小字雙行同黑口雙魚尾左右雙邊　内封題“會稽章氏刻　庚辰五月懿榮題”　鈐有“齊魯大學圖書館藏書”“葉德輝煥彬甫臧閲書”　十册

370000－1542－0000907　413/15　史部/紀傳類
金史詳校十卷史論五荅一卷　(清)施國祁撰　清光緒六年(1880)會稽章氏刻本　十行二十二字小字雙行同黑口雙魚尾左右雙邊　内封題“會稽章氏刻　庚辰五月懿榮題”　十册

370000－1542－0000908　039/445　類叢部/叢書類/家集之屬
德州田氏叢書十三種　(清)田雯等撰　(清)田同之輯　清康熙至乾隆刻本　李錦章題跋　行款不一　鈐有“李錦章”　十册　存七種五十六卷(蒙齋年譜一卷、續一卷、附補一卷,古歡堂集三十六卷,長河志籍考十卷,水東草堂詩一卷,有懷堂文集一卷、詩集一卷,晚香詞三卷,西圃詩説一卷)

370000－1542－0000909　413/16　史部/紀傳類
三史拾遺五卷諸史拾遺五卷　(清)錢大昕撰　清嘉慶十二年(1807)嘉興李賡芸稻香吟館刻本　十行二十一字小字雙行同白口單魚尾左右雙邊　内封題“嘉慶十有二年十月刊于嘉興郡齋”　鈐有“荊園主人”“敬堂”　四册

370000－1542－0000910　413/43　史部/紀傳類
新唐書糾謬二十卷　(宋)吳縝纂　清乾隆四十二年(1777)福建翻刻武英殿聚珍版書本道光、同治間遞修光緒二十一年(1895)增刻本　九行二十一字白口單魚尾四周雙邊　内封題“光緒甲午增刻”　四册

370000－1542－0000911　413/43　史部/紀傳類
新唐書糾謬二十卷附校勘記二卷　(宋)吳縝纂　清乾隆四十二年(1777)福建翻刻武英殿聚珍版書本道光、同治間遞修光緒二十一年(1895)增刻本　九行二十一字白口單魚尾四周雙邊　内封題“光緒甲午增刻”　四册

370000－1542－0000912　413/24　史部/紀傳類
遼史拾遺二十四卷附遼史紀年表一卷　(清)厲鶚編　清光緒元年(1875)江蘇書局重刻振綺堂本　十行二十一字小字雙行同白口單魚尾左右雙邊　内封題“光緒乙亥三月江蘇書局重刊”　八册

370000－1542－0000913　413/24　史部/紀傳類
遼史拾遺二十四卷附遼史紀年表一卷　(清)厲鶚編　清光緒元年(1875)江蘇書局重刻振綺堂本　十行二十一字小字雙行同白口單魚尾左右雙邊　八册

370000－1542－0000914　413/25　史部/紀傳類
欽定遼史語解十卷　(清)高宗弘曆敕撰　清光緒四年(1878)江蘇書局刻本　十二行字數不等小字雙行二十二字白口單魚尾左右雙邊　二册

370000－1542－0000915　413/39　史部/紀傳類
元史譯文證補三十卷　(清)洪鈞撰　清末石印本　十二行二十五字小字雙行三十七字白口單魚尾左右雙邊　内封題“光緒丁酉季春栞竣”　四册

370000－1542－0000916　413/83　史部/紀傳類
欽定元史語解二十四卷　(清)高宗弘曆敕撰　清光緒四年(1878)江蘇書局刻本　十二行二十五字小字雙行同白口單魚尾左右雙邊

六冊

370000－1542－0000917　413/51　史部/紀傳類

考史拾遺　(清)錢大昕撰　清嘉慶十二年(1807)李賡芸稻香吟館嘉興刻本　十行二十一字白口單魚尾左右雙邊　内封題“嘉慶十有二年十月栞於嘉興郡齋”　四冊

370000－1542－0000918　413/55　史部/史評類

史學提要箋釋五卷　(宋)黄繼善撰　(清)楊錫祜釋　清光緒二十七年(1901)萬邑榕蔭書屋刻本　上欄小字十六行二字下欄八行二十四字小字雙行同白口單魚尾左右雙邊　内封題“光緒辛丑年萬邑榕蔭書屋重刻板存游氏宜園”　五冊

370000－1542－0000919　413/73　史部/紀傳類

諸史考異十八卷　(清)洪頤煊撰　清光緒十五年(1889)廣雅書局刻本　十一行二十四字小字雙行同黑口單魚尾四周單邊　内封題“光緒十五年廣雅書局刻”　鈐有“崇甫”三冊

370000－1542－0000920　400/2　史部/史評類

史學叢書　(清)□□輯　清光緒二十八年(1902)上海煥文書局石印本　二十四行四十八字白口單魚尾四周單邊　牌記題“光緒壬寅荷月上海煥文書局點石齋仝校印”　二十四冊

370000－1542－0000921　413/111　類叢部/叢書類/自著之屬

如諫果室叢刻三種　(清)王延釗輯　清宣統二年(1910)京師益森書館鉛字排印本　十行二十四字小字雙行同白口單魚尾四周雙邊　内封題“刊于京師益森書館”　一冊

370000－1542－0000922　413/35　史部/紀傳類

補梁疆域志四卷　(清)洪齮孫撰　清光緒十七年(1891)廣雅書局刻本　十一行二十四字小字雙行同黑口單魚尾四周單邊　内封題“光緒辛卯十二月廣雅書局栞”　二冊

370000－1542－0000923　413/36　史部/紀傳類

讀史舉正八卷　(清)張熷撰　清光緒十七年(1891)廣雅書局刻本　十一行二十四字小字雙行同黑口單魚尾四周雙邊　内封題“光緒辛卯十二月廣雅書局栞”　二冊

370000－1542－0000924　420/2　史部/編年類

資治通鑑二百九十四卷　(宋)司馬光撰　(元)胡三省音註　**通鑑釋文辯誤十二卷**　(元)胡三省撰　清同治八年(1869)江蘇書局據鄱陽胡氏仿元本原版修補重印本　十行二十字小字雙行同黑口雙魚尾四周雙邊　内封題“江蘇書局修補鄱陽胡氏仿元本二百七卷重栞九十九卷”　一百冊

370000－1542－0000925　420/2　史部/編年類

資治通鑑二百九十四卷　(宋)司馬光撰　(元)胡三省音註　**通鑑釋文辯誤十二卷**　(元)胡三省撰　清同治八年(1869)江蘇書局據鄱陽胡氏仿元本原版修補重印本　十行二十字小字雙行同黑口雙魚尾四周雙邊　内封題“江蘇書局修補鄱陽胡氏仿元本二百七卷重栞九十九卷”　一百冊

370000－1542－0000926　420/2　史部/編年類

資治通鑑二百九十四卷　(宋)司馬光撰　(元)胡三省音註　**通鑑釋文辯誤十二卷**　(元)胡三省撰　清同治十年(1871)湖北崇文書局刻本　十行二十字小字雙行同黑口雙魚尾四周雙邊　牌記題“同治十年湖北崇文書局開雕”　一百四冊

370000－1542－0000927　420/2　史部/編年類

資治通鑑二百九十四卷　(宋)司馬光撰　(元)胡三省音註　**通鑑釋文辯誤十二卷**　(元)胡三省撰　清同治十年(1871)湖北崇文

書局刻本　十行二十字小字雙行同黑口雙魚尾四周雙邊　一百四冊

370000－1542－0000928　420/2　史部/編年類

資治通鑑二百九十四卷　(宋)司馬光撰　(元)胡三省音註　**通鑑釋文辯誤十二卷**　(元)胡三省撰　清同治十年(1871)湖北崇文書局刻本　十行二十字小字雙行同黑口雙魚尾四周雙邊　牌記題"同治十年湖北崇文書局開雕"　一百十四冊

370000－1542－0000929　420/2　史部/編年類

資治通鑑二百九十四卷　(宋)司馬光撰　(元)胡三省音注　清光緒十三年(1887)長沙閻敬銘校刻本　十行二十字小字雙行同黑口單魚尾左右雙邊　内封題"光緒十三年丁亥刊於長沙板存解州書院"　一百二十冊

370000－1542－0000930　420/2　史部/編年類

資治通鑑二百九十四卷　(宋)司馬光撰　(元)胡三省音注　清光緒二十五年(1899)上海蜚英館石印本　十六行三十五字小字雙行同白口單魚尾四周雙邊　内封題"光緒己亥年上海蜚英館三次石印"　四十六冊

370000－1542－0000931　420/7　史部/編年類

續資治通鑑二百二十卷　(清)畢沅編　清乾隆、嘉慶間畢沅刻嘉慶六年(1801)浙江馮集梧補刻同治六年(1867)永康應氏補刻八年(1869)江蘇書局修補本　十行二十一字小字雙行同白口單魚尾四周雙邊　内封題"嘉興馮氏補刊鎮洋畢氏原板　同治丁卯春永康應氏所收于蘇松太道署　補刊六十五板　己巳夏送歸江蘇書局　秋九月又換刊九板　修三十板"　六十冊

370000－1542－0000932　420/7　史部/編年類

續資治通鑑二百二十卷　(清)畢沅編　清乾隆、嘉慶間畢沅刻嘉慶六年(1801)浙江馮集梧補刻同治六年(1867)永康應氏補刻八年(1869)江蘇書局修補本　十行二十一字小字雙行同白口單魚尾四周雙邊　内封題"嘉興馮氏補刊鎮洋畢氏原板　同治丁卯春永康應氏所收于蘇松太道署　補刊六十五板　己巳夏送歸江蘇書局　秋九月又換刊九板　修三十板"　六十冊

370000－1542－0000933　420/7　史部/編年類

續資治通鑑二百二十卷　(清)畢沅編　清乾隆、嘉慶間畢沅刻嘉慶六年(1801)浙江馮集梧補刻同治六年(1867)永康應氏補刻八年(1869)江蘇書局修補本　十行二十一字小字雙行同白口單魚尾四周雙邊　内封題"嘉興馮氏補刊鎮洋畢氏原板　同治丁卯春永康應氏所收于蘇松太道署　補刊六十五板　己巳夏送歸江蘇書局　秋九月又換刊九板　修三十板"　六十冊

370000－1542－0000934　420/7　史部/編年類

續資治通鑑二百二十卷　(清)畢沅編　清光緒二十五年(1899)上海蜚英館石印本　十六行三十六字小字雙行同白口單魚尾四周雙邊　内封題"光緒己亥年上海蜚英館三次石印"　三十冊

370000－1542－0000935　420/15　史部/編年類

御批資治通鑑綱目五十九卷首一卷　(宋)朱熹撰　**前編十八卷舉要三卷**　(元)金履祥撰　**前編外紀一卷**　(元)陳桱撰　**續編二十七卷**　(明)商輅等撰　清光緒二年至三年(1876－1877)廣東刻本　十一行二十二字小字雙行同黑口雙魚尾四周雙邊　内封題"光緒丙子孟春重刊丁丑孟夏工竣"　八十冊

370000－1542－0000936　420/15　史部/編年類

御批資治通鑑綱目五十九卷首一卷　(宋)朱熹撰　**前編十八卷舉要三卷**　(元)金履祥撰　**前編外紀一卷**　(元)陳桱撰　**續編二十七卷**　(明)商輅等撰　清光緒十三年(1887)上

海同文書局石印本　十八行三十七字小字雙行同白口單魚尾四周單邊　内封題"光緒丁亥仲秋上海同文書局石印"　八册

370000－1542－0000937　420/15　史部/編年類

御批資治通鑑綱目五十九卷首一卷　(宋)朱熹撰　**前編十八卷舉要三卷**　(元)金履祥撰　**前編外紀一卷**　(元)陳桱撰　**續編二十七卷**　(明)商輅等撰　清刻本　十一行二十二字小字雙行同黑口雙魚尾四周雙邊　八十册

370000－1542－0000938　420/32　史部/編年類

御撰資治通鑑綱目三編二十卷　(清)張廷玉等編　清刻本　十一行二十二字小字雙行同白口單魚尾左右雙邊　六册

370000－1542－0000939　420/32　史部/編年類

御撰資治通鑑綱目三編二十卷　(清)張廷玉等編　清刻本　十一行二十二字小字雙行同白口單魚尾左右雙邊　八册

370000－1542－0000940　420/32　史部/編年類

御撰資治通鑑綱目三編二十卷　(清)張廷玉等編　清刻本　十一行二十二字小字雙行同白口單魚尾左右雙邊　鈐有"濰縣廣文學堂"　一册

370000－1542－0000941　420/45　史部/編年類

資治通鑑補二百九十四卷　(明)嚴衍補　清光緒二年(1876)江蘇思補樓木活字印本　十一行二十五字小字雙行同黑口單魚尾四周單邊　内封題"光緒丙子夏月思補樓校印"　八十册

370000－1542－0000942　420/42　史部/編年類

續資治通鑑長編五百二十卷目録二卷　(宋)李燾撰　清光緒七年(1881)浙江書局刻本　十二行二十一字小字雙行同白口單魚尾左右雙邊　内封題"光緒七年辛巳浙江書局校刻"　一百二十册

370000－1542－0000943　420/4　史部/編年類

通鑑釋文辯誤十二卷　(元)胡三省撰　清嘉慶胡氏影元刻本　十行二十字小字雙行同黑口雙魚尾四周雙邊　四册

370000－1542－0000944　420/5　史部/編年類

御批歷代通鑑輯覽一百二十卷　(清)傅恒等編　清同治十一年(1872)湖北崇文書局刻本　十一行二十二字小字雙行同白口單魚尾四周雙邊　牌記題"同治壬申夏湖北崇文書局敬謹重刊"　六十册

370000－1542－0000945　420/5　史部/編年類

御批歷代通鑑輯覽一百二十卷　(清)傅恒等編　清光緒九年(1883)同文書局石印本　二十行三十六字白口雙魚尾四周雙邊　内封題"光緒癸未季冬同文書局縮印"　十六册

370000－1542－0000946　420/5　史部/編年類

御批歷代通鑑輯覽一百二十卷　(清)傅恒等編　清光緒十一年(1885)上海同文書局石印本　十八行三十六字小字雙行同白口雙魚尾四周雙邊　内封題"光緒乙酉仲夏同文書局縮印"　二十册

370000－1542－0000947　420/5　史部/編年類

御批歷代通鑑輯覽一百二十卷　(清)傅恒等編　清光緒十一年(1885)上海同文書局石印本　十八行三十六字小字雙行同白口雙魚尾四周雙邊　内封題"光緒乙酉仲春同文書局縮印"　十册　存六十二卷(一至六十二)

370000－1542－0000948　420/5　史部/編年類

御批歷代通鑑輯覽一百二十卷　(清)傅恒等編　清光緒三十年(1904)上海美華書館鉛印本　十六行二十三字小字雙行同黑口單魚尾四周雙邊　内封題"光緒甲辰冬月上海美華

書館謹仿殿本校印”　二十四册

370000－1542－0000949　420/5　史部/編年類

御批歷代通鑑輯覽一百二十卷附勘誤記　(清)傅恆等編　清光緒三十四年(1908)上海商務印書館鉛字排印本　十五行二十八字小字雙行四十三字四周單邊　内封題“光緒三十四年九月十三板”　四十册

370000－1542－0000950　420/8　史部/編年類

資治通鑑目録三十卷　(宋)司馬光編　清同治八年(1869)江蘇書局刻本　表格白口單魚尾左右雙邊　内封題“同治八年歲在己巳江蘇書局仿宋本刊”　十册

370000－1542－0000951　420/8　史部/編年類

資治通鑑目録三十卷　(宋)司馬光編　清同治八年(1869)江蘇書局刻本　表格白口單魚尾左右雙邊　内封題“同治八年歲在己巳江蘇書局仿宋本刊”　十册

370000－1542－0000952　420/8　史部/編年類

資治通鑑目録三十卷　(宋)司馬光編　清光緒二十五年(1899)上海蜚英館石印本　表格白口單魚尾四周雙邊　内封題“光緒己亥年上海蜚英館三次石印”　四册

370000－1542－0000953　420/21　史部/編年類

御批通鑑綱目選一卷御批歷代通鑑輯覽選十二卷　(清)張羅澄選編　清光緒二十八年(1902)夢孔山房石印本　十六行三十六字小字雙行同白口單魚尾四周雙邊　内封題“壬寅季春之月夢孔山房石印”　四册

370000－1542－0000954　420/22　史部/編年類

嚴永思先生通鑑補正略三卷　(明)嚴衍撰　(清)張敦仁彙鈔　清光緒十三年(1887)時報館鉛字排印本　十四行二十六字白口雙魚尾四周雙邊　牌記題“光緒丁亥仲夏月時報館排印”　二册

370000－1542－0000955　420/23　史部/編年類

資治通鑑綱目正編校勘記五十九卷首一卷　(清)温嘉鈺校録　清光緒刻本　十行三十二字小字雙行同白口單魚尾四周雙邊　四册

370000－1542－0000956　420/27　史部/編年類

通鑑類纂二十卷　(清)馬佳松椿編　清光緒上海天章書局石印本　二十行四十四字白口單魚尾四周雙邊　十二册

370000－1542－0000957　420/27　史部/編年類

通鑑類纂二十卷　(清)馬佳松椿編　清光緒二十四年(1898)長白馬佳氏謙受益齋刻本　十行二十二字白口單魚尾四周雙邊　内封題“光緒戊戌年長白馬佳氏栞於督漕節署”　四十册

370000－1542－0000958　420/29　史部/編年類

通鑑擥要正編十九卷附録一卷續編八卷明史擥要八卷　(清)姚培謙　(清)張景星輯　清嘉慶二十三年(1818)寶寧堂刻本　佚名批注　九行二十字小字雙行同白口四周雙邊　内封題“嘉慶戊寅新鐫寶寧堂藏版”　十四册

370000－1542－0000959　420/34　史部/編年類

資治通鑑外紀十卷目録五卷　(宋)劉恕編集　(清)胡克家注補　清同治十年(1871)江蘇書局刻本　十行二十二字小字雙行同黑口雙魚尾左右雙邊　内封題“同治辛未年江蘇書局開雕”　十册

370000－1542－0000960　420/34　史部/編年類

資治通鑑外紀十卷目録五卷　(宋)劉恕編集　(清)胡克家注補　清同治十年(1871)江蘇書局刻本　十行二十二字小字雙行同黑口雙魚尾左右雙邊　内封題“同治辛未年江蘇書局開雕”　十册

370000－1542－0000961　420/39　史部/編年類

資治通鑑釋文三十卷　(宋)史炤撰　清光緒五年(1879)吳興陸氏十萬卷樓據宋本刻本　十二行二十一字小字雙行三十字黑口四周雙邊　内封題“光緒五年吳興陸氏十萬卷樓重雕”　六册

370000－1542－0000962　421/1　史部/編年類

通鑑地理通釋十四卷　(宋)王應麟撰　清嘉慶常熟張氏照曠閣刻本　九行二十一字小字雙行同黑口四周單邊　六册

370000－1542－0000963　420/6　史部/編年類

史存三十卷　(清)劉沅輯　清光緒二年(1876)刻本　十二行十六字小字雙行二十四字白口單魚尾左右雙邊　内封題“光緒二年重鐫　竹陰齋藏板”　十六册

370000－1542－0000964　420/9　史部/編年類

芸經樓綱鑑易知録九十二卷　(清)吳乘權等輯　清羊城青雲樓刻本　上欄小字十八行三字下欄九行二十字小字雙行同白口單魚尾四周單邊　内封題“吳大中丞鑒定五雲樓發兑　羊城青雲樓藏板”　鈐有“華東大學圖書館藏書章”　三十六册

370000－1542－0000965　420/9　史部/編年類

尺木堂綱鑑易知録九十二卷　(清)吳乘權等輯　清光緒二十四年(1898)上海宏文閣鉛字排印本　十四行四十二字小字雙行同白口單魚尾四周雙邊　内封題“戊戌仲春月上海宏文閣藏板”　十六册

370000－1542－0000966　420/9　史部/編年類

尺木堂綱鑑易知録九十二卷　(清)吳乘權等輯　清光緒二十七年(1901)上海鑄史齋鉛字排印本　十四行四十二字小字雙行同白口單魚尾四周雙邊　内封題“光緒二十七年歲次辛丑上海鑄史齋藏版”　十六册

370000－1542－0000967　420/9　史部/編年類

尺木堂綱鑑易知録九十二卷　(清)吳乘權等輯　清光緒三十一年(1905)上海商務印書館鉛字排印本　十四行四十二字小字雙行同白口單魚尾四周雙邊　内封題“光緒乙巳二月十一次重印”　十六册

370000－1542－0000968　420/24　史部/編年類

重訂王鳳洲先生綱鑑會纂四十六卷續宋元二十三卷　(明)王世貞編　(明)陳仁錫訂　**御撰資治通鑑綱目三編二十卷**　(清)張廷玉等撰　清同會齋刻本　上欄小字雙行三字下欄十行二十字小字雙行同白口單魚尾四周單邊　内封題“同會齋藏板”　四十册

370000－1542－0000969　420/24　史部/編年類

重訂王鳳洲先生綱鑑會纂四十六卷續宋元二十三卷　(明)王世貞編　(明)陳仁錫訂　**御撰資治通鑑綱目三編二十卷**　(清)張廷玉等撰　清維經堂刻本　上欄小字雙行三字下欄十行二十字小字雙行同白口單魚尾四周單邊　内封題“省城天平街維經堂藏板”　四十册

370000－1542－0000970　420/24　史部/編年類

重訂王鳳洲先生會纂綱鑑四十六卷　(明)王世貞纂　清刻本　三欄或雙欄上欄二十二行三字下欄十一行二十字小字雙行同白口單魚尾四周單邊　一册　存一卷(二十)

370000－1542－0000971　420/35　史部/編年類

綱鑑正史約三十六卷　(明)顧錫疇原編　(清)陳弘謀增訂　**御撰資治通鑑綱目三編二十卷**　(清)張廷玉等撰　清光緒二十八年(1902)上海古香閣石印本　十六行四十四字小字雙行同白口單魚尾四周雙邊　内封題“光緒壬寅年春月上海古香閣石印”　六册

370000－1542－0000972　420/35　史部/編

年類

綱鑑正史約三十六卷 （明）顧錫疇原編 （清）陳弘謀增訂 **御撰資治通鑑綱目三編二十卷** （清）張廷玉等撰 清光緒二十八年(1902)上海古香閣石印本 十六行四十四字小字雙行同白口單魚尾四周雙邊 内封題“光緒壬寅年春月上海古香閣石印” 六冊

370000－1542－0000973 420/10 史部/編年類

袁王加批綱鑑彙纂三十九卷首一卷資治明紀綱目二十卷附明紀福唐桂三王本末 （宋）司馬光通鑑 （宋）朱熹綱目 （明）袁黄 （明）王世貞編纂 清末上海掃葉山房石印本 十五行三十二字小字雙行四十八字黑口單魚尾四周雙邊 内封題“掃葉山房石印” 二十四冊

370000－1542－0000974 420/11 史部/史表類

歷代帝王年表三卷 （清）齊召南編 （清）阮福續編 **帝王廟謚年諱譜** （清）陸費墀撰 清道光四年(1824)揚州阮福校刻本 上欄小字十六行一字下欄八行二十四字小字雙行三十六字黑口雙魚尾左右雙邊 牌記題“大清道光太歲在閼逢涒灘冬仲長至日小琅嬛僊館開雕” 四冊

370000－1542－0000975 420/11 史部/史表類

歷代帝王年表三卷 （清）齊召南編 （清）阮福續編 清光緒十二年(1886)蘇州掃葉山房刻本 上欄小字十六行一字下欄八行二十四字小字雙行三十六字黑口雙魚尾左右雙邊 牌記題“光緒十有二年歲在丙戌中春之月蘇州掃葉山房重校刊” 三冊

370000－1542－0000976 420/11 史部/史表類

歷代帝王年表三卷 （清）齊召南編 （清）阮福續編 **帝王廟謚年諱譜** （清）陸費墀撰 清光緒二十八年(1902)山東書局石印本 上欄小字十六行一字下欄八行二十四字小字雙行三十六字黑口雙魚尾左右雙邊 内封題“光緒壬寅秋七月山東書局石印” 四冊

370000－1542－0000977 413/68 史部/編年類

紀元編三卷 （清）李兆洛撰 清同治十年(1871)刻本 佚名批注 十行二十四字小字雙行同白口單魚尾左右雙邊 鈐有“臣常禧印”“子鴻”“如寄廬” 三冊

370000－1542－0000978 420/19 史部/編年類

司馬溫公稽古錄二十卷附校勘記一卷 （宋）司馬光撰 清光緒五年(1879)江蘇書局刻本 十行二十一字小字雙行同黑口雙魚尾四周雙邊 内封題“光緒己卯冬月江蘇書局刊版” 鈐有“吳石君壬子後所得物”“愛日樓” 四冊

370000－1542－0000979 420/26 史部/編年類

大事記十二卷通釋三卷解題十二卷 （宋）呂祖謙撰 清同治十二年(1873)永康胡鳳丹浙江退補齋刻金華叢書本 九行二十字小字雙行同白口單魚尾四周雙邊 内封題“退補齋開雕” 十三冊

370000－1542－0000980 420/33 史部/編年類

正續資治通鑑纂要二十七卷 （清）魏裔介編 清兩浙新學繙繹書局石印本 十五行三十六字小字雙行同白口單魚尾四周雙邊 内封題“兩浙新學繙繹書局校印” 八冊

370000－1542－0000981 420/38 史部/政書類/儀制之屬

帝王廟謚年諱譜一卷 （清）陸費墀編 清揚州阮福刻本 表格黑口雙魚尾四周雙邊 一冊

370000－1542－0000982 420/38 史部/政書類/儀制之屬

帝王廟謚年諱譜一卷 （清）陸費墀編 清揚州阮福刻本 表格黑口雙魚尾四周雙邊 一冊

370000－1542－0000983　420/43　史部/史評類

史通削繁四卷　(清)紀昀撰　清道光十三年(1833)涿州盧坤兩廣節署刻朱墨套印本　十行二十一字小字雙行同白口單魚尾左右雙邊　内封題“道光十三年冬栞於兩廣節署”“粵東省城翰墨園藏板”　四册

370000－1542－0000984　420/43　史部/史評類

史通削繁四卷　(清)紀昀撰　清道光十三年(1833)涿州盧坤兩廣節署刻朱墨套印本　清孫玉題　十行二十一字小字雙行同白口單魚尾左右雙邊　内封題“道光十三年冬栞於兩廣節署”“粵東雙門底芸香堂承印”　八册

370000－1542－0000985　421/8　史部/編年類

覆校穆天子傳六卷補遺一卷　(晉)郭璞注(清)翟云升校　清道光十二年(1832)翟氏五經歲徧齋刻本　十行二十字小字雙行同黑口單魚尾左右雙邊　内封題“五經歲徧齋校書三種”　一册

370000－1542－0000986　421/5　史部/編年類

竹書紀年校正十四卷　(清)郝懿行撰　清光緒五年(1879)東路廳署刻本　九行二十一字小字雙行同黑口單魚尾左右雙邊　内封題“光緒五年歲在己卯東路廳署開雕”　二册

370000－1542－0000987　421/7　史部/編年類

竹書紀年集註二卷　(清)陳詩集註　清嘉慶十年(1805)刻本　十行二十二字黑口單魚尾四周雙邊　内封題“嘉慶乙丑年重鐫蘄州陳愚谷先生塾本　本堂梓行”　鈐有“尺五堂嚴氏珍臧印記”　一册

370000－1542－0000988　421/9　史部/編年類

竹書紀年集證五十卷首一卷　(清)陳逢衡編　清嘉慶十八年(1813)湖南裛露軒刻本　九行二十二字小字雙行同白口單魚尾四周雙邊　内封題“嘉慶癸酉春鐫裛露軒藏板”　十六册

370000－1542－0000989　421/13　史部/編年類

竹書紀年統箋十二卷前編一卷雜述一卷　(清)徐文靖撰　清光緒三年(1877)浙江書局校刻本　九行二十一字小字雙行同白口單魚尾左右雙邊　内封題“光緒三年浙江書局據丹徒徐氏本校刻”　四册

370000－1542－0000990　425/1　史部/編年類

東萊先生音註唐鑑二十四卷　(宋)范祖禹撰(宋)呂祖謙註　清同治十三年(1874)成都尊經書院刻本　九行十八字小字雙行同黑口雙魚尾四周雙邊　内封題“同治甲戌孟秋重刊　版存蓉城尊經書院”　四册

370000－1542－0000991　425/1　史部/編年類

東萊先生音註唐鑑二十四卷　(宋)范祖禹撰(宋)呂祖謙註　清同治十三年(1874)成都尊經書院刻本　九行十八字小字雙行同黑口雙魚尾四周雙邊　内封題“同治甲戌孟秋重刊　版存蓉城尊經書院”　四册

370000－1542－0000992　425/1　史部/編年類

東萊先生音註唐鑑二十四卷　(宋)范祖禹撰(宋)呂祖謙註　清光緒十八年(1892)浙江書局影刻本　九行十八字小字雙行同黑口雙魚尾左右雙邊　内封題“光緒壬辰十月浙江書局影刻”　四册

370000－1542－0000993　425/1　史部/編年類

東萊先生音註唐鑑二十四卷　(宋)范祖禹撰(宋)呂祖謙註　清光緒十八年(1892)浙江書局影刻本　九行十八字小字雙行同黑口雙魚尾左右雙邊　内封題“光緒壬辰十月浙江書局影刻”　四册

370000－1542－0000994　425/1　史部/編年類

東萊先生音註唐鑑二十四卷　(宋)范祖禹撰　(宋)呂祖謙註　清刻本　九行十八字小字雙行同黑口雙魚尾左右雙邊　六冊

370000－1542－0000995　426/1　史部/編年類

中興小紀四十卷　(宋)熊克撰　清光緒十七年(1891)廣雅書局校刻本　十一行二十四字小字雙行同黑口單魚尾四周單邊　内封題"光緒十七年二月廣雅書局校刊"　六冊

370000－1542－0000996　426/2　史部/編年類

建炎以來繫年要録二百卷　(宋)李心傳撰　清光緒五年至八年(1879－1882)四川仁壽蕭氏刻本　十行二十二字小字雙行同白口單魚尾左右雙邊　内封題"光緒己卯中冬仁壽蕭氏寫刻"　六十冊

370000－1542－0000997　426/2　史部/編年類

建炎以來繫年要録二百卷　(宋)李心傳撰　清光緒五年至八年(1879－1882)四川仁壽蕭氏刻十一年(1885)重校印本　十行二十二字小字雙行同白口單魚尾左右雙邊　内封題"光緒己卯中冬仁壽蕭氏寫刻"　五十一冊

370000－1542－0000998　428/1　史部/編年類

欽定明鑑二十四卷　(清)托津　(清)胡敬等纂　清同治九年(1870)湖北崇文書局刻本　八行二十字白口單魚尾四周雙邊　内封題"同治九年季冬湖北崇文書局校刊"　十冊

370000－1542－0000999　428/1　史部/編年類

欽定明鑑二十四卷　(清)托津　(清)胡敬等纂　清同治九年(1870)湖北崇文書局刻本　八行二十字白口單魚尾四周雙邊　内封題"同治九年季冬湖北崇文書局校刊"　十冊

370000－1542－0001000　428/1　史部/編年類

欽定明鑑二十四卷　(清)托津　(清)胡敬等纂　清嘉慶二十三年(1818)武英殿刻本　八行二十字白口單魚尾四周雙邊　八冊

370000－1542－0001001　428/2　史部/編年類

明紀六十卷　(清)陳鶴撰　(清)陳克家訂　清同治十年(1871)江蘇書局刻本　十一行二十四字小字雙行同黑口雙魚尾四周雙邊　二十冊

370000－1542－0001002　428/4　史部/編年類

殘明紀事一卷　(清)羅謙本撰　清宣統三年(1911)上海國學扶輪社鉛字排印適園叢書本　十一行二十九字黑口單魚尾四周雙邊　内封題"宣統辛亥上海國學扶輪社印行"　一冊

370000－1542－0001003　428/5　史部/編年類

明啓禎兩朝剥復錄三卷　(明)吳應箕纂　清道光古槐山房木活字印荊駝逸史本　九行十九字白口單魚尾四周單邊　二冊

370000－1542－0001004　429/4　史部/編年類

蕩平髮逆圖記二十二卷圖一卷　(清)古瀛蓼花洲主人編　清光緒十四年(1888)上海漱六山莊石印本　十六行三十六字白口單魚尾四周雙邊　内封題"上海漱六山莊石印"　四冊

370000－1542－0001005　772/32　史部/紀事本末類

左傳紀事本末五十三卷　(清)高士奇編　清光緒二十六年(1900)廣雅書局刻本　十行二十字小字雙行同黑口單魚尾四周單邊　牌記題"光緒庚子年廣雅書局刊"　十二冊

370000－1542－0001006　772/32　史部/紀事本末類

左傳紀事本末五十三卷　(清)高士奇編　清同治十二年(1873)江西書局刻本　十行二十字小字雙行同黑口單魚尾四周單邊　牌記題"同治癸酉孟春江西書局開雕"　鈐有"齊魯大學圖書館藏書"　十二冊

370000－1542－0001007　772/10　史部/紀

事本末類

春秋左傳事類始末五卷目録一卷　(宋)章沖撰　清同治十二年(1873)巴陵鍾氏重刻通志堂經解本　十三行二十三字小字雙行不等白口雙魚尾左右雙邊　四册

370000－1542－0001008　430/1　史部/紀事本末類

宋史紀事本末一百九卷　(明)馮琦原編　(明)陳邦瞻增訂　(明)張溥論正　清同治十三年(1874)江西書局刻本　十行二十字小字雙行同黑口單魚尾左右雙邊　内封題"同治甲戌季春江西書局開雕"　二十册

370000－1542－0001009　430/1　史部/紀事本末類

元史紀事本末二十七卷　(明)陳邦瞻編輯　(明)張溥論正　清同治十三年(1874)江西書局刻本　十行二十字小字雙行同黑口單魚尾左右雙邊　内封題"同治甲戌孟秋江西書局開雕"　四册

370000－1542－0001010　430/1　史部/紀事本末類

左傳紀事本末五十三卷　(清)高士奇編　清同治十二年(1873)江西書局刻本　十行二十字小字雙行同黑口單魚尾左右雙邊　内封題"同治癸酉孟春江西書局開雕"　十二册

370000－1542－0001011　430/1　史部/紀事本末類

明史紀事本末八十卷　(清)谷應泰編輯　清同治十三年(1874)江西書局刻本　十行二十字小字雙行同黑口單魚尾左右雙邊　内封題"同治甲戌仲冬江西書局開雕"　二十册

370000－1542－0001012　430/1　史部/紀事本末類

通鑑紀事本末二百三十九卷　(宋)袁樞編輯　(明)張溥論正　清同治十二年(1873)江西書局刻本　十行二十字小字雙行同黑口單魚尾左右雙邊　内封題"同治癸酉仲夏江西書局開雕"　八十册

370000－1542－0001013　420/52　史部/紀事本末類

繹史一百六十卷　(清)馬驌撰　清同治七年(1868)姑蘇亦西齋刻本　十一行二十四字小字雙行三十六字白口左右雙邊　内封題"同治七年夏五月　姑蘇亦西齋藏版"　四十八册

370000－1542－0001014　430/2　史部/紀事本末類

繹史一百六十卷　(清)馬驌撰　清刻本　十一行二十四字小字雙行三十六字白口左右雙邊　三十六册

370000－1542－0001015　430/2　史部/紀事本末類

繹史一百六十卷　(清)馬驌撰　清刻本　十一行二十四字小字雙行三十六字白口左右雙邊　三十六册

370000－1542－0001016　430/2　史部/紀事本末類

繹史一百六十卷世系圖一卷年表一卷　(清)馬驌撰　清光緒十五年(1889)江蘇金匱浦氏刻本　十一行二十字小字雙行三十六字白口左右雙邊　内封題"光緒十有五年江蘇金匱浦氏重修"　三十二册

370000－1542－0001017　430/2　史部/紀事本末類

繹史一百六十卷世系圖一卷年表一卷　(清)馬驌撰　清光緒二十三年(1897)武林尚友齋石印本　十六行三十六字小字雙行五十四字白口單魚尾左右雙邊　内封題"光緒丁酉六月武林尚友齋得足本石印"　二十四册

370000－1542－0001018　430/3　史部/紀事本末類

九朝紀事本末六百五十八卷　(清)朱記榮輯　清光緒二十八年(1902)上海玉麟書局石印本　二十行四十字小字雙行同白口單魚尾四周雙邊　内封題"上海玉麟書局石印"　五十四册

370000－1542－0001019　430/4　史部/紀事本末類

歷朝紀事本末(七朝紀事本末)五百六十六卷 (清)朱記榮輯　清光緒十四年(1888)上海書業公所崇德堂鉛字排印本　十五行四十字小字雙行同白口單魚尾四周雙邊　内封題"光緒戊子春月上海書業公所鑄版"　四十八册

370000－1542－0001020　430/4　史部/紀事本末類

歷朝紀事本末(五朝紀事本末)五百八卷 (清)朱記榮輯　清光緒二十四年(1898)湖南思賢書局刻本　十一行二十字小字雙行同黑口雙魚尾左右雙邊　内封題"光緒戊戌湖南思賢書局校刊"　一百二十册

370000－1542－0001021　430/4　史部/紀事本末類

歷朝紀事本末六百五十八卷　(清)朱記榮輯　清宣統二年(1910)上海文盛書局石印本　二十二行四十四字小字雙行同白口單魚尾四周雙邊　内封題"宣統庚戌夏五月上海文盛書局印"　四十册

370000－1542－0001022　430/12　史部/紀事本末類

紫光閣功臣小像併湘軍平定粵匪戰圖不分卷 (清)彭鴻年撰傳　清光緒二十七年(1901)石印本　二十行二十四字　一册

370000－1542－0001023　430/13　史部/紀事本末類

國朝事略八卷　(清)金陵江楚編譯官書局編　清光緒三十二年(1906)江楚編譯官書局石印本　十四行二十九字小字雙行同黑口單魚尾四周雙邊　内封題"金陵江楚編譯官書局編輯光緒三十二年秋七月本局石印"　四册

370000－1542－0001024　430/14　史部/紀事本末類

湘軍水陸戰紀十六卷　(清)鮑叔衡撰　清光緒鉛字排印本　十四行四十字白口單魚尾四周雙邊　二册

370000－1542－0001025　430/15　史部/紀事本末類

勝朝殉揚録三卷　(清)劉寶楠輯　清同治十年(1871)淮南書局刻本　十行二十五字小字雙行同黑口單魚尾左右雙邊　内封題"同治十年四月淮南書局刊"　一册

370000－1542－0001026　430/16　史部/紀事本末類

太平天國戰史前編一卷　漢南輯　清宣統三年(1911)中華書局鉛字排印本　十三行三十三字　一册

370000－1542－0001027　430.9/5　史部/紀事本末類

御製親征朔漠紀略一卷親征平定朔漠方略四十八卷　(清)溫達等撰　清康熙四十七年(1708)内府刻本　七行二十字黑口雙魚尾四周雙邊　三十二册

370000－1542－0001028　431/3　史部/紀事本末類

金史紀事本末五十二卷首一卷　(清)李有棠編纂　清光緒十九年(1893)李栘鄂樓刻本　十行二十二字小字雙行同黑口單魚尾四周雙邊　内封題"光緒癸巳仲莟李栘鄂樓開雕"　二册

370000－1542－0001029　436/1　史部/紀事本末類

西夏紀事本末三十六卷首二卷　(清)張鑑撰　清光緒十四年(1888)上洋書業公所崇德堂鉛字排印本　十五行四十字小字雙行同白口單魚尾四周雙邊　内封題"光緒戊子春月上洋書業公所崇德堂校鑄板"　二册

370000－1542－0001030　436/2　史部/紀事本末類

三朝北盟會編二百五十卷附校勘記二卷校勘記補遺一卷　(宋)徐夢莘撰　清光緒四年(1878)鉛字排印本　十行二十二字黑口單魚尾四周雙邊　内封題"光緒四年歲次戊寅越東集印"　四十册

370000－1542－0001031　436/4　史部/紀事本末類

宋史紀事本末一百九卷　(明)馮琦原編

（明）陳邦瞻增訂　（明）張溥論正　清同治十三年（1874）江西書局刻本　十行二十字黑口單魚尾左右雙邊　内封題"同治甲戌季春江西書局開雕"　二十册

370000－1542－0001032　437/2　史部/紀事本末類

前蒙古紀事本末二卷後蒙古紀事本末二卷（清）韓善徵撰　清光緒三十一年（1905）上海春記刻本　十四行三十字小字雙行同白口單魚尾四周雙邊　内封題"光緒乙巳仲秋上海春記校印"　四册

370000－1542－0001033　438/1　史部/紀事本末類

綏寇紀略十二卷補遺三卷　（清）吳偉業纂輯　（清）鄒漪原訂　（清）張海鵬重校　清嘉慶十四年（1809）張氏照曠閣刻本　九行二十一字小字雙行同黑口左右雙邊　六册

370000－1542－0001034　438/1　史部/紀事本末類

綏寇紀略十二卷補遺三卷　（清）吳偉業纂輯　（清）鄒漪原訂　（清）張海鵬重校　清嘉慶十四年（1809）張氏照曠閣刻本　九行二十一字小字雙行同黑口左右雙邊　四册

370000－1542－0001035　438/1　史部/紀事本末類

綏寇紀略十二卷補遺三卷　（清）吳偉業纂輯　（清）鄒漪原訂　（清）張海鵬重校　清嘉慶十四年（1809）張氏照曠閣刻本　九行二十一字小字雙行同黑口左右雙邊　八册

370000－1542－0001036　438/1　史部/紀事本末類

綏寇紀略十二卷補遺三卷　（清）吳偉業纂輯　（清）鄒漪原訂　（清）張海鵬重校　清嘉慶十四年（1809）張氏照曠閣刻本　九行二十一字小字雙行同黑口左右雙邊　十册

370000－1542－0001037　438/1　史部/紀事本末類

綏寇紀略十二卷補遺三卷　（清）吳偉業纂輯　（清）鄒漪原訂　（清）張海鵬重校　清嘉慶十四年（1809）張氏照曠閣刻本　九行二十一字小字雙行同黑口左右雙邊　八册

370000－1542－0001038　438/1　史部/紀事本末類

綏寇紀略十二卷補遺三卷　（清）吳偉業纂輯　（清）鄒漪原訂　（清）張海鵬重校　清嘉慶十四年（1809）張氏照曠閣刻本　九行二十一字小字雙行同黑口左右雙邊　八册　缺二卷（補遺中、下）

370000－1542－0001039　438/2　史部/紀事本末類

明史紀事本末八十卷　（清）谷應泰撰　清同治十二年（1873）江西書局刻本　十行二十字黑口單魚尾左右雙邊　内封題"同治癸酉孟冬江西書局開雕"　十六册

370000－1542－0001040　438/3　史部/紀事本末類

續明紀事本末十八卷　（清）倪在田撰　清光緒二十九年（1903）育英學社鉛字排印本　十三行三十三字小字雙行同白口單魚尾四周雙邊　六册

370000－1542－0001041　438/4　史部/紀事本末類

三河創業記五卷三省入藏程站紀一卷　（清）范壽金編　清光緒三十三年（1907）石印本　十四行三十字小字雙行同白口單魚尾四周雙邊　三册

370000－1542－0001042　439/1　史部/紀事本末類

湘軍記二十卷　（清）王定安撰　清光緒十五年（1889）江南書局刻本　九行二十二字白口單魚尾四周雙邊　内封題"光緒己丑仲秋江南書局刊板"　八册

370000－1542－0001043　439/2　史部/紀事本末類

湘軍志十六卷　王闓運撰　清成都志古堂刻本　十行二十一字白口單魚尾左右雙邊　内封題"己巳孟冬唐鴻昌補題""成都志古堂臧板"　四册

370000－1542－0001044　439/2　史部/紀事本末類

湘軍志十六卷　王闓運撰　清光緒十二年(1886)成都墨香書屋刻本　十行二十一字白口單魚尾左右雙邊　内封題"光緒十二年歲次丙戌春正月開雕於成都墨香書屋"　四册

370000－1542－0001045　439/3　史部/紀事本末類

臺灣戰紀二卷　(清)洪棄父纂　清光緒三十二年(1906)鉛字排印本　十行二十五字小字雙行同白口單魚尾四周雙邊　二册

370000－1542－0001046　439/4　史部/紀事本末類

中東戰紀本末八卷續編四卷　(美國)林樂知著譯　蔡爾康纂輯　清光緒二十二年(1896)上海廣學會譯著圖書集成局鉛字排印本　十三行四十字小字雙行同白口雙魚尾四周單邊　十二册

370000－1542－0001047　439/4　史部/紀事本末類

中東戰紀本末八卷續編四卷　(美國)林樂知著譯　蔡爾康纂輯　清光緒二十三年(1897)上海廣學會譯著圖書集成局鉛字排印本　十三行四十字小字雙行同白口雙魚尾四周單邊　内封題"光緒丁酉新春圖書集成局印"　十二册

370000－1542－0001048　439/6　史部/紀事本末類

粵東剿匪紀畧五卷　(清)陳坤編次　(清)鄭洪湝輯録　清同治十年(1871)刻本　九行二十二字黑口單魚尾左右雙邊　内封題"同治辛未菊秋"　牌記題"粵東省城西湖街藝苑樓刻"　五册

370000－1542－0001049　439/7　史部/紀事本末類

山東軍興紀畧二十二卷　(清)張曜撰　清光緒刻本　十行二十一字小字雙行同白口單魚尾四周雙邊　十册

370000－1542－0001050　439/7　史部/紀事本末類

山東軍興紀畧二十二卷　(清)張曜撰　清光緒刻本　十行二十一字小字雙行同白口單魚尾四周雙邊　十册

370000－1542－0001051　439/8　史部/紀事本末類

平臺紀畧一卷　(清)藍鼎元著　(清)王者輔評　清刻本　九行二十字黑口左右雙邊　一册

370000－1542－0001052　439/10　史部/紀事本末類

聖武記十四卷　(清)魏源撰　清刻本　十行二十一字小字雙行同白口單魚尾四周雙邊　内封題"古微堂藏版"　十一册　缺二卷(十三至十四)

370000－1542－0001053　439/10　史部/紀事本末類

聖武記十四卷　(清)魏源撰　清道光二十二年(1842)古微堂刻本　十行二十一字小字雙行同白口單魚尾四周雙邊　内封題"古微堂藏版"　十二册

370000－1542－0001054　439/10　史部/紀事本末類

聖武記十四卷　(清)魏源撰　清道光二十四年(1844)古微堂刻本　十行二十一字小字雙行同白口單魚尾四周雙邊　内封題"道光廿四年重訂古微堂藏版"　十二册

370000－1542－0001055　439/10　史部/紀事本末類

聖武記十四卷　(清)魏源撰　清道光二十六年(1846)邵陽魏氏古微堂刻本　十行二十一字小字雙行同白口單魚尾四周雙邊　内封題"古微堂藏版"　十二册

370000－1542－0001056　439/10　史部/紀事本末類

聖武記十四卷　(清)魏源撰　清光緒七年(1881)長白俊啓刻本　九行二十一字小字雙行同白口單魚尾四周雙邊　十二册

370000－1542－0001057　439/10　史部/紀事本末類
聖武記十四卷　(清)魏源撰　清光緒二十四年(1898)上海書局石印本　十六行三十六字小字雙行同白口單魚尾四周雙邊　内封題“光緒戊戌季秋上海書局石印”　四冊

370000－1542－0001058　439/10　史部/紀事本末類
聖武記十四卷　(清)魏源撰　清光緒二十八年(1902)山東書局石印本　十行二十一字小字雙行同白口單魚尾四周雙邊　内封題“光緒二十八年夏六月山東書局石印”　八冊

370000－1542－0001059　439/10　史部/紀事本末類
聖武記十四卷　(清)魏源撰　清上海和記書莊鉛字排印本　十九行三十五字白口單魚尾四周雙邊　内封題“增補足本聖武記十卷附聖武餘事四卷　和記書莊印”　六冊

370000－1542－0001060　439/10　史部/紀事本末類
聖武記十四卷　(清)魏源撰　清鉛字排印本　十一行二十七字小字雙行三十三字白口單魚尾四周雙邊　十冊

370000－1542－0001061　439/13　史部/紀事本末類
欽定勦平粤匪方略四百二十卷首二卷　(清)奕訢等撰　清同治十一年(1872)鉛活字排印本　七行二十字黑口雙魚尾四周雙邊　四百二十二冊

370000－1542－0001062　439/15　史部/紀事本末類
中東戰紀本末續編四卷　蔡爾康纂輯　清光緒二十三年(1897)上海廣學會譯著圖書集成局鉛字排印本　十三行四十字小字雙行同白口雙魚尾四周單邊　内封題“光緒丁酉正月蔡爾康署”“上海廣學會譯著圖書集成局鑄鉛校印”　一冊

370000－1542－0001063　439/16　史部/紀事本末類
豫軍紀略十二卷　(清)尹耕雲等編　清同治十一年(1872)河南官刻本　九行二十字白口單魚尾四周雙邊　十二冊

370000－1542－0001064　439/19　史部/紀事本末類
平浙紀畧十六卷　(清)秦緗業　(清)陳鍾英輯　清同治十二年(1873)浙江書局刻本　十行二十三字白口單魚尾四周雙邊　内封題“同治癸酉冬浙江書局刊”　四冊

370000－1542－0001065　439/19　史部/紀事本末類
平浙紀畧十六卷　(清)秦緗業　(清)陳鍾英輯　清光緒元年(1875)申報館鉛字排印本　十二行二十七字白口單魚尾四周雙邊　内封題“光緒元年仲冬申報館印”　四冊

370000－1542－0001066　439/22　史部/紀事本末類
平定關隴紀畧八卷　(清)易孔昭撰　清光緒十三年(1887)刻本　九行二十三字白口單魚尾左右雙邊　牌記題“光緒丁亥二月開雕”　七冊

370000－1542－0001067　410/1　史部/雜史類
歷代史略六卷　柳詒徵撰　清江楚書局刻本　十行二十二字小字雙行同黑口單魚尾左右雙邊　牌記題“江楚書局”　八冊

370000－1542－0001068　410/1　史部/雜史類
歷代史略六卷　柳詒徵撰　清刻本　十二行二十五字小字雙行同黑口單魚尾四周單邊　八冊

370000－1542－0001069　410/3　史部/紀傳類
歸方評點史記合筆　(清)馬拯編　清光緒元年(1875)吳棠成都刻本　十一行二十二字小字雙行同黑口單魚尾左右雙邊　牌記題“光緒紀元仲冬刊於錦城節署”　四冊

370000－1542－0001070　411/8　史部/雜

史類

古今史略十二卷　(清)李漁纂輯　清光緒十四年(1888)山陰賀氏校刻本　九行二十字小字雙行同白口單魚尾左右雙邊　牌記題"光緒戊子秋季凫亹同人校栞"　六冊

370000－1542－0001071　413/1　史部/史表類

三國郡縣表八卷　(清)吳增僅撰　清光緒刻本　表格黑口單魚尾左右雙邊　四冊

370000－1542－0001072　412/1　史部/雜史類

讀史日記　沈惟賢撰　清光緒刻學古堂日記本　十一行二十一字黑口單魚尾左右雙邊　二冊

370000－1542－0001073　425/2　史部/雜史類

吳越備史四卷首一卷　(宋)錢儼撰　(清)席世臣訂　清道光九年(1829)席氏掃葉山房刻本　十行二十字小字雙行同白口雙魚尾左右雙邊　内封題"道光九年春鐫"　二冊

370000－1542－0001074　412.8/2　史部/雜史類

海東逸史十八卷　(清)翁洲老民撰　清光緒十年(1884)慈溪楊氏經畬塾刻本　十二行二十五字小字雙行同黑口單魚尾左右雙邊　内封題"光緒十年甲申冬月刊慈谿楊氏經畬塾藏版"　鈐有"慈谿赭山楊氏經畬塾印""中國少年"　二冊

370000－1542－0001075　412.9/97　史部/雜史類

大清一統史略十一卷　(日本)佐藤楚材撰　清光緒二十八年(1902)世界譯書局影印日本明治十四年(1881)刻本　十行二十四字小字雙行同黑口單魚尾四周雙邊　十二冊

370000－1542－0001076　413/81　史部/雜史類

兩浙防護録不分卷　(清)阮元輯　清光緒十五年(1889)浙江書局刻本　十行二十三字黑口左右雙邊　内封題"光緒十有五年浙江書局重刻"　二冊

370000－1542－0001077　413/84　史部/史表類

歷代史表五十九卷　(清)萬斯同撰　清光緒十五年(1889)廣雅書局刻本　十一行二十四字黑口單魚尾四周單邊　内封題"光緒十五年廣雅書局刻"　六冊

370000－1542－0001078　413/90　史部/雜史類

鮮虞中山國事表疆域圖説一卷　王先謙撰　清光緒九年(1883)長沙王氏家刻本　十三行二十二字小字雙行同白口單魚尾上下雙邊　内封題"光緒癸未仲秋長沙王氏栞臧"　一冊

370000－1542－0001079　413/92　史部/雜史類

貞豐里庚甲見聞録二卷　(清)陶煦撰　清光緒八年(1882)陶氏儀一堂刻本　十行二十四字黑口單魚尾四周雙邊　内封題"光緒八年冬月刊版存陶氏儀一堂"　一冊

370000－1542－0001080　413/95　史部/雜史類

闕里纂要四卷　(清)孔衍璛撰　清刻本　九行二十字白口單魚尾四周雙邊　内封題"孔聖闕里志合纂竹林堂梓"　二冊

370000－1542－0001081　413/95　史部/雜史類

文廟通録七卷　(清)唐學全纂輯　清刻本　九行二十三字黑口四周單邊　五冊

370000－1542－0001082　413/96　史部/雜史類

史略六卷　(宋)高似孫撰　清光緒十年(1884)遵義黎氏影宋刻古逸叢書本　十行二十字小字雙行同白口單魚尾左右雙邊　内封題"遵義黎氏校刊"　四冊

370000－1542－0001083　413/102　史部/雜史類

二十一史約編不分卷　(清)鄭元慶撰　清光緒十三年(1887)上海積山書局石印本　十二

行三十一字小字雙行同白口單魚尾四周雙邊　內封題"光緒十三年六月上海積山書局石印"　八冊

370000－1542－0001084　413/109　史部/史表類

庚辛之際月表一卷　(清)王延釗撰　清光緒三十三年(1907)京華印書局鉛字排印本　表格黑口單魚尾四周雙邊　一冊

370000－1542－0001085　450/7　史部/雜史類

國語二十一卷　(三國吳)韋昭注　**校刊明道本韋氏解國語札記一卷**　(清)黃丕烈撰　清光緒二十七年(1901)上海鴻寶齋石印本　十四行約三十字小字雙行約五十字白口單魚尾四周雙邊　牌記題"光緒辛丑菊秋月上海鴻寶齋石印"　三冊

370000－1542－0001086　450/7　史部/雜史類

國語二十一卷　(三國吳)韋昭注　**校刊明道本韋氏解國語札記一卷**　(清)黃丕烈撰　清光緒二十三年(1897)成都書局重刻嘉慶黃丕烈本　十一行二十字小字雙行三十至三十四字白口單魚尾左右雙邊　內封題"讀未見書齋重雕"　牌記題"光緒二十三年成都書局本開雕"　四冊

370000－1542－0001087　450/7　史部/雜史類

國語二十一卷　(三國吳)韋昭注　**校刊明道本韋氏解國語札記一卷**　(清)黃丕烈撰　清光緒二十二年(1896)上海鴻寶齋石印本　十四行約三十字小字雙行約五十字白口單魚尾四周雙邊　牌記題"光緒丙申荷夏月上海鴻寶齋石印"　三冊

370000－1542－0001088　450/7　史部/雜史類

國語二十一卷　(三國吳)韋昭注　**校刊明道本韋氏解國語札記一卷**　(清)黃丕烈撰　清光緒二十二年(1896)上海鴻寶齋石印本　十四行約三十字小字雙行約五十字白口單魚尾四周雙邊　牌記題"光緒丙申荷夏月上海鴻寶齋石印"　三冊

370000－1542－0001089　451/4　史部/雜史類

國語二十一卷　(三國吳)韋昭注　(宋)宋庠補音　清嘉慶十一年(1806)姑蘇書業堂刻本　佚名圈點　十行二十一字小字雙行同白口單魚尾四周單邊　內封題"嘉慶丙寅年新鐫重訂國語國策合註　書業堂藏板"　三冊

370000－1542－0001090　451/4　史部/雜史類

國語二十一卷　(三國吳)韋昭注　**校刊明道本韋氏解國語札記一卷**　(清)黃丕烈撰　清光緒刻本　十一行二十字小字雙行同白口單魚尾左右雙邊　六冊

370000－1542－0001091　451/6　史部/雜史類

國語校注本三種　(清)汪遠孫撰　清道光二十六年(1846)汪氏振綺堂刻本　十行二十一字小字雙行約二十六字白口單魚尾左右雙邊　牌記題"道光丙午閏五月振綺堂汪氏刊藏"　五冊

370000－1542－0001092　451/6　史部/雜史類

國語校注本三種　(清)汪遠孫撰　清道光二十六年(1846)汪氏振綺堂刻本　十行二十一字小字雙行約二十六字白口單魚尾左右雙邊　牌記題"道光丙午閏五月振綺堂汪氏刊藏"　五冊

370000－1542－0001093　451/6　史部/雜史類

國語校注本三種　(清)汪遠孫撰　清道光二十六年(1846)汪氏振綺堂刻本　十行二十一字小字雙行約二十六字白口單魚尾左右雙邊　牌記題"道光丙午閏五月振綺堂汪氏刊藏"　鈐有"碧雲僊館珍藏書畫印"　五冊

370000－1542－0001094　451/6　史部/雜史類

國語校注本三種　(清)汪遠孫撰　清道光二

十六年(1846)汪氏振綺堂刻本　十行二十一字小字雙行約二十六字白口單魚尾左右雙邊　牌記題"道光丙午閏五月振綺堂汪氏刊藏"　五册

370000－1542－0001095　451/17　史部/雜史類

國語正義二十一卷　(清)董增齡撰　清光緒六年(1880)會稽章氏式訓堂刻本　十行二十一字小字雙行同黑口雙魚尾左右雙邊　牌記題"光緒庚辰東會稽章氏式訓堂開雕福山王懿榮署耑"　鈐有"徐恕讀過"　八册

370000－1542－0001096　450/9　史部/雜史類

史闕十四卷　(明)張岱撰　清道光四年(1824)刻本　十行二十二字小字雙行同白口單魚尾左右雙邊　六册

370000－1542－0001097　450/10　史部/雜史類

歷代邊事彙鈔十二卷　(清)朱克敬輯　(清)江孝棠參訂　清光緒二十八年(1902)上海捷記書局石印本　十七行三十六字白口單魚尾四周雙邊　牌記題"光緒壬寅仲夏上海捷記書局石印"　四册

370000－1542－0001098　450/14　史部/雜史類

鑑撮四卷　(清)曠敏本編　清同治十三年(1874)北京琉璃廠文英堂刻光緒續修本　九行二十字小字雙行同白口單魚尾四周雙邊　牌記題"同治甲戌冬仲琉璃廠東門内路北文英堂刊"　四册

370000－1542－0001099　450/14　史部/雜史類

鑑撮四卷　(清)曠敏本編　清道光刻同治續修本　九行二十字小字雙行同白口單魚尾四周雙邊　四册

370000－1542－0001100　450/14　史部/雜史類

讀史論略一卷　(清)杜詔撰　清道光刻同治續修本　九行二十字小字雙行同白口單魚尾四周雙邊　一册

370000－1542－0001101　450/15　史部/雜史類

韻史二卷　(清)許遯翁編　清光緒十年(1884)上海同文書局石印本　九行二十字小字雙行同白口單魚尾四周雙邊　内封題"光緒十年四月　上海同文書局石印"　一册

370000－1542－0001102　450/15　史部/雜史類

韻史補一卷　(清)朱玉岑撰　清光緒十年(1884)上海同文書局石印本　九行二十字小字雙行同白口單魚尾四周雙邊　一册

370000－1542－0001103　450/25　史部/雜史類

荆駝逸史五十一種　(清)陳湖逸士編　清道光古槐山房木活字印本　八行十七字白口單魚尾四周雙邊　三十二册

370000－1542－0001104　450/26　史部/雜史類

支那通史四卷　(日本)那珂通世編　清光緒二十五年(1899)上海東文學社石印本　十三行二十五字小字雙行三十六字白口單魚尾左右雙邊　牌記題"光緒己亥冬東文學社弟二次石印本　上海三馬路西晝錦里口正記書莊經售"　五册

370000－1542－0001105　450/28　史部/雜史類

史系簡鈔八卷史事簡鈔四卷　(清)邵大緯撰　清道光十年(1830)志仁堂刻本　九行十二字小字雙行同白口單魚尾四周單邊　内封題"庚寅新鐫　惠民邵念塘詮次　史系簡鈔前編　志仁堂梓"　八册

370000－1542－0001106　450/29　史部/雜史類

史筌五卷　(清)楊銘柱編　清道光二十六年(1846)楊氏寄雲書屋刻本　九行二十字小字雙行同白口單魚尾四周雙邊　内封題"道光丙午夏鐫　史筌　寄雲書屋藏板"　鈐有"巢湖程氏守箴堂藏書印""福五過眼"　四册

370000－1542－0001107　450/30　史部/雜史類
野獲編三十卷補遺四卷　(明)沈德符撰　(清)錢枋輯　清道光七年(1827)錢塘姚祖恩扶荔山房刻本　十行二十一字小字雙行同白口單魚尾四周雙邊　二十二冊

370000－1542－0001108　450/31　史部/雜史類
弇山堂别集一百卷　(明)王世貞撰　清光緒廣雅書局刻本　十一行二十四字黑口單魚尾四周單邊　二十冊

370000－1542－0001109　450/39　史部/雜史類
美史紀事本末八卷首一卷末一卷　(美國)姜甯氏撰　(清)章宗元譯　清光緒二十九年(1903)荻溪章求我齋刻本　九行二十二字小字雙行同黑口四周雙邊　牌記題"光緒癸卯春二月開雕"　二冊

370000－1542－0001110　450/40　史部/雜史類
日本議會史十二期　(日本)工藤武重撰　汪有齡譯　通州師範學校補譯　清光緒三十二年(1906)通州翰墨林編譯印書局鉛字排印本　十二行三十二字小字雙行同黑口單魚尾四周雙邊　牌記題"光緒三十年十月江蘇通州翰墨林書局印行"　十二冊

370000－1542－0001111　450/41　史部/雜史類
安南史四卷　(日本)引田利章撰　(清)毛乃庸譯　清光緒二十九年(1903)教育世界社石印本　十二行二十五字小字雙行同黑口四周雙邊　牌記題"光緒癸卯教育世界社印"　四冊

370000－1542－0001112　450/46　史部/雜史類
通鑑總類二十卷　(宋)沈樞撰　清光緒十七年(1891)讀我書齋刻本　十一行二十三字黑口單魚尾四周雙邊　鈐有"李錦章"　二十冊

370000－1542－0001113　450/48　史部/雜史類
全地五大洲女俗通考十集二十一卷首一卷　(美國)林樂知輯譯　任保羅譯述　上海廣學會編　清光緒二十九年(1903)華美書局鉛字排印本　十五行四十字小字雙行約五十六字白口單魚尾四周雙邊　内封題"主降世一千九百零三年　上海廣學會編行　光緒二十九年歲次癸卯　上海華美書局擺印"　二十一冊

370000－1542－0001114　451/1　史部/雜史類
尚史七十卷世系圖一卷序傳一卷　(清)李鍇纂　清嘉慶十九年(1814)晚香草堂刻本　十行二十四字小字雙行同白口左右雙邊　内封題"嘉慶甲戌新鐫　廌青山人纂　晚香艸堂藏版"　三十二冊

370000－1542－0001115　451/1　史部/雜史類
尚史七十卷世系圖一卷序傳一卷　(清)李鍇纂　清嘉慶十九年(1814)晚香草堂刻本　十行二十四字小字雙行同白口左右雙邊　内封題"嘉慶甲戌新鐫　廌青山人纂　晚香艸堂藏版"　二十四冊

370000－1542－0001116　451/3　史部/雜史類
路史四十七卷　(宋)羅泌撰　(宋)羅苹註　(明)陳子龍閱　(明)金堡參　(明)吳弘基等訂　清嘉慶六年(1801)酉山堂翻刻明仁和吳弘基刻本　八行二十字小字雙行同白口左右雙邊　内封題"嘉慶六年五月新鐫　賦秋山彙評　重校宋本鐫酉山堂藏板"　二十四冊

370000－1542－0001117　451/3　史部/雜史類
路史四十七卷　(宋)羅泌撰　(宋)羅苹註　(明)陳子龍閱　(明)金堡參　(明)吳弘基等訂　清嘉慶六年(1801)酉山堂翻刻明仁和吳弘基刻本　八行二十字小字雙行同白口左右雙邊　内封題"嘉慶六年五月新鐫　賦秋山彙評　重校宋本鐫酉山堂藏板"　二十

四冊

370000－1542－0001118　451/3　史部/雜史類

路史四十七卷　(宋)羅泌撰　(宋)羅苹註　(明)陳子龍閱　(明)金堡參　(明)吳弘基等訂　清嘉慶六年(1801)酉山堂翻刻明仁和吳弘基刻本　八行二十字小字雙行同白口左右雙邊　内封題"嘉慶六年五月新鐫　賦秋山彙評　重校宋本鐫酉山堂藏板"　二十四冊

370000－1542－0001119　451/3　史部/雜史類

路史四十七卷　(宋)羅泌撰　(宋)羅苹註　(明)陳子龍閱　(明)金堡參　(明)吳弘基等訂　清嘉慶六年(1801)酉山堂翻刻明仁和吳弘基刻本　八行二十字小字雙行同白口左右雙邊　内封題"嘉慶六年五月新鐫　賦秋山彙評　重校宋本鐫酉山堂藏板"　二十四冊

370000－1542－0001120　451/3　史部/雜史類

路史四十九卷　(宋)羅泌撰　(宋)羅苹註　(明)喬可傳校　清光緒二十年(1894)刻本　十行二十字小字雙行同白口單魚尾四周單邊　内封題"光緒甲午重刊　聚善堂藏版"　四冊

370000－1542－0001121　451/13　史部/雜史類

戰國策三十三卷　(漢)高誘注　**重刻剡川姚氏本戰國策札記三卷**　(清)黄丕烈撰　清光緒二十二年(1896)上海鴻寶齋石印本　十四行約三十字小字雙行同白口單魚尾四周雙邊　牌記題"光緒丙申荷夏月上海鴻寶齋石印"　五冊

370000－1542－0001122　450/7　史部/雜史類

戰國策三十三卷　(漢)高誘注　**重刻剡川姚氏本戰國策札記三卷**　(清)黄丕烈撰　清光緒二十二年(1896)上海鴻寶齋石印本　十四行約三十字小字雙行同白口單魚尾四周雙邊　牌記題"光緒丙申荷夏月上海鴻寶齋石印"　五冊

370000－1542－0001123　450/7　史部/雜史類

戰國策三十三卷　(漢)高誘注　**重刻剡川姚氏本戰國策札記三卷**　(清)黄丕烈撰　清光緒二十七年(1901)上海鴻寶齋石印本　十四行約三十字小字雙行同白口單魚尾四周雙邊　牌記題"光緒辛丑菊秋月上海鴻寶齋石印"　五冊

370000－1542－0001124　450/7　史部/雜史類

戰國策三十三卷　(漢)高誘注　**重刻剡川姚氏本戰國策札記三卷**　(清)黄丕烈撰　清光緒二十三年(1897)成都書局重刻嘉慶黄丕烈本　十一行二十字小字雙行同白口單魚尾左右雙邊　八冊

370000－1542－0001125　451/13　史部/雜史類

戰國策三十三卷　(漢)高誘注　**重刻剡川姚氏本戰國策札記三卷**　(清)黄丕烈撰　清光緒刻本　十一行二十字小字雙行同白口單魚尾左右雙邊　八冊

370000－1542－0001126　451/10　史部/雜史類

戰國策釋地二卷　(清)張琦撰　清嘉慶宛鄰書屋刻本　十一行二十三字小字雙行同白口單魚尾左右雙邊　一冊

370000－1542－0001127　451/11　史部/雜史類

衡湘稽古五卷　(清)王萬澍撰　清光緒二十七年(1901)黄甲艸廬刻本　十行二十三字小字雙行同白口單魚尾左右雙邊　牌記題"光緒辛丑仲春黄甲艸廬重刊"　二冊

370000－1542－0001128　451/15　史部/雜史類

戰國策補注三十三卷　吳曾祺撰　朱元善校訂　清宣統元年(1909)上海商務印書館鉛字

排印本　十五行三十字小字雙行四十一字白口單魚尾四周單邊　四冊

370000－1542－0001129　451/15　史部/雜史類

戰國策補注三十三卷　吴曾祺撰　朱元善校訂　清宣統元年(1909)上海商務印書館鉛字排印本　十五行三十字小字雙行四十一字白口單魚尾四周單邊　四冊

370000－1542－0001130　451/19　史部/雜史類

王會篇箋釋三卷　(清)何秋濤撰　清光緒十七年(1891)江蘇書局刻本　十一行二十一字小字雙行同黑口單魚尾左右雙邊　内封題"光緒辛卯中秋""江蘇書局校刊"　三冊

370000－1542－0001131　451/20　史部/雜史類

國語韋解補正二十一卷　吴曾祺補正　朱元善校訂　清宣統元年(1909)上海商務印書館鉛印本　十五行三十字小字雙行四十字白口單魚尾四周單邊　四冊

370000－1542－0001132　451/21　史部/雜史類

世本輯補十卷　(清)秦嘉謨輯　清嘉慶二十三年(1818)江都秦氏琳琅仙館刻本　佚名批校圈點　十行二十二字小字雙行同黑口單魚尾左右雙邊　内封題"嘉慶戊寅仲夏琳仙館開雕"　鈐有"韓侯史學""韓侯掌故之學""周守臧"　六冊

370000－1542－0001133　451/23　史部/雜史類

逸周書集訓校釋十一卷　(清)朱右曾撰　清光緒三年(1877)湖北崇文書局刻本　十二行二十四字小字雙行同黑口雙魚尾四周雙邊　牌記題"光緒三年三月湖北崇文書局開雕"　鈐有"石君辛巳以後所得書"　二冊

370000－1542－0001134　452/2　史部/雜史類

七家後漢書二十一卷　(清)汪文臺輯　清光緒八年(1882)刻本　十行二十二字小字雙行同黑口四周雙邊　六冊

370000－1542－0001135　452/3　史部/雜史類

東觀漢記二十四卷　(漢)劉珍等撰　清乾隆四十二年(1777)福建翻刻武英殿聚珍版書本　十行二十字小字雙行同黑口四周雙邊　四冊

370000－1542－0001136　452/3　史部/雜史類

東觀漢記二十四卷　(漢)劉珍等撰　清乾隆四十二年(1777)福建翻刻乾隆武英殿聚珍版書本道光十年(1830)修補本　九行二十一字小字雙行同白口四周雙邊　四冊

370000－1542－0001137　453/2　史部/雜史類

西魏書二十四卷附録一卷　(清)謝啓昆撰　清光緒九年(1883)謝維曾刻本　十一行二十三字小字雙行同白口單魚尾左右雙邊　鈐有"傅旭安二十九歲以後所讀書""獨立蒼茫""折節讀書"　六冊

370000－1542－0001138　453/2　史部/雜史類

西魏書二十四卷附録一卷　(清)謝啓昆撰　清光緒廣雅書局校刻本　十一行二十四字小字雙行同黑口單魚尾四周單邊　六冊

370000－1542－0001139　453/3　史部/雜史類

十六國春秋一百卷　(北魏)崔鴻撰　(清)汪日桂重訂　清光緒元年(1875)湖北崇文書局刻本　十一行二十三字小字雙行同白口四周雙邊　牌記題"光緒紀元夏月湖北崇文書局開雕"　十二冊

370000－1542－0001140　453/3　史部/雜史類

十六國春秋一百卷　(北魏)崔鴻撰　(清)汪日桂重訂　清光緒元年(1875)湖北崇文書局刻十二年(1886)湖北官書處重印本　十一行二十三字小字雙行同白口四周雙邊　牌記題"光緒十二年六月湖北官書處重刊"　十二冊

370000－1542－0001141　453/5　史部/雜史類

晉略六十六卷　(清)周濟輯撰　清道光十九年(1839)刻本　十二行二十五字小字雙行三十八字白口單魚尾左右雙邊　内封題"道光己亥"　十册

370000－1542－0001142　453/5　史部/雜史類

晉略六十六卷　(清)周濟輯撰　清光緒二年(1876)刻本　十二行二十五字小字雙行三十八字白口單魚尾左右雙邊　内封題"道光己亥"　牌記題"光緒二年丙子六月味雋齋重刊"　鈐有"廖尹珍藏"　十二册

370000－1542－0001143　455/1　史部/雜史類

十國春秋一百十六卷拾遺備考補一卷　(清)吴任臣撰　(清)周昂校補　**補遺二卷**　(清)周昂輯　清嘉慶海虞周昂校刻本　十行二十一字小字雙行同白口單魚尾左右雙邊　牌記題"版藏海虞戴氏漱石山房"　鈐有"李善貽鑑臧書畫之印""善貽過目"　二十四册

370000－1542－0001144　455/6　史部/雜史類

南唐書合刻二種四十八卷　(宋)馬令　(宋)陸游撰　(清)蔣國祥　(清)蔣國祚輯刻　清同治十三年(1874)盱南蔡學蘇三餘書屋刻本　十行十九字黑口雙魚尾四周單邊　牌記題"同治甲戌盱南三餘書屋補栞"　六册

370000－1542－0001145　456/3　史部/紀傳類

東都事略一百三十卷　(宋)王偁撰　清光緒九年(1883)淮南書局刻本　十二行二十四字白口雙魚尾左右雙邊　牌記題"光緒九年五月淮南書局重刊""濟南後宰門街山東書局發售"　鈐有"李錦章"　八册

370000－1542－0001146　456/3　史部/紀傳類

東都事略一百三十卷　(宋)王偁撰　清光緒九年(1883)淮南書局刻本　十二行二十四字白口雙魚尾左右雙邊　牌記題"光緒九年五月淮南書局重刊""濟南後宰門街山東書局發售"　八册

370000－1542－0001147　456/3　史部/紀傳類

東都事略一百三十卷　(宋)王偁撰　清寶華堂刻本　十二行二十四字白口雙魚尾左右雙邊　内封題"宋人原本　寶華堂梓行"　二十四册

370000－1542－0001148　456/5　史部/雜史類

南宋書六十八卷　(明)錢士升撰　清嘉慶二年(1797)南沙席氏掃葉山房刻宋遼金元别史本　十二行二十五字白口單魚尾左右雙邊　内封題"嘉慶丁巳年鐫　明嘉善錢抑之著　埽葉山房藏板"　十册

370000－1542－0001149　456/5　史部/雜史類

南宋書六十八卷　(明)錢士升撰　清嘉慶二年(1797)南沙席氏掃葉山房刻宋遼金元别史本　十二行二十五字白口單魚尾左右雙邊　内封題"嘉慶丁巳年鐫　明嘉善錢抑之著　埽葉山房藏板"　十册

370000－1542－0001150　456/7　史部/雜史類

竊憤南渡録一卷續録一卷南渡大畧一卷　(宋)辛棄疾撰　清木活字印本　十行二十一字白口單魚尾四周雙邊　鈐有"孟晉齋主人""眉叔"　一册

370000－1542－0001151　456/8　史部/雜史類

宋稗類鈔八卷　(清)潘永因編　(清)潘永圜訂定　清刻本　十行二十四字白口單魚尾四周單邊　六册　缺二卷(二至三)

370000－1542－0001152　456/8　史部/雜史類

宋稗類鈔三十六卷　(清)潘永因編　清宣統三年(1911)上海藜光社石印本　十四行三十字黑口單魚尾四周雙邊　内封題"宣統三年

辛亥仲夏　上海藜光社藏版”　十二冊

370000－1542－0001153　456/10　史部/雜史類

錢塘遺事十卷　(元)劉一清撰　(清)席世臣訂　清掃葉山房刻本　十行二十字白口雙魚尾左右雙邊　鈐有“獨秀山房珍臧”　一冊

370000－1542－0001154　456/11　史部/雜史類

開禧德安守城錄一卷　(宋)王致遠撰　清同治十二年(1873)瑞安孫氏刻本　十三行二十二字黑口雙魚尾左右雙邊　牌記題“同治十二年四月開雕”　一冊

370000－1542－0001155　812.16/66　史部/雜史類

宋李忠定雜史三種附行狀三卷　(宋)李綱撰　清光緒愛日堂刻本　九行二十字黑口左右雙邊　牌記題“湘鄉愛日堂遵梁谿全集校刊”　四冊

370000－1542－0001156　457/1　史部/雜史類

元朝祕史十五卷　(清)李文田注　清光緒二十二年(1896)通隱堂刻漸西村舍叢刻本　十行二十一字小字雙行同白口單魚尾左右雙邊　牌記題“光緒丙申冬通隱堂開琱凌榝署檢”　四冊

370000－1542－0001157　457/1　史部/雜史類

元朝祕史十五卷　(元)□□撰　(清)李文田注　清光緒二十九年(1903)石印本　十八行四十字白口單魚尾四周雙邊　四冊

370000－1542－0001158　460/1　史部/雜史類

欽定蒙古源流八卷　(清)小徹辰薩囊台吉撰　清刻本　八行十八字白口單魚尾四周雙邊　鈐有“交通部津浦區鐵路管理局警務處同人捐獻圖書之章丙戌仲春”　四冊

370000－1542－0001159　458/5　史部/雜史類

蜀龜鑑七卷首一卷　(清)劉景伯撰　清宣統三年(1911)成都裴氏刻本　九行二十五字白口單魚尾四周雙邊　牌記題“宣統辛亥三年裴氏家藏”　四冊

370000－1542－0001160　458/10　史部/雜史類

明季三朝野史四卷　(清)顧炎武輯　清光緒三十四年(1908)上海石印本　十行二十字小字雙行不等白口四周單邊　牌記題“光緒戊申上海校印”　一冊

370000－1542－0001161　458/12　史部/雜史類

蜀碧四卷　(清)彭遵泗撰　清成都肇經堂刻本　十行二十八字小字雙行同黑口單魚尾四周雙邊　内封題“肇經堂校刊”　二冊

370000－1542－0001162　458/15　史部/雜史類

明季稗史彙編十六種二十七卷　(清)劍心簃主人輯　清翻刻都城琉璃廠留雲居士木活字印本　佚名批注　九行十九字白口單魚尾左右雙邊　十二冊

370000－1542－0001163　458/15　史部/雜史類

明季稗史彙編十六種二十七卷　(清)劍心簃主人輯　清翻刻都城琉璃廠留雲居士木活字印本　佚名批注　九行十九字白口單魚尾左右雙邊　内封題“明季稗史彙編　都城琉璃廠留雲居士排字本”　十冊

370000－1542－0001164　458/15　史部/雜史類

明季稗史彙編十六種二十七卷　(清)劍心簃主人輯　清翻刻都城琉璃廠留雲居士木活字印本　九行十九字白口單魚尾左右雙邊　内封題“明季稗史彙編　都城琉璃廠留雲居士排字本”　十冊

370000－1542－0001165　458/50　史部/雜史類

明季稗史彙編十六種二十七卷　(清)劍心簃主人輯　清翻刻都城琉璃廠留雲居士木活字

印本　九行十九字白口單魚尾左右雙邊　内封題“明季稗史彙編　都城琉璃廠留雲居士排字本”　十六册

370000－1542－0001166　458/15　史部/雜史類

明季稗史彙編十六種二十七卷　(清)劍心簃主人輯　清光緒二十二年(1896)上海圖書集成印書局鉛印本　十三行四十字白口雙魚尾四周單邊　牌記題“光緒二十二年上海圖書集成印書局印”　六册

370000－1542－0001167　458/15　史部/雜史類

明季稗史正編十六種二十七卷　(清)劍心簃主人輯　清光緒二十九年(1903)鉛印本　十四行三十一字白口單魚尾四周雙邊　牌記題“癸卯冬月印行定價每部大洋壹圓貳角續編嗣出”　六册

370000－1542－0001168　458/16　史部/雜史類

明季南畧十八卷　(清)計六奇編　清翻刻都城琉璃廠半松居士木活字印本　九行二十字白口單魚尾左右雙邊　牌記題“都城琉璃廠半松居士排字本”　八册

370000－1542－0001169　458/16　史部/雜史類

明季南畧十八卷　(清)計六奇編　清翻刻都城琉璃廠半松居士木活字印本　九行二十字白口單魚尾左右雙邊　牌記題“都城琉璃廠半松居士排字本”　十册

370000－1542－0001170　458/17　史部/雜史類

明季北略二十四卷　(清)計六奇編　清翻刻都城琉璃廠半松居士木活字印本　九行二十字白口單魚尾左右雙邊　牌記題“都城琉璃廠半松居士排字本”　十册

370000－1542－0001171　458/17　史部/雜史類

明季北略二十四卷　(清)計六奇編　清翻刻都城琉璃廠半松居士木活字印本(卷一第二頁、十一頁,卷二第十五頁、二十九頁抄配)　九行二十字白口單魚尾左右雙邊　牌記題“都城琉璃廠半松居士排字本”　十册

370000－1542－0001172　458/18　史部/雜史類

明季北略二十四卷明季南略十八卷　(清)計六奇編　清光緒十三年(1887)上海圖書集成印書局鉛字排印本　十三行四十字白口雙魚尾四周單邊　牌記題“光緒十三年秋九月上海圖書集成印書局印”　十册

370000－1542－0001173　458/23　史部/雜史類

南天痕二十六卷附錄一卷　(清)凌雪纂修　(清)汪成教　(清)江鏡清校訂　清宣統二年(1910)復古社鉛字排印本　十二行三十字黑口單魚尾四周雙邊　牌記題“宣統庚戌復古社第一次刊行”　鈐有“鐘嶽”　六册

370000－1542－0001174　458/23　史部/雜史類

南天痕二十六卷附錄一卷　(清)凌雪纂修　(清)汪成教　(清)江鏡清校訂　清宣統二年(1910)復古社鉛字排印本　十二行三十字黑口單魚尾四周雙邊　牌記題“宣統庚戌復古社第一次刊行”　六册

370000－1542－0001175　458/23　史部/雜史類

南天痕二十六卷附錄一卷　(清)凌雪纂修　(清)汪成教　(清)江鏡清校訂　清宣統二年(1910)復古社鉛字排印本　十二行三十字黑口單魚尾四周雙邊　牌記題“宣統庚戌復古社第一次刊行”　六册

370000－1542－0001176　458/25　史部/雜史類

南疆繹史勘本三十卷首二卷摭遺十八卷恤謚八卷　(清)温睿臨撰　(清)李瑶勘定　清道光十年(1830)都城琉璃廠半松居士刻本　九行二十字小字雙行同白口單魚尾左右雙邊　牌記題“都城琉璃廠半松居士排字本”　十册

370000－1542－0001177　458/31　史部/雜

史類

三朝野記七卷 (清)李遜之撰 清宣統元年(1909)武進盛氏刻本 十四行二十五字黑口單魚尾左右雙邊 牌記題“武進盛氏重雕” 一冊 存三卷(一至三)

370000－1542－0001178 458/37 史部/雜史類

紀載彙編十種 (清)□□輯 清都城琉璃廠刻本 十行二十二字白口單魚尾四周雙邊 內封題“都城琉璃廠排字本” 二冊

370000－1542－0001179 458/38 史部/雜史類

宋忠定趙周王別錄八卷趙忠定奏議四卷 葉德輝輯 清宣統二年(1910)長沙葉氏觀古堂刻本 十一行二十二字小字雙行同黑口雙魚尾左右雙邊 牌記題“宣統庚戌六月葉氏觀古堂刊” 鈐有“昆山趙詒琛号學南印”“趙學南劫後藏書” 六冊

370000－1542－0001180 458/39 史部/雜史類

二申野錄八卷 (清)孫之騄輯 清同治六年(1867)吟香館刻本 八行二十字黑口四周單邊 內封題“同治丁卯年鐫 吟香館梓” 鈐有“趙長銘印”“敬軒” 四冊

370000－1542－0001181 459/26 史部/編年類

東華錄三十二卷(天命朝至乾隆朝) (清)蔣良騏編 清刻本 九行二十二字小字雙行同白口單魚尾左右雙邊 十二冊

370000－1542－0001182 459/26 史部/編年類

東華錄三十二卷(天命朝至乾隆朝) (清)蔣良騏編 清刻本 九行二十二字小字雙行同白口單魚尾四周單邊 鈐有“聚盛藏書” 十二冊

370000－1542－0001183 459/30 史部/編年類

東華全錄四百二十五卷 王先謙編 **東華續錄咸豐朝六十九卷** (清)潘頤福編 清光緒十三年(1887)京都琉璃廠欽文書局刻本 十三行二十五字小字雙行同白口單魚尾左右雙邊 內封題“光緒丁亥年重刊 東華錄 板存京都琉璃廠火神廟內欽文書局” 一百八十八冊

370000－1542－0001184 459/30 史部/編年類

東華全錄四百二十五卷續編同治朝一百卷 王先謙編 **東華續錄咸豐朝六十九卷** (清)潘頤福編 清光緒十三年(1887)上海廣百宋齋鉛字排印本 十四行四十字小字雙行同白口單魚尾四周雙邊 牌記題“光緒十年仲春廣百宋齋校印” 一百十六冊

370000－1542－0001185 459/30－6 史部/編年類

東華續錄一百二十卷(乾隆朝) 王先謙編 清光緒十三年(1887)上海廣百宋齋鉛字排印本 十四行四十字小字雙行同白口單魚尾四周雙邊 牌記題“光緒十年仲春廣百宋齋校印” 二十八冊

370000－1542－0001186 459/30－7 史部/編年類

東華續錄五十卷(嘉慶朝) 王先謙編 清光緒十三年(1887)上海廣百宋齋鉛字排印本 十四行四十字小字雙行同白口單魚尾四周雙邊 八冊

370000－1542－0001187 459/30－8 史部/編年類

東華續錄六十卷(道光朝) 王先謙編 清光緒十三年(1887)上海廣百宋齋鉛字排印本 十四行四十字小字雙行同白口單魚尾四周雙邊 八冊

370000－1542－0001188 459/30－10 史部/編年類

東華續錄一百卷(同治朝) 王先謙編 清光緒二十四年(1898)文瀾書局石印本 二十二行四十七字白口單魚尾四周雙邊 牌記題“光緒戊戌孟冬文瀾書局石印” 二十四冊

370000－1542－0001189 459/31 史部/編

年類

東華續錄二百二十卷(光緒朝) (清)朱壽朋編 清宣統元年(1909)上海集成圖書公司鉛字排印本 十三行四十字白口雙魚尾四周單邊 牌記題"宣統紀元之歲上海集成圖書公司恭纂" 六十四冊

370000-1542-0001190 459/14 史部/編年類

東華續錄六十九卷(咸豐朝) (清)潘頤福編 清光緒十八年(1892)上海圖書集成印書局鉛字排印本 十三行四十字白口雙魚尾四周單邊 內封題"光緒十有八年上海圖書集成印書局印" 十六冊

370000-1542-0001191 459/30-9 史部/編年類

東華續錄六十九卷(咸豐朝) (清)潘頤福編 清光緒二十五年(1899)上海書局石印本 十三行四十字白口雙魚尾四周單邊 牌記題"光緒己亥荷夏上海書局石印" 十六冊

370000-1542-0001192 429/1-2 史部/編年類

東華續錄六十九卷(咸豐朝) (清)潘頤福編 清光緒十八年(1892)上海圖書集成印書局鉛字排印本 十三行四十字白口雙魚尾四周單邊 內封題"光緒十有八年上海圖書集成印書局印" 十六冊

370000-1542-0001193 429/1 史部/編年類

九朝東華錄一百二十卷(天命朝至咸豐朝) 王先謙編 清末石印本 十七行三十八字小字雙行同白口單魚尾四周單邊 六十冊

370000-1542-0001194 429/1 史部/編年類

九朝東華錄四百二十五卷(天命朝至咸豐朝) 王先謙編 清光緒十三年(1887)廣百宋齋鉛字排印本 十四行四十字白口單魚尾四周雙邊 七十六冊

370000-1542-0001195 459/32 史部/編年類

十一朝東華約錄二百三十二卷(天命朝至同治朝) (清)王祖顯撰 清光緒二十七年(1901)石印本 二十二行四十四字小字雙行同白口單魚尾四周雙邊 牌記題"光緒辛丑十月仿泰西法石印" 二十四冊

370000-1542-0001196 459/15 史部/雜史類

皇朝瑣屑錄四十四卷 (清)鍾琦編 清光緒二十三年(1897)鍾氏家刻本 九行二十二字小字雙行同黑口單魚尾左右雙邊 牌記題"光緒貳拾叁年丁酉孟春開雕" 十二冊 缺二卷(四十三至四十四)

370000-1542-0001197 459/20 史部/雜史類

小腆紀年坿攷二十卷 (清)徐鼒撰 清咸豐十一年(1861)刻本 十一行二十三字小字雙行同白口單魚尾四周雙邊 十二冊

370000-1542-0001198 459/20 史部/雜史類

小腆紀年坿攷二十卷 (清)徐鼒撰 清咸豐十一年(1861)刻本 十一行二十三字小字雙行同白口單魚尾四周雙邊 十二冊

370000-1542-0001199 459/20 史部/雜史類

小腆紀年坿攷二十卷 (清)徐鼒撰 清光緒四年(1878)刻本 十一行二十三字小字雙行同白口單魚尾四周雙邊 內封題"光緒四年春刊" 十六冊

370000-1542-0001200 459/20 史部/雜史類

小腆紀年附考二十卷 (清)徐鼒撰 清光緒十二年(1886)扶桑使廨鉛字排印本 十一行二十三字小字雙行同白口單魚尾四周雙邊 牌記題"光緒丙戌排印于扶桑使廨" 十二冊

370000-1542-0001201 459/22 史部/雜史類

京津拳匪紀略八卷圖一冊前編二卷後編二卷 (清)僑析生 (清)縉雲氏等輯 清光緒二十七年(1901)香港書局精校石印本 十五行

三十六字白口單魚尾四周雙邊　牌記題“光緒二十七年歲次辛丑爋月香港書局精校石印”　六冊

370000－1542－0001202　459/22　史部/雜史類

京津拳匪紀略八卷　(清)僑析生　(清)繙雲氏等輯　清末石印本　十五行三十六字白口單魚尾四周雙邊　四冊

370000－1542－0001203　459/85　史部/雜史類

拳匪紀略八卷圖一冊前編二卷後編二卷　(清)僑析生　(清)繙雲氏等輯　清光緒二十九年(1903)上洋書局石印本　十五行三十六字白口單魚尾四周雙邊　牌記題“光緒癸卯仲春上洋書局石印”　六冊

370000－1542－0001204　459/24　史部/雜史類

痛史二十種　商務印書館編　清宣統三年至民國元年(1911－1912)上海商務印書館鉛印本　十二行三十二字白口單魚尾四周雙邊　三十一冊

370000－1542－0001205　459/25　史部/雜史類

平定粵匪紀略十八卷附記四卷　(清)杜文瀾編　清光緒申報館鉛字排印本　十二行二十七字白口單魚尾四周雙邊　六冊

370000－1542－0001206　459/27　史部/雜史類

康熙政要二十四卷　(清)章梫撰　清宣統二年(1910)鉛字排印本　十行二十五字黑口單魚尾四周雙邊　十二冊

370000－1542－0001207　459/37　史部/雜史類

清朝史略十一卷　(日本)佐藤楚材撰　清光緒二十八年(1902)上海書局石印本　十四行三十五字小字雙行同白口單魚尾四周雙邊　牌記題“光緒壬寅季夏上海書局石印　杭州申昌發行”　六冊

370000－1542－0001208　459/44　史部/雜史類

戡定新疆記八卷　(清)魏光燾撰　清光緒二十五年(1899)鉛字排印本　十一行二十六字白口單魚尾四周雙邊　牌記題“光緒己亥九月印成”　二冊

370000－1542－0001209　459/57　史部/雜史類

東槎紀畧五卷　(清)姚瑩撰　清道光刻本　十行二十字白口單魚尾左右雙邊　二冊

370000－1542－0001210　459/58　史部/雜史類

拳教析疑説一卷　勞乃宣撰　清光緒刻本　八行二十二字白口單魚尾四周雙邊　鈐有“木生”　一冊

370000－1542－0001211　459/62　史部/雜史類

霆軍紀略十六卷　(清)陳昌編　清上海申報館鉛字排印本　十二行二十七字白口雙魚尾四周雙邊　牌記題“上海申報館仿聚珍版印”　八冊

370000－1542－0001212　459/63　史部/雜史類

拳匪紀事六卷　(日本)佐原篤介　(清)漚隱輯　清光緒末鉛字排印本　十四行三十一字白口單魚尾四周雙邊　六冊

370000－1542－0001213　459/67　史部/雜史類

出圍城記一卷　(清)楊棨撰　清光緒刻本　十行二十一字黑口單魚尾四周單邊　一冊

370000－1542－0001214　459/75　史部/雜史類

中西紀事二十四卷　(清)夏燮撰　清同治七年(1868)刻本　佚名評點　十行二十二字小字雙行同白口單魚尾四周雙邊　内封題“歲在著雍執徐易月”　六冊

370000－1542－0001215　459/75　史部/雜史類

中西紀事二十四卷　(清)夏燮撰　清光緒十三年(1887)鉛字排印本　十一行二十六字小字雙行同白口雙魚尾四周單邊　牌記題"丁亥年孟春活字版排印"　八冊

370000－1542－0001216　459/76　史部/雜史類

中國六十年戰史　(英國)愛特華斯撰　(清)史悠明　(清)程屐祥譯　清光緒二十九年(1903)上海美華書館鉛字排印本　十三行三十一字白口單魚尾四周雙邊　六冊

370000－1542－0001217　459/79　史部/雜史類

吳友如繪圖平長毛書附李秀成供二卷　(清)吳友如繪圖　清光緒十九年(1893)上海文宜書局石印本　一冊

370000－1542－0001218　469/1　史部/雜史類

熙朝紀政四卷　(清)王慶雲撰　清光緒二十八年(1902)山東書局鉛字排印本　十二行三十四字白口四周雙邊　牌記題"光緒二十八年山東書局排印"　鈐有"麗生"　四冊

370000－1542－0001219　469/1　史部/雜史類

熙朝紀政六卷　(清)王慶雲撰　清光緒二十四年(1898)宛平許葉芬石印本　十行二十二字小字雙行同白口單魚尾左右雙邊　牌記題"光緒戊戌重校縮印"　六冊

370000－1542－0001220　469/1　史部/雜史類

熙朝紀政六卷　(清)王慶雲撰　清光緒二十四年(1898)宛平許葉芬石印本　十行二十二字小字雙行同白口單魚尾左右雙邊　牌記題"光緒戊戌重校縮印"　六冊

370000－1542－0001221　469/2　史部/雜史類

郎潛紀聞十四卷　(清)陳康祺撰　清光緒十年(1884)刻本　十行二十一字小字雙行同白口單魚尾左右雙邊　內封題"壬午重校本"　牌記題"光緒十年刊于琴川"　鈐有"埽葉山房督造書籍""毛承霖字雨樵號稚雲"　五冊

370000－1542－0001222　469/2　史部/雜史類

郎潛紀聞十四卷　(清)陳康祺撰　清光緒十年(1884)刻本　十行二十一字小字雙行同白口單魚尾左右雙邊　內封題"校經山房刊壬午重校本"　牌記題"光緒十年刊于琴川"　鈐有"校經山房督造書籍"　五冊

370000－1542－0001223　469/2　史部/雜史類

燕下鄉脞録十六卷　(清)陳康祺撰　清光緒十一年(1885)刻本　十行二十一字小字雙行同白口單魚尾左右雙邊　牌記題"光緒乙酉梓於暨陽"　鈐有"埽葉山房督造書籍"　五冊

370000－1542－0001224　469/2　史部/雜史類

燕下鄉脞録十六卷　(清)陳康祺撰　清光緒十一年(1885)刻本　十行二十一字小字雙行同白口單魚尾左右雙邊　牌記題"光緒乙酉梓於暨陽"　五冊

370000－1542－0001225　469/2　史部/雜史類

郎潛紀聞四卷　(清)陳康祺撰　清光緒二十九年(1903)掃葉山房石印本　十五行三十五字小字雙行同黑口單魚尾四周雙邊　一冊

370000－1542－0001226　469/4　史部/雜史類

皇朝掌故彙編內編六十卷首一卷外編四十卷　(清)張壽鏞等編　清光緒二十八年(1902)求實書社鉛字排印本　十一行三十字白口單魚尾四周雙邊　牌記題"光緒壬寅四月求實書社藏板"　六十冊

370000－1542－0001227　469/13　史部/雜史類

燕下鄉脞録四卷　(清)陳康祺撰　清光緒二十九年(1903)埽葉山房石印本　十五行三十五字小字雙行同黑口單魚尾四周雙邊　牌記題"光緒癸卯仲春埽葉山房石印"　一冊

370000－1542－0001228　469/16　史部/雜史類

晉宋書故一卷　(清)郝懿行撰　清嘉慶二十一年(1816)刻本　十行二十一字小字雙行同白口單魚尾四周雙邊　一册

370000－1542－0001229　469/18　史部/雜史類

時事采新彙編六卷(清光緒二十八年八月一日至三十日)　(清)□□輯　清光緒二十八年(1902)鉛字排印本　十一行二十二字白口單魚尾四周雙邊　封面題"光緒壬寅年八月"　六册

370000－1542－0001230　551/6　史部/雜史類

教育界之風潮十二卷　愛國青年著　清光緒二十九年(1903)石印本　十四行三十二字白口單魚尾四周雙邊　六册

370000－1542－0001231　922/54　史部/雜史類

濟南彙報(第六期)　濟南彙報館編　清光緒二十九年(1903)刻本　一册

370000－1542－0001232　400/9　史部/雜史類

近世史略　(英國)華里西編　清光緒三十年(1904)上海美華書館鉛印本　内封題"光緒三十年　上海美華書館擺印"　一册

370000－1542－0001233　514.1/1　史部/詔令奏議類

清十朝聖訓九百二十二卷　(清)□□編　清石印本　二十一行四十五字白口四周單邊　一百册

370000－1542－0001234　514.1/3　史部/詔令奏議類

清十朝聖訓九百二十二卷　(清)□□編　清鉛字排印本　十二行二十六字白口單魚尾四周雙邊　二百八十七册

370000－1542－0001235　514.2/1　史部/詔令奏議類

上諭内閣一百五十九卷　(清)允禄等編　清廣東藩庫刻本　十一行二十一字白口單魚尾四周雙邊　鈐有"諸暨圖書館收臧印""諸暨圖書館之符信"　三十二册

370000－1542－0001236　514.2/1　史部/詔令奏議類

上諭内閣一百五十九卷　(清)允禄等編　清廣東藩庫刻本　十一行二十一字白口單魚尾四周雙邊　三十二册

370000－1542－0001237　514.2/1　史部/詔令奏議類

上諭内閣一百五十九卷　(清)胤禛撰　(清)允禄等編　(清)弘晝等續編　清刻本　十一行二十一字白口單魚尾四周雙邊　三十二册

370000－1542－0001238　514.2/2　史部/詔令奏議類

硃批諭旨　(清)鄂爾泰　(清)張廷玉編　清光緒十三年(1887)上海點石齋石印本　六十册

370000－1542－0001239　514.2/2　史部/詔令奏議類

硃批諭旨　(清)鄂爾泰　(清)張廷玉編　清光緒十三年(1887)上海點石齋石印本　六十册

370000－1542－0001240　514.2/2　史部/詔令奏議類

憲廟硃批諭旨附校勘記　(清)鄂爾泰　(清)張廷玉編　清光緒十二年(1886)鉛字排印朱墨套印本　牌記題"光緒十有二年丙戌六月校印"　五十六册

370000－1542－0001241　515.1/5　史部/詔令奏議類

歷代名臣奏議選三十卷　(清)趙承恩編　清光緒二十七年(1901)掃葉山房石印本　十五行三十六字黑口單魚尾四周雙邊　牌記題"光緒辛丑孟冬埽葉山房石印　上海文寶書局代印"　十册

370000－1542－0001242　515.2/5　史部/詔

令奏議類

註陸宣公奏議十五卷唐陸宣公制誥十卷賦表年譜坿録一卷 (唐)陸贄撰 (宋)郎曄注 清光緒十二年(1886)淮南書局據明版重校刻本 十行二十字小字雙行同黑口單魚尾四周雙邊 奏議牌記題"光緒十二年淮南書局栞" 制誥牌記題"光緒十一年淮南書局栞" 四冊

370000－1542－0001243 515.2/5 史部/詔令奏議類

唐陸宣公集二十二卷首一卷 (唐)陸贄撰 清咸豐元年(1851)閬中縣署刻本 十行二十字小字雙行同白口單魚尾左右雙邊 内封題"咸豐辛亥重鐫 陸宣公集 閬中縣署藏板" 六冊

370000－1542－0001244 515.2/5 史部/詔令奏議類

唐陸宣公集二十二卷 (唐)陸贄撰 (清)年羹堯重訂 清光緒二十年(1894)上海鴻寶齋石印本 十行二十字白口單魚尾四周單邊 牌記題"光緒甲午夏四月上海鴻寶齋石印" 六冊

370000－1542－0001245 515.2/5 史部/詔令奏議類

唐陸宣公集二十二卷增輯一卷附録一卷首一卷 (唐)陸贄撰 清光緒二年(1876)江蘇書局刻本 十行二十字小字雙行同白口單魚尾四周單邊 牌記題"光緒二年江蘇書局刊版""光緒戊戌年五月以後刷印" 六冊

370000－1542－0001246 515.2/5 史部/詔令奏議類

唐陸宣公集二十四卷 (唐)陸贄撰 (清)耆英重訂增輯 清道光二十七年(1847)節署刻本 十行二十字小字雙行同白口單魚尾四周單邊 内封題"道光丁未孟春月重刊 陸宣公全集 節署藏版" 八冊

370000－1542－0001247 515.2/5 史部/詔令奏議類

唐陸宣公集二十四卷 (唐)陸贄撰 (清)耆英重訂增輯 清道光二十七年(1847)節署刻本 十行二十字小字雙行同白口單魚尾四周單邊 内封題"道光丁未孟春月重刊 陸宣公全集 節署藏版" 鈐有"星垣" 八冊

370000－1542－0001248 515.2/20 史部/詔令奏議類

唐陸宣公奏議讀本四卷 (唐)陸贄撰 (清)汪銘謙編 (清)馬傳庚評點 清光緒二十六年(1900)會稽馬氏石印本 十二行二十四字白口單魚尾四周雙邊 牌記題"會稽馬氏藏本" 鈐有"容刴軒珍藏" 二冊

370000－1542－0001249 515.2/20 史部/詔令奏議類

唐陸宣公奏議讀本四卷 (唐)陸贄撰 (清)汪銘謙編 (清)馬傳庚評點 清光緒二十六年(1900)會稽馬氏石印本 十二行二十四字白口單魚尾四周雙邊 牌記題"會稽馬氏藏本" 二冊

370000－1542－0001250 515.2/36 史部/詔令奏議類

孝肅奏議十卷 (宋)包拯撰 清同治二年(1863)李瀚章刻本 九行十八字白口單魚尾四周雙邊 内封題"同治癸亥九月 包孝肅公奏議 省心閣藏板""板存安省城内韋家巷文魁堂王德瀧刻字鋪" 四冊

370000－1542－0001251 515.1/3 史部/詔令奏議類

明臣奏議十二卷首一卷 (清)孫桐生編 清光緒十七年(1891)四影閣刻本 十二行二十五字小字雙行同黑口單魚尾四周雙邊 牌記題"光緒辛卯仲春新鐫 四影閣藏板" 六冊

370000－1542－0001252 515.2/8 史部/詔令奏議類

疏草録略 (明)翟鳳翀撰 清刻本 九行二十字白口單魚尾左右雙邊 鈐有"壽餘秘玩" 二冊

370000－1542－0001253 515.2/18 史部/詔令奏議類

淩忠介公奏疏六卷 (明)淩義渠撰 清光緒

四年(1878)淩福昌重校刻本　十一行二十四字白口單魚尾左右雙邊　内封題"光緒戊寅仲春重鐫"　二册

370000－1542－0001254　515.2/26　史部/詔令奏議類

留垣疏草不分卷　(明)徐憲卿撰　清光緒八年(1882)東海家塾刻本　十行二十一字白口單魚尾左右雙邊　牌記題"光緒八年重刊東海家塾藏版"　二册

370000－1542－0001255　515.2/34　史部/詔令奏議類

平播全書十五卷首一卷　(明)李化龍撰　清光緒十三年(1887)定州王氏謙德堂刻畿輔叢書二編本　十行二十二字黑口四周單邊　鈐有"河北省立滄縣師範學校圖書館""直隸省立第二中學校圖書館"　十六册

370000－1542－0001256　515/5　史部/詔令奏議類

江楚會奏變法摺　(清)劉坤一　(清)張之洞撰　清光緒鉛印本　十行二十五字白口單魚尾四周雙邊　一册

370000－1542－0001257　515.1/8　史部/詔令奏議類

皇清奏議六十八卷首一卷　(清)琴川居士編輯　清光緒二十八年(1902)麗澤學會石印本　十八行四十二字白口單魚尾四周單邊　牌記題"光緒壬寅孟春麗澤學會校印"　八册

370000－1542－0001258　515.1/8　史部/詔令奏議類

皇清奏議六十八卷首一卷　(清)琴川居士編輯　清光緒二十八年(1902)麗澤學會石印本　十八行四十二字白口單魚尾四周單邊　牌記題"光緒壬寅孟春麗澤學會校印"　八册

370000－1542－0001259　515.1/2　史部/詔令奏議類

皇清奏議六十八卷首一卷　(清)琴川居士編輯　清京都國史館刻本　八行二十字白口單魚尾左右雙邊　牌記題"都城國史館琴川居士排字本"　鈐有"經州蔣氏箸生藏書記"　四十八册

370000－1542－0001260　515.1/2　史部/詔令奏議類

皇清奏議六十八卷首一卷　(清)琴川居士編輯　清京都國史館刻本　八行二十字白口單魚尾左右雙邊　牌記題"都城國史館琴川居士排字本"　四十八册

370000－1542－0001261　515.1/6　史部/詔令奏議類

聖朝名公奏議八卷　(清)陳弢編　清光緒元年(1875)石印本　十二行二十四字白口單魚尾四周雙邊　鈐有"許氏臧書"　六册

370000－1542－0001262　515.1/9　史部/詔令奏議類

鳴原堂論文二卷　(清)曾國藩編　清同治十二年(1873)王定安校刻本　十行二十四字白口單魚尾左右雙邊　一册

370000－1542－0001263　515.1/11　史部/詔令奏議類

同治中興京外奏議約編八卷　(清)陳弢編　清光緒元年(1875)漸江陳氏刻本　十行二十二字白口單魚尾左右雙邊　牌記題"光緒紀元篋劍囊茇之室雕版"　四册

370000－1542－0001264　515.1/14　史部/詔令奏議類

皇朝道咸同光奏議六十四卷目錄一卷　(清)王延熙等編　清光緒二十八年(1902)上海久敬齋石印本　二十行四十八字白口單魚尾四周雙邊　牌記題"光緒壬寅秋上海久敬齋石印"　鈐有"齊魯大學圖書館藏書"　二十八册

370000－1542－0001265　515.2/2　史部/詔令奏議類

孫文定集十三卷　(清)孫嘉淦撰　清嘉慶敦和堂刻本　九行十八字白口單魚尾四周雙邊　十二册

370000－1542－0001266　515.2/3　史部/詔令奏議類

丁文誠公奏稿二十六卷首一卷　(清)丁寶楨撰　清光緒二十二年(1896)南海羅度成都刻本　十一行二十二字黑口雙魚尾四周單邊　牌記題"光緒丙申孟夏南海羅氏刊於成都"　二十七册

370000－1542－0001267　515.2/4　史部/詔令奏議類
胡文忠公遺集八十六卷首一卷　(清)胡林翼撰　清同治六年(1867)刻本　十行二十字黑口單魚尾四周雙邊　牌記題"同治六年季夏鋟于粲□楼"　三十二册

370000－1542－0001268　515.2/4　史部/詔令奏議類
胡文忠公遺集八十六卷首一卷　(清)胡林翼撰　清同治六年(1867)刻本　十行二十字黑口單魚尾四周雙邊　牌記題"同治六年季夏鋟于粲□楼"　三十二册

370000－1542－0001269　515.2/4　史部/詔令奏議類
胡文忠公遺集八十六卷首一卷　(清)胡林翼撰　清光緒元年(1875)湖北崇文書局刻本　十行二十字黑口單魚尾四周雙邊　牌記題"光緒紀元夏月湖北崇文書局重雕"　三十二册

370000－1542－0001270　515.2/9　史部/詔令奏議類
駱文忠公奏議湘中稿十六卷四川奏議十一卷附録一卷　(清)駱秉章撰　清光緒十五年(1889)刻本　十行二十字小字雙行同黑口單魚尾左右雙邊　三十二册

370000－1542－0001271　515.2/24　史部/詔令奏議類
駱大司馬奏稿湘中稿十六卷　(清)駱秉章撰　清咸豐、同治間刻本　十行二十字小字雙行同黑口單魚尾左右雙邊　十六册

370000－1542－0001272　515.2/12　史部/詔令奏議類
林文忠公政書四集畿輔水利經進稿一卷滇軺紀程一卷荷戈紀程一卷政書蒐遺一卷　(清)林則徐撰　清光緒二年至五年(1876－1879)刻本　九行二十字黑口單魚尾四周雙邊　内封題"本宅藏板　上海二馬路千頃堂圖書發行所"　十六册

370000－1542－0001273　515.2/12　史部/詔令奏議類
林文忠公政書三集　(清)林則徐撰　清光緒二年至五年(1876－1879)刻本　九行二十字黑口單魚尾四周雙邊　内封題"本宅藏板"　十二册

370000－1542－0001274　515.2/12　史部/詔令奏議類
林文忠公政書四集　(清)林則徐撰　清光緒二十四年(1898)天津文德堂石印本　十九行三十八字黑口單魚尾四周雙邊　内封題"光緒戊戌年八月天津文德堂石印"　六册

370000－1542－0001275　515.2/12　史部/詔令奏議類
林文忠公政書三集　(清)林則徐撰　清光緒二年(1876)石印本　十一行三十字白口單魚尾四周雙邊　八册

370000－1542－0001276　515.2/13　史部/詔令奏議類
彭剛直公奏稿八卷詩集八卷　(清)彭玉麟撰　清光緒十七年(1891)刻本　十行二十四字小字雙行同白口單魚尾左右雙邊　牌記題"光緒十有七年歲在辛卯吳下開雕"　八册

370000－1542－0001277　515.2/13　史部/詔令奏議類
彭剛直公奏稿八卷　(清)彭玉麟撰　清光緒十七年(1891)刻本　十行二十四字小字雙行同白口單魚尾左右雙邊　牌記題"光緒十有七年歲在辛卯吳下開雕"　六册

370000－1542－0001278　515.2/13　史部/詔令奏議類
彭剛直公奏稿八卷　(清)彭玉麟撰　清末石印本　十四行四十字白口雙魚尾四周單邊　牌記題"光緒十有七年歲在辛卯吳下開雕"　四册

370000－1542－0001279　515.2/15　史部/詔令奏議類
沈文肅公政書七卷首一卷　(清)沈葆楨撰　清光緒六年(1880)吳門節署鉛字排印本　十行二十四字小字雙行同白口單魚尾四周雙邊　牌記題“光緒庚辰仲冬吳門節署擺印”　八册

370000－1542－0001280　515.2/17　史部/詔令奏議類
方恪敏公奏議八卷　(清)方觀承撰　清咸豐元年(1851)方氏家刻本　九行二十一字白口單魚尾四周雙邊　八册

370000－1542－0001281　515.2/19　史部/詔令奏議類
尹少宰奏議十卷　(清)尹會一撰　清光緒五年(1879)畿輔叢書初編本　十行二十二字小字雙行同黑口四周單邊　内封題“光緒五年開雕　畿輔叢書　謙德堂藏板”　四册

370000－1542－0001282　515.2/21　史部/詔令奏議類
張公奏議二十四卷　(清)張鵬翮撰　清嘉慶五年(1800)江南河庫道刻本　九行二十二字白口單魚尾左右雙邊　内封題“嘉慶五年春月鐫　江南河庫道刊板”　二十四册

370000－1542－0001283　515.2/25　史部/詔令奏議類
劉中丞奏議二十卷　(清)劉蓉撰　清光緒十一年(1885)思賢講舍校刻本　十行二十四字小字雙行同黑口雙魚尾左右雙邊　牌記題“光緒十有一年思賢講舍校栞”　鈐有“達卿讀過”“陳仲璋印”“耐公”“達卿父”“則古善齋”“西壽耕耦”“齊魯大學圖書館藏書”　十册

370000－1542－0001284　515.2/27　史部/詔令奏議類
毛尚書奏稿十六卷首一卷　(清)毛鴻賓撰　清宣統二年(1910)毛氏刻本　十行二十一字白口單魚尾四周雙邊　牌記題“宣統元年己酉十一月開雕二年庚戌十二月栞成”　十六册

370000－1542－0001285　515.2/28　史部/詔令奏議類
戊戌奏稿　康有爲撰　清宣統三年(1911)鉛字排印本　十一行二十三字白口四周單邊　一册

370000－1542－0001286　515.2/28　史部/詔令奏議類
戊戌奏稿　康有爲撰　清宣統三年(1911)鉛字排印本　十一行二十三字白口四周單邊　一册

370000－1542－0001287　515.2/29　史部/詔令奏議類
曾文正公奏議十卷補編四卷首一卷附録一卷　(清)曾國藩撰　(清)薛福成編　清同治十二年(1873)張瑛刻本　九行二十一字白口單魚尾左右雙邊　十四册

370000－1542－0001288　515.2/30　史部/詔令奏議類
曾文正公奏稿三十卷　(清)曾國藩撰　清光緒二年(1876)傳忠書局刻本　十行二十四字白口單魚尾四周雙邊　牌記題“光緒二年季夏傳忠書局校栞”　三十册

370000－1542－0001289　515.2/37　史部/詔令奏議類
龔端毅公奏疏八卷附録浠川政譜二卷定山堂古文小品二卷定山堂古文小品續集一卷　(清)龔鼎孳撰　清光緒九年至十年(1883－1884)龔氏家塾重校刻本　九行十九字白口單魚尾左右雙邊　牌記題“光緒癸未旺彝書屋重校刊”　定山堂古文小品牌記題“光緒甲申春仲左宗棠題”　八册

370000－1542－0001290　515.2/41　史部/詔令奏議類
奏議初編十二卷　(清)張之洞撰　(清)仰止廬主輯　清光緒二十七年(1901)上海圖書集成印書局石印本　十四行四十二字白口雙魚尾四周單邊　牌記題“光緒二十七年上海圖書集成印書局印”　鈐有“思益學社”　六册

370000－1542－0001291　515.2/41　史部/詔令奏議類

奏議初編十二卷　(清)張之洞撰　(清)仰止廬主輯　清光緒二十七年(1901)上海圖書集成印書局石印本　十四行四十二字白口雙魚尾四周單邊　牌記題“光緒二十七年上海圖書集成印書局印”　鈐有“思益學社”　一册

370000－1542－0001292　515.2/44　史部/詔令奏議類

王文敏公奏疏一卷　(清)王懿榮撰　清宣統三年(1911)鉛字排印本　九行二十三字白口單魚尾四周單邊　内封題“江寧印刷廠排印翻刻必究”　一册

370000－1542－0001293　515.2/53　史部/詔令奏議類

洪承疇奏對筆記二卷　(清)洪承疇撰　清光緒十九年(1893)京都榮祿堂刻本　十三行二十五字白口單魚尾左右雙邊　一册

370000－1542－0001294　517/1　史部/詔令奏議類

何有録一卷續一卷　(清)劉愚撰　清同治刻本　八行二十字白口單魚尾四周雙邊　鈐有“齊魯大學圖書館藏書”　二册

370000－1542－0001295　517/2　史部/詔令奏議類

曾文正公批牘六卷　(清)曾國藩撰　清光緒二年(1876)傳忠書局刻本　十行二十四字黑口單魚尾左右雙邊　牌記題“光緒二年穪傳忠書局栞”　鈐有“齊魯大學圖書館藏書”　六册

370000－1542－0001296　517/2　史部/詔令奏議類

曾文正公批牘六卷　(清)曾國藩撰　清光緒二年(1876)傳忠書局刻本　十行二十四字黑口單魚尾左右雙邊　牌記題“光緒二年穪傳忠書局栞”　鈐有“齊魯大學圖書館藏書”　六册

370000－1542－0001297　517/3　史部/詔令奏議類

河津公牘鈔存二卷　(清)黄昌年撰　清末鉛字排印本　十一行二十六字黑口單魚尾四周雙邊　鈐有“齊魯大學圖書館藏書”　二册

370000－1542－0001298　517/5　史部/詔令奏議類

北洋公牘類纂二十五卷　(清)甘厚慈輯　清光緒三十三年(1907)鉛字排印本　十四行四十字黑口單魚尾四周雙邊　内封題“京城益森印刷有限公司鑄板”　鈐有“齊魯大學圖書館藏書”　二十册

370000－1542－0001299　517/7　史部/詔令奏議類

開縣李尚書政書八卷首一卷　(清)李宗羲撰　清光緒十一年(1885)開縣李氏家刻本　十行二十二字白口單魚尾左右雙邊　鈐有“約齋圖記”“齊魯大學圖書館藏書”　五册

370000－1542－0001300　517/11　史部/詔令奏議類

守岐公牘彙存一卷附鳳翔紀事詩存一卷　(清)張兆棟撰　清光緒四年(1878)刻本　七行二十一字白口單魚尾四周雙邊　牌記題“光緒四年十月順德李文田題”　四册

370000－1542－0001301　517/14　史部/詔令奏議類

同治十三年光緒元年京報　(清)□□編　清同治、光緒間刻本　七行二十七字　無框格　五册

370000－1542－0001302　440/5　史部/傳記類

歷代名臣傳三十五卷續編五卷歷代名儒傳八卷歷代循吏傳八卷　(清)朱軾　(清)蔡世遠輯　清同治三年(1864)刻本　九行二十二字白口雙魚尾四周單邊　内封題“同治三年重鐫”　二十四册

370000－1542－0001303　440/6　史部/傳記類

練川名人畫像四卷坿卷二卷續編三卷　(清)程祖慶編　清光緒四年(1878)張東墅刻民國十九年(1930)張鴻年補板印本　十二行二十

六字小字雙行三十九字　内封題“庚戌二月續刻八月成”　二册

370000－1542－0001304　440/6　史部/傳記類

練川名人畫像四卷坿卷二卷續編三卷　(清)程祖慶編　清光緒四年(1878)張東墅刻民國十九年(1930)張鴻年補板印本　十二行二十六字小字雙行三十九字　内封題“庚戌二月續刻八月成”　二册

370000－1542－0001305　440/7　史部/傳記類

重纂三遷志十卷首一卷　(清)陳錦　(清)孫葆田重編　清光緒十三年(1887)山東書局刻本　十行二十二字小字雙行同黑口雙魚尾四周雙邊　牌記題“光緒十三年歲次丁亥孟冬山東書局刊成”　六册

370000－1542－0001306　440/7　史部/傳記類

重纂三遷志十卷首一卷　(清)陳錦　(清)孫葆田重編　清光緒十三年(1887)山東書局刻本　十行二十二字小字雙行同黑口雙魚尾四周雙邊　牌記題“光緒十三年歲次丁亥孟冬山東書局刊成”　六册

370000－1542－0001307　440/9　史部/傳記類

古列女傳八卷　(漢)劉向撰　(明)黄魯曾贊　清光緒三年(1877)湖北崇文書局刻本　清吳石君校題識　十二行二十四字黑口雙魚尾四周雙邊　内封題“光緒三年三月湖北崇文書局開雕”　鈐有“壯學堂”“石君辛巳以後所得書”　三册

370000－1542－0001308　440/30　史部/傳記類

列女傳八卷　(漢)劉向輯　(清)梁端校注　清末上海會文堂石印本　十三行二十六字小字雙行三十九字黑口單魚尾左右雙邊　内封題“上海會文堂粹記出版”“據錢塘汪氏振綺堂藏本校印”　四册

370000－1542－0001309　440/30　史部/傳記類

典故列女傳四卷　(漢)劉向輯　清金閶緑蔭堂刻本　上欄批註小字雙行五字下欄九行十七字小字雙行同白口單魚尾四周單邊　内封題“新刻典故古列女傳　金閶緑蔭堂藏板”　鈐有“蘇州緑蔭堂和記精造書籍章”“容刴軒珍藏”　四册

370000－1542－0001310　440/39　史部/傳記類

列女傳補注八卷敘録一卷校正一卷　(清)王照圓撰　清光緒八年(1882)刻本　十行二十一字小字雙行同白口單魚尾四周雙邊　内封題“朱墨套印光緒八年十二月由順天府進呈列女傳補注　東路廳同知郝聯薇恭繕”　四册

370000－1542－0001311　440/9　史部/傳記類

新刊古列女傳八卷　(漢)劉向撰　(晉)顧愷之繪圖　清道光五年(1825)揚州阮福影刻南宋余氏本　上欄圖下欄十五行字數不等黑口左右雙邊　内封題“南宋余氏本揚州阮氏影橅重刊”　四册

370000－1542－0001312　440/13　史部/傳記類

疑年録四卷　(清)錢大昕撰　清道光、同治間刻本　十一行二十二字小字雙行同黑口雙魚尾左右雙邊　一册

370000－1542－0001313　440/13　史部/傳記類

疑年録四卷　(清)錢大昕撰　(清)吳修校　清同治元年(1862)福山王氏天壤閣刻本　九行二十一字小字雙行同黑口雙魚尾左右雙邊　内封題“同治元年六月福山王氏天壤閣重校刊”　一册

370000－1542－0001314　440/14　史部/傳記類

續疑年録四卷　(清)吳修撰　清道光、同治間刻本　十一行二十二字小字雙行同黑口雙魚尾左右雙邊　一册

370000－1542－0001315　440/14　史部/傳記類
續疑年錄四卷　(清)吳修撰　清同治元年(1862)福山王氏天壤閣刻本　九行二十一字小字雙行同黑口雙魚尾左右雙邊　内封題“同治元年六月福山王氏天壤閣重校刊”　一冊

370000－1542－0001316　440/15　史部/傳記類
疑年賡錄二卷　(清)張鳴珂撰　清光緒二十四年(1898)寒松閣刻本　十一行二十二字小字雙行同黑口雙魚尾左右雙邊　内封題“光緒戊戌春閏三月刊寒松閣臧板”　一冊

370000－1542－0001317　440/20　史部/傳記類
補疑年錄四卷　(清)錢椒編　清光緒六年(1880)刻本　九行二十字小字雙行同白口單魚尾四周雙邊　一冊

370000－1542－0001318　440/21　史部/傳記類
三續疑年錄十卷　(清)陸心源編　清光緒五年(1879)刻本　十行二十字小字雙行同白口單魚尾四周雙邊　三冊

370000－1542－0001319　440/17　史部/史表類
校正古今人表九卷　(清)翟云升撰　清道光十五年(1835)掖縣翟氏刻五經歲徧齋校書三種本　十行二十字小字雙行同黑口單魚尾左右雙邊　一冊

370000－1542－0001320　440/17　史部/史表類
校正古今人表九卷　(清)翟云升撰　清道光十五年(1835)掖縣翟氏刻五經歲徧齋校書三種本　十行二十字小字雙行同黑口單魚尾左右雙邊　一冊

370000－1542－0001321　413/23　史部/史表類
人表攷九卷　(清)梁玉繩撰　**人表考附錄一卷**　(清)梁學昌輯　**漢書人表攷校補一卷**　(清)蔡雲撰　清光緒十四年(1888)廣雅書局刻本　十一行二十四字小字雙行同黑口單魚尾四周單邊　内封題“光緒十三年十二月廣雅書局刻”　五冊

370000－1542－0001322　413/23　史部/史表類
人表攷九卷　(清)梁玉繩撰　清光緒十四年(1888)廣雅書局刻本　十一行二十四字小字雙行同黑口單魚尾四周單邊　内封題“光緒十三年十二月廣雅書局刻”　四冊　缺一卷(漢人表考校補)

370000－1542－0001323　440/19　史部/傳記類
聖廟祀典圖考五卷附崇聖祠考一卷聖蹟圖一卷孟子聖蹟圖一卷　(清)顧沅輯　清道光六年至十年(1826－1830)刻本　九行十九字小字雙行同白口單黑魚尾左右雙邊　牌記題“道光丙戌春開雕庚寅冬工竣”　六冊

370000－1542－0001324　440/19　史部/傳記類
聖廟祀典圖考三卷附崇聖祠考一卷聖蹟圖一卷孟子聖蹟圖一卷　(清)顧沅輯　清光緒上海同文書局石印本　九行十九字白口單魚尾左右雙邊　内封題“上海同文書局縮印”　四冊

370000－1542－0001325　440/23　史部/傳記類
紹郡莫氏家譜十卷　(清)莫元遂編　清同治十一年(1872)莫氏木活字印本　八行二十字小字雙行同白口四周單邊　三冊

370000－1542－0001326　440/24　史部/傳記類
福州通賢龔氏支譜三卷　(清)龔依堯編　清光緒九年(1883)龔氏刻本　十一行二十五字小字雙行同白口單魚尾四周雙邊　内封題“光緒九年癸未夏　十八世葆琛謹編輯”　三冊

370000－1542－0001327　440/26　史部/傳記類

楚寶四十卷外篇五卷　（明）周聖楷輯纂（清）鄧顯鶴考異增輯　清道光九年（1829）鄧顯鶴寧鄉學署刻本　十行二十二字小字雙行同白口單魚尾左右雙邊　内封題“道光九年重刊”　二十六册

370000－1542－0001328　440/27　史部/傳記類

南海學正黄氏家譜節本十二卷首一卷末一卷　（清）黄任恆編　清宣統三年（1911）黄氏保粹堂刻本　十一行二十四字小字雙行同黑口四周單邊　内封題“學正黄氏家譜節本”　鈐有“秩南持贈”　二册

370000－1542－0001329　440/28　史部/傳記類

蘭閨寶録六卷　（清）惲珠編　清道光十一年（1831）武進惲氏紅香館刻汴省龍文齋印本　九行十九字小字雙行同黑口雙魚尾四周單邊　内封題“道光辛卯鐫　紅香館藏版”　六册

370000－1542－0001330　440/32　史部/傳記類

新刊聖蹟圖　（清）□□繪編　清同治十三年（1874）孔憲蘭刻本　白口單魚尾四周單邊　一册

370000－1542－0001331　440/32　史部/傳記類

新刊聖蹟圖　（清）□□繪編　清同治十三年（1874）孔憲蘭刻本　白口單魚尾四周單邊　一册

370000－1542－0001332　440/32　史部/傳記類

聖蹟圖　（清）□□繪編　清刻本　白口單魚尾四周單邊　一册

370000－1542－0001333　440/34　史部/傳記類

聖賢像贊三卷　（明）冠洋子編　清光緒四年（1878）曲阜會文堂刻本　十行十九字小字雙行同白口單魚尾左右雙邊　内封題“光緒四年重刊　板藏曲阜會文堂”　四册　缺卷三陳子之後

370000－1542－0001334　440/35　史部/傳記類

聖賢像贊六帙　（清）吳高增撰　清同文書局石印本　行字不等　鈐有“耕馀樓本”　三册

370000－1542－0001335　440/39　史部/傳記類

列仙傳校正本二卷列仙傳讚一卷夢書一卷　（清）王照圓校輯　清光緒八年（1882）刻本　十行二十一字小字雙行同白口單魚尾四周雙邊　一册

370000－1542－0001336　440/38　史部/傳記類

歷代奸庸殷鑑録三十二卷　（清）李漱蘭等輯　清光緒三十年（1904）上海開智書局石印本　二十四行三十字白口單魚尾四周雙邊　内封題“光緒甲辰孟秋　上海開智社印”　八册

370000－1542－0001337　440/40　史部/傳記類

歷代名臣言行録二十四卷　（清）朱桓輯　清光緒二十八年（1902）鴻寶書局鉛字排印本　二十行四十四字小字雙行同白口單魚尾四周單邊　内封題“光緒壬寅夏月鴻寶書局校印”　鈐有“俠逸仙史”“臣楨”“高□□印”“齊魯大學圖書館藏書”　十二册

370000－1542－0001338　440/40　史部/傳記類

歷代名臣言行録二十四卷　（清）朱桓輯　清光緒三十年（1904）上海同文升記書局鉛字排印本　二十行四十四字小字雙行同白口單魚尾四周單邊　内封題“光緒甲辰春月上海同文升記書局校印”　十二册

370000－1542－0001339　440/42　史部/傳記類

增廣尚友録統編二十二卷　（清）應祖錫編　清光緒二十八年（1902）鴻寶齋石印本　十四行小字雙行五十字白口單魚尾四周雙邊　内封題“光緒壬寅十一月鴻寶齋石印”　十四册

370000－1542－0001340　440/42　史部/傳記類

增廣尚友録統編二十二卷　(清)應祖錫編　清光緒二十八年(1902)鴻寶齋石印本　十六行小字雙行五十字白口單魚尾四周雙邊　内封題"光緒壬寅十一月鴻寶齋石印"　十二册

370000－1542－0001341　440/43　史部/傳記類

校正尚友録二十二卷　(清)廖用賢編　(清)張伯琮補輯　清光緒十六年(1890)上海蜚英館石印本　十四行小字雙行四十六字白口單魚尾四周雙邊　内封題"光緒庚寅夏四月上海蜚英館石印"　四册

370000－1542－0001342　440/44　史部/傳記類

二十四史分類言行録四十二卷　(清)錢大昕輯　(清)顧廣圻校　清光緒二十八年(1902)上海書局石印本　二十二行四十字小字雙行同白口單魚尾四周單邊　内封題"光緒壬寅仲夏上海書局石印"　八册

370000－1542－0001343　440/44　史部/傳記類

二十四史分類言行録四十二卷　(清)錢大昕輯　(清)顧廣圻校　清光緒二十八年(1902)上海書局石印本　二十二行四十字小字雙行同白口單魚尾四周單邊　内封題"光緒壬寅仲夏上海書局石印"　八册

370000－1542－0001344　440/45　史部/傳記類

古品節録六卷　(清)松筠編　清嘉慶四年(1799)刻本　六行二十四字小字雙行同白口單魚尾四周雙邊　内封題"嘉慶四年新鐫本衙藏板"　三册

370000－1542－0001345　440/46　史部/傳記類

歷代名人年譜十卷附存疑及生卒年月無攷一卷　(清)吳榮光撰　(清)譚錫慶校正　(清)瞿樹辰　(清)吳彌光編校　清光緒北京刻本　表格三欄白口單魚尾四周雙邊　内封題"信都萬忍堂藏板""北京琉璃廠内晋華書局藏板"　十册

370000－1542－0001346　440/46　史部/傳記類

歷代名人年譜十卷附存疑及生卒年月無攷一卷　(清)吳榮光撰　(清)譚錫慶校正　(清)瞿樹辰　(清)吳彌光編校　清光緒北京刻本　表格三欄白口單魚尾四周雙邊　内封題"信都萬忍堂藏板""北京琉璃廠内晋華書局藏板"　十册

370000－1542－0001347　440/46　史部/傳記類

歷代名人年譜十卷附存疑及生卒年月無攷一卷　(清)吳榮光撰　(清)譚錫慶校正　(清)瞿樹辰　(清)吳彌光編校　清光緒北京刻本　表格三欄白口單魚尾四周雙邊　内封題"天祿閣藏板"　鈐有"黄氏天倪庋藏""私立齊魯大學國學研究所藏書之章"　九册　缺一卷(五)

370000－1542－0001348　440/47　史部/傳記類

歷代循吏傳八卷　(清)朱軾　(清)蔡世遠訂　(清)李清植分纂　清光緒二十三年(1897)刻本　九行二十一字白口單魚尾四周單邊　内封題"光緒二十三年鐫"　四册

370000－1542－0001349　440/50　史部/傳記類

歷代名儒傳八卷　(清)朱軾　(清)蔡世遠訂　(清)李清植分纂　清光緒二十三年(1897)刻本　九行二十一字白口單魚尾四周單邊　内封題"光緒二十三年鐫"　四册

370000－1542－0001350　440/50　史部/傳記類

歷代名臣傳續編五卷　(清)朱軾　(清)蔡世遠訂　(清)李清植分纂　清光緒二十三年(1897)刻本　九行二十一字白口單魚尾四周單邊　二册

370000－1542－0001351　440/51　史部/傳記類

百將圖傳二卷　(清)丁日昌輯　清同治八年(1869)江蘇書局刻本　十一行二十一字白口

單魚尾左右雙邊　内封題"同治八年十二月江蘇書局刊"　二册

370000－1542－0001352　440/52　史部/傳記類
疇人傳四十六卷附續傳六卷　(清)阮元撰　(清)羅士琳續補　清光緒八年(1882)海鹽張氏常惺齋刻本　十行二十字小字雙行同白口單魚尾左右雙邊　内封題"光緒壬午春海鹽常惺齋張氏重校刊"　十二册

370000－1542－0001353　440/52　史部/傳記類
疇人傳四十六卷附續傳六卷　(清)阮元撰　(清)羅士琳續補　**疇人傳三編七卷**　(清)諸可寶撰　**近代疇人著述記**　(清)華世芳撰　清光緒二十二年(1896)上海璣衡堂石印本　二十行四十二字小字雙行同白口單魚尾四周雙邊　内封題"光緒丙申年仲冬上海璣衡堂藏本"　八册

370000－1542－0001354　440/53　史部/傳記類
於越先賢像傳贊二卷　(清)王齡撰　(清)任熊繪　清咸豐六年(1856)蕭山王氏養龢堂刻同治九年(1870)王昌印本　八行十八字白口四周單邊　牌記題"咸豐丙辰八月初吉開琱蕭山王氏養龢堂藏板"　二册

370000－1542－0001355　440/54　史部/傳記類
歷代名臣言行録續集四十卷　(清)張兆蓉輯　清光緒二十八年(1902)上海通文局石印本　二十行三十八字白口單魚尾四周雙邊　内封題"古堇聖教會藏稿上海通文局石印寧波汲綆分發行"　十二册

370000－1542－0001356　440/60　史部/傳記類
儒林宗派十六卷　(清)萬斯同撰　清宣統三年(1911)浙江圖書館刻本　表格八行二十五字白口單魚尾左右雙邊　内封題"宣統三年春二月朔浙江圖書館栞本"　鈐有"冉昭衷印""性伯"　二册

370000－1542－0001357　440/60　史部/傳記類
儒林宗派十六卷　(清)萬斯同撰　清宣統三年(1911)浙江圖書館刻民國十七年(1928)修補本　表格八行二十五字白口單魚尾左右雙邊　内封題"宣統三年春二月朔浙江圖書館栞本"　二册

370000－1542－0001358　440/63　史部/傳記類
宋元以來畫人姓氏録三十六卷　(清)魯駿撰　清道光十年(1830)刻本　十行二十一字小字雙行同白口雙魚尾左右雙邊　十六册

370000－1542－0001359　440/66　史部/傳記類
十五家年譜叢書　(清)楊希閔編　清光緒揚州書林陳履恒彙集補刻本　十一行二十五字小字雙行同白口單魚尾四周雙邊　内封題"書林陳履恒整理補刊於揚州"　十六册

370000－1542－0001360　440/66　史部/傳記類
十五家年譜叢書　(清)楊希閔編　清光緒揚州書林陳履恒彙集補刻本　十一行二十五字小字雙行同白口單魚尾四周雙邊　内封題"書林陳履恒整理補刊於揚州"　十六册

370000－1542－0001361　440/68　史部/傳記類
海岱史略一百四十卷　(清)王馭超撰　清光緒二十二年至二十三年(1896－1897)安邱王氏家刻本　九行二十二字小字雙行同白口單魚尾四周雙邊　鈐有"李錦章"　二十四册

370000－1542－0001362　440/69　史部/傳記類
文獻徵存録十卷　(清)錢林輯　(清)王藻編　清咸豐八年(1858)江蘇南通王氏有嘉樹軒刻本　十一行二十一字小字雙行同白口單魚尾四周雙邊　内封題"咸豐八年刻有嘉樹軒藏板"　十二册

370000－1542－0001363　440/69　史部/傳記類

文獻徵存録十卷　(清)錢林輯　(清)王藻編　清咸豐八年(1858)江蘇南通王氏有嘉樹軒刻本　十一行二十一字小字雙行同白口單魚尾四周雙邊　内封題"咸豐八年刻有嘉樹軒藏板"　十册

370000－1542－0001364　440/77　史部/傳記類

澤宫序次舉要二卷附録一卷　(清)洪恩波編　清光緒二十三年(1897)刻二十五年(1899)校補本　九行二十一字黑口單魚尾左右雙邊　内封題"光緒丁酉夏六月栞己亥春重校補正版存金陵官書局"　二册

370000－1542－0001365　440/78　史部/傳記類

印人傳三卷　(清)周亮工撰　清宣統二年(1910)西泠印社葉氏存古叢書鉛字排印本　十二行三十字白口單魚尾四周單邊　内封題"印人傳三卷　葉舟社長重刻是傳屬鐘以義書耑时宣統二年四月"　二册

370000－1542－0001366　440/78　史部/傳記類

續印人傳八卷　(清)汪啓淑撰　清宣統二年(1910)西泠印社鉛字排印葉氏存古叢書本　十二行三十字白口單魚尾四周單邊　三册

370000－1542－0001367　440/78　史部/傳記類

再續印人小傳三卷補遺一卷　葉銘輯　清宣統二年(1910)西泠印社鉛字排印葉氏存古叢書本　十二行三十字白口單魚尾四周單邊　三册

370000－1542－0001368　440/83　史部/傳記類

高士傳三卷　(晉)皇甫謐撰　清光緒三年(1877)湖北崇文書局刻本　十二行二十四字黑口雙魚尾四周雙邊　内封題"光緒三年三月湖北崇文書局開雕"　鈐有"石君辛巳以後所得書""壯學堂"　一册

370000－1542－0001369　440/86　史部/傳記類

歷朝狀元録二卷附條存一卷條存補遺一卷漢至隋年號一卷　(清)沈一清編輯　清光緒坊刻本　十二行二十四字小字雙行同白口單魚尾四周雙邊　内封題"同治六年補至版存常郡文興堂書坊静觀山房藏"　二册

370000－1542－0001370　440/86　史部/傳記類

三元再見集一卷　(清)沈一清編輯　清光緒坊刻本　十二行二十四字小字雙行同白口單魚尾四周雙邊　内封題"光緒丙戌仲秋重鐫　晉陵詠梅軒謝氏藏板"　一册

370000－1542－0001371　440/88　史部/傳記類

女英傳四卷　(清)清風室主編　清同治十年(1871)清風室主序刻本　十一行二十三字小字雙行同黑口雙魚尾四周雙邊　四册

370000－1542－0001372　440/89　史部/傳記類

多忠勇公勤勞録四卷　(清)雷正綰纂輯　(清)劉保國編次　清光緒元年(1875)固原提署刻本　八行二十二字白口單魚尾四周雙邊　内封題"光緒元年孟冬固原提署敬鐫　板存西安都城隍廟西馬道巷桂榮堂竇家刻字鋪"　四册

370000－1542－0001373　440/96　史部/傳記類

史餘二十卷補錄一卷補註一卷　(清)陳堯松著　(清)陳慶颺註　(清)韓揭庶補註　清同治三年(1864)竹平安齋刻本　九行二十四字小字雙行同白口單魚尾四周雙邊　内封題"同治甲子年新鐫　竹平安齋藏板"　鈐有"璪印"　六册

370000－1542－0001374　440/101　史部/傳記類

異號類編二十卷　(清)史夢蘭輯　清同治四年(1865)刻本　十行二十三字黑口四周雙邊　内封題"同治乙丑栞　止園藏板"　四册

370000－1542－0001375　440/102　史部/傳記類

碧血録五卷　(清)莊仲方撰　(清)夏鸞翔繪圖　(清)許善長校字　清光緒八年(1882)上海同文書局石印本　十一行二十三字白口左右雙邊　牌記題“光緒八年冬仲上海同文書局石印”　五册

370000 - 1542 - 0001376　440/106　史部/傳記類

吴郡名宦先賢遺像　(清)顧沅輯　(清)孔繼堯繪　清道光刻石同治十二年(1873)恩錫修補增刻拓本　十册

370000 - 1542 - 0001377　440/109　史部/傳記類

船山公[王夫之]年譜前後編　(清)王之春編　清光緒十九年(1893)鄂藩使署刻本　十一行二十二字黑口單魚尾左右雙邊　牌記題“一九七四年十月衡陽市博物館據館藏清光緒十九年鄂藩使署原木刻板重印”　二册

370000 - 1542 - 0001378　440/109　史部/傳記類

船山公[王夫之]年譜前後編　(清)王之春編　清光緒十九年(1893)鄂藩使署刻本　十一行二十二字黑口單魚尾左右雙邊　牌記題“一九七四年十月衡陽市博物館據館藏清光緒十九年鄂藩使署原木刻板重印”　二册

370000 - 1542 - 0001379　440/109　史部/傳記類

船山公[王夫之]年譜前後編　(清)王之春編　清光緒十九年(1893)鄂藩使署刻本　十一行二十二字黑口單魚尾左右雙邊　牌記題“一九七四年十月衡陽市博物館據館藏清光緒十九年鄂藩使署原木刻板重印”　二册

370000 - 1542 - 0001380　440/109　史部/傳記類

船山公[王夫之]年譜前後編　(清)王之春編　清光緒十九年(1893)鄂藩使署刻本　十一行二十二字黑口單魚尾左右雙邊　牌記題“一九七四年十月衡陽市博物館據館藏清光緒十九年鄂藩使署原木刻板重印”　二册

370000 - 1542 - 0001381　440/109　史部/傳記類

船山公[王夫之]年譜前後編　(清)王之春編　清光緒十九年(1893)鄂藩使署刻本　十一行二十二字黑口單魚尾左右雙邊　牌記題“一九七四年十月衡陽市博物館據館藏清光緒十九年鄂藩使署原木刻板重印”　二册

370000 - 1542 - 0001382　440/112　史部/傳記類

孟子[軻]年譜一卷　(清)趙大浣撰　清同治四年(1865)刻本　表格白口單魚尾四周單邊　一册

370000 - 1542 - 0001383　440.9/6　史部/傳記類

王船山先生[夫之]年譜二卷　(清)劉毓崧撰　清光緒十二年(1886)江南書局刻本　十行二十二字小字雙行同黑口雙魚尾左右雙邊　牌記題“光緒丙戌孟春江南書局栞板”　二册

370000 - 1542 - 0001384　441/1　史部/傳記類

春秋臣傳三十卷　(宋)王當撰　清同治十二年(1873)巴陵鍾謙鈞重刻通志堂經解本　十一行二十字白口單魚尾左右雙邊　四册

370000 - 1542 - 0001385　441/2　史部/傳記類

孔門弟子傳略二卷　(清)夏洪基輯　(清)夏之芳重校　清道光九年(1829)刻本　九行二十一字小字雙行同白口四周雙邊　内封題“道光九年重栞　向日園藏板”　二册

370000 - 1542 - 0001386　441/3　史部/傳記類

孟志編略六卷　(清)孫葆田輯　清光緒十六年(1890)刻本　十行二十四字小字雙行同黑口單魚尾左右雙邊　内封題“光緒庚寅秋栞黄巖張睿署檢”　鈐有“愛日樓”　一册

370000 - 1542 - 0001387　441/4　史部/傳記類

孔子編年四卷　(清)狄子奇撰　清光緒十三年(1887)浙江書局刻本　十行二十二字小字雙行同白口單魚尾左右雙邊　内封題“光緒

丁亥年浙江書局刻” 鈐有“悔不讀齋珍藏書畫” 一冊

370000 - 1542 - 0001388 441/4 史部/傳記類

孟子編年四卷 (清)狄子奇撰 清光緒十三年(1887)浙江書局刻本 十行二十二字小字雙行同白口單魚尾左右雙邊 内封題“光緒丁亥年浙江書局刻” 鈐有“悔不讀齋珍藏書畫” 一冊

370000 - 1542 - 0001389 442/2 史部/傳記類

諸葛忠武侯故事五卷 (清)張澍撰 清同治、光緒間刻本 九行二十四字小字雙行同白口單魚尾四周單邊 内封題“忠武侯諸葛孔明先生故事 據同治元年聚珍齋活字本翻刻” 三冊

370000 - 1542 - 0001390 442/3 史部/傳記類

忠武誌十卷 (清)張鵬翮編 清嘉慶十九年(1814)周畹蘭刻本 九行二十五字小字雙行同白口單魚尾左右雙邊 四冊

370000 - 1542 - 0001391 442/4 史部/傳記類

漢丞相諸葛忠武侯傳一卷 (宋)張栻撰 清光緒歸安陸氏刻十萬卷樓叢書本 九行二十一字黑口四周雙邊 一冊

370000 - 1542 - 0001392 443/2 史部/傳記類

右軍[王羲之]年譜一卷附叢談一卷 (清)魯一同撰 清咸豐五年(1855)刻本 佚名批注題跋 九行二十一字小字雙行同白口單魚尾四周單邊 鈐有“張之銘珍臧”“張之銘臧書記”“古驩室臧” 一冊

370000 - 1542 - 0001393 443/2 史部/傳記類

右軍[王羲之]年譜一卷 (清)魯一同撰 清咸豐五年(1855)刻本 九行二十一字小字雙行同白口單魚尾四周單邊 一冊

370000 - 1542 - 0001394 445/2 史部/傳記類

韓文類譜七卷 (宋)吕大防等撰 **柳先生[宗元]年譜一卷** (宋)文安禮等撰 清光緒元年(1875)隸釋齋翻刻雍正七年(1729)小玲瓏山館仿宋本 十行十八字白口單魚尾左右雙邊 牌記題“小玲瓏山館仿宋本 枕泉莊贈隸釋齋摹 光緒元年秋七月雕” 一冊

370000 - 1542 - 0001395 446/2 史部/傳記類

鄂國金陀稡編二十八卷續編三十卷 (宋)岳珂編 清光緒九年(1883)浙江書局刻本 九行二十一字白口單魚尾左右雙邊 牌記題“光緒九年浙江書局刻” 十二冊

370000 - 1542 - 0001396 446/5 史部/傳記類

韓魏公言行録一卷 (清)崔廷璋編次 清光緒十三年(1887)刻本 九行二十一字黑口單魚尾四周雙邊 牌記題“光緒十三年春正月校刊” 鈐有“四川省儒教會閱書室臧書章” 一冊

370000 - 1542 - 0001397 446/10 史部/傳記類

五朝名臣言行錄十卷 (宋)朱熹纂集 (宋)李衡校正 清道光元年(1821)洪瑩刻同治七年(1868)包良訓重修本 十二行二十三字黑口單魚尾左右雙邊 内封題“同治歲次戊辰臨川桂氏重脩” 二冊

370000 - 1542 - 0001398 446/10 史部/傳記類

五朝名臣言行錄十卷 (宋)朱熹纂集 (宋)李衡校正 清道光元年(1821)洪瑩刻同治七年(1868)包良訓重修本 十二行二十三字黑口單魚尾左右雙邊 内封題“同治歲次戊辰臨川桂氏重脩” 二冊

370000 - 1542 - 0001399 446/10 史部/傳記類

五朝名臣言行錄十卷 (宋)朱熹纂集 (宋)李衡校正 清道光元年(1821)洪瑩刻同治七

年(1868)包良訓重修本　十二行二十三字黑口單魚尾左右雙邊　内封題“同治歲次戊辰臨川桂氏重脩”　鈐有“李錦章”　二册

370000－1542－0001400　446/10　史部/傳記類
皇朝名臣言行續録八卷　(宋)李幼武纂集　清道光元年(1821)洪瑩刻同治七年(1868)包良訓重修本　十二行二十三字黑口單魚尾左右雙邊　内封題“同治歲次戊辰臨川桂氏重脩”　一册

370000－1542－0001401　446/10　史部/傳記類
皇朝名臣言行續録八卷　(宋)李幼武纂集　清道光元年(1821)洪瑩刻同治七年(1868)包良訓重修本　十二行二十三字黑口單魚尾左右雙邊　内封題“同治歲次戊辰臨川桂氏重脩”　一册

370000－1542－0001402　446/10　史部/傳記類
皇朝名臣言行續録八卷　(宋)李幼武纂集　清道光元年(1821)洪瑩刻同治七年(1868)包良訓重修本　十二行二十三字黑口單魚尾左右雙邊　内封題“同治歲次戊辰臨川桂氏重脩”　鈐有“李錦章”　一册

370000－1542－0001403　446/10　史部/傳記類
三朝名臣言行録十四卷　(宋)朱熹纂集　(宋)李衡校正　清道光元年(1821)洪瑩刻同治七年(1868)包良訓重修本　十二行二十三字黑口單魚尾左右雙邊　内封題“同治歲次戊辰臨川桂氏重脩”　鈐有“李錦章”　二册

370000－1542－0001404　446/10　史部/傳記類
三朝名臣言行録十四卷　(宋)朱熹纂集　(宋)李衡校正　清道光元年(1821)洪瑩刻同治七年(1868)包良訓重修本　十二行二十三字黑口單魚尾左右雙邊　内封題“同治歲次戊辰臨川桂氏重脩”　二册

370000－1542－0001405　446/10　史部/傳記類
三朝名臣言行録十四卷　(宋)朱熹纂集　(宋)李衡校正　清道光元年(1821)洪瑩刻同治七年(1868)包良訓重修本　十二行二十三字黑口單魚尾左右雙邊　内封題“同治歲次戊辰臨川桂氏重脩”　二册

370000－1542－0001406　446/10　史部/傳記類
皇朝道學名臣言行外録十七卷　(宋)李幼武纂集　清道光元年(1821)洪瑩刻同治七年(1868)包良訓重修本　十二行二十三字黑口單魚尾左右雙邊　内封題“同治歲次戊辰臨川桂氏重脩”　鈐有“李錦章”　三册

370000－1542－0001407　446/10　史部/傳記類
皇朝道學名臣言行外録十七卷　(宋)李幼武纂集　清道光元年(1821)洪瑩刻同治七年(1868)包良訓重修本　十二行二十三字黑口單魚尾左右雙邊　内封題“同治歲次戊辰臨川桂氏重脩”　三册

370000－1542－0001408　446/10　史部/傳記類
皇朝道學名臣言行外録十七卷　(宋)李幼武纂集　清道光元年(1821)洪瑩刻同治七年(1868)包良訓重修本　十二行二十三字黑口單魚尾左右雙邊　内封題“同治歲次戊辰臨川桂氏重脩”　三册

370000－1542－0001409　446/10　史部/傳記類
四朝名臣言行續録上十三卷下十三卷　(宋)李幼武纂集　清道光元年(1821)洪瑩刻同治七年(1868)包良訓重修本　十二行二十三字黑口單魚尾左右雙邊　内封題“同治歲次戊辰臨川桂氏重脩”　鈐有“李錦章”　三册

370000－1542－0001410　446/10　史部/傳記類
四朝名臣言行續録上十三卷下十三卷　(宋)李幼武纂集　清道光元年(1821)洪瑩刻同治七年(1868)包良訓重修本　十二行二十三字

黑口單魚尾左右雙邊　内封題"同治歲次戊辰臨川桂氏重脩"　四册

370000－1542－0001411　446/10　史部/傳記類

四朝名臣言行續錄上十三卷下十三卷　(宋)李幼武纂集　清道光元年(1821)洪瑩刻同治七年(1868)包良訓重修本　十二行二十三字黑口單魚尾左右雙邊　内封題"同治歲次戊辰臨川桂氏重脩"　四册

370000－1542－0001412　446/3　史部/傳記類

五朝名臣言行錄前集十卷　(宋)朱熹纂集　(宋)李衡校正　清道光元年(1821)洪氏歙績學堂校刻本　十二行二十三字黑口單魚尾左右雙邊　内封題"道光元年歙績學堂洪氏校刊"　鈐有"燕庭""劉喜海印""文正曾孫""燕庭臧書""顊公""海右奎峰耿氏臧書"　四册

370000－1542－0001413　446/14－2　史部/傳記類

朱子[熹]年譜四卷考異四卷附錄二卷校勘記三卷附記校勘存疑一卷　(清)王懋竑纂訂　清光緒九年(1883)涂宗瀛武昌書局校刻本　八行二十字小字雙行同白口單魚尾左右雙邊　内封題"寶應王予中先生纂訂　武昌書局校刊"　四册

370000－1542－0001414　446/15　史部/傳記類

考訂朱子世家一卷　(清)江永撰　清同治六年(1867)涇縣黄田朱氏據嘉慶十二年(1807)本刻本　九行二十字小字雙行同黑口單魚尾四周雙邊　牌記題"同治六年三月涇縣黄田朱氏重栞"　一册

370000－1542－0001415　447/1　史部/傳記類

王深寧先生[應麟]年譜一卷附錄一卷　(清)陳僅纂輯　(清)張恕編次　清道光二十五年(1845)四明繼雅堂刻本　十行二十二字小字雙行同白口單魚尾四周雙邊　内封題"道光乙巳孟夏重刊　四明繼雅堂藏板"　一册

370000－1542－0001416　448/3　史部/傳記類

建文年譜四卷辨疑一卷提綱一卷問答一卷後事一卷　(明)趙士喆編　(清)趙瀚　(清)趙濤音注　清咸豐四年(1854)三水唐鴻刻本　十二行三十二字小字雙行同白口單魚尾四周雙邊　内封題"咸豐甲寅仲夏新鐫　古豳習勤堂藏板"　四册

370000－1542－0001417　448/3　史部/傳記類

建文年譜四卷辨疑一卷提綱一卷問答一卷後事一卷　(明)趙士喆編　(清)趙瀚　(清)趙濤音注　清咸豐四年(1854)三水唐鴻刻本　十二行三十二字小字雙行同白口單魚尾四周雙邊　内封題"咸豐甲寅仲夏新鐫　古豳習勤堂藏板"　四册

370000－1542－0001418　448/5　史部/傳記類

史外八卷　(清)汪有典撰　清同治四年(1865)刻本　佚名批注　九行二十四字白口單魚尾左右雙邊　内封題"同治四年乙丑陝甘公所藏板"　八册

370000－1542－0001419　448/7　史部/傳記類

有明於越三不朽名賢圖贊不分卷　(明)張岱撰　清光緒十四年(1888)山陰陳錦刻本　八行二十字白口單魚尾四周雙邊　内封題"光緒戊子重鋟　山陰張陶庵先生原刻　明於越人三不朽名賢圖贊　後學陳錦校栞"　一册

370000－1542－0001420　448/8　史部/傳記類

明賢蒙正錄二卷　(清)彭定求撰　(清)王與圖參評　清同治九年(1870)刻本　八行十八字黑口單魚尾四周單邊　一册

370000－1542－0001421　448/14　史部/傳記類

黄忠端公[尊素]年譜二卷忠端公[尊素]年譜舊本一卷　(清)黄炳垕編　清光緒元年

(1875)家刻本　九行二十三字小字雙行同黑口雙魚尾四周雙邊　内封題“光緒乙亥冬琱留書種閣臧版”　一册

370000－1542－0001422　448/15　史部/傳記類

張中丞事實集録三卷首一卷　(清)王德茂編　(清)陸嵩校　清光緒九年(1883)丹徒羅志讓刻本　十行十九字白口單魚尾四周雙邊　牌記題“光緒九年冬季重鐫”　二册

370000－1542－0001423　448/16　史部/傳記類

流賊傳一卷附老神仙傳一卷　(清)張廷玉等撰　清道光十九年(1839)木活字印本　八行二十字小字雙行同白口單魚尾四周雙邊　内封題“十種叢書之二　明史　品石山房存板”　一册

370000－1542－0001424　449/5　史部/傳記類

求闕齋弟子記三十二卷　(清)王定安撰　清光緒二年(1876)刻本　十行二十四字白口單魚尾左右雙邊　牌記題“光緒二年刊於都門”　十六册　缺卷三十二第四十一頁

370000－1542－0001425　449/6　史部/傳記類

閻潛丘先生[若璩]年譜一卷　(清)張穆編　清道光二十七年(1847)山西壽陽祁氏刻本　十一行二十三字小字雙行同白口單魚尾左右雙邊　牌記題“道光廿七年壽陽祁氏刊何紹基署檢”　鈐有“吳石君壬子後所得物”“吳鶚私印”“友石”“愛日樓”　一册

370000－1542－0001426　449/27　史部/傳記類

顧亭林先生[炎武]年譜一卷　(清)張穆編　清道光二十四年(1844)刻本　九行二十一字小字雙行同黑口單魚尾四周單邊　牌記題“道光廿四年刻道州何紹基署”　一册

370000－1542－0001427　449/6　史部/傳記類

顧亭林先生[炎武]年譜一卷　(清)張穆編　清道光二十四年(1844)刻本　九行二十一字小字雙行同黑口單魚尾四周單邊　牌記題“道光廿四年刻道州何紹基署”　鈐有“吳石君壬子後所得物”“吳鶚私印”“友石”“愛日樓”　一册

370000－1542－0001428　449/7　史部/傳記類

國朝耆獻類徵初編七百二十卷國朝賢媛類徵初編十二卷　(清)李桓編　清光緒十年至十六年(1884－1890)湖南湘陰李氏刻光緒十七年(1891)增刻本　十行二十五字白口單魚尾四周雙邊　牌記題“光緒甲申開雕庚寅歲工湘陰李氏藏版”　國朝賢媛類徵初編牌記題“光緒辛卯開琱湘陰李氏臧版”　三百册

370000－1542－0001429　449/7　史部/傳記類

國朝耆獻類徵初編七百二十卷　(清)李桓編　清光緒十年至十六年(1884－1890)湖南湘陰李氏刻本　十行二十五字白口單魚尾四周雙邊　二百九十四册

370000－1542－0001430　449/8　史部/傳記類

國朝詩人徵略六十卷　(清)張維屏輯　清道光十年(1830)番禺張氏刻本　十行二十二字小字雙行同黑口單魚尾左右雙邊　二十册　缺卷五十第七頁後、卷六十

370000－1542－0001431　449/9　史部/傳記類

國朝先正事略六十卷首一卷　(清)李元度編　(清)許時庚重校　清光緒十二年(1886)鉛字排印本　十四行四十二字白口單魚尾四周雙邊　牌記題“光緒十有二年小春上浣重校刊印”　十册

370000－1542－0001432　449/9　史部/傳記類

國朝先正事略六十卷　(清)李元度編　清光緒十三年(1887)上海點石齋重校石印本　二十行四十字白口單魚尾四周雙邊　牌記題“光緒丁亥閏夏上海點石齋重校縮印”　八册

370000－1542－0001433　449/9　史部/傳記類

國朝先正事略六十卷　(清)李元度編　清光緒二十五年(1899)石印本　二十三行五十字白口單魚尾四周雙邊　内封題"光緒己亥夏月仿泰西法石印"　八册

370000－1542－0001434　449/9　史部/傳記類

國朝先正事略續編四卷　(清)朱孔彰編　清光緒二十六年(1900)石印本　二十三行五十字白口單魚尾四周雙邊　内封題"光緒庚子季春仿泰西法石印"　二册

370000－1542－0001435　449/9　史部/傳記類

國朝先正事略六十卷　(清)李元度編　清末步月山房刻本　十行二十四字黑口單魚尾四周雙邊　内封題"步月山房藏板"　二十四册

370000－1542－0001436　449/9　史部/傳記類

國朝先正事略六十卷　(清)李元度編　清末刻本　十行二十四字白口單魚尾四周雙邊　二十四册

370000－1542－0001437　449/9　史部/傳記類

國朝先正事略六十卷　(清)李元度編　清光緒山東官印書局鉛字排印本　十七行三十四字白口單魚尾四周單邊　内封題"山東官印書局校印"　二册

370000－1542－0001438　449/10　史部/傳記類

漢名臣傳三十二卷　(清)國史館撰　清北京琉璃廠榮錦書坊刻本　九行十七字白口單魚尾四周單邊　内封題"國史館原本　京都正陽門琉璃廠榮錦書坊檢字"　三十二册

370000－1542－0001439　449/10　史部/傳記類

漢名臣傳三十二卷　(清)國史館撰　清北京琉璃廠榮錦書坊刻本　九行十七字白口單魚尾四周單邊　内封題"國史館原本　京都正陽門琉璃廠榮錦書坊檢字"　三十二册

370000－1542－0001440　449/11　史部/傳記類

滿洲名臣傳四十八卷　(清)國史館撰　清北京琉璃廠榮錦書屋刻本　九行十七字白口單魚尾四周單邊　内封題"國史館原本　京都正陽門琉璃廠榮錦書屋檢字"　四十八册

370000－1542－0001441　449/12　史部/傳記類

國朝漢學師承記八卷國朝經師經義目錄一卷國朝宋學淵源記二卷附記一卷　(清)江藩撰　清末刻本　九行二十一字黑口左右雙邊　六册

370000－1542－0001442　449/12　史部/傳記類

國朝漢學師承記八卷國朝經師經義目錄一卷國朝宋學淵源記二卷附記一卷　(清)江藩撰　清末刻本　九行二十一字黑口左右雙邊　六册

370000－1542－0001443　449/14　史部/傳記類

范文正公言行錄三卷摘錄范文正公年譜言行一卷　(清)崔廷璋輯　清光緒十三年(1887)刻本　九行二十一字黑口單魚尾四周雙邊　牌記題"光緒十三年春正月校刊"　鈐有"四川省儒教會閲書室藏書章""七十式漢碑齋顔氏珍藏書畫章"　一册

370000－1542－0001444　449/18　史部/傳記類

貳臣傳八卷　(清)國史館撰　清刻本　八行十六字白口單魚尾四周雙邊　八册

370000－1542－0001445　449/18　史部/傳記類

貳臣傳十二卷　(清)國史館撰　清刻本　九行二十字白口單魚尾四周雙邊　内封題"都城琉璃廠半松居士排字本"　九册

370000－1542－0001446　449/19　史部/傳記類

咸豐以來功臣别傳三十卷 (清)朱孔彰撰 清光緒二十四年(1898)元和胡氏漸學廬叢書石印本 十三行三十字黑口單魚尾四周雙邊 内封題"戊戌秋九月漸學廬校印" 六册

370000－1542－0001447 449/19 史部/傳記類

咸豐以來功臣别傳三十卷 (清)朱孔彰撰 清光緒二十四年(1898)元和胡氏漸學廬叢書石印本 十三行三十字黑口單魚尾四周雙邊 内封題"戊戌秋九月漸學廬校印" 六册

370000－1542－0001448 449/20 史部/傳記類

鶴徵録八卷首一卷 (清)李集輯 (清)李富孫 (清)李遇孫續輯 **後録十二卷首一卷** (清)李富孫輯 清嘉慶十五年(1810)刻本 十一行二十四字黑口單魚尾左右雙邊 内封題"漾葭老屋臧板" 六册

370000－1542－0001449 449/21 史部/傳記類

閻潛丘先生[若璩]年譜一卷 (清)張穆編 清道光二十七年(1847)山西壽陽祁氏刻本 十一行二十三字小字雙行同白口單魚尾左右雙邊 一册

370000－1542－0001450 449/22 史部/傳記類

阿文成公[桂]年譜三十四卷 (清)那彦成纂 (清)王昶勘定 (清)盧蔭溥增修 清嘉慶十八年(1813)刻本 十行二十二字白口單魚尾四周雙邊 内封題"嘉慶癸酉年鐫" 三十二册

370000－1542－0001451 449/23 史部/傳記類

江表忠略二十卷 (清)陳澹然撰 清光緒二十六年(1900)長沙刻二十九年(1903)重修本 十二行二十五字小字雙行同黑口雙魚尾左右雙邊 内封題"光緒庚子冬月刊於長沙" 六册

370000－1542－0001452 449/25 史部/傳記類

漁洋感舊集小傳四卷補遺一卷 (清)盧見曾輯 清宣統二年(1910)上海國學扶輪社鉛印本 十三行三十字小字雙行二十六字黑口四周單邊 内封題"宣統庚戌季冬 上海國學扶輪社印行" 二册

370000－1542－0001453 449/28 史部/傳記類

皇朝尚友録八卷 (清)李佩芳 (清)孫鼎編 清光緒二十八年(1902)上海書局石印本 十二行二十五字白口單魚尾四周單邊 牌記題"光緒壬寅秋月上海書局石印" 鈐有"東昌書業德記精選洋板書籍發兑" 八册

370000－1542－0001454 449/29 史部/傳記類

國朝先正事略續編四卷 (清)朱孔彰撰 清光緒二十八年(1902)廣益書局石印本 二十三行五十字白口單魚尾四周單邊 内封題"光緒壬寅夏午廣益書局石印" 四册

370000－1542－0001455 449/29 史部/傳記類

中興名臣事略八卷 (清)朱孔彰撰 清光緒山東官書局鉛印本 十七行三十四字白口單魚尾四周單邊 内封題"山東官印書局校印" 四册

370000－1542－0001456 449/33 史部/傳記類

黄棃洲先生[宗羲]年譜一卷 (清)黄炳垕編 清同治十二年(1873)刻本 九行二十三字小字雙行同黑口單魚尾四周雙邊 牌記題"同治十二年秋雕朱衍緒署檢" 一册

370000－1542－0001457 449/34 史部/傳記類

左文襄公[宗棠]年譜十卷 (清)羅正鈞纂 清光緒二十三年(1897)湘陰左氏校刻本 十行二十五字小字雙行同黑口單魚尾左右雙邊 牌記題"光緒丁酉冬月湘陰左氏校栞" 十册

370000－1542－0001458 449/42 史部/傳記類

隨園先生[袁枚]年譜一卷 （清）方濬師撰　清同治十年(1871)肇羅道署刻本　十二行二十二字白口單魚尾四周雙邊　牌記題"同治辛未孟冬刊於肇羅道署"　一冊

370000－1542－0001459　449/43　史部/傳記類

陸清獻公[隴其]年譜一卷 （清）吳光酉編次　（清）陸宸徵　（清）李鉉輯　清同治七年(1868)武林薇署刻本　十行二十二字小字雙行同白口單魚尾四周雙邊　牌記題"同治戊辰栞於武林薇署"　一冊

370000－1542－0001460　449/48　史部/傳記類

文貞公[李光地]年譜二卷 （清）李清植纂輯　（清）魏廷珍等參訂　清道光五年(1825)李維迪刻本　八行二十字白口單魚尾四周單邊　二冊

370000－1542－0001461　449/48　史部/傳記類

榕村譜録合考二卷 （清）李清馥纂輯　（清）官獻瑜等參訂　清道光五年(1825)李維迪刻本　八行二十四字小字雙行同白口單魚尾四周單邊　二冊

370000－1542－0001462　449/49　史部/傳記類

李恕谷先生[塨]年譜五卷 （清）馮辰纂　（清）劉調贊續纂　（清）惲鶴生訂　（清）孫楷重訂　清道光十六年(1836)蠡吾李語刻本　十二行二十五字黑口單魚尾左右雙邊　内封題"道光丙申春　蠡吾李語梓行"　二冊

370000－1542－0001463　449/50　史部/傳記類

曾文正公[國藩]年譜十二卷 （清）黎庶昌輯　（清）李瀚章審訂　清光緒二年(1876)傳忠書局刻本　十行二十四字黑口單魚尾左右雙邊　牌記題"光緒二年夏傳忠書局栞"　六冊

370000－1542－0001464　449/57　史部/傳記類

滿洲名臣傳四十八卷漢名臣傳三十二卷 （清）國史館編輯　清京都琉璃廠榮錦書坊刻本　九行十七字白口單魚尾四周單邊　内封題"國史館原本　京都正陽門琉璃廠榮錦書坊檢字"　六十冊

370000－1542－0001465　449/58　史部/傳記類

内閣漢票簽中書舍人題名一卷補遺一卷續編一卷 （清）鮑康輯　（清）徐士鑾續輯　（清）丁士彬再續　（清）劉溎焴補輯　清咸豐至同治刻光緒二年(1876)增補本　八行二十二字小字雙行同白口單魚尾四周雙邊　牌記題"咸豐辛酉秋栞直房藏版"　一冊

370000－1542－0001466　449/59　史部/傳記類

忠義紀聞録三十卷續録十卷 （清）陳繼聰撰　清光緒八年(1882)刻十六年(1890)續刻本　十一行二十二字白口單魚尾左右雙邊　牌記題"光緒壬午仲春開雕孟冬蕆工"　八冊

370000－1542－0001467　449/62　史部/傳記類

雷塘庵主弟子記八卷 （清）張鑑撰　（清）阮常生等續編　清咸豐琅嬛僊館刻本　十行二十字小字雙行同白口單魚尾四周雙邊　二冊

370000－1542－0001468　449/63　史部/傳記類

陽穀殉難事實一卷附挽詩一卷魯齋詩存一卷 （清）趙達綸撰　（清）趙文龍輯　清光緒三十三年(1907)趙爾豐西川節署石印本　八行二十四字白口四周單邊　一冊

370000－1542－0001469　449/94　史部/傳記類

陽穀殉難事實一卷附挽詩一卷魯齋詩存一卷 （清）趙達綸撰　（清）趙文龍輯　清光緒三十四年(1908)襄平趙氏祠堂刻本　十四行二十一字小字雙行同黑口左右雙邊　牌記題"遺詩挽章附後襄平趙氏祠堂本戊申三月刻成"　一冊

370000－1542－0001470　449/94　史部/傳記類

陽穀殉難事實一卷附挽詩一卷魯齋詩存一卷 (清)趙達綸撰 (清)趙文龍輯 清光緒三十四年(1908)襄平趙氏祠堂刻本 十四行二十一字小字雙行同黑口左右雙邊 牌記題"遺詩挽章附後襄平趙氏祠堂本戊申三月刻成" 一冊

370000－1542－0001471 449/75 史部/傳記類

曾文正公大事記四卷 (清)王定安撰 (清)李鴻章 (清)曾國荃審定 **曾文正公雜著一卷** (清)曾國藩著 清同治十三年(1874)錢寶忠齋刻本 九行二十字白口單魚尾左右雙邊 牌記題"同治十三年十二月錢寶忠齋栞" 四冊

370000－1542－0001472 449/82 史部/傳記類

國朝兩浙科名錄 (清)黃安綬等輯 清咸豐七年(1857)北京龍文齋刻光緒續刻本 佚名批注 十行二十字小字雙行同白口四周雙邊 牌記題"咸豐七年歲在丁巳孟夏月刊於京師" 二冊

370000－1542－0001473 449/87 史部/傳記類

皇朝謚彙攷五卷 (清)劉長華撰 清光緒元年(1875)槐雲閣刻本 十一行二十四字小字雙行同白口單魚尾四周雙邊 牌記題"光緒紀元乙亥仲春月槐雲閣鋟本" 一冊

370000－1542－0001474 449/89 史部/傳記類

國朝歷科題名碑録初集附明洪武至崇禎各科 (清)李周望等輯 清康熙六十年(1721)刻雍正至同治續刻本 十行二十二字小字雙行同黑口雙魚尾四周雙邊 十四冊

370000－1542－0001475 513/15 史部/傳記類

大清播紳全書 (清)□□編 清光緒三十二年(1906)榮寶齋刻本 十四行三十五字小字雙行同白口雙魚尾四周雙邊 封面題"光緒丙午春季京都榮寶齋栞" 四冊

370000－1542－0001476 514.1/2 史部/傳記類

恩命紀略 (清)□□編 清末石印本 十四行三十二字白口單魚尾四周單邊 一冊

370000－1542－0001477 610/20 史部/傳記類

宗聖志二十卷 (清)曾國荃重修 (清)王定安編 清光緒十六年(1890)金陵刻本 九行二十字白口單魚尾左右雙邊 牌記題"光緒十六年冬栞于金陵" 六冊

370000－1542－0001478 612/4 史部/傳記類

明儒學案六十二卷 (清)黃宗羲撰 清光緒十四年(1888)南昌刻本 九行二十字小字雙行同黑口單魚尾左右雙邊 內封題"光緒十四年" 鈐有"齊魯大學圖書館藏書" 三十二冊

370000－1542－0001479 612/4 史部/傳記類

明儒學案十六卷 (清)黃宗羲撰 清光緒二十八年(1902)上海文瀾書局石印本 二十行四十字小字雙行同白口單魚尾四周雙邊 牌記題"光緒壬寅上海文瀾書局石印" 鈐有"齊魯大學圖書館藏書" 八冊

370000－1542－0001480 612/4 史部/傳記類

明儒學案六十二卷 (清)黃宗羲撰 清宣統三年(1911)北京國學研究會刻本 十一行二十四字小字雙行同白口單魚尾四周雙邊 牌記題"民國元年國學研究會重刊" 鈐有"齊魯大學圖書館藏書" 二十四冊

370000－1542－0001481 612/8 史部/傳記類

宋元學案一百卷 (清)黃宗羲撰 清光緒五年(1879)長沙寄廬刻本 十一行二十四字小字雙行同黑口雙魚尾左右雙邊 內封題"光緒五年重刊於長沙之寄廬" 四十八冊

370000－1542－0001482 612/8 史部/傳記類

宋元學案一百卷 (清)黄宗羲撰 清光緒五年(1879)長沙寄廬刻本 十一行二十四字小字雙行同黑口雙魚尾左右雙邊 内封題"光緒五年重刊於長沙之寄廬" 四十八册

370000－1542－0001483 619/19 史部/傳記類

闕里述聞十四卷 (清)鄭曉如述 清同治七年(1868)鄭氏華文堂刻九年(1870)重校本 十一行二十二字白口單魚尾四周雙邊 牌記題"同治戊辰秋七月開雕于廣州西湖街華文堂" 八册

370000－1542－0001484 816/5 史部/傳記類

節相壯游日録二卷 (清)桃溪漁隱 (清)惺新盦主輯 清光緒二十二年(1896)天津絳雪齋刻本 九行二十一字小字雙行同白口單魚尾四周雙邊 牌記題"光緒丙申歲嘉平月天津絳雪齋藏板" 鈐有"齊魯大學圖書館藏書" 二册

370000－1542－0001485 816/9 史部/傳記類

河海崑崙録六卷 (清)裴景福撰 清宣統元年(1909)迪化官報局鉛字排印本 十一行二十六字小字雙行同白口單魚尾四周雙邊 内封題"宣統紀元秋迪化官報局排印" 六册

370000－1542－0001486 816/11 史部/傳記類

出使美日祕國崔日記十六卷 (清)崔國因撰 清光緒二十年(1894)鉛字排印本 十行二十五字小字雙行同白口單魚尾四周雙邊 内封題"光緒甲午仲春付印" 十二册

370000－1542－0001487 816/11 史部/傳記類

出使美日祕國崔日記十六卷 (清)崔國因撰 清光緒二十年(1894)鉛字排印本 十行二十五字小字雙行同白口單魚尾四周雙邊 内封題"光緒甲午仲春付印" 鈐有"齊魯大學圖書館藏書" 十二册

370000－1542－0001488 816/13 史部/傳記類

出使日記續刻十卷(清光緒十七年至二十年) (清)薛福成撰 清光緒二十四年(1898)傳經樓校刻本 十行二十一字黑口單魚尾四周雙邊 牌記題"光緒戊戌季夏開雕" 十册

370000－1542－0001489 816/15 史部/傳記類

乙巳考察印錫茶土日記一卷 (清)鄭世璜撰 清光緒末木活字印本 十行二十六字黑口單魚尾四周雙邊 一册

370000－1542－0001490 816/17 史部/傳記類

再送越南貢使日記一卷 (清)馬先登編 清同治關中馬氏刻本 十行二十三字白口單魚尾左右雙邊 一册

370000－1542－0001491 816/30 史部/傳記類

羅景山臺灣海防並開山日記一卷 (清)羅景山撰 清末石印本 九行二十字白口單魚尾四周雙邊 一册

370000－1542－0001492 816/31 史部/傳記類

請纓日記十卷 (清)唐景崧撰 清光緒十九年(1893)臺灣布政使署刻本 六册

370000－1542－0001493 440/120 史部/傳記類

教士列傳十卷 (英國)李提摩太夫人譯 清光緒二十七年(1901)上海廣學會鉛印本 十三行三十字白口單魚尾四周雙邊 内封題"光緒二十六年歲次庚子 上海廣學會校刊" 十册

370000－1542－0001494 480/1 史部/史抄類

廿四史約編八卷首一卷 (清)鄭元慶纂 清光緒上海文瑞樓石印本 十二行三十一字小字雙行同白口單魚尾四周雙邊 八册

370000－1542－0001495 480/1 史部/史抄類

廿四史約編八卷首一卷 (清)鄭元慶纂 清光緒上海文瑞樓石印本 十二行三十一字小字雙行同白口單魚尾四周雙邊 八册

370000－1542－0001496 480/1 史部/史抄類

廿一史約編八卷首一卷 (清)鄭元慶纂 清東昌書業德刻本 九行二十一字小字雙行同四周單邊 内封題"廿一史約編 補前後二編 東昌書業德藏板" 八册

370000－1542－0001497 480/2 史部/史抄類

讀史鏡古編三十二卷 (清)潘世恩輯 清同治十三年(1874)冶城飛霞閣刻本 九行二十一字白口單魚尾四周雙邊 牌記題"同治甲戌孟秋月冶城飛霞閣重鐫" 六册

370000－1542－0001498 480/3 史部/史抄類

十七史詳節二百七十五卷 (宋)呂祖謙纂 清光緒二十八年至二十九年(1902－1903)崇新書局石印本 十八行四十字小字雙行同白口單魚尾四周雙邊 牌記題"光緒壬寅秋月崇新書局石印" 隋唐五代史詳節等書牌記題"光緒癸卯夏月崇新書局石印" 三十二册

370000－1542－0001499 480/7 史部/史抄類

鄉黨約説一卷補遺一卷 (清)楊廷芝撰 清道光二十三年(1843)清遠堂刻本 九行十八字白口單魚尾左右雙邊 内封題"道光癸卯年新鐫 清遠堂藏板" 一册

370000－1542－0001500 481/2－2 史部/史抄類

史記菁華錄六卷 (清)姚苧田纂 清同治十二年(1873)趙承恩紅杏山房刻朱墨套印本 九行二十字小字雙行同黑口單魚尾四周單邊 牌記題"同治癸酉重鐫 紅杏山房板" 鈐有"采芳州兮杜若""身行萬里半天下""畏人嫌我真" 二册

370000－1542－0001501 481/2 史部/史抄類

史記菁華錄六卷 (清)姚苧田纂 清光緒十九年(1893)上海書局石印本 十五行四十字小字雙行同白口單魚尾四周雙邊 牌記題"光緒癸巳初秋上海書局石印" 三册

370000－1542－0001502 481/2 史部/史抄類

史記菁華錄六卷 (清)姚苧田纂 清光緒二十四年(1898)煥文書局石印本 九行二十五字小字雙行同白口單魚尾四周雙邊 牌記題"光緒戊戌仲冬煥文書局石印" 三册

370000－1542－0001503 485/1 史部/史抄類

新舊唐書合鈔二百六十卷首一卷唐書宰相世系表訂譌十二卷 (清)沈炳震編 **唐書合鈔補正六卷** (清)丁子復撰 清同治十年(1871)錢塘吳煦清來堂重校補刻本 十行二十一字小字雙行同黑口左右雙邊 牌記題"同治辛未春武林吳氏清來堂重校補刊" 鈐有"盱眙王氏十四閒書樓臧書印" 一百册

370000－1542－0001504 486/1 史部/史抄類

宋瑣語不分卷 (清)郝懿行撰 清嘉慶二十一年(1816)刻本 十行二十一字小字雙行同白口四周雙邊 三册

370000－1542－0001505 029/36 史部/史抄類

南北史捃華八卷 (清)周嘉猷輯 清同治十一年(1872)南園寄社木活字印本 九行二十字小字雙行同黑口單魚尾四周雙邊 牌記題"同治壬申南園寄社排印" 四册

370000－1542－0001506 259/2 史部/時令類

月令粹編二十四卷圖説一卷 (清)秦嘉謨撰 清嘉慶十七年(1812)江都秦氏琳琅仙館刻本 九行二十二字小字雙行同黑口單魚尾四周雙邊 牌記題"嘉慶壬申夏四月乙巳朔江都秦嘉謨編刻於琳琅仙館 江寧王日華刻" 鈐有"竇晉山房""勞氏珍藏""小山曾觀""昔司馬溫公藏書甚富所讀之書終身如新今

人讀書恒隨手抛置甚非古人遺意也夫佳書難得易失稍一殘缺修補無從每見一書或有損壞輒為憤惋如對殘廢之人數年來蒐羅略備卷帙斬然所以遺吾子孫者至厚也後人觀之宜加珍護即借吾書者亦望諒愚意也遺經堂主人記” 四冊

370000－1542－0001507　259/2　史部/時令類

月令粹編二十四卷圖説一卷　(清)秦嘉謨撰　清嘉慶十七年(1812)江都秦氏琳琅仙館刻本　九行二十二字小字雙行同黑口單魚尾四周雙邊　牌記題“嘉慶壬申夏四月乙巳朔江都秦嘉謨編刻於琳琅仙館　江寧王日華刻”　八冊

370000－1542－0001508　910/20　史部/地理類/總志之屬

元和郡縣圖志四十卷補志九卷　(唐)李吉甫撰　(清)嚴觀子輯補　清光緒六年至八年(1880－1882)金陵書局刻本　十二行二十四字小字雙行同黑口雙魚尾左右雙邊　元和郡縣圖志牌記題“金陵書局校刊光緒六年工竣”　補志牌記題“光緒八年二月金陵書局刊行”　鈐有“私立齊魯大學國學研究所藏書之章”　十冊

370000－1542－0001509　910/14　史部/地理類/總志之屬

太平寰宇記二百卷附校勘記目錄二卷　(宋)樂史撰　**大清一統志表不分卷**　(清)徐午輯校　清嘉慶八年(1803)紅杏山房校宋刻本　十行十九字小字雙行同白口單魚尾左右雙邊　內封題“校宋本重刊　紅杏山房藏版”　鈐有“齊魯大學圖書館藏書”“小樓一夜聽春雨”　四十八冊

370000－1542－0001510　910/14　史部/地理類/總志之屬

太平寰宇記二百卷附校勘記目錄二卷　(宋)樂史撰　**大清一統志表不分卷**　(清)徐午輯校　清嘉慶八年(1803)紅杏山房校宋刻本　十行十九字小字雙行同白口單魚尾左右雙邊　內封題“校宋本重刊　紅杏山房藏版”　鈐有“私立齊魯大學國學研究所藏書之章”“畏人嫌我真”“采芳州兮杜若”“我欲醉眠芳草”　四十八冊

370000－1542－0001511　910/15　史部/地理類/總志之屬

元豐九域志十卷附校勘記　(宋)王存等撰　清光緒八年(1882)金陵書局刻本　十一行二十一字小字雙行同白口單魚尾左右雙邊　牌記題“光緒八年五月金陵書局刊行”　四冊

370000－1542－0001512　910/16　史部/地理類/總志之屬

輿地廣記三十八卷校勘札記二卷　(宋)歐陽忞撰　清光緒六年(1880)金陵書局刻本　十三行二十四字小字雙行同白口單魚尾四周單邊　牌記題“金陵書局校刊光緒六年工竣”　四冊

370000－1542－0001513　910/16　史部/地理類/總志之屬

輿地廣記三十八卷校勘札記二卷　(宋)歐陽忞撰　清光緒六年(1880)金陵書局刻本　十三行二十四字小字雙行同白口單魚尾四周單邊　內封題“辛卯夏印”　鈐有“王國維”“靜安”“濟南日本中學校”　四冊

370000－1542－0001514　910/32　史部/地理類/總志之屬

廣輿記二十四卷　(明)陸應陽撰　(清)蔡方炳輯補　清刻本　十行十九字小字雙行同白口單魚尾左右雙邊　十六冊

370000－1542－0001515　910/22　史部/地理類/總志之屬

天下郡國利病書一百二十卷　(清)顧炎武輯　(清)龍萬育訂　清光緒二十七年(1901)石印本　十四行四十二字小字雙行同白口雙魚尾四周單邊　內封題“光緒辛丑六月仿泰西法石印”　三十冊

370000－1542－0001516　910/22　史部/地理類/總志之屬

天下郡國利病書一百二十卷　(清)顧炎武輯　(清)龍萬育訂　清光緒二十五年(1899)上

海二林齋石印本　十四行四十二字小字雙行同白口雙魚尾四周單邊　内封題"光緒二十五季夏上海二林齋石印"　鈐有"李錦章"　二十八册

370000－1542－0001517　900/1　史部/地理類/總志之屬

李氏五種合刊　(清)李兆洛編　清同治合肥李氏刻本　八行二十二字小字雙行同白口單魚尾四周雙邊　歷代地理韻編今釋牌記題"同治九年季冬合肥李氏重刊"　歷代地理沿革圖牌記題"同治十年刻于金陵懷寧方朔署檢"　歷代紀元編牌記題"同治辛未仲秋合肥李氏重刊"　鈐有"蛟州鄭氏半粟軒珍藏"　十二册

370000－1542－0001518　900/1　史部/地理類/總志之屬

李氏五種合刊　(清)李兆洛編　清光緒十八年(1892)、二十二年(1896)金陵書局刻本　八行二十二字小字雙行同白口單魚尾四周雙邊　歷代地理韻編今釋牌記題"同治九年季冬合肥李氏重刊"　歷代地理沿革圖牌記題"同治十年刻于金陵懷寧方朔署檢"　歷代紀元編牌記題"同治辛未仲秋合肥李氏重刊"　鈐有"私立齊魯大學國學研究所藏書之章"　十六册

370000－1542－0001519　900/1　史部/地理類/總志之屬

李氏五種合刊　(清)李兆洛編　清光緒二十四年(1898)掃葉山房石印本　十四行三十七字小字雙行同白口單魚尾四周雙邊　内封題"光緒戊戌三月掃葉山房校印"　八册

370000－1542－0001520　910/7　史部/地理類/總志之屬

讀史方輿紀要一百三十卷方輿全圖總説五卷　(清)顧祖禹輯撰　清光緒二十五年(1899)上海二林齋石印本　十四行四十二字小字雙行同白口雙魚尾四周單邊　内封題"光緒廿五年三月上海二林齋屬圖書集成書局校印"　鈐有"李錦章"　三十二册

370000－1542－0001521　910/7　史部/地理類/總志之屬

讀史方輿紀要一百三十卷方輿全圖總説五卷　(清)顧祖禹輯撰　清光緒二十七年(1901)石印本　十四行四十二字小字雙行同白口雙魚尾四周單邊　内封題"光緒辛丑六月仿泰西法石印"　三十册

370000－1542－0001522　910/7　史部/地理類/總志之屬

讀史方輿紀要一百三十卷　(清)顧祖禹輯撰　清嘉慶刻本　十行二十一字小字雙行同白口單魚尾四周雙邊　鈐有"齊魯大學圖書館藏書"　三十四册　存七十卷(六十一至一百三十)

370000－1542－0001523　910/8　史部/地理類/總志之屬

皇朝藩屬輿地叢書六集二十八種　(清)浦氏輯　清光緒二十九年(1903)金匱浦氏靜寄東軒石印本　十行二十二字小字雙行同黑口單魚尾四周雙邊　牌記題"光緒癸卯季夏金匱浦氏靜寄東軒屬上海書局石印"　四十八册

370000－1542－0001524　910/9　史部/地理類/總志之屬

大清一統志四百二十四卷　(清)和珅等纂　清光緒二十七年(1901)上海寶善齋石印本　二十行四十二字小字雙行同白口單魚尾左右雙邊　牌記題"光緒辛丑秋上海寶善齋石印"　鈐有"東昌書業德記精選洋板書籍發兑"　六十册

370000－1542－0001525　910/19　史部/地理類/總志之屬

皇朝輿地略　(清)六承如編　清刻本　十三行二十四字白口單魚尾四周單邊　鈐有"浙江兢兢盦""繼芳留印"　一册

370000－1542－0001526　910/21　史部/地理類/總志之屬

歷代輿地沿革險要圖注不分卷　楊守敬(清)饒敦秩撰　清光緒二十二年(1896)石印本　牌記題"光緒丙申年仲春遵饒氏刻本重

加校正精繪石印”　一冊

370000－1542－0001527　910/26　史部/地理類/總志之屬
歷代地理沿革表四十七卷　(清)陳芳績撰　清光緒二十一年(1895)廣雅書局刻本　十行二十四字小字雙行同黑口單魚尾四周單邊　內封題“光緒廿一年春二月廣雅書局刊”　十五冊

370000－1542－0001528　910/27　史部/地理類/總志之屬
元祕史山川地名考十二卷　(清)施世杰撰　清光緒二十三年(1897)鄦鄦學廬刻本　十行二十一字小字雙行同白口單魚尾四周雙邊　牌記題“光緒丁酉孟夏鄦鄦學廬栞成”　二冊

370000－1542－0001529　910/28　史部/地理類/總志之屬
問影樓輿地叢書十五種　(清)胡思敬輯　清光緒三十四年(1908)新昌胡氏京師鉛字排印本　十二行三十字小字雙行不等黑口單魚尾四周雙邊　內封題“光緒戊申仿聚珍版印於京師”　十冊

370000－1542－0001530　910/30　史部/地理類/總志之屬
方輿紀要簡覽三十四卷　(清)顧祖禹原撰　(清)潘鐸輯録　清咸豐八年(1858)紅杏書屋刻本　佚名批校　十行二十三字小字雙行同白口單魚尾四周雙邊　內封題“咸豐戊午孟秋　紅杏書屋藏板”　十六冊

370000－1542－0001531　910/30　史部/地理類/總志之屬
方輿紀要簡覽三十四卷　(清)顧祖禹原撰　(清)潘鐸輯録　清光緒二十八年(1902)經元書室刻本　十行二十三字小字雙行同白口單魚尾四周雙邊　牌記題“光緒壬寅歲秋經元書室開印”　鈐有“容齠軒珍藏”　十八冊

370000－1542－0001532　910/33　史部/地理類/總志之屬
楚漢諸侯疆域志三卷　(清)劉文淇撰　清光緒二年(1876)金陵刻本　十一行二十三字小字雙行同黑口單魚尾左右雙邊　牌記題“光緒丙子仲夏刊於金陵”　一冊

370000－1542－0001533　910/34　史部/地理類/總志之屬
資治通鑑地理今釋十六卷　(清)吳熙載撰　清刻本　十行二十字小字雙行同黑口雙魚尾四周雙邊　鈐有“錦章”“李方琮印”　三冊

370000－1542－0001534　910/35　史部/地理類/總志之屬
通鑑綱目釋地補注六卷　(清)張庚撰　(清)徐以坤參訂　清光緒十二年(1886)上海還讀樓刻本　九行二十字小字雙行同黑口單魚尾左右雙邊　內封題“光緒十二年上海還讀樓重刻”　一冊

370000－1542－0001535　910/36　史部/地理類/總志之屬
通鑑綱目釋地糾謬六卷　(清)張庚撰　清光緒十二年(1886)上海還讀樓刻本　九行二十字小字雙行同黑口單魚尾左右雙邊　內封題“光緒十二年上海還讀樓重刻”一冊

370000－1542－0001536　910/40　史部/地理類/總志之屬
李氏歷代輿地沿革圖校勘記　(清)李兆洛撰　(清)惲毓庚等校　清光緒十四年(1888)毗陵惲氏家塾刻本　十行二十五字小字雙行同白口單魚尾左右雙邊　牌記題“光緒十四年五月毗陵惲氏刻梓家塾”　鈐有“廣東省中山圖書館圖書”　二冊

370000－1542－0001537　921/6　史部/地理類/方志之屬
[同治]畿輔通志三百卷　(清)李鴻章等修　(清)黃彭年等纂　清光緒十年(1884)刻本　十二行二十五字白口單魚尾四周雙邊　牌記題“光緒十年開雕板藏古蓮花池”　二百四十一冊

370000－1542－0001538　922/5　史部/地理類/方志之屬
[光緒]重修天津府志五十四卷首一卷末一卷　沈家本修　(清)徐宗亮　(清)蔡啓盛纂

清光緒二十五年(1899)刻本　十行二十一字白口單魚尾左右雙邊　内封題“光緒戊戌冬開雕己亥秋畢工版藏本”　二十八册

370000－1542－0001539　922/9　史部/地理類/方志之屬

[光緒]順天府志一百三十卷附一卷　(清)周家楣等修　(清)張之洞　繆荃孫纂　清光緒十二年(1886)刻本　十二行二十五字小字雙行同黑口雙魚尾四周單邊　牌記題“光緒甲申仲冬開雕丙戌季夏畢工”　六十四册

370000－1542－0001540　922/9　史部/地理類/方志之屬

[光緒]順天府志一百三十卷附一卷　(清)周家楣等修　(清)張之洞　繆荃孫纂　清光緒十二年(1886)刻本　十二行二十五字小字雙行同黑口雙魚尾四周單邊　牌記題“光緒甲申仲冬開雕丙戌季夏畢工”　六十四册

370000－1542－0001541　922/23　史部/地理類/方志之屬

[光緒]直隸趙州志十六卷首一卷末一卷　(清)孫傳栻纂修　清光緒二十三年(1897)刻本　十行二十二字小字雙行同白口單魚尾四周雙邊　内封題“光緒丁酉重修　板存州署”　鈐有“小春樓主”“齊魯大學圖書館藏書”　六册

370000－1542－0001542　922/29　史部/地理類/方志之屬

[道光]承德府志六十卷首二十六卷　(清)海忠纂修　清道光十一年(1831)刻本　九行二十一字小字雙行同白口單魚尾四周雙邊　二十四册

370000－1542－0001543　923/5　史部/地理類/方志之屬

[乾隆]天津縣志二十四卷　(清)張志奇　(清)朱奎揚修　(清)吳廷華纂　清乾隆四年(1739)刻同治九年(1870)印本　十行二十一字小字雙行同白口單魚尾四周雙邊　八册

370000－1542－0001544　923/5　史部/地理類/方志之屬

[同治]續天津縣志二十卷首一卷　(清)吳惠元修　(清)蔣玉虹　(清)俞樾纂　清同治九年(1870)刻本　十行二十一字小字雙行同白口單魚尾四周雙邊　八册

370000－1542－0001545　923/12　史部/地理類/方志之屬

[光緒]東光縣志十二卷首一卷　(清)周植瀛　(清)李樹藩修　(清)吳潯源纂　清光緒十四年(1888)刻本　十行二十二字小字雙行同白口單魚尾四周雙邊　牌記題“光緒十有四年歲次戊子二月開雕”　十册

370000－1542－0001546　923/80　史部/地理類/方志之屬

[道光]萬全縣志十卷首一卷　(清)左承業纂修　(清)施彥士續纂修　清乾隆刻道光十四年(1834)補刻本　十行二十一字小字雙行同白口單魚尾四周雙邊　鈐有“齊魯大學圖書館藏書”　六册

370000－1542－0001547　921/23　史部/地理類/方志之屬

[光緒]吉林通志一百二十二卷　(清)長順修　(清)李桂林等編　清光緒十七年(1891)刻本　十行二十二字小字雙行同黑口雙魚尾四周單邊　鈐有“私立齊魯大學國學研究所藏書之章”　四十八册

370000－1542－0001548　921/34　史部/地理類/方志之屬

[道光]吉林外記十卷　(清)薩英額撰　清光緒二十一年(1895)漸西村舍刻本　十行二十一字小字雙行同白口單魚尾左右雙邊　内封題“光緒乙未五月漸西村舍栞成”　二册

370000－1542－0001549　922/1　史部/地理類/方志之屬

[同治]蘇州府志一百五十卷首三卷　(清)李銘皖等修　(清)馮桂芬纂　清光緒八年(1882)刻本　十行二十四字小字雙行同白口單魚尾左右雙邊　牌記題“同治重修江蘇書局開雕”　八十册

370000－1542－0001550　922/4　史部/地理

類/方志之屬

[光緒]川沙廳志十四卷首一卷末一卷 (清)陳方瀛修 (清)俞樾纂 清光緒五年(1879)刻本 十二行二十三字小字雙行同白口單魚尾左右雙邊 牌記題"光緒五年己卯秋九月栞成" 六冊

370000－1542－0001551 922/21 史部/地理類/方志之屬

[同治]徐州府志二十五卷 (清)吳世熊修 (清)劉庠纂 清同治十三年(1874)刻本 十一行二十四字小字雙行同白口雙魚尾四周雙邊 鈐有"齊魯大學圖書館藏書" 二十四冊

370000－1542－0001552 922/22 史部/地理類/方志之屬

[同治]續纂揚州府志二十四卷 (清)英傑修 (清)晏端書纂 清同治十三年(1874)刻本 十行二十一字小字雙行同白口單魚尾四周單邊 內封題"同治十三年刊" 鈐有"齊魯大學圖書館藏書" 八冊

370000－1542－0001553 922/35 史部/地理類/方志之屬

[光緒]淮安府志四十卷首一卷 (清)孫雲錦修 (清)吳昆田纂 清光緒十年(1884)刻本 十行二十二字小字雙行同白口單魚尾左右雙邊 牌記題"光緒十年甲申仲夏刊成" 鈐有"齊魯大學圖書館藏書" 十六冊

370000－1542－0001554 922/109 史部/地理類/方志之屬

[同治]續纂江寧府志十五卷首一卷 (清)蔣啟勛 (清)趙佑宸修 (清)汪士鐸纂 清光緒六年(1880)刻本 十二行二十五字小字雙行同白口單魚尾四周雙邊 內封題"光緒六年冬刊" 十二冊

370000－1542－0001555 922/109 史部/地理類/方志之屬

[嘉慶]重刊江寧府志五十六卷 (清)呂燕昭修 (清)姚鼐纂 清光緒六年(1880)刻本 十二行二十五字小字雙行同白口單魚尾四周雙邊 牌記題"光緒六年八月" 十二冊

370000－1542－0001556 923/126 史部/地理類/方志之屬

[嘉慶]新修宜興縣志四卷首一卷 (清)阮升基修 (清)寧楷纂 清同治八年(1869)木活字印本 十行二十二字小字雙行同白口單魚尾四周單邊 牌記題"增修宜興荊溪縣志 同治八年集珍" 鈐有"齊魯大學圖書館藏書" 二冊

370000－1542－0001557 923/260 史部/地理類/方志之屬

[同治]上海縣志三十二卷首一卷圖說一卷敘録一卷 (清)應寶時修 (清)俞樾 (清)方宗誠纂 清光緒八年(1882)修補本 十二行二十三字小字雙行同白口單魚尾四周單邊 牌記題"同治歲次辛未刊于吳門臬署" 十六冊

370000－1542－0001558 922/41 史部/地理類/方志之屬

[淳熙]新安志十卷 (宋)羅願撰 清光緒十四年(1888)新安李氏刻本 九行十九字小字雙行同白口單魚尾四周單邊 牌記題"光緒戊子年仲春月黟邑李氏重刊" 四冊

370000－1542－0001559 921/42 史部/地理類/方志之屬

[光緒]山西通志一百八十四卷首一卷 (清)曾國荃修 (清)王軒等纂 清光緒十八年(1892)刻民國二十四年(1935)補刻本 十二行二十三字黑口雙魚尾左右雙邊 牌記題"光緒十有八年歲在元黓執徐皋月鐫畢" 九十六冊

370000－1542－0001560 923/9 史部/地理類/方志之屬

[咸豐]太谷縣志八卷首一卷末一卷 (清)章青選 (清)汪和修 (清)章嗣衡纂 清咸豐五年(1855)刻本 九行二十字小字雙行同白口單魚尾四周雙邊 內封題"咸豐乙卯重修 本衙藏板" 八冊

370000－1542－0001561 923/61 史部/地理類/方志之屬

[道光]趙城縣志三十七卷首一卷　(清)楊延亮纂　清道光七年(1827)刻本　九行二十二字小字雙行同白口單魚尾四周雙邊　内封題"咸豐乙卯重修　本衙藏板"　八冊

370000－1542－0001562　922/110　史部/地理類/方志之屬
[道光]濟南府志七十二卷首一卷　(清)王贈芳　(清)王鎮修　(清)成瓘　(清)冷烜纂　清道光二十年(1840)刻本　十一行二十五字白口單魚尾左右雙邊　三十九冊　缺四卷(五十七至五十九、六十六)

370000－1542－0001563　923/37－2　史部/地理類/方志之屬
[道光]鄒平縣志十八卷　(清)羅宗瀛修　(清)成瓘纂　清道光十六年(1836)刻本　十行二十字小字雙行同白口單魚尾四周雙邊　内封題"道光十六年續修　官庫藏板"　鈐有"鄒平縣印"　八冊

370000－1542－0001564　923/54　史部/地理類/方志之屬
[道光]章邱縣志十六卷首一卷末一卷　(清)吳璋修　(清)曹楙堅纂　清道光十三年(1833)刻本　十行二十字小字雙行同白口單魚尾左右雙邊　八冊

370000－1542－0001565　923/184　史部/地理類/方志之屬
章邱縣鄉土志二卷　(清)楊學淵纂修　清光緒三十三年(1907)石印本　九行二十五字白口單魚尾四周雙邊　鈐有"章丘縣印"　二冊

370000－1542－0001566　923/78　史部/地理類/方志之屬
[道光]長清縣志十六卷首四卷末一卷　(清)舒化民修　(清)徐德城纂　清道光十五年(1835)刻本　十行二十三字小字雙行同白口單魚尾左右雙邊　内封題"道光乙未重修"　鈐有"長清縣印""齊魯大學圖書館藏書"　六冊

370000－1542－0001567　923/78　史部/地理類/方志之屬
[道光]長清縣志十六卷首四卷末一卷　(清)舒化民修　(清)徐德城纂　清道光十五年(1835)刻本　十行二十三字小字雙行同白口單魚尾左右雙邊　内封題"道光乙未重修"　六冊

370000－1542－0001568　923/78　史部/地理類/方志之屬
[道光]長清縣志十六卷首四卷末一卷　(清)舒化民修　(清)徐德城纂　清道光十五年(1835)刻本　十行二十三字小字雙行同白口單魚尾左右雙邊　内封題"道光乙未重修"　六冊

370000－1542－0001569　923/93　史部/地理類/方志之屬
[光緒]陵縣志二十二卷首一卷　(清)沈淮修　(清)李圖纂　(清)戴杰續纂　清道光二十六年(1846)修光緒元年(1875)增補刻本　九行二十一字小字雙行同白口單魚尾四周雙邊　牌記題"道光乙巳重修光緒乙亥增補本署藏板"　鈐有"齊魯大學圖書館藏書"　八冊

370000－1542－0001570　923/95　史部/地理類/方志之屬
[嘉慶]禹城縣志十二卷　(清)董鵬翱修　(清)牟應震纂　清嘉慶十三年(1808)刻本　十行二十字小字雙行三十二字白口單魚尾四周雙邊　鈐有"齊魯大學圖書館藏書"　四冊

370000－1542－0001571　923/110　史部/地理類/方志之屬
[光緒]德平縣志十二卷首一卷　(清)淩錫祺　(清)李敬熙纂修　清光緒十九年(1893)刻本　十行二十四字小字雙行同白口單魚尾四周雙邊　牌記題"光緒十九年癸巳重修"　鈐有"齊魯大學圖書館藏書"　六冊

370000－1542－0001572　923/133　史部/地理類/方志之屬
[嘉慶]長山縣志十六卷首一卷　(清)倪企望修　(清)鍾廷瑛纂　清嘉慶六年(1801)刻本　十行二十二字小字雙行同白口單魚尾左右雙邊　十冊

370000－1542－0001573　923/133　史部/地理類/方志之屬

[嘉慶]長山縣志十六卷首一卷　(清)倪企望修　(清)鍾廷瑛纂　清嘉慶六年(1801)刻本　十行二十二字小字雙行同白口單魚尾左右雙邊　十二册

370000－1542－0001574　923/150－2　史部/地理類/方志之屬

[道光]臨邑縣志十六卷首一卷末一卷　(清)沈淮等纂　清道光十七年(1837)刻本　九行二十一字小字雙行同白口單魚尾四周雙邊　内封題"道光丁酉仲夏鐫　本衙藏板"　八册

370000－1542－0001575　923/150　史部/地理類/方志之屬

[同治]臨邑縣志十六卷首一卷末一卷　(清)陳鴻翩纂修　清同治十三年(1874)刻本　九行二十一字小字雙行同白口單魚尾四周雙邊　八册

370000－1542－0001576　923/24　史部/地理類/方志之屬

[咸豐]寧陽縣志二十四卷　(清)陳紀勛修　(清)黄恩彤纂　清咸豐二年(1852)刻本　九行二十一字小字雙行同白口單魚尾左右雙邊　内封題"咸豐壬子重刊　本衙藏版"　鈐有"滋陽縣圖書館藏書印"　十二册

370000－1542－0001577　923/24　史部/地理類/方志之屬

[咸豐]寧陽縣志二十四卷　(清)陳紀勛修　(清)黄恩彤纂　清咸豐二年(1852)刻本　九行二十一字小字雙行同白口單魚尾左右雙邊　内封題"咸豐壬子重刊　本衙藏版"　鈐有"滋陽縣圖書館藏書印"　十二册

370000－1542－0001578　923/15　史部/地理類/方志之屬

[光緒]寧陽縣志二十四卷　(清)高陞榮修　(清)黄恩彤纂　清光緒五年(1879)刻十三年(1887)陳文顯、黄師誾增刻本　九行二十一字小字雙行同白口單魚尾左右雙邊　内封題"光緒十三年重刊　本衙藏版"　鈐有"齊魯大學圖書館藏書"　十二册

370000－1542－0001579　923/189　史部/地理類/方志之屬

[光緒]泗水縣志十五卷首一卷　(清)趙英祚修　(清)黄承䕶纂　清光緒十九年(1893)刻本　十行二十一字小字雙行同白口單魚尾左右雙邊　内封題"光緒十八年重修　板存學署"　八册

370000－1542－0001580　923/42　史部/地理類/方志之屬

[光緒]嶧縣志二十五卷首一卷　(清)王振録等修　(清)王寶田等纂　清光緒三十年(1904)刻本　十行二十字小字雙行同白口單魚尾四周雙邊　内封題"光緒甲辰仲秋刊　板藏嶧縣義塾"　十二册

370000－1542－0001581　923/56　史部/地理類/方志之屬

[光緒]滋陽縣志十四卷　(清)莫熾修　(清)黄恩彤纂　(清)李兆霖等續修　(清)黄師誾等續纂　清咸豐九年(1859)修光緒十四年(1888)續修民國二十九年(1940)金甲一補刻本　九行二十字小字雙行同白口單魚尾左右雙邊　十册

370000－1542－0001582　923/91　史部/地理類/方志之屬

[光緒]壽張縣志十卷首一卷　(清)王蕊修修　(清)劉文煃　(清)王守謙纂　清光緒二十六年(1900)刻本　十行二十三字小字雙行同白口單魚尾四周雙邊　牌記題"光緒廿有六年歲次庚子秋九月重修"　鈐有"齊魯大學圖書館藏書"　六册

370000－1542－0001583　923/281　史部/地理類/方志之屬

[光緒]滕縣鄉土志一卷　(清)高熙喆撰　清光緒三十三年(1907)石印本　十二行二十八字白口單魚尾四周雙邊　一册

370000－1542－0001584　922/8　史部/地理類/方志之屬

[光緒]高唐州志八卷首一卷末一卷　(清)周

家齋修　(清)鞠建章纂　清光緒三十三年(1907)刻本　九行二十字小字雙行同白口單魚尾四周雙邊　内封題“光緒丁未鐫　州庫藏板”　鈐有“杜文峰印”　六册

370000－1542－0001585　923/121　史部/地理類/方志之屬

[宣統]重修恩縣志十卷首一卷　(清)汪鴻孫修　(清)劉儒臣纂　清宣統元年(1909)刻本　九行二十字小字雙行同白口單魚尾四周雙邊　牌記題“宣統元年四月鐫　重修恩縣志板藏縣庫”　鈐有“齊魯大學圖書館藏書”　四册

370000－1542－0001586　923/55－3　史部/地理類/方志之屬

[雍正]館陶縣志十二卷　(清)趙知希纂修　(清)張興宗增修　清光緒十九年(1893)刻本　九行二十字小字雙行同白口單魚尾四周雙邊　牌記題“光緒癸巳年新刊　板存縣禮科”　四册

370000－1542－0001587　923/274　史部/地理類/方志之屬

[光緒]館陶縣鄉土志八卷　(清)宋金鏡　(清)樊紹業纂　清光緒三十四年(1908)山東官報局鉛字排印本　十行二十一字白口單魚尾四周雙邊　内封題“光緒戊申年新刊”　四册

370000－1542－0001588　923/101　史部/地理類/方志之屬

[道光]博平縣志六卷　(清)楊祖憲修　(清)烏竹芳纂　清道光十一年(1831)刻本　九行二十一字白口單魚尾四周雙邊　内封題“道光辛卯仲夏　板存縣庫”　鈐有“博平縣印”“勿齋儲書”“齊魯大學圖書館藏書”　六册

370000－1542－0001589　923/211　史部/地理類/方志之屬

[康熙]堂邑縣志二十卷　(清)盧承琰修　(清)劉淇纂　清光緒十八年(1892)刻本　十行二十字小字雙行同白口單魚尾四周單邊　内封題“光緒壬辰重鐫　雀城書院藏板”　鈐有“劉子讓印”“遜齋”　三册

370000－1542－0001590　923/215　史部/地理類/方志之屬

[宣統]聊城縣志十二卷首一卷附耆献文徵四卷　(清)陳慶蕃修　(清)葉錫麟纂　(清)靳維熙續纂　清宣統二年(1910)刻本　十行二十一字小字雙行同白口單魚尾四周雙邊　牌記題“宣統二年冬月付梓”　八册

370000－1542－0001591　923/140　史部/地理類/方志之屬

[光緒]莘縣志十卷　(清)張朝瑋修　(清)孔廣海纂　清光緒十三年(1887)刻本　九行二十二字白口單魚尾四周雙邊　鈐有“莘縣之印”　六册

370000－1542－0001592　923/144　史部/地理類/方志之屬

[宣統]增輯清平縣志十六卷　(清)陳鉅前修　(清)張敬承纂　清宣統三年(1911)刻本　十行二十字小字雙行同白口單魚尾四周雙邊　内封題“宣統庚戌刊”　八册

370000－1542－0001593　922/58　史部/地理類/方志之屬

[咸豐]青州府志六十四卷　(清)毛永柏修　(清)李圖　(清)劉耀椿纂　清咸豐九年(1859)刻本　十行二十二字小字雙行同黑口四周單邊　内封題“咸豐己未重鐫”　二十九册　缺四卷(二十至二十一、二十三至二十四)

370000－1542－0001594　923/71　史部/地理類/方志之屬

[道光]諸城縣續志二十三卷　(清)劉光斗等修　(清)朱學海纂　清道光十四年(1834)刻本　十行二十一字小字雙行同黑口雙魚尾四周單邊　鈐有“齊魯大學圖書館藏書”“諸城縣印”　四册

370000－1542－0001595　923/112　史部/地理類/方志之屬

[嘉慶]壽光縣志二十卷　(清)劉翰周纂修

清嘉慶五年(1800)刻本　十行二十字小字雙行同白口單魚尾四周雙邊　七册

370000－1542－0001596　923/113　史部/地理類/方志之屬

[光緒]臨朐縣志十六卷　(清)姚延福纂修　清光緒十年(1884)刻民國十六年(1927)補刻本　十行二十二字小字雙行同白口單魚尾四周雙邊　内封題“中華民國十六年十月再版”　鈐有“齊魯大學圖書館藏書”　六册

370000－1542－0001597　923/113　史部/地理類/方志之屬

[光緒]臨朐縣志十六卷　(清)姚延福纂修　清光緒十年(1884)刻本　十行二十二字小字雙行同白口單魚尾四周雙邊　六册

370000－1542－0001598　923/167　史部/地理類/方志之屬

[光緒]益都縣圖志五十四卷　(清)張承燮等修　(清)法偉堂等纂　清光緒三十三年(1907)刻本　十一行二十三字小字雙行同黑口單魚尾四周單邊　牌記題“光緒丁未益都官舍開雕”　十六册

370000－1542－0001599　923/167　史部/地理類/方志之屬

[光緒]益都縣圖志五十四卷　(清)張承燮等修　(清)法偉堂等纂　清光緒三十三年(1907)刻本　十一行二十三字小字雙行同黑口單魚尾四周單邊　牌記題“光緒丁未益都官舍開雕”　十六册

370000－1542－0001600　923/167　史部/地理類/方志之屬

[光緒]益都縣圖志五十四卷　(清)張承燮等修　(清)法偉堂等纂　清光緒三十三年(1907)刻本　十一行二十三字小字雙行同黑口單魚尾四周單邊　牌記題“光緒丁未益都官舍開雕”　十六册

370000－1542－0001601　923/141　史部/地理類/方志之屬

[道光]博興縣志十三卷　(清)周壬福修　(清)李同纂　清道光二十年(1840)刻本　十行二十六字小字雙行同白口單魚尾四周雙邊　四册

370000－1542－0001602　923/193－1　史部/地理類/方志之屬

[嘉慶]昌樂縣志三十二卷首一卷　(清)魏禮焯修　(清)閻學夏等纂　清嘉慶十四年(1809)刻本　十行二十一字小字雙行同白口單魚尾四周單邊　六册

370000－1542－0001603　922/16　史部/地理類/方志之屬

[同治]寧海州志二十六卷　(清)舒孔安修　(清)王厚階纂　清同治三年(1864)刻本　十行二十五字小字雙行同白口單魚尾左右雙邊　内封題“同治三年重修　牟平書院藏板”　鈐有“齊魯大學圖書館藏書”　六册

370000－1542－0001604　922/16　史部/地理類/方志之屬

[同治]寧海州志二十六卷　(清)舒孔安修　(清)王厚階纂　清同治三年(1864)刻本　十行二十五字小字雙行同白口單魚尾左右雙邊　内封題“同治三年重修　牟平書院藏板”　六册

370000－1542－0001605　922/16　史部/地理類/方志之屬

[同治]寧海州志二十六卷　(清)舒孔安修　(清)王厚階纂　清同治三年(1864)刻本　十行二十五字小字雙行同白口單魚尾左右雙邊　内封題“同治三年重修　牟平書院藏板”　鈐有“曲鴻文”　六册

370000－1542－0001606　922/14　史部/地理類/方志之屬

[光緒]增修登州府志六十九卷首一卷　(清)賈瑚等修　(清)周悅讓等纂　清光緒七年(1881)刻本　九行二十字小字雙行同白口單魚尾四周雙邊　二十册

370000－1542－0001607　923/68　史部/地理類/方志之屬

[同治]黃縣志十四卷首一卷末一卷　(清)尹繼美纂修　清同治十年(1871)刻本　十行二

十四字小字雙行同白口單魚尾四周雙邊　内封題“同治十年　黄縣學藏板”　鈐有“齊魯大學圖書館藏書”　四册

370000－1542－0001608　923/72　史部/地理類/方志之屬
[道光]榮成縣志十卷　(清)李天鷺纂修　清道光二十年(1840)刻本　九行二十二字白口單魚尾左右雙邊　鈐有“齊魯大學圖書館藏書”　四册

370000－1542－0001609　923/72　史部/地理類/方志之屬
[道光]榮成縣志十卷　(清)李天鷺纂修　清道光二十年(1840)刻本　九行二十二字白口單魚尾左右雙邊　鈐有“李方琮”　四册

370000－1542－0001610　923/72　史部/地理類/方志之屬
[道光]榮成縣志十卷　(清)李天鷺纂修　清道光二十年(1840)刻本　九行二十二字白口單魚尾左右雙邊　鈐有“榮成縣印”　四册

370000－1542－0001611　923/72　史部/地理類/方志之屬
[道光]榮成縣志十卷　(清)李天鷺纂修　清道光二十年(1840)刻本　九行二十二字白口單魚尾左右雙邊　四册

370000－1542－0001612　923/97　史部/地理類/方志之屬
[道光]文登縣志十卷　(清)歐文等修　(清)林汝謨等纂　清道光十九年(1839)刻本　十三行二十五字白口單魚尾左右雙邊　鈐有“齊魯大學圖書館藏書”　四册

370000－1542－0001613　923/123　史部/地理類/方志之屬
[道光]蓬萊縣志十四卷　(清)王文燾修　(清)張本纂　清道光十九年(1839)刻本　九行二十二字小字雙行同白口單魚尾四周雙邊　内封題“道光己亥年重修　板藏縣署”　鈐有“蓬萊縣印”“齊魯大學圖書館藏書”　八册

370000－1542－0001614　923/70　史部/地理類/方志之屬
[光緒]蓬萊縣續志十四卷　(清)江瑞采修　(清)王爾植纂　清光緒八年(1882)刻本　九行二十二字小字雙行同白口單魚尾四周雙邊　内封題“蓬萊縣續志　板藏縣署”　牌記題“光緒壬午孟夏校訂”　鈐有“蓬萊縣印”“齊魯大學圖書館藏書”　四册

370000－1542－0001615　923/135－2　史部/地理類/方志之屬
[光緒]海陽縣續志十卷首一卷　(清)王敬勋修　(清)李爾梅纂　清光緒六年(1880)清畏堂刻本　九行二十一字小字雙行同白口單魚尾左右雙邊　内封題“清畏堂藏板”　牌記題“光緒六年庚辰二月開鐫”　六册

370000－1542－0001616　923/212　史部/地理類/方志之屬
[順治]招遠縣志十二卷　(清)張作礪修　(清)張鳳羽纂　清道光二十六年(1846)刻本　九行二十字小字雙行同白口單魚尾四周雙邊　内封題“道光歲次丙午重鐫　縣署存板”　四册

370000－1542－0001617　923/212　史部/地理類/方志之屬
[道光]招遠縣續志四卷　(清)陳國器等修　(清)李蔭等纂　清道光二十六年(1846)刻本　九行二十字小字雙行同白口單魚尾四周雙邊　内封題“道光歲次丙午重鐫　縣署存板”　四册

370000－1542－0001618　923/10　史部/地理類/方志之屬
[道光]招遠縣續志四卷　(清)陳國器等修　(清)李蔭等纂　清道光二十六年(1846)刻本　九行二十字小字雙行同白口單魚尾四周雙邊　内封題“道光歲次丙午重鐫　縣署存板”　四册

370000－1542－0001619　923/218　史部/地理類/方志之屬
[乾隆]棲霞縣志十卷　(清)衛萇纂修　清乾隆十九年(1754)修光緒五年(1879)補刻本　九行二十四字小字雙行同白口單魚尾左右雙

邊　鈐有"棲霞縣印"　八冊

370000－1542－0001620　923/218　史部/地理類/方志之屬

[乾隆]棲霞縣志十卷　(清)衛萇纂修　清乾隆十九年(1754)修光緒五年(1879)補刻本　牟世縉注　九行二十四字小字雙行同白口單魚尾左右雙邊　鈐有"籍居棲霞縣""儒臣""牟世縉印"　八冊

370000－1542－0001621　923/218　史部/地理類/方志之屬

[光緒]棲霞縣續志十卷首一卷　(清)黄麗中續修　(清)于如川纂　清光緒五年(1879)刻本　九行二十四字小字雙行同白口單魚尾四周雙邊　鈐有"棲霞縣印"　八冊

370000－1542－0001622　923/218　史部/地理類/方志之屬

[光緒]棲霞縣續志十卷首一卷　(清)黄麗中續修　(清)于如川纂　清光緒五年(1879)刻本　九行二十四字小字雙行同白口單魚尾四周雙邊　鈐有"籍居棲霞縣""儒臣""牟世縉印"　八冊

370000－1542－0001623　922/36　史部/地理類/方志之屬

[道光]重修平度州志二十七卷　(清)保忠修　(清)李圖纂　清道光二十九年(1849)刻本　十行二十四字小字雙行同白口單魚尾左右雙邊　内封題"道光戊申重修　本衙藏板"　鈐有"平度州印""齊魯大學圖書館藏書"　八冊

370000－1542－0001624　922/36　史部/地理類/方志之屬

[道光]重修平度州志二十七卷　(清)保忠修　(清)李圖纂　清道光二十九年(1849)刻本　十行二十四字小字雙行同白口單魚尾左右雙邊　内封題"道光戊申重修　本衙藏板"　八冊

370000－1542－0001625　922/36　史部/地理類/方志之屬

[道光]重修平度州志二十七卷　(清)保忠修　(清)李圖纂　清道光二十九年(1849)刻本　十行二十四字小字雙行同白口單魚尾左右雙邊　内封題"道光戊申重修　本衙藏板"　八冊

370000－1542－0001626　923/67　史部/地理類/方志之屬

[光緒]高密縣志十卷首一卷末一卷　(清)羅邦彦　(清)傅賫予修　(清)李勷運纂　清光緒二十二年(1896)刻本　九行二十一字小字雙行同白口單魚尾左右雙邊　鈐有"齊魯大學圖書館藏書"　八冊

370000－1542－0001627　923/94　史部/地理類/方志之屬

[乾隆]掖縣志　(清)張思勉修　(清)于始瞻纂　**[嘉慶]續掖縣志**　(清)張彤修　(清)張翊纂　**[道光]再續掖縣志**　(清)楊祖憲修　(清)侯登岸纂　**[光緒]三續掖縣志**　(清)魏起鵬修　(清)王續藩纂　清光緒十九年(1893)刻本　内封題"光緒癸巳冬合訂　掖縣全志　本衙藏板"　十六冊

370000－1542－0001628　923/280－2　史部/地理類/方志之屬

[道光]再續掖縣志二卷　(清)楊祖憲修　(清)侯登岸纂　清道光二十三年(1843)刻本　九行二十五字小字雙行同白口單魚尾四周單邊　内封題"道光癸卯三月鐫"　二冊

370000－1542－0001629　923/94－3　史部/地理類/方志之屬

[光緒]三續掖縣志四卷首一卷　(清)魏起鵬修　(清)王續藩纂　清光緒十九年(1893)刻本　九行二十一字小字雙行同白口單魚尾左右雙邊　内封題"光緒癸巳孟秋鐫　本衙藏板"　四冊

370000－1542－0001630　923/115　史部/地理類/方志之屬

[同治]即墨縣志十二卷　(清)林溥纂修　清同治十二年(1873)刻本　十行二十五字小字雙行同白口單魚尾左右雙邊　内封題"同治癸酉年刊　本署藏板"　鈐有"齊魯大學圖書

館藏書”　八册

370000－1542－0001631　923/129　史部/地理類/方志之屬

[乾隆]昌邑縣志八卷　(清)周來邰纂修　清刻本　九行二十字小字雙行同白口單魚尾四周雙邊　四册

370000－1542－0001632　923/289　史部/地理類/方志之屬

[光緒]昌邑縣續志八卷　(清)吴溎昌修　(清)韓天衢纂　清光緒三十三年(1907)刻本　九行二十一字白口單魚尾左右雙邊　六册

370000－1542－0001633　923/75　史部/地理類/方志之屬

[光緒]惠民縣志三十卷首一卷末一卷　(清)沈世銓修　(清)李勖纂　清光緒二十五年(1899)柳堂校訂補刻本　十行二十一字小字雙行同白口單魚尾四周雙邊　内封題“光緒二十五年仲冬　補正惠民縣志　柳堂重校”　鈐有“齊魯大學圖書館藏書”“惠民縣印”　六册

370000－1542－0001634　923/92　史部/地理類/方志之屬

[光緒]霑化縣志十六卷首一卷　(清)聯印修　(清)張會一　(清)耿翔儀纂　清光緒十七年(1891)刻本　十行二十二字小字雙行不等白口單魚尾四周雙邊　内封題“光緒十七年秋鐫　板存書院”　鈐有“齊魯大學圖書館藏書”　四册

370000－1542－0001635　923/139　史部/地理類/方志之屬

[光緒]利津縣志十卷　(清)盛贊熙等纂修　清光緒九年(1883)刻本　十二行二十五字小字雙行同白口單魚尾左右雙邊　鈐有“利津縣志”　四册

370000－1542－0001636　923/142　史部/地理類/方志之屬

[道光]商河縣志八卷　(清)龔廷煌等纂修　清道光十五年(1835)刻本　十行二十一字小字雙行同白口單魚尾四周雙邊　七册

370000－1542－0001637　923/157　史部/地理類/方志之屬

[咸豐]濱州志十二卷　(清)李熙齡編　清咸豐十年(1860)刻本　九行二十一字小字雙行同白口單魚尾左右雙邊　鈐有“濱州之印”　四册

370000－1542－0001638　923/157　史部/地理類/方志之屬

[咸豐]濱州志十二卷　(清)李熙齡編　清咸豐十年(1860)刻本　九行二十一字小字雙行同白口單魚尾左右雙邊　四册

370000－1542－0001639　922/34　史部/地理類/方志之屬

[嘉慶]莒州志十六卷首一卷　(清)許紹錦纂修　清嘉慶元年(1796)刻本　九行二十二字小字雙行同白口單魚尾四周雙邊　鈐有“齊魯大學圖書館藏書”　六册

370000－1542－0001640　923/105　史部/地理類/方志之屬

[嘉慶]續修郯城縣志十卷　(清)吴堦修　(清)陸繼輅纂　清嘉慶十五年(1810)刻本　十行二十字白口單魚尾左右雙邊　内封題“嘉慶十有五年五月栞板”　鈐有“齊魯大學圖書館藏書”　四册

370000－1542－0001641　923/73　史部/地理類/方志之屬

[光緒]費縣志十六卷首一卷　(清)李敬修纂修　清光緒二十二年(1896)刻本　十行二十一字小字雙行同白口單魚尾四周雙邊　内封題“重修費縣志”　牌記題“光緒乙未夏四月興修丙申秋七月雕竣板存縣學署”　鈐有“齊魯大學圖書館藏書”　十册

370000－1542－0001642　923/73　史部/地理類/方志之屬

[光緒]費縣志十六卷首一卷　(清)李敬修纂修　清光緒二十二年(1896)刻本　十行二十一字小字雙行同白口單魚尾四周雙邊　内封題“重修費縣志”　牌記題“光緒乙未夏四月興修丙申秋七月雕竣板存縣學署”　鈐有“齊

魯大學圖書館藏書”　十册

370000－1542－0001643　923/102　史部/地理類/方志之屬

[道光]沂水縣志十卷　(清)張燮纂修　清道光七年(1827)刻本　十行二十字小字雙行同白口單魚尾左右雙邊　鈐有“勿齋儲書”“齊魯大學圖書館藏書”　四册

370000－1542－0001644　923/154　史部/地理類/方志之屬

[光緒]日照縣志十二卷首一卷　(清)陳懋　(清)鄭作相編　清光緒十一年(1885)刻本　十行二十五字小字雙行同白口單魚尾四周雙邊　四册

370000－1542－0001645　923/53　史部/地理類/方志之屬

[道光]泰安縣志十二卷首一卷末一卷　(清)徐宗幹修　(清)蔣大慶纂　清道光八年(1828)刻本　九行二十一字小字雙行同白口單魚尾左右雙邊　鈐有“泰安縣印”　十四册　缺卷九第三十七頁

370000－1542－0001646　923/53　史部/地理類/方志之屬

[道光]泰安縣志十二卷首一卷末一卷　(清)徐宗幹修　(清)蔣大慶纂　清道光八年(1828)刻同治六年(1867)修補本　九行二十一字小字雙行同白口單魚尾左右雙邊　鈐有“齊魯大學圖書館藏書”　十三册　缺二卷(二至三)

370000－1542－0001647　922/39　史部/地理類/方志之屬

[道光]東平州志三十卷首二卷　(清)周雲鳳修　(清)唐鑑　(清)周兆業纂　清道光五年(1825)刻本　十行二十一字小字雙行同白口單魚尾左右雙邊　鈐有“東平州印”“齊魯大學圖書館藏書”　十六册　缺二卷(首二卷)

370000－1542－0001648　922/56　史部/地理類/方志之屬

[光緒]東平州志二十七卷首一卷　(清)左宜似等修　(清)盧崟纂　清光緒七年(1881)刻本　十行二十一字小字雙行同白口單魚尾左右雙邊　牌記題“光緒戊寅重修　鐫工始於己卯秋冬　終於辛巳春　板存書院”　鈐有“齊魯大學圖書館藏書”　二十册

370000－1542－0001649　923/182　史部/地理類/方志之屬

[嘉慶]肥城縣志十九卷首一卷　(清)曾冠英修　(清)李基熙纂　清嘉慶二十年(1815)刻本　九行二十字小字雙行同白口單魚尾四周雙邊　内封題“嘉慶二十年　肥城縣新志　裕德堂開雕”　六册

370000－1542－0001650　923/119　史部/地理類/方志之屬

[光緒]肥城縣志十卷　(清)淩紱曾修　(清)邵承照纂　清光緒十七年(1891)刻本　十行二十二字小字雙行同白口單魚尾四周雙邊　牌記題“光緒歲在重光單閼陽月重修”　鈐有“肥城縣印”“齊魯大學圖書館藏書”　六册

370000－1542－0001651　923/120　史部/地理類/方志之屬

[道光]東阿縣志二十四卷首一卷　(清)李賢書修　(清)吳怡纂　清道光九年(1829)刻本　十行二十一字小字雙行同白口單魚尾四周單邊　鈐有“東阿縣印”“齊魯大學圖書館藏書”　十二册

370000－1542－0001652　923/120　史部/地理類/方志之屬

[道光]東阿縣志二十四卷首一卷　(清)李賢書修　(清)吳怡纂　清道光九年(1829)刻本　十行二十一字小字雙行同白口單魚尾四周單邊　十二册

370000－1542－0001653　923/147　史部/地理類/方志之屬

[乾隆]新泰縣志二十卷　(清)江乾達修　(清)牛士瞻纂　(清)徐致愉纂修　清乾隆四十九年(1784)刻光緒十七年(1891)增刻本　十行二十字小字雙行同白口單魚尾四周單邊　鈐有“新泰縣印”　六册

370000－1542－0001654　923/278　史部/地理類/方志之屬
[光緒]平陰縣志八卷首一卷　(清)李敬修纂修　清光緒二十一年(1895)刻本　十行二十五字小字雙行同白口單魚尾四周雙邊　内封題“光緒乙未仲秋重刊　板存雲門書院”　八冊

370000－1542－0001655　923/145　史部/地理類/方志之屬
[光緒]山東曹州府菏澤縣鄉土志不分卷　(清)汪鴻孫修　(清)楊兆焕纂　清光緒三十三年(1907)石印本　十二行二十六字白口單魚尾四周單邊　一冊

370000－1542－0001656　923/103　史部/地理類/方志之屬
[道光]觀城縣志十卷首一卷　(清)孫觀纂修　清道光十九年(1839)修民國二十二年(1933)據山東省圖書館藏舊抄本鉛字排印本　八行二十五字小字雙行不等白口單魚尾四周雙邊　鈐有“齊魯大學圖書館藏書”　四冊

370000－1542－0001657　923/103　史部/地理類/方志之屬
[道光]觀城縣志十卷首一卷　(清)孫觀纂修　清道光十九年(1839)修民國二十二年(1933)據山東省圖書館藏舊抄本鉛字排印本　八行二十五字小字雙行不等白口單魚尾四周雙邊　四冊

370000－1542－0001658　923/143－2　史部/地理類/方志之屬
[乾隆]定陶縣志十卷　(清)劉珠　(清)張紹謂纂修　清乾隆十八年(1753)刻光緒二年(1876)周忠補刻本　九行二十二字小字雙行同白口單魚尾左右雙邊　四冊

370000－1542－0001659　923/148　史部/地理類/方志之屬
[道光]鉅野縣志二十四卷首一卷　(清)黄維翰　(清)袁傳裘編纂　清道光二十六年(1846)刻本　十行二十一字小字雙行同白口單魚尾四周雙邊　十六冊

370000－1542－0001660　923/152　史部/地理類/方志之屬
[光緒]新修菏澤縣志十八卷首一卷　(清)葉道源纂修　清光緒十一年(1885)刻本　十行二十一字小字雙行同白口單魚尾四周雙邊　六冊

370000－1542－0001661　923/159　史部/地理類/方志之屬
[光緒]曹縣志十八卷首一卷　(清)孟廣來　(清)賈迺燕纂修　清光緒十年(1884)居敬書院刻本　十行二十二字小字雙行同白口單魚尾四周雙邊　内封題“光緒十年歲次甲申孟秋續纂　居敬書院梓”　十二冊

370000－1542－0001662　923/282　史部/地理類/方志之屬
[道光]城武縣志十四卷首一卷　(清)袁章華修　(清)劉士瀛纂　清道光十年(1830)刻本　朱巨川題識　九行二十字小字雙行同白口單魚尾左右雙邊　内封題“道光庚寅重修　本衙藏板”　八冊

370000－1542－0001663　923/284　史部/地理類/方志之屬
[光緒]鄆城縣志十六卷首一卷　(清)畢炳炎　(清)趙翰鑾纂修　清光緒十九年(1893)宣文書院刻本　九行二十字小字雙行同白口單魚尾左右雙邊　七冊　存十三卷(二至十二、十五至十六)

370000－1542－0001664　922/62　史部/地理類/方志之屬
[咸豐]濟寧直隸州志十卷首一卷末一卷　(清)徐宗幹修　(清)盧朝安續纂修　(清)許瀚等纂　清咸豐九年(1859)刻本　十行二十一字小字雙行同白口單魚尾左右雙邊　内封題“咸豐己未鐫　尊經閣藏板”　二十冊

370000－1542－0001665　923/77　史部/地理類/方志之屬
[光緒]魚台縣志四卷首一卷末一卷　(清)趙英祚纂修　清光緒十五年(1889)刻本　十行二十一字小字雙行同白口單魚尾四周雙邊

内封題"光緒十五年新修　魚台縣志　本衙藏板"　鈐有"齊魯大學圖書館藏書"　四冊

370000－1542－0001666　923/122　史部/地理類/方志之屬

[同治]金鄉縣志十二卷　(清)李壘纂修　清同治元年(1862)刻本　十二行二十五字小字雙行同白口單魚尾四周雙邊　内封題"同治元年栞"　鈐有"齊魯大學圖書館藏書"　四冊

370000－1542－0001667　923/279　史部/地理類/方志之屬

[光緒]嘉祥縣志四卷首一卷　(清)章文華纂修　清光緒三十四年(1908)刻本　十行二十二字小字雙行同白口單魚尾四周單邊　四冊

370000－1542－0001668　923/155　史部/地理類/方志之屬

[道光]續武城縣志十四卷　(清)厲秀芳(清)張大樽纂修　清道光二十一年(1841)刻本　十行二十字小字雙行同白口單魚尾四周雙邊　四冊

370000－1542－0001669　922/18　史部/地理類/方志之屬

[道光]許州志十六卷首一卷　(清)蕭元吉修(清)李堯觀等纂　清道光十八年(1838)刻本　九行二十字小字雙行同白口單魚尾四周雙邊　鈐有"齊魯大學圖書館藏書"　十一冊缺一卷(七)

370000－1542－0001670　922/37　史部/地理類/方志之屬

[宣統]濮州志八卷　(清)高士英修　(清)榮相鼎纂　清宣統元年(1909)刻本　九行二十字小字雙行同白口單魚尾四周雙邊　鈐有"濮州之印"　八冊

370000－1542－0001671　922/37　史部/地理類/方志之屬

[宣統]濮州志八卷　(清)高士英修　(清)榮相鼎纂　清宣統元年(1909)刻本　九行二十字小字雙行同白口單魚尾四周雙邊　八冊

370000－1542－0001672　923/83　史部/地理類/方志之屬

[道光]伊陽縣志六卷首一卷末一卷　(清)張道超修纂　清道光十八年(1838)刻本　九行二十五字小字雙行同白口單魚尾四周單邊　鈐有"齊魯大學圖書館藏書"　六冊

370000－1542－0001673　923/89　史部/地理類/方志之屬

[嘉慶]澠池縣志十六卷　(清)甘揚聲纂修　清嘉慶十五年(1810)刻本　九行二十二字白口單魚尾左右雙邊　鈐有"齊魯大學圖書館藏書"　八冊

370000－1542－0001674　921/16　史部/地理類/方志之屬

陝西志輯要六卷首一卷　(清)王志沂輯　清道光七年(1827)賜書堂刻本　十行二十字小字雙行同白口單魚尾左右雙邊　内封題"賜書堂雕"　鈐有"郭程先印""壬午舉人庚申進士""陝甘總督委員即用縣之鈐印""黃氏倪天樓藏""私立齊魯大學國學研究所藏書之章"　六冊

370000－1542－0001675　922/32　史部/地理類/方志之屬

[隆慶]華州志二十四卷　(明)李可久修(明)張光孝纂　清光緒八年(1882)合刻華州志本　十行二十字小字雙行同白口單魚尾四周單邊　封面題"光緒壬午年鐫"　鈐有"齊魯大學圖書館藏書"　四冊

370000－1542－0001676　922/63　史部/地理類/方志之屬

[光緒]乾州志稿十四卷首一卷別録四卷乾陽殉難士女録一卷　(清)周銘旂編輯　清光緒十年(1884)乾陽書院刻本　十二行二十四字小字雙行同黑口單魚尾四周單邊　鈐有"尺五堂嚴氏珍藏印記"　六冊

370000－1542－0001677　923/11　史部/地理類/方志之屬

[光緒]麟遊縣新志草十卷首一卷　(清)彭洵纂修　清光緒九年(1883)刻本　九行二十二

字小字雙行同白口單魚尾四周雙邊　牌記題"光緒九年三月開雕"　四册

370000－1542－0001678　923/25　史部/地理類/方志之屬
[嘉慶]長安縣志三十六卷　(清)張聰賢修　(清)董曾臣纂　清嘉慶刻同治十一年(1872)補刻本　九行二十四字小字雙行同白口單魚尾四周單邊　鈐有"私立齊魯大學國學研究所藏書之章"　六册

370000－1542－0001679　923/52　史部/地理類/方志之屬
[正德]重刊武功縣志四卷首一卷　(明)康海纂修　(清)孫景烈評注　清道光八年(1828)党氏據乾隆瑪氏刊本刻本　九行二十一字小字雙行同黑口單魚尾左右雙邊　一册

370000－1542－0001680　923/52　史部/地理類/方志之屬
[正德]武功縣志三卷首一卷　(明)康海纂修　(清)孫景烈評注　清同治十二年(1873)崇文書局刻本　九行二十一字小字雙行同白口單魚尾四周雙邊　牌記題"同治十二年夏湖北崇文書局重雕"　鈐有"齊魯大學圖書館藏書"　一册

370000－1542－0001681　923/134　史部/地理類/方志之屬
[道光]敦煌縣志七卷　(清)蘇履吉修　(清)曾誠纂　清道光十一年(1831)刻本　九行二十字白口單魚尾四周雙邊　内封題"道光辛卯春鐫　本衙藏板"　四册

370000－1542－0001682　921/41　史部/地理類/方志之屬
[雍正]浙江通志二百八十卷首三卷　(清)嵇曾筠等修　(清)傅王露等纂　清乾隆元年(1736)刻嘉慶十七年(1812)修補本　十行二十二字小字雙行同白口單魚尾四周雙邊　内封題"乾隆元年刊刻進呈　本司藏板"　鈐有"味三書屋"　八十册

370000－1542－0001683　921/41　史部/地理類/方志之屬
[雍正]浙江通志二百八十卷首三卷　(清)嵇曾筠等修　(清)傅王露等纂　清光緒二十五年(1899)浙江書局刻本　十行二十二字小字雙行同白口單魚尾四周雙邊　牌記題"光緒己亥十月浙江書局重刊"　鈐有"綏遠省立圖書館職業學校"　一百二十册

370000－1542－0001684　922/47　史部/地理類/方志之屬
[光緒]杭州府志一百七十八卷首卷八卷校勘記十六卷　(清)陳璚修　(清)王棻纂　屈映光續修　陸懋勳續纂　齊耀珊重修　吳慶坻重纂　清光緒二十四年(1898)修民國五年(1916)續修民國十一年(1922)鉛字排印本　十行二十五字小字雙行同黑口單魚尾四周雙邊　八十一册

370000－1542－0001685　923/107　史部/地理類/方志之屬
[光緒]剡源鄉志二十四卷首一卷　(清)趙霈濤纂修　清光緒二十八年(1902)修民國五年(1916)鉛字重印本　十二行三十二字小字雙行同白口單魚尾四周雙邊　鈐有"齊魯大學圖書館藏書"　十册

370000－1542－0001686　923/171　史部/地理類/方志之屬
[嘉定]剡録十卷　(宋)高似孫撰　清道光八年(1828)李式圃刻本　九行二十二字小字雙行同白口單魚尾左右雙邊　二册

370000－1542－0001687　923/178　史部/地理類/方志之屬
[嘉定]赤城縣志四十卷　(宋)陳耆卿纂　清嘉慶二十三年(1818)臨海宋氏刻本道光元年(1821)郭協寅校印本　十行二十字小字雙行同白口單魚尾左右雙邊　十二册

370000－1542－0001688　921/21　史部/地理類/方志之屬
[光緒]江西通志一百八十卷首五卷　(清)劉坤一等修　(清)劉繹等纂　清光緒七年(1881)刻本　十二行二十三字小字雙行同黑口雙魚尾四周雙邊　内封題"光緒六年六月

栞七年六月成” 鈐有“私立齊魯大學國學研究所藏書之章” 一百二十册

370000－1542－0001689 922/2 史部/地理類/方志之屬

[同治]臨江府志三十二卷首一卷 (清)德馨等修 (清)朱孫詒等纂 清同治十年(1871)刻本 十行二十一字小字雙行同白口單魚尾四周雙邊 内封題“歲次辛未重修 本衙藏板” 六册

370000－1542－0001690 923/74 史部/地理類/方志之屬

[道光]樂平縣志十二卷首一卷末一卷 (清)孫爾修修 (清)黄華壁 (清)汪葆泰纂 清道光七年(1827)刻本 十行二十四字小字雙行同白口單魚尾左右雙邊 鈐有“齊魯大學圖書館藏書” 十册

370000－1542－0001691 923/69 史部/地理類/方志之屬

[同治]襄陽縣志七卷首一卷 (清)楊宗時修 (清)崔淦纂 (清)吴耀斗續修 (清)李士彬續纂 清同治十三年(1874)刻本 十行二十四字小字雙行同白口單魚尾四周雙邊 鈐有“齊魯大學圖書館藏書” 八册

370000－1542－0001692 922/42 史部/地理類/方志之屬

[同治]桂陽直隸州志二十七卷 (清)汪敩灝修 王闓運纂 清同治七年(1868)刻本 十行二十一字小字雙行同白口單魚尾四周雙邊 鈐有“齊魯大學圖書館藏書” 十三册

370000－1542－0001693 923/128 史部/地理類/方志之屬

[光緒]巴陵縣志六十三卷附洞庭君山岳陽樓詩文集十八卷 (清)姚詩德修 (清)杜貴墀纂 清光緒十七年(1891)刻本 十行二十四字小字雙行同白口單魚尾四周雙邊 牌記題“光緒十七年辛卯莫春月重修” 鈐有“齊魯大學圖書館藏書” 十六册

370000－1542－0001694 910/17 史部/地理類/方志之屬

蜀典十二卷 (清)張澍輯 清光緒二年(1876)尊經書院刻本 十行二十四字白口單魚尾左右雙邊 牌記題“光緒丙子歲冬月尊經書院重刊” 鈐有“臣本布衣”“私立齊魯大學國學研究所藏書之章” 四册

370000－1542－0001695 922/12 史部/地理類/方志之屬

成都通覽 傅崇矩編 清宣統元年(1909)成都通俗報社石印本 十八行三十七字小字雙行同白口四周單邊 牌記題“成都通俗報社版” 鈐有“私立齊魯大學國學研究所藏書之章” 八册

370000－1542－0001696 922/10 史部/地理類/方志之屬

[光緒]直隸瀘州志十二卷 (清)田秀栗 (清)華國清等纂修 清光緒八年(1882)刻本 九行二十一字小字雙行同白口單魚尾四周雙邊 内封題“光緒壬午新鐫 本衙藏板” 鈐有“私立齊魯大學國學研究所藏書之章” 十二册

370000－1542－0001697 922/20 史部/地理類/方志之屬

[光緒]續修廬州府志一百卷首一卷末一卷 (清)黄雲修 (清)汪宗沂纂 清光緒十一年(1885)刻本 十一行二十三字小字雙行同白口單魚尾左右雙邊 内封題“光緒十一年季冬” 鈐有“齊魯大學圖書館藏書” 四十八册

370000－1542－0001698 923/13 史部/地理類/方志之屬

[同治]重修成都縣志十六卷首一卷 (清)李玉宣等修 (清)衷興鑑纂 清同治十二年(1873)刻本 十行二十二字白口四周雙邊 内封題“節孝祠藏板” 牌記題“同治十二年歲次癸酉重修” 鈐有“私立齊魯大學國學研究所藏書之章” 十六册

370000－1542－0001699 923/22 史部/地理類/方志之屬

[光緒]重修彭縣志十三卷首一卷末一卷附補

遺一卷 （清）張龍甲修 （清）呂調陽等纂 清光緒四年（1878）刻本 九行二十四字小字雙行同白口單魚尾四周雙邊 内封題“光緒四年重修 文廟藏版” 鈐有“私立齊魯大學國學研究所藏書之章” 十冊

370000－1542－0001700 100/5 子部/天文算法類

梅氏叢書輯要六十二卷 （清）梅文鼎撰 （清）梅瑴成輯 清光緒鴻文書局石印本 二十二行二十四字白口單魚尾四周雙邊 六冊

370000－1542－0001701 923/38 史部/地理類/方志之屬

[乾隆]富順縣志五卷 （清）段玉裁 （清）李芝纂修 清乾隆四十二年（1777）刻光緒八年（1882）重刻本 九行二十二字小字雙行同白口單魚尾四周雙邊 内封題“釜江書社藏板” 牌記題“光緒壬午年夏五月重栞” 鈐有“私立齊魯大學國學研究所藏書之章” 五冊

370000－1542－0001702 923/39 史部/地理類/方志之屬

[同治]金堂縣志八卷首一卷末一卷 （清）王樹桐 （清）徐璞玉修 （清）米繪裳等纂 清同治六年（1867）刻本 九行二十二字小字雙行同白口單魚尾四周雙邊 鈐有“私立齊魯大學國學研究所藏書之章” 四冊

370000－1542－0001703 923/40 史部/地理類/方志之屬

[光緒]灌縣鄉土志二卷 （清）鍾文虎修 （清）徐昱 （清）高履和纂 清光緒三十三年（1907）刻本 十行二十七字小字雙行同白口單魚尾四周雙邊 牌記題“光緒丁未季秋新鐫板存學署” 鈐有“私立齊魯大學國學研究所藏書之章” 二冊

370000－1542－0001704 923/44 史部/地理類/方志之屬

[嘉慶]洪雅縣志二十五卷首一卷 （清）王好音修 （清）張柱等纂 清嘉慶十八年（1813）刻後印本 九行十九字小字雙行同 無版框 内封題“嘉慶十八年新鐫 縣署藏板” 鈐有“私立齊魯大學國學研究所藏書之章” 八冊

370000－1542－0001705 923/44 史部/地理類/方志之屬

[光緒]洪雅縣續志十二卷首一卷 （清）郭世棻修 （清）鄧敏修等纂 清光緒十年（1884）刻本 八行二十字小字雙行同白口單魚尾四周雙邊 内封題“光緒十年夏新鐫 縣署藏板” 鈐有“私立齊魯大學國學研究所藏書之章” 四冊 缺六卷（七至十二）

370000－1542－0001706 923/169 史部/地理類/方志之屬

四川新設鑪霍屯志略不分卷 （清）李之珂撰 清光緒三十二年（1906）鉛字排印本 十行二十四字白口單魚尾四周單邊 牌記題“光緒丙午季春蓉城排印” 一冊

370000－1542－0001707 921/15 史部/地理類/方志之屬

[嘉慶]廣西通志二百七十九卷首一卷 （清）謝啓昆等修 （清）胡虔等纂 清嘉慶六年（1801）刻同治四年（1865）補刻本 十一行二十一字黑口雙魚尾四周雙邊 鈐有“泰和蕭敷政蒲邨氏珍藏”“私立齊魯大學國學研究所藏書之章” 八十冊

370000－1542－0001708 921/19 史部/地理類/方志之屬

[光緒]續雲南通志一百九十四卷首六卷 （清）王文韶修 （清）唐炯等纂 清光緒二十七年（1901）四川岳池刻本 十三行二十五字黑口單魚尾四周單邊 牌記題“光緒二十有七年刊于四川岳池縣” 鈐有“私立齊魯大學國學研究所藏書之章” 九十九冊 缺五卷（五十五至五十九）

370000－1542－0001709 923/51 史部/地理類/方志之屬

[道光]昆明縣志十卷 （清）戴絅孫編纂 清道光二十一年（1841）修光緒二十七年（1901）刻本 十行二十一字小字雙行同黑口單魚尾

四周雙邊　内封題“板存文廟桂香樓”　鈐有“私立齊魯大學國學研究所藏書之章”　六册

370000 – 1542 – 0001710　921/22　史部/地理類/方志之屬

[乾隆]貴州通志四十六卷首一卷　(清)鄂爾泰等修　(清)靖道謨纂　清乾隆六年(1741)刻嘉慶補刻本　十一行二十一字小字雙行同白口單魚尾四周雙邊　鈐有“私立齊魯大學國學研究所藏書之章”　二十六册

370000 – 1542 – 0001711　921/35　史部/地理類/方志之屬

黔書四卷　(清)田雯撰　清光緒元年(1875)粵雅堂叢書刻本　九行二十一字黑口左右雙邊　鈐有“仲武”“繩孫”“莫經農印”“莫伯恒”　二册

370000 – 1542 – 0001712　921/35　史部/地理類/方志之屬

續黔書八卷　(清)張澍撰　清光緒元年(1875)粵雅堂叢書刻本　九行二十一字黑口左右雙邊　一册

370000 – 1542 – 0001713　922/55　史部/地理類/方志之屬

[道光]遵義府志四十八卷首一卷　(清)平翰等修　(清)鄭珍　(清)莫友芝纂　清道光二十一年(1841)刻本　十行二十二字小字雙行同白口雙魚尾左右雙邊　鈐有“謝恩甫章”　二十册

370000 – 1542 – 0001714　921/10　史部/地理類/方志之屬

西藏圖考八卷首一卷　(清)黄沛翹輯　清光緒十二年(1886)滇南李培榮刻本　十行二十二字小字雙行同黑口單魚尾四周雙邊　四册

370000 – 1542 – 0001715　921/10　史部/地理類/方志之屬

西藏圖考八卷首一卷　(清)黄沛翹輯　清光緒二十三年(1897)蒲圻但祖陰重校刻本　十行二十二字小字雙行同黑口單魚尾四周雙邊　内封題“光緒丁酉秋鐫　顧復初署檢”　鈐有“私立齊魯大學國學研究所藏書之章”　六册

370000 – 1542 – 0001716　921/17　史部/地理類/方志之屬

西藏通覽　(日本)山縣初男編　四川西藏研究會編譯　清宣統元年(1909)文倫書局鉛字排印本　十一行二十七字白口單魚尾四周單邊　鈐有“煦初方旭”“思壽”“浮塵子”“叔惠”“私立齊魯大學國學研究所藏書之章”　四册

370000 – 1542 – 0001717　921/12　史部/地理類/方志之屬

[嘉慶]衛藏通志十六卷首一卷　(清)和琳纂　清光緒二十二年(1896)浙西村舍刻本　十行二十一字小字雙行同白口單魚尾左右雙邊　牌記題“光緒丙申用寫本栞漸西村舍”　鈐有“私立齊魯大學國學研究所藏書之章”　八册

370000 – 1542 – 0001718　920/1　史部/地理類/方志之屬

皇朝直省府廳州縣歌括不分卷　(清)蔣升撰　清光緒二十四年(1898)慈母堂印書局鉛字排印本　九行二十三字小字雙行同白口單魚尾四周雙邊　牌記題“光緒二十四年歲在戊戌冬十二月滬城西十二里土山灣慈母堂印書局仿聚珍版印竣發兑”　一册

370000 – 1542 – 0001719　922/115　史部/地理類/方志之屬

乾隆府廳州縣圖志五十卷　(清)洪亮吉撰　清光緒五年(1879)授經堂刻本　十二行二十四字小字雙行同黑口雙魚尾四周雙邊　牌記題“光緒五年春授經堂重刊”　十三册

370000 – 1542 – 0001720　941/1　史部/地理類/山川之屬

水經注四十卷首一卷　(漢)桑欽撰　(北魏)酈道元注　清乾隆四十二年(1777)福建翻刻武英殿聚珍版書本　九行二十一字小字雙行同白口單魚尾四周雙邊　十六册

370000 – 1542 – 0001721　941/1　史部/地理類/山川之屬

水經注四十卷首一卷　(漢)桑欽撰　(北魏)酈道元注　清光緒三年(1877)湖北崇文書局刻本　十二行二十四字小字雙行同黑口雙魚尾四周雙邊　牌記題"光緒三年夏月湖北崇文書局開雕"　十二册

370000－1542－0001722　941/1　史部/地理類/山川之屬

水經注四十卷首一卷　(漢)桑欽撰　(北魏)酈道元注　清光緒元年(1875)湖北崇文書局刻本　十二行二十四字小字雙行同黑口雙魚尾四周雙邊　牌記題"光緒紀元夏月湖北崇文書局開雕"　十册

370000－1542－0001723　941/1　史部/地理類/山川之屬

水經四十卷　(漢)桑欽撰　(北魏)酈道元注　清湖北崇文書局翻刻槐蔭草堂本　十一行二十一字小字雙行同白口單魚尾四周單邊　內封題"校補水經注　武昌崇文書局藏板"　鈐有"私立齊魯大學國學研究所藏書之章"　十册

370000－1542－0001724　941/3　史部/地理類/山川之屬

水經注釋四十卷首一卷附録二卷　(清)趙一清撰　清光緒六年(1880)會稽章氏刻本　十行二十二字小字雙行同白口單魚尾左右雙邊　牌記題"光緒六年八月會稽章氏重刊"　鈐有"私立齊魯大學國學研究所藏書之章"　十四册

370000－1542－0001725　941/3　史部/地理類/山川之屬

水經釋地八卷　(清)孔繼涵撰　清光緒六年(1880)會稽章氏刻本　十行二十二字小字雙行同白口單魚尾左右雙邊　牌記題"光緒六年八月會稽章氏重刊"　鈐有"私立齊魯大學國學研究所藏書之章"　二册

370000－1542－0001726　941/3　史部/地理類/山川之屬

水經注圖説殘稿四卷　(清)董祐誠撰　清光緒六年(1880)會稽章氏刻本　十行二十二字小字雙行同白口單魚尾左右雙邊　牌記題"光緒六年八月會稽章氏重刊"　鈐有"私立齊魯大學國學研究所藏書之章"　一册

370000－1542－0001727　941/3　史部/地理類/山川之屬

今水經不分卷　(清)黄宗羲撰　清光緒六年(1880)會稽章氏刻本　十行二十二字小字雙行同白口單魚尾左右雙邊　牌記題"光緒六年八月會稽章氏重刊"　鈐有"私立齊魯大學國學研究所藏書之章"　一册

370000－1542－0001728　941/3　史部/地理類/山川之屬

水經注釋四十卷首一卷附録二卷水經注箋刊誤十二卷　(清)趙一清撰　清光緒六年(1880)蛟川張氏重校本　十行二十二字小字雙行同白口單魚尾左右雙邊　內封題"光緒庚辰蛟川華雨廔張氏重校鋟板"　二十册

370000－1542－0001729　941/3　史部/地理類/山川之屬

水經注釋四十卷首一卷附録二卷水經注箋刊誤十二卷　(清)趙一清撰　清光緒六年(1880)蛟川張氏重校本　十行二十二字小字雙行同白口單魚尾左右雙邊　內封題"光緒庚辰蛟川華雨廔張氏重校鋟板"　鈐有"裕和堂記發兑"　二十册

370000－1542－0001730　941/6　史部/地理類/山川之屬

水經注箋刊誤十二卷附録二卷　(清)趙一清撰　清光緒六年(1880)會稽章氏刻本　十行二十二字小字雙行同白口單魚尾左右雙邊　牌記題"光緒六年八月會稽章氏重刊"　六册

370000－1542－0001731　941/10　史部/地理類/山川之屬

水經注圖附録二卷　(清)汪士鐸撰　清咸豐十一年(1861)刻本　一册

370000－1542－0001732　941/28　史部/地理類/山川之屬

合校水經注四十卷首一卷末一卷　(北魏)酈道元撰　王先謙合校　清光緒十八年(1892)

思賢講舍刻本　十一行二十四字小字雙行同黑口單魚尾左右雙邊　牌記題“光緒壬辰年孟秋思賢講舍栞”　鈐有“濟南日本中學校圖書”　十六册

370000－1542－0001733　941/28　史部/地理類/山川之屬

合校水經注四十卷首一卷末一卷　（北魏）酈道元撰　王先謙合校　清光緒十八年(1892)思賢講舍刻本　十一行二十四字小字雙行同黑口單魚尾左右雙邊　牌記題“光緒壬辰年孟秋思賢講舍栞”　鈐有“于省吾印”“雙劍誃”　十六册

370000－1542－0001734　941/2　史部/地理類/山川之屬

歷代黃河變遷圖考四卷　（清）劉鶚撰　（清）孫寶琦重訂　清宣統二年(1910)石印本　七行十九字小字雙行同白口單魚尾四周單邊　牌記題“宣統庚戌冬山東河工研究所重印”　四册

370000－1542－0001735　941/2　史部/地理類/山川之屬

歷代黃河變遷圖考四卷　（清）劉鶚撰　（清）孫寶琦重訂　清宣統二年(1910)石印本　七行十九字小字雙行同白口單魚尾四周單邊　牌記題“宣統庚戌冬山東河工研究所重印”　四册

370000－1542－0001736　941/4　史部/地理類/山川之屬

水道提綱二十八卷　（清）齊召南編　清光緒五年(1879)宏達堂刻本　十三行二十二字小字雙行同黑口四周雙邊　牌記題“光緒己卯孟夏月宏達堂開雕”　鈐有“私立齊魯大學國學研究所藏書之章”　六册

370000－1542－0001737　941/7　史部/地理類/山川之屬

海道圖説十五卷附長江圖説一卷　（英國）金約翰輯　清江南製造總局刻本　十行二十二字小字雙行同黑口雙魚尾左右雙邊　牌記題“江南製造總局鋟板”　鈐有“私立齊魯大學國學研究所藏書之章”　十册

370000－1542－0001738　941/7　史部/地理類/山川之屬

海道圖説十五卷附長江圖説一卷　（英國）金約翰輯　清光緒著易堂石印本　十三行二十八字白口單魚尾四周雙邊　内封題“著易堂仿聚珍版印”　鈐有“惟謹香”“齊魯大學圖書館藏書”　八册

370000－1542－0001739　941/9　史部/地理類/山川之屬

蜀水考四卷　（清）陳登龍撰　（清）朱錫穀補注　（清）陳一津分疏　清光緒二十二年(1896)成都書局刻本　八行二十字黑口單魚尾左右雙邊　牌記題“光緒二十二年成都書局原板”　鈐有“私立齊魯大學國學研究所藏書之章”　二册

370000－1542－0001740　941/17　史部/地理類/山川之屬

今水經一卷　（清）黃宗羲撰　清光緒三年(1877)湖北崇文書局刻本　十二行二十四字小字雙行同黑口雙魚尾四周雙邊　牌記題“光緒三年三月湖北崇文書局開雕”　一册

370000－1542－0001741　941/18　史部/地理類/山川之屬

揚子江流域現勢論四編　（日本）林繁撰　（清）汪國屏譯　清光緒二十八年(1902)上海廣智書局鉛字排印本　十二行三十字黑口單魚尾四周雙邊　鈐有“李振華印”　一册

370000－1542－0001742　941/19　史部/地理類/山川之屬

峽江圖考　國璋編繪　清光緒二十年(1894)袖海山房書局石印本　福陔題　牌記題“光緒二十年四月上洋袖海山房書局石印”　鈐有“有情皆眷屬無事小神仙”“美人娟娟隔秋水”“詒蘭齋主過眼”“涉江采芙蓉”“宏文閣”　二册

370000－1542－0001743　941/22　史部/地理類/山川之屬

河水入海考證一卷　（清）孫朝旭輯　清光緒

十三年(1887)稿本　九行二十五字小字雙行同　一册

370000－1542－0001744　941/25　史部/地理類/輿圖之屬
長江圖説十二卷首一卷　(清)馬徵麟等纂　清同治十年(1871)湖北崇文書局刻本　牌記題"同治十年歲次辛未湖北崇文書局開雕"　五册

370000－1542－0001745　942/5　史部/地理類/山川之屬
岱覽三十二卷首一卷附録一卷　(清)唐仲冕輯　清嘉慶十二年(1807)果克山房刻本　十行二十三字黑口單魚尾四周雙邊　鈐有"齊魯大學哈佛燕京學社購置""齊魯大學圖書館藏書之章"　十二册

370000－1542－0001746　942/5　史部/地理類/山川之屬
岱覽三十二卷首一卷附録一卷　(清)唐仲冕輯　清嘉慶十二年(1807)果克山房刻本　十行二十三字黑口單魚尾四周雙邊　内封題"陶山澗北莊藏版"　鈐有"趙氏種芸仙館收藏印""愛日樓""元和吳石君戊戌以後所得書""吳鶚長壽""吳鶚"　二十册

370000－1542－0001747　942/6　史部/地理類/山川之屬
峨眉山志十二卷　(清)蔣超輯　清光緒十九年(1893)刻本　十行二十字白口單魚尾四周雙邊　鈐有"私立齊魯大學國學研究所藏書之章"　四册

370000－1542－0001748　942/7　史部/地理類/山川之屬
泰山道里記一卷　(清)聶鈫撰　清同治五年(1866)雨山堂刻本　十一行二十一字黑口單魚尾左右雙邊　一册

370000－1542－0001749　942/7　史部/地理類/山川之屬
泰山道里記一卷　(清)聶鈫撰　清同治五年(1866)雨山堂刻光緒四年(1878)增刻本　十一行二十一字黑口單魚尾左右雙邊　一册

370000－1542－0001750　942/8　史部/地理類/山川之屬
泰山志二十卷　(清)金棨編　清嘉慶六年(1801)刻十五年(1810)印本　十一行二十二字黑口單魚尾左右雙邊　十册

370000－1542－0001751　942/8　史部/地理類/山川之屬
泰山志二十卷　(清)金棨編　清嘉慶六年(1801)刻本　十一行二十二字黑口單魚尾左右雙邊　十二册

370000－1542－0001752　942/17　史部/地理類/山川之屬
青城山記二卷　(清)彭洵編　清光緒十三年(1887)刻本　十行二十四字黑口單魚尾左右雙邊　鈐有"私立齊魯大學國學研究所藏書之章"　一册

370000－1542－0001753　942/20　史部/地理類/輿圖之屬
[天下名山圖]　(清)□□繪　清乾隆刻本　六册

370000－1542－0001754　942/21　史部/地理類/輿圖之屬
膠東三山圖記附天柱鄭碑　(清)高慎行記　清光緒三十三年(1907)石印本　十二行三十二字　一册

370000－1542－0001755　942/23　史部/地理類/山川之屬
華嶽志八卷首一卷　(清)李榕撰　清道光十一年(1831)刻光緒九年(1883)補刻本　十行二十四字白口單魚尾左右雙邊　内封題"道光辛卯刻　清白别墅藏板"　四册

370000－1542－0001756　942/27　史部/地理類/山川之屬
武夷山志二十四卷首一卷　(清)董天工編　清道光二十七年(1847)刻本　十行二十二字白口單魚尾四周雙邊　十册

370000－1542－0001757　942/30　史部/地理類/山川之屬

萬山綱目二十一卷　(清)李誠纂　清光緒二十六年(1900)長沙刻本　十行二十五字白口單魚尾左右雙邊　内封題"萬山綱目賸稿二十一卷"　牌記題"光緒庚子校刊於長沙"　十册

370000－1542－0001758　943/10　史部/地理類/山川之屬

湖山便覽十二卷　(清)翟灝　(清)翟瀚編　清光緒元年(1875)王維翰刻本　九行二十二字黑口左右雙邊　内封題"光緒元年夏六月上澣槐蔭堂王氏重雕"　鈐有"齊魯大學圖書館藏書"　六册

370000－1542－0001759　943/38　史部/地理類/遊記之屬

河朔訪古記三卷　(元)納新撰　清光緒二十一年(1895)會稽孫星華增刻乾隆武英殿聚珍版書本　九行二十一字小字雙行同白口單魚尾四周雙邊　牌記題"光緒乙未增刻"　鈐有"齊魯大學圖書館藏書"　一册

370000－1542－0001760　943/23、943/24　史部/地理類/遊記之屬

西湖遊覽志二十四卷志餘二十六卷　(明)田汝成撰　清光緒二十二年(1896)丁氏嘉惠堂刻本　十行二十字白口單魚尾四周雙邊　内封題"光緒廿二年丙申四月錢塘丁氏嘉惠堂重刊"　鈐有"南陵徐氏""積學齋徐乃昌藏書""齊魯大學圖書館藏書"　十册

370000－1542－0001761　943/45　史部/地理類/遊記之屬

嶗山名勝志略　(明)黄宗昌撰　(清)郭廷翕參注　清嘉慶十三年(1808)海陽毛淑璜刻本　九行二十二字小字雙行同黑口四周雙邊　内封題"嘉慶戊辰新鐫　修齊堂藏板"　鈐有"徐寶晉印"　一册

370000－1542－0001762　943/49　史部/地理類/專志之屬

陋巷志八卷　(明)顔胤祚撰　(明)吕兆詳重修　明萬曆二十九年(1601)刻民國印本　王獻唐題　九行二十字小字雙行同白口單魚尾四周單邊　四册

370000－1542－0001763　943/2　史部/地理類/專志之屬

東林書院志二十二卷　(清)高廷珍等增輯　清光緒七年(1881)刻本　十二行二十五字小字雙行同白口單魚尾左右雙邊　内封題"光緒辛巳重鐫"　鈐有"孫海波"　八册

370000－1542－0001764　943/21　史部/地理類/遊記之屬

宸垣識畧十六卷　(清)吴長元編　清刻本　九行二十一字白口單魚尾左右雙邊　内封題"乾隆戊申冬　池北草堂開彫"　八册

370000－1542－0001765　943/21　史部/地理類/遊記之屬

宸垣識畧十六卷　(清)吴長元編　清咸豐二年(1852)藻思堂刻本　九行二十一字白口單魚尾左右雙邊　内封題"咸豐二年春　藻思堂開彫"　鈐有"齊魯大學圖書館藏書"　八册

370000－1542－0001766　943/1　史部/地理類/山川之屬

西湖志四十八卷　(清)李衛修　(清)傅王露纂　清光緒四年(1878)浙江書局刻本　九行二十一字白口單魚尾左右雙邊　牌記題"光緒四年孟春淛江書局重刻"　鈐有"辨西珍賞"　二十册

370000－1542－0001767　943/1　史部/地理類/山川之屬

西湖志四十八卷　(清)李衛修　(清)傅王露纂　清光緒四年(1878)浙江書局刻本　九行二十一字白口單魚尾左右雙邊　牌記題"光緒四年孟春淛江書局重刻"　鈐有"辨西珍賞"　二十册

370000－1542－0001768　943/1　史部/地理類/山川之屬

西湖志四十八卷　(清)李衛修　(清)傅王露纂　清光緒四年(1878)浙江書局刻本　九行二十一字白口單魚尾左右雙邊　牌記題"光緒四年孟春淛江書局重刻"　鈐有"辨西珍

賞”　二十冊

370000－1542－0001769　943/32　史部/地理類/山川之屬

莫愁湖志六卷首一卷　(清)馬士圖撰　清光緒八年(1882)刻本　九行十九字黑口雙魚尾左右雙邊　牌記題“光緒壬午卯月重鋟”　二冊

370000－1542－0001770　943/16　史部/地理類/遊記之屬

萬里行程記不分卷　(清)祁韻士撰　清刻本　十行二十一字白口單魚尾四周雙邊　一冊

370000－1542－0001771　943/17　史部/地理類/遊記之屬

使滇紀程不分卷　(清)晏端書撰　清光緒十三年(1887)刻本　九行二十一字黑口左右雙邊　牌記題“光緒丁亥陽月開雕”　鈐有“眉壽軒珍藏”　一冊

370000－1542－0001772　943/37　史部/地理類/遊記之屬

蜀道驛程記二卷　(清)王士禛撰　清康熙刻乾隆重印本　十行十九字黑口單魚尾左右雙邊　鈐有“齊魯大學圖書館藏書”　一冊

370000－1542－0001773　943/37　史部/地理類/遊記之屬

蜀道驛程記二卷　(清)王士禛撰　清康熙刻雍正重印本　十行十九字黑口單魚尾左右雙邊　鈐有“均谷所珍”　一冊

370000－1542－0001774　943/37－2　史部/地理類/遊記之屬

秦蜀驛程後記二卷　(清)王士禛撰　清康熙刻本　十行十九字黑口單魚尾左右雙邊　鈐有“均谷所珍”　一冊

370000－1542－0001775　943/6　集部/別集類/清別集

南遊記不分卷　(清)孫嘉淦撰　清道光二十四年(1844)刻本　八行二十字白口單魚尾四周雙邊　内封題“道光甲辰春月重刊”　一冊

370000－1542－0001776　943/4　史部/地理類/遊記之屬

鴻泥日錄八卷續錄四卷　(清)王定柱撰　清道光七年(1827)刻本　九行二十二字白口單魚尾左右雙邊　四冊

370000－1542－0001777　943/48　史部/地理類/遊記之屬

環遊日記一卷　陳琪撰　清光緒三十一年(1905)湖南學務處鉛字排印本　佚名批校　十行三十二字黑口單魚尾四周雙邊　一冊

370000－1542－0001778　930/2　史部/地理類/防務之屬

蒙古遊牧記十六卷　(清)張穆撰　清同治六年(1867)刻本　十行二十二字小字雙行同白口單魚尾左右雙邊　牌記題“同治六年春壽陽祁氏槑洪洞王軒署”　鈐有“私立齊魯大學國學研究所藏書之章”　四冊

370000－1542－0001779　930/2　史部/地理類/防務之屬

蒙古遊牧記十六卷　(清)張穆撰　清同治六年(1867)刻本　十行二十二字小字雙行同白口單魚尾左右雙邊　牌記題“同治六年春壽陽祁氏槑洪洞王軒署”　四冊

370000－1542－0001780　930/2　史部/地理類/防務之屬

蒙古遊牧記十六卷　(清)張穆撰　清同治六年(1867)刻本　十行二十二字小字雙行同白口單魚尾左右雙邊　牌記題“同治六年春壽陽祁氏槑洪洞王軒署”　四冊

370000－1542－0001781　930/2　史部/地理類/防務之屬

蒙古遊牧記十六卷　(清)張穆撰　清同治六年(1867)刻本　十行二十二字小字雙行同白口單魚尾左右雙邊　牌記題“同治六年春壽陽祁氏槑洪洞王軒署”　鈐有“北支那開發株式會社調查局”“北支那開發株式會社調查局昭和16.4.4日購入”“中華民國中央地質調查所圖書館”　四冊

370000－1542－0001782　930/2　史部/地理類/防務之屬

蒙古遊牧記十六卷　(清)張穆撰　清光緒二十年(1894)上海復古書局石印本　十行二十二字小字雙行同白口單魚尾左右雙邊　内封題"光緒甲午年春三月上海復古書局重校石印"　鈐有"齊魯大學圖書館藏書"　六册

370000－1542－0001783　930/2　史部/地理類/防務之屬

蒙古遊牧記十六卷　(清)張穆撰　清光緒二十九年(1903)上海書局石印本　十行二十二字小字雙行同白口單魚尾左右雙邊　牌記題"光緒癸卯孟夏金匱浦氏静寄東軒屬上海書局石印"　六册

370000－1542－0001784　930/3　史部/地理類/防務之屬

[光緒]綏遠志十卷首一卷　(清)貽穀修　(清)高賡恩纂　清光緒三十四年(1908)刻本　十行二十二字小字雙行同白口單魚尾四周雙邊　鈐有"私立齊魯大學國學研究所藏書之章"　六册

370000－1542－0001785　930/6　史部/地理類/防務之屬

滿洲源流考二十卷　(清)阿桂等修　(清)麟喜等纂　清光緒三十年(1904)中西書局石印本　十六行三十六字白口單魚尾左右雙邊　内封題"光緒甲辰初夏中西書局石印"　鈐有"齊魯大學圖書館藏書"　四册

370000－1542－0001786　930/10　史部/地理類/防務之屬

長白徵存録八卷　張鳳臺等纂　清宣統二年(1910)鉛字排印本　十二行三十二字小字雙行同白口單魚尾左右雙邊　内封題"宣統二年三月"　四册

370000－1542－0001787　930/11　史部/地理類/防務之屬

東北邊防輯要二卷　(清)曹廷杰編纂　清光緒著易堂鉛字排印本　十三行三十字小字雙行同白口單魚尾四周單邊　内封題"著易堂仿聚珍版印"　一册

370000－1542－0001788　930/13　史部/地理類/防務之屬

西陲要略四卷　(清)祁韻士撰　清光緒四年(1878)同文館鉛字排印本　九行二十二字白口單魚尾四周雙邊　内封題"光緒四年仲秋總理衙門印存"　牌記題"同文館聚珍版"　鈐有"李堪""李適可"　二册

370000－1542－0001789　930/16　史部/地理類/防務之屬

嶺表録異三卷　(唐)劉恂撰　清乾隆四十二年(1777)福建翻刻武英殿聚珍版書本　九行二十一字小字雙行同白口單魚尾四周雙邊　鈐有"齊魯大學圖書館藏書"　一册

370000－1542－0001790　930/17　史部/地理類/防務之屬

蠻書十卷　(唐)樊綽撰　清光緒二十年(1894)福建增刻乾隆武英殿聚珍版書本　九行二十一字小字雙行同白口單魚尾四周雙邊　牌記題"光緒甲午增刻"　鈐有"齊魯大學圖書館藏書"　一册

370000－1542－0001791　910/1　史部/地理類/防務之屬

漢西域圖考七卷　(清)李光廷撰　(清)潘平章繪　(清)李承緒重繪　清同治九年(1870)富文齋刻民國二十三年(1934)無竟齋印本　九行二十一字小字雙行同白口單魚尾四周雙邊　牌記題"甲申版歸無竟齋"　四册

370000－1542－0001792　910/1　史部/地理類/防務之屬

漢西域圖考七卷　(清)李光廷撰　(清)潘平章繪　(清)李承緒重繪　清抄本　九行二十一字小字雙行同　三册

370000－1542－0001793　910/2　史部/地理類/防務之屬

漢書西域傳補注二卷西域水道記五卷新疆賦一卷　(清)徐松撰　清道光刻本　十一行二十八字小字雙行同白口單魚尾左右雙邊　鈐有"古芸閣"　八册

370000－1542－0001794　910/4　史部/地理類/防務之屬

西域記八卷　（清）七十一撰　清嘉慶十九年（1814）武寧盧氏味經軒刻本　九行二十二字黑口單魚尾四周雙邊　内封題"甲戌仲秋味經堂梓"　四册

370000－1542－0001795　930/19　史部/地理類/防務之屬

西域聞見録八卷　（清）七十一撰　清刻本　九行二十一字黑口左右雙邊　四册

370000－1542－0001796　945/1　史部/地理類/防務之屬

皇朝藩部要略十八卷附表四卷　（清）祁韻士纂　清道光二十六年（1846）刻本　十行二十一字小字雙行同黑口單魚尾左右雙邊　内封題"道光丙午春何紹基篆首"　鈐有"讀有用書"　八册

370000－1542－0001797　945/1　史部/地理類/防務之屬

皇朝藩部要略十八卷附表四卷　（清）祁韻士纂　清光緒十年（1884）浙江書局校刻本　十行二十一字小字雙行同黑口單魚尾左右雙邊　内封題"光緒十年冬月浙江書局校栞"　八册

370000－1542－0001798　945/2　史部/地理類/防務之屬

湖南苗防屯政考十五卷首一卷附補編　（清）但湘良編　清光緒九年（1883）蒲圻但氏刻十六年（1890）刻補編本　十行二十五字小字雙行同白口單魚尾左右雙邊　牌記題"光緒九年仲秋蒲圻但氏鐫版"　補編牌記題"光緒庚寅季春刊於辰沅道署"　鈐有"私立齊魯大學國學研究所藏書之章"　四十册

370000－1542－0001799　945/3　史部/地理類/防務之屬

歷代籌邊略八十四卷目錄類編三卷　（清）陳麟圖輯注　清光緒二十三年（1897）四川廣安學署刻本　十一行二十二字小字雙行同白口單魚尾左右雙邊　牌記題"光緒二十三年夏栞於四川廣安州學署"　鈐有"私立齊魯大學國學研究所藏書之章"　四十二册

370000－1542－0001800　945/4　史部/地理類/防務之屬

朔方備乘六十八卷首十二卷　（清）何秋濤編　清光緒七年（1881）刻本　九行二十一字小字雙行同白口單魚尾左右雙邊　鈐有"紹庭""讀有用書""齊魯大學圖書館藏書之章""齊魯大學哈佛燕京學社購置"　二十四册

370000－1542－0001801　945/4　史部/地理類/防務之屬

朔方備乘六十八卷首十二卷　（清）何秋濤編　清末石印本　十六行三十九字白口單魚尾四周單邊　八册

370000－1542－0001802　945/4　史部/地理類/防務之屬

朔方備乘六十八卷首十二卷　（清）何秋濤編　清末石印本　十六行三十九字白口單魚尾四周單邊　八册

370000－1542－0001803　945/6　史部/地理類/防務之屬

洋防輯要二十四卷　（清）嚴如熤編　清道光刻本　十二行二十六字小字雙行同白口單魚尾四周雙邊　十四册

370000－1542－0001804　945/7　史部/地理類/防務之屬

西招圖略一卷圖説一卷附路程二卷　（清）松筠撰　清道光二十七年（1847）王師道刻本　六行二十二字小字雙行同白口單魚尾四周雙邊　鈐有"私立齊魯大學國學研究所藏書之章"　二册

370000－1542－0001805　945/7　史部/地理類/防務之屬

西招圖略一卷圖説一卷附路程二卷　（清）松筠撰　清道光二十七年（1847）王師道刻本　六行二十二字小字雙行同白口單魚尾四周雙邊　鈐有"甲戌進士""愚山手披"　二册

370000－1542－0001806　945/9　史部/地理類/防務之屬

邊事彙鈔十二卷續鈔八卷　（清）朱克敬編輯　清光緒六年（1880）刻本　九行二十二字白

口單魚尾左右雙邊　續鈔牌記題"光緒庚辰季夏栞于長沙"　十册

370000－1542－0001807　945/12　史部/地理類/防務之屬

三省邊防備覽十四卷　(清)嚴如熤輯　清道光二年(1822)刻本　十行二十四字小字雙行同白口單魚尾四周雙邊　六册

370000－1542－0001808　943/14　史部/地理類/雜志之屬

六朝事迹編類十四卷　(宋)張敦頤撰　清光緒十三年(1887)上元李濱仿宋刻本　十二行十九字小字雙行同白口三魚尾左右雙邊　内封題"光緒十三年春正月刊夏五月工完　寶章閣藏版"　鈐有"齊魯大學哈佛燕京學社購置""齊魯大學圖書館藏書之章"　四册

370000－1542－0001809　943/13　史部/地理類/雜志之屬

揚州畫舫録十八卷　(清)李斗撰　清乾隆六十年(1795)刻同治十一年(1872)印本　十行二十四字白口單魚尾左右雙邊　内封題"乾隆乙卯年鐫　自然盦藏板"　四册

370000－1542－0001810　943/13　史部/地理類/雜志之屬

揚州畫舫録十八卷　(清)李斗撰　清乾隆六十年(1795)刻同治十一年(1872)印本　十行二十四字白口單魚尾左右雙邊　内封題"乾隆乙卯年鐫　自然盦藏板"　四册

370000－1542－0001811　943/13　史部/地理類/雜志之屬

揚州畫舫録十八卷　(清)李斗撰　清光緒申報館鉛字排印本　十一行二十四字白口單魚尾四周雙邊　内封題"光緒紀元孟秋申報館印"　鈐有"齊魯大學圖書館藏書"　八册

370000－1542－0001812　940/1　史部/地理類/雜志之屬

蜀故二十七卷　(清)彭遵泗撰　清道光十四年(1834)刻本　九行二十二字白口單魚尾四周雙邊　内封題"丹棱彭氏原本　白鶴堂家藏"　鈐有"私立齊魯大學國學研究所藏書之章"　六册

370000－1542－0001813　940/2　史部/地理類/雜志之屬

古香齋鑒賞袖珍春明夢餘録七十卷　(清)孫承澤撰　清光緒七年(1881)南海孔氏刻本　九行二十二字白口單魚尾四周雙邊　内封題"內本重鐫　孔氏三十有三萬卷堂藏板"　牌記題"光緒七年開雕八年告竣"　二十四册

370000－1542－0001814　940/8　史部/地理類/雜志之屬

神州古史考　(清)倪璠撰　清光緒十五年(1889)丁丙嘉惠堂刻本　十行二十二字小字雙行同白口單魚尾四周雙邊　牌記題"光緒十五年仲冬嘉惠堂丁氏刊行"　鈐有"李曾長壽"　一册

370000－1542－0001815　039/564　類叢部/叢書類/郡邑之屬

金陵瑣志八種十四卷　陳作霖　陳詒紱編　清光緒二十六年(1900)、宣統二年(1910)、民國八年(1919)刻一九六三年十竹齋修補印本　九行二十一字白口單魚尾左右雙邊　六册

370000－1542－0001816　944/8　史部/地理類/雜志之屬

朝市叢載七卷鞠臺集秀録一卷　(清)楊静亭編　清光緒十三年(1887)刻本　八行十八字白口單魚尾左右雙邊　内封題"光緒丁亥孟春　京都懿文齋藏板"　八册

370000－1542－0001817　944/11　史部/地理類/雜志之屬

勸放脚圖説一卷　(清)史子斌撰　清光緒二十年(1894)安步齋刻本　九行二十字白口單魚尾四周雙邊　一册

370000－1542－0001818　946/1　史部/地理類/雜志之屬

錦里新編十六卷　(清)張邦伸編　清嘉慶五年(1800)敦彝堂刻本　十行二十三字白口單魚尾左右雙邊　内封題"嘉慶庚申夏鐫　敦彝堂藏板"　鈐有"私立齊魯大學國學研究所藏書之章"　六册

370000－1542－0001819　946/2　史部/地理類/雜志之屬

津門雜記三卷　(清)張燾輯　清光緒十年(1884)刻本　九行二十字白口單魚尾左右雙邊　牌記題"光緒十年歲次甲申秋月新刻"　鈐有"齊魯大學圖書館藏書"　三册

370000－1542－0001820　946/4　史部/地理類/雜志之屬

豫乘識小録二卷　(清)朱雲錦撰　清同治十二年(1873)多文齋刻本　九行二十二字白口單魚尾四周單邊　内封題"同治癸酉重鐫　多文齋刊"　鈐有"齊魯大學圖書館藏書"　二册

370000－1542－0001821　946/4　史部/地理類/雜志之屬

豫乘識小録二卷　(清)朱雲錦撰　清同治十二年(1873)多文齋刻本　九行二十二字白口單魚尾四周單邊　内封題"同治癸酉重鐫　多文齋刊"　鈐有"齊魯大學圖書館藏書"　二册

370000－1542－0001822　946/5　史部/地理類/雜志之屬

東遊紀程四卷　(清)聶士成撰　清光緒石印本　耀東題　八行二十字黑口單魚尾左右雙邊　五册

370000－1542－0001823　946/6　史部/地理類/雜志之屬

春融堂雜記八種　(清)王昶撰　清嘉慶十三年(1808)刻本　十二行二十三字黑口單魚尾左右雙邊　内封題"嘉慶戊辰孟秋鐫　塾南書舍藏版"　四册

370000－1542－0001824　944/12　史部/地理類/雜志之屬

皇清職貢圖九卷　(清)傅恒撰　清乾隆内府刻本　九册

370000－1542－0001825　240/3　史部/地理類/水利之屬

安瀾紀要二卷迴瀾紀要二卷　(清)徐端撰　清嘉慶十八年(1813)刻本　九行二十字白口雙魚尾左右雙邊　内封題"嘉慶癸酉秋仲較刊　本衙藏板"　鈐有"襟抱誰開""齊魯大學圖書館藏書"　四册

370000－1542－0001826　240/3　史部/地理類/水利之屬

安瀾紀要二卷迴瀾紀要二卷　(清)徐端撰　清道光二十三年(1843)趙蘭友校刻本　九行二十字白口單魚尾左右雙邊　鈐有"齊魯大學圖書館藏書"　四册

370000－1542－0001827　240/5　史部/地理類/水利之屬

畿輔河道水利叢書　(清)吳邦慶輯　清道光四年(1824)益津吳氏刻本　九行二十二字白口單魚尾四周雙邊　十册

370000－1542－0001828　241/3　史部/地理類/水利之屬

畿輔水利議一卷滇軺紀程一卷荷戈紀程一卷本傳一卷　(清)林則徐撰　清光緒刻本　九行二十字黑口單魚尾左右雙邊　畿輔水利經進稿牌記題"光緒丙子三山林氏開雕"　滇軺紀程内封題"光緒丁丑春"　荷戈紀程内封題"光緒三年刊於宣武城南"　鈐有"私立齊魯大學國學研究所藏書之章"　二册

370000－1542－0001829　943/20　史部/地理類/外紀之屬

四述奇十六卷　(清)張德彝撰　清光緒著易堂石印本　十一行三十三字白口雙魚尾左右雙邊　内封題"著易堂仿聚珍版印"　六册

370000－1542－0001830　950/1　史部/地理類/外紀之屬

海國圖志一百卷　(清)魏源撰　清光緒六年(1880)邵陽急當務齋刻本　九行二十一字小字雙行同白口單魚尾左右雙邊　牌記題"光緒六年邵陽急當務齋新鐫"　鈐有"私立齊魯大學國學研究所藏書之章"　三十二册

370000－1542－0001831　950/1　史部/地理類/外紀之屬

海國圖志一百卷　(清)魏源撰　清光緒六年(1880)邵陽急當務齋刻本　九行二十一字小

字雙行同白口單魚尾左右雙邊　牌記題“光緒六年邵陽急當務齋新鐫”　鈐有“齊魯大學圖書館藏書”　四十册

370000－1542－0001832　950/1　史部/地理類/外紀之屬

海國圖志一百卷　（清）魏源撰　清光緒六年（1880）邵陽急當務齋刻本　九行二十一字小字雙行同白口單魚尾左右雙邊　鈐有“山東濰縣廣文學堂”“基督教齊魯大學圖書館”“山東濟南齊魯大學校圖書館”　八册

370000－1542－0001833　950/1　史部/地理類/外紀之屬

海國圖志一百卷　（清）魏源撰　**續集二十五卷**　（英國）麥高爾等輯撰　（美國）林樂知等譯　清光緒二十一年（1895）上海書局石印本　二十行四十四字小字雙行同白口單魚尾四周雙邊　牌記題“光緒乙未冬月上海書局石印”　十六册

370000－1542－0001834　950/1　史部/地理類/外紀之屬

海國圖志一百卷　（清）魏源撰　**續集二十五卷**　（英國）麥高爾等輯撰　（美國）林樂知等譯　清光緒二十八年（1902）文賢閣石印本　二十行四十四字小字雙行同白口單魚尾四周雙邊　内封題“光緒壬寅春文賢閣石印”　十六册

370000－1542－0001835　950/6　史部/地理類/外紀之屬

西輶日記四卷附印度劄記二卷遊歷芻言一卷西徼水道考一卷　（清）黃楙材撰　清光緒二十三年（1897）成都志古堂校刻本　十行二十字白口單魚尾左右雙邊　牌記題“光緒丁酉夏五月成都志古堂校刊”　鈐有“私立齊魯大學圖書館藏書”　四册

370000－1542－0001836　940/5　史部/地理類/外紀之屬

西徼水道不分卷　（清）黃楙材撰　清光緒十二年（1886）新陽趙氏得一齋雜著四種刻本　八行二十五字白口單魚尾左右雙邊　一册

370000－1542－0001837　940/5　史部/地理類/外紀之屬

印度劄記二卷　（清）黃楙材撰　清光緒十二年（1886）新陽趙氏得一齋雜著四種刻本　八行二十五字白口單魚尾左右雙邊　一册

370000－1542－0001838　950/22　史部/地理類/外紀之屬

瀛寰志略十卷　（清）徐繼畬撰　清道光三十年（1850）紅杏山房刻本　十行二十五字小字雙行同黑口單魚尾左右雙邊　内封題“道光庚戌年鐫　紅杏山房藏板”　鈐有“私立齊魯大學國學研究所藏書之章”　八册

370000－1542－0001839　950/22　史部/地理類/外紀之屬

瀛寰志略十卷　（清）徐繼畬撰　清光緒二十一年（1895）上海寶文局石印本　十三行三十六字小字雙行同白口單魚尾四周雙邊　牌記題“光緒乙未春上海寶文局石印”　四册

370000－1542－0001840　950/7　史部/地理類/外紀之屬

瀛寰志略續集四卷末一卷續集補遺一卷　（英國）慕維廉纂輯　陳俠君校訂　清光緒二十三年（1897）新學會堂石印本　十五行三十二字白口雙魚尾四周雙邊　牌記題“光緒丁酉夏新學會堂印”　五册

370000－1542－0001841　950/8　史部/地理類/外紀之屬

小方壺齋輿地叢鈔六十四卷補編十二卷再補編十二卷　（清）王錫祺輯　清光緒十七年（1891）上海著易堂石印本　十八行四十字白口單魚尾四周雙邊　牌記題“南清河王氏所輯書之一”　鈐有“小方壺齋”“壬寅年印”“小方壺齋審定”“万松野人”“私立齊魯大學國學研究所藏書之章”　八十四册

370000－1542－0001842　950/9　史部/地理類/外紀之屬

西洋雜志八卷　（清）黎庶昌撰　清光緒二十六年（1900）遵義黎氏刻本　十行二十一字小字雙行同白口雙魚尾四周雙邊　牌記題“光

緒庚子年遵義黎氏刊" 鈐有"私立齊魯大學國學研究所藏書之章" 四册

370000－1542－0001843 950/10 史部/地理類/外紀之屬

泰西新史攬要二十四卷 上海廣學會譯 清光緒二十四年(1898)美華書館鉛字排印本 十一行二十七字小字雙行不等白口單魚尾四周雙邊 牌記題"大清光緒二十四年歲次戊戌第六次重印美華書館鑄鉛板" 八册

370000－1542－0001844 950/12 史部/地理類/外紀之屬

俄史輯譯四卷 (清)徐景羅譯 清末刻本 九行二十一字小字雙行同白口單魚尾左右雙邊 鈐有"私立齊魯大學國學研究所藏書之章" 五册 缺一卷(一上)

370000－1542－0001845 950/13 史部/地理類/外紀之屬

遊歷美利加合衆國圖經三十二卷 (清)傅雲龍撰 清光緒十五年(1889)鉛字排印本暨石印本 十五行二十六字小字雙行同黑口四周單邊 鈐有"齊魯大學圖書館藏書" 十二册

370000－1542－0001846 950/14 史部/地理類/外紀之屬

五洲述略四卷 (清)蕭應椿撰 清光緒二十八年(1902)紫藤花館刻本 九行二十四字小字雙行同黑口四周雙邊 牌記題"光緒二十八年歲在壬寅栞于紫藤花館" 鈐有"齊魯大學圖書館藏書" 六册

370000－1542－0001847 950/15 史部/地理類/外紀之屬

星軺日記類編七十六卷 (清)席裕琨編 清光緒二十八年(1902)麗澤學會石印本 十八行四十字白口單魚尾四周雙邊 牌記題"光緒壬寅孟夏麗澤學會精印" 鈐有"齊魯大學圖書館藏書" 十六册

370000－1542－0001848 950/17 史部/地理類/外紀之屬

西史綱目二十卷 (清)周維翰撰 清光緒二十七年(1901)經世文社石印本 十三行二十八字小字雙行不等白口單魚尾四周雙邊 鈐有"經世文社""齊魯大學圖書館藏書" 十册

370000－1542－0001849 950/18 史部/地理類/外紀之屬

日本地理兵要十卷日本會計錄四卷日本師船考一卷日本師船表一卷 (清)姚文棟撰 清光緒二十年(1894)寶善書局石印本 約齋識 十九行三十八字小字雙行不等白口單魚尾四周雙邊 牌記題"光緒甲午仲冬之月寶善書局石印" 鈐有"齊魯大學圖書館藏書" 六册

370000－1542－0001850 950/19 史部/地理類/外紀之屬

日本國志四十卷 (清)黃遵憲編纂 清光緒二十七年(1901)上海書局石印本 十八行四十字小字雙行同白口單魚尾四周雙邊 牌記題"光緒辛丑秋月上海書局石印" 鈐有"齊魯大學圖書館藏書" 八册

370000－1542－0001851 950/20 史部/地理類/外紀之屬

重訂法國志略二十四卷 (清)王韜編 清光緒十五年(1889)石印本 十三行二十三字白口單魚尾四周雙邊 牌記題"光緒己丑弢園老民校刊" 鈐有"齊魯大學圖書館藏書" 十册

370000－1542－0001852 950/21 史部/地理類/外紀之屬

華盛頓泰西史略八卷 (清)黎汝謙 (清)蔡國昭編譯 清光緒二十三年(1897)新學會石印本 十五行三十二字小字雙行同白口雙魚尾四周雙邊 内封題"光緒丁酉夏新學會校印" 鈐有"齊魯大學圖書館藏書" 四册

370000－1542－0001853 950/23 史部/地理類/外紀之屬

俄遊彙編十二卷 (清)繆祐孫纂 清光緒十五年(1889)海上秀文書局石印本 九行二十五字小字雙行同黑口單魚尾左右雙邊 牌記題"光緒己丑海上秀文書局石印" 鈐有"畹民""豈能盡如人意""但求無愧我心""齊魯

大學圖書館藏書”　四册

370000－1542－0001854　950/26　史部/地理類/外紀之屬

籌鄂龜鑑七卷首一卷　(清)陳俠君輯　清光緒二十二年(1896)賜書堂石印本　十四行三十二字白口單魚尾四周雙邊　牌記題“光緒丙申冬月賜書堂仿西法石印”　鈐有“齊魯大學圖書館藏書”　六册

370000－1542－0001855　950/27　史部/地理類/外紀之屬

萬國通鑑四卷附地圖　(美國)謝衛樓撰　清光緒八年(1882)刻本　十行二十五字白口單魚尾四周雙邊　鈐有“齊魯大學圖書館藏書”　六册

370000－1542－0001856　950/27　史部/地理類/外紀之屬

萬國通鑑四卷附地圖　(美國)謝衛樓撰　清光緒八年(1882)刻本　十行二十五字白口單魚尾四周雙邊　六册

370000－1542－0001857　950/28　史部/地理類/外紀之屬

四裔編年表　(美國)林樂知　嚴良勳譯　(清)李鳳苞編　清同治刻本　四册

370000－1542－0001858　950/28　史部/地理類/外紀之屬

四裔編年表　(美國)林樂知　嚴良勳譯　(清)李鳳苞編　清光緒二十三年(1897)石印本　内封題“光緒丁酉荷夏用泰西法石印”　鈐有“雉水沙氏五龍堂珍藏”　四册

370000－1542－0001859　950/28　史部/地理類/外紀之屬

四裔編年表　(美國)林樂知　嚴良勳譯　(清)李鳳苞編　清光緒二十三年(1897)石印本　内封題“光緒丁酉荷夏用泰西法石印”　四册

370000－1542－0001860　950/29　史部/地理類/外紀之屬

中外地輿圖説集成一百三十卷首二卷　(清)同康廬主人編輯　清光緒二十年(1894)上海順成書局石印本　二十五行五十四字小字雙行同白口單魚尾四周單邊　内封題“光緒甲午季夏同康主人付上海順成書局石印”　鈐有“蛟川求是齋校印書籍”　二十四册

370000－1542－0001861　950/29　史部/地理類/外紀之屬

中外地輿圖説集成一百三十卷首三卷附圖　(清)同康廬主人編輯　清光緒二十年(1894)上海積山書局石印本　二十五行五十四字小字雙行同白口單魚尾四周單邊　内封題“光緒二十年仲夏仿内府真本摹臨同康主人付上海積山書局石印”　鈐有“蛟川求是齋校印書籍”　三十二册

370000－1542－0001862　950/30　史部/地理類/外紀之屬

俄土戰紀六卷　湯叡譯　清末上海大同譯書局石印本　十一行二十四字小字雙行同黑口四周單邊　内封題“上海大同譯書局刊”　二册

370000－1542－0001863　950/31　史部/地理類/外紀之屬

朝鮮近世史二卷　(日本)林泰輔編修　劉世珩校譯　清光緒二十九年(1903)鴻寶齋石印本　十二行二十五字小字雙行同白口單魚尾四周雙邊　内封題“光緒癸卯仲夏弘寶書局石印”　二册

370000－1542－0001864　950/34　史部/地理類/外紀之屬

奥簃先生朝鮮三種　(清)周家禄撰　清光緒刻本　周雁石題識　十二行二十字小字雙行同白口四周雙邊　鈐有“周子雁石”“冰壺”“櫪隱”“臣錡”　一册

370000－1542－0001865　950/36　史部/地理類/外紀之屬

越南輯略二卷　(清)徐延旭編　清光緒三年(1877)刻本　十二行二十四字黑口雙魚尾四周雙邊　牌記題“光緒三年孟夏刊於梧州郡署”　二册

370000－1542－0001866　950/37　史部/地理類/外紀之屬

日本流源考二十二卷　王先謙輯　清光緒二十八年(1902)刻本　十二行二十五字小字雙行同白口單魚尾左右雙邊　牌記題“光緒壬寅歲孟春月栞藏”　十册

370000－1542－0001867　950/38　史部/地理類/外紀之屬

五大洲百一十國祕笈四卷首一卷　(清)明鏡里人冰竹生編輯　清光緒二十九年(1903)廣理書局石印本　十五行三十二字小字雙行同白口單魚尾四周雙邊　内封題“光緒癸卯季夏廣理書局校刊　漱六山莊發兑　順成書局代印”　二册

370000－1542－0001868　950/39　史部/地理類/外紀之屬

日本統計類表要論十二卷　(清)楊道霖撰　清宣統元年(1909)鉛字排印本　十二行二十八字黑口單魚尾四周雙邊　牌記題“宣統元年己酉三月活版排印”　六册

370000－1542－0001869　950/42　史部/地理類/外紀之屬

泰西民族文明史　(法國)賽奴巴撰　(清)沈是中　(清)俞子彝譯　清光緒二十九年(1903)上海商務印書館鉛字排印本　十五行三十二字小字雙行同黑口單魚尾四周單邊　一册

370000－1542－0001870　950/43　史部/地理類/外紀之屬

日耳曼史　(英國)沙安撰　清光緒二十九年(1903)上海商務印書館鉛印本　十五行三十二字小字雙行同黑口單魚尾四周單邊　鈐有“神道學堂”　一册

370000－1542－0001871　950/44　史部/地理類/外紀之屬

普法戰紀二十卷　(清)張宗良口譯　(清)王韜輯撰　清光緒二十一年(1895)鉛字排印本　十一行二十三字小字雙行同黑口單魚尾四周雙邊　牌記題“光緒乙未重鐫弢園王氏藏板”　十册

370000－1542－0001872　950/47　史部/地理類/外紀之屬

日本四十七俠士傳　(日本)青山延光撰　清光緒二十四年(1898)東亞書局鉛字排印本　九行二十四字小字雙行同黑口四周雙邊　二册

370000－1542－0001873　950/48　史部/地理類/外紀之屬

振新金鑑　(英國)克禮孟撰　任保羅譯　清光緒二十九年(1903)上海廣學會鉛字排印本　十二行二十九字小字雙行同白口單魚尾四周雙邊　内封題“西曆一千九百零三年　上海廣學會校刊”　鈐有“基督教齊魯大學圖書館”　三册

370000－1542－0001874　950/49　史部/地理類/外紀之屬

未來戰國志　東洋奇人撰　南支那老驥譯　清光緒二十九年(1903)上海廣智書局鉛字排印本　十二行三十一字白口單魚尾四周雙邊　一册

370000－1542－0001875　950/50　史部/地理類/外紀之屬

遊歷祕魯圖經四卷　(清)傅雲龍撰　清光緒二十七年(1901)石印本　十四行二十八字小字雙行同黑口四周單邊　内封題“光緒廿七年冬子范鉅題”　二册

370000－1542－0001876　950/51　史部/地理類/外紀之屬

遊歷加拿大圖經八卷　(清)傅雲龍撰　清光緒二十八年(1902)石印本　十四行二十八字小字雙行同黑口四周單邊　内封題“光緒廿八年冬子范鉅謹題”　二册

370000－1542－0001877　950/52　史部/地理類/外紀之屬

遊歷巴西圖經十卷　(清)傅雲龍撰　清光緒二十七年(1901)石印本　十四行二十八字小字雙行同黑口四周單邊　内封題“光緒廿七年冬子范鉅題”　二册

370000－1542－0001878　943/19　史部/地理類/外紀之屬

出使英法義比四國日記六卷　(清)薛福成撰　清光緒十八年(1892)上海鴻寶齋石印本　十四行三十字黑口單魚尾左右雙邊　内封題"光緒壬辰暮春之初吳俊書端　上海鴻寶齋石印　醉六堂發兑"　三册

370000－1542－0001879　961/1　史部/地理類/輿圖之屬

金地理志圖　楊守敬撰　清宣統元年(1909)楊氏觀海堂刻朱墨套印本　牌記題"宣統元年栞于上海"　鈐有"齊魯大學圖書館藏書"　一册

370000－1542－0001880　961/4　史部/地理類/輿圖之屬

歷代地理沿革圖　(清)馬徵麟訂正　清同治十年(1871)金陵刻朱墨套印本　十二行二十四字小字雙行同白口單魚尾左右雙邊　牌記題"同治十年刻于金陵懷寧方拐署檢"　一册

370000－1542－0001881　961/5　史部/地理類/輿圖之屬

前漢地理圖　楊守敬撰　清光緒三十年(1904)宜都楊氏鄰蘇園刻朱墨套印本　牌記題"光緒甲辰鄰蘇園刊"　一册

370000－1542－0001882　961/8　史部/地理類/輿圖之屬

元地理志圖　楊守敬撰　清末楊氏刻朱墨套印本　鈐有"齊魯大學圖書館藏書"　一册

370000－1542－0001883　962/2　史部/地理類/輿圖之屬

大清中外一統輿圖三十一卷首一卷　(清)官文等編　清同治二年(1863)刻本　内封題"同治二年鐫　板藏湖北撫署景桓樓"　鈐有"齊魯大學圖書館藏書"　十册

370000－1542－0001884　962/2　史部/地理類/輿圖之屬

大清中外一統輿圖三十一卷首一卷　(清)官文等編　清同治二年(1863)刻本　内封題"同治二年鐫　板藏湖北撫署景桓樓"　鈐有"齊魯大學圖書館藏書"　十册

370000－1542－0001885　962/2　史部/地理類/輿圖之屬

大清中外一統輿圖三十一卷首一卷　(清)官文等編　清同治二年(1863)刻本　内封題"同治二年鐫　板藏湖北撫署景桓樓"　鈐有"齊魯大學圖書館藏書"　十册

370000－1542－0001886　962/2　史部/地理類/輿圖之屬

大清中外一統輿圖三十一卷首一卷　(清)官文等編　清同治二年(1863)刻本　内封題"同治二年鐫　板藏湖北撫署景桓樓"　鈐有"私立齊魯大學國學研究所藏書之章"　三十二册

370000－1542－0001887　963/1　史部/地理類/輿圖之屬

皇朝直省地輿全圖　(清)□□編　清光緒二十一年(1895)湖北鄂書局石印本　内封題"光緒乙未三月"　一册

370000－1542－0001888　963/1　史部/地理類/輿圖之屬

皇朝直省地輿全圖　(清)□□編　清光緒六年(1880)點石齋石印本　内封題"光緒六年庚辰冬月　上海點石齋石印　申報館申昌書畫室内發售"　鈐有"黄氏葆光堂印"　一册

370000－1542－0001889　963/5　史部/地理類/輿圖之屬

皇清地理圖　(清)董祐誠原繪　清同治十年(1871)萃文堂刻本　鈐有"順德楊儒才印""扶琴藏書"　三册

370000－1542－0001890　963/6　史部/地理類/輿圖之屬

東北地圖　(清)東三省蒙務局制　(清)朱朝宗等繪　清宣統北洋官報局石印本　朱啓鈐題識　十袋

370000－1542－0001891　963/41　史部/地理類/輿圖之屬

江西全省輿圖十四卷　(清)□□繪　清光緒

二十二年(1896)石印本　内封題“光緒丙申年孟冬月石印”　十四册

370000－1542－0001892　964/1　史部/地理類/輿圖之屬

江蘇全省輿圖　(清)諸可實撰　清光緒二十一年(1895)江蘇書局刻本　牌記題“光緒二十一年書局開雕”　鈐有“王氏耐齋珍藏”“惟願子孫能讀”“讀書自娱”　三册

370000－1542－0001893　964/1　史部/地理類/輿圖之屬

江蘇全省輿圖　(清)諸可實撰　清光緒二十一年(1895)江蘇書局刻本　牌記題“光緒二十一年書局開雕”　三册

370000－1542－0001894　964/2　史部/地理類/輿圖之屬

湖北輿地圖　(清)□□繪　清石印本　鈐有“齊魯大學圖書館藏書”　四册

370000－1542－0001895　964/3　史部/地理類/輿圖之屬

廣東輿地全圖　(清)張人駿編　清光緒二十三年(1897)張氏石印本　牌記題“光緒二十三年三月豐潤張人駿署”　二册

370000－1542－0001896　964/4　史部/地理類/輿圖之屬

陝西全省輿地圖　(清)魏光燾編　清光緒二十五年(1899)石印本　四册

370000－1542－0001897　964/4　史部/地理類/輿圖之屬

陝西全省輿地圖　(清)魏光燾編　清光緒二十五年(1899)石印本　三册　缺第一册西安府至隴州

370000－1542－0001898　964/5　史部/地理類/輿圖之屬

福建全省地輿圖説　(清)保津繪圖　清石印本　鈐有“參謀部第六局圖籍章”　一册

370000－1542－0001899　964/6　史部/地理類/輿圖之屬

廣西輿地全圖　(清)北洋機器總局圖　算學堂重繪　清光緒二十一年(1895)石印本　牌記題“光緒二十一年春三月江都張聯桂署檢”　二册

370000－1542－0001900　964/7　史部/地理類/輿圖之屬

吉林省圖　(清)□□繪　清石印本　鈐有“私立齊魯大學國學研究所藏書之章”　一册

370000－1542－0001901　891.029/21　史部/地理類/輿圖之屬

皇朝直省府廳州縣全國分省地圖三十三幅　(清)湖北官書局編製　清同治三年(1864)刻本　尺寸不一　三十三幅

370000－1542－0001902　964/9　史部/地理類/輿圖之屬

山東府州縣及濟南鄆城壽張齊河等村鎮地圖　(清)□□繪　清石印本　尺寸不一　四十四張　存四十四幅

370000－1542－0001903　513/3　史部/職官類

漢官儀三卷　(宋)劉攽撰　清道光四年(1824)鮑崇城刻本　九行十七字小字雙行二十六字黑口左右雙邊　鈐有“黄氏天倪樓藏”　一册

370000－1542－0001904　513/3　史部/職官類

漢官儀三卷　(宋)劉攽撰　清道光四年(1824)鮑崇城刻本　九行十七字小字雙行二十六字黑口左右雙邊　一册

370000－1542－0001905　513/14　史部/職官類

唐六典三十卷　(唐)玄宗李隆基撰　(唐)李林甫注　清光緒二十一年(1895)廣雅書局刻本　十一行二十四字小字雙行同黑口單魚尾四周單邊　牌記題“光緒二十一年廣雅書局刊”　鈐有“宜秋館藏書”　四册

370000－1542－0001906　469/17　史部/職官類

麟臺故事五卷　(宋)程俱撰　**拾遺二卷**

(清)陸心源輯　**考異一卷**　(清)孫星華撰　清光緒二十年(1894)會稽孫星華增刻乾隆武英殿聚珍版書本　九行二十一字小字雙行同白口單魚尾四周雙邊　二册

370000－1542－0001907　513/2　史部/職官類

爲政忠告四卷　(元)張養浩撰　清道光十一年(1831)歷城尹濟源刻本　八行十七字黑口雙魚尾四周雙邊　鈐有"和卿""黄恩燮印"　二册

370000－1542－0001908　513/7　史部/職官類

歷代職官表六卷　(清)黄本驥編　清光緒二十二年(1896)廣州新寧明善社刻本　牌記題"光緒丙申廣州新寧明善社刻"　三册

370000－1542－0001909　513/9　史部/職官類

重栞張運清先生治鏡録二卷　(清)張鵬翮撰　(清)隋人鵬集解　清道光十三年(1833)仕學齋校刻本　九行二十一字白口單魚尾四周雙邊　内封題"仕學齋重栞"　二册

370000－1542－0001910　513/10　史部/職官類

牧令書二十三卷　(清)徐棟輯　清道光二十八年(1848)李煒校刻本　十行二十五字小字雙行同白口單魚尾左右雙邊　内封題"道光戊申秋鐫　楚興國李煒校刊"　十八册

370000－1542－0001911　513/10　史部/職官類

保甲書四卷　(清)徐棟輯　清道光二十八年(1848)李煒校刻本　十行二十五字小字雙行同白口單魚尾左右雙邊　内封題"道光戊申秋鐫　楚興國李煒校刊"　四册

370000－1542－0001912　039/581　史部/職官類

牧令全書二十三卷　(清)徐棟編　(清)丁日昌選評　清同治七年(1868)江蘇書局刻本　十一行二十一字黑口單魚尾左右雙邊　内封題"同治戊辰秋江蘇書局栞"　十四册

370000－1542－0001913　510/6　史部/職官類

皇朝詞林典故六十四卷　(清)朱珪　(清)陳希曾等重修　清光緒十三年(1887)刻本　七行十七字白口單魚尾四周雙邊　内封題"光緒十三年重鐫　板藏本署"　三十四册

370000－1542－0001914　510/6　史部/職官類

皇朝詞林典故六十四卷　(清)朱珪　(清)陳希曾等重修　清宣統元年(1909)石印本　七行十七字白口單魚尾四周雙邊　内封題"嘉慶乙丑原本光緒丁亥重鐫宣統己酉石印"　三十四册

370000－1542－0001915　551/2　史部/職官類

清祕述聞十六卷　(清)法式善編　清嘉慶四年(1799)刻本　十二行二十四字黑口雙魚尾四周單邊　鈐有"齊魯大學圖書館藏書"　六册

370000－1542－0001916　551/2　史部/職官類

清祕述聞十六卷　(清)法式善編　清嘉慶四年(1799)刻本　十二行二十四字黑口雙魚尾四周單邊　鈐有"齊魯大學圖書館藏書"　六册

370000－1542－0001917　513/15　史部/傳記類

大清搢紳全書　(清)□□編　清光緒十五年(1889)北京榮録堂刻本　十四行字數不等小字雙行三十三字白口雙魚尾四周雙邊　一册　存一册

370000－1542－0001918　513/16　史部/職官類

入幕須知五種　(清)張廷驤輯　清光緒十八年(1892)浙江書局刻本　鈐有"江蘇公立法政專門學校臧書""中央大學圖書館"　六册

370000－1542－0001919　511.2/1　史部/政書類/通制之屬

通典二百卷附考證　(唐)杜佑撰　清光緒二

十二年(1896)浙江書局刻本　九行二十一字小字雙行同白口單魚尾左右雙邊　内封題“光緒丙申年四月浙江書局刊”　五十册

370000－1542－0001920　511.2/1　史部/政書類/通制之屬

通典二百卷附考證　(唐)杜佑撰　清光緒二十二年(1896)浙江書局刻本　九行二十一字小字雙行同白口單魚尾左右雙邊　内封題“光緒丙申年四月浙江書局刊”　四十册　存一百五十八卷(一至一百二十一、一百六十四至二百)

370000－1542－0001921　511/1　史部/政書類/通制之屬

九通　(清)□□纂　清光緒二十二年(1896)浙江書局刻本　九行二十一字小字雙行同白口單魚尾左右雙邊　内封題“光緒丙申年四月浙江書局刊”　一千册

370000－1542－0001922　511/1　史部/政書類/通制之屬

九通　(清)□□纂　清光緒二十七年(1901)上海圖書集成局鉛字排印本　十六行四十三字小字雙行同白口雙魚尾四周單邊　内封題“光緒二十七年八月上海圖書集成局遵武英殿聚珍版校印”　三百册

370000－1542－0001923　511/1　史部/政書類/通制之屬

九通　(清)□□纂　清光緒二十八年(1902)貫吾齋石印本　三欄白口單魚尾左右雙邊　内封題“光緒辛丑嘉年　九通全書”　牌記題“光緒壬寅年孟冬貫吾齋石印”　一百二十八册

370000－1542－0001924　511/2　史部/政書類/通制之屬

六通訂誤六卷　(清)席裕福編　清光緒二十七年(1901)上海圖書集成局鉛字排印本　十六行四十三字小字雙行同白口雙魚尾四周單邊　内封題“雙璞齋藏板上海圖書集成局鑄印”　二册

370000－1542－0001925　511/3　史部/政書類/通制之屬

九通分類總纂二百四十卷　(清)汪鍾霖編　清光緒二十八年(1902)上海文瀾書局石印本　二十行四十四字小字雙行同白口單魚尾四周單邊　内封題“光緒壬寅仲夏上浣”　牌記題“吳縣汪氏編輯上海文瀾石印”　八十册

370000－1542－0001926　511/4　史部/政書類/通制之屬

廿四史九通政典類要合編三百二十卷　(清)黃書霖編　清光緒二十八年(1902)黃氏石印本　十五行三十八字小字雙行同白口單魚尾四周雙邊　内封題“光緒壬寅夏五約雅堂主人輯”　六十册

370000－1542－0001927　511/4　史部/政書類/通制之屬

廿四史九通政典類要合編三百二十卷　(清)黃書霖編　清光緒二十八年(1902)黃氏石印本　十五行三十八字小字雙行同白口單魚尾四周雙邊　内封題“光緒壬寅夏五約雅堂主人輯”　六十册

370000－1542－0001928　511/5　史部/政書類/通制之屬

九通序例全録　(清)胡重編　清光緒二十八年(1902)鴻寶齋石印本　二十行四十字白口單魚尾四周雙邊　牌記題“光緒壬寅十一月鴻寶齋石印”　六册

370000－1542－0001929　511/10　史部/政書類/通制之屬

三通序　(清)楊國楨輯　清湘鄉蔣氏龍安郡署刻本　十行二十四字小字雙行同黑口左右雙邊　内封題“廣州永漢路登雲閣藏板”　鈐有“家衡”　二册

370000－1542－0001930　512.2/5　史部/政書類/通制之屬

西漢會要七十卷　(宋)徐天麟撰　清光緒二十年(1894)福建增刻武英殿聚珍版書本　九行二十一字小字雙行同白口單魚尾四周雙邊　内封題“光緒甲午增刻”　十二册

370000－1542－0001931　512.2/2　史部/政

書類/通制之屬

東漢會要四十卷　(宋)徐天麟撰　清乾隆四十二年(1777)福建翻刻武英殿聚珍版書本道光、同治、光緒遞修本　九行二十一字小字雙行同白口單魚尾四周雙邊　八冊

370000－1542－0001932　512.2/2　史部/政書類/通制之屬

東漢會要四十卷　(宋)徐天麟撰　清刻本　九行二十一字小字雙行同白口單魚尾四周雙邊　八冊

370000－1542－0001933　512.2/3　史部/政書類/通制之屬

唐會要一百卷　(宋)王溥撰　清光緒十年(1884)江蘇書局刻本　九行二十一字小字雙行同白口單魚尾四周雙邊　牌記題"光緒甲申江蘇書局開雕"　二十四冊

370000－1542－0001934　512.2/3　史部/政書類/通制之屬

唐會要一百卷　(宋)王溥撰　清光緒二十年(1894)福建增刻武英殿聚珍版書本　九行二十一字小字雙行同白口單魚尾四周雙邊　牌記題"光緒甲午增刻"　三十二冊

370000－1542－0001935　512.2/4　史部/政書類/通制之屬

五代會要三十卷　(宋)王溥撰　清光緒十二年(1886)江蘇書局刻本　九行二十一字小字雙行同白口單魚尾四周雙邊　牌記題"光緒丙戌江蘇書局開雕"　六冊

370000－1542－0001936　512.2/4　史部/政書類/通制之屬

五代會要三十卷附校勘記　(宋)王溥撰　清乾隆四十二年(1777)福建翻刻武英殿聚珍版書本道光、同治間遞修光緒二十一年(1895)增刻本　九行二十一字小字雙行同白口單魚尾四周雙邊　六冊

370000－1542－0001937　950/5　史部/政書類/通制之屬

建炎以來朝野雜記甲集二十卷乙集二十卷　(宋)李心傳撰　清光緒七年(1881)刻本　十行二十字小字雙行同白口雙魚尾四周雙邊　牌記題"光緒七年八月重鋟于廣漢"　鈐有"私立齊魯大學國學研究所藏書之章""德清傅氏寄庋存古學堂書籍"　十冊

370000－1542－0001938　950/5　史部/政書類/通制之屬

建炎以來朝野雜記甲集二十卷校勘記二卷乙集二十卷校勘記三卷　(宋)李心傳撰　清光緒二十年(1894)會稽孫氏增刻武英殿聚珍版書本　九行二十一字小字雙行同白口單魚尾四周雙邊　牌記題"光緒甲午增刻"　鈐有"齊魯大學圖書館藏書"　十二冊

370000－1542－0001939　511.1/4　史部/政書類/通制之屬

皇朝續文獻通考三百二十卷(清乾隆五十一年至光緒三十一年)　(清)劉錦藻編　清光緒三十一年(1905)堅匏齋鉛字排印本　十行二十二字白口單魚尾四周雙邊　内封題"光緒乙巳冬堅匏盦鑄印"　八十八冊

370000－1542－0001940　511.1/4　史部/政書類/通制之屬

皇朝續文獻通考三百二十卷(清乾隆五十一年至光緒三十一年)　(清)劉錦藻編　清光緒三十一年(1905)堅匏齋鉛字排印本　十行二十二字白口單魚尾四周雙邊　内封題"光緒乙巳冬堅匏盦鑄印"　二十九冊　存一百十一卷(一至一百十一)

370000－1542－0001941　520/2　史部/政書類/通制之屬

大元聖政國朝典章前集六十卷附新集至治條例大全　(□)□□撰　清光緒三十四年(1908)刻本　十三行二十三字白口單魚尾左右雙邊　前集内封題"光緒戊申斟刊"　新集内封題"光緒戊申夏修訂法律館以杭州丁氏藏本重校付梓"　鈐有"齊魯大學圖書館藏書"　二十四冊

370000－1542－0001942　512.1/19　史部/政書類/通制之屬

大元聖政國朝典章前集六十卷附新集至治條

例大全 （□）□□纂　清光緒三十四年(1908)刻本　十三行二十三字白口單魚尾左右雙邊　前集内封題"光緒戊申斠刊"　新集内封題"光緒戊申夏修訂法律館以杭州丁氏藏本重校付梓"　二十册

370000－1542－0001943　512.2/6　史部/政書類/通制之屬

明會要八十卷 （清）龍文彬纂　清光緒十三年(1887)永懷堂刻本　十行二十二字小字雙行同黑口雙魚尾四周雙邊　牌記題"光緒丁亥栞永懷堂藏板"　二十册

370000－1542－0001944　512.1/7　史部/政書類/通制之屬

大清會典四卷 （清）托津等修撰　清同治十一年(1872)崇文書局刻本　十行二十字小字雙行同白口單魚尾四周雙邊　牌記題"同治壬申湖北崇文書局重雕"　四册

370000－1542－0001945　512.1/4　史部/政書類/通制之屬

欽定大清會典一百卷欽定大清會典事例一千二百二十卷欽定大清會典圖二百七十卷附圖一幅 （清）崑岡等編　清光緒石印本　十行二十字小字雙行同白口單魚尾四周雙邊　四百九十四册

370000－1542－0001946　512.1/8　史部/政書類/通制之屬

欽定大清會典一百卷 （清）允祹等編　清刻本　十行二十字小字雙行同白口單魚尾四周雙邊　内封題"遵旨重刊　武英殿聚珍版　江南省通行"　三册

370000－1542－0001947　512.1/9　史部/政書類/通制之屬

皇朝政典類纂五百卷目錄六卷 （清）席裕福編　清光緒二十九年(1903)上海圖書集成局鉛字排印本　十六行四十二字白口雙魚尾四周單邊　内封題"雙璞齋藏板上海圖書集成局鑄印"　一百二十册

370000－1542－0001948　512.1/10　史部/政書類/通制之屬

皇朝政典挈要八卷 （日本）增田貢撰　（清）毛淦補編　清光緒二十八年(1902)山東書局鉛字排印本　十二行三十四字白口四周雙邊　牌記題"光緒二十八年山東書局排印"　四册

370000－1542－0001949　511.2/2　史部/政書類/通制之屬

續通典一百五十卷 （清）嵇璜等編　清光緒十二年(1886)浙江書局刻本　九行二十一字小字雙行同白口單魚尾左右雙邊　牌記題"光緒十二年浙江書局上版"　四十册

370000－1542－0001950　511.2/3　史部/地理類/雜志之屬

廣陵通典十卷 （清）汪中撰　清同治八年(1869)揚州書局刻本　十行二十字黑口單魚尾左右雙邊　牌記題"同治己巳仲秋揚州書局重刊"　二册

370000－1542－0001951　512.4/2　史部/政書類/通制之屬

光緒政要二十八卷 （清）沈桐生輯　清宣統元年(1909)上海崇義堂校石印本　十五行三十三字白口單魚尾四周雙邊　内封題"宣統元年夏上海崇義堂校印"　二十四册

370000－1542－0001952　512.4/3　史部/政書類/通制之屬

大清歲計政要二卷 （清）傅運森撰　清光緒山東書局鉛字排印本　十二行三十四字白口四周雙邊　二册

370000－1542－0001953　500/1　史部/政書類/通制之屬

政藝叢書十九種 政藝通報社編　清光緒二十八年(1902)上海石印本　十六行三十五字黑口單魚尾四周雙邊　内封題"光緒壬寅"　二十册

370000－1542－0001954　510/11　史部/政書類/通制之屬

皇朝經世文博議二卷 （清）任源祥撰　清光緒二十八年(1902)經義史館石印本　九行二十一字小字雙行同白口單魚尾四周單邊　内

封題“光緒壬寅孟春經義史館石印” 四冊

370000－1542－0001955 500/3 史部/政書類/通制之屬

歷代政治類編十二卷 （清）柴紹炳撰 清光緒二十七年（1901）上海自強局石印本 十四行三十字小字雙行同黑口四周雙邊 内封題“光緒辛丑孟冬上海自強局印” 六冊

370000－1542－0001956 512.5/1 史部/政書類/儀制之屬

欽定理藩院則例六十四卷通例二卷原奏一卷總目二卷 （清）松森等重修 清光緒十七年（1891）理藩院刻本 七行二十字白口單魚尾四周雙邊 十六冊 缺四十四卷（二十一至六十四）

370000－1542－0001957 512.5/3 史部/政書類/儀制之屬

欽定禮部則例二百二卷 （清）文孚等纂修 清嘉慶二十五年（1820）禮部刻本 九行二十字小字雙行同白口單魚尾四周雙邊 二十四冊

370000－1542－0001958 512.5/5 史部/政書類/儀制之屬

欽定吏部稽勳司則例八卷 （清）吏部編 清刻本 九行二十字小字雙行同白口單魚尾四周雙邊 四冊

370000－1542－0001959 500/4 史部/政書類/儀制之屬

石渠餘紀六卷 （清）王慶雲撰 清末刻本 十一行二十三字小字雙行同黑口單魚尾左右雙邊 六冊

370000－1542－0001960 510/4 史部/政書類/儀制之屬

吾學録二十四卷 （清）吳榮光撰 清道光二十九年（1849）刻本 九行二十一字小字雙行同白口單魚尾左右雙邊 八冊

370000－1542－0001961 511.4/1 史部/政書類/儀制之屬

時務通考三十一卷目錄一卷 （清）杞廬主人等編 清光緒二十三年（1897）點石齋石印本 二十行四十五字小字雙行同黑口單魚尾四周雙邊 牌記題“光緒二十三年四月點石齋印” 二十四冊

370000－1542－0001962 511.4/1 史部/政書類/儀制之屬

時務通考三十一卷目錄一卷 （清）杞廬主人等編 清光緒二十三年（1897）點石齋石印本 二十行四十五字小字雙行同黑口單魚尾四周雙邊 牌記題“光緒二十三年四月點石齋印” 二十四冊

370000－1542－0001963 511.4/1－2 史部/政書類/儀制之屬

時務通考續編三十一卷 點石齋主人等編譯 清光緒二十七年（1901）上海點石齋石印本 二十一行四十五字黑口單魚尾四周雙邊 牌記題“光緒辛丑上海點石齋印” 十六冊

370000－1542－0001964 512.3/8－2 史部/政書類/儀制之屬

南巡盛典一百二十卷 （清）高晉纂輯 清光緒八年（1882）上海點石齋縮印本 十六行三十六字白口單魚尾四周單邊 牌記題“光緒壬午年秋七月上海點石齋縮印” 二十四冊

370000－1542－0001965 512.3/9 史部/政書類/儀制之屬

幸魯盛典四十卷 （清）孔毓圻編 清光緒二十一年（1895）福建增刻乾隆武英殿聚珍版書本 九行二十一字白口單魚尾四周雙邊 牌記題“光緒乙未增刻” 十八冊

370000－1542－0001966 512.3/1 史部/政書類/儀制之屬

文廟上丁禮樂備考四卷 （清）吳祖昌等編 清同治九年（1870）乙藜齋刻本 九行二十二字小字雙行同白口單魚尾四周雙邊 牌記題“同治九年庚午仲冬月既望江右乙藜齋董栞” 四冊

370000－1542－0001967 512.3/4 史部/政書類/儀制之屬

拄楣蕝記六卷 （清）淩揚藻撰 清同治三年

(1864)刻本　十行十九字小字雙行二十八字白口單魚尾左右雙邊　三册

370000－1542－0001968　512.3/5　史部/政書類/儀制之屬
文廟從祀位次考附鄒縣孟廟從祀位次考　(清)陳錦編　清光緒十二年(1886)刻本　十行二十一字小字雙行同黑口單魚尾四周雙邊　牌記題“光緒丙戌秋九月開雕橘蔭軒藏版”　鈐有“正德利用厚生”　一册

370000－1542－0001969　512.3/5　史部/政書類/儀制之屬
文廟從祀位次考附鄒縣孟廟從祀位次考　(清)陳錦編　清光緒十二年(1886)刻本　十行二十一字小字雙行同黑口單魚尾四周雙邊　牌記題“光緒丙戌秋九月開雕橘蔭軒藏版”　一册

370000－1542－0001970　512.3/5　史部/政書類/儀制之屬
文廟從祀位次考附鄒縣孟廟從祀位次考　(清)陳錦編　清光緒十二年(1886)刻本　十行二十一字小字雙行同黑口單魚尾四周雙邊　牌記題“光緒丙戌秋九月開雕橘蔭軒藏版”　一册

370000－1542－0001971　512.3/12　史部/政書類/儀制之屬
文廟丁祭譜三卷　(清)□□編　清同治七年(1868)江蘇書局刻本　九行二十二字白口單魚尾四周雙邊　内封題“同治戊辰七月江蘇書局開雕”　三册

370000－1542－0001972　512.3/13　史部/政書類/儀制之屬
大唐開元禮一百五十卷　(唐)蕭嵩編　清光緒十二年(1886)公善堂校刻本　十行二十一字小字雙行同白口單魚尾左右雙邊　牌記題“光緒丙戌公善堂校”　八册

370000－1542－0001973　512.3/14　史部/政書類/儀制之屬
勉行紀略　(清)張濤撰　清光緒十二年(1886)刻本　白口單魚尾四周雙邊　一册

370000－1542－0001974　512.3/16　史部/政書類/儀制之屬
文廟祀典考五十卷首一卷　(清)龐鍾璐輯　清光緒四年(1878)刻本　十二行二十八字白口單魚尾四周雙邊　内封題“光緒戊寅栞”　鈐有“南州書樓藏書徐湯殷整理編列清字484號1951年7月25日”　八册

370000－1542－0001975　512.6/1　史部/政書類/邦計之屬
籌濟編三十二卷首一卷　(清)楊景仁輯　清道光六年(1826)詒研齋刻本　九行二十五字小字雙行同白口單魚尾左右雙邊　内封題“道光丙戌仲春鐫　詒研齋藏版”　八册

370000－1542－0001976　512.6/1　史部/政書類/邦計之屬
籌濟編三十二卷首一卷　(清)楊景仁輯　清光緒五年(1879)河南刻本　九行二十五字小字雙行同白口單魚尾左右雙邊　内封題“板藏河南藩庫”　牌記題“光緒五年己卯仲秋之月重鐫”　八册

370000－1542－0001977　512.6/1　史部/政書類/邦計之屬
籌濟編三十二卷首一卷　(清)楊景仁輯　清光緒五年(1879)河南刻本　九行二十五字小字雙行同白口單魚尾左右雙邊　内封題“板藏河南藩庫”　牌記題“光緒五年己卯仲秋之月重鐫”　八册

370000－1542－0001978　516/1　史部/職官類
平平言四卷　(清)方大湜撰　清光緒十八年(1892)資州官廨刻本　九行二十二字黑口雙魚尾左右雙邊　牌記題“光緒壬辰仲秋梓於資州官廨”　四册

370000－1542－0001979　516/2　史部/政書類/邦計之屬
危言四卷　(清)湯震撰　清光緒二十一年(1895)石印本　十二行二十八字黑口單魚尾四周雙邊　内封題“光緒十六年鋟木廿一年六月石印”　鈐有“山東大學堂臧書印章”

四冊

370000－1542－0001980　516/2　史部/政書類/邦計之屬

危言四卷　（清）湯震撰　清光緒二十一年(1895)石印本　十二行二十八字黑口單魚尾四周雙邊　内封題"光緒十六年鋟木廿一年六月石印"　二冊

370000－1542－0001981　516/3　史部/政書類/邦計之屬

盛世危言正編六卷　（清）鄭觀應撰　**續編四卷**　（清）香山杞憂生撰　清光緒十八年(1892)石印本　十二行二十八字白口單魚尾四周雙邊　鈐有"華東大學圖書館藏書章"　十冊

370000－1542－0001982　516/4　史部/政書類/邦計之屬

盛世危言三編六卷　（清）鄭觀應撰　清光緒二十三年(1897)石印本　十二行二十八字白口單魚尾四周雙邊　牌記題"光緒丁酉仲秋仿泰西法石印"　鈐有"華東大學圖書館藏書章"　六冊

370000－1542－0001983　516/5　史部/政書類/邦計之屬

列國政要一百三十二卷首一卷　（清）戴鴻慈　（清）端方輯　清光緒三十四年(1908)商務印書館石印本　十行二十八字白口單魚尾四周雙邊　三十二冊

370000－1542－0001984　516/6　史部/政書類/邦計之屬

新政真詮六編　（清）何啓　（清）胡禮垣撰　清光緒二十七年(1901)格致新報館鉛字排印本　十三行三十二字白口雙魚尾四周單邊　六冊

370000－1542－0001985　516/8　史部/政書類/邦計之屬

校邠廬抗議二卷　（清）馮桂芬撰　清光緒潘霨韡園校刻本　十一行二十三字黑口單魚尾四周雙邊　二冊

370000－1542－0001986　516/9　史部/政書類/邦計之屬

皇朝蓄艾文編八十卷　（清）于寶軒輯　清光緒二十九年(1903)上海官書局鉛字排印本　十四行三十二字小字雙行四十二字白口單魚尾四周雙邊　牌記題"光緒癸卯穐七月上海官書局鉛印"　鈐有"齊魯大學圖書館藏書"　四十冊

370000－1542－0001987　516/10　史部/政書類/邦計之屬

中國新政始基一卷　（清）何啓　（清）胡禮垣撰　清光緒二十四年(1898)香港聚珍書樓鉛字排印本　十二行三十一字白口單魚尾四周雙邊　内封題"光緒戊戌仲春　香港聚珍活板"　一冊

370000－1542－0001988　516/13　史部/政書類/邦計之屬

日本變法次第類考三集　（清）程恩培集案　程堯章譯述　清光緒二十八年(1902)政學譯社鉛字排印本　十行二十八字小字雙行同白口單魚尾四周雙邊　牌記題"光緒壬寅年仲夏政學譯社印"　十二冊

370000－1542－0001989　516/19　史部/政書類/邦計之屬

萊陽事變實地調查報告書　欒振聲等撰　清石印本　一冊

370000－1542－0001990　512.6/2　史部/政書類/邦計之屬

山東黃河南岸十三州縣遷民圖説　（清）黃璣撰　清光緒二十二年(1896)點石齋石印本　牌記題"光緒丙申夏付點石齋印"　二冊

370000－1542－0001991　512/2　史部/政書類/邦計之屬

欽定康濟録四卷　（清）陸曾禹撰　（清）倪國璉釐正　清同治三年(1864)左宗棠浙江撫署刻本　十一行二十四字小字雙行同白口單魚尾四周單邊　三冊

370000－1542－0001992　611/1　史部/政書類/邦計之屬

求己録三卷　(清)陶葆廉編　清光緒二十二年(1896)石印本　十行二十二字黑口左右雙邊　鈐有"齊魯大學圖書館藏書"　三冊

370000－1542－0001993　516/20　史部/政書類/邦計之屬

大同學　(英國)器德撰　(英國)李提摩太譯　清光緒二十五年(1899)上海廣學會校刻本　十行二十四字小字雙行同黑口單魚尾四周雙邊　内封題"西曆一千八百九十九年　上海廣學會校刊　光緒二十五年歲次己亥　初次開印記二千本"　鈐有"基督教齊魯大學圖書館"　一冊

370000－1542－0001994　516/17　史部/政書類/邦計之屬

羣學肄言　(英國)斯賓塞爾撰　嚴復譯　清光緒二十九年(1903)上海文明編譯書局刻本　十一行二十七字小字雙行同白口單魚尾左右雙邊　牌記題"光緒二十九年五月上海文明編譯書局印行"　鈐有"齊魯大學圖書館藏書"　四冊

370000－1542－0001995　516/23　史部/政書類/邦計之屬

工業與國政相關論二卷　(英國)司旦離遮風司撰　(美國)衛理　(清)王汝譯　清光緒二十六年(1900)製造局鉛字排印本　十行二十四字白口單魚尾四周雙邊　牌記題"光緒庚子年仿聚珍版印於製造局"　鈐有"基督教齊魯大學圖書館""山東濰縣廣文學堂"　一冊

370000－1542－0001996　516/22　史部/政書類/邦計之屬

政治源流　(美國)謝衛樓撰　清宣統二年(1910)北通州協和書院鉛字排印本　十一行三十七字白口四周雙邊　内封題"西曆一千九百十年　大清宣統二年歲次庚戌　北通州協和書院印字館鐫"　鈐有"基督教齊魯大學圖書館""山東濰縣廣文學堂"　一冊

370000－1542－0001997　530/3　史部/政書類/邦計之屬

光緒會計表　(清)劉岳雲撰　清光緒二十七年(1901)教育世界社石印本　表格黑口雙魚尾四周雙邊　牌記題"光緒辛丑冬仲教育世界社印"　鈐有"齊魯大學圖書館藏書""山東財經學院圖書館"　四冊

370000－1542－0001998　530/4　史部/政書類/邦計之屬

中國度支考附印度鹽法考　(英國)哲美森編　(美國)林樂知譯　清光緒二十九年(1903)上海商務印書館鉛字排印本　十三行四十字黑口雙魚尾四周單邊　内封題"西曆一千九百零三年　上海廣學會譯　上海商務印書館代印"　鈐有"基督教齊魯大學圖書館"　一冊

370000－1542－0001999　533/1　史部/政書類/邦計之屬

萊陽縣收併鰲山大嵩貳衛并海陽所賦役全書　(清)□□編　清光緒二年(1876)刻本　十行二十一字白口單魚尾四周雙邊　一冊

370000－1542－0002000　533/1　史部/政書類/邦計之屬

莒州賦役全書　(清)□□編　清咸豐六年(1856)刻本　十行二十一字白口單魚尾四周雙邊　一冊

370000－1542－0002001　533/1　史部/政書類/邦計之屬

沂州府賦役全書　(清)□□編　清道光十六年(1836)刻本　十行二十一字白口單魚尾四周雙邊　一冊

370000－1542－0002002　533/1　史部/政書類/邦計之屬

長清縣賦役全書　(清)□□編　清光緒十二年(1886)刻本　十行二十一字白口單魚尾四周雙邊　一冊

370000－1542－0002003　533/1　史部/政書類/邦計之屬

長清縣收併濟南衛賦役全書　(清)□□編　清光緒十二年(1886)刻本　十行二十一字白口單魚尾四周雙邊　一冊

370000－1542－0002004　533/1　史部/政書類/邦計之屬

高苑縣賦役全書　(清)□□編　清光緒十二年(1886)刻本　十行二十一字白口單魚尾四周雙邊　一册

370000－1542－0002005　533/1　史部/政書類/邦計之屬

膠州收併靈山鰲山二衛賦役全書　(清)□□編　清光緒三十二年(1906)刻本　十行二十一字白口單魚尾四周雙邊　一册

370000－1542－0002006　533/1　史部/政書類/邦計之屬

蘭山縣賦役全書　(清)□□編　清光緒二年(1876)刻本　十行二十一字白口單魚尾四周雙邊　鈐有"蘭山縣印"　一册

370000－1542－0002007　533/1　史部/政書類/邦計之屬

歷城縣賦役全書　(清)□□編　清光緒二年(1876)刻本　十行二十一字白口單魚尾四周雙邊　一册

370000－1542－0002008　533/1　史部/政書類/邦計之屬

齊東縣賦役全書　(清)□□編　清光緒十二年(1886)刻本　十行二十一字白口單魚尾四周雙邊　一册

370000－1542－0002009　533/1　史部/政書類/邦計之屬

濰縣賦役全書　(清)□□編　清光緒二年(1876)刻本　十行二十一字白口單魚尾四周雙邊　一册

370000－1542－0002010　533/1　史部/政書類/邦計之屬

陽穀縣賦役全書　(清)□□編　清光緒二十二年(1896)刻本　十行二十一字白口單魚尾四周雙邊　一册

370000－1542－0002011　533/1　史部/政書類/邦計之屬

范縣賦役全書　(清)□□編　清光緒三十二年(1906)刻本　十行二十一字白口單魚尾四周雙邊　一册

370000－1542－0002012　533/1　史部/政書類/邦計之屬

金鄉縣賦役全書　(清)□□編　清光緒二十二年(1896)刻本　十行二十一字白口單魚尾四周雙邊　鈐有"金鄉縣印"　一册

370000－1542－0002013　533/1　史部/政書類/邦計之屬

臨邑縣賦役全書　(清)□□編　清刻本　十行二十一字白口單魚尾四周雙邊　一册

370000－1542－0002014　533/1　史部/政書類/邦計之屬

禹城縣賦役全書　(清)□□編　清刻本　十行二十一字白口單魚尾四周雙邊　一册

370000－1542－0002015　533/1　史部/政書類/邦計之屬

郯城縣賦役全書　(清)□□編　清道光十六年(1836)刻本　十行二十一字白口單魚尾四周雙邊　鈐有"郯城縣印"　一册

370000－1542－0002016　533/1　史部/政書類/邦計之屬

壽張縣賦役全書　(清)□□編　清光緒二十二年(1896)刻本　十行二十一字白口單魚尾四周雙邊　一册

370000－1542－0002017　533/1　史部/政書類/邦計之屬

招遠縣賦役全書　(清)□□編　清光緒二十二年(1896)刻本　十行二十一字白口單魚尾四周雙邊　一册

370000－1542－0002018　533/1　史部/政書類/邦計之屬

招遠縣賦役全書　(清)□□編　清光緒三年(1877)刻本　十行二十一字白口單魚尾四周雙邊　一册

370000－1542－0002019　534/1　史部/政書類/邦計之屬

兩淮鹽法志稿一百六十卷　(清)王定安纂

清光緒二十五年(1899)刻本　十行二十一字白口單魚尾四周雙邊　六十四册

370000－1542－0002020　534/2　史部/政書類/邦計之屬

兩廣鹽法志三十五卷首一卷　(清)伍長華纂　清道光十六年(1836)廣州九曜坊林興堂刻本　九行二十二字小字雙行同白口單魚尾四周雙邊　内封題"道光十五年輯"　鈐有"齊魯大學圖書館藏書"　三十六册

370000－1542－0002021　534/2　史部/政書類/邦計之屬

兩廣鹽法志三十五卷首一卷　(清)伍長華纂　清道光十六年(1836)刻本　九行二十二字小字雙行同白口單魚尾四周雙邊　二十册

370000－1542－0002022　534/3　史部/政書類/邦計之屬

四川官運鹽案類編九十卷首一卷(清光緒丁丑至辛丑)　(清)唐炯　(清)王季寅等編　(清)華國英補編　清光緒二十八年(1902)瀘州總局刻本　十三行二十二字黑口單魚尾左右雙邊　牌記題"光緒壬寅春日瀘州總局重訂"　鈐有"私立齊魯大學國學研究所藏書之章"　二十四册

370000－1542－0002023　534/3　史部/政書類/邦計之屬

四川官運鹽案類編四卷(清光緒壬寅至丙午)　(清)趙藩補編　清光緒三十四年(1908)瀘州總局刻本　十三行二十二字黑口單魚尾左右雙邊　牌記題"光緒戊申冬日刊於瀘州總局"　鈐有"私立齊魯大學國學研究所藏書之章"　四册

370000－1542－0002024　534/4　史部/政書類/邦計之屬

四川鹽法志四十卷首一卷　(清)丁寶楨總纂　清光緒八年(1882)四川官刻本　十一行二十二字小字雙行同黑口雙魚尾左右雙邊　鈐有"隨公""成都中區圖書館""私立齊魯大學國學研究所藏書之章"　二十册

370000－1542－0002025　534/7　史部/政書類/邦計之屬

南鹺志要附淮鹺續考略　(清)氷壺外史輯　(清)鮑逸續考略　清光緒二年(1876)刻本　清伯勤批注　九行二十字小字雙行同白口單魚尾左右雙邊　鈐有"伯勤珍藏"　一册

370000－1542－0002026　534/8　史部/政書類/邦計之屬

山東鹽法志二十二卷首一卷附編十卷　(清)宋湘　(清)嚴可均等纂修　清嘉慶十四年(1809)官刻本　九行二十四字白口單魚尾四周雙邊　鈐有"齊魯大學圖書館藏書""山東財經學院圖書館"　二十四册

370000－1542－0002027　534/9　史部/政書類/邦計之屬

山東鹽法續增備考六卷　(清)恩錫編　清同治三年(1864)刻本　九行二十二字白口單魚尾四周雙邊　鈐有"齊魯大學圖書館藏書""山東財經學院圖書館"　十册

370000－1542－0002028　531/2　史部/政書類/邦計之屬

經濟原論　(美國)麥喀梵撰　(清)朱寶綬譯　清光緒三十四年(1908)中國圖書公司鉛字排印本　十二行三十三字黑口單魚尾四周雙邊　一册

370000－1542－0002029　530/1　史部/政書類/邦計之屬

原富　(英國)斯密亞丹撰　嚴復譯　清光緒二十八年(1902)南洋公學譯書院鉛字排印本　十二行三十二字黑口單魚尾四周雙邊　八册

370000－1542－0002030　535/1　史部/政書類/邦計之屬

德國工商勃興史　(法國)伯倫德爾撰　(日本)日本文部省譯　商務印書館重譯　清光緒二十九年(1903)上海商務印書館鉛字排印本　十五行三十二字黑口單魚尾四周單邊　一册

370000－1542－0002031　550/1　史部/政書類/儀制之屬

學部官報(清光緒三十二年七月至三十三年八月) (清)學部編 清光緒三十三年(1907)鉛字排印本 十三行三十字黑口單魚尾四周雙邊 鈐有"眘思之""荔齋長壽" 三十二冊

370000－1542－0002032 550/1 史部/政書類/儀制之屬

欽定國子監志八十二卷首二卷 (清)文慶 (清)富明阿等編纂 清道光十四年(1834)刻本 九行二十字白口單魚尾四周雙邊 鈐有"齊魯大學圖書館藏書" 三十二冊

370000－1542－0002033 551/9 史部/政書類/儀制之屬

欽定學堂章程 (清)張之洞等編訂 清光緒三十二年(1906)上海會文學社鉛字排印本 十六行三十四字白口單魚尾四周單邊 内封題"光緒丙午 上海會文學社出版" 六冊

370000－1542－0002034 551/7 史部/政書類/儀制之屬

支那教學史略三卷 (日本)狩野良知著 清光緒二十八年(1902)上海商務印書館鉛字排印本 十八行三十三字小字雙行同白口單魚尾四周雙邊 内封題"光緒二十八年十一月上浣 上海商務印書館印行" 一冊

370000－1542－0002035 922/96 史部/政書類/軍政之屬

[道光]揚州營志十六卷 (清)崔衔等修 (清)陳述祖纂 清道光十一年(1831)刻揚州古舊書店揚州古籍叢刊刷印本 内封題"揚州古籍叢刊之三" 牌記題"江蘇揚州古舊書店刊印" 八冊

370000－1542－0002036 560/10 史部/政書類/軍政之屬

新建陸軍兵略錄存八卷 (清)袁世凱撰 清光緒二十四年(1898)石印本 十行二十五字黑口單魚尾四周雙邊 内封題"兵略錄存" 牌記題"光緒二十四年九月本軍排印" 鈐有"齊魯大學圖書館藏書" 六冊

370000－1542－0002037 560/10 史部/政書類/軍政之屬

新建陸軍兵略錄存八卷 (清)袁世凱撰 清光緒二十四年(1898)石印本 十行二十五字黑口單魚尾四周雙邊 内封題"兵略錄存" 牌記題"光緒二十四年九月本軍排印" 六冊

370000－1542－0002038 560/13 史部/政書類/軍政之屬

單縣籌辦團練章程 (清)毛澂撰 清光緒二十二年(1896)官刻本 九行二十字白口單魚尾四周雙邊 一冊

370000－1542－0002039 560/16 史部/政書類/軍政之屬

欽定中樞政考 (清)明亮等纂修 清道光五年(1825)官刻本 九行二十字白口單魚尾四周雙邊 七十二冊

370000－1542－0002040 520/1 史部/政書類/律令之屬

故唐律疏議三十卷附音義一卷洗冤集録五卷 (唐)長孫無忌等撰 清光緒十七年(1891)江蘇書局刻本 十二行二十四字黑口單魚尾四周雙邊 内封題"光緒十七年春錢唐諸可寶書" 鈐有"私立齊魯大學國學研究所藏書之章" 八冊

370000－1542－0002041 520/1 史部/政書類/律令之屬

故唐律疏議三十卷洗冤集録五卷 (唐)長孫無忌等撰 清嘉慶十三年(1808)孫星衍刻本 十二行二十四字黑口雙魚尾四周雙邊 内封題"蘭陵孫氏元版重刊" 十六冊

370000－1542－0002042 520/4 史部/政書類/律令之屬

大清法政彙編大清法規大全 (清)□□編 清末上海政學社石印本 十六行三十六字黑口單魚尾四周雙邊 内封題"大清法政彙編 上海政學社印行" 六十八冊

370000－1542－0002043 520/6 史部/政書類/律令之屬

國憲泛論 (日本)小野梓撰 (清)陳鵬譯 清光緒二十九年(1903)上海廣智書局鉛字排

印本　十二行三十一字小字雙行不等白口單魚尾四周雙邊　二册

370000－1542－0002044　500/6　史部/政書類/律令之屬

大清光緒新法令　商務印書館編譯　清宣統元年(1909)鉛字排印本　十六行三十三字白口單魚尾四周雙邊　二十册

370000－1542－0002045　500/7　史部/政書類/律令之屬

大清宣統新法令　商務印書館編　清宣統元年(1909)上海商務印書館鉛字排印本　十六行三十三字白口單魚尾四周雙邊　四册

370000－1542－0002046　523/2　史部/政書類/律令之屬

大清律例增修統纂集成四十卷附二卷　(清)陶駿　(清)陶念霖增修　清光緒六年(1880)刻本　上欄小字雙行四字中欄小字雙行十八字下欄九行十九字小字雙行同白口單魚尾四周單邊　内封題"光緒六年新鐫"　二十四册

370000－1542－0002047　524/1　史部/政書類/律令之屬

刑部比照加減成案續編三十二卷　(清)許槤編　清道光二十三年(1843)刻本　七行十六字黑口單魚尾左右雙邊　十六册

370000－1542－0002048　525/1　史部/政書類/邦交之屬

星軺指掌三卷續一卷　(德國)馬爾頓撰　(清)聯芳　(清)慶常譯　清光緒二年(1876)同文館鉛字排印本　十行二十五字小字雙行三十字白口單魚尾四周雙邊　四册

370000－1542－0002049　526/2　史部/政書類/律令之屬

約章成案彙覽甲篇十卷乙篇四十二卷　(清)北洋洋務局編　清光緒三十一年(1905)上海點石齋石印本　十行二十六字四周單邊　牌記題"北洋洋務局纂輯""上海點石齋承印"　四十六册

370000－1542－0002050　526/2　史部/政書類/律令之屬

約章成案彙覽甲篇十卷乙篇四十二卷　(清)北洋洋務局編　清光緒三十一年(1905)上海點石齋石印本　十行二十六字四周單邊　牌記題"北洋洋務局纂輯""上海點石齋承印"　四十六册

370000－1542－0002051　526/3　史部/政書類/邦交之屬

通商各國條約　(清)□□編　清光緒二十八年(1902)浙江官書局刻本　九行二十三字白口單魚尾左右雙邊　牌記題"光緒壬寅首夏浙江官書局刊"　十册

370000－1542－0002052　526/4　史部/政書類/律令之屬

約章分類輯要三十八卷首一卷　蔡乃煌編　清光緒二十六年(1900)湖南商務局刻本　十一行二十三字黑口單魚尾左右雙邊　牌記題"光緒庚子仲冬湖南商務局栞"　鈐有"申禮防以自持"　三十册

370000－1542－0002053　526/4　史部/政書類/律令之屬

約章分類輯要三十八卷首一卷　蔡乃煌編　清光緒二十六年(1900)湖南商務局刻本　十一行二十三字黑口單魚尾左右雙邊　牌記題"光緒庚子仲冬湖南商務局栞"　鈐有"申禮防以自持"　三十册

370000－1542－0002054　526/5　史部/政書類/邦交之屬

各國立約始末記三十卷首二卷　(清)陸元鼎編　清光緒三十二年(1906)上海商務印書館鉛字排印本　十行二十四字小字雙行三十二字黑口單魚尾四周雙邊　牌記題"光緒三十二年上海商務印書館代印"　二十二册

370000－1542－0002055　526/8　史部/政書類/邦交之屬

通商約章類纂三十五卷　(清)李瀚章等編　清光緒十二年(1886)天津官書局刻本　十行二十四字黑口四周雙邊　牌記題"光緒十二年集刊板存天津官書局"　二十册

370000－1542－0002056　526/8　史部/政書類/邦交之屬

通商約章類纂三十五卷　(清)李瀚章等編　清光緒十二年(1886)天津官書局刻本　十行二十四字黑口四周雙邊　牌記題"光緒十二年集刊板存天津官書局"　二十册

370000－1542－0002057　526/9　史部/政書類/邦交之屬

中日馬關新約　(清)□□編　清末刻本　十行二十一字白口單魚尾四周雙邊　一册

370000－1542－0002058　540/1　史部/政書類/邦計之屬

星軺考轍四卷　(清)劉啓彤編譯　清光緒石印本　十行二十五字小字雙行同白口單魚尾四周雙邊　内封題"鐵路火輪車圖攷"　鈐有"齊魯大學圖書館藏書"　八册

370000－1542－0002059　544/1　史部/政書類/邦計之屬

各國鐵路圖攷四卷　(清)劉啓彤譯　清光緒二十二年(1896)倉山書局石印本　十行二十五字小字雙行同白口單魚尾四周雙邊　牌記題"光緒丙申年倉山書局印""上海棋盤街寶善分局發兑"　八册

370000－1542－0002060　570/7　史部/政書類/邦交之屬

金軺籌筆四卷　(清)□□編　清光緒九年(1883)刻本　十一行二十四字小字雙行同黑口單魚尾左右雙邊　牌記題"光緒九年孟夏月□□山房鈔栞"　四册

370000－1542－0002061　570/12　史部/政書類/邦交之屬

五千年中外交涉史九十七卷　(清)屯廬主人編　清光緒二十九年(1903)上海蜚英書局鉛字排印本　十五行三十三字黑口單魚尾四周雙邊　牌記題"光緒癸卯仲夏上海蜚英書局鉛印"　二十册

370000－1542－0002062　570/13　史部/政書類/邦交之屬

國朝柔遠記二十卷　(清)王之春編　清光緒十七年(1891)廣雅書局刻本　十一行二十二字黑口單魚尾左右雙邊　牌記題"光緒十七年夏五廣雅書局刻"　鈐有"小字元又""昆玉之印""蒙古鄂羅特固諾特氏""養龢僊館""齊魯大學圖書館藏書"　六册

370000－1542－0002063　570/13　史部/政書類/邦交之屬

國朝柔遠記二十卷　(清)王之春編　清光緒十七年(1891)廣雅書局刻本　十一行二十二字黑口單魚尾左右雙邊　六册

370000－1542－0002064　570/14　史部/政書類/邦交之屬

歐洲東方交涉記十二卷　(英國)麥高爾編　(美國)林樂知　(清)瞿昂來譯　清光緒六年(1880)江南機器製造總局刻本　十行二十二字小字雙行同黑口雙魚尾左右雙邊　内封題"東方交涉記"　牌記題"江南機器製造總局藏板"　二册

370000－1542－0002065　570/15　史部/政書類/邦交之屬

光緒乙巳年交涉要覽五卷　(清)北洋洋務局編　清光緒三十三年(1907)北洋官報局鉛字排印本　十三行三十一字小字雙行同黑口單魚尾四周單邊　牌記題"北洋洋務局纂輯北洋官報局代印"　鈐有"封卿"　五册

370000－1542－0002066　570/16　史部/政書類/邦交之屬

光緒丙午年交涉要覽　(清)北洋洋務局編　清光緒三十四年(1908)北洋官報局鉛字排印本　十三行三十一字小字雙行同黑口單魚尾四周單邊　鈐有"封卿"　四册　存下篇

370000－1542－0002067　570/17　史部/政書類/邦交之屬

西巡大事本末記六卷　(日本)吉田良太郎編　清光緒二十七年(1901)上海書局石印本　十六行三十六字小字雙行同白口單魚尾四周單邊　内封題"光緒辛丑上海書局石印"　六册

370000－1542－0002068　570/18　史部/政

書類/邦交之屬

庚子海外紀事三卷 （清）呂海寰編 清光緒二十七年（1901）上海辦理商約行轅刻本 十行二十四字白口單魚尾四周雙邊 牌記題“辛丑仲冬刊於上海辦理商約行轅” 鈐有“容䥽軒珍藏” 四册

370000－1542－0002069 570/32 史部/政書類/邦交之屬

庸盦海外文編四卷 （清）薛福成撰 清光緒二十一年（1895）刻本 十行二十一字白口單魚尾左右雙邊 内封題“光緒乙未孟冬蕆工” 四册

370000－1542－0002070 570/31 史部/政書類/邦交之屬

李鴻章四十年來大事記 （□）□□著 清光緒二十七年（1901）石印本 二十四行五十二字白口單魚尾四周雙邊 一册

370000－1542－0002071 011/2 史部/目録類

欽定四庫全書總目二百卷 （清）紀昀等撰 清乾隆五十九年至六十年（1794－1795）浙江布政使謝啟昆等刻嘉慶印本 九行二十一字小字雙行同白口左右雙邊 鈐有“容䥽軒珍藏” 一百十二册

370000－1542－0002072 011/2 史部/目録類

欽定四庫全書總目二百卷 （清）紀昀等撰 清同治七年（1868）廣東刻本 九行二十一字小字雙行同白口左右雙邊 鈐有“齊魯大學圖書館藏書” 一百十四册

370000－1542－0002073 011/4 史部/目録類

欽定四庫全書總目二百卷 （清）紀昀等撰 清宣統二年（1910）存古齋石印本 十九行四十四字小字雙行同白口左右雙邊 牌記題“宣統庚戌年存古㙺重印” 鈐有“沕社所藏” 三十二册

370000－1542－0002074 011/3 史部/目録類

書目答問四卷附國朝著述諸家姓名略 （清）張之洞撰 清光緒刻本 十行二十五字小字雙行同白口單魚尾四周雙邊 鈐有“王國維”“濟南日本中學校” 二册

370000－1542－0002075 011/3 史部/目録類

書目答問四卷附國朝著述諸家姓名略 （清）張之洞撰 清光緒刻本 十行二十五字小字雙行同白口單魚尾四周雙邊 鈐有“裘毓麐印” 二册

370000－1542－0002076 011/3 史部/目録類

書目答問四卷附國朝著述諸家姓名略 （清）張之洞撰 清宣統元年（1909）掃葉山房石印本 吳金鼎批注 十四行二十八字小字雙行四十二字白口單魚尾四周雙邊 牌記題“宣統元年石印 掃葉山房” 鈐有“吳金鼎印” 二册

370000－1542－0002077 011/7 史部/目録類

四庫簡明目録標注二十卷附録一卷 （清）邵懿辰撰 清宣統三年（1911）仁和邵氏刻本 十行十八字小字雙行同黑口單魚尾左右雙邊 牌記題“仁和邵氏半巖廬所箸書之四宣統三年辛亥夏四月付梨冬十月竣工” 鈐有“鄞縣張之銘藏書”“張之銘珍藏”“之銘珍藏”“慎初堂藏”“四明張氏古懽室藏書記”“浙東朱遂翔印”“朱遂翔印” 六册

370000－1542－0002078 011/8 史部/目録類

行素堂目睹書録十集 （清）朱記榮輯 清光緒十年至十一年（1884－1885）吳縣朱記榮刻本 九行二十一字小字雙行同黑口左右雙邊 甲集牌記題“光緒甲申仲冬古吳白堤孫谿槐廬家藏板” 壬集牌記題“光緒乙酉夏白堤八字橋朱氏槐廬家塾珍藏” 十册

370000－1542－0002079 011/8 史部/目録類

行素堂目睹書録十集 （清）朱記榮輯 清光

緒十年至十一年(1884－1885)吳縣朱記榮刻本　九行二十一字小字雙行同黑口左右雙邊　甲集牌記題“光緒甲申仲冬古吳白堤孫谿槐廬家藏板”　壬集牌記題“光緒乙酉夏白堤八字橋朱氏槐廬家塾珍藏”　鈐有“悔遲子藏”“齊魯大學圖書館藏書”　十冊

370000－1542－0002080　011/8　史部/目録類

行素堂目睹書録十集　(清)朱記榮輯　清光緒十年至十一年(1884－1885)吳縣朱記榮刻本　九行二十一字小字雙行同黑口左右雙邊　甲集牌記題“光緒甲申仲冬古吳白堤孫谿槐廬家藏板”　壬集牌記題“光緒乙酉夏白堤八字橋朱氏槐廬家塾珍藏”　十冊

370000－1542－0002081　011/93　史部/目録類

欽定四庫全書簡明目録二十卷　(清)紀昀纂　清京都善成堂刻本　九行二十一字小字雙行同白口四周雙邊　内封題“京都善成堂發兑”　鈐有“齊魯大學圖書館藏書”　十冊

370000－1542－0002082　011/9　史部/目録類

欽定四庫全書簡明目録二十卷　(清)紀昀纂　清刻本　九行二十一字小字雙行同白口左右雙邊　十二冊

370000－1542－0002083　011/9　史部/目録類

欽定四庫全書簡明目録二十卷　(清)紀昀纂　清刻本　九行二十一字白口左右雙邊　十八冊

370000－1542－0002084　011/9　史部/目録類

欽定四庫全書簡明目録二十卷　(清)紀昀纂　清光緒十年(1884)上海同文書局石印本　十九行四十四字白口左右雙邊　内封題“山陰胡氏抱影廬所收”　牌記題“光緒十年仲冬上海同文書局石印”　鈐有“鄦安”“吳金鼎”“柯亭外史”　四冊

370000－1542－0002085　011/9　史部/目録類

欽定四庫全書簡明目録二十卷　(清)紀昀纂　清光緒十四年(1888)暢懷書屋鉛字排印本　十七行三十六字白口單魚尾四周單邊　牌記題“光緒戊子季冬暢懷書屋校印”　鈐有“丽”“生”　四冊

370000－1542－0002086　011/10　史部/目録類

彙刻書目二十卷　(清)顧修編　(清)朱學勤增補　清光緒十二年至十五年(1886－1889)上海福瀛書局據仁和朱氏增訂本刻本　十一行二十五字小字雙行同黑口單魚尾左右雙邊　牌記題“光緒十二年春三月上海福瀛書局借仁和米氏增訂本重編付梓十五卷夏四月棸成福山王懿榮題”　二十冊

370000－1542－0002087　011/10　史部/目録類

彙刻書目二十卷　(清)顧修編　(清)朱學勤增補　清光緒十二年至十五年(1886－1889)上海福瀛書局據仁和朱氏增訂本刻本　十一行二十五字小字雙行同黑口單魚尾左右雙邊　牌記題“光緒十二年春三月上海福瀛書局借仁和米氏增訂本重編付梓十五卷夏四月棸成福山王懿榮題”　二十冊

370000－1542－0002088　011/10　史部/目録類

彙刻書目二十卷　(清)顧修編　(清)朱學勤增補　清光緒十二年至十五年(1886－1889)上海福瀛書局據仁和朱氏增訂本刻本　十一行二十五字小字雙行同黑口單魚尾左右雙邊　牌記題“光緒十二年春三月上海福瀛書局借仁和米氏增訂本重編付梓十五卷夏四月棸成福山王懿榮題”　鈐有“彭輯五印”　十冊

370000－1542－0002089　011/24　史部/目録類

彙刻書目二十卷彙刻書目續編二卷補編一卷　(清)顧修編　(清)□□輯續編　(清)陳光照補編　清光緒元年(1875)元和陳光照無夢園刻本　九行二十一字小字雙行同黑口左右雙邊　牌記題“光緒元年二月長洲無夢園

陳氏重刊”　鈐有“私立齊魯大學國學研究所藏書之章”　十六冊

370000－1542－0002090　011/11　史部/目録類

邵亭知見傳本書目十六卷　(清)莫友芝輯　清宣統元年(1909)東京田中氏北京鉛字排印本　佚名批注　十行二十字小字雙行同白口單魚尾四周雙邊　牌記題“明治四十二年二月即宣統元年正月東京田中氏刊行于清國北京”　鈐有“俊丞”“齊魯大學圖書館藏書”　十冊

370000－1542－0002091　011/13　史部/目録類

江刻書目三種　(清)江標編　清光緒元和江氏輯刻本　十行二十字小字雙行同白口單魚尾左右雙邊　鈐有“郭延”“丹隱居所藏書”“私立齊魯大學國學研究所藏書之章”　四冊

370000－1542－0002092　011/13　史部/目録類

江刻書目三種　(清)江標編　清光緒元和江氏輯刻本　十行二十字小字雙行同白口單魚尾左右雙邊　鈐有“淮藝齋藏”　四冊

370000－1542－0002093　011/14　史部/目録類

昭德先生郡齋讀書志二十卷首一卷　(宋)晁公武撰　(宋)姚應績重編　**附志二卷**　(宋)趙希弁輯　清光緒十年(1884)長沙王先謙刻本　八行二十四字小字雙行同白口單魚尾四周雙邊　牌記題“光緒甲申仲春長沙王氏栞藏”　鈐有“頵公”“時還讀我書”　十冊

370000－1542－0002094　011/15　史部/目録類

八史經籍志　(日本)□□輯　清光緒九年(1883)鎮海張壽榮重印日本文政八年(1825)刻本　十行二十一字小字雙行同白口單魚尾四周單邊　内封題“光緒八年校刊”“蘇州觀西振新書社督造書籍”　十六冊

370000－1542－0002095　011/22　史部/目録類

八史經籍志　(日本)□□輯　清光緒九年(1883)鎮海張壽榮重印日本文政八年(1825)刻本　十行二十一字小字雙行同白口單魚尾四周單邊　内封題“光緒八年校刊”“蘇州觀西振新書社督造書籍”　鈐有“齊魯大學圖書館藏書”　十六冊

370000－1542－0002096　011/22　史部/目録類

八史經籍志　(日本)□□輯　清光緒九年(1883)鎮海張壽榮重印日本文政八年(1825)刻本　十行二十一字小字雙行同白口單魚尾四周單邊　内封題“光緒八年校刊”“蘇州觀西振新書社督造書籍”　鈐有“黄氏天倪麐藏”“私立齊魯大學國學研究所藏書之章”　十五冊

370000－1542－0002097　011/22　史部/目録類

八史經籍志　(日本)□□輯　清光緒九年(1883)鎮海張壽榮重印日本文政八年(1825)刻本　十行二十一字小字雙行同白口單魚尾四周單邊　内封題“光緒八年校刊”“蘇州觀西振新書社督造書籍”　鈐有“齊魯大學哈佛燕京學社購置”“齊魯大學圖書館藏書之章”　十二冊

370000－1542－0002098　413/42　史部/目録類

元史藝文志四卷　(清)錢大昕補　清末江蘇書局刻本　十二行二十五字小字雙行同白口單魚尾左右雙邊　内封題“江蘇書局刊版”　一冊

370000－1542－0002099　011/17　史部/目録類

欽定天禄琳琅書目十卷後編二十卷　(清)于敏中等編　(清)彭元瑞續編　清光緒十年(1884)長沙王氏刻本　九行二十一字小字雙行同黑口雙魚尾左右雙邊　牌記題“光緒甲申季夏長沙王氏敬栞”　鈐有“小瑯環山房珍藏”　十冊

370000－1542－0002100　011/17　史部/目

録類

欽定天禄琳琅書目十卷後編二十卷 （清）于敏中等編 （清）彭元瑞續編 清光緒十年(1884)長沙王氏刻本 九行二十一字小字雙行同黑口雙魚尾左右雙邊 牌記題“光緒甲申季夏長沙王氏敬栞” 鈐有“齊魯大學圖書館藏書之章”“齊魯大學圖書館藏書” 十册

370000－1542－0002101 011/20 史部/目録類

四庫未收書目提要五卷 （清）阮元撰 清光緒九年(1883)成都御風樓刻本 九行二十一字左右雙邊 牌記題“光緒癸未成都御風樓刊” 鈐有“私立齊魯大學國學研究所藏書之章” 三册

370000－1542－0002102 011/32 史部/目録類

宋元舊本書經眼録三卷附録二卷 （清）莫友芝編 清光緒十年(1884)上海還讀樓校刻本 九行二十一字黑口單魚尾左右雙邊 内封題“光緒十年上海還讀樓校刊” 四册

370000－1542－0002103 011/42 史部/目録類

四庫全書考證一百卷 （清）王太岳等撰 清乾隆四十二年(1777)福建翻刻乾隆武英殿聚珍版書本道光十年(1830)修補本 九行二十一字白口單魚尾四周雙邊 七十册

370000－1542－0002104 011/43 史部/目録類

經義考三百卷目録二卷 （清）朱彝尊撰 清嘉慶二十二年(1817)秀水朱氏據乾隆版重修本 十二行二十三字白口單魚尾四周單邊 牌記題“嘉慶二十二年秀水朱氏重修” 鈐有“AUGUSTING LIBRARY TSINAN CHINA”“致和翼記圖書” 四十八册

370000－1542－0002105 011/44 史部/目録類

開有益齋讀書志六卷續志一卷金石文字記一卷 （清）朱緒曾撰 清光緒六年(1880)金陵翁氏茹古閣校刻本 十行二十一字白口單魚尾四周單邊 牌記題“光緒庚辰季秋金陵翁氏茹古閣校刊” 鈐有“齊魯大學圖書館藏書” 六册

370000－1542－0002106 011/45 史部/目録類

經籍訪古志六卷補遺一卷 （日本）澁江全善 （日本）森立之編 清光緒十一年(1885)鉛字排印本 十行十九字小字雙行同白口單魚尾四周雙邊 鈐有“齊魯大學圖書館藏書” 八册

370000－1542－0002107 011/45 史部/目録類

經籍訪古志六卷補遺一卷 （日本）澁江全善 （日本）森立之編 清光緒十一年(1885)鉛字排印本 十行十九字小字雙行同白口單魚尾四周雙邊 鈐有“齊魯大學圖書館藏書” 八册

370000－1542－0002108 011/46 史部/目録類

日本訪書志十七卷 楊守敬撰 清光緒二十三年(1897)宜都楊氏鄰蘇園刻本 九行二十字小字雙行同黑口單魚尾左右雙邊 牌記題“光緒丁酉嘉平月鄰蘇園開雕” 鈐有“基督教齊魯大學圖書館” 八册

370000－1542－0002109 011/50 史部/目録類

汲古閣珍藏祕本書目 （清）毛扆撰 清嘉慶吳縣黄氏士禮居刻民國三年(1914)上海掃葉山房石印本 十行二十四字小字雙行同白口四周單邊 牌記題“掃葉山房 民國三年石印” 鈐有“基督教齊魯大學圖書館” 一册

370000－1542－0002110 011/50 史部/目録類

延令宋版書目 （清）季振宜編 清嘉慶吳縣黄氏士禮居刻民國三年(1914)上海掃葉山房石印本 十一行二十字小字雙行同白口單魚尾左右雙邊 牌記題“掃葉山房 民國三年石印” 鈐有“基督教齊魯大學圖書館” 一册

370000－1542－0002111　011/50　史部/目録類

藏書紀要　(清)孫從添撰　清嘉慶吳縣黃氏士禮居刻民國三年(1914)上海掃葉山房石印本　十一行二十字小字雙行同白口單魚尾左右雙邊　牌記題"掃葉山房　民國三年石印"　鈐有"基督教齊魯大學圖書館"　一册

370000－1542－0002112　011/53　史部/目録類

皕宋樓藏書志一百二十卷續志四卷　(清)陸心源撰　清光緒八年(1882)歸安陸氏十萬卷樓刻本　十行二十字白口四周雙邊　鈐有"基督教齊魯大學圖書館"　八册

370000－1542－0002113　011/53　史部/目録類

皕宋樓藏書志一百二十卷　(清)陸心源撰　清光緒八年(1882)歸安陸氏十萬卷樓刻本　十行二十字白口四周雙邊　牌記題"光緒八年壬午冬月十萬卷樓藏版"　三十册

370000－1542－0002114　011/57　史部/目録類

違礙書目禁書總目銷毀抽毀書目　(清)高宗弘曆敕編　清光緒十年(1884)歸安姚覲元刻咫進齋叢書本　十三行二十二字小字雙行同白口雙魚尾左右雙邊　内封題"蘇州振新書社經印"　鈐有"齊魯大學圖書館藏書"　四册

370000－1542－0002115　011/58　史部/目録類

永樂大典目録六十卷　(明)姚廣孝等編　清道光二十八年(1848)靈石楊氏連筠簃叢書刻本　十行二十三字小字雙行同白口單魚尾四周單邊　鈐有"齊魯大學圖書館藏書"　二十册

370000－1542－0002116　011/63　史部/目録類

四庫書目略二十卷首一卷附録一卷　(清)費莫文良編　清同治九年(1870)滿洲費莫文良家刻本　黄心凱批注　九行二十一字白口單魚尾左右雙邊　内封題"同治庚午年鐫　本宅藏板"　鈐有"黄心凱""悌君"　十二册

370000－1542－0002117　011/68　史部/目録類

帶經堂書目五卷　(清)孫樹杓編　(清)周星詒　(清)陸心源批訂　清宣統順德鄧氏風雨樓鉛字排印本　十行二十八字黑口四周單邊　内封題"順德鄧氏依閔陳氏原稿本刊"　二册　存三卷(一至三)

370000－1542－0002118　011/72　史部/目録類

直齋書録解題二十二卷　(宋)陳振孫撰　清同治十三年(1874)江西書局刻武英殿聚珍版書本　九行二十一字白口單魚尾四周雙邊　鈐有"容㓝軒珍藏"　八册

370000－1542－0002119　011/76　史部/目録類

漢藝文志考證十卷　(宋)王應麟撰　清光緒十年(1884)浙江書局刻本　十行二十字白口單魚尾左右雙邊　鈐有"佩文二十四歲後所讀書"　二册

370000－1542－0002120　011/80　史部/目録類

隋經籍志考證十三卷　(清)章宗源撰　清光緒三年(1877)湖北崇文書局刻本　十二行二十四字小字雙行同黑口雙魚尾四周雙邊　牌記題"光緒三年三月湖北崇文書局開雕"　鈐有"齊魯大學圖書館藏書"　四册

370000－1542－0002121　011/80　史部/目録類

隋經籍志考證十三卷　(清)章宗源撰　清光緒三年(1877)湖北崇文書局刻本　十二行二十四字小字雙行同黑口雙魚尾四周雙邊　牌記題"光緒三年三月湖北崇文書局開雕"　四册

370000－1542－0002122　011/82　史部/目録類

補後漢書藝文志一卷考證十卷　(清)曾樸纂　清光緒二十一年(1895)常熟曾氏刻本　十

一行二十四字小字雙行同白口單魚尾四周雙邊　鈐有“齊魯大學圖書館藏書”　六册

370000－1542－0002123　011/91　史部/目録類

善本書室藏書志四十卷附録一卷　(清)丁丙纂輯　清光緒二十七年(1901)錢塘丁氏刻本　十三行二十六字白口單魚尾四周雙邊　牌記題“光緒辛丑季秋錢唐丁氏開雕”　十六册

370000－1542－0002124　011/112　史部/目録類

鐵琴銅劍樓藏書目録二十四卷　(清)瞿鏞編　清光緒常熟瞿氏刻本　清費念慈批注　十行二十二字小字雙行同黑口單魚尾左右雙邊　鈐有“靜補齋”“惲禾畬”　十册　缺卷二十三第三十五至四十五頁

370000－1542－0002125　012/5　史部/目録類

楹書隅録五卷續編四卷　(清)楊紹和撰　清光緒二十年(1894)聊城海源閣家刻本　九行二十一字小字雙行同白口單魚尾左右雙邊　牌記題“光緒甲午中秋海源閣栞”　八册

370000－1542－0002126　012/5　史部/目録類

楹書隅録五卷續編四卷　(清)楊紹和撰　清光緒二十年(1894)聊城海源閣家刻民國元年(1912)武進董康補刻本　九行二十一字小字雙行同白口單魚尾左右雙邊　牌記題“皇朝宣統三年辛亥年海王邨譚宅補刊刷印”　八册

370000－1542－0002127　012/9　史部/目録類

儀顧堂題跋十六卷　(清)陸心源撰　清光緒十六年(1890)歸安陸氏刻本　十行二十字白口單魚尾四周雙邊　鈐有“烏程沈氏補讀書齋藏書”　四册

370000－1542－0002128　012/10　史部/目録類

儀顧堂續跋十六卷　(清)陸心源撰　清光緒十八年(1892)歸安陸氏刻本　十行二十字白口單魚尾四周雙邊　鈐有“烏程沈氏補讀書齋藏書”　四册

370000－1542－0002129　012/12　史部/目録類

武林藏書録三卷首一卷末一卷　(清)丁申編　清光緒二十六年(1900)錢塘丁氏嘉惠堂刻本　十行二十字白口單魚尾四周雙邊　内封題“光緒庚子八月”　牌記題“嘉惠堂刊行”　二册

370000－1542－0002130　012/15　史部/目録類

藝風藏書記八卷續八卷　繆荃孫編　清光緒二十七年(1901)、民國元年(1912)江陰繆氏刻本　十一行二十三字黑口單魚尾左右雙邊　牌記題“壬子五月刻癸丑五月訖工”　鈐有“齊魯大學圖書館藏書”　十册

370000－1542－0002131　013/3　史部/目録類

留真譜初編　楊守敬編　清光緒二十七年(1901)宜都楊氏刻本　牌記題“光緒辛丑三月宜都楊氏梓行”　十二册

370000－1542－0002132　015/2　史部/目録類

墨法集要一卷　(明)沈繼孫撰　清乾隆四十二年(1777)福建翻刻武英殿聚珍版書本　九行二十一字白口單魚尾四周雙邊　鈐有“齊魯大學圖書館藏書”　一册

370000－1542－0002133　015/2　史部/目録類

墨法集要一卷　(明)沈繼孫撰　清乾隆四十二年(1777)福建翻刻武英殿聚珍版書本　九行二十一字白口單魚尾左右雙邊　一册

370000－1542－0002134　470/2　史部/史評類

于文定公讀史漫錄二十卷　(明)于慎行撰　(清)黃恩彤參訂　清道光二十六年(1846)刻本　十行二十一字黑口單魚尾左右雙邊　牌記題“道光二十六年歲在丙午仲秋重栞潘紹經書”　内封題“存素齋藏板”　鈐有“陶振

宗”“寧鄉陶氏”“鑑臧書畫”“五柳人家”“守廉”“一枝春”“戢菴”“壯學堂”“竹雨”“湘西陶氏”“夢湘館”“蓮荃”“哦松小吏”　八冊

370000－1542－0002135　470/3　史部/史評類

歷代史案二十卷　(清)吳裕垂撰　(清)洪亮吉編　清梓州龍翼堂刻本　佚名校注　十行二十二字小字雙行同白口單魚尾左右雙邊　牌記題“梓州龍翼堂刻”　内封題“歷代史論經濟策案　湖北書局藏　聚奎發兑”　六冊

370000－1542－0002136　470/4　史部/史抄類

讀史鏡古編三十二卷　(清)潘世恩輯　清同治十三年(1874)冶城飛霞閣刻本　九行二十一字白口單魚尾四周雙邊　牌記題“同治甲戌孟秋月冶城飛霞閣重鐫”　六冊

370000－1542－0002137　470/4　史部/史抄類

讀史鏡古編三十二卷　(清)潘世恩輯　清同治十三年(1874)冶城飛霞閣刻本　九行二十一字白口單魚尾四周雙邊　牌記題“同治甲戌孟秋月冶城飛霞閣重鐫”　六冊

370000－1542－0002138　470/5　史部/史評類

讀史糾謬十五卷　(清)牛運震撰　清嘉慶蘭陵張桂林校刻本　九行二十二字白口單魚尾四周雙邊　六冊

370000－1542－0002139　470/5　史部/史評類

讀史糾謬十五卷　(清)牛運震撰　清嘉慶蘭陵張桂林校刻本　九行二十二字白口單魚尾四周雙邊　八冊

370000－1542－0002140　470/6　史部/史評類

評鑑闡要十二卷　(清)劉統勛等編　清光緒二十八年(1902)山東書局石印本　八行二十字　牌記題“光緒二十八年陽月山東書局石印”　六冊

370000－1542－0002141　470/6　史部/史評類

評鑑闡要十二卷　(清)劉統勛等編　清光緒二十八年(1902)山東書局石印本　八行二十字　牌記題“光緒二十八年陽月山東書局石印”　六冊

370000－1542－0002142　470/9　史部/史評類

史要增註七卷　(清)任啓運輯　(清)吳兆麟注　(清)任麟徵增注　清光緒十四年(1888)上海鴻文書局石印本　十三行二十八字小字雙行同白口單魚尾四周單邊　内封題“上海鴻文書局石印”　四冊

370000－1542－0002143　470/10　史部/史評類

雨田史論二卷　(清)五禮圖撰　清末石印本　十行二十二字白口單魚尾左右雙邊　二冊

370000－1542－0002144　470/11－3　史部/史評類

史通通釋二十卷　(唐)劉知幾撰　(清)浦起龍釋　清光緒十九年(1893)上海文瑞樓石印浦鑑庭重校本　十二行二十八字小字雙行同白口單魚尾左右雙邊　牌記題“金匱浦氏靜寄東軒藏本上海棋盤街文瑞樓印行”　鈐有“栖雲閣”“太華臧書”“蔣貞金印”　八冊

370000－1542－0002145　470/11　史部/史評類

史通通釋二十卷　(唐)劉知幾撰　(清)浦起龍釋　清光緒刻本　十一行二十四字小字雙行同黑口四周單邊　六冊

370000－1542－0002146　470/12　史部/史評類

增廣古今人物論三十六卷　(明)鄭元直輯　(清)韓子庚增　清光緒二十八年(1902)富文書局石印本　十八行三十七字白口單魚尾四周雙邊　牌記題“光緒壬寅年富文書局印”　八冊

370000－1542－0002147　470/13　史部/史評類

讀通鑑綱目札記二十卷　(清)章邦元撰　清光緒二十八年(1902)鑄記書局石印本　十九行四十二字黑口單魚尾四周雙邊　牌記題"光緒壬寅年夏鑄記書局石印"　六册

370000－1542－0002148　470/14　史部/史評類

史事論甲編十卷乙編六卷丙編四卷丁編四卷　(清)雷瑨編　清光緒二十九年(1903)硯耕山莊石印本　十四行三十二字白口單魚尾四周雙邊　牌記題"光緒癸卯仲春硯耕山莊石印"　鈐有"修直誠意""劍膽琴心""深藏若虛""壽同""燕閑靜式""授彤過眼""授彤"　十六册

370000－1542－0002149　470/15　史部/史評類

唐宋名賢確論一百卷　(□)□□撰　清光緒二十八年(1902)上海石印本　二十行三十八字白口單魚尾左右雙邊　牌記題"光緒壬寅孟春石印錢塘丁氏八千卷樓藏本"　鈐有"關中福蔭堂李捐濟南學堂記"　八册

370000－1542－0002150　470/17　史部/史評類

涉史隨筆二卷　(宋)葛洪撰　清同治八年(1869)永康胡鳳丹退補齋刻本　九行二十字白口單魚尾四周雙邊　牌記題"退補齋開雕"　鈐有"齊魯大學圖書館藏書"　一册

370000－1542－0002151　470/20　史部/史評類

史翼三十六卷　(清)王紹翰輯　(清)趙煦校訂　清光緒二十九年(1903)支那新書局石印本　十三行二十八字小字雙行同白口單魚尾四周單邊　牌記題"光緒二十九年六月支那新書局石印"　八册

370000－1542－0002152　470/20　史部/史評類

史翼三十六卷　(清)王紹翰輯　(清)趙煦校訂　清光緒二十九年(1903)支那新書局石印本　十三行二十八字小字雙行同白口單魚尾四周單邊　牌記題"光緒二十九年六月支那新書局石印"　八册

370000－1542－0002153　470/21　史部/史評類

讀史大略六十卷附小沙子史略一卷　(清)沙張白撰　清光緒三十年(1904)石印本　二十四行四十八字白口單魚尾四周雙邊　牌記題"光緒甲辰春莫校正重栞"　六册

370000－1542－0002154　470/22　史部/史評類

讀史碎金六卷　(清)胡文炳輯　清光緒元年(1875)刻本　十行二十二字小字雙行同白口單魚尾四周雙邊　内封題"光緒元年鎸　蘭石齋藏板"　六册

370000－1542－0002155　470/23　史部/史評類

世史淘金二卷　(清)陳陛謨撰　清光緒八年(1882)濟南同會齋刻本　佚名題識　八行二十字小字雙行同白口單魚尾四周雙邊　内封題"同會齋梓"　牌記題"光緒八年開春雕於濟南府廨"　二册

370000－1542－0002156　470/25　史部/史評類

千百年眼十二卷　(明)張燧撰　(明)范明泰閱　清光緒三十一年(1905)上海史學社石印本　十一行三十一字白口單魚尾四周雙邊　六册

370000－1542－0002157　470/26　史部/史評類

歷代史論十二卷宋史論三卷元史論一卷　(明)張溥撰　清光緒文餘堂刻本　十一行二十一字黑口雙魚尾四周單邊　内封題"文餘堂梓"　六册　缺二卷(歷代史論四至五)

370000－1542－0002158　470/26　史部/史評類

明史論四卷　(清)谷應泰撰　清光緒文餘堂刻本　十一行二十一字黑口雙魚尾四周單邊　二册

370000－1542－0002159　470/26　史部/史

評類

左傳史論二卷 (清)高士奇撰 清光緒文餘堂刻本 十一行二十一字黑口雙魚尾四周單邊 一册

370000－1542－0002160 470/26 史部/史評類

歷代史論十二卷宋史論三卷元史論一卷 (明)張溥撰 清光緒文餘堂刻本 十一行二十一字黑口雙魚尾四周單邊 内封題“文餘堂梓” 八册

370000－1542－0002161 470/26 史部/史評類

明史論四卷 (清)谷應泰撰 清光緒文餘堂刻本 十一行二十一字黑口雙魚尾四周單邊 二册

370000－1542－0002162 470/26 史部/史評類

歷代史論十二卷宋史論三卷元史論一卷歷代史論一編四卷 (明)張溥撰 清光緒二十四年(1898)滬江寄廬草堂石印本 十七行三十八字白口單魚尾四周雙邊 牌記題“光緒戊戌季秋滬江寄廬艸堂校印” 五册

370000－1542－0002163 470/26 史部/史評類

明史論四卷 (清)谷應泰撰 清光緒二十四年(1898)滬江寄廬草堂石印本 十七行三十八字白口單魚尾四周雙邊 一册

370000－1542－0002164 470/26 史部/史評類

左傳史論二卷 (清)高士奇撰 清光緒二十四年(1898)滬江寄廬草堂石印本 十七行三十八字白口單魚尾四周雙邊 一册

370000－1542－0002165 470/33 史部/史評類

古今史論統編十六卷 (清)徐永隆編輯 清光緒二十八年(1902)政學書社石印本 十八行四十字白口單魚尾四周雙邊 牌記題“光緒壬寅孟春政學書社石印” 鈐有“李綬武印”“李綬武章” 十二册

370000－1542－0002166 470/34 史部/史評類

史案二十卷 (清)吳裕垂撰 清道光六年(1826)刻本 十一行二十二字白口單魚尾左右雙邊 六册

370000－1542－0002167 470/36 史部/史評類

三國志質疑六卷 (清)徐紹禎撰 清光緒十二年(1886)刻本 十一行二十一字小字雙行同黑口單魚尾四周雙邊 二册

370000－1542－0002168 470/37 史部/史評類

三國志證聞三卷 (清)錢儀吉撰 清光緒十一年(1885)江蘇書局刻本 十二行二十五字白口單魚尾左右雙邊 牌記題“光緒乙酉江蘇書局開雕” 二册

370000－1542－0002169 470/40 史部/史評類

宋論十五卷 (清)王夫之撰 清光緒順德龍氏刻本 十行二十二字黑口單魚尾左右雙邊 牌記題“順德龍氏重栞” 鈐有“宜秋館藏書” 五册

370000－1542－0002170 470/46 史部/史評類

閱史郄視四卷續一卷 (清)李塨撰 清光緒五年(1879)定州王氏謙德堂刻畿輔叢書本 十行二十二字黑口四周單邊 一册

370000－1542－0002171 470/48 史部/史評類

史略歌論十二卷 (清)裘曰和輯 清道光二十一年(1841)慈溪裘氏木活字印本 十行二十二字小字雙行同黑口單魚尾四周雙邊 内封題“道光辛丑歲 聰訓堂鐫” 鈐有“雲石” 六册

370000－1542－0002172 470/53 史部/史評類

二十四史論贊七十八卷 (清)陳闓輯 清光緒二十八年(1902)文淵山房石印本 十八行四十字黑口單魚尾四周雙邊 牌記題“光緒

壬寅暮春文淵山房石印”　十二册

370000－1542－0002173　470/62　史部/史評類

鑑評别録六十卷　(清)黄恩彤撰　清光緒三十一年(1905)家塾刻本　十一行二十一字小字雙行同白口單魚尾左右雙邊　牌記題“光緒弍十弌年歲在乙巳仲夏開雕家塾藏版”　二十二册

370000－1542－0002174　470/62　史部/史評類

三國書法十卷　(清)黄恩彤撰　清光緒三十一年(1905)家塾刻本　十一行二十一字小字雙行同白口單魚尾左右雙邊　一册

370000－1542－0002175　470/62　史部/史評類

漢史斷六卷　(清)黄恩彤撰　清光緒三十一年(1905)家塾刻本　十一行二十一字小字雙行同白口單魚尾左右雙邊　一册

370000－1542－0002176　813/48　史部/史評類

文史通義内外編八卷校讎通義三卷　(清)章學誠撰　清道光十二年至十三年(1832－1833)會稽章華紱刻章氏遺書本　十二行二十五字小字雙行同白口雙魚尾四周單邊　内封題“道光壬辰冬開雕癸巳春畢”　鈐有“和平養福”　五册

370000－1542－0002177　813/48　史部/史評類

文史通義内外編八卷校讎通義三卷　(清)章學誠撰　清道光十二年至十三年(1832－1833)會稽章華紱刻章氏遺書本　十二行二十五字小字雙行同白口雙魚尾四周單邊　内封題“道光壬辰冬開雕癸巳春畢”　鈐有“齊魯大學圖書館藏書”　五册

370000－1542－0002178　813/48　史部/史評類

文史通義内外編八卷校讎通義三卷　(清)章學誠撰　清道光十二年至十三年(1832－1833)會稽章華紱刻章氏遺書本　十二行二十五字小字雙行同白口雙魚尾四周單邊　内封題“道光壬辰冬開雕癸巳春畢”　五册

370000－1542－0002179　813/48　史部/史評類

文史通義内外編八卷校讎通義三卷補編一卷　(清)章學誠撰　清光緒二十三年(1897)豐城余氏寶墨齋校刻本　十二行二十二字小字雙行同白口單魚尾左右雙邊　牌記題“光緒廿三年丁酉冬十月豐城余氏寶墨齋校栞”　鈐有“養直所藏”　五册

370000－1542－0002180　813/48－2　史部/史評類

文史通義補編一卷　(清)章學誠撰　清光緒二十三年(1897)江標刻靈鶼閣叢書朱印本　十一行二十三字小字雙行同黑口單魚尾左右雙邊　一册

370000－1542－0002181　813/48－2　史部/史評類

西遊録注一卷　(元)耶律楚材撰　(清)李文田注　清光緒二十三年(1897)江標刻靈鶼閣叢書朱印本　十一行二十三字小字雙行同黑口單魚尾左右雙邊　一册

370000－1542－0002182　491/10　史部/金石類

敬吾心室彝器款識　(清)朱善旂編　清光緒三十四年(1908)石印本　鈐有“劉毓瑶”　二册

370000－1542－0002183　491/11　史部/金石類

陶齋吉金續録二卷補遺一卷　(清)端方輯　清宣統元年(1909)石印本　黑口四周單邊　牌記題“宣統己酉輯于金陵”　二册

370000－1542－0002184　491/11　史部/金石類

陶齋吉金續録二卷補遺一卷　(清)端方輯　清宣統元年(1909)石印本　黑口四周單邊　牌記題“宣統己酉輯于金陵”　二册

370000－1542－0002185　491/16　史部/金

石類

小蓬萊閣金石文字不分卷 （清）黄易編　清嘉慶五年(1800)刻本　十一行二十六字白口單魚尾四周單邊　牌記題“嘉慶五年九月栞成”　五册

370000－1542－0002186　491/16　史部/金石類

小蓬萊閣金石文字不分卷 （清）黄易編　清道光十四年(1834)刻本　十一行二十六字白口單魚尾四周單邊　内封題“道光甲午石墨軒題”　二册

370000－1542－0002187　491/17　史部/金石類

古籀拾遺三卷附宋政咊禮器文字攷一卷 （清）孫詒讓撰　清光緒十四年至十六年(1888－1890)刻本　十一行二十二字小字雙行同黑口左右雙邊　二册

370000－1542－0002188　491/17　史部/金石類

古籀拾遺三卷附宋政和禮器文字考一卷 （清）孫詒讓撰　清光緒十四年至十六年(1888－1890)刻本　十一行二十二字小字雙行同黑口左右雙邊　一册

370000－1542－0002189　491/17　史部/金石類

古籀拾遺三卷附宋政和禮器文字考一卷 （清）孫詒讓撰　清光緒十四年至十六年(1888－1890)刻本　十一行二十二字小字雙行同黑口左右雙邊　一册

370000－1542－0002190　491/17　史部/金石類

古籀拾遺三卷附宋政咊禮器文字攷一卷 （清）孫詒讓撰　清光緒十四年至十六年(1888－1890)刻本　十一行二十二字小字雙行同黑口左右雙邊　二册

370000－1542－0002191　491/27　史部/金石類

奇觚室吉金文述二十卷首一卷　劉心源撰　清光緒二十八年(1902)石印本　十一行二十九至三十字小字雙行不等白口四周雙邊　十册

370000－1542－0002192　491/27　史部/金石類

奇觚室吉金文述二十卷首一卷　劉心源撰　清光緒二十八年(1902)石印本　十一行二十九至三十字小字雙行不等白口四周雙邊　十册

370000－1542－0002193　491/28　史部/金石類

陶齋吉金録八卷 （清）端方編　清光緒三十四年(1908)有正書局石印本　白口四周單邊　牌記題“光緒戊申輯于金陵”　八册

370000－1542－0002194　491/28　史部/金石類

陶齋吉金録八卷 （清）端方編　清光緒三十四年(1908)有正書局石印本　白口四周單邊　牌記題“光緒戊申輯于金陵”　鈐有“陳一賞古”“陳氏天祉寳臧”　二册

370000－1542－0002195　491/30　史部/金石類

歷代鐘鼎彝器款識法帖二十卷 （宋）薛尚功編　清刻本　十二行二十三字黑口四周單邊　四册

370000－1542－0002196　491/31　史部/金石類

歷代鐘鼎彝器款識法帖二十卷 （宋）薛尚功編　清嘉慶二年(1797)阮元刻本　十二行二十三字黑口四周單邊　鈐有“劉鏡若印”　二册

370000－1542－0002197　491/31　史部/金石類

歷代鐘鼎彝器款識法帖二十卷 （宋）薛尚功編　清岳邑博文齋刻本　十二行二十三字黑口四周單邊　四册

370000－1542－0002198　491/30　史部/金石類

歷代鐘鼎彝器款識法帖二十卷 （宋）薛尚功

編　清光緒八年(1882)上海點石齋石印本　十二行二十三字黑口四周單邊　牌記題“光緒八年壬午春正月上海點石齋照相縮印”　四冊

370000－1542－0002199　491/32　史部/金石類
攈古録金文三卷　(清)吳式芬撰　清光緒二十一年(1895)山東吳重熹開封刻本　九行二十四字白口雙魚尾四周單邊　鈐有“夏麗生”　九冊

370000－1542－0002200　491/32　史部/金石類
攈古録金文三卷　(清)吳式芬撰　清光緒二十一年(1895)山東吳重熹開封刻本　九行二十四字白口雙魚尾四周單邊　九冊

370000－1542－0002201　491/32　史部/金石類
攈古録金文三卷　(清)吳式芬撰　清光緒二十一年(1895)山東吳重熹開封刻本　九行二十四字白口雙魚尾四周單邊　六冊　缺一卷(一)

370000－1542－0002202　491/33　史部/金石類
積古齋鐘鼎彝器款識十卷　(清)阮元編録　清光緒五年(1879)華亭林氏武昌刻本　十二行二十四字白口單魚尾四周單邊　牌記題“光緒五年八月重雕于武昌”　六冊

370000－1542－0002203　491/33　史部/金石類
積古齋鐘鼎彝器款識十卷　(清)阮元編録　清光緒九年(1883)常熟鮑氏後知不足齋刻本　十二行二十四字白口單魚尾四周單邊　牌記題“光緒九年歲在癸未六月常熟鮑氏後知不足齋校栞”　四冊

370000－1542－0002204　491/33　史部/金石類
積古齋鐘鼎彝器款識十卷　(清)阮元編録　清光緒九年(1883)常熟鮑氏後知不足齋刻本　十二行二十四字白口單魚尾四周單邊　牌記題“光緒九年歲在癸未六月常熟鮑氏後知不足齋校栞”　鈐有“景范軒珍藏”　四冊

370000－1542－0002205　491/33　史部/金石類
積古齋鐘鼎彝器款識十卷　(清)阮元編録　清光緒三十三年(1907)上海醉六堂石印五年(1879)華亭林氏武昌刻本　十二行二十四字白口單魚尾四周單邊　牌記題“光緒丁未春三月上海醉六堂石印”　五冊

370000－1542－0002206　491/33　史部/金石類
積古齋鐘鼎彝器款識十卷　(清)阮元編録　清刻本　十二行二十四字白口單魚尾四周單邊　十二冊

370000－1542－0002207　491/33　史部/金石類
積古齋鐘鼎彝器款識十卷　(清)阮元編録　清刻本　十行二十四字白口單魚尾四周單邊　四冊

370000－1542－0002208　491/36　史部/金石類
長安獲古編二卷補一卷　(清)劉喜海編　清咸豐、同治間刻本　白口單魚尾四周單邊　牌記題“東武劉氏刊”　二冊

370000－1542－0002209　491/36　史部/金石類
長安獲古編二卷補一卷　(清)劉喜海編　清咸豐、同治間刻本　白口單魚尾四周單邊　鈐有“河間吳氏收臧金石文字書畫”“枕流漱石”“壽樂居士”“古瀛吳氏”“暫得於己快然自足”　二冊

370000－1542－0002210　491/36　史部/金石類
長安獲古編二卷補一卷　(清)劉喜海編　清東武劉氏刻光緒三十一年(1905)丹徒劉鶚補刻本　白口單魚尾四周單邊　二冊

370000－1542－0002211　491/36　史部/金石類

長安獲古編二卷補一卷　(清)劉喜海編　清東武劉氏刻光緒三十一年(1905)丹徒劉鶚補刻本　白口單魚尾四周單邊　三冊

370000－1542－0002212　491/38　史部/金石類

西清古鑑四十卷附錢録十六卷　(清)梁詩正等編　清光緒十四年(1888)上海鴻文書局石印本　楊兆鋆題識　白口雙魚尾四周雙邊　牌記題“光緒十四年秋上海鴻文書局石印”　鈐有“南山村鎦聚卿收藏印”“臣兆鋆印”“須曼”　二十四冊

370000－1542－0002213　491/38－2　史部/金石類

西清古鑑四十卷附錢録十六卷　(清)梁詩正等編　清光緒十四年(1888)邁宋書館日本銅版印本　十行十八字白口雙魚尾四周雙邊　牌記題“光緒十四年邁宋書館在日本銅鐫”　二十四冊

370000－1542－0002214　491/39　史部/金石類

西清續鑑甲編二十卷附録一卷　(清)王杰等編　清宣統二年(1910)涵芬樓影印寧壽宮寫本　十行十八字白口雙魚尾四周雙邊　牌記題“宣統庚戌涵芬樓依甯壽宮寫本敬謹影印”　四十二冊

370000－1542－0002215　491/39　史部/金石類

西清續鑑甲編二十卷附録一卷　(清)王杰等編　清宣統二年(1910)涵芬樓影印寧壽宮寫本　十行十八字白口雙魚尾四周雙邊　牌記題“宣統庚戌涵芬樓依甯壽宮寫本敬謹影印”　十冊　缺十一卷(十一至二十、附録一卷)

370000－1542－0002216　491/41　史部/金石類

山左金石志二十四卷　(清)畢沅　(清)阮元撰　清嘉慶二年(1797)儀徵阮氏小琅嬛僊館刻本　十二行二十四字黑口雙魚尾四周單邊　内封題“儀徵阮氏小琅嬛僊館栞版”　鈐有“郡翁鑒臧書畫印”“紹庭”　十二冊

370000－1542－0002217　491/43　史部/金石類

金石三例　(清)盧見曾輯　(清)王芑孫評　清光緒四年(1878)讀有用書齋朱墨套印本　十行二十二字小字雙行三十二字白口單魚尾左右雙邊　牌記題“光緒戊寅讀有用書齋刊埽葉山房督造書籍”　四冊

370000－1542－0002218　491/43　史部/金石類

金石三例　(清)盧見曾輯　(清)王芑孫評　清光緒四年(1878)讀有用書齋朱墨套印本　十行二十二字小字雙行三十二字白口單魚尾左右雙邊　牌記題“光緒戊寅讀有用書齋刊埽葉山房督造書籍”　四冊

370000－1542－0002219　491/43　史部/金石類

金石三例　(清)盧見曾輯　(清)王芑孫評　清光緒四年(1878)讀有用書齋朱墨套印本　十行二十二字小字雙行三十二字白口單魚尾左右雙邊　牌記題“光緒戊寅讀有用書齋刊埽葉山房督造書籍”　鈐有“江都徐氏臧書”　四冊

370000－1542－0002220　491/44　史部/金石類

思古齋雙勾漢碑篆額三卷　(清)何澂輯　清光緒九年(1883)刻本　牌記題“光緒癸未三月刻竟　福州吳玉田鐫字”　三冊

370000－1542－0002221　491/46　史部/金石類

萬邑西南山石刻記二卷附録一卷　況周儀撰　清光緒二十九年(1903)白巖講舍刻本　十行二十一字小字雙行同黑口雙魚尾四周單邊　牌記題“光緒癸卯開版白巖講舍”　一冊

370000－1542－0002222　491/49　史部/金石類

古籒餘論三卷　(清)孫詒讓撰　(清)張揚校訂　清光緒二十九年(1903)籒經樓校刻本　十行二十二字小字雙行同黑口單魚尾左右雙邊　二冊

370000－1542－0002223　491/54　史部/金石類

江甯金石記八卷待訪目二卷　(清)嚴觀輯　清宣統二年(1910)江楚編譯書局刻本　十二行二十四字小字雙行同黑口雙魚尾左右雙邊　牌記題“宣統二年四月既望江楚編譯書局印行”　二册

370000－1542－0002224　491/54　史部/金石類

江甯金石記八卷待訪目二卷　(清)嚴觀輯　清宣統二年(1910)江楚編譯書局刻本　十二行二十四字小字雙行同黑口雙魚尾左右雙邊　牌記題“宣統二年四月既望江楚編譯書局印行”　二册

370000－1542－0002225　491/56　史部/金石類

藝風堂金石文字目十八卷　繆荃孫編　清光緒三十二年(1906)江寧刻本　十一行二十四字小字雙行同黑口單魚尾左右雙邊　内封題“光緒丙午秋七月栞”　八册

370000－1542－0002226　491/58　史部/金石類

常山貞石志二十四卷　(清)沈濤撰　清道光二十二年(1842)刻本　十一行二十一字小字雙行同黑口單魚尾左右雙邊　十册

370000－1542－0002227　491/60　史部/金石類

筠清館金石文字五卷　(清)吳榮光撰　清道光二十二年(1842)南海吳氏筠清館刻本　九行二十一字白口單魚尾四周雙邊　牌記題“道光壬寅南海吳氏校刊”　五册

370000－1542－0002228　491/60　史部/金石類

筠清館金石文字五卷　(清)吳榮光撰　清道光二十二年(1842)南海吳氏筠清館刻本　九行二十一字白口單魚尾四周雙邊　牌記題“道光壬寅南海吳氏校刊”　五册

370000－1542－0002229　491/60　史部/金石類

筠清館金石文字五卷　(清)吳榮光撰　清道光二十二年(1842)南海吳氏筠清館刻本　九行二十一字白口單魚尾四周雙邊　牌記題“道光壬寅南海吳氏校刊”　鈐有“月軒”“子孫保之”　五册

370000－1542－0002230　491/60　史部/金石類

筠清館金石文字五卷　(清)吳榮光撰　清道光二十二年(1842)南海吳氏筠清館刻本　九行二十一字白口單魚尾四周雙邊　牌記題“道光壬寅南海吳氏校刊”　五册

370000－1542－0002231　491/61　史部/金石類

張叔未解元所藏金石文字一卷　(清)嚴荄編　清光緒十年(1884)四會嚴氏鶴緣齋影印本　牌記題“四會嚴荄鶴緣齋所收金石”　鈐有“廬望僊館”“麗生所賞”“夏麗生臧經籍金石書畫印”　二册

370000－1542－0002232　323/13　史部/金石類

古文審八卷　劉心源撰　清光緒十七年(1891)嘉魚劉氏龍江樓刻本　八行大小字相間字數不等白口四周雙邊　牌記題“光緒十有七年四月嘉魚劉氏龍江樓刊”　鈐有“酒仙”“希呂”“私立齊魯大學國學研究所藏書之章”　四册

370000－1542－0002233　491/65　史部/金石類

金石索十二卷　(清)馮雲鵬　(清)馮雲鵷輯　清道光元年至三年(1821－1823)邃古齋刻本　内封題“道光元年開鐫　滋陽縣署藏板”　十二册

370000－1542－0002234　491/65　史部/金石類

金石索十二卷　(清)馮雲鵬　(清)馮雲鵷輯　清光緒三十三年(1907)上海文新書局石印本　牌記題“丁未年上海新馬路文新局石印千頃堂發兑”　鈐有“榴蔭山房吳記”“希真珍臧書畫章”“吳氏榴蔭山房”“濟南吳氏榴蔭山

房藏書印”　二十四冊

370000－1542－0002235　491/68　史部/金石類

關中金石文字存逸考十二卷首一卷　(清)毛鳳枝撰　清光緒二十七年(1901)會稽顧氏江西萍鄉縣署刻本　十行二十字小字雙行同黑口單魚尾左右雙邊　牌記題“光緒辛丑仲夏會稽顧氏刻於江西萍鄉縣署”　八冊

370000－1542－0002236　491/70　史部/金石類

濟州金石志八卷　(清)徐宗幹輯　清道光刻本　十行二十五字黑口單魚尾左右雙邊　一冊　存一卷(二)

370000－1542－0002237　491/71　史部/金石類

讀碑小箋一卷　羅振玉撰　清光緒唐風樓刻本　十行二十一字黑口單魚尾左右雙邊　牌記題“唐風樓刊”　一冊

370000－1542－0002238　491/73　史部/金石類

望堂金石初集不分卷　楊守敬輯　清同治九年至光緒三年(1870－1877)宜都楊氏飛青閣雙鉤刻本　牌記題“宜都楊氏飛青閣栞”　六冊

370000－1542－0002239　491/73　史部/金石類

望堂金石初集不分卷　楊守敬輯　清同治九年至光緒三年(1870－1877)宜都楊氏飛青閣雙鉤刻本　牌記題“宜都楊氏飛青閣栞”　六冊

370000－1542－0002240　491/74　史部/金石類

望堂金石二集不分卷　楊守敬輯　清光緒至宣統宜都楊氏飛青閣刻本　牌記題“宜都楊氏飛青閣栞”　六冊

370000－1542－0002241　491/74　史部/金石類

望堂金石二集不分卷　楊守敬輯　清光緒至宣統宜都楊氏飛青閣刻本　牌記題“宜都楊氏飛青閣栞”　六冊

370000－1542－0002242　491/81　史部/金石類

墨妙亭碑目攷二卷附攷一卷　(清)張鑑撰　清光緒十年(1884)江蘇書局刻本　十行二十三字小字雙行同黑口單魚尾左右雙邊　牌記題“光緒甲申江蘇書局開雕”　二冊

370000－1542－0002243　491/82　史部/金石類

二銘艸堂金石聚十六卷　(清)張德容輯　清同治十一年(1872)浙江張氏二銘艸堂雙鉤刻本　十行二十八字小字雙行同白口單魚尾四周雙邊　内封題“金石聚　二銘艸堂箸錄”　十六冊

370000－1542－0002244　491/88　史部/金石類

攈古録二十卷　(清)吳式芬編　清末吳氏家刻本　十一行二十四字小字雙行同白口雙魚尾左右雙邊　二十冊

370000－1542－0002245　491/89　史部/金石類

金石萃編一百六十卷　(清)王昶撰　清嘉慶十年(1805)青浦王氏經訓堂刻本　五十四冊　缺二十卷(一至二十)

370000－1542－0002246　491/89　史部/金石類

金石萃編一百六十卷　(清)王昶撰　清嘉慶十年(1805)青浦王氏經訓堂刻同治十年(1871)修補本　十行二十一字小字雙行同黑口單魚尾左右雙邊　内封題“經訓堂藏板”　鈐有“經州蔣氏箸生臧書記”　六十四冊

370000－1542－0002247　491/89　史部/金石類

金石萃編一百六十卷　(清)王昶撰　清嘉慶十年(1805)青浦王氏經訓堂刻同治十年(1871)修補本　十行二十一字小字雙行同黑口單魚尾左右雙邊　内封題“經訓堂藏板”　八十冊

370000－1542－0002248　491/89　史部/金石類

金石萃編一百六十卷金石續編二十一卷　(清)王昶撰　(清)陸耀遹續　清光緒十九年(1893)上海醉六堂石印本　雙欄每欄二十行二十一字小字雙行同黑口單魚尾四周單邊　内封題"光緒癸巳五月上海醉六堂印　鴻寶齋石印"　二十四册

370000－1542－0002249　491/89－2　史部/金石類

金石萃編補畧二卷　(清)王言撰　清光緒八年(1882)浙江王氏家刻本　十行二十一字小字雙行同黑口單魚尾左右雙邊　内封題"光緒八年太歲在壬午九月刊"　鈐有"杭州抱經堂書局印行書籍記"　四册

370000－1542－0002250　491/154　史部/金石類

金石萃編校字記一卷　羅振玉撰　清光緒十一年(1885)刻本　十一行二十一字小字雙行同黑口單魚尾左右雙邊　鈐有"蟫隱廬校刊書籍記"　一册

370000－1542－0002251　491/171　史部/金石類

金石萃編補目三卷　(清)黄本驥編　清光緒安徽貴池劉氏校刻聚學軒叢書本　十一行二十一字小字雙行同黑口雙魚尾左右雙邊　一册

370000－1542－0002252　491/171　史部/金石類

金石萃編補目三卷　(清)黄本驥編　清光緒安徽貴池劉氏校刻聚學軒叢書本　十一行二十一字小字雙行同黑口雙魚尾左右雙邊　一册　缺卷一第一至四頁

370000－1542－0002253　491/95　史部/金石類

兩浙金石志十八卷補遺一卷　(清)阮元編　(清)阮福補遺　清光緒十六年(1890)浙江書局刻本　十一行二十二字小字雙行同白口單魚尾左右雙邊　牌記題"光緒十有六年浙江書局重刻"　十二册

370000－1542－0002254　491/95　史部/金石類

兩浙金石志十八卷補遺一卷　(清)阮元編　(清)阮福補遺　清光緒十六年(1890)浙江書局刻本　十一行二十二字小字雙行同白口單魚尾左右雙邊　牌記題"光緒十有六年浙江書局重刻"　十二册

370000－1542－0002255　491/97　史部/金石類

益都金石記四卷　(清)段松苓撰　清光緒九年(1883)刻本　十行二十二字小字雙行同白口單魚尾左右雙邊　牌記題"益都丁氏藏本光緒九年開雕"　四册

370000－1542－0002256　491/97　史部/金石類

益都金石記四卷　(清)段松苓撰　清光緒九年(1883)刻本　十行二十二字小字雙行同白口單魚尾左右雙邊　牌記題"益都丁氏藏本光緒九年開雕"　四册

370000－1542－0002257　491/99　史部/金石類

從古堂款識學十六卷　(清)徐同柏撰　清光緒三十二年(1906)蒙學報館石印本　白口四周單邊　内封題"光緒三十二年十月邑後學吳受福署耑　蒙學報館影石校印"　十六册

370000－1542－0002258　491/99　史部/金石類

從古堂款識學十六卷　(清)徐同柏撰　清光緒三十二年(1906)蒙學報館石印本　白口四周單邊　内封題"光緒三十二年十月邑後學吳受福署耑　蒙學報館影石校印"　十六册

370000－1542－0002259　491/100　史部/金石類

雍州金石記十卷記餘一卷　(清)朱楓撰　清道光二十年(1840)三原李錫齡刻惜陰軒叢書本　十行二十二字黑口單魚尾四周單邊　鈐有"容庚之印"　四册

370000－1542－0002260　491/100　史部/金石類

雍州金石記十卷記餘一卷　(清)朱楓撰　清道光二十年(1840)三原李錫齡刻惜陰軒叢書本　十行二十二字黑口單魚尾四周單邊　四册

370000－1542－0002261　491/101　史部/金石類

嘯堂集古録二卷考異二卷　(宋)王俅撰　(清)張蓉鏡考異　清嘉慶十六年至十七年(1811－1812)鴛湖張氏醉經堂刻本　白口四周單邊　内封題"嘯堂集古録　嘉慶辛未秋日　宛湖張氏重栞"　鈐有"吴翌鳳家臧文苑"　一册

370000－1542－0002262　491/102　史部/金石類

芳堅館題跋三卷　(清)郭尚先撰　(清)郭籛齡　(清)許祖涝輯　清刻本　十行十九字白口單魚尾四周雙邊　二册

370000－1542－0002263　491/103　史部/金石類

行素草堂金石叢書十六種　(清)朱記榮輯　清光緒吴縣朱氏刻十四年(1888)彙印本　十一行二十一字小字雙行同黑口單魚尾左右雙邊　牌記題"光緒戊子冬月行素草堂藏板"　鈐有"槐廬主人""孫谿槐廬主人"　四十册

370000－1542－0002264　491/103　史部/金石類

行素草堂金石叢書十六種　(清)朱記榮輯　清光緒十四年(1888)江蘇朱氏槐廬校刻本　十一行二十一字小字雙行同黑口單魚尾左右雙邊　二十二册　存九種五十二卷(寰宇訪碑録十二卷,平津讀碑記八卷、續記一卷,金石三例續編一卷,漢魏六朝墓銘纂例四卷,金石綜例四卷,金石稱例四卷、續一卷,石經閣金石跋文一卷,補寰宇訪碑錄五卷、失編一卷,碑版文廣例十卷)

370000－1542－0002265　491/103　史部/金石類

行素草堂金石叢書十六種　(清)朱記榮輯　清光緒十四年(1888)江蘇朱氏槐廬校刻本　十一行二十一字小字雙行同黑口單魚尾左右雙邊　牌記題"光緒戊子冬月行素草堂藏板"　鈐有"上海校經山房成記督造書籍"　二十五册　存十二種八十八卷(集古錄跋尾十卷,集古錄目五卷,金石錄三十卷,廣川書跋十卷,求古錄一卷,金石三例續編一卷,漢魏六朝墓銘纂例四卷,金石綜例四卷,金石稱例四卷、續一卷,石經閣金石跋文一卷,補寰宇訪碑錄五卷、失編一卷、刊誤一卷,碑版文廣例十卷)

370000－1542－0002266　491/106　史部/金石類

隨軒金石文字九種不分卷　(清)徐渭仁輯撰　清道光十七年至二十四年(1837－1844)上海徐渭仁雙鉤木刻同治七年(1868)徐允臨重修本　九行十九字四周雙邊　牌記題"道光十有七年歲次丁酉十二月栞"　四册

370000－1542－0002267　491/110　史部/金石類

金石存十五卷　(清)吴玉搢纂　清石印嘉慶二十四年(1819)山陽李氏聞妙香室校刻本　十一行二十一字小字雙行同黑口單魚尾左右雙邊　内封題"金石存十五卷　嘉慶二十四年栞"　牌記題"山昜李氏聞妙香室臧板"　鈐有"麗生"　四册

370000－1542－0002268　491/112　史部/金石類

清儀閣題跋不分卷　(清)張廷濟撰　清光緒十七年(1891)刻本　瘖公題　十一行二十一字白口單魚尾左右雙邊　鈐有"吴嘉瑞"　二册

370000－1542－0002269　491/113　史部/金石類

九鐘精舍金石跋尾甲編一卷乙編一卷　(清)吴士鑑撰　清宣統二年(1910)刻本　十行二十四字白口四周單邊　内封題"宣統二年正月"　三册

370000－1542－0002270　491/113　史部/金石類

九鐘精舍金石跋尾甲編一卷乙編一卷　(清)吳士鑑撰　清宣統二年(1910)刻本　十行二十四字白口四周單邊　内封題“宣統二年正月”　二册　缺一卷(乙編一卷)

370000－1542－0002271　491/114　史部/金石類

山右金石録一卷　(清)夏寶晉撰　(清)石宗建校訂　清光緒八年(1882)歸安石宗建校刻本　十一行二十一字小字雙行同白口單魚尾左右雙邊　牌記題“歸安石氏校訂栞木”　鈐有“錢唐蔣氏鑑臧”　一册

370000－1542－0002272　491/116　史部/金石類

山左訪碑録十三卷　(清)法偉堂輯　清宣統元年(1909)山東提學司署石印本　十一行三十二字小字雙行同白口單魚尾四周雙邊　内封題“宣統己酉春二月山東提學司署印　濟南國文報館上石”　二册

370000－1542－0002273　491/116　史部/金石類

山左訪碑録十三卷　(清)法偉堂輯　清宣統元年(1909)山東提學司署石印本　十一行三十二字小字雙行同白口單魚尾四周雙邊　内封題“宣統己酉春二月山東提學署印　濟南國文報館上石”　二册

370000－1542－0002274　491/119　史部/金石類

匋齋臧石記四十四卷附匋齋臧甎記二卷　(清)端方輯　清宣統元年(1909)端氏匋齋上海商務印書館石印本　十行二十五字小字雙行同黑口單魚尾四周單邊　内封題“宣統元年十月刊行”　十二册

370000－1542－0002275　491/120　史部/金石類

中州金石目録八卷　(清)楊鐸輯　清光緒南陵徐乃昌刻本　十一行二十一字小字雙行同黑口雙魚尾四周雙邊　内封題“南陵徐乃昌叚繆氏藕風堂傳鈔本校刊”　二册

370000－1542－0002276　491/121　史部/金石類

語石十卷　葉昌熾撰　清宣統元年(1909)蘇城徐稃圃刻本　佚名批注　十一行二十三字小字雙行同黑口單魚尾左右雙邊　内封題“宣統己酉三月刊成”　牌記題“蘇城徐元圃子稃圃刻印”　鈐有“淮蓺齋藏”“河間吳氏收藏金石文字書畫”　四册

370000－1542－0002277　491/121　史部/金石類

語石十卷　葉昌熾撰　清宣統元年(1909)蘇城徐稃圃刻本　佚名批注　十一行二十三字小字雙行同黑口單魚尾左右雙邊　内封題“宣統己酉三月刊成”　牌記題“蘇城徐元圃子稃圃刻印”　四册

370000－1542－0002278　491/121　史部/金石類

語石十卷　葉昌熾撰　清宣統元年(1909)蘇城徐稃圃刻本　十一行二十三字小字雙行同黑口單魚尾左右雙邊　内封題“宣統己酉三月刊成”　牌記題“蘇城徐元圃子稃圃刻印”　鈐有“朱萇生印”“萇生”“隋堪”“印禪室”“熨翁”　四册

370000－1542－0002279　491/123　史部/金石類

退菴題跋二卷　(清)梁章鉅撰　清福州梁氏校刻本　九行二十二字白口單魚尾左右雙邊　内封題“福州梁氏校刻本版今歸杭縣鄭氏小琳琅館”　一册

370000－1542－0002280　491/130　史部/金石類

栝蒼金石志十二卷　(清)李遇孫撰　(清)王尚忠　(清)王尚賡參　清道光十三年(1833)刻本　十行二十一字白口單魚尾左右雙邊　内封題“道光癸巳冬鐫　本衙藏板”　鈐有“歐趙吾師”“朱樫之印”“玖珊”　四册

370000－1542－0002281　491/131　史部/金石類

碑別字五卷　(清)羅振鋆輯　清光緒二十年(1894)刻本　十一行二十一字白口單魚尾左右雙邊　内封題"光緒甲午孟夏盩厔路伭署檢"　二冊

370000－1542－0002282　491/131　史部/金石類

碑別字五卷　(清)羅振鋆輯　清光緒二十年(1894)刻本　十一行二十一字白口單魚尾左右雙邊　内封題"光緒甲午孟夏盩厔路伭署檢"　鈐有"蟫隱廬印行書籍記"　二冊

370000－1542－0002283　491/146　史部/金石類

碑別字補五卷　羅振玉輯　清光緒二十七年(1901)刻本　十一行二十一字白口單魚尾左右雙邊　牌記題"光緒辛丑年上板"　一冊

370000－1542－0002284　491/133　史部/金石類

安陽縣金石録十二卷　(清)武億撰　清嘉慶二十四年(1819)安陽知縣鐵嶺貴泰校刻本　十一行二十三字黑口單魚尾左右雙邊　四冊

370000－1542－0002285　491/133　史部/金石類

安陽縣金石録十二卷　(清)武億撰　清嘉慶二十四年(1819)安陽知縣鐵嶺貴泰校刻本　十一行二十三字黑口單魚尾左右雙邊　四冊

370000－1542－0002286　491/134　史部/金石類

京畿金石考二卷　(清)孫星衍撰　清道光二十六年(1846)三原李錫齡刻惜陰軒叢書本　十行二十二字黑口單魚尾四周單邊　二冊

370000－1542－0002287　491/138　史部/金石類

歷代石經略二卷　(清)桂馥撰　清光緒九年(1883)山東吳重熹陳州郡齋刻本　十一行二十四字小字雙行同白口雙魚尾左右雙邊　内封題"光緒癸未陳州郡齋開雕"　一冊

370000－1542－0002288　491/138　史部/金石類

歷代石經略二卷　(清)桂馥撰　清光緒九年(1883)山東吳重熹陳州郡齋刻本　十一行二十四字小字雙行同白口雙魚尾左右雙邊　内封題"光緒癸未陳州郡齋開雕"　一冊

370000－1542－0002289　491/276　史部/金石類

石鼓文定本十種　(清)古華山農撰　清光緒十六年(1890)江蘇無錫沈梧古華山館刻本　十行二十字小字雙行同白口單魚尾左右雙邊　鈐有"仲兆乾印"　四冊

370000－1542－0002290　491/148　史部/金石類

枕經堂金石書畫題跋三卷　(清)方朔撰　清同治三年(1864)刻本　十二行二十四字黑口單魚尾四周單邊　一冊

370000－1542－0002291　491/153　史部/金石類

石鼓文釋存一卷補注一卷　(清)張燕昌撰　清光緒二十八年(1902)安徽貴池劉世珩刻本　十行十八字白口四周單邊　一冊

370000－1542－0002292　491/161　史部/金石類

至聖林廟碑目六卷　(清)孔昭薰　(清)孔憲庚編　清光緒二十二年(1896)積學齋刻本　十一行二十一字黑口雙魚尾左右雙邊　牌記題"光緒丙申積學齋刊"　一冊

370000－1542－0002293　491/162　史部/金石類

學古齋金石叢書　(清)葛元煦輯　清光緒崇川葛氏學古齋刻本　九行二十字黑口左右雙邊　十九冊　存八種五十二卷(識小編二卷,金石略三卷,元豐金石跋尾一卷,古刻叢鈔一卷,金薤琳瑯二十卷、補遺一卷,金石古文十四卷,古墨鐫華八卷,金石史二卷)

370000－1542－0002294　491/164、491/165、491/169　史部/金石類

學古齋金石叢書　(清)葛元煦輯　清光緒崇川葛氏學古齋刻本　九行二十字黑口左右雙邊　三冊　存四種七卷(金石略三卷、元豐金

石跋尾一卷、古刻叢鈔一卷、金石史二卷）

370000－1542－0002295　491/163　史部/金石類

古墨齋金石跋六卷涇川金石記一卷　（清）趙紹祖輯　（清）趙國楨校　清道光十二年(1832)涇縣趙氏古墨齋刻涇川叢書本　九行二十字黑口單魚尾左右雙邊　三冊

370000－1542－0002296　491/166　史部/金石類

隋唐石刻拾遺二卷附關中金石記隋唐石刻原目一卷　（清）黄本驥編　清光緒安徽貴池劉世珩校刻聚學軒叢書本　十一行二十一字黑口雙魚尾左右雙邊　二冊

370000－1542－0002297　491/168　史部/金石類

鐵橋金石跋四卷　（清）嚴可均撰　清光緒安徽貴池劉世珩校刻聚學軒叢書本　十一行二十一字小字雙行同黑口雙魚尾左右雙邊　一冊

370000－1542－0002298　491/170　史部/金石類

山右石刻叢編四十卷　（清）胡聘之編　清光緒二十五年至二十七年(1899－1901)刻本　十二行二十二字小字雙行同黑口雙魚尾左右雙邊　十一冊　缺一卷(一)

370000－1542－0002299　491/175　史部/金石類

寰宇訪碑録十二卷　（清）孫星衍　（清）邢澍撰　清光緒九年(1883)刻本　十一行二十字小字雙行同白口單魚尾左右雙邊　四冊

370000－1542－0002300　491/180　史部/金石類

漢熹平石經遺字一卷　（清）萬中立編　清光緒二十七年(1901)萬中立上海石印本　一冊

370000－1542－0002301　491/185　史部/金石類

藝風堂金石文字目十八卷　繆荃孫編　清光緒三十二年(1906)江寧刻本　十一行二十四字小字雙行同黑口單魚尾左右雙邊　内封題“藝風堂收臧金石目一十八卷”　内封題“光緒丙午秋七月栞”　八冊

370000－1542－0002302　491/187　史部/金石類

景教碑文紀事考正二卷　（清）楊榮鋕撰　清光緒二十一年(1895)楊大本堂刻本　十行二十字小字雙行同黑口單魚尾左右雙邊　牌記題“光緒二十一年歲次乙未楊大本堂發刊”　二冊

370000－1542－0002303　491/187　史部/目録類

宋元舊本書經眼録三卷坿録二卷　（清）莫友芝撰　清同治十二年(1873)獨山莫氏刻本　十行二十一字小字雙行同黑口雙魚尾左右雙邊　二冊

370000－1542－0002304　491/187　史部/金石類

景教碑文紀事攷正一卷　（清）楊榮鋕撰　清光緒二十七年(1901)湖南思賢書局刻本　十二行二十五字小字雙行同白口單魚尾左右雙邊　内封題“重刊景教碑文紀事攷正一卷”　牌記題“光緒辛丑歲思賢書局刊”　一冊

370000－1542－0002305　491/190　史部/金石類

求古精舍金石圖六卷　（清）陳經輯　清嘉慶二十二年(1817)烏程陳氏説劍樓刻本　内封題“説劍樓雕”　四冊

370000－1542－0002306　491/205　史部/金石類

金石全例　（清）朱記榮輯　清光緒十八年(1892)吳縣朱記榮彙刻朱墨套印本　十行二十二字小字雙行三十二字白口單魚尾左右雙邊　内封題“光緒十有八年春壬月吳縣朱記榮槐廬校輯”　十六冊

370000－1542－0002307　491/208　經部/小學類/文字之屬

隸釋二十七卷隸續二十一卷附汪本隸釋刊誤一卷　（宋）洪适撰　（清）黄丕烈刊誤　清同

治十年至十一年(1871－1872)皖南洪氏晦木齋摹刻乾隆汪日秀樓松書屋本　九行二十字小字雙行同白口單魚尾四周單邊　内封題“樓松書屋汪氏本皖南洪氏晦木齋集貲摹刻　同治十年曾國藩署檢”　刊誤内封題“同治十一年皖南洪氏晦木齋摹刻”　七册

370000－1542－0002308　491/214　史部/金石類
校補石鼓文音訓一卷　(清)周庠撰　清光緒二十三年(1897)刻本　六行十八字小字雙行同白口單魚尾左右雙邊　一册

370000－1542－0002309　491/215　史部/金石類
石鼓文音訓攷正一卷　(元)潘迪音訓　(清)馮承煇考正　清光緒十九年(1893)刻本　八行二十字黑口單魚尾四周雙邊　牌記題“光緒癸巳夏日鐫于蒼溪”　一册

370000－1542－0002310　491/233　新學類/礦務
金石識别十二卷　(美國)代那撰　(美國)瑪高温譯　(清)華蘅芳筆述　清刻本　十行二十二字黑口雙魚尾左右雙邊　六册

370000－1542－0002311　491/249　史部/金石類
寶刻叢編二十卷　(宋)陳思纂輯　清道光山東海豐吳式芬校刻本　十一行十九字小字雙行同白口單魚尾左右雙邊　内封題“海豐吳式芬校刊”　六册

370000－1542－0002312　493/12　史部/金石類
嚴氏古甎存不分卷　(清)嚴福基輯　清道光二十一年(1841)拓本　内封題“道光十九年八月朔”　二册

370000－1542－0002313　494/1　史部/金石類
古玉圖攷不分卷　(清)吳大澂輯　清光緒十五年(1889)上海同文書局石印本　内封題“上海同文書局用石影印”　四册

370000－1542－0002314　494/1　史部/金石類
古玉圖攷不分卷　(清)吳大澂輯　清光緒十五年(1889)上海同文書局石印本　内封題“上海同文書局用石影印”　四册

370000－1542－0002315　495/1　史部/金石類
欽定錢録十六卷　(清)梁詩正等撰　清刻本　十一行二十三字黑口左右雙邊　二册

370000－1542－0002316　495/2　史部/金石類
吉金志存四卷　(清)李光庭輯　清咸豐九年(1859)寶坻李氏家刻本　十行二十一字白口單魚尾左右雙邊　内封題“本宅藏板”　四册

370000－1542－0002317　495/3　史部/金石類
吉金所見録十六卷首一卷末一卷　(清)初尚齡撰　清道光初榮焜刻本　十行二十五字小字雙行同白口單魚尾四周雙邊　鈐有“石君辛巳以後所得書”“江南無二”“壯學堂”　四册

370000－1542－0002318　495/3　史部/金石類
吉金所見録十六卷首一卷末一卷　(清)初尚齡撰　清道光初榮焜刻本　十行二十五字小字雙行同白口單魚尾四周雙邊　四册

370000－1542－0002319　495/7　史部/金石類
古泉雜詠四卷　葉德輝撰　清光緒二十七年(1901)刻本　十一行二十二字黑口雙魚尾左右雙邊　内封題“辛丑冬月刊成”　二册

370000－1542－0002320　495/8　史部/金石類
古今錢略三十二卷首一卷末一卷　(清)倪模撰　清光緒三年(1877)望江倪氏兩疆勉齋刻本　十行二十五字黑口左右雙邊　内封題“望江倪氏兩疆勉齋鐫板”　十八册

370000－1542－0002321　495/9　史部/金

石類

泉布統誌九卷　(清)孟麟撰　清道光五年(1825)浙江孟氏刻十三年(1833)孟棠修補二十年(1840)增刻本　十行二十三字白口單魚尾四周雙邊　十六册

370000－1542－0002322　495/9　史部/金石類

泉布統誌九卷　(清)孟麟撰　清道光五年(1825)浙江孟氏自刻版後印本　十行二十三字白口單魚尾四周雙邊　二十二册　存六卷(一至六)

370000－1542－0002323　495/12　史部/金石類

古泉匯六十卷首四卷　(清)李佐賢編　清同治三年(1864)利津李氏石泉書屋刻本　九行二十四字白口單魚尾四周雙邊　内封題"同治甲子年鐫　利津李氏石泉書屋藏板"　九册

370000－1542－0002324　495/12　史部/金石類

古泉匯六十卷首四卷　(清)李佐賢編　清同治三年(1864)利津李氏石泉書屋刻本　九行二十四字白口單魚尾四周雙邊　内封題"同治甲子年鐫　利津李氏石泉書屋藏板"　鈐有"齊魯大學圖書館藏書"　十六册

370000－1542－0002325　495/12　史部/金石類

古泉匯六十卷首四卷　(清)李佐賢編　清同治三年(1864)利津李氏石泉書屋刻本　九行二十四字白口單魚尾四周雙邊　内封題"同治甲子年鐫　利津李氏石泉書屋藏板"　十六册

370000－1542－0002326　495/12　史部/金石類

續泉匯十四卷補遺二卷　(清)鮑康　(清)李佐賢編　清光緒元年(1875)刻本　九行二十四字白口單魚尾左右雙邊　内封題"光緒紀元乙亥八月刊成"　四册

370000－1542－0002327　495/12　史部/金石類

續泉匯十四卷補遺二卷　(清)鮑康　(清)李佐賢編　清光緒元年(1875)刻本　九行二十四字白口單魚尾左右雙邊　内封題"光緒紀元乙亥八月刊成"　四册

370000－1542－0002328　495/10　史部/金石類

續泉匯十四卷補遺二卷　(清)鮑康　(清)李佐賢編　清光緒元年(1875)刻本　九行二十四字白口單魚尾左右雙邊　内封題"光緒紀元乙亥八月刊成"　三册

370000－1542－0002329　495/16　史部/金石類

古泉叢話三卷附一卷　(清)戴熙撰　清同治十一年(1872)滂喜齋刻本　十行二十字白口四周單邊　内封題"同治壬申滂喜齋刻"　一册

370000－1542－0002330　495/23　史部/金石類

紅藕花軒泉品九卷　(清)馬國翰撰　清同治刻本　十行二十一字白口單魚尾四周雙邊　四册　存八卷(二至九)

370000－1542－0002331　496/3　史部/金石類

山東考古録一卷　(清)顧炎武撰　清光緒八年(1882)山東書局刻本　十行二十四字白口單魚尾左右雙邊　内封題"光緒八年七月山東書局重刊"　一册

370000－1542－0002332　496/3　史部/金石類

山東考古録一卷　(清)顧炎武撰　清光緒八年(1882)山東書局刻本　十行二十四字白口單魚尾左右雙邊　内封題"光緒八年七月山東書局重刊"　一册

370000－1542－0002333　496/3　史部/金石類

山東考古録一卷　(清)顧炎武撰　清光緒八年(1882)山東書局刻本　十行二十四字白口單魚尾左右雙邊　内封題"光緒八年七月山

東書局重刊”　鈐有“碧梧館印”　一册

370000 - 1542 - 0002334　496/3　史部/金石類

續山東考古録三十二卷首一卷　(清)葉圭綬撰　清光緒八年(1882)山東書局刻本　十行二十四字小字雙行同白口單魚尾左右雙邊　牌記題“光緒八年七月山東書局重刊”　六册

370000 - 1542 - 0002335　496/4　史部/金石類

續山東考古録三十二卷首一卷　(清)葉圭綬撰　清光緒八年(1882)山東書局刻本　十行二十四字小字雙行同白口單魚尾左右雙邊　牌記題“光緒八年七月山東書局重刊”　六册

370000 - 1542 - 0002336　496/4　史部/金石類

續山東考古録三十二卷首一卷　(清)葉圭綬撰　清光緒八年(1882)山東書局刻本　十行二十四字小字雙行同白口單魚尾左右雙邊　牌記題“光緒八年七月山東書局重刊”　四册　存二十一卷(一至二十一)

370000 - 1542 - 0002337　496/5　史部/金石類

山東省保存古蹟表　山東調查局編　清宣統二年(1910)石印本　一册

370000 - 1542 - 0002338　496/5　史部/金石類

山東省保存古蹟表　山東調查局編　清宣統二年(1910)石印本　一册

370000 - 1542 - 0002339　496/5　史部/金石類

山東省保存古蹟表　山東調查局編　清宣統二年(1910)石印本　一册

370000 - 1542 - 0002340　496/5　史部/金石類

山東省保存古蹟表　山東調查局編　清宣統二年(1910)石印本　一册

370000 - 1542 - 0002341　497/1　史部/金石類

封泥攷略十卷　(清)吳式芬　(清)陳介祺輯　清光緒三十年(1904)上海石印本　九行二十四字黑口雙魚尾四周單邊　牌記題“海豐吳氏濰縣陳氏所藏輯成十卷光緒甲辰之秋印于滬上”　十册

370000 - 1542 - 0002342　497/1　史部/金石類

封泥攷略十卷　(清)吳式芬　(清)陳介祺輯　清光緒三十年(1904)上海石印本　九行二十四字黑口雙魚尾四周單邊　牌記題“海豐吳氏濰縣陳氏所藏輯成十卷光緒甲辰之秋印于滬上”　十册

370000 - 1542 - 0002343　015/7　史部/金石類

山左碑目四卷　(清)段松苓輯　清光緒三十四年(1908)武進李氏聖譯樓叢書刻本　十一行二十二字小字雙行同白口單魚尾左右雙邊　牌記題“光緒戊申春武進李氏聖譯樓校栞”　二册

370000 - 1542 - 0002344　491/178　史部/金石類

荊南萃古編　(清)周懋琦　(清)劉瀚編　清光緒二十年(1894)鴻寶署齋刻本　牌記題“光緒甲午冬鴻寶署齋刊”　鈐有“齊魯大學圖書館藏書”　二册

370000 - 1542 - 0002345　039/512　子部/叢編

子書百家一百一種　(清)崇文書局輯　清光緒元年(1875)崇文書局刻本　十二行二十四字黑口雙魚尾四周雙邊　牌記題“光緒紀元夏月湖北崇文書局開雕”　一百十册

370000 - 1542 - 0002346　600/3　子部/叢編

二十二子　(清)浙江書局編　清光緒浙江書局校刻本　九行二十一字小字雙行同黑口單魚尾左右雙邊　八十三册

370000 - 1542 - 0002347　600/3　子部/叢編

二十二子　(清)三味書局編　清光緒二十三年(1897)新化三味書局刻本　路文海題　九行二十一字小字雙行同黑口單魚尾左右雙邊

内封題“光緒二十三年　新化三味書局刊”　鈐有“私立齊魯大學國學研究所藏書之章”　一百册

370000－1542－0002348　600/5　子部/叢編
新鐫校正詳注分類百子金丹全書十卷　(清)郭偉選注　(清)郭中吉編　清光緒二十一年(1895)上海焕文書局石印本　十三行三十五字小字雙行同白口單魚尾四周雙邊　牌記題“光緒乙未春日上海焕文書局石印”　六册

370000－1542－0002349　600/7　子部/叢編
續二十五子匯函　(清)鴻文書局輯　清光緒二十四年(1898)鴻文書局石印本　二十四行五十八字小字雙行同黑口單魚尾左右雙邊　牌記題“光緒戊戌年上海鴻文書局石印”　鈐有“齊魯大學圖書館藏書”　八册

370000－1542－0002350　600/7　子部/叢編
續二十五子匯函　(清)鴻文書局輯　清光緒二十四年(1898)鴻文書局石印本　二十四行五十八字小字雙行同黑口單魚尾左右雙邊　牌記題“光緒戊戌年上海鴻文書局石印”　八册

370000－1542－0002351　600/8　子部/叢編
韓晏合編　(清)吳鼒編　清道光二十五年(1845)刻本　佚名批校　十三行二十四字小字雙行同黑口雙魚尾四周單邊　内封題“道光己巳重鐫”“揚州汪氏藏板”　鈐有“高嗣昌印”“小堂”“齊魯大學圖書館藏書”　六册

370000－1542－0002352　600/10　子部/叢編
子書二十五種　上海育文書局編　清光緒三十年(1904)上海育文書局石印本　佚名批校　十八行四十二字小字雙行同白口單魚尾四周雙邊　牌記題“光緒三十年孟秋月上海育文書局石印”　鈐有“齊魯大學圖書館藏書”　三十二册

370000－1542－0002353　600/12　子部/叢編
子書二十三種　上海圖書集成局編　清光緒二十三年(1897)上海圖書集成局鉛字排印本　十三行四十字小字雙行同白口雙魚尾四周單邊　内封題“上海圖書集成局校印”　老子道德經牌記題“光緒二十三年文瑞樓據華亭張氏本校印”　莊子牌記題“光緒丁酉年圖書集成局據明世德堂本校印”　鈐有“齊魯大學圖書館藏書”　四十册

370000－1542－0002354　600/12　子部/叢編
子書二十三種　上海圖書集成局編　清光緒二十三年(1897)上海圖書集成局鉛字排印本　十三行四十字小字雙行同白口雙魚尾四周單邊　鈐有“山東濰縣廣文學堂”“基督教齊魯大學圖書館”“山東濟南齊魯大學校圖書館”　六册　缺七種八十九卷(揚子法言十三卷、音義一卷,鶡冠子三卷,墨子十六卷、篇目考一卷,孫子十三卷、敘錄一卷、遺說一卷,賈子新語十卷,春秋繁露十七卷、附錄一卷,文子纘義十二卷)

370000－1542－0002355　600/12　子部/叢編
子書二十三種　上海圖書集成局編　清光緒二十三年(1897)上海圖書集成局鉛字排印本　十三行四十字小字雙行同白口雙魚尾四周單邊　三十二册

370000－1542－0002356　600/13　子部/叢編
二十二子　(清)浙江書局編　清光緒二十七年(1901)浙江書局校補本　九行二十一字小字雙行同白口單魚尾左右雙邊　鈐有“齊魯大學圖書館藏書”　八十三册

370000－1542－0002357　600/23　子部/叢編
桐城吳先生點勘諸子書七種　(清)吳汝綸點勘　清宣統元年(1909)劉氏鉛字排印本　十二行二十八字小字雙行同白口單魚尾四周雙邊　鈐有“郭延”“私立齊魯大學國學研究所藏書之章”　九册

370000－1542－0002358　610/8　子部/儒家類

孔子家語十卷　(三國魏)王肅注　清光緒元年(1875)湖北崇文書局刻本　十二行二十四字小字雙行同黑口雙魚尾四周雙邊　牌記題“光緒紀元夏月湖北崇文書局開雕”　二冊

370000－1542－0002359　610/8　子部/儒家類

孔子家語十卷　(三國魏)王肅注　清光緒十四年(1888)江左書林刻本　十一行二十四字小字雙行同白口單魚尾左右雙邊　内封題“光緒戊子年春鐫　江左書林藏版”　鈐有“書業德自在江浙蘇閩揀選古今書籍發兑”　二冊

370000－1542－0002360　610/8　子部/儒家類

孔子家語十卷　(三國魏)王肅注　清光緒十八年(1892)上海掃葉山房影宋刻内府藏本　九行十七字小字雙行二十五字白口左右雙邊　内封題“影宋刻内府藏本”“光緒壬辰年夏四月上海掃葉山房印行”　鈐有“齊魯大學圖書館藏書”　四冊　缺二卷(三至四)

370000－1542－0002361　610/8　子部/儒家類

孔子家語十卷　(三國魏)王肅注　清敬儀堂仿汲古閣刻本　九行十七字小字雙行二十五字白口四周單邊　内封題“全圖孔子家語注釋　敬儀堂藏板”　四冊

370000－1542－0002362　610/2　子部/儒家類

荀子集解二十卷首一卷　(戰國)荀況撰　(唐)楊倞注　王先謙集解　清仿刻思賢講舍本　十一行二十四字小字雙行同黑口單魚尾左右雙邊　牌記題“光緒辛卯季夏思賢講舍開雕”　鈐有“菊僧”“私立齊魯大學國學研究所藏書之章”　八冊

370000－1542－0002363　610/2　子部/儒家類

荀子集解二十卷首一卷　(戰國)荀況撰　(唐)楊倞注　王先謙集解　清光緒十七年(1891)思賢講舍刻本　十一行二十四字小字雙行同黑口單魚尾左右雙邊　牌記題“光緒辛卯仲秋栞”　鈐有“濟南齊魯大學校圖書館”“基督教齊魯大學圖書館”　六冊

370000－1542－0002364　610/2　子部/儒家類

荀子集解二十卷首一卷　(戰國)荀況撰　(唐)楊倞注　王先謙集解　清光緒十七年(1891)思賢講舍刻本　十一行二十四字小字雙行同黑口單魚尾左右雙邊　牌記題“光緒辛卯季夏思賢講舍開雕”　鈐有“齊魯大學圖書館藏書”　六冊

370000－1542－0002365　610/16　子部/儒家類

荀子二十卷附校勘補遺一卷　(戰國)荀況撰　(唐)楊倞注　(清)盧文弨　(清)謝墉校　清嘉慶九年(1804)姑蘇聚文堂刻本　十行二十字小字雙行同白口單魚尾左右雙邊　牌記題“嘉慶甲子重鐫　姑蘇聚文堂藏板”　鈐有“山東濟南齊魯大學校圖書館”　三冊

370000－1542－0002366　610/16　子部/儒家類

荀子二十卷附校勘補遺一卷　(戰國)荀況撰　(唐)楊倞注　(清)盧文弨　(清)謝墉校　清嘉慶九年(1804)姑蘇聚文堂刻本　十行二十字小字雙行同白口單魚尾左右雙邊　牌記題“嘉慶甲子重鐫　姑蘇聚文堂藏板”　鈐有“山東濰縣廣文學堂”“基督教齊魯大學圖書館”　一冊

370000－1542－0002367　610/3　子部/儒家類

孔叢子七卷　(漢)孔鮒撰　(宋)宋咸注　清光緒元年(1875)海昌陳氏據宋本刻本　八行十四字小字雙行同白口左右雙邊　四冊

370000－1542－0002368　610/5　子部/儒家類

鹽鐵論十卷附校勘小識一卷　(漢)桓寬撰　清光緒十七年(1891)思賢講舍刻本　十一行二十四字小字雙行同黑口單魚尾左右雙邊

牌記題“光緒辛卯三月思賢講舍開雕” 鈐有“私立齊魯大學國學研究所藏書之章” 二册

370000－1542－0002369 610/5 子部/儒家類

鹽鐵論十卷附校勘小識一卷 (漢)桓寬撰 清光緒元年(1875)湖北崇文書局刻本 十二行二十四字小字雙行同黑口雙魚尾四周雙邊 牌記題“光緒紀元夏月湖北崇文書局開雕” 二册

370000－1542－0002370 610/7 子部/儒家類

新序十卷 (漢)劉向撰 清光緒元年(1875)湖北崇文書局刻本 十二行二十四字小字雙行同黑口雙魚尾四周雙邊 牌記題“光緒紀元夏月湖北崇文書局開雕” 二册

370000－1542－0002371 610/7 子部/儒家類

新序十卷 (漢)劉向撰 清光緒元年(1875)湖北崇文書局刻本 十二行二十四字小字雙行同黑口雙魚尾四周雙邊 鈐有“齊魯大學圖書館藏書” 二册

370000－1542－0002372 610/15 子部/儒家類

朱子讀書法四卷 (宋)張洪編 清光緒二十三年(1897)八旗書館刻本 九行二十一字白口單魚尾四周單邊 牌記題“光緒二十三年八旗書館重鋟” 鈐有“齊魯大學圖書館藏書” 四册

370000－1542－0002373 610/27 子部/儒家類

龍文鞭影四卷 (明)蕭良有編 清光緒二十二年(1896)丹徒李恩綬校補本 十六行二十七字白口單魚尾左右雙邊 内封題“光緒乙酉孟夏開雕” 四册

370000－1542－0002374 610/29 子部/儒家類

漢學商兑贅言四卷 (清)豫師撰 清光緒十四年(1888)會輔堂刻本 十行二十三字小字雙行同白口單魚尾左右雙邊 内封題“光緒戊子仲秋開雕本塾藏板” 四册

370000－1542－0002375 610/40 子部/儒家類

朱子家訓衍義 (清)朱鳳鳴注 清宣統二年(1910)京口善化堂刻本 九行二十五字小字雙行同白口單魚尾左右雙邊 牌記題“宣統二年夏開雕京口善化堂藏板” 一册

370000－1542－0002376 610/41 子部/儒家類

朱子語類日鈔五卷 (清)陳澧編 清咸豐番禺陳氏刻本 十行二十字白口單魚尾左右雙邊 牌記題“省城西湖街富文齋承刊” 一册

370000－1542－0002377 612/2 子部/儒家類

晦庵先生朱文公文集一百卷目錄二卷續集十一卷别集十卷 (宋)朱熹撰 清同治十二年(1873)求我齋刻光緒八年(1882)補校本 十二行二十二字白口單魚尾左右雙邊 内封題“同治十二年六安涂氏求我齋仿嘉靖壬辰本校刊” 鈐有“黄陂胡朝宗改庵之印” 五十二册

370000－1542－0002378 310/1 子部/儒家類

小學六卷附文公朱夫子[熹]年譜一卷小學總論一卷 (清)高愈纂注 清金閶書業堂刻本 九行十九字小字雙行同白口單魚尾左右雙邊 内封題“督學使者頒行 金閶書業堂梓行” 鈐有“齊魯大學圖書館藏書” 四册

370000－1542－0002379 310/1 子部/儒家類

小學六卷附文公朱夫子[熹]年譜一卷朱子小學總論一卷 (清)高愈纂注 清同治八年(1869)江蘇書局刻本 九行十九字小字雙行同白口單魚尾左右雙邊 内封題“同治八年五月江蘇書局重刊” 二册

370000－1542－0002380 310/1 子部/儒家類

小學六卷附文公朱夫子[熹]年譜一卷朱子小學總論一卷 (清)高愈纂注 清光緒二十年

(1894)東昌書業德刻本　十行二十二字小字雙行同白口單魚尾四周單邊　内封題“光緒甲午年增刻　重訂小學纂注　東昌書業德藏板”　鈐有“齊魯大學圖書館藏書”　四册

370000－1542－0002381　610/44　子部/雜著類

談古偶録二卷　(清)陳星瑞撰　(清)姚成濟注　清光緒二年(1876)申報館鉛字排印本　十一行二十四字白口單魚尾四周雙邊　二册

370000－1542－0002382　610/48　子部/儒家類

延平李先生師弟子答問二卷附楊時羅從彦李侗朱熹四先生年譜　(宋)朱熹編　清光緒五年(1879)延平府署刻本　九行十七字小字雙行同黑口單魚尾四周雙邊　内封題“延平府署藏板”　四册

370000－1542－0002383　610/49　子部/儒家類

三字經訓詁　(清)王相撰　清同治六年(1867)徐氏三種本　四行六字小字四行十六字白口單魚尾左右雙邊　内封題“同治六年新刊　徐氏三種　三益堂藏版”　一册

370000－1542－0002384　610/50　子部/儒家類

曾子家語六卷　(清)王定安編　清光緒十六年(1890)金陵刻本　九行二十字小字雙行同白口單魚尾左右雙邊　牌記題“光緒十有六年九月栞于金陵”　二册

370000－1542－0002385　610/54　子部/儒家類

增注蒙學三字經歷史圖説　(清)□□編　清光緒三十二年(1906)無不宜齋石印本　雙欄上圖下說白口單魚尾四周雙邊　一册

370000－1542－0002386　611/4　子部/儒家類

傅子一卷　(晉)傅玄撰　清乾隆四十二年(1777)福建翻刻武英殿聚珍版書本　九行二十一字小字雙行同白口單魚尾四周雙邊　鈐有“齊魯大學圖書館藏書”　一册

370000－1542－0002387　611/4　子部/儒家類

傅子五卷　(晉)傅玄撰　(清)嚴可均輯　(清)孫星華重輯　清光緒二十年(1894)傅以禮輯補福建增刻乾隆武英殿聚珍版書本　九行二十一字小字雙行同白口單魚尾四周雙邊　鈐有“齊魯大學圖書館藏書”　二册

370000－1542－0002388　611/5　子部/儒家類

揚子法言十三卷附音義一卷　(漢)揚雄撰　(唐)李軌注　清嘉慶二十三年(1818)石研齋秦氏刻本　十行十八字小字雙行二十四字白口單魚尾左右雙邊　牌記題“嘉慶廿三年石研齋秦氏重刊”　鈐有“書福樓”“餘杭南湖人”“止傾”“齊魯大學圖書館藏書”　二册

370000－1542－0002389　611/6　子部/儒家類

新纂門目五臣音註揚子法言十卷　(漢)揚雄撰　(晉)李軌等注　清嘉慶九年(1804)姑蘇聚文堂刻十子全書本　十一行二十一字小字雙行同黑口四周單邊　内封題“嘉慶甲子重鐫　姑蘇聚文堂藏板”　鈐有“GOTCH-ROBINSON Jones Memorial Library UNION THEOLOGICAL COLLEGE”“山東濟南齊魯大學校圖書館”　二册

370000－1542－0002390　611/7　子部/儒家類

中説十卷　(隋)王通撰　(隋)王福時編　(宋)阮逸注　清嘉慶九年(1804)姑蘇聚文堂刻十子全書本　十一行二十一字小字雙行同黑口四周單邊　内封題“嘉慶甲子重鐫　姑蘇聚文堂藏板”　鈐有“GOTCH-ROBINSON Jones Memorial Library UNION THEOLOGICAL COLLEGE”“山東濟南齊魯大學校圖書館”　一册

370000－1542－0002391　611/8　子部/儒家類

賈子次詁十六卷　(清)王耕心撰　清光緒二十九年(1903)正定王氏校刻本　十行二十字小字雙行同黑口四周雙邊　牌記題“光緒二

十九年春三月審定本" "正定通德王氏校栞版存泰州寓宅龍樹精舍" 二册

370000－1542－0002392 612/51 子部/儒家類

學案小識十四首一卷末一卷 (清)唐鑑撰 清光緒十年(1884)刻本 十行二十一字小字雙行同黑口雙魚尾左右雙邊 内封題"光緒十年孟春月重鐫四砭齋原本" 鈐有"齊魯大學圖書館藏書" 十二册

370000－1542－0002393 612/6 子部/儒家類

慈溪黃氏日抄分類九十七卷古今紀要二十卷 (宋)黃震輯撰 清同治、光緒間慈溪馮祖憲耕餘樓刻本 十四行二十六字黑口雙魚尾左右雙邊 鈐有"齊魯大學圖書館藏書" 三十二册

370000－1542－0002394 612/7 子部/儒家類

繹志十九卷 (明)胡承諾撰 清同治十一年(1872)浙江書局刻本 十行二十一字白口單魚尾左右雙邊 牌記題"同治十一年夏浙江書局重刊" 八册

370000－1542－0002395 612/7 子部/儒家類

繹志十九卷 (明)胡承諾撰 清同治十一年(1872)浙江書局刻本 十行二十一字白口單魚尾左右雙邊 牌記題"同治十一年夏浙江書局重刊" 鈐有"齊魯大學圖書館藏書" 八册

370000－1542－0002396 612/7 子部/儒家類

繹志十九卷 (明)胡承諾撰 清光緒十七年(1891)三餘草堂刻湖北叢書本 十一行二十字黑口雙魚尾四周單邊 牌記題"光緒辛卯三餘草堂藏板" 八册

370000－1542－0002397 612/13 子部/儒家類

人譜三篇類記增訂六卷 (明)劉宗周撰 清同治七年(1868)吳興丁氏濟南刻本 十一行二十四字小字雙行同白口單魚尾左右雙邊 牌記題"同治壬辰吳興丁氏開雕於濟南公廨" 鈐有"齊魯大學圖書館藏書" 二册

370000－1542－0002398 612/13 子部/儒家類

人譜三篇類記增訂六卷 (明)劉宗周撰 清同治七年(1868)吳興丁氏濟南刻本 十一行二十四字小字雙行同白口單魚尾左右雙邊 牌記題"同治壬辰吳興丁氏開雕於濟南公廨" 鈐有"山東濟南齊魯大學校圖書館""基督教齊魯大學圖書館" 一册

370000－1542－0002399 612/13 子部/儒家類

人譜三篇類記增訂六卷 (明)劉宗周撰 清同治七年(1868)吳興丁氏濟南刻本 十一行二十四字小字雙行同白口單魚尾左右雙邊 牌記題"同治壬辰吳興丁氏開雕於濟南公廨" 鈐有"齊魯大學圖書館藏書" 二册

370000－1542－0002400 612/13 子部/儒家類

人譜三篇類記二卷 (明)劉宗周撰 清光緒三十二年(1906)石印本 十三行二十八字白口單魚尾四周雙邊 内封題"丙午蒲下印刷發行" 鈐有"齊魯大學圖書館藏書" 三册

370000－1542－0002401 612/16 子部/儒家類

近思錄集注十四卷附校勘記一卷考訂朱子世家一卷 (清)江永撰 清咸豐三年(1853)刻本 九行二十一字小字雙行同白口單魚尾四周雙邊 内封題"咸豐癸丑重鐫 五子近思錄集註" 鈐有"山東濟南齊魯大學校圖書館" 六册

370000－1542－0002402 612/16 子部/儒家類

近思錄集注十四卷附考訂朱子世家一卷 (清)江永撰 清同治八年(1869)江蘇書局刻本 九行十九字小字雙行同白口單魚尾左右雙邊 牌記題"同治八年夏江蘇書局刊" 鈐有"齊魯大學圖書館藏書" 四册

370000－1542－0002403　612/16　子部/儒家類

近思録集注十四卷附校勘記一卷考訂朱子世家一卷　(清)江永撰　清仿同治八年(1869)江蘇書局刻本　九行十九字小字雙行同白口單魚尾左右雙邊　牌記題“同治八年夏江蘇書局刊”　鈐有“齊魯大學圖書館藏書”　四冊

370000－1542－0002404　612/16　子部/儒家類

近思録集注十四卷附校勘記一卷考訂朱子世家一卷　(清)江永撰　清光緒二十七年(1901)上海文瑞樓石印本　十四行二十九字小字雙行同白口單魚尾四周單邊　内封題“光緒辛丑上海文瑞樓石印”　鈐有“齊魯大學圖書館藏書”　四冊

370000－1542－0002405　612/16　子部/儒家類

近思録集注十四卷附校勘記一卷考訂朱子世家一卷　(清)江永撰　清光緒二十七年(1901)上海文瑞樓石印本　十四行二十九字小字雙行同白口單魚尾四周單邊　内封題“上海文瑞樓印”　鈐有“基督教齊魯大學圖書館”　二冊

370000－1542－0002406　612/18　子部/儒家類

聖諭像解二十卷　(清)梁延年編　清光緒五年(1879)上海點石齋石印本　十三行三十字白口四周單邊　牌記題“光緒五年清和月上海點石齋照相石印縮本”　鈐有“朝穀臣印”“寅甫”“齊魯大學圖書館藏書”　四冊

370000－1542－0002407　612/18　子部/儒家類

聖諭像解二十卷　(清)梁延年編　清光緒十三年(1887)湖南寶善堂刻本　十行二十一字白口單魚尾四周單邊　牌記題“咸豐丙辰廣州味經書坊重鐫光緒丁亥湖南寶善堂重鐫板存南陽街陳聚德刻刷店　杭連紙每部壹千壹百文　官堆紙每部捌百文”　鈐有“齊魯大學圖書館藏書”　十冊

370000－1542－0002408　612/20　子部/儒家類

近思續録十四卷　(清)劉源渌編　清同治八年(1869)刻光緒十七年(1891)補刻本　十四行二十七字小字雙行同黑口四周單邊　鈐有“齊魯大學圖書館藏書”　十六冊

370000－1542－0002409　612/22　子部/儒家類

毋不敬齋全書三十一卷膠西課存不分卷　(清)方潛撰　**包軒遺編三卷**　(清)張泰來撰　清光緒十五年(1889)濟南刻本　十行二十二字白口單魚尾四周雙邊　牌記題“光緒十五年己丑開雕於濟南”　鈐有“齊魯大學圖書館藏書”　十七冊

370000－1542－0002410　612/23　子部/儒家類

淵鑒齋御纂朱子全書六十六卷　(宋)朱熹撰　(清)李光地等編　清刻本　九行二十字小字雙行同黑口雙魚尾四周單邊　鈐有“齊魯大學圖書館藏書”　三十二冊

370000－1542－0002411　612/23　子部/儒家類

淵鑒齋御纂朱子全書六十六卷　(宋)朱熹撰　(清)李光地等編　清刻本　九行二十字小字雙行同黑口雙魚尾四周單邊　鈐有“齊魯大學圖書館藏書”　四十八冊

370000－1542－0002412　612/23　子部/儒家類

淵鑒齋御纂朱子全書六十六卷　(宋)朱熹撰　(清)李光地等編　清文元堂刻本　九行二十字小字雙行同黑口雙魚尾四周單邊　牌記題“文元堂書坊藏板記”　鈐有“藝德堂自在江浙蘇閩揀選古今書籍發兑印”“山東濟南齊魯大學校圖書館”　三十六冊

370000－1542－0002413　612/24　子部/儒家類

朱子近思録十四卷　(清)朱顯祖編　清康熙二十九年(1690)刻天德堂印本　九行二十字黑口單魚尾四周雙邊　内封題“天德堂梓行”

鈐有“齊魯大學圖書館藏書” 六册

370000－1542－0002414 612/24 子部/儒家類

朱子近思録十四卷 (清)朱顯祖編 清康熙二十九年(1690)刻貴文堂印本 佚名批注 九行二十字黑口單魚尾四周雙邊 内封題“貴文堂梓行” 六册

370000－1542－0002415 612/26 子部/儒家類

廣近思録十四卷 (清)張伯行編 清光緒二十年(1894)宛平邵松年刻本 十行二十二字白口單魚尾左右雙邊 牌記題“光緒甲午仲夏學署刊發” 鈐有“齊魯大學圖書館藏書” 二册

370000－1542－0002416 612/28 子部/儒家類

性理三解七卷 (明)韓邦奇撰 清嘉慶七年(1802)謝正原補刻本 十行二十字白口單魚尾四周雙邊 鈐有“守約”“情種書畫”“墨莊氏”“山東濟南齊魯大學校圖書館” 四册

370000－1542－0002417 612/29 子部/儒家類

御纂性理精義十二卷 (清)李光地等編 清翻刻内府本 八行十八字小字雙行同白口單魚尾四周雙邊 鈐有“山東濟南齊魯大學校圖書館”“基督教齊魯大學圖書館” 六册

370000－1542－0002418 612/29 子部/儒家類

御纂性理精義十二卷 (清)李光地等編 清翻刻内府本 八行十八字小字雙行同白口單魚尾四周雙邊 鈐有“山東濟南齊魯大學校圖書館”“基督教齊魯大學圖書館” 五册

370000－1542－0002419 612/29 子部/儒家類

御纂性理精義十二卷 (清)李光地等編 清翻刻内府本 八行十八字小字雙行同白口單魚尾四周雙邊 鈐有“齊魯大學圖書館藏書” 六册

370000－1542－0002420 612/29 子部/儒家類

御纂性理精義十二卷 (清)李光地等編 清翻刻内府本 八行十八字小字雙行同白口單魚尾四周雙邊 鈐有“齊魯大學圖書館藏書” 六册

370000－1542－0002421 612/29 子部/儒家類

御纂性理精義十二卷 (清)李光地等編 清道光三十年(1850)刻本 八行十八字小字雙行同白口單魚尾四周雙邊 鈐有“齊魯大學圖書館藏書” 六册

370000－1542－0002422 612/30 子部/儒家類

大學衍義四十三卷 (宋)真德秀撰 清光緒二十七年(1901)上海書局石印本 二十行三十四字小字雙行同黑口單魚尾四周雙邊 牌記題“光緒辛丑冬月上海書局石印” 鈐有“齊魯大學圖書館藏書” 六册

370000－1542－0002423 612/33 子部/儒家類

思辨録十四卷 (清)賈聲槐撰 清道光七年(1827)刻本 十行二十二字白口單魚尾左右雙邊 内封題“道光丁亥年鐫” 鈐有“齊魯大學圖書館藏書” 六册

370000－1542－0002424 612/33 子部/儒家類

周易解三卷 (清)賈聲槐撰 清道光十四年(1834)刻本 十行二十二字白口單魚尾左右雙邊 内封題“道光甲午年鐫” 鈐有“齊魯大學圖書館藏書” 三册

370000－1542－0002425 612/34 子部/儒家類

思辨録輯要前集二十二卷後集十三卷 (明)陸世儀撰 (明)江士韶等編 (清)張伯行輯 清光緒三年(1877)江蘇書局刻本 十二行二十三字白口單魚尾四周雙邊 牌記題“光緒丁丑秋日江蘇書局開雕” 鈐有“齊魯大學圖書館藏書” 八册

370000－1542－0002426　612/36　子部/儒家類

習學記言序目五十卷　（宋）葉適撰　清光緒十年（1884）江陰刻本　九行二十一字小字雙行同白口單魚尾左右雙邊　牌記題"光緒癸未刊於江陰"　鈐有"齊魯大學圖書館藏書"　十册

370000－1542－0002427　612/37　子部/儒家類

困學録四卷　（清）張諧之撰　清光緒二十二年（1896）張氏爲己精舍刻本　九行二十二字白口單魚尾左右雙邊　鈐有"齊魯大學圖書館藏書"　二册

370000－1542－0002428　612/39　子部/儒家類

集義編四編　（清）李廷槐編　清道光十四年（1834）種德堂刻本　九行二十四字白口四周雙邊　内封題"道光甲午年鐫""種德堂藏板"　鈐有"業在硯田""知足常樂""味在酸鹹之外""就正大雅""得意""棘鄰""種德堂""李廷槐印""蔭堂""齊魯大學圖書館藏書"　四册

370000－1542－0002429　612/41　子部/儒家類

北溪字義二卷附補遺一卷講義一卷　（宋）陳淳撰　（清）朱錫穀重校　清道光十三年（1833）怡山館校刻本　十行二十三字小字雙行同白口單魚尾四周雙邊　内封題"道光癸巳仲秋　怡山館校栞"　鈐有"齊魯大學圖書館藏書"　二册

370000－1542－0002430　612/41　子部/儒家類

北溪字義二卷附補遺一卷講義一卷　（宋）陳淳撰　（清）戴嘉禧增訂　清光緒二十一年（1895）味道腴軒據康熙本刻本　九行二十字黑口雙魚尾四周雙邊　牌記題"光緒乙未孟春味道腴軒重刊"　鈐有"山東齊魯大學校圖書館"　二册

370000－1542－0002431　612/44　子部/儒家類

朱子學的二卷　（明）丘濬編　清咸豐十一年（1861）紫陽朱氏刻本　十行二十二字白口單魚尾四周單邊　内封題"板藏紫霞洲朱氏義學"　鈐有"齊魯大學圖書館藏書"　二册

370000－1542－0002432　612/47　子部/儒家類

纂訂小學大全輯解六卷　（清）馮垂範編　清嘉慶恭壽堂刻本　九行二十二字小字雙行同白口單魚尾左右雙邊　鈐有"心鎔印記""齊魯大學圖書館藏書"　二册

370000－1542－0002433　612/48　子部/儒家類

小學集注六卷　（明）陳選注　清嘉慶十三年（1808）貴文堂刻本　上欄鐫評下欄十行二十字小字雙行同白口單魚尾左右雙邊　内封題"嘉慶戊辰冬鐫　敬信堂校正　貴文堂藏板"　鈐有"齊魯大學圖書館藏書"　二册

370000－1542－0002434　612/48　子部/儒家類

小學集注六卷附孝經一卷　（明）陳選注　清末山東官印書局鉛字排印本　十行二十二字小字雙行二十九字白口單魚尾四周單邊　鈐有"齊魯大學圖書館藏書"　二册

370000－1542－0002435　310/1　子部/儒家類

小學纂注六卷附文公朱夫子［熹］年譜一卷朱子小學總論一卷　（清）高愈纂注　清同治八年（1869）江蘇書局刻本　九行十九字小字雙行同白口單魚尾左右雙邊　牌記題"同治八年五月江蘇書局重刊"　二册

370000－1542－0002436　310/1　子部/儒家類

小學纂注六卷附文公朱夫子［熹］年譜一卷小學總論一卷　（清）高愈纂注　清金閶書業堂刻本　九行十九字小字雙行同白口單魚尾左右雙邊　内封題"督學使者頒行　金閶書業堂梓行"　鈐有"齊魯大學圖書館藏書"　二册

370000－1542－0002437　310/1　子部/儒家類

小學纂注六卷附文公朱子[熹]年譜一卷小學總論一卷忠經一卷孝經一卷　(清)高愈纂注　清光緒二十年(1894)東昌書業德刻本　十行二十二字小字雙行同白口單魚尾四周單邊　内封題"督學使者頒行　東昌書業德藏板"　鈐有"齊魯大學圖書館藏書"　四冊

370000－1542－0002438　612/54　子部/儒家類

無欺録二卷　(清)朱柏廬撰　清光緒二十六年(1900)杭州刻本　十一行二十一字黑口單魚尾左右雙邊　牌記題"庚子五月完工玉山書院印訂"　二冊

370000－1542－0002439　612/56　子部/儒家類

明本釋三卷　(宋)劉荀撰　清同治十三年(1874)江西書局翻刻武英殿聚珍版書本　九行二十一字白口單魚尾四周雙邊　一冊

370000－1542－0002440　612/56　子部/儒家類

明本釋三卷　(宋)劉荀撰　清乾隆四十二年(1777)福建翻刻武英殿聚珍版書本　九行二十一字白口單魚尾四周雙邊　鈐有"齊魯大學圖書館藏書"　三冊

370000－1542－0002441　612/57　子部/儒家類

宋四子鈔釋二十一卷　(明)吕柟撰　清道光、咸豐間李錫齡刻惜陰軒叢書本　十行二十二字黑口單魚尾四周單邊　八冊

370000－1542－0002442　612/63　子部/儒家類

小學集解六卷輯説一卷　(清)張伯行撰　清光緒十三年(1887)陝西布政司刻本　九行十七字小字雙行同白口單魚尾四周雙邊　牌記題"光緒歲在強圉大淵獻且月陝西布政司鋟板"　四冊

370000－1542－0002443　613/56　子部/儒家類

漢儒通義七卷　(清)陳澧撰　清咸豐八年(1858)番禺陳氏刻本　十行二十字小字雙行同白口單魚尾左右雙邊　牌記題"粤東省城西湖街富文齋承刻刷印"　鈐有"齊魯大學圖書館藏書"　二冊

370000－1542－0002444　613/97　子部/儒家類

漢學商兑四卷　(清)方東樹撰　清光緒八年(1882)刻本　十行二十三字小字雙行同白口單魚尾左右雙邊　牌記題"光緒八年歲次壬午三月四明花雨樓重校"　四冊

370000－1542－0002445　680/23　子部/儒家類

娱親雅言六卷　(清)嚴元照撰　清光緒十一年(1885)吳郡翐園王氏刻本　十行二十一字黑口單魚尾左右雙邊　牌記題"光緒乙酉嘉平翐園老民校栞"　四冊

370000－1542－0002446　039/310　子部/儒家類

五種遺規　(清)陳弘謀撰　清道光九年(1829)揚州張氏刻本　十行二十字小字雙行同白口單魚尾左右雙邊　内封題"乾隆七年刊　味和堂重刊"　鈐有"書業德記發兑""李錦章"　十冊

370000－1542－0002447　039/310　子部/儒家類

五種遺規　(清)陳弘謀撰　清光緒二十一年(1895)浙江書局刻本　九行二十字小字雙行同白口單魚尾左右雙邊　牌記題"光緒乙未初夏浙江書局重刊"　鈐有"李錦章"　十冊

370000－1542－0002448　039/310　子部/儒家類

五種遺規　(清)陳弘謀撰　清光緒二十一年(1895)浙江書局刻本　九行二十字小字雙行同白口單魚尾左右雙邊　牌記題"光緒乙未初夏浙江書局重刊"　鈐有"山東濟南齊魯大學校圖書館""基督教齊魯大學圖書館"　十冊

370000－1542－0002449　039/310　子部/儒

家類

五種遺規　(清)陳弘謀撰　清末掃葉山房鉛字排印本　十五行四十二字小字雙行同白口雙魚尾四周單邊　内封題“掃葉山房藏板”　鈐有“齊魯大學圖書館藏書”　八冊

370000－1542－0002450　612/43　子部/儒家類

愧庵遺集七卷　(清)楊甲仁撰　清同治三年(1864)赤城葉光宇刻本　九行二十五字小字雙行同白口單魚尾四周雙邊　内封題“同治甲子孟秋重鐫　愧庵遺集　本宅藏板”　鈐有“齊魯大學圖書館藏書”　七冊

370000－1542－0002451　610/51　子部/儒家類

來瞿唐先生日録内篇六卷外篇七卷　(明)來知德撰　清咸豐元年(1851)忠恕堂刻本　九行二十字白口單魚尾四周雙邊　牌記題“曲阜曾氏忠恕堂藏板”　八冊

370000－1542－0002452　611/3　子部/儒家類

帝王經世圖譜十六卷　(宋)唐仲友撰　清光緒二十一年(1895)福建增刻乾隆武英殿聚珍版書本　九行二十一字小字雙行同白口單魚尾四周雙邊　牌記題“光緒乙未增刻”　八冊

370000－1542－0002453　512.7/1　子部/儒家類

得一録六卷　(清)余治輯　清光緒十三年(1887)四川臬署刻本　十行二十五字小字雙行同黑口單魚尾四周雙邊　牌記題“光緒十三年秋四川臬署重刊”　六冊

370000－1542－0002454　620/8　子部/法家類

管子校正二十四卷　(清)戴望撰　清同治十二年(1873)刻本　十二行二十四字小字雙行同黑口左右雙邊　鈐有“齊魯大學圖書館藏書”　四冊

370000－1542－0002455　620/8　子部/法家類

管子校正二十四卷　(清)戴望撰　清同治十二年(1873)刻本　十二行二十四字小字雙行同黑口左右雙邊　牌記題“同治壬申孟夏開雕”　六冊

370000－1542－0002456　620/10　子部/法家類

韓非子二十卷　(戰國)韓非撰　清嘉慶九年(1804)姑蘇聚文堂刻本　十一行二十一字小字雙行同黑口四周單邊　内封題“嘉慶甲子重鐫　姑蘇聚文堂藏板”　鈐有“紫金山下人家”　四冊

370000－1542－0002457　620/10　子部/法家類

韓非子二十卷　(戰國)韓非撰　清光緒元年(1875)湖北崇文書局刻本　十二行二十四字小字雙行同黑口雙魚尾四周雙邊　牌記題“光緒紀元夏月湖北崇文書局開雕”　四冊

370000－1542－0002458　620/10　子部/法家類

韓非子二十卷識誤三卷　(戰國)韓非撰　清末上海文瑞樓石印本　十四行三十四字小字雙行同白口單魚尾四周雙邊　内封題“上海文瑞樓印”　鈐有“齊魯大學圖書館藏書”　五冊

370000－1542－0002459　620/6　子部/法家類

重刊補注洗冤録集證五卷　(清)王又槐等輯　(清)阮其新補注　**洗冤録解一卷**　(清)姚德豫撰　清道光二十四年(1844)廣州大雅堂、醉文堂合刻四色套印本　十行十八字小字雙行同白口單魚尾左右雙邊　内封題“道光二十四年夏月重校刊”　四冊

370000－1542－0002460　660/8　子部/兵家類

孫子四卷　(春秋)孫武撰　(明)趙本學注　清光緒三十一年(1905)北洋陸軍學堂鉛字排印本　十二行二十四字白口雙魚尾四周雙邊　牌記題“光緒己巳孟冬　北洋陸軍學堂印書局印”　鈐有“齊魯大學圖書館藏書”　四冊

370000－1542－0002461　660/2　子部/兵家類

武備志二百四十卷目錄一卷　(明)茅元儀撰　清道光木活字印本　九行十九字小字雙行同白口單魚尾四周單邊　鈐有"海濱病史""寶漢樓主""齊魯大學圖書館藏書"　六十四冊

370000－1542－0002462　660/9　子部/兵家類

守城要略四卷火攻要略四卷　(明)宋祖舜編　**穆堂兵記別稿一卷**　(清)李紱撰　清咸豐五年(1855)刻本　九行二十四字白口單魚尾四周單邊　内封題"咸豐乙卯年重刊　本衙藏板"　二冊

370000－1542－0002463　660/11　子部/兵家類

紀效新書十八卷首一卷　(明)戚繼光撰　清道光十年(1830)來鹿堂刻本　十行二十字小字雙行同白口單魚尾左右雙邊或四周單邊　内封題"道光庚寅重鐫　來鹿堂藏板"　鈐有"潘彬卿藏書記"　六冊

370000－1542－0002464　660/11　子部/兵家類

紀效新書十八卷首一卷　(明)戚繼光撰　清道光二十一年(1841)虎林刻本　八行二十一字小字雙行同白口單魚尾四周雙邊　牌記題"道光二十一有一年歲次辛丑冬十月虎林西泉氏校刊"　鈐有"馮氏辨齋藏書""馮氏辨齋藏書""慈溪耕餘樓""慈溪耕餘樓藏"　六冊

370000－1542－0002465　660/11　子部/兵家類

紀效新書十八卷首一卷　(明)戚繼光撰　清道光二十三年(1843)錢塘許乃釗刻本　十行二十一字小字雙行同白口單魚尾四周雙邊　四冊

370000－1542－0002466　660/11　子部/兵家類

紀效新書十八卷首一卷　(明)戚繼光撰　清光緒二十一年(1895)上海醉經樓石印本　十四行三十四字小字雙行同白口單魚尾四周雙邊　牌記題"光緒乙未年上海醉經廔校印"　四冊

370000－1542－0002467　660/15　子部/兵家類

練兵實紀九卷雜集六卷　(明)戚繼光撰　清道光二十三年(1843)錢塘許乃釗刻本　十行二十一字小字雙行同白口單魚尾四周雙邊　四冊

370000－1542－0002468　660/15　子部/兵家類

練兵實紀九卷雜集六卷　(明)戚繼光撰　清光緒二十一年(1895)上海醉經樓石印本　十四行三十四字小字雙行同白口單魚尾四周雙邊　牌記題"光緒乙未年上海醉經廔校印"　鈐有"齊魯大學圖書館藏書"　四冊

370000－1542－0002469　660/3　子部/兵家類

戊笈談兵十卷　(清)汪紱撰　**附四翼附編四卷**　(清)戴彭撰　**奇門遁甲啓悟一卷**　(清)朱榮璪撰　清光緒二十一年(1895)刻本　十行二十二字白口單魚尾四周雙邊　牌記題"甲午夏五開刻"　鈐有"齊魯大學圖書館藏書"　十二冊

370000－1542－0002470　660/4　子部/兵家類

斐亭隨筆四卷　(清)徐宗幹編　**火攻答一卷**　(明)王鳴鶴撰　清道光二十九年(1849)徐氏斯未信齋刻本　九行二十二字白口單魚尾左右雙邊　鈐有"齊魯大學圖書館藏書"　三冊

370000－1542－0002471　660/12　子部/兵家類

戰法學教程四卷　(清)□□編　清光緒木活字印本　十行二十一字白口單魚尾左右雙邊　鈐有"華東大學圖書館藏書章"　四冊

370000－1542－0002472　660/13　子部/兵家類

讀史兵略四十六卷　(清)胡林翼纂　清咸豐

十一年(1861)武昌刻本　十二行二十四字小字雙行同白口單魚尾左右雙邊　牌記題"咸豐十一年春刊于武昌節署"　鈐有"基督教齊魯大學圖書館"　十五册

370000－1542－0002473　660/13　子部/兵家類

讀史兵略四十六卷　(清)胡林翼纂　清光緒二十一年(1895)儷峰書屋刻本　十二行二十四字小字雙行同白口單魚尾左右雙邊　牌記題"光緒乙未年儷峰書屋重鐫"　鈐有"齊魯大學圖書館藏書"　二十册

370000－1542－0002474　660/13　子部/兵家類

讀史兵略四十六卷　(清)胡林翼纂　清光緒二十一年(1895)儷峰書屋刻本　十二行二十四字小字雙行同白口單魚尾左右雙邊　牌記題"光緒乙未年儷峰書屋重鐫"　鈐有"私立齊魯大學國學研究所藏書之章"　二十册

370000－1542－0002475　250/2　子部/農家農學類

寶訓八卷附記海錯一卷燕子春秋一卷蜂衙小記一卷　(清)郝懿行輯　清光緒五年(1879)東路廳署刻本　九行二十一字黑口單魚尾左右雙邊　牌記題"光緒五年歲在己卯東路廳署開雕"　鈐有"紫藤華館""紹庭"　六册

370000－1542－0002476　214/5　子部/農家農學類

蠕範八卷　(清)李元撰　清光緒十七年(1891)三餘草堂刻本　十一行二十字黑口雙魚尾四周單邊　牌記題"光緒辛卯三餘草堂藏版"　四册

370000－1542－0002477　250/2　子部/農家農學類

寶訓八卷附記海錯一卷燕子春秋一卷蜂衙小記一卷　(清)郝懿行輯　清光緒五年(1879)東路廳署刻本　九行二十一字黑口單魚尾左右雙邊　牌記題"光緒五年歲在己卯東路廳署開雕"　鈐有"張梯青"　六册

370000－1542－0002478　250/3　子部/農家農學類

齊民要術十卷　(北魏)賈思勰撰　清光緒元年(1875)湖北崇文書局刻本　十二行二十四字小字雙行同黑口雙魚尾四周雙邊　牌記題"光緒紀元夏月湖北崇文書局開雕"　四册

370000－1542－0002479　250/5　子部/農家農學類

農學叢書第二集　羅振玉輯　清光緒二十六年(1900)江南總農會石印本　十五行三十二字小字雙行同黑口四周雙邊　内封題"光緒庚子江南總農會印"　六册　缺十九種(牛乳新書、牧羊圖說、台灣人工孵化術、蜜蜂飼養法、養魚人工孵化術、記海錯、閩中海錯疏、采蟲指南、名和昆蟲研究所志略、昆蟲標品製作法、喝茫蠶書、蠶病實驗成績報、生絲蘭種審查法、簡易繅絲法、永城土產表、武陵土產表、戊戌中國農產物貿易表、大日本水產會章程、大日本山林會章程)

370000－1542－0002480　250/9　子部/農家農學類

御製耕織圖不分卷　(清)聖祖玄燁編　(清)焦秉貞繪圖　清光緒十二年(1886)上海點石齋石印本　内封題"光緒十二年春正月上海點石齋第二次石印"　二册

370000－1542－0002481　253/1　子部/農家農學類

樗繭譜不分卷　(清)鄭珍纂　(清)莫友芝注　清光緒八年(1882)河南刻本　八行二十字小字雙行同白口單魚尾左右雙邊　内封題"光緒壬午年七月朔重刊於河南臬署"　一册

370000－1542－0002482　254/1　子部/農家農學類

御題棉花圖　(清)方觀承書　清拓本　一册　缺兩幅

370000－1542－0002483　254/1　子部/農家農學類

御題棉花圖　(清)方觀承書　清拓本　一册

370000－1542－0002484　259/4　子部/農家農學類

欽定授時通考七十八卷 (清)鄂爾泰 (清)蔣溥編 清道光六年(1826)四川刻本 十一行二十一字小字雙行同白口單魚尾四周雙邊 二十四册

370000－1542－0002485 240/2 子部/農家農學類

河工器具圖説四卷 (清)麟慶編 清道光十六年(1836)南河節署刻本 十行二十五字白口四周單邊 内封題"道光丙申鐫 南河節署藏板" 二册

370000－1542－0002486 260/1 子部/醫家類

弦雪居重訂遵生八箋二十卷 (明)鍾惺校閲 清道光十二年(1832)步月樓刻本 九行十八字白口單魚尾左右雙邊 内封題"道光壬辰年重刊 步月樓藏板" 鈐有"齊魯大學圖書館藏書" 十六册

370000－1542－0002487 260/3 子部/醫家類

周氏醫學叢書三集三十二卷 (清)周學海輯 清宣統三年(1911)福慧雙修館刻本 十一行二十一字白口單魚尾四周雙邊 内封題"宣統三年秋十月海昌朱兆華題耑" 七十三册

370000－1542－0002488 261/3 子部/醫家類

圖注難經辨真四卷圖注脈訣辨真四卷 (明)張世賢撰 清書業堂刻本 九行二十字小字雙行同白口單魚尾四周單邊 内封題"書業堂藏板" 四册

370000－1542－0002489 261/6 子部/醫家類

傅青主男科二卷附女科補遺一卷 (清)傅山撰 清光緒九年(1883)掃葉山房刻本 十行二十一字小字雙行同眉批小字雙行四字白口單魚尾四周雙邊 内封題"光緒九年雕" 鈐有"齊魯大學圖書館藏書" 一册

370000－1542－0002490 264/1＝2 子部/醫家類

本草綱目五十二卷 (明)李時珍撰 **本草綱目拾遺十卷** (清)趙學敏輯 **本草綱目圖三卷** (清)張士珩審定 **本草萬方緘線八卷** (清)蔡烈先輯 **奇經八脈考二卷** (明)李時珍撰輯 清光緒十一年(1885)合肥張氏味古齋重校刻本 九行二十字小字雙行同白口單魚尾左右雙邊 内封題"光緒乙酉夏合肥張氏味古齋重校刊德清俞樾署檢" 四十册

370000－1542－0002491 264/1＝2 子部/醫家類

本草綱目五十二卷 (明)李時珍撰 **本草萬方緘線八卷** (清)蔡烈先輯 **奇經八脈考二卷** (明)李時珍撰輯 **本草綱目拾遺十卷** (清)趙學敏輯 清光緒三十年(1904)上海同文書局石印本 十九行三十八字小字雙行同白口單魚尾四周雙邊 内封題"光緒甲辰仲春同文書局石印" 鈐有"書業德記發兑" 十册 缺二十七卷(一至二十七)

370000－1542－0002492 264/2 子部/醫家類

本草飲食譜 費伯雄鑒定 清京口文成堂刻本 十行二十五字小字雙行同白口單魚尾四周雙邊 内封題"京口文成堂發兑" 一册

370000－1542－0002493 264/6 子部/醫家類

驗方新編十六卷 (清)鮑相璈輯 清同治刻本 十行二十二字白口單魚尾四周單邊 無格 五册

370000－1542－0002494 264/7 子部/醫家類

良朋彙集五卷 (清)孫偉輯 清同治九年(1870)書業德記刻本 仲華眉批 十二行三十字白口單魚尾四周單邊 無格 内封題"同治庚午年刻 書業德記梓" 鈐有"齊魯大學圖書館藏書""仲華" 二册

370000－1542－0002495 264/8 子部/醫家類

蘇沈良方八卷拾遺二卷 (宋)蘇軾 (宋)沈括撰 清光緒二十一年(1895)福建增補武英

殿聚珍版書本　九行二十一字小字雙行同白口單魚尾四周雙邊　鈐有"齊魯大學圖書館藏書"　二册

370000－1542－0002496　265/4　子部/醫家類

外科證治全生不分卷　(清)王維德撰　清同治六年(1867)常歡喜齋刻本　十行二十四字白口單魚尾左右雙邊　無格　内封題"同治丁卯季春常歡喜齋重刊"　一册

370000－1542－0002497　266/1　子部/醫家類

竹林女科四卷　(清)□□撰　清光緒十七年(1891)皖江節署刻本　九行二十字小字雙行同白口單魚尾左右雙邊　内封題"光緒辛卯孟秋皖江節署重栞"　鈐有"吳氏榴蔭山房""希真珍藏書畫章""濟南吳氏榴蔭山房藏書之印""榴園居士"　四册

370000－1542－0002498　267/1　子部/醫家類

錢乙小兒藥證直訣三卷閻孝忠附方一卷宋董汲小兒斑疹備急方論一卷　(宋)錢乙撰　(宋)閻孝忠輯　清光緒十八年(1892)姚江黄承乙清羣簃刻本　八行十八字眉批小字雙行八字白口單魚尾左右雙邊　内封題"壬戌仲春開彫"　二册

370000－1542－0002499　267/1　子部/醫家類

錢乙小兒藥證直訣三卷閻孝忠附方一卷宋董汲小兒斑疹備急方論一卷　(宋)錢乙撰　(宋)閻孝忠輯　清光緒十八年(1892)姚江黄承乙清羣簃刻本　八行十八字眉批小字雙行八字白口單魚尾左右雙邊　内封題"壬戌仲春開彫"　二册

370000－1542－0002500　267/1　子部/醫家類

錢乙小兒藥證直訣三卷閻孝忠附方一卷宋董汲小兒斑疹備急方論一卷　(宋)錢乙撰　(宋)閻孝忠輯　清光緒十八年(1892)姚江黄承乙清羣簃刻本　八行十八字眉批小字雙行八字白口單魚尾左右雙邊　内封題"壬戌仲春開彫"　二册

370000－1542－0002501　267/1　子部/醫家類

錢乙小兒藥證直訣三卷閻孝忠附方一卷宋董汲小兒斑疹備急方論一卷　(宋)錢乙撰　(宋)閻孝忠輯　清光緒十八年(1892)姚江黄承乙清羣簃刻本　八行十八字眉批小字雙行八字白口單魚尾左右雙邊　内封題"壬戌仲春開彫"　二册

370000－1542－0002502　100/1　子部/天文曆算類

高厚蒙求四集　(清)徐朝俊編　清嘉慶十二年至二十年(1807－1815)雲間徐氏刻本　十行二十一字小字雙行同白口單魚尾四周單邊　内封題"嘉慶丁卯鐫　乙亥刊全四集　雲間徐氏藏版"　鈐有"齊魯大學圖書館藏書"　六册

370000－1542－0002503　100/3　子部/天文曆算類

春樹齋叢説一卷附録天步真原中卷一卷　(清)溫葆深撰　清光緒二年(1876)金陵溫氏刻本　十三行二十二字黑口雙魚尾四周雙邊　牌記題"光緒丙子首夏金陵溫氏初刊"　二册

370000－1542－0002504　100/3　子部/天文曆算類

春樹齋叢説一卷附録天步真原中卷一卷　(清)溫葆深撰　清光緒二年(1876)金陵溫氏刻本　十三行二十二字黑口雙魚尾四周雙邊　牌記題"光緒丙子首夏金陵溫氏初刊"　二册

370000－1542－0002505　100/5　子部/天文曆算類

梅氏叢書輯要六十二卷　(清)梅文鼎撰　(清)梅瑴成輯　清光緒十三年(1887)鴻文書局石印本　仲華題　雙欄每欄二十二行二十四字白口單魚尾四周雙邊　牌記題"光緒丁亥鴻文書局石印"　六册

370000－1542－0002506　130/7　子部/天文曆算類

數理精蘊上編五卷下編四十卷表八卷　(清)允禄等修　清光緒十四年(1888)上海慎記書局石印本　雙欄每欄十八行十五字白口單魚尾四周雙邊　内封題“光緒十有四年春”“上海慎記書局石印”　鈐有“衣五珍藏”　二十四册

370000－1542－0002507　110/4　子部/天文曆算類

談天十八卷附表　(英國)侯失勒撰　(英國)偉烈亞力譯　(清)李善蘭删述　(清)徐建寅續述　清光緒二十二年(1896)上海著易堂石印本　雙欄每欄二十行二十二字小字雙行不等白口單魚尾四周雙邊　牌記題“光緒丙申夏上海著易堂石印”　鈐有“齊魯大學圖書館藏書”　四册

370000－1542－0002508　110/10　子部/天文曆算類

歷代長術輯要十卷附古今推步諸術考二卷　(清)汪曰楨撰　清同治六年(1867)刻光緒四年(1878)印本　十行二十二字小字雙行同黑口雙魚尾左右雙邊　牌記題“同治六年夏五月蔣維基署檢”　鈐有“齊魯大學圖書館藏書”　八册

370000－1542－0002509　120/1　子部/天文曆算類

天下山河兩戒考十四卷圖一卷　(清)徐文靖注　清光緒二年(1876)鍾良駿刻本　九行二十字小字雙行同白口單魚尾左右雙邊　鈐有“私立齊魯大學國學研究所藏書之章”　四册

370000－1542－0002510　120/3　子部/天文曆算類

測候叢談四卷　(美國)金楷理　(清)華蘅芳譯　清光緒二年(1876)江南製造總局刻本　十行二十二字小字雙行同黑口雙魚尾左右雙邊　鈐有“齊魯大學圖書館藏書”　二册

370000－1542－0002511　120/4　子部/天文曆算類

天文地球圖説三卷續編二卷　(清)華蘅芳撰　清光緒二十四年(1898)上海石印本　雙欄每欄十八行二十字小字雙行同白口單魚尾四周雙邊　内封題“文淵山房發兑”　牌記題“光緒戊戌上海石印”　鈐有“齊魯大學圖書館藏書”　四册

370000－1542－0002512　120/5　子部/天文曆算類

七政四餘萬年書(清乾隆元年至道光三年)　(清)□□編　清刻本　二十一行四十三字白口單魚尾四周雙邊　鈐有“齊魯大學圖書館藏書”　四册

370000－1542－0002513　120/10　子部/天文曆算類

夏小正集説四卷　(清)程鴻詔撰　清同治十一年(1872)刻本　十行二十二字小字雙行同黑口單魚尾左右雙邊　牌記題“同治四年三月校於金陵　曾國藩署檢”　鈐有“山陽段氏珍藏”“覺彌”　二册

370000－1542－0002514　130/1　子部/天文曆算類

數學理九卷附一卷　(英國)棣麼甘撰　(英國)傅蘭雅口譯　(清)趙元益筆述　清刻本　十行二十字小字雙行同黑口雙魚尾左右雙邊　鈐有“齊魯大學圖書館藏書”　四册

370000－1542－0002515　131/2　子部/天文曆算類

數學尋原十卷　(清)譚文在撰　清光緒二十三年(1897)上海書局石印本　雙欄每欄十八行二十四字白口單魚尾四周雙邊　内封題“光緒丁酉季春上海書局石印”　四册

370000－1542－0002516　131/3　子部/天文曆算類

原本直指算法統宗十二卷首一卷　(清)程大位編　清光緒九年(1883)掃葉山房刻本　十三行二十四字小字雙行同白口單魚尾四周雙邊　内封題“光緒九年新鐫　掃葉山房藏版”　鈐有“掃葉山房督造書籍”　六册

370000－1542－0002517　131/4　子部/天文

曆算類

緝古算經考注二卷 (唐)王孝通撰注 (清)李潢校 清道光十二年(1832)新建程矞采廣州刻本 十行二十字小字雙行同黑口雙魚尾左右雙邊 二册

370000－1542－0002518 131/6 子部/天文曆算類

算理紬奇一卷 (清)顧儒基 (清)崔朝慶輯 清光緒二十四年(1898)刻本 十行二十二字小字雙行同白口單魚尾四周雙邊 內封題"光緒戊戌年歸奇月" 鈐有"食舊德齋藏書""寶應劉氏嶽雲字佛卿" 一册

370000－1542－0002519 131/9 子部/天文曆算類

行素軒算稿(行素軒筆談) (清)華蘅芳 (清)華世芳撰 清光緒上海著易堂石印本 雙欄每欄二十行二十二字白口單魚尾四周雙邊 內封題"上海著易堂校印" 鈐有"齊魯大學圖書館藏書" 八册

370000－1542－0002520 131/9 子部/天文曆算類

行素軒算稿(行素軒筆談) (清)華蘅芳 (清)華世芳撰 清光緒二十三年(1897)上海文瑞樓石印本 雙欄每欄二十行二十二字白口單魚尾四周雙邊 恆河沙館算草內封題"光緒丁酉杏月上海文瑞樓印" 鈐有"齊魯大學圖書館藏書" 十册

370000－1542－0002521 131/10 子部/天文曆算類

翠薇山房數學十五種 (清)張作楠 (清)江臨泰撰 清嘉慶、道光間刻光緒初年錢孔福補刊吳申甫印本 九行二十二字小字雙行同白口單魚尾左右雙邊 鈐有"錦楓山館主人""齊魯大學圖書館藏書" 十六册

370000－1542－0002522 131/10 子部/天文曆算類

翠薇山房數學十五種 (清)張作楠 (清)江臨泰撰 清光緒二十三年(1897)上海鴻寶齋石印本 雙欄每欄十八行二十二字白口單魚尾四周雙邊 牌記題"光緒丁酉孟春月仿刊張作楠原本上海鴻寶齋石印" 八册

370000－1542－0002523 131/11 子部/天文曆算類

藝遊録二卷 (清)駱騰鳳撰 清道光二十三年(1843)何錦刻本 十行二十五字小字雙行同白口單魚尾左右雙邊 內封題"道光癸卯年刊" 鈐有"齊魯大學圖書館藏書" 二册

370000－1542－0002524 131/12 子部/天文曆算類

孫子算經三卷 (□)□□撰 **海島算經一卷** (晉)劉徽撰 清乾隆四十二年(1777)福建翻刻乾隆武英殿聚珍版書本道光二十七年(1847)遞修本 九行二十一字小字雙行同白口單魚尾四周雙邊 一册

370000－1542－0002525 131/13 子部/天文曆算類

白芙堂算學叢書二十四種 (清)丁取忠輯 清同治、光緒間長沙荷池精舍刻本 十行二十二字小字雙行同白口單魚尾四周單邊 開方說牌記題"同治十二年刻於長沙" 少廣縋鑿牌記題"光緒二年春仲刻於荷池精舍" 鈐有"齊魯大學圖書館藏書" 二十二册

370000－1542－0002526 131/13 子部/天文曆算類

白芙堂算學叢書四十九種 (清)丁取忠輯 清光緒二十二年(1896)石印本 雙欄每欄二十行二十二字白口單魚尾四周雙邊 內封題"光緒丙申仲春石印" 鈐有"齊魯大學圖書館藏書" 八册

370000－1542－0002527 131/14 子部/天文曆算類

算學啓蒙通釋三卷附望海島術一卷中西通術一卷 (元)朱世傑編撰 (清)徐鳳誥注釋集録 清光緒二十五年(1899)揚州刻本 十行二十二字小字雙行同黑口雙魚尾左右雙邊 牌記題"光緒己亥年刊刻於維揚" 鈐有"齊魯大學圖書館藏書" 四册

370000－1542－0002528 131/15 子部/天

文曆算類

九章算術細草圖説九卷附海島算經細草圖説一卷　(清)李潢撰　清嘉慶二十五年(1820)語鴻堂刻本　十行二十字小字雙行同白口單魚尾四周雙邊　内封題“嘉慶庚辰新鐫　語鴻堂藏板”　鈐有“齊魯大學圖書館藏書”　八册

370000－1542－0002529　131/16　子部/天文曆算類

九章算術九卷　(晉)劉徽注　(唐)李淳風注釋　**音義一卷**　(唐)李籍撰　清乾隆四十二年(1777)福建翻刻武英殿聚珍版書本　九行二十一字小字雙行同白口單魚尾四周雙邊　鈐有“齊魯大學圖書館藏書”　四册

370000－1542－0002530　131/17　子部/天文曆算類

兩湖書院算學課程二卷附卷一卷　(清)□□撰　清光緒二十八年(1902)上海掃葉山房石印本　十行二十二字小字雙行同白口單魚尾左右雙邊　牌記題“湖北兩湖書院原本光緒二十八年孟春上海掃葉山房石印”　鈐有“齊魯大學圖書館藏書”　六册

370000－1542－0002531　131/18　子部/天文曆算類

九數通考十一卷首一卷末一卷　(清)屈曾發輯　清光緒十三年(1887)上海石倉書局石印本　十二行二十四字小字雙行同白口單魚尾左右雙邊　牌記題“光緒丁亥年孟冬月上海石倉石印書局代印”　鈐有“齊魯大學圖書館藏書”　五册

370000－1542－0002532　131/19　子部/天文曆算類

新法句股引蒙細草二卷　(清)郭恩敷撰　清光緒二十六年(1900)濰陽書院刻朱印本　十二行二十一字黑口雙魚尾四周單邊　牌記題“光緒二十六年庚子三月栞成”　鈐有“齊魯大學圖書館藏書”　二册

370000－1542－0002533　131/20　子部/天文曆算類

輯古算經細草三卷　(清)張敦仁撰　清嘉慶八年(1803)蓺學軒刻本　十行十八字小字雙行同黑口單魚尾左右雙邊　内封題“嘉慶癸亥閏月蓺學軒栞”　鈐有“齊魯大學圖書館藏書”　二册

370000－1542－0002534　131/21　子部/天文曆算類

古籌算考釋六卷　勞乃宣撰　清光緒十二年(1886)完縣官舍刻朱墨印本　十行二十二字小字雙行同黑口單魚尾左右雙邊　無格　牌記題“光緒十二年春刻於完縣官舍”　鈐有“齊魯大學圖書館藏書”　六册

370000－1542－0002535　131/22　子部/天文曆算類

則古昔齋算學　(清)李善蘭撰　清同治六年(1867)海寧李氏刻本　十行二十二字小字雙行同黑口雙魚尾左右雙邊　牌記題“同治丁卯初春獨山莫友芝檢”　鈐有“錦楓山館主人”“齊魯大學圖書館藏書”　六册

370000－1542－0002536　131/23　子部/天文曆算類

四元玉鑑細草三卷附録二卷　(元)朱世傑編　(清)羅士琳補草　清光緒二十二年(1896)鴻寶齋書局石印本　十六行二十四字小字雙行同白口單魚尾四周雙邊　牌記題“光緒丙申季春月鴻寶齋書局石印”　鈐有“齊魯大學圖書館藏書”　四册

370000－1542－0002537　132/1　子部/天文曆算類

三角數理十二卷　(英國)海麻士輯　(英國)傅蘭雅譯　清光緒三年(1877)上海江南製造總局刻本　十行二十二字小字雙行同黑口雙魚尾左右雙邊　鈐有“齊魯大學圖書館藏書”　六册

370000－1542－0002538　132/2　子部/天文曆算類

微積溯源五卷　(英國)華里司輯　(英國)傅蘭雅譯　清同治十三年(1874)江南機器製造總局刻本　十行二十二字小字雙行同黑口雙

魚尾左右雙邊　鈐有“齊魯大學圖書館藏書”　四冊

370000－1542－0002539　132/4　子部/天文曆算類

西算新法叢書(西算新法直解)八卷附録一卷　(清)馮桂芬輯　清光緒二十一年(1895)賜書堂石印本　十行二十三字黑口單魚尾四周雙邊　鈐有“錫”“祉”“齊魯大學圖書館藏書”　八冊

370000－1542－0002540　132/5　子部/天文曆算類

代數通藝録十六卷　(清)方愷撰　清光緒二十四年(1898)小倉山房石印本　十行二十六字白口單魚尾四周單邊　牌記題“光緒戊戌年春小倉山房校印”　鈐有“齊魯大學圖書館藏書”　六冊

370000－1542－0002541　132/5　子部/天文曆算類

代數通藝録十六卷　(清)方愷撰　清光緒二十四年(1898)上海著易堂石印本　十行二十六字黑口單魚尾四周單邊　内封題“光緒戊戌年孟秋上海著易堂石印”　鈐有“齊魯大學圖書館藏書”　五冊

370000－1542－0002542　132/5　子部/天文曆算類

代數通藝録十六卷　(清)方愷撰　清光緒二十五年(1899)上海書局石印本　十行二十六字白口單魚尾四周單邊　牌記題“光緒二十五年己亥春王月四明知味軒交上海書局印”　鈐有“齊魯大學圖書館藏書”　五冊

370000－1542－0002543　132/6　子部/天文曆算類

代數難題解法十六卷　(英國)倫德編　(英國)傅蘭雅譯　清光緒二十二年(1896)上海璣衡堂石印本　雙欄每欄二十行二十二字白口單魚尾四周雙邊　内封題“光緒丙申年初夏上海璣衡堂石印”　鈐有“齊魯大學圖書館藏書”　六冊

370000－1542－0002544　132/7　子部/天文曆算類

代數備旨全草　(美國)狄考文譯　清光緒二十九年(1903)上海支那新書局石印本　十五行三十字白口單魚尾四周雙邊　内封題“大清光緒二十九年歲次癸卯　浙紹特別書局藏板”　鈐有“齊魯大學圖書館藏書”　六冊

370000－1542－0002545　132/8　子部/天文曆算類

弧三角圖解十卷　(清)盛鍾聖撰　清光緒二十一年(1895)石印本　八行二十字白口四周單邊　牌記題“歲在光緒閼逢敦牂春王正月知止軒叢書第三種”　鈐有“齊魯大學圖書館藏書”　八冊

370000－1542－0002546　132/10　子部/天文曆算類

溥通新代數六卷　(清)徐虎臣選譯　清光緒二十九年(1903)江楚書局刻本　十行二十二字黑口單魚尾左右雙邊　牌記題“江楚書局”　鈐有“齊魯大學圖書館藏書”　六冊

370000－1542－0002547　132/11　子部/天文曆算類

對數表　賈步緯等校述　清光緒三十年(1904)江南製造局鉛印本　十行二十二字黑口雙魚尾四周雙邊　牌記題“江南製造總局鋟板”　鈐有“齊魯大學圖書館藏書”　四冊

370000－1542－0002548　132/12　子部/天文曆算類

代數術二十五卷首一卷　(英國)華里司輯　(英國)傅蘭雅口譯　(清)華蘅芳筆述　清同治十二年(1873)上海江南製造局刻本　十行二十二字黑口雙魚尾左右雙邊　鈐有“齊魯大學圖書館藏書”　六冊

370000－1542－0002549　133/1　子部/天文曆算類

華氏中西算學全書四集十四種　(清)華蘅芳撰　清光緒二十三年(1897)慎記書莊石印本　雙欄每欄二十二行二十五字黑口單魚尾四周雙邊　内封題“光緒丁酉仲夏慎記書莊石印　新學會校正賜書堂藏本”　鈐有“齊魯大

學圖書館藏書”　十二册

370000－1542－0002550　133/2　子部/天文曆算類

測海山房中西算學叢刻初編　(清)測海山房主人輯　清光緒二十二年(1896)上海璣衡堂石印本　雙欄每欄二十二行二十五字白口單魚尾四周雙邊　内封題“光緒丙申季夏上海璣衡堂印”　三十六册

370000－1542－0002551　133/3　子部/天文曆算類

中西算學大成一百卷　(清)陳維祺輯　清光緒十五年(1889)上海同文書局石印本　十六行三十二字白口單魚尾四周雙邊　牌記題“光緒己丑孟秋同文書局石印”　鈐有“齊魯大學圖書館藏書”　二十册

370000－1542－0002552　200/2　新學類/格致

物理小識十二卷首一卷　(清)方以智撰　清光緒十年(1884)寧静堂刻本　十一行二十二字小字雙行同黑口雙魚尾左右雙邊　内封題“光緒甲申孟春月寧静堂重雕”　鈐有“張梯青”　六册

370000－1542－0002553　210/2　新學類/格致

康熙幾暇格物編二卷　(清)盛昱録　清石印本　九行二十一字小字雙行同黑口雙魚尾四周單邊　二册

370000－1542－0002554　210/3　新學類/格致

格致啓蒙四卷　(英國)羅斯古等撰　(美國)林樂知　(清)鄭昌棪譯　清光緒五年(1879)江南機器製造總局刻本　十行二十二字小字雙行同黑口雙魚尾左右雙邊　鈐有“通藝學堂圖書館所藏”“齊魯大學圖書館藏書”　四册

370000－1542－0002555　211/1　新學類/格致

重增格物入門七卷　(美國)丁韙良撰　清光緒二十五年(1899)上海美華書館鉛印本　十三行二十七字白口單魚尾四周雙邊　牌記題“光緒己亥上海華美書館鉛板”　七册

370000－1542－0002556　212/1　新學類/聲學

聲學八卷　(英國)田大里撰　(英國)傅蘭雅譯　(清)徐建寅筆述　清末江南機器製造總局刻本　十行二十二字小字雙行同黑口雙魚尾左右雙邊　鈐有“齊魯大學圖書館藏書”　二册

370000－1542－0002557　212/2　新學類/重學

重學二十卷附圓錐曲線説三卷　(英國)胡威力撰　(英國)艾約瑟譯　(清)李善蘭述　清同治五年(1866)刻本　十行二十二字小字雙行同黑口雙魚尾左右雙邊　牌記題“同治五年秋湘上左楨署”　鈐有“齊魯大學圖書館藏書”　六册

370000－1542－0002558　212/3　新學類/光學

光學二卷　(英國)田大里輯　(美國)金楷理口譯　(清)趙元益筆述　(清)沙英繪　清同治九年(1870)刻本　十行二十二字小字雙行同黑口雙魚尾左右雙邊　鈐有“齊魯大學圖書館藏書”　二册

370000－1542－0002559　212/4　新學類/格致

格物質學十一卷　(美國)史砥爾撰　(美國)潘慎文譯　清光緒三十年(1904)上海美華書館鉛印本　十二行三十四字小字雙行同白口單魚尾四周雙邊　内封題“大清光緒三十年歲次甲辰　上海華美書館擺印”　一册

370000－1542－0002560　213/1　新學類/化學

化學鑑原六卷　(英國)韋而司撰　(英國)傅蘭雅口譯　(清)徐壽筆述　清末江南機器製造總局刻本　十行二十二字小字雙行同黑口雙魚尾左右雙邊　鈐有“齊魯大學圖書館藏書”　三册

370000－1542－0002561　213/1－2　新學

類/化學

化學鑑原續編二十四卷 （英國）蒲陸山撰 （英國）傅蘭雅口譯 （清）徐壽筆述 清末江南機器製造總局刻本 十行二十二字小字雙行同黑口雙魚尾左右雙邊 鈐有"齊魯大學圖書館藏書" 六冊

370000－1542－0002562 213/1－3 新學類/化學

化學鑑原補編六卷附一卷 （英國）傅蘭雅口譯 （清）徐壽筆述 清末江南機器製造總局刻本 十行二十二字小字雙行同黑口雙魚尾左右雙邊 鈐有"齊魯大學圖書館藏書" 六冊

370000－1542－0002563 213/2 新學類/化學

化學考質八卷附表一卷 （德國）富里西尼烏司撰 （英國）傅蘭雅口譯 （清）徐壽筆述 清末江南機器製造總局刻本 十行二十二字小字雙行同黑口雙魚尾左右雙邊 鈐有"山東濟南齊魯大學校圖書館" 六冊

370000－1542－0002564 213/2 新學類/化學

化學考質八卷附表一卷 （德國）富里西尼烏司撰 （英國）傅蘭雅口譯 （清）徐壽筆述 清末江南機器製造總局刻本 十行二十二字小字雙行同黑口雙魚尾左右雙邊 鈐有"齊魯大學圖書館藏書" 六冊

370000－1542－0002565 213/3 新學類/化學

化學分原八卷 （英國）蒲陸山撰 （英國）傅蘭雅口譯 （清）徐建寅筆述 清末江南機器製造總局刻本 十行二十二字小字雙行同黑口雙魚尾左右雙邊 鈐有"齊魯大學圖書館藏書" 二冊

370000－1542－0002566 213/4 新學類/化學

化學求數十五卷附表一卷 （德國）富里西尼烏司撰 （英國）傅蘭雅口譯 （清）徐壽筆述 清光緒九年（1883）江南製造總局刻本 十行二十二字小字雙行同黑口雙魚尾左右雙邊 牌記題"江南製造總局鋟板" 鈐有"基督教齊魯大學圖書館藏書""山東濟南齊魯大學校圖書館" 十四冊

370000－1542－0002567 214/13 新學類/動植物學

動物學詳考四卷 （英國）魏而斯原本 （英國）庫壽齡校定 宋傳典譯 清光緒三十三年（1907）上海美華書館鉛字排印本 十四行三十四字小字雙行同白口四周雙邊 一冊

370000－1542－0002568 213/3 新學類/化學

化學分原八卷 （英國）蒲陸山撰 （英國）傅蘭雅口譯 （清）徐建寅筆述 清末江南機器製造總局刻本 十行二十二字小字雙行同黑口雙魚尾左右雙邊 鈐有"山東濟南齊魯大學校圖書館" 二冊

370000－1542－0002569 213/1－3 新學類/化學

化學鑑原補編六卷附一卷 （英國）傅蘭雅口譯 （清）徐壽筆述 清末江南機器製造總局刻本 十行二十二字小字雙行同黑口雙魚尾左右雙邊 鈐有"山東濟南齊魯大學校圖書館" 六冊

370000－1542－0002570 213/1－2 新學類/化學

化學鑑原續編二十四卷 （英國）蒲陸山撰 （英國）傅蘭雅口譯 （清）徐壽筆述 清末江南機器製造總局刻本 十行二十二字小字雙行同黑口雙魚尾左右雙邊 鈐有"齊魯大學圖書館藏書" 六冊 缺四卷（十至十三）

370000－1542－0002571 213/9 新學類/化學

化學材料中西名目表一卷 （英國）傅蘭雅 （清）徐壽撰 清光緒十年（1884）上海江南製造總局鉛印本 一冊

370000－1542－0002572 213/1－3 新學類/化學

化學鑑原補編六卷附一卷 （英國）傅蘭雅口

譯 （清）徐壽筆述 清末江南機器製造總局刻本 十行二十二字小字雙行同黑口雙魚尾左右雙邊 鈐有"郭羅培真書院" 五冊

370000－1542－0002573 213/1－2 新學類/化學

化學鑑原續編二十四卷 （英國）蒲陸山撰（英國）傅蘭雅口譯 （清）徐壽筆述 清末江南機器製造總局刻本 十行二十二字小字雙行同黑口雙魚尾左右雙邊 鈐有"齊魯大學圖書館藏書" 六冊

370000－1542－0002574 213/4 新學類/化學

化學求數十五卷附表一卷 （德國）富里西尼烏司撰 （英國）傅蘭雅口譯 （清）徐壽筆述 清光緒九年(1883)江南製造總局刻本 十行二十二字小字雙行同黑口雙魚尾左右雙邊 鈐有"齊魯大學圖書館藏書" 十四冊 存五卷(一至五)

370000－1542－0002575 260/6 新學類/化學

化學衛生論三十三章 （英國）真司騰撰（英國）傅蘭雅譯 清光緒七年(1881)格致彙編館鉛字排印本 二十一行四十二字白口單魚尾四周雙邊 内封題"光緒七年正月刊格致彙編館發售" 鈐有"基督教齊魯大學圖書館" 二冊

370000－1542－0002576 213/5 新學類/化學

化學易知二卷 （英國）傅蘭雅撰 清光緒七年(1881)刻本 十行二十二字黑口雙魚尾四周雙邊 内封題"光緒柒年新鐫""益智書會發售" 一冊

370000－1542－0002577 213/5 新學類/化學

化學易知二卷 （英國）傅蘭雅撰 清光緒益智書會刻本 十行二十二字黑口雙魚尾四周雙邊 一冊 缺首頁、末頁

370000－1542－0002578 223/1 新學類/礦務

金石識别十二卷 （美國）代那撰 （美國）瑪高温口譯 （清）華蘅芳筆述 清末江南機器製造總局刻本 十行二十二字小字雙行同黑口左右雙邊 鈐有"英華書館" 六冊

370000－1542－0002579 223/1 新學類/礦務

金石識别十二卷 （美國）代那撰 （美國）瑪高温口譯 （清）華蘅芳筆述 清末江南機器製造總局刻本 十行二十二字黑口雙魚尾左右雙邊 鈐有"齊魯大學圖書館藏書" 六冊

370000－1542－0002580 223/1 新學類/礦務

金石識别十二卷 （美國）代那撰 （美國）瑪高温口譯 （清）華蘅芳筆述 清末江南機器製造總局刻本 十行二十二字黑口雙魚尾左右雙邊 六冊

370000－1542－0002581 215/1 新學類/地學

地學淺釋三十八卷 （英國）雷俠兒撰 （美國）瑪高温口譯 （清）華蘅芳筆述 清同治十二年(1873)江南機器製造總局刻本 十行二十二字黑口雙魚尾左右雙邊 八冊

370000－1542－0002582 221/1 新學類/工藝

汽機大成十八卷附表一卷 （英國）白爾格等撰 清光緒二十三年(1897)璣衡堂石印本 雙欄每欄二十行二十二字白口單魚尾四周雙邊 牌記題"光緒丁酉年孟春璣衡堂藏本" 鈐有"齊魯大學圖書館藏書" 四冊

370000－1542－0002583 222/1 新學類/礦務

寶藏興焉十二卷 （英國）費爾奔撰 （英國）傅蘭雅口譯 （清）徐壽筆述 清江南機器製造總局刻本 十行二十二字黑口雙魚尾左右雙邊 鈐有"齊魯大學圖書館藏書" 十六冊

370000－1542－0002584 215/1 新學類/地學

地學淺釋三十八卷 （英國）雷俠兒撰 （美國）瑪高温口譯 （清）華蘅芳筆述 清同治

十二年(1873)江南機器製造總局刻本　十行二十二字黑口雙魚尾左右雙邊　鈐有"齊魯大學圖書館藏書"　八冊

370000－1542－0002585　212/6　新學類/气學

熱學圖說二卷　(英國)傅蘭雅譯著　清光緒十六年(1890)益智書會刻本　十行二十二字黑口雙魚尾左右雙邊　内封題"光緒十六年新鐫　益智書會校訂"　一冊

370000－1542－0002586　212/5　新學類/气學

水學圖說二卷　(英國)傅蘭雅譯著　清光緒十六年(1890)益智書會刻本　十行二十二字黑口雙魚尾左右雙邊　内封題"光緒十六年新鐫　益智書會校訂"　一冊

370000－1542－0002587　200/4　新學類/叢編

泰西藝學通考十六卷　(清)何良棟輯　清光緒二十七年(1901)鴻寶書局石印本　十六行四十二字白口單魚尾四周雙邊　内封題"光緒辛丑冬月鴻寶書局石印"　鈐有"鏞印""雲際"　二十二冊

370000－1542－0002588　222/2　新學類/礦務

冶金錄三卷　(美國)阿發滿撰　清末上海江南製造總局刻本　十行二十二字黑口雙魚尾左右雙邊　鈐有"基督教齊魯大學圖書館"　一冊　缺一卷(上)

370000－1542－0002589　140/1　子部/術數類

欽定協紀辨方書三十六卷首一卷　(清)李廷耀等撰　清善成堂刻朱墨套印本　九行二十字白口單魚尾四周雙邊　鈐有"齊魯大學圖書館藏書"　二十四冊

370000－1542－0002590　140/4　子部/術數類

百二漢鏡齋祕書四種　(清)程芝雲輯　清道光四年(1824)休陽程氏刻本　九行二十二字黑口左右雙邊　内封題"湖邊程氏開雕"　鈐有"齊魯大學圖書館藏書"　四冊

370000－1542－0002591　140/4　子部/術數類

百二漢鏡齋祕書四種　(清)程芝雲輯　清道光四年(1824)休陽程氏刻本　九行二十二字黑口左右雙邊　内封題"湖邊程氏開雕"　鈐有"齊魯大學圖書館藏書"　四冊

370000－1542－0002592　141/2　子部/術數類

洪範宗經三卷　(清)丁裕彥撰　清道光十五年(1835)濰陽丁氏家塾刻本　九行二十二字白口單魚尾四周雙邊　内封題"道光十五年鐫　家塾藏板"　牌記題"京都琉璃廠文德齋刻字鋪陳廷林鐫刻"　鈐有"齊魯大學圖書館藏書"　三冊

370000－1542－0002593　141/3　子部/術數類

皇極經世書傳八卷　(宋)邵雍撰　(明)黃畿注　清嘉慶十五年(1810)黃氏刻本　十行二十字白口左右雙邊　内封題"嘉慶庚午重鐫　嶺海樓叢書　純淵堂藏板"　鈐有"齊魯大學圖書館藏書"　八冊

370000－1542－0002594　141/4　子部/術數類

皇極經世緒言九卷首一卷　(宋)邵雍撰　(明)黃畿注　(清)劉斯組述　清嘉慶四年(1799)錢塘徐樹堂刻本　九行二十四字白口單魚尾左右雙邊　内封題"嘉慶四年仲秋鐫　錢塘徐樹堂發刊"　鈐有"齊魯大學圖書館藏書"　十二冊

370000－1542－0002595　141/4　子部/術數類

皇極經世緒言九卷首一卷　(宋)邵雍撰　(明)黃畿注　(清)劉斯組述　清道光十年(1830)錢塘徐氏刻本　九行二十四字白口單魚尾左右雙邊或四周單邊　内封題"道光十年仲秋鐫　錢塘徐樹堂發刊"　鈐有"齊魯大學圖書館藏書""善成堂自在蘇杭浙閩揀選古今書籍發兑"　八冊

370000－1542－0002596　141/6　子部/術數類

新訂崇正闢謬通書十四卷　(清)李奉來輯　清末上海鑄記書局石印本　十八行四十四字白口單魚尾四周單邊　内封題"上海鑄記書局石印"　六册

370000－1542－0002597　142/1　子部/術數類

諸葛忠武侯行兵遁甲金函玉鏡海底眼六卷　(三國蜀)諸葛亮撰　清刻本　九行二十四字小字雙行同白口單魚尾四周雙邊　鈐有"濟南齊魯大學校圖書館""基督教齊魯大學圖書館"　四册

370000－1542－0002598　142/3　子部/術數類

奇門遁甲祕笈大全三十卷　(明)劉伯温撰　清刻本　九行二十字小字雙行同白口雙魚尾四周雙邊　鈐有"齊魯大學圖書館藏書"　七册　缺四卷(十一至十四)

370000－1542－0002599　142/4　子部/術數類

奇門遁甲統宗大全十二卷　(明)劉伯温撰　清抄本　九行十八字　鈐有"齊魯大學圖書館藏書"　十二册

370000－1542－0002600　142/6　子部/術數類

諏吉便覽　(清)俞榮寬編　清嘉慶四年(1799)金閶節署刻朱墨套印本　内封題"嘉慶四年鐫　本衙藏版"　鈐有"齊魯大學圖書館藏書"　二册

370000－1542－0002601　142/9　子部/術數類

永寧通書四集十二卷　(清)王維德編　清光緒三十三年(1907)上海校經山房石印本　十九行四十字白口單魚尾四周雙邊　内封題"上海校經山房印行"　鈐有"齊魯大學圖書館藏書"　四册

370000－1542－0002602　144/2　子部/術數類

星平大成七卷　(清)沈義方編　清嘉慶九年(1804)賦梅堂刻本　九行二十四字小字雙行同四周雙邊　内封題"嘉慶甲子年重鐫　賦梅堂藏板"　鈐有"黄氏珍賞""齊魯大學圖書館藏書"　四册

370000－1542－0002603　145/3　子部/術數類

增删卜易六卷　野鶴老人撰　清光緒六年(1880)江左書林刻本　十三行二十七字白口單魚尾四周單邊　内封題"光緒庚辰重鐫上洋江左書林藏板"　鈐有"江左書林督造書籍""齊魯大學圖書館藏書"　四册

370000－1542－0002604　145/4　子部/術數類

易隱八卷首一卷　(清)曹九錫輯　清坊刻本　十行二十二字白口單魚尾四周雙邊或四周單邊　内封題"本堂梓行"　四册

370000－1542－0002605　720/2　子部/術數類

焦氏易林十六卷　(漢)焦延壽撰　**易林元箴十測一卷**　(明)盛如林纂　清知白齋刻本　十行二十字白口單魚尾左右雙邊　内封題"宋本重刊　知白齋藏板"　鈐有"齊魯大學圖書館藏書"　四册

370000－1542－0002606　720/2　子部/術數類

焦氏易林四卷　(漢)焦延壽撰　清光緒元年(1875)湖北崇文書局刻本　十二行二十四字黑口雙魚尾四周雙邊　牌記題"光緒紀元夏月湖北崇文書局開雕"　四册

370000－1542－0002607　720/71　子部/術數類

焦氏易林校略十六卷　(清)翟云升撰　清光緒十年(1884)藝文書局刻本　十行二十字小字雙行同白口單魚尾左右雙邊　牌記題"光緒十年季夏藝文書局刊"　鈐有"齊魯大學圖書館藏書"　八册

370000－1542－0002608　146/1　子部/術數類

樂遠堂地書全編二卷 (清)郝孟延撰 清光緒十一年(1885)諸城苑菉池校刻本 十二行二十四字白口單魚尾左右雙邊 内封題"樂遠堂地書全編 板存本宅" 鈐有"約齋圖記""齊魯大學圖書館藏書" 二册

370000－1542－0002609 146/6 子部/術數類

地理青囊經十卷 (清)杜銓撰 清嘉慶九年(1804)刻本 九行二十二字白口單魚尾左右雙邊 内封題"嘉慶甲子年新鐫 地理青囊天玉撼龍經" 鈐有"齊魯大學圖書館藏書" 四册

370000－1542－0002610 146/7 子部/術數類

地理考索四卷 (清)李光旭撰 清嘉慶八年(1803)李氏竹素園刻本 八行十九字白口單魚尾左右雙邊 内封題"嘉慶八年春鐫 竹素園藏板" 鈐有"貴文堂圖書""齊魯大學圖書館藏書" 四册

370000－1542－0002611 146/8 子部/術數類

地理體用合編 (清)林士恭 **地理大用** (清)吳頤慶撰 清抄本 九行二十字 鈐有"齊魯大學圖書館藏書" 六册

370000－1542－0002612 146/10 子部/術數類

地理末學二卷 (清)紀大奎撰 清刻本 八行二十字黑口單魚尾四周單邊 鈐有"齊魯大學圖書館藏書" 六册

370000－1542－0002613 146/12 子部/術數類

理數宣蘊六卷 (清)張青撰 清嘉慶二十二年(1817)温泉書室刻本 十行二十五字白口單魚尾四周雙邊 内封題"嘉慶丁丑春鐫 温泉書室藏板" 鈐有"齊魯大學圖書館藏書" 二册

370000－1542－0002614 146/13 子部/術數類

地理三會集三卷 (明)張亘撰 清光緒九華劉含芳華西草堂刻本 八行二十字白口單魚尾四周雙邊 鈐有"齊魯大學圖書館藏書" 三册

370000－1542－0002615 146/14 子部/術數類

地理精微集六卷 (清)盛廷謨撰 清光緒二十四年(1898)江寧陳氏刻本 九行二十一字小字雙行同黑口單魚尾左右雙邊 牌記題"光緒戊戌秋仲雕於江寧藩署" 鈐有"齊魯大學圖書館藏書" 四册

370000－1542－0002616 146/15 子部/術數類

張宗道先生地理全書(訓子經)二卷 (明)張亘撰 清光緒九華劉含芳華西草堂刻本 八行二十字白口單魚尾四周雙邊 鈐有"齊魯大學圖書館藏書" 二册

370000－1542－0002617 146/16 子部/術數類

撼龍批注校補不分卷疑龍經批註校補三卷 (唐)楊益撰 (清)高其倬 (清)寇宗批注 (清)榮錫勛校補 清光緒十八年(1892)湖南共賞書局刻本 九行二十四字小字雙行同黑口單魚尾四周雙邊 牌記題"湖南省城陳振德堂刻字共賞書局藏板" 鈐有"齊魯大學圖書館藏書" 四册

370000－1542－0002618 146/19 子部/術數類

陽宅大全十卷 (明)周繼等撰 清同治八年(1869)善成堂刻本 十行二十四字小字雙行同白口單魚尾四周雙邊 内封題"同治八年重刊 善成堂梓行" 鈐有"齊魯大學圖書館藏書" 六册

370000－1542－0002619 146/20 子部/術數類

搜地靈三卷 (明)劉伯溫撰 清抄本 六行十六字 鈐有"齊魯大學圖書館藏書" 三册

370000－1542－0002620 146/23 子部/術數類

地理原原篇四卷 (唐)楊益撰 (清)劉掄升

注　清光緒二十八年(1902)畿南許氏刻本　九行二十三字小字雙行同白口單魚尾四周雙邊　内封題"畿南許氏藏板""光緒壬寅新鐫"　鈐有"山左歷城蕭氏翰紳收藏之印""齊魯大學圖書館藏書"　二册

370000－1542－0002621　146/24　子部/術數類
葬經内篇一卷　(晉)郭璞撰　**黄帝宅經二卷**　題黄帝撰　清光緒三年(1877)湖北崇文書局刻本　十二行二十四字小字雙行同黑口雙魚尾四周雙邊　牌記題"光緒三年三月湖北崇文書局開雕"　鈐有"壯學堂"　一册

370000－1542－0002622　147/1　子部/術數類
觀象玩占五十卷　(唐)李淳風撰　清抄本　十行二十字雙魚尾四周雙邊　鈐有"齊魯大學圖書館藏書"　六册　存十卷(一至十)

370000－1542－0002623　147/3　子部/術數類
管蠡彙占十二卷　(清)周人甲編　清道光十九年(1839)海粟壇刻本　十二行二十五字黑口單魚尾四周單邊　内封題"道光己亥新鐫　海粟壇藏板"　鈐有"齊魯大學圖書館藏書"　七册

370000－1542－0002624　214/2　子部/農家農學類
雙谿物産疏十五卷　(清)陳經編　清嘉慶二十一年(1816)稚春堂刻本　九行二十一字黑口單魚尾左右雙邊　内封題"嘉慶丙子栞　稚春堂藏版"　鈐有"紹庭氏""碧雲僊館"　四册

370000－1542－0002625　214/7　子部/農家農學類
植物名實圖考三十八卷　(清)吴其濬撰　清道光二十八年(1848)蒙自陸應穀刻光緒六年(1880)山西濬文書局修補本　九行二十四字白口單魚尾四周雙邊　三十八册

370000－1542－0002626　214/7－2　子部/農家農學類
植物名實圖考長編二十二卷　(清)吴其濬撰　清道光二十八年(1848)蒙自陸應穀刻光緒六年(1880)山西濬文書局修補本　九行二十四字白口單魚尾四周雙邊　十二册　存十二卷(一至十二)

370000－1542－0002627　250/4　子部/農家農學類
佩文齋廣羣芳譜一百卷目録二卷　(清)汪灝等編修　清同治七年(1868)江左書林刻本　十一行二十一字白口雙魚尾左右雙邊　内封題"同治七年夏五月　江左書林藏版"　三十二册

370000－1542－0002628　250/4　子部/農家農學類
佩文齋廣羣芳譜一百卷目録二卷　(清)汪灝等編修　清同治七年(1868)姑蘇亦西齋刻本　十一行二十一字白口雙魚尾左右雙邊　内封題"同治七年夏五月　姑蘇亦西齋藏版"　四十八册

370000－1542－0002629　250/4　子部/農家農學類
佩文齋廣羣芳譜一百卷目録二卷　(清)汪灝等編修　清同治七年(1868)姑蘇亦西齋刻本　十一行二十一字白口雙魚尾左右雙邊　内封題"同治七年夏五月　姑蘇亦西齋藏版"　鈐有"齊魯大學圖書館藏書"　五十册

370000－1542－0002630　250/4　子部/農家農學類
佩文齋廣羣芳譜一百卷目録二卷　(清)汪灝等編修　清末上海錦章書局石印本　十七行三十一字黑口單魚尾四周雙邊　鈐有"山東濟南齊魯大學校圖書館"　二十四册

370000－1542－0002631　820/1　子部/藝術類/總論之屬
東觀餘論二卷附録一卷　(宋)黄伯思撰　清光緒邵武徐氏叢書刻本　九行二十二字白口單魚尾左右雙邊　鈐有"濟南日本中學校圖書"　二册

370000－1542－0002632　820/3　子部/藝術

類/書畫之屬

書畫鑑影二十四卷　(清)李佐賢撰　清同治十年(1871)利津李氏刻本　九行二十四字白口單魚尾四周雙邊　内封題"同治辛未年鐫　利津李氏藏板"　八冊

370000－1542－0002633　820/5　子部/藝術類/書畫之屬

自怡悦齋書畫録三十卷　(清)張大鏞撰　清道光十二年(1832)虞山張氏刻本　九行二十字小字雙行同白口單魚尾左右雙邊　内封題"道光壬辰冬虞山張氏鐫"　十冊

370000－1542－0002634　821/3　子部/藝術類/書畫之屬

佩文齋書畫譜一百卷　(清)孫岳頒等撰　清光緒九年(1883)上海同文書局石印本　雙欄每欄十七行二十字黑口單魚尾四周雙邊　牌記題"掃葉山房　民國八年石印"　十六冊

370000－1542－0002635　821/5　子部/藝術類/書畫之屬

紅豆樹館書畫記八卷　(清)陶樑輯　清光緒八年(1882)潘氏韡園刻本　十行二十字白口單魚尾左右雙邊　牌記題"光緒八年壬午春仲吳趨潘氏韡園雕版"　鈐有"幾生修到梅花""藤蔭館珍藏書畫印"　六冊

370000－1542－0002636　821/10　子部/藝術類/書畫之屬

書畫題跋記十二卷　(明)郁逢慶編　清宣統三年(1911)順德鄧氏風雨樓鉛印本　十行三十二字黑口四周單邊　内封題"辛亥八月順德鄧氏依舊鈔本校印"　四冊

370000－1542－0002637　821/41　子部/藝術類/書畫之屬

清河書畫舫十二卷　(明)張丑撰　清光緒十四年(1888)孫溪朱氏家塾刻本　九行二十二字黑口左右雙邊　内封題"池北草堂開彫"　十二冊

370000－1542－0002638　821/41　子部/藝術類/書畫之屬

清河書畫舫十二卷　(明)張丑撰　清光緒十四年(1888)孫溪朱氏家塾刻本　九行二十二字黑口左右雙邊　内封題"光緒戊子春月孫溪朱氏家塾重彫池北草堂原本校正無訛"　十二冊

370000－1542－0002639　821/14　子部/藝術類/書畫之屬

吳越所見書畫録六卷附書畫説鈴一卷　(清)陸時化編　清宣統二年(1910)順德鄧氏風雨樓鉛印本　十行三十二字黑口四周單邊　内封題"宣統庚戌順德鄧氏依懷烟閣原本校鐫"　六冊

370000－1542－0002640　821/15　子部/藝術類/書畫之屬

辛丑消夏記五卷　(清)吳榮光撰　清光緒三十一年(1905)刻本　九行二十一字小字雙行同下黑口單魚尾左右雙邊　内封題"光緒乙巳夏五月郎園督刊"　五冊

370000－1542－0002641　821/16　子部/藝術類/書畫之屬

嶽雪樓書畫録五卷　(清)孔廣陶編　清光緒十五年(1889)南海孔氏三十有三萬卷堂刻本　九行二十一字白口單魚尾左右雙邊　内封題"光緒己丑孟秋栞成於三十有三萬卷堂"　五冊

370000－1542－0002642　821/16　子部/藝術類/書畫之屬

嶽雪樓書畫録五卷　(清)孔廣陶編　清光緒十五年(1889)南海孔氏三十有三萬卷堂刻本　九行二十一字白口單魚尾左右雙邊　内封題"光緒己丑孟秋栞成於三十有三萬卷堂"　五冊

370000－1542－0002643　821/17　子部/藝術類/書畫之屬

古緣萃録十八卷　(清)邵松年輯　清光緒三十年(1904)上海鴻文書局石印本　九行二十四字白口單魚尾四周雙邊　内封題"光緒甲辰孟夏""澄蘭主人輯録付上海鴻文書局石印"　六冊

370000－1542－0002644　821/18　子部/藝

術類/書畫之屬

江邨銷夏録三卷 (清)高士奇輯 清宣統二年(1910)順德鄧氏風雨樓鉛印本 九行十八字小字雙行同黑口雙魚尾左右雙邊 内封題"宣統庚戌順德鄧氏依朗潤堂原本校鐫" 三冊

370000－1542－0002645 821/18 子部/藝術類/書畫之屬

江邨銷夏録三卷 (清)高士奇輯 清刻本 九行十八字小字雙行同白口雙魚尾左右雙邊 鈐有"齊魯大學圖書館藏書" 四冊

370000－1542－0002646 821/18 子部/藝術類/書畫之屬

江邨銷夏録三卷 (清)高士奇輯 清石印本 三冊

370000－1542－0002647 821/21 子部/藝術類/書畫之屬

墨緣彙觀四卷 (清)安岐撰 清光緒二十六年(1900)鉛印本 九行二十二字白口單魚尾四周雙邊 内封題"光緒庚子春日" 鈐有"齊魯大學圖書館藏書" 六冊

370000－1542－0002648 821/23 子部/藝術類/書畫之屬

蘇黄題跋東坡題跋二卷山谷題跋三卷 (清)温一貞輯 清光緒二十年(1894)石印本 八行二十一字白口單魚尾四周雙邊 鈐有"齊魯大學圖書館藏書" 五冊

370000－1542－0002649 821/23 子部/藝術類/書畫之屬

蘇黄題跋東坡題跋二卷山谷題跋三卷 (清)温一貞輯 清光緒二十年(1894)石印本 八行二十一字白口單魚尾四周雙邊 五冊

370000－1542－0002650 821/28 子部/藝術類/書畫之屬

美術叢書正集十集續集十集 鄧實輯 清宣統三年(1911)上海神州國光社鉛印本 十行二十九字黑口四周單邊 内封題"上海神州國光社印行" 鈐有"基督教齊魯大學圖書館" 六十八冊 缺三集(正集一至三)

370000－1542－0002651 821/28 子部/藝術類/書畫之屬

美術叢書正集十集 鄧實輯 清宣統三年(1911)上海神州國光社鉛印本 十行二十九字黑口四周單邊 内封題"上海神州國光社印行" 鈐有"基督教齊魯大學圖書館" 四十冊

370000－1542－0002652 821/30 子部/藝術類/書畫之屬

藝舟雙楫十卷 (清)包世臣撰 **畫訣一卷** (清)龔賢撰 **畫筌一卷** (清)笪重光撰 清光緒八年(1882)日省齋刻本 八行十八字黑口左右雙邊 内封題"光緒八年日省齋刊" 二冊

370000－1542－0002653 821/39 子部/藝術類/書畫之屬

庚子消夏記八卷附閒者軒帖考一卷 (清)孫承澤撰 清宣統三年(1911)順德鄧氏風雨樓鉛印本 十行二十字黑口雙魚尾左右雙邊 内封題"宣統辛亥順德鄧氏風雨屢印行" 三冊

370000－1542－0002654 821/39 子部/藝術類/書畫之屬

庚子消夏記八卷 (清)孫承澤撰 清宣統三年(1911)上海掃葉山房石印本 十行二十字黑口雙魚尾左右雙邊 内封題"宣統三年石印 掃葉山房" 鈐有"齊魯大學圖書館藏書" 四冊

370000－1542－0002655 821/48 子部/藝術類/書畫之屬

祕殿珠林二十四卷 (清)張照等纂 清末上海有正書局石印本 八行二十一字白口單魚尾四周雙邊 鈐有"齊魯大學圖書館藏書" 八冊

370000－1542－0002656 821/51 子部/藝術類/書畫之屬

欽定祕殿珠林續編七卷石渠寶笈續編八十四卷 (清)王傑等纂 清光緒十四年(1888)開平譚氏區齋影印乾隆抄本 八行十九字白口

單魚尾四周雙邊　内封題“戊子仲冬開平譚氏區齋影印”　四十册

370000－1542－0002657　822/3　子部/藝術類/書畫之屬

曾文正公手書日記不分卷　(清)曾國藩撰　清宣統元年(1909)上海中國圖書公司石印本　内封題“宣統元年己酉孟冬上海中國圖書公司印行”　四十册

370000－1542－0002658　822/9　子部/藝術類/書畫之屬

淳化閣帖釋文十卷　(清)徐朝弼撰　清嘉慶十七年(1812)刻本　九行二十四字小字雙行同白口單魚尾四周雙邊　内封題“關中書院門耕書堂藏板”　一册

370000－1542－0002659　822/13　子部/藝術類/書畫之屬

集聖教序四卷　(清)馬慧裕撰　清嘉慶五年(1800)刻本　内封題“貽穀堂藏板”　鈐有“齊魯大學圖書館藏書”　四册

370000－1542－0002660　822/17　子部/藝術類/書畫之屬

寶真齋法書贊二十八卷　(宋)岳珂撰　清道光福建補刻乾隆武英殿聚珍版書本　九行二十一字小字雙行同白口單魚尾四周雙邊　鈐有“齊魯大學圖書館藏書”　八册

370000－1542－0002661　822/17　子部/藝術類/書畫之屬

寶真齋法書贊二十八卷　(宋)岳珂撰　清道光福建補刻乾隆武英殿聚珍版書本　九行二十一字小字雙行同白口單魚尾四周雙邊　十册

370000－1542－0002662　822/18　子部/藝術類/書畫之屬

詞林墨妙三卷　(清)馮聯棠等書　(清)□□輯　清光緒十八年(1892)石印本　六行十字小字雙行同白口單魚尾四周單邊　内封題“壬振仲冬”　鈐有“齊魯大學圖書館藏書”　三册

370000－1542－0002663　822/23　子部/藝術類/書畫之屬

呂晚村家訓真跡四卷　(清)呂留良書　清光緒三十四年(1908)上海澄衷學堂石印本　二册

370000－1542－0002664　822/30　子部/藝術類/書畫之屬

楷法溯源十四卷　楊守敬編　清光緒三年(1877)刻本　内封題“光緒三年七月開雕四年十一月成畢保釐署”　鈐有“沈葆蔭印”“亭吾”　八册

370000－1542－0002665　826/69　子部/藝術類/書畫之屬

南村帖考四卷　(清)程文榮撰　清光緒貴池劉氏刻本　十一行二十一字小字雙行同黑口雙魚尾左右雙邊　内封題“聚學軒叢書第五集第八”　四册

370000－1542－0002666　826/72　子部/藝術類/書畫之屬

蘇米齋蘭亭考八卷　(清)翁方綱撰　清光緒十五年(1889)常熟後知不足齋刻本　十一行二十一字黑口單魚尾左右雙邊　内封題“光緒十五年歲次己丑十月常熟後知不足齋校刊”　二册

370000－1542－0002667　822/48　子部/藝術類/書畫之屬

武昌張廉卿書　(清)張裕釗書　清光緒三十四年(1908)齊令辰影印本　一册

370000－1542－0002668　822.8/1　子部/藝術類/書畫之屬

明賢遺翰二卷　(清)謝若農輯　清道光十五年(1835)刻本　内封題“道光十五年乙未夏日”　鈐有“老藤”“碧雲仙館”“曾聘伊藏”　二册

370000－1542－0002669　822.8/3　子部/藝術類/書畫之屬

明相國徐文定公墨蹟一卷　(明)徐光啓書　清光緒二十九年(1903)鴻寶齋石印本　内封題“光緒癸卯年鴻寶齋石印”　鈐有“齊魯大

學圖書館藏書”　一册

370000－1542－0002670　823/9　子部/藝術類/書畫之屬

歷代畫史彙傳七十二卷首一卷總目三卷附録二卷　(清)彭蘊璨撰　清光緒八年(1882)上海埽葉山房刻本　八行二十字黑口四周雙邊　内封題“光緒壬午年季冬月埽葉山房藏板”　鈐有“齊魯大學圖書館藏書”　二十四册

370000－1542－0002671　823/11　子部/藝術類/書畫之屬

畫學叢書　(清)張庚撰　(清)董紹書　(清)葉□□輯　清同治八年至光緒二年(1869－1876)成都葉氏刻本　十行十八字小字雙行同白口單魚尾左右雙邊　國朝畫徵錄内封題“同治八年重刊”　無聲詩史内封題“錦江葉氏重刊”　諸家畫説内封題“光緒第一丙子集刻　成都葉氏書林藏板”　十册

370000－1542－0002672　823/13　子部/藝術類/書畫之屬

墨林今話十八卷續編一卷　(清)蔣寶齡撰　清同治十一年(1872)刻本　十行二十一字黑口單魚尾左右雙邊　内封題“同治壬申年春鐫”“板藏映雪艸廬”　六册

370000－1542－0002673　823/26　子部/藝術類/書畫之屬

芥子園畫傳初集五卷　(清)王安節摹　清康熙十八年(1679)李漁刻後印本　九行二十字白口單魚尾四周單邊　五册

370000－1542－0002674　823/26－2　子部/藝術類/書畫之屬

芥子園畫傳二集八卷　(清)王安節等摹　清嘉慶五年(1800)金陵芥子園重刻五色套印本　内封題“金陵芥子園重鐫”　鈐有“芥子園”“李氏圖書”“芥子園珍藏”　三册

370000－1542－0002675　823/26－4　子部/藝術類/書畫之屬

芥子園畫傳四集四卷　(清)丁皋撰　**芥子園圖章會纂一卷續一卷**　(清)李漁撰　清嘉慶二十三年(1818)刻本　十行二十一字白口四周單邊　無格　内封題“綠蔭堂藏板”　四册

370000－1542－0002676　823/31　子部/藝術類/書畫之屬

冶梅竹譜一卷蘭譜一卷　(清)王寅撰　清光緒八年(1882)合肥李氏日本刻本　内封題“光緒壬午歲春正月合肥李氏雕于東瀛”　鈐有“齊魯大學圖書館藏書”　二册

370000－1542－0002677　823/31　子部/藝術類/書畫之屬

冶梅竹譜一卷蘭譜一卷　(清)王寅撰　清光緒八年(1882)合肥李氏日本刻本　内封題“光緒壬午歲春正月合肥李氏雕于東瀛”　二册

370000－1542－0002678　823/43　子部/藝術類/書畫之屬

平定粵匪功臣戰績圖一卷　(清)吳嘉猷繪　清光緒二十年(1894)金溪艾氏石印本　一册

370000－1542－0002679　823/44　子部/藝術類/書畫之屬

點石齋畫報初集　上海申報館編　清光緒十年至二十年(1884－1894)上海申報館石印本　内封題“自四申季四月起每月印售”　十二册　存六集(甲至己)

370000－1542－0002680　823/46　子部/藝術類/書畫之屬

江南銕淚圖一卷　(清)寄雲山人繪圖　清咸豐、同治間蘇城元妙觀内得見齋刻本　十行二十二字白口單魚尾左右雙邊　内封題“蘇城元妙觀内得見齋刷印”　一册

370000－1542－0002681　823/71　子部/藝術類/書畫之屬

畫學心印八卷　(清)秦祖永評輯　清光緒四年(1878)刻朱墨套印本　八行十八字小字雙行同眉批小字雙行四字黑口左右雙邊　無界行　内封題“光緒四年太歲在戊寅春三月開雕”　鈐有“弢園王氏真賞”“曾經王韜藏過”“王韜秘籍”“淞北玉鲀生”　八册

370000－1542－0002682　823/71　子部/藝

術類/書畫之屬

畫學心印八卷 (清)秦祖永評輯 清光緒四年(1878)刻朱墨套印本 八行十八字小字雙行同眉批小字雙行四字黑口左右雙邊 無界行 内封題"光緒四年太歲在戊寅春三月開雕" 鈐有"容刹軒珍藏" 八册

370000－1542－0002683 823/206 子部/藝術類/書畫之屬

鴻雪因緣圖記三集 (清)麟慶撰 清道光二十九年(1849)揚州精刻本 十行二十一字白口單魚尾四周雙邊 内封題"道光丁未秋七月重雕于揚州" 六册

370000－1542－0002684 823/206 子部/藝術類/書畫之屬

鴻雪因緣圖記三集 (清)麟慶撰 清光緒十二年(1886)上海同文書局石印本 十五行三十字白口單魚尾四周雙邊 内封題"道光丁未秋七月重雕于揚州光緒丙戌上海同文書局石印" 鈐有"文柏""辛績勛印""常記""侯銕" 三册

370000－1542－0002685 823.9/59 子部/藝術類/書畫之屬

四銅鼓齋論畫集刻十二種 (清)張祥河輯 清宣統元年(1909)何厚甫刻本 九行十八字黑口左右雙邊 四册

370000－1542－0002686 823.9/72 子部/藝術類/書畫之屬

湯東笙司馬花卉真跡 (清)湯鉉繪 清裱裝扇面本 一册

370000－1542－0002687 823.9/88 子部/藝術類/書畫之屬

高士傳圖像三卷於越先賢像傳贊二卷 (清)任熊繪 (清)王齡撰贊 清光緒三年(1877)張牧九刻本 八行十八字白口四周單邊 四册

370000－1542－0002688 823.9/91 子部/藝術類/書畫之屬

飛影閣畫報 (清)吳友如編 清光緒石印本 鈐有"竹屋" 二十册

370000－1542－0002689 823.9/92－2 子部/藝術類/書畫之屬

吳友如畫寶 (清)吳嘉猷畫 清宣統元年(1909)上海璧園石印本 内封題"上海璧園珍藏" 二十四册

370000－1542－0002690 823.9/97 子部/藝術類/書畫之屬

王煙客山水册 (清)王時敏繪 清光緒三十四年(1908)上海神州國光社影印本 一册

370000－1542－0002691 824/2 子部/藝術類/篆刻之屬

小石山房印譜四卷附歸去來辭一卷集名刻一卷 (清)顧湘 (清)顧浩編輯 清宣統三年(1911)上海掃葉山房影印道光海虞顧氏刻本 六册

370000－1542－0002692 824/4 子部/藝術類/篆刻之屬

選集漢印分韻二卷 (清)袁日省原編 (清)謝雲生摹録 **續集漢印分韻二卷** (清)謝景卿纂摹 清嘉慶二年(1797)廣東漱藝堂刻八年(1803)續刻本 選集漢印分韻内封題"嘉慶二年三月 漱藝堂開雕" 續集漢印分韻内封題"嘉慶八年季春 漱藝堂藏板" 鈐有"怡薗""錫堂""槐廬" 四册

370000－1542－0002693 824/4 子部/藝術類/篆刻之屬

選集漢印分韻二卷 (清)袁日省原編 (清)謝雲生摹録 清嘉慶二年(1797)原刻本 内封題"嘉慶二年三月 漱藝堂開雕" 鈐有"桐""頵公鑑藏書畫印" 二册

370000－1542－0002694 824/9 子部/藝術類/篆刻之屬

詩品印譜四集 (清)翁壽虞刻 清宣統元年(1909)石印本 内封題"宣統元年孟夏月許於友石軒中" 四册

370000－1542－0002695 824/17 子部/藝術類/篆刻之屬

篆學瑣著二十三種 (清)顧湘輯 清道光二十年(1840)海虞顧氏刻本 九行二十一字黑

口四周雙邊　内封題“道光庚子秋月海虞顧氏開雕”　鈐有“吳恬如曾讀過”“愛日樓”　六冊

370000－1542－0002696　826/175　子部/藝術類/書畫之屬
衡方碑　(□)□□隸書　清拓本　一冊

370000－1542－0002697　826/175　子部/藝術類/書畫之屬
衡方碑　(□)□□隸書　清拓本　一冊

370000－1542－0002698　826/50　子部/藝術類/書畫之屬
三體石經　(□)□□撰　清拓本　一冊

370000－1542－0002699　826/102　子部/藝術類/書畫之屬
李翕頌(西狹頌)　(漢)仇靖書　清拓本　一冊

370000－1542－0002700　826/105　子部/藝術類/書畫之屬
李翕頌(西狹頌)附龍圖拓　(漢)仇靖書　清拓本　一冊

370000－1542－0002701　826/105　子部/藝術類/書畫之屬
李翕頌(西狹頌)附龍圖拓　(漢)仇靖書　清拓本　一冊

370000－1542－0002702　826/108　子部/藝術類/書畫之屬
張遷碑(張遷表)　(□)□□隸書　清拓本　一冊

370000－1542－0002703　826/108　子部/藝術類/書畫之屬
張遷碑(張遷表)　(□)□□隸書　清拓本　鈐有“路”“大荒”“齊星南章”　一冊

370000－1542－0002704　826/162　子部/藝術類/書畫之屬
白石神君碑　(□)□□隸書　清拓本　清張蘭濱題識　一冊

370000－1542－0002705　826/169　子部/藝術類/書畫之屬
小黃門譙君碑　(□)□□隸書　清拓本　一冊

370000－1542－0002706　826/170　子部/藝術類/書畫之屬
孔宙碑　(□)□□隸書　清拓本　一冊

370000－1542－0002707　826/171　子部/藝術類/書畫之屬
郭林宗碑(郭泰碑)　(□)□□隸書　清拓本　一冊

370000－1542－0002708　826/186　子部/藝術類/書畫之屬
尹宙碑　(□)□□隸書　清拓本　一冊

370000－1542－0002709　826/202　子部/藝術類/書畫之屬
曹全碑　(□)□□隸書　清同治十三年(1874)吳縣吳大澂摹勒拓本　鈐有“孝源張氏家藏”“馬官敬印”“丹銘”　一冊

370000－1542－0002710　826/195　子部/藝術類/書畫之屬
谷朗碑　(□)□□正書　清拓本　一冊

370000－1542－0002711　826/67　子部/藝術類/書畫之屬
張猛龍碑　(□)□□正書　清末拓本　劉名譽跋　一冊

370000－1542－0002712　826/67　子部/藝術類/書畫之屬
張猛龍碑　(□)□□正書　清末拓本　一冊

370000－1542－0002713　826/67　子部/藝術類/書畫之屬
張猛龍碑　(□)□□正書　清末拓本　一冊

370000－1542－0002714　826/135　子部/藝術類/書畫之屬
滎陽鄭文公之碑下碑　(三國魏)鄭道昭隸書　清拓本　一冊

370000－1542－0002715　826/159　子部/藝術類/書畫之屬

滎陽鄭文公之碑下碑　(三國魏)鄭道昭隸書　清拓本　四冊

370000－1542－0002716　826/71　子部/藝術類/書畫之屬
滎陽鄭文公之碑下碑　(三國魏)鄭道昭隸書　清拓本　一冊

370000－1542－0002717　826/243　子部/藝術類/書畫之屬
六朝造像　(□)□□繪　清拓本　鈐有"晉甘所藏金石文字"　七冊

370000－1542－0002718　826/128　子部/藝術類/書畫之屬
黄庭内景經　(□)□□正書　清拓本　鈐有"顔葆濂印""三養齋珍藏""顔葆濂心如甫書畫印"　一冊

370000－1542－0002719　826/128　子部/藝術類/書畫之屬
黄庭内景經　(元)趙孟頫臨　清拓本　鈐有"澤山眼福"　一冊

370000－1542－0002720　826/139　子部/藝術類/書畫之屬
黄庭經　(晉)王羲之正書　(明)邢侗臨　清末影印本　鈐有"捷臣氏珍藏""園日涉以成趣"　一冊

370000－1542－0002721　826/166　子部/藝術類/書畫之屬
魏齊墓誌五種　(□)□□正書　清拓本　鈐有"炳南"　一冊

370000－1542－0002722　826/167　子部/藝術類/書畫之屬
高靈廟碑　(□)□□正書　清乾隆、嘉慶間拓本　一冊

370000－1542－0002723　826/178　子部/藝術類/書畫之屬
張黑女墓誌(張玄墓誌)　(□)□□正書　清拓本　一冊

370000－1542－0002724　826/191　子部/藝術類/書畫之屬
高慶碑　(□)□□正書　清拓本　鈐有"笠僧"　一冊

370000－1542－0002725　826/200　子部/藝術類/書畫之屬
高湛墓誌銘魏王僧男墓誌銘魏廣陽文獻王銘魏文宣王太妃馮令華墓誌銘　(□)□□正書　清拓本　一冊

370000－1542－0002726　826/201　子部/藝術類/書畫之屬
弔比干文　(□)□□正書　清拓本　一冊

370000－1542－0002727　826/235　子部/藝術類/書畫之屬
石門銘　(北魏)王遠正書　(北魏)武阿仁鑿字　清拓本　鈐有"物每聚于所好""曾歸因齋主人"　一冊

370000－1542－0002728　826/193　子部/藝術類/書畫之屬
高貞碑　(□)□□正書　清拓本　一冊

370000－1542－0002729　826/193　子部/藝術類/書畫之屬
高貞碑　(□)□□正書　清拓本　一冊

370000－1542－0002730　826/172　子部/藝術類/書畫之屬
孫夫人碑　(□)□□隸書　清拓本　鈐有"不滅古齋""裕如""高陽崔氏金石書畫章"　一冊

370000－1542－0002731　826/32　子部/藝術類/書畫之屬
十七帖　(晉)王羲之草書　清拓本　一冊　缺三帖(漢時帖一部分、兒女帖、譙周帖)

370000－1542－0002732　826/33　子部/藝術類/書畫之屬
集右軍書半截碑(興福寺斷碑)　(晉)王羲之行書　(唐)釋大雅集字　清拓本　一冊

370000－1542－0002733　826/116　子部/藝術類/書畫之屬

洛神賦　(元)趙孟頫正書　**無逸**　(清)永瑆正書　清墨莊袁治摹勒拓本　一冊

370000－1542－0002734　826/123　子部/藝術類/書畫之屬

道德經　(晉)王羲之正書　清拓本　一冊

370000－1542－0002735　826/123　子部/藝術類/書畫之屬

道德經　(元)趙孟頫正書　清拓本　一冊

370000－1542－0002736　826/129　子部/藝術類/書畫之屬

晉鍾王小楷帖　(晉)鍾繇　(晉)王羲之正書　清拓本　二冊

370000－1542－0002737　826/57　子部/藝術類/書畫之屬

爨寶子碑　(□)□□隸書　清拓本　一冊

370000－1542－0002738　826/142　子部/藝術類/書畫之屬

晉唐小楷　(□)□□正書　清拓本　一冊

370000－1542－0002739　826/174　子部/藝術類/書畫之屬

北齊文殊般若經碑　(□)□□正書　清拓本　鈐有"敬之""高陽崔氏金石書畫章"　一冊

370000－1542－0002740　826/180　子部/藝術類/書畫之屬

臨淮王像碑(南陽寺碑)　(□)□□隸書　清拓本　一冊

370000－1542－0002741　826/192　子部/藝術類/書畫之屬

朱岱林墓誌　(北齊)朱敬修撰文　(□)□□正書　清拓本　鈐有"劉""劉陽崔氏金石書畫章""求則得之"　一冊

370000－1542－0002742　826/198　子部/藝術類/書畫之屬

石信墓誌　(□)□□隸書　**淳於儉墓誌**　(□)□□正書　**龍質墓誌**　(□)□□正書　清拓本　一冊

370000－1542－0002743　826/199　子部/藝術類/書畫之屬

齊燕州釋仙書　(□)□□正書　清拓本　一冊

370000－1542－0002744　826/330　子部/藝術類/書畫之屬

瘞鶴銘　(南朝梁)□□正書　清光緒拓本　一冊

370000－1542－0002745　826/190　子部/藝術類/書畫之屬

二爨碑　(□)爨道慶撰文　(□)□□正書　清拓本　一冊

370000－1542－0002746　826/196　子部/藝術類/書畫之屬

敬史君碑(禪靜寺刹前銘)　(□)□□正書　清拓本　一冊

370000－1542－0002747　826/197　子部/藝術類/書畫之屬

延明墓誌銘　(□)□□正書　清拓本　一冊

370000－1542－0002748　826/194　子部/藝術類/書畫之屬

魏造像另種　(□)□□正書　清拓本　一冊

370000－1542－0002749　826/177　子部/藝術類/書畫之屬

龍藏寺碑　(□)□□正書　清拓本　朗叔識　鈐有"朗叔翰墨"　一冊

370000－1542－0002750　826/35　子部/藝術類/書畫之屬

玄祕塔碑　(唐)裴休撰　(唐)柳公權正書　清重刻搨印本　一冊

370000－1542－0002751　826/36　子部/藝術類/書畫之屬

論語　(唐)虞世南正書　清拓本　二冊　存二卷(二至三)

370000－1542－0002752　826/132　子部/藝術類/書畫之屬

孔子廟堂碑　(唐)虞世南撰並正書　清道光臨川李宗瀚摹刻拓本　一冊

370000－1542－0002753　826/42　子部/藝術類/書畫之屬

大唐三藏聖教序　（唐）褚遂良正書　清拓本　一冊

370000－1542－0002754　826/99　子部/藝術類/書畫之屬

大唐三藏聖教序　（唐）褚遂良正書　清初拓本　一冊

370000－1542－0002755　826/99　子部/藝術類/書畫之屬

大唐三藏聖教序　（唐）釋懷仁集字　清拓本　清鄒石麟跋　鈐有"李方琮印""松柏有本性""從來愛物多成癖""可憐無益費精神"　一冊

370000－1542－0002756　826/43　子部/藝術類/書畫之屬

千字文　（唐）釋懷素草書　清拓本　鈐有"李德溥印"　一冊

370000－1542－0002757　826/141　子部/藝術類/書畫之屬

并州大都督泉君墓誌銘　（唐）歐陽通正書

茅山玄靖先生廣陵李君碑銘　（唐）顏真卿撰並正書　清拓本　鈐有"楊氏海颿""楊海颿印"　一冊

370000－1542－0002758　826/143　子部/藝術類/書畫之屬

元結碑　（唐）顏真卿撰並正書　清拓本　佚名批校　鈐有"眉壽軒珎藏""壽民"　一冊

370000－1542－0002759　826/144　子部/藝術類/書畫之屬

郭家廟碑　（唐）顏真卿撰並正書　（唐）德宗李適題額　清拓本　鈐有"眉壽軒珎藏""壽民"　一冊

370000－1542－0002760　826/233　子部/藝術類/書畫之屬

爭座位帖(爭座位稿)　（唐）顏真卿撰並草書　清拓本　一冊

370000－1542－0002761　826/107　子部/藝術類/書畫之屬

宋廣平碑　（唐）顏真卿撰並正書　清拓本　劉維祺、雲侯跋　鈐有"眉壽軒珎藏""紫泉徐氏碑誌收藏印""雲侯校定""劉維祺""維祺審定"　四冊

370000－1542－0002762　826/107　子部/藝術類/書畫之屬

宋廣平碑　（唐）顏真卿撰並正書　清拓本　四冊

370000－1542－0002763　826/107－2　子部/藝術類/書畫之屬

宋廣平碑　（唐）顏真卿撰並正書　清拓本　鈐有"眉壽軒珎藏"　一冊

370000－1542－0002764　826/107　子部/藝術類/書畫之屬

宋廣平碑　（唐）顏真卿撰並正書　清拓本　鈐有"眉壽軒珎藏"　一冊

370000－1542－0002765　826/340　子部/藝術類/書畫之屬

秣陵碑殘本　（明）董其昌書　清拓本　一冊

370000－1542－0002766　826/341　子部/藝術類/書畫之屬

大魏故介休縣令李明府墓誌　（清）□□書　清拓本　一冊

370000－1542－0002767　826/165　子部/藝術類/書畫之屬

顏魯公家廟碑　（唐）顏真卿撰並正書　清拓本　清涵心齋主人識　鈐有"胡開洁印""思瀚"　四冊

370000－1542－0002768　826/117　子部/藝術類/書畫之屬

八關齋會報德記　（唐）顏真卿撰並正書　清拓本　八冊

370000－1542－0002769　826/130　子部/藝術類/書畫之屬

東方朔畫贊碑　（晉）夏侯湛撰　（唐）顏真卿正書　清拓本　四冊

370000－1542－0002770　826/232　子部/藝術類/書畫之屬

東方朔畫贊碑　(晉)夏侯湛撰　(唐)顏真卿正書　清拓本　二冊

370000－1542－0002771　826/133　子部/藝術類/書畫之屬

多寶塔碑　(唐)岑勛撰　(唐)顏真卿正書　(唐)徐浩題額　清末拓本　鈐有"興唐""松山"　一冊

370000－1542－0002772　826/133　子部/藝術類/書畫之屬

多寶塔碑　(唐)岑勛撰　(唐)顏真卿正書　(唐)徐浩題額　清末拓本　一冊

370000－1542－0002773　826/138　子部/藝術類/書畫之屬

大唐中興頌　(唐)元結撰　(唐)顏真卿擘窠正書　清拓本　鈐有"襄漢"　一冊

370000－1542－0002774　826/168　子部/藝術類/書畫之屬

臧公神道碑　(唐)顏真卿撰並正書　清拓本　一冊

370000－1542－0002775　826/234　子部/藝術類/書畫之屬

古柏行帖　(宋)張即之草書　清拓本　佚名跋　鈐有"物每聚于所好""曾歸因齋主人"　二冊

370000－1542－0002776　826/131　子部/藝術類/書畫之屬

昭仁寺碑　(唐)朱子奢撰　(□)□□正書　清拓本　一冊

370000－1542－0002777　826/104　子部/藝術類/書畫之屬

等慈寺碑　(唐)顏師古撰　(□)□□正書　清拓本　一冊

370000－1542－0002778　826/104　子部/藝術類/書畫之屬

等慈寺碑　(唐)顏師古撰　(□)□□正書　清拓本　一冊

370000－1542－0002779　826/104　子部/藝術類/書畫之屬

等慈寺碑　(唐)顏師古撰　(□)□□正書　清拓本　一冊

370000－1542－0002780　826/106　子部/藝術類/書畫之屬

李公神道碑　(唐)李程撰　(唐)郭虔正書　清拓本　鈐有"眉壽軒珎藏""寧靜致遠"　一冊

370000－1542－0002781　826/111　子部/藝術類/書畫之屬

姚恭公辯墓誌銘　(隋)虞世基撰文　(唐)歐陽詢正書　清拓本　鈐有"蘭陵彣子攷藏"　一冊

370000－1542－0002782　826/114　子部/藝術類/書畫之屬

九成宮醴泉銘　(唐)歐陽詢正書　清拓本　一冊

370000－1542－0002783　826/225　子部/藝術類/書畫之屬

虞恭公碑(溫房博碑)　(唐)岑文本撰　(唐)歐陽詢正書　清拓本　二冊

370000－1542－0002784　826/163　子部/藝術類/書畫之屬

唐美原神泉詩序　(唐)□□篆書　清拓本　鈐有"敬之""裕如自賞""不滅古齋""高陽崔氏金石書畫印"　一冊

370000－1542－0002785　826/184　子部/藝術類/書畫之屬

圭峯定慧禪師傳法碑　(唐)裴休撰並正書　清拓本　一冊

370000－1542－0002786　826/242　子部/藝術類/書畫之屬

五經文字三卷　(唐)張參撰　**新加九經字樣一卷**　(唐)唐玄度撰　清拓本　八冊

370000－1542－0002787　826/157－2　子部/藝術類/書畫之屬

淳化祕閣法帖考正十二卷　(清)王澍撰　清

光緒十五年(1889)虞山鮑氏後知不足齋刻本　十行十八字白口單魚尾左右雙邊　鈐有“清苑龐氏珍藏金石書畫圖章”“毓同私印”“禾生藏古”“毓同長壽”“禾生”　四冊

370000－1542－0002788　826/80　子部/藝術類/書畫之屬
欽定淳化閣帖釋文十卷　(清)金簡纂　清光緒二十年(1894)福建增刻武英殿聚珍版書本　九行二十一字小字雙行同白口單魚尾四周雙邊　内封題“光緒甲午增刻”　鈐有“齊魯大學圖書館藏書”　二冊

370000－1542－0002789　826/119　子部/藝術類/書畫之屬
狄武襄公神道碑附狄武襄公祭文并序及汾州別立大宋磨崖碑　(宋)王珪撰　(宋)宋敏求正書　清拓本　四冊

370000－1542－0002790　826/98　子部/藝術類/書畫之屬
狄梁公碑　(宋)范仲淹撰　(元)趙孟頫行書　清拓本　鈐有“壽慈”　一冊

370000－1542－0002791　826/122　子部/藝術類/書畫之屬
表忠觀碑　(宋)蘇軾撰並正書　清道光拓本　二冊

370000－1542－0002792　826/241－1　子部/藝術類/書畫之屬
前赤壁賦　(宋)蘇軾行書　清拓本　鈐有“有書真富貴無事小神仙”　一冊

370000－1542－0002793　826/241－2　子部/藝術類/書畫之屬
後赤壁賦　(宋)蘇軾行書　清拓本　鈐有“秋色雲山”　一冊

370000－1542－0002794　826/204　子部/藝術類/書畫之屬
宋拓西樓蘇帖東坡書髓　(清)端方輯　清宣統元年(1909)影印本　六冊

370000－1542－0002795　826/205　子部/藝術類/書畫之屬
前後出師表法帖　(三國蜀)諸葛亮撰　(宋)岳飛行書　清光緒二年(1876)任愷摹勒拓本　一冊

370000－1542－0002796　826/161　子部/藝術類/書畫之屬
絳帖十二卷　(宋)潘師旦輯　清書坊僞宋刻拓本　十二冊

370000－1542－0002797　826/101　子部/藝術類/書畫之屬
平江路重修儒學記　(元)楊載撰　(元)趙孟頫正書　清拓本　一冊

370000－1542－0002798　826/136　子部/藝術類/書畫之屬
張天師神道碑　(元)趙孟頫撰並正書　清拓本　一冊

370000－1542－0002799　826/140　子部/藝術類/書畫之屬
閑邪公家傳　(元)周馳撰　(元)趙孟頫正書　清重摹搨印本　鈐有“謹言慎行”“文俊之印”　一冊

370000－1542－0002800　826/189　子部/藝術類/書畫之屬
趙孟頫十劄真跡　(元)趙孟頫草書　清拓本　一冊

370000－1542－0002801　826/223　子部/藝術類/書畫之屬
戲鴻堂法書十六卷　(明)董其昌輯　(明)吳楨摹刻　清拓本　十六冊

370000－1542－0002802　826/224　子部/藝術類/書畫之屬
董其昌行書　(明)董其昌行書　清拓本　鈐有“控雀樓題藏金石書畫之印”　一冊

370000－1542－0002803　826/257　子部/藝術類/書畫之屬
停雲館帖十二卷　(明)文彭　(明)文嘉摹勒　明嘉靖十六年至三十九年(1537－1560)長洲文氏停雲館摹拓本　鈐有“寉峯”“海右鶴峰珍藏金石書畫印”　十二冊

370000－1542－0002804　826/1　子部/藝術類/書畫之屬

草字彙牘十二卷　(清)石梁編纂　清同治八年(1869)大文堂刻本　内封題"同治己巳年鐫　大文堂藏版"　六册

370000－1542－0002805　826/27　子部/藝術類/書畫之屬

瀛海仙班帖十卷　(清)張照書　(清)孔繼涑摹勒　清曲阜孔氏玉虹樓墨拓本　十册

370000－1542－0002806　826/34　子部/藝術類/書畫之屬

玉虹鑑真帖　(清)孔繼涑摹勒　清拓本　一册

370000－1542－0002807　826/124　子部/藝術類/書畫之屬

瘞琴銘　(清)顧升撰並正書　清拓本　勞福泉識　鈐有"勞""繞谿艸堂""相期拾瑤草""拙默齋""頤園"　一册

370000－1542－0002808　826/125　子部/藝術類/書畫之屬

方綱先生名宦碑　(清)翁方綱撰並正書　清拓本　一册

370000－1542－0002809　826/127　子部/藝術類/書畫之屬

南皮張氏雙烈女廟碑　華世奎正書　清拓本　一册

370000－1542－0002810　826/137　子部/藝術類/書畫之屬

楷法入門　(清)賡颺撰並正書　清同治九年(1870)拓本　一册

370000－1542－0002811　826/151　子部/藝術類/書畫之屬

欽定三希堂法帖　(清)梁詩正編　清光緒二十年(1894)上海蜚英館石印本　内封題"光緒甲午冬蜚英館石印"　十六册

370000－1542－0002812　826/236　子部/藝術類/書畫之屬

快雪堂法書五卷　(清)馮銓輯　(清)劉光暘摹勒　清拓本　一册

370000－1542－0002813　826/238　子部/藝術類/書畫之屬

詒晉齋藏真帖(詒晉齋巾箱帖)四卷　(清)永瑆書　清嘉慶十七年(1812)袁治摹勒拓本　四册

370000－1542－0002814　826/244　子部/藝術類/書畫之屬

秦郵帖四卷　(清)韓城師輯　(清)錢泳摹勒　清光緒拓本　鈐有"子猷珎賞""訪雪審定""秦郡夏訪雪氏藏書印"　四册

370000－1542－0002815　826/245　子部/藝術類/書畫之屬

擬山園帖十卷　(清)王鐸書　清拓本　十册

370000－1542－0002816　826/329　子部/藝術類/書畫之屬

完白山人遺墨三卷　(清)鄧石如書　清重摹勒搨印本　一册

370000－1542－0002817　826/156　子部/藝術類/書畫之屬

龍門二十品　(北魏)□□正書　清拓本　鈐有"楊道長印""茂林""朝陽洞人""花前把酒賞月""樂琴書以消憂"　一册　存上册

370000－1542－0002818　826/158　子部/藝術類/書畫之屬

曲阜孔子廟碑　(□)□□正書　清拓本　十八册

370000－1542－0002819　826/160　子部/藝術類/書畫之屬

張清頌碑　(□)□□正書　清拓本　一册

370000－1542－0002820　826/164　子部/藝術類/書畫之屬

石鼓文　(秦)李斯篆書　清拓本　鈐有"嬴縮研齋"　一册

370000－1542－0002821　826/164－2　子部/藝術類/書畫之屬

石鼓文　(□)□□篆書　清儀徵阮元據天一

閣本重摹拓本　一册

370000－1542－0002822　826/164－3　子部/藝術類/書畫之屬

國學石鼓舊本模存　(□)□□篆書　清道光五年(1825)何紹業摹勒拓本　二册

370000－1542－0002823　826/103　子部/藝術類/書畫之屬

重修王清宫碑銘　(清)曹鴻勛正書　清拓本　一册

370000－1542－0002824　826/231　子部/藝術類/書畫之屬

古今楹聯彙刻十二卷附首集一卷外集一卷　吴隱輯　清光緒二十六年(1900)山陰吴氏摹勒拓本　十二册

370000－1542－0002825　826/231－2　子部/藝術類/書畫之屬

古今楹聯彙刻小傳　吴隱輯　清光緒三十二年(1906)西泠印社刻本　九行二十八字白口　内封題"光緒丙午春西泠印社印"　二册

370000－1542－0002826　826/30　子部/藝術類/書畫之屬

淳化法帖　(宋)王撰編　清拓本　三册　存三册(歷代帝王法帖第一、諸家古法帖第五、淳化閣帖後跋)

370000－1542－0002827　827/1　子部/藝術類/音樂之屬

自遠堂琴譜十二卷　(清)吴灴輯　清嘉慶六年(1801)江蘇吴氏自遠堂刻本　八行十八字小字雙行同白口單魚尾左右雙邊　内封題"嘉慶六年十月新鐫　自遠堂藏版"　十二册

370000－1542－0002828　827/7　子部/藝術類/音樂之屬

萬壽衢歌樂章六卷　(清)鄒奕孝撰　清乾隆五十五年(1790)聚珍版排印光緒二十一年(1895)福建增補本　九行二十字小字雙行同白口單魚尾四周雙邊　内封題"光緒乙未增刻"　鈐有"齊魯大學圖書館藏書"　二册

370000－1542－0002829　827/8　子部/藝術類/音樂之屬

琴學叢書四十三卷　楊宗稷輯　清宣統三年至民國二十年(1911－1931)楊氏刻本　行款版式不一　十四册　缺九種十九卷(琴鏡補三卷、琴瑟合譜三卷、琴學問答一卷、藏琴錄一卷、琴瑟新譜四卷、琴鏡續四卷、琴鏡釋疑一卷、幽蘭和聲一卷、聲律通攷詳節一卷)

370000－1542－0002830　827/8　子部/藝術類/音樂之屬

琴學叢書四十三卷　楊宗稷輯　清宣統三年至民國二十年(1911－1931)楊氏刻本　行款版式不一　十四册　缺九種十九卷(琴鏡補三卷、琴瑟合譜三卷、琴學問答一卷、藏琴錄一卷、琴瑟新譜四卷、琴鏡續四卷、琴鏡釋疑一卷、幽蘭和聲一卷、聲律通攷詳節一卷)

370000－1542－0002831　828/4　子部/藝術類/遊藝之屬

適情雅趣九卷　(清)徐芝選　清刻本　佚名眉批　一册　存三卷(四至六)

370000－1542－0002832　829/1　子部/藝術類/遊藝之屬

參禪譜二卷　(清)閻智撰　清道光十四年(1834)天津閻氏致遠堂刻本　九行二十字白口四周單邊　無格　内封題"道光十四年鐫　致遠堂家藏板"　二册

370000－1542－0002833　829/3　子部/藝術類/遊藝之屬

觀自得齋別集六種　(清)徐士愷輯　清光緒十三年至十八年(1887－1892)徐氏觀自得齋校刻本　九行十八字小字雙行同白口單魚尾左右雙邊　二册

370000－1542－0002834　680/36　子部/雜著類

猗覺寮雜記二卷　(宋)朱翌撰　清乾隆四十二年(1777)福建翻刻武英殿聚珍版書本　九行二十一字白口單魚尾四周雙邊　鈐有"齊魯大學圖書館藏書"　二册

370000－1542－0002835　680/1　子部/雜著類

札樸十卷　(清)桂馥撰　清光緒九年(1883)長洲蔣氏心矩齋叢書本　十一行二十一字黑口雙魚尾左右雙邊　内封題“光緒九年長洲蔣氏心矩齋校刊”　八册

370000－1542－0002836　680/1　子部/雜著類

札樸十卷　(清)桂馥撰　清光緒九年(1883)長洲蔣氏心矩齋叢書本　十一行二十一字黑口雙魚尾左右雙邊　内封題“光緒九年長洲蔣氏心矩齋校刊”　六册

370000－1542－0002837　680/1　子部/雜著類

札樸十卷　(清)桂馥撰　清嘉慶十八年(1813)山陰小李山房刻會稽徐氏補刻本(卷四至五、十抄配)　十行二十一字黑口左右雙邊　鈐有“開卷有益”“紹庭”“齊魯大學圖書館藏書”　八册

370000－1542－0002838　680/4　子部/雜著類

容齋隨筆五集七十四卷　(宋)洪邁撰　清光緒九年(1883)刻本　十行十八字黑口單魚尾左右雙邊　内封題“同治十一年校刊光緒元年印行　新豐洪氏十三公祠藏板”“光緒九年依會通館本重校”　十四册

370000－1542－0002839　680/9　子部/雜家類

呂氏春秋二十六卷附攷一卷　(秦)呂不韋撰　(漢)高誘注　清光緒元年(1875)浙江書局校刻本　九行二十一字小字雙行同白口單魚尾左右雙邊　牌記題“光緒元年浙江書局據畢氏靈巖山館本校刻”　鈐有“山東濟南齊魯大學校圖書館”“基督教齊魯大學圖書館”　六册

370000－1542－0002840　680/9　子部/雜家類

呂氏春秋二十六卷附攷一卷　(秦)呂不韋撰　(漢)高誘注　清光緒元年(1875)浙江書局校刻本　九行二十一字小字雙行同白口單魚尾左右雙邊　牌記題“光緒元年浙江書局據畢氏靈巖山館本校刻”　鈐有“景璋”“以仁存心”“雲中一鶴”　六册

370000－1542－0002841　680/9　子部/叢編

二十五子彙函　(清)鴻文書局輯　清光緒十九年(1893)鴻文局石印本　牌記題“光緒癸巳年鴻文書局據畢氏靈巖山館本校印”　八册　存十二種一百七十九卷(呂氏春秋二十六卷、淮南子二十一卷、賈子新書十卷、文中子中說十卷、春秋繁露十七卷、揚子法言十三卷、黄帝内經素問二十卷、山海經十八卷、尉繚子二卷、竹書紀年十二卷、韓非子二十卷、賈子新書十卷)

370000－1542－0002842　680/10－2　子部/儒家類

晏子春秋七卷　(春秋)晏嬰撰　**音義二卷**　(清)孫星衍撰　**校勘記二卷**　(清)黄以周撰　清光緒元年至二年(1875－1876)浙江書局據孫氏平津館本校刻本　九行二十一字白口單魚尾左右雙邊　牌記題“光緒元年十一月浙江書局據孫氏平津館本校刻”　四册

370000－1542－0002843　680/13　子部/雜著類

淮南子二十一卷　(漢)劉安撰　(漢)高誘注　(清)莊逵吉校　清光緒二年(1876)浙江書局刻本　九行二十一字小字雙行同白口單魚尾左右雙邊　牌記題“光緒二年浙江書局據武進莊氏本校栞”　鈐有“山東濟南齊魯大學校圖書館”　六册

370000－1542－0002844　680/13　子部/雜著類

淮南子二十一卷　(漢)劉安撰　(漢)高誘注　(清)莊逵吉校　清嘉慶九年(1804)聚文堂刻本　十一行二十一字小字雙行同黑口四周單邊　内封題“嘉慶甲子重鐫　姑蘇聚文堂藏板”　鈐有“GOTCH-ROBINSON Jones Memorial Library UNION THEOLOGICAL COLLEGE”“山東濟南齊魯大學校圖書館”　五册

370000－1542－0002845　680/16　子部/雜著類

淮南天文訓補注二卷　(清)錢塘編　清光緒三年(1877)湖北崇文書局刻本　十二行二十四字小字雙行同黑口雙魚尾四周雙邊　牌記題"光緒三年三月湖北崇文書局開雕"　二冊

370000－1542－0002846　680/16　子部/雜著類

淮南天文訓補注二卷　(清)錢塘編　清光緒三年(1877)湖北崇文書局刻本　十二行二十四字小字雙行同黑口雙魚尾四周雙邊　牌記題"光緒三年三月湖北崇文書局開雕"　鈐有"齊魯大學圖書館藏書"　二冊

370000－1542－0002847　680/16　子部/雜著類

淮南天文訓補注二卷　(清)錢塘編　清光緒三年(1877)湖北崇文書局刻本　十二行二十四字小字雙行同黑口雙魚尾四周雙邊　牌記題"光緒三年三月湖北崇文書局開雕"　二冊

370000－1542－0002848　680/17　子部/雜著類

金樓子六卷　(南朝梁)蕭繹撰　清光緒元年(1875)湖北崇文書局刻本　十二行二十四字小字雙行同黑口雙魚尾四周雙邊　牌記題"光緒紀元夏月湖北崇文書局開雕"　二冊

370000－1542－0002849　680/24　子部/道家類

鶡冠子三卷　(宋)陸佃解　(明)王宇等評　清嘉慶九年(1804)聚文堂刻本　九行二十字小字雙行同白口單魚尾四周單邊　内封題"嘉慶甲子重鐫　姑蘇聚文堂藏板"　鈐有"GOTCH-ROBINSON Jones Memorial Library UNION THEOLOGICAL COLLEGE""山東濟南齊魯大學校圖書館"　一冊

370000－1542－0002850　680/24　子部/道家類

鶡冠子三卷　(宋)陸佃解　清光緒二十年(1894)福建增刻武英殿聚珍版書本　九行二十一字小字雙行同白口單魚尾四周雙邊　牌記題"光緒甲午增刻"　一冊

370000－1542－0002851　680/27　子部/雜著類

草木子四卷　(明)葉子奇撰　清光緒元年(1875)處州府署刻本　九行二十四字白口單魚尾左右雙邊　牌記題"光緒乙亥重刊處州府署藏版"　鈐有"齊魯大學圖書館藏書"　二冊

370000－1542－0002852　680/28　子部/雜著類

潛書二卷　(清)唐甄撰　(清)王聞遠編　清光緒三十二年(1906)山東官書局鉛字排印本　十行二十四字白口單魚尾四周雙邊　内封題"光緒三十二年八月山東全省官印書局重刊"　鈐有"齊魯大學圖書館藏書"　四冊

370000－1542－0002853　680/29　子部/雜著類

呂語集粹(呻吟語)四卷　(明)呂坤撰　(清)陳弘謀評　清光緒五年(1879)北平顧氏刻本　九行二十字白口單魚尾左右雙邊　内封題"蘇州綠蔭堂鎰記精造書籍章"　四冊

370000－1542－0002854　680/33　子部/雜著類

媿林漫録二卷　(明)瞿式耜撰　清光緒十六年(1890)江蘇書局刻本　十三行二十四字白口單魚尾左右雙邊　牌記題"光緒庚寅二月江蘇書局刊版"　鈐有"冰壺堂""冰壺""婁東周冰壺堂藏書印""石公無恙"　二冊

370000－1542－0002855　680/34　子部/雜著類

範家集略六卷　(清)秦坊輯　清同治十年(1871)木犀軒刻本　十一行二十二字白口單魚尾左右雙邊　牌記題"同治辛未夏木犀軒重栞"　四冊

370000－1542－0002856　680/35　子部/雜著類

經餘必讀八卷二編八卷三編四卷　(清)雷琳等輯　清光緒二年(1876)刻本　八行十六字小字雙行同白口單魚尾四周雙邊　内封題"光緒丙子刊　汲綆齋藏板"　鈐有"錦璋圖書""李方琮印""錦璋""護封"　十冊

370000－1542－0002857　680/2　子部/雜著類
人物志三卷　(三國魏)劉邵撰　(西凉)劉昞注　清影宋抄本　清鄭沅校跋　九行十七字小字雙行同　鈐有"靈溪精舍藏書之印""柯逢時印""南""浦""鄭沅""南浦氏"　一冊

370000－1542－0002858　466/1　子部/雜著類
四朝聞見録五卷　(宋)葉紹翁撰　清嘉慶十九年(1814)祝昌泰留香室校刻本　十行二十三字小字雙行同黑口單魚尾四周雙邊　二冊　存二卷(一至二)

370000－1542－0002859　611/2　子部/雜著類
浮邱子十二卷　(清)湯鵬撰　清同治四年(1865)湘陰李氏刻本　十二行二十七字白口單魚尾四周雙邊　鈐有"齊魯大學圖書館藏書"　四冊

370000－1542－0002860　611/2　子部/雜著類
浮邱子十二卷　(清)湯鵬撰　清宣統二年(1910)上海掃葉山房石印本　十四行三十字白口單魚尾四周雙邊　牌記題"宣統二年石印　掃葉山房"　鈐有"基督教齊魯大學圖書館"　六冊

370000－1542－0002861　611/10　子部/雜著類
天禄閣外史八卷　(漢)黄憲撰　清刻本　九行二十字白口單魚尾左右雙邊　四冊

370000－1542－0002862　611/10　子部/雜著類
天禄閣外史八卷　(漢)黄憲撰　清刻本　九行二十字白口單魚尾左右雙邊　二冊

370000－1542－0002863　612/50　子部/雜著類
嗇菴隨筆六卷　(清)陸文衡撰　清光緒二十三年(1897)吳江陸同壽校刻本　九行二十一字白口單魚尾四周雙邊　牌記題"光緒丁酉孟冬德清俞樾署檢"　二冊

370000－1542－0002864　613/1　子部/雜著類
經史答問四卷　(清)朱駿聲撰　清光緒二十年(1894)金陵刻本　八行二十字白口單魚尾四周雙邊　牌記題"光緒甲午栞于金陵"　四冊

370000－1542－0002865　613/9　子部/雜著類
困學紀聞二十卷　(宋)王應麟撰　(清)閻若璩校注　清同治九年(1870)揚州書局刻本　十一行二十字小字雙行二十八字白口單魚尾左右雙邊　牌記題"同治庚午初秋揚州書局重刊太原閻氏箋本"　鈐有"齊魯大學圖書館藏書"　四冊

370000－1542－0002866　613/9　子部/雜著類
困學紀聞二十卷　(宋)王應麟撰　(清)閻若璩校注　清同治九年(1870)揚州書局刻本　十一行二十字小字雙行二十八字白口單魚尾左右雙邊　牌記題"同治庚午初秋揚州書局重刊太原閻氏箋本"　四冊

370000－1542－0002867　613/9　子部/雜著類
困學紀聞二十卷　(宋)王應麟撰　(清)閻若璩校注　清同治九年(1870)揚州書局刻本　十一行二十字小字雙行二十八字白口單魚尾左右雙邊　牌記題"同治庚午初秋揚州書局重刊太原閻氏箋本"　四冊

370000－1542－0002868　613/37　子部/雜著類
校訂困學紀聞集證二十卷　(清)閻若璩等撰　(清)萬希槐輯　清嘉慶十八年(1813)上海掃葉山房刻本　十一行二十五字小字雙行三十三字黑口單魚尾左右雙邊　内封題"嘉慶十八年春季新鐫　掃葉山房藏板"　鈐有"掃葉山房督造書籍""基督教齊魯大學圖書館""山東濟南齊魯大學校圖書館"　十二冊

370000－1542－0002869　613/11　子部/雜著類

日知録三十二卷　(清)顧炎武撰　清經義齋刻本　十一行二十二字小字雙行同白口單魚尾左右雙邊　内封題"經義齋藏板"　十二册

370000－1542－0002870　613/10　子部/雜著類

日知録之餘四卷　(清)顧炎武撰　清宣統二年(1910)吴中刻本　十一行二十二字白口單魚尾左右雙邊　牌記題"宣統二年庚戌秋八月重栞于吴中"　二册

370000－1542－0002871　613/10　子部/雜著類

日知録之餘四卷　(清)顧炎武撰　清宣統二年(1910)吴中刻本　十一行二十二字白口單魚尾左右雙邊　牌記題"宣統二年庚戌秋八月重栞于吴中"　鈐有"齊魯大學圖書館藏書"　二册

370000－1542－0002872　613/10　子部/雜著類

日知録之餘四卷　(清)顧炎武撰　清宣統二年(1910)吴中刻本　十一行二十二字白口單魚尾左右雙邊　牌記題"宣統二年庚戌秋八月重栞于吴中"　二册

370000－1542－0002873　613/10　子部/雜著類

日知録之餘四卷　(清)顧炎武撰　清宣統二年(1910)順德鄧氏風雨樓叢書神州國光社鉛印本　十行三十二字黑口四周單邊　内封題"宣統庚戌四月鐫成"　二册

370000－1542－0002874　613/26　子部/雜著類

日知録集釋三十二卷刊误二卷續刊誤二卷首一卷　(清)顧炎武撰　(清)黄汝成集釋　清道光十四年至十八年(1834－1838)嘉定黄氏西溪草廬刻本　十一行二十二字小字雙行同黑口雙魚尾左右雙邊　内封題"道光十四年仲冬嘉定黄氏西谿草廬重刊定本"　刊誤内封題"道光十五年仲春嘉定黄氏刊於西谿草廬東之袖海樓"　續刊誤内封題"道光十八年孟秋三日刊於西谿草廬"　鈐有"齊魯大學圖書館藏書"　十二册

370000－1542－0002875　613/26　子部/雜著類

日知録集釋三十二卷刊误二卷續刊誤二卷首一卷　(清)顧炎武撰　(清)黄汝成集釋　清同治十一年(1872)湖北崇文書局刻本　十一行二十二字小字雙行同黑口雙魚尾四周雙邊　牌記題"同治壬申湖北崇文書局重雕"　十六册

370000－1542－0002876　613/26　子部/雜著類

日知録集釋三十二卷刊误二卷續刊誤二卷首一卷　(清)顧炎武撰　(清)黄汝成集釋　清光緒二十一年(1895)上海點石齋石印本　二十行四十一字小字雙行同白口單魚尾四周單邊　牌記題"光緒乙未孟夏之月上海點石齋石印"　鈐有"吴金鼎印"　六册

370000－1542－0002877　613/26　子部/雜著類

日知録集釋三十二卷刊误二卷續刊誤二卷首一卷　(清)顧炎武撰　(清)黄汝成集釋　清光緒二十一年(1895)上海點石齋石印本　二十行四十一字小字雙行同白口單魚尾四周單邊　牌記題"光緒乙未孟夏之月上海點石齋石印"　六册

370000－1542－0002878　613/26　子部/雜著類

日知録集釋三十二卷刊误二卷續刊誤二卷首一卷　(清)顧炎武撰　(清)黄汝成集釋　清同治十一年(1872)湖北崇文書局刻民國元年(1912)鄂官書處重印本　十一行二十二字小字雙行同黑口雙魚尾四周雙邊　牌記題"中華民國元年鄂官書處重刊本"　十六册

370000－1542－0002879　613/12　子部/雜著類

甕牖閒評八卷　(宋)袁文撰　清乾隆四十二年(1777)福建翻刻乾隆武英殿聚珍版書本道光二十七年(1847)遞修本　九行二十一字白口單魚尾四周雙邊　鈐有"齊魯大學圖書館

藏書” 二册

370000－1542－0002880 613/12 子部/雜著類

甕牖閒評八卷 (宋)袁文撰 清乾隆蘇州翻刻武英殿聚珍版書本 九行二十一字白口單魚尾四周雙邊 二册

370000－1542－0002881 613/13 子部/雜著類

能改齋漫録十八卷 (宋)吳曾撰 清乾隆四十二年(1777)福建翻刻乾隆武英殿聚珍版書本 九行二十一字白口單魚尾四周雙邊 八册

370000－1542－0002882 613/13 子部/雜著類

能改齋漫録十八卷附拾遺 (宋)吳曾撰 清乾隆四十二年(1777)福建翻刻乾隆武英殿聚珍版書本光緒增補本 九行二十一字白口單魚尾四周雙邊 鈐有“齊魯大學圖書館藏書” 八册

370000－1542－0002883 613/15 子部/雜著類

通藝録 (清)程瑶田撰 清嘉慶八年(1803)刻本 十行二十一字白口單魚尾左右雙邊 鈐有“紫藤華館”“時於此中得少佳趣” 二十册

370000－1542－0002884 613/15 子部/雜著類

通藝録 (清)程瑶田撰 清嘉慶八年(1803)刻本 十行二十一字白口單魚尾左右雙邊 鈐有“齊魯大學圖書館藏書” 二十四册

370000－1542－0002885 613/16 子部/雜著類

讀書雜志八十二卷餘編二卷 (清)王念孫撰 清同治九年(1870)金陵書局刻本 十行二十一字白口單魚尾四周雙邊 牌記題“同治庚午十一月金陵書局重栞” 二十四册

370000－1542－0002886 613/16 子部/雜著類

讀書雜志八十二卷餘編二卷 (清)王念孫撰 清光緒二十一年(1895)上海鴻文書局石印本 二十二行四十六字白口單魚尾四周雙邊 牌記題“光緒乙未上海鴻文書局印” 鈐有“震青手校”“震青珍藏圖書” 八册

370000－1542－0002887 613/17 子部/雜著類

癸巳類稿十五卷 (清)俞正燮撰 清道光十三年(1833)求日益齋刻本 十二行二十四字白口單魚尾四周雙邊 内封題“道光十有三年求日益齋箸錄” 十二册

370000－1542－0002888 613/17 子部/雜著類

癸巳存稿十五卷 (清)俞正燮撰 清光緒十年(1884)黟縣李氏刻本 十二行二十四字小字雙行同白口單魚尾四周雙邊 八册

370000－1542－0002889 613/18 子部/雜著類

過庭録十六卷 (清)宋翔鳳撰 清光緒七年(1881)會稽章氏刻本 十一行二十一字小字雙行同黑口雙魚尾四周單邊 牌記題“光緒七年十有一月會稽章氏重刻” 四册

370000－1542－0002890 613/19 子部/雜著類

十駕齋養新録二十卷餘録三卷 (清)錢大昕撰 清光緒二年(1876)浙江書局刻本 十行二十三字小字雙行同白口單魚尾左右雙邊 牌記題“光緒二年丙子浙江書局重刊” 八册

370000－1542－0002891 613/19 子部/雜著類

十駕齋養新録二十卷餘録三卷 (清)錢大昕撰 清刻本 十行二十三字小字雙行同白口單魚尾四周單邊 六册

370000－1542－0002892 613/20 子部/雜著類

譚誤四卷 (清)馬樸編 清同治九年(1870)敦倫堂刻本 十行二十三字白口單魚尾左右雙邊 内封題“同治庚午鐫 敦倫堂藏板” 鈐有“馬先登”“龍坊” 二册

370000－1542－0002893　613/21　子部/雜著類

義門讀書記五十八卷附行狀　(清)何焯撰　(清)蔣維鈞編　清光緒六年(1880)苕溪吳氏刻本　十四行二十二字黑口單魚尾左右雙邊　牌記題"乾隆辛未原本光緒庚辰重修苕溪吳氏藏板"　十六册

370000－1542－0002894　613/21　子部/雜著類

義門讀書記五十八卷附行狀　(清)何焯撰　(清)蔣維鈞編　清光緒六年(1880)苕溪吳氏刻本　十四行二十二字黑口單魚尾左右雙邊　牌記題"乾隆辛未原本光緒庚辰重修苕溪吳氏藏板"　鈐有"李錦章"　十二册

370000－1542－0002895　613/21　子部/雜著類

義門讀書記五十八卷附行狀　(清)何焯撰　(清)蔣維鈞編　清光緒六年(1880)苕溪吳氏刻本　十四行二十二字黑口單魚尾左右雙邊　牌記題"乾隆辛未原本光緒庚辰重修苕溪吳氏藏板"　十六册

370000－1542－0002896　613/22　子部/雜著類

述學六卷校勘記一卷附録一卷　(清)汪中撰　清同治八年(1869)揚州書局刻本　十三行三十字白口單魚尾左右雙邊　牌記題"同治八年己巳五月揚州書局重刊"　二册

370000－1542－0002897　613/22　子部/雜著類

述學六卷校勘記一卷附録一卷　(清)汪中撰　清同治八年(1869)揚州書局刻本　十三行三十字白口單魚尾左右雙邊　牌記題"同治八年己巳五月揚州書局重刊"　一册

370000－1542－0002898　613/22　子部/雜著類

述學六卷校勘記一卷附録一卷　(清)汪中撰　清同治八年(1869)揚州書局刻本　十三行三十字白口單魚尾左右雙邊　牌記題"同治八年己巳五月揚州書局重刊"　鈐有"齊魯大學圖書館藏書"　二册

370000－1542－0002899　613/22　子部/雜著類

述學六卷校勘記一卷附録一卷　(清)汪中撰　清同治八年(1869)揚州書局刻本　十三行三十字白口單魚尾左右雙邊　牌記題"同治八年己巳五月揚州書局重刊"　鈐有"王國維""濟南日本中學校"　二册

370000－1542－0002900　613/22　子部/雜著類

述學六卷校勘記一卷附録一卷　(清)汪中撰　清同治八年(1869)揚州書局刻本　十三行三十字白口單魚尾左右雙邊　牌記題"同治八年己巳五月揚州書局重刊"　鈐有"宲湖邱氏藏書印"　二册

370000－1542－0002901　613/24　子部/雜著類

乙卯札記一卷丙辰札記一卷　(清)章學誠撰　清宣統順德鄧氏風雨樓叢書神州國光社鉛印本　十行二十八字黑口四周單邊　内封題"順德鄧氏依桐城蕭氏鈔校本印行"　二册

370000－1542－0002902　613/25　子部/雜著類

信摭一卷　(清)章學誠撰　清宣統順德鄧氏風雨樓叢書神州國光社鉛印本　十行二十八字黑口四周單邊　内封題"順德鄧氏假常熟丁氏鈔校本鐫"　一册

370000－1542－0002903　613/27　子部/雜著類

東塾讀書記二十五卷　(清)陳澧撰　清光緒刻本　十二行二十四字小字雙行同黑口單魚尾四周單邊　内封題"濟南後宰門街山東書局發售"　四册

370000－1542－0002904　613/27　子部/雜著類

東塾讀書記十五卷　(清)陳澧撰　清光緒二十九年(1903)山東書局鉛印本　十一行二十九字小字雙行同白口四周雙邊　牌記題"光緒二十九年歲在癸卯山東書局排印"　鈐有

"齊魯大學圖書館藏書" 四册

370000－1542－0002905　613/29　子部/雜著類

求闕齋讀書録十卷 (清)曾國藩撰　清光緒二年(1876)琉璃廠龍文齋刻本　十行二十四字小字雙行同白口單魚尾左右雙邊　牌記題"光緒二年刊於都門　琉璃廠龍文齋刻字"　鈐有"齊魯大學圖書館藏書"　四册

370000－1542－0002906　613/30　子部/雜著類

耐安類稿十卷 (清)陳偉撰　清光緒二十二年(1896)刻本　十一行二十二字小字雙行同白口單魚尾左右雙邊　鈐有"齊魯大學圖書館藏書"　六册

370000－1542－0002907　613/31　子部/雜著類

敬齋古今黈八卷拾遺五卷 (元)李冶撰　清乾隆福建增刻武英殿聚珍版書本　九行二十一字白口單魚尾四周雙邊　鈐有"齊魯大學圖書館藏書"　五册

370000－1542－0002908　613/32　子部/雜著類

讀書偶筆二十卷 (清)董桂新撰　清同治五年(1866)賜硯堂刻本　十一行二十五字小字雙行同白口單魚尾四周雙邊　内封題"婺源賜硯堂藏板""同治丙寅仲秋開雕"　鈐有"齊魯大學圖書館藏書"　四册

370000－1542－0002909　613/35　子部/雜著類

考辨隨筆二卷 (清)黄定宜撰　清道光二十七年(1847)萍鄉文氏刻本　十行二十字小字雙行同白口單魚尾左右雙邊　内封題"道光丁未年冬月刊"　鈐有"齊魯大學圖書館藏書"二册

370000－1542－0002910　613/39　子部/雜著類

經史管窺六卷 (清)蕭曇撰　清嘉慶二十三年(1818)讀五千卷齋刻本　十行二十二字白口單魚尾左右雙邊　内封題"嘉慶戊寅春鐫讀五千卷齋藏板"　鈐有"齊魯大學圖書館藏書"　四册

370000－1542－0002911　613/41　子部/雜著類

白虎通四卷 (漢)班固撰　**白虎通義考一卷** (清)莊述祖撰　清嘉慶九年(1804)成錦堂刻本　十行二十字小字雙行同白口單魚尾四周單邊或四周雙邊或左右雙邊　内封題"嘉慶甲子重刊　成錦堂梓"　鈐有"董堅叔印""齊魯大學圖書館藏書"　五册

370000－1542－0002912　613/41　子部/雜著類

白虎通四卷 (漢)班固撰　**校勘補遺一卷** (清)盧文弨撰　**闕文一卷** (清)莊述祖輯　清翻刻盧文弨校本　十行二十字小字雙行同白口單魚尾左右雙邊或四周單邊　鈐有"齊魯大學圖書館藏書"　三册

370000－1542－0002913　613/42　子部/雜著類

羣書校補一百卷 (清)陸心源編　清同治、光緒間潛園總集刻本　十行二十字小字雙行同黑口單魚尾四周雙邊　鈐有"齊魯大學圖書館藏書"　二十四册

370000－1542－0002914　613/43　子部/雜著類

羣書拾補三十九卷 (清)盧文弨撰　清光緒十三年(1887)上海蜚英館石印本　十行二十一字小字雙行同白口單魚尾左右雙邊　内封題"光緒丁亥十月朔上海蜚英館石印"　鈐有"齊魯大學圖書館藏書"　八册

370000－1542－0002915　613/46　子部/雜著類

蛾術編八十二卷 (清)王鳴盛撰　(清)迮鶴壽校　清道光二十一年(1841)世楷堂刻本　十行二十一字小字雙行同白口單魚尾左右雙邊　内封題"世楷堂藏板""道光二十一年歲次辛丑春二月開雕"　鈐有"齊魯大學圖書館藏書"　十六册

370000－1542－0002916　613/46　子部/雜

著類

蛾術編八十二卷　(清)王鳴盛撰　(清)迮鶴壽校　清道光二十一年(1841)世楷堂刻本　十行二十一字小字雙行同白口單魚尾左右雙邊　内封題"世楷堂藏板""道光二十一年歲次辛丑春二月開雕"　二十四冊

370000－1542－0002917　613/47　子部/雜著類

援鶉堂筆記五十卷刊誤一卷刊誤補遺一卷　(清)姚範撰　(清)方東樹校訂　清道光十六年至十八年(1836－1838)姚瑩刻本　十一行二十三字小字雙行同黑口單魚尾左右雙邊　鈐有"齊魯大學圖書館藏書"　十六冊

370000－1542－0002918　613/48　子部/雜著類

讀書記疑(白田草堂續集)十六卷　(清)王懋竑撰　清同治十一年(1872)福建撫署刻本　十二行二十二字白口單魚尾左右雙邊　牌記題"歲在壬申中春月開雕於福建撫署"　鈐有"齊魯大學圖書館藏書"　八冊

370000－1542－0002919　613/49　子部/雜著類

讀書脞録七卷續編四卷　(清)孫志祖撰　**附弟子職一卷**　(清)孫同元注　清嘉慶四年至七年(1799－1802)刻本　十行二十一字小字雙行同白口單魚尾左右雙邊　内封題"嘉慶己未夏鐫"　續編内封題"嘉慶壬戌春鐫"　鈐有"齊魯大學圖書館藏書"　四冊

370000－1542－0002920　613/49　子部/雜著類

讀書脞録七卷　(清)孫志祖撰　清刻本　十行二十一字小字雙行同白口單魚尾左右雙邊　四冊

370000－1542－0002921　613/50　子部/雜著類

札迻十二卷　(清)孫詒讓撰　清光緒二十一年(1895)刻本　十二行二十三字小字雙行同黑口雙魚尾左右雙邊　牌記題"光緒廿年刊成籀高"　鈐有"齊魯大學圖書館藏書"　四冊

370000－1542－0002922　613/51　子部/雜著類

羣書疑辨十二卷　(清)萬斯同撰　清嘉慶二十一年(1816)供石亭刻本　十行二十字小字雙行同白口單魚尾四周單邊　内封題"嘉慶丙子春月開雕　供石亭藏板"　鈐有"紉秋蘭以為佩""珍芸閣王氏珍藏""鳳山居士是吾樂""守經軒王""真州吳氏有福讀書堂藏書""齊魯大學圖書館藏書"　六冊

370000－1542－0002923　613/52　子部/雜著類

無邪堂答問五卷　(清)朱一新撰　清光緒二十一年(1895)廣雅書局刻本　十一行二十四字小字雙行同黑口單魚尾四周單邊　内封題"光緒二十一年春二月廣雅書局刊"　鈐有"齊魯大學圖書館藏書"　五冊

370000－1542－0002924　613/52　子部/雜著類

無邪堂答問五卷　(清)朱一新撰　清光緒二十一年(1895)廣雅書局刻本　十一行二十四字小字雙行同黑口單魚尾四周單邊　内封題"光緒二十一年春二月廣雅書局刊"　五冊

370000－1542－0002925　551/3　子部/雜著類

槐廳載筆二十卷　(清)法式善編　清嘉慶四年(1799)刻本　十二行二十四字小字雙行同黑口雙魚尾四周單邊　六冊

370000－1542－0002926　613/66　子部/雜著類

履園叢話二十四卷　(清)錢泳輯　清同治九年(1870)虞山錢氏補刻本　九行二十二字黑口單魚尾四周單邊　内封題"道光三年歲在癸未卯月虞山錢氏開雕"　鈐有"子駿暫有"　十二冊

370000－1542－0002927　613/69　子部/雜著類

吹網録六卷　(清)葉廷琯撰　清同治八年(1869)刻本　十行二十四字小字雙行同白口

左右雙邊　牌記題“同治八年夏六月開雕冬十月蕆工嘉興唐翰題署”　四册

370000－1542－0002928　613/69　子部/雜著類

吹綱録六卷　（清）葉廷琯撰　清同治八年（1869）刻本　十行二十四字小字雙行同白口左右雙邊　牌記題“同治八年夏六月開雕冬十月蕆工嘉興唐翰題署”　鈐有“王德森印”“嚴士一號潄六”　二册

370000－1542－0002929　613/70　子部/雜著類

讀書鏡二卷　（明）陳繼儒撰　清光緒六年（1880）泰州宫氏春雨草堂刻本　佚名注　九行十九字白口單魚尾四周雙邊　内封題“光緒六年栞　泰州宫氏春雨艸堂板　現存山東濟南”　鈐有“經州蔣氏箸生臧書記”　二册

370000－1542－0002930　613/71　子部/雜著類

事物原會四十卷　（清）汪汲撰　清嘉慶元年（1796）古愚山房刻古愚老人消夏録叢書本　九行二十四字小字雙行同白口單魚尾四周雙邊　鈐有“愛日樓”“元和吴石君戊戌以後所得書”　六册

370000－1542－0002931　613/73　子部/雜著類

巖下放言三卷拾遺一卷　（宋）葉夢得撰　清道光二十六年（1846）葉氏輯校刻本　十行二十二字小字雙行同白口單魚尾左右雙邊　内封題“道光二十六年丙午春三月裔孫鍾安山虔元冠山覆校刊版”　一册

370000－1542－0002932　613/84　子部/雜著類

雲谷雜記四卷　（宋）張淏撰　清乾隆四十二年（1777）福建翻刻乾隆武英殿聚珍版書本　九行二十一字白口單魚尾四周雙邊　鈐有“齊魯大學圖書館藏書”　二册

370000－1542－0002933　613/86　子部/雜著類

懷小編二十卷　（清）沈濂撰　清咸豐四年（1854）始言堂刻沈蓮溪先生全集本　十行二十一字小字雙行同黑口單魚尾四周雙邊　内封題“始言堂藏版”　牌記題“咸豐四年甲寅八月訖功”　鈐有“齊魯大學圖書館藏書”　六册

370000－1542－0002934　613/94　子部/雜著類

點勘記二卷附省堂筆記　（清）歐陽泉撰　清光緒九年（1883）寶硯齋刻本　十一行二十四字小字雙行同黑口雙魚尾左右雙邊　牌記題“光緒九年秋日刊於資中官舍”　二册

370000－1542－0002935　613/96　子部/雜著類

炳燭編四卷　（清）李賡芸撰　清光緒四年（1878）宏達堂刻本　十三行二十二字黑口雙魚尾四周雙邊　牌記題“光緒四年孟冬宏達堂開刊”　鈐有“柯敬孺收藏印”“訓忠之家”“州山堂印”　二册

370000－1542－0002936　028/16　子部/雜著類

鴻苞節録十卷　（明）屠隆撰　（清）屠繼烈編　清咸豐七年（1857）屠繼烈刻本　八行十九字四周單邊　内封題“保硯齋藏板”　牌記題“咸豐七年秋八月章邱縣署刻成”　鈐有“齊魯大學圖書館藏書”　十册

370000－1542－0002937　028/16　子部/雜著類

鴻苞節録十卷　（明）屠隆撰　（清）屠繼烈編　清咸豐七年（1857）屠繼烈刻本　八行十九字四周單邊　内封題“保硯齋藏板”　牌記題“咸豐七年秋八月章邱縣署刻成”　十册

370000－1542－0002938　028/16　子部/雜著類

鴻苞節録十卷　（明）屠隆撰　（清）屠繼烈編　清咸豐七年（1857）屠繼烈刻本　八行十九字四周單邊　内封題“保硯齋藏板”　牌記題“咸豐七年秋八月章邱縣署刻成”　十册

370000－1542－0002939　029/30　子部/雜著類

巾經纂二十卷　(清)宋宗元撰　清光緒十六年(1890)據乾隆網師園版刻本　九行二十字白口單魚尾左右雙邊　牌記題"光緒庚寅依網師園原本重刊"　五冊

370000－1542－0002940　640/1　子部/墨家類

墨子閒詁十五卷目録一卷附録一卷後語二卷　(清)孫詒讓輯　清宣統二年(1910)刻本　十二行二十字小字雙行同白口左右雙邊　封面題"定本墨子閒詁　宣統二年庚戌夏六孫詒澤題"　八冊

370000－1542－0002941　640/1　子部/墨家類

墨子閒詁十五卷目録一卷附録一卷後語二卷　(清)孫詒讓輯　清宣統二年(1910)刻本　十二行二十字小字雙行同白口左右雙邊　封面題"定本墨子閒詁　宣統二年庚戌夏六孫詒澤題"　鈐有"齊魯大學圖書館藏書"　八冊

370000－1542－0002942　640/3　子部/墨家類

墨子十五卷　(清)畢沅校　清光緒二十三年(1897)圖書集成局鉛印本　十三行四十字小字雙行同白口雙魚尾四周單邊　牌記題"光緒丁酉年圖書集成局據畢氏靈巖山館校印"　鈐有"璧輝"　二冊

370000－1542－0002943　640/6　子部/墨家類

墨子經説解二卷　(清)張惠言撰　清宣統元年(1909)國學保存會據稿本影印本　十行二十一字黑口四周雙邊　内封題"國學保存會己酉印行本"　一冊

370000－1542－0002944　039/136　子部/雜著類

琅環獺祭十二種　(□)□□輯　清光緒二十年(1894)文選樓石印本　十四行三十四字白口單魚尾四周雙邊　内封題"光緒甲午年文選樓校印"　鈐有"文選樓""猶堪一戰"　六冊

370000－1542－0002945　039/136　子部/雜著類

琅環獺祭十二種　(□)□□輯　清光緒二十年(1894)文選樓石印本　十四行三十四字白口單魚尾四周雙邊　内封題"光緒甲午年文選樓校印"　鈐有"文選樓""齊魯大學圖書館藏書"　六冊

370000－1542－0002946　551/1　子部/雜著類

翼教叢編六卷　(清)蘇輿編　清光緒二十四年(1898)武昌刻本　十二行二十四字黑口單魚尾左右雙邊　牌記題"光緒二十四年八月武昌重刻本"　鈐有"私立齊魯大學國學研究所藏書之章"　三冊

370000－1542－0002947　613/33　子部/雜著類

小學盦遺書四卷　(清)錢復撰　清光緒二十一年(1895)海寧清風室叢刊刻本　十一行二十三字黑口雙魚尾四周雙邊　牌記題"光緒乙未六月刊于什邡"　鈐有"齊魯大學圖書館藏書"　一冊

370000－1542－0002948　613/33　子部/雜著類

小學盦遺書四卷　(清)錢復撰　清光緒二十一年(1895)海寧清風室叢刊刻本　十一行二十三字黑口雙魚尾四周雙邊　牌記題"光緒乙未六月刊于什邡"　鈐有"齊魯大學圖書館藏書"　一冊

370000－1542－0002949　613/34　子部/雜著類

釀蜜集四卷　(清)浦起龍撰　清光緒二十七年(1901)靜寄東軒家塾刻本　十行二十三字小字雙行同白口單魚尾四周雙邊　鈐有"齊魯大學圖書館藏書"　四冊

370000－1542－0002950　680/39　子部/雜著類

齊魯講學編　(清)尹銘綬編　清光緒三十年(1904)承文信木活字排印本　十二行三十四字白口單魚尾四周單邊　一冊　存一卷(二)

370000－1542－0002951　600/17　子部/雜著類
意林五卷　(唐)馬總編　清光緒三年(1877)湖北崇文書局刻本　十二行二十四字小字雙行同黑口雙魚尾四周雙邊　牌記題“光緒三年三月湖北崇文書局開雕”　鈐有“壯學堂”　二册

370000－1542－0002952　600/17　子部/雜著類
意林六卷　(唐)馬總編　清乾隆四十二年(1777)福建翻刻武英殿聚珍版書本光緒二十年(1894)補刻本　九行二十一字小字雙行同白口單魚尾四周雙邊　二册

370000－1542－0002953　600/17　子部/雜著類
意林六卷　(唐)馬總編　清刻本　九行二十一字小字雙行同白口單魚尾四周雙邊　鈐有“黄梅華屋所藏”“羅氏”“東樵老人”　二册

370000－1542－0002954　600/20　子部/雜著類
論理學綱要　(日本)十時彌撰　(清)田吳炤譯　清光緒二十九年(1903)上海商務印書館鉛字排印本　十五行三十二字黑口單魚尾四周單邊　鈐有“基督教齊魯大學圖書館”　一册

370000－1542－0002955　612/61　子部/雜著類
性學舉隅二卷　(美國)丁韙良撰　清光緒二十四年(1898)上海廣學會鉛印本　十行十九字黑口單魚尾四周花邊　内封題“大清光緒二十四年歲次戊戌”“上海廣學會藏版美華書館擺印”　鈐有“山東濟南齊魯大學校圖書館”　一册

370000－1542－0002956　612/61　子部/雜著類
性學舉隅二卷　(美國)丁韙良撰　清光緒二十四年(1898)上海廣學會鉛印本　十行十九字黑口單魚尾四周花邊　内封題“大清光緒二十四年歲次戊戌”“上海廣學會藏版美華書館擺印”　鈐有“山東濟南齊魯大學校圖書館”　一册

370000－1542－0002957　611/12　子部/雜著類
京師大學堂倫理學講義　張鶴齡撰　清末鉛字排印本　十二行三十二字黑口四周雙邊　鈐有“山東濟南齊魯大學校圖書館”“基督教齊魯大學圖書館”　一册

370000－1542－0002958　814/4　子部/小説家類
古今説海一百三十五種一百四十二卷　(明)陸楫輯　清道光元年(1821)苕溪邵氏酉山堂刻本　八行十六字白口雙白魚尾左右雙邊　牌記題“道光元年苕溪邵氏酉山堂重刊”　二十册

370000－1542－0002959　814/4　子部/小説家類
古今説海一百三十五種一百四十二卷　(明)陸楫輯　清道光元年(1821)苕溪邵氏酉山堂刻本　八行十六字白口雙白魚尾左右雙邊　牌記題“道光元年苕溪邵氏酉山堂重刊”　十二册

370000－1542－0002960　814/8　子部/小説家類
稗海七十種　(明)商濬輯　(清)李孝源重訂　明萬曆會稽商氏半埜堂刻清康熙振鷺堂重編補刻乾隆修補重訂印本　九行二十字小字雙行同白口單魚尾四周單邊　内封題“臨川李穆堂纂輯　本衙藏板”　七十册　缺第四函十册

370000－1542－0002961　814/8　子部/小説家類
稗海七十種　(明)商濬輯　(清)李孝源重訂　明萬曆會稽商氏半埜堂刻清康熙振鷺堂重編補刻乾隆修補重訂印本　九行二十字小字雙行同白口單魚尾四周單邊　八十册

370000－1542－0002962　814/11　子部/小説家類
説鈴前集三十七種後集十九種　(清)吳震方輯　清道光五年(1825)江蘇聚秀堂刻本　九行二十一字黑口雙魚尾左右雙邊　内封題

"道光五年重鐫　聚秀堂藏版"　三十二册

370000－1542－0002963　814/11　子部/小説家類

説鈴前集三十七種後集十九種　(清)吴震方輯　清嘉慶五年(1800)明新堂刻本　九行二十一字黑口雙魚尾左右雙邊　内封題"嘉慶五年重鐫　明新堂藏板"　鈐有"齊魯大學圖書館藏書"　三十一册　缺二種四卷(板橋雜記三卷、簪雲樓雜説一卷)

370000－1542－0002964　814/11　子部/小説家類

説鈴前集三十三種後集十九種　(清)吴震方輯　清康熙四十四年(1705)序刻本　十一行二十五字黑口雙魚尾左右雙邊　鈐有"葉德輝焕彬甫藏閲書""放遊志平雲中""齊魯大學圖書館藏書"　二十册

370000－1542－0002965　814/33　子部/小説家類

古今説部叢書十集　國學扶輪社輯　清宣統三年(1911)上海國學扶輪社鉛印本　十三行三十字黑口四周單邊　無格　鈐有"齊魯大學圖書館藏書"　三十六册　缺四集(一、八至十)

370000－1542－0002966　814.5/2　子部/小説家類

唐人説薈(唐代叢書)一百六十四種　(清)陳世熙輯　清嘉慶十一年(1806)序刻本　九行二十一字白口單魚尾左右雙邊　無格　内封題"天門渤海家藏原本"　二十四册

370000－1542－0002967　814.5/2　子部/小説家類

唐人説薈(唐代叢書)一百六十四種　(清)陳世熙輯　清同治十年(1871)北京琉璃廠刻本　九行二十一字白口單魚尾四周雙邊　無格　内封題"同治十年新鐫　京都琉璃廠藏板"　鈐有"惜雲余子""士楨""述盦"　二十二册

370000－1542－0002968　814.5/2　子部/小説家類

唐人説薈(唐代叢書)一百六十四種　(清)陳世熙輯　清宣統三年(1911)上海掃葉山房石印本　十五行三十二字白口單魚尾四周雙邊　内封題"宣統三年石印　掃葉山房"　鈐有"齊魯大學圖書館藏書"　十六册

370000－1542－0002969　214/3　子部/小説家類

博物志十卷　(晉)張華撰　清光緒元年(1875)湖北崇文書局刻本　十二行二十四字黑口單魚尾四周雙邊　牌記題"光緒紀元夏月湖北崇文書局開雕"　鈐有"吴金鼎印"　一册

370000－1542－0002970　214/4　子部/小説家類

續博物志十卷　(宋)李石撰　清光緒元年(1875)湖北崇文書局刻本　十二行二十四字黑口單魚尾四周雙邊　牌記題"光緒紀元夏月湖北崇文書局開雕"　鈐有"吴金鼎印"　一册

370000－1542－0002971　814/17　子部/小説家類

太平廣記五百卷目録十卷　(宋)李昉等編　清嘉慶元年(1796)槐蔭草堂覆刻黄晟校刻本　十二行二十二字白口單魚尾四周雙邊　内封題"嘉慶元年重鐫　槐蔭草堂藏板"　鈐有"齊魯大學圖書館藏書"　六十四册

370000－1542－0002972　814/17　子部/小説家類

太平廣記五百卷目録十卷　(宋)李昉等編　清嘉慶十一年(1806)姑蘇聚文堂覆刻黄晟校刻本　周之楨識　十二行二十二字白口單魚尾四周雙邊　内封題"嘉慶丙寅年鐫　天都黄曉峰校刊　姑蘇聚文堂藏板"　鈐有"退舟""齊魯大學圖書館藏書""津逮宧""子幹别號退舟"　四十八册

370000－1542－0002973　814/17　子部/小説家類

太平廣記五百卷目録十卷　(宋)李昉等編　清道光二十六年(1846)三讓睦記刻本　十二

行二十二字白口單魚尾四周雙邊　内封題“道光丙午年鐫　三讓睦記藏板”　四十三冊

370000－1542－0002974　814.8/14　子部/小説家類

七修類稿五十一卷續稿七卷　（明）郎瑛撰　清光緒六年（1880）廣州翰墨園刻本　九行二十字小字雙行同黑口左右雙邊　内封題“光緒庚辰廣州翰墨園重刊”　鈐有“李錦章”　十二冊

370000－1542－0002975　814/1　子部/小説家類

情史類略二十四卷　（明）馮夢龍輯　清道光二十八年（1848）三讓堂刻本　十一行二十四字眉批小字雙行三字白口單魚尾四周單邊　無格　内封題“道光戊申新鐫　三讓堂梓行”　十冊

370000－1542－0002976　814/47　子部/小説家類

虞初新志二十卷　（清）張潮輯　清小嫏嬛山館校刻本　十行十九字白口單魚尾四周單邊　無格　六冊

370000－1542－0002977　814.9/2　子部/小説家類

虞初新志四卷　（清）望海樓主人輯　清光緒三十二年（1906）上海朝記書莊石印本　十四行三十二字黑口單魚尾四周雙邊　内封題“朝記書莊印行”　二冊

370000－1542－0002978　814.9/51　子部/小説家類

虞初續志十二卷　（清）鄭澍若輯　清咸豐元年（1851）嫏嬛山館刻本　十行十九字白口單魚尾四周單邊　内封題“咸豐元年重刊　嫏嬛山館重刻本”　四冊

370000－1542－0002979　814.9/76　子部/小説家類

廣虞初新志四十卷　（清）黄承增輯　清嘉慶八年（1803）寄鷗閒舫刻本　九行二十字白口單魚尾四周雙邊　無格　内封面“嘉慶癸亥開雕　寄鷗閒舫藏板”　鈐有“齊魯大學圖書館藏書”　二十冊

370000－1542－0002980　814.6/2　子部/小説家類

宋人小説類編四卷補鈔一卷　（清）秋紅晚翠軒餘叟編　清同治十年（1871）刻本　十行二十二字下黑口雙魚尾四周雙邊　内封題“同治辛未孟夏開雕”　鈐有“私立齊魯大學國學研究所藏書之章”　四冊

370000－1542－0002981　814.5/6　子部/小説家類

摭言十五卷　（五代）王定保撰　清刻本　十行二十一字小字雙行同白口單魚尾四周單邊　内封題“乾隆丙子鐫　雅雨堂藏板”　鈐有“齊魯大學圖書館藏書”　二冊

370000－1542－0002982　814.5/8　子部/小説家類

鑑誡録十卷　（五代）何光遠撰　清光緒三年（1877）湖北崇文書局刻本　十二行二十四字小字雙行同黑口雙魚尾四周雙邊　内封題“光緒三年三月湖北崇文書局開雕”　鈐有“壯學堂”“石君辛巳以後所得書”　二冊

370000－1542－0002983　814.6/3　子部/小説家類

世説新語三卷　（南朝宋）劉義慶撰　（南朝梁）劉孝標注　清光緒十七年（1891）湖南思賢講舍刻本　十一行二十四字小字雙行同黑口單魚尾左右雙邊　内封題“光緒十有七年思賢講舍開雕”　四冊

370000－1542－0002984　814.6/3　子部/小説家類

世説新語六卷　（南朝宋）劉義慶撰　（南朝梁）劉孝標注　清光緒三年（1877）湖北崇文書局刻本　清芋禪批校題跋　十二行二十四字小字雙行同黑口雙魚尾四周雙邊　内封題“光緒三年三月湖北崇文書局開雕”　鈐有“壯學堂”　四冊

370000－1542－0002985　814.5/5　子部/小説家類

酉陽雜俎二十卷　（唐）段成式撰　清光緒三

年(1877)湖北崇文書局刻本　十二行二十四字小字雙行同黑口雙魚尾四周雙邊　内封題“光緒三年三月湖北崇文書局開雕”　四册

370000－1542－0002986　814.5/5－2　子部/小説家類

酉陽雜俎續集十卷　(唐)段成式撰　清光緒三年(1877)湖北崇文書局刻本　十二行二十四字小字雙行同黑口雙魚尾四周雙邊　内封題“光緒三年三月湖北崇文書局開雕”　二册

370000－1542－0002987　814.5/3　子部/小説家類

唐語林八卷附校勘記　(宋)王讜撰　清光緒十九年(1893)湖北官書處刻本　十二行二十四字小字雙行同黑口雙魚尾四周雙邊　内封題“光緒十九年夏湖北官書處開雕用守山閣本”　鈐有“齊魯大學圖書館藏書”　四册

370000－1542－0002988　814.5/3　子部/小説家類

唐語林八卷附校勘記　(宋)王讜撰　清光緒十九年(1893)湖北官書處刻本　十二行二十四字小字雙行同黑口雙魚尾四周雙邊　内封題“光緒十九年夏湖北官書處開雕用守山閣本”　四册

370000－1542－0002989　814.5/3　子部/小説家類

唐語林八卷附校勘記二卷　(宋)王讜撰　清光緒福建翻刻乾隆武英殿聚珍版書本　九行二十一字小字雙行同白口單魚尾四周雙邊　鈐有“齊魯大學圖書館藏書”　七册

370000－1542－0002990　814.6/5　子部/小説家類

涑水記聞十六卷　(宋)司馬光撰　清乾隆四十二年(1777)福建翻刻武英殿聚珍版書本　九行二十一字小字雙行同白口單魚尾四周雙邊　鈐有“齊魯大學圖書館藏書”　四册

370000－1542－0002991　814.6/5　子部/雜著類

涑水記聞十六卷附補遺一卷　(宋)司馬光撰　清光緒三年(1877)湖北崇文書局刻本　十二行二十四字小字雙行同黑口雙魚尾四周雙邊　内封題“光緒三年三月湖北崇文書局開雕”　鈐有“齊魯大學圖書館藏書”　四册

370000－1542－0002992　814.6/5　子部/雜著類

涑水記聞十六卷附補遺一卷　(宋)司馬光撰　清光緒三年(1877)湖北崇文書局刻本　十二行二十四字小字雙行同黑口雙魚尾四周雙邊　内封題“光緒三年三月湖北崇文書局開雕”　鈐有“壯學堂”“石君辛巳以後所得書”　四册

370000－1542－0002993　814.6/15　子部/小説家類

清異録二卷　(宋)陶穀撰　清光緒元年(1875)陳氏庸閒齋刻本　十一行二十一字小字雙行同黑口雙魚尾左右雙邊　内封題“光緒乙亥冬十月陳氏庸閒齋重刊”　二册

370000－1542－0002994　814.6/17　子部/小説家類

友會談叢三卷　(宋)上官融撰　清光緒歸安陸氏刻本　八行十八字黑口四周雙邊　鈐有“華東大學圖書館藏書章”　一册

370000－1542－0002995　814.6/19　子部/雜著類

老學庵筆記十卷　(宋)陸遊撰　清光緒三年(1877)湖北崇文書局刻本　清芋禪圈點題跋　十二行二十四字小字雙行同黑口雙魚尾四周雙邊　内封題“光緒三年三月湖北崇文書局開雕”　鈐有“壯學堂”“芋禪”　二册

370000－1542－0002996　814.6/19　子部/雜著類

老學庵筆記十卷　(宋)陸遊撰　清宣統三年(1911)上海掃葉山房石印本　十四行三十二字小字雙行同白口單魚尾四周雙邊　内封題“宣統三年石印　掃葉山房”　鈐有“齊魯大學圖書館藏書”　二册

370000－1542－0002997　814.6/44　子部/小説家類

湘山野録三卷續湘山野録一卷　(宋)釋文瑩

撰　清嘉慶十年(1805)張海鵬照曠閣刻本　九行二十一字小字雙行同黑口左右雙邊　二册

370000－1542－0002998　814.7/1　子部/小説家類

輟耕録三十卷　(明)陶宗儀撰　清光緒十一年(1885)上海福瀛書局刻本　十行二十一字小字雙行同白口左右雙邊　無格　内封題"光緒乙酉上海福瀛書局重刊發兑"　八册

370000－1542－0002999　814.8/55　子部/小説家類

增訂一夕話新集六卷　(明)咄咄夫編　(清)咄咄子增訂　清三餘堂刻本　病鶚題　十行二十五字白口單魚尾四周單邊　内封題"三餘堂梓行"　四册

370000－1542－0003000　814/51　子部/小説家類

昨非録十二卷　(明)鄭諠明撰　清光緒十一年(1885)胡燏棻據道光二十一年(1841)王楨抄本重抄本　八行二十字　二册

370000－1542－0003001　814/125　子部/小説家類

異聞益智叢録三十四卷　(清)種蕉藝蘭生輯　清光緒二十六年(1900)江南書局鉛印本　十二行三十二字白口單魚尾四周雙邊　内封題"光緒庚子夏江南書局印"　八册

370000－1542－0003002　814/161　子部/小説家類

夢厂雜著十卷　(清)俞蛟撰　清同治九年(1870)刻本　八行十八字白口單魚尾左右雙邊　内封題"同治九年鐫　本堂藏板"　八册

370000－1542－0003003　814.9/19　子部/小説家類

兩般秋雨盦隨筆八卷　(清)梁紹壬編　清光緒二十二年(1896)上海古香閣校刻本　九行二十一字黑口左右雙邊　内封題"光緒丙申年冬月上海古香閣校刊"　八册

370000－1542－0003004　814.9/19　子部/小説家類

兩般秋雨盦隨筆八卷　(清)梁紹壬編　清宣統元年(1909)上海掃葉山房石印本　十六行三十八字白口單魚尾四周雙邊　内封題"宣統元年石印　掃葉山房"　鈐有"嶽麓寺僧"　四册

370000－1542－0003005　814.9/20　子部/小説家類

椒生隨筆八卷　(清)王之春撰　清光緒七年(1881)刻本　九行二十字下黑口單魚尾左右雙邊　四册

370000－1542－0003006　814.9/21　子部/小説家類

北東園筆録初編六卷二編六卷三編六卷四編六卷　(清)梁恭辰撰　清同治五年(1866)河南刻本　九行二十二字白口單魚尾左右雙邊　内封題"同治五年五月鐫　板存汴城河道門東口許義文齋刻字店"　八册

370000－1542－0003007　814.9/71　子部/小説家類

歸田瑣記八卷　(清)梁章鉅撰　清道光二十五年(1845)刻本　十行二十二字黑口單魚尾左右雙邊　内封題"道光乙巳年刻　北東園藏板"　鈐有"南海譚氏藏書畫印""南州書樓藏書"　二册

370000－1542－0003008　814.9/71　子部/小説家類

歸田瑣記八卷　(清)梁章鉅撰　清刻本　九行二十二字白口單魚尾四周雙邊　内封題"道光乙巳年刻　北東園藏板"　鈐有"齊魯大學圖書館藏書"　四册

370000－1542－0003009　814.9/147　子部/小説家類

浪跡叢談十一卷　(清)梁章鉅撰　清道光二十七年(1847)亦東園刻本　十行二十二字下黑口單魚尾左右雙邊　内封題"道光丁未冬亦東園藏板"　四册

370000－1542－0003010　814.9/148　子部/小説家類

浪跡續談八卷　(清)梁章鉅撰　清道光二十八年(1848)亦東園刻本　十行二十二字下黑口單魚尾左右雙邊　内封題“道光戊申冬亦東園藏板”　二册

370000－1542－0003011　814.9/28　子部/小説家類

浪跡三談六卷　(清)梁章鉅撰　清咸豐福州梁氏校刻本杭州鄭氏小琳瑯館印本　十行二十二字下黑口單魚尾左右雙邊　内封題“福州梁氏校刻版今歸杭縣鄭氏小琳瑯館”　二册

370000－1542－0003012　814.9/28　子部/小説家類

浪跡三談六卷　(清)梁章鉅撰　清咸豐福州梁氏校刻本杭州鄭氏小琳瑯館印本　十行二十二字下黑口單魚尾左右雙邊　内封題“福州梁氏校刻版今歸杭縣鄭氏小琳瑯館”　二册

370000－1542－0003013　814.9/24　子部/雜著類

此木軒雜著八卷　(清)焦袁熹撰　清光緒八年(1882)上海席氏掃葉山房刻本　十行二十字白口單魚尾左右雙邊　内封題“光緒八年歲次壬午席氏掃葉山房藏板”　鈐有“書業德記發兑”　四册

370000－1542－0003014　814.9/29　子部/雜著類

池上草堂筆記(勸戒四録)六卷　(清)梁恭辰撰　清同治十二年(1873)刻本　九行二十二字白口單魚尾四周雙邊　二册

370000－1542－0003015　814.9/29－2　子部/雜著類

池上草堂筆記續録二卷　(清)梁恭辰撰　清咸豐刻本　九行二十二字白口單魚尾四周雙邊　一册

370000－1542－0003016　814.9/32　子部/小説家類

鄉園憶舊録六卷　(清)王培荀撰　清道光二十五年(1845)自刻本　十行二十一字小字雙行同白口單魚尾左右雙邊　内封題“道光乙巳鐫”　六册

370000－1542－0003017　814.9/32　子部/小説家類

鄉園憶舊録八卷　(清)王培荀撰　清增刻道光本　十行二十一字小字雙行同白口單魚尾左右雙邊　鈐有“紹庭觀過”“忠堂”　八册

370000－1542－0003018　814.9/33　子部/小説家類

閒情偶寄六卷　(清)李漁撰　清刻本　十行二十字白口單魚尾四周雙邊　内封題“本衙藏板”　鈐有“華東大學圖書館藏書章”　六册

370000－1542－0003019　814.9/36　子部/小説家類

南漘楛語八卷　(清)蔣超伯輯　清同治十年(1871)兩廣山房刻本　十二行二十三字小字雙行同白口雙魚尾四周單邊　内封題“辛未秋鐫　兩廣山房校栞”　四册

370000－1542－0003020　814.9/37　子部/小説家類

嘯亭雜録十卷　(清)昭槤撰　清光緒申報館鉛印本　十二行二十四字白口單魚尾　内封題“申報館仿袖珍板印”　鈐有“齊魯大學圖書館藏書”　八册

370000－1542－0003021　814.9/38　子部/小説家類

堅瓠集四十卷續集四卷餘集四卷廣集四卷祕集六卷補集六卷　(清)褚人獲輯　清崇德書院刻本　八行十六字白口單魚尾四周單邊　内封題“崇德書院藏版”　三十二册

370000－1542－0003022　814.9/39　子部/小説家類

小滄浪筆談四卷　(清)阮元撰　清光緒二十六年(1900)江蘇書局刻本　十行二十字小字雙行同黑口單魚尾四周單邊　内封題“嘉慶七年浙江節院栞板”“光緒庚子六月江蘇書局重雕”　二册

370000 - 1542 - 0003023　814.9/40　子部/小説家類

定香亭筆談四卷　(清)阮元撰　清光緒二十五年(1899)浙江書局刻本　十行二十字小字雙行同白口單魚尾左右雙邊　内封題"嘉慶七年浙江節院栞板""光緒庚子六月江蘇書局重雕"　鈐有"齊魯大學圖書館藏書"　四册

370000 - 1542 - 0003024　814.9/40　子部/小説家類

定香亭筆談四卷　(清)阮元撰　清光緒二十五年(1899)浙江書局刻本　十行二十字小字雙行同白口單魚尾左右雙邊　内封題"嘉慶七年浙江節院栞板""光緒庚子六月江蘇書局重雕"　四册

370000 - 1542 - 0003025　814.9/43　子部/小説家類

阮庵筆記五種　況周頤撰　清光緒三十三年(1907)刻本　十一行二十二字黑口雙魚尾四周單邊　内封題"光緒丁未鍥亏白門"　二册

370000 - 1542 - 0003026　814.9/44　子部/小説家類

竹葉亭雜記八卷　(清)姚元之撰　清光緒十九年(1893)刻本　十二行二十四字小字雙行同黑口單魚尾四周雙邊　内封題"光緒癸巳七月陽湖汪洵署檢"　鈐有"肖齋""齊魯大學圖書館藏書""皖湖葉氏珍藏"　二册

370000 - 1542 - 0003027　814.9/44　子部/小説家類

竹葉亭雜記八卷　(清)姚元之撰　清光緒十九年(1893)刻本　十二行二十四字小字雙行同黑口單魚尾四周雙邊　内封題"光緒癸巳七月陽湖汪洵署檢"　二册

370000 - 1542 - 0003028　814.9/47　子部/小説家類

消暑隨筆四卷　(清)潘世恩撰　清宣統三年(1911)上海海左書局石印本　十四行二十八字小字雙行同白口單魚尾四周雙邊　三册

370000 - 1542 - 0003029　814.9/54　子部/小説家類

橋西雜記一卷　(清)葉名澧撰　**附山房隨筆一卷**　(元)蔣正子撰　清宣統三年(1911)上海國學扶輪社鉛印本　十一行二十九字黑口單魚尾四周雙邊　一册

370000 - 1542 - 0003030　814.9/55　子部/小説家類

寄園寄所寄十二卷　(清)趙吉士撰　清宣統三年(1911)文盛書局石印本　十五行三十四字白口單魚尾四周雙邊　内封題"宣統三年季春文盛書局印行"　八册

370000 - 1542 - 0003031　814.9/61　子部/小説家類

庸閒齋筆記十二卷附自敘　(清)陳其元撰　清光緒十五年(1889)上海檢古齋石印本　十三行二十三字白口四周雙邊　内封題"己丑夏上海檢古齋石印"　鈐有"齊魯大學圖書館藏書"　五册

370000 - 1542 - 0003032　814.9/62　子部/小説家類

京塵雜録四卷　(清)楊掌生撰　清光緒十二年(1886)上海同文書局石印本　十行二十一字白口單魚尾四周雙邊　内封題"光緒丙戌仲夏上海同文書局石印"　二册

370000 - 1542 - 0003033　814.9/64　子部/小説家類

消夏録一卷　(清)趙紹祖撰　清光緒十三年(1887)南平官舍刻本　十行二十字白口單魚尾四周雙邊　内封題"光緒丁亥十三年仲秋刊于南平官舍"　鈐有"私立齊魯大學國學研究所藏書之章"　一册

370000 - 1542 - 0003034　814.9/69　子部/小説家類

彎史四十八卷　(清)王希廉輯　清光緒二年(1876)申報館鉛印本　十一行二十四字白口單魚尾四周雙邊　内封題"光緒丙子仲春申報館印"　八册

370000 - 1542 - 0003035　814.9/72　子部/小説家類

夢譚隨録二卷　(清)厲秀芳撰　清咸豐七年

(1857)刻本　八行二十字白口單魚尾四周雙邊　無格　内封題“丁巳仲夏”　鈐有“齊魯大學圖書館藏書”　二册

370000－1542－0003036　814.9/74　子部/小説家類

竇存四卷　(清)胡式鈺撰　清道光二十一年(1841)上海胡氏家刻本　十行二十一字小字雙行同白口單魚尾四周雙邊　鈐有“齊魯大學圖書館藏書”　二册

370000－1542－0003037　814.9/75　子部/小説家類

公餘隨録四卷　(清)恆保撰　清同治九年(1870)刻本　八行二十三字白口單魚尾四周雙邊　鈐有“齊魯大學圖書館藏書”　四册

370000－1542－0003038　814.9/77　子部/小説家類

熙朝新話十六卷　(清)余金編　清嘉慶二十三年(1818)鳴盛堂刻本　九行二十字白口單魚尾四周單邊　内封題“嘉慶戊寅春鐫　鳴盛堂藏板”　鈐有“齊魯大學圖書館藏書”“江觀濤印”“海門”　四册

370000－1542－0003039　814.9/77　子部/小説家類

熙朝新話十六卷　(清)余金編　清道光二年(1822)三讓堂刻本　九行二十字白口單魚尾四周單邊　内封題“道光壬午夏鐫　三讓堂藏板”　鈐有“齊魯大學圖書館藏書”　六册

370000－1542－0003040　814.9/1　子部/小説家類

池北偶談二十六卷　(清)王士禛撰　清光緒二十二年(1896)上海慎記書莊石印本　十九行四十二字黑口單魚尾四周單邊　内封題“光緒丙申孟春之月上海慎記書莊石印”　鈐有“齊魯大學圖書館藏書”　六册

370000－1542－0003041　814.9/78　子部/小説家類

香祖筆記十二卷　(清)王士禛撰　清宣統二年(1910)上海掃葉山房石印本　十四行三十一字白口單魚尾四周雙邊　内封題“宣統二年石印　掃葉山房”　鈐有“齊魯大學圖書館藏書”　四册

370000－1542－0003042　814.9/79　子部/小説家類

養吉齋叢録二十六卷餘録十卷　(清)吴振棫撰　清光緒二十二年(1896)序刻本　十二行二十四字小字雙行同白口單魚尾四周單邊　鈐有“齊魯大學圖書館藏書”　八册

370000－1542－0003043　814.9/80　子部/小説家類

對山書屋墨餘録十六卷　(清)毛祥麟撰　清同治九年(1870)湖州吴氏醉六堂刻本　九行二十字白口單魚尾左右雙邊　無格　内封題“同治庚午孟秋鋟”“湖州醉六堂吴氏藏版”　鈐有“齊魯大學圖書館藏書”　六册

370000－1542－0003044　814.9/81　子部/小説家類

十二硯齋隨録四卷　(清)汪鋆撰　清同治十一年(1872)刻本　十行二十一字白口單魚尾左右雙邊　内封題“同治壬申三月栞刻”　鈐有“齊魯大學圖書館藏書”　一册

370000－1542－0003045　814.9/99　子部/小説家類

鹿洲公案二卷　(清)藍鼎元撰　清光緒七年(1881)江州官舍刻本　九行二十一字黑口單魚尾左右雙邊　内封題“光緒七年刊于江州官舍”　鈐有“齊魯大學圖書館藏書”　二册

370000－1542－0003046　813/111　子部/小説家類

墨莊漫録十卷　(宋)張邦基撰　清刻本　九行二十字白口單魚尾四周單邊　四册

370000－1542－0003047　814.9/104　子部/小説家類

棗林雜俎六集　(清)談遷撰　清宣統三年(1911)上海國學扶輪社鉛印本　十一行二十九字黑口單魚尾四周雙邊　無格　内封題“宣統辛亥　上海國學扶輪社印行”　六册

370000－1542－0003048　814.9/151　子部/

小説家類

宋豔十二卷　(清)徐士鑾輯　清光緒十七年(1891)刻本　九行二十一字小字雙行同黑口單魚尾四周雙邊　内封題"光緒辛卯冬十月刊蝶园藏板"　鈐有"印香叟收藏圖書印""子衡""德規"　六冊

370000－1542－0003049　814.9/169　子部/小説家類

粟香隨筆八卷二筆八卷三筆八卷四筆八卷五筆八卷　金武祥撰　清光緒七年至二十四年(1881－1898)廣州刻本　佚名批注　八行二十字白口單魚尾左右雙邊　内封題"光緒七年辛巳季秋刊于羊城"　二筆内封題"光緒九年癸未季冬刊于羊城"　三筆内封題"光緒十三年丁亥孟冬刊于廣州"　四筆内封題"光緒十七年辛卯夏四月刊成"　鈐有"静盦長物"　二十冊

370000－1542－0003050　814.9/185　子部/小説家類

藤蔭雜記十二卷　(清)戴璐撰　清光緒三年(1877)刻本　十行二十二字小字雙行同白口單魚尾左右雙邊　二冊

370000－1542－0003051　814.9/186　子部/小説家類

闔雜記十二卷　(清)施鴻保輯　清光緒四年(1878)申報館鉛印本　十二行二十四字白口單魚尾四周雙邊　無格　内封題"光緒戊寅孟春　申報館印"　鈐有"齊魯大學圖書館藏書""居易居藏書記"　四冊

370000－1542－0003052　814.9/187　子部/小説家類

甕牖餘談八卷　(清)王韜撰　清光緒申報館鉛印本　十二行二十四字白口單魚尾四周雙邊　無格　内封題"申報館仿聚珍版式重印"　鈐有"齊魯大學圖書館藏書"　四冊

370000－1542－0003053　814.9/196　子部/小説家類

中西聞見録選編　(清)丁韙良編　清光緒三年(1877)刻本　十行二十四字白口單魚尾左右雙邊　内封題"光緒丁丑冬至月印"　鈐有"青州府城內東營街英華書館""此乃英華書館恒讀之書萬勿帶出"　四冊

370000－1542－0003054　814.9/196　子部/小説家類

中西聞見録選編　(清)丁韙良編　清光緒三年(1877)刻本　十行二十四字白口單魚尾左右雙邊　内封題"光緒丁丑冬至月印"　四冊

370000－1542－0003055　814.9/221　子部/小説家類

詳注歷代述史詞四卷　(清)萌陽子撰　(清)嗜古氏釋　清咸豐九年(1859)刻本　八行十九字眉批小字雙行三字白口單魚尾四周雙邊　内封題"己未中秋月新刊　悔讀書屋藏板"　鈐有"齊魯大學圖書館藏書"　四冊

370000－1542－0003056　814.9/289　子部/小説家類

錢神志七卷　(清)李世熊撰　清道光六年(1826)福建李氏木活字印本　九行二十二字白口單魚尾四周雙邊　七冊

370000－1542－0003057　814.9/165　子部/小説家類

媿生叢録二卷　李詳撰　清宣統元年(1909)江寧刻本　九行二十一字小字雙行同黑口雙魚尾四周單邊　内封題"宣統紀元八月栞于江甯"　一冊

370000－1542－0003058　814.9/180　子部/小説家類

張文襄幕府紀聞二卷　辜鴻銘撰　清宣統二年(1910)鉛印本　十行二十二字下黑口單魚尾四周雙邊　無格　内封題"宣統庚戌中秋"　二冊

370000－1542－0003059　814.9/203　子部/小説家類

孽海叢話初編二編　傖楚撰　清宣統三年(1911)上海小説進步社鉛印本　十一行二十九字　二冊

370000－1542－0003060　020/1　子部/小説

家類

新編分門古今類事二十卷 （宋）委心子編 清光緒刻本 九行二十字小字雙行同黑口四周雙邊 鈐有"烏程沈氏補讀書齋藏書" 四冊

370000－1542－0003061 814.3/1 子部/小説家類

山海經十八卷 （晉）郭璞注 **山海經圖贊一卷** （晉）郭璞撰 **山海經補注一卷** （明）楊慎撰 清光緒元年(1875)湖北崇文書局刻本 十二行二十四字小字雙行同黑口雙魚尾四周雙邊 内封題"光緒紀元夏月湖北崇文書局開雕" 三冊

370000－1542－0003062 814.3/1 子部/小説家類

山海經十八卷 （晉）郭璞注 （清）郝懿行箋疏 **山海經圖贊一卷** （晉）郭璞撰 **山海經訂譌一卷** （清）郝懿行撰 清光緒二十三年(1897)上海梧岡精舍刻本 十行二十四字小字雙行同白口左右雙邊 内封題"光緒二十三年梧岡精舍複印" 鈐有"華東大學圖書館藏書章" 六冊

370000－1542－0003063 814.3/1 子部/小説家類

山海經十八卷 （晉）郭璞注 （清）郝懿行箋疏 **山海經圖贊一卷** （晉）郭璞撰 **山海經訂譌一卷** （清）郝懿行撰 清光緒七年(1881)刻本 十行二十四字白口左右雙邊 内封題"光緒七年十二月由順天府進呈東路廳同知郝聯薇恭繕" 四冊

370000－1542－0003064 814.3/3 子部/小説家類

山海經四卷 （晉）郭璞傳 （清）吳志伊注 清光緒上海埽葉山房刻本 九行二十字小字雙行同白口單魚尾左右雙邊 内封題"埽葉山房藏版" 鈐有"齊魯大學圖書館藏書" 四冊

370000－1542－0003065 814.3/10 子部/小説家類

山海經十八卷圖贊併圖一卷 （晉）郭璞注 （清）郝懿行箋疏 清宣統元年(1909)江左書林刻本 十行二十四字小字雙行同白口四周單邊 内封題"宣統元年桂秋江左書林校印" 六冊

370000－1542－0003066 814.3/1 子部/小説家類

山海經十八卷 （晉）郭璞注 清光緒三年(1877)浙江書局刻本 九行二十一字小字雙行同白口單魚尾左右雙邊 内封題"光緒三年浙江書局據畢氏靈巖山館本校刻" 三冊

370000－1542－0003067 814.3/12 子部/小説家類

山海經九卷 （清）汪紱釋 清光緒二十一年(1895)石印本 十行二十二字小字雙行同白口單魚尾四周雙邊 内封題"光緒二十又一年秋樵立雪齋原本上石" 四冊

370000－1542－0003068 814/14 子部/小説家類

海内十洲記一卷 （漢）東方朔撰 清光緒元年(1875)湖北崇文書局刻本 十二行二十四字小字雙行同黑口雙魚尾四周雙邊 内封題"光緒紀元夏月湖北崇文書局開雕" 一冊

370000－1542－0003069 814/14 子部/小説家類

神異經一卷 （漢）東方朔撰 清光緒元年(1875)湖北崇文書局刻本 十二行二十四字小字雙行同黑口雙魚尾四周雙邊 内封題"光緒紀元夏月湖北崇文書局開雕" 一冊

370000－1542－0003070 814/14 子部/小説家類

洞冥記四卷 （漢）郭憲撰 清光緒元年(1875)湖北崇文書局刻本 十二行二十四字小字雙行同黑口雙魚尾四周雙邊 内封題"光緒紀元夏月湖北崇文書局開雕" 一冊

370000－1542－0003071 814/14 子部/小説家類

穆天子傳六卷 （晉）郭璞注 清光緒元年(1875)湖北崇文書局刻本 十二行二十四字

小字雙行同黑口雙魚尾四周雙邊　内封題“光緒紀元夏月湖北崇文書局開雕”　一册

370000－1542－0003072　814.3/4　子部/小説家類

拾遺記十卷　（晉）王嘉撰　清光緒元年(1875)湖北崇文書局刻本　十二行二十四字小字雙行同黑口雙魚尾四周雙邊　内封題“光緒紀元夏月湖北崇文書局開雕”　鈐有“吳金鼎印”　一册

370000－1542－0003073　814.3/5　子部/小説家類

搜神記二十卷　（晉）干寶撰　清光緒元年(1875)湖北崇文書局刻本　十二行二十四字小字雙行同黑口雙魚尾四周雙邊　内封題“光緒紀元夏月湖北崇文書局開雕”　鈐有“吳金鼎印”　二册

370000－1542－0003074　814.3/6　子部/小説家類

搜神後記十卷　（晉）陶潛撰　清光緒元年(1875)湖北崇文書局刻本　十二行二十四字小字雙行同黑口雙魚尾四周雙邊　内封題“光緒紀元夏月湖北崇文書局開雕”　鈐有“吳金鼎印”　一册

370000－1542－0003075　814.3/7　子部/小説家類

述異記二卷　（南朝梁）任昉撰　清光緒元年(1875)湖北崇文書局刻本　十二行二十四字小字雙行同黑口雙魚尾四周雙邊　内封題“光緒紀元夏月湖北崇文書局開雕”　鈐有“吳金鼎印”　一册

370000－1542－0003076　814.5/10　子部/小説家類

闕史二卷　（唐）高彦修撰　清光緒三年(1877)湖北崇文書局刻本　十二行二十四字小字雙行同黑口雙魚尾四周雙邊　内封題“光緒三年三月湖北崇文書局開雕”　一册

370000－1542－0003077　814.6/20　子部/小説家類

表異録二十卷　（明）王志堅編　清光緒二年(1876)陳氏庸閒齋刻本　十一行二十一字小字雙行同黑口單魚尾左右雙邊　内封題“光緒丙子正月陳氏庸閒齋重刊四月訖功”　二册

370000－1542－0003078　814.9/3　集部/小説類/短篇之屬

聊齋志異評注十六卷　（清）蒲松齡撰　（清）王士禛評　（清）呂湛恩注　（清）但明倫批　清咸豐十一年(1861)朱墨套印本　九行二十一字眉批小字十八行四字白口單魚尾四周雙邊　無格　内封題“咸豐辛卯季秋九日開雕”　十六册

370000－1542－0003079　814.9/50　集部/小説類/短篇之屬

聊齋志異注十六卷　（清）呂湛恩撰　清道光五年(1825)魁文堂刻本　九行二十五字小字雙行同白口單魚尾四周雙邊　内封題“道光乙酉仲夏　魁文堂藏板”　四册

370000－1542－0003080　814.9/195　集部/小説類/短篇之屬

聊齋志異新評十六卷　（清）蒲松齡撰　（清）呂湛恩注　（清）但明倫新評　清光緒十五年(1889)上海廣百宋齋鉛印本　十六行四十二字白口單魚尾四周雙邊　内封題“己丑仲夏上海廣百宋齋校印”　八册

370000－1542－0003081　814.9/195－2　集部/小説類/短篇之屬

聊齋志異新評十六卷　（清）蒲松齡撰　（清）但明倫新評　清道光二十二年(1842)廣順但氏朱墨套印本　九行二十一字黑口左右雙邊　十六册

370000－1542－0003082　814.9/195－3　集部/小説類/短篇之屬

聊齋志異新評十六卷　（清）蒲松齡撰　（清）但明倫新評　清同治八年(1869)羊城青雲樓刻朱墨套印本　九行二十一字黑口左右雙邊　内封題“同治已巳年孟秋羊城青雲樓藏版”　十六册

370000－1542－0003083　814.9/53　集部/

小説類/短篇之屬

評注聊齋志異圖詠十六卷 (清)蒲松齡撰 (清)王士禛評 (清)呂湛恩注 (清)但明倫新評 清宣統三年(1911)上海天寶書局石印本 二十四行五十字白口單魚尾四周雙邊 内封題"宣統三年上海天寶書局石印" 八册

370000－1542－0003084 814.9/53 集部/小説類/短篇之屬

注釋聊齋志異十六卷 (清)何垠注 清道光二十三年(1843)南陵何彤文校刻本 上欄小字十八行十字下欄九行二十一字白口雙魚尾左右雙邊 内封題"道光癸卯 板存花木長榮之館" 十六册

370000－1542－0003085 814.9/53 集部/小説類/短篇之屬

詳注聊齋志異圖詠十六卷 (清)蒲松齡撰 (清)呂湛恩注 清光緒十二年(1886)上海同文書局石印本 十五行三十三字黑口單魚尾四周雙邊 内封題"鐵城廣百宋齋藏本上海同文書局石印" 鈐有"潘貽堂章" 八册

370000－1542－0003086 814.9/53 集部/小説類/短篇之屬

詳注聊齋志異圖詠十六卷 (清)蒲松齡撰 (清)呂湛恩注 清光緒十二年(1886)上海同文書局石印本 十五行三十三字黑口單魚尾四周雙邊 内封題"鐵城廣百宋齋藏本上海同文書局石印" 八册

370000－1542－0003087 814.9/70 子部/小説家類

閱微草堂筆記二十四卷 (清)紀昀撰 清道光十五年(1835)紀樹馥廣州刻本 十行二十一字黑口雙魚尾左右雙邊 内封題"北平盛氏開雕" 十六册

370000－1542－0003088 814.9/70 子部/小説家類

閱微草堂筆記二十四卷 (清)紀昀撰 清廣州財政司翻刻道光十五年(1835)刻本 十行二十一字黑口雙魚尾四周雙邊 内封題"版藏廣州財政司" 鈐有"李方琮印""容劄軒珍藏" 十册

370000－1542－0003089 814.9/177 子部/小説家類

淞隱漫録(後聊齋志異)十二卷 (清)王韜撰 清光緒二十九年(1903)上海點石齋石印本 十六行四十字白口單魚尾四周單邊 内封題"光緒二十九年癸卯冬十一月上海點石齋石印" 六册

370000－1542－0003090 814.9/183 子部/小説家類

國朝科場異聞録九卷附梓里記聞一卷教學微言一卷直省科場異聞録四卷小試異聞録一卷科名佳話一卷前明科場異聞録五卷唐宋科場異聞録三卷 (清)呂相燮輯 清光緒二十四年(1898)順成書局石印本 十六行三十五字白口單魚尾四周雙邊 無格 内封題"光緒戊戌春莫順成書局石印" 四册

370000－1542－0003091 814.9/193 子部/小説家類

醉茶誌怪四卷 (清)李慶辰撰 清光緒十八年(1892)天津刻本 十行二十二字白口單魚尾四周雙邊 無格 内封題"光緒壬辰冬月刊於津門" 四册

370000－1542－0003092 814.9/225 子部/小説家類

想當然耳八卷 (清)鄒鐘撰 清同治十年(1871)聚興堂刻本 九行二十字白口單魚尾四周單邊 内封題"同治辛未年鐫 聚興堂梓" 鈐有"讀書最樂" 四册

370000－1542－0003093 814.9/97 子部/小説家類

技擊餘聞一卷 林紓輯 清光緒三十四年(1908)上海商務印書館石印本 十二行二十五字下黑口單魚尾四周雙邊 鈐有"齊魯大學圖書館藏書" 一册

370000－1542－0003094 814.8/30 集部/小説類/短篇之屬

拍案驚奇十八卷 (明)淩濛初撰 清坊刻本

十二行二十五字白口單魚尾四周單邊　內封題"姑蘇原本"　八冊

370000－1542－0003095　814.8/13　集部/小説類/長篇之屬

東周列國全志二十三卷一百八回　(明)馮夢龍撰　(清)蔡元放評　清光緒十三年(1887)東昌書業德刻本　十三行二十六字小字雙行同白口單魚尾四周雙邊　內封題"光緒丁亥新鐫　東昌書業德梓"　二十冊

370000－1542－0003096　814.8/13　集部/小説類/長篇之屬

東周列國全志二十三卷一百八回　(明)馮夢龍撰　(清)蔡元放評　清務本堂刻本　十二行二十七字白口單魚尾四周單邊　內封題"務本堂藏板"　鈐有"華東大學圖書館藏書章"　十二冊

370000－1542－0003097　814.8/13　集部/小説類/長篇之屬

繡像東周列國志二十七卷一百八回　(明)馮夢龍撰　(清)蔡元放評　清光緒三十一年(1905)上海商務印書館鉛印本　十七行三十五字下黑口單魚尾四周單邊　無格　內封題"光緒三十一年歲次乙巳仲秋上海商務印書館鑄版"　鈐有"齊魯大學圖書館藏書"　十二冊

370000－1542－0003098　814.8/13－2　集部/小説類/長篇之屬

東周列國全志　(明)馮夢龍撰　(清)蔡元放評　清文盛堂刻本　十二行二十六字白口單魚尾四周單邊　內封題"文盛堂梓行"　二十四冊

370000－1542－0003099　814.8/51　集部/小説類/長篇之屬

三國演義五十一卷一百二十回　(明)羅貫中撰　(清)毛宗崗評　(清)金聖歎批　清濰縣成文信刻本　十二行二十八字小字雙行同白口單魚尾四周單邊　內封題"濰縣成文信梓"　十六冊

370000－1542－0003100　814.7/6　集部/小説類/長篇之屬

新鐫全像通俗演義隋煬帝豔史四十回　(明)齊東野人編　清光緒二十二年(1896)上海還讀軒石印本　十五行三十二字黑口單魚尾四周單花邊　無格　內封題"丙申""吳中賞奇齋藏本滬城還讀軒校印"　六冊

370000－1542－0003101　814.7/13　集部/小説類/長篇之屬

鐫玉茗堂批點殘唐五代史演義傳二卷六十回　(明)羅貫中編　(明)湯顯祖批評　清刻本　十一行二十八字小字雙行同白口單魚尾四周單邊　四冊

370000－1542－0003102　814.8/21　集部/小説類/長篇之屬

南宋志傳十卷五十回北宋志傳十卷五十回　(明)研石山樵訂正　(清)織里畸人校閱　清光緒十八年(1892)書業德刻本　十三行三十字白口單魚尾左右雙邊　內封題"光緒壬辰仲冬重刻　書業德梓"　鈐有"齊魯大學圖書館藏書"　四冊

370000－1542－0003103　814.8/3　集部/小説類/長篇之屬

新刻繡像粉妝樓全傳十二卷八十回　(明)羅貫中撰　清道光刻本　十二行二十二字白口單魚尾四周單邊　無格　六冊

370000－1542－0003104　814.8/37　集部/小説類/長篇之屬

繡像京本雲合奇蹤玉茗英烈全傳十卷八十回　(明)徐渭撰　清藻春堂刻本　十一行二十五字白口單魚尾左右雙邊　內封題"藻春堂藏板"　三冊

370000－1542－0003105　814.8/37－2　集部/小説類/長篇之屬

繡像京本雲合奇蹤玉茗英烈全傳十卷八十回　(明)徐渭撰　清致和堂刻本　十行二十二字白口單魚尾四周單邊　內封題"致和堂梓行"　十冊

370000－1542－0003106　814.8/44　集部/小説類/長篇之屬

新鐫楊家府世代忠勇演義志傳八卷 (明)紀振倫校閲 (明)煙波釣叟參訂 清翻刻明萬曆三十四年(1606)刻本 十行二十二字白口單魚尾四周單邊 八册

370000－1542－0003107 814.9/68 集部/小説類/長篇之屬

精訂綱鑑廿四史通俗衍義六卷 (清)吕撫輯 清光緒二十五年(1899)石印本 二十行四十字上黑口單魚尾四周雙邊 六册

370000－1542－0003108 814.9/159 集部/小説類/長篇之屬

新鐫玉茗堂批評按鑑參補南宋志傳十卷五十回 (清)徐來琛訂正 清五雲堂刻本 十一行二十字白口單魚尾四周單邊 五册

370000－1542－0003109 814.9/162 集部/小説類/長篇之屬

新刻按鑑編纂開辟衍繹通俗志傳六卷八十回 (明)周遊撰 清道光十年(1830)刻本 九行十八字白口單魚尾左右雙邊 無格 内封題"道光十年新鐫" 六册

370000－1542－0003110 814.9/189 集部/小説類/長篇之屬

中東大戰演義四卷三十三回 (清)洪興全撰 清光緒二十六年(1900)香港中華印務總局鉛印本 十行二十九字白口雙魚尾四周花邊 内封題"光緒二十六年仲春月香港中華印務總局刊" 四册

370000－1542－0003111 814.9/200 集部/小説類/長篇之屬

聖朝鼎盛萬年青(乾隆遊江南)八集七十六回 (清)□□撰 清末上海海左書局石印本 十九行四十字白口單魚尾四周雙邊 内封題"上海海左書局石印" 八册

370000－1542－0003112 814.9/223 集部/小説類/長篇之屬

説岳全傳二十卷八十回 (清)錢彩撰 (清)金豐增訂 清大文堂刻本 十一行二十五字白口單魚尾四周單邊 内封題"大文堂梓行" 六册

370000－1542－0003113 814.9/208 集部/小説類/長篇之屬

繡像五虎平南狄青後傳六卷四十二回 (清)□□撰 清書業堂刻本 十行二十一字白口單魚尾四周單邊 無格 内封題"書業堂藏板" 六册

370000－1542－0003114 814.9/209 集部/小説類/長篇之屬

五虎平西前傳十四卷一百十二回 (清)□□撰 清善美堂刻本 十行二十一字白口單魚尾四周單邊 内封題"善美堂藏板" 十册

370000－1542－0003115 814.9/235 集部/小説類/長篇之屬

説唐前傳十卷六十八回説唐小英雄傳二卷十六回説唐薛家府傳六卷四十二回 (清)如蓮居士編 清坊刻本 十二行二十八字白口單魚尾四周單邊 十八册

370000－1542－0003116 814.8/53 集部/小説類/長篇之屬

新刻三寶太監西洋記通俗演義二十卷一百回 (明)羅懋登撰 清光緒七年(1881)上海申報館鉛印本 二十二行三十五字白口雙魚尾四周單邊 内封題"申報館叢書本" 十册

370000－1542－0003117 814.9/135 集部/小説類/長篇之屬

雙鳳奇緣傳二十卷八十回 (清)雪樵主人撰 清道光刻本 十行二十三字白口單魚尾四周單邊 無格 八册

370000－1542－0003118 814.8/27 集部/小説類/長篇之屬

石點頭六卷十四回 (明)天然癡叟撰 清道光四年(1824)敘府竹春堂刻本 十二行二十四字白口單魚尾四周單邊 内封題"道光甲申年鐫 竹春堂梓" 六册

370000－1542－0003119 814.9/4 集部/小説類/長篇之屬

醒世姻緣傳一百回 (清)西周生輯撰 清刻本 十二行二十五字白口單魚尾四周單邊 二十册

370000－1542－0003120　814.9/4　集部/小説類/長篇之屬

醒世姻緣傳一百回　題(清)西周生輯撰　清刻本　清佚名眉批　十行二十五字白口單魚尾四周雙邊　二十册

370000－1542－0003121　814.9/246　集部/小説類/長篇之屬

生死自由　(清)暂生生譯述　清光緒二十九年(1903)惠學書局鉛印本　十一行三十字白口單魚尾四周雙邊　一册

370000－1542－0003122　814.9/192　集部/小説類/長篇之屬

石頭記八卷八十回　(清)曹雪芹撰　清石印本　九行二十字白口單魚尾四周雙邊　鈐有“齊魯大學圖書館藏書”　二十册

370000－1542－0003123　814.9/94　集部/小説類/長篇之屬

紅樓夢一百二十卷一百二十回　(清)曹雪芹撰　(清)高鶚續　(清)王希廉評　清刻本　十行二十二字白口單魚尾四周雙邊　鈐有“魚軒”“峴山小隱”　二十四册

370000－1542－0003124　814.9/222　集部/小説類/長篇之屬

紅樓夢補四卷四十八回　(清)歸鋤子撰　清鉛印本　十九行四十三字白口雙魚尾四周單邊　鈐有“齊魯大學圖書館藏書”　四册

370000－1542－0003125　814.9/119　集部/小説類/長篇之屬

紅樓復夢一百回　(清)小和山樵編　清嫏嬛齋刻本　九行二十二字白口單魚尾左右雙邊　無格　内封題“嫏嬛齋藏版”　三十二册

370000－1542－0003126　814.9/129　集部/小説類/長篇之屬

增補紅樓夢三十二回　(清)嫏嬛山樵撰　清刻本　九行二十字白口單魚尾左右雙邊　八册

370000－1542－0003127　814.9/31　集部/小説類/長篇之屬

續紅樓夢三十卷　(清)秦子忱撰　清光緒十四年(1888)善成堂刻本　九行二十字黑口單魚尾四周單邊　内封題“光緒十四年鐫　善成堂藏板”　鈐有“華東大學圖書館藏書章”　十二册

370000－1542－0003128　814.9/182　集部/小説類/長篇之屬

繪圖後紅樓夢六卷三十回附刻吳下諸子和大觀園菊花社原韻詩二卷　(清)□□撰　清宣統二年(1910)上海章福記石印本　二十行四十四字白口單魚尾四周雙邊　内封題“宣統庚戌年季秋上海章福記石印”　六册

370000－1542－0003129　814.9/59　集部/小説類/長篇之屬

蟫史二十卷　(清)屠紳撰　清光緒申報館鉛印本　十一行二十七字白口單魚尾四周雙邊　内封題“申報館仿袖珍板印”　鈐有“齊魯大學圖書館藏書”　六册

370000－1542－0003130　814.9/59　集部/小説類/長篇之屬

蟫史二十卷　(清)屠紳撰　清光緒申報館鉛印本　十一行二十七字白口單魚尾四周雙邊　内封題“申報館仿袖珍板印”　六册

370000－1542－0003131　814.9/133　集部/小説類/長篇之屬

二度梅奇説全集四卷四十回　惜陰堂主人編輯　清經文堂刻本　十一行三十字白口單魚尾四周單邊　内封題“經文堂梓行”　四册

370000－1542－0003132　814.9/137　集部/小説類/長篇之屬

平山冷燕四卷二十回　(清)荻岸散人編　清經綸堂刻本　十三行二十五字白口單魚尾四周單邊　無格　内封題“經綸堂藏板”　四册

370000－1542－0003133　814.9/138　集部/小説類/長篇之屬

林蘭香八卷六十四回　(清)隨緣下士編　寄旅散人批點　清道光十八年(1838)刻本(卷二抄配)　八行二十字小字雙行同白口單魚尾四周雙邊　無格　内封題“道光戊戌年鐫

本衙藏板”　八册

370000－1542－0003134　814.9/139　集部/小説類/長篇之屬

風月夢三十二回　（清）邗上蒙人撰　清光緒九年(1883)上海申報館鉛印本　十二行二十七字白口單魚尾四周雙邊　無格　内封題“癸未秋八月　申報館仿聚珍板印”　四册

370000－1542－0003135　814.9/142　集部/小説類/長篇之屬

孝義雪月梅傳奇十卷五十回　（清）陳朗撰　清聚錦堂刻本　十一行二十一字小字雙行同白口單魚尾四周單邊　無格　内封題“聚錦堂梓”　鈐有“蔭庭”“不是閒人閒不得”　十册

370000－1542－0003136　814.9/145　集部/小説類/長篇之屬

五美緣全傳八卷八十回　（清）寄生氏撰　清坊刻本　九行二十字白口單魚尾四周單邊　鈐有“靄春”　八册

370000－1542－0003137　814.9/150　集部/小説類/長篇之屬

金石緣八卷二十回　（清）静恬主人撰　清刻本　十一行二十六字白口單魚尾四周單邊　無格　四册

370000－1542－0003138　814.9/152　集部/小説類/長篇之屬

英雲夢傳八卷　九容樓主人松雲氏撰　清寶華順刻本　十一行二十二字白口單魚尾左右雙邊　無格　内封題“寶華順梓”　四册

370000－1542－0003139　814.9/155　集部/小説類/長篇之屬

水石緣六卷　（清）李春榮撰　清刻本　九行二十二字白口單魚尾四周單邊　無格　六册

370000－1542－0003140　814.9/226　集部/小説類/長篇之屬

玉嬌梨(第三才子書)四卷二十回　（清）荻岸散人編　清經綸堂刻本　十三行二十五字白口單魚尾四周單邊　内封題“經綸堂藏板”　四册

370000－1542－0003141　814.8/36　集部/小説類/長篇之屬

漢宋奇書忠義水滸傳二十卷一百十五回古本三國志六十卷一百二十回　（明）羅貫中撰　（清）金聖歎批點　清坊刻本　上欄十三行十字下欄十三行二十字下黑口單魚尾四周單邊　内封題“三國水滸合傳　金聖嘆先生批點”　二十四册

370000－1542－0003142　814.8/45　集部/小説類/長篇之屬

第五才子書水滸傳十二卷一百二十四回　（明）施耐庵撰　（明）李贄鑒定　（清）金聖歎批　清光緒五年(1879)大道堂刻本　十五行三十二字白口單魚尾四周單邊　六册

370000－1542－0003143　814.8/48　集部/小説類/長篇之屬

第五才子書水滸傳七十五卷七十回　（明）施耐庵撰　（清）金聖歎刪定　清芥子園翻刻雍正坊刻本　十一行二十六字黑口單魚尾四周單邊　内封題“芥子園山房梓”　二十册

370000－1542－0003144　814.8/50　集部/小説類/長篇之屬

龍圖公案十卷　（明）□□撰　清嘉慶十四年(1809)大文堂刻本　十一行二十六字白口單魚尾四周單邊　内封題“大文堂藏板”　鈐有“書業德記發兑”　六册

370000－1542－0003145　814.9/144　集部/小説類/長篇之屬

繪圖彭公案六卷一百回附新刊續彭公案十卷八十回新刻再續彭公案八卷八十回新刊全續彭公案後部八卷八十回　（清）貪夢道人撰　清光緒十九年至二十三年(1893－1897)上海書局石印本　十五行三十六字白口雙魚尾四周單邊　内封題“光緒十有九年仲秋之月上海書局石印”　續彭公案内封題“光緒丙申桂秋上海書局石印”　再續彭公案内封題“光緒丁酉夏初上海書局石印”　十八册

370000－1542－0003146　814.8/20　集部/

小説類/長篇之屬
繡像封神演義一百回　(明)許仲琳編　清光緒十六年(1890)珍藝書局鉛印本　十七行四十字白口單魚尾四周花邊　内封題"光緒庚寅春月珍藝書局校印"　十册

370000－1542－0003147　814.8/40　集部/小説類/長篇之屬
繪圖增像西遊記一百回　(明)吳承恩撰　(清)陳士斌詮解　清光緒十七年(1891)上海廣百宋齋鉛印本　十七行三十二字白口單魚尾四周雙邊　内封題"光緒辛卯上海廣百宋齋校印"　十册

370000－1542－0003148　814.8/40　集部/小説類/長篇之屬
繪圖增像西遊記一百回　(明)吳承恩撰　(清)陳士斌詮解　清光緒十五年(1889)上海廣百宋齋鉛印本　十七行三十二字白口單魚尾四周雙邊　内封題"光緒己丑仲夏上海廣百宋齋校印"　十二册

370000－1542－0003149　814.7/10　集部/小説類/長篇之屬
新鐫繡像批評後西遊記四十回　(清)天花才子評點　清刻本　九行二十一字白口單魚尾四周單邊　無格　鈐有"開卷有益""靜觀自得"　十册

370000－1542－0003150　814.9/90　集部/小説類/長篇之屬
鏡花緣二十卷一百回　(清)李汝珍撰　清刻本　十行二十字白口單魚尾四周單邊　内封題"芥子園藏板"　十二册

370000－1542－0003151　814.9/90　集部/小説類/長篇之屬
繪圖鏡花緣一百回　(清)李汝珍撰　清光緒十四年(1888)上海點石齋石印本　十六行三十六字白口單魚尾四周雙邊　内封題"光緒十有四年仲春月上海點石齋代印"　鈐有"崔眠山房""鷹甫書畫"　六册

370000－1542－0003152　814.9/90　集部/小説類/長篇之屬
繪圖鏡花緣一百回　(清)李汝珍撰　清光緒十四年(1888)上海點石齋石印本　十六行三十六字白口單魚尾四周雙邊　内封題"光緒十有四年仲春月上海點石齋代印"　鈐有"齊魯大學圖書館藏書"　六册

370000－1542－0003153　814.9/92　集部/小説類/長篇之屬
增補齊省堂儒林外史六十回　(清)吳敬梓撰　清光緒二十五年(1899)慎記書莊石印本　十六行三十六字白口單魚尾四周雙邊　内封題"光緒己亥仲秋慎記書莊石印"　四册

370000－1542－0003154　814.9/130　集部/小説類/長篇之屬
興替寶鑑(野叟曝言)二十卷一百五十四回　(清)夏敬渠撰　清光緒八年(1882)上海石印本　二十六行五十四字黑口單魚尾四周單邊　内封題"鎔經鑄史齋題第一奇書正本"　五册　缺二十四回(四十九至七十二)

370000－1542－0003155　814.9/134　集部/小説類/長篇之屬
濟顛大師醉菩提全傳四卷二十回　(清)天花藏主人撰　清廣東三元堂刻本　十二行二十三字白口單魚尾左右雙邊　無格　内封題"三元堂藏板"　四册

370000－1542－0003156　814.9/184　集部/小説類/長篇之屬
西遊真詮一百回　(清)陳士斌撰　清刻本　十一行二十四字白口單魚尾四周單邊　無格　二十册

370000－1542－0003157　814.9/184　集部/小説類/長篇之屬
西遊真詮一百回　(清)陳士斌撰　清刻本　十一行二十四字白口單魚尾四周單邊　無格　二十四册

370000－1542－0003158　814.9/184　集部/小説類/長篇之屬
西遊真詮一百回　(清)陳士斌撰　清光緒十年(1884)席氏埽葉山房刻本　十一行二十四字白口單魚尾四周單邊　無格　内封題"光

緒甲申良月埽葉山房校刻”　二十冊

370000－1542－0003159　814.9/212　集部/小説類/長篇之屬

青樓夢四卷六十四回　(清)俞達撰　清光緒十四年(1888)江文魁堂刻本　十一行二十七字白口雙魚尾四周雙邊　内封題“光緒戊子年申江文魁堂藏板”　十二冊

370000－1542－0003160　814.9/212　集部/小説類/長篇之屬

青樓夢四卷六十四回　(清)俞達撰　清末石印本　二十行四十二字黑口單魚尾四周雙邊　五冊　缺七回(五十八至六十四)

370000－1542－0003161　814.9/214　集部/小説類/長篇之屬

繡像昇仙傳演義四卷五十六回　(清)息遊館主撰　清光緒二十八年(1902)上海鴻文堂書莊石印本　十九行四十二字小字雙行同白口單魚尾四周雙邊　内封題“上海天主堂街口鴻文堂書莊石印”　四冊

370000－1542－0003162　814.9/245　集部/小説類/長篇之屬

于公太保演義傳十卷　(清)孫高亮撰　清道光二年(1822)務本堂刻本　九行二十四字白口四周單邊　内封題“道光二年新鐫　務本堂藏板”　四冊

370000－1542－0003163　814.8/38　集部/小説類/長篇之屬

楊忠湣蚺蛇膽表忠記二卷三十六齣　(明)丁耀亢撰　清同治十二年(1873)刻本　十行二十二字白口單魚尾四周雙邊　内封題“同治壬申冬月重鐫”　二冊

370000－1542－0003164　025/1　類叢部/類書類

北堂書鈔一百六十卷　(唐)虞世南輯　(清)孔廣陶校注　清光緒十四年(1888)粤東孔氏三十有三萬卷堂校注刻本　十二行二十二字小字雙行同黑口四周單邊　牌記題“光緒戊子正月開雕十月告竣”　二十冊

370000－1542－0003165　025/1　類叢部/類書類

北堂書鈔一百六十卷　(唐)虞世南輯　(清)孔廣陶校注　清光緒十四年(1888)粤東孔氏三十有三萬卷堂校注刻本　十二行二十二字小字雙行同黑口四周單邊　牌記題“羊城富文齋刊”　二十冊

370000－1542－0003166　024/1　類叢部/類書類

藝文類聚一百卷　(唐)歐陽詢輯　清光緒五年(1879)宏達堂刻本　十行二十字白口單魚尾左右雙邊　牌記題“光緒己卯夏華陽宏達堂重栞”　四十冊

370000－1542－0003167　025/3　類叢部/類書類

初學記三十卷附校勘記　(唐)徐堅等輯　清刻本　佚名序　九行十八字小字雙行同白口單魚尾四周單邊　鈐有“丹隱居所藏書”“季吾”“季武”“郭延”　十二冊

370000－1542－0003168　025/3　類叢部/類書類

古香齋鑒賞袖珍初學記三十卷　(唐)徐堅等輯　清乾隆、嘉慶間江西金谿紅杏山房刻本　九行十八字小字雙行同白口單魚尾四周雙邊　牌記題“江西金谿紅杏山房藏板”　鈐有“李錦章”　十六冊

370000－1542－0003169　015/4　類叢部/類書類

事物紀原十卷　(宋)高承撰　清道光二十六年(1846)宏道書院刻惜陰軒叢書本　十行二十二字黑口單魚尾四周單邊　鈐有“張梯青”　十冊

370000－1542－0003170　015/4　類叢部/類書類

事物紀原十卷　(宋)高承撰　清道光二十六年(1846)宏道書院刻惜陰軒叢書本　十行二十二字黑口單魚尾四周單邊　鈐有“張梯青”　十冊

370000－1542－0003171　026/6　類叢部/類

書類

玉海二百卷附詞學指南四卷另附十三種 (宋)王應麟編　清嘉慶十一年(1806)江寧藩署刻本　十行二十字小字雙行同白口單魚尾四周單邊　一百十冊　存七種三十五卷(詩考一卷、詩地理考六卷、漢藝文志考十卷、小學紺珠十卷、六經天文編二卷、周易鄭康成注一卷、通鑑答問五卷)

370000－1542－0003172　026/6　類叢部/類書類

玉海二百卷附詞學指南四卷 (宋)王應麟編　清嘉慶十一年(1806)江寧藩署刻本　十行二十字小字雙行同白口單魚尾四周單邊　鈐有"經州蔣氏箸生藏書記"　六十四冊

370000－1542－0003173　026/9　類叢部/類書類

太平御覽一千卷目録十五卷 (宋)李昉等編　清嘉慶二十三年(1818)歙縣鮑崇城校宋版刻本　十三行二十二字小字雙行同白口單魚尾左右雙邊　内封題"嘉慶十二年歙鮑氏校宋板刻十七年成"　鈐有"齊魯大學圖書館藏書"　九十六冊

370000－1542－0003174　026/9　類叢部/類書類

太平御覽一千卷目録十五卷 (宋)李昉等編　清光緒十八年(1892)南海李氏據嘉慶鮑氏版刻本　十三行二十二字小字雙行同白口單魚尾左右雙邊　内封題"南海李氏重刻本光緒十八年板歸學海堂復校一過"　八十冊

370000－1542－0003175　029/26　類叢部/類書類

重訂廣事類賦四十卷 (清)華希閔撰　清敬文堂刻本　九行二十一字小字雙行同白口單魚尾左右雙邊或四周雙邊或四周單邊　内封題"敬文堂梓行"　鈐有"華東大學圖書館藏書"　八冊

370000－1542－0003176　029/32　類叢部/類書類

增補註釋故事白眉十卷 (明)許以忠編　清光緒二年(1876)經濟堂刻本　上欄鐫注下欄十一行二十字小字雙行同白口四周單邊　内封題"光緒丙子重刻　經濟堂梓行"　鈐有"王氏光甫"　六冊

370000－1542－0003177　028/1　類叢部/類書類

天中記六十卷 (明)陳耀文撰　清光緒四年(1878)聽雨山房刻本　十一行二十一字小字雙行同黑口單魚尾四周雙邊　牌記題"光緒戊寅年孟秋月聽雨山房重鐫"　鈐有"齊魯大學圖書館藏書"　六十冊

370000－1542－0003178　028/20　子部/農家農學類

見物五卷 (明)李蘇撰　清道光二十六年(1846)宏道書院刻惜陰軒叢書本　十行二十字黑口單魚尾四周單邊　鈐有"張梯青"　二冊

370000－1542－0003179　024/2　類叢部/類書類

編珠四卷 (隋)杜公瞻撰　(清)高士奇補遺　**續編珠二卷** (清)高士奇撰　清嘉慶十九年(1814)刻本　八行十六字白口單魚尾四周單邊　内封題"嘉慶甲戌年新鐫　留真堂藏板"　鈐有"李氏藏書""飛霞""春華秋月""齊魯大學圖書館藏書"　六冊

370000－1542－0003180　024/2　類叢部/類書類

謝華啓秀八卷 (明)楊慎編　清嘉慶十九年(1814)刻本　八行十六字白口單魚尾四周單邊　内封題"嘉慶甲戌年新鐫　留真堂藏板"　鈐有"飛霞""齊魯大學圖書館藏書"　二冊

370000－1542－0003181　029/1　類叢部/類書類

子史精華一百六十卷 (清)吳襄等編　清光緒九年(1883)上海點石齋石印本　内封題"光緒癸未年二月""上海點石齋照相石印"　鈐有"吳金鼎印""六慎齋"　二冊

370000－1542－0003182　029/1　類叢部/類書類

子史精華一百六十卷 （清）吳襄等編 清光緒十三年（1887）石印本 十六行四十八字小字雙行同白口單魚尾四周單邊 牌記題"光緒丁亥季冬上海積山書局石印" 鈐有"金" 十冊

370000－1542－0003183 029/2 類叢部/類書類

古香齋新刻袖珍淵鑑類函四百五十卷目録四卷 （清）張英 （清）王士禛等撰 清光緒南海孔氏翻刻古香齋袖珍十種本 十行二十一字小字雙行同白口單魚尾四周單邊 鈐有"謙受益""鶴眉之印""王氏家言""寫經換鵝""晉府書畫之印""大學士章" 一百六十冊

370000－1542－0003184 029/2 類叢部/類書類

古香齋新刻袖珍淵鑑類函四百五十卷目録四卷 （清）張英 （清）王士禛等撰 清光緒南海孔氏翻刻古香齋袖珍十種本 十行二十一字小字雙行同白口單魚尾四周單邊 鈐有"武林沈氏珍藏""容絜軒珍藏" 一百四十冊

370000－1542－0003185 029/2 類叢部/類書類

淵鑑類函四百五十卷 （清）張英 （清）王士禛等撰 清光緒九年（1883）上海點石齋石印本 牌記題"光緒九年癸未秋八月上海點石齋石印" 十冊

370000－1542－0003186 029/2 類叢部/類書類

淵鑑類函四百五十卷 （清）張英 （清）王士禛等撰 清光緒九年（1883）上海點石齋石印本 牌記題"光緒九年癸未秋八月上海點石齋石印" 十冊

370000－1542－0003187 029/2 類叢部/類書類

淵鑑類函四百五十卷 （清）張英 （清）王士禛等撰 清光緒九年（1883）上海點石齋石印本 牌記題"光緒九年癸未秋八月上海點石齋石印" 十冊

370000－1542－0003188 029/2 類叢部/類書類

淵鑑類函四百五十卷 （清）張英 （清）王士禛等撰 清光緒二十三年（1897）上海點石齋石印本 牌記題"光緒二十三年歲次丁酉季秋九月上海點石齋石印" 十冊

370000－1542－0003189 029/2 類叢部/類書類

淵鑑類函四百五十卷 （清）張英 （清）王士禛等撰 清石印本 二十一行四十二字小字雙行同白口單魚尾四周單邊 鈐有"齊魯大學圖書館藏書" 三十九冊 缺八十四卷（一至八十四）

370000－1542－0003190 029/3 類叢部/類書類

格致鏡原一百卷 （清）陳元龍編 清光緒二十二年（1896）積山書局石印本 十五行三十字小字雙行同白口單魚尾四周單邊 牌記題"光緒丙申仲春積山書局石印" 鈐有"張梯青" 十六冊

370000－1542－0003191 029/4 類叢部/類書類

人鏡集五十四卷 （清）孟雲峯輯 清咸豐元年（1851）章丘孟氏家刻本 九行二十一字小字雙行同白口單魚尾左右雙邊 内封題"咸豐辛亥鐫 鶴山堂藏板" 鈐有"齊魯大學圖書館藏書" 二十冊

370000－1542－0003192 029/4 類叢部/類書類

人鏡集五十四卷 （清）孟雲峯輯 清咸豐元年（1851）章丘孟氏家刻本 九行二十一字小字雙行同白口單魚尾左右雙邊 内封題"咸豐辛亥鐫 鶴山堂藏板" 鈐有"齊魯大學哈佛燕京學社購置""齊魯大學圖書館藏書之章" 二十冊

370000－1542－0003193 029/6 類叢部/類書類

新雅堂奇耦典彙三十六卷首一卷 （清）梅自馨編 （清）蔣錫瑞續編 清同治十二年

(1873)敦厚堂重校刻本　九行二十四字小字雙行同白口單魚尾四周單邊　内封題“同治十二年新鋟　敦厚堂梓行”　二十册

370000－1542－0003194　029/7　類叢部/類書類

四書五經類典集成三十四卷　(清)戴兆春編　清光緒二十二年(1896)慎記書莊石印本　十三行四十六字小字雙行同白口單魚尾四周單邊　牌記題“光緒丙申孟夏慎記書莊石印”　鈐有“吳金鼎印”　二十四册

370000－1542－0003195　029/7　類叢部/類書類

四書五經類典集成三十四卷　(清)戴兆春編　清光緒二十二年(1896)慎記書莊石印本　十三行四十六字小字雙行同白口單魚尾四周單邊　牌記題“光緒丙申孟夏慎記書莊石印”　鈐有“齊魯大學圖書館藏書”　二十四册

370000－1542－0003196　029/7　類叢部/類書類

四書五經類典集成三十四卷　(清)戴兆春編　清光緒二十二年(1896)慎記書莊石印本　十三行四十六字小字雙行同白口單魚尾四周單邊　牌記題“光緒丙申孟夏慎記書莊石印”　二十四册

370000－1542－0003197　029/8　類叢部/類書類

小知録十二卷　(清)陸鳳藻編　清同治十二年(1873)淮南書局刻本　十行二十一字小字雙行同白口單魚尾左右雙邊　牌記題“同治癸酉仲冬淮南書局重刊”　四册

370000－1542－0003198　029/9　類叢部/類書類

欽定古今圖書集成一萬卷目録三十二卷　(清)蔣廷錫等編　清光緒十年(1884)上海圖書集成局鉛印本　十二行三十八字小字雙行同白口單魚尾四周單邊　牌記題“光緒甲申年夏上海圖書集成鉛版印書局集股重印”　鈐有“齊魯大學圖書館藏書”　一千六百二十八册

370000－1542－0003199　029/10　類叢部/類書類

新義録一百卷　(清)孫璧文編　清光緒二十七年(1901)兩湖書院校刻本　九行二十一字小字雙行同白口單魚尾四周單邊　内封題“經史新義錄一百卷　辛丑年兩湖書院刻”　鈐有“文淵”“逋客”“清白世家”　四十六册

370000－1542－0003200　029/10　類叢部/類書類

新義録一百卷　(清)孫璧文編　清光緒八年(1882)漱石山房刻十二年(1886)增補本　九行二十一字小字雙行同白口單魚尾四周單邊　牌記題“光緒壬午春刊漱石山房藏板”　鈐有“齊魯大學圖書館藏書”　四十册

370000－1542－0003201　029/11　類叢部/類書類

記事珠十卷　(清)張以謙原撰　(清)王燮廷原校　(清)王剛重訂　清嘉慶二十年(1815)王剛刻本　佚名批校　十行二十四字小字雙行同白口單魚尾左右雙邊　十二册

370000－1542－0003202　029/11　類叢部/類書類

記事珠十卷　(清)張以謙原撰　(清)王燮廷原校　(清)王剛重訂　清同治十三年(1874)天倪清室刻本　十行二十四字小字雙行同白口單魚尾左右雙邊　内封題“同治甲戌冬鐫　增補記事珠　天倪清室藏板”　鈐有“齊魯大學圖書館藏書”　二十册

370000－1542－0003203　029/12　類叢部/類書類

增補事類統編九十三卷首一卷　(清)黄葆真增輯　清光緒九年(1883)谷經國堂刻本　九行二十一字小字雙行同白口單魚尾四周單邊　牌記題“光緒九年孟春谷經國堂藏版”　四十八册

370000－1542－0003204　029/13　類叢部/類書類

佩文韻府一百六卷　(清)張玉書等編　清光緒十八年(1892)上海鴻寶齋石印本　十二行

二十五字小字雙行同白口單魚尾四周單邊　牌記題"光緒壬辰仲秋月上海鴻寶齋石印"　鈐有"基督教齊魯大學圖書館"　一百八十冊

370000－1542－0003205　029/13　類叢部/類書類

佩文韻府一百六卷　(清)張玉書等編　**拾遺**　(清)張廷玉等　清光緒十八年(1892)上海同文書局石印本　二十四行五十字小字雙行同白口單魚尾四周單邊　牌記題"光緒壬辰仲秋上海同文書局石印"　鈐有"容𥎊軒珍藏"　六十冊

370000－1542－0003206　029/13　類叢部/類書類

佩文韻府一百六卷　(清)張玉書等編　**拾遺**　(清)張廷玉等　清光緒十九年(1893)上海點石齋石印本　二十四行五十字小字雙行同白口單魚尾四周單邊　牌記題"光緒十九年四月上海點石齋三次石印"　鈐有"西堂居士藏閱書"　二十四冊

370000－1542－0003207　029/14　類叢部/類書類

角山樓增補類腋六十七卷　(清)姚培謙　(清)張卿雲輯　(清)趙克宜增輯　清光緒十二年(1886)上海同文書局據丹徒趙氏原刻本石印本　十九行四十八字小字雙行同白口單魚尾四周單邊　牌記題"光緒丙戌季冬上海同文書局石印"　鈐有"吳金鼎印"　六冊

370000－1542－0003208　029/14　類叢部/類書類

角山樓增補類腋六十七卷　(清)姚培謙　(清)張卿雲輯　(清)趙克宜增輯　清光緒二十年(1894)上海萬選書局石印本　十九行四十八字小字雙行同白口單魚尾四周單邊　牌記題"光緒甲午季春上海萬選書局石印"　鈐有"紀印""伯綱""夢白""集思廣益""齊魯大學圖書館藏書"　六冊

370000－1542－0003209　029/16　類叢部/類書類

壹是紀始二十二卷補遺一卷　(清)魏崧編　清光緒十四年(1888)甬北寄廬刻本　九行二十四字白口單魚尾四周單邊　牌記題"光緒戊子孟夏甬北寄廬藏板"　鈐有"山東濟南齊魯大學校圖書館"　八冊

370000－1542－0003210　029/23　類叢部/類書類

御定駢字類編二百四十卷　(清)張廷玉等編　清光緒十三年(1887)上海同文書局石印本　二十行四十二字小字雙行同白口雙魚尾四周單邊　牌記題"光緒丁亥孟夏上海同文書局石印"　鈐有"都門編書局章""北京市文化局文物調查研究組藏書印"　四十八冊

370000－1542－0003211　029/23　類叢部/類書類

御定駢字類編二百四十卷　(清)張廷玉等編　清光緒十三年(1887)上海同文書局石印本　二十行四十二字小字雙行同白口雙魚尾四周單邊　牌記題"光緒丁亥孟夏上海同文書局石印"　鈐有"齊魯大學圖書館藏書"　三十二冊

370000－1542－0003212　029/24　類叢部/類書類

四書典制類聯音注三十三卷　(清)閻其淵編　清嘉慶元年(1796)六安閻氏校刻本　九行二十五字小字雙行同白口單魚尾左右雙邊　内封題"嘉慶元年仲秋　蕭山縣署藏板"　鈐有"齊魯大學圖書館藏書"　十六冊

370000－1542－0003213　029/28　類叢部/類書類

小嫏嬛山館彙刊類書十二種　(清)□□編　清刻本　十行二十字小字雙行同白口單魚尾左右雙邊　内封題"芸香堂發兑"　八冊

370000－1542－0003214　029/34　類叢部/類書類

重校繪圖三才略　(□)□□編　清光緒二十四年(1898)上海埽葉山房鉛印本　十三行四十二字小字雙行同白口雙魚尾四周單邊　牌記題"光緒戊戌八月埽葉山房校印"　一冊

370000－1542－0003215　029/38　類叢部/

類書類

中外時務策府統宗四十四卷 （清）文盛書局主人編　清光緒二十三年(1897)上海文盛堂石印本　十六行三十六字白口單魚尾四周單邊　内封題"光緒丁酉仲夏上海文盛堂石印"　二十冊

370000－1542－0003216　330/70　類叢部/類書類

新增説文韻府羣玉二十卷 （元）陰時夫編輯（元）陰中夫編注　（明）王元貞校正　清文光堂刻本　十一行二十二字白口單魚尾左右雙邊　内封題"文光堂藏板"　鈐有"基督教齊魯大學圖書館"　二十冊

370000－1542－0003217　330/70　類叢部/類書類

新增説文韻府羣玉二十卷 （元）陰時夫編輯（元）陰中夫編注　（明）王元貞校正　清文光堂刻本　十一行二十二字小字雙行同白口單魚尾左右雙邊　内封題"重鐫韻府羣玉原本　文光堂藏板"　鈐有"裕順堂自在江浙蘇閩揀選古今書籍發兑印""基督教齊魯大學圖書館"　二十冊

370000－1542－0003218　029/44　類叢部/類書類

策學備纂三十二卷首一卷 （清）吴熲炎等輯　清光緒十九年(1893)上海點石齋石印本　二十四行五十五字白口單魚尾四周單邊　牌記題"光緒十九年夏五月上海點石齋印"　五冊　存十卷(一至六、二十九至三十二)

370000－1542－0003219　029/45　類叢部/類書類

增補事類統編九十三卷 （清）黄葆真增輯　清光緒二十六年(1900)上海文盛書局石印本　十五行四十二字小字雙行同白口單魚尾左右雙邊　内封題"光緒庚子仲春之月上海文盛書局石印"　十二冊

370000－1542－0003220　692/2　子部/宗教類/佛教之屬

翻譯名義集二十卷 （宋）釋法雲編　清光緒四年(1878)金陵刻經處刻本　十行二十字黑口左右雙邊　六冊

370000－1542－0003221　692/7　子部/宗教類/佛教之屬

高僧傳初集十五卷 （南朝梁）釋慧皎撰　清光緒十年(1884)金陵刻經處刻本　十行二十字黑口左右雙邊　鈐有"齊魯大學圖書館藏書"　四冊

370000－1542－0003222　692/8　子部/宗教類/佛教之屬

高僧傳二集四十卷 （唐）釋道宣撰　清光緒十六年(1890)江北刻經處刻本　十行二十字黑口左右雙邊　鈐有"齊魯大學圖書館藏書"　八冊

370000－1542－0003223　692/9　子部/宗教類/佛教之屬

高僧傳三集三十卷 （宋）釋贊寧等撰　清光緒十三年(1887)江北刻經處刻本　十行二十字黑口左右雙邊　鈐有"齊魯大學圖書館藏書"　八冊

370000－1542－0003224　692/10　子部/宗教類/佛教之屬

高僧傳四集六卷 （明）釋如惺撰　清光緒十八年(1892)江北刻經處刻本　十行二十字黑口左右雙邊　鈐有"齊魯大學圖書館藏書"　二冊

370000－1542－0003225　692/14　子部/宗教類/佛教之屬

大般涅盤經四十二卷 （北凉）釋曇無讖譯　清同治八年(1869)山東刻本　九行二十字白口單魚尾左右雙邊　内封題"同治己巳年重刊　板存山東省城厚載門大關帝廟"　鈐有"齊魯大學圖書館藏書"　十冊

370000－1542－0003226　692/15　子部/宗教類/佛教之屬

五燈會元二十卷 （宋）釋慧明編　清光緒三十二年(1906)黄岡陶子麟影刻貴池劉世珩家藏寶祐本　十三行二十四字白口單魚尾左右雙邊　内封題"景宋寶祐本五燈會元二十卷"

牌記題"玉海堂景宋叢書之三貴池劉世珩以家藏本光緒二十八年十月付黄岡陶子麟刊三十二年六月成" 鈐有"齊魯大學圖書館藏書" 十二册

370000－1542－0003227 692/18 子部/宗教類/佛教之屬

金剛般若波羅密經解注不分卷 (清)王定柱撰 清道光二十七年(1847)襄平盧峋校刻本 八行十六字小字雙行同白口單魚尾四周雙邊 内封題"道光丁未秋重訂" 鈐有"齊魯大學圖書館藏書" 三册

370000－1542－0003228 692/20 子部/宗教類/佛教之屬

妙法蓮華經七卷附諸經集要一卷首一卷 (後秦)釋鳩摩羅什譯 清刻本 八行二十二字白口單魚尾左右雙邊 鈐有"齊魯大學圖書館藏書" 五册

370000－1542－0003229 692/21 子部/宗教類/佛教之屬

妙法蓮華經通義二十卷 (明)釋德清撰 清光緒三十四年(1908)金陵刻經處刻本 十行二十字黑口左右雙邊 鈐有"齊魯大學圖書館藏書" 五册

370000－1542－0003230 692/22 子部/宗教類/佛教之屬

大佛頂首楞嚴經疏解蒙鈔六十卷首一卷 (清)錢謙益撰 清刻本 八行二十字小字雙行同白口左右雙邊 鈐有"齊魯大學圖書館藏書" 二十册

370000－1542－0003231 692/24 子部/宗教類/佛教之屬

慈悲梁皇寶懺十卷 (南朝梁)武帝蕭衍編 清光緒十五年(1889)金陵刻經處刻本 九行十八字黑口左右雙邊 鈐有"齊魯大學圖書館藏書" 三册

370000－1542－0003232 692/25 子部/宗教類/佛教之屬

法苑珠林一百卷 (唐)釋道世撰 清道光七年(1827)蔣氏燕園刻光緒三年(1877)常熟山峯寺補刻本 十行二十字黑口雙魚尾左右雙邊 内封題"道光丁亥歲釋藏本重刊""燕園蔣氏" 鈐有"山東濟南齊魯大學校圖書館" 三十二册

370000－1542－0003233 692/26 子部/宗教類/佛教之屬

御選語録十九卷 (清)世宗胤禛編 清光緒四年(1878)金陵刻經處刻本 十行二十一字黑口左右雙邊 鈐有"齊魯大學圖書館藏書" 十四册

370000－1542－0003234 692/27 子部/宗教類/佛教之屬

竹窗隨筆一卷二筆一卷三筆一卷 (明)釋袾宏撰 清光緒二十四年(1898)金陵刻經處刻本 十行二十字黑口左右雙邊 鈐有"齊魯大學圖書館藏書" 三册

370000－1542－0003235 692/31 子部/宗教類/佛教之屬

維摩詰所説經注八卷 (後秦)釋鳩摩羅什譯注 清光緒十三年(1887)金陵刻經處刻本 十行二十字小字雙行同黑口左右雙邊 鈐有"齊魯大學圖書館藏書" 二册

370000－1542－0003236 692/33 子部/宗教類/佛教之屬

閲藏知津四十八卷 (明)釋智旭編 清光緒十八年(1892)金陵刻經處刻本 十行二十字小字雙行同黑口左右雙邊 鈐有"許壽裳遺書""魯迅博物館藏""魯迅博物館註銷" 十册

370000－1542－0003237 692/35 子部/宗教類/佛教之屬

三國佛教略史三卷 (日本)島地墨雷 (日本)生田得能撰 (清)釋聽雲 (清)海秋譯 清宣統三年(1911)京師龍泉孤兒院石印本 十二行二十四字小字雙行同黑口單魚尾四周雙邊 牌記題"京師龍泉孤兒院石印" 鈐有"齊魯大學圖書館藏書" 一册

370000－1542－0003238 692/39 子部/宗教類/佛教之屬

大方廣佛華嚴經著述集要　(唐)釋法藏等撰　清同治八年至光緒二十三年(1869－1897)長沙如皋金陵刻經處刻本　十行二十字小字雙行同黑口左右雙邊　鈐有"生死事大無常迅速""德廉三十七歲後讀書之章"　十二冊

370000－1542－0003239　691/12　子部/道家類

老子翼八卷　(明)焦竑輯　清光緒二十一年(1895)漸西村舍刻本　十行二十字小字雙行同黑口左右雙邊　鈐有"齊魯大學圖書館藏書"　四冊

370000－1542－0003240　691/13　子部/道家類

老子道德經解二卷附老莊影響論一卷首一卷　(明)釋德清撰　清光緒十二年(1886)金陵刻經處刻本　十行二十字小字雙行同黑口左右雙邊　鈐有"齊魯大學圖書館藏書"　二冊

370000－1542－0003241　691/17　子部/道家類

老子道德經二卷　(晉)王弼注　清乾隆四十二年(1777)福建翻刻武英殿聚珍版書本　九行二十一字小字雙行同白口單魚尾四周雙邊　鈐有"齊魯大學圖書館藏書"　一冊

370000－1542－0003242　691/15　子部/道家類

沖虛至德真經八卷　(戰國)列禦寇撰　(晉)張湛注　(唐)殷敬順釋　清嘉慶九年(1804)姑蘇聚文堂刻本　十一行二十一字小字雙行同黑口四周單邊　內封題"嘉慶甲子重鐫　姑蘇聚文堂藏板"　鈐有"山東濟南齊魯大學校圖書館"　一冊

370000－1542－0003243　691/15　子部/道家類

沖虛至德真經八卷附列仙傳一卷　(戰國)列禦寇撰　(晉)張湛注　(唐)殷敬順釋　清光緒二年(1876)浙江書局據明世德堂本校刻　八行十八字小字雙行同黑口左右雙邊　牌記題"光緒二年浙江書局據明世德堂本校刻"　鈐有"基督教齊魯大學圖書館"　四冊

370000－1542－0003244　691/16　子部/道家類

列子八卷　(唐)盧重元注　清嘉慶八年(1803)江都秦氏石研齋刻本　十行二十一字小字雙行同白口單魚尾左右雙邊　內封題"嘉慶八年江都秦氏"　鈐有"齊魯大學圖書館藏書"　四冊

370000－1542－0003245　691/15　子部/道家類

列子八卷　(晉)張湛注　(唐)殷敬順釋文　清光緒二年(1876)浙江書局刻本　九行二十一字小字雙行同白口單黑魚尾左右雙邊　牌記題"光緒二年浙江書局據明世德堂本校刻"　一冊　存四卷(一至四)

370000－1542－0003246　691/18　子部/道家類

文子纘義十二卷　(宋)杜道堅撰　清乾隆四十二年(1777)福建翻刻武英殿聚珍版書本　九行二十一字小字雙行同白口單魚尾四周雙邊　鈐有"齊魯大學圖書館藏書"　四冊

370000－1542－0003247　691/20　子部/道家類

南華經直解四卷　(清)徐廷槐鈔閱　清光緒二十年(1894)文瑞樓刻本　九行二十字小字雙行同白口單魚尾左右雙邊　內封題"南華經直解　光緒甲午重鐫　文瑞樓藏板"　鈐有"山東濟南齊魯大學校圖書館""基督教齊魯大學圖書館"　六冊

370000－1542－0003248　691/20　子部/道家類

南華經直解四卷　(清)徐廷槐鈔閱　清光緒二十年(1894)文瑞樓刻本　九行二十字小字雙行同白口單魚尾左右雙邊　內封題"南華經直解　光緒甲午重鐫　文瑞樓藏板"　鈐有"山東濟南齊魯大學校圖書館""基督教齊魯大學圖書館"　四冊

370000－1542－0003249　691/20　子部/道家類

南華經直解四卷　(清)徐廷槐鈔閱　清光緒

二十年(1894)文瑞樓刻本　九行二十字小字雙行同白口單魚尾左右雙邊　内封題“南華經直解　光緒甲午重鐫　文瑞樓藏板”　鈐有“山東濟南齊魯大學校圖書館”“基督教齊魯大學圖書館”　四册

370000－1542－0003250　691/20　子部/道家類

南華經直解四卷　(清)徐廷槐鈔閲　清光緒二十年(1894)文瑞樓刻本　九行二十字小字雙行同白口單魚尾左右雙邊　内封題“南華經直解　光緒甲午重鐫　文瑞樓藏板”　鈐有“山東濟南齊魯大學校圖書館”“基督教齊魯大學圖書館”　四册

370000－1542－0003251　691/20　子部/道家類

南華經直解四卷　(清)徐廷槐鈔閲　清光緒二十年(1894)文瑞樓刻本　九行二十字小字雙行同白口單魚尾左右雙邊　内封題“南華經直解　光緒甲午重鐫　文瑞樓藏板”　鈐有“山東濟南齊魯大學校圖書館”“基督教齊魯大學圖書館”　四册

370000－1542－0003252　691/22　子部/道家類

南華真經十卷　(晉)郭象注　(唐)陸德明音義　清嘉慶九年(1804)姑蘇王氏聚文堂刻十子全書本　十一行二十一字小字雙行同黑口四周單邊　内封題“嘉慶甲子重鐫　姑蘇聚文堂藏板”　鈐有“山東濟南齊魯大學校圖書館”“基督教齊魯大學圖書館”　三册

370000－1542－0003253　691/22　子部/道家類

道德經評注二卷　(漢)河上公章句　清嘉慶九年(1804)姑蘇王氏聚文堂刻十子全書本　十一行二十一字小字雙行同黑口四周單邊　内封題“嘉慶甲子重鐫　姑蘇聚文堂藏板”　鈐有“山東濟南齊魯大學校圖書館”“基督教齊魯大學圖書館”　一册

370000－1542－0003254　691/7　子部/道家類

南華真經正義内外雜篇各一卷識餘三卷　(清)陳壽昌輯　清光緒十九年(1893)怡顔齋刻本　十行二十字小字雙行同白口單魚尾四周單邊　牌記題“光緒十九年仲春怡顔齋開雕”　鈐有“雲山北向廔藏書”“田孝農印”　四册

370000－1542－0003255　691/26　子部/道家類

莊子獨見三十三卷　(清)胡文英評釋　清文淵堂刻本　十行十九字小字雙行同白口單魚尾左右雙邊　内封題“文淵堂梓”　鈐有“李氏達道山房藏書印”　二册

370000－1542－0003256　691/42　子部/宗教類/道教之屬

抱朴子内篇二十卷外篇五十卷附校勘記一卷内篇佚文一卷外篇佚文一卷附録四種　(晉)葛洪撰　清嘉慶十八年至二十三年(1813－1818)長白繼昌校刻本　十一行二十字白口單魚尾左右雙邊　内封題“癸酉年七月校刊於金陵道署”　五册

370000－1542－0003257　691/6　子部/宗教類/道教之屬

重刊道藏輯要二十八集　(清)彭定求輯　(清)蔣元庭　(清)閻永和補輯　清光緒三十二年(1906)成都二仙菴刻本　十行二十四字白口單魚尾左右雙邊　牌記題“光緒丙午年重刊板藏成都二仙庵”　鈐有“私立齊魯大學國學研究所藏書之章”　二百四十四册

370000－1542－0003258　691/6　子部/宗教類/道教之屬

道藏輯要二十八集　(清)彭定求輯　(清)蔣元庭補輯　清刻本　十行二十四字白口單魚尾四周雙邊　鈐有“齊魯大學圖書館藏書”　一百八十册

370000－1542－0003259　693/1　子部/宗教類/其他宗教之屬

清真指南十卷　(清)馬注撰　清同治八年(1869)保安吉刻本　八行十九字白口單魚尾四周雙邊　鈐有“濟南齊魯神學”　五册

370000－1542－0003260　693/3　子部/宗教類/其他宗教之屬

燕京開教略三篇　樊國樑撰　清光緒三十一年(1905)北京救世堂鉛字排印本　八行二十字白口四周花邊　鈐有"齊魯大學圖書館藏書"　三冊

370000－1542－0003261　693/6　子部/宗教類/其他宗教之屬

義和拳教門源流考　勞乃宣編　清光緒刻本　十行二十二字黑口單魚尾左右雙邊　一冊

370000－1542－0003262　693/7　子部/宗教類/其他宗教之屬

教務紀略四卷首一卷末一卷　(清)李剛己撰　(清)魏家驊校　清光緒三十一年(1905)南洋官報局刻本　十行二十五字小字雙行同白口單魚尾左右雙邊　牌記題"光緒己巳三月南洋官報局印"　五冊

370000－1542－0003263　811.5/1　集部/楚辭類

屈宋古音義三卷　(明)陳第撰　(清)徐時作重訂　清光緒六年(1880)武昌張氏刻本　十行二十一字小字雙行同白口單魚尾四周雙邊　内封題"武昌張氏校刊"　二冊

370000－1542－0003264　811.5/1　集部/楚辭類

屈宋古音義三卷　(明)陳第撰　(清)徐時作重訂　清光緒六年(1880)武昌張氏刻本　十行二十一字小字雙行同白口單魚尾四周雙邊　内封題"武昌張氏校刊"　二冊

370000－1542－0003265　811.5/3　集部/楚辭類

楚辭釋十一卷　(漢)王逸章句　王闓運注　清光緒十二年(1886)成都尊經書院精刻本　佚名圈點　八行十七字小字雙行同白口雙魚尾四周雙邊　内封題"光緒丙戌仲秋成都尊經書院精棌"　鈐有"私立齊魯大學國學研究所藏書之章"　二冊

370000－1542－0003266　811.5/4　集部/楚辭類

楚辭八卷附楚辭後語六卷楚辭辨證二卷　(宋)朱熹撰　清光緒八年(1882)江蘇書局刻本　九行十七字小字雙行同黑口單魚尾左右雙邊　内封題"光緒壬午十月江蘇書局開雕"　鈐有"孫宗弼印"　四冊

370000－1542－0003267　811.5/6　集部/楚辭類

楚辭辨證二卷　(宋)朱熹撰　清光緒三年(1877)湖北崇文書局刻本　清吳鶚題跋　十二行二十四字小字雙行同黑口雙魚尾四周雙邊　内封題"光緒三年三月湖北崇文書局開雕"　鈐有"吳""吳石君信印大□□壽"　一冊

370000－1542－0003268　811.5/7　集部/楚辭類

楚辭集注八卷　(宋)朱熹撰　清光緒元年(1875)湖北崇文書局刻本　十二行二十四字小字雙行同黑口雙魚尾四周雙邊　内封題"光緒三年三月湖北崇文書局開雕"　二冊

370000－1542－0003269　811.5/7　集部/楚辭類

楚辭集注八卷　(宋)朱熹撰　清光緒三年(1877)湖北崇文書局刻本　十二行二十四字小字雙行同黑口雙魚尾四周雙邊　内封題"光緒三年三月湖北崇文書局開雕"　二冊

370000－1542－0003270　811.5/7　集部/楚辭類

楚辭集注八卷　(宋)朱熹撰　清光緒三年(1877)湖北崇文書局刻本　十二行二十四字小字雙行同黑口雙魚尾四周雙邊　内封題"光緒三年三月湖北崇文書局開雕"　二冊

370000－1542－0003271　811.5/7　集部/楚辭類

楚辭集註八卷附楚辭後語六卷楚辭辨證二卷　(宋)朱熹撰　清宣統三年(1911)掃葉山房石印本　十一行二十字小字雙行同黑口雙魚尾左右雙邊　内封題"宣統三年石印　掃葉山房"　四冊

370000－1542－0003272　811.5/9　集部/楚

辭類

離騷集傳一卷　(宋)錢杲之撰　清光緒三年(1877)湖北崇文書局刻本　佚名批校　十二行二十四字小字雙行同黑口雙魚尾四周雙邊　内封題"光緒三年三月湖北崇文書局開雕"　一冊

370000－1542－0003273　811.5/10　集部/楚辭類

屈辭精義六卷　(清)陳本禮箋訂　清嘉慶十七年(1812)刻本　八行二十一字小字雙行三十二字黑口雙魚尾四周雙邊　鈐有"齊魯大學圖書館藏書""星階珍臧""任城李氏珍藏""漁山小隱""冬涵"　四冊

370000－1542－0003274　811.5/12　集部/楚辭類

屈原賦注七卷通釋二卷音義三卷　(清)戴震撰　清光緒十七年(1891)廣雅書局刻本　佚名圈點　十一行二十四字小字雙行同黑口單魚尾四周單邊　内封題"光緒辛卯秋七月廣雅書局栞"　鈐有"冉性伯章""冉□北印"　一冊

370000－1542－0003275　811.5/16　集部/楚辭類

離騷箋二卷　(清)龔景瀚撰　清光緒三年(1877)湖北崇文書局刻本　十二行二十四字小字雙行同黑口雙魚尾四周雙邊　内封題"光緒三年三月湖北崇文書局開雕"　一冊

370000－1542－0003276　811.5/19　集部/楚辭類

屈原賦二十五篇　(清)退想齋輯本　清光緒十六年(1890)上海同文書局石印本　九行二十二字四周單邊　内封題"光緒十六年庚寅春三月退想齋付印"　鈐有"譙國布衣""同伯家藏"　二冊

370000－1542－0003277　811.5/4　集部/楚辭類

屈原賦二十五篇　(清)退想齋輯本　清光緒十六年(1890)上海同文書局石印本　九行二十二字四周單邊　内封題"光緒十六年庚寅春三月退想齋付印"　鈐有"夏金年印"　二冊

370000－1542－0003278　811.5/7　集部/楚辭類

楚辭八卷附楚辭後語六卷楚辭辨證二卷　(宋)朱熹撰　清光緒八年(1882)江蘇書局刻本　九行十七字小字雙行同黑口單魚尾左右雙邊　内封題"光緒壬午十月江蘇書局開雕　蘇州振新書社經印"　鈐有"私立齊魯大學國學研究所藏書之章"　四冊

370000－1542－0003279　812.12/1　集部/別集類/漢魏六朝別集

諸葛武侯集四卷　(三國蜀)諸葛亮撰　(清)朱璘輯　清同治景萊書室刻本　九行二十四字小字雙行同白口單魚尾四周雙邊　四冊

370000－1542－0003280　812.19/242　集部/別集類/漢魏六朝別集

諸葛忠武侯全集二十卷首三卷　(清)胡昇猷輯　清光緒刻本　九行二十二字小字雙行同下黑口單魚尾四周雙邊　十二冊

370000－1542－0003281　812.13/9　集部/別集類/漢魏六朝別集

曹集詮評十卷逸文一卷　(清)丁晏評　清同治十一年(1872)金陵書局校刻本　九行二十二字小字雙行同白口單魚尾左右雙邊　内封題"同治十一年夏五月校刊板存金陵書局"　二冊

370000－1542－0003282　812.13/3　集部/別集類/漢魏六朝別集

陶淵明集十卷　(晉)陶潛撰　清光緒五年(1879)番禺俞秀山仿汲古閣本精刻本　九行十五字小字雙行同白口單魚尾左右雙邊　鈐有"東倉書庫繆氏收藏印""齊魯大學圖書館藏書""蘅父繆朝荃校讀"　三冊

370000－1542－0003283　812.13/3　集部/別集類/漢魏六朝別集

陶淵明集十卷　(晉)陶潛撰　清光緒五年(1879)番禺俞秀山仿汲古閣本精刻本　九行十五字小字雙行同白口單魚尾左右雙邊

一册

370000－1542－0003284　812.13/3　集部/別集類/漢魏六朝別集

陶淵明集十卷　(晉)陶潛撰　清宣統元年(1909)上海著易堂書局石印汲古閣本　九行十五字小字雙行同白口單魚尾左右雙邊　内封題“宣統元年暮春之初依汲古閣藏本縮印”　鈐有“基督教齊魯大學圖書館”　四册

370000－1542－0003285　812.13/13　集部/別集類/漢魏六朝別集

靖節先生集十卷首一卷附年譜考異二卷　(晉)陶潛撰　(清)陶澍集注　清光緒九年(1883)江蘇書局刻本　十行十九字小字雙行同白口單魚尾四周雙邊　内封題“光緒癸未江蘇書局開雕”　鈐有“容刴軒珍藏”　四册

370000－1542－0003286　812.13/13　集部/別集類/漢魏六朝別集

靖節先生集十卷首一卷附年譜考異二卷　(晉)陶潛撰　(清)陶澍集注　清光緒九年(1883)江蘇書局刻本　佚名圈點　十行十九字小字雙行同白口單魚尾四周雙邊　内封題“光緒癸未江蘇書局開雕”　鈐有“胡堯芳”　四册

370000－1542－0003287　812.13/13　集部/別集類/漢魏六朝別集

靖節先生集十卷首一卷附年譜考異二卷　(晉)陶潛撰　(清)陶澍集注　清光緒九年(1883)江蘇書局刻本　十行十九字小字雙行同白口單魚尾四周雙邊　内封題“光緒癸未江蘇書局開雕”　四册

370000－1542－0003288　812.14/1　集部/別集類/漢魏六朝別集

庾子山集十六卷附年譜　(北周)庾信撰　(清)倪璠注　清道光十九年(1839)江蘇同文堂刻本　十行二十字小字雙行同白口單魚尾左右雙邊　内封題“道光己亥重鐫　同文堂藏版”　鈐有“齊魯大學圖書館藏書”“不夜書屋珍藏”　十二册

370000－1542－0003289　812.14/1　集部/別集類/漢魏六朝別集

庾子山集十六卷附年譜　(北周)庾信撰　(清)倪璠注　清道光十九年(1839)江蘇同文堂刻本　十行二十字小字雙行同白口單魚尾左右雙邊　内封題“道光己亥重鐫　善成堂藏版”　鈐有“齊魯大學圖書館藏書”“鄒尚文”　十六册

370000－1542－0003290　812.14/1－2　集部/別集類/漢魏六朝別集

庾子山集十六卷附年譜　(北周)庾信撰　(清)倪璠注　清光緒二十年(1894)儒雅堂刻本　十行二十字小字雙行同下黑口單魚尾左右雙邊　内封題“錢唐倪氏注本光緒甲午春儒雅堂鐫”　十二册

370000－1542－0003291　812.15/6　集部/別集類/唐五代別集

李太白文集三十卷　(唐)李白撰　(清)繆曰芑重校　清光緒十四年(1888)湖北官書處翻刻康熙繆氏本　十一行二十字小字雙行同白口單魚尾左右雙邊　内封題“光緒十四年孟春湖北官書處重刊”　鈐有“齊魯大學圖書館藏書”　四册

370000－1542－0003292　812.15/6　集部/別集類/唐五代別集

李太白文集三十卷　(唐)李白撰　(清)繆曰芑重校　清光緒十四年(1888)湖北官書處翻刻康熙繆氏本　十一行二十字小字雙行同白口單魚尾左右雙邊　内封題“光緒十四年孟春湖北官書處重刊”　鈐有“齊魯大學圖書館藏書”　四册

370000－1542－0003293　812.15/23　集部/別集類/唐五代別集

李太白文集三十六卷　(唐)李白撰　(清)王琦輯注　清文聚堂刻本　十行二十字小字雙行同白口單魚尾左右雙邊　内封題“李太白文集輯註　文聚堂梓”　鈐有“齊魯大學圖書館藏書”　十二册

370000－1542－0003294　812/15/3　集部/別集類/唐五代別集

昌黎先生集四十卷附外集十卷遺文一卷朱子校昌黎先生集傳一卷 (唐)韓愈撰 (唐)李漢編 清同治八年(1869)江蘇書局重刻明萬曆徐氏東雅堂本 九行十七字小字雙行同細黑口雙魚尾四周雙邊 牌記題“同治己巳江蘇書局重刊” 鈐有“齊魯大學圖書館藏書” 十册

370000－1542－0003295 812.15/27 集部/別集類/唐五代別集

昌黎先生集四十卷附外集十卷遺文一卷朱子校昌黎先生集傳一卷 (唐)韓愈撰 (唐)李漢編 清同治八年(1869)江蘇書局重刻明萬曆東雅堂本 九行十七字小字雙行同細黑口雙魚尾四周雙邊 牌記題“同治己巳江蘇書局重刊” 鈐有“雲岫”“容刹軒珍藏” 三十二册

370000－1542－0003296 812.15/3 集部/別集類/唐五代別集

昌黎先生集四十卷附外集一卷遺文一卷朱子校昌黎先生集傳一卷 (唐)韓愈撰 (唐)李漢編 **韓集點勘四卷** (清)陳景雲撰 清宣統二年(1910)上海掃葉山房石印本 十四行三十四字小字雙行同白口單魚尾四周雙邊 内封題“宣統二年孟冬出版 埽葉山房石印” 鈐有“基督教齊魯大學圖書館” 十二册

370000－1542－0003297 812.15/8 集部/別集類/唐五代別集

河東先生集六卷 (唐)柳宗元撰 清宣統二年(1910)上海會文堂石印本 十五行三十二字白口單魚尾四周雙邊 内封題“宣統二年秋出版 上海會文堂粹記印行” 鈐有“基督教齊魯大學圖書館” 六册

370000－1542－0003298 812.15/8 集部/別集類/唐五代別集

河東先生集六卷 (唐)柳宗元撰 清宣統二年(1910)上海會文堂石印本 十五行三十二字白口單魚尾四周雙邊 内封題“宣統二年秋出版 上海會文堂粹記印行” 鈐有“齊魯大學圖書館藏書” 六册

370000－1542－0003299 812.15/15 集部/別集類/唐五代別集

權載之文集五十卷 (唐)權德輿撰 清嘉慶十一年(1806)大興朱珪刻本 十行二十一字小字雙行同白口單魚尾左右雙邊 鈐有“齊魯大學圖書館藏書” 八册

370000－1542－0003300 812.15/17 集部/別集類/唐五代別集

文忠集十六卷 (唐)顔真卿撰 **拾遺四卷** (清)黄本驥輯 清光緒二十年(1894)會稽孫星華增刻武英殿聚珍版書本 九行二十一字小字雙行同白口單魚尾四周雙邊 六册

370000－1542－0003301 812.15/18 集部/別集類/唐五代別集

劉賓客文集三十卷補遺一卷 (唐)劉禹錫撰 清光緒五年(1879)定州王氏刻畿輔叢書本 十行二十二字黑口四周單邊 鈐有“齊魯大學圖書館藏書” 四册

370000－1542－0003302 812.15/24 集部/別集類/唐五代別集

駱賓王集十卷 (唐)駱賓王撰 清宣統三年(1911)上海文瑞樓石印本 十四行三十字下黑口單魚尾四周雙邊 内封題“宣統三年夏上海文瑞樓石印” 鈐有“基督教齊魯大學圖書館” 二册

370000－1542－0003303 812.15/16 集部/別集類/唐五代別集

駱丞集四卷 (唐)駱賓王撰 (清)胡鳳丹校 **考異二卷** (清)胡鳳丹撰 清同治八年(1869)永康胡氏退補齋校刻本 九行二十字白口單魚尾四周雙邊 内封題“退補齋開雕” 鈐有“齊魯大學圖書館藏書”“漢口東壁垣選辦各直省官書局并家藏一切善本書籍發兑” 二册

370000－1542－0003304 812.15/25 集部/別集類/唐五代別集

重刊校正笠澤叢書四卷附補遺詩一卷續補遺一卷 (唐)陸龜蒙撰 清末歸安姚覲元大疊

山房刻本　清朱啓連圈點批校並跋　九行十八字白口雙魚尾左右雙邊　内封題“大疊山房重刊”　鈐有“棣垞”　二册

370000－1542－0003305　812.15/25　集部/別集類/唐五代別集

重刊校正笠澤叢書四卷附補遺詩一卷續補遺一卷　(唐)陸龜蒙撰　清蘇州振新書社重印姚氏大疊山房刻本　九行十八字白口雙魚尾左右雙邊　内封題“蘇州振新書社印刷發行”　二册

370000－1542－0003306　812.15/34　集部/別集類/唐五代別集

玉谿生詩詳注三卷　(唐)李商隱撰　(清)馮浩編訂　清同治七年(1868)馮寶圻修補重印乾隆四十五年(1780)桐鄉馮氏德聚堂刻本　佚名圈點　十一行二十五字小字雙行三十三字白口單魚尾左右雙邊　内封題“重校本德聚堂藏版”　鈐有“貽令堂藏書記”“華韻軒印”“華韻軒藏書記”“熽印”“五言長城”“熽芬詩書”　四册

370000－1542－0003307　812.15/34　集部/別集類/唐五代別集

樊南文集詳注八卷　(唐)李商隱撰　(清)馮浩編訂　清同治七年(1868)馮寶圻修補重印乾隆四十五年(1780)桐鄉馮氏德聚堂刻本　佚名圈點　十一行二十五字小字雙行三十三字白口單魚尾左右雙邊　内封題“重校本德聚堂藏版”　鈐有“貽令堂藏書記”“華韻軒印”“劉氏小衡”“華韻軒藏書記”“熽印”“李肅”　四册

370000－1542－0003308　812.16/3　集部/別集類/宋別集

嘉祐集二十卷　(宋)蘇洵撰　清道光十二年(1832)四川眉山三蘇祠刻本　九行二十五字黑口雙魚尾左右雙邊　内封題“道光壬辰新鐫　板藏眉州三蘇祠”　鈐有“齊魯大學圖書館藏書”　四册

370000－1542－0003309　812.16/10　集部/別集類/宋別集

後山先生集二十四卷　(宋)陳師道撰　清光緒十一年(1885)重刻雍正雲間趙鴻烈本　十行二十一字小字雙行同黑口雙魚尾左右雙邊　内封題“光緒十一年重刻趙本”　六册

370000－1542－0003310　812.16/10　集部/別集類/宋別集

後山先生集二十四卷　(宋)陳師道撰　清光緒十一年(1885)重刻雍正雲間趙鴻烈本　劉熽芬圈點批校并跋　十行二十一字小字雙行同黑口雙魚尾左右雙邊　内封題“光緒十一年重刻趙本”　鈐有“貽令堂藏書記”“香山劉熽芬印”“小蘇齋”“筱衡”“小衡”“小衡讀過”“小衡讀”“學識何如觀點書”“貽令堂藏”“劉小衡所讀書”“筱衡鑑藏”　五册

370000－1542－0003311　812.16/10　集部/別集類/宋別集

後山先生集二十四卷　(宋)陳師道撰　清光緒十一年(1885)重刻雍正雲間趙鴻烈本　馮幵　張原煒批注　十行二十一字小字雙行同黑口雙魚尾左右雙邊　内封題“光緒十一年重刻趙本”　鈐有“張原煒”“伯子于相之印”“憶巴樓”“馮幵印”“于相”“原煒之印”“葑里草堂”“君木”“曾在洪家”“丕謨所得”“布齊”　四册

370000－1542－0003312　812.16/11　集部/別集類/宋別集

南軒文集四十四卷南軒先生論語解十卷南軒先生孟子説七卷　(宋)張栻撰　清咸豐四年(1854)綿邑南軒祠刻本　佚名圈點　十一行二十字白口單魚尾左右雙邊　内封題“咸豐甲寅年重刊　宋張宣公詩文集論孟解合刻　縣邑南軒祠藏版”　鈐有“私立齊魯大學國學研究所藏書之章”　十二册

370000－1542－0003313　812.16/13　集部/別集類/宋別集

蘇東坡全集一百十卷　(宋)蘇軾撰　清宣統元年(1909)寶華盦重刻明成化本　十行二十字小字雙行同黑口雙魚尾四周雙邊　内封題“重栞成化本東坡七集一百有十卷　光緒戊申刊宣統己酉成”　四十八册

370000－1542－0003314　812.16/13　集部/别集類/宋别集

蘇東坡全集一百十卷　(宋)蘇軾撰　清宣統元年(1909)寶華盦重刻明成化本　十行二十字小字雙行同黑口雙魚尾四周雙邊　内封題“重栞成化本東坡七集一百有十卷　光緒戊申刊宣統己酉成”　四十八册

370000－1542－0003315　812.16/23　集部/别集類/宋别集

文恭集四十卷補遺一卷　(宋)胡宿撰　清光緒二十一年(1895)增刻武英殿聚珍版書本　九行二十一字小字雙行同白口單魚尾四周雙邊　鈐有“齊魯大學圖書館藏書”　八册

370000－1542－0003316　812.16/24　集部/别集類/宋别集

陶山集十六卷　(宋)陸佃撰　清乾隆四十二年(1777)福建刻武英殿聚珍版書本　九行二十一字小字雙行同白口單魚尾四周雙邊　鈐有“齊魯大學圖書館藏書”　四册

370000－1542－0003317　812.16/25　集部/别集類/宋别集

蒙齋集二十卷附拾遺一卷　(宋)袁甫撰　清光緒二十年(1894)增刻武英殿聚珍版書本　九行二十一字小字雙行同白口單魚尾四周雙邊　鈐有“齊魯大學圖書館藏書”　六册

370000－1542－0003318　812.16/27　集部/别集類/宋别集

欒城集四十八卷欒城後集二十四卷三集十卷應詔集十二卷　(宋)蘇轍撰　(明)王執禮　(明)顧天叙校　清道光十二年(1832)四川眉山三蘇祠刻本　九行二十五字小字雙行同黑口雙魚尾左右雙邊　内封題“道光壬辰新鐫　板藏眉州三蘇祠”　鈐有“齊魯大學圖書館藏書”　二十七册

370000－1542－0003319　812.16/28　集部/别集類/宋别集

蘇子美集十卷　(宋)蘇舜欽撰　清同治六年(1867)刻本　十行二十一字白口雙魚尾四周雙邊　鈐有“齊魯大學圖書館藏書”　四册

370000－1542－0003320　812.16/29　集部/别集類/宋别集

忠肅集二十卷學易集八卷　(宋)劉摯撰　清光緒五年(1879)定州王氏刻畿輔叢書本　十行二十二字黑口四周單邊　内封題“光緒五年開雕　畿輔叢書　謙德堂藏板”　鈐有“齊魯大學圖書館藏書”“紫金山下人家”　六册

370000－1542－0003321　812.16/29　集部/别集類/宋别集

忠肅集二十卷　(宋)劉摯撰　**拾遺一卷**　(清)勞格輯目　(清)孫星華録文　清光緒二十一年(1895)增刻武英殿聚珍版書本　九行二十一字小字雙行同白口單魚尾四周雙邊　鈐有“齊魯大學圖書館藏書”　六册

370000－1542－0003322　812.16/30　集部/别集類/宋别集

公是集五十四卷　(宋)劉敞撰　清光緒十九年至二十年(1893－1894)補刻武英殿聚珍版書本　九行二十一字小字雙行同白口單魚尾四周雙邊　鈐有“齊魯大學圖書館藏書”　十一册

370000－1542－0003323　812.16/31　集部/别集類/宋别集

彭城集四十卷　(宋)劉攽撰　清道光二十七年(1847)福建補刻武英殿聚珍版書本　九行二十一字小字雙行同白口單魚尾四周雙邊　鈐有“齊魯大學圖書館藏書”　八册

370000－1542－0003324　812.16/32　集部/别集類/宋别集

文定集二十四卷　(宋)汪應辰撰　清光緒二十一年(1895)福建增刻武英殿聚珍版書本　九行二十一字小字雙行同白口單魚尾四周雙邊　鈐有“齊魯大學圖書館藏書”　六册

370000－1542－0003325　812.16/33　集部/别集類/宋别集

小畜集三十卷外集十三卷　(宋)王禹偁撰　**拾遺一卷**　(清)勞格輯目　(清)孫星華録文　清光緒二十年(1894)福建增刻武英殿聚珍版書本　九行二十一字小字雙行同白口單魚

尾四周雙邊　鈐有“齊魯大學圖書館藏書”　十册

370000－1542－0003326　812.16/34　集部/别集類/宋别集

攻媿集一百十二卷　(宋)樓鑰撰　清光緒二十一年(1895)福建增刻武英殿聚珍版書本　九行二十一字小字雙行同白口單魚尾四周雙邊　鈐有“齊魯大學圖書館藏書”　三十册

370000－1542－0003327　812.16/35　集部/别集類/宋别集

徐騎省集三十卷附補遺一卷校勘記一卷　(宋)徐鉉撰　清光緒十六年至十七年(1890－1891)安徽黟縣李氏刻本　十行二十一字小字雙行同白口單魚尾四周雙邊　内封題“光緒庚寅秋鐫辛卯夏季完工壬辰春仲重校癸巳夏季三校黟南李氏藏板”　鈐有“齊魯大學圖書館藏書”　八册

370000－1542－0003328　812.16/36　集部/别集類/宋别集

柯山集五十卷　(宋)張耒撰　清光緒二十一年(1895)福建增刻武英殿聚珍版書本　九行二十一字小字雙行同白口單魚尾四周雙邊　鈐有“齊魯大學圖書館藏書”　十四册

370000－1542－0003329　812.16/37　集部/别集類/宋别集

忠簡公集七卷附考異一卷　(宋)宗澤撰　清同治八年(1869)胡鳳丹退補齋刻金華文萃本　九行二十字小字雙行同白口單魚尾四周雙邊　内封題“金華文萃　退補齋開雕”　鈐有“齊魯大學圖書館藏書”　二册

370000－1542－0003330　812.16/38　集部/别集類/宋别集

淨德集三十八卷　(宋)吕陶撰　清乾隆四十二年(1777)福建刻武英殿聚珍版書本　九行二十一字小字雙行同白口單魚尾四周雙邊　鈐有“齊魯大學圖書館藏書”　八册

370000－1542－0003331　812.16/41　集部/别集類/宋别集

雪山集十六卷　(宋)王質撰　清光緒十九年(1893)福建補刻武英殿聚珍版書本　九行二十一字小字雙行同白口單魚尾四周雙邊　鈐有“齊魯大學圖書館藏書”　四册

370000－1542－0003332　812.16/43　集部/别集類/宋别集

毗陵集十六卷　(宋)張守撰　清光緒二十一年(1895)福建補刻武英殿聚珍版書本　九行二十一字小字雙行同白口單魚尾四周雙邊　鈐有“齊魯大學圖書館藏書”　五册

370000－1542－0003333　812.16/44　集部/别集類/宋别集

西臺集二十卷　(宋)畢仲游撰　清光緒翻刻武英殿聚珍版書本　九行二十一字小字雙行同白口單魚尾四周雙邊　鈐有“齊魯大學圖書館藏書”　六册

370000－1542－0003334　812.16/45　集部/别集類/宋别集

祠部集三十五卷　(宋)强至撰　清光緒福建補刻武英殿聚珍版書本　九行二十一字小字雙行同白口單魚尾四周雙邊　鈐有“齊魯大學圖書館藏書”　十册

370000－1542－0003335　812.16/45　集部/别集類/宋别集

祠部集三十五卷　(宋)强至撰　清乾隆四十二年(1777)福建刻武英殿聚珍版書本　九行二十一字小字雙行同白口單魚尾四周雙邊　八册

370000－1542－0003336　812.16/48　集部/别集類/宋别集

象山先生全集三十六卷　(宋)陸九淵撰　清宣統二年(1910)上海江左書林鉛印本　十四行四十二字白口雙魚尾四周雙邊　内封題“宣統庚戌夏月江左書林校印”　鈐有“齊魯大學圖書館藏書”　八册

370000－1542－0003337　812.16/49　集部/别集類/宋别集

景文集六十二卷　(宋)宋祁撰　清道光八年(1828)福建吳榮光重修武英殿聚珍版書本　九行二十一字小字雙行同白口單魚尾四周雙

邊　鈐有“齊魯大學圖書館藏書”　十二册

370000－1542－0003338　812.16/49　集部/別集類/宋別集

景文集六十二卷附拾遺二十二卷　(宋)宋祁撰　清光緒二十年(1894)福建增刻武英殿聚珍版書本　九行二十一字小字雙行同白口單魚尾四周雙邊　鈐有“齊魯大學圖書館藏書”　二十三册

370000－1542－0003339　812.16/50　集部/別集類/宋別集

元憲集三十六卷　(宋)宋庠撰　清道光翻刻武英殿聚珍版書本　九行二十一字小字雙行同白口單魚尾四周雙邊　鈐有“齊魯大學圖書館藏書”　八册

370000－1542－0003340　812.16/50　集部/別集類/宋別集

元憲集三十六卷　(宋)宋庠撰　清道光翻刻武英殿聚珍版書本　九行二十一字小字雙行同白口單魚尾四周雙邊　鈐有“齊魯大學圖書館藏書”　八册

370000－1542－0003341　812.16/51　集部/別集類/宋別集

恥堂存稿八卷　(宋)高斯德撰　清同治八年(1869)重刻武英殿聚珍版書本　九行二十一字小字雙行同白口單魚尾四周雙邊　鈐有“齊魯大學圖書館藏書”　三册

370000－1542－0003342　812.16/52　集部/別集類/宋別集

浮溪集三十二卷　(宋)汪藻撰　清光緒二十一年(1895)福建翻刻武英殿聚珍版書本　九行二十一字小字雙行同白口單魚尾四周雙邊　鈐有“齊魯大學圖書館藏書”　九册

370000－1542－0003343　812.16/53　集部/別集類/宋別集

香谿集二十二卷　(宋)范浚撰　清光緒元年(1875)永康胡鳳丹退補齋刻本　九行二十字小字雙行同白口單魚尾四周雙邊　内封題“金華叢書　退補齋開雕”　鈐有“齊魯大學圖書館藏書”　四册

370000－1542－0003344　812.16/54　集部/別集類/宋別集

華陽集四十卷　(宋)王珪撰　清道光福建補刻乾隆武英殿聚珍版書本　九行二十一字小字雙行同白口單魚尾四周雙邊　鈐有“齊魯大學圖書館藏書”　十一册

370000－1542－0003345　812.16/55　集部/別集類/宋別集

止堂集十八卷　(宋)彭龜年撰　清光緒十九年(1893)福建補刻武英殿聚珍版書本　九行二十一字小字雙行同白口單魚尾四周雙邊　鈐有“齊魯大學圖書館藏書”　四册

370000－1542－0003346　812.16/58　集部/別集類/宋別集

楊龜山先生集四十二卷首一卷　(宋)楊時撰　清康熙四十六年(1707)刻光緒五年(1879)修補本　九行二十字小字雙行同白口單魚尾左右雙邊　内封題“康熙丁亥彫板光緒己卯重脩”　十册

370000－1542－0003347　812.16/62　集部/別集類/宋別集

後山先生集二十四卷　(宋)陳師道撰　清光緒十一年(1885)重刻雍正趙氏刻本　十行二十一字小字雙行同黑口雙魚尾左右雙邊　内封題“光緒十一年重刻趙本”　四册

370000－1542－0003348　812.16/63　集部/別集類/宋別集

宛陵先生文集六十卷　(宋)梅堯臣撰　清宣統二年(1910)上海影印康熙震澤徐氏刻本　十一行二十一字白口單魚尾左右雙邊　内封題“二年庚戌十二月印於滬上”　鈐有“觚葊圖書”　十册

370000－1542－0003349　812.16/63　集部/別集類/宋別集

宛陵先生文集六十卷　(宋)梅堯臣撰　清宣統二年(1910)上海影印康熙震澤徐氏刻本　十一行二十一字白口單魚尾左右雙邊　内封題“二年庚戌十二月印於滬上”　十册

370000－1542－0003350　812.16/67　集部/

別集類/宋别集

陳少陽集十卷首一卷 （宋）陳東撰 （清）劉德麟重輯 清光緒十六年(1890)刻本 佚名批注 九行二十一字小字雙行同下黑口單魚尾左右雙邊 内封題“光緒庚寅夏鐫 板存敦華堂” 一册

370000－1542－0003351 812.16/68 集部/別集類/宋别集

簡齋集十六卷 （宋）陳與義撰 清乾隆四十二年(1777)福建刻武英殿聚珍版書本 九行二十一字小字雙行同白口單魚尾四周雙邊 鈐有“齊魯大學圖書館藏書” 四册

370000－1542－0003352 812.16/69 集部/別集類/宋别集

南陽集六卷附拾遺 （宋）趙湘撰 清光緒二十一年(1895)福建增刻武英殿聚珍版書本 九行二十一字小字雙行同白口單魚尾四周雙邊 鈐有“齊魯大學圖書館藏書” 二册

370000－1542－0003353 812.16/70 集部/別集類/宋别集

浮沚集九卷 （宋）周行己撰 清同治八年(1869)重刻武英殿聚珍版書本 九行二十一字小字雙行同白口單魚尾四周雙邊 鈐有“齊魯大學圖書館藏書” 三册

370000－1542－0003354 812.16/136 集部/別集類/宋别集

盤洲文集八十卷 （宋）洪适撰 清嘉慶三瑞堂刻本 十行二十字小字雙行同白口單魚尾四周單邊 内封題“三瑞堂藏書” 鈐有“元和吳石君戊戌以後所得書”“愛日樓”“吳鶚” 十六册

370000－1542－0003355 812.19/166 集部/別集類/宋别集

道鄉集四十卷補遺一卷附録一卷 （宋）鄒浩撰 清道光十一年(1831)江蘇鄒氏家刻本 佚名圈點 清吳之翰識 十行二十一字白口單魚尾左右雙邊 内封題“道光十三年八月 桐城後學姚元之題” 鈐有“真州吳氏有福讀書堂藏書”“杭州王氏九峰舊廬藏書章” 八册

370000－1542－0003356 612/2 集部/別集類/宋别集

朱子文集一百卷續集十一卷别集十卷 （宋）朱熹撰 清同治十二年(1873)六安涂氏求我齋刻本 十二行二十二字小字雙行同白口單魚尾左右雙邊 内封題“同治十二年六安涂氏求我齋仿嘉靖壬辰本校刊” 五十二册

370000－1542－0003357 812.18/50 集部/別集類/宋别集

心史二卷 （宋）鄭思肖撰 清光緒二十年(1894)刻本 九行二十字小字雙行同白口單魚尾左右雙邊 鈐有“容鄦軒珍藏” 二册

370000－1542－0003358 322/19 集部/別集類/宋别集

安陸集一卷 （宋）張先撰 清光緒八年(1882)江蘇淮南書局翻刻乾隆安邑葛氏刻本 九行十六字小字雙行同黑口四周單邊 一册

370000－1542－0003359 322/19 集部/別集類/宋别集

安陸集一卷 （宋）張先撰 清光緒八年(1882)江蘇淮南書局翻刻乾隆安邑葛氏刻本 九行十六字小字雙行同黑口四周單邊 鈐有“齊魯大學圖書館藏書” 一册

370000－1542－0003360 322/19 集部/別集類/宋别集

曾樂軒稿一卷 （宋）張維撰 清光緒八年(1882)江蘇淮南書局翻刻乾隆安邑葛氏刻本 九行十六字小字雙行同黑口四周單邊 一册

370000－1542－0003361 322/19 集部/別集類/宋别集

曾樂軒稿一卷 （宋）張維撰 清光緒八年(1882)江蘇淮南書局翻刻乾隆安邑葛氏刻本 九行十六字小字雙行同黑口四周單邊 鈐有“齊魯大學圖書館藏書” 一册

370000－1542－0003362 812.16/8 集部/

別集類/金別集

閑閑老人滏水文集二十卷補遺一卷　(金)趙秉文撰　**附録一卷**　(金)元好問撰　清光緒五年(1879)定州王氏刻畿輔叢書本　十行二十二字小字雙行同黑口四周單邊　四册

370000－1542－0003363　812.17/5　集部/別集類/元別集

牧庵集三十六卷　(元)姚燧撰　清光緒二十年(1894)福建增刻武英殿聚珍版書本　九行二十一字小字雙行同白口單魚尾四周雙邊　内封題"光緒甲午增刻"　鈐有"齊魯大學圖書館藏書"　十册

370000－1542－0003364　812.17/6　集部/別集類/元別集

清容居士集五十卷　(元)袁桷撰　**札記一卷**　(清)郁松年撰　清道光二十年(1840)上海郁氏刻宜稼堂叢書本　十一行二十二字小字雙行同黑口雙魚尾四周雙邊　内封題"道光二十年四月朔日上海郁氏栞竟"　鈐有"齊魯大學圖書館藏書"　十四册

370000－1542－0003365　812.17/6　集部/別集類/元別集

清容居士集五十卷　(元)袁桷撰　**札記一卷**　(清)郁松年撰　清道光二十年(1840)上海郁氏刻宜稼堂叢書本　十一行二十二字小字雙行同黑口雙魚尾四周雙邊　内封題"道光二十年四月朔日上海郁氏栞竟"　十四册

370000－1542－0003366　812.17/7　集部/別集類/元別集

湛然居士集十四卷　(元)耶律楚材撰　清光緒二十一年(1895)刻本　十行二十一字小字雙行同白口單魚尾左右雙邊　内封題"光緒乙未琱版"　鈐有"齊魯大學圖書館藏書"　四册

370000－1542－0003367　812.16/39　集部/別集類/元別集

郝文忠公陵川文集三十九卷附録一卷　(元)郝經撰　(清)王鏐編訂　**年譜一卷**　(清)秦萬壽　(清)王汝楫輯纂　清道光八年(1828)增補乾隆刻本　十行二十二字白口單魚尾左右雙邊　内封題"郝文忠公陵川全集　本祠藏板"　鈐有"齊魯大學圖書館藏書"　十册

370000－1542－0003368　812.16/39　集部/別集類/元別集

郝文忠公陵川文集三十九卷附録一卷　(元)郝經撰　(清)王鏐編訂　**年譜一卷**　(清)秦萬壽　(清)王汝楫輯纂　清道光八年(1828)增補乾隆刻本　十行二十二字白口單魚尾左右雙邊　内封題"郝文忠公陵川全集　本祠藏板"　鈐有"李錦章"　十册

370000－1542－0003369　812.17/8　集部/別集類/元別集

道園全集六十卷　(元)虞集撰　清光緒元年(1875)陵陽書局刻本　十一行二十一字小字雙行同白口單魚尾四周雙邊　内封題"蜀本光緒元年春月　陵陽書局重刊"　鈐有"齊魯大學圖書館藏書"　十五册

370000－1542－0003370　812.17/9　集部/別集類/元別集

靜修先生文集十二卷　(元)劉因撰　清光緒五年(1879)定州王氏刻畿輔叢書本　十行二十二字小字雙行同黑口四周單邊　内封題"光緒五年開雕　畿輔叢書　謙德堂藏板"　鈐有"齊魯大學圖書館藏書"　四册

370000－1542－0003371　812.18/59　集部/別集類/明別集

宋文憲公全集八十三卷　(明)宋濂撰　**潛谿録二卷首一卷**　(清)丁立中編輯　(清)孫鏘增補　清宣統三年(1911)成都刻本　十二行二十三字小字雙行同白口單魚尾左右雙邊　内封題"宣統辛亥開雕於成都越五年丙辰畢工"　二十八册

370000－1542－0003372　812.18/11　集部/別集類/明別集

陶菴集二十二卷首一卷末一卷　(明)黄淳耀撰　清光緒五年至七年(1879－1881)嘉定童式穀、宋道南等刻本　九行十九字小字雙行同黑口單魚尾左右雙邊　内封題"光緒己卯

重刊” 鈐有“容劄軒珍藏” 八册

370000－1542－0003373 812.18/11 集部/别集類/明别集

陶菴集二十二卷首一卷末一卷 (明)黄淳耀撰 清光緒五年至七年(1879－1881)嘉定童式穀、宋道南等刻本 九行十九字小字雙行同黑口單魚尾左右雙邊 内封題“光緒己卯重刊” 八册

370000－1542－0003374 812.18/17 集部/别集類/明别集

淩谿先生集十八卷 (明)朱應登撰 清道光十五年(1835)家刻本 十一行二十一字黑口單魚尾左右雙邊 内封題“道光十有五年校刊宜祿堂藏板” 四册

370000－1542－0003375 812.18/20 集部/别集類/明别集

山帶閣集三十三卷附録一卷 (明)朱曰藩撰 清道光十五年(1835)家刻本 十一行二十一字小字雙行同黑口單魚尾左右雙邊 内封題“道光十有五年校刊宜祿堂藏板” 六册

370000－1542－0003376 812.18/22 集部/别集類/明别集

滄溟先生集三十卷附録一卷 (明)李攀龍撰 清道光二十七年(1847)歷城李獻方景福堂刻本 十行二十字小字雙行同白口單魚尾左右雙邊 内封題“道光丁未秋梓 景福堂藏板” 八册

370000－1542－0003377 812.18/22 集部/别集類/明别集

滄溟先生集三十卷附録一卷 (明)李攀龍撰 清道光二十七年(1847)歷城李獻方景福堂刻本 十行二十字小字雙行同白口單魚尾左右雙邊 内封題“道光丁未秋梓 景福堂藏板” 八册

370000－1542－0003378 812.18/25 集部/别集類/明别集

王文成公全書三十八卷 (明)王守仁撰 清同治至道光刻本 九行二十一字小字雙行同白口單魚尾左右雙邊 二十四册

370000－1542－0003379 812.18/25 集部/别集類/明别集

王文成公全書三十八卷 (明)王守仁撰 清同治至道光刻本 九行二十一字小字雙行同白口單魚尾左右雙邊 鈐有“齊魯大學圖書館藏書” 二十四册

370000－1542－0003380 812.18/26 集部/别集類/明别集

王抑庵集四十卷 (明)王直撰 清同治六年(1867)王啓鑅刻本 十行二十四字白口單魚尾左右雙邊 十册

370000－1542－0003381 812.18/28 集部/别集類/明别集

止止堂集五卷 (明)戚繼光撰 清光緒十四年(1888)山東書局刻本 十行二十一字小字雙行同白口單魚尾四周雙邊 鈐有“齊魯大學圖書館藏書” 四册

370000－1542－0003382 812.18/40 集部/别集類/明别集

返生香一卷附集一卷 (明)葉小鸞撰 **疏香閣附集一卷** (明)沈自炳等撰 **窈聞一卷** (明)葉紹袁撰 清光緒二十二年(1896)羊城葉氏秋夢盦刻本 九行二十一字小字雙行同四周單邊 内封題“光緒二十有二年歲在丙申中春之月刊于羊城之秋夢盦” 四册

370000－1542－0003383 812.18/55 集部/别集類/明别集

返生香一卷附集一卷 (明)葉小鸞撰 **疏香閣附集一卷** (明)沈自炳等撰 **窈聞一卷** (明)葉紹袁撰 清光緒二十二年(1896)羊城葉氏秋夢盦刻本 九行二十一字小字雙行同四周單邊 内封題“光緒二十有二年歲在丙申中春之月刊于羊城之秋夢盦” 二册

370000－1542－0003384 812.18/41 集部/别集類/明别集

甫田集三十六卷 (明)文徵明撰 清宣統三年(1911)鉛印本 十二行三十一字白口單魚尾四周雙邊 内封題“宣統三年校印” 十二册

370000－1542－0003385　812.18/42　集部/別集類/明别集

盧忠肅公集十二卷首一卷　(明)盧象升撰　清光緒元年(1875)會稽施惠刻本　十行二十一字下黑口單魚尾左右雙邊　内封題"光緒乙亥夏鐫　本祠藏板"　八册

370000－1542－0003386　812.18/45　集部/別集類/明别集

楊忠愍公全集四卷　(明)楊繼盛撰　(清)章鈺重訂　清宣統二年(1910)守政書局刻本　九行二十一字白口單魚尾四周單邊　内封題"宣統庚戌年守政書局印"　四册

370000－1542－0003387　812.18/49　集部/別集類/明别集

躬恥堂詩文合鈔文鈔十卷詩鈔十六卷　(明)彭士望撰　清咸豐二年(1852)重刻江西寧都彭氏校刻本　九行二十字白口單魚尾左右雙邊　内封題"咸豐二年重鐫　板藏本祠　翻刻必究"　鈐有"濟甯王伯子謝家舊燕堂藏書"　八册

370000－1542－0003388　812.18/60　集部/別集類/明别集

張太岳先生集四十七卷　(明)張居正撰　清翻刻明萬曆四十年(1612)繡谷唐國達刻本　十行二十字白口單魚尾四周單邊　鈐有"徐紹棨""南州書樓所藏""南州後人""徐湯殷"　八册

370000－1542－0003389　812.18/60　集部/別集類/明别集

張太岳先生集四十七卷　(明)張居正撰　清江陵鄧氏翻刻明萬曆四十年(1612)繡谷唐國達刻本　十行二十字白口單魚尾四周單邊　内封題"江陵鄧氏藏板"　八册

370000－1542－0003390　812.18/63　集部/別集類/明别集

熊襄愍公集十卷首一卷末一卷　(明)熊廷弼撰　清同治三年(1864)湖北熊氏家刻本　九行二十四字白口單魚尾四周單邊　内封題"同治甲子重鐫　本祠藏板"　十册

370000－1542－0003391　812.18/64　集部/別集類/明别集

何大復先生集三十八卷　(明)何景明撰　清咸豐二年(1852)世守堂刻本　九行二十字白口單魚尾四周雙邊　内封題"咸豐壬子歲重鐫　世守堂本祠藏板"　八册

370000－1542－0003392　812.18/67　集部/別集類/明别集

瓶花齋集十卷　(明)袁宏道撰　清宣統三年(1911)抱殘守缺齋石印本　九行十八字白口單白魚尾四周雙邊　内封題"抱殘守缺齋印"　鈐有"吉學鑑印"　四册

370000－1542－0003393　812.18/51　集部/別集類/明别集

六如居士全集七卷補遺一卷　(明)唐寅撰　清嘉慶六年(1801)長沙唐氏刻本　十行二十一字白口單魚尾左右雙邊　内封題"嘉慶六年長沙唐氏藏板"　四册

370000－1542－0003394　812.18/77　集部/別集類/明别集

東山葛氏遺書東山餘墨五卷東山論草二卷家禮摘要五卷　(明)葛引生撰　清嘉慶九年(1804)東山葛氏樹滋堂刻本　九行二十一字黑口單魚尾四周雙邊　内封題"嘉慶九年重鐫　樹滋堂藏板"　鈐有"德平西關葛家店記""葛樹賡章"　四册

370000－1542－0003395　812.18/78　集部/別集類/明别集

葛憲使公集四卷　(明)葛如麟撰　清嘉慶八年(1803)東山葛氏樹滋堂刻本　九行二十一字黑口單魚尾四周雙邊　内封題"嘉慶八年鐫　樹滋堂藏板"　鈐有"德平西關葛家店記""葛樹賡章"　二册

370000－1542－0003396　028/3　集部/別集類/明别集

升菴外集一百卷　(明)楊慎撰　(明)焦竑編　清道光二十四年(1844)影明刻本　十行二十字小字雙行同白口單魚尾左右雙邊　内封題"道光甲辰影明板重刊　桂湖藏板"　鈐有

"私立齊魯大學國學研究所藏書之章"　二十四冊

370000－1542－0003397　038/30　集部/別集類/明別集

升菴外集一百卷　(明)楊慎撰　(明)焦竑編　清道光二十四年(1844)影明刻本　十行二十字小字雙行同白口單魚尾左右雙邊　内封題"道光甲辰影明板重刊　桂湖藏板"　二十四冊

370000－1542－0003398　812.18/80　集部/別集類/明別集

嶼山集十二卷　(明)趙秉忠撰　清光緒九年(1883)刻本　六行十三字白口單魚尾四周單邊　五冊

370000－1542－0003399　812.18/83　集部/別集類/明別集

鄺海雪集箋十二卷　(明)鄺露撰　(清)鄺廷瑤箋　清咸豐元年(1851)南海綺錯樓刻本　十二行二十三字小字雙行同白口單魚尾四周單邊　内封題"綺錯樓藏板"　四冊

370000－1542－0003400　812.18/84　集部/別集類/明別集

青邱高季迪先生詩集十八卷鳧藻集五卷遺詩一卷扣舷集一卷附録一卷首一卷　(明)高啓撰　(清)金檀輯注　清刻本　十一行二十二字小字雙行約三十二字白口單魚尾左右雙邊　内封題"文瑞樓藏板"　鈐有"香港圖書館管理""梁佶脩讀""東田居士""雷李氏家藏記""清舫李泰藏書"　十二冊

370000－1542－0003401　812.19/13　集部/別集類/明別集

劉蕺山先生集二十四卷首一卷附年譜二卷　(明)劉宗周撰　清乾隆十七年(1752)刻乾隆三十八年(1773)增刻道光十一年(1831)修補本　十行二十二字小字雙行同白口單黑魚尾左右雙邊　内封題"新增年譜　本衙藏板"　十二冊

370000－1542－0003402　812.19/125　集部/別集類/清別集

初學集一百十卷　(清)錢謙益撰　(清)錢曾箋注　清宣統二年(1910)邃漢齋鉛印本　十二行三十字小字雙行同白口四周單邊　内封題"宣統二年庚戌邃漢齋校印"　鈐有"邃漢齋"　二十四冊

370000－1542－0003403　812.19/142　集部/別集類/清別集

梅村家藏稿五十八卷補一卷年譜四卷　(清)吴偉業撰　董康訂　清宣統三年(1911)武進董氏誦芬室刻本　十五行二十八字黑口單魚尾四周雙邊　内封題"宣統三年武進董氏誦芬室刊"　鈐有"吴石君壬子後所得物""愛日樓""吴鶚長壽"　八冊

370000－1542－0003404　812.19/1　集部/別集類/清別集

寒松堂全集十二卷附年譜一卷　(清)魏象樞撰　清嘉慶十六年(1811)魏煜北京刻本　十行二十字黑口單魚尾左右雙邊　鈐有"齊魯大學圖書館藏書""聽雨軒藏書""楚翹秀堃""他塔喇氏"　十三冊

370000－1542－0003405　812.19/1　集部/別集類/清別集

寒松堂全集十二卷附年譜一卷　(清)魏象樞撰　清嘉慶十六年(1811)魏煜北京刻本　十行二十字黑口單魚尾左右雙邊　鈐有"齊魯大學圖書館藏書"　十一冊

370000－1542－0003406　812.19/3　集部/別集類/清別集

曾文正公全集一百五十六卷　(清)曾國藩撰　清光緒二年(1876)長沙傳忠書局刻本　十行二十四字黑口單魚尾左右雙邊　内封題"光緒二年穐傳忠書局栞"　一百二十冊

370000－1542－0003407　812.19/3　集部/別集類/清別集

曾文正公全集一百五十六卷　(清)曾國藩撰　清光緒二年(1876)長沙傳忠書局刻本　十行二十四字黑口單魚尾左右雙邊　内封題"光緒二年穐傳忠書局栞"　一百二十七冊

370000－1542－0003408　812.19/6　集部/

别集類/清别集

㧝郾山房文略二卷駢文二卷疏草二卷詩存八卷 （清）趙樹吉撰　清光緒十年至十一年(1884－1885)汗青簃刻本　十一行二十二字小字雙行同白口四周雙邊　疏草、詩存、駢文前内封題“光緒十年五汗青簃栞”　文略前内封題“光緒十一年夏五汗青簃校刊”　鈐有“私立齊魯大學國學研究所藏書之章”　五册

370000－1542－0003409　812.19/6　集部/别集類/清别集

㧝郾山房文略二卷駢文二卷疏草二卷詩存八卷 （清）趙樹吉撰　清光緒十年至十一年(1884－1885)汗青簃刻本　十一行二十二字小字雙行同白口四周雙邊　疏草、詩存、駢文前内封題“光緒十年五汗青簃栞”　文略前内封題“光緒十一年夏五汗青簃校刊”　五册

370000－1542－0003410　812.19/10　集部/别集類/清别集

抱經堂詩集二卷紫硯山房詩稿初集續集 （清）張瀠撰　清道光三十年(1850)廣州刻本　九行二十字白口單魚尾四周雙邊　内封題“道光庚戌年　羊城新鐫”　四册

370000－1542－0003411　812.19/11　集部/别集類/清别集

鐵橋漫稿八卷 （清）嚴可均撰　清光緒十一年(1885)長洲蔣氏心矩齋重校刻本　十一行二十一字小字雙行同黑口雙魚尾左右雙邊　内封題“光緒乙酉長洲蔣氏重刊”　鈐有“齊魯大學圖書館藏書”　四册

370000－1542－0003412　812.19/11　集部/别集類/清别集

鐵橋漫稿八卷 （清）嚴可均撰　清光緒十一年(1885)長洲蔣氏心矩齋重校刻本　十一行二十一字小字雙行同黑口雙魚尾左右雙邊　内封題“光緒乙酉長洲蔣氏重刊”　四册

370000－1542－0003413　812.19/12　集部/别集類/清别集

道古堂全集文集四十八卷詩集二十六卷集外文一卷集外詩一卷軼事一卷 （清）杭世駿撰　清光緒十四年(1888)錢塘汪氏增補刻本　十行二十一字小字雙行同白口單魚尾左右雙邊　内封題“光緒十四年戊子中春泉唐汪氏振綺堂檢理舊板校訂補刊”　鈐有“椿”“碧雲僊館珍藏書畫印”　十六册

370000－1542－0003414　812.19/12　集部/别集類/清别集

道古堂全集文集四十八卷詩集二十六卷集外文一卷集外詩一卷軼事一卷 （清）杭世駿撰　清光緒十四年(1888)錢塘汪氏增補刻本　十行二十一字小字雙行同白口單魚尾左右雙邊　内封題“光緒十四年戊子中春泉唐汪氏振綺堂檢理舊板校訂補刊”　十六册

370000－1542－0003415　812.19/15　集部/别集類/清别集

揅經室集一集十四卷二集八卷三集五卷四集二卷外集五卷續集十一卷再續集六卷 （清）阮元撰　清道光三年(1823)阮氏文選樓刻本　十行二十字小字雙行同白口單魚尾四周雙邊　二十四册

370000－1542－0003416　812.19/15　集部/别集類/清别集

揅經室集一集十四卷二集八卷三集五卷四集二卷外集五卷續集十一卷再續集六卷 （清）阮元撰　清道光三年(1823)阮氏文選樓刻本　十行二十字小字雙行同白口單魚尾四周雙邊　二十四册

370000－1542－0003417　812.19/16　集部/别集類/清别集

尚絅堂集五十六卷 （清）劉嗣綰撰　清同治八年(1869)湖南劉氏刻本　十一行二十二字小字雙行同黑口單魚尾左右雙邊　内封題“同治己巳陽月重栞”　十册

370000－1542－0003418　812.19/16　集部/别集類/清别集

尚絅堂集五十六卷 （清）劉嗣綰撰　清同治八年(1869)湖南劉氏刻本　十一行二十二字小字雙行同黑口單魚尾左右雙邊　内封題“同治己巳陽月重栞”　十六册

370000－1542－0003419　812.19/19　集部/別集類/清別集

惜餘軒全集簡言二卷古文鈔四卷詩鈔二卷　(清)董錦章撰　清光緒三十年(1904)刻本　十一行二十五字白口單魚尾左右雙邊　四册

370000－1542－0003420　812.19/21　集部/別集類/清別集

劉孟塗集四十四卷　(清)劉開撰　清道光六年(1826)桐城姚氏檗山草堂刻本　十二行二十四字小字雙行同黑口雙魚尾四周單邊　内封題"道光六年夏同里姚氏檗山草堂刊"　八册

370000－1542－0003421　812.19/21　集部/別集類/清別集

劉孟塗集四十四卷　(清)劉開撰　清道光六年(1826)桐城姚氏檗山草堂刻本　十二行二十四字小字雙行同黑口雙魚尾四周單邊　内封題"道光六年夏同里姚氏檗山草堂刊"　八册

370000－1542－0003422　812.19/23　集部/別集類/清別集

筠心堂集文集十卷詩集四卷外集一卷　(清)張岳崧撰　清道光二十四年(1844)刻本　十一行二十二字小字雙行同白口單魚尾四周雙邊　鈐有"齊魯大學哈佛燕京學社購置""齊魯大學圖書館藏書之章"　六册

370000－1542－0003423　812.19/27　集部/別集類/清別集

桐城吴先生文集四卷詩集一卷　(清)吴汝綸撰　**傳狀一卷**　(清)吴闓生編　清光緒三十年(1904)桐城吴氏家刻本　九行二十一字小字雙行同白口左右雙邊　鈐有"私立齊魯大學國學研究所藏書之章"　四册

370000－1542－0003424　812.19/27　集部/別集類/清別集

桐城吴先生文集四卷詩集一卷　(清)吴汝綸撰　清光緒三十年(1904)桐城吴氏家刻本　佚名圈點　九行二十一字小字雙行同白口左右雙邊　鈐有"陳小珊藏"　五册

370000－1542－0003425　812.19/25　集部/別集類/清別集

柏梘山房集文集十六卷續一卷詩集十卷續二卷駢體文二卷　(清)梅曾亮撰　清同治三年(1864)補刻咸豐六年(1856)刻本　十行二十一字小字雙行同白口單魚尾四周雙邊　内封題"咸豐六年三月刊成"　八册

370000－1542－0003426　812.19/28　集部/別集類/清別集

十三峯書屋全集九卷　(清)李榕撰　清光緒十六年(1890)龍州書局輯刻本　十行二十四字白口單魚尾四周雙邊　内封題"匡山書院藏板　光緒庚寅年秋龍州書局編刻"　八册

370000－1542－0003427　812.19/31　集部/別集類/清別集

泰雲堂集二十五卷　(清)孫爾準撰　清道光十三年(1833)沈學淵等校刻本　十二行二十四字小字雙行同下黑口單魚尾左右雙邊　六册

370000－1542－0003428　812.19/33　集部/別集類/清別集

石笥山房詩文集文集六卷補遺二卷續補遺二卷　(清)胡天游撰　清咸豐二年(1852)重校刻本　十行二十字白口單魚尾四周雙邊　内封題"咸豐二年三月重刊"　八册

370000－1542－0003429　812.19/34　集部/別集類/清別集

海豐吴氏詩存四卷　(清)吴重熹輯　清光緒十年(1884)吴重熹校刻本　十行二十二字小字雙行同白口雙魚尾左右雙邊　内封題"光緒甲申刻于陳署"　四册

370000－1542－0003430　812.19/35　集部/別集類/清別集

邵子湘全集青門簏稿十六卷旅稿六卷賸稿八卷　(清)邵長蘅撰　清康熙江蘇武進邵氏青門草堂刻光緒二十二年(1896)重印本　十行二十一字小字雙行同黑口左右雙邊　内封題"青門草堂藏板"　十二册

370000－1542－0003431　812.19/35　集部/

别集類/清别集

邵子湘全集青門簏稿十六卷旅稿六卷賸稿八卷 （清）邵長蘅撰　清康熙江蘇武進邵氏青門草堂刻光緒二十二年(1896)重印本　十行二十一字小字雙行同黑口左右雙邊　内封題"青門草堂藏板"　鈐有"景陶所藏"　八册

370000－1542－0003432　812.19/37　集部/别集類/清别集

樫華館全集文集六卷詩集四卷附詩餘駢文一卷雜録一卷 （清）路德撰　清光緒七年(1881)陝西解梁書院刻本　九行二十二字下黑口單魚尾左右雙邊　内封題"光緒七年辛巳十月栞於解梁"　鈐有"仲璋眼福"　十册

370000－1542－0003433　812.19/38　集部/别集類/清别集

忠雅堂詩集二十七卷補遺二卷銅絃詞二卷 （清）蔣士銓撰　清道光二十三年(1843)刻本　十行二十一字小字雙行同白口單魚尾四周雙邊　内封題"道光癸卯重鐫　藏園藏版"　鈐有"紹庭珍藏""碧雲僊館珍藏書畫印"　八册

370000－1542－0003434　812.19/39　集部/别集類/清别集

寶奎堂集十二卷篁村集十二卷 （清）陸錫熊撰　清道光二十九年(1849)上海陸成沅刻本　九行二十一字小字雙行同白口單魚尾左右雙邊　内封題"道光己酉仲秋　孫男成沅謹重刊"　八册

370000－1542－0003435　812.19/41　集部/别集類/清别集

韞山堂詩文集詩集十六卷文集八卷 （清）管世銘撰　清光緒二十年(1894)江蘇武進刻本　十一行二十三字小字雙行同黑口單魚尾左右雙邊　内封題"光緒二十年重鐫　讀雪山房藏板"　六册

370000－1542－0003436　812.19/42　集部/别集類/清别集

錢南園遺集五卷 （清）錢澧撰　清光緒十九年(1893)浙江書局刻本　十行二十一字小字雙行同白口單魚尾左右雙邊　内封題"光緒癸巳夏月浙江書局開雕"　二册

370000－1542－0003437　812.19/45　集部/别集類/清别集

秋奩遺稿一卷 （清）黄易撰　清宣統二年(1910)濟寧李汝謙影印本　十行約二十六字小字雙行同黑口四周單邊　一册

370000－1542－0003438　812.19/47　集部/别集類/清别集

甘泉鄉人稿二十四卷餘稿二卷附年譜一卷 （清）錢泰吉撰　**四水子遺著一卷** （清）錢友泗撰　**郊農偶吟稿一卷** （清）錢炳森撰　清光緒十一年(1885)嘉興錢志澄刻本　十行二十一字小字雙行同黑口單魚尾左右雙邊　七册

370000－1542－0003439　812.19/48　集部/别集類/清别集

緑野齋前後合集六卷太湖詩草一卷制藝一卷 （清）劉鴻翺撰　清道光二十四年(1844)福建自刻本　十行二十四字小字雙行同白口單魚尾左右雙邊　内封題"道光甲辰秋刊"　八册

370000－1542－0003440　812.19/50　集部/别集類/清别集

西堂雜俎二十四卷西堂剩稿二卷西堂秋夢録一卷西堂小草一卷論語詩一卷右北平集一卷看雲草堂集八卷述祖詩一卷于京集五卷哀絃集一卷擬明史樂府一卷外國竹枝詞一卷百末詞六卷性理吟二卷 （清）尤侗撰　**湘中草六卷** （清）湯傳楹撰　清兩儀堂刻本　十行二十一字細黑口或白口單魚尾四周雙邊　内封題"兩儀堂藏板"　鈐有"齊魯大學圖書館藏書"　二十册

370000－1542－0003441　812.19/50　集部/别集類/清别集

西堂雜俎二十四卷西堂剩稿二卷西堂秋夢録一卷西堂小草一卷論語詩一卷右北平集一卷看雲草堂集八卷述祖詩一卷于京集五卷哀絃集一卷擬明史樂府一卷外國竹枝詞一卷百末

詞六卷性理吟二卷　(清)尤侗撰　**湘中草六卷**　(清)湯傳楹撰　清兩儀堂刻本　十行二十一字細黑口或白口單魚尾四周雙邊　内封題"兩儀堂藏板"　二十四册

370000－1542－0003442　812.19/50　集部/別集類/清別集

西堂雜俎二十四卷西堂剩稿二卷西堂秋夢録一卷西堂小草一卷論語詩一卷右北平集一卷看雲草堂集八卷述祖詩一卷于京集五卷哀絃集一卷擬明史樂府一卷外國竹枝詞一卷百末詞六卷性理吟二卷　(清)尤侗撰　**湘中草六卷**　(清)湯傳楹撰　清江西文富堂刻本　十行二十一字細黑口或白口單魚尾四周雙邊　内封題"文富堂藏板"　鈐有"李錦章"　二十四册

370000－1542－0003443　812.19/50　集部/別集類/清別集

西堂雜俎二十四卷西堂剩稿二卷西堂秋夢録一卷西堂小草一卷論語詩一卷右北平集一卷看雲草堂集八卷述祖詩一卷于京集五卷哀絃集一卷擬明史樂府一卷外國竹枝詞一卷百末詞六卷性理吟二卷　(清)尤侗撰　**湘中草六卷**　(清)湯傳楹撰　清文理堂刻本　佚名圈點　十行二十一字細黑口或白口單魚尾四周雙邊　内封題"文理堂藏版"　鈐有"齊魯大學圖書館藏書""一生愛好是天然""如南山之壽""礪堂藏書"　十二册

370000－1542－0003444　812.19/50　集部/別集類/清別集

西堂雜俎二十四卷西堂剩稿二卷西堂秋夢録一卷西堂小草一卷論語詩一卷右北平集一卷看雲草堂集八卷述祖詩一卷于京集五卷哀絃集一卷擬明史樂府一卷外國竹枝詞一卷百末詞六卷性理吟二卷　(清)尤侗撰　**湘中草六卷**　(清)湯傳楹撰　清刻本　佚名圈點　十行二十一字細黑口或白口單魚尾四周雙邊　内封題"本衙藏板"　鈐有"畢節路氏幼清珍藏書畫之印""臣瑄之印""福如東海壽比南山"　二十册

370000－1542－0003445　812.19/54　集部/別集類/清別集

西堂雜俎三集二十四卷　(清)尤侗撰　清刻本　十行二十一字白口單魚尾四周雙邊　鈐有"齊魯大學圖書館藏書"　十册

370000－1542－0003446　812.19/51　集部/別集類/清別集

雅雨堂遺集詩集二卷文集四卷　(清)盧見曾撰　(清)金在恆編　清道光二十年(1840)德州盧樞清雅堂校刻本　九行十九字小字雙行同白口單魚尾左右雙邊　内封題"道光庚子夏鐫　清雅堂藏版"　三册

370000－1542－0003447　812.19/53　集部/別集類/清別集

石泉書屋類稿八卷詩鈔八卷尺牘二卷　(清)李佐賢撰　清同治利津李氏刻本　王獻唐識　九行二十四字白口單魚尾四周雙邊　類稿内封題"同治辛未年鐫　利津李氏藏板"　詩鈔内封題"同治乙丑年鐫　利津李氏藏板"　尺牘内封題"同治辛未年鐫　利津李氏藏板"　鈐有"海曲王氏雙行精舍""王獻唐讀書記""雙行精舍鑑藏""雙行精舍校藏經籍印""獻唐長物""王獻唐""獻唐""葆經閣""百漢印齋"　六册

370000－1542－0003448　812.19/53　集部/別集類/清別集

石泉書屋類稿八卷詩鈔八卷律賦二卷制藝補鈔一卷　(清)李佐賢撰　清同治利津李氏刻本　九行二十四字白口單魚尾四周雙邊　類稿内封題"同治辛未年鐫　利津李氏藏板"　詩鈔内封題"同治乙丑年鐫　利津李氏藏板"　尺牘内封題"同治辛未年鐫　利津李氏藏板"　六册　缺三卷(類稿六至八)

370000－1542－0003449　812.19/53　集部/別集類/清別集

石泉書屋類稿八卷詩鈔八卷館課詩二卷律賦二卷制藝二卷尺牘二卷　(清)李佐賢撰　**坦室雜著一卷坦室遺文一卷**　(清)李文桂撰　清同治利津李氏刻本　九行二十四字白口單魚尾四周雙邊　類稿内封題"同治辛未年鐫　利津李氏藏板"　詩鈔内封題"同治乙丑年

鎸　利津李氏藏板”　尺牘内封題“同治辛未年鎸　利津李氏藏板”　鈐有“齊魯大學圖書館藏書”　十二册

370000－1542－0003450　812.19/55　集部/別集類/清別集

虛受堂全集詩存十八卷文集十六卷書札二卷王先謙自定年譜三卷　王先謙撰　清光緒三十三年至民國十年(1907－1921)長沙王氏刻本　十行二十一字小字雙行同白口單魚尾左右雙邊　年譜内封題“光緒戊申冬長沙王氏刊”　詩存、文集内封題“辛酉仲冬增刊板權自有翻刻必究”　書札内封題“光緒丁未秋刊”　鈐有“齊魯大學圖書館藏書”　十七册

370000－1542－0003451　812.19/61　集部/別集類/清別集

牧齋有學集五十卷補遺二卷投筆集一卷　(清)錢謙益撰　清宣統二年(1910)邃漢齋鉛印本　十二行三十字小字雙行同白口四周單邊　内封題“宣統二年庚戌邃漢齋校印”　鈐有“齊魯大學圖書館藏書”“邃漢齋”　十六册

370000－1542－0003452　812.19/65　集部/別集類/清別集

藏山閣集二十四卷　(清)錢秉鐙撰　清光緒三十四年(1908)龍潭室主樓居士鉛印本　十三行三十二字小字雙行同白口單魚尾四周單邊　内封題“桐城蕭氏鈔本　龍潭室叢書之一　戊申十一月出版”　鈐有“齊魯大學圖書館藏書”　四册

370000－1542－0003453　812.19/67　集部/別集類/清別集

惜抱軒集九經說十七卷法帖題跋三卷左傳補注一卷公羊傳補注一卷穀梁傳補注一卷國語補注一卷筆記八卷五言今體詩鈔九卷七言今體詩鈔九卷　(清)姚鼐撰　清嘉慶刻本　十行二十一字白口單魚尾左右雙邊　鈐有“齊魯大學圖書館藏書”　八册

370000－1542－0003454　812.19/68　集部/別集類/清別集

御製詩文十全集五十四卷　(清)高宗弘曆撰　清光緒二十年(1894)增刻武英殿聚珍版書本　九行二十一字小字雙行同白口單魚尾四周雙邊　内封題“光緒甲午增刻”　鈐有“齊魯大學圖書館藏書”　十四册

370000－1542－0003455　812.19/70　集部/別集類/清別集

半巖廬遺集文一卷詩一卷　(清)邵懿辰撰　清光緒三十四年(1908)刻本　九行二十一字白口單魚尾左右雙邊　鈐有“齊魯大學圖書館藏書”　二册

370000－1542－0003456　039/259　集部/別集類/清別集

王氏仁蔭堂全集六卷　(清)王汝梅等撰　清光緒九年(1883)石印本　七行二十字　無格　内封題“光緒壬午”　鈐有“齊魯大學圖書館藏書”　八册

370000－1542－0003457　039/277　集部/別集類/清別集

吴制府全集　(清)吴振棫撰　清同治四年(1865)、光緒二十二年(1896)刻本　行款不一　鈐有“齊魯大學圖書館藏書”“黥叟惜朝”“阜山封氏延穀堂藏笈”　十五册

370000－1542－0003458　812.19/71　集部/別集類/清別集

龍泉園集十二卷　(清)李江撰　清光緒二十年(1894)刻本　十行二十四字小字雙行同黑口四周單邊　鈐有“悟静齋藏書印”“齊魯大學圖書館藏書”　四册

370000－1542－0003459　812.19/72　集部/別集類/清別集

吴學士文集四卷詩集五卷　(清)吴鼒撰　(清)梁肇煌　(清)薛時雨編訂　清光緒八年(1882)江寧藩署刻本　十一行二十四字小字雙行同白口單魚尾左右雙邊　内封題“光緒壬午江甯藩署開雕”　鈐有“齊魯大學圖書館藏書”　六册

370000－1542－0003460　812.19/73－2　集部/別集類/清別集

寒支集初集十卷二集四卷　(清)李世熊撰

清同治十三年(1874)刻本　九行二十字小字雙行同白口單魚尾四周單邊或四周雙邊　内封題“同治甲戌年秋月新鐫”　十四册

370000－1542－0003461　812.19/73　集部/別集類/清別集
寒支二集四卷　(清)李世熊撰　清同治十三年(1874)刻本　九行二十字小字雙行同白口單魚尾四周單邊或四周雙邊　内封題“同治甲戌年秋月新鐫”　鈐有“齊魯大學圖書館藏書”　四册

370000－1542－0003462　812.19/75　集部/別集類/清別集
朱九江先生集十卷　(清)朱次琦撰　**朱九江先生[次琦]年譜一卷**　(清)簡朝亮纂　清光緒二十三年(1897)順德簡朝亮讀書草堂校刻本　十一行二十四字小字雙行同白口單魚尾左右雙邊　鈐有“齊魯大學圖書館藏書”　六册

370000－1542－0003463　812.19/75　集部/別集類/清別集
朱九江先生集十卷　(清)朱次琦撰　**朱九江先生[次琦]年譜一卷**　(清)簡朝亮纂　清光緒二十三年(1897)順德簡朝亮讀書草堂校刻本　十一行二十四字小字雙行同白口單魚尾左右雙邊　四册

370000－1542－0003464　812.19/76　集部/別集類/清別集
酌雅齋文集一卷附汲雅山館詩鈔三卷　(清)彭希鄭撰　清光緒十年(1884)彭祖賢武昌節署刻本　十二行二十三字小字雙行同黑口單魚尾左右雙邊　鈐有“齊魯大學圖書館藏書”　一册

370000－1542－0003465　812.19/77　集部/別集類/清別集
鮚埼亭集三十八卷首一卷　(清)全祖望撰　(清)史夢蛟校　清嘉慶九年(1804)餘姚史夢蛟借樹山房校刻本　段玉裁批校　十行二十一字小字雙行同白口單魚尾左右雙邊　内封題“姚江借樹山房藏板”　鈐有“齊魯大學圖書館藏書”“光熙之印”“裕如秘笈”　八册

370000－1542－0003466　812.19/77　集部/別集類/清別集
鮚埼亭集三十八卷首一卷經史問答十卷外編五十卷　(清)全祖望撰　(清)史夢蛟校　清嘉慶九年(1804)餘姚史夢蛟刻同治十一年(1872)刷印本　十行二十一字小字雙行同白口單魚尾左右雙邊　内封題“姚江借樹山房藏板”　鈐有“齊魯大學圖書館藏書”　二十八册

370000－1542－0003467　812.19/78　集部/別集類/清別集
椒園居士集六卷　(清)王定柱撰　清光緒三十二年(1906)刻本　十行二十字小字雙行同黑口四周雙邊　内封題“光緒三十二年太歲在丙午斟琹版存泰州寓宅龍樹精舍”　鈐有“齊魯大學圖書館藏書”　二册

370000－1542－0003468　812.19/81　集部/別集類/清別集
管斑集二卷　(清)楊重雅撰　清刻本　九行二十五字下黑口雙魚尾左右雙邊　鈐有“齊魯大學圖書館藏書”　二册

370000－1542－0003469　812.19/83　集部/別集類/清別集
安靜子全集紀城文稿四卷詩稿四卷玉磑集四卷　(清)安致遠撰　**綺樹閣詩賦一卷**　(清)安箕撰　清同治二年(1863)自鉏園刻本　行款不一　内封題“同治二年癸亥重琹　自鉏園藏板”　鈐有“齊魯大學圖書館藏書”　六册

370000－1542－0003470　812.19/84　集部/別集類/清別集
空山堂詩文集文集十二卷詩集六卷　(清)牛運震撰　清嘉慶八年(1803)空山堂刻本　九行二十二字白口單魚尾四周雙邊　鈐有“齊魯大學圖書館藏書”　七册

370000－1542－0003471　812.19/84　集部/別集類/清別集
空山堂詩文集文集十二卷詩集六卷　(清)牛

運震撰　清嘉慶八年(1803)空山堂刻本　九行二十二字白口單魚尾四周雙邊　鈐有"李錦章""筆諫堂主人純齋祕玩"　八冊

370000－1542－0003472　812.19/85　集部/別集類/清別集

式訓集十六卷　(清)張伯恆撰　清道光二十一年(1841)式訓堂刻本　九行二十字黑口單魚尾四周雙邊　内封題"道光辛丑秋鐫　式訓堂藏板"　鈐有"齊魯大學圖書館藏書"　四冊

370000－1542－0003473　812.19/86　集部/別集類/清別集

月齋文集八卷詩集四卷　(清)張穆撰　(清)吳履敬　(清)吳式訓編次　清咸豐八年(1858)刻本　十行二十二字小字雙行同白口單魚尾左右雙邊　鈐有"齊魯大學圖書館藏書""北京開明書局書籍印"　四冊

370000－1542－0003474　812.19/87　集部/別集類/清別集

盋山文録八卷詩録二卷　(清)顧雲撰　清光緒十五年(1889)刻本　十一行二十一字白口單魚尾左右雙邊　内封題"光緒十五年仲春月開雕"　鈐有"齊魯大學圖書館藏書"　三冊

370000－1542－0003475　812.19/88　集部/別集類/清別集

尚論篇一卷拈花集四卷聞見録一卷　(清)馬映奎撰　清咸豐四年(1854)刻本　佚名批注　九行二十一字白口單魚尾左右雙邊　内封題"咸豐四年鐫　判花軒藏版"　鈐有"齊魯大學圖書館藏書""樂此不疲"　三冊

370000－1542－0003476　812.19/91　集部/別集類/清別集

石堂集十卷石堂近稿一卷金臺隨筆一卷　(清)釋元玉撰　清康熙刻道光補刻本　九行二十四字白口單魚尾四周雙邊　内封題"普照寺藏板"　鈐有"齊魯大學圖書館藏書"　四冊

370000－1542－0003477　812.19/92　集部/別集類/清別集

扁善齋文存三卷詩存一卷　(清)鄧嘉緝撰　清光緒二十七年(1901)刻本　十三行二十二字小字雙行同白口單魚尾左右雙邊　内封題"光緒二十七年仲冬之月刊成"　鈐有"齊魯大學圖書館藏書"　三冊

370000－1542－0003478　812.19/94　集部/別集類/清別集

郘亭遺詩八卷遺文八卷宋元舊本書經眼録三卷附録二卷郘亭詩鈔六卷　(清)莫友芝撰　清同治五年至光緒元年(1866－1875)莫氏江寧刻本　十行二十一字小字雙行同白口雙魚尾左右雙邊　鈐有"齊魯大學圖書館藏書"　十六冊

370000－1542－0003479　812.19/95　集部/別集類/清別集

穆堂初稿五十卷別稿五十卷　(清)李紱撰　清道光十一年(1831)刻修訂印本　十行二十三字小字雙行同白口單魚尾四周雙邊　初稿内封題"李穆堂詩文全集　奉國堂藏板"　別稿内封題"道光辛卯重鐫　珊城阜祺堂藏板"　鈐有"齊魯大學圖書館藏書"　三十二冊

370000－1542－0003480　812.19/100　集部/別集類/清別集

託素齋詩文集文集六卷詩集四卷　(清)黎士弘撰　清道光二十五年(1845)福建刻本　九行二十一字上黑口單魚尾左右雙邊　内封題"道光乙巳重刊　板藏龍山書院"　鈐有"齊魯大學圖書館藏書"　十冊

370000－1542－0003481　812.19/101　集部/別集類/清別集

恩餘堂經進初稿十二卷續稿二十二卷三稿十一卷策問存課二卷知聖道齋讀書跋尾二卷　(清)彭元瑞撰　清嘉慶刻本　八行十九字小字雙行同白口單魚尾四周雙邊　鈐有"齊魯大學圖書館藏書"　十八冊

370000－1542－0003482　812.19/102　集部/別集類/清別集

葆淳閣集二十四卷易說二卷　(清)王杰撰

清嘉慶至道光刻本　十行二十字白口單魚尾四周雙邊　鈐有"齊魯大學圖書館藏書"　十二冊

370000－1542－0003483　812.19/103　集部/别集類/清别集

樊榭山房集十卷續集十卷文集八卷集外詩一卷文一卷詞一卷附挽詞墓志銘軼事　(清)厲鶚撰　清光緒十年(1884)錢塘汪氏振綺堂刻本　十一行二十一字小字雙行同黑口單魚尾左右雙邊　内封題"光緒甲申錢唐汪氏振綺堂栞"　鈐有"齊魯大學圖書館藏書"　九冊

370000－1542－0003484　812.19/104　集部/别集類/清别集

之游唾餘録二卷附試律偶存一卷　(清)孫福海撰　清光緒十六年(1890)刻本　十行二十一字小字雙行同黑口單魚尾左右雙邊　内封題"光緒十六年秋日照丁艮善題"　鈐有"齊魯大學圖書館藏書"　一冊

370000－1542－0003485　812.19/105　集部/别集類/清别集

有正味齋集十六卷　(清)吳錫麒撰　清嘉慶刻本　十二行二十四字黑口雙魚尾四周單邊　鈐有"齊魯大學圖書館藏書"　四冊

370000－1542－0003486　812.19/106　集部/别集類/清别集

紅椒山館詩選六卷詞選二卷　(清)張興鏞撰　(清)姚椿編　清道光十八年(1838)松風草堂刻本　十行二十一字小字雙行同白口單魚尾左右雙邊　内封題"道光戊戌秋日松風艸堂刊版"　鈐有"張之銘珍藏"　四冊

370000－1542－0003487　812.19/108　集部/别集類/清别集

存素堂集詩稿十三卷文稿四卷文稿補遺一卷附頤壽老人年譜二卷　(清)錢寶琛撰　清同治七年(1868)江蘇刻本　十行二十一字小字雙行同白口單魚尾左右雙邊　内封題"同治七年歲在戊辰春日重刊"　鈐有"齊魯大學圖書館藏書"　五冊

370000－1542－0003488　812.19/113　集部/别集類/清别集

知止齋遺編三卷外編一卷　(清)任重光撰　清光緒十八年(1892)刻本　九行二十字白口單魚尾四周雙邊　内封題"光緒壬辰小春澹和堂藏板"　四冊

370000－1542－0003489　812.19/120　集部/别集類/清别集

笠翁一家言全集十六卷　(清)李漁撰　清光緒二十三年(1897)刻本　上欄小字雙行四字下欄九行二十字白口單魚尾四周單邊　内封題"光緒丁酉新鐫芥子園原本　宏道堂珍藏"　十六冊

370000－1542－0003490　812.19/120　集部/别集類/清别集

笠翁一家言全集十六卷　(清)李漁撰　清刻本　上欄小字雙行四字下欄十行二十字白口單魚尾四周雙邊　内封題"芥子園原本　本衙藏板"　鈐有"容衵軒珍藏"　十六冊

370000－1542－0003491　812.19/122　集部/别集類/清别集

忠雅堂文集十二卷詩集三十卷附年譜一卷　(清)蔣士銓撰　清嘉慶二十二年(1817)刻本　十二行二十四字小字雙行同黑口雙魚尾四周單邊　内封題"嘉慶丁丑重鐫　藏園藏板"　十八冊

370000－1542－0003492　812.19/123　集部/别集類/清别集

怡志堂文初編六卷詩初編八卷　(清)朱琦撰　清同治三年(1864)京師刻本　十行二十一字白口單魚尾四周雙邊　内封題"運甓軒藏板　同治甲子冬刊於京師乙丑春工竣"　四冊

370000－1542－0003493　812.19/124　集部/别集類/清别集

遜學齋文鈔十二卷續鈔二卷詩鈔十卷續鈔五卷　(清)孫衣言撰　清同治十二年(1873)刻本　十一行二十一字小字雙行同黑口單魚尾左右雙邊　内封題"同治十二年三月刊"　十冊

370000－1542－0003494　812.19/126　集部/别集類/清别集

躬耻齋詩文鈔文鈔十三卷詩鈔十四卷詩鈔後編七卷　(清)宗稷辰撰　清咸豐九年(1859)宗氏越峴山館京師刻本　十三行二十四字小字雙行同白口單魚尾四周雙邊　内封題"咸豐元年都下栞　越峴山館藏版"　十八册

370000－1542－0003495　812.19/127　集部/别集類/清别集

黄梨洲遺書十種　(清)黄宗羲撰　清光緒三十一年(1905)杭州羣學社石印本　十五行三十三字白口單魚尾左右雙邊　内封題"乙巳正月杭州羣學社出版"　十四册

370000－1542－0003496　812.19/132　集部/别集類/清别集

桐城吴先生詩集一卷文集四卷　(清)吴汝綸撰　(清)吴闓生編　**傳狀一卷**　(清)賀濤等撰　清光緒三十年(1904)桐城吴氏家刻本　九行二十一字小字雙行同白口左右雙邊　内封題"吴氏家刻"　鈐有"李錦章"　四册

370000－1542－0003497　812.19/133　集部/别集類/清别集

海峯詩集十一卷文集八卷　(清)劉大魁撰　清同治十三年(1874)桐城劉氏刻本　十二行二十四字小字雙行同白口雙魚尾四周單邊　内封題"同治甲戌冬月裔孫繼重刊於邢邱"　鈐有"容刴軒珍藏"　八册

370000－1542－0003498　812.19/144　集部/别集類/清别集

經韻樓集十卷附儀禮漢讀考一卷　(清)段玉裁撰　清嘉慶七葉衍祥堂刻本　十行二十一字小字雙行同白口單魚尾左右雙邊　内封題"七葉衍祥堂藏板"　八册

370000－1542－0003499　812.19/146　集部/别集類/清别集

知足齋全集文集六卷詩集二十卷詩續集四卷進呈文稿二卷　(清)朱珪撰　清嘉慶十年(1805)刻本　十行二十一字小字雙行同白口單魚尾左右雙邊　内封題"廣州鎔經鑄史齋印行"　鈐有"廣州鎔經鑄史齋印行""希夷""得式""喻兆清印"　十三册　缺二卷(詩續集三至四)

370000－1542－0003500　812.19/151　集部/别集類/清别集

霜紅龕集四十卷　(清)傅山撰　(清)張廷鑑等拾遺　(清)劉霦補輯　清咸豐四年(1854)壽陽王行恕仁庵刻本　十行二十一字小字雙行同白口單魚尾四周雙邊　八册

370000－1542－0003501　812.19/219　集部/别集類/清别集

霜紅龕集四十卷　(清)傅山撰　**附録三卷年譜一卷**　(清)丁寶銓輯纂　清宣統三年(1911)太原山陽丁氏刻本　十行二十一字小字雙行同黑口雙魚尾左右雙邊　内封題"山陽丁氏刊本"　十二册

370000－1542－0003502　812.19/152　集部/别集類/清别集

慎盦文鈔二卷詩鈔二卷　(清)左宗植撰　清光緒元年(1875)刻本　十行二十二字黑口單魚尾四周雙邊　内封題"光緒元年冬開雕"　四册

370000－1542－0003503　812.19/153　集部/别集類/清别集

绿雪堂遺集二十卷　(清)王衍梅撰　清道光二十年(1840)刻本　十二行二十三字小字雙行同白口單魚尾左右雙邊　鈐有"臣陳珪印""修直藏書""葉封"　八册

370000－1542－0003504　812.19/157　集部/别集類/清别集

還讀齋詩稿二十卷詩稿續刻八卷附年譜一卷　(清)韓對撰　清道光七年(1827)吴毓鈞刻本　十二行二十二字小字雙行同黑口單魚尾四周雙邊　八册

370000－1542－0003505　812.19/164　集部/别集類/清别集

孫淵如先生全集十三種二十三卷　(清)孫星衍撰　清光緒十年(1884)吴縣朱記榮校刻本　詩稿十一行二十字小字雙行同白口單魚尾

左右雙邊文稿十行二十字小字雙行同黑口雙魚尾左右雙邊　内封題“光緒乙酉夏白堤八字橋朱氏槐廬家塾珎藏”　鈐有“埽葉山房督造書籍”　十二冊

370000 - 1542 - 0003506　812. 19/165　集部/別集類/清別集

存悔齋集二十八卷外集四卷　(清)劉鳳誥撰　清道光十年(1830)刻本　十一行二十四字小字雙行同白口單魚尾左右雙邊　内封題“道光庚寅開雕”　鈐有“笛颿珍藏”“魏塘孫氏宣雅堂藏書印”“潘氏碧珊鑒賞圖書”　八冊

370000 - 1542 - 0003507　812. 19/169　集部/別集類/清別集

秋根書室詩文集十四卷附西行紀程二卷西征集一卷　(清)孟傳鑄撰　清宣統二年(1910)綠野堂鉛印本　十行二十二字白口單魚尾四周雙邊　内封題“宣統庚戌孟秋　綠野堂刊印”　八冊

370000 - 1542 - 0003508　812. 19/170　集部/別集類/清別集

魏叔子詩集八卷日錄三卷　(清)魏禧撰　清刻本　佚名圈點　九行二十字小字雙行同白口單魚尾左右雙邊　日錄内封題“吳門唐邢若定　易堂原板”　詩集内封題“諸名家評選　易堂原板”　鈐有“浙西何氏白英收藏印”“容膝軒珍藏”　二冊

370000 - 1542 - 0003509　812. 19/176　集部/別集類/清別集

復堂類集　(清)譚獻撰　清光緒刻本　十一行二十二字小字雙行同黑口雙魚尾左右雙邊　詩集内封題“同治乙丑冬十月”　文集内封題“光緒乙卯冬徐惟琨書”　日記内封題“光緒丁亥六月徐惟琨書”　五冊　存十五卷(文一至四、詩一至五、日記一至六)

370000 - 1542 - 0003510　812. 19/176 - 2　集部/別集類/清別集

復堂類集文集四卷詩集九卷詞二卷日記八卷　(清)譚獻撰　清光緒刻本　十一行二十二字小字雙行同黑口雙魚尾左右雙邊　六冊

370000 - 1542 - 0003511　812. 19/177　集部/別集類/清別集

天真閣集五十四卷外集六卷附長真閣集六卷　(清)孫原湘撰　**詩餘一卷**　(清)席佩蘭撰　清嘉慶至道光刻本　十二行二十四字小字雙行同黑口雙魚尾左右雙邊　十二冊

370000 - 1542 - 0003512　812. 19/178　集部/別集類/清別集

百柱堂全集五十二卷　(清)王柏心撰　清光緒十九年(1893)刻本　十行二十三字小字雙行同白口單魚尾左右雙邊　内封題“光緒己卯秋月開雕”　二十冊

370000 - 1542 - 0003513　812. 19/181　集部/別集類/清別集

白茅堂集四十六卷附耳提錄一卷　(清)顧景星撰　清康熙四十三年(1704)刻乾隆二十年(1755)續刻光緒二十八年(1902)修補本　十一行二十一字小字雙行同白口單魚尾四周雙邊　二十冊

370000 - 1542 - 0003514　812. 19/183　集部/別集類/清別集

紀城詩文稿十一卷附吳江旅嘯一卷鱶音一卷　(清)安致遠撰　**綺樹閣詩賦一卷**　(清)安箕撰　清同治二年(1863)重刻安靜子全集本　十行二十一字小字雙行同白口單白魚尾四周單邊　内封題“同治二年癸亥重栞　自鉏園藏板”　四冊

370000 - 1542 - 0003515　812. 19/184　集部/別集類/清別集

高陶堂遺集詩五卷文一卷恤誦一卷碑執一卷　(清)高心夔編　清光緒八年(1882)平湖朱氏經注經齋刻本　十行二十五字小字雙行同黑口單魚尾左右雙邊　内封題“平湖朱氏梓於經注經齋壬午九月工竣歸安揚峴題”　四冊

370000 - 1542 - 0003516　812. 19/188　集部/別集類/清別集

宛鄰詩二卷文二卷立山詞一卷　(清)張琦撰

蓬室偶吟一卷　(清)湯瑤卿撰　清道光十九年至二十年(1839－1840)陽湖張氏宛鄰書屋刻本　十一行二十三字小字雙行同白口單魚尾左右雙邊　内封題"道光十九年十月刻"　鈐有"齊魯大學圖書館藏書"　三冊

370000－1542－0003517　812.19/190　集部/别集類/清别集

澹園古文選二卷詩選五卷詩話一卷　(清)于祉撰　清咸豐三年至四年(1853－1854)刻本　九行十九字白口單魚尾四周單邊　古文選内封題"甲寅春鐫"　詩話内封題"癸丑冬鐫"　鈐有"齊魯大學圖書館藏書"　四冊　缺三卷(詩選一至三)

370000－1542－0003518　812.19/198　集部/别集類/清别集

海鷗小譜一卷　(清)趙執信撰　清光緒二十六年(1900)番禺沈宗畸石印本　十一行二十四字白口單魚尾四周雙邊　一冊

370000－1542－0003519　812.19/205　集部/别集類/清别集

儀顧堂集十六卷　(清)陸心源撰　清同治十三年(1874)福州刻本　十行二十字小字雙行同白口單魚尾四周雙邊　内封題"同治十三年歲次甲戌孟秌福州重刊"　四冊

370000－1542－0003520　812.19/207　集部/别集類/清别集

理堂全集文集十卷外集一卷詩集四卷日記八卷　(清)韓夢周撰　清道光四年(1824)濰縣韓氏靜恆書屋刻本　十行二十二字小字雙行同白口單魚尾四周雙邊　文集内封題"道光三年刊　靜恒書屋藏板"　日記詩集内封題"道光四年刊　靜恒書屋藏板"　八冊

370000－1542－0003521　812.19/215　集部/别集類/清别集

養晦堂集詩集二卷文集十卷思辨録疑義一卷劉中丞奏議二十卷　(清)劉蓉撰　清光緒三年(1877)、十一年(1885)湖南思賢講舍校刻本　十行二十四字黑口單魚尾左右雙邊　詩集文集思辨錄疑義内封題"光緒丁丑仲春思賢講舍校栞"　劉中丞奏議卷前内封題"光緒十有一年思賢講舍校栞"　十七冊

370000－1542－0003522　812.19/217　集部/别集類/清别集

秋奩詩草一卷　(清)黄易撰　清宣統二年(1910)濟寧李汝謙石印本　十行二十六字黑口四周單邊　一冊

370000－1542－0003523　812.19/218　集部/别集類/清别集

梧生詩鈔十卷文鈔十卷　(清)傅桐撰　清光緒七年(1881)刻本　十一行二十二字小字雙行同黑口雙魚尾左右雙邊　詩鈔内封題"光緒七年三月彭元照署"　文鈔内封題"同治三年三月高行篤署"　六冊

370000－1542－0003524　812.19/241　集部/别集類/清别集

常惺惺齋詩集初刻十一卷古文初集十五卷雜著一卷　(清)李炳奎撰　清道光二十九年(1849)武黄官署刻本　九行二十一字小字雙行同單魚尾四周雙邊　内封題"道光己酉春刊於武黄官署之來鶴堂"　鈐有"南陵徐氏仁山珍藏"　十三冊

370000－1542－0003525　812.19/243　集部/别集類/清别集

綠蘿書屋遺集四卷附録一卷　(清)羅文俊撰　清光緒二十三年(1897)德城刻本　十行二十一字黑口雙魚尾左右雙邊　内封題"光緒歲次丁酉秋月刊於穗城"　三冊

370000－1542－0003526　812.19/243　集部/别集類/清别集

誦芬室詩草一卷　(清)羅廷琛撰　清光緒二十三年(1897)德城刻本　十行二十一字黑口雙魚尾左右雙邊　内封題"光緒歲次丁酉秋月刊於穗城"　一冊

370000－1542－0003527　812.19/244　集部/别集類/清别集

尺岡草堂遺詩八卷遺文四卷　(清)陳璞撰　清光緒十五年(1889)刻本　十行二十一字小字雙行同白口單魚尾四周雙邊　内封題"光

緒十五年刻” 八册

370000－1542－0003528 812.19/245 集部/别集類/清别集

盾墨拾餘十四卷 易順鼎撰 清光緒二十二年(1896)刻哭盦叢書本 佚名批注 十行二十二字小字雙行同白口雙魚尾左右雙邊 鈐有“菩提心”“畸園”“南樓陳成疇”“與九”“畸園書畫”“陳氏成疇”“玉壺冰”“掩戶留香笑我癡” 四册

370000－1542－0003529 812.19/248 類叢部/叢書類/自著之屬

隨園三十六種 (清)袁枚編 清光緒三十四年(1908)上海集成圖書公司鉛字排印隨園三十六種本 十三行四十字白口雙魚尾四周單邊 内封題“上海集成圖書公司藏版 戊申五月重印” 五册 存四十六卷(過訪類一,投贈類一,晏集類一,放燈類一,寄懷類一,隨園詩話補遺一至五,小倉山房尺牘六至十,牘外餘言一,新齊諧一至二十四,續新齊諧四、六至十)

370000－1542－0003530 812.19/56 集部/别集類/清别集

湘綺樓全集三十卷 王闓運撰 清光緒三十三年(1907)墨莊劉氏長沙彙刻本 十行二十一字小字雙行同黑口雙魚尾左右雙邊 内封題“光緒丁未墨莊劉氏彙刊長沙” 十二册

370000－1542－0003531 812.19/56 集部/别集類/清别集

湘綺樓全集三十卷 王闓運撰 清宣統二年(1910)上海國學扶輪社石印本 十四行三十一字黑口單魚尾四周雙邊 内封題“宣統庚戌上海國學扶輪社重刊” 十二册

370000－1542－0003532 812.19/63 集部/别集類/清别集

樊山全集五十九卷 樊增祥撰 清光緒十九年(1893)渭南官署刻本 十二行二十三字小字雙行同黑口雙魚尾左右雙邊 内封題“光緒癸巳冬孟 渭南縣署開雕” 鈐有“齊魯大學圖書館藏書” 二十四册

370000－1542－0003533 812.3/5 集部/别集類/清别集

定峰文選二卷 (清)沙張白撰 清光緒二十四年(1898)江陰王氏重思齋刻本 十行二十一字小字雙行同黑口單魚尾四周雙邊 内封題“光緒戊戌仲秋 江陰王氏重思齋刻” 二册

370000－1542－0003534 029/35 集部/别集類/清别集

穆堂初稿五十卷别稿五十卷 (清)李紱撰 清道光十一年(1831)刻初印本 十行二十三字小字雙行同白口單魚尾四周雙邊 初稿内封題“李穆堂詩文全集 堋城阜祺堂藏板” 别稿内封題“道光辛卯重鐫 堋城阜祺堂藏板” 二十六册

370000－1542－0003535 491/217 集部/别集類/清别集

淵雅堂全集 (清)王芑孫撰 清嘉慶八年(1803)刻二十年(1815)補刻本 十行二十一字小字雙行同白口左右雙邊 十册

370000－1542－0003536 812.23/1 集部/别集類/漢魏六朝别集

陶淵明詩一卷 (晉)陶潛撰 清光緒元年(1875)影刻南宋紹熙本 十行十六字小字雙行同白口雙魚尾左右雙邊 内封題“光緒紀元影刊” 鈐有“退庵讀過” 一册

370000－1542－0003537 812.23/4 集部/别集類/漢魏六朝别集

陶靖節先生詩四卷 (晉)陶潛撰 (宋)湯漢注 清光緒十一年(1885)刻本 十行二十字小字雙行同白口單魚尾左右雙邊 内封題“光緒乙酉九月海豐吳峋題於陳州郡齋 ” 一册

370000－1542－0003538 812.25/13 集部/别集類/唐五代别集

李翰林集三十卷 (唐)李白撰 **札記一卷** 劉世珩撰 清光緒三十四年至宣統元年(1908－1909)貴池劉氏影宋咸淳刻本 十行二十字小字雙行同白口四周單邊 内封題

“貴池劉氏玉海堂景宋叢書之六光緒戊申正月付黄岡陶子麟刊宣統建元歲五月竣工附札記一卷” 六冊

370000－1542－0003539 812.25/3 集部/別集類/唐五代別集

杜工部集二十卷 (唐)杜甫撰 (清)錢謙益箋注 清宣統二年(1910)上海國學扶輪社鉛印本 十一行二十八字小字雙行約四十二字黑口四周單邊 内封題“宣統庚戌十月重鐫” 鈐有“洪德祖印”“求為可知” 八冊

370000－1542－0003540 812.25/3 集部/別集類/唐五代別集

杜工部集二十卷 (唐)杜甫撰 (清)錢謙益箋注 清宣統二年(1910)上海國學扶輪社鉛印本 十一行二十八字小字雙行約四十二字黑口四周單邊 内封題“宣統庚戌十月重鐫” 鈐有“洪德祖印”“求為可知” 八冊

370000－1542－0003541 812.25/5 集部/別集類/唐五代別集

杜詩詳注二十五卷附諸家咏杜論杜二卷年譜一卷 (唐)杜甫撰 (清)仇兆鰲輯注 清刻本 十行二十二字小字雙行同下黑口左右雙邊 内封題“進呈原本 史官仇兆鰲誦習” 鈐有“東垣”“吳封藩印” 十四冊

370000－1542－0003542 812.25/5 集部/別集類/唐五代別集

杜詩詳注二十五卷附諸家咏杜論杜二卷年譜一卷 (唐)杜甫撰 (清)仇兆鰲輯注 清刻本 十行二十二字小字雙行同下黑口左右雙邊 内封題“進呈原本 史官仇兆鰲誦習” 鈐有“武林貢院前三餘堂發兑”“齊魯大學圖書館藏書” 二十三冊 缺一卷(二十三)

370000－1542－0003543 812.25/5 集部/別集類/唐五代別集

杜詩詳注二十五卷附諸家咏杜論杜二卷年譜一卷 (唐)杜甫撰 (清)仇兆鰲輯注 清刻本 十行二十二字小字雙行同下黑口左右雙邊 内封題“進呈原本 史官仇兆鰲誦習” 鈐有“齊魯大學圖書館藏書”“張”“芸生堂藏” 二十四冊

370000－1542－0003544 812.25/6 集部/別集類/唐五代別集

杜工部集二十卷 (唐)杜甫撰 (清)盧坤編 清光緒二年(1876)廣東翰墨園刻六色套印本 李方琮識 八行二十字小字雙行同黑口左右雙邊 内封題“光緒丙子三月粵東翰墨園刊” 鈐有“容刴軒珍藏”“李方琮印” 十冊

370000－1542－0003545 812.25/6 集部/別集類/唐五代別集

杜工部集二十卷 (唐)杜甫撰 (清)盧坤編 清光緒二年(1876)廣東翰墨園刻六色套印本 八行二十字小字雙行同黑口左右雙邊 内封題“光緒丙子三月粵東翰墨園刊” 鈐有“容刴軒珍藏”“李方琮印” 十冊

370000－1542－0003546 812.25/6 集部/別集類/唐五代別集

杜工部集二十卷 (唐)杜甫撰 (清)盧坤編 清光緒二年(1876)廣東翰墨園刻六色套印本 八行二十字小字雙行同黑口左右雙邊 内封題“光緒丙子三月粵東翰墨園刊” 鈐有“仲璋之印”“淮陰陳氏”“好湛博繼麗之文”“室遺寶希世珍藏名山傳其人”“管領名山” 十冊

370000－1542－0003547 812.25/8 集部/別集類/唐五代別集

杜工部草堂詩箋四十卷附外集一卷詩話二卷年譜二卷黄氏集千家註杜工部詩史補遺十卷外集一卷 (宋)蔡夢弼箋 (宋)魯訔編 清遵義黎氏仿宋麻沙本校刻本 十二行二十字小字雙行約二十六字黑口雙魚尾左右雙邊 内封題“遵義黎氏校刊” 十二冊

370000－1542－0003548 812.25/1 集部/別集類/唐五代別集

杜詩鏡銓二十卷 (清)楊倫編輯 **讀書堂杜工部文集注解二卷** (清)張溍評注 清同治十一年(1872)吳氏望三益齋刻本 佚名圈點批注 九行二十字小字雙行三十字眉批小字

十八行六字白口單魚尾左右雙邊　内封題“同治十一年八月重刊　望三益齋鐫板”　鈐有“白巒之印”“白巒”“守黑”　十二册

370000－1542－0003549　812.25/1　集部/别集類/唐五代别集
杜詩鏡銓二十卷　(清)楊倫編輯　清道光楊氏九柏山房刻本　九行二十字小字雙行三十字眉批小字十八行六字白口單魚尾左右雙邊　内封題“畢秋帆王蘭泉兩先生鑒定　九柏山房藏板”　八册

370000－1542－0003550　812.25/1　集部/别集類/唐五代别集
杜詩鏡銓二十卷　(清)楊倫編輯　**讀書堂杜工部文集注解二卷**　(清)張溍評注　清同治十一年(1872)吳氏望三益齋刻本　九行二十字小字雙行三十字眉批小字十八行六字白口單魚尾左右雙邊　内封題“同治十一年八月重刊　望三益齋鐫板”　十册

370000－1542－0003551　812.25/10　集部/别集類/唐五代别集
温飛卿詩集箋注九卷附詩評一卷　(唐)溫庭筠撰　(明)曾益箋注　(清)顧予咸補注　(清)顧嗣立重校　清光緒刻本　十一行二十一字小字雙行同黑口單魚尾四周雙邊　八册

370000－1542－0003552　812.25/11　集部/别集類/唐五代别集
韋蘇州集十卷　(唐)韋應物撰　清宣統三年(1911)上海冰雪山房石印清項氏玉淵堂影宋刻本　十一行二十一字小字雙行同黑口單魚尾四周單邊　内封題“宣統辛亥精校石印　上海自強書局發行”　六册

370000－1542－0003553　812.25/11　集部/别集類/唐五代别集
韋蘇州集十卷　(唐)韋應物撰　清宣統三年(1911)上海文寶書局石印清項氏玉淵堂影宋刻本　十一行二十一字小字雙行同眉批小字雙行四字黑口單魚尾四周單邊　内封題“宣統辛亥精校石印　上海自強書局發行”　六册

370000－1542－0003554　812.25/11　集部/别集類/唐五代别集
韋蘇州集十卷　(唐)韋應物撰　清宣統三年(1911)上海文寶書局石印清項氏玉淵堂影宋刻本　十一行二十一字小字雙行同眉批小字雙行四字黑口單魚尾四周單邊　内封題“宣統辛亥精校石印　上海自強書局發行”　四册

370000－1542－0003555　812.25/14　集部/别集類/唐五代别集
樊川詩集四卷别集一卷外集一卷詩補遺一卷　(唐)杜牧撰　(清)馮集梧注　清嘉慶六年(1801)浙江桐鄉馮氏德裕堂刻本　十行二十一字小字雙行同白口單魚尾左右雙邊　内封題“德裕堂藏板”　鈐有“紫藤華館”“時於此中得少佳趣”　四册

370000－1542－0003556　812.25/45　集部/别集類/唐五代别集
樊川詩集四卷别集一卷外集一卷詩補遺一卷　(唐)杜牧撰　(清)馮集梧注　清嘉慶六年(1801)浙江桐鄉馮氏德裕堂刻本　十行二十一字小字雙行同白口單魚尾左右雙邊　内封題“德裕堂藏板”　鈐有“齊魯大學圖書館藏書”　四册

370000－1542－0003557　812.25/20　集部/别集類/唐五代别集
李長吉詩集五卷首一卷　(唐)李賀撰　(明)徐渭　(明)董懋策批註　清光緒三十二年(1906)會稽董氏取斯家塾校刻本　十行二十一字小字雙行同眉批小字二十行四字黑口單魚尾左右雙邊　二册

370000－1542－0003558　812.25/27　集部/别集類/唐五代别集
新雕校正大字白氏諷諫五十首并序　(唐)白居易撰　清光緒十九年(1893)影宋刻本　十三行二十九字黑口單魚尾左右雙邊　内封題“光緒癸巳九月雕造”　鈐有“譚仲良”　一册

370000－1542－0003559　812.25/33　集部/别集類/唐五代别集

白香山詩集二十卷後集十七卷別集一卷補遺二卷附年譜 （唐）白居易撰 （清）汪立名編訂 清翻刻一隅草堂本 十二行二十一字白口單魚尾左右雙邊 内封題"一隅草堂藏板" 鈐有"齊魯大學圖書館藏書" 十二册

370000－1542－0003560 812.25/33 集部/別集類/唐五代別集

白香山詩集二十卷後集十七卷別集一卷補遺二卷附年譜 （唐）白居易撰 （清）汪立名編訂 清翻刻一隅草堂本 十二行二十一字白口單魚尾左右雙邊 内封題"一隅草堂藏板" 十一册

370000－1542－0003561 812.25/26 集部/別集類/唐五代別集

香山詩選六卷 （清）曹文埴選 清光緒十七年(1891)黟縣李氏金陵書局刻本 九行十九字白口單魚尾左右雙邊 内封題"光緒辛卯秋六月黟縣李氏得原本重刊于金陵書局" 二册

370000－1542－0003562 812.25/36 集部/別集類/唐五代別集

柳河東詩集二卷 （唐）柳宗元撰 清宣統二年(1910)上海時中書局石印本 十一行二十二字白口單魚尾四周雙邊 内封題"宣統庚戌季秋校印" 鈐有"齊魯大學圖書館藏書" 四册

370000－1542－0003563 812.25/41 集部/別集類/唐五代別集

劉隨州詩集十一卷 （唐）劉長卿撰 清光緒五年(1879)定州王氏刻畿輔叢書本 十行二十二字小字雙行同黑口四周雙邊 内封題"光緒五年開雕 謙德堂藏板" 鈐有"齊魯大學圖書館藏書" 二册

370000－1542－0003564 812.25/46 集部/別集類/唐五代別集

禪月集十二卷 （唐）釋貫休撰 清同治八年(1869)浙江胡鳳丹退補齋刻本 九行二十字小字雙行同白口單魚尾四周雙邊 内封題"退補齋開雕" 鈐有"齊魯大學圖書館藏書" 二册

370000－1542－0003565 812.25/58 集部/別集類/唐五代別集

唐女郎魚玄機詩一卷 （唐）魚玄機撰 清光緒二十年(1894)順德龍氏知服齋影宋刻本 十行十八字白口單魚尾左右雙邊 一册

370000－1542－0003566 812.25/31 集部/別集類/唐五代別集

韓昌黎詩集編年箋注十二卷 （清）方世舉考訂 清宣統二年(1910)海寧陳氏影印乾隆德州盧氏雅雨堂本 十行二十一字小字雙行同白口單魚尾四周單邊 内封題"德州盧氏原本石印" 鈐有"齊魯大學圖書館藏書" 十二册

370000－1542－0003567 812.25/47 集部/別集類/唐五代別集

昌黎先生詩增注證譌十一卷 （清）黄鉞撰 （清）顧嗣立刪補 清道光二十八年(1848)黄氏二客軒刻咸豐七年(1857)四明鮑氏印本 十一行二十字小字雙行約三十字白口單魚尾左右雙邊 内封題"咸豐七年歲次丁巳版藏四明鮑氏" 鈐有"結屋三間藏萬卷""青藜閣""齊魯大學圖書館藏書" 五册

370000－1542－0003568 812.25/4 集部/別集類/唐五代別集

李義山詩集三卷 （唐）李商隱撰 （清）朱鶴齡箋注 （清）沈厚塽輯評 清刻本 十行二十一字小字雙行同白口單魚尾左右雙邊 内封題"同治庚午季冬刊於廣州倅署" 鈐有"私立齊魯大學國學研究所藏書之章" 四册

370000－1542－0003569 812.26/1 集部/別集類/宋別集

蘇文忠公詩集五十卷 （宋）蘇軾撰 （清）紀昀評點 清道光十四年(1834)涿州盧坤廣州刻朱墨套印本 十行二十一字小字雙行同白口單魚尾左右雙邊 内封題"道光十四年冬栞于兩廣節署" 十二册

370000－1542－0003570 812.26/3 集部/別集類/宋別集

蘇文忠詩合注五十卷附卷首 （清）馮應榴輯訂 清同治九年(1870)桐鄉馮氏踵息齋補刻本 十一行二十六字小字雙行約三十四字白口單魚尾左右雙邊 内封題“踵息齋藏板 文畬德記發兌” 鈐有“齊魯大學圖書館藏書” 二十四册

370000－1542－0003571 812.26/3 集部/別集類/宋別集

蘇文忠詩合注五十卷 （清）馮應榴輯訂 清同治九年(1870)桐鄉馮氏踵息齋補刻本 佚名圈點 十一行二十六字小字雙行約三十四字白口單魚尾左右雙邊 鈐有“壽民詠歌” 二十二册 缺卷首序、辨訂、凡例

370000－1542－0003572 812.26/3 集部/別集類/宋別集

蘇文忠詩合注五十卷附卷首 （清）馮應榴輯訂 清光緒九年(1883)四川眉山三蘇祠刻本 十一行二十六字小字雙行約三十四字白口單魚尾左右雙邊 内封題“光緒九年夏鐫竣 眉山三蘇祠藏板” 鈐有“私立齊魯大學國學研究所藏書之章” 二十册

370000－1542－0003573 812.26/3 集部/別集類/宋別集

蘇文忠詩合注五十卷附卷首 （清）馮應榴輯訂 清光緒二十年(1894)廣州文英閣翻刻馮氏本 十一行二十六字小字雙行約三十四字白口單魚尾左右雙邊 内封題“光緒甲午春粵東文英閣重校刊” 鈐有“容舠軒珍藏” 二十册

370000－1542－0003574 812.26/9 集部/別集類/宋別集

衲蘇集二卷 （清）何栻編 清同治元年(1862)刻本 十行二十字單魚尾四周雙邊 内封題“壬戌八月章門刻” 二册

370000－1542－0003575 812.26/9 集部/別集類/宋別集

衲蘇集二卷 （清）何栻編 清同治元年(1862)刻本 十行二十字單魚尾四周雙邊 二册

370000－1542－0003576 812.26/5 集部/別集類/宋別集

山谷詩集注内集注二十卷 （宋）任淵撰 **外集注十七卷** （宋）史容撰 **別集注二卷** （宋）史季溫撰 清光緒二十一年至二十五年(1895－1899)義寧陳三立覆宋精刻本 九行十六字小字雙行三十二字黑口雙魚尾左右雙邊 山谷内集内封題“光緒乙未開雕 己亥八月成” 山谷集内封題“義寧陳氏四覺草堂藏版” 二十册

370000－1542－0003577 812.26/25 集部/別集類/宋別集

山谷詩集注内集注二十卷 （宋）任淵撰 **外集注十七卷** （宋）史容撰 **別集注二卷** （宋）史季溫撰 清光緒二十一年至二十五年(1895－1899)義寧陳三立覆宋精刻本 九行十六字小字雙行三十二字黑口雙魚尾左右雙邊 山谷内集内封題“光緒乙未開雕 己亥八月成” 山谷集内封題“義寧陳氏四覺草堂藏版” 鈐有“齊魯大學圖書館藏書” 二十册

370000－1542－0003578 812.26/36 集部/別集類/宋別集

山谷詩集注内集注二十卷 （宋）任淵撰 **外集注十七卷** （宋）史容撰 **別集注二卷** （宋）史季溫撰 清光緒二十一年至二十五年(1895－1899)義寧陳三立覆宋精刻本 九行十六字小字雙行三十二字黑口雙魚尾左右雙邊 山谷内集内封題“光緒乙未開雕 己亥八月成” 山谷集内封題“義寧陳氏四覺草堂藏版” 二十册

370000－1542－0003579 812.26/7 集部/別集類/宋別集

斜川集六卷 （宋）蘇過撰 清道光七年(1827)四川眉山三蘇祠刻本 九行二十四字小字雙行同黑口雙魚尾左右雙邊 内封題“眉州三蘇祠藏板 道光七年三月鐫” 二册

370000－1542－0003580 812.26/7 集部/別集類/宋別集

斜川集六卷 （宋）蘇過撰 清道光七年

(1827)四川眉山三蘇祠刻本　九行二十四字小字雙行同黑口雙魚尾左右雙邊　内封題“眉州三蘇祠藏板　道光七年三月鐫”　三冊

370000－1542－0003581　812.26/19　集部/別集類/宋別集
劍南詩鈔不分卷　(宋)陸游撰　(清)楊大鶴選　清同治八年(1869)羣玉齋刻本　九行二十字小字雙行同白口單魚尾四周單邊　内封題“同治己巳三月　羣玉齋印”　鈐有“齊魯大學圖書館藏書”　六冊

370000－1542－0003582　812.26/19　集部/別集類/宋別集
劍南詩鈔不分卷　(宋)陸游撰　(清)楊大鶴選　清宣統二年(1910)上海掃葉山房石印本　十四行二十八字白口單魚尾四周雙邊　内封題“宣統二年石印　掃葉山房”　鈐有“齊魯大學圖書館藏書”　六冊

370000－1542－0003583　812.26/22　集部/別集類/宋別集
后山詩十二卷　(宋)陳師道撰　(宋)任淵注　清乾隆四十二年(1777)福建刻武英殿聚珍版書本　九行二十一字小字雙行同白口單魚尾四周雙邊　鈐有“齊魯大學圖書館藏書”　四冊

370000－1542－0003584　812.26/23　集部/別集類/宋別集
宋黄文節公詩正集十一卷别集一卷外集十一卷　(宋)黄庭堅撰　(清)陳守誠編　清集思堂刻本　十行二十字小字雙行同白口單魚尾四周雙邊　内封題“集思堂藏板”　鈐有“齊魯大學圖書館藏書”　八冊

370000－1542－0003585　812.26/32　集部/別集類/宋別集
茶山集八卷拾遺一卷　(宋)曾幾撰　清光緒二十一年(1895)會稽孫星華增刻福建刊武英殿聚珍版書本　九行二十一字小字雙行同白口單魚尾四周雙邊　鈐有“齊魯大學圖書館藏書”　二冊

370000－1542－0003586　812.26/34　集部/別集類/宋別集
學易集八卷　(宋)劉跂撰　清乾隆四十二年(1777)福建刻武英殿聚珍版書本　九行二十一字小字雙行同白口單魚尾四周雙邊　鈐有“齊魯大學圖書館藏書”　二冊

370000－1542－0003587　812.26/33　集部/別集類/金別集
拙軒集六卷　(金)王寂撰　清乾隆四十二年(1777)福建刻武英殿聚珍版書本　九行二十一字小字雙行同白口單魚尾四周雙邊　鈐有“齊魯大學圖書館藏書”　一冊

370000－1542－0003588　812.27/4　集部/別集類/金別集
元遺山詩集箋注十四卷首一卷末一卷　(金)元好問撰　(元)張德輝編　(清)施國祁箋注　清宣統三年(1911)上海掃葉山房石印本　十二行二十六字小字雙行約四十字白口單魚尾四周雙邊　内封題“宣統三年石印　掃葉山房”　鈐有“齊魯大學圖書館藏書”　八冊

370000－1542－0003589　812.27/5　集部/別集類/元別集
張淮陽集一卷　(元)張弘範撰　清光緒二十二年(1896)刻本　十行二十二字小字雙行同白口單魚尾四周單邊　鈐有“悟静齋藏書印”“齊魯大學圖書館藏書”　一冊

370000－1542－0003590　812.27/6　集部/別集類/元別集
金淵集六卷　(元)仇遠撰　清乾隆四十二年(1777)福建刻武英殿聚珍版書本　九行二十一字小字雙行同白口單魚尾四周雙邊　鈐有“齊魯大學圖書館藏書”　一冊

370000－1542－0003591　812.28/3　集部/別集類/明別集
青邱高季迪先生詩集十八卷遺詩一卷扣舷集一卷鳧藻集五卷　(明)高啓撰　(清)金檀輯注　清平湖寶芸堂刻本　十一行二十三字小字雙行約三十三字白口單魚尾左右雙邊　内封題“平湖寶芸堂藏版”　鈐有“紫藤華館”“紹庭珍藏”“蕭氏世藏”“家在滇南翠海間”

六册

370000－1542－0003592　812.28/3　集部/別集類/明別集

青邱高季迪先生詩集十八卷遺詩一卷扣舷集一卷鳧藻集五卷　(明)高啓撰　(清)金檀輯注　清平湖寶芸堂刻本　十一行二十三字小字雙行約三十三字白口單魚尾左右雙邊　内封題"平湖寶芸堂藏版"　鈐有"齊魯大學圖書館藏書"　十六册

370000－1542－0003593　812.28/6　集部/別集類/明別集

眉庵集不分卷　(明)楊基撰　清光緒三十四年(1908)上海有正書局影印手稿本　二册

370000－1542－0003594　812.28/7　集部/別集類/明別集

空同詩集三十四卷　(明)李夢陽撰　清光緒十五年(1889)四川渭南嚴氏校刻二十六年(1900)校補本　佚名圈點　十行二十二字白口單魚尾左右雙邊　内封題"光緒己丑九月秋渭南嚴氏校栞庚子冬十月校補"　鈐有"私立齊魯大學國學研究所藏書之章"　六册

370000－1542－0003595　812.28/8　集部/別集類/明別集

四溟山人詩集十卷　(明)謝榛撰　(明)盛以進選　清宣統元年(1909)新昌胡思敬問影樓據明萬曆刻本鉛印本　十二行二十八字小字雙行同白口四周單邊　内封題"宣統元年秋問影樓用萬厤本翻印"　三册

370000－1542－0003596　812.28/10　集部/別集類/明別集

花王閣賸藁一卷　(明)紀坤撰　清嘉慶九年(1804)樂叙堂刻本　九行十九字白口單魚尾四周雙邊　内封題"嘉慶甲子重鐫　樂叙堂藏板"　一册

370000－1542－0003597　812.28/11　集部/別集類/明別集

豔雪堂詩集四卷　(明)張晉撰　清道光十七年(1837)刻本　佚名圈點　十一行二十一字白口單魚尾四周雙邊　内封題"道光丁酉栞本　香雪庵藏"　鈐有"齊魯大學圖書館藏書"　四册

370000－1542－0003598　812.28/12　集部/別集類/明別集

淩忠介公詩集二卷　(明)淩義渠撰　清光緒四年(1878)烏程淩氏重校刻本　九行十八字白口單魚尾左右雙邊　内封題"光緒四年季春重鐫"　鈐有"齊魯大學圖書館藏書"　二册

370000－1542－0003599　812.29/8　集部/別集類/清別集

梅村詩集箋注十八卷　(清)吳偉業撰　(清)吳翌鳳箋注　清光緒十年(1884)湖北官書處重刻嘉慶滄浪吟榭本　十行二十一字白口單魚尾左右雙邊　内封題"光緒十季歲在甲申仲冧之月湖北官書處重鋟"　十二册

370000－1542－0003600　812.29/73　集部/別集類/清別集

梅村詩集箋注十八卷　(清)吳偉業撰　(清)吳翌鳳箋注　清嘉慶翻刻滄浪吟榭本　十行二十一字小字雙行同白口單魚尾四周單邊　内封題"滄浪吟榭栞板"　鈐有"齊魯大學圖書館藏書"　十二册

370000－1542－0003601　812.29/9　集部/別集類/清別集

漁洋山人精華録訓纂十卷補十卷附金氏精華録箋注辨訛一卷漁洋山人自撰年譜二卷　(清)惠棟撰　清光緒十七年(1891)會稽徐氏述史樓刻本　十行二十一字小字雙行同白口單魚尾四周雙邊　内封題"光緒十又七年十二月會稽徐氏述史樓重梓"　十四册

370000－1542－0003602　812.29/24　集部/別集類/清別集

漁洋山人精華録箋注十二卷　(清)金榮箋注　(清)徐淮纂輯　清翻刻金氏鳳翽堂本　十一行二十字小字雙行約三十字白口單魚尾左右雙邊　鈐有"古愚""蘭""寶山房""卓世忠印""我自用我""約之使反復人身來"　八册　缺三卷(一、七至八)

370000－1542－0003603　812.29/3　集部/別集類/清別集

留春草堂詩鈔七卷　(清)伊秉綬撰　清嘉慶十九年(1814)廣州伊氏秋水園刻本　十行二十二字小字雙行同白口單魚尾左右雙邊　内封題"嘉慶十有九年刊於廣州　秌水園臧"　鈐有"郎氏家藏""徐石卿"　二冊

370000－1542－0003604　812.29/3　集部/別集類/清別集

留春草堂詩鈔七卷　(清)伊秉綬撰　清嘉慶十九年(1814)廣州伊氏秋水園刻本　十行二十二字小字雙行同白口單魚尾左右雙邊　内封題"嘉慶十有九年刊於廣州　秌水園臧"　二冊

370000－1542－0003605　812.29/6　集部/別集類/清別集

滄江精華録四卷　(清)郭綏之撰　清光緒十九年(1893)刻本　十二行二十三字小字雙行同白口單魚尾左右雙邊　一冊

370000－1542－0003606　812.29/7　集部/別集類/清別集

思過齋雜體詩存十二卷　(清)蕭培元撰　清同治昆明蕭氏刻本　九行二十一字小字雙行同白口單魚尾四周雙邊　鈐有"齊魯大學圖書館藏書"　二冊

370000－1542－0003607　812.29/7　集部/別集類/清別集

思過齋雜體詩存十二卷　(清)蕭培元撰　清同治昆明蕭氏刻本　九行二十一字小字雙行同白口單魚尾四周雙邊　二冊

370000－1542－0003608　812.29/7　集部/別集類/清別集

思過齋雜體詩存十二卷　(清)蕭培元撰　清同治昆明蕭應椿刻本　九行二十字小字雙行同白口雙魚尾左右雙邊　鈐有"齊魯大學圖書館藏書"　二冊

370000－1542－0003609　812.29/7　集部/別集類/清別集

思過齋雜體詩存十二卷　(清)蕭培元撰　清同治昆明蕭應椿刻本　九行二十字小字雙行同白口雙魚尾左右雙邊　二冊

370000－1542－0003610　812.29/10　集部/別集類/清別集

明詩雜詠箋注四卷　(清)嚴遂成撰　(清)嚴兆元箋注　清道光七年(1827)順德何太青、南海葉夢龍同校刻本　十一行二十一字小字雙行三十字白口單魚尾左右雙邊　鈐有"潘彬卿藏書記"　二冊

370000－1542－0003611　812.29/12　集部/別集類/清別集

靈巖山人詩集四十卷　(清)畢沅撰　**年譜一卷**　(清)史善長撰　清嘉慶四年(1799)經訓堂刻本　佚名圈點　十一行二十二字白口單魚尾左右雙邊　内封題"嘉慶己未秋鐫　經訓堂藏板"　鈐有"紹庭觀過""紫藤花館"　十二冊

370000－1542－0003612　812.29/19　集部/別集類/清別集

淵雅堂全集　(清)王芑孫撰　清嘉慶八年(1803)刻二十年(1815)補刻本　十行二十一字小字雙行同白口單魚尾左右雙邊　内封題"嘉慶甲子夏日印行　淵雅堂全集　本家藏版"　鈐有"齊魯大學圖書館藏書之章""齊魯大學哈佛燕京學社購置"　二十四冊

370000－1542－0003613　812.29/23　集部/別集類/清別集

秋水亭詩四卷補一卷　(清)王祖昌撰　(清)劉大紳選　清嘉慶七年(1802)邱縣劉大觀刻本　佚名批注　九行十九字白口單魚尾四周雙邊　内封題"嘉慶七年冬邱縣劉崧嵐"　鈐有"風花雪月""半軒松月""未能免俗"　四冊

370000－1542－0003614　812.29/23　集部/別集類/清別集

秋水亭詩四卷　(清)王祖昌撰　(清)劉大紳選　清嘉慶七年(1802)邱縣劉大觀刻本　九行十九字白口單魚尾四周雙邊　鈐有"齊魯大學圖書館藏書"　二冊

370000－1542－0003615　812.29/27　集部/別集類/清別集

草草草堂詩選二卷詞稿一卷　(清)黄純嘏撰　清道光二十四年(1844)刻本　九行二十一字黑口雙魚尾左右雙邊　一册

370000－1542－0003616　812.29/28　集部/別集類/清別集

金源紀事詩八卷　(清)湯運泰撰　清同治十二年(1873)淮南書局刻本　十行二十一字小字雙行同下黑口單魚尾左右雙邊　内封題“同治癸酉仲秋淮南書局重刊”　四册

370000－1542－0003617　812.29/29　集部/別集類/清別集

抱真書屋詩鈔八卷　(清)陸應穀撰　清道光二十四年(1844)刻本　十行二十一字白口單魚尾左右雙邊　内封題“道光甲辰年鐫”　二册

370000－1542－0003618　812.29/33　集部/別集類/清別集

甌北集五十三卷　(清)趙翼撰　清光緒三年(1877)澤坡四川刻本　十一行二十一字白口單魚尾左右雙邊　内封題“嘉慶壬申　壽考堂藏板”　十六册

370000－1542－0003619　812.29/37　集部/別集類/清別集

兩當軒詩集十六卷　(清)黄景仁撰　(清)吳修編　清道光十七年(1837)海昌蔣氏别下齋刻本　十一行二十二字小字雙行同黑口單魚尾左右雙邊　内封題“海昌蔣氏别下齋藏板”　鈐有“應椿”“碧雲僊館珍藏書畫印”　二册

370000－1542－0003620　812.29/37－2　集部/別集類/清別集

兩當軒集二十二卷　(清)黄景仁撰　**考異二卷**　(清)黄志述撰　**附録四卷**　清光緒二年(1876)江蘇黄氏家塾重校刻本　佚名圈點　十一行二十二字小字雙行同黑口雙魚尾四周單邊　内封題“光緒二年家塾校梓”　六册

370000－1542－0003621　812.29/38　集部/別集類/清別集

陔餘叢録十六卷　(清)胡斯錞撰　清咸豐二年(1852)廣東刻本　九行十九字小字雙行同白口單魚尾左右雙邊　内封題“咸豐壬子仲春”　四册

370000－1542－0003622　812.29/40　集部/別集類/清別集

澤雅堂詩集六卷　(清)施補華撰　清同治十一年(1872)刻本　十行二十一字小字雙行同白口單魚尾左右雙邊　鈐有“齊魯大學圖書館藏書”　二册

370000－1542－0003623　812.29/40　集部/別集類/清別集

澤雅堂詩集六卷　(清)施補華撰　清同治十一年(1872)刻本　十行二十一字小字雙行同白口單魚尾左右雙邊　二册

370000－1542－0003624　812.29/53　集部/別集類/清別集

澤雅堂詩二集十八卷　(清)施補華撰　清光緒十六年(1890)兩研齋刻本　十行二十一字小字雙行同白口單魚尾四周雙邊　内封題“光緒庚寅中冬兩研齋開雕”　四册

370000－1542－0003625　812.29/41　集部/別集類/清別集

寓蜀草四卷　(清)王培荀撰　清道光二十七年(1847)刻本　十行二十一字小字雙行同白口單魚尾左右雙邊　四册

370000－1542－0003626　812.29/43　集部/別集類/清別集

悔餘菴集樂府四卷詩稿十三卷文稿九卷餘辛集三卷　(清)何栻撰　清同治四年(1865)江蘇鳩江戎幄刻本　十二行二十四字小字雙行同上黑口單魚尾四周雙邊　内封題“同治己丑仲夏栞於鳩江戎幄”　十册

370000－1542－0003627　812.29/45　集部/別集類/清別集

煨芋巖居詩集二十卷　(清)王善寶撰　(清)姚興淥訂　清嘉慶十八年(1813)刻本　十行二十一字小字雙行同白口單魚尾左右雙邊　四册

370000－1542－0003628　812.29/47　集部/別集類/清別集

亦政堂詩集十二卷　(清)劉珊撰　清嘉慶二十三年(1818)精刻本　十一行二十一字白口單魚尾左右雙邊　内封題"嘉慶廿又三年秋七月"　四册

370000－1542－0003629　812.29/48　集部/別集類/清別集

適齋居士集四卷　(清)舒敏撰　清道光十八年(1838)泰安知縣姜宫綬刻本　九行十八字小字雙行同白口單魚尾左右雙邊　二册

370000－1542－0003630　812.29/50　集部/別集類/清別集

躬厚堂詩初録四卷躬厚堂集十卷　(清)張金鏞撰　清同治三年(1864)刻本　十一行二十三字白口單魚尾左右雙邊　四册

370000－1542－0003631　812.29/51　集部/別集類/清別集

聽香室詩鈔二卷　(清)黄德珪撰　清同治八年(1869)刻本　九行二十一字白口單魚尾左右雙邊　内封題"同治己巳春月　本衙藏板"　一册

370000－1542－0003632　812.29/51　集部/別集類/清別集

聽香室詩鈔二卷　(清)黄德珪撰　清同治八年(1869)刻本　九行二十一字白口單魚尾左右雙邊　内封題"同治己巳春月　本衙藏板"　一册

370000－1542－0003633　812.29/55　集部/別集類/清別集

鬱華閣遺集四卷　(清)盛昱撰　清光緒三十一年(1905)精刻本　八行十九字小字雙行同黑口單魚尾左右雙邊　内封題"光緒壬寅門人程棫林謹署"　一册

370000－1542－0003634　812.29/56　集部/別集類/清別集

果園詩鈔十卷　(清)郭思孚撰　清光緒三十三年(1907)京都松華齋刻本　十二行二十三字小字雙行同白口單魚尾左右雙邊　内封題"光緒丁未　京都松華齋刊"　二册

370000－1542－0003635　812.29/60　集部/別集類/清別集

審巖文集二卷　(清)楊于果撰　(清)楊繼曾輯　清道光二十四年(1844)四川刻本　十一行二十二字白口單魚尾四周雙邊　二册

370000－1542－0003636　812.29/61　集部/別集類/清別集

雙藤書屋詩集十二卷試帖二卷　(清)何道生撰　**月波舫遺稿一卷**　(清)何熙績撰　清道光元年(1821)刻本　十二行二十四字小字雙行同黑口雙魚尾四周單邊　四册

370000－1542－0003637　812.29/69　集部/別集類/清別集

寄菴詩鈔十八卷　(清)劉大紳撰　清嘉慶八年(1803)序刻本　十行十九字黑口單魚尾四周雙邊　鈐有"齊魯大學圖書館藏書"　六册

370000－1542－0003638　812.29/70　集部/別集類/清別集

知足齋詩集二十卷　(清)朱珪撰　清嘉慶九年(1804)揚州阮元精刻本　十行二十一字白口單魚尾左右雙邊　鈐有"揚州阮氏琅嬛仙館藏書印""齊魯大學圖書館藏書"　十六册

370000－1542－0003639　812.29/75　集部/別集類/清別集

南昀詩稿十卷續稿十七卷附年譜一卷　(清)彭定求撰　清光緒七年(1881)長洲彭氏刻本　十行二十一字黑口單魚尾左右雙邊　鈐有"齊魯大學圖書館藏書"　六册

370000－1542－0003640　812.29/76　集部/別集類/清別集

香屑集箋注二十卷　(清)黄之雋編　(清)陳邦直箋注　清同治十年(1871)近文堂刻本　十行二十一字小字雙行同黑口雙魚尾左右雙邊　内封題"同治辛未重鐫　近文堂藏板"　鈐有"齊魯大學圖書館藏書"　四册

370000－1542－0003641　812.29/76　集部/別集類/清別集

香屑集箋注二十卷　(清)黄之雋編　(清)陳邦直箋注　清宣統二年(1910)上海文瑞樓石印本　十三行二十八字小字雙行同黑口單魚尾四周雙邊　内封題"宣統庚戌歲仲夏上海文瑞樓石印"　鈐有"齊魯大學圖書館藏書"　四冊

370000－1542－0003642　812.29/78　集部/別集類/清別集
四憶堂詩集六卷遺稿一卷　(清)侯方域撰　清宣統元年(1909)上海中國圖書公司鉛印壯悔堂全集本　十行二十五字小字雙行同白口四周單邊　鈐有"基督教齊魯大學圖書館"　一冊

370000－1542－0003643　812.29/79　集部/別集類/清別集
計樹園詩存一卷計樹園賸稿一卷計樹園古文一卷紀年草一卷　(清)萬廷蘭撰　清光緒五年(1879)刻本　十行二十二字小字雙行同黑口單魚尾四周雙邊　鈐有"齊魯大學圖書館藏書"　五冊

370000－1542－0003644　812.29/81　集部/別集類/清別集
延緑齋詩存十卷　(清)岑振祖撰　清嘉慶二十五年(1820)刻本　十行二十一字小字雙行同白口單魚尾四周單邊　鈐有"齊魯大學圖書館藏書"　三冊

370000－1542－0003645　812.29/82　集部/別集類/清別集
湘雪軒詩四卷　(清)孫克依撰　清嘉慶十二年(1807)淮南孫氏初刻本　十行十九字小字雙行同白口單魚尾左右雙邊　内封題"嘉慶丁卯春仲　淮南孫不莽初刻"　鈐有"齊魯大學圖書館藏書"　二冊

370000－1542－0003646　812.29/84　集部/別集類/清別集
烏石山房詩存四卷　(清)龔易圖撰　清光緒九年(1883)雙驂園校刻本　十二行二十四字小字雙行同白口單魚尾左右雙邊　内封題"光緒九年　雙驂園校栞"　鈐有"逸園居士""齊魯大學圖書館藏書"　二冊

370000－1542－0003647　812.29/89　集部/別集類/清別集
甌香館集十二卷末一卷　(清)惲格撰　(清)蔣光煦輯　清光緒七年(1881)江蘇刻本　十一行二十一字小字雙行同黑口左右雙邊　内封題"光緒七年仲冬重栞"　鈐有"齊魯大學圖書館藏書"　四冊

370000－1542－0003648　812.29/89　集部/別集類/清別集
甌香館集十二卷末一卷　(清)惲格撰　(清)蔣光煦輯　清光緒七年(1881)江蘇刻本　十一行二十一字小字雙行同黑口左右雙邊　内封題"光緒七年仲冬重栞"　四冊

370000－1542－0003649　812.29/90　集部/別集類/清別集
遂初草廬詩集十卷　(清)杜堮撰　清同治九年(1870)濱州杜氏北京刻本　九行二十四字小字雙行同白口左右雙邊　鈐有"齊魯大學圖書館藏書"　四冊

370000－1542－0003650　812.29/94　集部/別集類/清別集
啖蔗軒詩存三卷　(清)方士淦撰　清同治十一年(1872)兩淮運署刻本　十行二十一字小字雙行同黑口雙魚尾四周雙邊　内封題"同治壬申夏五月初兩淮運署"　鈐有"齊魯大學圖書館藏書"　二冊

370000－1542－0003651　812.29/95　集部/別集類/清別集
萬緑草堂詩集二十卷　(清)管繩萊撰　清光緒十二年(1886)武進管氏家刻本　十一行二十五字小字雙行同白口單魚尾四周雙邊　鈐有"齊魯大學圖書館藏書"　四冊

370000－1542－0003652　812.29/97　集部/別集類/清別集
怡堂六草六卷散草二卷　(清)李世治撰　清嘉慶刻本　佚名圈點　九行二十一字小字雙行同眉批小字十八行六字白口單魚尾左右雙邊　鈐有"齊魯大學圖書館藏書""風恬浪靜"

二册

370000－1542－0003653　812.29/98　集部/别集類/清别集

叠刪吟草二集　(清)姚憲之撰　清咸豐刻本　八行十六字小字雙行同白口單魚尾左右雙邊　鈐有“齊魯大學圖書館藏書”　二册

370000－1542－0003654　812.29/99　集部/别集類/清别集

冬心先生集四卷　(清)金農撰　清宣統二年(1910)琉璃廠書業公司影印本　十行十八字白口單魚尾左右雙邊　内封題“宣統二年秋季出版　北京琉璃廠公業公司”　鈐有“齊魯大學圖書館藏書”　四册

370000－1542－0003655　812.29/100　集部/别集類/清别集

贈雲山館遺詩三卷附紅藕花榭詩餘一卷　(清)孟傳璿撰　清道光二十四年(1844)章邱孟氏安素堂刻本　九行二十二字白口單魚尾四周雙邊　内封題“道光甲辰孟秋鐫　安素堂藏板”　鈐有“齊魯大學圖書館藏書”　二册

370000－1542－0003656　812.29/103　集部/别集類/清别集

味經書屋詩稿十二卷　(清)張夔撰　清道光十一年(1831)刻本　十行二十三字白口左右雙邊　内封題“道光辛卯鐫　奉勤堂藏板”　鈐有“齊魯大學圖書館藏書”　四册

370000－1542－0003657　812.29/104　集部/别集類/清别集

彭剛直公詩集八卷　(清)彭玉麟撰　清光緒十七年(1891)江蘇刻本　十行二十四字小字雙行同白口單魚尾左右雙邊　内封題“光緒十有七年歲在辛卯吳下開雕”　鈐有“齊魯大學圖書館藏書”　二册

370000－1542－0003658　812.29/105　集部/别集類/清别集

測海集六卷　(清)彭紹升撰　清光緒二年(1876)彭毓芬成都刻本　十一行二十三字小字雙行同白口單魚尾四周雙邊　内封題“光緒二年八月成都重刊”　鈐有“齊魯大學圖書館藏書”　二册

370000－1542－0003659　812.29/107　集部/别集類/清别集

七頌堂詩集十卷　(清)劉體仁撰　清同治六年(1867)刻本　九行二十二字小字雙行同白口單魚尾四周雙邊　内封題“同治丁卯八月重刊”　鈐有“齊魯大學圖書館藏書”　二册

370000－1542－0003660　812.29/109　集部/别集類/清别集

集李三百篇二卷　(清)戚學標撰　清嘉慶六年(1801)太平戚學標涉縣官署刻本　九行二十二字單魚尾左右雙邊　内封題“嘉慶六季夏六月刊於涉署”　鈐有“齊魯大學圖書館藏書”　二册

370000－1542－0003661　812.29/110　集部/别集類/清别集

御製圓明園圖詠二卷　(清)高宗弘曆撰　清光緒十三年(1887)天津石印書局朱墨雙色石印本　六行十六字小字雙行同白口單魚尾四周雙邊　内封題“光緒十三年七月天津石印書屋敬謹摹勒上石”　鈐有“齊魯大學圖書館藏書”　二册

370000－1542－0003662　812.29/110　集部/别集類/清别集

御製圓明園圖詠二卷　(清)高宗弘曆撰　清石印本　九行二十四字小字雙行同白口四周花邊　鈐有“齊魯大學圖書館藏書”　二册

370000－1542－0003663　812.29/111　集部/别集類/清别集

易泉先生詩鈔四卷　(清)馮繼聰撰　清咸豐八年(1858)寶德堂刻本　八行二十字小字雙行同白口單魚尾左右雙邊　内封題“咸豐戊午新鐫　寶德堂藏板”　鈐有“齊魯大學圖書館藏書”　四册

370000－1542－0003664　812.29/112　集部/别集類/清别集

澹鞠軒詩初稿四卷詞一卷　(清)張綰英撰　清道光二十年(1840)宛鄰書屋刻本　十一行

二十三字小字雙行同白口單魚尾左右雙邊　内封題“道光庚子十二月宛鄰書屋栞本”　鈐有“齊魯大學圖書館藏書”　一册

370000－1542－0003665　812.29/112　集部/别集類/清别集

澹鞠軒詩初稿四卷詞一卷　（清）張紹英撰　清道光二十年(1840)宛鄰書屋刻本　十一行二十三字小字雙行同白口單魚尾左右雙邊　内封題“道光庚子十二月宛鄰書屋栞本”　鈐有“齊魯大學圖書館藏書”“仲遠之章”“臣張曜孫”“龍山隱民”　二册

370000－1542－0003666　812.29/115　集部/别集類/清别集

師善堂詩集十卷　（清）嵇曾筠撰　清嘉慶三年(1798)江蘇嵇氏家刻本　九行十八字白口單魚尾左右雙邊　内封題“嘉慶三年六月鐫”　鈐有“齊魯大學圖書館藏書”　二册

370000－1542－0003667　812.29/116　集部/别集類/清别集

碧桃軒集唐詩四卷　（清）李應觀撰　清咸豐六年(1856)刻本　九行二十一字小字雙行同白口單魚尾左右雙邊　鈐有“齊魯大學圖書館藏書”　二册

370000－1542－0003668　812.29/117　集部/别集類/清别集

松石詩鈔二卷　（清）喬岳撰　清咸豐二年(1852)刻本　九行二十一字白口單魚尾左右雙邊　内封題“壬子嘉平月鐫”　鈐有“齊魯大學圖書館藏書”“昨夜窗前葉有聲”　二册

370000－1542－0003669　812.29/118　集部/别集類/清别集

筆花書屋詩鈔二卷　（清）嵇文駿撰　清同治九年(1870)刻本　十行二十二字小字雙行同黑口單魚尾左右雙邊　鈐有“齊魯大學圖書館藏書”　二册

370000－1542－0003670　812.29/119　集部/别集類/清别集

碻唐詩鈔二卷　（清）王焴撰　清咸豐七年(1857)高密王氏春暉堂刻本　九行十九字白口單魚尾四周雙邊　内封題“咸豐丁巳鐫　春暉堂藏板”　鈐有“齊魯大學圖書館藏書”　二册

370000－1542－0003671　812.20/120　集部/别集類/清别集

守默齋詩集寄生草六卷東州草十二卷　（清）侯家璋撰　清咸豐元年(1851)雲嶺侯氏守默齋刻本　九行二十一字小字雙行同白口單魚尾左右雙邊　内封題“咸豐辛亥　本齋藏板”　鈐有“齊魯大學圖書館藏書”　六册

370000－1542－0003672　812.29/122　集部/别集類/清别集

依隱齋詩鈔十二卷　（清）陳鍾祥撰　清咸豐十年(1860)刻趣園初集五種之一本　九行二十一字小字雙行同白口單魚尾四周雙邊　内封題“咸豐庚申年鎸　本衙藏板”　鈐有“齊魯大學圖書館藏書”　五册

370000－1542－0003673　812.29/123　集部/别集類/清别集

有正味齋試帖詩注八卷　（清）吴錫麒撰　清嘉慶二十三年(1818)婺源孫洪琦校刻本　九行十九字小字雙行同白口單魚尾左右雙邊　内封題“嘉慶戊寅春鐫”　鈐有“清華書屋”“齊魯大學圖書館藏書”　八册

370000－1542－0003674　812.29/126　集部/别集類/清别集

有正味齋續集詩八卷駢體文八卷　（清）吴錫麒撰　清嘉慶刻本　十二行二十四字黑口雙魚尾四周單邊　鈐有“薛氏家藏”“齊魯大學圖書館藏書”　六册

370000－1542－0003675　812.29/125　集部/别集類/清别集

清愛堂詩鈔七卷　（清）李廷芳撰　清道光五年(1825)文寶齋刻本　七行二十一小字雙行同黑口單魚尾四周雙邊　内封題“道光乙酉年鐫　文寶齋梓”　鈐有“齊魯大學圖書館藏書”　二册

370000－1542－0003676　812.29/128　集部/别集類/清别集

味餘書室全集定本三十四卷目録四卷 (清)仁宗顒琰撰 清嘉慶刻本 九行十七字小字雙行同白口單魚尾四周雙邊 鈐有“齊魯大學圖書館藏書” 二十四册 缺二卷(味餘書室隨筆一至二)

370000－1542－0003677 812.29/130 集部/别集類/清别集

紉香草堂詩集十卷 (清)李廷棨撰 清道光至咸豐刻本 九行二十五字白口單魚尾四周雙邊 鈐有“齊魯大學圖書館藏書” 四册

370000－1542－0003678 812.29/131 集部/别集類/清别集

點蒼山人詩鈔八卷 (清)沙琛撰 清嘉慶二十三年(1818)刻本 十行二十一字小字雙行同黑口單魚尾左右雙邊 鈐有“齊魯大學圖書館藏書” 四册

370000－1542－0003679 812.29/133 集部/别集類/清别集

織簾書屋詩鈔十二卷 (清)沈兆澐撰 清咸豐二年(1852)刻本 九行二十一字小字雙行同黑口單魚尾左右雙邊 内封題“咸豐二年壬子正月開彫” 鈐有“鏡河”“德光之印”“平原世家”“家在山山水水間”“齊魯大學圖書館藏書” 四册

370000－1542－0003680 812.29/137 集部/别集類/清别集

蘿月軒詩集八卷 (清)史筠撰 清道光十五年(1835)蛟門余氏刻本 九行二十一字白口單魚尾左右雙邊 鈐有“齊魯大學圖書館藏書” 二册

370000－1542－0003681 812.29/138 集部/别集類/清别集

青園詩草四卷 (清)玉書撰 (清)玉亨慶編 清光緒十八年(1892)遼陽玉達斌刻本 八行二十字小字雙行同上黑口單魚尾左右雙邊 内封題“光緒壬辰年刻” 鈐有“齊魯大學圖書館藏書” 四册

370000－1542－0003682 812.29/139 集部/别集類/清别集

小粟山房詩鈔七卷 (清)殳慶源撰 清道光十二年(1832)刻本 十二行二十四字小字雙行同白口單魚尾左右雙邊 鈐有“齊魯大學圖書館藏書” 三册

370000－1542－0003683 812.29/140 集部/别集類/清别集

怡志堂詩初編八卷 (清)朱琦撰 清咸豐七年(1857)刻本 十行二十一字小字雙行同白口單魚尾四周雙邊 内封題“咸豐七年丁巳仲秋代州馬志沂署” 鈐有“齊魯大學圖書館藏書” 二册

370000－1542－0003684 812.29/144 集部/别集類/清别集

退軒詩録八卷 (清)鍾廷瑛撰 清嘉慶二十二年(1817)刻本 十行二十二字白口單魚尾四周雙邊 内封題“嘉慶丁丑冬月 讀易堂藏板” 鈐有“齊魯大學圖書館藏書” 二册

370000－1542－0003685 812.29/147 集部/别集類/清别集

船山詩草二十卷補遺六卷 (清)張問陶撰 清嘉慶二十年(1815)經文堂刻本 十行二十字小字雙行同白口單魚尾左右雙邊 内封題“嘉慶乙亥年鐫 經文堂藏板” 鈐有“李錦章” 五册

370000－1542－0003686 812.29/154 集部/别集類/清别集

湘綺樓詩十四卷 王闓運撰 清光緒二十三年(1897)湖南長沙刻本 十行二十一字黑口雙魚尾左右雙邊 内封題“光緒丁未刊于長沙” 鈐有“曾泳周藏書章”“泳周”“曾泳周章” 四册

370000－1542－0003687 812.29/161 集部/别集類/清别集

御製避暑山莊圓明園圖 (清)高宗弘曆撰 清光緒上海大同書局石印本 内封題“香山徐氏恭莫大同書局恭印” 二册

370000－1542－0003688 812.29/162 集部/别集類/清别集

芳茂山人詩録九卷 (清)孫星衍撰 **長離閣**

集一卷 (清)王采薇撰 清光緒十年(1884)吳縣朱氏槐廬家塾刻平津館叢書本 十一行二十字白口單魚尾左右雙邊 芳茂山人詩録内封題“嘉慶戊寅秋八月刊成” 長離閣集卷末牌記“光緒甲申小春月白堤八字橋孫谿槐廬家塾” 鈐有“容剢軒珍藏” 五冊

370000－1542－0003689 812.29/164 集部/别集類/清别集
秣陵集六卷圖考一卷表一卷 (清)陳文述撰 清光緒十年(1884)淮南書局刻本 十一行二十二字小字雙行同黑口單魚尾左右雙邊 内封題“光緒十年淮南書局重栞” 鈐有“容剢軒珍藏” 三冊

370000－1542－0003690 812.29/170 集部/别集類/清别集
復莊詩問三十四卷 (清)姚燮撰 清道光二十六年(1846)會稽孫廷璋刻同治十一年(1872)鄞縣郭傳璞印本 十行二十一字小字雙行同白口單魚尾左右雙邊 内封題“道光丙午五月開雕戊申元月竣工版藏本館” 十六冊

370000－1542－0003691 812.29/172 集部/别集類/清别集
東洲草堂詩鈔二十七卷詩餘一卷 (清)何紹基撰 清同治六年(1867)長沙何氏無園刻本 佚名圈點 十二行二十四字小字雙行同黑口雙魚尾四周單邊 内封題“同治六年丁卯刊於長沙無園” 鈐有“季維” 八冊

370000－1542－0003692 812.29/176 集部/别集類/清别集
咄咄吟二卷 (清)貝青喬撰 清光緒元年(1875)不懼無悶齋刻本 九行二十一字白口單魚尾左右雙邊 内封題“不懼無悶齋藏板” 二冊

370000－1542－0003693 812.29/183 集部/别集類/清别集
曠觀樓詩存八卷 (清)朱霖撰 清光緒六年(1880)如皋王氏刻十六年(1890)補刻本 八行十八字小字雙行同下黑口單魚尾左右雙邊 内封題“庚辰初春刊” 四冊

370000－1542－0003694 812.29/186 集部/别集類/清别集
仲實詩存二卷 (清)魯蕡撰 清光緒刻本 九行二十一字白口單魚尾左右雙邊 一冊

370000－1542－0003695 812.29/187 集部/别集類/清别集
半行庵詩存稾八卷 (清)貝青喬撰 清同治五年(1866)江蘇刻本 十行二十二字小字雙行同白口單魚尾左右雙邊 内封題“同治五年丙寅刊板春申浦上” 二冊

370000－1542－0003696 812.29/188 集部/别集類/清别集
寥山樵唱二卷北游草一卷南游草一卷 (清)侯紹瀛撰 清光緒十二年(1886)刻本 九行二十一字小字雙行同白口單魚尾四周雙邊 二冊

370000－1542－0003697 812.29/190 集部/别集類/清别集
奉使三音諾彥記程草二卷 (清)寶鋆撰 清咸豐九年(1859)刻本 十行二十一字小字雙行同黑口單魚尾四周雙邊 鈐有“江都□氏藏書” 一冊

370000－1542－0003698 812.29/195 集部/别集類/清别集
志隱齋詩鈔八卷 (清)王文瑋撰 清咸豐六年(1856)刻本 十二行二十三字小字雙行同白口單魚尾左右雙邊 内封題“咸豐丙辰孟春開雕” 鈐有“退步齋收藏書圖記”“廣東肇陽羅道關防” 四冊

370000－1542－0003699 812.29/198 集部/别集類/清别集
海秋詩集二十六卷評跋一卷後集一卷 (清)湯鵬撰 清道光十八年(1838)刻同治十二年(1873)湯壽銘修補本 九行二十一字白口單魚尾四周雙邊 十冊

370000－1542－0003700 812.29/198 集部/别集類/清别集

海秋詩集二十六卷評跋一卷後集一卷 （清）湯鵬撰　清道光十八年(1838)刻同治十二年(1873)湯壽銘修補本　九行二十一字白口單魚尾四周雙邊　十册

370000－1542－0003701　812.29/201　集部/别集類/清别集

瓶水齋詩集十七卷附别集二卷詩話一卷 （清）舒位撰　清光緒十二年(1886)宗山邊保樞重刻十七年(1891)邊保樞補刻本　十二行二十三字小字雙行同白口單魚尾四周單邊　内封題"光緒十二年歲丙戌四月開鋟"　鈐有"永嘉徐錫堯讀過"　四册

370000－1542－0003702　812.29/215　集部/别集類/清别集

金山姚程三先生遺集 程國嘉輯　清光緒十九年(1893)金山程氏補讀書齋匯印本　行款不一　金山姚程三先生遺集内封題"光緒癸巳仲冬金山程氏補讀書齋彙訂"　賜墨齋詩詞集内封題"光緒辛巳仲冬金山程氏補讀書齋重刊"　益神智室詩内封題"光緒癸未夏六月金山程氏補讀書齋刊行"　絃詩塾詩内封題"光緒庚辰仲春鑫山程氏補讀書齋重刊"　四册

370000－1542－0003703　812.29/216　集部/别集類/清别集

陋軒詩十二卷續二卷 （清）吴嘉紀撰　（清）夏荃輯　清嘉慶繆氏刻版民國五年(1916)徐閏輝校印本　九行十九字小字雙行同白口單魚尾左右雙邊　内封題"泰縣圖書館藏板"　六册

370000－1542－0003704　812.29/219　集部/别集類/清别集

梧竹軒詩鈔十卷附丁酉後賸稿一卷 （清）徐兆英撰　清光緒二十七年(1901)刻本　十行二十一字小字雙行同白口單魚尾四周雙邊　内封題"辛丑秋九月愛虞堂藏板"　四册

370000－1542－0003705　812.29/220　集部/别集類/清别集

伏羌紀事詩一卷 （清）楊芳燦撰　清光緒十八年(1892)余一鼇刻本　十行二十二字小字雙行同黑口單魚尾四周雙邊　一册

370000－1542－0003706　812.29/220　集部/别集類/清别集

伏羌紀事詩和作一卷 （清）陶廷珍撰　清光緒十八年(1892)余一鼇刻本　十行二十二字小字雙行同黑口單魚尾四周雙邊　一册

370000－1542－0003707　812.29/224　集部/别集類/清别集

小草庵詩鈔一卷 （清）屠蘇撰　清光緒十年(1884)吴縣潘氏刻滂喜齋叢書本　十行二十一字白口單魚尾四周雙邊　内封題"甲申二月滂喜州琱"　一册

370000－1542－0003708　812.29/224　集部/别集類/清别集

日本金石年表一卷 （日本）西田直養撰　清光緒十年(1884)吴縣潘氏刻滂喜齋叢書本　九行白口單魚尾左右雙邊　一册

370000－1542－0003709　812.29/226　集部/别集類/清别集

鈍吟集三卷 （清）馮班撰　清光緒三十四年(1908)京師鉛印本　十二行十四字白口四周單邊　内封題"光緒戊申仿聚珍版印於京師"　一册

370000－1542－0003710　812.29/230　集部/别集類/清别集

清厚堂詩鈔一卷 （清）單華矩撰　清道光八年(1828)高密單氏清穆堂刻本　九行十八字白口四周單邊　内封題"清穆堂藏版"　一册

370000－1542－0003711　812.29/231　集部/别集類/清别集

紅蕉館詩鈔續二二卷 （清）朱畹撰　清道光二十六年(1846)刻本　十行十九字白口單魚尾四周雙邊　鈐有"齊魯大學圖書館藏書"　一册

370000－1542－0003712　812.29/232　集部/别集類/清别集

仍可軒詩鈔一卷 （清）朱廷相撰　清道光刻

本　九行十九字白口單魚尾四周雙邊　鈐有“齊魯大學圖書館藏書”　一冊

370000－1542－0003713　812.29/239　集部/别集類/清别集

壬癸詩録一卷于南詩録二卷　(清)孔繼鑅撰　清咸豐六年(1856)曲阜孔氏刻本　九行二十一字小字雙行同白口單魚尾四周雙邊　壬癸詩録内封題“咸豐甲寅”　于南詩録内封題“咸豐六年五月”　三冊

370000－1542－0003714　812.29/240　集部/别集類/清别集

香葉草堂詩存一卷　(清)羅聘撰　清嘉慶元年(1796)刻道光十四年(1834)印本　九行十六字小字雙行同白口單魚尾四周單邊　内封題“嘉慶元年七月桂馥弁首”　一冊

370000－1542－0003715　812.29/252　集部/别集類/清别集

海右初集八卷　(清)徐子威撰　清嘉慶十七年(1812)刻本　八行十八字白口單魚尾四周雙邊　内封題“環翠山房藏板”　鈐有“鹿彭齡印”“佛明”“居敬室主人”“鹿佛明”　四冊

370000－1542－0003716　812.29/255　集部/别集類/清别集

澄悦堂詩集十四卷　(清)國梁撰　清嘉慶十四年(1809)長白國氏江蘇刻本　九行二十一字小字雙行同白口單魚尾左右雙邊　内封題“嘉慶己巳年鐫　東井硯齋藏板”　十冊

370000－1542－0003717　812.29/267　集部/别集類/清别集

賴古堂詩十二卷　(清)周亮工撰　清道光刻本　九行二十字小字雙行同白口單魚尾四周單邊　鈐有“臣澂私印”“子清”　十二冊

370000－1542－0003718　812.29/269　集部/别集類/清别集

秋舲詩草四卷　(清)馬桀臣撰　清光緒二十五年(1899)平城李毓林刻本　九行二十一字小字雙行同白口單魚尾四周雙邊　一冊　存一卷(一)

370000－1542－0003719　812.29/277　集部/别集類/清别集

五百四峯堂詩鈔二十五卷　(清)黎簡撰　清同治十三年(1874)南海陳氏刻本　九行十九字小字雙行同黑口雙魚尾四周雙邊　内封題“同治甲戌仲秋南海陳氏重栞”　鈐有“宋封當陽侯八十傳孫”“古密思遲閣藏”　八冊

370000－1542－0003720　812.29/279　集部/别集類/清别集

津門征獻詩八卷　(清)華鼎元輯纂　清光緒十二年(1886)江蘇刻本　十行二十一字小字雙行同白口單魚尾左右雙邊　内封題“光緒丙戌冬日德清俞樾署檢”　四冊

370000－1542－0003721　812.29/280　集部/别集類/清别集

庚子都門紀事詩六卷　(清)延清撰　清光緒二十八年(1902)鉛印本　十一行三十字小字雙行同白口單魚尾四周雙邊　二冊

370000－1542－0003722　812.29/281　集部/别集類/清别集

百美新詠圖傳不分卷　(清)顔希源撰　清嘉慶刻本　八行十八字白口單魚尾四周雙邊　二冊

370000－1542－0003723　812.29/281　集部/别集類/清别集

百美新詠圖傳不分卷　(清)顔希源撰　清集腋軒刻本　八行十八字白口單魚尾四周雙邊　内封題“集腋軒藏板”　四冊

370000－1542－0003724　812.29/289　集部/别集類/清别集

䙰紈亭集三十二卷後集十二卷　(清)祁寯藻撰　清咸豐六年至七年(1856－1857)刻本　十一行二十二字小字雙行同白口單魚尾四周雙邊　六冊

370000－1542－0003725　812.29/290　集部/别集類/清别集

萃錦唫八卷　(清)奕訢輯纂　清光緒十八年(1892)廣東撫署重刻蘇州局本　九行二十一字白口單魚尾四周單邊　内封題“光緒十八

年冬十月廣東撫署重刊蘇州局本” 鈐有“聊自娛齋主藏書畫印”“紹述堂” 四册

370000－1542－0003726 812.29/292 集部/别集類/清别集

邵亭詩鈔六卷邵亭遺詩八卷 （清）莫友芝撰 清咸豐二年(1852)遵義湘川講舍刻同治五年(1866)江寧三山客舍修補本 十行二十一字小字雙行同黑口雙魚尾左右雙邊 内封題“咸豐壬子遵義湘川講舍舊栞同治丙寅江甯三山客舍修補” 二册

370000－1542－0003727 812.29/294 集部/别集類/清别集

恬齋詩集四卷 （清）孫景曾撰 清道光十年(1830)刻本 錄清馬世珍 清李振西 清劉芳署 清辛履桂 清周錫琯 清力堂 清象九等評點 九行二十一字小字雙行同白口單魚尾四周雙邊 一册

370000－1542－0003728 812.29/295 集部/别集類/清别集

西坪詩鈔二卷 （清）王文驤撰 清同治九年(1870)刻本 八行二十二字小字雙行同白口單魚尾四周雙邊 内封題“同治庚午春鋟九仙山館藏板” 二册

370000－1542－0003729 812.29/74 集部/别集類/清别集

郎園詩鈔一卷古泉雜詠四卷觀古堂詩録九種消夏百一詩二卷觀畫百詠四卷駢儷文一卷文外集一卷郎園山居文録二卷 葉德輝撰 清光緒二十七年至民國十九年(1901－1930)湖南長沙葉氏刻本 十一行二十二字小字雙行同黑口雙魚尾左右雙邊 郎園詩鈔内封題“南陽葉氏印行” 古泉雜詠内封題“辛丑冬月刊成” 觀古堂詩録内封題“己巳仲科刊行” 消夏百一詩内封題“光緒戊申夏五葉氏觀古堂刊” 觀畫百詠内封題“丁巳春仲南陽葉氏觀古堂刊” 駢儷文内封題“庚午歲仲春月刊” 鈐有“齊魯大學圖書館藏書” 十册

370000－1542－0003730 812.29/266 集部/别集類/清别集

南海先生詩集四卷 康有爲撰 梁啓超書 清宣統三年(1911)影印本 十行二十一字白口四周單邊 一册

370000－1542－0003731 812.32/1－2 集部/别集類/漢魏六朝别集

諸葛忠武侯文集三卷 （三國蜀)諸葛亮撰 清茶陵譚福壽堂刻本 九行二十字小字雙行同黑口雙魚尾四周雙邊 鈐有“蘇戟白桀氏” 一册

370000－1542－0003732 812.32/1－2 集部/别集類/漢魏六朝别集

諸葛忠武侯文集六卷首一卷 （三國蜀)諸葛亮撰 清同治十二年(1873)劉質慧刻本 九行二十字小字雙行同黑口四周雙邊 内封題“同治十有二年癸酉二月開雕” 三册 存四卷(一至三、首一卷)

370000－1542－0003733 812.32/1 集部/别集類/漢魏六朝别集

諸葛忠武侯兵法六卷首一卷 （三國蜀)諸葛亮撰 （清)張澍編輯 清同治刻本 九行二十四字小字雙行同白口單魚尾四周單邊 内封題“忠武侯諸葛孔明先生兵法 本年新攞校對無訛” 三册

370000－1542－0003734 812.35/1 集部/别集類/唐五代别集

樊南文集詳注八卷 （唐)李商隱撰 （清)馮浩編定 清同治七年(1868)蘇州德聚堂刻本 十一行二十五字小字雙行約三十三字白口單魚尾左右雙邊 内封題“悳聚堂藏版” 鈐有“愓盦行篋珍藏”“觀自在齋藏書之印”“檀雲廨月寶露金霞之管” 四册

370000－1542－0003735 812.35/1 集部/别集類/唐五代别集

樊南文集詳注八卷 （唐)李商隱撰 （清)馮浩編定 清同治七年(1868)蘇州德聚堂刻本 十一行二十五字小字雙行約三十三字白口單魚尾左右雙邊 内封題“悳聚堂藏版” 四册

370000－1542－0003736 812.35/3 集部/

別集類/唐五代別集

韓昌黎先生文集三十卷外集文編十卷　(唐)韓愈撰　(唐)李漢編　清末民初石印本　十二行三十字小字雙行同白口單魚尾四周單邊　鈐有"齊魯大學圖書館藏書"　六册

370000－1542－0003737　812.35/7　集部/別集類/唐五代別集

李衛公會昌一品集二十卷別集十卷外集四卷補遺一卷　(唐)李德裕撰　清光緒十三年(1887)河北定州王氏謙德堂刻畿輔叢書本　十行二十二字小字雙行同黑口四周單邊　鈐有"齊魯大學圖書館藏書"　六册

370000－1542－0003738　812.35/7　集部/別集類/唐五代別集

李衛公會昌一品集二十卷別集十卷外集四卷補遺一卷　(唐)李德裕撰　清道光至咸豐刻本　十一行十九字小字雙行同黑口雙魚尾左右雙邊　鈐有"齊魯大學圖書館藏書""光熙所藏"　十二册

370000－1542－0003739　812.35/15　史部/詔令奏議類

唐陸宣公集二十二卷陸宣公年譜輯畧一卷　(唐)陸贄撰　清同治五年(1866)善化楊岳斌刻本　九行二十字小字雙行同白口單魚尾四周雙邊　内封題"同治五年春仲楊氏問竹軒家塾重鋟板"　六册

370000－1542－0003740　812.36/2　集部/別集類/宋別集

龍川文集三十卷首一卷　(宋)陳亮撰　**辨僞考異三卷附録二卷**　(清)胡鳳丹撰　清同治七年(1868)永康胡氏退補齋刻金華叢書本　九行二十字白口單魚尾四周雙邊　内封題"退補齋開雕"　鈐有"齊魯大學圖書館藏書"　十册

370000－1542－0003741　812.36/2　集部/別集類/宋別集

龍川文集三十卷　(宋)陳亮撰　**辨僞考異三卷附録二卷**　(清)胡鳳丹撰　清光緒元年(1875)湖北崇文書局刻本　十行二十字白口單魚尾四周雙邊　内封題"光緒紀元夏月湖北崇文書局開雕"　鈐有"齊魯大學圖書館藏書"　十册

370000－1542－0003742　812.36/2　集部/別集類/宋別集

龍川文集三十卷　(宋)陳亮撰　**辨僞考異三卷附録二卷**　(清)胡鳳丹撰　清光緒元年(1875)湖北崇文書局刻本　十行二十字白口單魚尾四周雙邊　内封題"光緒紀元夏月湖北崇文書局開雕"　十册

370000－1542－0003743　812.36/2　集部/別集類/宋別集

龍川文集三十卷　(宋)陳亮撰　**辨僞考異三卷附録二卷**　(清)胡鳳丹撰　清光緒元年(1875)湖北崇文書局刻本　十行二十字白口單魚尾四周雙邊　内封題"光緒紀元夏月湖北崇文書局開雕"　十册

370000－1542－0003744　812.36/8　集部/別集類/宋別集

岳忠武王文集八卷首一卷末一卷　(宋)岳飛撰　(清)黄邦寧纂　清光緒十二年(1886)上海簡玉山房刻本　十行二十字小字雙行同白口單魚尾左右雙邊　内封題"光緒十二年上海簡玉山房刊"　鈐有"容劄軒珍藏"　四册

370000－1542－0003745　812.36/8　集部/別集類/宋別集

岳忠武王文集八卷　(宋)岳飛撰　清同治十二年(1873)三原劉氏述荊堂刻本　九行二十字小字雙行同黑口雙魚尾四周雙邊　三册

370000－1542－0003746　812.36/9　集部/別集類/宋別集

呂東萊先生文集二十卷首一卷　(宋)呂祖謙撰　(清)王崇炳編輯　清同治七年(1868)浙江胡鳳丹退補齋重校刻本　九行二十字小字雙行同白口單魚尾四周雙邊　内封題"退補齋開雕"　鈐有"齊魯大學圖書館藏書"　十册

370000－1542－0003747　812.36/10　集部/別集類/宋別集

曾南豐文集四卷 (宋)曾鞏撰　清宣統二年(1910)上海會文堂粹記石印本　十三行二十八字白口單魚尾四周雙邊　内封題"宣統二年仲夏　上海會文堂粹記出版"　二冊

370000-1542-0003748　812.36/13　集部/別集類/宋別集

朱子古文節選二卷 (清)杜宗嶽評選　清咸豐元年(1851)刻本　九行二十四字眉批十八行五字白口單魚尾左右雙邊　内封題"咸豐元年辛亥新鐫　寶孺堂藏版"　鈐有"齊魯大學圖書館藏書"　二冊

370000-1542-0003749　812.38/24　集部/別集類/明別集

宋文憲公全集五十三卷首四卷 (明)宋濂撰　清嘉慶十五年(1810)吳縣嚴榮浙江刻本　十二行二十三字白口左右雙邊　内封題"嘉慶庚午季春　金華府學藏板"　鈐有"南州書樓藏書　徐湯殷整理"　十六冊

370000-1542-0003750　812.38/5　集部/別集類/明別集

楊忠烈公文集十卷附表忠録一卷 (明)楊漣撰　清道光十三年(1833)刻本　九行二十一字白口單魚尾四周雙邊　内封題"道光十三年重鐫　世美堂藏板"　鈐有"齊魯大學圖書館藏書"　八冊　缺五卷(六至十)

370000-1542-0003751　812.38/6　集部/別集類/明別集

徐文定公集四卷 (明)徐光啓撰　(清)李杕輯　清光緒二十二年(1896)上海慈母堂鉛印本　十行二十三字白口單魚尾四周雙邊　内封題"光緒二十二年九月　江南主教倪准上海慈母堂印"　鈐有"齊魯大學圖書館藏書"　一冊

370000-1542-0003752　812.38/9　集部/別集類/明別集

賀文忠公遺集四卷附末一卷 (明)賀逢聖撰　清同治八年(1869)錦樹山房重刻道光王贈芳刻本　十行二十二字小字雙行同白口單魚尾左右雙邊　内封題"同治八年冬月錦樹山房重雕"　四冊

370000-1542-0003753　812.38/25　集部/別集類/明別集

重刊校正唐荊川先生文集十二卷補遺五卷外集三卷附録一卷 (明)唐順之撰　清光緒三十年(1904)江陰繆荃孫金陵書局重輯刻本　十行二十字黑口單魚尾左右雙邊　十冊

370000-1542-0003754　812.39/62　集部/別集類/清別集

初學集一百十卷 (清)錢謙益撰　(清)錢曾箋注　清宣統二年(1910)邃漢齋鉛印本　十二行三十字小字雙行同白口四周單邊　内封題"宣統二年庚戌邃漢齋校印"　鈐有"齊魯大學圖書館藏書"　二十四冊

370000-1542-0003755　812.39/3　集部/別集類/清別集

龔定盦全集文集三卷續集四卷文拾遺一卷文集補編四卷文集補一卷 (清)龔自珍撰　**年譜一卷** (清)吳昌綬編　清光緒二十八年(1902)浙江文彙書局鉛印本　十五行三十二字白口單魚尾四周雙邊　内封題"光緒壬寅浙省文彙書局開印"　四冊

370000-1542-0003756　812.39/4　集部/別集類/清別集

袁文箋正十六卷補注一卷 (清)袁枚撰　(清)石韞玉箋　清光緒八年(1882)汗青簃刻本　十行二十二字小字雙行同黑口單魚尾四周雙邊　内封題"光緒壬午長夏汗青簃鐫"　鈐有"私立齊魯大學國學研究所藏書之章"　八冊

370000-1542-0003757　812.39/4　集部/別集類/清別集

袁文箋正十六卷補注一卷 (清)袁枚撰　(清)石韞玉箋　清光緒八年(1882)汗青簃刻本　十行二十二字小字雙行同黑口單魚尾四周雙邊　内封題"光緒壬午長夏汗青簃鐫"　鈐有"容絜軒珍藏"　六冊

370000-1542-0003758　812.39/4　集部/別集類/清別集

袁文箋正十六卷補注一卷 (清)袁枚撰 (清)石韞玉箋 清嘉慶十七年(1812)鶴壽山堂刻本 朱筆圈點 九行十九字白口單魚尾左右雙邊 内封題"鶴壽山堂藏板" 鈐有"一適軒藏書""精湖小華嶼吟榭""紫藤華館""華嶼讀書牀""讀有用書""花雨香深之室""臣進椿""紹庭尹""家在滇南翠海間""顧曲生" 六册

370000－1542－0003759 812.39/4 集部/別集類/清別集

袁文箋正十六卷補注一卷 (清)袁枚撰 (清)石韞玉箋 清嘉慶十七年(1812)鶴壽山堂刻本 朱筆圈點 九行十九字白口單魚尾左右雙邊 内封題"鶴壽山堂藏板" 鈐有"娱園藏書" 六册

370000－1542－0003760 812.39/4 集部/別集類/清別集

袁文箋正十六卷補注一卷 (清)袁枚撰 (清)石韞玉箋 清嘉慶十七年(1812)鶴壽山堂刻本 傅貽蓀眉批 九行十九字白口單魚尾左右雙邊 鈐有"羲河" 十六册

370000－1542－0003761 812.39/4 集部/別集類/清別集

袁文箋正十六卷補注一卷 (清)袁枚撰 (清)石韞玉箋 清同治八年(1869)松壽山房刻本 十一行二十二字小字雙行同下黑口單魚尾四周雙邊 内封題"己巳重鐫 松壽山房藏板" 鈐有"容刹軒珍藏" 八册

370000－1542－0003762 812.39/4 集部/別集類/清別集

增訂袁文箋正十六卷 (清)魏大縉增訂 清光緒十四年(1888)石印本 十五行三十六字白口單魚尾左右雙邊 鈐有"齊魯大學圖書館藏書""孫積蔭印" 三册

370000－1542－0003763 812.39/106 集部/別集類/清別集

袁文合箋十六卷 (清)袁枚撰 (清)王廣業箋 清光緒八年(1882)刻本 佚名圈點 十行二十字小字雙行三十字黑口雙魚尾四周雙邊 内封題"青箱塾藏板 光緒壬午仲春開雕" 鈐有"容刹軒珍藏" 六册

370000－1542－0003764 812.39/5 集部/別集類/清別集

拙尊園叢稿六卷 (清)黎庶昌撰 清光緒十九年(1893)上海醉六堂石印本 十一行二十五字黑口單魚尾左右雙邊 内封題"光緒癸巳上海醉六堂印" 鈐有"齊魯大學圖書館藏書" 二册

370000－1542－0003765 812.39/5 集部/別集類/清別集

拙尊園叢稿六卷 (清)黎庶昌撰 清光緒二十一年(1895)江南李光明莊狀元閣刻本 十一行二十五字黑口單魚尾左右雙邊 内封題"板存江南城聚寶門三山街大功坊郭家巷内秦狀元巷中" 四册

370000－1542－0003766 812.39/5 集部/別集類/清別集

拙尊園叢稿六卷 (清)黎庶昌撰 清光緒二十一年(1895)江南李光明莊狀元閣刻本 十一行二十五字黑口單魚尾左右雙邊 内封題"板存江南城聚寶門三山街大功坊郭家巷内秦狀元巷中" 鈐有"齊魯大學圖書館藏書之章" 四册

370000－1542－0003767 812.39/5 集部/別集類/清別集

拙尊園叢稿六卷 (清)黎庶昌撰 清光緒二十一年(1895)江南李光明莊狀元閣刻本 十一行二十五字黑口單魚尾左右雙邊 内封題"板存江南城聚寶門三山街大功坊郭家巷内秦狀元巷中" 鈐有"齊魯大學哈佛燕京學社購置" 四册

370000－1542－0003768 812.39/6 集部/別集類/清別集

酌雅堂駢體文集不分卷 (清)徐壽基撰 清光緒十一年(1885)桓臺官舍刻本 十一行二十二字下黑口單魚尾左右雙邊 内封題"光緒乙卯仲冬刊於桓臺官舍" 二册

370000－1542－0003769 812.39/7 集部/

別集類/清别集

養素堂文集三十五卷 (清)張澍撰 清道光棗花書屋刻本 十行二十二字小字雙行同白口單魚尾四周雙邊 内封題“棗花書屋藏板” 十二册

370000－1542－0003770 812.39/7 集部/别集類/清别集

養素堂文集三十五卷 (清)張澍撰 清道光棗花書屋刻本 十行二十二字小字雙行同白口單魚尾四周雙邊 内封題“棗花書屋藏板” 十六册

370000－1542－0003771 812.39/10 集部/别集類/清别集

東洲草堂文鈔二十卷附眠琴閣遺文一卷詩二卷浣月樓遺詩二卷 (清)何紹基撰 清光緒刻本 十二行二十四字小字雙行同黑口雙魚尾四周單邊 鈐有“齊魯大學圖書館藏書” 六册

370000－1542－0003772 812.39/11 集部/别集類/清别集

芙蓉山館文鈔不分卷 (清)楊芳燦撰 清嘉慶十年(1805)刻本 佚名圈點 十二行二十五字白口單魚尾左右雙邊 鈐有“達卿”“莊士印”“號白眉生”“覺生”“碧梧翠林” 二册

370000－1542－0003773 812.39/13 集部/别集類/清别集

友竹草堂文集五卷 (清)蔣慶第撰 清光緒十九年(1893)刻本 十行二十字小字雙行同白口單魚尾四周雙邊 二册 缺一卷(五)

370000－1542－0003774 812.39/13 集部/别集類/清别集

友竹草堂文集五卷補集一卷詩集二卷 (清)蔣慶第撰 清光緒十九年(1893)刻二十一年(1895)補刻本 十行二十字小字雙行同白口單魚尾四周雙邊 四册

370000－1542－0003775 812.39/14 集部/别集類/清别集

篷窗隨録十四卷附録二卷續録二卷 (清)沈兆澐輯 清咸豐七年至九年(1857－1859)天津沈氏刻本 十一行二十一字白口單魚尾四周雙邊 内封題“咸豐七年歲在丁巳春二月刊” 續録内封題“咸豐九年歲在己未夏六月刊” 十四册

370000－1542－0003776 812.39/15 集部/别集類/清别集

梅村文集二十卷 (清)吳偉業撰 清宣統二年(1910)上海國光印刷所鉛印本 十行三十二字黑口四周單邊 内封題“宣統庚戌十月依原刊本重鐫” 四册

370000－1542－0003777 812.39/17 集部/别集類/清别集

大雲山房文稿初集四卷二集四卷 (清)惲敬撰 清光緒十四年(1888)刻本 十行二十二字黑口雙魚尾左右雙邊 内封題“光緒十四年歲次戊子官書處重刊” 八册

370000－1542－0003778 812.39/23 集部/别集類/清别集

綴文六卷 (清)陳鱣撰 清嘉慶十二年(1807)海寧陳氏士鄉堂刻本 十行二十一字黑口左右雙邊 内封題“士鄉堂藏版” 一册

370000－1542－0003779 812.39/25 集部/别集類/清别集

定山堂古文小品二卷 (清)龔鼎孳撰 清宣統二年(1910)上海國學昌明社石印本 十四行三十字白口單魚尾四周雙邊 内封題“宣統二年上海國學昌明社印” 二册

370000－1542－0003780 812.39/27 集部/别集類/清别集

茗柯文初編一卷二編二卷三編一卷四編一卷 (清)張惠言撰 清光緒七年(1881)刻本 十行二十一字眉批二十行五字白口單魚尾四周雙邊 内封題“光緒七年中冬月開雕” 二册

370000－1542－0003781 812.39/27 集部/别集類/清别集

茗柯文初編一卷二編二卷三編一卷四編一卷 (清)張惠言撰 清宣統三年(1911)上海掃葉山房石印本 十四行三十一字白口單魚尾

四周雙邊　内封題“宣統三年石印　掃葉山房”　二冊

370000－1542－0003782　812.39/28　集部/別集類/清別集

煙霞萬古樓文集六卷　(清)王曇撰　清道光二十年(1840)刻本　九行十九字白口單魚尾四周雙邊　二冊

370000－1542－0003783　812.39/31　集部/別集類/清別集

澤雅堂文集八卷　(清)施補華撰　清光緒十九年(1893)刻本　十行二十字白口單魚尾四周雙邊　二冊

370000－1542－0003784　812.39/31　集部/別集類/清別集

澤雅堂文集十卷　(清)施補華撰　(清)孫葆田編　清光緒十九年(1893)泲南刻本　十行二十一字白口單魚尾左右雙邊　内封題“光緒癸巳仲春刊于泲南”　鈐有“齊魯大學圖書館藏書”　二冊

370000－1542－0003785　812.39/33　集部/別集類/清別集

代農堂文稿八卷　(清)陳繼訓撰　清宣統元年(1909)鉛印本　十二行三十一字下黑口單魚尾四周雙邊　内封題“宣統元年四月”　一冊　缺四卷(五至八)

370000－1542－0003786　812.39/34　集部/別集類/清別集

損齋文集二卷福建通志稿列傳二卷　(清)陳善撰　清道光仁和陳氏家刻本　十行二十一字白口單魚尾四周雙邊　鈐有“齊魯大學圖書館藏書”　二冊

370000－1542－0003787　812.39/35　集部/別集類/清別集

望溪先生文集十八卷集外文十卷集外文補遺二卷　(清)方苞撰　(清)戴鈞衡重編　**年譜二卷**　(清)蘇惇元輯　清咸豐元年(1851)安徽戴氏味經山館刻本　十一行二十一字小字雙行同白口單魚尾四周雙邊　鈐有“齊魯大學圖書館藏書”　十六冊

370000－1542－0003788　812.39/35　集部/別集類/清別集

望溪先生文集十八卷集外文十卷集外文補遺二卷　(清)方苞撰　(清)戴鈞衡重編　**年譜二卷**　(清)蘇惇元輯　清咸豐元年(1851)安徽戴氏味經山館刻本　十一行二十一字小字雙行同白口單魚尾四周雙邊　鈐有“齊魯大學圖書館藏書”　十四冊

370000－1542－0003789　812.39/35　集部/別集類/清別集

望溪先生文集十八卷集外文十卷集外文補遺二卷　(清)方苞撰　(清)戴鈞衡重編　**年譜二卷**　(清)蘇惇元輯　清咸豐元年(1851)安徽戴氏味經山館刻本　十一行二十一字小字雙行同白口單魚尾四周雙邊　十四冊

370000－1542－0003790　812.39/35　集部/別集類/清別集

望溪先生文集十八卷集外文十卷集外文補遺二卷　(清)方苞撰　(清)戴鈞衡重編　清宣統二年(1910)上海集成圖書公司鉛印本　十四行四十二字白口雙魚尾四周雙邊　内封題“宣統庚戌　上海集成圖書公司印”　十冊

370000－1542－0003791　812.39/42　集部/別集類/清別集

有正味齋駢文箋注十六卷　(清)吳錫麒撰　(清)葉聯芬箋注　清道光二十年(1840)浙江慈溪葉氏刻本　九行二十字小字雙行同黑口雙魚尾左右雙邊　内封題“道光庚子年鐫　慈北葉氏藏版”　六冊

370000－1542－0003792　812.39/101　集部/別集類/清別集

有正味齋駢體文二十四卷　(清)吳錫麒撰　(清)王廣業箋　清咸豐九年(1859)青箱塾刻本　十二行二十五字小字雙行同黑口雙魚尾四周雙邊　内封題“咸豐九年青箱塾鐫”　鈐有“李錦章”　八冊

370000－1542－0003793　812.39/43　集部/別集類/清別集

壯悔堂文集十卷　(清)侯方域撰　清嘉慶十

九年(1814)睢陽侯資燦刻本　九行二十字白口單魚尾左右雙邊　内封題“嘉慶甲戌重鐫”　鈐有“齊魯大學圖書館藏書”　四册

370000－1542－0003794　812.39/43　集部/别集類/清别集
壯悔堂文集十卷遺稿一卷　(清)侯方域撰　清宣統元年(1909)中國圖書公司鉛印本　十行二十五字白口四周單邊　内封題“宣統元年十月　中國圖書公司校印”　三册

370000－1542－0003795　812.39/45　集部/别集類/清别集
述古堂文集十二卷　(清)錢兆鵬撰　清光緒七年(1881)刻本　十三行二十二字黑口雙魚尾左右雙邊　内封題“光緒七年仲冬校栞”　鈐有“齊魯大學圖書館藏書”　四册

370000－1542－0003796　812.39/48　集部/别集類/清别集
敬孚類稿十六卷　(清)蕭穆撰　清光緒三十二年(1906)刻本　十二行二十四字小字雙行同黑口單魚尾左右雙邊　内封題“光緒丙午正月刻丁未四月成”　鈐有“齊魯大學圖書館藏書”　四册

370000－1542－0003797　812.39/49　集部/别集類/清别集
養餘外集一卷　(清)張大昌撰　清末刻本　九行二十五字小字雙行同白口單魚尾左右雙邊　鈐有“齊魯大學圖書館藏書”　一册

370000－1542－0003798　812.39/50　集部/别集類/清别集
惜抱軒文集十六卷後集十卷　(清)姚鼐撰　清光緒九年(1883)桐城徐宗亮校刻本　十行二十一字黑口雙魚尾左右雙邊　鈐有“齊魯大學圖書館藏書”“何氏圖書”“玉林珍藏”　六册

370000－1542－0003799　812.39/52　集部/别集類/清别集
存吾文稿四卷　(清)余廷燦撰　清咸豐五年(1855)雲香書屋刻本　十行二十一字小字雙行同白口單魚尾左右雙邊　内封題“咸豐乙卯年重鐫　雲香書屋藏板”　鈐有“齊魯大學圖書館藏書”“曾藏在長沙鄭鈅家”　四册

370000－1542－0003800　812.39/53　集部/别集類/清别集
養一齋文集二十卷　(清)李兆洛撰　清光緒四年(1878)江蘇湯成烈刻本　十二行二十二字小字雙行同下黑口單魚尾左右雙邊　内封題“光緒戊寅年夏重刊”　鈐有“齊魯大學圖書館藏書”　八册

370000－1542－0003801　812.39/53　集部/别集類/清别集
養一齋文集二十卷附養一先生詩集四卷賦一卷詩餘一卷　(清)李兆洛撰　清光緒四年(1878)江蘇湯成烈刻八年(1882)江陰曹佳補刻本　十二行二十二字小字雙行同下黑口單魚尾左右雙邊　文集内封題“光緒戊寅年夏重刊”　詩集内封題“光緒八年秋日栞于江陰”　鈐有“齊魯大學圖書館藏書”　十二册

370000－1542－0003802　812.39/54　集部/别集類/清别集
研六室文鈔十卷　(清)胡培翬撰　清光緒四年(1878)績溪胡氏刻本　九行二十字小字雙行同白口單魚尾左右雙邊　鈐有“齊魯大學圖書館藏書”　四册

370000－1542－0003803　812.39/56　集部/别集類/清别集
歸朴龕叢稿十二卷　(清)彭藴章撰　清道光二十九年(1849)刻本　十行二十一字小字雙行同白口單魚尾左右雙邊　内封題“己酉四月改本”　鈐有“齊魯大學圖書館藏書”　三册

370000－1542－0003804　812.39/57　集部/别集類/清别集
陳檢討集二十卷　(清)陳維崧撰　(清)程師恭注　清道光二年(1822)金閶步月樓刻本　十行二十二字小字雙行同白口單魚尾左右雙邊　内封題“道光壬午年重鐫　金閶步月樓藏板”　鈐有“齊魯大學圖書館藏書”　六册

370000－1542－0003805　812.39/57　集部/

別集類/清別集

陳檢討集二十卷 （清）陳維崧撰 （清）程師恭注 清刻本 十行二十二字小字雙行同黑口單魚尾左右雙邊 内封題“本宅藏板” 鈐有“齊魯大學圖書館藏書”“清華書室” 六冊

370000－1542－0003806 812.39/58 集部/別集類/清別集

西河合集墓碑銘二卷墓誌銘十六卷墓表五卷 （清）毛奇齡撰 清刻本 十行二十字小字雙行同白口四周單邊 鈐有“齊魯大學圖書館藏書” 四冊

370000－1542－0003807 812.39/60 集部/別集類/清別集

鶴泉文鈔二卷 （清）戚學標撰 清嘉慶五年(1800)刻本 十行二十二字白口單魚尾四周雙邊 内封題“庚申夏鐫 本衙藏板” 鈐有“齊魯大學圖書館藏書”“夢曦主人藏佳書之印” 二冊

370000－1542－0003808 812.39/61 集部/別集類/清別集

獨學廬初稿三卷二稿三卷三稿五卷四稿五卷五稿三卷餘稿一卷文稿一卷 （清）石韞玉撰 清乾隆六十年(1795)至嘉慶間精刻本 十行十八字小字雙行同單魚尾黑口左右雙邊 鈐有“齊魯大學圖書館藏書” 六冊

370000－1542－0003809 812.39/61 集部/別集類/清別集

獨學廬初稿十三卷二稿九卷 （清）石韞玉撰 清乾隆六十年(1795)至嘉慶間精刻本 十行十八字小字雙行同單魚尾黑口左右雙邊 七冊

370000－1542－0003810 812.39/64 集部/別集類/清別集

尺寸録八卷補遺一卷 （清）陳偉撰 清光緒萬年小丁卯莊許鑒刻本 九行二十二字白口單魚尾四周雙邊 鈐有“齊魯大學圖書館藏書” 四冊

370000－1542－0003811 812.39/65 集部/別集類/清別集

仰蕭樓文集一卷 （清）張星鑑撰 清光緒六年(1880)刻本 十行二十四字白口單魚尾左右雙邊 鈐有“齊魯大學圖書館藏書” 一冊

370000－1542－0003812 812.39/66 集部/別集類/清別集

濂亭文集八卷 （清）張裕釗撰 （清）查燕緒編次 清光緒八年(1882)海寧查氏木漸齋蘇州刻本 十行二十一字黑口單魚尾左右雙邊 内封題“光緒壬午年七月查氏木漸齋刊板蘇州” 鈐有“齊魯大學圖書館藏書” 二冊

370000－1542－0003813 812.39/66 集部/別集類/清別集

濂亭文集八卷 （清）張裕釗撰 （清）查燕緒編次 清宣統元年(1909)上海掃葉山房石印本 十四行三十一字白口單魚尾四周雙邊 内封題“宣統元年石印 掃葉山房” 二冊

370000－1542－0003814 812.39/67 集部/別集類/清別集

無近名齋文鈔四卷二編二卷雜著二卷雜著二編一卷 （清）彭翊撰 清光緒十年(1884)江蘇彭祖賢鄂江節署刻本 十一行二十三字白口單魚尾左右雙邊 鈐有“齊魯大學圖書館藏書” 四冊

370000－1542－0003815 812.39/68 集部/別集類/清別集

六觀樓文集拾遺一卷 （清）許鴻磬撰 （清）李福泰編 清同治九年(1870)李福泰粤東節署刻本 十行二十字小字雙行同白口單魚尾左右雙邊 内封題“同治庚午春仲刊于粤東節署” 鈐有“齊魯大學圖書館藏書” 一冊

370000－1542－0003816 812.39/69 集部/別集類/清別集

雙梧山館文鈔二十四卷 （清）鄧瑤撰 清咸豐十年(1860)南邨草堂刻本 十行二十二字白口單魚尾左右雙邊 内封題“咸豐十年刊於南邨艸堂” 六冊

370000－1542－0003817 812.30/70 集部/別集類/清別集

玉井山館文略五卷　（清）許宗衡撰　清同治四年（1865）刻本　十行二十二字白口單魚尾左右雙邊　内封題"同治四年開雕"　鈐有"齊魯大學圖書館藏書"　二册

370000－1542－0003818　812.39/74　集部/別集類/清別集
實事求是齋遺稿四卷　（清）汪廷珍撰　清道光二十九年（1849）刻本　九行二十二字小字雙行同白口單魚尾四周單邊　鈐有"齊魯大學圖書館藏書"　四册

370000－1542－0003819　812.39/71　集部/別集類/清別集
惕甫未定稿十六卷附淵雅堂文外集四卷　（清）王芑孫撰　清嘉慶九年（1804）刻本　佚名圈點　十行二十一字小字雙行同白口單魚尾左右雙邊　内封題"嘉慶甲子端午栞版"　鈐有"齊魯大學圖書館藏書"　五册

370000－1542－0003820　812.39/71　集部/別集類/清別集
惕甫未定稿二十六卷　（清）王芑孫撰　（清）欽善等增補重編　清嘉慶二十年（1815）刻本　十行二十一字小字雙行同白口單魚尾左右雙邊　内封題"嘉慶甲子端午栞版"　鈐有"濂溪之後""周永洪印""周祖琛珎""止盦"　十二册

370000－1542－0003821　812.39/75　集部/別集類/清別集
湛園集未定稿六卷　（清）姜宸英撰　清宣統二年（1910）上海國學扶輪社石印本　十四行三十一字白口單魚尾四周雙邊　内封題"宣統庚戌石印　上海國學扶輪社"　鈐有"齊魯大學圖書館藏書"　六册

370000－1542－0003822　812.39/76　集部/別集類/清別集
二南文集二卷　（清）周樂撰　清道光二十二年（1842）濟南枕湖書屋刻本　九行二十一字白口單魚尾左右雙邊　内封題"道光二十二年鐫　枕湖書屋藏板"　鈐有"仲華""齊魯大學圖書館藏書"　二册

370000－1542－0003823　812.39/78　集部/別集類/清別集
清芬樓遺稿四卷　（清）任啓運撰　清光緒十四年（1888）荊溪任氏家塾刻本　十二行二十二字小字雙行同黑口雙魚尾左右雙邊　内封題"光緒戊子冬十二月家塾梓行"　鈐有"齊魯大學圖書館藏書"　二册

370000－1542－0003824　812.39/79　集部/別集類/清別集
綴學堂初稿四卷　（清）陳漢章撰　清光緒十九年（1893）刻本　十一行二十四字小字雙行同白口單魚尾左右雙邊　鈐有"齊魯大學圖書館藏書"　二册

370000－1542－0003825　812.39/80　集部/別集類/清別集
南畇文稿十二卷南畇小題文稿一卷　（清）彭定求撰　清光緒七年（1881）江蘇長洲彭祖賢刻本　十二行二十三字小字雙行同黑口單魚尾四周雙邊　鈐有"齊魯大學圖書館藏書"　七册

370000－1542－0003826　812.39/82　集部/別集類/清別集
陶山文録十卷　（清）唐仲冕撰　清道光二年（1822）刻本　十行二十一字黑口單魚尾左右雙邊　内封題"道光二年壬午嘉平月　音聲樹聽事梓"　鈐有"齊魯大學圖書館藏書"　六册

370000－1542－0003827　812.39/86　集部/別集類/清別集
紀文達公文集十六卷詩集十六卷　（清）紀昀撰　清道光三十年（1850）小嫏嬛山館刻本　十行二十字小字雙行同白口單魚尾四周雙邊　内封題"道光三十年夏四月開雕　小嫏嬛山館藏板"　十册

370000－1542－0003828　812.39/90　集部/別集類/清別集
夏仲子集六卷　（清）夏炯撰　清咸豐五年（1855）番昜官廨刻本　十一行二十五字白口單魚尾左右雙邊　内封題"乙卯中秋刻于番

易官廨”　三冊

370000－1542－0003829　812.39/92　集部/別集類/清別集

三魚堂文集十二卷外集六卷三魚堂賸言十二卷　(清)陸隴其撰　清宣統三年(1911)上海掃葉山房石印本　十五行三十二字白口單魚尾四周雙邊　内封題“宣統三年石印　掃葉山房”　八冊

370000－1542－0003830　812.39/93　集部/別集類/清別集

古微堂内集三卷外集七卷　(清)魏源撰　清光緒四年(1878)淮南書局刻本　十行二十一字白口單魚尾左右雙邊　鈐有“北顧樓藏”“孫寶之”“北顧樓珍藏書籍”　六冊

370000－1542－0003831　812.39/94　集部/別集類/清別集

新疆賦一卷　(清)徐松撰　清道光刻本　十一行二十七字小字雙行同黑口單魚尾左右雙邊　一冊

370000－1542－0003832　812.39/95　集部/別集類/清別集

庸庵文編四卷文續編二卷文外編四卷海外文編四卷籌洋芻議一卷出使英法義比四國日記六卷　(清)薛福成撰　清光緒二十三年(1897)上海醉六堂石印本　十四行二十五字黑口單魚尾四周單邊　内封題“光緒丁酉春三月上海醉六堂石印”　十二冊

370000－1542－0003833　812.39/96　集部/別集類/清別集

翁山文外十六卷　(清)屈大均撰　清宣統二年(1910)上海國學扶輪社鉛印本　十一行三十字黑口單魚尾四周雙邊　内封題“宣統庚戌校刊　上海國學扶輪社印行”　五冊

370000－1542－0003834　812.39/99　集部/別集類/清別集

顯志堂稿十二卷夢奈詩稿一卷　(清)馮桂芬撰　清光緒二年(1876)江蘇馮氏校邠廬刻本　十一行二十三字小字雙行同下黑口單魚尾左右雙邊　顯志堂稿内封題“光緒二年校邠廬刊”　夢奈詩稿内封題“光緒二年馮氏刊板”　六冊

370000－1542－0003835　812.39/99　集部/別集類/清別集

顯志堂稿十二卷　(清)馮桂芬撰　清光緒二年(1876)江蘇馮氏校邠廬刻本　清伯衮父題識　十一行二十三字小字雙行同下黑口單魚尾左右雙邊　内封題“光緒二年校邠廬刊”　鈐有“江南汪衮父”“空首寧人平揖衮父”　七冊

370000－1542－0003836　812.39/102　集部/別集類/清別集

無盡藏齋詩文集二十七卷　(清)章炳蘭撰　清刻本　十行二十一字小字雙行同黑口四周雙邊　鈐有“李錦章”　八冊

370000－1542－0003837　812.39/104　集部/別集類/清別集

劉海峯制藝一卷　(清)劉大櫆撰　清光緒元年(1875)桐城劉繼河南邢邱刻本　佚名墨筆圈點　九行二十五字白口單魚尾四周單邊　内封題“光緒乙亥冬裔孫繼重刊於邢邱”　鈐有“李錦章”　二冊

370000－1542－0003838　812.39/112　集部/別集類/清別集

天岳山館文鈔四十卷　(清)李元度撰　清光緒六年(1880)刻本　十行二十五字下黑口單魚尾左右雙邊　内封題“光緒六年正月開雕爽谿精舍藏書之一”　十六冊

370000－1542－0003839　812.39/113　集部/別集類/清別集

西藏賦一卷　(清)和寧撰　清嘉慶刻本　八行二十字小字雙行同白口單魚尾四周雙邊　鈐有“蛟川方義路正甫氏所藏金石書畫之印”　一冊

370000－1542－0003840　812.39/121　集部/別集類/清別集

宦游紀略二卷　(清)高廷瑤撰　清光緒二十六年(1900)貴築高氏湖北蘄水官廨重刻朱印本　十二行二十三字黑口單魚尾左右雙邊

内封題“光緒庚子冬日貴筑高氏重刊於湖北蘄水縣官廨　孫培蘭晉年培勳培焜校字”　一册

370000－1542－0003841　812.39/126　集部/別集類/清別集

趨庭記述二卷　（清）經元善輯　清光緒二十三年（1897）上海經氏刻本　十行二十四字白口四周單邊　内封題“光緒丁酉仲秋”“此書上諭暨卷面序文遺像兩圖用石印餘鐫梨木板存滬上寓廬”　二册

370000－1542－0003842　812.39/129　集部/別集類/清別集

復莊駢儷文榷八卷　（清）姚燮撰　（清）王蒔蘭編　清咸豐四年（1854）大梅山館刻本　十行二十一字細黑口單魚尾　内封題“咸豐四年冬歲甲寅春日大梅山館開雕”　二册

370000－1542－0003843　812.39/134　集部/別集類/清別集

紅樓夢賦一卷　（清）沈謙撰　**紅樓夢題詞一卷**　（清）周綺撰　**讀紅樓夢雜記一卷**　（清）願爲明鏡室主人撰　清光緒二年（1876）刻本　九行二十字白口單魚尾四周雙邊　鈐有“容紉軒珍藏”　一册

370000－1542－0003844　812.39/136　集部/別集類/清別集

綠野齋前後合集六卷　（清）劉鴻翺撰　清道光二十四年（1844）刻本　十行二十四字白口單魚尾左右雙邊　内封題“道光甲辰秋刊”　六册

370000－1542－0003845　812.39/138　集部/別集類/清別集

悔過齋文集七卷補遺一卷　（清）顧廣譽撰　清光緒三年（1877）刻本　清熊其英跋并録清朱小雲評點及畢子筠批　佚名圈點　十一行二十四字黑口雙魚尾左右雙邊　鈐有“長州張炳翔所讀書”“儀許廬藏書印”　四册

370000－1542－0003846　812.39/142　集部/別集類/清別集

虛受堂文集十六卷　王先謙撰　清宣統二年（1910）上海國學書社石印本　十四行三十字白口單魚尾四周雙邊　内封題“宣統二年仲夏　上海國學書社印行”　六册

370000－1542－0003847　812.39/146　集部/別集類/清別集

曾文正公文鈔四卷　（清）曾國藩撰　（清）張瑛編　清同治十二年（1873）刻本　佚名圈點批注　九行二十一字白口單魚尾左右雙邊　内封題“同治十二年重刊”　鈐有“齊魯大學圖書館藏書”“恒齋藏書”　四册

370000－1542－0003848　039/24　集部/別集類/清別集

李文忠公全集　（清）李鴻章撰　清光緒三十四年（1908）金陵刻本　十二行二十五字白口單魚尾左右雙邊　内封題“光緒乙巳四月金陵付梓戊申五月印行”　鈐有“齊魯大學圖書館藏書”　一百册

370000－1542－0003849　039/24　集部/別集類/清別集

李文忠公全集　（清）李鴻章撰　清光緒三十四年（1908）金陵刻本　十二行二十五字白口單魚尾左右雙邊　内封題“光緒乙巳四月金陵付梓戊申五月印行”　一百册

370000－1542－0003850　039/24　集部/別集類/清別集

李文忠公全集　（清）李鴻章撰　清光緒三十四年（1908）金陵刻本　十二行二十五字白口單魚尾左右雙邊　内封題“光緒乙巳四月金陵付梓戊申五月印行”　九十六册

370000－1542－0003851　812.39/149　集部/別集類/清別集

王文敏公經進稿二卷　（清）王懿榮撰　清宣統三年（1911）南京鉛印本　九行二十四字白口單魚尾四周單邊　内封題“宣統辛亥三月江甯印刷廠排印翻刻必究”　鈐有“梁家瀚海堂”　一册

370000－1542－0003852　812.39/152－2　集部/別集類/清別集

弢園文録外編十卷　（清）王韜撰　清光緒二

十三年(1897)刻本　十二行二十三字白口單魚尾四周雙邊　内封題"光緒丁酉夏時務學社仿香海本重刊"　鈐有"齊魯大學圖書館藏書"　十冊

370000－1542－0003853　812.39/153　集部/別集類/清別集

聊齋文集二卷　(清)蒲松齡撰　清宣統三年(1911)上海國學扶輪社鉛印本　十三行三十字黑口單魚尾四周雙邊　二冊

370000－1542－0003854　812.39/158　集部/別集類/清別集

張廉卿先生文集八卷　(清)張裕釗撰　(清)查燕緒編　清宣統元年(1909)五色古文山房刻本　十行二十一字黑口單魚尾左右雙邊　内封題"宣統元年五色古文山房刊行"　四冊

370000－1542－0003855　812.39/159　集部/別集類/清別集

豈有此理四卷　(□)□□撰　清嘉慶四年(1799)絳雪草廬刻本　八行十字白口單魚尾左右雙邊　内封題"嘉慶己未孟夏新鐫　絳雪草廬藏版"　四冊

370000－1542－0003856　812.39/164　集部/別集類/清別集

息養廬文集十一卷　(清)徐錦華撰　清光緒二十五年(1899)刻本　十行二十五字白口單魚尾左右雙邊　内封題"光緒己亥夏寶善堂藏板"　四冊

370000－1542－0003857　812.39/166　集部/別集類/清別集

晚學集八卷　(清)桂馥撰　**元魏滎陽鄭文公摩崖碑跋一卷**　(清)諸可寶撰　清光緒刻本　十一行二十一字小字雙行同黑口雙魚尾四周單邊　一冊

370000－1542－0003858　812.39/168　集部/別集類/清別集

織齋文集八卷　(清)李煥章撰　清光緒十三年(1887)尚志堂刻本　十行二十二字白口雙魚尾四周雙邊　内封題"光緒丁亥五月校刊於尚志堂"　鈐有"經州蔣氏箸生藏書記"　二冊

370000－1542－0003859　812.39/171　集部/別集類/清別集

白田草堂存稿八卷　(清)王懋竑撰　清光緒二十年(1894)廣雅書局刻本　十一行二十四字小字雙行同黑口單魚尾四周單邊　内封題"光緒二十年冬十月廣雅書局刊"　二冊

370000－1542－0003860　812.39/176　集部/別集類/清別集

蛟川先正文存二十卷　(清)陳繼聰編　清光緒八年(1882)刻本　十二行二十五字白口單魚尾左右雙邊　十冊

370000－1542－0003861　812.39/182　集部/別集類/清別集

董方立遺書十六卷　(清)董祐誠撰　清道光十年(1830)刻本　十一行二十一字小字雙行同白口四周單邊　鈐有"南州書樓藏書　徐湯殷整理"　二冊

370000－1542－0003862　812.39/183　集部/別集類/清別集

俞俞齋文稿初集四卷　(清)史念祖撰　清光緒十八年(1892)雲南刻本　十行二十五字白口單魚尾四周雙邊　内封題"光緒壬辰夏五緟斠栞于滇南"　鈐有"何文廣印""何文廣藏書"　四冊

370000－1542－0003863　812.39/184　集部/別集類/清別集

方望溪先生文集十八卷集外文十卷集外文補遺二卷年譜二卷　(清)方苞撰　(清)戴鈞衡編　清咸豐元年(1851)刻本　十一行二十一字白口單魚尾四周雙邊或左右雙邊　十六冊

370000－1542－0003864　812.39/185　集部/別集類/清別集

晦明軒稿不分卷附壬癸金石跋不分卷　楊守敬撰　清光緒二十七年(1901)鄰蘇園刻本、光緒三十三年(1907)刻本　九行二十字小字雙行同黑口單魚尾左右雙邊　内封題"光緒辛丑九月雕於蘇園"　二冊

370000－1542－0003865　812.39/189　集部/别集類/清别集
有斐亭雜記第四本　(清)陸亭編　清抄本　鈐有"靈溪精舍藏書之印"　一册

370000－1542－0003866　812.39/249　集部/别集類/清别集
曾惠敏公文集五卷奏疏六卷日記二卷詩集四卷　(清)曾紀澤撰　清光緒十九年(1893)江南製造局鉛印本　十行二十四字上黑口單魚尾四周雙邊　内封題"光緒癸巳穮月栞于江南製造總局"　八册

370000－1542－0003867　943/6　集部/别集類/清别集
南遊記一卷　(清)孫嘉淦撰　清道光二十四年(1844)刻本　八行二十字白口單魚尾四周雙邊　内封題"道光甲辰仲春月重刊"　一册

370000－1542－0003868　812.39/88　集部/别集類/清别集
藝風堂文集七卷外篇一卷　繆荃孫撰　清光緒二十六年(1900)刻二十七年(1901)印本　十一行二十三字小字雙行同黑口單魚尾左右雙邊　内封題"庚子付刻辛丑印行"　四册

370000－1542－0003869　812.39/104　集部/别集類/清别集
海峯文集八卷　(清)劉大櫆撰　清同治十三年(1874)桐城劉繼河南邢邱刻本　佚名圈點　十二行二十四字白口雙魚尾四周單邊　内封題"同治甲戌冬月春裔孫繼重刊於邢邱"　六册

370000－1542－0003870　811.1/1　集部/總集類
漢魏六朝名家集初集　丁福保編輯　清宣統三年(1911)上海文明書局鉛印本　十四行三十一字黑口單魚尾四周雙邊　牌記題"宣統三年七月出版　上海文明書局發行"　三十册

370000－1542－0003871　811.1/2　集部/總集類
漢魏六朝一百三家集(漢魏六朝百三名家集)　(明)張溥編　清光緒五年(1879)彭氏信述堂重校刻本　九行十八字白口單魚尾左右雙邊　内封題"光緒己卯夏信述堂重刻"　一百册

370000－1542－0003872　811.1/2　集部/總集類
漢魏六朝一百三家集(漢魏六朝百三名家集)　(明)張溥編　清光緒五年(1879)彭氏信述堂重校刻本　九行十八字白口單魚尾左右雙邊　内封題"光緒己卯夏信述堂重刻"　一百册

370000－1542－0003873　811.1/2　集部/總集類
漢魏六朝一百三家集(漢魏六朝百三名家集)　(明)張溥編　清光緒五年(1879)彭氏信述堂重校刻本　九行十八字白口單魚尾左右雙邊　内封題"光緒己卯夏信述堂重刻"　一百册

370000－1542－0003874　811.1/2－1　集部/總集類
漢魏六朝一百三家集(漢魏六朝百三名家集)　(明)張溥編　清光緒三年(1877)滇南唐氏壽考堂刻民國七年(1918)四川官印刷局印本　九行十八字白口單魚尾左右雙邊　内封題"四川官印刷局臧版　民國七年四川官印刷局重印"　一百册

370000－1542－0003875　811.1/4　集部/别集類/漢魏六朝别集
陶淵明詩一卷雜文一卷　(晉)陶潛撰　清光緒臨桂王鵬運影宋刻本　十行十六字小字雙行同白口雙魚尾左右雙邊　内封題"光緒紀元影刊"　一册

370000－1542－0003876　811.1/4　集部/别集類/唐五代别集
花間集十卷　(唐)溫庭筠撰　清光緒臨桂王鵬運影宋刻本　十行十七字白口單魚尾四周雙邊　一册

370000－1542－0003877　811.1/4　集部/詞類

漱玉詞一卷 (宋)李清照撰 清光緒臨桂王鵬運影宋刻本 十行二十字小字雙行同白口單魚尾左右雙邊 一册

370000 - 1542 - 0003878 811. 1/4 集部/詞類

斷腸詞一卷 (宋)朱淑真撰 清光緒臨桂王鵬運影宋刻本 十行二十字小字雙行同白口單魚尾左右雙邊 一册

370000 - 1542 - 0003879 811. 1/5 集部/總集類

常郡八邑藝文志十二卷 (清)盧文弨編纂 (清)莊翊昆校補 (清)莊毓鋐重校 清光緒十六年(1890)陽湖莊毓鋐重校刻本 十行二十五字小字雙行同白口單魚尾左右雙邊 内封題"光緒庚寅正月刻竟" 十六册

370000 - 1542 - 0003880 811. 1/7 集部/總集類

蜀秀集九卷 (清)譚宗浚編輯 清光緒五年(1879)成都試院刻本 十行二十字小字雙行同黑口單魚尾左右雙邊 内封題"光緒五年己卯刊于成都試院" 八册

370000 - 1542 - 0003881 811. 1/8 集部/總集類

升菴全蜀秇文志六十四卷 (明)楊慎編 (清)朱遐唐校正 (清)譚言藹等重校 清嘉慶二十二年(1817)樂山張汝杰刻本 九行二十四字小字雙行同白口單魚尾四周雙邊 十二册

370000 - 1542 - 0003882 811. 1/25 集部/總集類

粵十三家集十三種 (清)伍元薇彙輯 清道光二十年(1840)廣州伍氏詩雪軒校刻本 九行二十一字黑口左右雙邊 内封題"道光廿年九月南海伍氏開雕" 四十册

370000 - 1542 - 0003883 811. 1/25 集部/總集類

粵十三家集十三種 (清)伍元薇彙輯 清道光二十年(1840)廣州伍氏詩雪軒校刻本 九行二十一字黑口左右雙邊 内封題"道光廿年九月南海伍氏開雕" 四十册

370000 - 1542 - 0003884 811. 1/12 集部/總集類

九朝古文(唐朝至明朝) (宋)姚鉉等輯 清光緒九年至十五年(1883 - 1889)江蘇書局、蘇州書局輯刻本 十四行二十五字小字雙行同白口單魚尾左右雙邊 唐文粹内封題"光緒癸未蘇州書局開雕" 宋文鑑内封題"光緒丙戌江蘇書局開雕" 南宋文範内封題"光緒戊子江蘇書局開雕" 南宋文錄錄内封題"光緒十有七年蘇州書局編刻" 金文最内封題"光緒乙未十二月蘇州書局刻" 元文類内封題"光緒己丑江蘇書局開雕" 明文在内封題"光緒己丑江蘇書局開雕" 鈐有"齊魯大學圖書館藏書" 一百八册

370000 - 1542 - 0003885 811. 1/16 集部/總集類

文選六十卷考異十卷 (南朝梁)蕭統選 (唐)李善注 (清)胡克家考異 清同治八年(1869)湖北崇文書局刻本 十行二十一字小字雙行同白口單魚尾左右雙邊 文選内封題"文選六十卷 考異十卷 湖北崇文書局" 考異内封題"同治八年夏月湖北崇文書局重雕" 二十四册

370000 - 1542 - 0003886 811. 1/16 集部/總集類

文選六十卷考異十卷 (南朝梁)蕭統選 (唐)李善注 (清)胡克家考異 清光緒六年(1880)浙江四明林氏重刻鄱陽胡氏本 十行二十二字小字雙行同黑口雙魚尾四周雙邊 内封題"依鄱陽胡氏本四明林氏重雕" 二十四册

370000 - 1542 - 0003887 811. 1/16 集部/總集類

文選六十卷 (南朝梁)蕭統選 (唐)李善注 清光緒廣東翰墨園翻刻乾隆葉氏海緑軒朱墨套印本 十二行二十五字小字雙行三十七字白口單魚尾左右雙邊 内封題"葉涵峰參評羊城翰墨園重刊" 鈐有"王瀛生""篤薌" 十二册

370000－1542－0003888　811. 1/16　集部/總集類

文選六十卷考異十卷　(南朝梁)蕭統選　(唐)李善注　(清)胡克家考異　清宣統三年(1911)上海會文堂書局石印本　十三行二十五至二十七字小字雙行二十六至二十八字黑口單魚尾左右雙邊　内封題"宋淯熙本重雕鄱陽胡氏臧版　宣統三年上海會文堂粹記石印"　十六册

370000－1542－0003889　811. 1/16　集部/總集類

文選六十卷考異十卷　(南朝梁)蕭統選　(唐)李善注　(清)胡克家考異　清宣統三年(1911)上海會文堂書局石印本　十三行二十五至二十七字小字雙行二十六至二十八字黑口單魚尾左右雙邊　内封題"宋淯熙本重雕鄱陽胡氏臧版　宣統三年上海會文堂粹記石印"　十六册

370000－1542－0003890　811. 1/16　集部/總集類

文選六十卷考異十卷　(南朝梁)蕭統選　(唐)李善注　(清)胡克家考異　清宣統三年(1911)上海會文堂書局石印本　十三行二十五至二十七字小字雙行二十六至二十八字黑口單魚尾左右雙邊　内封題"宋淯熙本重雕鄱陽胡氏臧版　宣統三年上海會文堂粹記石印"　十六册

370000－1542－0003891　811. 1/16　集部/總集類

文選六十卷考異十卷　(南朝梁)蕭統選　(唐)李善注　(清)胡克家考異　清宣統三年(1911)上海會文堂書局石印本　十三行二十五至二十七字小字雙行二十六至二十八字黑口單魚尾左右雙邊　内封題"宋淯熙本重雕鄱陽胡氏臧版　宣統三年上海會文堂粹記石印"　十六册

370000－1542－0003892　811. 1/16　集部/總集類

文選六十卷　(南朝梁)蕭統選　(唐)李善注　清雙洲堂翻刻葉氏朱墨本　何若霞題識　十二行二十五字小字雙行三十七字白口單魚尾左右雙邊　十二册

370000－1542－0003893　811. 1/16　集部/總集類

文選六十卷　(南朝梁)蕭統選　(唐)李善注　清刻朱墨套印本　十二行二十五字小字雙行三十七字白口單魚尾左右雙邊　内封題"何義門先生評點　長洲葉涵峯条訂　重刻昭明文選李善註　海錄軒藏板"　八册

370000－1542－0003894　811. 1/16　集部/總集類

文選六十卷　(南朝梁)蕭統選　(唐)李善注　清刻朱墨套印本　十二行二十五字小字雙行三十七字白口單魚尾左右雙邊　内封題"何義門先生評點　長洲葉涵峯条訂　重刻昭明文選李善註　海錄軒藏板"　鈐有"如何是好""潤東順江州丁氏""課耕堂藏書印""翰墨因緣""課耕堂""九畹"　十二册

370000－1542－0003895　811. 1/20　集部/總集類

文選補遺四十卷　(宋)陳仁子編輯　清道光二十五年(1845)湖南琅嬛館刻本　十一行二十四字小字雙行同白口四周雙邊　内封題"道光二十五年乙巳重刊　版存琅嬛館"　八册

370000－1542－0003896　811. 1/14　集部/總集類

重訂文選集評十五卷首一卷末一卷　(清)于光華編　清坊刻本　九行二十字小字雙行三十字白口單魚尾左右雙邊　内封題"金壇于惺介編　重訂昭明文選集評　文德堂藏版"　十六册

370000－1542－0003897　811. 1/14　集部/總集類

重訂文選集評十五卷首一卷末一卷　(清)于光華編　清坊刻本　九行二十字小字雙行三十字白口單魚尾左右雙邊　内封題"金壇于惺介編　重訂昭明文選集評　經綸堂藏板何義門先生點評"　十六册

370000－1542－0003898　811.1/15　集部/總集類

文選旁證四十六卷　(清)梁章鉅撰　清道光十八年(1838)刻本　十二行二十四字黑口單魚尾左右雙邊　鈐有"渤海周氏珍藏""子孫保之""荇齋"　十二册

370000－1542－0003899　811.1/15　集部/總集類

文選旁證四十六卷　(清)梁章鉅撰　清光緒八年(1882)許應鑅吳下刻本　十二行二十四字黑口單魚尾左右雙邊　内封題"光緒八年壬午季夏之月吳下重刊"　鈐有"塾精選理""貴陽趙氏壽華軒臧"　十六册

370000－1542－0003900　811.1/22　集部/總集類

六朝四家全集附辨譌考異附採輯歷朝詩話一卷　(清)胡鳳丹輯　清同治九年(1870)胡氏退補齋湖北刻本　十一行二十一字白口單魚尾四周雙邊　内封題"退補齋開雕"　鈐有"漢口東壁垣選辦各直省官書局并家藏一切善本書籍發兑"　六册

370000－1542－0003901　811.1/23　集部/總集類

悦心集四卷　(清)世宗胤禛編　清光緒三年(1877)京都隆福寺聚珍堂書坊木活字印本　十行二十二字白口單魚尾四周雙邊　内封題"光緒丁丑仲冬校字　京都隆福寺路南聚珍堂書坊發兑"　二册

370000－1542－0003902　811.1/33　集部/總集類

青溪舊屋文集十一卷　(清)劉文淇撰　清光緒九年(1883)刻本　十三行二十二字黑口左右雙邊　内封題"光緒九年八月刊成　師山高行篤署檢"　二册

370000－1542－0003903　811.15/1　集部/總集類

唐人五十家小集五十種　(清)江標輯　清光緒二十一年(1895)元和江標靈鶼閣湖南使院影宋刻本　十行十八字白口單魚尾左右雙邊　内封題"南宋書棚本唐人小集　光緒二十一年乙未刻於湖南使院元和江標記"　二十四册　缺一卷(張司業樂府集一卷)

370000－1542－0003904　811.15/2　集部/總集類

唐人三家集三種　(清)秦恩復輯　清宣統三年(1911)上海藏古圖書館秦氏石研齋影宋本　十一行二十字白口單魚尾左右雙邊　内封題"宣統三年閏六月用秦氏石研齋影宋本精印"　八册

370000－1542－0003905　811.15/3　集部/總集類

初唐四傑集四種　(清)項家達編　清同治十二年(1873)鄒氏叢雅居刻儒雅堂印本　九行二十一字白口單魚尾四周雙邊　内封題"丙辰春月儒雅堂印行"　十册

370000－1542－0003906　811.16/2　集部/總集類

沈氏三先生文集六十二卷　(宋)高布輯　(清)吳允嘉補輯　清光緒二十二年(1896)浙江書局刻本　九行二十一字小字雙行同白口單魚尾左右雙邊　鈐有"齊魯大學圖書館藏書"　十册

370000－1542－0003907　811.16/6　集部/別集類/宋別集

絜齋集二十四卷附從祀録六卷　(宋)袁燮撰　清同治十一年(1872)四明袁氏進脩堂刻本　十行二十一字小字雙行同黑口雙魚尾左右雙邊　内封題"同治十一年四明袁氏進脩堂重刊"　六册

370000－1542－0003908　811.1/43　集部/總集類

四家詠史樂府　(清)宋澤元輯　清光緒十二年(1886)山陰宋氏懺花盦刻本　十行二十一字小字雙行同白口單魚尾左右雙邊　内封題"光緒丙戌懺華盦開琱"　五册

370000－1542－0003909　811.16/4　集部/總集類

遼文存六卷　繆荃孫輯　清光緒二十二年

(1896)繆氏雲自在堪刻本　十四行二十五字小字雙行同白口左右雙邊　二册

370000－1542－0003910　811.1/12　集部/總集類

遼文存六卷　繆荃孫輯　清光緒二十二年(1896)繆氏雲自在堪刻本　十四行二十五字小字雙行同白口左右雙邊　内封題"雲自在堪"　二册

370000－1542－0003911　811.18/3　集部/總集類

貴池二妙集五十一卷　劉世珩輯　清光緒二十六年(1900)貴池劉氏唐石簃彙刻本　十三行二十三字小字雙行同黑口單魚尾左右雙邊　内封題"劉氏唐石簃彙刻貴池先哲遺書"　十二册

370000－1542－0003912　811.19/4　集部/總集類

徐州二遺民集　(清)馮煦編輯　清光緒十九年(1893)刻本　十行二十二字小字雙行同黑口單魚尾四周雙邊　内封題"光緒十九年癸巳十一月刊成"　四册

370000－1542－0003913　811.19/4　集部/總集類

徐州二遺民集　(清)馮煦編輯　清光緒十九年(1893)刻本　十行二十二字小字雙行同黑口單魚尾四周雙邊　内封題"光緒十九年癸巳十一月刊成"　鈐有"齊魯大學圖書館藏書"　五册

370000－1542－0003914　811.19/4　集部/總集類

徐州二遺民集　(清)馮煦編輯　清光緒十九年(1893)刻本　十行二十二字小字雙行同黑口單魚尾四周雙邊　内封題"光緒十九年癸巳十一月刊成"　鈐有"南州書樓藏書　徐湯殷整理"　五册

370000－1542－0003915　811.19/9　集部/總集類

寧都三魏全集首一卷附魏敬士文集八卷魏興士文集六卷魏昭士文集十卷　(清)林時益輯　清道光二十五年(1845)謝庭綬珍溪紱園書塾刻本　九行二十字小字雙行同白口單魚尾左右雙邊　内封題"諸名家評點易堂原板"　五十册

370000－1542－0003916　811.19/9　集部/總集類

寧都三魏全集首一卷附魏敬士文集八卷魏興士文集六卷魏昭士文集十卷　(清)林時益輯　清道光二十五年(1845)謝庭綬珍溪紱園書塾刻本　九行二十字小字雙行同白口單魚尾左右雙邊　内封題"諸名家評點易堂原板"　鈐有"建城王氏拙廬藏書""容劄軒珍藏"　五十册

370000－1542－0003917　811.19/27　集部/總集類

寧都三魏全集附魏敬士文集八卷魏興士文集六卷魏昭士文集十卷　(清)林時益輯　清刻本　九行二十字小字雙行同白口左右雙邊　鈐有"東漢傳經之家""彭城氏"　五十三册

370000－1542－0003918　811.19/1　集部/總集類

普天忠憤全集十四卷首一卷　(清)魯陽生輯　清光緒二十一年(1895)石印本　十五行三十四字白口單魚尾四周雙邊　内封題"光緒二十一年歲在乙未孟冬校印"　十二册

370000－1542－0003919　811.1/29　集部/總集類

國朝名人著述叢編　(清)口口輯　清光緒九年(1883)斐然山房刻本　九行二十一字黑口四周雙邊　内封題"光緒九年春雯然山房鐫"　三册

370000－1542－0003920　811.19/10　集部/總集類

同人集十二卷　(清)冒襄輯　清道光五年(1825)雉皋冒長清刻本　十一行二十三字白口四周雙邊　内封題"道光五年桂月重鐫雉皋冒巢民先生手輯　六十年師友之貽　凡學士大夫有詩古文辭愿入續集者寄交如皋不波冒長清　不波氏鳩工刊　悉照原刻續集嗣

出”　鈐有“愚泉藏書印”“愚泉珍藏”“兒憺”　十二冊

370000－1542－0003921　811.19/18　集部/總集類

有不為齋集六卷　(清)端木埰撰　清宣統三年(1911)刻本　十一行二十四字黑口四周單邊　内封題“乙卯秋復校續印呈”　二冊　存三卷(一至三)

370000－1542－0003922　811.19/20　集部/總集類

瑞芝山房文鈔八卷　(清)戴燮元輯　清光緒三年(1877)廣陵戴氏原刻本　十行二十一字小字雙行同黑口雙魚尾四周雙邊　牌記題“光緒三年二月刊於廣陵”　六冊

370000－1542－0003923　811.19/20　集部/總集類

瑞芝山房詩鈔八卷　(清)戴燮元輯　清光緒元年(1875)廣陵戴氏原刻本　十行二十一字小字雙行同黑口雙魚尾四周雙邊　牌記題“光緒元年十有一月刊於廣陵”　四冊

370000－1542－0003924　811.19/25　集部/總集類

墨亭新賦一卷　(清)錢大昕等撰　清嘉慶果克山房刻本　十行二十一字白口單魚尾左右雙邊　内封題“果克山房藏板　桃華僊館圖嘉慶六年辛酉冬日”　二冊

370000－1542－0003925　811.19/25　集部/總集類

花隖聯吟四卷　(清)唐仲冕等撰　清嘉慶果克山房刻本　十行二十一字白口單魚尾左右雙邊　内封題“果克山房藏板”　二冊

370000－1542－0003926　811.19/5　集部/總集類

西泠五布衣遺著　(清)丁丙輯　清同治十二年(1873)錢唐丁氏當歸草堂刻本　十一行二十二字白口單魚尾四周雙邊　内封題“同治癸酉錢唐丁氏刊成”　鈐有“齊魯師範大學圖書館藏書”　八冊

370000－1542－0003927　811.19/15　集部/總集類

山東鄉試朱卷咸豐辛亥恩科不分卷　(清)口口輯　清咸豐刻本　九行二十五字白口單魚尾四周雙邊　十一冊

370000－1542－0003928　811.19/3　集部/總集類

項城袁氏家集六十五卷　丁振鐸輯　清宣統三年(1911)清芬閣鉛印本　十行二十四字白口單魚尾四周雙邊　牌記題“宣統辛亥夏清芬閣編刊”　五十六冊

370000－1542－0003929　811.19/21　集部/總集類

著作林一至二十二期　(清)陳栩輯　清光緒杭州上海木刻、鉛印本　十一行二十三字白口單魚尾四周單邊　内封題“一粟園藏版”　十冊

370000－1542－0003930　811.19/22　集部/總集類

塵天影不分卷　國魂報輯　清光緒三十四年(1908)鉛印本　十二行三十一字白口雙魚尾四周雙邊　二冊

370000－1542－0003931　811.1/16　集部/總集類

文選六十卷　(南朝梁)蕭統選　(唐)李善注　清刻朱墨套印本　十二行二十五字小字雙行三十七字白口單魚尾左右雙邊　内封題“何義門先生評點　長洲葉涵峯条訂　重刻昭明文選李善註　海錄軒藏板”　十六冊

370000－1542－0003932　811.2/4　集部/總集類

小學弦歌八卷　(清)李元度輯　清光緒五年(1879)刻本　九行二十一字小字雙行同白口單魚尾四周單邊　四冊

370000－1542－0003933　811.2/4　集部/總集類

小學弦歌八卷　(清)李元度輯　清光緒三十年(1904)山東官印書局鉛印本　十行二十二字小字雙行同白口單魚尾左右雙邊　牌記題

"甲辰三月山東官印書局刊印" 四册

370000－1542－0003934 811.2/6 集部/總集類

館律分韻初編六卷 (清)春暉閣主人輯 清光緒十四年(1888)上海漱六山房石印本 九行二十一字小字雙行同黑口四周單邊 内封題"光緒戊子秋七月 上海漱六山莊石印" 六册

370000－1542－0003935 811.2/8 集部/總集類

趙氏淵源集十卷 (清)趙紹祖輯 清光緒十三年(1887)重慶綦江縣署小古墨齋刻本 十行十九字小字雙行不等白口單魚尾左右雙邊 牌記題"光緒丁亥仲烁上浣小古墨齋撫棸于四川重慶府綦江縣署" 五册

370000－1542－0003936 811.2/19 集部/總集類

漁洋山人古詩選(阮亭選古詩)三十二卷 (清)王士禛選 清同治七年(1868)湖南曾氏刻本 十行二十二字小字雙行同黑口雙魚尾左右雙邊 牌記題"同治七年秋湘鄉曾氏重刊" 十二册

370000－1542－0003937 811.2/19 集部/總集類

惜抱軒今體詩選十八卷 (清)姚鼐編 清同治七年(1868)湖南曾氏刻本 十行二十二字小字雙行同黑口雙魚尾左右雙邊 牌記題"同治七年秋湘鄉曾氏重刊" 四册

370000－1542－0003938 811.2/10 集部/總集類

漁洋山人古詩選(阮亭選古詩)三十二卷 (清)王士禛選 清同治五年(1866)金陵書局刻本 十行二十二字小字雙行同黑口雙魚尾左右雙邊 牌記題"同治五年十月金陵書局開雕" 八册

370000－1542－0003939 811.2/54 集部/總集類

漁洋山人古詩選(阮亭選古詩)三十二卷 (清)王士禛選 清同治七年(1868)湘鄉曾氏刻本 十行二十二字小字雙行同黑口雙魚尾左右雙邊 内封題"漁洋山人古詩選" 鈐有"李錦章" 八册

370000－1542－0003940 811.2/11 集部/總集類

古詩源十四卷 (清)沈德潛選 清嘉慶八年(1803)西山堂刻本 十行二十三字小字雙行約二十九字黑口單魚尾左右雙邊 内封題"嘉慶八年重鐫 西山堂藏板" 二册

370000－1542－0003941 811.2/11 集部/總集類

古詩源十四卷 (清)沈德潛選 清光緒十七年(1891)湖南思賢書局刻本 九行二十一字小字雙行同黑口左右雙邊 内封題"光緒十七年夏湖南思賢書局重刊" 四册

370000－1542－0003942 811.2/11 集部/總集類

古詩源十四卷 (清)沈德潛選 清光緒十七年(1891)湖南思賢書局刻本 九行二十一字小字雙行同黑口左右雙邊 内封題"光緒十七年夏湖南思賢書局重刊" 四册

370000－1542－0003943 811.2/11 集部/總集類

古詩源十四卷 (清)沈德潛選 清光緒十七年(1891)湖南思賢書局刻本 九行二十一字小字雙行同黑口左右雙邊 内封題"光緒十七年夏湖南思賢書局重刊" 四册

370000－1542－0003944 811.2/11 集部/總集類

古詩源十四卷 (清)沈德潛選 清光緒十七年(1891)湖南思賢書局刻本 九行二十一字小字雙行同黑口左右雙邊 内封題"光緒十七年夏湖南思賢書局重刊" 四册

370000－1542－0003945 811.2/11 集部/總集類

古詩源十四卷 (清)沈德潛選 清光緒十九年(1893)鎮江文成堂刻本 九行二十一字小字雙行同黑口左右雙邊 牌記題"光緒十九年仲春月鎮江文成堂重校刊" 四册

370000－1542－0003946　811.2/11　集部/總集類

古詩源十四卷　(清)沈德潛選　清光緒十九年(1893)鎮江文成堂刻本　九行二十一字小字雙行同黑口左右雙邊　牌記題"光緒十九年仲春月鎮江文成堂重校刊"　四冊

370000－1542－0003947　811.2/11　集部/總集類

古詩源十四卷　(清)沈德潛選　清光緒二十年(1894)上海圖書集成印書局石印本　十三行四十字小字雙行不等白口雙魚尾四周單邊　牌記題"光緒二十年上海圖書集成印書局印"　四冊

370000－1542－0003948　811.2/11　集部/總集類

古詩源十四卷　(清)沈德潛選　清宣統上海商務印書館鉛印本　十一行二十七字小字雙行同黑口單魚尾四周雙邊　四冊

370000－1542－0003949　811.2/11　集部/總集類

古詩源十四卷　(清)沈德潛選　清刻本　十行十九字小字雙行三十字黑口單魚尾左右雙邊　四冊

370000－1542－0003950　811.2/11　集部/總集類

古詩源十四卷　(清)沈德潛選　清尊經閣刻本　十行二十三字小字雙行約二十九字黑口單魚尾左右雙邊　內封題"張大宗師輶軒語述錄　長洲沈確士輯　核對無訛翻刻必究尊經閣藏板"　四冊

370000－1542－0003951　811.2/11　集部/總集類

古詩源十四卷　(清)沈德潛選　清尊經閣刻本　十行二十三字小字雙行約二十九字黑口單魚尾左右雙邊　內封題"張大宗師輶軒語述錄　長洲沈確士輯　核對無訛翻刻必究尊經閣藏板"　四冊

370000－1542－0003952　811.2/11　集部/總集類

古詩源十四卷　(清)沈德潛選　清尊經閣刻本　十行二十三字小字雙行約二十九字黑口單魚尾左右雙邊　內封題"張大宗師輶軒語述錄　長洲沈確士輯　核對無訛翻刻必究尊經閣藏板"　四冊

370000－1542－0003953　811.2/12　集部/總集類

惜抱軒今體詩選十八卷　(清)姚鼐輯　清同治五年(1866)金陵書局刻本　十行二十二字小字雙行同黑口雙魚尾左右雙邊　內封題"同治五年八月金陵書局開雕"　二冊

370000－1542－0003954　811.2/12　集部/總集類

惜抱軒今體詩選十八卷　(清)姚鼐輯　清同治七年(1868)湘鄉曾氏刻本　十行二十二字小字雙行同黑口雙魚尾左右雙邊　內封題"同治七年秋湘鄉曾氏重刊"　鈐有"李錦章"　四冊

370000－1542－0003955　811.2/17　集部/總集類

會稽掇英總集二十卷附札記一卷　(宋)孔延之編　清道光元年(1821)山陰杜氏浣花宗塾刻本　十行二十字小字雙行同黑口單魚尾左右雙邊　牌記題"大清道光元年歲次辛巳山陰杜氏浣花宗塾刊"　六冊

370000－1542－0003956　811.2/18　集部/總集類

東武詩存十卷　(清)王賡言編　清嘉慶二十五年(1820)化香閣刻本　十行二十一字小字雙行同白口單魚尾左右雙邊　內封題"嘉慶庚辰年鐫　墨春園藏版"　十冊

370000－1542－0003957　811.2/31　集部/總集類

繡水詩鈔八卷　(清)吳連周輯　清道光二十五年(1845)灌蔬園刻本　十行二十二字小字雙行同白口單魚尾四周雙邊　內封題"道光乙巳荷月　灌蔬園藏版"　鈐有"齊魯大學圖書館藏書"　四冊

370000－1542－0003958　811.2/33　集部/

總集類

即墨詩乘十二卷　(清)周翕璜纂輯　清道光二十年(1840)小峴山房刻本　十行二十一字小字雙行同白口單魚尾左右雙邊　内封題"道光庚子鐫　小峴山房藏板"　鈐有"齊魯大學圖書館藏書"　六册

370000－1542－0003959　811.2/40　集部/總集類

武定詩續鈔二十四卷　(清)李佐賢輯　清同治六年(1867)利津李氏刻本　九行二十四字小字雙行同白口單魚尾四周雙邊　内封題"同治丁卯年鐫　利津李氏藏板"　八册

370000－1542－0003960　811.2/45　集部/總集類

闕里孔氏詩鈔十四卷　(清)孔憲彝編　清道光二十三年(1843)刻本　十行二十一字小字雙行同黑口單魚尾左右雙邊　内封題"道光二十三年三月　日照許瀚題"　六册

370000－1542－0003961　811.2/73　集部/總集類

曲阜詩鈔八卷　(清)孔憲彝編　清道光二十三年(1843)刻本　十行二十一字小字雙行同黑口單魚尾左右雙邊　二册

370000－1542－0003962　811.2/57　集部/總集類

牟平遺香集十六卷　(清)宮卜萬輯　清道光二十年(1840)刻本　十行十九字小字雙行同白口單魚尾左右雙邊　内封題"道光庚子重訂　四香館藏板"　八册

370000－1542－0003963　811.2/35　集部/總集類

吴興詩存初集八卷二集十四卷三集六卷四集二十卷　(清)陸心源輯　清光緒刻本　十行二十字小字雙行同黑口單魚尾左右雙邊　鈐有"齊魯大學圖書館藏書"　十六册

370000－1542－0003964　811.2/63　集部/總集類

東臯詩存四十八卷附詩餘四卷　(清)汪之珩纂輯　清嘉慶十四年(1809)如臯汪氏文園南京刻二十四年(1819)汪爲霖校改印本　十行二十一字白口單魚尾左右雙邊　内封題"嘉慶八年重刊於金陵　文園汪氏藏版"　鈐有"王銓濟印""王巨川印""滬海引谿王氏倚劍樓臧書印"　二十册

370000－1542－0003965　039/526　集部/總集類

海鹽張氏涉園叢刻十四種　張元濟輯　清宣統三年(1911)海鹽張氏鉛印本　十一行三十字白口單魚尾四周雙邊　八册　存八種(入告編、退思軒詩集、賦閒樓詩集、篔谷詩選、捫腹齋詩鈔、捫腹齋詩餘、藕村詞存、涉園題詠)

370000－1542－0003966　811.2/20　集部/總集類

十八家詩鈔二十八卷　(清)曾國藩編　(清)李鴻章訂　(清)劉鐵冷等注釋　清同治十三年(1874)湖南傳忠書局刻本　十行二十四字小字雙行同黑口單魚尾左右雙邊　牌記題"同治甲戌季秋傳忠書局校栞"　鈐有"齊魯大學圖書館藏書"　二十四册

370000－1542－0003967　811.2/23　集部/總集類

陶詩彙評四卷附一卷東坡和陶合箋四卷附一卷　(清)温汝能纂　清宣統元年(1909)石印本　十二行二十五字小字雙行同白口單魚尾四周雙邊　内封題"宣統元年石印　掃葉山房"　四册

370000－1542－0003968　811.2/27　集部/總集類

御選唐宋詩醇四十七卷目録二卷　(清)高宗弘曆選　清光緒七年(1881)浙江書局刻本　九行十九字白口單魚尾左右雙邊　内封題"浙江書局重刻"　鈐有"李錦章"　二十册

370000－1542－0003969　811.2/27　集部/總集類

御選唐宋詩醇四十七卷目録二卷　(清)高宗弘曆選　清光緒七年(1881)浙江書局刻本　九行十九字白口單魚尾左右雙邊　内封題"浙江書局重刻"　鈐有"李錦章"　二十册

370000－1542－0003970　811.2/27　集部/總集類

御選唐宋詩醇四十七卷目錄二卷　(清)高宗弘曆選　清光緒二十一年(1895)上海鴻文書局石印本　十六行四十字白口單魚尾四周雙邊　牌記題"光緒乙未秋上海鴻文書局石印"　八册

370000－1542－0003971　811.2/27　集部/總集類

御選唐宋詩醇四十七卷目錄二卷　(清)高宗弘曆選　清刻本　九行十九字白口單魚尾左右雙邊　鈐有"齊魯大學圖書館藏書""貴文堂圖書"　二十四册

370000－1542－0003972　811.2/26　集部/總集類

詩約三卷　(清)林臯言選　(清)馬桐芳集評　清道光十二年(1832)聊城楊培林刻本　上欄十八行六字下欄九行十九字小字雙行同白口四周單邊　四册

370000－1542－0003973　811.2/32　集部/總集類

八代詩選二十卷　王闓運編　清光緒十六年(1890)江蘇書局刻本　十行二十二字黑口單魚尾左右雙邊　内封題"光緒十六年秋江蘇書局刊板"　鈐有"傅旭安二十九歲以後所讀書""獨立蒼茫""齊魯大學圖書館藏書"　八册

370000－1542－0003974　811.2/36　集部/總集類

詩比興箋四卷　(清)陳沆撰　清光緒九年(1883)湖北彭祖賢刻本　十行二十二字小字雙行同白口單魚尾左右雙邊　鈐有"齊魯大學圖書館藏書"　二册

370000－1542－0003975　811.2/36　集部/總集類

詩比興箋四卷　(清)陳沆撰　清光緒九年(1883)湖北彭祖賢刻本　十行二十二字小字雙行同白口單魚尾左右雙邊　二册

370000－1542－0003976　811.2/36　集部/總集類

詩比興箋四卷　(清)陳沆撰　清光緒九年(1883)湖北刻本　十行二十二字小字雙行同白口單魚尾左右雙邊　八册

370000－1542－0003977　811.2/39　集部/總集類

紫陽家塾詩鈔二十四卷　(清)朱琦編　清道光十二年(1832)涇川朱氏培風閣刻本　十行十九字小字雙行不等白口單魚尾左右雙邊　内封題"道光十二年刊　涇川培風閣藏板"　六册

370000－1542－0003978　811.2/51　集部/總集類

瀛奎律髓刊誤四十九卷　(宋)方回原選　(清)紀昀撰　清蘇州綠蔭堂刻本　十行十九字小字雙行三十字白口雙魚尾左右雙邊　内封題"紀曉嵐先生評　宋紫陽方虛谷原選　蘇州綠蔭堂藏板"　鈐有"蘇州綠蔭堂和記精造書籍章""容翻軒珍藏"　六册

370000－1542－0003979　811.2/52　集部/總集類

歷朝詩約選九十三卷　(清)劉大櫆纂輯　清光緒二十一年至二十三年(1895－1897)文徵閣校刻本　十行二十二字小字雙行同白口單魚尾左右雙邊　内封題"光緒乙未秋文徵閣校刊丁酉秋竣工何維樸署檢"　二十二册

370000－1542－0003980　811.2/55　集部/總集類

五朝詩别裁集　(清)沈德潛選編　清光緒四川元聚堂刻本　八行十六字小字雙行同白口單魚尾四周單邊　三十册

370000－1542－0003981　811.2/77　集部/總集類

宋詩别裁集八卷　(清)張景星選編　清宏道堂刻本　八行十六字小字雙行同白口單魚尾四周單邊　内封題"宏道堂藏板"　三册

370000－1542－0003982　811.2/77　集部/總集類

元詩别裁集八卷補遺一卷　(清)張景星選編

清宏道堂刻本　八行十六字小字雙行同白口單魚尾四周單邊　内封題“宏道堂藏板”　三册

370000－1542－0003983　811.2/77　集部/總集類

明詩別裁集十二卷　(清)沈德潛選編　清宏道堂刻本　八行十六字小字雙行同白口單魚尾四周單邊　四册

370000－1542－0003984　811.2/77　集部/總集類

國朝詩別裁集三十二卷　(清)沈德潛選編　清宏道堂刻本　八行十六字小字雙行同白口單魚尾四周單邊　十六册

370000－1542－0003985　811.2/78　集部/總集類

宋元明詩約鈔三百首一卷　(清)朱梓　(清)冷昌言輯　清道光二十一年(1841)京江華峰書屋刻本　十行二十一字小字雙行同白口單魚尾左右雙邊　内封題“道光辛丑夏鐫　京江華峰書屋藏板”　一册

370000－1542－0003986　811.2/70　集部/總集類

學詩詳說三十卷正詁五卷　(清)顧廣譽撰　清光緒三年(1877)刻本　十一行二十四字小字雙行同黑口雙魚尾左右雙邊　牌記題“光緒三年丁丑三月後學吳大澂署檢”　十册

370000－1542－0003987　811.2/82　集部/總集類

徐州詩徵八卷　(清)桂中行　(清)馮煦輯　清光緒十七年(1891)刻民國三年(1914)宿遷王爲毅修補印本　十行二十二字小字雙行同黑口單魚尾四周雙邊　内封題“光緒辛卯三月刊成”　四册

370000－1542－0003988　811.2/89　集部/總集類

回文類聚四卷　(宋)桑世昌纂　清刻本　十行十九字黑口雙魚尾左右雙邊　内封題“正續合鐫　内繪五彩織錦全圖　裕文堂藏板”　一册

370000－1542－0003989　811.2/89　集部/總集類

回文類聚四卷　(宋)桑世昌纂　清刻本　十行十九字黑口雙魚尾左右雙邊　内封題“正續合鐫　内繪五彩織錦全圖　裕文堂藏板”　一册

370000－1542－0003990　811.2/89　集部/總集類

回文類聚續編十卷織錦回文圖一卷　(清)朱象賢輯　清刻本　十行十九字黑口雙魚尾左右雙邊　内封題“裕文堂藏板”　三册

370000－1542－0003991　811.2/89　集部/總集類

回文類聚續編十卷織錦回文圖一卷　(清)朱象賢輯　清刻本　十行十九字黑口雙魚尾左右雙邊　内封題“裕文堂藏板”　三册

370000－1542－0003992　811.2/91　集部/總集類

樹經堂詠史詩八卷　(清)謝啓昆輯　清嘉慶刻本　九行二十一字白口單魚尾四周雙邊　三册

370000－1542－0003993　811.25/1　集部/總集類

才調集補註十卷　(五代)韋縠選　(清)宋邦綏補注　(清)馮舒　(清)馮班評閲　(清)吳殷元箋注　清光緒二十年(1894)江蘇書局刻本　十行二十一字小字雙行同白口單魚尾四周雙邊　内封題“光緒二十年甲午夏至江蘇書局重刊”　四册

370000－1542－0003994　811.2/92　集部/總集類

唐聲諧律二卷　(清)沈寶青選　清光緒十六年(1890)溧陽沈氏歸安官舍刻本　八行十八字小字雙行同　内封題“意如室選本　光緒十有六年栞于歸安館舍”　二册

370000－1542－0003995　811.25/2　集部/總集類

全唐詩三十二卷　(清)曹寅等編　清光緒十三年(1887)上海同文書局石印本　二十二行

四十二字小字雙行約六十二字白口雙魚尾左右雙邊　牌記題“光緒丁亥孟冬上海同文書局石印”　三十二冊

370000－1542－0003996　811.25/2　集部/總集類

全唐詩三十二卷　(清)曹寅等編　清光緒十三年(1887)上海同文書局石印本　二十二行四十二字小字雙行約六十二字白口雙魚尾左右雙邊　牌記題“光緒丁亥孟冬上海同文書局石印”　三十二冊

370000－1542－0003997　811.25/5　集部/總集類

古唐詩合解十二卷　(清)王堯衢注　清善成堂刻本　十一行二十四字小字雙行同白口單魚尾四周雙邊　内封題“王阮亭先生原本　吴郡王翼雲先生註　善成堂藏板”　鈐有“善成堂自在蘇杭浙閩檢選古今書籍發兑”“樂聖賢之道　讀古人之書”“華東大學圖書館藏書章”　四冊

370000－1542－0003998　811.25/5　集部/總集類

古唐詩合解十二卷　(清)王堯衢注　清善成堂刻本　十一行二十四字小字雙行同白口單魚尾四周雙邊　内封題“王阮亭先生原本　吴郡王翼雲先生註　善成堂藏板”　鈐有“善成堂自在蘇杭浙閩檢選古今書籍發兑”“樂聖賢之道　讀古人之書”　六冊

370000－1542－0003999　811.25/5　集部/總集類

古唐詩合解十二卷　(清)王堯衢注　清光緒十一年(1885)上海掃葉山房校刻本　十一行二十一字小字雙行同白口單魚尾四周單邊　五冊

370000－1542－0004000　811.25/5　集部/總集類

古唐詩合解十二卷附古詩四卷　(清)王堯衢注　清大經堂刻本　九行二十四字小字雙行同白口單魚尾四周雙邊　内封題“王阮亭先生原本　吴郡王翼雲先生註　大經堂藏板”　鈐有“讀書最樂”　六冊　缺四卷(七至八、十、十二)

370000－1542－0004001　811.25/5　集部/總集類

古唐詩合解十二卷附古詩四卷　(清)王堯衢注　清三益堂刻本　十一行二十四字小字雙行同白口單魚尾四周單邊　内封題“王阮亭先生原本　吴郡王翼雲先生註　後附古詩　三益堂梓”　鈐有“□文聖圖書”“齊魯大學圖書館藏書”　四冊

370000－1542－0004002　811.25/5　集部/總集類

古唐詩合解十二卷附古詩四卷　(清)王堯衢注　清江南李光明莊狀元閣刻本　十一行二十一字小字雙行同白口單魚尾四周雙邊　内封題“狀元閣印唐詩合解”　六冊

370000－1542－0004003　811.25/5　集部/總集類

古唐詩合解十二卷　(清)王堯衢注　清光緒十一年(1885)上海掃葉山房刻本　十一行二十一字小字雙行同白口單魚尾左右雙邊　内封題“光緒十一年重校刻　膠州成文堂藏板”　六冊

370000－1542－0004004　811.25/6　集部/總集類

唐詩三百首註疏六卷　(清)孫洙編　(清)章燮注　清道光二十七年(1847)坊刻本　九行二十字小字雙行同白口單魚尾左右雙邊　内封題“道光丁未年新鐫　續增唐詩百首附後　書坊藏板”　六冊

370000－1542－0004005　811.25/9　集部/總集類

唐中興閒氣集二卷　(唐)高仲武輯　清光緒十九年(1893)武進費氏景宋刻本　十行十八字小字雙行同單魚尾左右雙邊　内封題“景宋本中興閒氣集　武進費氏”　二冊

370000－1542－0004006　811.25/16　集部/總集類

唐詩别裁集十卷　(清)沈德潛　(清)陳培脈

選　清敬業堂刻本　十行十九字小字雙行二十六字黑口單魚尾左右雙邊　内封題“長洲沈確士陳樹滋同選　碧梧書屋藏版”　鈐有“敬業堂”“齊魯大學圖書館藏書”　六册

370000－1542－0004007　811.25/16　集部/總集類

重訂唐詩别裁集二十卷　(清)沈德潛　(清)陳培脈選　清刻本　十行二十一字小字雙行同白口單魚尾左右雙邊　鈐有“齊魯大學圖書館藏書”　四册

370000－1542－0004008　811.25/24　集部/總集類

唐詩三百首續選一卷附姓氏小傳　(清)于慶元編　清刻本　九行二十一字小字雙行同白口單魚尾左右雙邊　一册

370000－1542－0004009　811.25/26　集部/總集類

唐詩三百首二卷　(清)孫洙輯　清道光七年(1827)南京敦化堂刻本　十行二十五字小字雙行同白口單魚尾四周單邊　内封題“道光七年新鐫　金陵敦化堂梓行”　一册

370000－1542－0004010　811.25/43　集部/總集類

中晚唐詩主客圖二卷　(清)李懷民編　清抄本(據清嘉慶十八年萊陽趙擢彤刻本抄)　十行二十字小字雙行同　二册

370000－1542－0004011　811.25/44　集部/總集類

王荊公唐百家詩選二十卷　(宋)王安石選　清光緒上海文寶公司石印康熙山陽丘氏刻本　十行十八字白口單魚尾左右雙邊　内封題“大中丞宋公手授宋槧本　雙清閣藏板”　鈐有“李錦章”　八册

370000－1542－0004012　811.25/45　集部/總集類

全唐詩鈔八十卷補遺十六卷　(清)吳成儀編　清乾隆二十四年(1759)元和吳氏璜川書屋刻版嘉慶十三年(1808)印本　十一行二十一字小字雙行同細黑口雙魚尾左右雙邊　内封題“嘉慶十三年戊辰十月儀徵阮元署額”　二十四册

370000－1542－0004013　811.25/47　集部/總集類

唐才子詩集八卷　(清)金聖歎選批　清宣統三年(1911)蘇州振新書社石印本　十三行二十九字小字雙行同白口單魚尾四周雙邊　内封題“宣統三年刊　蘇州振新書社石印”　鈐有“容剢軒珍藏”　三册

370000－1542－0004014　811.25/53　集部/總集類

唐詩别裁集引典備註二十卷　(清)沈德潛選　(清)俞汝昌增注　清道光十八年(1838)江西富春堂刻本　十行十九字小字雙行同白口四周雙邊　鈐有“李錦章”　六册　存八卷(一至八)

370000－1542－0004015　811.25/53　集部/總集類

唐詩别裁集引典備註二十卷　(清)沈德潛選　(清)俞汝昌增注　清道光十八年(1838)江西富春堂刻本　十行十九字小字雙行同白口四周雙邊　内封題“沈歸愚先生原本　後學俞汝昌註　註解唐詩别裁集　富春堂藏板”　十二册

370000－1542－0004016　811.25/56　集部/總集類

唐詩三百首補注八卷　(清)陳婉俊撰　清光緒十八年(1892)成文信刻本　李錦章題識　鞠思敏圈點　十行二十一字小字雙行同白口單魚尾左右雙邊　内封題“光緒壬辰冬鐫　上元伯英女史陳婉俊輯　成文信藏板”　鈐有“李錦章”　二册

370000－1542－0004017　811.25/68　集部/總集類

唐詩繹律初集六卷　(清)朱曾武選注　清嘉慶刻本　九行二十一字白口單魚尾左右雙邊　鈐有“齊魯大學圖書館藏書”“莪園”　四册　缺一卷(三)

370000－1542－0004018　811.25/76　集部/

總集類

廣唐賢三昧集前編正編續編後編不分卷 （清）王士禛元本 （清）文昭補錄 清宣統元年（1909）荊州田氏後博古堂影印本 七行十九字 無格 内封題"宣統元年荊州田氏後博古堂用日本七條愷氏所發明金屬版法印" 鈐有"後博古堂所藏善本""劉澤生珍藏" 十冊

370000－1542－0004019 811.25/74 集部/總集類

王摩詰詩集七卷 （唐）王維撰 （宋）劉辰翁評 （明）顧璘附評 清光緒六年（1880）四川方功惠碧琳琅館朱墨套印本 八行十九字白口左右雙邊 内封題"光緒己卯孟冬碧琳琅館重刊" 一冊

370000－1542－0004020 811.25/74 集部/總集類

孟浩然詩集二卷 （唐）孟浩然撰 （宋）劉辰翁評 （明）李夢陽參 清光緒六年（1880）四川方功惠碧琳琅館朱墨套印本 八行十九字白口左右雙邊 一冊

370000－1542－0004021 811.26/11 集部/總集類

二李唱和集一卷 （宋）李昉 （宋）李至撰 清光緒十五年（1889）貴陽陳氏據宋本日本刻本 十二行十九字白口左右雙邊 内封題"光緒己丑貴陽陳氏刊于日本" 鈐有"齊魯大學圖書館藏書" 一冊

370000－1542－0004022 811.27/4 集部/總集類

元詩選癸集十卷 （清）席世臣編 清嘉慶三年（1798）南沙席氏刻光緒十四年（1888）席威修補本 十三行二十三字小字雙行不等細黑口單魚尾左右雙邊 内封題"光緒戊子春月補刊席氏掃葉山房藏板" 鈐有"掃葉山房督造書籍""齊魯大學圖書館藏書" 十六冊

370000－1542－0004023 811.28/1 集部/總集類

列朝詩集六集 （清）錢謙益編 清宣統二年（1910）上海神州國光社鉛印本 十三行三十二字黑口四周單邊 内封題"錢牧齋先生選絳雲樓原本 宣統庚戌十月重鐫" 鈐有"私立齊魯大學國學研究所藏書之章" 五十六冊

370000－1542－0004024 811.28/4 集部/總集類

明滇南詩略十卷續十卷 （清）袁文典編 清光緒二十六年（1900）刻本 十行二十一字下黑口單魚尾四周雙邊 明滇南詩略内封題"五華書院藏板 光緒二十六年歲在庚子重刊" 續刻内封題"五華書院藏板 光緒二十六年歲在庚子重刊" 鈐有"私立齊魯大學國學研究所藏書之章" 十冊

370000－1542－0004025 811.28/8 集部/總集類

明詩別裁集十二卷 （清）沈德潛 （清）周準同輯 清嘉慶二十二年（1817）山淵堂刻本 十行二十一字白口單魚尾四周單邊 内封題"嘉慶廿二年山淵堂重刊" 鈐有"齊魯大學圖書館藏書" 四冊

370000－1542－0004026 811.28/10 集部/總集類

黔詩紀略三十三卷 （清）黎兆勳輯 清同治十二年（1873）遵義唐氏夢研齋金陵刻本 十一行二十三字小字雙行同細黑口雙魚尾左右雙邊 内封題"同治十二年仲夏遵義唐氏夢研齋刊于金陵" 鈐有"齊魯大學圖書館藏書" 十冊

370000－1542－0004027 811.28/12 集部/總集類

明末四百家遺民詩十六卷 （清）卓爾堪輯 清光緒上海有正書局石印本 十行十八字小字雙行不等白口單魚尾左右雙邊 内封題"卓子任輯宋牧仲序 有正書局印" 八冊

370000－1542－0004028 811.28/14 集部/總集類

明三十家詩選初集八卷二集八卷 （清）汪端選 清同治十二年（1873）蘊蘭吟館刻本 十

一行二十二字小字雙行同黑口單魚尾左右雙邊　内封題“同治癸酉十月蘊蘭吟館重刊”　八册

370000－1542－0004029　811.28/14　集部/總集類

明三十家詩選初集八卷二集八卷　(清)汪端選　清同治十二年(1873)蘊蘭吟館刻本　十一行二十二字小字雙行同黑口單魚尾左右雙邊　内封題“同治癸酉十月蘊蘭吟館重刊”　八册

370000－1542－0004030　811.29/143　集部/總集類

國朝山左詩續鈔三十二卷　(清)張鵬展編　清嘉慶十八年(1813)四照樓刻本　十行二十一字小字雙行同白口單魚尾四周單邊　鈐有“齊魯大學圖書館藏書”“仲華”　十六册

370000－1542－0004031　811.29/5　集部/總集類

南宋雜事詩七卷　(清)沈嘉轍等撰　清同治十一年(1872)淮南書局刻本　十一行二十一字小字雙行二十八字白口單魚尾左右雙邊　内封題“同治十一年九月淮南書局刊”　二册

370000－1542－0004032　811.29/7　集部/總集類

國朝詩别裁集三十二卷　(清)沈德潛纂評　清光緒九年(1883)上海點石齋石印本　十行十九字小字雙行約二十八字白口單魚尾左右雙邊　内封題“光緒癸未冬十月上海點石齋石印　上海申報館申昌書畫室發兑”　鈐有“齊魯大學圖書館藏書”　十二册

370000－1542－0004033　811.29/8　集部/總集類

七家詩選七卷　(清)張熙宇輯　清道光十二年(1832)刻本　佚名圈點　九行二十一字白口單魚尾四周雙邊　内封題“道光壬辰之冬曲江書室藏版”　四册

370000－1542－0004034　811.29/9　集部/總集類

千叟宴詩三十四卷首二卷　(清)高宗弘曆等撰　清嘉慶元年(1796)内府銅活字印本　十一行二十五字小字雙行同白口單魚尾四周雙邊　三十六册

370000－1542－0004035　811.29/10　集部/總集類

湘潭郭氏閨秀集十種　(清)郭潤玉編　清道光十七年(1837)刻本　十行二十一字白口單魚尾四周雙邊　鈐有“齊魯大學圖書館藏書”　三册　缺梧笙唱和初集上

370000－1542－0004036　811.29/16　集部/總集類

芙蓉山館詩鈔八卷補鈔一卷詞鈔二卷　(清)楊芳燦撰　清嘉慶十二年(1807)刻本　十二行二十五字小字雙行同白口單魚尾左右雙邊　鈐有“陳小珊藏”“達卿”“袁江陳氏收茸舊書印”　二册

370000－1542－0004037　811.29/17　集部/總集類

嶺南羣雅初集三卷二集三卷補二卷　(清)劉彬華輯　清嘉慶十八年(1813)玉壺山房刻本　十二行二十二字小字雙行同黑口雙魚尾四周單邊　内封題“嘉慶癸酉鐫　玉壺山房藏板”　鈐有“齊魯大學圖書館藏書”　七册

370000－1542－0004038　811.29/75　集部/總集類

八老會詩集一卷　(清)張世慶輯　清道光十三年(1833)三銘堂刻本　清寄漚題識　清許德聖跋　九行二十三字小字雙行同白口單魚尾四周雙邊　内封題“道光十三年開雕　三銘堂藏板”　鈐有“景鄭藏本”“許氏行素軒藏書畫記”“鮮民淚墨”　一册

370000－1542－0004039　811.29/18　集部/總集類

故友詩録初編六卷　(清)蔡壽祺編　清同治八年(1869)京師刻本　九行二十一字粗黑口雙魚尾四周雙邊　内封題“同治八年刊于京師娜嬛别館輯校”　四册

370000－1542－0004040　811.29/19　集部/總集類

故友詩録二編八卷 (清)蔡壽祺編 清同治九年(1870)京師刻本 九行二十一字粗黑口雙魚尾四周雙邊 内封題"同治八年刊于京師娜嬛别館輯校" 鈐有"齊魯大學圖書館藏書" 六册

370000－1542－0004041 811.29/20 集部/總集類

苔岑集初刊十八卷 (清)蔣榮渭編 清道光三十年(1850)刻本 九行二十一字白口單魚尾四周雙邊 内封題"道光庚戌年刊 味清堂" 鈐有"齊魯大學圖書館藏書" 七册

370000－1542－0004042 811.29/20 集部/總集類

小紅薇館拾餘詩鈔四卷 (清)毛永柏撰 清咸豐七年(1857)刻本 九行二十一字白口單魚尾四周雙邊 内封題"咸豐丁巳刊" 鈐有"齊魯大學圖書館藏書" 一册

370000－1542－0004043 811.29/21 集部/總集類

庚辰集五卷附唐人試律說一卷 (清)紀昀編 清嘉慶八年(1803)太和堂刻本 佚名圈點批注 十行二十四字小字雙行同白口單魚尾左右雙邊 内封題"嘉慶八年重刊 河間紀曉嵐編 康熙庚辰科至乾隆庚辰科館閣詩併試卷行卷 後附唐人試律說" 鈐有"齊魯大學圖書館藏書" 六册

370000－1542－0004044 811.29/21 集部/總集類

庚辰集五卷附唐人試律說一卷 (清)紀昀編 清坊刻本 十行二十四字小字雙行同白口單魚尾左右雙邊 内封題"康熙庚辰科至乾隆庚辰科館閣詩併試卷行卷唐人試律說 河間紀曉嵐編" 鈐有"齊魯大學圖書館藏書" 六册

370000－1542－0004045 811.29/24 集部/總集類

德州北李氏家藏詩集十卷 (清)李清渭編輯 清道光十九年(1839)李清渭刻本 十一行二十字白口單魚尾左右雙邊 鈐有"齊魯大學圖書館藏書" 二册

370000－1542－0004046 811.29/27 集部/總集類

批點七家詩合註七卷 (清)張熙宇評 (清)杜炳南等補注 清光緒十八年(1892)文德堂刻本 九行二十五字小字雙行同白口單魚尾左右雙邊 内封題"光緒壬辰冬日新鐫 張玉田先生原本 文德堂梓" 鈐有"基督教齊魯大學圖書館" 八册

370000－1542－0004047 811.29/28 集部/總集類

國朝閨秀正始集二十卷附録一卷補遺一卷 (清)完顏惲珠輯 清同治七年(1868)青雲堂刻本 十行二十字小字雙行同白口單魚尾左右雙邊 内封題"同治七年春月重刊 完顏惲太夫人選 歷朝閨秀正始全集 青雲堂藏板" 鈐有"齊魯大學圖書館藏書" 六册

370000－1542－0004048 811.29/64 集部/總集類

國朝閨秀香咳集十卷附録一卷 (清)許夔臣纂輯 清光緒九年(1883)申報館鉛印本 十二行二十四字白口單魚尾四周雙邊 内封題"申報館倣聚珍板印" 鈐有"齊魯大學圖書館藏書" 四册

370000－1542－0004049 811.29/29 集部/總集類

國朝正雅集九十九卷附卷首一卷 (清)符葆森編 清咸豐六年(1856)京師半畝園刻本 九行二十一字小字雙行同粗黑口雙魚尾四周雙邊 内封題"咸豐六年丙辰九月開雕于京師半畝園七年丁巳五月工竣" 鈐有"齊魯大學圖書館藏書" 二十四册

370000－1542－0004050 811.29/31 集部/總集類

國朝杭郡詩輯三十二卷 (清)吳顥輯 (清)吳振棫重編 清同治十三年(1874)杭州丁氏刻本 十二行二十三字小字雙行同白口單魚尾左右雙邊 内封題"吳氏原刻燬于咸豐辛酉之兵越十三年同治甲戌同里丁氏重校刊

行” 鈐有“齊魯大學圖書館藏書” 十六册

370000－1542－0004051 811.29/32 集部/總集類

國朝杭郡詩續輯四十六卷 (清)吴振棫編輯 清光緒二年(1876)杭州丁氏刻本 十二行二十三字小字雙行同白口單魚尾左右雙邊 内封題“錢唐吴氏原刻本光緒丙子閏五月同里丁氏重校刊” 鈐有“齊魯大學圖書館藏書” 十六册

370000－1542－0004052 811.29/73 集部/總集類

兩浙輶軒續録五十四卷 (清)潘衍桐撰 清光緒十七年(1891)浙江書局刻本 十二行二十三字小字雙行同白口單魚尾左右雙邊 内封題“光緒十七年浙江書局刻” 四十册

370000－1542－0004053 811.29/33 集部/總集類

欽定熙朝雅頌集一百六卷首集二十六卷餘集二卷 (清)鐵保等編 清嘉慶九年(1804)阮元刻本 十行二十二字小字雙行同白口單魚尾左右雙邊 鈐有“齊魯大學圖書館藏書” 二十四册

370000－1542－0004054 811.29/37 集部/總集類

國朝詩鐸二十六卷首一卷 (清)張應昌輯 清同治八年(1869)永康應氏秀芷堂刻本 十行二十一字下黑口單魚尾左右雙邊 内封題“同治八年春正月永康應氏秀芷堂開雕” 十二册

370000－1542－0004055 811.29/41 集部/總集類

四家選集二十六卷 (清)張懷溎選 清嘉慶元年(1796)刻本 十行二十字小字雙行同白口單魚尾四周雙邊 鈐有“容剏軒珍藏” 四册

370000－1542－0004056 811.29/44 集部/總集類

湖海詩傳四十六卷 (清)王昶輯 清嘉慶八年(1803)刻本 十二行二十三字小字雙行約三十三字粗黑口單魚尾左右雙邊 内封題“嘉慶癸亥鐫 三泖漁莊藏板” 十二册 缺一卷(四十六)

370000－1542－0004057 811.29/46 集部/總集類

妝樓摘豔十卷 (清)錢三錫編 清道光十三年(1833)香雨軒刻本 九行二十一字小字雙行同上黑口單魚尾四周單邊 内封題“道光癸巳春鐫 香雨軒藏板” 四册

370000－1542－0004058 811.29/49 集部/總集類

貞豐詩萃五卷 (清)陶煦輯 清同治三年(1864)元和陶氏儀一堂刻本 九行二十一字小字雙行同粗黑口單魚尾左右雙邊 内封題“儀一堂藏本 咸豐辛酉孟冬開雕同治甲子仲秋工竣” 鈐有“載華” 二册

370000－1542－0004059 811.29/51 集部/總集類

芸香詩鈔摘録八卷 (清)鄒熊選 清抄本 佚名圈點 九行三十一字小字雙行同 鈐有“戈秋蕽”“還園珍藏書畫之章” 一册

370000－1542－0004060 811.29/54 集部/總集類

味静齋詩存八卷 (清)徐嘉撰 清光緒十三年(1887)刻本 十一行二十四字小字雙行同白口單魚尾四周雙邊 内封題“光緒丁亥三月既望” 二册

370000－1542－0004061 811.29/71 集部/總集類

明湖載酒集一卷二集一卷補遺一卷 (清)陳琪輯 清光緒三十四年(1908)鉛印本、清宣統二年(1910)鉛印本 十二行三十二字白口四周雙邊 内封題“光緒三十四年六月排印” 二集内封題“宣統二年五月片雲樓排印本” 二册

370000－1542－0004062 811.25/6 集部/總集類

重訂三百首續選六卷唐人小傳一卷 (清)于慶元等編 (清)黄鶴三重訂 清道光二十三

年(1843)刻本　十行二十一字小字雙行同白口單魚尾左右雙邊　内封題“道光癸卯烋録重訂唐詩三百首續選　内刻唐人小傳　□堂藏板”　二册

370000－1542－0004063　811.25/9　集部/總集類

新雕校證大字白氏諷諫一卷　(唐)白居易輯　清光緒十九年(1893)武進費氏景宋刻本　十三行二十九字小字雙行約四十五字黑口雙魚尾左右雙邊　内封題“景宋本白氏諷諫光緒癸巳九月雕造”　一册

370000－1542－0004064　811.29/48　集部/總集類

佚叢甲集五卷　(清)張南補　清光緒三十三年(1907)鉛印本　十一行二十六字小字雙行同白口單魚尾四周單邊　鈐有“吳縣單氏桂陰居藏書印”“單鎮之印”“束笙”　四册

370000－1542－0004065　811.29/48　集部/總集類

吹月填詞館賸稿三卷鐵琴銅劍樓詞草一卷　(清)瞿紹堅　(清)瞿鏞著　清光緒三十三年(1907)鉛印本　十一行二十六字小字雙行同白口單魚尾四周單邊　鈐有“吳縣單氏桂陰居藏書印”“單鎮之印”“束笙”　一册

370000－1542－0004066　811.29/21　集部/總集類

庚辰集五卷附唐人試律說一卷　(清)紀昀編　清嘉慶八年(1803)太和堂刻本　佚名圈點批注　十行二十四字小字雙行同白口單魚尾左右雙邊　内封題“嘉慶八年重刊本　河間紀曉嵐編　康熙庚辰科至乾隆庚辰科館閣詩併試卷行卷　後附唐人試律說”　鈐有“齊魯大學圖書館藏書”　六册

370000－1542－0004067　811.3/5　集部/總集類

全上古三代秦漢三國六朝文七百四十六卷　(清)嚴可均校輯　清光緒十九年(1893)廣雅書局刻本　十三行二十五字小字雙行同粗黑口單魚尾四周單邊　内封題“光緒丁亥桒于廣州廣雅書局癸巳九月刻竟會稽陶濬宣題記”　八十册　缺五卷(韻編姓氏一至五)

370000－1542－0004068　811.3/5　集部/總集類

全上古三代秦漢三國六朝文七百四十六卷　(清)嚴可均校輯　清光緒二十年(1894)湖北黄岡王氏刻本　十三行二十五字小字雙行同粗黑口單魚尾四周單邊　内封題“光緒甲午季春黄岡王氏桒記　武昌烈士祠街三號黄岡王氏義莊藏板”　鈐有“齊魯大學圖書館藏書”　一百册　缺五卷(韻編姓氏一至五)

370000－1542－0004069　811.3/5　集部/總集類

全上古三代秦漢三國六朝文七百四十六卷　(清)嚴可均校輯　清光緒二十年(1894)湖北黄岡王氏刻本　十三行二十五字小字雙行同粗黑口單魚尾四周單邊　内封題“光緒甲午季春黄岡王氏桒記　武昌烈士祠街三號黄岡王氏義莊藏板”　一百册　缺五卷(韻編姓氏一至五)

370000－1542－0004070　811.3/25　集部/總集類

全上古三代秦漢三國晉南北朝文編目一百三卷　(清)蔣壑編　清光緒五年(1879)浙江刻本　十行二十二字小字雙行同粗黑口雙魚尾左右雙邊　鈐有“私立齊魯大學國學研究所藏書之章”“仁鎮”　十九册　缺四卷(十五至十八)

370000－1542－0004071　811.3/25　集部/總集類

全上古三代秦漢三國晉南北朝文編目一百三卷　(清)蔣壑編　清光緒五年(1879)浙江刻本　佚名圈點　十行二十二字小字雙行同粗黑口雙魚尾左右雙邊　内封題“光緒己卯仲冬刊成山陰何澂題端”　鈐有“齊魯大學圖書館藏書”　十六册

370000－1542－0004072　811.3/11　集部/總集類

古文辭類纂七十五卷　(清)姚鼐纂集　清光

緒十八年(1892)上海席氏掃葉山房重刻道光康氏本　佚名圈點　十三行二十二字粗黑口雙魚尾左右雙邊　内封題"席氏埽葉山房重校印行"　鈐有"埽葉山房督造書籍"　十二冊

370000－1542－0004073　811.3/11　集部/總集類

續古文辭類纂三十四卷　王先謙纂集　清光緒十八年(1892)上海席氏掃葉山房刻本　佚名圈點　十三行二十二字粗黑口雙魚尾左右雙邊　内封題"席氏埽葉山房重校印行"　鈐有"埽葉山房督造書籍"　八冊

370000－1542－0004074　811.3/11　集部/總集類

古文辭類纂十五卷　(清)姚鼐纂集　清光緒二十年(1894)上海圖書集成印書局石印本　十九行四十四字小字雙行同白口雙魚尾四周單邊　内封題"光緒二十年上海圖書館集成印書局印"　鈐有"齊魯大學圖書館藏書"　六冊

370000－1542－0004075　811.3/11　集部/總集類

續古文辭類纂十卷　王先謙纂集　清光緒二十年(1894)上海圖書集成印書局石印本　十九行四十四字小字雙行同白口雙魚尾四周單邊　内封題"光緒二十年上海圖書館集成印書局印"　四冊

370000－1542－0004076　811.3/7　集部/總集類

續古文辭類纂三十四卷　王先謙纂集　清光緒八年(1882)長沙王氏虚受堂刻本　佚名圈點批注　十三行二十二字白口左右雙邊　内封題"光緒壬午季烋長沙王氏栞藏"　鈐有"齊魯大學圖書館藏書"　八冊

370000－1542－0004077　811.3/7－2　集部/總集類

黎續古文辭類纂二十八卷　(清)黎庶昌纂　清光緒二十一年(1895)金陵狀元閣刻本　十二行二十五字小字雙行三十七字白口單魚尾左右雙邊　内封題"光緒乙未金陵狀元閣印"　鈐有"齊魯大學圖書館藏書"　十二冊

370000－1542－0004078　811.3/11　集部/總集類

古文辭類纂七十五卷　(清)姚鼐纂集　清同治八年(1869)金陵吳氏刻本　十行二十五字小字雙行三十八字白口單魚尾左右雙邊　内封題"惜抱軒原本　金陵吳氏藏板"　十六冊

370000－1542－0004079　811.3/7　集部/總集類

古文辭類纂七十五卷　(清)姚鼐纂集　清末石印本　十八行四十三字小字雙行同黑口單魚尾四周雙邊　一冊　存四卷(十二至十五)

370000－1542－0004080　811.3/13　集部/總集類

古文苑二十一卷　(唐)口口輯　(宋)章樵注　清光緒十二年(1886)江蘇書局刻本　十行二十二字小字雙行同黑口單魚尾左右雙邊　内封題"光緒丙戌江蘇書局開雕"　四冊

370000－1542－0004081　811.3/14　集部/總集類

文章軌範七卷　(宋)謝枋得選　清光緒三十三年(1907)上海會文學社石印本　八行二十字小字雙行同眉批十六行九字黑口左右雙邊　内封題"光緒三十三年秋八月上海棋盤街南首會文學社仿硃墨本讎校石印"　鈐有"齊魯大學圖書館藏書"　四冊

370000－1542－0004082　811.3/24　集部/總集類

大文堂重訂古文釋義新編八卷　(清)余誠評注　清光緒十年(1884)文英堂刻本　上欄二十行六字下欄十行二十二字小字雙行同白口單魚尾四周單邊　内封題"光緒甲申春刊重校古文釋義　文英堂藏板"　四冊

370000－1542－0004083　811.3/24　集部/總集類

書業德重訂古文釋義新編八卷　(清)余誠評注　清光緒二十九年(1903)書業德刻本　佚名圈點　上欄二十行六字下欄十行二十二字

小字雙行同白口單魚尾四周雙邊　内封題“光緒癸卯秋鐫　上元余自明評選　書業德重校古文釋義”　鈐有“齊魯大學圖書館藏書”　八册

370000－1542－0004084　811.3/28　集部/總集類

宋遼金元精華録十卷　(清)納蘭常安選評　清光緒二十六年(1900)上海書局石印本　十六行三十六字白口單魚尾四周單邊　内封題“光緒庚子上海書局石印”　鈐有“齊魯大學圖書館藏書”“約齋圖記”　四册

370000－1542－0004085　811.3/29　集部/總集類

二十四史文鈔　(清)納蘭常安編　清光緒二十九年(1903)上海文來書局石印本　十六行三十六字白口單魚尾四周雙邊　内封題“光緒癸卯年仲春之吉上海文來書局石印”　鈐有“深藏若虚”“授彤過眼”“授彤父”“宜未雨而綢繆”　八册

370000－1542－0004086　811.3/30　集部/總集類

海陵文徵二十卷　(清)夏荃輯　清道光江蘇刻本　十行二十一字白口單魚尾左右雙邊　十册

370000－1542－0004087　811.3/30　集部/總集類

海陵文徵二十卷　(清)夏荃輯　清光緒九年(1883)補刻本　十行二十一字白口單魚尾左右雙邊　内封題“光緒癸未仲春補刊”　鈐有“齊魯大學圖書館藏書”　十二册

370000－1542－0004088　811.3/31　集部/總集類

選注六朝唐賦不分卷　(清)馬傳庚選注　清同治十三年(1874)京都玉燕書巢馬氏刻本　八行二十字小字雙行同白口左右雙邊　内封題“板存京都善成堂聚星堂書鋪　楊能格署檢　甲戌春王月京都玉燕書巢馬氏開雕”　鈐有“齊魯大學圖書館藏書”　二册

370000－1542－0004089　811.3/31　集部/總集類

選注六朝唐賦不分卷　(清)馬傳庚選注　清同治十三年(1874)京都玉燕書巢馬氏刻本　八行二十字小字雙行同白口左右雙邊　内封題“板存京都善成堂聚星堂書鋪　楊能格署檢　甲戌春王月京都玉燕書巢馬氏開雕”　二册

370000－1542－0004090　811.3/93　集部/總集類

六朝唐賦讀本(選注六朝唐賦)二卷　(清)馬傳庚選注　清同治十三年(1874)京都玉燕書巢馬氏精刻本　八行二十字小字雙行同白口左右雙邊　内封題“甲戌春王月京都玉燕書巢馬氏開雕”　八册

370000－1542－0004091　811.3/32　集部/總集類

律賦必以集二卷　(清)顧莼編選　清嘉慶二十五年(1820)刻本　八行二十字小字雙行同白口單魚尾四周雙邊　鈐有“威縣儒学之記”“仙舟讀金石國書詩畫記”“齊魯大學圖書館藏書”“劉鸞翔印”　二册

370000－1542－0004092　811.3/37　集部/總集類

精選韓柳歐蘇文鈔八卷　(清)江起鵬編　清宣統三年(1911)上海新學會鉛印本　十一行二十七字眉批約十八行四字白口單魚尾四周雙邊　内封題“辛亥八月出版　上海新學會社印行”　八册

370000－1542－0004093　811.3/40　集部/總集類

易堂九子文鈔　(清)彭玉雯輯　清道光十七年(1837)江西彭氏家刻本　九行二十一字小字雙行同白口單魚尾左右雙邊　内封題“道光丁酉新鐫　吳縣潘苐軒先生鑒定　本宅藏板”　鈐有“齊魯大學圖書館藏書”　十八册

370000－1542－0004094　811.3/43　集部/總集類

續古文苑二十卷　(清)孫星衍輯　清光緒九年(1883)江蘇書局刻本　十一行二十四字小

字雙行同白口單魚尾左右雙邊　内封題"光緒癸未江蘇書局開雕"　六册

370000－1542－0004095　811.3/43　集部/總集類

續古文苑二十卷　（清）孫星衍輯　清光緒十年（1884）吴縣朱記榮槐廬家塾校刻平津館叢書本　十一行二十四字小字雙行同黑口雙魚尾左右雙邊　内封題"庚集　光緒乙酉夏白堤八字橋朱氏槐廬家塾弥藏"　鈐有"朱氏槐廬審定"　八册

370000－1542－0004096　811.3/44　集部/總集類

經史百家雜鈔二十六卷　（清）曾國藩編纂　清光緒二年（1876）傳忠書局刻本　十行二十四字小字雙行同下黑口單魚尾左右雙邊　内封題"光緒二年丙子穐傳忠書局栞"　鈐有"齊魯大學圖書館藏書"　二十四册

370000－1542－0004097　811.3/44　集部/總集類

經史百家雜鈔二十六卷　（清）曾國藩編纂　清光緒三十二年（1906）上海商務印書館鉛印本　十四行三十三字小字雙行同下黑口單魚尾　内封題"光緒三十二年歲次丙午　上海商務印書館鑄版"　十二册

370000－1542－0004098　811.3/44　集部/總集類

經史百家雜鈔二十六卷　（清）曾國藩編纂　清光緒三十三年（1907）上海商務印書館鉛印本　十四行三十三字小字雙行同下黑口單魚尾　内封題"光緒三十三年　上海商務印書館鑄版"　十二册

370000－1542－0004099　811.3/45　集部/總集類

乾坤正氣集五百七十四卷　（清）潘錫恩等輯　清道光二十八年（1848）涇縣潘氏求是齋刻光緒十八年（1892）潘氏重印本　十二行二十五字白口單黑魚尾左右雙邊　内封題"道光戊申栞于袁江節署之求是齋"　鈐有"齊魯大學圖書館藏書"　二百册

370000－1542－0004100　811.3/47　集部/總集類

古文眉詮七十九卷　（清）浦起龍編　清光緒二十四年（1898）嶺南良産書屋重校刻本　九行二十二字眉批小字十八行八字小字雙行同白口單魚尾左右雙邊　内封題"光緒戊戌年嶺南良産書屋重校刊"　八册

370000－1542－0004101　811.3/50　集部/總集類

唐宋文醇五十八卷　（清）高宗弘曆選　清光緒三年（1877）浙江書局刻本　九行二十二字白口單魚尾左右雙邊　内封題"浙江書局重刻"　二十册

370000－1542－0004102　811.3/50　集部/總集類

唐宋文醇五十八卷　（清）高宗弘曆選　清光緒三年（1877）浙江書局刻本　九行二十二字白口單魚尾左右雙邊　内封題"浙江書局重刻"　鈐有"李錦章"　二十册

370000－1542－0004103　811.3/50　集部/總集類

唐宋文醇五十八卷　（清）高宗弘曆選　清光緒二十一年（1895）上海鴻文書局石印本　十六行四十字白口單魚尾四周雙邊　内封題"光緒乙未秋上海鴻文書局石印"　八册

370000－1542－0004104　811.3/51　集部/總集類

古文析義十四卷　（清）林雲銘評注　清道光二十六年（1846）書業德記刻本　佚名圈點　十行二十四字小字雙行同白口單魚尾四周單邊　内封題"道光丙午年孟春　晉安林西仲先生評　書業德記藏板"　鈐有"有心質古""正己化人""拙著黑字""書業德記發兑""人生行樂耳""齊魯大學圖書館藏書"　四册

370000－1542－0004105　811.3/52　集部/總集類

精校古文析義二編八卷　（清）林雲銘評注　（清）葉世宸　（清）林沅校　清宣統元年（1909）石印本　十五行三十六字小字雙行同

白口單魚尾四周雙邊　内封題“宣統元年校印　漢圖絡壺”　六册

370000－1542－0004106　811.3/56　集部/總集類

古文辭畧讀本二十四卷　(清)梅曾亮輯　清光緒三十一年(1905)作新社鉛印本　十四行三十五字小字雙行約四十五字白口單魚尾四周雙邊　内封題“京師大學堂鑒定　京師宏道學舍印”　鈐有“齊魯大學圖書館藏書”　四册

370000－1542－0004107　811.3/58　集部/總集類

經史百家序録　(清)邵伯蘗編　清光緒二十八年(1902)石印本　十四行十八字白口單魚尾四周雙邊　内封題“光緒二十八年四月　無錫杜嗣程署”　鈐有“齊魯大學圖書館藏書”　十五册

370000－1542－0004108　811.3/59　集部/總集類

經義策論三種　(清)孫佩南輯　清光緒二十八年(1902)孫氏經潤樓校刻本　十行二十一字小字雙行同上黑口單魚尾四周單邊　歷代策論約編牌記題“光緒壬寅古不夜孫氏經潤樓校刊”　鈐有“基督教齊魯大學圖書館”“山東濰縣廣文學堂”　四册

370000－1542－0004109　811.3/71　集部/總集類

文選集釋二十四卷　(清)朱珔編　清光緒元年(1875)涇川朱氏梅村家塾漢口小萬卷齋刻本　十行二十一字小字雙行同白口單魚尾四周雙邊　内封題“光緒元年歲次乙亥開雕涇川朱氏梅村家塾藏板”　十二册

370000－1542－0004110　811.3/73　集部/總集類

涵芬樓古今文鈔一百卷　(清)吳曾祺編　清宣統三年(1911)上海商務印書館鉛印本　十二行三十一字黑口單魚尾四周雙邊　八十八册　缺十二卷(八十九至一百)

370000－1542－0004111　811.3/74　集部/總集類

文章正宗復刻三十卷　(宋)真德秀編　清同治三年(1864)重刻乾隆重輯本　十行二十一字小字雙行同白口單魚尾四周雙邊　内封題“同治甲子年新鐫　西山真夫子原本　重輯梓行”　二十册

370000－1542－0004112　811.3/76　集部/總集類

賦學正鵠集釋十一卷　(清)李方伯編　清光緒刻本　佚名圈點　上欄小字十八行五字下欄九行二十一字小字雙行同白口單魚尾四周雙邊　鈐有“容䣕軒珍藏”　八册

370000－1542－0004113　811.3/77　集部/總集類

金元明八大家文選五十三卷　(清)李祖陶評點　清道光二十五年(1845)江西上高李氏刻本　九行二十五字白口單魚尾四周雙邊　内封題“道光乙巳年新鐫”　鈐有“容䣕軒珍藏”　二十四册

370000－1542－0004114　811.3/85　集部/總集類

轉徙餘生記一卷　(清)方濬頤撰　清光緒二十年(1894)泉唐汪氏刻振綺堂叢書本　十行二十一字小字雙行同黑口雙魚尾　内封題“漸學廬藏版”　一册

370000－1542－0004115　811.3/85　集部/總集類

奉使英倫記一卷　(清)黎庶昌撰　清光緒二十年(1894)泉唐汪氏刻振綺堂叢書本　十行二十一字小字雙行同黑口雙魚尾　内封題“漸學廬藏版”　一册

370000－1542－0004116　811.3/92　集部/總集類

忠雅堂評選四六法海八卷　(清)蔣士銓評選　清同治八年(1869)江蘇朱墨套印本　九行二十字眉批朱文小字十八行五字白口單魚尾四周雙邊　内封題“藏園藏板”　鈐有“澄翁六十後怡得記”“溦齋藏書”“中華武進謝利恒校讀之記”“民國廿八年武進謝利恒先生裝訂

之”　八冊

370000－1542－0004117　811.3/96　集部/總集類

南北朝文鈔二卷　(清)彭兆蓀輯　清光緒二年(1876)番禺陳起榮校刻本　十一行二十四字白口單魚尾四周雙邊　鈐有“卯金子”　二冊

370000－1542－0004118　811.3/97　集部/總集類

齊魯講學編初集二卷二集二卷　(清)尹銘綬輯　清光緒二十九年(1903)濟南聚和堂刻本　佚名圈點　十二行三十四字白口單魚尾四周單邊　内封題“光緒癸卯秋濟南聚和堂發兑”　四冊

370000－1542－0004119　811.3/98　集部/總集類

寶興堂重訂古文釋義新編八卷　(清)余誠評註　清刻本　上欄小字雙行六字下欄十行二十三字小字雙行同白口單黑魚尾四周雙邊　二冊　存四卷(五至八)

370000－1542－0004120　811.32/1　集部/總集類

六朝文絜四卷　(清)許槤評選　清光緒三年(1877)讀有用書齋朱墨套印本　九行十八字眉批小字十八行六字黑口單魚尾左右雙邊　内封題“光緒丁丑讀有用書齋摩鐫”　二冊

370000－1542－0004121　811.32/1　集部/總集類

六朝文絜四卷　(清)許槤評選　清光緒五年(1879)江蘇吳門刻本　十行二十二字眉批小字二十一行五字白口單魚尾四周雙邊　内封題“光緒己卯春刻于吳門”　鈐有“江左書林督造書籍”　一冊

370000－1542－0004122　811.32/1　集部/總集類

六朝文絜四卷　(清)許槤評選　清刻本　九行十八字眉批小字十八行六字黑口單魚尾左右雙邊　内封題“享鑫寶石齋臧版　道光五年乙酉七月訖功”　鈐有“敦懷書屋張盡臣印”　二冊

370000－1542－0004123　811.35/3　集部/總集類

唐文粹一百卷　(宋)姚鉉編　清光緒九年(1883)江蘇書局刻本　清陸寶光圈點　十四行二十五字白口單魚尾左右雙邊　内封題“光緒癸未江蘇書局開雕”　鈐有“蔚然”　十六冊

370000－1542－0004124　811.35/3　集部/總集類

唐文粹一百卷　(宋)姚鉉編　清光緒九年(1883)江蘇書局刻本　清陸寶光圈點　十四行二十五字白口單魚尾左右雙邊　内封題“光緒癸未江蘇書局開雕”　鈐有“齊魯大學圖書館藏書”　十六冊

370000－1542－0004125　811.1/12　集部/總集類

唐文粹一百卷　(宋)姚鉉編　清光緒九年(1883)江蘇書局刻本　十四行二十五字小字雙行同白口單魚尾左右雙邊　牌記題“光緒癸未江蘇書局開雕”　十六冊

370000－1542－0004126　811.35/3　集部/總集類

唐文粹一百卷附補遺二十六卷　(宋)姚鉉編　清光緒九年(1883)江蘇書局刻本　十四行二十五字白口單魚尾左右雙邊　鈐有“齊魯大學圖書館藏書”　二十冊

370000－1542－0004127　811.35/3　集部/總集類

唐文粹一百卷　(宋)姚鉉編　清光緒九年(1883)江蘇書局刻本　十四行二十五字白口單魚尾左右雙邊　内封題“光緒癸未江蘇書局開雕”　十六冊

370000－1542－0004128　811.35/2　集部/總集類

唐文粹補遺二十六卷　(清)郭麐纂　清光緒十一年(1885)江蘇書局刻本　十四行二十五字白口單魚尾左右雙邊　内封題“光緒乙酉三月江蘇書局開雕”　四冊

370000－1542－0004129　811.1/12　集部/總集類
唐文粹補遺二十六卷　(清)郭麐纂　清光緒十一年(1885)江蘇書局刻本　十四行二十五字小字雙行同白口單魚尾左右雙邊　牌記題"光緒乙酉三月江蘇書局開雕"　四冊

370000－1542－0004130　811.35/4　集部/總集類
欽定全唐文一千卷總目三卷　(清)董誥等編　清嘉慶二十三年(1818)揚州書局刻本　九行二十二字白口單魚尾四周雙邊　鈐有"私立齊魯大學國學研究所藏書之章"　三百二十二冊

370000－1542－0004131　811.35/8　集部/總集類
唐駢體文鈔十七卷　(清)陳均輯　清同治十二年(1873)廣東重校刻本　十一行二十四字白口單魚尾左右雙邊　四冊

370000－1542－0004132　811.36/1　集部/總集類
南宋文錄錄二十四卷　(清)董兆熊編　清光緒十七年(1891)蘇州書局刻本　十四行二十五字小字雙行同白口單魚尾左右雙邊　內封題"光緒十有七年蘇州書局編刻"　六冊

370000－1542－0004133　811.1/12　集部/總集類
南宋文錄錄二十四卷　(清)董兆熊編　清光緒十七年(1891)蘇州書局刻本　十四行二十五字小字雙行同白口單魚尾左右雙邊　內封題"光緒十有七年蘇州書局編刻"　六冊

370000－1542－0004134　811.36/8　集部/總集類
南宋文範七十卷外編四卷　(清)莊仲方輯　清光緒十四年(1888)江蘇書局刻本　十四行二十五字小字雙行同白口單魚尾左右雙邊　內封題"光緒戊子江蘇書局開雕"　鈐有"得此書費辛苦""靜盦藏書"　十六冊

370000－1542－0004135　811.1/12　集部/總集類
南宋文範七十卷外編四卷　(清)莊仲方輯　清光緒十四年(1888)江蘇書局刻本　十四行二十五字小字雙行同白口單魚尾左右雙邊　內封題"光緒戊子江蘇書局開雕"　十六冊

370000－1542－0004136　811.36/6　集部/總集類
宋文鑑一百五十卷　(宋)呂祖謙輯　清光緒十二年(1886)江蘇書局刻本　十四行二十五字小字雙行同白口單魚尾　內封題"光緒丙戌江蘇書局開雕"　鈐有"齊魯大學圖書館藏書"　二十四冊

370000－1542－0004137　811.1/12　集部/總集類
宋文鑑一百五十卷　(宋)呂祖謙輯　清光緒十二年(1886)江蘇書局刻本　十四行二十五字小字雙行同白口單魚尾　內封題"光緒丙戌江蘇書局開雕"　二十四冊

370000－1542－0004138　811.36/11　集部/總集類
宋四六話十二卷　(清)彭元瑞編　清道光二十六年(1846)番禺潘氏刻海山仙館叢書本　佚名圈點批注　九行二十一字小字雙行同黑口左右雙邊　內封題"道光丙午鐫　海山仙館叢書"　鈐有"巴人""李錦章"　四冊

370000－1542－0004139　811.36/5　集部/總集類
金文雅十六卷附作者考一卷　(清)莊仲方編　清光緒十七年(1891)江蘇書局刻本　十四行二十五字小字雙行同白口單魚尾左右雙邊　內封題"光緒辛卯七月江蘇書局重刊"　鈐有"齊魯大學圖書館藏書"　四冊

370000－1542－0004140　811.36/5　集部/總集類
金文雅十六卷附作者考一卷　(清)莊仲方編　清光緒十七年(1891)江蘇書局刻本　十四行二十五字小字雙行同白口單魚尾左右雙邊　內封題"光緒辛卯七月江蘇書局重刊"　四冊

370000－1542－0004141　811.37/3　集部/

總集類

中州名賢文表三十卷　(明)劉昌編　清光緒三十年(1904)海虞邵氏鴻文書局石印本　十二行二十二字小字雙行約三十二字黑口單魚尾左右雙邊　内封題"光緒甲辰仲冬海虞邵氏重付鴻文書局石印"　鈐有"齊魯大學圖書館藏書"　六册

370000－1542－0004142　811.37/3　集部/總集類

中州名賢文表三十卷　(明)劉昌編　清光緒三十年(1904)海虞邵氏鴻文書局石印本　十二行二十二字小字雙行約三十二字黑口單魚尾左右雙邊　内封題"光緒甲辰仲冬海虞邵氏重付鴻文書局石印"　六册

370000－1542－0004143　811.38/7　集部/總集類

續中州名賢文表六十八卷　(清)邵松年編　清光緒三十年(1904)鴻文書局石印本　十行二十二字黑口單魚尾四周單邊　内封題"光緒甲辰冬鴻文局石印"　鈐有"齊魯大學圖書館藏書"　二十二册

370000－1542－0004144　811.38/7　集部/總集類

續中州名賢文表六十八卷　(清)邵松年編　清光緒三十年(1904)鴻文書局石印本　十行二十二字黑口單魚尾四周單邊　内封題"光緒甲辰冬鴻文局石印"　二十二册

370000－1542－0004145　811.37/4　集部/總集類

元文類七十卷附目録三卷　(元)蘇天爵編　清光緒十五年(1889)江蘇書局刻本　十四行二十五字小字雙行同白口單黑魚尾左右雙邊　内封題"光緒己丑江蘇書局開雕"　十册

370000－1542－0004146　811.1/12　集部/總集類

元文類七十卷附目録三卷　(元)蘇天爵編　清光緒十五年(1889)江蘇書局刻本　十四行二十五字小字雙行同白口單魚尾左右雙邊　内封題"光緒己丑江蘇書局開雕"　十册

370000－1542－0004147　811.38/5　集部/總集類

明文在一百卷　(清)薛熙編　清光緒十五年(1889)江蘇書局刻本　十四行二十五字小字雙行同白口單魚尾左右雙邊　内封題"光緒己丑江蘇書局開雕"　鈐有"齊魯大學圖書館藏書"　十册

370000－1542－0004148　811.1/12　集部/總集類

明文在一百卷　(清)薛熙編　清光緒十五年(1889)江蘇書局刻本　十四行二十五字小字雙行同白口單魚尾左右雙邊　内封題"光緒己丑江蘇書局開雕"　十册

370000－1542－0004149　811.39/41　集部/總集類

國朝文録初編八十二卷續編六十二卷坿四卷　(清)李祖陶輯　清道光十九年(1839)江西瑞州府鳳儀書院刻本　九行二十五字白口單魚尾四周雙邊　内封題"道光十九年鐫于瑞州府鳳儀書院"　八十四册

370000－1542－0004150　811.3/69　集部/總集類

國朝文録八十二卷　(清)姚椿輯　清咸豐元年(1851)江蘇張氏終南山館校刻本　十二行二十三字白口單魚尾四周雙邊　内封題"咸豐元年秋季　終南山館校刊"　鈐有"榮木堂印""家在三湘七澤間""夢湘館""陶氏圖籍""寧鄉陶氏"　三十二册

370000－1542－0004151　811.3/69　集部/總集類

國朝文録八十二卷　(清)姚椿輯　清咸豐元年(1851)江蘇張氏終南山館校刻本　十二行二十三字白口單魚尾四周雙邊　内封題"咸豐元年秋季　終南山館校刊"　鈐有"繩武樓藏"　三十二册

370000－1542－0004152　811.39/22　集部/總集類

清文録八十二卷　(清)姚椿編　清光緒二十六年(1900)上海掃葉山房石印本　十九行三

十七字白口單魚尾四周雙邊　内封題"光緒庚子春月埽葉山房石印"　鈐有"齊魯大學圖書館藏書"　十六冊

370000－1542－0004153　811.39/40　集部/總集類

國朝文匯甲前集二十卷甲集六十卷乙集七十卷丙集三十卷丁集二十卷目錄一卷　(清)沈粹芬等輯　清宣統二年(1910)上海國學扶輪社石印本　十五行三十二字小字雙行同下黑口單魚尾四周雙邊　内封題"宣統元年己酉上海國學扶輪社印行"　鈐有"基督教齊魯大學圖書館""山東濟南齊魯大學校圖書館"　一百一冊

370000－1542－0004154　811.39/40　集部/總集類

國朝文匯甲前集二十卷甲集六十卷乙集七十卷丙集三十卷丁集二十卷目錄一卷　(清)沈粹芬等輯　清宣統二年(1910)上海國學扶輪社石印本　十五行三十二字小字雙行同下黑口單魚尾四周雙邊　内封題"宣統元年己酉上海國學扶輪社印行"　一百一冊

370000－1542－0004155　510/7　集部/總集類

皇朝經世文編一百二十卷　(清)賀長齡編　清同治十二年(1873)雙峰書屋校刻本　十一行二十四字白口單魚尾四周雙邊　内封題"同治癸酉歲春月　重校刊本　撫郡雙峰書屋藏珎"　鈐有"齊魯大學圖書館藏書"　六十四冊

370000－1542－0004156　510/7　集部/總集類

皇朝經世文編一百二十卷　(清)賀長齡編　清光緒十二年(1886)思補樓重校石印本　十一行二十四字下黑口單魚尾四周雙邊　内封題"光緒十有二年歲中游兆淹茂修相月朔用石印法開印"　鈐有"私立齊魯大學國學研究所藏書之章"　六十冊

370000－1542－0004157　510/7　集部/總集類

皇朝經世文編一百二十卷　(清)賀長齡編　清光緒二十一年(1895)積山書局石印本　二十三行四十八字白口單魚尾四周雙邊　内封題"光緒乙未桂秋積山書局石印"　鈐有"齊魯大學圖書館藏書"　十二冊

370000－1542－0004158　510/7　集部/總集類

皇朝經世文編一百二十卷　(清)賀長齡編　清光緒十三年(1887)上海廣百宋齋鉛印本　十六行四十二字白口單魚尾四周雙邊　内封題"丁亥仲春上海廣百宋齋校印"　二十四冊

370000－1542－0004159　510/2　集部/總集類

皇朝經世文續編一百二十卷　(清)葛士濬輯　清光緒十四年(1888)圖書集成局鉛印本　十三行四十字小字雙行同白口單黑魚尾四周單邊　内封題"光緒十四年戊子仲夏圖書集成局印"　三十二冊

370000－1542－0004160　510/5　集部/總集類

皇朝經世文三編八十卷　(清)陳忠倚編　清光緒二十七年(1901)上海書局石印本　二十二行四十七字小字雙行同白口單魚尾左右雙邊　内封題"光緒辛丑夏月上海書局石印"　十六冊

370000－1542－0004161　510/8　集部/總集類

皇朝經世文新編二十一卷　(清)麥仲華編　清光緒上海大同譯書局石印本　十三行三十字黑口四周單邊　内封題"上海大同譯書局刊"　二十四冊

370000－1542－0004162　811.39/1　集部/總集類

山左古文鈔八卷　(清)劉鴻翱輯　清道光八年(1828)鄒平李景嶧蘇州刻本　十行二十二字小字雙行同白口單魚尾左右雙邊　鈐有"齊魯大學圖書館藏書""齊魯大學哈佛燕京學社購置""王臣恭印""靖廷"　八冊

370000－1542－0004163　811.39/1　集部/

總集類

山左古文鈔八卷　(清)劉鴻翱輯　清道光八年(1828)鄒平李景嶧蘇州刻本　十行二十二字小字雙行同白口單魚尾左右雙邊　八册

370000－1542－0004164　811.39/3　集部/總集類

增廣留青新集二十四卷　(清)陳枚編　(清)伊君增　清光緒二十五年(1899)石印本　十行二十一字小字雙行同白口左右雙邊　内封題"光緒己亥仲春仿泰西法石印"　十二册

370000－1542－0004165　811.39/9　集部/總集類

重編留青新集二十四卷　(清)伊君編輯　清光緒十四年(1888)鑄錫版印本　十四行四十字小字雙行同白口單魚尾四周雙邊　内封題"光緒歲次戊子鑄版"　鈐有"齊魯大學圖書館藏書"　十二册

370000－1542－0004166　811.39/4　集部/總集類

國朝駢體正宗十二卷　(清)曾燠輯　清嘉慶刻本　十一行二十二字小字雙行同白口單魚尾左右雙邊　鈐有"齊魯大學圖書館藏書"　六册

370000－1542－0004167　811.39/5　集部/總集類

合肥相國七十賜壽圖附壽言　(清)楊宗濂等編　清光緒十八年(1892)海軍石印書局石印本　九行二十一字下黑口單魚尾四周雙邊　鈐有"齊魯大學圖書館藏書"　七册

370000－1542－0004168　811.39/13　集部/總集類

國朝古文正的五卷附遜學齋文鈔一卷移芝室古文一卷　(清)楊彝珍編　清光緒刻本　十一行二十一字白口單魚尾四周雙邊　内封題"光緒六年獨山莫氏用聚珍板摹印"　鈐有"齊魯大學圖書館藏書"　六册

370000－1542－0004169　811.39/14　集部/總集類

最近四大家文鈔四卷　(清)寄古齋主人編　清光緒三十四年(1908)寄古齋鉛印本　十二行二十九字下黑口單魚尾四周雙邊　内封題"光緒三十四年編纂　寄古齋印行"　鈐有"齊魯大學圖書館藏書"　四册

370000－1542－0004170　811.39/17　集部/總集類

切問齋文鈔三十卷　(清)陸燿編輯　清道光刻同治八年(1869)印本　十二行二十五字小字雙行同白口單魚尾左右雙邊　内封題"同治己巳仲春金陵錢氏珍藏"　鈐有"齊魯大學圖書館藏書""李仙人""曠□堂""盛京四合堂自在江蘇揀選古今書籍發行記"　十二册

370000－1542－0004171　811.39/18　集部/總集類

校經堂初集四卷　(清)曹鴻勛編　清光緒十一年(1885)刻本　十一行二十一字小字雙行同白口單魚尾左右雙邊　内封題"光緒乙酉冬月開雕"　鈐有"齊魯大學圖書館藏書"　二册

370000－1542－0004172　811.39/19　集部/總集類

校經堂二集九卷　(清)陸寶忠編　清光緒十四年(1888)刻本　十一行二十一字小字雙行同白口單魚尾左右雙邊　鈐有"齊魯大學圖書館藏書"　四册

370000－1542－0004173　811.39/20　集部/總集類

國朝二十四家文鈔二十四卷　(清)徐棻然輯　清道光十年(1830)文光堂刻本　佚名圈點　十行二十一字白口單魚尾四周雙邊　内封題"道光十年新鐫　文光堂梓"　鈐有"齊魯大學圖書館藏書""善成堂自在蘇杭浙閩檢選古今書籍發兑"　十二册

370000－1542－0004174　811.39/26　集部/總集類

沅湘通藝録八卷附二卷　(清)江標輯　清光緒二十三年(1897)江標長沙使院校刻本　十一行二十三字小字雙行同黑口單魚尾左右雙邊　内封題"光緒二十三年歲在丁酉十一月

刻成于長沙使院之憲圃書八卷又坿兩卷詩錄續刊”　八册

370000－1542－0004175　811.39/28　集部/總集類

皇朝駢文類苑十四卷附卷首一卷　(清)姚燮編　清光緒七年(1881)浙江張壽榮刻本　佚名圈點　九行二十字小字雙行同黑口單魚尾左右雙邊　内封題“光緒重光大荒落律中林鍾雕板”　鈐有“埽葉山房督造書籍”　二十册

370000－1542－0004176　811.39/28　集部/總集類

皇朝駢文類苑十四卷附卷首一卷　(清)姚燮編　清光緒七年(1881)浙江張壽榮刻本　九行二十字小字雙行同黑口單魚尾左右雙邊　内封題“光緒重光大荒落律中林鍾雕板”　二十四册

370000－1542－0004177　811.39/29　集部/總集類

國朝古文正的五卷附遜學齋文鈔一卷移芝室古文一卷　(清)楊彝珍編　清光緒六年(1880)獨山莫氏鉛字排印本　十行二十四字白口單魚尾四周雙邊　内封題“光緒六年獨山莫氏用聚珍板摹印”　鈐有“李錦章”　六册　缺目録

370000－1542－0004178　811.39/32　集部/總集類

湖海文傳七十五卷　(清)王昶輯　清道光十七年(1837)刻同治五年(1866)重印本　十二行二十三字小字雙行同粗黑口雙魚尾左右雙邊　内封題“道光丁酉年鐫　經訓堂藏板”　十六册

370000－1542－0004179　811.39/43　集部/總集類

國朝試賦彙海前集十卷後集二卷　(清)黃爵滋輯　清道光刻本　十二行二十四字小字雙行同白口四周雙邊　鈐有“南州書樓藏書徐湯殷整理”　六册

370000－1542－0004180　812.3/1　集部/總集類

八家四六文注八卷　(清)吳鼒選　(清)許貞幹注　**補注一卷**　(清)陳衍注　清光緒十七年(1891)刻本　十一行二十三字小字雙行同黑口單魚尾四周雙邊　内封題“光緒辛卯孟夏雕板”　鈐有“李錦章”　十六册

370000－1542－0004181　812.3/1　集部/總集類

八家四六文注八卷　(清)吳鼒選　(清)許貞幹注　**補注一卷**　(清)陳衍注　清光緒十八年(1892)上海圖書集成印書局鉛印本　十三行四十字小字雙行同白口雙魚尾四周單邊　内封題“光緒十有八年上海圖書集成印書局印”　八册

370000－1542－0004182　812.3/2　集部/總集類

八家四六文鈔八卷　(清)吳鼒選編　清嘉慶三年(1798)浙江較經堂刻本　八行二十二字白口單魚尾四周雙邊　内封題“較經堂藏板”　鈐有“齊魯大學圖書館藏書”“臣益年印”“文舫”“文鷀年印”“益年之印”“匡氏藏書”“解脱三昧”“王薪傳”“怡雲”“嶺上多白云”　六册

370000－1542－0004183　811.39/33　集部/總集類

中國魂二卷　梁啓超編　清光緒二十八年(1902)上海廣智書局鉛印本　十二行三十一字小字雙行約四十一字白口單魚尾四周雙邊　内封題“上海廣智書局印”　二册

370000－1542－0004184　811.39/36　集部/總集類

新鑰集四卷　吳春叔輯　清光緒二十九年(1903)揚州益智社鉛印本　十三行三十字白口雙魚尾四周雙邊　内封題“旹在癸卯仲夏排印　揚州益智社印　定價大洋六角”　四册

370000－1542－0004185　811.39/37　集部/總集類

實學文導二卷　(清)傅雲龍輯　清光緒二十

一年(1895)石印本　十四行二十八字小字雙行同黑口四周單邊　内封題"光緒二十一年季夏石印德清傅雲龍署檢"　二冊

370000－1542－0004186　811.39/38　集部/總集類
新民叢報彙編(清光緒三十年)　梁啟超編　清光緒三十二年(1906)上海文會書社石印本　十四行三十六字小字雙行同白口單魚尾四周雙邊　内封題"甲辰年　實洋一元二角　光緒丙午二月文會書社石印"　六冊

370000－1542－0004187　811.1/12　集部/總集類
金文最六十卷　(清)張金吾輯　清光緒二十一年(1895)蘇州書局刻本　十四行二十五字小字雙行同白口單魚尾左右雙邊　内封題"光緒乙未十二月蘇州書局刻"　十六冊

370000－1542－0004188　811.32/1　集部/總集類
六朝文絜四卷　(清)許槤評選　清末翻刻光緒三年(1877)讀有用書齋朱墨套印本　九行十八字眉批小字十八行六字黑口單魚尾左右雙邊　内封題"光緒丁丑讀有用書齋摩鐫"　二冊

370000－1542－0004189　815/1　集部/總集類
歷代王侯將相簡書四卷　(清)王廷學編　清光緒十年(1884)刻本　八行十五字小字雙行同上黑口單魚尾左右雙邊　四冊

370000－1542－0004190　815/3　集部/總集類
歷代名人小簡二卷　(清)吳曾祺編　清宣統元年(1909)上海商務印書館鉛印本　十四行三十四字白口單魚尾四周雙邊　鈐有"齊魯大學圖書館藏書"　二冊

370000－1542－0004191　815/3　集部/總集類
歷代名人小簡二卷　(清)吳曾祺編　清宣統元年(1909)上海商務印書館鉛印本　十四行三十四字白口單魚尾四周雙邊　二冊

370000－1542－0004192　815.9/3　集部/總集類
國朝名人小簡二卷　(清)吳曾祺編　清宣統元年(1909)上海商務印書館鉛印本　十四行三十四字白口單魚尾四周雙邊　二冊

370000－1542－0004193　815.9/3　集部/總集類
國朝名人小簡二卷　(清)吳曾祺編　清宣統元年(1909)上海商務印書館鉛印本　十四行三十四字白口單魚尾四周雙邊　二冊

370000－1542－0004194　815.9/11　集部/總集類
國朝名人書札二卷　(清)吳曾祺編　清宣統元年(1909)上海商務印書館鉛印本　十四行三十四字白口單魚尾四周雙邊　鈐有"齊魯大學圖書館藏書"　四冊

370000－1542－0004195　815.9/11　集部/總集類
國朝名人書札二卷　(清)吳曾祺編　清宣統二年(1910)上海商務印書館鉛印本　十四行三十四字白口單魚尾四周雙邊　鈐有"齊魯大學圖書館藏書"　四冊

370000－1542－0004196　815/5　集部/總集類
分類緘腋四卷　(清)涂謙撰　清嘉慶二十五年(1820)明經堂刻本　十行二十二字白口單魚尾左右雙邊　内封題"明經堂藏板"　鈐有"齊魯大學圖書館藏書"　八冊

370000－1542－0004197　815/6　集部/別集類/清別集
有正味齋尺牘二卷　(清)吳錫麒撰　清光緒三十四年(1908)上海掃葉山房石印本　十二行二十六字白口單魚尾四周雙邊　内封題"光緒戊申上海埽葉山房石印"　鈐有"齊魯大學圖書館藏書"　二冊

370000－1542－0004198　815/6　集部/別集類/清別集
有正味齋尺牘二卷　(清)吳錫麒撰　清光緒三十四年(1908)上海掃葉山房石印本　十二

行二十六字白口單魚尾四周雙邊　内封題“光緒戊申上海埽葉山房石印”　二冊

370000－1542－0004199　815/10　集部/總集類

窺豹軒詞翰法程八卷　(清)姜棨輯　清嘉慶二十四年(1819)刻本　八行十八字白口單魚尾左右雙邊　八冊

370000－1542－0004200　815/12　集部/總集類

精選分類古今名人尺牘十三卷　(清)學不足齋主人編　清光緒三十四年(1908)上海博文學社石印本　内封題“光緒戊申孟夏印行”　鈐有“約齋圖記”　四冊

370000－1542－0004201　815/12　集部/總集類

精選分類古今名人尺牘十三卷　(清)學不足齋主人編　清光緒三十四年(1908)上海博文學社石印本　内封題“光緒戊申孟夏印行”　鈐有“齊魯大學圖書館藏書”　四冊

370000－1542－0004202　815/13　集部/總集類

歷代名人書札二卷　(清)吳曾祺編　清光緒三十四年(1908)上海商務印書館鉛印本　十四行三十四字白口單魚尾四周雙邊　鈐有“齊魯大學圖書館藏書”　二冊

370000－1542－0004203　815/20　集部/總集類

續分類尺牘備覽八卷　(清)王振芳輯　清末石印本　二十行二十六字白口單魚尾四周雙邊　一冊　存一卷(七)

370000－1542－0004204　815/18　集部/總集類

明季百廿名人尺牘四卷　(清)王元勛　(清)程化騄編　清宣統元年(1909)上海南洋官書局石印本　内封題“宣統元年上海南洋官書局印”　鈐有“容刹軒珍藏”　二冊

370000－1542－0004205　815.8/2　集部/總集類

明賢尺牘四卷　(清)王元勛　(清)程化騄輯　清光緒二十六年(1900)仁和許氏榆園刻本　十二行二十三字小字雙行同黑口單魚尾左右雙邊　内封題“光緒庚子孟夏鄦氏榆園開雕”　鈐有“齊魯大學圖書館藏書”　二冊

370000－1542－0004206　815.9/33－2　集部/總集類

昭代名人尺牘續集二十四卷　陶湘輯　清宣統三年(1911)天寶石印局石印本　内封題“宣統辛亥閏月”　鈐有“陽湖陶氏涉園所輯名人尺牘”　十二冊

370000－1542－0004207　815.9/12　集部/總集類

名賢手札不分卷　(清)郭慶藩輯　清光緒十一年(1885)上海同文書局據光緒岵瞻堂本石印本　内封題“羊城廣百宋齋藏本光緒乙酉仲冬之月上海同文書局石印”　鈐有“基督教齊魯大學圖書館”　四冊

370000－1542－0004208　815.9/12　集部/總集類

名賢手札不分卷　(清)郭慶藩輯　清光緒十一年(1885)上海同文書局據光緒岵瞻堂本石印本　内封題“羊城廣百宋齋藏本光緒乙酉仲冬之月上海同文書局石印”　四冊

370000－1542－0004209　815.6/3　集部/別集類/宋別集

蘇東坡尺牘八卷　(宋)蘇軾撰　清光緒三十四年(1908)上海掃葉山房石印本　十二行二十八字白口單魚尾四周雙邊　内封題“光緒戊申上海埽葉山房石印”　鈐有“齊魯大學圖書館藏書”　四冊

370000－1542－0004210　815.6/3　集部/別集類/宋別集

黃山谷尺牘十卷　(宋)黃庭堅撰　清光緒三十四年(1908)上海掃葉山房石印本　十二行二十八字白口單魚尾四周雙邊　内封題“光緒戊申上海埽葉山房石印”　鈐有“齊魯大學圖書館藏書”　四冊

370000－1542－0004211　815.6/5　集部/別

集類/宋別集

山谷老人刀筆二十卷山谷題跋四卷 (宋)黄庭堅撰 清道光浦江周氏紛欣閣刻本 十行二十二字白口雙魚尾左右雙邊 鈐有"齊魯大學圖書館藏書""浣華居""紙窗明月""竹榻涼風""仿晉齋書畫記""董芾印""董""芾" 六册

370000-1542-0004212 815.6/5 集部/別集類/宋別集

山谷老人刀筆二十卷 (宋)黄庭堅撰 清道光浦江周氏紛欣閣刻本 十行二十二字白口雙魚尾左右雙邊 鈐有"容鄹軒珍藏" 六册

370000-1542-0004213 815.8/4 集部/別集類/明別集

熊襄愍公尺牘四卷 (明)熊廷弼撰 (清)熊本槐輯 清光緒三十四年(1908)湖北武昌璞園刻本 九行二十五字白口單魚尾四周雙邊 内封題"光緒戊申刊於湖北武昌璞園" 四册

370000-1542-0004214 815.9/9 集部/別集類/明別集

歸震川先生尺牘二卷 (明)歸有光撰 清宣統元年(1909)中國書畫會石印本 十一行二十一字白口單魚尾四周雙邊 内封題"宣統元年中國書畫會印" 鈐有"齊魯大學圖書館藏書" 二册

370000-1542-0004215 815.9/19 集部/別集類/清別集

錢牧齋尺牘三卷外編一卷 (清)錢謙益撰 清宣統二年(1910)上海時中書局鉛印本 十行二十字黑口單魚尾左右雙邊 内封題"宣統庚戌上海時中書局校印" 鈐有"齊魯大學圖書館藏書" 四册

370000-1542-0004216 815.9/32 集部/別集類/清別集

顧亭林先生尺牘一卷 (清)顧炎武撰 清宣統三年(1911)上海文明書局鉛印本 十二行三十三字白口單魚尾四周雙邊 内封題"宣統三年三月出版 上海文明書局發行" 一册

370000-1542-0004217 815.9/1 集部/別集類/清別集

音注小倉山房尺牘八卷附補遺一卷 (清)袁枚撰 (清)胡光斗箋釋 清光緒十四年(1888)奎照樓朱墨套印本 上欄十一行五字下欄十一行三十三字小字雙行同白口雙魚尾左右雙邊 内封題"光緒戊子年孟夏古越奎照樓重栞" 四册

370000-1542-0004218 815.9/2 集部/別集類/清別集

黎文肅公書札三十卷 (清)黎培敬撰 清光緒十八年(1892)湖南黎氏刻本 十一行二十一字黑口左右雙邊 十册

370000-1542-0004219 815.9/4 集部/別集類/清別集

重刻賴古堂尺牘新鈔三選結鄰集十六卷 (清)周在浚等編 清道光六年(1826)北平雷學淦江西義寧官署刻本 九行二十字小字雙行同眉批小字雙行四字白口單魚尾四周單邊 内封題"初刻祇十五卷甲午歲于門人龔滙舸處得第十六卷遂成完善" 六册

370000-1542-0004220 815.9/5 集部/別集類/清別集

潛園友朋書問十二卷 (清)陸心源輯 清光緒三十三年(1907)刻本 行字不等 四册

370000-1542-0004221 815.9/13 集部/別集類/清別集

曹李尺牘合選二卷 (清)茅復編 清世德堂刻本 佚名圈點 十行二十三字黑口雙魚尾左右雙邊 内封題"世德堂藏板" 鈐有"齊魯大學圖書館藏書" 二册

370000-1542-0004222 815.9/15 集部/別集類/清別集

兩罍軒尺牘十二卷 (清)吳雲撰 清宣統二年(1910)上海時中書局石印本 二十行四十字白口單魚尾四周單邊 内封題"宣統二年上海時中書局印行" 四册

370000－1542－0004223　815.9/16　集部/別集類/清別集

海上鴻泥偶存八卷　(清)羅鳳藻輯　清道光二十八年(1848)文光堂刻本　九行二十一字白口單魚尾四周單邊　内封題“道光戊申冬文光堂梓行”　八册

370000－1542－0004224　815.9/20　集部/別集類/清別集

培遠堂手札節存一卷　(清)陳弘謀撰　清光緒五年(1879)任道鎔保陽藩署刻本　八行二十字白口單魚尾四周雙邊　鈐有“齊魯大學圖書館藏書”　一册

370000－1542－0004225　815.9/27　集部/別集類/清別集

惜抱先生尺牘八卷　(清)姚鼐撰　(清)陳用光編　清宣統元年(1909)小萬柳堂據海源閣本重校刻本　九行十八字白口單魚尾左右雙邊　内封題“宣統初元小萬柳堂據海源閣本重槧刊”　鈐有“李錦章”“廉吳審定”“金匱廉泉桐城吳芝瑛夫婦共欣賞之印”“廉泉之印”“南湖”“南湖居士”　四册

370000－1542－0004226　815.9/35　集部/別集類/清別集

曾文正公家書十卷曾文正公家訓二卷　(清)曾國藩撰　清光緒十二年(1886)著易堂鉛印本　十一行二十七字白口單魚尾四周雙邊　内封題“著易堂仿聚珍版印”　鈐有“齊魯大學圖書館藏書”　十二册

370000－1542－0004227　815.9/35　集部/別集類/清別集

曾文正公家書十卷曾文正公家訓二卷　(清)曾國藩撰　**榮哀録一卷大事記四卷**　(清)王定安撰　清光緒十三年(1887)鴻文書局鉛印本　十五行三十七字白口單魚尾四周雙邊　内封題“光緒丁亥仲夏鴻文書局鉛印”　鈐有“齊魯大學圖書館藏書”　八册

370000－1542－0004228　815.9/36　集部/總集類

李文忠公朋僚函稿二十四卷　(清)李鴻章撰　(清)吳汝綸編　清光緒二十八年(1902)蓮池書社鉛印本　十二行二十八字黑口四周雙邊　鈐有“齊魯大學圖書館藏書”“蓮池書社”　十二册

370000－1542－0004229　815.9/37　集部/別集類/清別集

左文襄公書牘節要二十六卷　(清)左子異編　(清)楊道霖節要　清光緒二十八年(1902)刻本　十行二十字小字雙行同白口單魚尾四周單邊　鈐有“齊魯大學圖書館藏書”　十二册

370000－1542－0004230　815.9/39　集部/別集類/清別集

弢園尺牘十二卷　(清)王韜撰　清光緒六年(1880)鉛印本　十二行二十三字白口雙魚尾四周雙邊　内封題“庚辰秋重校印於天南遯窟”　鈐有“齊魯大學圖書館藏書”“書業德新發兑”　四册

370000－1542－0004231　815.9/39－2　集部/別集類/清別集

弢園尺牘續鈔六卷　(清)王韜撰　清光緒十五年(1889)鉛印本　十二行二十六字下黑口單魚尾四周雙邊　内封題“光緒己丑以活字版排印”　鈐有“齊魯大學圖書館藏書”　二册

370000－1542－0004232　813/21　集部/詩文評類

文心雕龍十卷　(南朝梁)劉勰撰　(清)黄叔琳注　(清)紀昀評　清道光十三年(1833)兩廣節署刻朱墨套印本　十行二十一字小字雙行同眉批小字雙行六字白口單魚尾左右雙邊　内封題“道光十三年冬栞於兩廣節署”　鈐有“齊魯大學圖書館藏書”　四册

370000－1542－0004233　813/21　集部/詩文評類

文心雕龍十卷　(南朝梁)劉勰撰　(清)黄叔琳注　(清)紀昀評　清道光十三年(1833)兩廣節署刻朱墨套印本　十行二十一字小字雙行同眉批小字雙行六字白口單魚尾左右雙邊

内封題“道光十三年冬栞於兩廣節署　粤東省城翰墨園藏板”　四册

370000－1542－0004234　813/21　集部/詩文評類

文心雕龍十卷　(南朝梁)劉勰撰　(清)黄叔琳注　(清)紀昀評　清光緒三年(1877)湖北崇文書局刻本　佚名圈點　十二行二十四字黑口雙魚尾四周雙邊　内封題“光緒三年三月湖北崇文書局開雕”　鈐有“石君辛巳以後所得書”　二册

370000－1542－0004235　813/102　集部/詩文評類

文苑英華辨證十卷附拾遺一卷　(宋)彭叔夏撰　清光緒二十年(1894)增刻武英殿聚珍版書本　九行二十一字白口單魚尾四周雙邊　一册

370000－1542－0004236　811.28/9　集部/詩文評類

明詩紀事甲三十卷乙二十二卷丙十二卷丁十七卷戊二十二卷己二十卷庚三十卷辛三十四卷　(清)陳田編　清光緒至宣統貴陽陳氏聽詩齋刻本　十一行二十一字小字雙行同白口單魚尾左右雙邊　甲籤牌記題“陳氏叢書聽詩齋藏”　乙籤牌記題“光緒甲辰貴陽陳氏聽詩齋刊”　丙籤牌記題“光緒丙午貴陽陳氏聽詩齋刊”　戊籤牌記題“光緒戊申貴陽陳氏聽詩齋刊”　辛籤牌記題“宣統辛亥貴陽陳氏聽詩齋刊”　鈐有“齊魯大學圖書館藏書”　三十八册

370000－1542－0004237　811.28/9　集部/詩文評類

明詩紀事甲三十卷乙二十二卷丙十二卷丁十七卷戊二十二卷己二十卷庚三十卷辛三十四卷　(清)陳田編　清光緒至宣統貴陽陳氏聽詩齋刻本　十一行二十一字小字雙行同白口單魚尾左右雙邊　甲籤牌記題“陳氏叢書聽詩齋藏”　乙籤牌記題“光緒甲辰貴陽陳氏聽詩齋刊”　丙籤牌記題“光緒丙午貴陽陳氏聽詩齋刊”　戊籤牌記題“光緒戊申貴陽陳氏聽詩齋刊”　辛籤牌記題“宣統辛亥貴陽陳氏聽詩齋刊”　三十八册

370000－1542－0004238　813/23　集部/詩文評類

浩然齋雅談三卷　(宋)周密撰　清乾隆四十二年(1777)福建刻武英殿聚珍版書本　九行二十一字小字雙行同白口單魚尾左右雙邊　一册

370000－1542－0004239　813/24　集部/詩文評類

歲寒堂詩話二卷　(宋)張戒撰　清乾隆四十二年(1777)福建刻武英殿聚珍版書本　九行二十一字小字雙行同白口單魚尾左右雙邊　一册

370000－1542－0004240　813/24　集部/詩文評類

歲寒堂詩話二卷　(宋)張戒撰　清乾隆四十二年(1777)福建刻武英殿聚珍版書本　九行二十一字小字雙行同白口單魚尾四周雙邊　一册

370000－1542－0004241　813/67－2　集部/詩文評類

全唐詩話六卷　(宋)尤袤輯　清宣統三年(1911)上海三樂堂石印本　十一行二十五字白口單魚尾四周單邊　内封題“宣統辛亥三樂堂印　上海朝記書莊發行”　鈐有“齊魯大學圖書館藏書”　六册

370000－1542－0004242　813/51　集部/詩文評類

五代詩話八卷　(清)王士禛編　(清)鄭方坤删補　清宣統三年(1911)上海朝記書莊石印本　十五行二十八字黑口四周雙邊　内封題“上海朝記書莊出版”　四册

370000－1542－0004243　813/8　集部/詩文評類

杜工部詩話一卷　(清)劉鳳誥撰　清宣統二年(1910)上海埽葉山房石印本　十三行三十一字白口單魚尾四周雙邊　内封題“埽葉山房石印　宣統二年石印”　一册

370000－1542－0004244　813/70　集部/詩文評類
漁隱叢話六十卷後集四十卷　(宋)胡仔纂　清道光二十六年(1846)番禺潘氏刻海山仙館叢書本　九行二十一字黑口左右雙邊　内封題"道光丙午鐫　海山仙館叢書"　十册

370000－1542－0004245　813/101　集部/詩文評類
碧溪詩話十卷　(宋)黄徹撰　清乾隆四十二年(1777)福建刻武英殿聚珍版書本　九行二十一字白口單魚尾四周雙邊　鈐有"齊魯大學圖書館藏書"　一册

370000－1542－0004246　813/25　集部/詩文評類
隱居通議三十一卷　(元)劉壎撰　清光緒十一年(1885)南豐劉鈞刻本　十行二十二字白口單魚尾左右雙邊　鈐有"齊魯大學圖書館藏書"　四册

370000－1542－0004247　813/4　集部/詩文評類
四六叢話三十三卷附選詩叢話一卷　(清)孫梅輯　清嘉慶三年(1798)吳興舊言堂刻本　十行二十一字小字雙行同黑口雙魚尾左右雙邊　内封題"嘉慶三年二月鐫　吳興舊言堂藏板"　十二册

370000－1542－0004248　813/4　集部/詩文評類
四六叢話三十三卷附選詩叢話一卷　(清)孫梅輯　清光緒七年(1881)江蘇吳縣刻本　十行二十一字小字雙行同黑口雙魚尾左右雙邊　内封題"光緒七年歲次辛巳之月吳下重彫"　十二册

370000－1542－0004249　813/7　集部/詩文評類
甌北詩話十二卷　(清)趙翼撰　清光緒三十四年(1908)上海掃葉山房石印本　十一行二十五字白口單魚尾四周雙邊　内封題"光緒戊申上海埽葉山房石印"　四册

370000－1542－0004250　813/94　集部/詩文評類
甌北詩話十二卷　(清)趙翼撰　清光緒三十四年(1908)上海掃葉山房石印本　十一行二十五字白口單魚尾四周雙邊　内封題"光緒戊申上海埽葉山房石印"　鈐有"齊魯大學圖書館藏書"　四册

370000－1542－0004251　813/94　集部/詩文評類
甌北詩話十二卷　(清)趙翼撰　清光緒唐氏壽考堂刻本　佚名圈點　十一行二十一字白口單魚尾左右雙邊　内封題"壽考堂藏板"　牌記題"光緒三年滇南唐氏重刊"　鈐有"容刹軒珍藏"　二册

370000－1542－0004252　813/15　集部/詩文評類
藝苑名言八卷　(清)蔣瀾纂輯　清道光八年(1828)聚珍堂刻本　佚名圈點　八行十六字白口四周單邊　内封題"道光戊子嘉平新鐫　聚珍堂藏板"　四册

370000－1542－0004253　813/17　集部/詩文評類
隨園詩話十六卷補遺十卷　(清)袁枚撰　清宣統上海著易堂石印本　十九行四十字白口單魚尾四周雙邊　内封題"勤裕堂交著易堂印"　四册　缺六卷(補遺五至十)

370000－1542－0004254　813/32　集部/詩文評類
帶經堂詩話三十卷首一卷　(清)王士禛撰　(清)張宗柟編輯　清同治十二年(1873)廣州藏脩堂刻本　十二行二十三字黑口單魚尾左右雙邊　内封題"同治癸酉冬廣州藏脩堂重刊"　鈐有"林衡瑞印""容刹軒珍藏""湘父學塾獎品"　十册

370000－1542－0004255　813/32　集部/詩文評類
帶經堂詩話三十卷首一卷　(清)王士禛撰　(清)張宗柟編輯　清同治十二年(1873)廣州藏脩堂刻本　十二行二十三字黑口單魚尾左右雙邊　内封題"同治癸酉冬廣州藏脩堂重

刊” 八册

370000－1542－0004256 813/29 集部/詩文評類

漁洋詩話二卷 (清)王士禛撰 清宣統元年(1909)上海掃葉山房石印本 十四行三十一字白口單魚尾四周雙邊 内封題“宣統元年石印 掃葉山房” 一册

370000－1542－0004257 813/90 集部/詩文評類

漁洋分類詩話六卷 (清)王士禛撰 (清)喻端士編 清同治十三年(1874)盱南三餘書屋刻本 九行二十字白口雙魚尾四周雙邊 内封題“同治甲戌盱南三餘書屋重栞” 鈐有“熙州舒詠芷書畫藏記”“古皖舒氏”“紅豆詞人” 四册

370000－1542－0004258 813/35 集部/詩文評類

静志居詩話二十四卷 (清)朱彝尊撰 (清)姚柳依編輯 清嘉慶二十四年(1819)浙江姚氏扶荔山房原刻本 九行二十一字白口單魚尾四周雙邊 内封題“扶荔山房藏板” 十二册

370000－1542－0004259 813/39 集部/詩文評類

詩法入門十卷首一卷 (清)游藝編 清文盛堂刻本 佚名圈點 九行二十一字小字雙行同白口單魚尾四周單邊 内封題“文盛堂藏板” 鈐有“齊魯大學圖書館藏書” 四册

370000－1542－0004260 813/41 集部/詩文評類

廣陵詩事十卷 (清)阮元撰 清光緒十六年(1890)京師刻本 十行二十字白口單魚尾四周雙邊 内封題“光緒庚寅重刊版存京師揚州考館” 鈐有“齊魯大學圖書館藏書” 二册

370000－1542－0004261 813/42 集部/詩文評類

北江詩話六卷 (清)洪亮吉撰 清光緒三十四年(1908)上海掃葉山房石印本 十二行二十六字白口單魚尾四周雙邊 内封題“光緒戊申上海埽葉山房石印” 二册

370000－1542－0004262 813/81 集部/詩文評類

北江詩話六卷 (清)洪亮吉撰 清光緒三年(1877)授經堂刻本 十一行二十二字黑口單魚尾左右雙邊 内封題“光緒丁丑孟秋授經堂重鐫本” 鈐有“儀董學堂藏書圖記” 一册

370000－1542－0004263 813/85 集部/詩文評類

閨秀詩話四卷 (清)梁章鉅撰 清道光二十九年(1849)刻本 九行二十二字下黑口單魚尾左右雙邊 鈐有“王時俊印”“時俊”“石禪”“半畊堂”“王時俊” 一册 缺一卷(四)

370000－1542－0004264 813/87 集部/詩文評類

小匏庵詩存六卷末一卷小匏庵詩話十卷 (清)吳仰賢撰 清光緒嘉興吳氏家刻本 十二行二十四字小字雙行同黑口雙魚尾左右雙邊 内封題“光緒四年戊寅十月開雕版藏本宅” 六册

370000－1542－0004265 813/88 集部/詩文評類

敦園詩談八卷續編二卷 (清)許丙椿撰 清同治五年(1866)刻本 十行二十一字小字雙行同上黑口單魚尾四周雙邊 二册

370000－1542－0004266 813/93 集部/詩文評類

詩觸五卷附漁洋詩話二卷説詩晬語二卷 (清)朱琰編 清嘉慶三年(1798)刻本 九行二十二字雙魚尾左右雙邊 内封題“嘉慶戊午年新鐫 本衙藏板” 六册

370000－1542－0004267 813/97 集部/詩文評類

聲調譜説一卷 (清)吳紹澯撰 **通韻譜説一卷** (清)宋弼撰 清光緒二十七年(1901)歙縣吳氏堂邑官廨刻本 十行二十二字小字雙行同白口單魚尾四周雙邊 内封題“光緒辛

丑冬十二月初重刊于堂邑官廨　吳氏藏板”　一冊

370000－1542－0004268　813/109　集部/詩文評類

緑天香雪簃詩話八卷　(清)瞿園居士撰　清光緒至宣統鉛印本　十二行二十九字白口單魚尾四周雙邊　一冊　存四卷(一至四)

370000－1542－0004269　813.9/4　集部/詩文評類

騷壇八略二卷　(清)王楷蘇撰　清嘉慶二年(1797)洪侗劉大禧刻本　九行二十一字小字雙行同白口單魚尾四周單邊　鈐有“李錦章”　一冊

370000－1542－0004270　810/15　集部/詩文評類

片玉山房花箋録二十卷　(清)孫兆溎輯　清咸豐二年(1852)刻本　十一行二十一字黑口雙魚尾四周雙邊　内封題“咸豐二年壬子仲夏鐫　景福堂藏板”　十六冊

370000－1542－0004271　813/79　集部/詩文評類

詞餘叢話三卷續詞餘叢話三卷　(清)楊恩壽撰　清光緒長沙楊氏坦園叢稿刻本　九行二十一字白口單魚尾四周雙邊　内封題“長沙楊氏坦園藏板”　二冊

370000－1542－0004272　813/120　集部/詩文評類

聽秋聲館詞話二十卷　(清)丁紹儀撰　清同治八年(1869)刻本　十行二十一字小字雙行同黑口單魚尾四周雙邊　内封題“丁卯正月”　四冊

370000－1542－0004273　813/78　集部/詩文評類

詞源二卷　(宋)張炎撰　清光緒八年(1882)娛園刻本　十二行二十三字小字雙行同白口單魚尾左右雙邊　内封題“光緒八年壬午四月娛園開鋟”　鈐有“容谿軒珍藏”　一冊

370000－1542－0004274　813/47　集部/詩文評類

制義叢話二十五卷　(清)梁章鉅撰　清咸豐刻本　十二行二十五字小字雙行同黑口雙魚尾四周單邊　鈐有“齊魯大學圖書館藏書”　八冊

370000－1542－0004275　813/69　集部/詩文評類

古文筆法百篇二十卷　(清)黃仁黼編纂　清光緒八年(1882)滇南書局刻本　佚名批校　上欄小字雙行五字下欄九行二十五字眉批小字雙行六字白口單魚尾四周雙邊　内封題“光緒八年壬午莫春滇南書局鋟板”　四冊

370000－1542－0004276　813/53　集部/詩文評類

硯桂緒録十六卷　(清)林昌彝撰　清同治五年(1866)廣州刻本　十行二十三字小字雙行同白口單魚尾四周雙邊　内封題“同治五年歲次丙寅秋八月刊於廣州省城”　鈐有“齊魯大學圖書館藏書”“子建”　四冊

370000－1542－0004277　813/55　集部/詩文評類

有不爲齋隨筆十卷　(清)光聰諧撰　清光緒十四年(1888)蘇州藩署刻本　十三行二十四字黑口單魚尾左右雙邊　内封題“光緒十有四年九秋校刊于蘇州藩署”　鈐有“齊魯大學圖書館藏書”　二冊

370000－1542－0004278　813/33　集部/詩文評類

歷下偶談十卷續編十卷匡山叢話五卷　(清)王曉堂撰　清道光十一年(1831)王氏鵲華館刻本　八行二十二字白口單魚尾四周雙邊　内封題“辛卯夏五鐫　鵲華館藏板”　五冊　缺六卷(續編五至十)

370000－1542－0004279　813/19　集部/詩文評類

餘墨偶談八卷　(清)孫檈編　清同治十二年(1873)雙峯書屋刻本　八行十六字小字雙行同下黑口單魚尾左右雙邊　内封題“癸酉孟冬刻於雙峰書屋”　鈐有“齊魯大學圖書館藏

書”　四冊

370000－1542－0004280　813/126　集部/詩文評類

四溟詩話四卷　(明)謝榛撰　清道光二十五年(1845)刻海山仙館叢書本　九行二十一字黑口左右雙邊　内封題“道光乙巳鐫　海山仙館叢書”　一册

370000－1542－0004281　740/61　集部/詩文評類

漢詩評十卷　(清)李因篤音評　(清)康乃心手録　清刻本　九行二十字白口單魚尾左右雙邊　二册

370000－1542－0004282　813/122　集部/詩文評類

蓮子居詞話四卷　(清)吳衡照撰　清道光十二年(1832)錢唐汪氏振綺堂刻本　十行二十字黑口單魚尾左右雙邊　内封題“道光壬辰秋錢唐汪氏振綺堂開雕”　一册

370000－1542－0004283　813/133　集部/詩文評類

紅樓夢評贊　(清)王希廉撰　清光緒二年(1876)上海刻本　九行二十字小字雙行同白口單魚尾左右雙邊　内封題“光緒丙子夏滬上重鐫”　鈐有“勞山夢夫”“勞福泉”“勞二”　三册

370000－1542－0004284　813/140　集部/詩文評類

石洲詩話八卷　(清)翁方綱撰　清嘉慶二十年(1815)刻本　十行二十一字白口單魚尾左右雙邊　鈐有“菜根草堂”“一切歡喜四時吉祥”“生年不滿百常懷千歲憂晝長苦夜短何不秉燭游”“風月閑人”　一册　缺四卷(五至八)

370000－1542－0004285　813/127　集部/詩文評類

遼詩話二卷　(清)周春輯　清同治九年至光緒五年(1870－1879)古岡劉氏藏修書屋刻本　九行二十字小字雙行同黑口單魚尾左右雙邊　二册

370000－1542－0004286　813/123　集部/詩文評類

藝概六卷　(清)劉熙載撰　清同治十二年(1873)刻本　十一行二十一字白口單魚尾左右雙邊　二册

370000－1542－0004287　813/112　集部/詩文評類

歷朝文學史一卷　(清)竇警凡撰　清鉛印本　十二行三十三字白口單魚尾四周雙邊　一册

370000－1542－0004288　812.46/9　集部/詞類

白石道人歌曲四卷別集一卷　(宋)姜夔撰　清光緒十年(1884)娛園刻本　十二行二十三字小字雙行同白口單魚尾左右雙邊　内封題“光緒十年甲申四月娛園開鋟”　鈐有“章石承印”　一册

370000－1542－0004289　812.48/43　集部/詞類

新樂府詞一卷　(明)萬斯同撰　清同治八年(1869)刻本　十行二十一字小字雙行同黑口雙魚尾左右雙邊　一册

370000－1542－0004290　812.49/8　集部/詞類

有正味齋詞集八卷　(清)吳錫麒撰　清宣統元年(1909)上海掃葉山房石印本　十四行三十一字白口單魚尾四周雙邊　鈐有“齊魯大學圖書館藏書”　三册

370000－1542－0004291　812.49/37　集部/詞類

眉綠樓詞六種　(清)顧文彬撰　清光緒五年(1879)刻本　九行二十一字白口單魚尾左右雙邊　鈐有“墻靡院圖書印”“薔薇院藏書記”　四册

370000－1542－0004292　812.49/48　集部/詞類

紅雪詞甲集二卷乙集二卷附詞餘一卷　(清)馮雲鵬撰　清嘉慶掃紅亭精刻本　六行十七字白口單魚尾四周雙邊　内封題“掃紅亭繕

本” 四册

370000－1542－0004293 812.49/53 集部/詞類

曝書亭集詞注七卷 (清)李富孫纂 清嘉慶十九年(1814)校經廎刻本 十一行二十三字小字雙行三十一字白口單魚尾左右雙邊 内封題“校經廎藏版” 四册

370000－1542－0004294 812.49/56 集部/詞類

琴隱園詞殘稿一卷 (清)湯貽汾撰 清光緒二十二年(1896)寄傲軒刻本 十一行二十一字白口單魚尾左右雙邊 内封題“光緒丙申十二月寄傲軒重刊” 一册

370000－1542－0004295 812.49/68 集部/詞類

海南歸櫂詞二卷續一卷 (清)劉燿椿撰 (清)花壽山輯 清咸豐五年(1855)刻本 佚名圈點批點 九行二十一字小字雙行同白口單魚尾四周雙邊 内封題“咸豐乙卯秋” 鈐有“劉惲私印”“師存” 一册

370000－1542－0004296 812.49/70 集部/詞類

靈芬館詞七卷 (清)郭麐撰 清光緒五年(1879)娱園刻本 十二行二十三字白口單魚尾左右雙邊 内封題“光緒五年己卯八月娱園開鋟” 二册

370000－1542－0004297 812.4/16 集部/戲劇類

第六才子書西廂記八卷 (元)王實甫 (元)關漢卿撰 (清)金聖歎評 清嘉慶二十二年(1817)裕文堂刻本 佚名圈點 十行二十二字小字雙行同白口單魚尾四周單邊 内封題“嘉慶二十二年 裕文堂原板” 鈐有“祖垚”“汪逑之印” 六册

370000－1542－0004298 812.47/2－7 集部/戲劇類

增像第六才子書六卷 (元)王實甫撰 (清)金聖歎批點 (清)唐六如文韻 清光緒二十七年(1901)上海書局石印本 二十行四十字白口單魚尾四周雙邊 内封題“光緒辛丑上海書局石印” 二册

370000－1542－0004299 812.47/2－6 集部/戲劇類

增像第六才子書六卷 (元)王實甫撰 (清)金聖歎批點 (清)唐六如文韻 清光緒十年(1884)廣州重刻朱墨套印本 九行十六字小字雙行同眉批小字雙行五字白口單魚尾四周雙邊 内封題“甲申仲冬月重刻于廣州” 鈐有“張繩棣” 六册

370000－1542－0004300 812.47/2－8 集部/戲劇類

懷永堂繪像第六才子書八卷 (元)王實甫撰 (清)金聖歎批點 (清)唐六如文韻 清刻本 八行十六字小字雙行同白口單魚尾四周雙邊 鈐有“齊魯大學圖書館藏書” 六册

370000－1542－0004301 812.47/2－9 集部/戲劇類

增補箋注繪像第六才子西廂釋解八卷 (清)金聖歎批點 (清)吳山三婦合評 (清)鄧汝寧音義 清致和堂刻本 每卷行款不一 内封題“致和堂梓行” 鈐有“李方地印”“齊魯大學圖書館藏書” 六册

370000－1542－0004302 812.47/2－10 集部/戲劇類

第六才子書八卷 (元)王實甫撰 (清)金聖歎批點 清刻本 十一行二十二字小字雙行同白口單魚尾四周單邊 鈐有“齊魯大學圖書館藏書” 六册

370000－1542－0004303 812.47/7 集部/戲劇類

繡像荊釵全傳六卷 (元)柯丹邱撰 清光緒二年(1876)喜雨山房刻本 八行二十字白口單魚尾四周單邊 内封題“光緒丙子歲季春古虞喜雨山房雕” 六册

370000－1542－0004304 812.4/10 集部/戲劇類

新刻真本唱口雙珠球全傳四十九卷 (清)黄子貞撰 清光緒三年(1877)刻本 十二行二

十四字白口單魚尾四周單邊　内封題“梁溪藏板”　十二册

370000－1542－0004305　812.4/11　集部/戲劇類

文星榜二卷　(清)沈起鳳撰　清刻本　九行二十字下黑口單魚尾左右雙邊　内封題“古香林藏板”　二册

370000－1542－0004306　812.4/12　集部/戲劇類

帝女花二卷　(清)黄燮清填詞　(清)查仲浩正譜　清光緒二十六年(1900)上海石印本　九行二十一字白口單魚尾四周雙邊　内封題“光緒庚子歲十一月上海石印”　二册

370000－1542－0004307　812.49/3　集部/戲劇類

補天石傳奇八種八卷　(清)周樂清撰　清道光十年(1830)周氏靜遠草堂刻本　六行十六字眉批小字雙行四字行間標工尺譜白口單魚尾四周雙邊　無格　内封題“道光庚寅仲冬靜遠草堂藏板”　八册

370000－1542－0004308　812.49/3　集部/戲劇類

補天石傳奇八種八卷　(清)周樂清撰　清道光十年(1830)周氏靜遠草堂刻本　六行十六字眉批小字雙行四字行間標工尺譜白口單魚尾四周雙邊　無格　内封題“道光庚寅仲冬靜遠草堂藏板”　八册

370000－1542－0004309　812.49/4　集部/戲劇類

笠翁十種曲二十卷　(清)李漁撰　清敦仁堂刻本　十一行二十三字白口單魚尾左右雙邊　内封題“敦仁堂梓行”　二十册

370000－1542－0004310　812.49/4　集部/戲劇類

笠翁十種曲二十卷　(清)李漁撰　清世德堂刻本　上欄小字雙行三字下欄十一行二十二字白口單魚尾四周單邊　内封題“笠翁傳奇十種　世德堂藏板”　二十册

370000－1542－0004311　812.49/4　集部/戲劇類

笠翁十種曲二十卷　(清)李漁撰　清刻本　上欄小字雙行三字下欄十一行二十二字白口單魚尾四周單邊　鈐有“李錦章”　五册　存五種(玉搔頭、慎鸞交、巧團圓、奈何天、比目魚)

370000－1542－0004312　812.49/5　集部/戲劇類

芝龕記六卷　(清)董榕撰　清光緒十五年(1889)四川刻本　十行十九字小字雙行同黑口單魚尾左右雙邊　内封題“光緒十五年孟春月刊于資中”　鈐有“私立齊魯大學國學研究所藏書之章”　六册

370000－1542－0004313　812.49/10－2　集部/戲劇類

紅雪樓九種曲十三卷　(清)蔣士銓撰　清道光至咸豐翻刻紅雪樓本　九行二十二字小字雙行同白口單魚尾四周單邊　八册

370000－1542－0004314　812.49/10　集部/戲劇類

紅雪樓九種曲十三卷　(清)蔣士銓撰　清道光至咸豐翻刻紅雪樓本　九行二十二字小字雙行同白口單魚尾四周單邊　内封題“清容外集　紅雪樓藏板”　十册

370000－1542－0004315　812.49/15　集部/戲劇類

藏園九種曲(紅雪樓九種曲)　(清)蔣士銓撰　清漁古堂刻本　九行二十二字小字雙行同眉批小字雙行五字白口單魚尾四周單邊　空谷香内封題“漁古堂藏版”　臨川夢内封題“紅雪樓藏板”　鈐有“敬和堂”“鑒初”　十二册

370000－1542－0004316　812.49/13　集部/戲劇類

紅樓夢散套十六卷　(清)荆石山民撰　清蟾波閣刻本　八行十九字白口左右雙邊　内封題“蟾波閣刊本”　鈐有“補袞堂珍藏”“多種名花當美人”“春喦”“月明林下美人來”“小

大以情”“仲二”“盛湖”“棣鄂樓”“宗江”“杏花著雨徧江南”“江左仲郎”“藏拙”“美人香草”“下里中子”“放浪形骸”“六峰閣”“第一郎君”“水瀟湘”“藻如”“杏花春雨”“惜花仙史” 四冊

370000－1542－0004317 812.49/20 集部/戲劇類
繡像落金扇全傳八卷 (清)吹竽先生重編 清同治十二年(1873)刻本 十行二十字白口單魚尾四周單邊 内封題“同治癸酉重鐫” 八冊

370000－1542－0004318 812.49/22 集部/戲劇類
玉獅堂傳奇十種(玉獅堂十種曲) (清)陳烺撰 清光緒十七年(1891)刻本 九行二十二字白口單魚尾四周雙邊 十四冊

370000－1542－0004319 812.49/23 集部/戲劇類
繡像文武香球十二卷 (清)二酉室主人編撰 清同治刻本 十一行二十二字白口單魚尾四周單邊 十二冊

370000－1542－0004320 812.49/24 集部/戲劇類
繡像義妖傳二十八卷 (清)陳遇乾撰 清光緒二年(1876)刻本 十行二十二字白口單魚尾四周單邊 内封題“光緒丙子春鐫” 鈐有“子明”“求無愧心” 十二冊

370000－1542－0004321 812.49/26 集部/戲劇類
繡像風箏誤八卷 (清)李漁編 清坊刻本 十行二十字白口單魚尾左右雙邊 六冊

370000－1542－0004322 812.49/27 集部/戲劇類
四香緣六卷 (清)朱鏡江編撰 清光緒二十年(1894)上海書局鉛印本 十四行三十二字白口四周雙邊 内封題“光緒甲午季春上海書局校印” 六冊

370000－1542－0004323 812.49/28 集部/戲劇類
桃溪雪傳奇二卷 (清)黄燮清填詞 (清)瞿傳鼎正譜 清光緒元年(1875)刻本 九行二十二字小字雙行同眉批小字雙行四字白口單魚尾左右雙邊 内封題“光緒初元春三月重鐫” 三冊

370000－1542－0004324 812.49/28－2 集部/戲劇類
桃溪雪二卷 (清)黄燮清填詞 (清)瞿傳鼎正譜 清道光二十七年(1847)刻本 九行二十二字眉批小字雙行四字白口單魚尾左右雙邊 内封題“道光丁未年鐫 版藏馴雲閣” 一冊

370000－1542－0004325 812.49/29 集部/戲劇類
東廂記四卷 (清)湯世瀠撰 清光緒申報館鉛印本 十二行二十四字白口單魚尾四周雙邊 内封題“申報館仿聚珍板印” 四冊

370000－1542－0004326 812.49/30 集部/戲劇類
福壽大紅袍十四卷 (清)陸士珍撰 清道光元年(1821)刻本 十行二十字白口單魚尾四周雙邊 十六冊

370000－1542－0004327 812.49/31 集部/戲劇類
麒麟豹十卷 (清)陸士珍撰 清光緒元年(1875)玉積山房刻本 十行二十字白口單魚尾左右雙邊 内封題“光緒元年重鐫 玉積山房梓” 十冊

370000－1542－0004328 812.49/33 集部/戲劇類
慎鸞交傳奇二卷 (清)李漁撰 清刻本 十一行二十二字眉批小字雙行三字白口單魚尾四周單邊 二冊

370000－1542－0004329 812.49/36 集部/戲劇類
鸚鵡媒二卷 (清)錢維喬撰 清嘉慶十三年(1808)錢氏刻本 十行二十三字白口單魚尾左右雙邊 二冊

370000－1542－0004330　812.49/41　集部/戲劇類

繡像芙蓉洞全傳十卷　(清)陳遇乾撰　清道光十六年(1836)刻本　十行二十字白口單魚尾四周單邊　内封題"道光丙申孟秋重刊"　十冊

370000－1542－0004331　812.49/45　集部/戲劇類

紅樓夢傳奇八卷　(清)陳鍾麟填詞　清道光十五年(1835)廣東汗青齋刻本　九行十九字眉批小字雙行四字下黑口左右雙邊　内封題"道光乙未"　四冊

370000－1542－0004332　812.49/45　集部/戲劇類

紅樓夢傳奇八卷　(清)陳鍾麟填詞　清道光十五年(1835)廣東汗青齋刻本　九行十九字眉批小字雙行四字下黑口左右雙邊　内封題"道光乙未"　鈐有"永祜慶長壽康""歡樂壽考""王寶庸""小崖""竹里草堂藏書""檢書燒竹短看劍引杯長""不能擔糞箸棋""花怯曉風寒蝶夢柳愁春雨濕鶯聲""綠綺鳳凰梧桐庭院青春鸚鵡楊柳樓臺""徵三氏"　八冊

370000－1542－0004333　812.49/50　集部/戲劇類

瘞雲巖傳奇二卷　(清)許善長撰　清光緒三年(1877)碧聲吟館刻本　九行二十二字白口單魚尾左右雙邊　内封題"光緒丁丑三月碧聲吟館開雕"　二冊

370000－1542－0004334　812.49/58　集部/戲劇類

鳳求凰(鴛鴦賺)二卷　(清)李漁撰　清世德堂刻本　上欄小字雙行三字下欄十一行二十二字白口單魚尾四周單邊　鈐有"容絜軒珍藏"　二冊

370000－1542－0004335　812.49/59　集部/戲劇類

玉搔頭傳奇二卷　(清)李漁撰　清世德堂刻本　上欄小字雙行三字下欄十一行二十二字白口單魚尾四周單邊　二冊

370000－1542－0004336　812.49/72　集部/戲劇類

意中緣傳奇二卷　(清)李漁編　清刻本　十一行二十二字眉批小字雙行四字白口單魚尾四周單邊　鈐有"容絜軒珍藏"　二冊

370000－1542－0004337　812.49/72　集部/戲劇類

意中緣傳奇二卷　(清)李漁編　清刻本　十一行二十二字眉批小字雙行四字白口單魚尾四周單邊　二冊

370000－1542－0004338　812.49/74　集部/戲劇類

後緹縈南曲一卷　(清)汪宗沂編輯　清光緒十一年(1885)泰州夏氏刻本　十行二十四字眉批小字雙行四字白口單魚尾左右雙邊　内封題"光緒乙酉仲春泰州夏氏刊板"　一冊

370000－1542－0004339　812.49/49　集部/戲劇類

桃花扇傳奇二卷　(清)孔尚任編　清刻本　十行二十字眉批小字雙行四字白口四周單邊　四冊

370000－1542－0004340　039/584　集部/詞類

詞學叢書六種　(清)秦恩復編　清嘉慶至道光秦氏享帚精舍刻本　十行二十字白口單魚尾左右雙邊　鈐有"許星臺藏書印""況周頤""桂林況周頤藏書""蕙風簃""況""況又韓""又韓"　六冊

370000－1542－0004341　811.46/1　集部/詞類

宋六十一家詞選十二卷　(清)馮煦選　清宣統二年(1910)上海掃葉山房石印本　十四行三十字白口單魚尾四周雙邊　内封題"宣統二年石印　掃葉山房"　鈐有"齊魯大學圖書館藏書"　四冊

370000－1542－0004342　811.46/1　集部/詞類

宋六十一家詞選十二卷　(清)馮煦選　清宣統二年(1910)上海掃葉山房石印本　十四行

三十字白口單魚尾四周雙邊　内封題"宣統二年石印　掃葉山房"　鈐有"基督教齊魯大學圖書館"　四册

370000－1542－0004343　811.46/2　集部/詞類

宋七家詞選七卷　(清)戈載輯　清宣統三年(1911)上海掃葉山房石印本　十四行三十字白口單魚尾四周雙邊　内封題"宣統三年石印　掃葉山房"　三册

370000－1542－0004344　811.46/8　集部/詞類

宋六十名家詞　(明)毛晉編　清光緒十四年(1888)錢塘汪氏重刻汲古閣本　十一行二十字小字雙行同黑口左右雙邊　内封題"汲古閣原本錢塘汪氏重校栞"　鈐有"蔭鶴堂收藏印""王念曾印""天驄翁""寶應王氏梅田鶴簃藏書"　二十四册

370000－1542－0004345　811.4/2　集部/詞類

四印齋彙刻宋元三十一家詞三十一卷　(清)王鵬運輯　清光緒十九年(1893)王氏刻本　十行二十一字黑口左右雙邊　鈐有"紫藤華館"　四册

370000－1542－0004346　811.4/2　集部/詞類

四印齋彙刻宋元三十一家詞三十一卷　(清)王鵬運輯　清光緒十九年(1893)王氏刻本　十行二十一字黑口左右雙邊　鈐有"應椿""時於此中得少佳趣"　四册

370000－1542－0004347　811.4/2　集部/詞類

四印齋彙刻宋元三十一家詞三十一卷　(清)王鵬運輯　清光緒十九年(1893)王氏刻本　十行二十一字黑口左右雙邊　鈐有"詞客有靈應識我""齊魯大學圖書館藏書"　四册

370000－1542－0004348　811.46/6　集部/詞類

絕妙好詞箋七卷　(宋)周密編選　(清)查爲仁　(清)厲鶚箋　**續鈔一卷**　(清)余集輯　清同治十一年(1872)會稽章壽康刻本　佚名圈點　十一行二十三字小字雙行同白口單魚尾左右雙邊　内封題"同治十一年冬會稽章氏重初"　鈐有"齊魯大學圖書館藏書""範伯珎臧"　三册

370000－1542－0004349　811.46/6　集部/詞類

絕妙好詞箋七卷　(宋)周密編選　(清)查爲仁　(清)厲鶚箋　**續鈔一卷**　(清)余集輯　清宣統元年(1909)上海沅記書莊石印本　十二行二十七字小字雙行同白口單魚尾四周單邊　内封題"宣統元年仲春月上海沅記書莊印"　鈐有"齊魯大學圖書館藏書"　四册

370000－1542－0004350　811.46/4　集部/詞類

絕妙好詞箋七卷　(宋)周密編選　(清)查爲仁　(清)厲鶚箋　(清)余集輯　**續鈔一卷**　(清)余集輯　**補録一卷**　(清)徐楙輯　清上海掃葉山房據道光錢塘徐氏刻本石印本　十二行二十七字小字雙行同白口單魚尾四周雙邊　内封題"弁陽老人周密原本　埽葉山房石印"　鈐有"李錦章"　二册

370000－1542－0004351　811.45/1　集部/詞類

十國宮詞一百首　(清)吳省蘭纂　清同治十二年(1873)淮南書局刻本　十一行二十一字小字雙行同白口單魚尾左右雙邊　内封題"同治癸酉仲春淮南書局重刊"　鈐有"齊魯大學圖書館藏書"　一册

370000－1542－0004352　811.45/1　集部/詞類

十國宮詞一百首　(清)吳省蘭纂　清同治十二年(1873)淮南書局刻本　十一行二十一字小字雙行同白口單魚尾左右雙邊　内封題"同治癸酉仲春淮南書局重刊"　一册

370000－1542－0004353　811.46/5　集部/詞類

漱玉詞一卷　(宋)李清照撰　清光緒七年(1881)四印齋刻本　十行二十字小字雙行同

白口單魚尾左右雙邊　鈐有"容刹軒珍藏"　一册

370000－1542－0004354　811.46/5　集部/詞類

斷腸詞一卷　(宋)朱淑真撰　清光緒七年(1881)四印齋刻本　十行二十字小字雙行同白口單魚尾左右雙邊　一册

370000－1542－0004355　811.46/5　集部/詞類

漱玉詞一卷　(宋)李清照撰　清石印本　十二行二十八字黑口單魚尾四周雙邊　一册

370000－1542－0004356　811.46/5　集部/詞類

斷腸詞一卷　(宋)朱淑真撰　清石印本　十二行二十八字黑口單魚尾四周雙邊　一册

370000－1542－0004357　811.4/38　集部/詞類

宋元名家詞　(清)江標輯　清光緒二十一年(1895)湖南思賢書局刻本　十一行二十字小字雙行同黑口左右雙邊　内封題"光緒乙未湖南思賢書局刊"　四册

370000－1542－0004358　811.48/2　集部/詞類

明宫詞一卷　(清)程嗣章輯　清宣統三年(1911)上海掃葉山房石印本　十四行三十字白口單魚尾四周雙邊　内封題"宣統三年上海埽葉山房石印"　一册

370000－1542－0004359　811.49/2　集部/詞類

明湖四客詞鈔四卷　(清)趙國華輯　清同治十三年(1874)刻本　九行二十一字白口單魚尾四周雙邊　一册

370000－1542－0004360　811.4/9　集部/詞類

影刊宋金元明本詞四十種附敍録一卷　吴昌綬輯　陶湘續輯　清宣統三年至民國六年(1911－1917)仁和吴氏雙照樓刻民國六年至十二年(1917－1923)武進陶氏涉園續刻本　行款不一　敍録内封題"甲子孟春訖工上虞羅振玉署"　續刻本内封題"杭州吴昌綬校閲上虞羅振玉署耑吴縣章鈺題籤武進董康督印丁巳春開雕壬戌迄工陶湘識"　四十一册

370000－1542－0004361　811.4/47　集部/詞類

樂府新編陽春白雪前集五卷後集五卷　(元)楊朝英編　清光緒三十一年(1905)南陵徐乃昌影元刻本　十六行二十七字白口左右雙邊　一册

370000－1542－0004362　811.4/11　集部/詞類

詞選二卷續二卷　(清)張惠言　(清)董毅編　清同治六年(1867)江蘇刻本　佚名圈點　十一行二十三字小字雙行同白口單魚尾左右雙邊　内封題"同治丁卯且月重刊"　一册

370000－1542－0004363　811.4/11　集部/詞類

詞選二卷續二卷　(清)張惠言　(清)董毅編　清同治十一年(1872)會稽章氏刻本　十一行二十三字小字雙行同白口單魚尾左右雙邊　内封題"同治十一年冬會稽章氏重刊"　四册

370000－1542－0004364　811.4/11　集部/詞類

詞選二卷續二卷　(清)張惠言　(清)董毅編　清光緒二十二年(1896)湖南翻刻江蘇張氏本　十一行二十字小字雙行同黑口四周單邊　鈐有"齊魯大學圖書館藏書""子餘""天放"　一册

370000－1542－0004365　811.4/16　集部/詞類

三家宫詞一卷二家宫詞一卷　(明)毛晉輯　清同治十二年(1873)淮南書局刻本　十一行二十一字小字雙行同黑口單魚尾左右雙邊　内封題"同治癸酉仲夏淮南書局重刊"　一册

370000－1542－0004366　811.4/16　集部/詞類

三家宫詞一卷二家宫詞一卷　(明)毛晉輯

清宣統三年(1911)上海掃葉山房石印本　十四行三十二字小字雙行同白口四周雙邊　内封題"東吳毛子晉先生輯　上海埽葉山房石印　宣統三年石印"　一冊

370000－1542－0004367　811.4/45　集部/詞類

白香詞譜箋四卷　(清)舒夢蘭編　(清)謝朝徵箋　清光緒十一年(1885)刻本　十行二十四字小字雙行同黑口左右雙邊　内封題"光緒乙酉秋仲刻成"　二冊

370000－1542－0004368　811.4/42　集部/詞類

清綺軒詞選十三卷　(清)夏秉衡選　清光緒二十一年(1895)校刻本　九行二十字白口單魚尾四周雙邊　四冊

370000－1542－0004369　811.4/67　集部/詞類

歷朝詞綜　(清)朱彝尊　(清)王昶輯　清光緒二十八年(1902)金匱浦氏刻本　十行二十一字黑口單魚尾左右雙邊　内封題"光緒壬寅金匱浦氏重修"　鈐有"蘇州鋷蔭堂鑑記精造書籍章"　二十四冊

370000－1542－0004370　811.49/8　集部/詞類

國朝詞綜續編二十四卷　(清)黄燮清編纂　(清)張炳堃增訂　清同治十二年(1873)湖北刻本　十一行二十一字小字雙行同白口單魚尾左右雙邊　内封題"同治癸酉夏月刊于鄂垣旅次"　八冊

370000－1542－0004371　811.49/8　集部/詞類

國朝詞綜續編二十四卷　(清)黄燮清編纂　(清)張炳堃增訂　清同治十二年(1873)湖北刻本　十一行二十一字小字雙行同白口單魚尾左右雙邊　内封題"同治癸酉夏月刊于鄂垣旅次"　八冊

370000－1542－0004372　811.49/18　集部/詞類

小檀欒室彙刻閨秀詞十集　徐乃昌輯　清光緒二十一年至二十二年(1895－1896)南陵徐氏刻本　十一行二十一字黑口雙魚尾左右雙邊　鈐有"山陰宋氏藏書"　二十冊

370000－1542－0004373　811.4/69－2　集部/詞類

詞律二十卷　(清)萬樹撰　**拾遺六卷**　(清)徐本立纂　**補遺一卷**　(清)杜文瀾編　清光緒二年(1876)江蘇恩錫杜文瀾校刻本　七行二十一字小字雙行同白口單魚尾左右雙邊　内封題"光緒二年　吳下開雕"　十二冊

370000－1542－0004374　811.4/82　集部/詞類

詞學叢書六種　(清)秦恩復輯　清嘉慶至道光秦氏享帚精舍刻本　行款不一　内封題"享帚精舍藏版"　鈐有"啟寶圖書"　十二冊

370000－1542－0004375　039/471　類叢部/叢書類/自著之屬

安溪李文貞公解義三種　(清)李光地撰　清康熙五十八年(1719)清謹軒刻本　十一行二十字小字雙行同白口花雙魚尾四周單邊　内封題"清謹軒藏板"　鈐有"泰州劉漢臣麓樵氏印""平原陸氏""陸靖伯珍臧印""沆"　一冊

370000－1542－0004376　814/27－2　集部/詞類

四印齋所刻詞　(清)王鵬運輯　清光緒十四年(1888)王氏家塾刻本　行款不一　内封題"光緒戊子　王氏家塾"　鈐有"潮州城南謝氏小草堂藏"　九冊　缺五種十八卷(花間集十卷、精選名賢詞話草堂詩餘二卷、清真集二卷、集外詞一卷、蕭閑老人明秀集注四至六)

370000－1542－0004377　811.46/6　集部/詞類

絶妙好詞箋七卷附續鈔一卷　(宋)周密編選　(清)查爲仁　(清)厲鶚箋　(清)余集輯　清同治十一年(1872)會稽章壽康刻本　十一行二十三字小字雙行同白口單魚尾左右雙邊　内封題"同治十一年冬會稽章氏重初"　鈐有"齊魯大學圖書館藏書"　四冊

370000 - 1542 - 0004378　811.49/18　集部/詞類

閨秀詞鈔十六卷補遺一卷續補遺四卷　徐乃昌輯　清宣統三年(1911)刻本　十一行二十一字小字雙行同黑口雙魚尾左右雙邊　内封題“宣統辛亥二月　銅梁王瓘題”　十册

370000 - 1542 - 0004379　811.4/11　集部/詞類

樂府指迷一卷　(宋)沈義父撰　**詞源二卷**　(宋)張炎撰　**詞旨一卷**　(元)陸輔之撰　清光緒二十二年(1896)湖南翻刻江蘇張氏本　十一行二十字小字雙行同黑口四周單邊　鈐有“齊魯大學圖書館藏書”“子餘所藏”“傅□”　一册

370000 - 1542 - 0004380　814.6/25　集部/曲類

新刻玉釧緣全傳三十二卷　(□)□□編　清坊刻本　十行二十二字白口單魚尾四周單邊　三十二册

370000 - 1542 - 0004381　814.6/26　集部/曲類

鳳凰山(安邦後傳)七十二回　(□)□□編　清兩儀堂刻本　十行二十四字黑口單魚尾四周單邊　内封題“兩儀堂梓”　三十二册

370000 - 1542 - 0004382　814.9/166　集部/曲類

目蓮三世寶卷二卷　(□)□□編　清光緒十二年(1886)常州培本堂刻本　九行二十二字單魚尾四周單邊　内封題“光緒丙戌年新鐫　常州培本堂善書局藏板”　一册

370000 - 1542 - 0004383　814.9/167　集部/曲類

韓仙寶傳　(□)□□編　清刻本　九行二十四字白口單魚尾四周單邊　一册

370000 - 1542 - 0004384　814.9/168　集部/曲類

娱萱草彈詞三十二卷　(清)橘道人撰　清光緒二十年(1894)木活字印本　十一行二十一字白口單魚尾左右雙邊　内封題“光緒甲午仲夏蜜盦題籤”　鈐有“陸濟川印”“應祥之章”　六册

370000 - 1542 - 0004385　814.9/239　集部/曲類

果報録十二卷一百回　(清)海芝濤撰　清木活字印本　十二行二十一字白口單魚尾四周單邊　十册

370000 - 1542 - 0004386　812.49/12　集部/曲類

明史彈詞二卷　(清)龍柏編輯　清道光七年(1827)金閶步月樓刻本　十行二十字小字雙行約三十字白口單魚尾四周雙邊　内封題“道光丁亥春鐫　金閶步月樓藏板”　鈐有“元和吴石君戊戌以後所得書”“愛日樓”“壯學堂”　二册

370000 - 1542 - 0004387　811.4/19　集部/曲類

廿一史彈詞註十卷　(明)楊慎撰　(清)張三異增訂　清道光十二年(1832)富平楊浚刻本　十一行二十一字小字雙行同白口單魚尾四周雙邊　鈐有“私立齊魯大學國學研究所藏書之章”　十册

370000 - 1542 - 0004388　811.4/19　集部/曲類

明紀彈詞註二卷　(清)張三異撰　(清)張仲璜注　清道光十二年(1832)富平楊浚刻本　十一行二十一字小字雙行同白口單魚尾四周雙邊　鈐有“私立齊魯大學國學研究所藏書之章”　二册

370000 - 1542 - 0004389　814.9/23　集部/曲類

明紀彈詞注二卷　(清)張三異撰　(清)張仲璜注　清道光十二年(1832)富平楊浚刻本　十一行二十一字白口單魚尾四周雙邊　鈐有“私立齊魯大學國學研究所藏書之章”　二册

370000 - 1542 - 0004390　038/3 - 2　類叢部/叢書類/彙編之屬

增訂漢魏叢書八十六種　(清)王謨輯　清光緒二年(1876)紅杏山房刻民國四年(1915)蜀

南馬湖盧樹柟修補印本　九行二十字小字雙行同白口單魚尾左右雙邊　内封題"光緒丙子二年重鐫""板存四川宜賓縣盧氏家藏中華民國乙卯年仲夏月蜀南馬湖盧樹柟梓卿補修"　九十六册

370000－1542－0004391　038/3－2　類叢部/叢書類/彙編之屬

增訂漢魏叢書八十六種　(清)王謨輯　清光緒二年(1876)紅杏山房刻民國四年(1915)蜀南馬湖盧樹柟修補印本　九行二十字小字雙行同白口單魚尾左右雙邊　内封題"光緒丙子貳年重鐫　紅杏山房藏版"　九十七册　缺二種十七卷(鹽鐵論十二卷、伽藍記五卷)

370000－1542－0004392　038/3－2　類叢部/叢書類/彙編之屬

增訂漢魏叢書八十六種　(清)王謨輯　清光緒二十年(1894)湖南藝文書局校刻本　十行二十字小字雙行同白口單魚尾左右雙邊　内封題"光緒甲午年　湖南藝文書局校刊"　鈐有"齊魯大學圖書館藏書"　一百九册

370000－1542－0004393　038/4　類叢部/叢書類/彙編之屬

少室山房筆叢十二種四十八卷　(明)胡應麟輯　清光緒二十二年(1896)廣雅書局刻本　十一行二十四字小字雙行同黑口單魚尾四周單邊　内封題"光緒二十二年春二月廣雅書局校刊"　鈐有"私立齊魯大學國學研究所藏書之章""黄氏天倪樓藏"　八册

370000－1542－0004394　039/6　類叢部/叢書類/彙編之屬

問經堂叢書三十種　(清)孫馮翼輯　清嘉慶承德孫氏問經堂金陵刻本　十二行二十四字小字雙行同黑口雙魚尾四周單邊　内封題"嘉慶七年九月刊于金陵　問經堂孫氏藏"　十册　存十五種三十三卷(明堂考三卷、鄭氏遺書九卷、雅漢注三卷、説文正字二卷、神農本草經三卷、尸子二卷、燕丹子三卷、淮南萬畢術一卷、許慎淮南子注一卷、桓子新論一卷、典論一卷、皇覽一卷、司馬彪莊子注一卷、莊子注考逸一卷、世本一卷)

370000－1542－0004395　039/19　類叢部/叢書類/彙編之屬

守山閣叢書一百九種　(清)錢熙祚輯　清道光二十四年(1844)金山錢氏刻本　十一行二十三字小字雙行同黑口左右雙邊　鈐有"碧雲僊館珍藏書畫印""應椿"　一百二十八册

370000－1542－0004396　039/19　類叢部/叢書類/彙編之屬

守山閣叢書一百九種　(清)錢熙祚輯　清光緒十五年(1889)鴻文書局據清錢氏本石印本　十一行二十三字黑口左右雙邊　内封題"光緒己丑年嘉平月鴻文書局石印"　一百册

370000－1542－0004397　039/19　類叢部/叢書類/彙編之屬

守山閣叢書一百九種　(清)錢熙祚輯　清光緒十五年(1889)鴻文書局據清錢氏本石印本　十一行二十三字黑口左右雙邊　内封題"光緒己丑年嘉平月鴻文書局石印"　八十九册　存八十四種(一至八十四)

370000－1542－0004398　039/22　類叢部/叢書類/彙編之屬

惜陰軒叢書三十五種　(清)李錫齡輯　清道光十四年至二十六年(1834－1846)三原李錫齡惜陰軒刻咸豐八年(1858)續刻本　十行二十二字黑口單魚尾四周單邊　内封題"宏道書院藏板"　一百二十四册

370000－1542－0004399　039/22　類叢部/叢書類/彙編之屬

惜陰軒叢書三十五種　(清)李錫齡輯　清道光十四年至二十六年(1834－1846)三原李錫齡惜陰軒刻咸豐八年(1858)續刻本　十行二十二字黑口單魚尾四周單邊　内封題"宏道書院藏板"　鈐有"齊魯大學圖書館藏書"　六十二册　存十九種一百七十七卷(京畿金石考二卷,雍州金石記十卷、記餘一卷,北溪字義二卷、補遺一卷,嚴陵講義一卷,正蒙會稿四卷,宋四子抄釋二十一卷,陣紀四卷,小兒藥證眞訣三卷,衛生寶鑑二十四卷、補遺一卷,書法離鉤十卷,六如畫譜三卷,新增格古要論十三卷,元城語録解三卷、行録解一卷,

兩山墨談十八卷,見物五卷,事物紀原十卷,書敍指南二十卷,表異録二十卷)

370000－1542－0004400　039/22　類叢部/叢書類/彙編之屬

惜陰軒叢書三十五種　(清)李錫齡輯　清道光十四年至二十六年(1834－1846)三原李錫齡惜陰軒刻咸豐八年(1858)續刻本　十行二十二字黑口單魚尾四周單邊　内封題"宏道書院藏板"　七十七册　存十八種二百十卷(書法離鉤十卷,衛生寶鑑二十四卷,六如畫譜三卷,新增格古要論十三卷,元城語録解三卷、行録解一卷,見物五卷,兩山墨談十八卷,事物紀原十卷,書敍指南二十卷,表異録二十卷,清異録二卷,唐語林八卷,世説新語三卷,老子集解二卷、考異一卷,古文周易參同契註八卷,楚辭補註十七卷,古文苑二十一卷,呂涇野經説二十一卷)

370000－1542－0004401　039/22－2　類叢部/叢書類/彙編之屬

惜陰軒叢書續編一種　(清)李錫齡輯　清咸豐八年(1858)刻本　十行二十二字黑口單魚尾左右雙邊　十册

370000－1542－0004402　039/40：C2　類叢部/叢書類/彙編之屬

宜稼堂叢書七種　(清)郁松年輯　清道光上海郁氏刻本　十一行二十二字小字雙行同黑口雙魚尾左右雙邊　内封題"道光辛丑陽月開雕"　鈐有"齊魯大學圖書館藏書"　六十册

370000－1542－0004403　039/40：C1　類叢部/叢書類/彙編之屬

宜稼堂叢書七種　(清)郁松年輯　清道光上海郁氏刻本　十一行二十二字小字雙行同黑口雙魚尾左右雙邊　内封題"道光辛丑小春月開雕"　六十二册

370000－1542－0004404　039/52：C1　類叢部/叢書類/彙編之屬

三長物齋叢書二十六種　(清)黄本驥輯　清道光二十七年(1847)湘陰蔣環刻本　十行二十一字小字雙行同白口單魚尾四周雙邊　内封題"道光二十七年重刊　知敬學齋藏板"　鈐有"經州蔣氏箸生藏書記"　六十四册

370000－1542－0004405　039/52：C2　類叢部/叢書類/彙編之屬

三長物齋叢書二十六種　(清)黄本驥輯　清道光二十七年(1847)湘陰蔣環刻本　十行二十一字小字雙行同白口單魚尾四周雙邊　鈐有"齊魯大學圖書館藏書"　八十四册　缺三種四十五卷(集古録跋尾十卷、集古錄目五卷、金石錄三十卷)

370000－1542－0004406　039/52：C3　類叢部/叢書類/彙編之屬

三長物齋叢書二十六種　(清)黄本驥輯　清道光二十七年(1847)湘陰蔣環刻本　十行二十一字小字雙行同白口單魚尾四周雙邊　鈐有"齊魯大學圖書館藏書"　八十册

370000－1542－0004407　039/55：C3　類叢部/叢書類/彙編之屬

武英殿聚珍版書一百四十九種　(清)金簡等編　清乾隆福建刻道光、同治間遞修光緒二十一年(1895)增刻本　九行二十一字小字雙行同白口單魚尾四周雙邊　内封題"道光戊子丁未同治戊戌三次修版辛未改刊三種光緒壬辰校誤補遺并重刻二種新增二十五種乙未十二月訖工"　鈐有"齊魯大學圖書館藏書"　一千册

370000－1542－0004408　039/55：C5　類叢部/叢書類/彙編之屬

武英殿聚珍版書一百四十八種　(清)金簡等編　清光緒二十五年(1899)廣雅書局刻本　九行二十一字小字雙行同白口單魚尾四周雙邊　鈐有"齊魯大學圖書館藏書"　八百三册

370000－1542－0004409　039/55：C2　類叢部/叢書類/彙編之屬

武英殿聚珍版書五十四種　(清)金簡等編　清同治十三年(1874)江西書局刻本　九行二十一字小字雙行同白口單魚尾四周雙邊　鈐有"齊魯大學圖書館藏書"　一百二十一册

370000－1542－0004410　039/55：C6　類叢部/叢書類/彙編之屬

武英殿聚珍版書一百四十九種　（清）金簡等編　清同治十三年（1874）江西書局刻本　九行二十一字小字雙行同白口單魚尾四周雙邊　鈐有"李錦章"　一百十五冊　缺三種十九卷（公是弟子記四卷、農桑輯要七卷、甕牖閒評八卷）

370000－1542－0004411　039/55：C4　類叢部/叢書類/彙編之屬

武英殿聚珍版書一百四十九種　（清）金簡等編　清乾隆浙江刻本　九行二十一字小字雙行同白口單魚尾左右雙邊　鈐有"齊魯大學圖書館藏書"　一百二十冊

370000－1542－0004412　039/55：C1　類叢部/叢書類/彙編之屬

武英殿聚珍版書五十四種　（清）金簡等編　清同治十三年（1874）江西書局刻本　九行二十一字小字雙行同白口單魚尾四周雙邊　內封題"同治甲戌仲春江西書局重修"　一百二十八冊

370000－1542－0004413　039/62：C1　類叢部/叢書類/彙編之屬

經訓堂叢書二十一種　（清）畢沅輯　清光緒十三年（1887）上海大同書局石印本　十四行三十三字小字雙行同白口單魚尾四周雙邊　十六冊

370000－1542－0004414　039/62：C2　類叢部/叢書類/彙編之屬

經訓堂叢書二十一種　（清）畢沅輯　清光緒十三年（1887）上海大同書局石印本　十四行三十三字小字雙行同白口單魚尾四周雙邊　內封題"光緒十三年仲夏大同書局石印"　二十冊

370000－1542－0004415　039/62：C3　類叢部/叢書類/彙編之屬

經訓堂叢書二十一種　（清）畢沅輯　清光緒十三年（1887）上海大同書局石印本　十四行三十三字小字雙行同白口單魚尾四周雙邊　內封題"光緒十三年仲夏大同書局石印"　二十冊

370000－1542－0004416　039/62：C4　類叢部/叢書類/彙編之屬

經訓堂叢書二十一種　（清）畢沅輯　清乾隆鎮洋畢氏刻本　十一行二十二字小字雙行同黑口雙魚尾四周單邊　鈐有"齊魯大學圖書館藏書"　二十四冊　缺三種十五卷（明堂大道錄八卷、禘說二卷、中州金石記五卷）

370000－1542－0004417　039/70：C1　類叢部/叢書類/彙編之屬

平津館叢書三十八種　（清）孫星衍輯　清光緒十一年（1885）吳縣朱氏槐廬家塾校刻本　行款不一　內封題"光緒乙酉冬月吳縣朱氏槐廬家塾藏板"　鈐有"孫谿朱氏槐廬家塾珍藏之章"　四十八冊

370000－1542－0004418　039/70：C2　類叢部/叢書類/彙編之屬

平津館叢書三十八種　（清）孫星衍輯　清光緒十一年（1885）吳縣朱氏槐廬家塾校刻本　行款不一　內封題"光緒乙酉冬月吳縣朱氏槐廬家塾藏板"　鈐有"朱氏槐廬審定"　五十四冊

370000－1542－0004419　039/70：C4　類叢部/叢書類/彙編之屬

平津館叢書三十八種　（清）孫星衍輯　清光緒十一年（1885）吳縣朱氏槐廬家塾校刻本　行款不一　內封題"光緒乙酉夏白堤八字橋朱氏槐廬家塾珍藏"　鈐有"齊魯大學圖書館藏書"　三十九冊　存十二種二百二卷（寰宇訪碑錄十二卷，說文解字三十卷，渚宮舊事五卷，三輔黃圖一卷，孔子集語十七卷，古文尚書考異六卷，古刻叢鈔一卷，續古文苑二十卷，抱樸子內篇二十卷、外篇五十卷，尚書今古文注疏三十卷，芳茂山人詩錄九卷，長離閣詩集一卷）

370000－1542－0004420　039/70：C3　類叢部/叢書類/彙編之屬

平津館叢書三十八種　（清）孫星衍輯　清嘉

慶蘭陵孫氏刻本　行款不一　四十一冊　存十一種一百九十七卷(寰宇訪碑録十二卷,古刻叢鈔一卷,說文解字三十卷,三輔黄圖一卷,孔子集語十七卷,古文尚書考異六卷,續古文苑二十卷,抱樸子内篇二十卷、外篇五十卷,尚書今古文注疏三十卷,芳茂山人詩録九卷,長離閣詩集一卷)

370000－1542－0004421　039/73:C1　類叢部/叢書類/彙編之屬
重刻拜經樓叢書七種　(清)吴騫輯　清光緒十一年(1885)會稽章氏鄂渚刻本　十行二十二字小字雙行同黑口雙魚尾左右雙邊　内封題"光緒乙酉冬會稽章氏刊于鄂渚"　八冊

370000－1542－0004422　039/73:C2　類叢部/叢書類/彙編之屬
重刻拜經樓叢書七種　(清)吴騫輯　清光緒十一年(1885)會稽章氏鄂渚刻本　十行二十二字小字雙行同黑口雙魚尾左右雙邊　内封題"光緒乙酉冬會稽章氏刊于鄂渚"　八冊

370000－1542－0004423　039/83:C1　類叢部/叢書類/彙編之屬
函海一百五十五種　(清)李調元輯　清道光五年(1825)李朝夔據乾隆萬卷樓版補刻本　行款不一　内封題"萬卷樓藏板"　鈐有"私立齊魯大學國學研究所藏書之章"　二百四冊

370000－1542－0004424　039/83:C2　類叢部/叢書類/彙編之屬
函海一百五十五種　(清)李調元輯　清道光五年(1825)李朝夔據乾隆萬卷樓版補刻本　行款不一　内封題"萬卷樓藏板"　鈐有"蹇翁""齊魯大學圖書館藏書"　一百六十冊　缺一種十卷(龍洲集十卷)

370000－1542－0004425　039/87:C2　類叢部/叢書類/彙編之屬
士禮居黄氏叢書二十五種　(清)黄丕烈輯　清光緒三年(1877)上海蜚英館石印本　行款不一　鈐有"齊魯大學圖書館藏書"　三十冊

370000－1542－0004426　039/97:C1　類叢部/叢書類/彙編之屬
春暉堂叢書十二種　(清)徐渭仁輯　清道光至咸豐上海徐氏刻同治補刻本　行款不一　十冊　存十一種三十六卷(來齋金石刻考略三卷、寓意録四卷、煙霞萬古樓詩選二卷、仲瞿詩録一卷、秋紅丈室遺詩一卷、陔南池館遺集二卷、雙樹生詩草一卷、紀半樵詩一卷、思適齋集十八卷、儀鄭堂殘稿二卷、賜硯齋題畫偶録一卷)

370000－1542－0004427　039/97:C2　類叢部/叢書類/彙編之屬
春暉堂叢書十二種　(清)徐渭仁輯　清道光至咸豐上海徐氏刻同治補刻本　行款不一　鈐有"齊魯大學圖書館藏書"　八冊　存六種二十五卷(陔南池館遺集二卷、雙樹生詩草一卷、紀半樵詩一卷、思適齋集十八卷、儀鄭堂殘稿二卷、賜硯齋題畫偶録一卷)

370000－1542－0004428　039/97:C3　類叢部/叢書類/彙編之屬
春暉堂叢書十二種　(清)徐渭仁輯　清道光至咸豐上海徐氏刻同治補刻本　行款不一　鈐有"吴石君壬子後所得物"　十二冊　存六種二十五卷(陔南池館遺集二卷、雙樹生詩草一卷、紀半樵詩一卷、思適齋集十八卷、儀鄭堂殘稿二卷、賜硯齋題畫偶録一卷)

370000－1542－0004429　039/103:C1　類叢部/叢書類/彙編之屬
檀几叢書一百五十七種　(清)王晫　(清)張潮輯　清吴門掃葉山房刻本　九行二十字白口四周單邊　内封題"吴門埽葉山房藏版"　十二冊

370000－1542－0004430　039/103:C3　類叢部/叢書類/彙編之屬
檀几叢書一百五十七種　(清)王晫　(清)張潮輯　清吴門掃葉山房刻本　九行二十字白口四周單邊　四冊　缺十五種十五卷(東江子一卷、鬱單越頌一卷、地理驪珠一卷、雁山雜記一卷、趙問一卷、荔枝話一卷、古人居家居鄉法一卷、艷體聯珠一卷、戒殺文一卷、九喜榻記一卷、行醫八事圖一卷、雪堂墨品一

卷、桐堦副墨一卷、南村觴政一卷、鴿經一卷)

370000－1542－0004431　039/104：C1　類叢部/叢書類/彙編之屬

龍威祕書一百七十八種　(清)馬俊良輯　清世德堂據石門馬氏版刻本　九行二十字小字雙行同黑口左右雙邊　内封題"世德堂重刊"　八十册

370000－1542－0004432　039/104：C3　類叢部/叢書類/彙編之屬

龍威祕書一百七十八種　(清)馬俊良輯　清世德堂據石門馬氏版刻本　九行二十字小字雙行同黑口左右雙邊　鈐有"小清秘室""臣芬""少室記""齊魯大學圖書館藏書"　八十册

370000－1542－0004433　039/108：C2　類叢部/叢書類/彙編之屬

海山仙館叢書五十六種　(清)潘仕成輯　清道光番禺潘氏刻本　九行二十一字黑口左右雙邊　内封題"道光己酉鐫　本館藏板"　一百二十一册

370000－1542－0004434　039/108：C1　類叢部/叢書類/彙編之屬

海山仙館叢書五十六種　(清)潘仕成輯　清道光番禺潘氏刻本　九行二十一字黑口左右雙邊　内封題"道光己酉鐫　本館藏板"　一百二十八册

370000－1542－0004435　039/108：C4　類叢部/叢書類/彙編之屬

海山仙館叢書五十六種　(清)潘仕成輯　清道光番禺潘氏刻本　九行二十一字黑口左右雙邊　内封題"道光己酉鐫　本館藏板"　鈐有"齊魯大學圖書館藏書"　九十八册

370000－1542－0004436　039/124　類叢部/叢書類/彙編之屬

别下齋叢書二十七種　(清)蔣光煦輯　清道光十七年(1837)海昌蔣氏刻本　十一行二十一字小字雙行同黑口左右雙邊　内封題"海昌蔣氏藏版"　鈐有"齊魯大學圖書館藏書"　二十四册　缺六種五十三卷(禮記異文釋八卷、漢魏六朝墓志銘纂例四卷、金石錄補二十七卷、石門碑醳一卷、榮祭酒遺文一卷、甌香館集十二卷)

370000－1542－0004437　039/133：C1　類叢部/叢書類/彙編之屬

湖海樓叢書十三種　(清)陳春輯　清嘉慶陳氏湖海樓刻本　十行二十字小字雙行同黑口左右雙邊　二十五册　缺三種三十一卷(周易鄭注七卷、論語類考二十卷、孟子雜記四卷)

370000－1542－0004438　039/133：C4　類叢部/叢書類/彙編之屬

湖海樓叢書十三種　(清)陳春輯　清嘉慶陳氏湖海樓刻本　十行二十字小字雙行同黑口左右雙邊　三十二册

370000－1542－0004439　039/133：C5　類叢部/叢書類/彙編之屬

湖海樓叢書十三種　(清)陳春輯　清嘉慶陳氏湖海樓刻本　十行二十字小字雙行同黑口左右雙邊　三十二册

370000－1542－0004440　039/133：C3　類叢部/叢書類/彙編之屬

湖海樓叢書十三種　(清)陳春輯　清嘉慶陳氏湖海樓刻本　十行二十字小字雙行同黑口左右雙邊　鈐有"齊魯大學圖書館藏書"　三十二册

370000－1542－0004441　039/133：C2　類叢部/叢書類/彙編之屬

湖海樓叢書十三種　(清)陳春輯　清嘉慶陳氏湖海樓刻本　十行二十字小字雙行同黑口左右雙邊　二十四册　存十種(一至十)

370000－1542－0004442　039/138：C1　類叢部/叢書類/彙編之屬

讀畫齋叢書四十六種　(清)顧修輯　清嘉慶四年(1799)桐川顧氏刻本　九行二十一字小字雙行同黑口左右雙邊　鈐有"禾生藏古""毓同長壽"　六十四册

370000－1542－0004443　039/242　類叢部/

叢書類/彙編之屬
讀畫齋叢書四十六種　(清)顧修輯　清嘉慶四年(1799)桐川顧氏刻本　九行二十一字小字雙行同黑口左右雙邊　鈐有"玖聃平之至愛之物""永清朱玖聃藏書記""齊魯大學圖書館藏書"　一百十二册　存五種(乙集一至五)

370000－1542－0004444　039/138:C2　類叢部/叢書類/彙編之屬
讀畫齋叢書四十六種　(清)顧修輯　清嘉慶四年(1799)桐川顧氏刻本　九行二十一字小字雙行同黑口左右雙邊　鈐有"齊魯大學圖書館藏書"　八册　存五種(乙集一至五)

370000－1542－0004445　039/148:C1　類叢部/叢書類/彙編之屬
昭代叢書九十種　(清)張潮輯　清康熙刻本　九行二十字小字雙行同白口四周單邊　鈐有"齊魯大學圖書館藏書"　十六册

370000－1542－0004446　039/148:C2　類叢部/叢書類/彙編之屬
昭代叢書九十種　(清)張潮輯　清康熙刻本　九行二十字小字雙行同白口四周單邊　鈐有"珠雲仙館藏書""齊魯大學圖書館藏書"　十二册　缺三種三卷(更定文章九命一卷、天官考異一卷、飯有十二合說一卷)

370000－1542－0004447　039/148:C4　類叢部/叢書類/彙編之屬
昭代叢書五百六十一種　(清)張潮　(清)張漸輯　(清)楊復吉等續輯　清道光吳江沈氏世楷堂刻本　九行二十字小字雙行同白口單魚尾左右雙邊　内封題"道光癸巳年鐫　世楷堂藏板"　鈐有"華陽謝氏家藏"　一百六十册　存五百種(甲集至癸集)

370000－1542－0004448　039/148:C3　類叢部/叢書類/彙編之屬
昭代叢書五百六十一種　(清)張潮　(清)張漸輯　(清)楊復吉等續輯　清道光吳江沈氏世楷堂刻本　九行二十字小字雙行同白口單魚尾左右雙邊　内封題"道光癸巳年鐫　世楷堂藏板"　鈐有"齊魯大學圖書館藏書"　一百三十三册　存三百六十八種(一至三百六十八)

370000－1542－0004449　039/174　類叢部/叢書類/彙編之屬
藝海珠塵二百六種　(清)吳省蘭輯　清嘉慶南匯吳氏聽彝堂刻本　十行二十一字白口單魚尾左右雙邊　内封題"聽彝堂藏版"　鈐有"齊魯大學圖書館藏書"　六十四册　存一百六十四種(甲集至辛集)

370000－1542－0004450　039/174　類叢部/叢書類/彙編之屬
藝海珠塵二百六種　(清)吳省蘭輯　清嘉慶南匯吳氏聽彝堂刻本　十行二十一字白口單魚尾左右雙邊　内封題"聽彝堂藏版"　六十册　存一百六十四種(甲集至辛集)

370000－1542－0004451　039/195　類叢部/叢書類/彙編之屬
古棠書屋叢書十九種　(清)孫澍　(清)孫錤輯　清道光鵝溪孫氏刻本　行款不一　内封題"孫氏藏板"　鈐有"齊魯大學圖書館藏書"　二十二册　存十四種一百二十三卷(杜主開明前志四卷,岷陽古帝墓祠後志八卷,國朝古文選二卷,楊文憲公年譜一卷,何竹有詩集二卷,岳容齋詩集四卷,許水南詩集二卷,制鯨堂詩選九卷,童山詩選五卷,小方壺試律詩二卷、附録一卷,孫春皋詩集二卷、文鈔二卷、外集二卷,虞文靖公道園全集六十卷,蜀詩十五卷,瘦石文鈔外集二卷)

370000－1542－0004452　039/219　類叢部/叢書類/彙編之屬
得月簃叢書二十一種　(清)榮譽輯　清道光九年至十一年(1829－1831)長白榮氏刻本　十行二十五字白口雙魚尾左右雙邊　鈐有"齊魯大學圖書館藏書"　十四册

370000－1542－0004453　039/221　類叢部/叢書類/彙編之屬
連筠簃叢書十五種　(清)楊尚文輯　清道光靈石楊氏刻本(羣書治要原缺四、十三、二十)

十行二十三字小字雙行同白口單魚尾四周單邊　内封題"道光戊申年鐫　靈石楊氏藏板"　鈐有"齊魯大學圖書館藏書"　三十六册　存十三種一百十卷（韻補五卷、附録一卷，韻補正一卷，元朝祕史十五卷，唐兩京城坊考五卷，長春真人西遊記二卷，漢石例六卷，句股截積和較算術二卷，橢圓術一卷，鏡鏡詅癡五卷，癸巳存稿十五卷，羣書治要四十七卷，湖北金石詩一卷，落颿樓文稿四卷）

370000－1542－0004454　039/228　類叢部/叢書類/彙編之屬

清頌堂叢書八種　（清）黄奭輯　清道光甘泉黄氏刻本　九行十九字小字雙行同黑口四周單邊　鈐有"齊魯大學圖書館藏書"　十六册

370000－1542－0004455　039/243　類叢部/叢書類/彙編之屬

賜硯堂叢書新編四十種　（清）顧沅輯　清道光十年（1830）長洲顧氏刻本　九行二十五字小字雙行同白口單魚尾左右雙邊　内封題"道光庚寅秋日長州顧氏開雕"　鈐有"臣嘉穀印""齊魯大學圖書館藏書"　二十四册

370000－1542－0004456　039/246　類叢部/叢書類/彙編之屬

玲瓏山館叢刻六種　（清）顧湘輯　清道光二十九年（1849）虞山顧氏印本　行款不一　内封題"道光二十九年六月吉日集板印成"　十册

370000－1542－0004457　039/258　類叢部/叢書類/彙編之屬

汗筠齋叢書四種　（清）秦鑑輯　清嘉慶四年（1799）嘉定錢氏刻本　十行二十字小字雙行同白口單魚尾左右雙邊　内封題"嘉慶三年　嘉定秦氏校刊"　鈐有"榮氏讀未見書齋珍藏""江西汪石琴家藏本""齊魯大學圖書館藏書""汪源"　九册

370000－1542－0004458　039/267　類叢部/叢書類/彙編之屬

述記四十六種　（清）任兆麟輯　清嘉慶十五年（1810）遂古堂刻本　九行十七字小字雙行同白口單魚尾左右雙邊　鈐有"齊魯大學圖書館藏書""朐生""西齋"　四册　存二十八種三十卷（夏小正一卷、鬻子一卷、逸周書一卷、周公謚法一卷、武王踐阼記一卷、弟子職一卷、管子一卷、老子一卷、晏子春秋一卷、家語一卷、曾子一卷、書序一卷、詩序一卷、孫子一卷、司馬法一卷、周易乾鑿度一卷、尸子一卷、荀卿子一卷、莊子一卷、楚辭一卷、韓詩外傳三卷、新序一卷、説苑一卷、列女傳一卷、揚子法言一卷、白虎通德論一卷、説文一卷、漢紀一卷）

370000－1542－0004459　039/390　類叢部/叢書類/彙編之屬

青照堂叢書四十四種　（清）李元春輯　清道光十五年（1835）朝邑劉氏刻本　九行二十字小字雙行同白口單魚尾左右雙邊　内封題"道光乙未朝邑劉氏刊　本堂藏板"　鈐有"齊魯大學圖書館藏書"　九十一册　存六十八種一百八十八卷（學宫輯略六卷，理學備考三卷，圖書檢要七卷，諸經緯遺一卷，經傳摭餘五卷，左氏兵法二卷，南華通七卷，廬長公史隲六卷、續史隲一卷，農桑書録要二卷，書簾緒論一卷，吕滎公官箴一卷，集古録一卷，金石史二卷，五經文字三卷，附五經文字疑一卷，新加九經字樣一卷，干禄字書一卷，俗書證誤一卷，金壺字考一卷，字書誤讀一卷，字林一卷，國朝四庫全書辨正通俗文字一卷，發音録一卷，四聲纂句一卷，刊誤一卷，袪疑説一卷，譚誤四卷，益聞散録三卷，七經要説二十六卷，蘇氏易傳十卷，尚書大傳一卷，尚書辨二卷，王氏詩考一卷，詩地理考二卷，詩書廣要四卷，爾雅鄭注三卷，拾雅十卷，楚辭新注一卷，史編雜録一卷，史義拾遺一卷，鐵崖詠史一卷，鉤喙録八卷，居官寡過録六卷，河防述言一卷，治河要語一卷，黄河考一卷，梅氏筆算五卷，句股淺述一卷，切韻射標一卷，古今韻通一卷，法帖譜系一卷，法帖刊誤一卷，石墨鐫華八卷，侯氏書品一卷，楊胡解紛四卷，病榻寤言一卷，松窗寤言一卷，桐窗囈説一卷，夢悟一卷，熙朝新語刊要一卷，古樂經三卷，西銘續生一卷，四字烏語一卷，真學

易簡編一卷，禮樂緒言一卷，純一圖一卷，叙天齋學約一卷，中庸撮總一卷，綱目大戰録三卷）

370000－1542－0004460　039/451　類叢部/叢書類/彙編之屬

正誼堂全書六十八種　（清）張伯行輯　（清）楊浚重輯　清同治五年（1866）福州正誼書院刻八年至九年（1869－1870）續刻本　十行二十二字小字雙行同白口單魚尾左右雙邊　牌記題"福州正誼書院藏版"　二百册　缺二種四卷（楊大洪先生文集二卷、海剛峯先生集二卷）

370000－1542－0004461　039/558　類叢部/叢書類/彙編之屬

淩氏傳經堂叢書三十種　（清）淩鎬　（清）淩鏞輯　清道光吳興淩氏傳經堂刻本　十行二十字黑口雙魚尾左右雙邊　四册　存八種十一卷（尚書述一卷、史記短長說二卷、東林粹語三卷、盤溪歸釣圖題辭一卷、讀詩拙言一卷、疏河心鏡一卷、青玉館集一卷、尚書考疑一卷）

370000－1542－0004462　039/26　類叢部/叢書類/彙編之屬

述古叢鈔二十七種　（清）劉晚榮輯　清同治至光緒劉氏藏修書屋刻本　九行二十字小字雙行同黑口單魚尾左右雙邊　内封題"藏脩堂藏版"　鈐有"紹庭""紹庭觀過""紫藤華館"　四十册

370000－1542－0004463　039/26　類叢部/叢書類/彙編之屬

述古叢鈔二十七種　（清）劉晚榮輯　清同治至光緒劉氏藏修書屋刻本　九行二十字小字雙行同黑口單魚尾左右雙邊　内封題"藏脩堂藏版"　鈐有"李錦章"　三十二册

370000－1542－0004464　039/32　類叢部/叢書類/彙編之屬

積學齋叢書二十種　徐乃昌輯　清光緒十九年（1893）南陵徐氏刻本　十一行二十一字小字雙行同黑口雙魚尾左右雙邊　内封題"南陵徐乃昌刻元和江標題此書衣光緒十九年五月記於京師"　十六册

370000－1542－0004465　039/32　類叢部/叢書類/彙編之屬

積學齋叢書二十種　徐乃昌輯　清光緒十九年（1893）南陵徐氏刻本　十一行二十一字小字雙行同黑口雙魚尾左右雙邊　内封題"南陵徐乃昌刻元和江標題此書衣光緒十九年五月記於京師"　鈐有"齊魯大學圖書館藏書"　十二册

370000－1542－0004466　039/42　類叢部/叢書類/彙編之屬

十萬卷樓叢書七十一種　（清）陸心源輯　清光緒歸安陸氏刻本　版式不一　内封題"光緒己卯歸安陸氏開雕"　八十册　存三十七種（初編一至十七、二編一至二十）

370000－1542－0004467　039/42　類叢部/叢書類/彙編之屬

十萬卷樓叢書七十一種　（清）陸心源輯　清光緒歸安陸氏刻本　版式不一　内封題"光緒己卯歸安陸氏開雕"　鈐有"齊魯大學圖書館藏書"　三十册　存十三種一百三十七卷（本草衍義二十卷、陸宣公奏議十五卷、史載之方二卷、陰證略例一卷、師友雜志一卷、紫微雜說一卷、可書一卷、東原錄一卷、葬書集注一卷、人倫大統賦二卷、集解道德經二卷、乙巳占十卷、夷堅志八十卷）

370000－1542－0004468　039/45　類叢部/叢書類/彙編之屬

木犀軒叢書三十三種　（清）李盛鐸輯　清光緒李氏木犀軒刻本　十一行二十一字小字雙行同左右雙邊　三十册　存二十一種一百二十四卷（京氏易八卷，詩考異字箋餘十四卷，荀勖笛律圖注一卷，管色考一卷，律吕臆說一卷，爾雅一切注音十卷，說文聲類二卷，諧聲補逸十卷，續方言疏證二卷，漢書音義三卷，孫氏祠堂書目七卷，平津館鑒藏書籍記五卷，廉石居藏書記二卷，平津讀碑記十五卷，海東金石存考一卷、待訪目一卷，易餘籥録二十卷，舊學蓄疑一卷，羣書答問三卷，曉菴遺書

十五卷，開方通釋一卷，心得要旨一卷）

370000－1542－0004469　039/45　類叢部/叢書類/彙編之屬

木犀軒叢書三十三種　（清）李盛鐸輯　清光緒李氏木犀軒刻本　十一行二十一字小字雙行同左右雙邊　内封題“光緒庚寅九月”　鈐有“齊魯大學圖書館藏書”　三十册　存二十種九十七卷（京氏易八卷、卦氣解一卷、毛詩禮徵十卷、詩考異字箋餘十四卷、儀禮禮服通釋六卷、車制考一卷、論語通釋一卷、笛律圖注一卷、管色考一卷、律呂臆說一卷、爾雅補郭二卷、說文聲類二卷、諧聲補逸十四卷、續方言疏證二卷、漢書音義四卷、孫氏祠堂書目七卷、平津館鑒藏書籍記五卷、曉菴遺書十五卷、開方通釋一卷、心得要旨一卷）

370000－1542－0004470　039/53　類叢部/叢書類/彙編之屬

對雨樓叢書五種　繆荃孫輯　清光緒江陰繆氏刻本　行款不一　内封題“江陰繆氏對雨樓叢書黄岡陶子麟刻”　四册　存四種二十五卷（南朝史精語十卷、附札記一卷，荀子考異一卷，詩品三卷，茅亭客話十卷）

370000－1542－0004471　039/54　類叢部/叢書類/彙編之屬

晨風閣叢書二十三種　沈宗畸輯　清宣統元年（1909）番禺沈氏校刻本　十一行二十一字黑口四周單邊　内封題“宣統元年沈氏校梓”　鈐有“周一郎”　十六册

370000－1542－0004472　039/54　類叢部/叢書類/彙編之屬

晨風閣叢書二十三種　沈宗畸輯　清宣統元年（1909）番禺沈氏校刻本　十一行二十一字黑口四周單邊　内封題“宣統元年沈氏校梓”　鈐有“齊魯大學圖書館藏書”　十六册

370000－1542－0004473　039/54－2　類叢部/叢書類/彙編之屬

晨風閣叢書甲集五十二種　沈宗畸輯　清光緒三十四年至宣統三年（1908－1911）鉛印本　行款不一　二十七册　存三十五種七十九卷（毛詩草木鳥獸蟲魚疏二卷、幕巢館札記一卷、懷珉精舍金石跋一卷、湖海樓集拾遺一卷、謀野集删二卷、實獲齋文鈔四卷、駢花閣文選四卷、晦僧文略二卷、石遺室詩友詩録六卷、湖海同聲集四卷、石間集一卷、明詩紀事鈔一卷、續詩人徵略後集二卷、湖船録一卷、五湖遊稿一卷、江鄉漁話一卷、銅仙殘淚一卷、芙蓉莊紅豆録一卷、謎話二卷、羅浮紀遊一卷、遼東行部志一卷、蘿菴遊賞小志一卷、建康同遊記一卷、異伶傳一卷、幽夢影一卷、今詞綜三卷、夢玉詞一卷、飲瑤漿館詞一卷、勉熹集詞一卷、鷗夢詞一卷、韻廔詞一卷、緑天香雪簃詩話八卷、眉韻樓詩話八卷、詩羣六卷、小三吾亭詞話五卷）

370000－1542－0004474　039/58：C3　類叢部/叢書類/彙編之屬

鐵華館叢書六種　（清）蔣鳳藻輯　清光緒長洲蔣氏影刻本　行款不一　内封題“光緒癸未”　十册

370000－1542－0004475　039/58：C2　類叢部/叢書類/彙編之屬

鐵華館叢書六種　（清）蔣鳳藻輯　清光緒長洲蔣氏影刻本　行款不一　内封題“光緒癸未”　鈐有“齊魯大學圖書館藏書”　六册

370000－1542－0004476　039/58：C1　類叢部/叢書類/彙編之屬

鐵華館叢書六種　（清）蔣鳳藻輯　清光緒長洲蔣氏影刻本　行款不一　内封題“光緒癸未”　鈐有“宛平查星階珍藏章”“星階”　六册

370000－1542－0004477　039/58：C4　類叢部/叢書類/彙編之屬

鐵華館叢書六種　（清）蔣鳳藻輯　清光緒長洲蔣氏影刻本　行款不一　内封題“光緒癸未”　鈐有“小懷鷗舫所藏金石書籍印”“小懷鷗舫”“東北文史研究所藏書”“吉林省哲學社會科學研究所藏書之印”　六册

370000－1542－0004478　039/61：C5　類叢部/叢書類/彙編之屬

榆園叢刻三十種 (清)許增輯 清同治至光緒仁和許氏刻民國修補本 十二行二十三字小字雙行同白口單魚尾左右雙邊 鈐有"齊魯大學圖書館藏書" 十六册

370000－1542－0004479 039/61：C4 類叢部/叢書類/彙編之屬

榆園叢刻三十種 (清)許增輯 清同治至光緒仁和許氏刻本 十二行二十三字小字雙行同白口單魚尾左右雙邊 鈐有"齊魯大學圖書館藏書" 十六册

370000－1542－0004480 039/61：C3 類叢部/叢書類/彙編之屬

榆園叢刻三十種 (清)許增輯 清同治至光緒仁和許氏刻本 十二行二十三字小字雙行同白口單魚尾左右雙邊 鈐有"齊魯大學圖書館藏書" 三十二册

370000－1542－0004481 039/61：C1 類叢部/叢書類/彙編之屬

榆園叢刻三十種 (清)許增輯 清同治至光緒仁和許氏刻本 十二行二十三字小字雙行同白口單魚尾左右雙邊 鈐有"齊魯大學圖書館藏書" 十六册

370000－1542－0004482 039/61：C2 類叢部/叢書類/彙編之屬

榆園叢刻三十種 (清)許增輯 清同治至光緒仁和許氏刻本 十二行二十三字小字雙行同白口單魚尾左右雙邊 鈐有"齊魯大學圖書館藏書" 十六册

370000－1542－0004483 039/63：C1 類叢部/叢書類/彙編之屬

邵武徐氏叢書二十三種 (清)徐榦輯 清光緒邵武徐氏刻本 十行二十二字小字雙行同白口單魚尾左右雙邊 二十册 存十五種八十卷(鄭氏詩譜考證一卷、春秋世族譜一卷、小爾雅疏八卷、韻補五卷、韻補正一卷、東南紀事十二卷、西南紀事十二卷、海東逸史十八卷、李忠定公別集十卷、東觀餘論二卷、琴操三卷、支遁集三卷、西崑酬唱集二卷、滄浪詩話一卷、文章緣起一卷)

370000－1542－0004484 039/63：C2 類叢部/叢書類/彙編之屬

邵武徐氏叢書二十三種 (清)徐榦輯 清光緒邵武徐氏刻本 十行二十二字小字雙行同白口單魚尾左右雙邊 鈐有"齊魯大學圖書館藏書" 三十册 存十五種一百四卷(鄭氏詩譜考證一卷、春秋世族譜一卷、小爾雅疏八卷、韻補五卷、韻補正一卷、東南紀事十二卷、西南紀事十二卷、澂景堂史測十四卷、剡録十卷、邵氏姓解辨誤一卷、讒書五卷、竹齋詩集四卷、亨甫詩選八卷、本事詩十二卷、花間集十卷)

370000－1542－0004485 039/64：C1 類叢部/叢書類/彙編之屬

咫進齋叢書三十七種 (清)姚覲元輯 清光緒九年(1883)歸安姚氏刻本 十三行二十二字黑口雙魚尾左右雙邊 内封題"光緒九年春三月順德李文田書題" 二十四册

370000－1542－0004486 039/64：C2 類叢部/叢書類/彙編之屬

咫進齋叢書三十七種 (清)姚覲元輯 清光緒九年(1883)歸安姚氏刻本 十三行二十二字黑口雙魚尾左右雙邊 内封題"光緒九年春三月順德李文田書題" 二十四册

370000－1542－0004487 039/64：C3 類叢部/叢書類/彙編之屬

咫進齋叢書三十七種 (清)姚覲元輯 清光緒九年(1883)歸安姚氏刻本 十三行二十二字黑口雙魚尾左右雙邊 内封題"蘇州振新書社經印" 鈐有"齊魯大學圖書館藏書" 二十四册

370000－1542－0004488 039/64：C4 類叢部/叢書類/彙編之屬

咫進齋叢書三十七種 (清)姚覲元輯 清光緒九年(1883)歸安姚氏刻本 十三行二十二字黑口雙魚尾左右雙邊 鈐有"齊魯大學圖書館藏書" 二十四册

370000－1542－0004489 039/66：C2 類叢部/叢書類/彙編之屬

翠琅玕館叢書七十五種 （清）馮兆年輯　清光緒馮氏翠琅玕館刻本　九行二十一字黑口左右雙邊　鈐有"齊魯大學圖書館藏書"　十册　存二十二種(一至二十二)

370000－1542－0004490　039/75：C4　類叢部/叢書類/彙編之屬

功順堂叢書十八種 （清）潘祖蔭輯　清光緒吴縣潘氏刻本　九行二十二字小字雙行同黑口單魚尾左右雙邊　鈐有"索綽絡氏景澧珍藏"　二十八册

370000－1542－0004491　039/75：C3　類叢部/叢書類/彙編之屬

功順堂叢書十八種 （清）潘祖蔭輯　清光緒吴縣潘氏刻本　九行二十二字小字雙行同黑口單魚尾左右雙邊　鈐有"齊魯大學圖書館藏書"　二十四册

370000－1542－0004492　039/75：C2　類叢部/叢書類/彙編之屬

功順堂叢書十八種 （清）潘祖蔭輯　清光緒吴縣潘氏刻本　九行二十二字小字雙行同黑口單魚尾左右雙邊　二十四册

370000－1542－0004493　039/75：C1　類叢部/叢書類/彙編之屬

功順堂叢書十八種 （清）潘祖蔭輯　清光緒吴縣潘氏刻本　九行二十二字小字雙行同黑口單魚尾左右雙邊　二十四册

370000－1542－0004494　039/76：C1　類叢部/叢書類/彙編之屬

潘刻五種 （清）潘祖蔭輯校　（清）恩壽重輯　清光緒二十九年(1903)京都翰文齋據吴縣潘氏刻本重編印本　行款不一　内封題"京都翰文齋藏板"　鈐有"濟南王氏""寀廷之印"　六册

370000－1542－0004495　039/76：C2　類叢部/叢書類/彙編之屬

潘刻五種 （清）潘祖蔭輯校　（清）恩壽重輯　清光緒二十九年(1903)京都翰文齋據吴縣潘氏刻本重編印本　行款不一　内封題"京都翰文齋藏板"　鈐有"齊魯大學圖書館藏書"　六册

370000－1542－0004496　039/81：C1　類叢部/叢書類/彙編之屬

半厂叢書初編十種 （清）譚獻輯　清光緒仁和譚氏刻本　行款不一　鈐有"私立齊魯大學國學研究所藏書之章"　十六册

370000－1542－0004497　039/81：C2　類叢部/叢書類/彙編之屬

半厂叢書初編十種 （清）譚獻輯　清光緒仁和譚氏刻本　行款不一　鈐有"齊魯大學圖書館藏書"　二十册

370000－1542－0004498　039/81：C3　類叢部/叢書類/彙編之屬

半厂叢書初編十種 （清）譚獻輯　清光緒仁和譚氏刻本　行款不一　十六册

370000－1542－0004499　039/82：C1　類叢部/叢書類/彙編之屬

懺花盦叢書三十六種 （清）宋澤元輯　清光緒十三年(1887)山陰宋氏輯刻本　行款不一　内封題"光緒丁亥山陰宋氏輯刊"　六十册

370000－1542－0004500　039/82：C2　類叢部/叢書類/彙編之屬

懺花盦叢書三十六種 （清）宋澤元輯　清光緒十三年(1887)山陰宋氏輯刻本　行款不一　内封題"光緒丁亥山陰宋氏輯刊"　鈐有"黄有澤藏書""齊魯大學圖書館藏書"　六十四册　缺三種二十三卷(虚舟題跋原三卷、虚舟題跋十卷、瀛奎律髓刊誤十卷)

370000－1542－0004501　039/84：C4　類叢部/叢書類/彙編之屬

滂喜齋叢書五十四種 （清）潘祖蔭輯　清同治至光緒潘氏京師刻本　行款不一　内封題"潘氏八囍齋刻于京師"　鈐有"吾家有一𠔉一鼎十研一百奇石二千古泉二萬卷書"　三十四册

370000－1542－0004502　039/84：C3　類叢部/叢書類/彙編之屬

滂喜齋叢書五十四種 （清）潘祖蔭輯　清同

治至光緒潘氏京師刻本　行款不一　十三册　存十七種三十六卷（卦本圖考一卷、尚書序錄一卷、春秋左氏古義六卷、鹽法議略一卷、黄帝内經素問校義一卷、藝芸書舍宋元本書目二卷、癸酉消夏詩一卷、别雅訂五卷、許印林遺著一卷、炳燭室雜文一卷、天馬山房詩别錄一卷、沈四山人詩錄六卷、吳郡金石目一卷、稽瑞樓書目四卷、懷舊集二卷、劉貴陽說經殘稿一卷、劉氏遺著一卷）

370000－1542－0004503　039/84：C1　類叢部/叢書類/彙編之屬

滂喜齋叢書五十四種　（清）潘祖蔭輯　清同治至光緒潘氏京師刻本　行款不一　内封題"潘氏八囍齋刻于京師"　三十二册

370000－1542－0004504　039/107：C1　類叢部/叢書類/彙編之屬

藕香零拾三十九種　繆荃孫輯　清光緒至宣統江陰繆氏刻本　十四行二十一字小字雙行同黑口單魚尾左右雙邊　内封題"光緒丙申讀曹倦圃流通古書約節議游玩好諸費等語三十二字擬刻罕見之書以一字為一册陸續開雕而亦時時抽換宣統庚戌始成共三十九種兵燹之後書板尚完亟為脩整摹印與當世賢士大夫共鑑賞之六十九老人繆荃孫謹識"　鈐有"愛日樓"　三十二册

370000－1542－0004505　039/107：C2　類叢部/叢書類/彙編之屬

藕香零拾三十九種　繆荃孫輯　清光緒至宣統江陰繆氏刻本　十四行二十一字小字雙行同黑口單魚尾左右雙邊　内封題"光緒丙申讀曹倦圃流通古書約節議游玩好諸費等語三十二字擬刻罕見之書以一字為一册陸續開雕而亦時時抽換宣統庚戌始成共三十九種兵燹之後書板尚完亟為脩整摹印與當世賢士大夫共鑑賞之六十九老人繆荃孫謹識"　鈐有"齊魯大學圖書館藏書"　三十二册

370000－1542－0004506　039/107：C3　類叢部/叢書類/彙編之屬

藕香零拾三十九種　繆荃孫輯　清光緒至宣統江陰繆氏刻本　十四行二十一字小字雙行同黑口單魚尾左右雙邊　内封題"光緒丙申讀曹倦圃流通古書約節議游玩好諸費等語三十二字擬刻罕見之書以一字為一册陸續開雕而亦時時抽換宣統庚戌始成共三十九種兵燹之後書板尚完亟為脩整摹印與當世賢士大夫共鑑賞之六十九老人繆荃孫謹識"　鈐有"齊魯大學圖書館藏書"　三十二册

370000－1542－0004507　039/107：C4　類叢部/叢書類/彙編之屬

藕香零拾三十九種　繆荃孫輯　清光緒至宣統江陰繆氏刻本　十四行二十一字小字雙行同黑口單魚尾左右雙邊　内封題"光緒丙申讀曹倦圃流通古書約節議游玩好諸費等語三十二字擬刻罕見之書以一字為一册陸續開雕而亦時時抽換宣統庚戌始成共三十九種兵燹之後書板尚完亟為脩整摹印與當世賢士大夫共鑑賞之六十九老人繆荃孫謹識"　十六册

370000－1542－0004508　039/109：C1　類叢部/叢書類/彙編之屬

天壤閣叢書二十七種　（清）王祖源　（清）王懿榮輯　清同治至光緒福山王氏刻光緒印本　行款不一　二十册

370000－1542－0004509　039/109：C2　類叢部/叢書類/彙編之屬

天壤閣叢書二十七種　（清）王祖源　（清）王懿榮輯　清同治至光緒福山王氏刻光緒印本　行款不一　二十册

370000－1542－0004510　039/109：C3　類叢部/叢書類/彙編之屬

天壤閣叢書二十七種　（清）王祖源　（清）王懿榮輯　清同治至光緒福山王氏刻光緒印本　行款不一　二十册

370000－1542－0004511　039/116：C1　類叢部/叢書類/彙編之屬

粵雅堂叢書二百十種　（清）伍崇曜輯　清道光至光緒南海伍氏刻本　九行二十一字黑口左右雙邊　鈐有"郭氏藏書"　四百册

370000－1542－0004512　039/116：C2　類叢部/叢書類/彙編之屬

粵雅堂叢書二百十種　(清)伍崇曜輯　清道光至光緒南海伍氏刻本　九行二十一字黑口左右雙邊　鈐有"齊魯大學圖書館藏書"　三百十六册　存一百九十九種(一至一百九十九)

370000－1542－0004513　039/116:C4　類叢部/叢書類/彙編之屬

粵雅堂叢書二百十種　(清)伍崇曜輯　清道光至光緒南海伍氏刻本　九行二十一字黑口左右雙邊　鈐有"齊魯大學圖書館藏書"　三百四十六册　存二百二種(一至二百二)

370000－1542－0004514　039/116:C3　類叢部/叢書類/彙編之屬

粵雅堂叢書二百十種　(清)伍崇曜輯　清道光至光緒南海伍氏刻本　九行二十一字黑口左右雙邊　二百二十七册　存一百二十一種(一至一百二十一)

370000－1542－0004515　039/116　類叢部/叢書類/彙編之屬

粵雅堂叢書第十五集　(清)伍崇曜輯　清道光、光緒間南海伍氏刻本　九行二十一字黑口左右雙邊　鈐有"容舠軒珍藏"　五册　存三種十八卷(崇文總目輯釋五卷、補遺一卷,菉竹堂書目六卷,菉竹堂碑目六卷)

370000－1542－0004516　039/122:C2　類叢部/叢書類/彙編之屬

集虚草堂叢書甲集九種　李國松輯　清光緒三十二年(1906)合肥李氏刻本　十行二十一字小字雙行同黑口單魚尾左右雙邊　内封題"光緒甲辰正月開雕丙午十月訖工合肥李氏藏板"　鈐有"齊魯大學圖書館藏書"　二十四册

370000－1542－0004517　039/122:C1　類叢部/叢書類/彙編之屬

集虚草堂叢書甲集九種　李國松輯　清光緒三十二年(1906)合肥李氏刻本　十行二十一字小字雙行同黑口單魚尾左右雙邊　内封題"光緒甲辰正月開雕丙午十月訖工合肥李氏藏板"　鈐有"齊魯大學圖書館藏書"　二十四册

370000－1542－0004518　039/135　類叢部/叢書類/彙編之屬

融經館叢書十一種　(清)徐友蘭輯　清光緒十三年(1887)會稽徐氏八杉齋刻本　九行二十二字小字雙行同白口單魚尾左右雙邊　四十八册

370000－1542－0004519　039/388　類叢部/叢書類/彙編之屬

廣雅書局叢書一百九十三種　(清)廣雅書局輯　清光緒廣雅書局刻民國徐紹棨彙編重印本　十一行二十四字小字雙行同黑口單魚尾四周單邊　鈐有"齊魯大學圖書館藏書"　五百八十册　缺八種三十九卷(釋穀四卷、急就章考異一卷、汗簡七卷、漢碑徵經一卷、國語翼解六卷、戰國策釋地二卷、吉林外紀十卷、黑龍江外紀八卷)

370000－1542－0004520　039/139　類叢部/叢書類/彙編之屬

廣雅書局叢書一百九十三種　(清)廣雅書局輯　清光緒廣雅書局刻本　十一行二十四字小字雙行同黑口單魚尾四周單邊　内封題"光緒十四年十二月廣雅書局刻"　五十册　存二十六種二百三十三卷(尚書伸孔篇一卷,禹貢班義述三卷、附漢糜水入尚龍谿考一卷,毛詩天文考一卷,禮記天算釋一卷,爾雅補注殘本一卷,釋穀四卷,漢碑徵經一卷,句溪雜著六卷,劉氏遺書八卷,愈愚録六卷,學詁齋文集二卷,廣經室文鈔一卷,東塾遺書九卷,先聖生卒年月日考二卷,少室山房筆叢四十八卷,漢書辨疑二十二卷,後漢書辨疑十一卷,續漢書辨疑九卷,後漢書注又補一卷,三國志辨疑三卷,三國志考證八卷,晉書校勘記五卷,宋州郡志校勘記一卷,補續漢書藝文志一卷,諸史考異十八卷,歷代史表五十九卷)

370000－1542－0004521　039/143:C2　類叢部/叢書類/彙編之屬

振綺堂叢書初集　(清)汪康年輯　清光緒至宣統泉塘汪氏刻本、鉛印本　十三行三十二字黑口單魚尾四周雙邊　内封題"宣統庚戌

泉塘汪氏印于京師”　鈐有“齊魯大學圖書館藏書”　六冊

370000－1542－0004522　039/143：C1　類叢部/叢書類/彙編之屬

振綺堂叢書初集　(清)汪康年輯　清光緒至宣統泉塘汪氏刻本、鉛印本　十三行三十二字黑口單魚尾四周雙邊　内封題“宣統庚戌泉塘汪氏印于京師”　五冊

370000－1542－0004523　039/145　類叢部/叢書類/彙編之屬

觀古堂所刊書二十種　葉德輝輯　清光緒長沙葉氏刻本　十一行二十二字小字雙行同黑口單魚尾左右雙邊　九冊　存十五種四十一卷(爾雅圖贊一卷、山海經圖贊二卷、徐星伯說文段注札記一卷、龔定盦說文段注札記一卷、桂未谷說文段注鈔二卷、南驪志經籍考二卷、萬卷堂書目四卷、絳雲樓書目補遺一卷、靜愓堂書目二卷、竹菴盦傳鈔書目一卷、結一廬書目四卷、巖下放言三卷、華陽陶隱居集二卷、華陽陶隱居内傳三卷、沈下賢文集十二卷)

370000－1542－0004524　039/542　類叢部/叢書類/彙編之屬

觀古堂彙刻書二集十五種　葉德輝輯　清光緒長沙葉氏刻民國八年(1919)重編印本　十一行二十二字小字雙行同黑口單魚尾或雙魚尾左右雙邊　牌記題“光緒壬寅八月湘潭葉氏印行”　十四冊

370000－1542－0004525　039/542　類叢部/叢書類/彙編之屬

觀古堂彙刻書二集二十一種　葉德輝輯　清光緒長沙葉氏刻三十四年(1908)重編印本　十一行二十二字小字雙行同黑口單魚尾或雙魚尾左右雙邊　牌記題“光緒壬寅八月湘潭葉氏印行”　鈐有“齊魯大學圖書館藏書”　十六冊

370000－1542－0004526　039/542　類叢部/叢書類/彙編之屬

觀古堂彙刻書二集二十一種　葉德輝輯　清光緒長沙葉氏刻三十三年(1907)重編印本　十一行二十二字小字雙行同黑口單魚尾或雙魚尾左右雙邊　牌記題“光緒壬寅八月湘潭葉氏印行”　九冊　存十六種三十五卷(三家詩補遺三卷、爾雅圖贊一卷、山海經圖贊二卷、徐星伯說文段注札記一卷、龔定盦說文段注札記一卷、桂未谷說文段注鈔二卷、萬卷堂書目四卷、明南雍經籍考二卷、絳雲樓書目補遺一卷、靜愓堂書目二卷、竹崦盦傳鈔書目一卷、石林燕語考異六至十卷、巖下放言三卷、華陽陶隱居集二卷、華陽陶隱居内傳三卷、疑雨集三至四)

370000－1542－0004527　039/146：C1　類叢部/叢書類/彙編之屬

聚學軒叢書六十一種　劉世珩輯　清光緒貴池劉氏刻本　十一行二十一字小字雙行同黑口雙魚尾左右雙邊　内封題“貴池劉世珩甫繼庵校刊印行”　鈐有“齊魯大學圖書館藏書”　七十五冊　存四十二種一百九十九卷(毛詩草木鳥獸蟲魚疏校正二卷,晉泰始笛律匡謬一卷,古經天象考十二卷、圖說一卷、緒說一卷,國志蒙拾二卷,金石文字辨十二卷,歲星表一卷,質疑刪存三卷,清白士集校補四卷,周易通論月令二卷,尚書義考二卷,晚書訂疑三卷,宮室考一卷,四書是訓十五卷,四書拾義五卷,周易虞氏略例一卷,周易倚數録二卷、附圖一卷,周禮補注六卷,說文解字通正十四卷,說文管見三卷,小爾雅義證十三卷、補遺一卷,周公年表一卷,元耶律文正公西遊録略注補一卷,隋唐刻石拾遺二卷、關中金石記隋唐石刻原目一卷,括蒼金石志補遺四卷,大玄闡祕十卷、附編一卷、外編一卷,交翠軒筆記四卷,退餘叢話二卷,讀易漢學私記一卷,春秋亂賊考一卷,說文解字述誼二卷,蠊文辨疑一卷、條記一卷,周秦名字解故補一卷,盛京疆域考六卷,南江書録一卷,南村帖考四卷,開方之分還原術一卷,意林注五卷、逸文一卷、附編一卷,瑟榭叢談二卷,聚星札記一卷,古柏齋讀書雜識一卷,文選箋證三十二卷,落帆樓文遺稿二卷)

370000－1542－0004528　039/146：C2　類叢

部/叢書類/彙編之屬

聚學軒叢書第一集八種 劉世珩輯 清光緒貴池劉氏刻本 十一行二十一字小字雙行同黑口雙魚尾左右雙邊 内封題"貴池劉世珩甫繼庵校刊印行" 二十册

370000－1542－0004529 039/155 類叢部/叢書類/彙編之屬

申報館叢書三百十一種 申報館編 清光緒申報館鉛印本 十一行二十七字白口單魚尾四周雙邊 内封題"申報館仿聚珍板印" 鈐有"齊魯大學圖書館藏書" 四百五十二册 存一百三十一種(聖武記,吳中平寇記,平定粵匪記略,綏寇紀略,霆軍紀略,西事類編,漫遊記略,庭聞録,使琉球記,航海述奇,曾文正公年譜,歷代陵寢備考、歷代宗廟附考,臺灣外記,萬國史記,中西紀事,和約集鈔,桯史,壺天録,香祖筆記,在園雜誌,薈蕞編,談古偶録,北窗瑣語,頤曲雜言,南中紀聞,都公譚纂,明良記,耳新,屏居十二課,夢憶,汴京勼異記,小隱書全帖,嶠南瑣記,揮麈詩話,敝帚齋餘談,長物志,槎上老舌卷,冷賞,五石瓠,存是録,復社紀事,裨海紀遊,僞鄭逸事,番境補遺,海上紀略,晉人麈,西征日記,晉藏小録,旃林紀略,拉臺四境,應差蠻族,煙話,買愁集,蕉窗聞風録,廣哀詩,冰溪吟草,夢遊赤壁圖題詞,題紅詞,杭俗遺風,緒南筆談,小螺盦病榻憶語,豐暇筆談,南遊記,黃山紀遊,廿二史發蒙,攤飯續談,茶餘漫録,瑉贕山房紅樓夢詞,如是觀園記,園居録詩鑒,餞月樓詩鈔,二十四畫品,聞見異辭,訂譌雜録,甕牖餘談,春融堂雜記,道聽塗說,海上羣芳譜,香飲樓賓談,茶餘談薈,解醒語,耳郵,笑史,史餘萃覽,勝國文徵,隨園瑣記,驚喜集,醒睡録初集,野記,秦淮畫舫録、畫舫餘譚、三十六春小譜,揚州畫舫録,閩雜記,小豆棚,三岡識略,孌史,夢園叢說内篇,西湖拾遺,夜雨秋燈録,儒林外史,兒女英雄傳,林蘭香,鏡花緣,青樓夢,快心編初集,十粒金丹,水滸後傳,新刻三寶太監西洋通俗演義,結水滸全傳,小五義續,蟫史,紅樓夢觥史,紅樓夢排律,紅樓夢精義,紅樓夢雜詠,返魂香傳奇,國朝閨秀香咳集,清暉閣贈貽尺牘,息盦尺牘,有正味齋尺牘,梅香館尺牘,稟啓零紈,翰海,分類尺牘備覽,尺牘初桄,綱鑑望知録,籌海初集,淞南夢影録,亦復如是,四續水滸征四寇全傳,曾文正公書札,曾文正公家書)

370000－1542－0004530 039/156 類叢部/叢書類/彙編之屬

月河精舍叢鈔五種 (清)丁寶書輯 清光緒苕溪丁氏月河精舍刻本 十行二十二字小字雙行同上黑口單魚尾左右雙邊 内封題"光緒六年仲冬苕溪丁氏藏板" 鈐有"齊魯大學圖書館藏書" 二十册

370000－1542－0004531 039/157 類叢部/叢書類/彙編之屬

當歸草堂叢書八種 (清)丁丙輯 清同治錢唐丁氏刻本 九行二十一字小字雙行同上黑口單魚尾左右雙邊 内封題"錢唐丁氏刊行" 八册

370000－1542－0004532 039/158:C1 類叢部/叢書類/彙編之屬

南菁書院叢書四十一種 王先謙 繆荃孫輯 清光緒十四年(1888)江陰南菁書院刻本 九行二十五字小字雙行同白口單魚尾左右雙邊 鈐有"齊魯大學圖書館藏書" 四十册

370000－1542－0004533 039/158 類叢部/叢書類/彙編之屬

南菁書院叢書四十一種 王先謙 繆荃孫輯 清光緒十四年(1888)江陰南菁書院刻本 九行二十五字小字雙行同白口單魚尾左右雙邊 四十册

370000－1542－0004534 039/159 類叢部/叢書類/彙編之屬

鶴壽堂叢書二十四種 (清)王士濂輯 清光緒二十四年(1898)高郵王氏刻本 行款不一 内封題"光緒戊戌年" 鈐有"齊魯大學圖書館藏書" 十六册 存二十二種四十卷(韓詩一卷,毛詩國風定本一卷,毛詩註疏校勘記校字補一卷,周禮註疏校勘記校字補一卷,三禮經義附録一卷,吕氏春秋補校一卷,何承天纂要文徵遺一卷,唐月令續考一卷,唐月令注續補遺一卷,唐月令注跋一卷,颰園經說一、三,左傳通釋四至十一,春秋世族譜一卷、補正一卷,左傳同名彙紀一卷,左女彙紀一卷,左女同名附紀一卷,左淫類紀一卷,周末列國有今郡縣考一卷,四書集注考證九卷,四書集釋就正稾一卷,經說管窺一卷,廣雅疏證拾遺二卷)

370000-1542-0004535　039/160:C2　類叢部/叢書類/彙編之屬

佚存叢書十七種　天瀑山人輯　清光緒八年(1882)滬上黄氏木活字印本　十行二十字黑口單魚尾四周單邊　内封題"光緒壬午孟夏校印"　鈐有"齊魯大學圖書館藏書"　三十六册

370000-1542-0004536　039/160:C1　類叢部/叢書類/彙編之屬

佚存叢書十七種　天瀑山人輯　清光緒八年(1882)滬上黄氏木活字印本　十行二十字黑口單魚尾四周單邊　内封題"光緒壬午孟夏校印"　鈐有"齊魯大學圖書館藏書"　三十六册

370000-1542-0004537　039/161:C1　類叢部/叢書類/彙編之屬

靈鶼閣叢書五十七種　(清)江標輯　清光緒元和江氏湖南刻本　十一行二十一字小字雙行同黑口單魚尾左右雙邊　鈐有"齊魯大學圖書館藏書"　四十八册

370000-1542-0004538　039/161　類叢部/叢書類/彙編之屬

靈鶼閣叢書五十七種　(清)江標輯　清光緒元和江氏湖南刻本　十一行二十一字小字雙行同黑口單魚尾左右雙邊　鈐有"蘇州觀西振新書社督造書籍"　四十八册

370000-1542-0004539　039/163　類叢部/叢書類/彙編之屬

結一廬朱氏剩餘叢書四種　(清)朱子涵輯　清光緒三十一年(1905)仁和朱氏刻本　九行二十一字小字雙行同黑口單魚尾左右雙邊　内封題"甲辰刻乙巳工竣丙午印行"　鈐有"齊魯大學圖書館藏書"　二十册

370000-1542-0004540　039/165　類叢部/叢書類/彙編之屬

拜鴛樓校刻四種　沈宗畸輯　清光緒至宣統番禺沈氏刻本　九行二十字小字雙行同黑口單魚尾四周雙邊　鈐有"齊魯大學圖書館藏書"　四册

370000-1542-0004541　039/170　類叢部/叢書類/彙編之屬

西政叢書三十二種　梁啓超輯　清光緒二十三年(1897)上海慎記書莊石印本　十八行四十字白口單魚尾四周雙邊　内封題"光緒丁酉仲夏慎記書莊石印"　鈐有"齊魯大學圖書館藏書"　三十二册

370000-1542-0004542　039/171　類叢部/叢書類/彙編之屬

曼陀羅華閣叢書四十種　(清)杜文瀾輯　清咸豐至同治秀水杜氏刻光緒十八年(1892)席氏掃葉山房彙印本　九行二十一字白口單魚尾左右雙邊　内封題"光緒壬辰仲春之月席氏埽葉山房藏版"　鈐有"齊魯大學圖書館藏書"　四十册

370000-1542-0004543　039/175　類叢部/叢書類/彙編之屬

螯園叢刻五種　(清)吳丙湘輯　清光緒十一年(1885)儀徵吳氏刻本　十一行二十一字黑口雙魚尾左右雙邊　内封題"光緒乙酉七月開雕"　鈐有"齊魯大學圖書館藏書"　二册

370000-1542-0004544　039/178　類叢部/叢書類/彙編之屬

明辨齋叢書三十五種　(清)余肇鈞輯　清咸豐至同治長沙余氏刻本　八行十八字白口單魚尾左右雙邊　鈐有"齊魯大學圖書館藏書"　二十四册　存二十六種七十七卷(諸葛忠武書十卷,漢丞相諸葛忠武侯列傳一卷,附史文舉要一卷,重訂河防通議一卷,今水經一卷、表一卷,明九邊考四卷,閩中海錯疏一卷,海國聞見録一卷,何博士備論二卷,宋簽判龍川陳先生文鈔二卷，宋少保岳鄂王行實編年二卷，建炎德安守御録二卷，附宋丞相李忠定公輔政本末一卷，宋季昭忠録一卷，折獄龜鑑八卷，家禮辨説十六卷，明新建伯王文成公傳本二卷，文朱先生行狀一卷、附刻一卷，毛詩古音考四卷，屈宋古音考一卷、附録一卷，韻補正一卷，北溪先生四書字義二卷、首一卷、嚴陵講義一卷、道學二辨一卷、附録一卷，王文成公傳本二卷，月鹿堂文鈔一卷，盧忠烈公傳一卷，姜杜薌先生自訂年譜一卷）

370000－1542－0004545　039/179　類叢部/叢書類/彙編之屬

粟香室叢書七十五種　金武祥輯　清光緒江陰金氏校刻本　行款不一　内封題“江陰金氏校刊”　鈐有“齊魯大學圖書館藏書”　四十册　存四十五種一百十二卷（宜齋野乘一卷，北郭集六卷、補遺一卷、續補遺一卷，滄螺集六卷，青暘集四卷、補遺一卷，陽羨茗壺系一卷，洞山岕茶系一卷，江陰李氏得月樓書目摘録一卷，公餘日録一卷，宦遊紀聞一卷，水南翰記一卷，存餘堂詩話一卷，暖姝由筆一卷，延州筆記一卷，戒庵漫筆一卷，二主詞一卷，陽春集一卷，子野詞一卷，東山詞一卷，信齋詞一卷，竹洲詞一卷，虚齋樂府一卷，松雪詞一卷，天錫詞一卷，古山樂府一卷，江上遺聞一卷，鶚亭詩話一卷、附録一卷，讀書瑣記一卷，讀雪山房唐詩凡例一卷，讀雪山房雜著一卷，雲溪樂府二卷，玉塵集二卷，冰蠶詞一卷，篤慎堂燼餘詩稿二卷、文稿一卷，松筠閣貞孝録一卷、附録一卷，存齋古文一卷、續編一卷，傳忠堂學古文一卷，鷗堂剩稾一卷、補遺一卷，東鷗草堂詞二卷、補遺一卷、附録一卷，鷗堂日記三卷，水雲樓賸稾一卷，玉紀一卷，冰泉唱和集一卷、續和一卷、再續和一卷、附録一卷、閏集一卷，赤溪雜志二卷，陶廬雜憶一卷、續詠一卷、補詠一卷，粟香隨筆三十二卷）

370000－1542－0004546　039/179　類叢部/叢書類/彙編之屬

粟香室叢書七十五種　金武祥輯　清光緒江陰金氏校刻本　行款不一　内封題“江陰金氏校刊”　十六册　存三十六種五十五卷（宜齋野乘一卷，滄螺集六卷，青暘集四卷、補遺一卷，陽羨茗壺系一卷，洞山岕茶系一卷，江陰李氏得月樓書目摘録一卷，公餘日録一卷，宦遊紀聞一卷，水南翰記一卷，存餘堂詩話一卷，暖姝由筆一卷，延州筆記一卷，戒庵漫筆一卷，二主詞一卷，陽春集一卷，子野詞一卷，東山詞一卷，信齋詞一卷，竹洲詞一卷，虚齋樂府一卷，松雪詞一卷，天錫詞一卷，古山樂府一卷，江上遺聞一卷，讀書瑣記一卷，讀雪山房唐詩凡例一卷，讀雪山房雜著一卷，雲溪樂府二卷，篤慎堂燼餘詩稿二卷、文稿一卷，存齋古文一卷、續編一卷，傳忠堂學古文一卷，鷗堂賸稾一卷、補遺一卷，東鷗草堂詞二卷、補遺一卷、附録一卷，鷗堂日記三卷，水雲樓賸稾一卷，玉紀一卷）

370000－1542－0004547　039/183　類叢部/叢書類/彙編之屬

刻鵠齋叢書十三種　（清）胡念修輯　清光緒二十三年至二十六年（1897－1900）胡氏刻本　九行二十字小字雙行同白口單魚尾四周雙邊　内封題“光緒戊戌孟冬刊成”　鈐有“齊魯大學圖書館藏書”　二十五册　存九種三十九卷（璇璣遺述六卷、圖一卷，尚書通義殘稿二卷，潘瀾筆記二卷，懺摩録一卷，紀慎齋求雨全書二卷，緑蘿山莊駢體文集十二卷，崇雅堂駢體文鈔四卷，易義來源四卷，蟲薈五卷）

370000－1542－0004548　039/191　類叢部/叢書類/彙編之屬

漸西村舍叢刻四十七種　（清）袁昶輯　清光緒桐廬袁氏刻本　行款不一　七十一册

370000－1542－0004549　039/192　類叢部/叢書類/彙編之屬

琳琅祕室叢書三十種　（清）胡珽輯　清光緒十三年（1887）會稽董氏雲瑞樓木活字印本　九行二十一字小字雙行同黑口單魚尾四周單邊　内封題“光緒丁亥秋八月會稽董氏雲瑞樓重刊”　鈐有“齊魯大學圖書館藏書”“寶應王氏梅田鶴篠藏書”　三十二册

370000－1542－0004550　039/199　類叢部/叢書類/彙編之屬

塵海妙品十二種　陳琰輯　清宣統三年(1911)上海六藝書局石印本　十五行二十八字黑口四周雙邊　内封題“宣統辛亥三年上海六藝書局石印”　鈐有“齊魯大學圖書館藏書”　四册

370000－1542－0004551　039/202　類叢部/叢書類/彙編之屬

觀自得齋叢書二十九種　(清)徐士愷輯　清光緒石埭徐氏刻本　行款不一　内封題“光緒十八年夏六月”　二十四册

370000－1542－0004552　039/203:C3　類叢部/叢書類/彙編之屬

隨盦徐氏叢書二十種　徐乃昌輯　清光緒至民國南陵徐氏影刻宋元本　行款不一　二十四册

370000－1542－0004553　039/203:C1　類叢部/叢書類/彙編之屬

隨盦徐氏叢書十種　徐乃昌輯　清光緒至民國南陵徐氏影刻宋元本　行款不一　十二册

370000－1542－0004554　039/203:C2　類叢部/叢書類/彙編之屬

隨盦徐氏叢書十種　徐乃昌輯　清光緒至民國南陵徐氏影刻宋元本　行款不一　十二册

370000－1542－0004555　039/208　類叢部/叢書類/彙編之屬

暢園叢書甲函六種　(清)張邁輯　清光緒二十年(1894)始豐張氏四明刻本　十一行二十一字黑口單魚尾左右雙邊　内封題“光緒甲午五月刊于四明”　鈐有“天尺樓”　四册　存五種十一卷(能一編二卷、諫垣七疏一卷、志遠齋史話六卷、止焚稿一卷、雌雄淵一卷)

370000－1542－0004556　039/209　類叢部/叢書類/彙編之屬

花雨樓叢鈔二十三種　(清)張壽榮輯　清光緒蛟川張氏刻本　九行二十字小字雙行同黑口單魚尾左右雙邊　内封題“光緒癸未孟春雕板”　鈐有“齊魯大學圖書館藏書”　四十册　缺一種十三卷(國朝駢體文正宗評本十二卷、補編一卷)

370000－1542－0004557　039/215　類叢部/叢書類/彙編之屬

遜敏堂叢書八十五種　(清)黄秩模輯　清道光至咸豐黄氏木活字印本　十行二十六字小字雙行同白口單魚尾四周雙邊　内封題“道光戊申孟夏月”　鈐有“齊魯大學圖書館藏書”“平江張稷崟收藏書畫印”　八册　存三十二種四十卷(周易舉正一卷,尚書古文辨一卷,古文尚書考一卷,二南密旨一卷,詩經協韻考異一卷,讀左漫筆一卷,檀弓訂誤一卷,三禮考一卷,孝經集靈一卷,四書私談一卷,孟子弟子考一卷,章水經流考一卷,河源記一卷,致身録一卷,訂正史記真本一卷,家人子語一卷,夙興語一卷,增訂心相百二十善一卷,松溪子一卷,論文偶記一卷,作賦例言一卷,試律須知一卷,學道粹言一卷,集慶路江東書院講義一卷,聽訓齋語一卷,浮梁陶政志一卷、景鎮舊事一卷,司牧寶鑑一卷,折獄卮言一卷,姓氏考略一卷,莅戎要略一卷,星槎勝覽四卷,居家宜忌一卷、附録一卷、續録一卷、又續録一卷、三續録一卷)

370000－1542－0004558　039/217:C1　類叢部/叢書類/彙編之屬

麗廔叢書九種　葉德輝輯　清光緒至宣統長沙葉氏影刻本　行款不一　内封題“光緒丁未春仲長沙葉氏印行”　鈐有“齊魯大學圖書館藏書”　八册

370000－1542－0004559　039/217:C2　類叢部/叢書類/彙編之屬

麗廔叢書九種　葉德輝輯　清光緒至宣統長沙葉氏影刻本　行款不一　内封題“光緒丁未春仲長沙葉氏印行”　八册

370000－1542－0004560　039/217:C3　類叢部/叢書類/彙編之屬

麗廔叢書九種　葉德輝輯　清光緒至宣統長沙葉氏影刻本　行款不一　内封題“光緒丁未春仲長沙葉氏印行”　鈐有“齊魯大學圖書館藏書”　八册

370000－1542－0004561　039/232　類叢部/叢書類/彙編之屬

小萬卷樓叢書十七種　(清)錢培名輯　清光緒四年(1878)金山錢氏刻本　十行二十字小字雙行同白口單魚尾左右雙邊　鈐有"齊魯大學圖書館藏書"　二十册

370000－1542－0004562　039/233　類叢部/叢書類/彙編之屬

雲自在龕叢書三十六種　繆荃孫輯　清光緒江陰繆氏刻本　行款不一　鈐有"齊魯大學圖書館藏書"　二十六册

370000－1542－0004563　039/244　類叢部/叢書類/彙編之屬

玲瓏山館叢書六十六種　(清)口口輯　清光緒十五年(1889)文選樓刻本　九行二十四字黑口左右雙邊　内封題"文選樓藏板"　鈐有"齊魯大學圖書館藏書"　六十册

370000－1542－0004564　039/245　類叢部/叢書類/彙編之屬

國粹叢書五十八種　國學保存會輯　清光緒鉛印本　十三行三十三字下黑口單魚尾四周雙邊　鈐有"齊魯大學圖書館藏書"　二十六册　存二十七種六十九卷(說儲一卷,王陽明先生傳習録五卷,瘳忘編二卷、續論一卷、附後一卷,葉天寥自撰年譜一卷、續一卷,附天寥年譜別記一卷、附録一卷,歸玄恭先生文續鈔七卷、附録一卷,張文烈公遺詩一卷,靖康孤臣泣血録二卷,湖隱外史一卷,行朝録六卷,留都見聞録二卷,劫灰録一卷,餘生録一卷,明季復社紀略四卷,附復社紀事一卷,辛巳泣蕲録一卷、附録一卷,湖西遺事一卷,東江始末一卷,虔臺逸史一卷,嶺上紀行二卷,甲申傳信録十卷,孑遺録一卷,燼餘録二卷,南渡録四卷,草莽私乘一卷,蘇城紀變一卷,陸右丞蹈海録一卷、附録一卷)

370000－1542－0004565　039/248　類叢部/叢書類/彙編之屬

富强齋叢書七十三種　(清)張之洞輯　清光緒二十五年(1899)小倉山房石印本　二十行二十二字小字雙行同下黑口單魚尾四周雙邊　内封題"光緒己亥春初小倉山房校印"　鈐有"基督教齊魯大學圖書館"　六十四册

370000－1542－0004566　039/332　類叢部/叢書類/彙編之屬

得一齋雜著四種　(清)黄楙材撰　清光緒二十二年(1896)桐城江召棠補刻本　八行二十五字白口單魚尾左右雙邊　牌記題"光緒二十二年丙申仲夏月重栞"　四册

370000－1542－0004567　039/354　類叢部/叢書類/彙編之屬

歸求集五種　(清)錢祝祺輯撰　清光緒二十二年(1896)將陵官舍刻本　八行二十字白口單魚尾四周雙邊　内封題"光緒丙申捌月將陵官舍校梓"　鈐有"齊魯大學圖書館藏書"　四册

370000－1542－0004568　039/383　類叢部/叢書類/彙編之屬

西學三通四十八種　袁宗濂　晏志清輯　清光緒上海文盛堂石印本　十八行四十字白口單魚尾四周雙邊　牌記題"光緒壬寅秋月華新書館藏珍　上海文盛堂石印"　鈐有"齊魯大學圖書館藏書"　一百十八册

370000－1542－0004569　039/384　類叢部/叢書類/彙編之屬

文選樓叢書三十三種　(清)阮亨輯　清嘉慶至道光儀徵阮氏刻本　十行二十字小字雙行同白口單魚尾四周雙邊　鈐有"齊魯大學圖書館藏書"　一百八册　存三十一種四百四十九卷(揅經室四集三十六卷,禮經釋例十三卷,詁經精舍文集十四卷,述學二卷,七經孟子考文並補遺二百卷,雕菰集二十四卷,蜜梅花館詩録一卷、文録一卷,曾子注釋四卷,叙録一卷,恆言録六卷,揅經室詩録五卷,淮海英靈集二十二卷,定香亭筆談四卷,小滄浪筆談四卷,廣陵詩事十卷,儀鄭堂文二卷,八甎吟館刻燭集三卷,歷代帝王年表一卷,新刊古列女傳七卷、續列女傳一卷,疇人傳五十二卷,地球圖說一卷、補圖一卷,積古齋鍾鼎彝器款識十卷,小琅嬛叢記二卷,漢延熹西嶽華山碑考四卷,石渠隨筆八卷,呻吟語選二卷,

溉亭述古録二卷、考工記車制圖解二卷,北碑南帖論一卷,南北書派論一卷,論語論仁論一卷,孟子論仁論一卷)

370000－1542－0004570　039/406　類叢部/叢書類/彙編之屬

文選樓叢書十五種　藝林山房輯　清光緒七年(1881)藝林山房刻本　九行二十一字小字雙行同黑口左右雙邊　内封題"光緒辛巳年新鐫　藝林山房梓"　鈐有"齊魯大學圖書館藏書"　二十四册

370000－1542－0004571　039/386　類叢部/叢書類/彙編之屬

正覺樓叢刻二十九種　(清)崇文書局輯　清光緒七年(1881)崇文書局刻本　八行十五字白口單魚尾左右雙邊　三十六册

370000－1542－0004572　039/386　類叢部/叢書類/彙編之屬

正覺樓叢刻二十九種　(清)崇文書局輯　清光緒七年(1881)崇文書局刻本　八行十五字白口單魚尾左右雙邊　鈐有"齊魯大學圖書館藏書"　二十四册　存十六種四十六卷(重訂擬瑟譜一卷,指南後錄三卷,化書六卷,酌中志餘二卷,風角書八卷,人海記二卷,律吕新義四卷、附錄一卷,樂府傳聲二卷,二林居集二卷,後漢郡國令長考一卷,三國志辨疑三卷,律吕臆説一卷,管色考一卷,荀勖笛律圖注一卷,三國職官表三卷,周官指掌五卷)

370000－1542－0004573　039/389　類叢部/叢書類/彙編之屬

榕園叢書七十七種　(清)張丙炎輯　張允顗重輯　清同治真州張氏刻民國二年(1913)張允青修補印本　十行二十一字小字雙行同黑口左右雙邊　牌記題"冰甌仙館藏板"　鈐有"冰甌館印""齊魯大學圖書館藏書"　四十八册　缺十種三十四卷(長春真人西游記一卷、西使記一卷、西藏賦一卷、普法戰紀輯要四卷、舊聞證誤四卷、鶡冠子三卷、治要節鈔五卷、意林五卷、化書六卷、公是先生弟子記四卷)

370000－1542－0004574　039/392　類叢部/叢書類/彙編之屬

知服齋叢書二十五種　(清)龍鳳鑣編　清光緒順德龍氏知服齋刻本　十三行二十二字小字雙行同黑口雙魚尾左右雙邊　内封題"順德龍氏知服齋鐫通州張謇書首"　鈐有"齊魯大學圖書館藏書"　十六册　存十四種五十八卷(三輔決録二卷,南嶽小録一卷,金華赤松山志一卷,島夷志略一卷,寧古塔紀略一卷,元儒考略四卷,少陽集十卷,雙溪醉隱集六卷,楊忠愍公集五卷,元親征録一卷,陶菴集二十二卷,谷簾學吟一卷,崇禎五十宰相傳一卷,崇禎内閣行略一卷、閣臣年表一卷)

370000－1542－0004575　039/402　類叢部/叢書類/彙編之屬

槐廬叢書五編四十九種　(清)朱記榮輯　清光緒吴縣朱氏家塾刻本　十一行二十一字小字雙行同黑口單魚尾左右雙邊　牌記題"光緒丁亥春吴縣朱氏家塾栞"　鈐有"吴縣朱氏珍藏""槐廬主人""朱記榮印""孫谿逸士""吴縣朱氏槐廬搜輯叢書之章""孫谿世家"　八十册

370000－1542－0004576　039/402　類叢部/叢書類/彙編之屬

槐廬叢書五編四十九種　(清)朱記榮輯　清光緒吴縣朱氏家塾刻本　十一行二十一字小字雙行同黑口單魚尾左右雙邊　牌記題"光緒丁亥春吴縣朱氏家塾栞"　鈐有"吴縣朱氏珍藏""槐廬主人""朱記榮印""孫谿逸士""齊魯大學圖書館藏書"　七十二册　缺六種二十三卷(論語孔注辨僞二卷、營平二州地名記一卷、明季實錄一卷、廣川書跋十卷、金石稱例五卷、金石綜例四卷)

370000－1542－0004577　039/407　類叢部/叢書類/彙編之屬

式訓堂叢書四十一種　(清)章壽康編　清光緒會稽章氏刻本　十一行二十一字小字雙行同黑口雙魚尾四周單邊　鈐有"朱氏槐廬審定""齊魯大學圖書館藏書"　二十四册　存二十一種七十一卷(古易音訓二卷,傳經表一卷、通經表一卷，漢書西域傳補注二卷，晉書地理志新補正五卷，乾道臨安志三卷，弟子職集解一卷，呂子校補二卷，竹汀先生日記鈔三卷，經籍跋文一卷，對策六卷，拜經樓藏書題記五卷、附録一卷，曝書雜記三卷，溉亭述古録二卷，誌銘廣例二卷，金石例補二卷，銅熨斗齋隨筆八卷，癖談六卷，疑年表一卷、太歲超辰表三卷，後甲集二卷，晚學集八卷，元魏滎陽鄭文公摩崖碑跋一卷）

370000－1542－0004578　039/237　類叢部/叢書類/彙編之屬

式訓堂叢書四十一種（川刻叢書十種）　（清）章壽康編　清光緒會稽章氏刻本　十一行二十一字小字雙行同黑口雙魚尾四周單邊　鈐有"齊魯大學圖書館藏書"　八册　存十種二十八卷（毛詩重言一卷、毛詩雙聲疊韻說一卷、弟子職正音一卷、戰國策釋地二卷、金石例十卷、墓銘舉例四卷、金石要例一卷、讞書五卷、兩同書二卷、陶邕州小集一卷）

370000－1542－0004579　039/408　類叢部/叢書類/彙編之屬

心矩齋叢書八種　（清）蔣鳳藻輯　清光緒長洲蔣氏心矩齋刻本　十一行二十一字小字雙行同黑口雙魚尾左右雙邊　十六册　存五種二十八卷（漢志水道疏證四卷、姑蘇名賢小記二卷、蘇詩查注補正四卷、鐵橋漫稿八卷、札樸十卷）

370000－1542－0004580　039/408　類叢部/叢書類/彙編之屬

心矩齋叢書八種　（清）蔣鳳藻輯　清光緒長洲蔣氏刻民國十四年（1925）蘇州文學山房重印本　十一行二十一字小字雙行同黑口雙魚尾左右雙邊　内封題"蘇州護龍街中文學山房藏板"　鈐有"齊魯大學圖書館藏書"　九册　存四種十一卷（漢志水道疏證四卷、姑蘇名賢小記二卷、南江札記一卷、蘇詩查注補正四卷）

370000－1542－0004581　039/436　類叢部/叢書類/彙編之屬

古逸叢書二十六種　（清）黎庶昌輯　清光緒八年至十年（1882－1884）遵義黎氏日本東京影刻本　行款不一　内封題"光緒十年甲申遵義黎氏刊于日本東京使署"　鈐有"清蔭軒章""长白光熙氏""清蔭軒"　四十九册

370000－1542－0004582　039/436　類叢部/叢書類/彙編之屬

古逸叢書二十六種　（清）黎庶昌輯　清光緒八年至十年（1882－1884）遵義黎氏日本東京影刻本　行款不一　内封題"光緒十年甲申遵義黎氏刊于日本東京使署"　鈐有"齊魯大學圖書館藏書"　四十五册　缺四種三十四卷（碣石調幽蘭一卷，天台山記一卷，太平寰宇記殘六卷，杜工部草堂詩箋二十五至四十、補遺十卷）

370000－1542－0004583　039/447　類叢部/叢書類/彙編之屬

小石山房叢書三十八種　（清）顧湘輯　清同治十三年（1874）虞山顧氏刻本　十一行二十二字小字雙行同黑口雙魚尾左右雙邊　牌記題"同治甲戌孟秋虞山顧氏校栞"　鈐有"李睍鐸"　十六册

370000－1542－0004584　039/447　類叢部/叢書類/彙編之屬

小石山房叢書三十八種　（清）顧湘輯　清同治十三年（1874）虞山顧氏刻本　十一行二十二字小字雙行同黑口雙魚尾左右雙邊　牌記題"同治甲戌孟秋虞山顧氏校栞"　鈐有"愛日樓""元和吳石君戊戌以後所得書"　十六册

370000－1542－0004585　039/447　類叢部/叢書類/彙編之屬

小石山房叢書三十八種　（清）顧湘輯　清同治十三年（1874）虞山顧氏刻本　十一行二十二字小字雙行同黑口雙魚尾左右雙邊　牌記題"同治甲戌孟秋虞山顧氏校栞"　鈐有"齊魯大學圖書館藏書"　二十册

370000－1542－0004586　039/485－2　類叢部/叢書類/彙編之屬

秋浦雙忠録五種　劉世珩編　清光緒二十八

年(1902)貴池唐石簃刻本　十三行二十三字小字雙行同黑口單魚尾左右雙邊　鈐有"癸卯"　五冊

370000－1542－0004587　039/485　類叢部/叢書類/彙編之屬

秋浦雙忠録五種　劉世珩編　清光緒二十八年(1902)貴池唐石簃刻本　十三行二十三字小字雙行同黑口單魚尾左右雙邊　三冊　存二種二十三卷(翠微南征録十一卷、翠微先生北征録十二卷)

370000－1542－0004588　039/490　類叢部/叢書類/彙編之屬

有福讀書堂叢刻四種　吳引孫輯　清光緒二十七年(1901)儀徵吳氏刻本　十一行二十三字黑口左右雙邊　内封題"光緒辛丑刊成板藏揚州吳氏"　二冊

370000－1542－0004589　039/517　類叢部/叢書類/彙編之屬

萬國政治藝學全書四十種附二種　(清)朱大文輯　清光緒二十八年(1902)鴻文書局石印本　二十行四十二字黑口單魚尾四周雙邊　牌記題"光緒壬寅年春上海鴻文書局石印"　五十二冊

370000－1542－0004590　039/531　類叢部/叢書類/彙編之屬

西學大成五十六種　(清)王西清輯　清光緒十四年(1888)大同書局石印本　二十四行五十五字白口單魚尾四周雙邊　牌記題"上海大同書局石印"　十二冊

370000－1542－0004591　039/545　類叢部/叢書類/彙編之屬

懷豳雜俎叢書十二種　徐乃昌輯　清光緒至宣統南陵徐乃昌刻本　十行二十字小字雙行同黑口單魚尾左右雙邊　十冊

370000－1542－0004592　039/568　類叢部/叢書類/彙編之屬

漸學廬叢書第一集十五種　(清)胡祥鑅輯　清光緒元和胡氏石印本　十三行三十字黑口單魚尾四周單邊　十冊

370000－1542－0004593　039/569　類叢部/叢書類/彙編之屬

校經山房叢書二十八種　(清)朱記榮輯　清光緒三十年(1904)孫谿朱氏槐廬家塾刻本　十一行二十一字黑口雙魚尾四周單邊　牌記題"光緒三十年春正月孫谿槐廬家塾藏板"　鈐有"槐廬長壽"　三十二冊

370000－1542－0004594　039/577　類叢部/叢書類/彙編之屬

嘯園叢書五十八種　(清)葛元煦輯　清光緒九年(1883)仁和葛氏刻本　九行二十字黑口單魚尾四周雙邊　鈐有"汕頭高級中學惠存郭輔庭贈"　四十八冊　缺一種一卷(嘉應平寇紀略一卷)

370000－1542－0004595　040/5　類叢部/叢書類/彙編之屬

洋務經濟通考十六卷　(清)邵友濂編　(清)應祖錫纂定　清光緒二十八年(1902)鴻寶齋石印本　二十行四十四字小字雙行同白口單魚尾四周雙邊　牌記題"光緒壬寅孟春夏月鴻寶齋四次石印"　鈐有"鑾江自強子藏書"　十二冊

370000－1542－0004596　812.39/187　類叢部/叢書類/彙編之屬

求益齋全集五種二十卷　(清)强汝詢撰　清光緒二十四年(1898)江蘇書局刻本　九行二十五字小字雙行同白口單魚尾左右雙邊　牌記題"光緒戊戌三月江蘇書局刊版"　鈐有"國立中央大學圖書館珍臧章""國立東南大學圖書館""國立中央大學南京圖書館""國立東南大學孟芳圖書館"　二冊

370000－1542－0004597　039/172　類叢部/叢書類/彙編之屬

李刻四種　(清)李盛鐸輯　清光緒十四年(1888)德化李氏刻本　十一行二十一字黑口雙魚尾左右雙邊　内封題"光緒戊子夏德化李氏刊"　鈐有"齊魯大學圖書館藏書"　四冊

370000－1542－0004598　039/169　類叢部/

叢書類/彙編之屬

振綺堂叢書二集　(清)汪康年輯　清光緒二十年(1894)泉唐汪氏振綺堂刻本　十行二十一字小字雙行同黑口雙魚尾四周單邊　内封題"光緒廿年泉唐汪氏振綺堂刊"　鈐有"齊魯大學圖書館藏書"　十六册

370000－1542－0004599　039/489　類叢部/叢書類/彙編之屬

張氏適園叢書初集七種　張鈞衡輯　清宣統三年(1911)上海國學扶輪社鉛字排印本　十一行二十九字黑口單魚尾四周雙邊　内封題"宣統辛亥　上海國學扶輪社印行"　十册

370000－1542－0004600　039/71　類叢部/叢書類/彙編之屬

風雨樓祕笈留真十種　鄧實輯　清末民初順德鄧氏風雨樓影印本　十册

370000－1542－0004601　039/188　類叢部/叢書類/彙編之屬

風雨樓叢書二十三種　鄧實輯　清宣統順德鄧氏鉛印本　十一行二十七字黑口四周單邊　内封題"宣統庚戌順德鄧氏依讀易堂原版重刻"　鈐有"齊魯大學圖書館藏書"　二十七册　存十一種六十三卷(貫華堂才子書彙稿十四卷,日知録之餘四卷,容甫先生遺詩五卷、補遺一卷、附録一卷,信摭一卷,讀畫録四卷,印人傳三卷,江邨銷夏録三卷,龔定盦别集一卷,定盦詩集定本二卷、詞定本一卷、集外未刻詩一卷、集外未刻詞一卷,書畫説鈴一卷,松圓浪淘集十八卷、偈庵集二卷)

370000－1542－0004602　039/117　類叢部/叢書類/彙編之屬

慎始基齋叢書十一種　盧靖輯　清光緒沔陽盧氏刻民國十二年(1923)印本　十行二十二字小字雙行同黑口左右雙邊　内封題"沔陽盧氏刊行"　八册

370000－1542－0004603　039/134　類叢部/叢書類/彙編之屬

房山山房叢書十一種　陳洙輯　清宣統至民國江浦陳氏刻民國九年(1920)彙印本　十一行二十三字小字雙行同黑口單魚尾左右雙邊　内封題"民國九年三月江浦陳氏刊成"　二册　缺一種八卷(媕雅堂詩集八卷)

370000－1542－0004604　039/224:C1　類叢部/叢書類/彙編之屬

峭帆樓叢書(附騗樓叢書)十八種　趙詒琛輯　清宣統至民國趙氏峭帆樓刻本　十行二十一字黑口單魚尾左右雙邊　鈐有"齊魯大學圖書館藏書"　二十册

370000－1542－0004605　039/224:C2　類叢部/叢書類/彙編之屬

峭帆樓叢書(附騗樓叢書)十八種　趙詒琛輯　清宣統至民國趙氏峭帆樓刻本　十行二十一字黑口單魚尾左右雙邊　内封題"丁巳三月武進陳重威署"　二十册

370000－1542－0004606　039/224:C3　類叢部/叢書類/彙編之屬

峭帆樓叢書(附騗樓叢書)十八種　趙詒琛輯　清宣統至民國趙氏峭帆樓刻本　十行二十一字黑口單魚尾左右雙邊　内封題"丁巳三月武進陳重威署"　鈐有"曾藏毗陵胡氏豹隱廬"　二十册

370000－1542－0004607　039/404　類叢部/叢書類/彙編之屬

玉簡齋叢書二十二種　羅振玉輯　清宣統二年(1910)上虞羅氏刻本　十三行二十二字黑口四周單邊　内封題"宣統庚戌校刊"　鈐有"齊魯大學圖書館藏書"　二十册

370000－1542－0004608　039/16　類叢部/叢書類/輯佚之屬

漢魏遺書鈔一百五種　(清)王謨輯　清嘉慶三年(1798)金谿王謨西齋刻本　九行二十字小字雙行同黑口單魚尾四周雙邊　内封題"嘉慶戊午新鐫　西齋藏板"　十六册

370000－1542－0004609　039/16　類叢部/叢書類/輯佚之屬

漢魏遺書鈔一百五種　(清)王謨輯　清嘉慶三年(1798)金谿王謨西齋刻本　九行二十字小字雙行同黑口單魚尾四周雙邊　内封題

"嘉慶戊午新鐫　西齋藏板"　鈐有"齊魯大學圖書館藏書"　十六册

370000－1542－0004610　039/35　類叢部/叢書類/輯佚之屬

二酉堂叢書(張氏叢書)二十一種　(清)張澍輯　清道光元年(1821)張氏二酉堂刻本　十行二十四字小字雙行同白口單魚尾左右雙邊　內封題"道光元年辛巳新鐫　二酉堂藏板"　十二册

370000－1542－0004611　039/211　類叢部/叢書類/輯佚之屬

二酉堂叢書(張氏叢書)二十一種　(清)張澍輯　清道光元年(1821)張氏二酉堂刻本　十行二十四字小字雙行同白口單魚尾左右雙邊　內封題"道光元年辛巳新鐫　二酉堂藏板"　鈐有"芹城閔氏叢柱書屋收藏書畫之印""齊魯大學圖書館藏書"　十二册

370000－1542－0004612　039/72：C4　類叢部/叢書類/輯佚之屬

十種古逸書二十種　(清)茆泮林輯　清道光十四年至二十二年(1834－1842)梅瑞軒刻本　十行二十一字小字雙行同白口單魚尾左右雙邊　內封題"道光十四年鐫　梅瑞軒藏板"　鈐有"齊魯大學圖書館藏書"　十册

370000－1542－0004613　039/72：C1　類叢部/叢書類/輯佚之屬

十種古逸書二十種　(清)茆泮林輯　清道光十四年至二十二年(1834－1842)梅瑞軒刻本　十行二十一字小字雙行同白口單魚尾左右雙邊　內封題"道光十四年鐫　梅瑞軒藏板"　十册

370000－1542－0004614　039/72：C2　類叢部/叢書類/輯佚之屬

十種古逸書二十種　(清)茆泮林輯　清道光十四年至二十二年(1834－1842)梅瑞軒刻本　十行二十一字小字雙行同白口單魚尾左右雙邊　內封題"道光壬寅年刊　梅瑞軒藏板"　六册

370000－1542－0004615　039/72：C3　類叢部/叢書類/輯佚之屬

十種古逸書二十種　(清)茆泮林輯　清道光十四年至二十二年(1834－1842)梅瑞軒刻本　十行二十一字小字雙行同白口單魚尾左右雙邊　內封題"道光壬寅年刊　梅瑞軒藏板"　鈐有"齊魯大學圖書館藏書"　六册

370000－1542－0004616　039/88：C1　類叢部/叢書類/輯佚之屬

玉函山房輯佚書五百九十四種　(清)馬國翰輯　清光緒十年(1884)楚南書局刻本　九行二十字小字雙行同黑口四周雙邊　內封題"光緒甲申春日楚南書局重刊"　一百册

370000－1542－0004617　039/88：C3　類叢部/叢書類/輯佚之屬

玉函山房輯佚書五百九十四種　(清)馬國翰輯　清光緒十五年(1889)繡江李氏重校刻本　九行二十字小字雙行同白口單魚尾四周雙邊　內封題"光緒十五年己丑仲春重校刊繡江李氏藏板"　六十四册

370000－1542－0004618　039/88：C2　類叢部/叢書類/輯佚之屬

玉函山房輯佚書五百九十四種　(清)馬國翰輯　清光緒九年(1883)長沙嫏嬛館刻本　九行二十字小字雙行同白口單魚尾四周雙邊　內封題"光緒九年癸未長沙嫏嬛館補校開雕"　八十册　存五百八十四種(一至五百八十四)

370000－1542－0004619　039/214　類叢部/叢書類/輯佚之屬

高密遺書二十四種　(清)黃奭輯　清道光二十三年(1843)黃氏刻本　九行十七字小字雙行同黑口四周單邊　內封題"道光癸卯氏家藏"　鈐有"齊魯大學圖書館藏書"　八册

370000－1542－0004620　039/440　類叢部/叢書類/輯佚之屬

黃氏逸書考二百八十五種續刻二種　(清)黃奭輯　清道光甘泉黃氏刻民國十四年(1925)王鑒修補二十六年(1937)江都朱長圻補刻本　九行十七字小字雙行同黑口四周單邊　一

百二十四册

370000－1542－0004621　039/440　類叢部/叢書類/輯佚之屬

黄氏逸書考二百八十五種續刻二種　(清)黄奭輯　清道光甘泉黄氏刻民國十四年(1925)王鑒修補二十六年(1937)江都朱長圻補刻本　九行十七字小字雙行同黑口四周單邊　一百六十册

370000－1542－0004622　039/440　類叢部/叢書類/輯佚之屬

黄氏逸書考二百八十五種　(清)黄奭輯　清道光甘泉黄氏刻民國十四年(1925)王鑒修補二十六年(1937)江都朱長圻補刻本　九行十七字小字雙行同黑口四周單邊　内封題"懷荃室藏版"　鈐有"齊魯大學圖書館藏書"　九十册　缺一函(五)

370000－1542－0004623　036/8　類叢部/叢書類/自著之屬

石林遺書十三種　(宋)葉夢得撰　清光緒至宣統葉氏觀古堂刻本　十一行二十二字小字雙行同黑口單魚尾左右雙邊　遺書内封題"宣統辛亥仲秋刊行"　石林家訓内封題"宣統三年閏六月葉氏觀古堂校刊"　禮記解内封題"宣統元年秋九月葉氏觀古堂校刊"　石林燕語内封題"長沙葉氏郎園刊行"　石林燕語辨内封題"光緒戊申夏中秋葉氏觀古堂校刊"　玉澗雜書内封題"宣統己酉季冬月葉氏觀古堂重刊"　避暑錄話内封題"宣統己酉季冬月葉氏觀古堂重刊"　老子解内封題"宣統元年冬月葉氏觀古堂刊"　建康集内封題"宣統三年夏月葉氏觀古堂刊"　石林詩話内封題"光緒戊申秋長沙葉氏觀古堂重刊"　石林詞内封題"宣統辛亥仲秋葉氏觀古堂刊"　石林遺事内封題"宣統辛亥仲秋校刊"　鈐有"李錦章"　十四册

370000－1542－0004624　036/8　類叢部/叢書類/自著之屬

石林遺書十三種　(宋)葉夢得撰　清光緒至宣統葉氏觀古堂刻本　欒調甫批校　十一行二十二字小字雙行同黑口單魚尾左右雙邊　遺書内封題"宣統辛亥仲秋刊行"　石林家訓内封題"宣統三年閏六月葉氏觀古堂校刊"　禮記解内封題"宣統元年秋九月葉氏觀古堂校刊"　石林燕語内封題"長沙葉氏郎園刊行"　石林燕語辨内封題"光緒戊申夏中秋葉氏觀古堂校刊"　玉澗雜書内封題"宣統己酉季冬月葉氏觀古堂重刊"　避暑錄話内封題"宣統己酉季冬月葉氏觀古堂重刊"　老子解内封題"宣統元年冬月葉氏觀古堂刊"　建康集内封題"宣統三年夏月葉氏觀古堂刊"　石林詩話内封題"光緒戊申秋長沙葉氏觀古堂重刊"　石林詞内封題"宣統辛亥仲秋葉氏觀古堂刊"　石林遺事内封題"宣統辛亥仲秋校刊"　鈐有"齊魯大學圖書館藏書"　十二册

370000－1542－0004625　036/12　類叢部/叢書類/自著之屬

紫陽叢書(朱子遺書)十五種　(宋)朱熹撰　清刻本　十一行二十四字黑口單魚尾左右雙邊　八册　存七種三十二卷(國朝諸老先生論語精義十卷、孟子精義十四卷、易學啓蒙四卷、詩序辨一卷、朱子陰符經考異一卷、朱子周易參同契考異一卷、孝經刊誤一卷)

370000－1542－0004626　038/7　類叢部/叢書類/自著之屬

顧端文公遺書十五種　(明)顧憲成撰　清光緒三年(1877)涇里宗祠刻本　佚名圈點校注　十行二十字下黑口單魚尾左右雙邊　内封題"光緒丁丑重刊涇里宗祠藏板"　鈐有"私立齊魯大學國學研究所藏書之章""石子山人""孫五節""尊樂堂"　十七册

370000－1542－0004627　038/18　類叢部/叢書類/自著之屬

歸雲别集十種　(明)陳士元撰　清道光十三年(1833)應城吳毓梅刻咸豐十年(1860)楊國楝補刻重印本　九行二十字小字雙行同白口單魚尾四周雙邊　内封題"道光癸巳年鐫寶善堂藏板"　鈐有"齊魯大學圖書館藏書"　二十册

370000－1542－0004628　038/30　類叢部/叢書類/自著之屬

楊升庵外集一百卷　(明)楊慎撰　(明)焦竑編　清道光二十四年(1844)影明板刻本　十行二十字白口單魚尾左右雙邊　内封題"道光甲辰影明板重刊　桂湖藏板"　二十四冊

370000－1542－0004629　039/7：C3　類叢部/叢書類/自著之屬

船山遺書六十一種　(清)王夫之撰　清同治四年(1865)湘鄉曾國荃金陵刻本　十行二十二字小字雙行同黑口雙魚尾左右雙邊　内封題"同治四年湘鄉曾氏刊于金陵節署"　鈐有"齊魯大學圖書館藏書"　一百二十冊

370000－1542－0004630　039/7：C1　類叢部/叢書類/自著之屬

船山遺書六十一種　(清)王夫之撰　清同治四年(1865)湘鄉曾國荃金陵刻本　十行二十二字小字雙行同黑口雙魚尾左右雙邊　内封題"同治四年湘鄉曾氏刊于金陵節署"　一百二十八冊

370000－1542－0004631　039/7：C4　類叢部/叢書類/自著之屬

船山遺書六十一種　(清)王夫之撰　清同治四年(1865)湘鄉曾國荃金陵刻本　十行二十二字小字雙行同黑口雙魚尾左右雙邊　内封題"同治四年湘鄉曾氏刊于金陵節署"　鈐有"齊魯大學圖書館藏書"　一百十二冊　存五十七種(一至五十七)

370000－1542－0004632　039/20　類叢部/叢書類/自著之屬

顧亭林先生遺書二十一種　(清)顧炎武撰　清光緒朱氏校經山房增刻本　行款不一　内封題"光緒戊子冬月校刊朱氏校經山房藏板"　二十四冊

370000－1542－0004633　039/20　類叢部/叢書類/自著之屬

顧亭林先生遺書二十一種　(清)顧炎武撰　清光緒朱氏校經山房增刻本　行款不一　内封題"光緒戊子冬月校刊朱氏校經山房藏板"　鈐有"德恒草堂""德恒山人珎藏""齊魯大學圖書館藏書"　十二冊　存八種(一至八)

370000－1542－0004634　039/29　類叢部/叢書類/自著之屬

郝氏遺書三十三種　(清)郝懿行撰　清嘉慶至光緒刻本　九行二十一字小字雙行同黑口單魚尾左右雙邊　内封題"光緒八年十二月由順天府進呈　東路廳同知郝聯薇恭繕"　鈐有"齊魯大學圖書館藏書"　五十八冊　存二十三種一百七十五卷(易說十二卷、便録一卷,書說二卷,汲冢周書輯要一卷、逸書一卷,禮記箋四十九卷,春秋說略十二卷,春秋比二卷,爾雅郭注義疏十九卷,山海經箋疏十八卷、圖贊一卷、訂譌一卷、叙録一卷,竹書紀年校正十四卷、通考一卷,荀子補注二卷,晉宋書故一卷,補宋書刑法志一卷,補宋書食貨志一卷,宋瑣語一卷,寶訓八卷,蜂衙小記一卷,燕子春秋一卷,記海錯一卷,詩說二卷,詩經拾遺一卷,詩問七卷,列女傳補注八卷、叙録一卷、校正一卷,列仙傳校正本二卷、贊一卷)

370000－1542－0004635　039/29　類叢部/叢書類/自著之屬

郝氏遺書三十三種　(清)郝懿行撰　清嘉慶至光緒刻本　九行二十一字小字雙行同黑口單魚尾左右雙邊　内封題"光緒十年歲在甲申東路廳署開雕"　鈐有"扶溝柳氏珍藏金石書畫之印"　三十三冊　存十八種五十七卷(書說二卷,汲冢周書輯要一卷、逸書一卷,春秋說略十二卷,春秋比二卷,荀子補注二卷,晉宋書故一卷,補宋書刑法志一卷,補宋書食貨志一卷,宋瑣語一卷,詩說二卷,詩經拾遺一卷,曬書堂文集十二卷、外集二卷、別集一卷,曬書堂閨中文存一卷,曬書堂筆記二卷,曬書堂時文一卷,曬書堂筆録六卷,曬書堂詩鈔二卷、試帖一卷、詩餘一卷,和鳴集一卷)

370000－1542－0004636　039/29　類叢部/叢書類/自著之屬

郝氏遺書三十三種　(清)郝懿行撰　清嘉慶至光緒刻本　九行二十一字小字雙行同黑口單魚尾左右雙邊　内封題"光緒八年十二月由順天府進呈　東路廳同知郝聯薇恭繕"　三十六冊　存十三種一百二十一卷(易說十二卷、便録一卷,書說二卷,汲冢周書輯要一卷、逸書一卷，詩說二卷，詩經拾遺一卷，記海錯一卷，竹書紀年校正十四卷、通考一卷，寶訓八卷，燕子春秋一卷，蜂衙小記一卷，詩問七卷，禮記箋四十九卷，爾雅郭注義疏十九卷）

370000－1542－0004637　039/39　類叢部/叢書類/自著之屬

王菉友叢著　（清）王筠撰　清道光至咸豐刻本　行款不一　蛾術編内封題“庚申之秋宋官曈刊曲沃衛天鵬署檢”　八冊　存九種十三卷（禹貢正字一卷、毛詩重言一卷、夏小正正義一卷、四書說略四卷、毛詩雙聲疊韻說一卷、菉友蛾術編二卷、弟子職正音一卷、菉友肊一卷、正字略定本一卷）

370000－1542－0004638　039/41　類叢部/叢書類/自著之屬

甌北全集七種　（清）趙翼撰　清乾隆至嘉慶湛貽堂刻本　十一行二十一字小字雙行三十二字白口單魚尾左右雙邊　内封題“湛貽堂藏板”　二十六冊

370000－1542－0004639　039/41：C3　類叢部/叢書類/自著之屬

甌北全集七種　（清）趙翼撰　清乾隆至嘉慶湛貽堂刻本　十一行二十一字小字雙行三十二字白口單魚尾左右雙邊　内封題“湛貽堂藏板”　鈐有“齊魯大學圖書館藏書”　四十八冊

370000－1542－0004640　039/41：C2　類叢部/叢書類/自著之屬

甌北全集七種　（清）趙翼撰　清宣統元年（1909）成都官書局刻本　十一行二十一字小字雙行三十二字白口單魚尾左右雙邊　内封題“宣統元年六月古滇唐鴻昌題”　鈐有“私立齊魯大學國學研究所藏書之章”　六十冊

370000－1542－0004641　039/41：C4　類叢部/叢書類/自著之屬

甌北全集七種　（清）趙翼撰　清乾隆至嘉慶湛貽堂刻本　十一行二十一字小字雙行三十二字白口單魚尾左右雙邊　内封題“湛貽堂藏板”　鈐有“齊魯大學圖書館藏書”　四十八冊

370000－1542－0004642　039/49　類叢部/叢書類/自著之屬

顨軒孔氏所著書七種　（清）孔廣森撰　清嘉慶二十二年（1817）曲阜孔氏刻本　十行二十字小字雙行同上黑口雙魚尾左右雙邊　十冊

370000－1542－0004643　039/49　類叢部/叢書類/自著之屬

顨軒孔氏所著書七種　（清）孔廣森撰　清嘉慶二十二年（1817）曲阜孔氏刻本　十行二十字小字雙行同上黑口雙魚尾左右雙邊　十冊

370000－1542－0004644　039/49　類叢部/叢書類/自著之屬

顨軒孔氏所著書七種　（清）孔廣森撰　清嘉慶二十二年（1817）曲阜孔氏刻本　十行二十字小字雙行同上黑口雙魚尾左右雙邊　十冊

370000－1542－0004645　039/50　類叢部/叢書類/自著之屬

洪北江全集二十三種　（清）洪亮吉撰　清光緒三年至五年（1877－1879）洪氏授經堂刻本　十一行二十二字小字雙行同黑口雙魚尾左右雙邊　内封題“光緒丁丑孟夏授經堂重校刊”　八十四冊

370000－1542－0004646　039/50　類叢部/叢書類/自著之屬

洪北江全集二十三種　（清）洪亮吉撰　清光緒三年至五年（1877－1879）洪氏授經堂刻本　十一行二十二字小字雙行同黑口雙魚尾左右雙邊　内封題“光緒丁丑孟夏授經堂重校刊”　鈐有“齊魯大學圖書館藏書”　八十四冊

370000－1542－0004647　039/50　類叢部/叢書類/自著之屬

洪北江全集二十三種　（清）洪亮吉撰　清光緒三年至五年（1877－1879）洪氏授經堂刻本　十一行二十二字小字雙行同黑口雙魚尾左右雙邊　内封題“光緒丁丑孟夏授經堂重校刊”　六十冊

370000－1542－0004648　039/60：C1　類叢部/叢書類/自著之屬

嘉定錢氏潛揅堂全書二十一種　(清)錢大昕撰　清光緒十年(1884)長沙龍氏家塾刻本　十行二十二字小字雙行同黑口雙魚尾左右雙邊　内封題"光緒十年仲春長沙龍氏家塾重刊"　鈐有"齊魯大學圖書館藏書之章""齊魯大學哈佛燕京學社購置""讀有用書""紫藤華館"　六十四册

370000－1542－0004649　039/60：C2　類叢部/叢書類/自著之屬

嘉定錢氏潛揅堂全書二十一種　(清)錢大昕撰　清光緒十年(1884)長沙龍氏家塾刻本　十行二十二字小字雙行同黑口雙魚尾左右雙邊　内封題"光緒十年仲春長沙龍氏家塾重刊"　鈐有"吴鸎私印""友石"　七十册　存九種二百三十五卷(聲類四卷,廿二史考異一百卷,金石文跋尾二十卷,金石文目錄八卷,十駕齋養新錄二十卷、餘錄三卷,三統術衍三卷,風俗通佚文一卷,恒言錄六卷,潛研堂文集五十卷、詩集十卷、詩續集十卷)

370000－1542－0004650　039/60：C3　類叢部/叢書類/自著之屬

潛揅堂全書二十一種　(清)錢大昕撰　清乾隆至嘉慶刻道光二十年(1840)錢師光重修印本　十行二十一字白口單魚尾四周單邊　鈐有"齊魯大學圖書館藏書"　五十六册　存十六種二百二十五卷(廿二史考異一百卷,三史拾遺五卷,諸史拾遺五卷,元史氏族表三卷,元史藝文志四卷,通鑑注辯正二卷,洪文惠公年譜一卷,洪文敏公年譜一卷,陸放翁先生年譜一卷,深寧先生年譜一卷,弇州山人年譜一卷,潛揅堂金石文跋尾六卷、續七卷、又續六卷、三續六卷,潛揅堂金石文字目録八卷,十駕齋養新録二十卷、餘録三卷,三統術衍三卷、鈐一卷,潛揅堂文集二十一卷、詩集十卷、詩續集十卷)

370000－1542－0004651　039/74：C2　類叢部/叢書類/自著之屬

抗希堂十六種(方望溪先生全集)　(清)方苞撰　清康熙至嘉慶方氏抗希堂刻本　九行二十四字白口單魚尾四周雙邊　内封題"抗希堂藏板"　鈐有"齊魯大學圖書館藏書"　六十四册

370000－1542－0004652　039/74：C1　類叢部/叢書類/自著之屬

抗希堂十六種(方望溪先生全集)　(清)方苞撰　清康熙至嘉慶方氏抗希堂刻本　九行二十四字白口單魚尾四周雙邊　内封題"抗希堂藏板"　六十四册

370000－1542－0004653　039/74：C3　類叢部/叢書類/自著之屬

抗希堂十六種(方望溪先生全集)　(清)方苞撰　清康熙至嘉慶方氏抗希堂刻本　九行二十四字白口單魚尾四周雙邊　内封題"抗希堂藏板"　鈐有"齊魯大學圖書館藏書"　五十六册

370000－1542－0004654　039/89　類叢部/叢書類/自著之屬

汪龍莊先生遺書四種　(清)汪祖輝撰　清光緒八年(1882)山東書局刻本　十行二十四字小字雙行同白口單魚尾左右雙邊　内封題"光緒八年秋季山東書局重刊"　六册

370000－1542－0004655　039/89　類叢部/叢書類/自著之屬

汪龍莊先生遺書四種　(清)汪祖輝撰　清光緒八年(1882)山東書局刻本　十行二十四字小字雙行同白口單魚尾左右雙邊　内封題"光緒八年秋季山東書局重刊"　六册

370000－1542－0004656　039/89　類叢部/叢書類/自著之屬

汪龍莊先生遺書四種　(清)汪祖輝撰　清光緒八年(1882)山東書局刻本　十行二十四字小字雙行同白口單魚尾左右雙邊　内封題"光緒八年秋季山東書局重刊"　六册

370000－1542－0004657　039/90　類叢部/叢書類/自著之屬

靈芬館集十種　(清)郭麐撰　清嘉慶至道光刻本　十二行二十三字白口單魚尾左右雙邊

十三冊　存七種六十六卷(靈芬館詞六卷,金石例補二卷,江行日記一卷,樗園銷夏録三卷,靈芬館詩話十二卷、續六卷,靈芬館詩初集四卷、二集十卷、三集四卷、四集十二卷,靈芬館雜著二卷、續編四卷)

370000－1542－0004658　039/279　類叢部/叢書類/自著之屬

竹柏山房十五種　(清)林春溥撰　清嘉慶、咸豐間竹柏山房刻本　十二行二十二字小字雙行同黑口雙魚尾四周單邊　鈐有“齊魯大學圖書館藏書”　四十冊

370000－1542－0004659　039/279　類叢部/叢書類/自著之屬

竹柏山房十五種　(清)林春溥撰　清嘉慶、咸豐間竹柏山房刻本　十二行二十二字小字雙行同黑口雙魚尾四周單邊　四十冊

370000－1542－0004660　039/131　類叢部/叢書類/自著之屬

培遠堂全集　(清)陳弘謀輯撰　清道光培遠堂刻本　九行二十字小字雙行同白口單魚尾四周雙邊　内封題“培遠堂原本”　鈐有“齊魯大學圖書館藏書”　三冊　存二種五卷(手札節要三卷、從政遺規二卷)

370000－1542－0004661　039/162　類叢部/叢書類/自著之屬

小琅嬛僊館叙録書三種　(清)阮元輯撰　清嘉慶儀徵阮氏刻本　十一行二十一字小字雙行同白口單魚尾左右雙邊　鈐有“復堂藏書”“齊魯大學圖書館藏書”　四冊

370000－1542－0004662　039/260　類叢部/叢書類/自著之屬

巴山七種　(清)王侃撰　清同治四年(1865)光裕堂刻本　九行十八字白口單魚尾四周雙邊　鈐有“齊魯大學圖書館藏書”　八冊

370000－1542－0004663　039/268∶C2　類叢部/叢書類/自著之屬

空山堂全集八種　(清)牛運震撰　清嘉慶滋陽空山堂刻本　九行二十二字白口單魚尾四周雙邊　四十四冊

370000－1542－0004664　039/268∶C1　類叢部/叢書類/自著之屬

空山堂全集八種　(清)牛運震撰　清嘉慶滋陽空山堂刻本　九行二十二字白口單魚尾四周雙邊　鈐有“齊魯大學圖書館藏書”　四十六冊　缺三種四十八卷(詩志八卷、集古錄十卷、金石錄三十卷)

370000－1542－0004665　039/273　類叢部/叢書類/自著之屬

汪雙池先生叢書三十三種　(清)汪紱撰　清道光至光緒刻光緒二十三年(1897)長安趙舒翹補刻彙印本　十二行二十四字上黑口單魚尾四周雙邊　鈐有“齊魯大學圖書館藏書”　一百五十六冊　缺四種二十八卷(樂經律呂通解五卷、雙池文集十卷、韻析五卷、物詮八卷)

370000－1542－0004666　039/280　類叢部/叢書類/自著之屬

周松靄先生遺書八種　(清)周春撰　清乾隆至嘉慶刻本　十行二十二字小字雙行同白口單魚尾左右雙邊　鈐有“齊魯大學圖書館藏書”　十八冊

370000－1542－0004667　039/282　類叢部/叢書類/自著之屬

脩本堂叢書十種　(清)林伯桐撰　清道光二十四年(1844)番禺林氏刻本　行款版式不一　内封題“道光甲辰校刊　番禺林氏藏板”　鈐有“齊魯大學圖書館藏書”　十六冊

370000－1542－0004668　039/283∶C4　類叢部/叢書類/自著之屬

李二曲先生全集四種　(清)李顒撰　清同治五年(1866)隴右牛樹梅刻本　九行二十二字白口單魚尾左右雙邊　内封題“牛氏藏板”　鈐有“齊魯大學圖書館藏書”　十冊

370000－1542－0004669　039/283∶C2　類叢部/叢書類/自著之屬

李二曲先生全集四種　(清)李顒撰　清光緒三年(1877)信述堂重刻康熙王氏本　九行二十字白口單魚尾四周雙邊　内封題“光緒丁

丑夏信述堂重刊”　鈐有“齊魯大學圖書館藏書”　十六册

370000－1542－0004670　039/295　類叢部/叢書類/自著之屬

范氏三種　(清)范家相撰　清乾隆至嘉慶古趣亭刻本　十行二十二字小字雙行同黑口雙魚尾左右雙邊　詩瀋内封題“乾隆甲午年鐫　古趣亭藏板”　三家詩拾遺、夏小正輯註内封題“嘉慶庚午年鐫　古趣亭藏板”　鈐有“齊魯大學圖書館藏書”　六册

370000－1542－0004671　039/298　類叢部/叢書類/自著之屬

邃雅堂全書九種　(清)姚文田撰　清嘉慶至光緒歸安姚氏刻本　八行二十一字小字雙行同白口單魚尾左右雙邊　内封題“道光元年刻於江陰學使者署”　鈐有“齊魯大學圖書館藏書”　二十八册　存六種四十四卷(邃雅堂集十卷、文集續編一卷、邃雅堂學古録七卷、廣陵事略七卷、説文聲系十五卷、四聲易知録四卷)

370000－1542－0004672　039/300　類叢部/叢書類/自著之屬

經韻樓叢書九種　(清)段玉裁撰　清乾隆至道光金壇段氏刻本　十一行二十二字小字雙行同白口單魚尾左右雙邊　鈐有“南陵徐氏仁山珍藏”“修養堂主人藏書之印”“小峰伯氏家藏”“齊魯大學圖書館藏書”　二十四册

370000－1542－0004673　039/304　類叢部/叢書類/自著之屬

隨園三十種　(清)袁枚撰　清乾隆至嘉慶隨園刻本　十行二十一字黑口左右雙邊　内封題“隨園藏版”　鈐有“願學”“齊魯大學圖書館藏書”　五十八册　存二十一種一百七十七卷(小倉山房文集三十五卷,小倉山房詩集三十七卷、續二卷,小倉山房外集八卷,袁太史稿一卷,小倉山房尺牘十卷,隨園詩話十六卷、補遺十卷,隨園隨筆二十八卷,隨園八十壽言六卷,袁家三妹合稿四卷,南園詩選二卷,粲花軒詩稿二卷,湄君詩集二卷,筱雲詩集二卷,緑秋草堂詞一卷,玉山堂詞一卷,捧月樓詞二卷,飲水詞鈔二卷,崇睦山房詞一卷,過雲精舍詞二卷,碧梧山館詞二卷,箏船詞一卷)

370000－1542－0004674　039/312　類叢部/叢書類/自著之屬

楚蒙山房集六種　(清)晏斯盛撰　清乾隆刻本　九行十九字黑口單魚尾四周雙邊　鈐有“齊魯大學圖書館藏書”　五十册

370000－1542－0004675　039/313　類叢部/叢書類/自著之屬

徐位山著述六種　(清)徐文靖撰　清光緒二年(1876)補刻本　九行二十字小字雙行同白口單魚尾左右雙邊　内封題“光緒二年補鐫　本衙藏板”　鈐有“齊魯大學圖書館藏書”　二十四册

370000－1542－0004676　039/318　類叢部/叢書類/自著之屬

二思堂叢書六種　(清)梁章鉅撰　清光緒元年(1875)福州梁氏刻本　九行二十二字小字雙行同白口或黑口單魚尾左右雙邊　内封題“光緒元年校刊　福州梁氏藏板”　鈐有“齊魯大學圖書館藏書”　十六册

370000－1542－0004677　039/318　類叢部/叢書類/自著之屬

二思堂叢書六種　(清)梁章鉅撰　清光緒元年(1875)福州梁氏刻本　九行二十二字小字雙行同白口或黑口單魚尾左右雙邊　内封題“光緒元年校刊　福州梁氏藏板”　鈐有“齊魯大學圖書館藏書”　十六册

370000－1542－0004678　039/318　類叢部/叢書類/自著之屬

二思堂叢書六種　(清)梁章鉅撰　清光緒元年(1875)福州梁氏刻本　九行二十二字小字雙行同白口或黑口單魚尾左右雙邊　内封題“光緒元年校刊　福州梁氏藏板”　鈐有“齊魯大學圖書館藏書”　十册　缺一種四卷(農候襍占四卷)

370000－1542－0004679　039/326　類叢部/叢書類/自著之屬

三影閣叢書八種　(清)張雲璈撰　清道光刻本　十行十九字白口單魚尾左右雙邊　内封題“簡松草堂藏版”　鈐有“齊魯大學圖書館藏書”　六冊　存二種十九卷(四寸學六卷,簡松草堂文集十二卷、附録一卷)

370000－1542－0004680　039/328　類叢部/叢書類/自著之屬

珍埶宧遺書十一種　(清)莊述祖撰　清嘉慶至道光武進莊氏脊令舫刻本　十行十九字小字雙行同黑口單魚尾左右雙邊　鈐有“齊魯大學圖書館藏書”　八冊

370000－1542－0004681　039/329　類叢部/叢書類/自著之屬

湯文正公全集四種　(清)湯斌撰　清同治九年(1870)高要蘇氏刻本　十行二十一字小字雙行同黑口單魚尾左右雙邊　内封題“同治庚午春三月　本祠堂藏板”　鈐有“心游於淡”“齊魯大學圖書館藏書”　三十二冊

370000－1542－0004682　039/336　類叢部/叢書類/自著之屬

焦氏叢書十種　(清)焦循撰　清嘉慶至道光江都焦氏雕菰樓刻光緒二年(1876)衡陽魏氏補刻本　十行二十一字小字雙行同黑口左右雙邊　鈐有“齊魯大學圖書館藏書”　四十冊

370000－1542－0004683　039/518　類叢部/叢書類/自著之屬

焦氏叢書十種　(清)焦循撰　清嘉慶至道光江都焦氏雕菰樓刻本　十行二十一字小字雙行同黑口左右雙邊　鈐有“阮元私印”　二十四冊　存一種四十卷(雕菰樓易學三書四十卷)

370000－1542－0004684　039/340　類叢部/叢書類/自著之屬

楊愚齋先生全集四種　(清)楊丕復撰　清光緒二十六年(1900)博約堂刻本　八行二十二字小字雙行同白口單魚尾四周雙邊　内封題“光緒庚子仲冬既望”　鈐有“齊魯大學圖書館藏書”　一百二十冊

370000－1542－0004685　039/345　類叢部/叢書類/自著之屬

潘子全集(潘相所著書)十六種　(清)潘相撰　清光緒十五年(1889)刻本　九行二十字小字雙行同白口單魚尾左右雙邊　内封題“光緒己丑重刻”　鈐有“齊魯大學圖書館藏書”　四十四冊　存十四種六十六卷(周易尊翼五卷,尚書可解輯粹二卷,毛詩古音參義五卷,春秋尊孟一卷,春秋比事參義一卷,春秋應舉輯要十二卷,禮記釐編十卷,周禮撮要三卷,澧志舉要三卷,事友録五卷,吾學録五卷,琉球入學見聞録四卷,鱍文書屋集略八卷、尺牘略一卷,約六齋制藝一卷)

370000－1542－0004686　039/347　類叢部/叢書類/自著之屬

槐軒全書二十二種　(清)劉沅撰　清咸豐至光緒刻本　十行二十字小字雙行同白口單魚尾四周雙邊　鈐有“齊魯大學圖書館藏書”　一百七冊

370000－1542－0004687　039/347　類叢部/叢書類/自著之屬

槐軒全書二十二種　(清)劉沅撰　清咸豐至光緒刻本　十行二十字小字雙行同白口單魚尾四周雙邊　一百七冊

370000－1542－0004688　039/396　類叢部/叢書類/自著之屬

陸子全書十八種　(清)陸隴其撰　清光緒十六年(1890)宗培等刻本　十行二十三字小字雙行同黑口單魚尾四周雙邊　鈐有“山東濟南齊魯大學校圖書館”“基督教齊魯大學圖書館”　八冊

370000－1542－0004689　039/397　類叢部/叢書類/自著之屬

漁洋山人全集三十七種　(清)王士禛撰　清刻本　十行十九字黑口單魚尾左右雙邊　鈐有“養拙軒藏書印”“齊魯大學圖書館藏書”　四十八冊　存二十二種一百二十六卷(蠶尾集十卷、續集二卷、後集二卷,雍益集一卷,漁洋山人文略十四卷,皇華紀聞四卷,池北偶談二十六卷,謚法考一卷,浯溪考二卷,載書圖詩一卷,香祖筆記十二卷,漁洋詩話三卷,唐賢三昧集三卷,十種唐詩選十七卷,蕭亭詩選六卷,徐詩二卷,考功集選四卷,華泉先生集選四卷,抱山集選一卷,唐人萬首絕句選七卷,歷仕録一卷,隴首集一卷,清寤齋心賞編一卷,剪桐載筆一卷)

370000－1542－0004690　039/412　類叢部/叢書類/自著之屬

西河合集一百二十種　(清)毛奇齡撰　清康熙刻康熙、乾隆、嘉慶遞修本　十行二十字小字雙行同白口四周單邊　鈐有"齊魯大學圖書館藏書"　一百册

370000－1542－0004691　039/487　類叢部/叢書類/自著之屬

小謨觴館全集四種　(清)彭兆蓀撰　清光緒鎮洋繆朝荃刻三十二年(1906)彙印本　十行二十一字小字雙行同黑口單魚尾左右雙邊　二十册

370000－1542－0004692　039/487　類叢部/叢書類/自著之屬

小謨觴館全集四種　(清)彭兆蓀撰　清光緒鎮洋繆朝荃刻三十二年(1906)彙印本　十行二十一字小字雙行同黑口單魚尾左右雙邊　二十册

370000－1542－0004693　039/503　類叢部/叢書類/自著之屬

鹿洲全集八種　(清)藍鼎元撰　清雍正十年(1732)刻光緒五年(1879)藍謙修補本　九行十八字白口單魚尾左右雙邊　二十四册

370000－1542－0004694　039/525　類叢部/叢書類/自著之屬

敦艮齋遺書九種　(清)徐潤第撰　清道光二十八年(1848)五臺徐繼畬刻民國二十三年(1934)山西書局補刻本　十行二十四字白口單魚尾左右雙邊　六册

370000－1542－0004695　039/543　類叢部/叢書類/自著之屬

劉靜菴祕書三種　(清)劉一峯撰　清乾隆六年(1741)積秀堂刻本　上欄小字十八行五字下欄九行二十二字白口單魚尾四周單邊　内封題"積秀堂梓行"　鈐有"積秀堂藏書""齊魯大學圖書館藏書"　六册

370000－1542－0004696　039/553　類叢部/叢書類/自著之屬

陸桴亭先生遺書二十二種附年譜行狀行實　(清)陸世儀撰　清光緒二十六年(1900)唐受祺京師刻本　十行二十字白口單魚尾左右雙邊　牌記題"光緒己亥孟冬刊于京師"　鈐有"老藤""紹庭"　二十册

370000－1542－0004697　039/553　類叢部/叢書類/自著之屬

陸桴亭先生遺書二十二種附年譜行狀行實　(清)陸世儀撰　清光緒二十六年(1900)唐受祺京師刻本　十行二十字白口單魚尾左右雙邊　牌記題"光緒己亥孟冬刊于京師"　二十册

370000－1542－0004698　039/555－2　類叢部/叢書類/自著之屬

重訂楊園先生全集二十一種　(清)張履祥撰　清同治十年(1871)江蘇書局刻本　十行二十二字白口單魚尾四周雙邊　牌記題"同治歲次辛未江蘇書局刊行"　鈐有"誦韓朱氏讀本"　十六册

370000－1542－0004699　039/555－2　類叢部/叢書類/自著之屬

重訂楊園先生全集二十一種　(清)張履祥撰　清同治十年(1871)江蘇書局刻本　十行二十二字白口單魚尾四周雙邊　牌記題"同治歲次辛未江蘇書局刊行"　十六册

370000－1542－0004700　039/583　類叢部/叢書類/自著之屬

王船山經史論十二種　(清)王夫之撰　清光緒二十九年(1903)通文書局石印本　二十行四十四字白口單魚尾四周雙邊　内封題"光緒癸卯仲夏通文書局石印"　十八册

370000－1542－0004701　039/252　類叢部/叢書類/自著之屬

柏堂遺書二十三種　(清)方宗誠撰　清光緒桐城方氏刻本　十一行二十一字黑口單魚尾

左右雙邊　内封題"光緒六年二月開雕"　鈐有"齊魯大學圖書館藏書"　六十冊

370000－1542－0004702　039/252　類叢部/叢書類/自著之屬

柏堂遺書二十三種　(清)方宗誠撰　清光緒桐城方氏刻本　十一行二十一字黑口單魚尾左右雙邊　鈐有"碧雲仙館"　十四冊　存十二種四十八卷(讀易筆記二卷,書傳補義三卷,詩傳補義三卷,禮記集説補義一卷,春秋正誼四卷,讀學庸筆記二卷,讀論孟筆記三卷、補記二卷,論文章本原三卷,讀宋鑑論三卷,讀諸子諸儒書雜記一卷,志學録八卷、續録三卷,俟命録十卷)

370000－1542－0004703　039/38　類叢部/叢書類/自著之屬

紅豆樹館全集四種　(清)陶樑編撰　清道光至光緒吴縣潘氏刻本　十行二十字小字雙行同白口單魚尾左右雙邊　内封題"光緒八年壬午春仲吴縣潘氏韡園雕版"　十冊

370000－1542－0004704　039/77:C1　類叢部/叢書類/自著之屬

寶樹堂遺書三種　(清)郭夢星撰　清光緒二十一年(1895)濰縣郭氏刻本　十二行二十三字小字雙行同白口單魚尾左右雙邊　四冊

370000－1542－0004705　039/77:C2　類叢部/叢書類/自著之屬

寶樹堂遺書三種　(清)郭夢星撰　清光緒二十一年(1895)濰縣郭氏刻本　十二行二十三字小字雙行同白口單魚尾左右雙邊　鈐有"齊魯大學圖書館藏書"　四冊

370000－1542－0004706　039/79　類叢部/叢書類/自著之屬

五經歲徧齋校書三種　(清)翟云升輯　清道光翟氏五經歲徧齋校刻本　十行二十字小字雙行同黑口單魚尾左右雙邊　十冊

370000－1542－0004707　039/79　類叢部/叢書類/自著之屬

五經歲徧齋校書三種　(清)翟云升輯　清道光翟氏五經歲徧齋校刻本　十行二十字小字雙行同黑口單魚尾左右雙邊　十冊

370000－1542－0004708　039/91　類叢部/叢書類/自著之屬

西漚全集八種　(清)李惺撰　(清)宋寶槭編　清同治七年(1868)眉州劉鴻典等校刻本　九行二十三字小字雙行同白口單魚尾左右雙邊　内封題"同治戊辰年鐫　李氏家藏版"　十六冊

370000－1542－0004709　039/100:C1　類叢部/叢書類/自著之屬

鄂宰四稿五種　(清)王筠撰　清咸豐二年(1852)鄉寧賀蓉刻本　九行二十字小字雙行同白口單魚尾四周雙邊　三冊

370000－1542－0004710　039/100:C2　類叢部/叢書類/自著之屬

鄂宰四稿五種　(清)王筠撰　清咸豐二年(1852)鄉寧賀蓉刻本　九行二十字小字雙行同白口單魚尾四周雙邊　鈐有"齊魯大學圖書館藏書"　四冊

370000－1542－0004711　039/100:C3　類叢部/叢書類/自著之屬

鄂宰四稿五種　(清)王筠撰　清咸豐二年(1852)鄉寧賀蓉刻本　九行二十字小字雙行同白口單魚尾四周雙邊　二冊

370000－1542－0004712　039/465　類叢部/叢書類/自著之屬

番禺陳氏東塾叢書初函四種附一種　(清)陳澧撰　清咸豐至光緒番禺陳氏刻本　臯松題識　十行二十字小字雙行同白口或黑口單魚尾左右雙邊　鈐有"常熟蕭氏冬友讀書印""蕭中子""白鶴僊館""鳳凰山人""儀顧軒""守忠之印""敬身""儀顧軒藏""蛻庵過眼"　八冊

370000－1542－0004713　039/465　類叢部/叢書類/自著之屬

番禺陳氏東塾叢書五種　(清)陳澧撰　清咸豐至光緒番禺陳氏刻本　十行二十字小字雙行同白口左右雙邊　鈐有"廣東國民大學圖書館藏書印""中山大學圖書館藏書""中山大

學圖書館撤銷圖書”　九册

370000－1542－0004714　039/465　類叢部/叢書類/自著之屬

番禺陳氏東塾叢書五種　(清)陳澧撰　清咸豐至光緒番禺陳氏刻本　十行二十字小字雙行同白口左右雙邊　鈐有“頵公鑑藏書畫印”“蕭士五十歲後號頵公”“讀有用書”　十册

370000－1542－0004715　039/112:C1　類叢部/叢書類/自著之屬

觀象廬叢書二十八種　(清)呂調陽撰　清光緒十四年(1888)刻本　九行二十二字黑口雙魚尾四周雙邊　内封題“光緒戊子開雕”　鈐有“私立齊魯大學國學研究所藏書之章”　六十册　缺二種二卷(弧角拾遺一卷、下學菴勾股六術一卷)

370000－1542－0004716　039/112:C2　類叢部/叢書類/自著之屬

觀象廬叢書二十八種　(清)呂調陽撰　清光緒十四年(1888)刻本　九行二十二字黑口雙魚尾四周雙邊　内封題“光緒戊子開雕”　鈐有“齊魯大學圖書館藏書”　四十册　存二十五種(一至二十五)

370000－1542－0004717　039/123:C1　類叢部/叢書類/自著之屬

魏稼孫全集三種　(清)魏錫曾撰　清光緒九年(1883)羊城刻本　行款不一　牌記題“光緒癸未季秋刊于羊城”　十册

370000－1542－0004718　039/123:C2　類叢部/叢書類/自著之屬

魏稼孫全集三種　(清)魏錫曾撰　清光緒九年(1883)羊城刻本　行款不一　牌記題“光緒癸未季秋刊于羊城”　十四册

370000－1542－0004719　039/147:C2　類叢部/叢書類/自著之屬

古桐書屋六種　(清)劉熙載撰　清同治至光緒刻本　十行二十字白口單魚尾左右雙邊　鈐有“齊魯大學圖書館藏書”　十册

370000－1542－0004720　039/147:C1　類叢部/叢書類/自著之屬

古桐書屋六種　(清)劉熙載撰　清同治至光緒刻本　十行二十字白口單魚尾左右雙邊　九册　存五種(一至五)

370000－1542－0004721　039/207:C1　類叢部/叢書類/自著之屬

籑園叢書七種　(清)張慎儀撰　清光緒至民國刻本　十一行二十五字白口單魚尾左右雙邊　鈐有“齊魯大學圖書館藏書”　十四册

370000－1542－0004722　039/207:C3　類叢部/叢書類/自著之屬

籑園叢書七種　(清)張慎儀撰　清光緒至民國刻本　十一行二十五字白口單魚尾左右雙邊　十六册

370000－1542－0004723　039/207:C2　類叢部/叢書類/自著之屬

籑園叢書七種　(清)張慎儀撰　清光緒至民國刻本　十一行二十五字白口單魚尾左右雙邊　鈐有“私立齊魯大學國學研究所藏書之章”　十册　存四種二十一卷(詩經異文補釋十六卷、續方言二卷、蜀方言二卷、廣釋親一卷)

370000－1542－0004724　039/249　類叢部/叢書類/自著之屬

頤志齋叢書二十一種　(清)丁晏撰　清道光至同治山陽丁氏六藝堂刻同治元年(1862)彙印本　行款不一　内封題“六蓺堂藏版　同治元年秋彙集”　鈐有“齊魯大學圖書館藏書”　十六册

370000－1542－0004725　039/254　類叢部/叢書類/自著之屬

詩禮堂全集(王介山先生全集)十九種　(清)王又樸撰　清光緒元年(1875)補刻嘉慶輔仁書院版本　八行二十二字白口單魚尾左右雙邊　内封題“輔仁書院藏板”　鈐有“齊魯大學圖書館藏書”　三十五册　存十二種五十二卷(易翼述信十二卷,大學原本讀法一卷,大學原本説略一卷,中庸讀法一卷、中庸總説一卷,孟子讀法十五卷,史記讀法二卷,詩禮

堂古文五卷,詩禮堂雜詠七卷,雜纂二卷,春秋繁露求雨止雨考定一卷,泰州絳堤説略一卷,介山時文三卷)

370000－1542－0004726　039/263　類叢部/叢書類/自著之屬

朱氏羣書六種　(清)朱駿聲撰　清光緒八年(1882)臨嘯閣刻本　行款不一　内封題"臨嘯閣藏版"　鈐有"齊魯大學圖書館藏書""心莊讀書"　八册

370000－1542－0004727　039/265　類叢部/叢書類/自著之屬

春雨樓叢書六種　(清)朱士端撰　清同治寶應朱氏刻本　内封題"寶應朱氏刊"　鈐有"齊魯大學圖書館藏書"　六册

370000－1542－0004728　039/270　類叢部/叢書類/自著之屬

拙盦叢稿五種　(清)朱一新撰　清光緒二十二年(1896)葆真堂刻本　十行二十四字小字雙行同黑口單魚尾四周單邊　内封題"光緒二十二年秋七月刊成"　鈐有"齊魯大學圖書館藏書"　十六册

370000－1542－0004729　039/275　類叢部/叢書類/自著之屬

桐華閣叢書六種　(清)杜貴墀撰　清光緒刻本　十一行二十四字小字雙行同黑口單魚尾左右雙邊　鈐有"齊魯大學圖書館藏書"　十二册

370000－1542－0004730　039/276　類叢部/叢書類/自著之屬

桐城吳先生叢書五種　(清)吳汝綸撰　清光緒三十年(1904)王恩紱等刻本　九行二十一字小字雙行同黑口左右雙邊　内封題"吳氏家刻"　鈐有"齊魯大學圖書館藏書"　十三册

370000－1542－0004731　039/276　類叢部/叢書類/自著之屬

桐城吳先生叢書五種　(清)吳汝綸撰　清光緒三十年(1904)王恩紱等刻本　九行二十一字小字雙行同黑口左右雙邊　内封題"吳氏家刻"　十三册

370000－1542－0004732　039/281　類叢部/叢書類/自著之屬

哭盦叢書(琴志樓叢書)四十四種　易順鼎撰　清光緒刻本　行款不一　鈐有"齊魯大學圖書館藏書"　二十册　存三十一種七十一卷(丁戊之間行卷十卷,摩圍閣詩二卷,詞二卷,鬘天影事譜五卷,出都詩録一卷,吳篷詩録一卷,樊山沌水詩録一卷,蜀船詩録一卷,巴山詩録一卷,錦里詩録一卷,青城詩録一卷,峨眉詩録一卷,林屋詩録一卷,遊梁詩賸一卷、遊梁詩賸賸一卷,玉虚齋唱和詩一卷,吳社集四卷,慕皋廬雜稿一卷,鄂湘酬唱集一卷,玉虚齋集一卷,水漢國櫂歌一卷,容園詞綜一卷,經義莛撞四卷,讀經瑣記一卷,讀老札記二卷、補遺一卷,淮南許注鉤沈一卷,楚頌亭詞第四集一卷,琴臺夢語一卷,心經易氏本一卷,金剛經易氏本一卷,盾墨拾餘十四卷,倚霞宫筆録三卷,琴志樓雜著一卷)

370000－1542－0004733　039/284:C1　類叢部/叢書類/自著之屬

蛾術堂集十四種　(清)沈豫撰　清道光十八年(1838)蕭山沈氏漢讀齋刻本　十一行二十四字小字雙行同黑口單魚尾左右雙邊　内封題"道光戊戌夏鐫　漢讀齋藏板"　鈐有"齊魯大學圖書館藏書"　四册

370000－1542－0004734　039/285　類叢部/叢書類/自著之屬

所願學齋書鈔(菱湖沈氏叢書)五種　(清)沈夢蘭撰　清光緒五年至八年(1879－1882)烏程沈氏刻本　九行二十二字小字雙行同白口單魚尾四周雙邊　内封題"光緒七年閏七月重刊於太原"　鈐有"齊魯大學圖書館藏書"　六册　存四種六卷(周易學二卷,周禮學一卷,孟子學一卷,五省溝洫圖説一卷、補録一卷)

370000－1542－0004735　039/289　類叢部/叢書類/自著之屬

西夏先生遺著十二種　(清)何志高撰　清道光十七年至十八年(1837－1838)重校刻本

九行二十四字白口單魚尾四周雙邊　内封題“道光丁酉重校　川東南浦何氏西夏先生著板藏本邑本塗邱”　鈐有“齊魯大學圖書館藏書”　十五册

370000－1542－0004736　039/290　類叢部/叢書類/自著之屬

邵氏遺書二種　(清)邵晋涵撰　清嘉慶九年(1804)面水層軒刻本　十行二十一字白口單魚尾左右雙邊　内封題“嘉慶癸亥年冬　面水層軒刊板”　鈐有“齊魯大學圖書館藏書”　八册

370000－1542－0004737　039/296:C3　類叢部/叢書類/自著之屬

春在堂全書　(清)俞樾撰　清光緒十五年(1889)刻本　十行二十一字黑口左右雙邊　九十六册

370000－1542－0004738　039/296:C4　類叢部/叢書類/自著之屬

春在堂全書　(清)俞樾撰　清光緒十五年(1889)刻本　十行二十一字黑口左右雙邊　鈐有“容刴軒珍藏”　八十册

370000－1542－0004739　039/296:C1　類叢部/叢書類/自著之屬

春在堂全書　(清)俞樾撰　清光緒十五年(1889)刻本　十行二十一字黑口左右雙邊　鈐有“齊魯大學圖書館藏書”　九十八册

370000－1542－0004740　039/296:C2　類叢部/叢書類/自著之屬

春在堂全書　(清)俞樾撰　清光緒八年(1882)刻本　十行二十一字黑口左右雙邊　鈐有“齊魯大學圖書館藏書”　六十四册

370000－1542－0004741　039/297　類叢部/叢書類/自著之屬

中復堂全集十種　(清)姚瑩撰　清道光刻本　十二行二十二字下黑口單魚尾左右雙邊　鈐有“齊魯大學圖書館藏書”“敬慎”　四十册　存八種九十卷(東溟文集六卷、外集四卷、文後集十四卷、文外集二卷,後湘詩集九卷、二集五卷、續集七卷,東溟奏稿四卷,識小録八卷,東槎紀略五卷,寸陰叢録四卷,康輶紀行十六卷,姚氏先德傳六卷)

370000－1542－0004742　039/301　類叢部/叢書類/自著之屬

春暉雜稿十一種　(清)郭階撰　清光緒十五年(1889)刻本　六行二十字小字雙行同白口或黑口單魚尾左右雙邊　鈐有“齊魯大學圖書館藏書”　十六册

370000－1542－0004743　039/308　類叢部/叢書類/自著之屬

養志居僅存稿七種　(清)陳宗起撰　清光緒十一年(1885)丹徒陳氏刻朱印本　九行二十一字小字雙行同黑口雙魚尾四周雙邊　牌記題“光緒乙酉七月初吉開雕板存本宅”　鈐有“齊魯大學圖書館藏書”　八册

370000－1542－0004744　039/308　類叢部/叢書類/自著之屬

養志居僅存稿七種　(清)陳宗起撰　清光緒十一年(1885)丹徒陳氏刻本　九行二十一字小字雙行同黑口雙魚尾四周雙邊　牌記題“光緒乙酉七月初吉開雕板存本宅”　鈐有“齊魯大學圖書館藏書”　八册

370000－1542－0004745　039/311　類叢部/叢書類/自著之屬

蟄廬叢書二種　(清)陳虬撰　清光緒二十年(1894)甌雅堂石印本　十一行二十一字黑口左右雙邊　牌記題“光緒癸巳開雕甲午刻成　甌雅堂藏板”　鈐有“齊魯大學圖書館藏書”　六册

370000－1542－0004746　039/314　類叢部/叢書類/自著之屬

志學齋集七種　(清)徐壽基撰　清光緒武進徐氏刻本　十行二十二字黑口單魚尾左右雙邊　鈐有“醇仲”“齊魯大學圖書館藏書”　十一册

370000－1542－0004747　039/314　類叢部/叢書類/自著之屬

志學齋集七種　(清)徐壽基撰　清光緒武進徐氏刻本　十行二十二字黑口單魚尾左右雙

邊　鈐有“齊魯大學圖書館藏書”　十冊　缺一種一卷(品芳錄一卷)

370000－1542－0004748　039/315　類叢部/叢書類/自著之屬
學壽堂叢書十二種　(清)徐紹楨撰　清咸豐至光緒番禺徐氏刻本　十一行二十一字黑口單魚尾四周雙邊　鈐有“齊魯大學圖書館藏書”　二十八冊

370000－1542－0004749　039/316　類叢部/叢書類/自著之屬
敝帚齋遺書四種　(清)徐鼒撰　清光緒三年(1877)六合徐氏刻本　十一行二十三字白口單魚尾四周雙邊　鈐有“齊魯大學圖書館藏書”　二十一冊

370000－1542－0004750　039/322　類叢部/叢書類/自著之屬
覆瓿集十三種　(清)張文虎撰　清同治至光緒刻本　十一行二十一字黑口單魚尾四周雙邊　鈐有“齊魯大學圖書館藏書”　八冊　存三種二十四卷(舒藝室隨筆六卷、續筆一卷、餘集三卷,舒藝室雜著甲編二卷、乙編二卷、剩稿一卷,舒藝室詩存七卷、索笑詞二卷)

370000－1542－0004751　039/323　類叢部/叢書類/自著之屬
寒松閣集五種　(清)張鳴珂撰　清光緒嘉興張氏刻本　十一行二十二字小字雙行同黑口雙魚尾左右雙邊　鈐有“蘇州元妙觀東角門內讀見樓藏板”“齊魯大學圖書館藏書”　六冊

370000－1542－0004752　039/323　類叢部/叢書類/自著之屬
寒松閣集五種　(清)張鳴珂撰　清光緒嘉興張氏刻本　十一行二十二字小字雙行同黑口雙魚尾左右雙邊　四冊　存三種十四卷(寒松閣詩八卷、寒松閣詞四卷、寒松閣駢體文二卷)

370000－1542－0004753　039/333　類叢部/叢書類/自著之屬
儆季雜著七種　(清)黃以周撰　清光緒二十一年(1895)江蘇南菁講舍刻本　十行二十一字黑口單魚尾左右雙邊　鈐有“齊魯大學圖書館藏書”　十冊　存六種二十二卷(禮說六卷、羣經說四卷、史說略四卷、子叙一卷、儆季文鈔六卷、附尚書講義一卷)

370000－1542－0004754　039/334　類叢部/叢書類/自著之屬
鄒叔子遺書七種　(清)鄒漢勛撰　清光緒九年(1883)刻本　八行二十一字黑口單魚尾四周雙邊　鈐有“齊魯大學圖書館藏書”　十三冊

370000－1542－0004755　941/16　類叢部/叢書類/自著之屬
番禺陳氏東塾遺書　(清)陳澧撰　清光緒刻本　十一行二十八字黑口單魚尾左右雙邊　一冊

370000－1542－0004756　039/338　類叢部/叢書類/自著之屬
雷刻八種　(清)雷浚撰　清光緒吳縣雷氏刻本　十行二十一字黑口單魚尾四周雙邊　鈐有“齊魯大學圖書館藏書”　十二冊

370000－1542－0004757　039/339　類叢部/叢書類/自著之屬
坦園全集九種　(清)楊恩壽撰　清光緒長沙楊氏刻本　九行二十一字白口單魚尾四周雙邊　牌記題“長沙楊氏坦園藏板”　鈐有“齊魯大學圖書館藏書”　三十二冊　存八種九十六卷(坦園文録十四卷、詩録二十卷、詞録七卷、詞餘一卷,坦園傳奇六種六卷,詞餘叢話三卷、續三卷,眼福編初集十四卷、二集十五卷、三集七卷,坦園四書對聯一卷,詩序韻語一卷,雉舟酬唱集一卷,蘭芷零香録三卷)

370000－1542－0004758　039/341　類叢部/叢書類/自著之屬
觀古堂所著書　葉德輝撰　清光緒長沙楊氏刻本　十一行二十二字黑口雙魚尾左右雙邊　鈐有“齊魯大學圖書館藏書”　十五冊　存十四種三十三卷(月令章句四卷,古今夏時表一卷、附易通卦驗節候校文一卷,釋人疏證二卷,山公啓事一卷、佚事一卷,祕書省續編到四庫闕書目二卷,瑞應圖記一卷,鬻子二卷,郭氏玄中記一卷,淮南鴻烈閒詁二卷,淮南萬畢術二卷,傅子三卷、附訂譌一卷,晉司隸校尉傅玄集三卷,古泉雜詠四卷,消夏百一詩二卷)

370000－1542－0004759　039/341　類叢部/叢書類/自著之屬

觀古堂所著書　葉德輝撰　清光緒長沙楊氏刻本　十一行二十二字黑口雙魚尾左右雙邊　十一册　存十三種二十七卷(天文本單經論語校勘記一卷,孟子章句一卷、附劉熙事迹考一卷,月令章句四卷,古今夏時表一卷、附易通卦驗節候校文一卷,釋人疏證二卷,山公啓事一卷、佚事一卷,鬻子二卷,郭氏玄中記一卷,淮南鴻烈閒詁二卷,淮南萬畢術二卷,傅子三卷、訂譌一卷,古泉雜詠二卷,祕書省續編到四庫闕書目一卷)

370000－1542－0004760　039/341　類叢部/叢書類/自著之屬

觀古堂所著書　葉德輝撰　清光緒長沙楊氏刻本　十一行二十二字黑口雙魚尾左右雙邊　十一册　存十三種二十七卷(天文本單經論語校勘記一卷,孟子章句一卷、附劉熙事迹考一卷,月令章句四卷,古今夏時表一卷、附易通卦驗節候校文一卷,釋人疏證二卷,山公啓事一卷、佚事一卷,瑞應圖記一卷,鬻子二卷,郭氏玄中記一卷,淮南鴻烈閒詁二卷,淮南萬畢術二卷,傅子三卷、訂譌一卷,古泉雜詠二卷)

370000－1542－0004761　039/344　類叢部/叢書類/自著之屬

還硯齋全集五種　(清)趙新撰　清光緒十年(1884)趙氏黄樓刻本　十行二十二字小字雙行同黑口單魚尾四周雙邊　牌記題"光緒壬午桂秋鐫于黄樓"　鈐有"齊魯大學圖書館藏書"　三十二册

370000－1542－0004762　039/353　類叢部/叢書類/自著之屬

錢頤壽中丞全集五種　(清)錢寶琛等撰　清同治至光緒太倉錢氏刻本　十行二十一字白口單魚尾左右雙邊　鈐有"齊魯大學圖書館藏書"　十七册

370000－1542－0004763　039/355　類叢部/叢書類/自著之屬

儆居遺書十六種　(清)黄式三撰　清同治至光緒刻本　九行二十二字白口單魚尾四周雙邊　二十八册　存十一種六十七卷(易釋四卷、尚書啓蒙五卷、春秋釋四卷、論語後案二十卷、周委編略九卷、經說五卷、史說五卷、讀通考二卷、讀子集四卷、雜著六卷、黄氏塾課三卷)

370000－1542－0004764　039/382　類叢部/叢書類/自著之屬

玉津閣叢書甲集十二種　(清)胡薇元撰　清光緒至民國刻本　十二行二十三字白口單魚尾四周雙邊　牌記題"玉津閣集"　鈐有"齊魯大學圖書館藏書"　十一册　缺一種一卷(霜菉亭易說一卷)

370000－1542－0004765　039/411　類叢部/叢書類/自著之屬

師伏堂叢書十五種　(清)皮錫瑞撰　清光緒善化皮氏刻本　十二行二十五字白口單魚尾左右雙邊　内封題"善化皮氏師伏堂刊"　鈐有"齊魯大學圖書館藏書"　四十册

370000－1542－0004766　039/420　類叢部/叢書類/自著之屬

庸盦全集七種　(清)薛福成撰　清光緒二十三年(1897)上海醉六堂石印本　佚名校注　十四行二十五字黑口單魚尾四周單邊　牌記題"光緒丁酉春三月上海醉六堂石印"　十二册　存三種二十一卷(庸盦文編四卷、文續編二卷、文外編四卷、海外文編四卷,籌洋芻議一卷,出使英法義比四國日記六卷)

370000－1542－0004767　039/433　類叢部/叢書類/自著之屬

獨山莫氏郘亭叢書七種　(清)莫友芝撰　清同治十二年(1873)刻民國三十五年(1946)揚州陳履恒修補本　十一行二十三字小字雙行

同黑口雙魚尾左右雙邊　牌記題“書林陳履恒整理補刊於揚州”　二十六冊

370000－1542－0004768　039/452　類叢部/叢書類/自著之屬
十二硯齋叢書五種　(清)汪鋆撰　清同治至光緒儀徵汪氏刻本　十行二十五字小字雙行同白口單魚尾左右雙邊　十二硯齋隨錄牌記題“同治壬申三月栞刻”　清湘老人題記牌記題“光緒九年儀征汪氏開雕”　揚州書畫錄内封題“光緒乙酉開雕”　金石過眼錄牌記題“光緒紀元孟陬開雕”　十二冊

370000－1542－0004769　039/477　類叢部/叢書類/自著之屬
寂園叢書(寂園志)二十種　(清)陳瀏撰　清宣統二年(1910)鉛字排印本　十行二十一字白口單魚尾四周雙邊　十冊　存十四種二十一卷(匋雅二卷、菰村集一卷、香影廊集一卷、横江集一卷、思樓集一卷、振雅堂集一卷、斗杯堂詩集一卷、杯隱堂詩集一卷、杯史一卷、寂園說印一卷、大山詩集七卷、睇海樓詩一卷、繡詩樓一卷、問字樓詩一卷)

370000－1542－0004770　039/492　類叢部/叢書類/自著之屬
宗月鋤先生遺著八種　(清)宗廷輔撰　清光緒刻民國六年(1917)徐兆瑋校勘重印本　十行二十一字黑口雙魚尾左右雙邊　四冊

370000－1542－0004771　039/524　類叢部/叢書類/自著之屬
伯山全集四種　(清)康發祥撰　清道光至同治泰州康氏刻本　十一行二十四字黑口雙魚尾左右雙邊　伯山詩話續集牌記題“道光己酉年仲春開雕”　伯山詩鈔牌記題“咸豐庚申年孟冬開雕”　伯山文鈔牌記題“同治壬戌仲夏開雕”　鈐有“本”“淵”　十四冊

370000－1542－0004772　039/559　類叢部/叢書類/自著之屬
魚鼂彙刻三種　(清)蔡壽祺輯　清咸豐十一年(1861)金谿周行刻本　九行二十一字黑口四周雙邊　四冊

370000－1542－0004773　039/400　類叢部/叢書類/自著之屬
經德堂集八種　(清)龍啓瑞撰　清光緒龍氏經德堂刻本　十一行二十八字黑口單魚尾左右雙邊　鈐有“齊魯大學圖書館藏書”　十冊

370000－1542－0004774　039/130　類叢部/叢書類/自著之屬
林氏經學叢書　(清)林春溥撰　清道光刻本　十二行二十二字小字雙行同黑口雙魚尾四周單邊　内封題“道光乙未　竹柏山房開雕”　鈐有“齊魯大學圖書館藏書”　九冊

370000－1542－0004775　040/2　類叢部/叢書類/彙編之屬
國學叢刊第一冊　國學研究會編　清宣統三年(1911)國學叢刊出版社石印本　十二行二十四字黑口四周單邊　内封題“宣統三年歲次辛亥”　鈐有“齊魯大學圖書館藏書”　一冊

370000－1542－0004776　040/2　類叢部/叢書類/彙編之屬
國學叢刊第一冊　國學研究會編　清宣統三年(1911)國學叢刊出版社石印本　十二行二十四字黑口四周單邊　内封題“宣統三年歲次辛亥”　一冊

370000－1542－0004777　039/466　類叢部/叢書類/彙編之屬
晨風閣叢書第一集　沈宗畸輯　清光緒三十四年至宣統三年(1908－1911)廣益印字局鉛字排印本　十二行二十九字白口單魚尾四周雙邊　樸學齋文鈔内封題“光緒戊申刊於京師”　十五冊

370000－1542－0004778　039/466　類叢部/叢書類/彙編之屬
晨風閣叢書第一集　沈宗畸輯　清光緒三十四年至宣統三年(1908－1911)鉛字排印本　十二行二十九字白口單魚尾四周雙邊　六冊

370000－1542－0004779　039/565　類叢部/叢書類/彙編之屬
娱園叢刻十種　(清)許增輯　清光緒十五年

(1889)刻本　十二行二十三字白口單魚尾左右雙邊　四冊

370000－1542－0004780　039/111:C1　類叢部/叢書類/彙編之屬

大鶴山房全書十一種　鄭文焯撰　清光緒至民國刻民國九年(1920)蘇州交通圖書館彙印本　行款不一　内封題“蘇州交通圖書館藏板”　十二冊

370000－1542－0004781　039/111:C2　類叢部/叢書類/彙編之屬

大鶴山房全書十一種　鄭文焯撰　清光緒至民國刻民國九年(1920)蘇州交通圖書館彙印本　行款不一　内封題“蘇州交通圖書館藏板”　鈐有“齊魯大學圖書館藏書”　十二冊

370000－1542－0004782　039/253　類叢部/叢書類/彙編之屬

陶廬叢刻二十二種　王樹枏撰　清光緒至民國新城王氏刻本　十行二十一字小字雙行同黑口左右雙邊　鈐有“齊魯大學圖書館藏書”　七十八冊　缺二種二卷(武漢戰紀一卷、螯叜七篇一卷)

370000－1542－0004783　039/287　類叢部/叢書類/彙編之屬

蕙風叢書十二種　況周頤撰　清光緒刻民國上海中國書店印本　十一行二十二字小字雙行同黑口雙魚尾四周單邊　鈐有“齊魯大學圖書館藏書”　十二冊

370000－1542－0004784　039/321　類叢部/叢書類/彙編之屬

箋經室叢書三種　曹元忠撰　清光緒曹氏箋經室刻本　十行二十四字白口單魚尾左右雙邊　牌記題“光緒甲午春曹氏箋經室開雕”　鈐有“齊魯大學圖書館藏書”　三冊

370000－1542－0004785　039/551　類叢部/叢書類/彙編之屬

萬物炊累室類稿四種　(清)沈同芳撰　清宣統三年(1911)上海中國圖書公司鉛字排印本　十一行二十八字白口四周單邊　五冊

370000－1542－0004786　038/36　類叢部/叢書類/郡邑之屬

茌邑三先生合刻四種　(明)畢佐周輯　清道光二十八年(1848)茌平胡學醇刻本　九行二十字白口四周雙邊　内封題“本衙藏板”　鈐有“齊魯大學圖書館藏書”　六冊

370000－1542－0004787　039/37　類叢部/叢書類/郡邑之屬

畿輔叢書一百八十二種　(清)王灝輯　清光緒五年(1879)定州王氏謙德堂刻本　十行二十二字小字雙行同黑口四周雙邊　四百三十八冊　缺二種六卷(魏鄭公諫録五卷、永年申氏遺書一卷)

370000－1542－0004788　039/37　類叢部/叢書類/郡邑之屬

畿輔叢書一百八十二種　(清)王灝輯　清光緒五年(1879)定州王氏謙德堂刻本　十行二十二字小字雙行同黑口四周雙邊　鈐有“齊魯大學圖書館藏書”　四百二十八冊　缺六種五十四卷(盡言集十三卷、忠肅集二十八卷、學易集八卷、郝雪海先生筆記三卷、留耕堂詩集一卷、積書巖詩集一卷)

370000－1542－0004789　039/56　類叢部/叢書類/郡邑之屬

金華叢書六十四種　(清)胡鳳丹輯　清同治至光緒胡氏退補齋刻本　九行二十字小字雙行同白口單魚尾四周雙邊　内封題“退補齋開雕”　二百四十冊

370000－1542－0004790　039/57:C2　類叢部/叢書類/郡邑之屬

湖北叢書三十一種　(清)趙尚輔輯　清光緒十七年(1891)三餘草堂刻本　十行十八字小字雙行二十四字黑口雙魚尾四周單邊　内封題“光緒辛卯三餘艸堂藏板”　鈐有“齊魯大學圖書館藏書”　一百冊

370000－1542－0004791　039/57:C3　類叢部/叢書類/郡邑之屬

湖北叢書三十一種　(清)趙尚輔輯　清光緒十七年(1891)三餘草堂刻本　十行十八字小

字雙行二十四字黑口雙魚尾四周單邊　内封題"光緒辛卯三餘艸堂藏板"　鈐有"湖北教育廳印""齊魯大學體育會"　一百册

370000－1542－0004792　039/57：C1　類叢部/叢書類/郡邑之屬

湖北叢書三十一種　(清)趙尚輔輯　清光緒十七年(1891)三餘草堂刻本　十行十八字小字雙行二十四字黑口雙魚尾四周單邊　内封題"光緒辛卯三餘艸堂藏板"　一百册

370000－1542－0004793　039/59　類叢部/叢書類/郡邑之屬

常州先哲遺書七十八種　(清)盛宣懷輯　清光緒武進盛氏刻本　十四行二十五字小字雙行同黑口單魚尾左右雙邊　鈐有"蘭笑樓藏書"　六十四册　存四十七種(第一集一至四十七)

370000－1542－0004794　039/356　類叢部/叢書類/郡邑之屬

武林往哲遺著六十六種　(清)丁丙輯　清光緒錢塘丁氏嘉惠堂刻本　十一行二十一字白口單魚尾左右雙邊　牌記題"嘉惠堂丁氏刻"　鈐有"上海三馬路中千頃堂書局印行古今書籍""齊魯大學圖書館藏書"　九十六册　缺三種三卷(稗史一卷、�谷詩集一卷、藝苑玄機一卷)

370000－1542－0004795　039/359　類叢部/叢書類/郡邑之屬

嶺南遺書六十一種　(清)伍崇曜輯　清道光至同治南海伍氏粤雅堂文字歡娱室刻本　十一行二十二字黑口雙魚尾四周單邊　鈐有"歸安沈均瑲校藏金石秘籍印""齊魯大學圖書館藏書"　八十册

370000－1542－0004796　039/360　類叢部/叢書類/郡邑之屬

婁東雜著(棣香齋叢書)八集六十八種　(清)邵廷烈輯　清道光十三年(1833)太倉東陵氏刻本　九行二十二字白口單魚尾左右雙邊　牌記題"道光癸巳秋開雕太倉東陵氏藏板"　鈐有"齊魯大學圖書館藏書"　八册　存八集(金、石、絲、竹、匏、土、革、木)

370000－1542－0004797　039/367　類叢部/叢書類/郡邑之屬

浦城遺書(浦城宋元明儒遺書)十四種　(清)祝昌泰輯　清嘉慶浦城祝氏留香室刻本　十行二十三字黑口單魚尾四周雙邊　内封題"浦城宋元明儒遺書"　鈐有"觀古堂""齊魯大學圖書館藏書"　三十二册

370000－1542－0004798　039/368　類叢部/叢書類/郡邑之屬

永嘉叢書十三種　(清)孫衣言輯　清同治至光緒瑞安孫氏詒善祠塾刻本　十三行二十二字黑口單魚尾或雙魚尾左右雙邊　牌記題"瑞安孫氏詒善堂祠塾開雕"　鈐有"齊魯大學圖書館藏書"　八十册

370000－1542－0004799　039/369　類叢部/叢書類/郡邑之屬

檇李遺書二十七種　(清)孫福清輯　清光緒四年(1878)孫氏望雲仙館刻本　九行二十一字小字雙行同黑口單魚尾左右雙邊　鈐有"齊魯大學圖書館藏書"　十六册　缺七種二十八卷(舉業素語一卷、楊園先生未刻稿十二卷、漫游小鈔一卷、老老恒言五卷、瓜田畫論一卷、山静居畫論二卷、賢己編六卷)

370000－1542－0004800　039/370　類叢部/叢書類/郡邑之屬

横山草堂叢書二十五種　陳慶年輯　清宣統至民國丹徒陳氏刻本　十二行二十三字小字雙行同黑口雙魚尾或單魚尾左右雙邊　牌記題"丹徒陳慶年斠栞"　鈐有"齊魯大學圖書館藏書""□洼氏藏書"　二十册　缺四種七卷(開沙志二卷、佛地考證三種五卷)

370000－1542－0004801　039/371　類叢部/叢書類/郡邑之屬

紹興先正遺書十三種　(清)徐友蘭輯　清光緒會稽徐氏鑄學齋刻本　十行二十三字白口單魚尾左右雙邊　鈐有"齊魯大學圖書館藏書"　四十八册　缺一種一卷(江右紀變一卷)

370000－1542－0004802　039/372　類叢部/叢書類/郡邑之屬

湖州叢書十二種　（清）陸心源輯　清光緒湖城義塾刻本　九行二十字小字雙行同黑口四周雙邊　内封題"國朝湖州府鄉先生著述""湖城義塾槧行"　鈐有"齊魯大學圖書館藏書"　二十四册

370000－1542－0004803　039/394　類叢部/叢書類/郡邑之屬

台州叢書（名山堂叢書）九種　（清）宋世犖輯　清嘉慶臨海宋氏刻本　十行二十一字白口單魚尾左右雙邊　鈐有"齊魯大學圖書館藏書"　十二册　存三種六十三卷（廣志繹五卷、赤城志四十卷、赤城集十八卷）

370000－1542－0004804　039/403　類叢部/叢書類/郡邑之屬

三怡堂叢書十七種　張鳳臺輯　清光緒至民國河南官書局刻本　十行二十二字黑口單魚尾四周單邊　鈐有"齊魯大學圖書館藏書"　五十四册　缺一種二十六卷（紫山大全集二十六卷）

370000－1542－0004805　039/560　類叢部/叢書類/郡邑之屬

江陰叢書三十八種　金武祥輯　清光緒至宣統金氏粟香室嶺南刻本　八行二十一字白口單魚尾左右雙邊　内封題"江陰叢書　粟香室金氏刻於嶺南"　四十册

370000－1542－0004806　039/564　類叢部/叢書類/郡邑之屬

金陵瑣志八種　陳作霖　陳詒紱輯　清光緒至民國江寧陳氏刻本　九行二十一字白口單魚尾左右雙邊　六册

370000－1542－0004807　036/11　類叢部/叢書類/家集之屬

河南程氏全書（二程全書）六種　（宋）程顥（宋）程頤撰　（宋）朱熹輯　清同治十年（1871）六安涂氏求我齋刻本　十一行二十二字小字雙行同黑口雙魚尾左右雙邊　内封題"同治十年六安求我齋刊板存金陵"　鈐有"齊魯大學圖書館藏書"　十六册

370000－1542－0004808　039/222　類叢部/叢書類/家集之屬

躬自厚齋叢書十三種　（清）賈臻輯　清同治賈氏躬自厚齋重補刻本　九行十九字小字雙行同白口單魚尾左右雙邊　鈐有"齊魯大學圖書館藏書"　十四册　存十二種二十四卷（故城賈氏手澤彙編四卷，孟門草一卷、附録一卷，椿莊文輯一卷，璧雲軒賸稿一卷、附録一卷，退厓日札一卷，接護越南貢使日記一卷，郡齋筆乘一卷，退厓公牘文字八卷，藴聲詩略一卷，洛中吟一卷，後洛中吟一卷，洛言一卷）

370000－1542－0004809　039/291　類叢部/叢書類/家集之屬

家蔭堂彙刻七種　（清）周際華輯撰　清道光十九年（1839）周氏家蔭堂刻本　九行二十五字白口單魚尾左右雙邊　内封題"道光十九年重鐫　家蔭堂藏板"　鈐有"齊魯大學圖書館藏書"　九册

370000－1542－0004810　039/307　類叢部/叢書類/家集之屬

江都陳氏叢書八種　（清）陳本禮　（清）陳逢衡撰　清嘉慶至道光江都陳氏裛露軒刻本　八行二十一字小字雙行同黑口雙魚尾四周雙邊　内封題"裛露軒藏版"　鈐有"朱凌雲""椒園""長沙王先謙章""觀古堂""葉德輝鑒藏善本書籍""涇川洪氏師竹齋藏書印""樂全堂主人""椒翁鑒藏""汪如萬頃之波""齊魯大學圖書館藏書"　三十册　缺一種六卷（屈辭精義六卷）

370000－1542－0004811　039/351　類叢部/叢書類/家集之屬

崇川劉氏叢書四種　（清）劉長華輯　清同治至光緒崇川劉氏刻民國十五年（1926）海寧陳氏慎初堂印本　十行二十一字白口單魚尾左右雙邊　内封題"慎初堂藏版"　鈐有"齊魯大學圖書館藏書"　十六册

370000－1542－0004812　039/413　類叢部/

叢書類/家集之屬

高郵王氏四種　(清)王引之輯　清嘉慶至道光刻本　十行二十一字小字雙行同白口單魚尾四周雙邊　鈐有"齊魯大學圖書館藏書"　六十冊

370000－1542－0004813　039/385　類叢部/叢書類/家集之屬

叢睦汪氏遺書四十種　(清)汪篯輯　清光緒十二年(1886)錢塘汪氏長沙刻本　十二行二十四字黑口單魚尾左右雙邊　牌記題"光緒十二年丙戌秋八月錢唐汪氏重刊於長沙"　鈐有"齊魯大學圖書館藏書"　四十冊

370000－1542－0004814　039/395　類叢部/叢書類/家集之屬

左海全集十種　(清)陳壽祺撰　清嘉慶至道光三山陳氏家刻本　十行二十字白口單魚尾左右雙邊　鈐有"貴陽高氏怡怡樓藏"　二十四冊

370000－1542－0004815　039/395　類叢部/叢書類/家集之屬

左海全集十種　(清)陳壽祺撰　清嘉慶至道光三山陳氏家刻本　十行二十字白口單魚尾左右雙邊　十六冊　存五種二十卷(左海文集十卷、隱屏山人陳編修傳一卷、左海文集乙編二卷、絳跗草堂詩集六卷、東觀存稿一卷)

370000－1542－0004816　039/395　類叢部/叢書類/家集之屬

左海全集左海續集二十一種　(清)陳壽祺輯撰　清嘉慶至道光刻光緒八年(1882)林新圖補刻本　十行二十字白口單魚尾左右雙邊　五十四冊

370000－1542－0004817　039/488　類叢部/叢書類/家集之屬

魯氏遺著六種　(清)魯一同等撰　清咸豐山陽魯氏刻本　十一行二十三字白口單魚尾四周雙邊　鈐有"燕謀"　八冊　存四種十五卷(通甫類稾文四卷、續編二卷,通甫詩存四卷、詩存之餘二卷,仲實類稾一卷,仲實詩存二卷)

370000－1542－0004818　039/185:C1　類叢部/叢書類/家集之屬

如皋冒氏叢書四十三種　冒廣生輯　清光緒至民國如皋冒氏刻本(總目抄配)　十行二十四字小字雙行同黑口單魚尾左右雙邊　鈐有"齊魯大學圖書館藏書"　十八冊　存二十六種六十八卷(香儷園偶存一卷,寒碧孤吟一卷,泛雪小草一卷,集美人名詩一卷,宣爐歌注一卷,岕茶彙鈔一卷,蘭言一卷,巢民詩集六卷、文集七卷,鑄錯軒詩茸一卷,寒碧堂詩茸一卷、附録一卷,枕煙亭詩茸一卷、附録一卷,婦人集注一卷,婦人集補一卷,葚原詩説四卷,前後元夕讌集詩二卷,枕干録一卷、附録一卷,如皋冒氏詩略十四卷、詞略一卷,小三吾亭文甲集一卷、詩四卷、詞三卷、附一卷,冠柳詞一卷,蟄室詩録一卷,訒庵遺稿一卷,傳忠堂學古文一卷,鷗堂剩稿一卷,東鷗草堂詞二卷,窳横詩質一卷,外家紀聞一卷)

370000－1542－0004819　039/185:C2　類叢部/叢書類/家集之屬

如皋冒氏叢書四十三種　冒廣生輯　清光緒至民國如皋冒氏刻本　十行二十四字小字雙行同黑口單魚尾左右雙邊　六冊　存十六種二十四卷(香儷園偶存一卷,寒碧孤吟一卷,集美人名詩一卷,泛雪小草一卷,樸巢詩選一卷、文選四卷,影梅庵憶語一卷,蘭言一卷,岕茶彙鈔一卷,宣爐歌注一卷,婦人集注一卷,婦人集補一卷,冒巢民徵君年譜一卷、補一卷,小三吾亭文甲集一卷、詩二卷、詞一卷,外家紀聞一卷,冠柳集一卷,莽鏡釋文一卷)

370000－1542－0004820　710/34　經部/叢編

通志堂經解一百四十種一千八百六十卷　(清)納蘭成德輯　清康熙十九年(1680)通志堂刻本　十一行二十字白口單魚尾左右雙邊　内封題"新刊經解　通志堂藏板"　鈐有"齊魯大學圖書館藏書"　四百七十三冊　缺五種七十四卷(龍學孫公春秋經解十五卷,春秋類對賦一卷,大學集編一卷、中庸集編一卷、論語集編十卷、孟子集編十四卷,大學集説啟蒙一卷、中庸集説啟蒙一卷,經典釋文三

十卷)

370000－1542－0004821　710/40　經部/叢編

經學五種二十六卷　(清)口口輯　清乾隆、嘉慶間藤花榭刻本　鏡山氏批校　八行十八字小字雙行二十字白口左右雙邊或十一行二十字小字雙行同黑口左右雙邊　内封題"藤花榭校刊"　鈐有"盱眙吳氏藏書""鏡山氏""齊魯大學圖書館藏書"　十六册

370000－1542－0004822　710/53　經部/叢編

經玩二十卷　(清)沈淑撰　清雍正七年(1729)常熟沈氏刻本　佚名校　九行十六字小字雙行三十二字白口單魚尾左右雙邊　内封題"孝德堂藏板"　鈐有"光熙所臧""齊魯大學圖書館藏書"　八册

370000－1542－0004823　038/6　經部/叢編

石齋先生經傳九種五十六卷　(明)黄道周撰　清康熙三十二年(1693)晉安鄭肇刻道光二十八年(1848)長洲彭蘊章補刻本　十行二十一字小字雙行同白口四周單邊　内封題"芥舟藏版"　鈐有"碧雲僊館珍藏書畫印""臣應椿"　三十册

370000－1542－0004824　710/66　經部/叢編

古微書三十六卷　(明)孫轂輯　清抄本　九行十九字小字雙行同白口單魚尾四周雙邊　六册

370000－1542－0004825　710/67　經部/叢編

經義考補正十二卷　(清)翁方綱撰　清抄本　十行二十字小字雙行同　無格　四册

370000－1542－0004826　710/43　經部/叢編

六經圖二十四卷　(清)鄭之僑輯　清乾隆九年(1744)潮陽鄭氏述堂刻本　九行二十二字白口單魚尾四周雙邊　内封題"乾隆玖年鐫　述堂藏板"　鈐有"齊魯大學圖書館藏書"　十二册

370000－1542－0004827　710/44　經部/叢編

六經圖考　(宋)楊甲撰　(宋)毛邦翰補　清康熙六十一年(1722)禮耕堂刻本　白口單黑魚尾四周單邊　圖　六册

370000－1542－0004828　710/50　經部/叢編

朱子六經圖十六卷　(清)江爲龍等編　清康熙四十八年(1709)刻本　九行二十三字白口單魚尾四周雙邊　内封題"康熙四十八年鐫　桐城江硯崖先生手定　朱子六經圖　附四書圖　本衙藏板　翻刻必究"　鈐有"齊魯大學圖書館藏書"　四册

370000－1542－0004829　710/56　經部/叢編

五經揭要二十一卷　(清)周蕙田輯　(清)許寶善校定　清乾隆五十四年(1789)雲間許氏自怡軒刻本　上欄小字雙行十一字下欄九行二十一字小字雙行同單魚尾左右雙邊　内封題"乾隆己酉年春鐫　自怡軒藏版""乾隆戊申年冬日鐫　自怡軒藏版"　鈐有"齊魯大學圖書館藏書"　十册

370000－1542－0004830　710/45　經部/叢編

省吾堂四種二十五卷附一種　(清)蔣光弼編　清乾隆常熟蔣氏省吾堂刻本　十行二十一字小字雙行同黑口單魚尾左右雙邊　内封題"惠松崖先生纂　古文尚書考　乾隆五十七年刊　讀經樓定本"　鈐有"齊魯大學圖書館藏書""小樓藏書之章"　六册

370000－1542－0004831　710/68：C1　經部/叢編

相臺書塾刊正九經三傳沿革例一卷　(宋)岳珂撰　清乾隆五十二年(1787)興化任大椿刻本　九行二十字小字雙行同白口單魚尾左右雙邊　鈐有"于昌運印"　一册

370000－1542－0004832　720/82　經部/易類

鄭氏周易三卷　(漢)鄭玄注　(宋)王應麟撰

集　(清)惠棟增補　清乾隆二十一年(1756)德州盧氏雅雨堂刻本　十行二十一字小字雙行同白口單魚尾四周單邊　内封題"乾隆丙子鐫　雅雨堂藏板"　一冊

370000-1542-0004833　720/7　經部/易類

周易兼義九卷　(唐)孔穎達撰　**略例一卷**　(唐)邢璹注　(唐)陸德明音義　明崇禎四年(1631)毛氏汲古閣刻十三經注疏本　楊榮題識　九行二十一字小字雙行同白口左右雙邊　鈐有"楊榮""蜨莽""蜨庵老人""齊魯大學圖書館藏書"　四冊

370000-1542-0004834　720/4　經部/易類

周易本義十二卷易圖一卷五贊一卷筮儀一卷　(宋)朱熹撰　清康熙内府仿宋咸淳元年(1265)吳革刻本　六行十五字小字雙行同白口雙魚尾左右雙邊　鈐有"碧雲僊館珍藏書畫印"　二冊

370000-1542-0004835　720/17　經部/易類

童溪王先生易傳三十卷　(宋)王宗傳撰　清康熙十九年(1680)通志堂刻通志堂經解本　十一行二十字白口單魚尾左右雙邊　鈐有"光山胡氏""蔭軒""墑""賜本""太子少保""臣季堂印"　三冊

370000-1542-0004836　720/24　經部/易類

易經纂註四卷　(宋)朱熹集注　(明)李廷機纂輯　明崇禎二年(1629)□叔瑜刻五經纂註本　十行二十字小字雙行同白口單魚尾左右雙邊　鈐有"齊魯大學圖書館藏書"　二冊

370000-1542-0004837　720/13　經部/易類

易經旁訓三卷　(元)李恕撰　(明)陳仁錫校訂　明崇禎二年(1629)彙錦堂刻五經旁訓本　七行二十字夾窄行七行小字不等白口四周單邊　内封題"陳太史訂閱五經旁訓　本衙藏板""陳太史訂閱　易經旁訓　彙錦堂藏板"　鈐有"安于華印""鎮西""豁達露心肝""金閶何氏仰塘發兌""齊魯大學圖書館藏書"　二冊

370000-1542-0004838　720/67　經部/易類

周易本義集成十二卷易圖一卷　(元)熊良輔編　清康熙十九年(1680)通志堂刻通志堂經解本　十一行二十字小字雙行三十字單魚尾左右雙邊　内封題"通志堂藏板"　鈐有"齊魯大學圖書館藏書"　三冊

370000-1542-0004839　720/23　經部/易類

周易宗義十二卷　(明)程汝繼輯　明萬曆三十七年(1609)自刻本　十行二十二字白口單魚尾左右雙邊　鈐有"齊魯大學圖書館藏書"　十二冊

370000-1542-0004840　720/16　經部/易類

周易本義正解二十二卷首一卷　(清)丁鼎時　(清)吳瑞麟纂輯　清康熙三十二年(1693)賜書堂刻本　十行二十七字白口單魚尾四周單邊　無格　鈐有"元灝印""齊魯大學圖書館藏書"　二十冊

370000-1542-0004841　720/5　經部/易類

御纂周易折中二十二卷首一卷　(清)李光地等撰　清康熙五十四年(1715)内府刻本　八行十八字小字雙行二十二字白口單魚尾四周雙邊　十冊

370000-1542-0004842　720/38　經部/易類

周易傳義合訂十二卷　(清)朱軾撰　清乾隆元年(1736)刻本　八行二十字小字雙行同白口單魚尾四周雙邊　内封題"乾隆元年　進呈御覽　本衙藏板"　鈐有"齊魯大學圖書館藏書"　四冊

370000-1542-0004843　720/55　經部/易類

御纂周易述義十卷　(清)傅恒等編　清刻本　八行二十字白口單魚尾四周雙邊　無格　鈐有"齊魯大學圖書館藏書"　六冊

370000－1542－0004844　720/55　經部/易類

御纂周易述義十卷　(清)傅恒等編　清刻本　八行二十字白口單魚尾四周雙邊　鈐有“齊魯大學圖書館藏書”　六冊

370000－1542－0004845　720/3　經部/易類

周易說略四卷　(清)張爾岐撰　清乾隆二十七年(1762)歷下吳元祥刻本　黄成霖批注　十行二十二字小字雙行同白口四周單邊　無格　牌記題“乾隆壬午重鐫　濟陽張稷若著　周易說略　三与堂藏板”　鈐有“黄成霖”“雨人”“黄成霖印”“雨人長壽”　四冊

370000－1542－0004846　720/3　經部/易類

周易說略四卷　(清)張爾岐撰　清乾隆二十七年(1762)歷下吳元祥刻本　佚名批校　十行二十二字小字雙行同白口四周單邊　鈐有“正己化人”“拙著黑字”“有心質古”“志不可滿”“齊魯大學圖書館藏書”　四冊

370000－1542－0004847　720/69　經部/易類

平遠山房易經讀本不分卷　(□)口口撰　清雲翰樓朱墨抄本　七行二十字小字雙行同白口單魚尾四周雙邊　朱絲欄　鈐有“齊魯大學圖書館藏書”　三冊

370000－1542－0004848　730/5　經部/書類

東坡先生書傳二十卷　(宋)蘇軾撰　明萬曆二十五年(1597)畢氏刻兩蘇經解本　十行二十一字白口單魚尾左右雙邊　六冊

370000－1542－0004849　730/45　經部/書類

定正洪範集説一卷　(元)胡一中纂　清康熙十九年(1680)通志堂刻通志堂經解本　十行十八字小字雙行二十七字白口單魚尾左右雙邊　鈐有“大梁書院藏書”“齊魯大學圖書館藏書”　一冊

370000－1542－0004850　730/31　經部/書類

重訂申文定公書經講義會編十二卷總圖一卷　(明)申時行撰　明睢寧劉永昭刻本　上欄小字二十行十二字下欄十二行二十四字白口單魚尾四周單邊　鈐有“齊魯大學圖書館藏書”　十二冊

370000－1542－0004851　730/43　經部/書類

尚書賽刪正六卷　(明)程維時撰　清初抄本　十行二十四字小字雙行同四周單邊　無格　鈐有“少泉蔡氏珎臧”“求善價而沽諸”“石經山房藏書”　六冊

370000－1542－0004852　730/3　經部/書類

書傳鹽梅二十卷　(清)黄文蓮輯　清乾隆五十二年(1787)刻本　十行二十四字白口單魚尾左右雙邊　内封題“乾隆丁未鐫”　八冊

370000－1542－0004853　730/17　經部/書類

禹貢譜二卷　(清)王澍　(清)金詢撰　清康熙金壇王氏自刻本　九行二十字黑口雙花魚尾四周單邊　圖表　一冊

370000－1542－0004854　730/39　經部/書類

禹貢錐指二十卷圖一卷　(清)胡渭撰　清康熙漱六軒刻本　十一行二十一字小字雙行三十二字白口單魚尾左右雙邊　内封題“康熙乙酉孟夏　禹貢錐指　草莽臣胡渭恭進”　八冊

370000－1542－0004855　730/41　經部/書類

尚書今古文注疏三十九卷　(清)孫星衍撰　清抄本　十行二十四字小字雙行同　無格　十冊

370000－1542－0004856　740/60　經部/詩類

詩緝三十六卷　(宋)嚴粲撰　明嘉靖趙府味經堂刻本　九行十八字小字雙行同白口線魚尾四周雙邊　十八冊

370000－1542－0004857　740/40　經部/詩類

詩經纂註八卷　(宋)朱熹集注　(明)鍾惺纂

輯　明崇禎二年(1629)□叔瑜刻五經纂註本　佚名批注　十行二十字小字雙行同白口單魚尾左右雙邊　鈐有"家在燕山第一峰""齊魯大學圖書館藏書"　二册

370000－1542－0004858　740/53　經部/詩類

詩本義十五卷鄭氏詩譜補亡一卷　(宋)歐陽修纂　清康熙十九年(1680)通志堂刻通志堂經解本　十一行二十字白口單魚尾左右雙邊　鈐有"孫度"　四册

370000－1542－0004859　740/56　經部/詩類

詩集傳二十卷詩傳綱領一卷詩圖一卷詩序一卷　(宋)朱熹集傳　明翻刻正統十二年(1447)司禮監本　八行十四字小字雙行十九字粗黑口雙順魚尾四周雙邊　六册

370000－1542－0004860　740/59　經部/詩類

詩傳大全二十卷綱領一卷　(明)胡廣等輯　明永樂十三年(1415)内府刻本　十行二十二字小字雙行同粗黑口雙魚尾四周雙邊　鈐有"士彥"　十九册

370000－1542－0004861　740/59　經部/詩類

詩序辨説一卷　(宋)朱熹撰　明永樂十三年(1415)内府刻本　十行二十二字小字雙行同粗黑口雙魚尾四周雙邊　一册

370000－1542－0004862　740/38　經部/詩類

欽定詩經傳説彙纂二十一卷首二卷詩序二卷　(清)王鴻緒等輯　清刻本　八行十八字中字二十二字小字雙行二十二字白口單魚尾四周雙邊　無格　二十四册

370000－1542－0004863　740/25　經部/詩類

詩經正解三十卷圖考一卷　(清)姜文燦　(清)吳荃彙輯　清康熙深柳堂刻本　十二行三十字白口單魚尾四周單邊　鈐有"齊魯大學圖書館藏書"　二十册

370000－1542－0004864　740/75　經部/詩類

齊魯韓三家詩釋十六卷　(清)朱士端撰　清抄本　十行十九字小字雙行同白口雙魚尾四周單邊　四册　存五卷(一至五)

370000－1542－0004865　740/47　經部/詩類

毛詩草木鳥獸蟲魚疏廣要二卷　(唐)陸機撰　(明)毛晉參　明崇禎十二年(1639)毛晉汲古閣刻本　九行十九字小字雙行同白口左右雙邊　鈐有"癡真""畬經堂""亦園"　六册

370000－1542－0004866　753/1　經部/儀禮類

讀禮通考一百二十卷　(清)徐乾學撰　清康熙三十五年(1696)崑山徐氏家刻本　十三行二十一字小字雙行三十一至三十二字白口單魚尾左右雙邊　鈐有"齊魯大學圖書館藏書"　四十册

370000－1542－0004867　751/2　經部/三禮總義類

三禮約編十九卷　(清)汪基鈔撰　清乾隆六年(1741)古吳三多齋刻本　上欄小字雙行十字下欄九行十八字小字雙行同白口單魚尾四周單邊　内封題"三禮約編喈鳳""敬堂讀本　乾隆六年新鐫　古吳三多齋梓"　鈐有"三多齋圖書""齊魯大學圖書館藏書"　八册

370000－1542－0004868　754/18　經部/三禮總義類

明堂大道錄八卷附禘説二卷　(清)惠棟撰　清乾隆經訓堂刻本　十行二十二字小字雙行同白口單魚尾左右雙邊　内封題"惠松崖先生纂　經訓堂臧版"　鈐有"齊魯大學圖書館藏書"　二册

370000－1542－0004869　752/16　經部/周禮類

宋葉文康公禮經會元四卷　(宋)葉時撰　(清)陸隴其點定　(清)許元淮節本　清刻本　九行二十字白口單魚尾左右雙邊　鈐有"齊魯大學圖書館藏書"　四册

370000－1542－0004870　752/16　經部/周禮類

宋葉文康公禮經會元四卷　(宋)葉時撰　(清)陸隴其點定　(清)許元淮節本　清乾隆五十二年(1787)許氏桐柏山房刻本　九行二十字白口單魚尾左右雙邊　内封題“乾隆五十二年春鐫　禮經會元　桐柏山房節本”　鈐有“懷澄書屋圖章”“韓勝良印”“齊魯大學圖書館藏書”　四冊

370000－1542－0004871　752/3　經部/周禮類

周禮註疏刪翼三十卷　(明)王志長輯　明崇禎天德堂刻本　八行十九字小字雙行同白口單魚尾左右雙邊　内封題“天德堂梓”　鈐有“齊魯大學圖書館藏書”　十六冊

370000－1542－0004872　752/3　經部/周禮類

周禮註疏刪翼三十卷　(明)王志長輯　明崇禎天德堂刻本　八行十九字小字雙行同白口單魚尾左右雙邊　内封題“天德堂梓”　鈐有“齊魯大學圖書館藏書”　二十冊

370000－1542－0004873　752/3　經部/周禮類

周禮註疏刪翼三十卷　(明)王志長輯　明崇禎刻本　八行十九字小字雙行同白口單魚尾左右雙邊　内封題“本衙藏版”　鈐有“石屏謝氏珍藏”“石屏山人書畫圖記”“謝氏山樓藏書記”“一片冰心在玉壺”“霽嵐閣”“齊魯大學圖書館藏書”　二十冊

370000－1542－0004874　752/3　經部/周禮類

周禮註疏刪翼三十卷　(明)王志長輯　清乾隆五十七年(1792)金閶書業堂刻本　上欄四字下欄八行十九字小字雙行同單魚尾左右雙邊　内封題“乾隆壬子年夏鐫　金閶書業堂藏板”　鈐有“齊魯大學圖書館藏書”　二十冊

370000－1542－0004875　752/5　經部/周禮類

周禮會通六卷　(漢)鄭玄注　(清)胡翹元纂輯　清乾隆五十二年(1787)豫章胡氏凝暉閣刻本　八行二十二字小字雙行同白口單魚尾四周雙邊　内封題“乾隆五十二年鐫　凝暉閣藏板”　鈐有“基督教齊魯大學圖書館”　六冊

370000－1542－0004876　752/5　經部/周禮類

周禮會通六卷　(漢)鄭玄注　(清)胡翹元纂輯　清乾隆五十二年(1787)豫章胡氏凝暉閣刻本　八行二十二字小字雙行同白口單魚尾四周雙邊　内封題“乾隆五十二年鐫　凝暉閣藏板”　鈐有“齊魯大學圖書館藏書”　六冊

370000－1542－0004877　752/10　經部/周禮類

欽定周官義疏四十八卷首一卷　(清)允祿等編　清刻本　八行十八字白口單魚尾四周雙邊　無格　鈐有“齊魯大學圖書館藏書”　二十六冊

370000－1542－0004878　752/12　經部/周禮類

周官塾訓六卷　(清)魯鴻輯　清乾隆四十七年(1782)從之書屋刻本　八行二十字小字雙行同白口單魚尾左右雙邊　無格　内封題“乾隆四十七年鐫　從之書屋藏板”　鈐有“齊魯大學圖書館藏書”　四冊

370000－1542－0004879　752/2　經部/周禮類

鬳齋考工記解二卷　(宋)林希逸撰　清康熙十九年(1680)通志堂刻通志堂經解本　十行二十字小字雙行不等白口單魚尾左右雙邊　鈐有“齊魯大學圖書館藏書”　一冊

370000－1542－0004880　510/1　經部/周禮類

太平經國之書十一卷　(宋)鄭伯謙撰　清乾隆、嘉慶間刻經書五種本　十一行二十字黑口左右雙邊　内封題“宋永嘉鄭伯謙著　太平經國之書　寧化伊秉綬題”　鈐有“曾在潛

樓”　二冊

370000－1542－0004881　510/1　經部/周禮類

太平經國之書十一卷　(宋)鄭伯謙撰　清乾隆、嘉慶間刻經書五種本　十一行二十字黑口左右雙邊　内封題“宋永嘉鄭伯謙著　太平經國之書　寧化伊秉綬題”　鈐有“經州蔣氏箸生臧書記”　二冊

370000－1542－0004882　752/1　經部/周禮類

考工記二卷　(明)郭正域批點　明萬曆四十四年(1616)吴興閔齊伋刻朱墨套印本　八行十八字小字雙行同白口左右雙邊　鈐有“長水李氏珍臧”“大原仲子”　一冊

370000－1542－0004883　753/9　經部/儀禮類

儀禮鄭注句讀十七卷附監本正誤一卷石經正誤一卷　(清)張爾岐撰　清乾隆八年(1743)濟陽高廷樞刻本　九行二十四字小字雙行同白口單黑魚尾左右雙邊　鈐有“齊魯大學圖書館藏書”　六冊

370000－1542－0004884　753/12　經部/儀禮類

儀禮註疏十七卷　(漢)鄭玄注　(唐)賈公彦疏　明崇禎九年(1636)毛氏汲古閣刻十三經注疏本　九行二十一字小字雙行同白口左右雙邊　牌記題“皇明崇禎九年歲在柔兆困敦古虞毛氏繡鐫”　鈐有“基督教齊魯大學圖書館”“書業發兑”　十六冊

370000－1542－0004885　753/12　經部/儀禮類

儀禮註疏十七卷　(漢)鄭玄注　(唐)賈公彦疏　明崇禎九年(1636)毛氏汲古閣刻十三經注疏本　九行二十一字小字雙行同白口左右雙邊　牌記題“皇明崇禎九年歲在柔兆困敦古虞毛氏繡鐫”　鈐有“齊魯大學圖書館藏書”　六冊

370000－1542－0004886　753/10　經部/儀禮類

儀禮經傳通解三十七卷續二十九卷　(宋)朱熹撰　清康熙浙江呂氏寶誥堂刻本　十二行二十五字小字雙行同白口單黑魚尾左右雙邊　内封題“禦兒呂氏寶誥堂重刻白鹿洞原本”　鈐有“齊魯大學圖書館藏書”　三十二冊

370000－1542－0004887　753/6　經部/儀禮類

儀禮析疑十七卷考工記析疑四卷　(清)方苞撰　清乾隆桐城方氏抗希堂刻抗希堂十六種本　九行十九字白口單魚尾左右雙邊　鈐有“齊魯大學圖書館藏書”　八冊

370000－1542－0004888　753/17　經部/儀禮類

儀禮釋官九卷首一卷　(清)胡匡衷撰　清嘉慶二十一年(1816)刻本　十行二十一字小字雙行同白口單魚尾左右雙邊　内封題“嘉慶丙子開雕　研六閣藏板”　鈐有“任城李氏珍藏”“齊魯大學圖書館藏書”　六冊

370000－1542－0004889　750/3　經部/儀禮類

儀禮注疏詳校十七卷　(清)盧文弨輯　清乾隆六十年(1795)盧氏抱經堂刻本　十行二十一字小字雙行同白口單魚尾左右雙邊　内封題“乾隆乙卯歲刊　抱經堂藏板”　鈐有“紹庭”“讀有用書”　四冊

370000－1542－0004890　753/18　經部/儀禮類

儀禮易讀十七卷　(清)馬駉輯　清乾隆三十八年(1773)悦六齋刻本　上欄小字雙行十四字下欄九行二十字小字雙行同白口單魚尾左右雙邊　内封題“乾隆三十八年春鐫　山陰縣學藏版”　鈐有“致和堂藏書”“齊魯大學圖書館藏書”　四冊

370000－1542－0004891　753/19　經部/儀禮類

儀禮讀本四卷附禮記六篇　(清)鄭銘編　清乾隆刻本　九行二十字小字雙行同白口單魚尾左右雙邊　鈐有“龔元鼎藏書印”“齊魯大學圖書館藏書”　四冊

370000－1542－0004892　753/7　經部/儀禮類

儀禮章句十七卷　(清)吳廷華撰　清乾隆二十二年(1757)東壁書莊刻本　十行二十一字小字雙行同白口單黑魚尾左右雙邊　内封題"乾隆丁丑冬鐫　東壁書莊藏板"　鈐有"齊魯大學圖書館藏書"　四册

370000－1542－0004893　754/17　經部/禮記類

禮記註疏六十三卷　(漢)鄭玄注　(唐)孔穎達疏　(唐)陸德明音義　明萬曆十六年(1588)國子監刻十三經注疏本　九行二十一字小字雙行同白口單魚尾左右雙邊　鈐有"齊魯大學圖書館藏書"　二十册

370000－1542－0004894　754/1　經部/禮記類

檀弓二卷　(宋)謝枋得批點　(明)楊慎注　明萬曆四十四年(1616)吳興閔齊伋刻朱墨套印本　八行十八字白口左右雙邊　無格　鈐有"靈石書駮""壽椿堂王氏家藏""長水李氏珍臧""范登氏""靖廷讀過"　一册

370000－1542－0004895　754/8　經部/禮記類

禮記纂言三十六卷　(元)吳澄撰　(清)朱軾重校　清雍正五年(1727)高安朱軾刻朱文端公藏書本　九行二十一字小字雙行同白口單魚尾四周單邊　内封題"本衙藏板"　鈐有"齊魯大學圖書館藏書"　十二册

370000－1542－0004896　754/9　經部/禮記類

禮記集説十六卷　(元)陳澔撰　明刻本　八行十四字小字雙行十八字大黑口雙順魚尾四周雙邊　鈐有"盱眙吳氏臧書""光熙之印""裕如祕笈""齊魯大學圖書館藏書"　十六册

370000－1542－0004897　754/11　經部/禮記類

禮記體註大全四卷　(清)曹士瑋纂　(清)徐旦編　清雍正三年(1725)文會堂刻本　佚名批注　上欄小字雙行二十五字下欄九行十八字小字雙行同白口單魚尾四周單邊　内封題"文會堂梓　禮記精義"　鈐有"齊魯大學圖書館藏書"　四册

370000－1542－0004898　754/10　經部/禮記類

全本禮記體註十卷　(元)陳澔集說　(清)徐旦編　(清)徐瑄補輯　清乾隆百尺樓刻本　上欄小字雙行二十四字下欄九行十八字小字雙行同白口左右雙邊　内封題"遵奉禮部義覆刊行　全本禮記體註　百尺樓藏板　芥子園發兑"　鈐有"基督教齊魯大學圖書館"　十册

370000－1542－0004899　754/7　經部/禮記類

大戴禮記十三卷　(漢)戴德撰　清康熙五十七年(1718)高安朱軾自脩齋刻本　九行二十字小字雙行同白口單魚尾左右雙邊　内封題"康熙五十七年鐫　自脩齋藏板"　鈐有"齊魯大學圖書館藏書"　二册

370000－1542－0004900　750/2　經部/三禮總義類

五禮通考二百六十二卷首四卷總目二卷　(清)秦蕙田纂輯　清乾隆二十六年(1761)金匱秦氏味經窩刻本　十三行二十一字小字雙行三十二字白口單魚尾左右雙邊　内封題"味經窩藏板"　鈐有"齊魯大學圖書館藏書"　一百二十册

370000－1542－0004901　755/1　經部/三禮總義類

禮書一百五十卷　(宋)陳祥道編　(明)張溥閲　(明)王啟榮參　明末張溥刻本　十行二十字小字雙行同白口單魚尾左右雙邊　鈐有"紫藤花館""魏塘錢珏耀宸珍藏"　二十四册

370000－1542－0004902　512.3/3　經部/三禮總義類

文公家禮儀節八卷　(明)丘濬撰　(明)楊廷筠訂　明萬曆三十七年(1609)錢時刻本　八行十六字小字雙行同細黑口四周雙邊　鈐有"紫藤花館""蕭氏世臧"　四册

370000－1542－0004903　761/2　經部/樂類
苑洛志樂十三卷　(明)韓邦奇撰　清康熙二十二年(1683)吳元萊刻本　雪照堂主人識　十行二十字小字雙行同白口單魚尾四周單邊　鈐有"雪照堂記""齊魯大學圖書館藏書"　十册

370000－1542－0004904　761/2　經部/樂類
重刻恭簡公志樂二十卷　(明)韓邦奇撰　清乾隆十二年(1747)薛氏關中式古堂刻嘉慶十一年(1806)雷大猷、韓思興補刻本　十行二十字白口單魚尾四周雙邊　内封題"乾隆十二年春花月新鐫　關中式古堂藏板"　鈐有"齊魯大學圖書館藏書"　十二册

370000－1542－0004905　760/4　經部/樂類
古樂經傳五卷　(清)李光地撰　清雍正五年(1727)李清植刻本　九行二十字小字雙行同白口單魚尾左右雙邊　鈐有"一簣山房之印""齊魯大學圖書館藏書"　二册

370000－1542－0004906　760/4　經部/樂類
古樂經傳五卷　(清)李光地撰　清雍正五年(1727)李清植刻本　九行二十字小字雙行同白口單魚尾左右雙邊　二册

370000－1542－0004907　772/1　經部/春秋總義類
春秋經傳集解三十卷　(晉)杜預撰　**春秋名號歸一圖二卷年表一卷**　(五代)馮繼先撰　清刻本　八行十七字小字雙行同白口雙魚尾四周雙邊　二十册

370000－1542－0004908　771/39　經部/春秋總義類
春秋四傳管窺三十二卷　(清)張星徽評點　清乾隆刻本　九行二十四字小字雙行同行間小字評注白口單黑魚尾四周雙邊　鈐有"齊魯大學圖書館藏書"　二十六册

370000－1542－0004909　771/45　經部/春秋總義類
春秋三十卷　(宋)胡安國傳　(宋)林堯叟音註　清康熙三十七年(1698)李燦章青蓮書屋刻本　九行十八字小字雙行同白口單魚尾左右雙邊　鈐有"蕙圃劉氏珍藏"　四册

370000－1542－0004910　771/30　經部/春秋總義類
春秋三十卷　(宋)胡安國傳　清乾隆十五年(1750)天都黄曉峰刻本　九行十八字小字雙行同白口單魚尾左右雙邊　内封題"乾隆庚午秋月　天都黄曉峰挍刊　袖珍春秋　亦政堂藏板"　鈐有"齊魯大學圖書館藏書"　六册

370000－1542－0004911　771/33　經部/春秋總義類
劉氏春秋意林二卷　(宋)劉敞撰　清康熙十九年(1680)通志堂刻本　十一行二十字小字雙行同白口單魚尾左右雙邊　鈐有"賜本""光山胡氏""太子少保""臣李堂""齊魯大學圖書館藏書"　一册

370000－1542－0004912　771/33　經部/春秋總義類
春秋名號歸一圖二卷　(五代)馮繼先撰　清康熙十九年(1680)通志堂刻本　十一行二十字小字雙行同白口單魚尾左右雙邊　鈐有"賜本""光山胡氏""太子少保""臣李堂"　一册

370000－1542－0004913　771/40　經部/春秋總義類
春秋四傳三十八卷綱領一卷提要一卷春秋二十國年表一卷東坡圖説一卷諸國興廢説一卷　(宋)胡安國撰　(明)汪應魁句讀　明末汪應魁貽經堂刻本　九行十八字小字雙行同白口單魚尾四周雙邊　鈐有"齊魯大學圖書館藏書"　十册

370000－1542－0004914　771/5　經部/春秋總義類
春秋屬辭十五卷　(元)趙汸撰　清康熙趙吉士校刻本　盛百二題識　十一行二十一字白口單魚尾左右雙邊　鈐有"秀水盛氏柚堂圖書""臣百二""秦川""蕭應椿印""碧雲偎館珍藏書畫印"　四册

370000－1542－0004915　771/5　經部/春秋

總義類

春秋師説三卷附録二卷 (元)趙汸撰 清康熙趙吉士校刻本 盛百二題識 十一行二十一字白口單魚尾左右雙邊 鈐有“紹庭” 一册

370000－1542－0004916 771/5 經部/春秋左傳類

春秋左氏傳補註十卷 (元)趙汸撰 清康熙趙吉士校刻本 盛百二題識 十一行二十一字白口單魚尾左右雙邊 鈐有“盛百二”“柚堂”“應椿” 一册

370000－1542－0004917 771/42 經部/春秋總義類

春秋衡庫三十卷備録一卷 (明)馮夢龍輯 明天啓五年(1625)刻本 佚名批注 十行二十字小字雙行同白口單魚尾四周單邊 鈐有“龍遠居” 十册

370000－1542－0004918 771/42 經部/春秋總義類

增定春秋衡庫三十卷備録一卷 (明)馮夢龍輯 (明)余璟參 明己任堂刻本 九行十八字小字雙行同白口四周雙邊 無格 鈐有“古羊劉氏惟吉”“惟吉藏書”“中憲大夫”“劉氏惟喆珍藏”“文淵閣大學士之章”“仁圃臧書”“齊魯大學圖書館藏書” 十二册

370000－1542－0004919 770/1 經部/春秋總義類

春秋宗孟十二卷 (清)賈璇撰 稿本 南扶山人題 九行二十四字小字雙行同白口單魚尾四周單邊 鈐有“玉函山房藏書” 四册

370000－1542－0004920 770/6 經部/春秋總義類

春秋取義測十二卷 (清)法坤宏撰 清乾隆五十九年(1794)法氏迂齋廣東六書齋刻本 十行十九字小字雙行同白口單魚尾左右雙邊 内封題“春秋取義測 膠州法坤宏著 乾隆甲寅年鐫 粤省西湖街六書齋刻 受業門人胡纕蘭手書” 四册

370000－1542－0004921 771/1 經部/春秋總義類

春秋輿圖一卷 (清)顧棟高纂輯 清乾隆十四年(1749)錫山顧氏萬卷樓刻本 十一行二十五字小字雙行約三十八字白口四周單邊 内封題“乾隆十四年新鐫 萬卷樓藏板” 鈐有“私立齊魯大學國學研究所藏書之章” 一册

370000－1542－0004922 771/1 經部/春秋總義類

春秋大事表五十卷附録一卷 (清)顧棟高纂輯 清乾隆十三年(1748)錫山顧氏萬卷樓刻本(輿圖配清後期刻本) 十一行二十五字小字雙行約三十九字白口四周單邊 内封題“乾隆十三年新鐫 萬卷樓藏板” 二十三册

370000－1542－0004923 771/1 經部/春秋總義類

春秋大事表五十卷附録一卷 (清)顧棟高纂輯 清乾隆十三年(1748)錫山顧氏萬卷樓刻本(輿圖配清後期刻本) 十一行二十五字小字雙行約三十九字白口四周單邊 内封題“乾隆十三年新鐫 萬卷樓藏板” 鈐有“紫藤華館”“紹庭” 十六册

370000－1542－0004924 771/3 經部/春秋總義類

左傳折諸二十八卷首二卷公羊折諸六卷首一卷穀梁折諸六卷首一卷 (清)張尚瑗輯撰 清雍正元年(1723)刻本 十行二十四字黑口單魚尾四周單邊 鈐有“碧雲僊館珍藏書畫印”“紹庭珍臧”“椿”“紫藤花館” 十二册

370000－1542－0004925 771/7 經部/春秋總義類

春秋經傳類求十二卷 (清)孫從添 (清)過臨汾纂輯 (清)吳禧祖校定 清乾隆二十五年(1760)舊名堂刻本 十二行三十四字小字雙行同白口單魚尾左右雙邊 内封題“舊名堂藏板” 十二册

370000－1542－0004926 771/10 經部/春秋總義類

春秋傳説彙纂三十八卷首二卷 (清)王掞等

撰　清刻本　八行十九字小字雙行二十二字白口單魚尾四周雙邊　鈐有“齊魯大學圖書館藏書”　三十二冊

370000－1542－0004927　771/14　經部/春秋總義類

御纂春秋直解十二卷　(清)梁錫璵廣義　清乾隆刻本　十行二十一字白口單魚尾四周雙邊　鈐有“齊魯大學圖書館藏書”　八冊

370000－1542－0004928　771/47　經部/春秋左傳類

春秋左傳十五卷　(明)孫鑛批點　明萬曆四十四年(1616)吳興閔齊伋刻朱墨套印本　九行十九字白口四周單邊　無格　鈐有“星羅閣”“紫藤花館”　八冊

370000－1542－0004929　772/1　經部/春秋左傳類

春秋經傳集解三十卷　(晉)杜預撰　**左傳杜解補正三卷**　(清)顧炎武撰　清康熙長洲何焯據永懷堂本刻本　佚名批注　九行二十五字小字雙行同白口單魚尾左右雙邊　内封題“崐山葛鼒舊本長洲何焯重校”　鈐有“好學深思知其義”“李芬私印”“三韓李芬字仙實印記”“仙實”“一室百好”“齊魯大學圖書館藏書”　十冊

370000－1542－0004930　772/14　經部/春秋左傳類

左選增鈔四卷　(清)王璽選評　清乾隆三十八年(1773)刻本　八行十九字小字雙行同白口單魚尾左右雙邊　無格　鈐有“齊魯大學圖書館藏書”　四冊

370000－1542－0004931　772/15　集部/總集類

文章練要十卷　(清)王源評訂　清乾隆九年(1744)大興王源居業堂刻本　九行二十二字小字雙行同白口雙魚尾左右雙邊　内封題“乾隆九年重鐫　居業堂梓行”　六冊

370000－1542－0004932　772/21　經部/春秋左傳類

左氏條貫十八卷　(清)曹基撰　清康熙五十一年(1712)張兼、張典刻本　九行二十一字小字雙行同白口單魚尾四周單邊　鈐有“齊魯大學圖書館藏書”　八冊

370000－1542－0004933　772/22　經部/春秋左傳類

左傳選十四卷　(清)儲欣評　清乾隆三十八年(1773)謙牧堂刻本　佚名校注　九行二十五字小字雙行同白口四周單邊　無格　内封題“乾隆癸巳新鐫　謙牧堂梓行”　鈐有“齊魯大學圖書館藏書”　八冊

370000－1542－0004934　772/23　經部/春秋左傳類

左傳經世鈔二十三卷　(清)魏禧評點　(清)彭家屏參訂　清乾隆十三年(1748)夏邑彭家屏刻本　九行二十一字小字雙行同白口單魚尾左右雙邊　無格　内封題“本衙藏板”　鈐有“關中王氏”“名余曰劭曾”“某亭”“齊魯大學圖書館藏書”　十二冊

370000－1542－0004935　772/25　經部/春秋左傳類

春秋左傳補註六卷　(清)惠棟撰　清乾隆三十九年(1774)李文藻刻本　十一行二十一字小字雙行同黑口單魚尾左右雙邊　鈐有“楓香艸堂藏書”“齊魯大學圖書館藏書”　一冊

370000－1542－0004936　772/35　經部/春秋左傳類

春秋左傳補註六卷　(清)惠棟撰　清乾隆三十九年(1774)李文藻刻本　十一行二十一字小字雙行同黑口單魚尾左右雙邊　鈐有“真州吳氏有福讀書堂藏書”　三冊

370000－1542－0004937　772/35　經部/春秋左傳類

左傳評三卷　(清)李文淵撰　清乾隆四十年(1775)李文藻刻本　十一行二十二字小字雙行同黑口單魚尾左右雙邊　鈐有“真州吳氏有福讀書堂藏書”　一冊

370000－1542－0004938　772/5　經部/春秋左傳類

左傳事緯前書八卷左傳事緯十二卷　(清)馬

驌撰　(清)攬茝齋主人編　清順治、康熙間刻本　九行二十二字小字雙行同白口單黑魚尾左右雙邊　十册

370000－1542－0004939　772/5　經部/春秋左傳類

左傳事緯前書八卷左傳事緯十二卷　(清)馬驌撰　(清)攬茝齋主人編　清順治、康熙間刻本　九行二十二字小字雙行同白口單黑魚尾左右雙邊　鈐有"容卻軒珍藏"　十二册

370000－1542－0004940　772/5　經部/春秋左傳類

左傳事緯十二卷　(清)馬驌撰　(清)攬茝齋主人編　清順治、康熙間刻本　九行二十二字小字雙行同白口單黑魚尾左右雙邊　鈐有"齊魯大學圖書館藏書"　六册

370000－1542－0004941　772/5　經部/春秋左傳類

左傳事緯十二卷左傳字釋一卷左丘明小傳一卷　(清)馬驌撰　(清)胡兆熊校讎　清黄暹刻本　九行二十二字白口單魚尾左右雙邊　内封題"懷澄堂藏板"　鈐有"齊魯大學圖書館藏書"　十二册

370000－1542－0004942　772/33　經部/春秋左傳類

春秋左傳評苑三十卷　(明)穆文熙撰　明萬曆二十年(1592)鄭以厚刻本　上欄小字二十二行六字下欄十一行二十四字小字雙行同白口雙順魚尾左右雙邊　鈐有"蘇龕鑑臧金石碑版書畫之章"　十二册

370000－1542－0004943　772/19　經部/春秋左傳類

增補左繡三十卷　(清)周正思編　清乾隆十三年(1748)嵩山書屋刻本　上欄小字二十二行十一字下欄十一行十九字白口單魚尾左右雙邊　内封題"增補左繡匯參　嵩山書屋藏板""福閩南街益智堂周士元發兑"　鈐有"益智堂圖書印""齊魯大學圖書館藏書""桂林草堂"　十六册

370000－1542－0004944　772/24　經部/春秋左傳類

左傳翼三十八卷　(清)周大璋輯評　清刻本　上欄小字十八行五字下欄九行二十一字小字雙行同行間夾小字評白口單魚尾左右雙邊　内封題"四箴堂藏版"　鈐有"齊魯大學圖書館藏書"　八册

370000－1542－0004945　772/29　經部/春秋左傳類

讀左補義五十卷首二卷　(清)姜炳璋輯　清乾隆三十八年(1773)刻本　十一行二十三字小字雙行同白口單魚尾左右雙邊　内封題"進呈御覽採入四庫叢書"　鈐有"書業成記圖書""齊魯大學圖書館藏書"　十六册

370000－1542－0004946　772/29　經部/春秋左傳類

讀左補義五十卷首二卷　(清)姜炳璋輯　清乾隆三十八年(1773)刻本　十一行二十三字小字雙行同白口單魚尾左右雙邊　内封題"進呈御覽採入四庫叢書"　鈐有"齊魯大學圖書館藏書"　十六册

370000－1542－0004947　773/7　經部/春秋左傳類

左傳分部二十卷左傳質疑一卷　(清)王越恒編纂　清乾隆二十五年(1760)刻本　十行二十一字白口單魚尾四周單邊　六册

370000－1542－0004948　771/8　經部/春秋總義類

春秋繁露十七卷　(漢)董仲舒撰　(明)王道焜閲　明末刻本　清邗東于氏擁綠書屋批校　九行二十字小字雙行同白口單線魚尾左右雙邊　鈐有"醉書齋"　二册

370000－1542－0004949　774/4　經部/春秋穀梁傳類

穀梁傳十二卷　題(周)穀梁赤述　(明)張榜　(明)孫鑛批點　(明)王道焜校　明刻本　佚名批注圈點　九行二十字白口單白魚尾左右雙邊　内封題"合刻春秋公穀二傳"　鈐有"武林讀書坊藏板記""齊魯大學圖書館藏書"　二册

370000－1542－0004950　780/31　經部/四書類/總義之屬

四書集註大全四十二卷　(明)胡廣等輯　明刻本　八行二十一字小字雙行同白口左右雙邊　鈐有"齊魯大學圖書館藏書"　三十二冊

370000－1542－0004951　780/34　經部/四書類/總義之屬

四書説約三十三卷　(明)鹿善繼撰　明末刻本　八行二十字白口單魚尾左右雙邊　鈐有"馬鑄式""楓階""臣馬鑄式""黄氏伯昭珎臧書畫印""黄氏世阮""無悶齋""齊魯大學圖書館藏書"　七冊

370000－1542－0004952　780/40　經部/四書類/總義之屬

四書衷義正解四十卷　(清)鄭芳纂輯　清雍正十年(1732)敬亭刻本　八行二十四字小字雙行二十八字單花魚尾左右雙邊　無格　内封題"雍正十年春鐫　敬亭藏板"　鈐有"待賢樓""齊魯大學圖書館藏書"　二十冊

370000－1542－0004953　780/42　經部/四書類/總義之屬

四書圖史合攷二十四卷　(明)蔡清輯　明末金閶擁萬堂刻本　上欄十八行四字下欄九行二十二字小字雙行同白口四周單邊　内封題"金閶擁萬堂梓行"　鈐有"齊魯大學圖書館藏書"　十一冊

370000－1542－0004954　780/77　經部/四書類/總義之屬

四書人物考四十卷　(明)薛應旂輯　(明)朱焯註釋　明刻本　十行二十字小字雙行同白口白魚尾四周單邊　六冊

370000－1542－0004955　780/22　經部/四書類/總義之屬

四書朱子異同條辨四十卷　(清)李沛霖　(清)李禎訂　清康熙藜光樓刻本　九行二十一字小字雙行同白口單魚尾左右雙邊　内封題"藜光樓梓行"　鈐有"禮部發敘頒行""藜光樓""齊魯大學圖書館藏書"　六十冊

370000－1542－0004956　780/37　經部/四書類/總義之屬

日講四書解義二十六卷　(清)陳廷敬等編　清江南布政使司刻本　九行十八字白口單魚尾四周雙邊　鈐有"齊魯大學圖書館藏書"　十四冊

370000－1542－0004957　780/37　經部/四書類/總義之屬

日講四書解義二十六卷　(清)陳廷敬等編　清湖北布政使司刻本　九行十八字黑口雙魚尾四周雙邊　鈐有"齊魯大學圖書館藏書"　十四冊

370000－1542－0004958　780/59　經部/四書類/總義之屬

四書考異七十二卷　(清)翟灝撰　清乾隆三十四年(1769)仁和翟氏無不宜齋刻本　十一行二十一字白口單魚尾左右雙邊　内封題"無不宜齋雕本　武林竹簡齋藏板"　鈐有"雨來軒選藏""齊魯大學圖書館藏書"　十冊

370000－1542－0004959　780/9　經部/四書類/總義之屬

四書朱子本義匯參四十七卷首一卷　(清)王步青輯　(清)王士鼇編　清乾隆十年(1745)敦復堂刻本　九行二十三字小字雙行同白口單魚尾四周單邊　内封題"四書朱子本義匯叅　金壇王罕皆輯　敦復堂藏板　尚德堂發兑"　鈐有"尚德堂圖書""齊魯大學圖書館藏書"　三十冊

370000－1542－0004960　780/9　經部/四書類/總義之屬

四書朱子本義匯參四十七卷首一卷　(清)王步青輯　(清)王士鼇編　清乾隆十年(1745)敦復堂刻本　九行二十三字小字雙行同白口單魚尾四周單邊　内封題"四書朱子本義匯叅　金壇王罕皆輯　敦復堂藏板　承德堂發兑"　鈐有"基督教齊魯大學圖書館""山東濟南齊魯大學校圖書館"　三十二冊

370000－1542－0004961　780/9　經部/四書類/總義之屬

四書朱子本義匯參四十七卷首一卷　(清)王

步青輯　(清)王士鼇編　清乾隆十年(1745)敦復堂刻本　九行二十三字小字雙行同白口單魚尾四周單邊　内封題“四書朱子本義匯叅　金壇王罕皆輯　敦復堂藏原本”　鈐有“山東濟南齊魯大學校圖書館”　四册

370000－1542－0004962　780/26　經部/四書類/總義之屬

四書大全説約合參正解十七卷　(清)吴荃彙輯　清康熙書林文星堂刻本　十二行三十字白口單魚尾四周單邊　内封題“書林文星堂梓行”　鈐有“齊魯大學圖書館藏書”　二十册

370000－1542－0004963　780/26　經部/四書類/總義之屬

四書大全説約合參正解十七卷　(清)吴荃彙輯　清康熙刻本　十三行三十字白口單魚尾四周單邊　内封題“□□堂梓行”　鈐有“齊魯大學圖書館藏書”　十三册

370000－1542－0004964　780/36　經部/四書類/總義之屬

四書翼註論文三十八卷　(清)張甄陶撰　清乾隆五十二年(1787)浙湖竹下書堂刻本　十一行二十二字小字雙行同白口單魚尾左右雙邊　内封題“乾隆丁未重鐫　浙湖竹下書堂敬梓”　鈐有“齊魯大學圖書館藏書”　十册

370000－1542－0004965　780/38　經部/四書類/總義之屬

酌雅齋四書遵註合講十九卷圖考一卷　(清)翁復編　清乾隆四十五年(1780)金閶書業堂刻本　上欄小字二十六行三十二字下欄九行十七字小字雙行同白口單魚尾四周雙邊　内封題“乾隆庚子年孟秋　重鐫四書遵註合講　金閶書業堂藏板”　鈐有“齊魯大學圖書館藏書”　六册

370000－1542－0004966　780/43　經部/四書類/總義之屬

四書易簡録三十七卷　(清)劉葆采輯　清雍正元年(1723)金谿劉氏刻本　上欄十二行十二字下欄十三行二十三字白口單黑魚尾左右雙邊　内封題“癸卯夏鐫　玉田齋梓行”　鈐有“齊魯大學圖書館藏書”　十六册

370000－1542－0004967　780/8　經部/四書類/總義之屬

集虚齋四書口義十卷　(清)方婺如撰　(清)于光華編次　清乾隆五十三年(1788)漢陽官署刻本　十二行二十五字小字雙行同白口單魚尾左右雙邊　内封題“乾隆戊申冬鐫　本衙藏板”　鈐有“齊魯大學圖書館藏書”　十册

370000－1542－0004968　780/56　經部/四書類/總義之屬

四書引左彙解十卷　(清)蕭榕年纂輯　清乾隆三十九年(1774)謙牧堂刻本　上欄十六行四字下欄八行二十字小字雙行同白口單魚尾四周雙邊　内封題“乾隆甲午新鐫　謙牧堂刊行”　鈐有“齊魯大學圖書館藏書”　四册

370000－1542－0004969　780/57　經部/四書類/總義之屬

四書題鏡十卷附總論　(清)汪鯉翔撰　清乾隆九年(1744)汪氏刻本　十六行三十字白口單魚尾四周單邊　内封題“乾隆甲子新鐫　本衙藏板”　鈐有“齊魯大學圖書館藏書”　十册

370000－1542－0004970　780/5　經部/四書類/論語之屬

論語注疏解經十卷　(三國魏)何晏集解　(宋)邢昺疏　清光緒三十年至三十三年(1904－1907)貴池劉氏玉海堂刻朱印本　十二行約二十五字小字雙行三十二字白口雙黑魚尾四周雙邊　四册

370000－1542－0004971　780/5　經部/四書類/論語之屬

論語註疏解經二十卷　(三國魏)何晏集解　(宋)邢昺疏　明崇禎十年(1637)毛氏汲古閣刻本　九行二十一字小字雙行同白口左右雙邊　鈐有“齊魯大學圖書館藏書”　四册

370000－1542－0004972　780/55　經部/四書類/孟子之屬

孟子註疏解經十四卷 (漢)趙岐注 (宋)孫奭疏 明崇禎六年(1633)汲古閣刻後印本 九行二十一字小字單行或雙行同白口左右雙邊 鈐有“齊魯大學圖書館藏書” 六册

370000－1542－0004973 780/46 經部/四書類/中庸之屬

增訂中庸遵註捷解二卷 (□)口口撰 清抄本 佚名批注 十二行字數不等 無格 鈐有“齊魯大學圖書館藏書” 二册

370000－1542－0004974 790/2 經部/孝經類

御註孝經一卷 (清)世祖福臨撰 清順治十三年(1656)内府刻本 六行十二字小字雙行同大黑口雙花魚尾四周雙邊 鈐有“山東濟南齊魯大學校圖書館” 一册

370000－1542－0004975 790/4 經部/孝經類

孝經衍義一百卷首二卷 (清)韓菼編 清刻本 九行十八字小字雙行同黑口雙魚尾四周雙邊 鈐有“齊魯大學圖書館藏書” 三十册

370000－1542－0004976 790/10 經部/孝經類

孝經精義一卷後錄一卷或問一卷原孝一卷餘論一卷 (清)張敘撰 清乾隆四年(1739)潞河書院刻本 清佚名題 九行二十一字白口單魚尾四周雙邊 内封題“潞河書院藏本” 鈐有“滙古齋金石書畫莊經售古今書籍” 二册

370000－1542－0004977 320/8 經部/小學類/文字之屬

便於蒐檢 (明)衡王編 明衡藩刻本 八行十字黑口雙魚尾四周雙邊 鈐有“南陵徐乃昌校勘經籍記”“愛日樓”“積學齋徐乃昌藏書”“吴鶚之印” 四册

370000－1542－0004978 320/14 經部/小學類/文字之屬

重校經史海篇直音十卷 (明)口口編 明刻本 十行十五字小字雙行三十字白口左右雙邊 十册

370000－1542－0004979 322/10 經部/小學類/文字之屬

大廣益會玉篇三十卷 (南朝梁)顧野王撰 清康熙四十三年(1704)張氏澤存堂刻本 清寶珣題 十行大小字相間小字雙行三十字單魚尾左右雙邊 内封題“張氏重刊 澤存堂藏板” 鈐有“劉喜海”“劉喜海印”“壺冰小館”“寶珣之印”“沈陽寶珣藏書”“燕庭”“御賜清愛堂”“東閣珍臧”“文正曾孫文清從孫文恭家子”“光熙所臧”“齊魯大學圖書館藏書” 一册

370000－1542－0004980 322/10 經部/小學類/文字之屬

大廣益會玉篇三十卷 (南朝梁)顧野王撰 清康熙四十三年(1704)張氏澤存堂刻本 十行大小字相間小字雙行三十字單魚尾左右雙邊 内封題“張氏重刊 澤存堂藏板” 鈐有“吴漊張氏”“進呈御覽”“敕慎齋藏書”“玉牒崇恩”“曾在崇禹舲處”“敔翁”“齊魯大學圖書館藏書” 三册

370000－1542－0004981 322/1 經部/小學類/文字之屬

汗簡七卷 (宋)郭忠恕撰 清康熙四十二年(1703)錢塘汪氏一隅草堂刻本 八行篆字約十字大字約十八字小字雙行約三十字白口左右雙邊 鈐有“心迹雙清”“護封” 一册

370000－1542－0004982 322/2 經部/小學類/文字之屬

隸辨八卷 (清)顧藹吉撰 清乾隆八年(1743)天都黄晟翻刻項絪玉淵堂本 六行十字小字雙行二十字黑口單魚尾四周單邊 内封題“玉淵堂原本” 鈐有“古譚章氏珍臧”“皖南張師亮筱漁氏校書於篤素堂”“篤素堂張曉漁校藏圖籍之章”“篤素堂藏書”“書銘金石”“秋吟軒珍藏”“桐城張氏珍藏”“筱漁張氏手校藏書”“子子孫孫永寶用”“曾在張謹甫處”“秋禪居士”“小漁藏書”“濟南李勛”“龍眠文端公裔孫”“桐山張氏臧書”“桐城張氏謹甫所臧” 八册

370000－1542－0004983 322/2 經部/小學

類/文字之屬

隸辨八卷 (清)顧藹吉撰 清乾隆八年(1743)天都黄晟翻刻項絪玉淵堂本 六行十字小字雙行二十字黑口單魚尾四周單邊 内封題"玉淵堂原本" 鈐有"臣柱臣印""瘦珊""夏丽生臧經籍金石書畫印" 八册

370000 - 1542 - 0004984 321/43 經部/小學類/文字之屬

重刊許氏説文解字五音韻譜十二卷 (宋)李燾撰 明天啓七年(1627)世裕堂刻本 七行字數不等白口左右雙邊 内封題"石渠閣訂閲 雲林五雲堂藏板" 序末牌記題"天啓七年世裕堂重梓" 鈐有"寶書之章""廔遊""齊魯大學圖書館藏書" 十二册

370000 - 1542 - 0004985 321/74 經部/小學類/文字之屬

説文玉篇廣韻類篇辨畧一卷 (口)口口撰 清抄本 九行二十字 無格 一册

370000 - 1542 - 0004986 321/11 經部/小學類/文字之屬

説文解字十五卷 (漢)許慎撰 (宋)徐鉉校定 清初毛氏汲古閣刻本 徐伯節録清桂馥手録惠棟批點 七行約十六字小字雙行約二十二字白口單魚尾左右雙邊 内封題"北宋本校刊 説文真本 汲古閣藏板" 六册

370000 - 1542 - 0004987 321/77 經部/小學類/文字之屬

説文約鈔不分卷 (清)口口撰 清稿本 六行大小字相間字數不等 無格 鈐有"祁氏""祁本恕""平叔""祁印" 一册

370000 - 1542 - 0004988 322/17 經部/小學類/文字之屬

六書故三十三卷六書通釋一卷 (元)戴侗撰 清乾隆四十九年(1784)西蜀李氏師竹齋刻本 上欄大字七行一字下欄七行十七字小字雙行同白口四周單邊 牌記題"乾隆甲辰重鐫 師竹齋藏板" 三十二册

370000 - 1542 - 0004989 322/17 經部/小學類/文字之屬

六書故三十三卷六書通釋一卷 (元)戴侗撰 清乾隆四十九年(1784)西蜀李氏師竹齋刻本 上欄大字七行一字下欄七行十七字小字雙行同白口四周單邊 十六册

370000 - 1542 - 0004990 322/17 經部/小學類/文字之屬

六書故三十三卷六書通釋一卷 (元)戴侗撰 清乾隆四十九年(1784)西蜀李氏師竹齋刻本 上欄大字七行一字下欄七行十七字小字雙行同白口四周單邊 牌記題"乾隆甲辰重鐫 師竹齋藏板" 二十册

370000 - 1542 - 0004991 322/8 經部/小學類/文字之屬

正韻篆二卷 (明)沈延銓撰 清抄本 六行大字五字小字雙行不等 無格 鈐有"張在乙之印""亶安""張在乙印""九埜氏珍藏書畫印" 五册

370000 - 1542 - 0004992 322/25 經部/小學類/文字之屬

正韻篆二卷 (明)沈延銓撰 **學古編二卷** (元)吾丘衍撰 (明)何震續 清抄本 八行五字小字雙行不等 無格 鈐有"徐栻之印""引經讀律之齋""萬卷詩書草堂""曉雲""画溪艸堂""家住蓉湖第一橋""晉陵徐栻字筱雲印""綏保堂"等印 二册

370000 - 1542 - 0004993 330/44 經部/小學類/文字之屬

古篆韻譜正傳二卷 (明)呂胤基撰 明萬曆十六年(1588)江籬館刻本 八行大小字相間字數不等單魚尾左右雙邊 鈐有"秋亭""周廷瓚印""仔曾""豈老一儒""寸心千里""秋亭""山陰人""談蓮書屋寶藏""鑑藏之印""壯懷""齊魯大學圖書館藏書" 二册

370000 - 1542 - 0004994 322/28 經部/小學類/文字之屬

六書通十卷 (明)閔齊伋撰 (清)畢弘述纂訂 清康熙刻本 八行十二字小字雙行二十四字白口四周雙邊 内封題"五湖閔寓五先生稾本 基聞堂篆訂" 鈐有"臨淄縣印""念

慈”“齊九齡印”“山高水遠”“紙筆任喉舌”“師古”“敵事” 十冊

370000－1542－0004995 322/28 經部/小學類/文字之屬

六書通十卷 (明)閔齊伋撰 (清)畢弘述纂訂 清乾隆六十年(1795)浙江刻本 八行十二字小字雙行二十四字白口四周雙邊 鈐有“畊讀廬珍臧記” 五冊

370000－1542－0004996 322/43 經部/小學類/文字之屬

六書分類十二卷首一卷 (清)傅世垚編 清乾隆五十四年(1789)汝南傅氏聽松閣韓城刻本 八行十二字小字二十四字白口單魚尾四周單邊 内封題“紀大宗伯鑒定 維隅堂藏板” 鈐有“齊魯大學圖書館藏書” 十三冊

370000－1542－0004997 322/48 經部/小學類/文字之屬

正字通十二集首一卷 (明)張自烈輯 (清)廖文英增輯 清康熙吴源起清畏堂刻本 八行十二字小字雙行二十四字白口單魚尾四周雙邊 鈐有“齊魯大學圖書館藏書” 三十四冊

370000－1542－0004998 322/48 經部/小學類/文字之屬

正字通十二集首一卷 (明)張自烈輯 (清)廖文英增輯 清康熙三畏堂刻本 八行十二字小字雙行二十四字白口單魚尾四周雙邊 内封題“廖百子先生輯 三畏堂重梓” 鈐有“齊魯大學圖書館藏書” 四十冊

370000－1542－0004999 322/16 經部/小學類/文字之屬

古今字正二卷 (清)蔣焜輯 清康熙二十年(1681)刻本 九行字數不等四周雙邊 無格 鈐有“楓香艸堂臧書”“楓香艸堂” 二冊

370000－1542－0005000 322/21 經部/小學類/文字之屬

廣金石韻府五卷 (明)朱時望輯篆 (清)林尚葵廣輯 (清)李根較正 清光緒十年(1884)抄本 六行大小字相間字數不等 無格 鈐有“載堂”“甄采王印” 四冊 存四卷(上平聲、下平聲、去聲、入聲)

370000－1542－0005001 322/39 經部/小學類/文字之屬

班馬字類五卷 (宋)婁機撰 清揚州馬氏小玲瓏山館仿宋淳熙本重刻乾隆、嘉慶間倪氏經鉏堂印本 六行大小字相間小字雙行十九字細黑口單魚尾四周單邊 内封題“宋淳熙本 經鉏堂藏板” 鈐有“齊魯大學圖書館藏書” 二冊

370000－1542－0005002 322/56 經部/小學類/文字之屬

四書五經字辨五卷 (清)陳鶴齡輯 清雍正十年(1732)刻本 七行十一字小字雙行二十二字白口四周雙邊 無格 鈐有“齊魯大學圖書館藏書”“矦官鄭氏藏書” 五冊

370000－1542－0005003 322/60 經部/小學類/文字之屬

篆字彙十二卷 (清)佟世男編 (清)胡正宗 (清)方正琇参 清康熙多山堂刻本 八行十二字小字雙行二十四字左右雙邊 内封題“多山堂藏板” 十二冊

370000－1542－0005004 323/56 經部/小學類/文字之屬

新加九經字樣一卷 (唐)唐玄度撰 清光緒沈德壽抄本 行數字數不等 無格 鈐有“浙東沈德壽家藏之印”“辛勤置書以遺子孫永寶”“藥盦卅年精力所聚” 一冊

370000－1542－0005005 323/32 經部/小學類/文字之屬

增訂金壺字考十九卷 (宋)釋適之原編 (清)田朝恒增訂 清乾隆刻本 八行十六字小字雙行三十二字白口單魚尾左右雙邊 内封題“石齋增訂 貽安堂藏板” 鈐有“齊魯大學圖書館藏書” 二冊

370000－1542－0005006 322/70 經部/小學類/文字之屬

鐘鼎字源五卷 (清)汪立名撰 清康熙五十五年(1716)汪氏一隅草堂刻本 六行十字小

字雙行二十字白口單魚尾左右雙邊　鈐有“孟玉珍賞”“七橋金氏”　一册　存二卷(一至二)

370000－1542－0005007　322/49　經部/小學類/文字之屬
字義集成　(清)余和壎輯　清同治、光緒間稿本　清王維言跋　十二行二十五字白口單魚尾四周雙邊　朱方格　内封題“善化余和壎曼癡甫輯注　男玉君校勘”　鈐有“王維言印”“海秋”“齊魯大學圖書館藏書”　三册

370000－1542－0005008　323/9　經部/小學類/訓詁之屬
五雅五種　(明)郎奎金輯　明天啓六年(1626)堂策檻刻本　九行二十字小字雙行同四周單邊　牌記題“堂策檻訂定　武林郎衙藏”　鈐有“齊魯大學圖書館藏書”　十二册

370000－1542－0005009　323/9　經部/小學類/訓詁之屬
五雅五種　(明)郎奎金輯　明天啓六年(1626)堂策檻刻本(小爾雅一卷抄配)　九行二十字小字雙行同四周單邊　鈐有“曾臧文安邢氏”“仲采”“仲采臧書”“邢藍田”“石達摩室”　二十册

370000－1542－0005010　323/1　經部/小學類/訓詁之屬
釋名疏證八卷補遺一卷續釋名一卷　(清)畢沅撰　清乾隆五十四年(1789)鎮洋畢沅靈巖山館刻本　十一行二十二字小字雙行同黑口雙魚尾四周單邊　内封題“乾隆己酉校刊　靈巖山館臧版”　二册

370000－1542－0005011　323/20　經部/小學類/訓詁之屬
爾雅三卷　(晉)郭璞注　明嘉靖十七年(1538)吴元恭刻本　八行十七字小字雙行同白口單魚尾四周雙邊　鈐有“舊山樓”“宗建私印”“睫巢”　三册

370000－1542－0005012　323/19　經部/小學類/訓詁之屬
爾雅三卷　(晉)郭璞注　(唐)陸德明音釋　清乾隆二十九年(1764)曲阜孔繼汾刻本　十行二十字小字雙行三十字黑口單魚尾左右雙邊　鈐有“逸安”　一册

370000－1542－0005013　323/4　經部/小學類/訓詁之屬
爾雅音圖三卷　(晉)郭璞注　(清)姚之麟摹圖　清嘉慶六年(1801)曾燠影宋刻本　十二行二十字小字雙行同粗黑口雙魚尾四周雙邊　内封題“嘉慶六年影宋繪圖本重摹刊　爾雅音圖　萩學軒臧版”　鈐有“陸海艸堂收藏”“邢藍田仲采甫”　三册

370000－1542－0005014　323/4　經部/小學類/訓詁之屬
爾雅音圖三卷　(晉)郭璞注　(清)姚之麟摹圖　清嘉慶六年(1801)曾燠影宋刻本　十二行二十字小字雙行同粗黑口雙魚尾四周雙邊　内封題“嘉慶六年影宋繪圖本重摹刊　爾雅音圖　萩學軒臧版”　鈐有“紹庭”“葉雨軒書畫印”“蕭士五十歲後號覞公”　三册

370000－1542－0005015　323/11　經部/小學類/訓詁之屬
爾雅正義二十卷　(清)邵晉涵撰集　**爾雅釋文三卷**　(唐)陸德明撰　清乾隆五十三年(1788)餘姚邵氏家塾刻本　九行二十一字小字雙行同白口單魚尾四周雙邊　内封題“乾隆戊申　餘姚邵氏家塾本”　鈐有“齊魯大學圖書館藏書”　八册

370000－1542－0005016　323/11　經部/小學類/訓詁之屬
爾雅正義二十卷　(清)邵晉涵撰集　**爾雅釋文三卷**　(唐)陸德明撰　清乾隆五十三年(1788)餘姚邵氏家塾刻本　九行二十一字小字雙行同白口單魚尾四周雙邊　内封題“乾隆戊申　餘姚邵氏家塾本”　八册

370000－1542－0005017　323/51　經部/小學類/訓詁之屬
爾雅翼三十二卷　(宋)羅願撰　明正德十四年(1519)羅文殊刻本　十行十九字白口或細黑口左右雙邊　鈐有“正定經文”“臣晉涵印”

"沈氏粹芬閣所得善本書""研易樓藏書印""邵氏二雲" 八册

370000－1542－0005018 323/26 經部/小學類/訓詁之屬

爾雅註疏十一卷 (晉)郭璞注 (宋)邢昺疏 清乾隆五十一年(1786)金閶書業堂刻本 九行二十一字小字雙行同白口左右雙邊 内封題"汲古閣原本 乾隆丙午年夏鐫 金閶書業堂藏板" 鈐有"齊魯大學圖書館藏書" 六册

370000－1542－0005019 323/26 經部/小學類/訓詁之屬

爾雅註疏十一卷 (晉)郭璞注 (宋)邢昺疏 清乾隆五十一年(1786)金閶書業堂刻本 九行二十一字小字雙行同白口左右雙邊 内封題"汲古閣原本 乾隆丙午年夏鐫 金閶書業堂藏板" 鈐有"齊魯大學圖書館藏書" 六册

370000－1542－0005020 323/28 經部/小學類/訓詁之屬

長洲陸錦燧讀爾雅日記一卷 (清)陸錦燧撰 清光緒二十二年(1896)刻學古堂日記本 清陸錦燧題識 十一行二十一字小字雙行同黑口單魚尾左右雙邊 鈐有"齊魯大學圖書館藏書" 二册

370000－1542－0005021 323/14 經部/小學類/訓詁之屬

廣雅十卷 (三國魏)張揖撰 (隋)曹憲音解 明萬曆十六年(1588)瑞桃堂刻本 十一行二十二字小字雙行同白口單魚尾左右雙邊 鈐有"震圜圖書""萬世帝王之師正胤""齊魯大學哈佛燕京學社購置" 二册

370000－1542－0005022 323/31 經部/小學類/訓詁之屬

集字纂言註釋講義不分卷 (清)六山魏氏撰 清光緒十七年(1891)稿本 雙欄行數字數不等 細框 無格 鈐有"齊魯大學圖書館藏書" 三册

370000－1542－0005023 323/43 經部/小學類/訓詁之屬

埤雅二十卷 (宋)陸佃撰 清康熙顧棫刻本 十行二十一字小字雙行同白口雙魚尾四周雙邊 鈐有"湯維清印""羅塔珍藏""徐氏藏書室印""徐鍾岳印" 三册

370000－1542－0005024 323/43 經部/小學類/訓詁之屬

埤雅二十卷 (宋)陸佃撰 清康熙顧棫刻本 十行二十一字小字雙行同白口雙魚尾四周雙邊 十册

370000－1542－0005025 323/74 經部/小學類/訓詁之屬

增修埤雅廣要四十二卷 (宋)陸佃撰 (明)牛衷增修 (明)吳從政音釋 明萬曆三十八年(1610)孫弘範刻本 十行十八字小字雙行同白口單魚尾四周單邊 八册

370000－1542－0005026 324/11 經部/小學類/訓詁之屬

問奇典註六卷 (清)唐英增釋 清乾隆十一年(1746)沈陽唐氏古柏堂刻本 行數字數不等單魚尾四周雙邊 内封題"古柏堂藏板" 四册

370000－1542－0005027 330/18 經部/小學類/音韻之屬

廣韻五卷 (宋)陳彭年等重修 清康熙四十三年(1704)張氏澤存堂刻本 寶珣題識 十行二十字小字雙行二十七字單魚尾左右雙邊 版心鐫刻工 内封題"張氏重刊 澤存堂藏板" 鈐有"壺冰小館""劉喜海""劉喜海印""燕庭""燕庭臧書""文正曾孫文清從孫文恭冢子""御賜清愛堂""寶珣之印""東閭珍臧""齊魯大學圖書館藏書" 一册

370000－1542－0005028 330/1 經部/小學類/音韻之屬

洪武正韻十六卷 (明)樂韶鳳 (明)宋濂等撰 明刻本 八行字數不等小字雙行二十四字粗黑口四周雙邊 五册

370000－1542－0005029 330/11 經部/小學類/音韻之屬

音學五書三十八卷　(清)顧炎武撰　清康熙六年(1667)山陽張弨符山堂刻本(李錦章抄配)　李錦章題識　八行十二字小字雙行二十四字單魚尾左右雙邊　鈐有"李生""文藻""南澗居士""南澗""李文藻印""素伯""辛巳進士""紅豆生南國""李錦章"　十二册

370000－1542－0005030　330/11　經部/小學類/音韻之屬

音學五書三十八卷　(清)顧炎武撰　清康熙六年(1667)山陽張弨符山堂刻本　八行十二字小字雙行二十四字單魚尾左右雙邊　内封題"符山堂藏板"　鈐有"沈錫胙圖書記""歸安沈氏""桐城蕭氏敬孚臧書"　十册

370000－1542－0005031　330/11　經部/小學類/音韻之屬

音學五書三十八卷　(清)顧炎武撰　清康熙六年(1667)山陽張弨符山堂刻本　八行十二字小字雙行二十四字單魚尾左右雙邊　鈐有"齊魯大學圖書館藏書""愚讀齋""方駕之印"　十二册

370000－1542－0005032　330/32　經部/小學類/音韻之屬

漢魏音四卷　(清)洪亮吉撰　清乾隆五十年(1785)西安刻本　十二行二十四字小字雙行同黑口雙魚尾四周單邊　内封題"乾隆乙巳四月刊于西安"　鈐有"齊魯大學圖書館藏書"　一册

370000－1542－0005033　330/47　經部/小學類/音韻之屬

康熙甲子史舘新刊古今通韻十二卷　(清)毛奇齡撰　清康熙二十三年(1684)刻本　佚名批注　十行二十字小字雙行同白口四周單邊　内封題"史舘定本　學者堂藏版"　鈐有"學者堂珍藏""萊陽張氏桐生藏書之印""齊魯大學圖書館藏書"　六册

370000－1542－0005034　330/55　經部/小學類/音韻之屬

新編佩文詩韻四聲譜廣註二卷　(清)倪璐撰　清乾隆三十六年(1771)克復堂刻本　十行二十字小字雙行同白口單魚尾四周雙邊　牌記題"乾隆辛卯仲冬新鐫　漢皋乾用劉先生監定　克復堂梓行"　四册

370000－1542－0005035　330/57　經部/小學類/音韻之屬

佩文詩韻提綱二卷首一卷　(清)倪璐撰　清乾隆四十三年(1778)克復堂刻本　十行二十四字小字雙行同白口單魚尾四周雙邊　内封題"乾隆戊戌仲秋新鐫　中水語年蘇老先生鑒定　克復堂梓行"　鈐有"齊魯大學圖書館藏書"　二册

370000－1542－0005036　330/90　經部/小學類/音韻之屬

杜韓詩句集韻三卷　(清)汪文柏輯　清康熙四十五年(1706)古香閣刻光緒八年(1882)姑蘇來青閣印本　八行十一字小字雙行二十二字黑口單魚尾左右雙邊　内封題"練江汪文伯集　古香樓校栞""光緒壬午孟春月姑蘇來青閣珍藏"　牌記題"康熙歲次丙戌中秋日開雕丁亥夏日告竣"　四册

370000－1542－0005037　330/60　經部/小學類/音韻之屬

音韻闡微十八卷　(清)李光地等承修　(清)王蘭生等編纂　清雍正六年(1728)武英殿刻本　八行十二字小字雙行二十四字白口單魚尾四周雙邊　鈐有"齊魯大學圖書館藏書"　五册

370000－1542－0005038　330/52　經部/小學類/音韻之屬

韻雅五卷雜論一卷　(清)施何牧纂輯　清康熙刻本　八行十二字小字雙行二十四字細黑口單魚尾四周雙邊　内封題"高酣亭藏板"　鈐有"齊魯大學圖書館藏書"　五册

370000－1542－0005039　330/50　經部/小學類/音韻之屬

詩經叶音辨譌八卷三十六母總論一卷分隸字母總音一卷音叶互異彙辨一卷疊韻雙聲一卷顧亭林音學一卷毛西河古今通韻一卷字典一卷　(清)劉維謙撰　清乾隆三年(1738)壽峯

書屋刻本　八行十九字小字雙行同白口單魚尾四周單邊　鈐有"真州吳氏有福讀書堂臧書""齊魯大學圖書館藏書"　八册

370000－1542－0005040　330/54　經部/小學類/音韻之屬

新集古文四聲韻五卷附錄一卷　(宋)夏竦撰　清乾隆四十四年(1779)新安汪啓淑刻本　六行大字單行小字雙行不等白口單魚尾左右雙邊　内封題"新安汪氏藏板"　鈐有"齊魯大學圖書館藏書"　五册

370000－1542－0005041　330/62　經部/小學類/音韻之屬

古今韻略五卷　(清)邵長蘅撰　清康熙三十五年(1696)宋犖刻本　九行十四字小字雙行二十八字黑口單魚尾四周單邊　鈐有"口口口括蒼臧書記""括蒼""肈麗""忍冬書屋""有懷堂圖書印"　五册

370000－1542－0005042　330/62　經部/小學類/音韻之屬

古今韻略五卷　(清)邵長蘅撰　清康熙刻本　九行十四字小字雙行二十八字黑口單魚尾四周單邊　六册

370000－1542－0005043　330/62　經部/小學類/音韻之屬

古今韻略五卷　(清)邵長蘅撰　清乾隆十八年(1753)新城陳守誠恕堂刻本　十行二十一字小字雙行同白口單魚尾四周雙邊　内封題"恕堂重鐫"　鈐有"調玉""廷燮印""齊魯大學圖書館藏書"　五册

370000－1542－0005044　330/3　經部/小學類/音韻之屬

古韻標準四卷首一卷　(清)江永編　(清)戴震參定　(清)李文藻覆校　清乾隆三十六年(1771)潮陽縣衙刻本　十行二十三字小字雙行同黑口單魚尾左右雙邊　牌記題"乾隆辛卯錄　潮陽縣衙存版"　鈐有"齊魯大學圖書館藏書"　二册

370000－1542－0005045　330/66　經部/小學類/音韻之屬

音韻須知二卷　(清)李書雲輯　清康熙二十九年(1690)刻本　九行十八字小字雙行同白口單魚尾左右雙邊　鈐有"齊魯大學圖書館藏書"　二册

370000－1542－0005046　330/80　經部/小學類/音韻之屬

詩韻釋略五卷　(明)梁應圻訂　清康熙十七年(1678)李希禹刻本　八行十二字小字雙行二十四字白口單魚尾四周單邊　無格　十册

370000－1542－0005047　411/2　史部/紀傳類

二十四史附考證　(漢)司馬遷等撰　清乾隆四年至四十九年(1739－1784)武英殿刻本　十行二十一字小字雙行同白口單魚尾左右雙邊　七百二十二册

370000－1542－0005048　413/45　史部/紀傳類

史記一百三十卷首一卷　(漢)司馬遷撰　(南朝宋)裴駰集解　(唐)司馬貞索隱　(唐)張守節正義　(明)徐孚遠　(明)陳子龍測議　明末養正堂刻本　九行二十字小字雙行同白口單白魚尾左右雙邊　内封題"養正堂藏板"　鈐有"十年天祿校書人""富有日新""口廷輝印""蘭居""本衙藏板""齊魯大學圖書館藏書"　二十四册

370000－1542－0005049　413/31　史部/紀傳類

史記論文一百三十卷　(清)吳見思評點　(清)吳興祚參訂　清康熙二十六年(1687)尺木堂刻本　九行二十一字小字雙行同白口單魚尾左右雙邊　内封題"尺木堂藏版"　鈐有"春煇""李敷榮印""齊魯大學圖書館藏書"　二十四册

370000－1542－0005050　413/31　史部/紀傳類

史記論文一百三十卷　(清)吳見思評點　(清)吳興祚參訂　清康熙二十六年(1687)尺木堂刻本　佚名批注　九行二十一字小字雙行同白口單魚尾左右雙邊　内封題"尺木堂

藏版”　鈐有“尺木堂”　十二册

370000－1542－0005051　413/31　史部/紀傳類

史記論文一百三十卷　（清）吳見思撰　清刻本（卷六十六至六十九抄配）　九行二十一字小字雙行同白口單魚尾左右雙邊　内封題“晉陵吳齊賢評點　史記論文　尺木堂藏版”　三十一册　缺二卷（六至七）

370000－1542－0005052　413/29　史部/紀傳類

史記評林一百三十卷　（明）淩稚隆輯校　（明）李光縉增補　明萬曆熊氏刻本　佚名校注　錄明茅坤等評　十行十九字小字雙行同白口單魚尾左右雙邊　三十册

370000－1542－0005053　412.2/1　史部/紀傳類

前漢書一百卷　（漢）班固撰　（唐）顏師古注　明崇禎十五年（1642）琴川毛氏汲古閣刻本　十二行二十五字小字雙行三十七字白口單魚尾左右雙邊　内封題“琴川毛氏汲古閣臧”　牌記題“皇明崇禎十有五年歲在橫艾敦牂如月初吉琴川毛氏開雕”　鈐有“景璋”“以仁存心”“雲中一隺”　二十四册

370000－1542－0005054　470/42　史部/紀傳類

漢書一百卷　（漢）班固撰　（明）葛鼎　（明）金蟠訂　明崇禎十二年（1639）葛鼎刻本　九行二十五字白口四周單邊　無格　内封題“九松里彙評　金閶葉顯吾周交甫梓”　序末牌記題“先君子篤嗜古學　自經史諸子迄唐宋大家　靡不嚴加訂輯　手自點次　捧讀遺編　丹黃如昨　不勝感痛　挍而刻之用以廣先君子之教爾　崇禎己卯十月望日男鼎謹識”　鈐有“古歙羅氏”“羅氏珍藏書畫之印”“光益字謙叔元字亮臣”“雙清艸堂”“後漢書彙評嗣出”“葛衙藏版翻刻必究”　二十四册

370000－1542－0005055　412.2/2　史部/紀傳類

後漢書一百二十卷　（南朝宋）范曄撰　（唐）李賢注　**志**　（晉）司馬彪撰　（南朝梁）劉昭注補　（明）陳祖苞訂　明陳祖苞嘯樹堂校刻本　九行二十字小字雙行同單魚尾左右雙邊　鈐有“梅石居”“叔埏”“劍舟”　二十册

370000－1542－0005056　412.2/2　史部/紀傳類

後漢書一百二十卷　（南朝宋）范曄撰　（唐）李賢注　**志**　（晉）司馬彪撰　（南朝梁）劉昭注補　明崇禎十六年（1643）琴川毛氏汲古閣刻本　十二行二十五字小字雙行三十七字白口單魚尾左右雙邊　内封題“琴川毛氏汲古閣臧”　牌記題“皇明崇禎十有六年歲在尚章叶洽寎月上巳琴川毛氏開雕”　鈐有“景璋”“以仁存心”“雲中一隺”　二十册

370000－1542－0005057　470/39　史部/紀傳類

後漢書一百二十卷　（南朝宋）范曄撰　（唐）李賢注　**志**　（晉）司馬彪撰　（南朝梁）劉昭注補　（明）金蟠　（明）葛鼎訂閲　明崇禎十六年（1643）葛鼎刻本　九行二十五字白口四周單邊　無格　内封題“九松里彙評　金閶葉聚甫梓行”　鈐有“古歙羅氏”“羅氏珍藏書畫之印”“光益字謙叔元字亮臣”“葉氏聚甫發兑”“雙清艸堂”　二十册

370000－1542－0005058　412.2/3　史部/紀傳類

三國志六十五卷　（晉）陳壽撰　（南朝宋）裴松之注　（明）馮夢禎校　明萬曆二十四年（1596）南京國子監刻清順治、康熙間遞修本　十二行二十三字細黑口單魚尾左右雙邊　鈐有“亦愛吾廬主人盋僧所臧”“缽僧欣賞”“餘姚謝氏永耀樓臧書”　三十二册

370000－1542－0005059　412.3/1　史部/紀傳類

晉書一百三十卷　（唐）房玄齡等撰　明崇禎元年（1628）毛氏汲古閣刻本　十二行二十五字白口單魚尾左右雙邊　内封題“汲古閣藏版”　牌記題“皇明崇禎改元歲在著雍執徐陬月元宵琴川毛氏開雕”　三十册　缺五卷（一

百二十六至一百三十）

370000－1542－0005060　412.3/2　史部/紀傳類

宋書一百卷　(南朝梁)沈約撰　宋刻宋元明遞修本　九行十八字白口左右雙邊　十七册　存六十二卷(一至五、十一至十八、二十八至二十九、三十四至三十五、三十八至五十、五十五至六十四、六十九至七十七、八十五至九十七)

370000－1542－0005061　412.3/2　史部/紀傳類

宋書一百卷　(南朝梁)沈約撰　明崇禎七年(1634)毛氏汲古閣刻本　十二行二十五字白口單魚尾左右雙邊　牌記題“皇明崇禎七年歲在閼逢閹茂余月八日琴川毛氏開雕”　十八册

370000－1542－0005062　412.3/3　史部/紀傳類

南齊書五十九卷　(南朝梁)蕭子顯撰　明崇禎十年(1637)汲古閣刻本　十二行二十五字白口單魚尾左右雙邊　牌記題“皇明崇禎十年歲在強圉赤奮若陽月望日琴川毛氏開雕”　八册

370000－1542－0005063　412.3/4　史部/紀傳類

梁書五十六卷　(唐)姚思廉撰　(明)余有丁校正　明萬曆三年(1575)刻清順治、康熙遞修本　十行二十一字白口雙魚尾四周雙邊　鈐有“齊魯大學圖書館藏書”　八册

370000－1542－0005064　412.3/4　史部/紀傳類

梁書五十六卷　(唐)姚思廉撰　明崇禎六年(1633)琴川毛氏汲古閣刻本　十二行二十五字白口單魚尾左右雙邊　牌記題“皇明崇禎六年歲在昭陽作噩涂月望日琴川毛氏開雕”　六册

370000－1542－0005065　412.3/5　史部/紀傳類

陳書三十六卷　(唐)姚思廉撰　明崇禎四年(1631)琴川毛氏汲古閣刻本　十二行二十五字白口單魚尾左右雙邊　牌記題“皇明崇禎四年歲在重光協洽相月七夕琴川毛氏開雕”　四册

370000－1542－0005066　412.3/6　史部/紀傳類

魏書一百十四卷　(北齊)魏收撰　明崇禎九年(1636)琴川毛氏汲古閣刻本　十二行二十五字白口單魚尾左右雙邊　二十册

370000－1542－0005067　412.3/7　史部/紀傳類

北齊書五十卷　(唐)李百藥撰　明崇禎十一年(1638)琴川毛氏汲古閣刻本　十二行二十五字白口單魚尾左右雙邊　牌記題“皇明崇禎十有一年歲在著雍攝提格夏五日琴川毛氏開雕”　六册

370000－1542－0005068　412.3/8　史部/紀傳類

周書五十卷　(唐)令狐德棻撰　明崇禎五年(1632)琴川毛氏汲古閣刻本　十二行二十五字白口單魚尾左右雙邊　牌記題“皇明崇禎五年歲在玄默涒灘辛月冬至琴川毛氏開雕”　六册

370000－1542－0005069　412.3/9　史部/紀傳類

南史八十卷　(唐)李延壽撰　明崇禎十三年(1640)琴川毛氏汲古閣刻本　十二行二十五字白口單魚尾左右雙邊　牌記題“皇明崇禎十有三年歲在上章執徐十一月上弦琴川毛氏開雕”　十二册

370000－1542－0005070　412.3/10　史部/紀傳類

北史一百卷　(唐)李延壽撰　明崇禎十二年(1639)琴川毛氏汲古閣刻本　十二行二十五字白口單魚尾左右雙邊　牌記題“皇明崇禎十有二年歲在屠維單閼玄月重九琴川毛氏開雕”　二十册

370000－1542－0005071　412.4/1　史部/紀傳類

隋書八十五卷 (唐)魏徵等撰 明崇禎八年(1635)琴川毛氏汲古閣刻本 十二行二十五字白口單魚尾左右雙邊 牌記題"皇明崇禎八年歲在旃蒙大淵獻壯月中秋琴川毛氏開雕" 十六册

370000－1542－0005072 412.5/1 史部/紀傳類

舊唐書二百卷 (五代)劉昫撰 清乾隆四年(1739)武英殿校刻本 十行二十一字白口單魚尾左右雙邊 鈐有"齊魯大學圖書館藏書" 六十册

370000－1542－0005073 412.5/2 史部/紀傳類

唐書二百二十五卷 (宋)歐陽修等撰 明崇禎二年(1629)琴川毛氏汲古閣刻本 十二行二十五字白口單魚尾左右雙邊 鈐有"齊魯大學圖書館藏書" 四十九册

370000－1542－0005074 412.5/2 史部/紀傳類

唐書二百二十五卷 (宋)歐陽修等撰 明崇禎二年(1629)琴川毛氏汲古閣刻本 十二行二十五字白口單魚尾左右雙邊 四十八册

370000－1542－0005075 412.5/4 史部/紀傳類

五代史七十四卷 (宋)歐陽修撰 (宋)徐無黨注 明崇禎三年(1630)琴川毛氏汲古閣刻本 清語古齋芝館校 十二行二十五字白口單魚尾左右雙邊 牌記題"皇明崇禎三年歲在尚章敦牂且月望日琴川毛氏開雕" 鈐有"孫氏山淵閣臧書記""孫仲恆""問經草堂" 四册

370000－1542－0005076 412.5/4 史部/紀傳類

五代史七十四卷 (宋)歐陽修撰 (宋)徐無黨注 明崇禎三年(1630)琴川毛氏汲古閣刻本 十二行二十五字白口單魚尾左右雙邊 牌記題"皇明崇禎三年歲在尚章敦牂且月望日琴川毛氏開雕" 八册

370000－1542－0005077 412.8/1 史部/紀傳類

明史三百三十二卷目錄四卷 (清)張廷玉等撰 清乾隆刻本 十行二十一字小字雙行同白口單魚尾左右雙邊 鈐有"齊魯大學圖書館藏書" 一百十二册

370000－1542－0005078 412.8/1 史部/紀傳類

明史三百三十二卷目錄四卷 (清)張廷玉等撰 清乾隆刻本 十行二十一字小字雙行同白口單魚尾左右雙邊 鈐有"以養其身""江南省城狀元境致和堂書坊發兑" 九十六册

370000－1542－0005079 458/9 史部/紀傳類

明史藁三百十卷目錄三卷 (清)王鴻緒等撰 清雍正敬慎堂刻本 十一行二十三字小字雙行同白口單魚尾左右雙邊 五十册

370000－1542－0005080 458/9 史部/紀傳類

明史藁三百十卷目錄三卷史例議二卷 (清)王鴻緒等撰 清雍正敬慎堂刻本 十一行二十三字小字雙行同白口單魚尾左右雙邊 鈐有"河南布政使司經歷司印" 八十册

370000－1542－0005081 413/78 史部/紀傳類

史記注補正一卷 (清)方苞講授 (清)程崟 (清)王兆符編録 清乾隆刻本 九行十九字白口單魚尾左右雙邊 一册 缺第六十二頁

370000－1542－0005082 411/11 史部/編年類

新刊古本大字精詳歷代合併綱鑑大成四十六卷 (明)唐順之編 明建邑書林楊成長刻本 佚名批注 十一行二十六字小字雙行同白口雙順魚尾四周單邊 十二册 存二十四卷(宋紀附元紀一至二十四)

370000－1542－0005083 413/62 史部/史抄類

漢書雋不分卷 (明)陳許廷選評 明崇禎刻本 九行二十字小字雙行同書眉小字雙行四

字白口四周單邊　鈐有“公弼”“拙翁所臧”“管領天下第一江山”“縱覽七十二峰山色漫游三萬六頃煙波”“用拙存吾道”“領南李氏藏書”“篆香樓臧書印”　八冊

370000－1542－0005084　413/12　史部/史評類

十七史商榷一百卷　(清)王鳴盛撰　清乾隆五十二年(1787)洞涇草堂刻本　十行二十字小字雙行同白口四周雙邊　内封題“乾隆丁未新鐫　東吳王氏述　洞涇艸堂藏版”　鈐有“珍賞”“李錦章”　二十四冊

370000－1542－0005085　413/12　史部/史評類

十七史商榷一百卷　(清)王鳴盛撰　清乾隆五十二年(1787)洞涇草堂刻本　十行二十字小字雙行同白口四周雙邊　内封題“乾隆丁未新鐫　東吳王氏述　洞涇艸堂藏版”　鈐有“齊魯大學圖書館藏書”　二十冊

370000－1542－0005086　413/6　史部/傳記類

史姓韻編六十四卷　(清)汪輝祖編　清乾隆五十五年(1790)汪氏雙節堂刻本　八行字數不等小字雙行二十四字黑口單魚尾四周單邊　内封題“乾隆庚戌年鋟　雙節堂藏板”　牌記題“乾隆五十五年刻於湖南寧遠官舍二月開雕八月竣工男繼培汝滋校字”　二十四冊

370000－1542－0005087　413/6　史部/傳記類

史姓韻編六十四卷　(清)汪輝祖編　清乾隆五十五年(1790)汪氏雙節堂刻本　八行字數不等小字雙行二十四字黑口單魚尾四周單邊　内封題“乾隆庚戌年鋟　雙節堂藏板”　牌記題“乾隆五十五年刻於湖南寧遠官舍二月開雕八月竣工男繼培汝滋校字”　二十四冊

370000－1542－0005088　411/12　史部/編年類

宋元通鑑一百五十七卷　(明)薛應旂編　(明)陳仁錫評　明天啓六年(1626)刻本　十行二十字小字雙行同白口單魚尾四周單邊　三十二冊

370000－1542－0005089　700/2　史部/編年類

元經薛氏傳十卷　(隋)王通撰　(唐)薛收傳　(宋)阮逸注　明萬曆二十年(1592)何允中刻漢魏叢書本　九行二十字小字雙行同白口單線魚尾左右雙邊　鈐有“方曄堂臧書記”“東流方曄堂讀”　二冊

370000－1542－0005090　420/12　史部/編年類

新刻世史類編四十五卷首一卷　(明)李純卿草創　(明)謝遷補遺　(明)王守仁覆詳　(明)王世貞會纂　(明)李槃增修　明萬曆三十四年(1606)書林余彰德刻本　上欄小字雙行四字下欄十二行二十八字小字雙行同白口單魚尾四周雙邊　十二冊　缺六卷(四十至四十五)

370000－1542－0005091　420/28　史部/編年類

御定歷代紀事年表一百卷　(清)王之樞等編　清康熙五十一年(1712)内府刻本　白口四周雙邊　表格　鈐有“顯親王府圖書之印”“齊魯大學圖書館藏書”　一百冊

370000－1542－0005092　420/30　史部/編年類

資治通鑑綱目前編二十五卷　(明)南軒撰　**正編五十九卷**　(宋)朱熹撰　**續編二十七卷**　(明)商輅等撰　(明)陳仁錫評閱　明崇禎三年(1630)陳仁錫刻本　七行十八字小字雙行同白口單魚尾四周單邊　鈐有“登州文會館書室”　二十三冊

370000－1542－0005093　420/30　史部/編年類

資治通鑑綱目前編二十五卷　(明)南軒撰　**正編五十九卷**　(宋)朱熹撰　**續編二十七卷**　(明)商輅等撰　(明)陳仁錫評閱　明崇禎三年(1630)陳仁錫刻本　七行十八字小字雙行同白口單魚尾四周單邊　鈐有“東京第家”“歙汪雲谷”“鄧基哲印”“東昌鄧氏騫之家臧

圖書”“健叔”“趙叔乾印”“齊魯大學圖書館藏書” 一百二十册

370000－1542－0005094 420/31 史部/編年類

資治通鑑綱目五十九卷 (宋)朱熹撰 (元)汪克復考異 (元)徐文昭考證 (元)王幼學集覽 (明)陳濟正誤 (明)馮智舒質實 明正德八年(1513)福州刻本(卷三至六、二十三、二十五配明吉澄刻本) 佚名圈點眉批 十二行二十二字小字雙行同下黑口四周單邊 配本九行二十字白口 鈐有“齊魯大學圖書館藏書” 三十二册

370000－1542－0005095 420/57 史部/編年類

新鐫通鑑集要十卷 (明)諸燮編輯 (明)錢受益重校 (明)牛斗星參閲 明末刻本 佚名批注 十行二十字小字雙行同白口單魚尾四周單邊 鈐有“濟民姜熹臧書” 八册

370000－1542－0005096 420/32 史部/編年類

御撰資治通鑑綱目三編二十卷 (清)張廷玉等編 清乾隆刻本 十一行二十二字小字雙行同下黑口四周雙邊 鈐有“乾隆宸翰”“惟精惟式”“含經味道”“齊魯大學圖書館藏書” 四册

370000－1542－0005097 420/11 史部/史表類

歷代帝王年表不分卷 (清)齊召南編 清乾隆刻本 雙欄下欄八行二十四字小字雙行三十六字黑口雙黑魚尾左右雙邊 鈐有“讀有用書”“紹庭”“王家英觀” 二册

370000－1542－0005098 421/2 史部/編年類

穆天子傳六卷首一卷末一卷 (晉)郭璞注 (清)檀萃疏 清乾隆刻本 九行二十字小字雙行同白口單魚尾四周雙邊 無格 鈐有“桐山張氏藏弆金石文字書畫圖籍之章”“桐城張氏謹甫所臧”“曉漁”“長思閣”“小愚所藏”“石老田蕘”“篤素堂張曉渔所藏圖籍之章”“張謹夫圖書印”“子子孫孫永寶用”“張謹夫圖書印”“讀書大好是官閒”“齊魯大學圖書館藏書”等 六册

370000－1542－0005099 421/2 史部/編年類

穆天子傳六卷首一卷末一卷 (晉)郭璞注 (清)檀萃疏 清乾隆刻本 九行二十字小字雙行同白口單魚尾四周雙邊 無格 六册

370000－1542－0005100 422/2 史部/編年類

前漢紀三十卷 (漢)荀悦撰 清康熙三十五年(1696)襄平蔣氏刻本 十一行二十一字黑口單魚尾左右雙邊 内封題“樂三堂藏板” 鈐有“光熙所臧”“袁棠”“爰棠”“棠”“湘湄”“齊魯大學圖書館藏書” 五册

370000－1542－0005101 422/3 史部/編年類

後漢紀三十卷 (晉)袁宏撰 **兩漢紀校記二卷** (清)陳璞撰 清康熙三十五年(1696)襄平蔣氏刻本 十一行二十一字黑口單魚尾左右雙邊 内封題“樂三堂藏板” 鈐有“光熙所臧”“袁棠”“爰棠”“湘湄”“齊魯大學圖書館藏書” 六册

370000－1542－0005102 428/1 史部/編年類

欽定明鑑二十四卷 (清)胡敬等纂 清嘉慶内府刻本 八行二十字白口單魚尾四周雙邊 鈐有“覲公之書”“恨不十年讀書”“紫藤花館” 二十四册

370000－1542－0005103 451/24 史部/雜史類

吴越春秋六卷 (漢)趙曄撰 (清)游桂校 清乾隆金溪王謨刻增訂漢魏叢書本 九行二十字小字雙行同白口單白魚尾左右雙邊 鈐有“揭氏藏碑帖書畫印”“友莘之章” 三册

370000－1542－0005104 456/3 史部/紀傳類

東都事略一百三十卷 (宋)王偁撰 清乾隆六十年(1795)南沙席氏掃葉山房刻宋遼金元

别史本　十二行二十五字白口單魚尾左右雙邊　鈐有“桂蔭書屋王氏珍藏”　十冊

370000－1542－0005105　456/3　史部/紀傳類

東都事略一百三十卷　(宋)王偁撰　清乾隆六十年(1795)南沙席氏掃葉山房刻宋遼金元別史本　十二行二十五字白口單魚尾左右雙邊　十六冊

370000－1542－0005106　456/3　史部/紀傳類

東都事略一百三十卷　(宋)王稱撰　清振鷺堂影宋刻乾隆、嘉慶間印本(目錄、進表、卷五至八抄配)　十二行二十四字黑口雙魚尾左右雙邊　鈐有“九芝館藏書章”　三十六冊

370000－1542－0005107　038/27　史部/傳記類

藏書六十八卷　(明)李贄撰　明萬曆二十七年(1599)焦竑金陵刻本　佚名圈點批注　九行二十字行間小字評注白口單魚尾四周單邊　無格　鈐有“鄞蝸寄廬孫氏臧書”　三十二冊

370000－1542－0005108　450/13　史部/紀傳類

弘簡錄二百五十四卷　(明)邵經邦撰　(清)邵遠平校閱　清康熙二十七年(1688)邵遠平刻本　十二行二十四字小字雙行同白口單魚尾四周單邊　鈐有“暫存大興祝崧三處”“齊魯大學圖書館藏書”　四十八冊

370000－1542－0005109　450/13　史部/紀傳類

弘簡錄二百五十四卷　(明)邵經邦撰　(清)邵遠平校閱　清康熙二十七年(1688)邵遠平刻本　十二行二十四字小字雙行同白口單魚尾四周單邊　鈐有“彭城朱滑臧書”　六十五冊

370000－1542－0005110　412.7/3　史部/紀傳類

元史類編四十二卷　(清)邵遠平撰　清乾隆六十年(1795)南沙席氏掃葉山房刻本　十二行二十五字小字雙行三十八字白口單魚尾左右雙邊　十六冊

370000－1542－0005111　450/13－3　史部/紀傳類

續弘簡錄元史類編四十二卷　(清)邵遠平撰　清康熙刻本　十二行二十四字小字雙行同白口單魚尾四周單邊　十五冊

370000－1542－0005112　412.7/3　史部/紀傳類

續弘簡錄元史類編四十二卷　(清)邵遠平撰　清康熙刻本　十二行二十四字小字雙行同白口單魚尾四周單邊　内封題“續弘簡錄　仁和邵戒山學士輯　元史類編　繼善堂藏版”　鈐有“村上文庫”　二十冊

370000－1542－0005113　400/4　史部/雜史類

增定古今逸史五十五種　(明)吳琯編　明萬曆吳琯刻本　佚名校　十行二十字小字雙行同白口單魚尾左右雙邊　鈐有“溫陵張氏臧書”“陶陶樂取天真”“俞元知印”“達”“文”“曾在周叔弢處”“肖邑圖書”“齊魯大學圖書館藏書”　五十四冊　缺三種二十三卷(輶軒使者絕代語釋別國方言十三卷、釋名八卷、白虎通德論二卷)

370000－1542－0005114　411/17　史部/史抄類

南北史藻不分卷　(明)陳朝璋纂　(明)鄒光宇刪　明萬曆四十年(1612)世德堂唐貞予刻本　九行十八字白口白魚尾四周單邊　二冊

370000－1542－0005115　412.5/6　史部/史抄類

五代史薈蕞不分卷　(清)江都焦氏撰　清抄本　九行二十五字　無格　八冊

370000－1542－0005116　413/53　史部/紀傳類

班馬異同三十五卷　(宋)倪思編　(宋)劉辰翁評　明刻本　九行二十字小字雙行同白口單白魚尾左右雙邊　四冊

370000－1542－0005117　413/64　史部/雜史類

南疆逸史跋一卷　(清)楊鳳苞撰　清抄本　十行二十至二十一字小字雙行同　無格　鈐有"家在七十二峯南"　一冊

370000－1542－0005118　413/85　史部/雜史類

史畧提綱白文一卷史畧提綱註釋六卷　(清)羅繡文撰　清抄本　八行二十字小字雙行同　無格　四冊

370000－1542－0005119　450/2　史部/雜史類

續野記十一種　(清)口口輯　清抄本　八行十九字　無格　六冊　存十一種十一卷(封貢始末一卷、播州之亂一卷、烏程許錢一卷、甲申記事一卷、閩陳殉義一卷、閩游月記一卷、兩廣記畧一卷、江變記畧一卷、明季續聞一卷、莊氏史案一卷、哭廟記畧一卷)

370000－1542－0005120　450/5　史部/雜史類

異域瑣談四卷　(清)七十一撰　清抄本　八行二十至二十三字　無格　四冊

370000－1542－0005121　450/33　史部/雜史類

滇考二卷　(清)馮甦撰　清抄本　八行十六字　無格　一冊　存一卷(上)

370000－1542－0005122　011/82　史部/目録類

補後漢書藝文志不分卷　(清)顧槐三撰　稿本　佚名題識　十二行二十一字小字雙行同行間書眉夾註四周雙邊　藍格　四冊

370000－1542－0005123　451/1　史部/雜史類

尚史七十卷世系圖一卷序傳一卷　(清)李鍇纂　清乾隆三十八年(1773)刻本　十行二十四字小字雙行同白口左右雙邊　二十八冊

370000－1542－0005124　451/3　史部/雜史類

路史四十七卷　(宋)羅泌撰　(宋)羅苹註　(明)喬可傳校　清敦化堂刻本　十行二十字小字雙行同白口單魚尾四周單邊　鈐有"馮葆光印""鳳羽""齊魯大學圖書館藏書"　二十四冊

370000－1542－0005125　451/4　史部/雜史類

國語二十一卷　(三國吳)韋昭注　(宋)宋庠補音　(明)張一鯤　(明)李時成閲　(明)郭子章　(明)周光鎬校　清乾隆二十七年(1762)文盛堂刻本　十行二十一字小字雙行同白口單魚尾四周單邊　内封題"乾隆壬午重刊　文盛堂藏板"　鈐有"齊魯大學圖書館藏書"　六冊

370000－1542－0005126　451/4　史部/雜史類

國語二十一卷　(三國吳)韋昭注　(宋)宋庠補音　(明)張一鯤　(明)李時成閲　(明)郭子章　(明)周光鎬校　清乾隆二十七年(1762)文盛堂刻本　十行二十一字小字雙行同白口單魚尾四周單邊　内封題"乾隆壬午重刊　文盛堂藏板"　鈐有"齊魯大學圖書館藏書"　四冊

370000－1542－0005127　451/4　史部/雜史類

國語二十一卷　(三國吳)韋昭注　(宋)宋庠補音　(明)張一鯤　(明)李時成閲　(明)郭子章　(明)周光鎬校　清乾隆二十七年(1762)文盛堂刻本　十行二十一字小字雙行同白口單魚尾四周單邊　内封題"乾隆壬午重刊　文盛堂藏板"　鈐有"齊魯大學圖書館藏書"　四冊

370000－1542－0005128　451/4　史部/雜史類

國語二十一卷　(三國吳)韋昭注　(宋)宋庠補音　(明)張一鯤　(明)李時成閲　(明)郭子章　(明)周光鎬校　清乾隆二十七年(1762)文盛堂刻本　十行二十一字小字雙行同白口單魚尾四周單邊　内封題"乾隆壬午重刊　文盛堂藏板"　鈐有"齊魯大學圖書館

藏書” 一册

370000－1542－0005129　451/5　史部/雜史類

逸周書十卷　(晉)孔晁注　清乾隆五十一年(1786)餘姚盧氏抱經堂刻本　十行二十字小字雙行同白口單魚尾左右雙邊　鈐有“景傳詩”　四册

370000－1542－0005130　451/12　史部/雜史類

汲冢周書十卷　(晉)孔晁注　清康熙新安汪士漢刻本　佚名注　十行二十字小字雙行同白口單魚尾左右雙邊　一册

370000－1542－0005131　451/8　史部/雜史類

徵實錄六卷　(清)王縈緒撰　清乾隆刻本　十行二十一字白口單魚尾四周雙邊　無格　四册

370000－1542－0005132　451/13　史部/雜史類

戰國策十卷　(宋)鮑彪校注　(元)吳師道重校　清乾隆刻本　十行二十一字小字雙行同白口單魚尾四周單邊　鈐有“齊魯大學圖書館藏書”　六册

370000－1542－0005133　451/13－2　史部/雜史類

戰國策十二卷附元本目錄一卷　(明)閔齊伋裁注　明萬曆四十八年(1620)閔齊伋刻三色套印本　九行十九字小字雙行同白口四周單邊　無格　八册

370000－1542－0005134　452/3　史部/雜史類

東觀漢記二十四卷　(漢)劉珍等撰　清乾隆六十年(1795)掃葉山房刻本　十二行二十五字小字雙行三十七字白口單魚尾左右雙邊　内封題“東觀漢紀　乾隆乙卯年鐫”　鈐有“齊魯大學圖書館藏書”　四册

370000－1542－0005135　453/2　史部/雜史類

西魏書二十四卷附錄一卷　(清)謝啓昆撰　清乾隆六十年(1795)謝氏樹經堂刻本　十一行二十三字小字雙行同白口單魚尾左右雙邊　内封題“乾隆乙卯開雕　西魏書　樹經堂藏板”　鈐有“應椿”“碧雲僊館珍藏書畫印”　六册

370000－1542－0005136　453/3　史部/雜史類

十六國春秋一百卷　(北魏)崔鴻撰　(清)汪日桂重訂　清乾隆三十九年(1774)仁和汪日桂欣託山房刻本　九行十八字小字雙行同白口單魚尾左右雙邊　二十三册

370000－1542－0005137　453/4　史部/雜史類

刪補晉書一百三十卷　(唐)房玄齡等撰　(明)鍾惺評　(明)蔣之翹刪定　明崇禎金閶學山堂刻本　九行十七字小字雙行同白口左右雙邊　内封題“金閶學山堂鏤梓”　鈐有“學山堂圖書記”　十六册

370000－1542－0005138　455/1　史部/雜史類

十國春秋一百十六卷　(清)吳任臣撰　清光緒蒙古恩慶抄本　佚名批校　十行二十一字小字雙行同　無格　鈐有“私立齊魯大學國學研究所藏書之章”　十六册

370000－1542－0005139　456/6　史部/雜史類

宋朝事實二十卷　(宋)李攸撰　清乾隆四十二年(1777)福建刻武英殿聚珍版書本　九行二十一字白口單魚尾四周雙邊　鈐有“齊魯大學圖書館藏書”　八册

370000－1542－0005140　456/6　史部/雜史類

宋朝事實二十卷　(宋)李攸撰　清乾隆四十二年(1777)福建刻武英殿聚珍版書本　九行二十一字白口單魚尾四周雙邊　鈐有“小易父”　七册

370000－1542－0005141　458/6　史部/雜史類

皇明史竊一百五卷　(明)尹守衡撰　明崇禎刻清康熙四十五年(1706)修補本　九行二十一字小字雙行同白口單魚尾四周單邊　内封題"敦好齋藏板"　鈐有"沈德潛印"　十四冊　缺四卷(八至十、十四)

370000－1542－0005142　458/7　史部/雜史類

建文朝野彙編二十卷　(明)屠叔方纂　明刻本　九行十八字白口單白魚尾左右雙邊　鈐有"賢在"　二十冊

370000－1542－0005143　458/19　史部/雜史類

吾學編六十九卷　(明)鄭曉撰　(明)鄭履準　(明)鄭心材校　明萬曆二十七年(1599)鄭心材刻本　十行十九字白口單魚尾左右雙邊　鈐有"柯逢時印""齊魯大學圖書館藏書"　二十四冊

370000－1542－0005144　458/27　史部/雜史類

揚州劫餘小志一卷　(清)臧穀撰　清末抄本　九行二十一字白口單魚尾左右雙邊　綠絲蘭　一冊

370000－1542－0005145　459/26　史部/編年類

東華錄十六卷(天命朝至雍正朝)　(清)蔣良騏編　清抄本　九行十七字小字雙行同　無格　鈐有"冶城山房主人""古緡張氏照亭""齊魯大學圖書館藏書"　十六冊

370000－1542－0005146　459/26　史部/編年類

東華錄十六卷(天命朝至雍正朝)　(清)蔣良騏編　清抄本　六行二十字四周雙邊　朱絲欄　鈐有"齊魯大學圖書館藏書"　十六冊

370000－1542－0005147　459/42　史部/雜史類

皇清開國方畧三十二卷首一卷聯句詩一卷　(清)阿桂等纂修　清乾隆五十一年(1786)武英殿刻本　八行二十一字小字雙行同白口單魚尾四周雙邊　鈐有"合淝李氏珍藏書畫印記"　十六冊

370000－1542－0005148　458/12　史部/雜史類

蜀碧四卷附記一卷　(清)彭遵泗撰　清乾隆刻本　九行二十三字白口單魚尾左右雙邊　内封題"本衙藏板"　四冊

370000－1542－0005149　459/47　史部/雜史類

錫金團練始末記一卷　(清)華翼綸撰　清末抄本　十行二十字小字雙行同白口四周單邊　一冊

370000－1542－0005150　459/48　史部/雜史類

金川紀略四卷　(清)程穆衡撰　稿本　九行十七字小字雙行同白口　朱絲欄　四冊

370000－1542－0005151　459/48　史部/雜史類

金川紀略四卷　(清)程穆衡撰　清末抄本　十行二十至二十一字下黑口單魚尾左右雙邊　四冊

370000－1542－0005152　459/65　史部/雜史類

咸豐象山粵氛紀實一卷　(清)王蒔蕙撰　清末抄本　十行十八字下黑口單魚尾左右雙邊　褐框欄　一冊

370000－1542－0005153　459/65　史部/雜史類

咸豐象山粵氛紀實一卷　(清)王蒔蕙撰　清末抄本　十行十八字細黑口雙魚尾四周單邊　綠框欄　一冊

370000－1542－0005154　459/80　史部/雜史類

靖逆記六卷　(清)蘭簃外史撰　清末抄本　十行二十一字小字雙行同下黑口單魚尾左右雙邊　四冊

370000－1542－0005155　459/81　史部/雜史類

同治蜀軍平黔記一卷　陳慶年撰　清末抄本

十行二十字小字雙行同白口四周單邊　一册

370000－1542－0005156　459/82　史部/雜史類

六合紀事四卷　(清)周長森撰　清末抄本　十行二十字小字雙行同下黑口單魚尾左右雙邊　二册

370000－1542－0005157　459/84　史部/雜史類

嘉應平寇紀畧一卷　(清)謝國珍述　清抄本　十行二十字小字雙行同下黑口單魚尾左右雙邊　一册

370000－1542－0005158　469/14　史部/雜史類

夷艘寇海記二卷　(清)□□撰　清抄本　九行字數不等白口單魚尾左右雙邊　一册

370000－1542－0005159　469/15　史部/雜史類

二老堂明季史拾十二種　(清)二老堂輯　清二老堂抄本　十二行字數不等白口單魚尾四周雙邊　一册

370000－1542－0005160　469/22　史部/雜史類

東軍小記一卷獄客聞見錄一卷平度州初屆諮議局調查選舉紀事一卷　(清)尚慶翰撰　清光緒稿本　行數不等字數不等　一册

370000－1542－0005161　430/2　史部/紀事本末類

繹史一百六十卷世系圖一卷年表一卷　(清)馬驌撰　清康熙九年(1670)刻本　十一行二十四字小字雙行三十六字左右雙邊　鈐有“渤海周氏珍藏”“東魯荇齋周識”“子孫保之”　四十八册

370000－1542－0005162　430/6　史部/紀事本末類

通鑑本末紀要八十一卷首三卷　(清)蔡毓榮輯　(清)林子卿注　清康熙刻本　十行二十二字小字雙行同白口單魚尾左右雙邊　鈐有“齊魯大學圖書館藏書”　四十八册

370000－1542－0005163　430/7　史部/紀事本末類

通鑑紀事本末二百三十九卷　(宋)袁樞撰　(明)張溥論正　明末正雅堂刻本(有抄配)　佚名圈點　九行二十字小字雙行同白口單魚尾左右雙邊　鈐有“李錦章”　六十册

370000－1542－0005164　439/14　史部/紀事本末類

三藩紀事本末四卷　(清)楊陸榮撰　清康熙五十六年(1717)刻本　九行二十字白口單魚尾左右雙邊　鈐有“齊魯大學圖書館藏書”　二册

370000－1542－0005165　515.1/1　史部/詔令奏議類

歷代名臣奏議三百十九卷　(明)黃淮　(明)楊士奇等輯　(明)陳仁錫删正　明崇禎刻本　上欄小字雙行五字下欄九行十八字白口單魚尾左右雙邊　内封題“陳明卿太史删正本衙藏版”　八十册

370000－1542－0005166　515.1/7　史部/詔令奏議類

御選明臣奏議四十卷　(清)高宗弘曆選　清乾隆福建翻刻武英殿聚珍版書本　九行二十一字白口單魚尾四周雙邊　十六册

370000－1542－0005167　515/2　史部/詔令奏議類

秦漢書疏十八卷　(明)徐紳輯　明隆慶六年(1572)刻本　十行二十字白口單白魚尾四周單邊　六册　存十二卷(秦書疏三卷、東漢書疏九卷)

370000－1542－0005168　515.1/10　史部/詔令奏議類

兩漢策要十二卷　(宋)陶叔獻輯　(清)張朝樂較閱　清乾隆五十六年(1791)贛州知府張朝樂刻本　清劉燸芬題跋　六行十三或十四字黑口雙魚尾四周雙邊　鈐有“劉小衡所讀書”“許應鑅印”“三十六專吟館珍臧之印”“小蘇齋臧”“三十六專吟館印”“筱衡”“寶宋

樓藏”“許氏星臺臧書”“許星臺臧書印”“小衡過目”“三十六專吟館主人” 四册 缺一卷(二)

370000－1542－0005169 515.1/10 史部/詔令奏議類
兩漢策要十二卷 (宋)陶叔獻輯 (清)張朝樂較閲 清乾隆五十六年(1791)贛州知府張朝樂刻本(原缺卷三) 六行十三或十四字黑口雙魚尾四周雙邊 鈐有“樊子容鑑賞印”“錦縣樊恩照印” 六册

370000－1542－0005170 515.1/10 史部/詔令奏議類
兩漢策要十二卷 (宋)陶叔獻輯 (清)張朝樂較閲 清乾隆五十六年(1791)贛州知府張朝樂刻本 六行十三或十四字黑口雙魚尾四周雙邊 鈐有“長白熙楨臧書之印” 八册 缺一卷(五)

370000－1542－0005171 515.2/5 史部/詔令奏議類
唐陸宣公集二十二卷 (唐)陸贄撰 清乾隆、嘉慶間刻本 十行二十字小字雙行同白口單魚尾四周單邊 鈐有“哀生閣”“容刴軒珍藏” 八册

370000－1542－0005172 515.2/5 史部/詔令奏議類
唐陸宣公集二十二卷 (唐)陸贄撰 清乾隆、嘉慶間刻本 十行二十字小字雙行同白口單魚尾四周單邊 鈐有“秦氏仁鏡堂收藏之章” 六册

370000－1542－0005173 515.2/1 史部/詔令奏議類
宋丞相李忠定公奏議六十九卷附録九卷 (宋)李綱撰 明正德十一年(1516)胡文靜、蕭泮刻天啓重修本 十行二十二字白口或細黑口雙線魚尾四周雙邊 十册

370000－1542－0005174 515.2/52 史部/詔令奏議類
李忠定公奏議選十五卷文集選二十九卷首四卷目録二卷 (宋)李綱撰 (明)左光先選 明崇禎十二年(1639)刻本 十行二十字白口單白魚尾四周單邊 鈐有“羅塘蕭氏家藏”“趙氏樂天廔珍藏”“趙恩館” 十二册

370000－1542－0005175 515.2/16 史部/詔令奏議類
宋李忠定公奏議選十五卷 (宋)李綱撰 (明)左光先選 清朝宗書室木活字印本 九行二十四字白口單魚尾四周單邊 内封題“朝宗書室聚珍” 六册

370000－1542－0005176 515.2/51 史部/詔令奏議類
歷官表奏十六卷 (明)嚴嵩撰 清木活字印本 十二行二十字白口單魚尾左右雙邊 鈐有“大丈夫擁書萬卷何假南面百城”“堂名拱璧惟書是寶無意無必隨得歸校惟蔣氏子孫永以爲好”“蘿郙蔣氏手校藏書” 四册

370000－1542－0005177 515.2/6 史部/詔令奏議類
李文襄公奏議二卷奏疏十卷别録六卷 (清)李之芳撰 (清)李鍾麟編次 **年譜一卷** (清)程光裋編 清康熙刻乾隆增補印本 十行二十二字白口四周雙邊 鈐有“蕭應椿印”“紹庭氏”“率真”“讀有用書” 十二册

370000－1542－0005178 515.2/22 史部/詔令奏議類
靳文襄公奏疏八卷 (清)靳輔撰 (清)靳治豫編次 清雍正靳氏家刻本 九行二十二字白口單魚尾左右雙邊 鈐有“齊魯大學圖書館藏書” 八册

370000－1542－0005179 515.2/23 史部/詔令奏議類
趙襄忠公奏疏存藁八卷 (清)趙良楝撰 清康熙六十年(1721)趙之垣刻本 九行二十字白口單魚尾四周雙邊 鈐有“齊魯大學圖書館藏書” 八册

370000－1542－0005180 515.2/43 史部/詔令奏議類
槑龕先生咸豐籌蜀記 (清)魚鳧居士輯 清抄本 十行二十字白口單魚尾左右雙邊

一册

370000－1542－0005181　515.2/47　史部/詔令奏議類

清忠堂撫粤奏疏十四卷清忠堂署理總督奏疏一卷　(清)朱弘祚撰　清康熙刻本　八行二十字白口單魚尾四周雙邊　六册

370000－1542－0005182　516/15　史部/詔令奏議類

西藏小識四卷　(清)單毓年輯撰　清抄本　十行二十一字小字雙行同黑口單魚尾左右雙邊　紅格　四册

370000－1542－0005183　516/18　史部/詔令奏議類

清光緒三十三年三月京報四月京報　(清)京報館編　清光緒三十三年(1907)京報館稿本　十行二十二字白口單魚尾四周雙邊　鈐有"齊魯大學圖書館藏書"　五册

370000－1542－0005184　517/4　史部/詔令奏議類

于清端公政書八卷首編一卷　(清)于成龍撰　(清)于準輯　(清)蔡方炳　(清)諸匡鼎編次　**外集一卷**　(清)陳廷敬等撰　**續集一卷**　(清)金岳撰　清康熙四十六年(1707)于準刻乾隆二十六年(1761)于大梃續刻本　八行二十字白口單魚尾四周單邊　十册

370000－1542－0005185　517/4　史部/詔令奏議類

于清端公政書八卷首編一卷　(清)于成龍撰　(清)于準輯　(清)蔡方炳　(清)諸匡鼎編次　**外集一卷**　(清)陳廷敬等撰　**續集一卷**　(清)金岳撰　清康熙四十六年(1707)于準刻乾隆二十六年(1761)于大梃續刻本　八行二十字白口單魚尾四周單邊　十册

370000－1542－0005186　517/8　史部/詔令奏議類

撫豫宣化録四卷　(清)田文鏡撰　清雍正五年(1727)自刻本　九行二十一字白口單魚尾左右雙邊　鈐有"齊魯大學圖書館藏書"　九册

370000－1542－0005187　517/8　史部/詔令奏議類

撫豫宣化録四卷　(清)田文鏡撰　清抄本　八行二十六字　鈐有"仰山""齊魯大學圖書館藏書"　四册

370000－1542－0005188　680/10　史部/傳記類

晏子春秋六卷　(春秋)晏嬰撰　明淩澄初刻朱墨套印本　八行十八字白口四周單邊　無格　鈐有"覲公鑑藏書畫印""聊以自娱"　四册

370000－1542－0005189　620/19　史部/傳記類

晏子春秋音義二卷　(清)孫星衍撰　清乾隆五十三年(1788)鎮洋畢氏刻經訓堂叢書本　十二行二十四字小字雙行同黑口雙魚尾左右雙邊　鈐有"江都徐氏藏書"　二册

370000－1542－0005190　450/23　史部/傳記類

帝鑑圖說不分卷　(明)張居正　(明)呂調陽撰　明萬曆刻本　九行十九字小字雙行同白口單魚尾四周雙邊　内封題"江陵鄧氏藏板"　鈐有"齊魯大學圖書館藏書"　四册

370000－1542－0005191　440/1　史部/傳記類

闕里文獻考一百卷末一卷　(清)孔繼汾編　清乾隆二十七年(1762)刻清修補本　十三行二十六字黑口雙魚尾左右雙邊　八册

370000－1542－0005192　440/1　史部/傳記類

闕里文獻考一百卷末一卷　(清)孔繼汾編　清乾隆二十七年(1762)刻清修補本　十三行二十六字黑口雙魚尾左右雙邊　八册

370000－1542－0005193　440/1　史部/傳記類

闕里文獻考一百卷末一卷　(清)孔繼汾編　清刻本　十三行二十六字黑口雙魚尾左右雙邊　八册

370000－1542－0005194　440/8　史部/傳記類

東林列傳二十四卷末二卷　(清)陳鼎輯　清雍正刻本　九行二十字白口單魚尾左右雙邊　鈐有"木樨香館范氏臧書""石湖詘孫""仕隱"　十二冊

370000－1542－0005195　440/13　史部/傳記類

疑年錄四卷　(清)錢大昕撰　清抄本　行數不等字數不等　無格　一冊

370000－1542－0005196　440/13　史部/傳記類

續疑年錄四卷　(清)吳修撰　清抄本　行數不等字數不等　無格　一冊

370000－1542－0005197　440/48　史部/傳記類

歷代君鑒三十五卷　(明)代宗朱祁鈺編　清抄本　十行二十字　無格　鈐有"齊魯大學圖書館藏書"　八冊

370000－1542－0005198　440/49　史部/傳記類

歷代臣鑒三十七卷　(明)宣宗朱瞻基編　清抄本　十行二十字　無格　鈐有"齊魯大學圖書館藏書"　十冊

370000－1542－0005199　440/75　史部/傳記類

氏族彙纂不分卷　(□)□□撰　清抄本　九行字數不等　無格　一冊

370000－1542－0005200　440/81　史部/傳記類

姓氏便覽不分卷　(□)□□撰　清抄本　九行二十四字　無格　十冊

370000－1542－0005201　440/87　史部/傳記類

後漢書年表十卷　(宋)熊方集補　清抄本　行數不等字數不等黑口雙魚尾四周雙邊　表格　鈐有"讀史精舍""應氏家臧"　四冊

370000－1542－0005202　440/104　史部/傳記類

歷代名賢齒譜九卷　(清)易宗涒輯　清雍正十三年(1735)刻本　十四行二十八字黑口雙魚尾左右雙邊　内封題"歷代男齒譜　賜書堂藏版"　十七冊

370000－1542－0005203　440/104　史部/傳記類

歷代名媛齒譜三卷　(清)易宗涒輯　清乾隆六十年(1795)易昌騰刻本　十四行二十八字黑口雙魚尾左右雙邊　内封題"歷代女齒譜　賜書堂藏版"　三冊

370000－1542－0005204　442/3－2　史部/傳記類

忠武誌八卷　(清)張鵬翮輯　清康熙刻本　九行十九字小字雙行同黑口雙魚尾左右雙邊　内封題"冰雪堂藏板"　七冊　缺一卷(四)

370000－1542－0005205　442/3－2　史部/傳記類

忠武誌八卷　(清)張鵬翮輯　清康熙刻本　九行十九字小字雙行同黑口雙魚尾左右雙邊　内封題"冰雪堂藏板"　四冊

370000－1542－0005206　446/14　史部/傳記類

朱子年譜四卷　(清)王懋竑撰　清乾隆十七年(1752)江蘇寶應王氏白田草堂刻本　八行二十字小字雙行同白口單魚尾左右雙邊　内封題"白田草堂藏板"　鈐有"獨山莫繩孫字仲武印""莫經農印""莫友芝圖書印"　二冊

370000－1542－0005207　447/4　史部/傳記類

國朝名臣事略十五卷　(元)蘇天爵輯　清抄本　十行十九字　無格　鈐有"永寧室臧書""黃永年藏善本書印""誦清閣藏書印""經鋤堂藏書""廣記盦""家在元沙之上"　四冊

370000－1542－0005208　448/2　史部/傳記類

皇明異姓諸矦傳二卷皇明異姓諸矦表一卷皇明恩澤矦表一卷　(明)鄭曉撰　明隆慶元年(1567)鄭履準刻吾學編本　十行十九字白口

單白魚尾左右雙邊　六册

370000－1542－0005209　448/4　史部/傳記類

皇明名臣言行錄二卷　(明)楊廉纂集　明嘉靖廣西臬臺刻本　十二行二十三字黑口四周單邊　五册

370000－1542－0005210　448/4　史部/傳記類

近代名臣言行錄十卷　(明)徐咸纂集　(明)鄭曉校正　明嘉靖廣西臬臺刻本　十二行二十三字黑口四周單邊　五册

370000－1542－0005211　814.6/7　史部/傳記類

蘇長公外紀十二卷　(明)王世貞編　明萬曆二十二年(1594)璩氏燕石齋刻二十三年(1595)重修本　十行十八字小字雙行同白口單白魚尾左右雙邊　六册

370000－1542－0005212　448/5　史部/傳記類

史外三十二卷　(清)汪有典編　清乾隆十三年(1748)刻本　九行二十二字白口單魚尾左右雙邊　鈐有"一樓臧書"　六册

370000－1542－0005213　448/17　史部/傳記類

即墨周氏家乘一卷　(清)周志訥纂集　清乾隆二十七年(1762)刻本　十行二十二字白口單魚尾四周雙邊　鈐有"石蘿華庵之章""筆諫""齊魯大學圖書館藏書"　一册

370000－1542－0005214　812.29/135　史部/傳記類

歷仕錄一卷　(清)王之垣撰　清康熙四十一年(1702)王氏家塾刻本　十行十九字小字雙行不等粗黑口單魚尾左右雙邊　内封題"惺心樓　王氏家塾刻"　鈐有"邵廷杰印""雪樵""渠梁邵氏雪樵藏本""此書畫曾在邵雪樵家"　一册

370000－1542－0005215　449/13　史部/傳記類

漁洋山人自撰年譜二卷　(清)王士禛撰　(清)惠棟注補　清乾隆惠氏紅豆齋刻本　十行二十一字小字雙行同白口單魚尾四周雙邊　鈐有"翰墨緣""齊魯大學圖書館藏書"　一册

370000－1542－0005216　814.9/25　史部/傳記類

古懽錄八卷　(清)王士禛撰　(清)朱從延校　清康熙三十九年(1700)快宜堂刻本　十行十九字小字雙行約二十八字白口單魚尾左右雙邊　二册

370000－1542－0005217　814.9/25　史部/傳記類

古懽錄八卷　(清)王士禛撰　(清)朱從延校　清康熙三十九年(1700)快宜堂刻本　十行十九字小字雙行約二十八字白口單魚尾左右雙邊　鈐有"陳寶晉印""邵曜""燦宸""廖漁漁樵舊廬收藏金石書畫印""能補過齋""吴芝""千休居士""抗心希古""夢裏不知身是客""守吾"　一册

370000－1542－0005218　449/41　史部/傳記類

陸稼書先生年譜定本二卷附錄一卷　(清)吴光酉重輯　清雍正三年至六年(1725－1728)清風堂刻乾隆六年(1741)增刻本　十行二十三字小字雙行同黑口花魚尾左右雙邊　内封題"雍正三年重輯　陸清獻先生年譜定本　清風堂藏版"　二册

370000－1542－0005219　449/66　史部/傳記類

張公事畧一卷　(宋)王偁撰　清抄本　十行十六字　無格　鈐有"曝書亭珍臧""豐華堂書庫寶臧印"　一册

370000－1542－0005220　610/17　史部/傳記類

聖學知統錄二卷翼錄二卷致知格物解二卷　(清)魏裔介撰　清康熙刻本　九行二十字白口單魚尾四周單邊　鈐有"齊魯大學圖書館藏書"　五册

370000－1542－0005221　816/28　史部/傳記類

歸圍日記一卷　(明)張忻撰　清初刻本　張西軒跋　九行二十字白口四周單邊　一册

370000－1542－0005222　816/1　史部/傳記類

復齋日記二卷　(明)許浩撰　清抄本　柯逢時題跋批注　十行二十一字白口單魚尾左右雙邊　鈐有“靈溪精舍臧書之印”“柯逢時印”　一册

370000－1542－0005223　816/22　史部/傳記類

雪嶠日記十三卷　(清)王培荀撰　清道光二十九年(1849)聽雨樓刻本　十行二十一字小字雙行同白口單魚尾左右雙邊　内封題“道光己酉鐫　聽雨樓藏板”　十三册　缺卷十一第三十四頁後、卷十三第一至七十頁

370000－1542－0005224　710/11　史部/傳記類

孔聖全書三十五卷　(明)蔡復賞纂輯　明萬曆金陵書坊葉貴刻本　十行二十四字小字雙行同白口雙順魚尾四周單邊　二十五册　存十六卷(一至十六)

370000－1542－0005225　026/10　史部/史抄類

漢雋十卷　(宋)林鉞輯　(明)吕元校　明萬曆十二年(1584)會稽吕元刻本　八行十二字小字雙行二十四字白口單魚尾左右雙邊　鈐有“王士禛印”“裒古田舍”“孫維壁印”“齊魯大學圖書館藏書”　二册

370000－1542－0005226　452/1　史部/史抄類

東漢史刪三十三卷　(宋)范曄撰　(明)茅國縉刪　明萬曆三十一年(1603)刻本　十行二十字小字雙行同白口單魚尾左右雙邊　十二册

370000－1542－0005227　470/1　史部/史抄類

二十一史論贊輯要三十六卷　(明)彭以明輯　(明)歐陽照評　明萬曆歐陽照刻本　雙欄下欄九行十八字四周單邊　有刻工　無格　二十四册

370000－1542－0005228　480/5　史部/史抄類

四史勦説十六卷　(清)史珥撰　清乾隆二十九年(1764)清風堂刻本　十行二十二字白口單魚尾左右雙邊　内封題“清風堂藏板”　鈐有“李錦章”　八册

370000－1542－0005229　480/6　史部/史抄類

同庵史彙十集　(清)蔣善輯評　(清)朱琿筆受　清朱墨抄本　九行二十五字書眉鈔小字評行間夾評　無格　十二册

370000－1542－0005230　483/1　史部/史抄類

晉書文鈔四十卷　(明)戴羲輯　明崇禎刻二十一史文抄本　和之題　九行十九字白口單線魚尾四周單邊　鈐有“小住爲佳室主人”“和之”　八册

370000－1542－0005231　412.3/11　史部/史抄類

東萊先生北史詳節二十八卷　(宋)吕祖謙輯　明正德十一年(1516)劉弘毅慎獨齋刻十七史詳節本　十三行二十六字黑口雙順魚尾四周雙邊　七册

370000－1542－0005232　485/2　史部/史抄類

歐陽文忠公五代史抄二十卷　(宋)歐陽修撰　(明)茅坤輯　明閔氏刻朱墨套印本　八行十八字白口四周單邊　無格　鈐有“華亭大學士家”“唐詩晉字漢文章”“梅華草堂”“諸振宗印”　十册

370000－1542－0005233　486/3　史部/史抄類

五代史文鈔四卷宋史文鈔三十八卷　(明)戴羲輯　明崇禎刻二十一史文抄本　九行十九字白口單線魚尾四周單邊　鈐有“壽餘祕玩”“戴氏家藏”　九册　缺十五卷(宋史文鈔二

十四至三十八）

370000－1542－0005234　486/2　史部/史抄類

宋書文鈔二十卷　（南朝梁）沈約撰　（明）戴羲輯　明崇禎刻二十一史文抄本　九行十九字白口單線魚尾四周單邊　鈐有"尊嶽經眼"　八册

370000－1542－0005235　613/81　史部/史抄類

兩漢博聞十二卷　（宋）楊侃輯　明嘉靖三十七年(1558)黄魯曾刻本(卷七至十二抄配)　八行十六字小字雙行同白口單魚尾左右雙邊　鈐有"蓮堂郭氏珍藏"　六册

370000－1542－0005236　613/81　史部/史抄類

兩漢博聞十二卷　（宋）楊侃輯　明嘉靖三十七年(1558)黄魯曾刻本　八行十六字小字雙行同白口單魚尾左右雙邊　鈐有"威鳳""漚波池館""瞿西塘珍藏""西塘瞿氏""鮑南池經史子集圖章"　六册

370000－1542－0005237　482/1　史部/史抄類

前漢書鈔四卷後漢書鈔二卷附蜀漢文鈔一卷　（清）高嵣集評　清乾隆五十三年(1788)刻本　九行二十五字小字雙行同白口單魚尾四周雙邊　内封題"乾隆五十三年訂　和陽高梅亭集評　酉餘堂藏板"　六册

370000－1542－0005238　489/1　史部/史抄類

廿二史紀事提要八卷　（清）吴綏纂　清乾隆十二年(1747)刻本　十行二十四字小字雙行同白口單魚尾四周單邊　内封題"乾隆十二年新鐫　本衙藏版"　八册

370000－1542－0005239　259/3　史部/時令類

月令廣義二十四卷首一卷附録一卷　（明）馮應京纂輯　（明）戴任增釋　（明）李登参訂　明萬曆陳邦泰刻本(序、目録、卷首、卷一抄配)　九行二十字小字雙行同白口單魚尾四周單邊　鈐有"宗可""鑑""齊魯大學圖書館藏書"　十一册

370000－1542－0005240　259/1　史部/時令類

日涉編十二卷　（明）陳堦編　明萬曆三十九年(1611)徐養量刻清康熙六年(1667)、康熙二十七年(1688)遞修本　九行十九字小字雙行同白口單魚尾四周單邊　十二册

370000－1542－0005241　910/14　史部/地理類/總志之屬

太平寰宇記二百卷附校勘記　（宋）樂史撰　清乾隆五十八年(1793)化龍池刻本(原缺卷一百十三至一百十九)　十行十九字小字雙行同白口單魚尾左右雙邊　内封題"乾隆癸丑重梓　化龍池藏版"　三十二册

370000－1542－0005242　910/10　史部/地理類/總志之屬

天下一統志九十卷　（明）李賢　（明）萬安等纂修　明積秀堂刻本　十行二十二字小字雙行同白口單魚尾四周單邊　内封題"積秀堂梓行"　鈐有"甯氏藏書""赤龍舘""私立齊魯大學國學研究所藏書之章"　四十册

370000－1542－0005243　910/18　史部/地理類/總志之屬

廣輿記二十四卷　（明）陸應陽撰　明刻本　十行十九字小字雙行同白口單魚尾左右雙邊　八册

370000－1542－0005244　910/18　史部/地理類/總志之屬

廣輿記二十四卷提要一卷　（明）陸應陽撰　（清）蔡方炳增輯　清康熙刻本　十行十九字小字雙行同白口單魚尾四周單邊　十四册

370000－1542－0005245　910/3　史部/地理類/總志之屬

宋東京考二十卷　（清）周城輯　清乾隆刻本　十行二十一字小字雙行同黑口單魚尾四周雙邊　鈐有"江西汪石琴家藏本""豐城歐陽氏臧書""蕭氏讀未見書齋珍藏"　八册

370000－1542－0005246　961/9　史部/地理類/總志之屬

春秋輿地今釋不分卷　(清)李養一原本　(清)吳㝉重錄　(清)六嚴校訂　清咸豐六年(1856)朱墨套印本　鈐有"漱芳園家藏書籍""式之手緘"　八册

370000－1542－0005247　963/4　史部/地理類/總志之屬

中國輿地節略不分卷　題(□)晚村先生撰　清抄本　十五行大小字不等四周單邊　紅格　一册

370000－1542－0005248　910/12　史部/地理類/方志之屬

齊乘六卷附考證　(元)于欽撰　清乾隆四十六年(1781)刻本　佚名批注　十一行二十一字小字雙行同白口單魚尾左右雙邊　鈐有"石墨軒"　四册

370000－1542－0005249　910/12　史部/地理類/方志之屬

齊乘六卷附考證　(元)于欽撰　清乾隆四十六年(1781)刻本　十一行二十一字小字雙行同白口單魚尾左右雙邊　鈐有"毛氏玥印""樹葵"　一册　存二卷(一至二)

370000－1542－0005250　910/12　史部/地理類/方志之屬

齊乘六卷附考證　(元)于欽撰　清抄本　十一行二十一字小字雙行同白口單魚尾左右雙邊　一册　存二卷(一至二)

370000－1542－0005251　921/20－2　史部/地理類/方志之屬

[雍正]山東通志三十六卷首一卷　(清)岳濬　(清)法敏修　(清)杜詔　(清)顧瀛纂　清乾隆元年(1736)刻本　十行二十四字小字雙行同白口單魚尾四周雙邊　四十二册

370000－1542－0005252　921/14　史部/地理類/方志之屬

[雍正]四川通志四十七卷首一卷　(清)黃廷桂等修　(清)張晉生等纂　清乾隆元年(1736)補版增刻本　九行二十一字小字雙行同白口單魚尾四周雙邊　鈐有"私立齊魯大學國學研究所藏書之章""南通馮氏景岫樓藏書"　四十八册

370000－1542－0005253　922/13　史部/地理類/方志之屬

[乾隆]盛京通志四十八卷首一卷　(清)呂耀曾等纂　清乾隆元年(1736)刻本　十行二十一字小字雙行同白口單魚尾四周雙邊　鈐有"私立齊魯大學國學研究所藏書之章"　二十册

370000－1542－0005254　922/7　史部/地理類/方志之屬

[乾隆]東平州志二十卷首一卷　(清)沈維基纂修　(清)胡彥昇編輯　清乾隆三十六年(1771)刻本　十行二十一字小字雙行同白口單魚尾左右雙邊　鈐有"呂氏臧書"　十册

370000－1542－0005255　922/11　史部/地理類/方志之屬

[康熙]青州府志二十二卷　(清)陶錦修　(清)王昌學等纂　清康熙六十年(1721)刻本　十行二十二字小字雙行同白口單魚尾四周雙邊　八册

370000－1542－0005256　922/14　史部/地理類/方志之屬

[順治]登州府志二十二卷　(清)施閏章修　(清)楊奇烈纂　(清)任璿續修　清康熙三十三年(1694)任璿增刻本　九行二十字小字雙行同白口單魚尾四周雙邊　八册

370000－1542－0005257　922/14　史部/地理類/方志之屬

[乾隆]續登州府志十二卷　(清)永泰纂修　清乾隆七年(1742)刻本　九行二十字小字雙行同白口單魚尾四周雙邊　四册

370000－1542－0005258　922/15　史部/地理類/方志之屬

[乾隆]萊州府志十六卷首一卷　(清)嚴有禧纂修　清乾隆五年(1740)刻本　十行二十四字小字雙行同白口單魚尾四周雙邊　鈐有"孫振東印"　八册

370000－1542－0005259　922/15　史部/地理類/方志之屬

[乾隆]萊州府志十六卷首一卷　(清)嚴有禧纂修　清乾隆五年(1740)刻本　十行二十四字小字雙行同白口單魚尾四周雙邊　八册

370000－1542－0005260　922/15　史部/地理類/方志之屬

[乾隆]萊州府志十六卷首一卷　(清)嚴有禧纂修　清乾隆五年(1740)刻本　十行二十四字小字雙行同白口單魚尾四周雙邊　鈐有"退思""木石山房"　八册　缺卷二第一頁、卷十六末頁

370000－1542－0005261　922/24　史部/地理類/方志之屬

[乾隆]德州志十二卷首一卷　(清)王道亨修　(清)張慶源纂　清乾隆五十三年(1788)刻本　九行二十字小字雙行同白口單魚尾四周雙邊　鈐有"齊魯大學圖書館藏書"　八册

370000－1542－0005262　922/24　史部/地理類/方志之屬

[乾隆]德州志十二卷首一卷　(清)王道亨修　(清)張慶源纂　清乾隆五十三年(1788)刻本　九行二十字小字雙行同白口單魚尾四周雙邊　鈐有"齊魯大學圖書館藏書"　八册

370000－1542－0005263　922/33　史部/地理類/方志之屬

[乾隆]臨清直隸州志十一卷首一卷　(清)張度　(清)鄧希曾修　(清)朱鍾纂　清乾隆五十年(1785)刻本　九行二十一字白口單魚尾四周雙邊　鈐有"齊魯大學圖書館藏書"　十一册

370000－1542－0005264　922/49　史部/地理類/方志之屬

[乾隆]曹州府志二十二卷　(清)周尚質修　(清)李登明　(清)谢冠纂　清乾隆二十一年(1756)刻本　十行二十四字小字雙行同白口單魚尾左右雙邊　十二册

370000－1542－0005265　922/50　史部/地理類/方志之屬

[乾隆]兖州府志三十二卷首二卷圖考一卷　(清)覺羅普爾泰修　(清)陳顧瀰纂　清乾隆三十五年(1770)刻本　十行二十一字小字雙行同白口單魚尾四周雙邊　十二册

370000－1542－0005266　922/106　史部/地理類/方志之屬

[乾隆]泰安府志三十卷前一卷首二卷　(清)顔希深等修　(清)成城等纂　清乾隆二十五年(1760)刻本　十行二十一字小字雙行同白口單魚尾四周單邊　二十册

370000－1542－0005267　922/40　史部/地理類/方志之屬

[康熙]沂州志八卷　(清)邵士修　(清)王壥等纂　清康熙十三年(1674)刻本　十行二十字小字雙行同白口單魚尾四周雙邊　鈐有"齊魯大學圖書館藏書"　八册

370000－1542－0005268　922/40　史部/地理類/方志之屬

[康熙]沂州志八卷　(清)邵士修　(清)王壥等纂　清康熙十三年(1674)刻本　十行二十字小字雙行同白口單魚尾四周雙邊　八册

370000－1542－0005269　923/1　史部/地理類/方志之屬

[乾隆]歷城縣志五十卷首一卷　(清)胡德琳修　(清)李文藻等纂　清乾隆三十六年(1771)刻本　十行二十一字小字雙行同白口單魚尾左右雙邊　十六册

370000－1542－0005270　923/1　史部/地理類/方志之屬

[乾隆]歷城縣志五十卷首一卷　(清)胡德琳修　(清)李文藻等纂　清乾隆三十六年(1771)刻本　十行二十一字小字雙行同白口單魚尾左右雙邊　十六册

370000－1542－0005271　923/1　史部/地理類/方志之屬

[乾隆]歷城縣志五十卷首一卷　(清)胡德琳修　(清)李文藻等纂　清乾隆三十六年(1771)刻本　十行二十一字小字雙行同白口單魚尾左右雙邊　十六册

370000－1542－0005272　923/1　史部/地理類/方志之屬

[乾隆]歷城縣志五十卷首一卷　(清)胡德琳修　(清)李文藻等纂　清乾隆三十六年(1771)刻本　十行二十一字小字雙行同白口單魚尾左右雙邊　鈐有"少隅父"　十六册

370000－1542－0005273　923/1　史部/地理類/方志之屬

[乾隆]歷城縣志五十卷首一卷　(清)胡德琳修　(清)李文藻等纂　清乾隆三十六年(1771)刻本(卷二十七、二十九至三十二、三十四有抄補)　佚名批注　十行二十一字小字雙行同白口單魚尾左右雙邊　鈐有"歷城縣印"　十六册

370000－1542－0005274　923/1　史部/地理類/方志之屬

[乾隆]歷城縣志五十卷首一卷　(清)胡德琳修　(清)李文藻等纂　清乾隆三十六年(1771)刻本　十行二十一字小字雙行同白口單魚尾左右雙邊　十五册　缺三卷(十四至十六)

370000－1542－0005275　923/17－2　史部/地理類/方志之屬

[乾隆]博山縣志十卷首一卷　(清)富申修　(清)田士麟纂　清乾隆十八年(1753)刻本　十行二十字小字雙行同白口單魚尾四周單邊　鈐有"燕喜堂圖書"　四册

370000－1542－0005276　923/21－3　史部/地理類/方志之屬

[康熙]新脩萊蕪縣志十卷　(清)鍾國義修　(清)葉方恆纂　清康熙十二年(1673)刻本　九行二十二字小字雙行同白口單魚尾四周單邊　五册

370000－1542－0005277　923/23　史部/地理類/方志之屬

[乾隆]泰安縣志十四卷首一卷末一卷　(清)程志隆修　(清)李成鵬纂　清乾隆二十五年(1760)刻本　九行二十一字小字雙行同白口單魚尾四周單邊　十册

370000－1542－0005278　923/31　史部/地理類/方志之屬

[順治]泗水縣志十二卷　(清)劉桓修　(清)杜燦然纂　清康熙元年(1662)刻三十八年(1699)增補本　十行二十字小字雙行同白口單魚尾四周雙邊　四册

370000－1542－0005279　923/31　史部/地理類/方志之屬

[順治]泗水縣志十二卷　(清)劉桓修　(清)杜燦然纂　清康熙元年(1662)刻三十八年(1699)增補本　十行二十字小字雙行同白口單魚尾四周雙邊　鈐有"亢父山人""杜傳古字逑堂號非僧"　四册

370000－1542－0005280　923/35　史部/地理類/方志之屬

[康熙]海豐縣志十二卷首一卷　(清)胡公著修　(清)張克家纂　清康熙九年(1670)刻本　九行二十字小字雙行同白口單魚尾四周單邊　四册　缺卷十一第五十一至六十頁、卷十二

370000－1542－0005281　923/62　史部/地理類/方志之屬

[萬曆]恩縣志六卷　(明)孫居相修　(明)雷金聲纂　明萬曆二十六年(1598)刻本　十行二十二字小字雙行同白口四周雙邊　鈐有"齊魯大學圖書館藏書"　三册

370000－1542－0005282　923/62　史部/地理類/方志之屬

[雍正]恩縣續志五卷　(清)陳學海修　(清)韓天篤纂　清雍正元年(1723)刻本　十行二十二字小字雙行同白口四周雙邊　鈐有"齊魯大學圖書館藏書"　一册

370000－1542－0005283　923/65　史部/地理類/方志之屬

[光緒]平度州鄉土志十五卷　(清)張世卿　(清)戴恩溥鑒定　(清)王崧翰　(清)于蓮纂修　清抄本　九行小字雙行不等　無格　鈐有"齊魯大學圖書館藏書"　一册

370000－1542－0005284　923/29　史部/地

理類/方志之屬
[乾隆]惠民縣志十卷首一卷 (清)倭什布修 (清)劉長靈纂 清乾隆四十七年(1782)刻本 九行二十一字小字雙行同白口單魚尾四周雙邊 六册

370000－1542－0005285 923/68－2 史部/地理類/方志之屬
[乾隆]黃縣志十二卷 (清)袁中立修 (清)毛贄纂 清乾隆二十一年(1756)刻本 九行二十一字小字雙行同白口單魚尾左右雙邊 内封題"乾隆乙亥年重修 敬慎堂藏板" 四册

370000－1542－0005286 923/68－2 史部/地理類/方志之屬
[乾隆]黃縣志十二卷 (清)袁中立修 (清)毛贄纂 清乾隆二十一年(1756)刻本 九行二十一字小字雙行同白口單魚尾左右雙邊 内封題"乾隆乙亥年重修 敬慎堂藏板" 四册

370000－1542－0005287 923/120 史部/地理類/方志之屬
[康熙]東阿縣志十二卷 (清)劉沛先纂 (清)鄭廷瑾 (清)蘇日增續編 清康熙五十四年(1715)刻本 十行二十字小字雙行同白口單魚尾四周單邊 六册

370000－1542－0005288 923/120－3 史部/地理類/方志之屬
[康熙]東阿縣志十二卷 (清)劉沛先纂 (清)鄭廷瑾 (清)蘇日增續編 清康熙五十四年(1715)刻本 十行二十字小字雙行同白口單魚尾四周單邊 六册

370000－1542－0005289 923/98 史部/地理類/方志之屬
[乾隆]曲阜縣志一百卷 (清)潘相纂修 清乾隆三十九年(1774)刻本 十一行二十三字小字雙行同白口單魚尾左右雙邊 内封題"乾隆甲午新修 聖化堂藏板" 鈐有"齊魯大學圖書館藏書" 十二册

370000－1542－0005290 923/127 史部/地理類/方志之屬
[乾隆]夏津縣志十卷首一卷 (清)方學成修 (清)梁大鯤纂 清乾隆六年(1741)刻本 十行二十二字小字雙行同白口單魚尾左右雙邊 鈐有"夏津縣印""齊魯大學圖書館藏書" 六册

370000－1542－0005291 923/162 史部/地理類/方志之屬
[康熙]鄒縣志三卷 (清)婁一均修 (清)周翼纂 清康熙五十五年(1716)刻本 十行二十字小字雙行同白口單魚尾四周雙邊 四册

370000－1542－0005292 923/177 史部/地理類/方志之屬
[萬曆]安丘縣志二十八卷 (明)熊元修 (明)馬文煒纂 明萬曆十七年(1589)刻本 九行十八字小字雙行同白口單魚尾左右雙邊 四册

370000－1542－0005293 923/177 史部/地理類/方志之屬
[萬曆]安丘縣志二十八卷 (明)熊元修 (明)馬文煒纂 清抄本 九行二十二字小字雙行同大黑口左右雙邊 四册

370000－1542－0005294 923/177 史部/地理類/方志之屬
[康熙]續安丘縣志二十五卷 (清)任周鼎修 (清)王訓撰 清抄本 九行二十二字小字雙行同大黑口左右雙邊 三册 存十五卷(一至十五)

370000－1542－0005295 923/202－2 史部/地理類/方志之屬
[康熙]續安丘縣志二十五卷 (清)任周鼎修 (清)王訓撰 清康熙二年(1663)刻十一年(1672)補刻本 九行十八字小字雙行同白口單魚尾左右雙邊 二册

370000－1542－0005296 923/185 史部/地理類/方志之屬
[乾隆]諸城縣志四十六卷 (清)宫懋讓修 (清)李文藻纂 清乾隆二十九年(1764)刻本

十行二十一字小字雙行同大黑口雙魚尾四周單邊　八冊

370000－1542－0005297　923/195　史部/地理類/方志之屬
[萬曆]冠縣志六卷　(明)談自省修　(明)杜華先纂　清抄本　九行十九字　無格　鈐有"味經書室""茉原堂藏書"　四冊

370000－1542－0005298　923/213　史部/地理類/方志之屬
[乾隆]章邱縣志十三卷首一卷　(清)張萬青纂修　清乾隆二十一年(1756)刻本　十行二十字小字雙行同白口單魚尾左右雙邊　六冊

370000－1542－0005299　923/216　史部/地理類/方志之屬
[康熙]滕縣志十卷　(清)黃浚修　(清)王特選等纂　清康熙五十六年(1717)刻本　十行二十一字小字雙行同黑口單魚尾四周雙邊　鈐有"曾經滕縣楊知性讀"　六冊

370000－1542－0005300　923/280　史部/地理類/方志之屬
[乾隆]掖縣志八卷　(清)張恩勉修　(清)于始瞻纂　清乾隆二十三年(1758)刻本　九行二十一字小字雙行同白口單魚尾左右雙邊　八冊

370000－1542－0005301　923/291　史部/地理類/方志之屬
杞紀二十二卷　(清)張貞纂　清康熙四十五年(1706)修五十五年(1716)刻本　十行十九字小字雙行同黑口單魚尾左右雙邊　五冊

370000－1542－0005302　923/57　史部/地理類/方志之屬
[乾隆]清河縣志十四卷　(清)朱元豐纂修　清乾隆十五年(1750)刻本　十行二十一字小字雙行同白口單魚尾左右雙邊　內封題"乾隆十五年重修　邑令桐鄉朱元豐　曲阜孔傳櫄仝纂訂"　鈐有"齊魯大學圖書館藏書"　六冊

370000－1542－0005303　923/58　史部/地理類/方志之屬
[康熙]上蔡縣志十五卷　(清)楊廷望修　(清)張沐纂　清康熙二十九年(1690)刻本　九行二十字小字雙行同白口單魚尾四周雙邊　鈐有"齊魯大學圖書館藏書"　七冊　缺卷九、卷十五第八十二至一百二十九頁

370000－1542－0005304　923/63　史部/地理類/方志之屬
[乾隆]郿縣志十八卷首一卷　(清)李帶雙修　(清)張若纂　清乾隆四十三年(1778)刻本　十二行二十四字小字雙行同黑口單魚尾四周單邊　內封題"乾隆四十三年重纂"　鈐有"齊魯大學圖書館藏書"　四冊

370000－1542－0005305　923/84　史部/地理類/方志之屬
[乾隆]滎澤縣志十四卷　(清)崔淇修　(清)王博等纂　清乾隆十三年(1748)刻本　九行二十字小字雙行同白口單魚尾四周雙邊　鈐有"齊魯大學圖書館藏書"　四冊

370000－1542－0005306　923/87　史部/地理類/方志之屬
[順治]臨潁縣志八卷首一卷　(清)李馥先修　(清)吳中奇纂　(清)宋逢盛刪訂　清順治十七年(1660)刻本　九行二十一字小字雙行同白口單魚尾四周雙邊　鈐有"齊魯大學圖書館藏書"　五冊　缺卷二第十一、十五頁，卷三第十四頁，卷六第二十二頁

370000－1542－0005307　923/87　史部/地理類/方志之屬
[乾隆]臨潁縣續志八卷　(清)劉沆修　(清)魏運嘉纂　清乾隆十二年(1747)刻本　九行二十一字小字雙行同白口單魚尾四周雙邊　鈐有"齊魯大學圖書館藏書"　一冊　存四卷(一至四)

370000－1542－0005308　923/88　史部/地理類/方志之屬
[順治]封邱縣志九卷首一卷　(清)余縉修　(清)李嵩陽纂　清順治十六年(1659)刻乾隆印本　十行二十一字小字雙行同白口單魚尾

四周雙邊　鈐有“齊魯大學圖書館藏書”　五冊

370000－1542－0005309　923/88　史部/地理類/方志之屬

[康熙]封邱縣續志不分卷　(清)王賜魁　(清)李會生纂輯　清康熙十九年(1680)刻本　十行二十一字小字雙行同白口單魚尾四周雙邊　鈐有“齊魯大學圖書館藏書”　一冊

370000－1542－0005310　923/88　史部/地理類/方志之屬

[康熙]封邱縣續志五卷　(清)孟鏐　(清)耿紘祚修　(清)李承绂纂　清康熙三十六年(1697)刻本　十行二十一字小字雙行同白口單魚尾四周雙邊　鈐有“齊魯大學圖書館藏書”　二冊

370000－1542－0005311　923/99　史部/地理類/方志之屬

[康熙]新城縣志十四卷首一卷　(清)崔懋修　(清)嚴濂曾纂　清康熙三十二年(1693)刻後印本　十行二十一字小字雙行同白口單魚尾四周雙邊　鈐有“齊魯大學圖書館藏書”　五冊

370000－1542－0005312　923/99　史部/地理類/方志之屬

[康熙]新城縣志十四卷首一卷　(清)崔懋修　(清)嚴濂曾纂　清康熙三十二年(1693)刻後印本　十行二十一字小字雙行同白口單魚尾四周雙邊　鈐有“鄭州大學圖書館藏書之印”　五冊

370000－1542－0005313　923/99　史部/地理類/方志之屬

[康熙]新城縣續志二卷　(清)孫元衡著　(清)王啓涑編　清康熙刻本　十行二十一字小字雙行同白口單魚尾四周雙邊　鈐有“齊魯大學圖書館藏書”　一冊

370000－1542－0005314　923/99　史部/地理類/方志之屬

[康熙]新城縣續志二卷　(清)孫元衡著　(清)王啓涑編　清康熙刻本　十行二十一字小字雙行同白口單魚尾四周雙邊　鈐有“鄭州大學圖書館藏書之印”　一冊

370000－1542－0005315　923/100　史部/地理類/方志之屬

[康熙]萊陽縣志十卷　(清)萬邦維修　(清)衛元爵　(清)張重潤纂　清康熙十二年(1673)修十七年(1678)刻本　九行二十字小字雙行同白口單魚尾左右雙邊　鈐有“萊陽縣印”“勿齋儲書”“齊魯大學圖書館藏書”　四冊

370000－1542－0005316　923/106　史部/地理類/方志之屬

[乾隆]濰縣志六卷首一卷末一卷　(清)張耀璧修　(清)王誦芬纂　清乾隆二十五年(1760)刻本　九行二十一字小字雙行同白口單魚尾左右雙邊　鈐有“齊魯大學圖書館藏書”　六冊

370000－1542－0005317　923/109　史部/地理類/方志之屬

[乾隆]陽信縣志八卷首一卷　(清)王允深纂修　(清)沈佐清等校　清乾隆二十四年(1759)刻本　十行二十字小字雙行同白口單魚尾左右雙邊　鈐有“陽信縣印”“齊魯大學圖書館藏書”　五冊

370000－1542－0005318　923/111　史部/地理類/方志之屬

[萬曆]汶上縣志八卷　(明)栗可仕修　(明)王命新纂　明萬曆三十六年(1608)修清康熙五十六年(1717)補刻本　十行二十字小字雙行同白口單魚尾四周單邊　鈐有“齊魯大學圖書館藏書”　二冊

370000－1542－0005319　923/111－2　史部/地理類/方志之屬

[萬曆]汶上縣志八卷　(明)栗可仕修　(明)王命新纂　明萬曆三十六年(1608)修清康熙五十六年(1717)補刻本　十行二十字小字雙行同白口單魚尾四周單邊　二冊

370000－1542－0005320　923/111－2　史部/地理類/方志之屬

[康熙]汶上縣續志六卷 (清)聞元炅纂修 清康熙五十六年(1717)刻本 十行二十字小字雙行同白口單魚尾四周單邊 二冊

370000-1542-0005321 923/114 史部/地理類/方志之屬

[康熙]益都縣志十四卷首一卷 (清)陳食花修 (清)鍾諤纂 清康熙十一年(1672)刻本 九行二十一字小字雙行同白口單魚尾四周雙邊 鈐有"齊魯大學圖書館藏書" 六冊

370000-1542-0005322 923/115 史部/地理類/方志之屬

[乾隆]即墨縣志十二卷首一卷 (清)尤淑孝修 (清)李元正纂 清乾隆二十九年(1764)刻本 十行二十三字小字雙行同白口單魚尾左右雙邊 鈐有"齊魯大學圖書館藏書" 六冊

370000-1542-0005323 923/117 史部/地理類/方志之屬

[康熙]新修齊東縣志八卷附齊東縣志續一卷 (清)余爲霖纂修 (清)周以勳增 清康熙二十四年(1685)刻嘉慶八年(1803)增刻本 八行二十字小字雙行同白口單魚尾四周雙邊 鈐有"勿齋儲書""齊魯大學圖書館藏書" 六冊

370000-1542-0005324 923/118 史部/地理類/方志之屬

[康熙]臨淄縣志十五卷 (清)鄧性修 (清)李煥章纂 清康熙十一年(1672)刻本 九行二十字白口單魚尾左右雙邊 二冊

370000-1542-0005325 923/123-2 史部/地理類/方志之屬

[康熙]蓬萊縣志八卷 (清)高嵣修 (清)蔡永華纂 清康熙十二年(1673)刻本 九行二十字小字雙行同白口單魚尾四周單邊 四冊

370000-1542-0005326 923/124 史部/地理類/方志之屬

[乾隆]樂陵縣志八卷首一卷 (清)王謙益修 (清)莊肇奎纂 清乾隆二十六年(1761)刻本 九行十九字小字雙行同白口單魚尾左右雙邊 鈐有"勿齋儲書""齊魯大學圖書館藏書" 八冊

370000-1542-0005327 923/125 史部/地理類/方志之屬

[康熙]茌平縣志五卷 (清)王世臣修 (清)孫克緒纂 清康熙四十九年(1710)刻本 九行二十三字小字雙行同白口單魚尾四周雙邊 鈐有"勿齋儲書""齊魯大學圖書館藏書" 五冊

370000-1542-0005328 923/129 史部/地理類/方志之屬

[乾隆]昌邑縣志八卷 (清)周來郃纂修 清乾隆七年(1742)刻本 九行二十字小字雙行同白口單魚尾四周雙邊 鈐有"齊魯大學圖書館藏書" 四冊

370000-1542-0005329 923/132 史部/地理類/方志之屬

[乾隆]濟陽縣志十四卷首一卷 (清)胡德琳修 (清)何明禮 (清)章承茂纂 清乾隆三十年(1765)刻本 九行二十一字小字雙行同白口單魚尾左右雙邊 八冊

370000-1542-0005330 923/135 史部/地理類/方志之屬

[乾隆]海陽縣志八卷 (清)包桂纂修 清乾隆七年(1742)刻本 九行二十一字小字雙行同白口單魚尾左右雙邊 四冊

370000-1542-0005331 923/135-2 史部/地理類/方志之屬

[乾隆]海陽縣志八卷 (清)包桂纂修 清乾隆七年(1742)刻本 九行二十一字小字雙行同白口單魚尾左右雙邊 四冊

370000-1542-0005332 923/137 史部/地理類/方志之屬

[乾隆]福山縣志十二卷 (清)何樂善修 (清)蕭劼 (清)王積熙纂 清乾隆二十八年(1763)刻本 九行二十字小字雙行同白口單魚尾左右雙邊 八冊

370000－1542－0005333　923/138　史部/地理類/方志之屬

[乾隆]淄川縣志八卷首一卷　(清)張鳴鐸修　(清)張廷寀等纂　清乾隆四十一年(1776)刻本　十行二十字小字雙行同白口單魚尾四周單邊　八册

370000－1542－0005334　923/151　史部/地理類/方志之屬

[雍正]齊河縣志十卷首一卷　(清)上官有儀修　(清)許琰纂　清雍正十二年(1734)修乾隆二年(1737)刻本　九行二十字小字雙行同白口單魚尾四周雙邊　鈐有"齊河縣印"　四册

370000－1542－0005335　923/153　史部/地理類/方志之屬

[乾隆]平原縣志十卷首一卷　(清)黄懷祖修　(清)黄兆熊纂　清乾隆十四年(1749)刻本　十行二十四字小字雙行同白口單魚尾四周雙邊　内封題"乾隆己巳重修　縣庫藏板"　鈐有"平原縣印"　四册

370000－1542－0005336　923/157－2　史部/地理類/方志之屬

[康熙]濱州志八卷首一卷　(清)楊容盛修　(清)杜曬等纂　清康熙四十年(1701)刻本　九行二十一字小字雙行同白口單魚尾四周雙邊　鈐有"濱州之印"　四册　缺卷八之物産及跋

370000－1542－0005337　923/191　史部/地理類/方志之屬

[雍正]樂安縣志二十卷　(清)李方膺纂修　清雍正十一年(1733)刻本　九行二十四字小字雙行同白口單魚尾四周雙邊　鈐有"夢惺齋藏本""菊瑕""成延齡""子建""成象乾印"　四册

370000－1542－0005338　923/212－2　史部/地理類/方志之屬

[順治]招遠縣志十二卷　(清)張作礪修　(清)張鳳羽纂　清順治十七年(1660)刻本　九行二十字小字雙行同白口單魚尾四周雙邊　四册

370000－1542－0005339　923/217　史部/地理類/方志之屬

[乾隆]高苑縣志十卷　(清)張耀璧纂修　清乾隆二十三年(1758)刻本　九行二十一字小字雙行同白口單魚尾左右雙邊　六册

370000－1542－0005340　923/272　史部/地理類/方志之屬

[乾隆]膠州志八卷首一卷　(清)周於智修　(清)劉恬纂　清乾隆十七年(1752)刻本　九行二十一字小字雙行同白口單魚尾左右雙邊　八册

370000－1542－0005341　923/283　史部/地理類/方志之屬

[雍正]續修嘉善縣志十二卷　(清)戈鳴岐修　(清)錢元佑　(清)沈遇黄纂輯　清雍正十二年(1734)刻本　十行二十二字小字雙行同白口單魚尾左右雙邊　鈐有"當湖徐步瀛眉似父之印"　四册

370000－1542－0005342　922/19　史部/地理類/方志之屬

[乾隆]湖州府志四十八卷首一卷　(清)胡承謀原輯　(清)李堂增刊　清乾隆二十三年(1758)刻本　十一行二十五字小字雙行三十七字白口單魚尾左右雙邊　鈐有"齊魯大學圖書館藏書"　二十四册　缺二卷(四十七至四十八)

370000－1542－0005343　922/45　史部/地理類/方志之屬

[康熙]徽州府志十八卷圖一卷　(清)丁廷楗　(清)盧詢修　(清)趙吉士纂　清康熙三十八年(1699)萬青閣刻本　九行二十三字小字雙行同白口單魚尾四周單邊　十册

370000－1542－0005344　922/57　史部/地理類/方志之屬

[乾隆]河南府志一百十六卷首四卷　(清)施誠纂修　清乾隆四十四年(1779)刻同治六年(1867)陳肇鏞修補本　十一行二十二字白口單魚尾四周雙邊　鈐有"齊魯大學圖書館藏

書”　二十四册

370000－1542－0005345　923/4　史部/地理類/方志之屬

[乾隆]常昭合志十二卷首一卷　(清)王錦　(清)楊繼熊修　(清)言如泗纂　清乾隆六十年(1795)劉光德博文齋刻本　十行二十四字小字雙行同白口單魚尾左右雙邊　鈐有“虞山先賢言氏”　十二册

370000－1542－0005346　923/81　史部/地理類/方志之屬

[乾隆]解州安邑縣志十六卷首一卷　(清)言如泗修　(清)吕瀶纂　清乾隆二十九年(1764)刻解州全志本　十行二十一字小字雙行同白口單魚尾左右雙邊　内封題“乾隆甲申年鐫　官衙藏板”　鈐有“閒田聞三持贈”“齊魯大學圖書館藏書”　四册

370000－1542－0005347　923/90　史部/地理類/方志之屬

[乾隆]蒲臺縣志四卷首一卷　(清)張至學修　(清)嚴文典纂　清乾隆二十八年(1763)重修刻本　九行二十字小字雙行同白口單魚尾左右雙邊　内封題“乾隆二十八年重修　本衙藏板”　鈐有“齊魯大學圖書館藏書”　四册

370000－1542－0005348　942/9　史部/地理類/山川之屬

岱史十八卷　(明)查志隆輯　(清)張縉彦刪補　清順治十一年(1654)傅應星刻康熙三十八年(1699)勞繩祖增修本　九行二十字小字雙行同白口四周單邊　七册

370000－1542－0005349　942/4　史部/地理類/山川之屬

大嶽太和山紀畧八卷　(清)王槩修　(清)姚世倌纂　清乾隆九年(1744)刻本　九行二十字白口單魚尾四周單邊　内封題“乾隆九年纂　下荊南道署藏板”　八册

370000－1542－0005350　942/12　史部/地理類/山川之屬

名山諸勝一覽記十六卷　(明)慎蒙編選　明萬曆四年(1576)自刻本　十行二十字小字雙行同白口單魚尾左右雙邊　六册　存九卷(六至七、九下、十至十一、十三至十六)

370000－1542－0005351　942/15　史部/地理類/山川之屬

長白山錄一卷補遺一卷　(清)王士禛撰　清康熙刻後印本　十行十九字黑口單魚尾左右雙邊　鈐有“齊魯大學圖書館藏書”　一册

370000－1542－0005352　942/15　史部/地理類/山川之屬

長白山錄一卷補遺一卷　(清)王士禛撰　清康熙刻後印本　十行十九字黑口單魚尾左右雙邊　鈐有“齊魯大學圖書館藏書”　一册

370000－1542－0005353　942/18　史部/地理類/山川之屬

東山志十八卷　(明)謝敏行撰　清抄本　十行字數不等四周雙邊　紅格　一册

370000－1542－0005354　942/29　史部/地理類/山川之屬

匡山志五卷　(明)黄淳纂修　明萬曆三十九年(1611)刻清修補本　九行十八字小字雙行同白口單魚尾四周單邊　鈐有“閒田張氏聞三藏書”　十册

370000－1542－0005355　942/28　史部/地理類/山川之屬

五蓮山志五卷　(清)釋海霆編集　(清)王咸炤批選　(清)張侗訂正　清康熙萬松禪林刻本　八行二十字白口單魚尾四周單邊　内封題“萬松禪林梓刻”　二册

370000－1542－0005356　943/5　史部/地理類/山川之屬

惠陽山水紀勝四卷　(清)吳騫編　清康熙刻本　九行二十字小字雙行同白口單魚尾左右雙邊　内封題“景野亭藏板”　四册　存一卷(羅浮紀勝上)

370000－1542－0005357　943/10　史部/地理類/山川之屬

湖山便覽十二卷　(清)翟灝　(清)翟瀚編

清乾隆三十年(1765)刻本　九行二十二字黑口左右雙邊　内封題"乾隆乙酉开雕"　六册

370000－1542－0005358　941/1　史部/地理類/山川之屬

水經四十卷　(漢)桑欽撰　(北魏)酈道元注　清康熙五十三年至五十四年(1714－1715)歙縣項絪羣玉書堂刻本　十一行二十一字小字雙行同細黑口單魚尾四周單邊　内封題"依宋本挍定　項氏群玉書堂"　鈐有"我生戊寅"　九册

370000－1542－0005359　941/1　史部/地理類/山川之屬

水經四十卷　(漢)桑欽撰　(北魏)酈道元注　清康熙五十三年至五十四年(1714－1715)歙縣項絪羣玉書堂刻本　十一行二十一字小字雙行同細黑口單魚尾四周單邊　十册

370000－1542－0005360　941/1　史部/地理類/山川之屬

水經注四十卷　(漢)桑欽撰　(北魏)酈道元注　清乾隆十八年(1753)天都黄氏槐蔭草堂刻本　十一行二十一字小字雙行同白口單魚尾四周單邊　内封題"天都黄曉峰校刊　槐蔭草堂藏板"　鈐有"光風霽月人家""子元""周錫璋印"　八册

370000－1542－0005361　941/1　史部/地理類/山川之屬

水經注四十卷　(漢)桑欽撰　(北魏)酈道元注　清乾隆十八年(1753)天都黄氏槐蔭草堂刻本　十一行二十一字小字雙行同白口單魚尾四周單邊　内封題"天都黄曉峰校刊　槐蔭草堂藏板"　十四册

370000－1542－0005362　941/1　史部/地理類/山川之屬

水經注四十卷　(漢)桑欽撰　(北魏)酈道元注　清乾隆孔氏微波榭刻戴震改定本　十行二十一字小字雙行同白口左右雙邊　十四册

370000－1542－0005363　941/1　史部/地理類/山川之屬

水經注四十卷　(漢)桑欽撰　(北魏)酈道元注　清乾隆孔氏微波榭刻戴震改定本　十行二十一字小字雙行同白口左右雙邊　十四册

370000－1542－0005364　941/3　史部/地理類/山川之屬

水經注釋四十卷首一卷附錄二卷水經注箋刊誤十二卷　(清)趙一清撰　清乾隆五十一年(1786)趙氏小山堂刻本　十行二十二字小字雙行同白口單魚尾左右雙邊　内封題"小山堂雕"　鈐有"紫藤華館""紹庭珍藏"　二十册

370000－1542－0005365　941/3　史部/地理類/山川之屬

水經注釋四十卷首一卷附錄二卷　(清)趙一清撰　清乾隆五十一年(1786)趙氏小山堂刻五十九年(1794)重修本　十行二十二字小字雙行同白口單魚尾左右雙邊　内封題"乾隆甲寅年　小山堂雕"　鈐有"基督教齊魯大學圖書館藏書"　十六册

370000－1542－0005366　941/6　史部/地理類/山川之屬

水經注箋刊誤十二卷　(清)趙一清撰　清乾隆五十一年(1786)趙氏小山堂刻五十九年(1794)重修本　十行二十二字小字雙行同白口單魚尾左右雙邊　鈐有"基督教齊魯大學圖書館藏書"　八册

370000－1542－0005367　941/4　史部/地理類/山川之屬

水道提綱二十八卷　(清)齊召南編　清乾隆四十一年(1776)傳經書屋刻本　九行二十二字小字雙行同白口左右雙邊　内封題"傳經書屋藏板"　鈐有"經濟慙長策""丹徒法氏""紹庭"　八册

370000－1542－0005368　943/24　史部/地理類/山川之屬

西湖遊覽志餘二十六卷　(明)田汝成輯撰　明萬曆四十七年(1619)會稽商維濬刻本　十行二十一字白口單魚尾四周單邊　鈐有"齊魯大學圖書館藏書"　十册

370000－1542－0005369　941/13　史部/地

理類/山川之屬

太湖備考十六卷首一卷附湖程紀略一卷 （清）金友理編撰　清乾隆十五年（1750）藝蘭圃刻本　十行二十一字小字雙行三十一字白口單魚尾左右雙邊　内封題"藝蘭圃藏板"　鈐有"顧孝垣""放懷且讀古人書"　八冊

370000－1542－0005370　943/50　史部/地理類/山川之屬

趵突泉誌二卷 （清）任弘遠撰　清乾隆七年（1742）刻本　九行二十二字小字雙行同黑口單魚尾四周單邊　二冊

370000－1542－0005371　944/2　史部/地理類/山川之屬

雷州記一卷 （清）李廷棨撰　清道光二十三年（1843）手稿本　王獻唐等題跋　九行二十字　無格　鈐有"邢藍田""仲采""曾臧文安邢氏""石達摩室""黄梅石谷風臧書印""姚椿""獻唐"　一冊

370000－1542－0005372　241/1　史部/地理類/山川之屬

行水金鑑一百七十五卷首一卷 （清）傅澤洪撰　清雍正三年（1725）淮揚官舍刻本　十一行二十一字小字雙行不等粗黑口單魚尾左右雙邊　内封題"淮揚官舍繡梓"　鈐有"夢賚家聲"　三十六冊

370000－1542－0005373　241/1　史部/地理類/山川之屬

行水金鑑一百七十五卷首一卷 （清）傅澤洪撰　清雍正三年（1725）淮揚官舍刻本　十一行二十一字小字雙行不等粗黑口單魚尾左右雙邊　内封題"淮揚官舍繡梓"　鈐有"澹寧齋圖書記""埼玉縣圖書記"　四十二冊

370000－1542－0005374　943/9　史部/地理類/專志之屬

闕里志二十四卷 （明）陳鎬撰　（清）孔胤植補纂　明崇禎刻清雍正增補本　十行十九字小字雙行同白口單魚尾四周單邊　十冊

370000－1542－0005375　943/3　史部/地理類/專志之屬

湯陰精忠廟志十卷 （明）張應登原撰　（清）楊世達補編　清雍正十三年（1735）刻乾隆增補本　十二行二十八字白口單魚尾左右雙邊　六冊

370000－1542－0005376　943/55　史部/地理類/遊記之屬

五岳游草十二卷 （明）王士性撰　清康熙刻本　九行十八字白口單魚尾四周單邊　四冊

370000－1542－0005377　943/21　史部/地理類/遊記之屬

宸垣識畧十六卷 （清）吳長元編　清乾隆五十三年（1788）池北草堂刻本　九行二十一字白口單魚尾左右雙邊　内封題"乾隆戊申冬池北草堂開彫"　鈐有"齊魯大學圖書館藏書"　八冊

370000－1542－0005378　943/22　史部/地理類/專志之屬

卧龍崗志二卷 （清）羅景輯　（清）羅鈉校　清康熙五十一年（1712）刻本　八行二十字白口單魚尾左右雙邊　鈐有"齊魯大學圖書館藏書"　二冊

370000－1542－0005379　943/29　史部/地理類/專志之屬

西湖志纂十五卷首一卷後一卷 （清）沈德潛等纂輯　清乾隆賜經堂刻本　九行二十一字白口單魚尾四周雙邊　五冊

370000－1542－0005380　240/4　史部/地理類/水利之屬

山東運河備覽十二卷圖說一卷 （清）陸燿纂　清乾隆四十一年（1776）切問齋刻本　十一行二十五字白口單魚尾左右雙邊　内封題"切問齋藏版"　六冊

370000－1542－0005381　240/4　史部/地理類/水利之屬

山東運河備覽十二卷圖說一卷 （清）陸燿纂　清乾隆四十一年（1776）切問齋刻本　十一行二十五字白口單魚尾左右雙邊　内封題"切問齋藏版"　六冊

370000－1542－0005382　D68/2 亠　史部/地理類/水利之屬

山東黃河圖一幅　(清)口口繪　清刻本　一册

370000－1542－0005383　D68/3 亠　史部/地理類/水利之屬

山東全省黃河圖説一幅　(清)口口繪　清光緒二十二年(1896)彩繪本　一册

370000－1542－0005384　241/2　史部/地理類/水利之屬

河工擇要四卷　(清)口口撰　清抄本　十行字數不等　無格　一册

370000－1542－0005385　945/11　史部/地理類/雜志之屬

籌海圖編十三卷　(明)胡宗憲輯議　(明)胡維極重校　明天啓四年(1624)胡維極刻本　十二行二十二字小字雙行同白口單魚尾四周單邊　内封題"本衙藏板"　八册

370000－1542－0005386　940/3　史部/地理類/雜志之屬

日下舊聞四十二卷　(清)朱彝尊編　(清)朱昆田補遺　清康熙二十七年(1688)朱氏六峰閣刻本　十二行二十一字小字雙行同白口單魚尾四周單邊　内封題"六峰閣藏板"　鈐有"嵩秀堂藏書""齊魯大學圖書館藏書"　二十四册

370000－1542－0005387　940/3　史部/地理類/雜志之屬

日下舊聞四十二卷　(清)朱彝尊編　(清)朱昆田補遺　清康熙二十七年(1688)朱氏六峰閣刻本　十二行二十一字小字雙行同白口單魚尾四周單邊　内封題"六峰閣藏板"　鈐有"定武楊氏素園藏書印""壽餘秘玩""肥城張氏珍藏""萬卷書邊一老翁""六符所珎"　二十册

370000－1542－0005388　940/4　史部/地理類/雜志之屬

欽定日下舊聞考一百六十卷　(清)竇光鼐　(清)潘曾起等編纂　清乾隆武英殿刻本　九行二十一字小字雙行同白口單魚尾四周雙邊　鈐有"齊魯大學圖書館藏書"　四十八册

370000－1542－0005389　940/2　史部/地理類/雜志之屬

古香齋鑒賞袖珍春明夢餘錄七十卷　(清)孫承澤撰　清康熙、乾隆間内府刻本　九行二十二字白口單魚尾四周雙邊　鈐有"齊魯大學圖書館藏書"　二十四册

370000－1542－0005390　940/2　史部/地理類/雜志之屬

古香齋鑒賞袖珍春明夢餘錄七十卷　(清)孫承澤撰　清康熙、乾隆間内府刻本　九行二十二字白口單魚尾四周雙邊　鈐有"蹇廬病夫""媿盦""齊魯大學圖書館藏書"　三十册

370000－1542－0005391　944/3　史部/地理類/雜志之屬

顔山雜記四卷　(清)孫廷銓撰　清康熙五年(1666)刻本　八行十八字小字雙行同白口四周單邊　鈐有"萊陽張氏桐生藏書之印""齊魯大學圖書館藏書""光熙所藏"　四册

370000－1542－0005392　950/4　史部/地理類/外紀之屬

東西洋考十二卷　(明)張燮撰　明萬曆四十六年(1618)金陵王起宗校刻本　九行十八字小字雙行同白口四周雙邊　有刻工　内封題"繪圖校正　本衙藏板"　四册

370000－1542－0005393　570/20　史部/地理類/外紀之屬

使琉球記六卷　(清)李鼎元撰　清嘉慶刻本　十行二十一字白口單魚尾四周雙邊　一册

370000－1542－0005394　950/33　史部/地理類/外紀之屬

琉球國志略十六卷首一卷　(清)周煌輯　清乾隆刻本　九行二十一字小字雙行同白口單魚尾四周雙邊　鈐有"諸暨圖書館之符信""諸暨圖書館收藏印"　四册

370000－1542－0005395　513/5　史部/職官類

漢官舊儀二卷附補遺　(漢)衛宏撰　清乾隆江蘇翻刻武英殿聚珍版書本　九行二十一字小字雙行同白口單魚尾四周雙邊　鈐有"黄氏天倪樓藏"　一册

370000－1542－0005396　513/5　史部/職官類
漢官舊儀二卷附補遺　(漢)衛宏撰　清乾隆四十二年(1777)福建翻刻武英殿聚珍版書本　九行二十一字小字雙行同白口單魚尾四周雙邊　一册

370000－1542－0005397　469/17　史部/職官類
麟臺故事五卷　(宋)程俱撰　清抄本　芬校　八行二十一字小字雙行同　無格　一册

370000－1542－0005398　513/2　史部/職官類
為政忠告四卷　(元)張養浩撰　明芸葉軒寫刻本　八行十七字粗黑口雙魚尾四周雙邊　内封題"芸葉軒重刊"　一册

370000－1542－0005399　510/12　史部/職官類
實政錄七卷　(明)吕坤撰　明萬曆二十六年(1598)趙文炳校刻本　九行十八字白口單魚尾四周雙邊　有刻工　四册

370000－1542－0005400　511/6　史部/政書類/通制之屬
三通擥要三卷　(清)何天衢校　清乾隆、嘉慶間刻本　十一行二十一字黑口單魚尾左右雙邊　鈐有"齊魯大學圖書館藏書"　四册

370000－1542－0005401　511.2/1　史部/政書類/通制之屬
通典二百卷　(唐)杜佑撰　明嘉靖刻本　十行二十三字小字雙行同白口雙魚尾四周雙邊　鈐有"齊魯大學圖書館藏書"　四十册

370000－1542－0005402　511.3/3　史部/政書類/通制之屬
通志略五十二卷　(宋)鄭樵撰　(明)陳宗夔校　明嘉靖二十九年(1550)陳宗夔等刻本　十行二十字小字雙行同白口四周單邊　二十册

370000－1542－0005403　511.3/1　史部/政書類/通制之屬
通志略五十二卷　(宋)鄭樵撰　(明)陳宗夔校　明嘉靖二十九年(1550)陳宗夔等刻本　十行二十字小字雙行同白口四周單邊　鈐有"餘姚謝氏永耀樓臧書""自齋主人""汪氏長文""怡雲生讀書臺印記""履齋""汪禮約印""怡雲閣印""陸從平印""陸萬齡印"　五十九册

370000－1542－0005404　511.3/1　史部/政書類/通制之屬
通志略五十二卷　(宋)鄭樵撰　(明)陳宗夔校　清乾隆十三年(1748)于敏中刻本　十行二十字小字雙行同白口四周單邊　二十册

370000－1542－0005405　511.3/1　史部/政書類/通制之屬
通志略五十二卷　(宋)鄭樵撰　(明)陳宗夔校　清乾隆十三年(1748)于敏中刻本　十行二十字小字雙行同白口四周單邊　鈐有"經州蔣氏箸生臧書記"　三十二册

370000－1542－0005406　511.1/1　史部/政書類/通制之屬
文獻通考三百四十八卷　(元)馬端臨撰　明正德十三年至十四年(1518－1519)劉洪慎獨齋刻十六年(1521)重修本(卷一百三十二至一百三十六配明嘉靖馮天馭刻本)　十二行二十五字小字雙行同細黑口雙順魚尾四周雙邊　牌記題"皇明正德戊寅慎獨精舍栞行""皇明正德十四年𡗝獨𠫤新刊印行""皇明正德己卯歲𡗝獨齋刊行"　鈐有"李儒□印""李氏敦好堂藏書記""碧雲仙館""紹庭珍臧"　八十册

370000－1542－0005407　511.1/1　史部/政書類/通制之屬
文獻通考三百四十八卷　(元)馬端臨撰　明刻本　十行二十字小字雙行同白口單魚尾四周單邊　内封題"文獻通考全書　映旭齋藏

板”　鈐有“齊魯大學圖書館藏書”　一百二十冊

370000－1542－0005408　511.1/1　史部/政書類/通制之屬
文獻通考三百四十八卷　(元)馬端臨撰　明刻本　十行二十字小字雙行同白口單魚尾四周單邊　鈐有“郁文堂藏書”“齊魯大學圖書館藏書”　一百二十冊

370000－1542－0005409　511.1/1　史部/政書類/通制之屬
文獻通考三百四十八卷　(元)馬端臨撰　明刻本　十行二十字小字雙行同白口單魚尾四周單邊　十冊

370000－1542－0005410　511.1/6　史部/政書類/通制之屬
續文獻通考鈔三十卷　(明)王圻撰　(清)史以甲鈔　清康熙二年(1663)刻本　十二行二十七字白口單魚尾左右雙邊　鈐有“安遠堂”“齊魯大學圖書館藏書”　十一冊

370000－1542－0005411　511.1/7　史部/政書類/通制之屬
文獻通考紀要二卷　(清)口口撰　清乾隆四年(1739)刻本　九行二十字小字雙行同白口單魚尾四周雙邊　鈐有“齊魯大學圖書館藏書”　四冊

370000－1542－0005412　512/4　史部/政書類/儀制之屬
國朝謚法考一卷　(清)王士禛編　清康熙山東新城王氏家刻本　十行二十字黑口單魚尾左右雙邊　一冊

370000－1542－0005413　512.1/1、512.1/2、512.1/3　史部/政書類/儀制之屬
欽定大清會典八十卷事例九百二十卷目錄八卷圖一百三十二卷　(清)托津等纂修　清嘉慶二十三年(1818)武英殿刻本　十行二十字小字雙行同白口單魚尾四周雙邊　四百四十二冊

370000－1542－0005414　512.1/1　史部/政書類/儀制之屬
欽定大清會典八十卷　(清)托津等纂修　清嘉慶二十三年(1818)武英殿刻本　十行二十字小字雙行同白口單魚尾四周雙邊　二十四冊

370000－1542－0005415　512.3/8　史部/政書類/儀制之屬
南巡盛典一百二十卷　(清)高晉等纂修　清乾隆三十六年(1771)官刻本　九行十九字白口單魚尾四周雙邊　鈐有“齊魯大學圖書館藏書”　四十八冊

370000－1542－0005416　512.3/9　史部/政書類/儀制之屬
幸魯盛典四十卷　(清)聖祖玄燁撰　(清)孔毓圻總裁　(清)金居敬等纂修　清康熙二十八年(1689)曲阜孔氏紅蕚軒刻本　十行二十一字白口單魚尾四周雙邊　内封題“康熙己巳年梓”“紅蕚軒藏版”　鈐有“齊魯大學圖書館藏書”　十二冊

370000－1542－0005417　512.3/10　史部/政書類/儀制之屬
闕里儀注三卷勈儀糾繆集三卷　(清)孔繼汾撰　清乾隆三十四年(1769)孔氏自刻本　十行二十字黑口單魚尾左右雙邊　鈐有“齊魯大學圖書館藏書”　三冊

370000－1542－0005418　500/2　史部/政書類/儀制之屬
資治新書十四卷首一卷　(清)李漁編　清康熙刻本　九行二十字小字雙行同白口四周單邊　内封題“新增資治新書全集　文錦堂藏板”　鈐有“有心質古”“白云山房”“正己化人”“拙著黑字”“齊魯大學圖書館藏書”　八冊

370000－1542－0005419　512.5/2　史部/政書類/律令之屬
欽定吏部處分則例五十二卷　(清)吏部編　清浣雪齋抄本　八行二十四字小字雙行同白口單魚尾四周雙邊　紅格　鈐有“私立齊魯大學國學研究所藏書之章”　二十冊

370000－1542－0005420　230/3　史部/政書類/考工之屬

工程做法則例七十四卷　(清)允禮等編　清抄本(據清雍正十二年刻本抄)　九行十九字小字雙行同　無格　鈐有"齊魯大學圖書館藏書"　二十四冊

370000－1542－0005421　524/4　史部/政書類/律令之屬

新纂成案所見集三十七卷二集十九卷三集二十一卷　(清)馬世璘編　**四集十八卷**　(清)謝奎　(清)王又槐編　清乾隆五十八年(1793)再思堂刻本、嘉慶十年(1805)三餘堂刻本　九行二十二字白口單魚尾左右雙邊　所見集内封題"乾隆五十八年春鐫　浙江仁和臥郿氏錄　新增成案所見集　續編二集三集　再思堂藏板"　四集内封題"嘉慶十年夏鐫　三餘堂梓行藏版"　三十二冊　缺十二卷(所見集二十六至三十七)

370000－1542－0005422　011/31　史部/目録類

賁園書庫目錄四卷　(清)嚴嶽蓮購讀　嚴式誨補錄　張森楷校定　稿本　九行約二十九字　無格　四冊

370000－1542－0005423　011/49　史部/目録類

浙江採集遺書總錄十集　(清)沈初編　清乾隆三十九年(1774)刻本　十行二十字小字雙行同黑口單魚尾四周單邊　鈐有"天尺樓""齊魯大學圖書館藏書"　十二冊

370000－1542－0005424　011/51　史部/目録類

可廬著述十種敘例一卷　(清)錢大昭撰　清嘉定錢氏得自怡齋刻本　十一行二十三字小字雙行同白口單魚尾左右雙邊　鈐有"富貴堂臧書印""活色生香""齊魯大學圖書館藏書"　一冊

370000－1542－0005425　011/74　史部/目録類

因樹屋書影十卷　(清)周亮工撰　(清)屯溪螺隱校訂　清康熙六年(1667)刻本　清傅山批點　清李慈銘題　九行十八字小字雙行同白口單白魚尾四周單邊　鈐有"傅山之印""傅山印""蕁翁"　六冊　存七卷(二、四至六、八至十)

370000－1542－0005426　011/108　史部/目録類

玉虹樓帖目錄　(清)孔繼涑藏並編　清寫本　八行字數不等　鈐有"趙雨郇章""趙錫霖印"　一冊

370000－1542－0005427　015/1　史部/目録類

方氏墨譜六卷　(明)方于魯撰　明萬曆十七年(1589)方氏美蔭堂刻本　行數字數不等白口單白魚尾四周單邊　鈐有"查瑩之印""依竹堂章""查氏映山珍臧圖藉印""賜研堂印""依竹堂書畫""映山父""名余曰瑩兮字余曰韞焊""慧海樓藏書印"　二冊　存序、雜言、傳、墨書、墨賦、墨表

370000－1542－0005428　470/11　史部/史評類

史通通釋二十卷　(唐)劉知幾撰　(清)浦起龍釋　清乾隆十七年(1752)梁溪浦氏求放心齋刻本　九行二十二字小字雙行同白口左右雙邊　内封題"梁溪浦氏求放心齋定本"　六冊

370000－1542－0005429　470/11　史部/史評類

史通通釋二十卷　(唐)劉知幾撰　(清)浦起龍釋　清乾隆十七年(1752)梁溪浦氏求放心齋刻本　九行二十二字小字雙行同白口左右雙邊　内封題"梁溪浦氏求放心齋定本"　十冊

370000－1542－0005430　451/2　史部/史評類

史概十卷附史概總評一卷　(明)俞思學輯　明萬曆十六年(1588)刻本　佚名圈點　雙欄下欄九行二十字小字雙行同白口單白魚尾四周單邊　十冊

370000－1542－0005431　413/60　史部/史評類

重刻顧迴瀾增改歷朝捷錄大成二卷　（明）顧充編著　明刻本　十行二十三字小字雙行同白口單魚尾左右下雙邊或四周單邊　六冊

370000－1542－0005432　413/60　史部/史評類

鐫重訂補註歷朝捷錄史鑑提衡四卷附首卷一卷靖難紀畧一卷　（明）顧充輯撰　（明）李廷機重訂　明萬曆建邑書林熊沖宇刻本　七行十七字小字三十二字單魚尾上框雙邊或四周單邊　四冊

370000－1542－0005433　470/2　史部/史評類

讀史漫錄十四卷　（明）于慎行撰　（明）郭應龍編次　明萬曆四十二年（1614）于緯刻本　九行十八字白口單魚尾四周單邊　内封題"穀山于文定公讀史漫錄　本衙藏板"　鈐有"南州許氏書畫""家在綠楊城郭"　十冊

370000－1542－0005434　470/2　史部/史評類

讀史漫錄十四卷　（明）于慎行撰　（明）郭應龍編次　明萬曆四十二年（1614）于緯刻清光緒二十一年（1895）東阿穀城書院修補刻印本　九行十八字白口單魚尾四周單邊　牌記題"光緒乙未冬月開雕"　鈐有"李錦章"　六冊

370000－1542－0005435　470/2　史部/史評類

讀史漫錄十四卷　（明）于慎行撰　（明）郭應龍編次　明萬曆四十二年（1614）于緯刻清光緒二十一年（1895）東阿穀城書院修補刻印本　九行十八字白口單魚尾四周單邊　牌記題"光緒乙未冬月開雕"　鈐有"齊魯大學圖書館藏書"　六冊

370000－1542－0005436　470/44　史部/史評類

讀史四集四卷　（明）楊以任輯　清乾隆木活字印本　九行二十字白口單魚尾四周雙邊　鈐有"問桑麻說秔稻""平常淡素是我本來事""恨不讀書""文峯氏"　四冊

370000－1542－0005437　470/49　史部/史評類

史懷十七卷　（明）鍾惺撰　（明）蔣勵志（明）蔣勵修輯　明刻本　九行十九字小字雙行同白口單魚尾四周單邊　無格　鈐有"九峰舊廬珍藏書畫之章"　四冊

370000－1542－0005438　470/54　史部/史評類

古今治統二十卷　（明）徐奮鵬撰　清雍正元年（1723）刻本　上欄小字雙行四字下欄十行二十字小字雙行同白口單魚尾四周單邊　鈐有"齊魯大學圖書館藏書"　四冊　存十六卷（一至十六）

370000－1542－0005439　470/27　史部/史評類

漢史億二卷　（清）孫廷銓纂　清康熙刻本　八行二十字白口四周雙邊　内封題"本衙藏版"　鈐有"齊魯大學圖書館藏書"　二冊

370000－1542－0005440　470/28　史部/史評類

讀史提要錄十二卷　（清）夏之蓉撰　清乾隆三十七年（1772）刻本　十行二十一字單魚尾四周單邊　無格　鈐有"濮賢路印""南客"　四冊

370000－1542－0005441　470/28　史部/史評類

讀史提要錄十二卷　（清）夏之蓉撰　清乾隆三十七年（1772）刻修補本　十行二十一字單魚尾四周單邊　無格　鈐有"齊魯大學圖書館藏書""仲華"　四冊

370000－1542－0005442　470/29　史部/史評類

史通訓故補二十卷　（清）黃叔琳補註　清乾隆十二年（1747）養素堂刻本　九行十九字小字雙行同白口單魚尾左右雙邊　内封題"乾隆丁卯年鐫　養素堂藏板"　鈐有"移盦臧書""養素堂""移盦所得金石文字"　八冊

370000－1542－0005443　470/45　史部/史評類
讀史饗疑十卷　(清)張彥士撰　清抄本　十四行字數不等　無格　三册

370000－1542－0005444　470/59　史部/史評類
讀史釋易二卷　(清)夏中言撰　清稿本　九行二十四字　無格　鈐有"系陽邢氏家藏""萬卷藏書宜子弟""冷齋""師古""錦堂"　二册

370000－1542－0005445　470/63　史部/史評類
綱目訂誤四卷通鑑胡注舉正一卷　(清)陳景雲撰　清乾隆十九年(1754)刻本　十行二十字小字雙行同白口單魚尾左右雙邊　鈐有"綠埜記印"　二册

370000－1542－0005446　490/5　史部/金石類
泊如齋重修宣和博古圖録三十卷　(宋)王黼等撰　明萬曆十六年(1588)泊如齋刻本　八行十七字白口單白魚尾四周單邊　五册　存二十三卷(一至四、六至十三、十六、十九至二十、二十三至三十)

370000－1542－0005447　491/20　史部/金石類
宋王復齋鐘鼎款識一卷　(宋)王厚之輯　清嘉慶七年(1802)揚州阮元積古齋摹刻宋拓本　行數字數不等四周單邊　無格　鈐有"私立齊魯大學國學研究所藏書之章"　一册

370000－1542－0005448　491/189　史部/金石類
集古録十卷　(宋)歐陽修撰　(明)謝啟光校　清初四留堂刻本　九行二十一字小字雙行同白口單魚尾四周單邊　内封題"四留堂新刊"　四册

370000－1542－0005449　491/42　史部/金石類
金石録三十卷　(宋)趙明誠撰　清乾隆二十七年(1762)德州盧氏雅雨堂刻本　十行二十一字小字雙行同白口單魚尾四周單邊　鈐有"尺五堂嚴氏珍藏印記"　六册

370000－1542－0005450　491/98　史部/金石類
石墨鐫華八卷　(明)趙崡撰　明萬曆四十六年(1618)刻本　八行十八字白口四周單邊　四册

370000－1542－0005451　491/98　史部/金石類
石墨鐫華八卷　(明)趙崡撰　清乾隆三十九年(1774)長塘鮑氏刻知不足齋叢書本　九行二十字黑口左右雙邊　二册

370000－1542－0005452　491/34　史部/金石類
兩罍軒彝器圖釋十二卷　(清)吳雲編　清同治十二年(1873)吳氏自刻本　十行二十二字小字雙行同白口左右雙邊　内封題"同治十有弍年秋九月"　鈐有"私立齊魯大學國學研究所藏書之章"　六册

370000－1542－0005453　491/38　史部/金石類
西清古鑑四十卷附錢録十六卷　(清)梁詩正等纂修　清乾隆十六年(1751)武英殿銅版印本　十行十八字白口四周雙邊　無格　二十四册

370000－1542－0005454　491/43　史部/金石類
金石三例三種　(清)盧見曾輯　清乾隆二十年(1755)德州盧見曾刻本　十行二十二字白口單魚尾左右雙邊　内封題"乾隆乙亥年鐫"　鈐有"應椿""紹庭""紫藤華館"　四册

370000－1542－0005455　491/6　史部/金石類
中州金石記五卷　(清)畢沅撰　清乾隆鎮洋畢氏刻經訓堂叢書本　十二行二十四字黑口雙魚尾四周單邊　鈐有"豐詒""心翼"　四册

370000－1542－0005456　491/6　史部/金石類

中州金石記五卷 (清)畢沅撰 清乾隆鎮洋畢氏刻經訓堂叢書本 十二行二十四字黑口雙魚尾四周單邊 四册

370000－1542－0005457 491/54 史部/金石類

江寧金石記八卷待訪目二卷 (清)嚴觀輯 清嘉慶九年(1804)刻本 清尹彭壽題 十二行二十四字小字雙行同粗黑口左右雙邊 内封題"嘉慶九年季夏鐫 賜書堂藏板" 鈐有"碧云仙館""清標書屋""紹庭" 四册

370000－1542－0005458 491/62 史部/金石類

兩漢金石記二十二卷 (清)翁方綱撰 清乾隆五十四年(1789)翁方綱南昌使院刻本 十行二十字小字雙行同白口單魚尾左右雙邊 内封題"兩漢金石記 乾隆五十四年己酉烁八月録于南昌使院凡廿二卷北平翁方綱" 八册

370000－1542－0005459 491/62 史部/金石類

兩漢金石記二十二卷 (清)翁方綱撰 清乾隆五十四年(1789)翁方綱南昌使院刻本 十行二十字小字雙行同白口單魚尾左右雙邊 内封題"兩漢金石記 乾隆五十四年己酉烁八月録于南昌使院凡廿二卷北平翁方綱" 八册

370000－1542－0005460 491/85 史部/金石類

攀古廔彝器款識一卷 (清)潘祖蔭輯 清同治十一年(1872)京師滂喜齋刻本 十行二十二至二十三字小字雙行二十三至二十四字白口單魚尾四周單邊 内封題"同治十一季京師滂喜坔刻" 鈐有"私立齊魯大學國學研究所藏書之章" 二册

370000－1542－0005461 491/94 史部/金石類

觀妙齋藏金石文攷略十六卷 (清)李光暎撰 清雍正七年(1729)刻本 九行十六至二十字白口單魚尾四周單邊 鈐有"觀妙齋藏版""還讀齋珍賞之印" 六册

370000－1542－0005462 491/94 史部/金石類

觀妙齋藏金石文攷略十六卷 (清)李光暎撰 清雍正七年(1729)刻本 九行十六至二十字白口單魚尾四周單邊 八册

370000－1542－0005463 491/135 史部/金石類

潛研堂金石文跋尾六卷續三卷又續七卷 (清)錢大昕撰 清乾隆李文藻恩平縣署刻乾隆四十六年(1781)姚學甲續刻本 十二行二十四字小字雙行同粗黑口單魚尾左右雙邊 鈐有"趙氏種芸仙館臧書印""趙氏種芸仙館收臧印""齊魯大學圖書館藏書" 三册

370000－1542－0005464 491/186 史部/金石類

焦山鼎銘考一卷 (清)翁方綱撰 清乾隆三十八年(1773)寫刻本 十一行十七字白口四周單邊 無格 一册

370000－1542－0005465 491/188 史部/金石類

重定金石契不分卷 (清)張燕昌撰 清乾隆四十三年(1778)刻本 十行十六字白口單魚尾四周單邊 無格 内封題"乾隆戊戌夏日" 鈐有"玉瑽琤閣""无竟先生獨志堂物" 四册

370000－1542－0005466 491/206 史部/金石類

商器款識一卷周器款識一卷 (囗)囗囗輯 清抄本 行數不等字數不等 無格 鈐有"伏氏藏書" 一册

370000－1542－0005467 491/231 史部/金石類

古泉搨本不分卷 (清)潘祖蔭輯 清拓本 鈐有"伯寅金石""鄭盦所藏吉金""攀古樓" 二册

370000－1542－0005468 491/275 史部/金石類

天一閣石鼓文翻本 （□）□□輯　清末拓裱裝本　尹恭壽跋　鈐有“尹恭壽印”“潤生”“祝秋篆”　一冊

370000－1542－0005469　493/3　史部/金石類

秦漢瓦當文字二卷續一卷 （清）程敦編　清乾隆五十二年(1787)臨潼横渠書院刻五十九年(1794)續刻本　十一行二十五字細黑口四周單邊　内封題“乾隆丁未三月刊於横渠書院”　鈐有“江左書林”“齊魯大學圖書館藏書”　三冊

370000－1542－0005470　495/6　史部/金石類

古泉搨本不分卷 （清）□□輯　清拓本　鈐有“歿閒草堂吉金記”“適園”“心如”　四十冊

370000－1542－0005471　495/14　史部/金石類

選錢齋筆記十五卷續三卷 （清）□□撰　清嘉慶沈恕抄本　十行二十五至二十七字　無格　鈐有“沈恕手校”“綺云審定”“愛日樓”“華亭沈氏鑒藏”“沈氏屺雲曾經過眼”“華亭沈恕鑒藏圖書”“吳石君壬子後所得物”“物外司馬”　四冊

370000－1542－0005472　495/19　史部/金石類

雪廬古泉文存不分卷 （□）□□輯　稿本　行數不等字數不等　無格　鈐有“馬澤之章”　四冊

370000－1542－0005473　495/20　史部/金石類

古泉景不分卷 （清）周士澄輯　清同治七年(1868)吉金壽石齋拓本　單魚尾四周雙邊　無格　内封題“同治七年春日　吉金壽石齋拓本”　六冊

370000－1542－0005474　600/6　子部/叢編

諸子文歸二十二卷 （明）鍾惺評選　明刻本　九行二十五字白口四周單邊　鈐有“齊魯大學圖書館藏書”　二十二冊

370000－1542－0005475　600/14　子部/叢編

諸子彙函二十六卷談藪一卷 （明）歸有光輯　（明）文震孟訂　明天啓刻本　上欄小字雙行六字下欄九行十八字小字雙行同白口單魚尾四周單邊　鈐有“齊魯大學圖書館藏書”　二十四冊

370000－1542－0005476　620/9　子部/叢編

合刻管韓二子四十四卷 （明）葛鼎　（明）丁此聘訂閱　明崇禎十一年(1638)葛鼎刻本　九行二十四字白口四周單邊　一冊

370000－1542－0005477　610/4　子部/儒家類

說苑二十卷 （漢）劉向撰　（明）鍾人傑閱　清刻本　九行二十字白口單白魚尾左右雙邊　四冊

370000－1542－0005478　611/19　子部/儒家類

新書十卷 （漢）賈誼撰　（明）錢震瀧閱　明末刻本　佚名錄清趙曦明　清盧文弨校　九行二十字白口單魚尾左右雙邊　鈐有“醉書齋”　一冊

370000－1542－0005479　611/6　子部/儒家類

新纂門目五臣音註揚子法言十卷 （漢）揚雄撰　（晉）李軌等添註　明嘉靖十二年(1533)顧春世德堂刻六子書本　八行十七字小字雙行同白口單魚尾四周雙邊　鈐有“東里歐陽子彬鑑臧書畫”“東里歐陽子彬珎臧書籍”　四冊

370000－1542－0005480　612/25　子部/儒家類

周子全書二十二卷首一卷 （清）董榕輯　清乾隆刻本　十行十九字黑口單魚尾四周單邊　三冊　存四種十一卷(太極圖說二卷、太極圖說發明四卷、通書四卷、太極圖說通書發明一)

370000－1542－0005481　612/27　子部/儒家類

張子全書十五卷　(宋)張載撰　(宋)朱熹注　清康熙五十八年(1719)高安朱軾刻本　十行二十字小字雙行同白口單魚尾左右雙邊　鈐有"齊魯大學圖書館藏書"　五册

370000－1542－0005482　612/27　子部/儒家類

張子全書十五卷　(宋)張載撰　(宋)朱熹注　清康熙五十八年(1719)高安朱軾刻本　清趙駿麟題　十行二十字小字雙行同白口單魚尾左右雙邊　内封題"本衙藏板"　鈐有"齊魯大學圖書館藏書"　六册

370000－1542－0005483　612/23　子部/儒家類

淵鑒齋御纂朱子全書六十六卷　(宋)朱熹撰　(清)李光地等編　清康熙五十三年(1714)山東刻本　九行二十字小字雙行同黑口雙魚尾四周單邊　鈐有"山東濰縣廣文學堂""山東濟南齊魯大學校圖書館""基督教齊魯大學圖書館"　七册

370000－1542－0005484　612/30　子部/儒家類

大學衍義四十三卷　(宋)真德秀撰　明嘉靖吉澄刻本　十行二十字小字雙行同白口單魚尾四周單邊　卷四十三卷末牌記題"巡按福建監察御史吉澄校刊"　鈐有"揭氏藏碑帖書畫印""友莘之章"　二十册

370000－1542－0005485　612/31　子部/儒家類

大學衍義補一百六十卷首一卷　(明)丘濬撰　明刻本　十行二十字小字雙行同白口單白魚尾左右雙邊　鈐有"齊魯大學圖書館藏書"　三十九册

370000－1542－0005486　612/32　子部/儒家類

大學衍義輯要六卷大學衍義補輯要十二卷首一卷　(宋)真德秀　(明)邱濬撰　(清)陳弘謀編　清乾隆二年(1737)桂林陳氏刻本　十行二十二字小字雙行同白口單魚尾四周單邊　鈐有"山左歷城蕭氏翰紬收臧之印""景璋""雲中一鶴""以仁存心"　十六册

370000－1542－0005487　612/32　子部/儒家類

大學衍義輯要六卷大學衍義補輯要十二卷首一卷　(宋)真德秀　(明)邱濬撰　(清)陳弘謀編　清乾隆二年(1737)桂林陳氏刻本　十行二十二字小字雙行同白口單魚尾四周單邊　鈐有"齊魯大學圖書館藏書"　八册

370000－1542－0005488　612/32　子部/儒家類

大學衍義輯要六卷大學衍義補輯要十二卷首一卷　(宋)真德秀　(明)邱濬撰　(清)陳弘謀編　清乾隆二年(1737)桂林陳氏刻本　十行二十二字小字雙行同白口單魚尾四周單邊　鈐有"齊魯大學圖書館藏書"　八册

370000－1542－0005489　450/6　子部/儒家類

帝學八卷　(宋)范祖禹撰　清省園刻本　十行十九字細黑口單魚尾左右雙邊　鈐有"應椿""紹庭""長白尹氏"　四册

370000－1542－0005490　612/6　子部/儒家類

慈溪黄氏日抄分類九十七卷古今紀要十九卷　(宋)黄震編輯　清乾隆三十二年(1767)新安汪佩鍔校刻本　十四行二十六字黑口雙魚尾四周雙邊　鈐有"溫故堂黄""齊魯大學哈佛燕京學社購置""齊魯大學圖書館藏書之章"　二十册

370000－1542－0005491　612/6　子部/儒家類

慈溪黄氏日抄分類九十七卷　(宋)黄震編輯　清乾隆三十二年(1767)新安汪佩鍔校刻本　十四行二十六字黑口雙魚尾四周雙邊　鈐有"太室山房臧書""灌芷""貫止""玉茗草堂主人""王嵩高印""少林""湯生""月查藏書""王氏悦亭珍藏書籍印""李錦章""貫一"　二十六册

370000－1542－0005492　610/23　子部/儒家類

程氏家塾讀書分年日程三卷綱領一卷 （元）程端禮述 清康熙二十八年(1689)陸隴其刻本 十二行二十二字小字雙行同白口單魚尾四周單邊 鈐有"李錦章" 二冊

370000－1542－0005493 610/30 子部/儒家類

新刻註釋孔子家語憲四卷 （明）陳際泰箋釋 明潭陽劉舜臣刻本 九行二十一字小字雙行同白口四周單邊 内封題"汲古閣毛氏原本 勵園書屋藏板" 二冊

370000－1542－0005494 610/8 子部/儒家類

孔子家語十卷 （三國魏）王肅注 清雍正十三年(1735)翻刻毛氏汲古閣刻本 九行十七字小字雙行二十五字白口左右雙邊 内封題"汲古閣梓行" 鈐有"齊魯大學圖書館藏書" 四冊

370000－1542－0005495 600/21 子部/儒家類

薛文清公要語内篇一卷外篇一卷 （明）薛瑄撰 （明）谷中虛輯 明嘉靖四十五年(1566)盛賫汝刻本 九行十七字黑口單魚尾四周雙邊 鈐有"張拱乾印""九臨""愧庵""東林正學弟子""賤軀" 二冊

370000－1542－0005496 612/15 子部/儒家類

性理大全書七十卷 （明）胡廣等纂 明萬曆二十五年(1597)吳勉學刻本 十行二十字小字雙行同白口雙順魚尾左右雙邊 鈐有"山東濟南齊魯大學校圖書館""基督教齊魯大學圖書館" 二十三冊 存六十九卷(二至七十)

370000－1542－0005497 612/10 子部/儒家類

性理大全書七十卷 （明）胡廣等纂 明萬曆二十五年(1597)吳勉學刻本 十行二十字小字雙行同白口雙魚尾左右雙邊 内封題"太史李九我先生纂訂 博古齋周桂廷仲實藏板" 鈐有"文樞堂""齊魯大學圖書館藏書" 八冊 存二十八卷(一至二十八)

370000－1542－0005498 612/15 子部/儒家類

性理大全書七十卷 （明）胡廣等纂 明永樂十三年(1415)内府刻清康熙十二年(1673)内府修補本 十行二十二字小字雙行同黑口雙魚尾四周雙邊 鈐有"山東濟南齊魯大學校圖書館" 十八冊

370000－1542－0005499 612/10 子部/儒家類

性理大全會通七十卷續編四十二卷 （明）胡廣等纂 （明）汪明際點閱 （明）鍾人傑訂正 明崇禎刻本 佚名批注 十行二十字小字雙行同白口單魚尾四周單邊 鈐有"齊魯大學圖書館藏書" 四十八冊

370000－1542－0005500 612/10 子部/儒家類

性理大全會通七十卷續編四十二卷 （明）胡廣等纂 （明）汪明際點閱 （明）鍾人傑訂正 明崇禎刻本 十行二十字小字雙行同白口單魚尾四周單邊 鈐有"齊魯大學圖書館藏書" 二十四冊 缺二十八卷(會通一至二十八)

370000－1542－0005501 612/17 子部/儒家類

皇明性理翼六卷 （明）過庭訓纂集 明萬曆四十一年(1613)自刻本 九行十八字白口單魚尾四周雙邊 鈐有"袁江陳氏收葺舊書印""齊魯大學圖書館藏書" 四冊

370000－1542－0005502 710/36 子部/儒家類

陽明先生集要三編十五卷附年譜一卷 （明）王守仁撰 （明）施邦曜重編 明崇禎八年(1635)王立準校刻本 十行二十字白口單魚尾左右雙邊 無格 鈐有"齊魯大學圖書館藏書" 十冊

370000－1542－0005503 610/26 子部/儒家類

聖賢道統圖贊一卷 （明）□□編 明崇禎二

年(1629)刻本　十行十九字小字雙行同白口單魚尾左右雙邊　有圖　一册

370000－1542－0005504　612/28　子部/儒家類

性理三解七卷　(明)韓邦奇撰　清乾隆十六年(1751)朝邑刻本　十行二十二字白口單魚尾左右雙邊　鈐有"齊魯大學圖書館藏書"　四册

370000－1542－0005505　512/1　子部/儒家類

明夷待訪錄一卷　(清)黄宗羲撰　清同治三年(1864)周星詒抄本　清翁綬琪題　清周星詒校題識　十行二十字　無格　鈐有"靈溪精舍臧書之印"　一册

370000－1542－0005506　612/3　子部/儒家類

讀書日記六卷補編二卷附劉直齋先生墓誌銘劉直齋先生傳　(清)劉源渌撰　(清)陸師定　(清)馬長淑較　清雍正五年(1727)安丘劉氏刻十一年(1733)增刻本　十行二十一字小字雙行同粗黑口雙魚尾左右雙邊　八册

370000－1542－0005507　612/29　子部/儒家類

御纂性理精義十二卷　(清)李光地等撰　清康熙五十六年(1717)武英殿刻本　八行十八字小字雙行二十二字白口單魚尾四周雙邊　鈐有"偉人珍藏""德口主人珍臧""費莫氏鑒賞圖書""費莫氏鐵口秘玩書""樂琴書以消憂"　五册

370000－1542－0005508　612/29　子部/儒家類

御纂性理精義十二卷　(清)李光地等編　清雍正八年(1730)直隸翻刻康熙武英殿本　八行十八字小字雙行同白口單魚尾四周雙邊　鈐有"山東濟南齊魯大學校圖書館""基督教齊魯大學圖書館"　五册

370000－1542－0005509　612/42　子部/儒家類

榕村講授三卷　(清)李光地編　清康熙李氏教忠堂刻本　十一行二十字白口左右雙邊　鈐有"蘿月書屋珍藏""風月無邊庭草交翠""齊魯大學圖書館藏書"　三册

370000－1542－0005510　612/38　子部/儒家類

日知薈説四卷　(清)高宗弘曆撰　清刻本　七行十八字白口單魚尾四周雙邊　鈐有"惟精惟弌""乾隆宸翰""留華伴月""忠信堂印""謹慎""齊魯大學圖書館藏書"　四册

370000－1542－0005511　613/72　子部/儒家類

困勉齋私記四卷　(清)閻循觀撰　清乾隆三十八年(1773)刻本　十行二十二字小字雙行同白口單魚尾左右雙邊　内封題"乾隆癸巳年鐫　樹滋堂藏板"　鈐有"壯學堂"　一册

370000－1542－0005512　612/19　子部/儒家類

五子近思錄發明十四卷　(清)施璜撰　清康熙四十四年(1705)聚錦堂刻本　九行二十字小字雙行同黑口單魚尾左右雙邊　内封題"聚錦堂藏版"　鈐有"發明精義""聚錦堂""齊魯大學圖書館藏書"　十册

370000－1542－0005513　612/62　子部/儒家類

五子近思錄輯要十四卷　(清)孫嘉淦編　清刻本　九行二十字小字雙行同黑口單魚尾左右雙邊　鈐有"胡""泉""齊魯大學圖書館藏書"　二册

370000－1542－0005514　812.19/9　子部/儒家類

禮俗權衡二卷　(清)趙執信撰　清康熙刻本　十行二十一字白口單魚尾左右雙邊　一册

370000－1542－0005515　611/13　子部/儒家類

聯經四卷　(清)李學禮撰　清乾隆五十五年(1790)刻本　十行二十六字小字雙行同白口單魚尾四周雙邊　鈐有"豐盛號記""崇山""峻峯"　四册

370000－1542－0005516　620/2　子部/法家類

管子二十四卷　(唐)房玄齡注　(唐)劉績增註　(明)朱長春通演　(明)朱養和輯訂　明天啓五年(1625)西湖花齋刻本　九行二十字小字雙行同白口單魚尾四周單邊　鈐有"山東濟南齊魯大學校圖書館"　五册

370000－1542－0005517　620/10　子部/法家類

韓非子二十卷　(戰國)韓非撰　明刻本(卷五至六抄配)　十行二十一字小字雙行同白口單魚尾左右雙邊　鈐有"古潭州袁臥雪廬收藏"　十册

370000－1542－0005518　620/13　子部/法家類

韓子迂評二十卷附錄一卷　(元)何犿校　(明)門無子評　明萬曆六年(1578)門無子刻本　朱惠清題　上欄小字雙行四字下欄八行十八字白口雙白魚尾四周雙邊　鈐有"朱惠清""朱""弌曰壽弌曰富三曰康寧四曰攸好德五曰考終命"　八册

370000－1542－0005519　660/1　子部/兵家類

魏武帝注孫子三卷　(春秋)孫武撰　(三國魏)曹操注　清嘉慶五年(1800)蘭陵孫星衍影宋刻本　十一行二十字小字雙行同白口單魚尾左右雙邊　内封題"蘭陵孫氏重雕宋本"牌記題"嘉慶庚申蘭陵孫氏重刊小讀書堆藏宋本顧千里手摹上版"　一册

370000－1542－0005520　660/1　子部/兵家類

吴子二卷　(戰國)吳起撰　清嘉慶五年(1800)蘭陵孫星衍影宋刻本　十一行二十字白口單魚尾左右雙邊　牌記題"嘉慶庚申蘭陵孫氏重刊小讀書堆藏宋本顧千里手摹上版"　一册

370000－1542－0005521　660/1　子部/兵家類

司馬法二卷　(春秋)司馬穰苴撰　清嘉慶五年(1800)蘭陵孫星衍影宋刻本　十一行二十字白口單魚尾左右雙邊　牌記題"嘉慶庚申蘭陵孫氏重刊小讀書堆藏宋本顧千里手摹上版"　一册

370000－1542－0005522　660/14　子部/兵家類

金湯借箸十二籌十二卷　(明)李盤撰　清抄本　八行十八字　無格　五册

370000－1542－0005523　560/18　子部/兵家類

登壇必究四十卷　(明)王鳴鶴輯　(明)袁世忠等校　明萬曆二十七年(1599)刻本(原缺卷二十一至二十四)　十行二十字小字雙行同白口單魚尾四周雙邊或左右雙邊　内封題"本衙藏板"　三十二册

370000－1542－0005524　660/16　子部/兵家類

武經七書彙解七卷首一卷末一卷　(清)朱墉編　清康熙朱氏懷山園刻本　十二行三十字白口單魚尾四周單邊　無格　十二册

370000－1542－0005525　660/5　子部/兵家類

寧致堂增訂武經體註三卷　(清)夏振翼纂訂　**射學摘要一卷**　(明)胡秉中撰　清康熙五十九年(1720)三多齋刻本　上欄二十行二十二字下欄九行十七字小字雙行同白口單魚尾左右雙邊　内封題"增補武經三子體註　三多齋梓行"　鈐有"齊魯大學圖書館藏書"　四册

370000－1542－0005526　250/3　子部/農家類

齊民要術十卷雜説一卷　(北魏)賈思勰撰　明萬曆胡震亨、沈士龍刻祕册彙函本　九行十八字小字雙行同白口線魚尾左右雙邊　鈐有"蘇完瓜爾佳氏景霖"　三册

370000－1542－0005527　812.19/121　子部/農家類

二如亭群芳譜三十卷首一卷　(明)王象晉纂輯　(明)毛晉較　明崇禎刻清印本　上欄小

字雙行三字中欄八行十八字小字雙行同下欄小字雙行四字白口單魚尾四周單邊　二十八册

370000－1542－0005528　256/3　子部/農家類

秘傳花鏡六卷　(清)陳淏子訂輯　清康熙刻本　九行二十四字小字雙行同白口單魚尾四周單邊　鈐有"江上數峰青""齊魯大學圖書館藏書"　六册

370000－1542－0005529　250/6　子部/農家類

三農紀二十四卷　(清)張宗法撰　清乾隆二十五年(1760)刻本　十行二十字小字雙行同白口單魚尾四周雙邊　十册

370000－1542－0005530　253/2　子部/農家類

山蠶譜二卷白蠟蟲譜一卷北菌譜二卷　(清)張崧撰　清抄本　十行二十二字小字雙行同無格　一册

370000－1542－0005531　260/9　子部/醫家類

千金翼方三十卷　(唐)孫思邈撰　(明)王肯堂重校　明萬曆三十三年(1605)金壇王肯堂刻本　十行二十字小字雙行同白口單魚尾四周單邊　二十册

370000－1542－0005532　260/2　子部/醫家類

證治準繩六種　(明)王肯堂輯　清康熙三十八年(1699)刻本　佚名眉批　九行十八字小字雙行同白口單魚尾四周單邊　内封題"康熙己卯新鐫　金壇虞氏藏板"　八十册

370000－1542－0005533　261/4　子部/醫家類

醫學六要十九卷　(明)張三錫撰　明萬曆刻本　九行十八字小字雙行同白口四周單邊　三册　存一卷(經絡考一卷)

370000－1542－0005534　263/2　子部/醫家類

臨證指南醫案十卷　(清)葉桂撰　清乾隆三十三年(1768)衛生堂刻本　徐大椿批注　上欄小字雙行三字下欄十行二十二字小字雙行同白口單魚尾左右雙邊　内封題"乾隆三十三年鐫　衛生堂藏板"　鈐有"懷涇堂發兑"　十册

370000－1542－0005535　131/5　子部/天文曆算類

五經算術二卷　(北周)甄鸞撰　(唐)李淳風注　清乾隆四十二年(1777)福建刻光緒十九年(1893)補刻武英殿聚珍版書本　九行二十一字小字雙行同白口單魚尾四周雙邊　鈐有"齊魯大學圖書館藏書"　一册

370000－1542－0005536　131/8　子部/天文曆算類

五曹算經五卷　(北周)甄鸞撰　**夏侯陽算經三卷**　題(隋)夏侯陽撰　清乾隆四十二年(1777)福建刻武英殿聚珍版書本　九行二十一字小字雙行同白口單魚尾四周雙邊　鈐有"齊魯大學圖書館藏書"　一册

370000－1542－0005537　131/8　子部/天文曆算類

夏侯陽算經三卷　題(隋)夏侯陽撰　清乾隆四十二年(1777)福建刻武英殿聚珍版書本　九行二十一字小字雙行同白口單魚尾四周雙邊　一册

370000－1542－0005538　120/16　子部/天文曆算類

大明天元玉曆祥異圖説七卷　(明)余文龍輯　清抄本　九行二十一字小字雙行同白口單魚尾四周單邊　無格　鈐有"齊魯大學圖書館藏書"二册

370000－1542－0005539　038/13　子部/天文曆算類

經武秘要八種三十五卷　(明)焦勖等撰　清抄本　九行二十字或十四行二十七字白口單魚尾四周單邊　無格　八册　存八種三十五卷(火攻挈要二卷、火攻秘要一卷、日晷圖法不分卷、天文乙巳占十卷、註選大六壬軍門占

課十八卷、干支占一卷、象數寄言一卷、天文鬼料竅一卷）

370000－1542－0005540　131/24　子部/天文曆算類

數度衍二十三卷首三卷　（明）方中通撰　清康熙繼聲堂刻本　九行二十四字小字雙行同白口雙魚尾左右雙邊　内封題"繼聲堂藏板"　鈐有"方氏素北汗青閣藏書""刻莫因循""就正有道""齊魯大學圖書館藏書"　四册　缺十五卷（九至二十三）

370000－1542－0005541　100/2　子部/天文曆算類

管窺輯要八十卷　（清）黃鼎纂定　清順治九年（1652）六安黃氏刻本　九行十九字小字雙行同白口單魚尾左右雙邊　内封題"天文大成全志輯要　内附步天星歌決全圖　粵東拱星堂家藏發兑"　三十六册

370000－1542－0005542　100/2　子部/天文曆算類

天文步天歌一卷　（清）何君藩撰　清康熙、乾隆間廣東刻本　九行二十一字小字雙行同白口單魚尾左右雙邊　内封題"天文大成全志輯要　内附步天星歌決全圖　粵東拱星堂家藏發兑"　一册

370000－1542－0005543　120/1　子部/天文曆算類

天下山河兩戒考十四卷　（清）徐文靖撰　清雍正元年（1723）刻本　九行二十字小字雙行同白口單魚尾左右雙邊　内封題"雍正元年鐫　本衙藏板"　鈐有"愛日樓""康綸鈞字鵬書號伊山"　四册

370000－1542－0005544　120/2　子部/天文曆算類

尚書釋天六卷附丹元子步天歌一卷一總論時憲曆法積數之本一卷一論時憲曆各數化秒通法一卷　（清）盛百二輯　清抄本　十一行二十一字小字雙行同　無格　四册

370000－1542－0005545　120/11　子部/天文曆算類

曆算全書八種二十七卷　（清）梅文鼎撰　清康熙李光地刻本　八行二十二字或十一行二十四字小字雙行同白口無魚尾或單魚尾四周雙邊　無格　鈐有"安樂堂藏書記""齊魯大學圖書館藏書"　八册

370000－1542－0005546　131/1　子部/天文曆算類

算經十書三十七卷　（清）孔繼涵輯　清乾隆曲阜孔氏刻微波榭叢書本　九行十八字小字雙行同白口單魚尾四周雙邊　十册

370000－1542－0005547　110/1　子部/天文曆算類

兼濟堂纂刻梅勿菴先生曆算全書二十九種七十四卷　（清）梅文鼎撰　清雍正元年（1723）柏鄉魏荔彤兼濟堂輯刻本　十一行二十四字小字雙行同白口單魚尾四周雙邊　内封題"雍正元年鐫　柏鄉魏念庭輯刊"　鈐有"讀有用書""碧雲僊館珍藏書畫印"　十八册

370000－1542－0005548　110/2　子部/天文曆算類

律曆淵源一百十卷　（清）允祿等修　清康熙内府銅活字印雍正、乾隆間補刻本　九行二十字小字雙行同白口單魚尾四周雙邊　鈐有"臣應椿印""讀有用書""碧雲僊館""蕭應椿印""買書容易讀書難""紹庭氏""紫藤花館""恨不十年讀書""閑者便是""護封""家在滇南翠海間""開卷有益""靜能生悟""紹庭珍藏"　九十六册

370000－1542－0005549　120/7　子部/天文曆算類

御製曆象考成上編十六卷下編十卷表十六卷後編十卷　（清）允祿等修　清雍正元年（1723）、乾隆七年（1742）武英殿刻本　九行二十字小字雙行同白口單魚尾四周雙邊　三十二册

370000－1542－0005550　130/7　子部/天文曆算類

御製數理精藴上編五卷下編四十卷表八卷　（清）允祿等修　清雍正内府刻本　九行二十

字小字雙行同白口單魚尾四周雙邊　鈐有“齊魯大學圖書館藏書”　五十三冊

370000－1542－0005551　132/3　子部/天文曆算類

決疑數學十卷首一卷　(英國)傅蘭雅口譯　(清)華蘅芳筆述　清寫本　佚名眉批　十行二十二字小字雙行同白口四周雙邊　無格　鈐有“齊魯大學圖書館藏書”　四冊

370000－1542－0005552　691/87　子部/術數類

揚子太玄經十卷　(漢)揚雄撰　(明)趙如源閱　(明)王道焜　(明)朱欽明校　**說玄一卷**　(宋)司馬光述　明天啟六年(1626)武林趙世楷刻本　九行十八字小字雙行同白口四周單邊　鈐有“不夜于氏藏書印”　二冊

370000－1542－0005553　720/2　子部/術數類

焦氏易林四卷　(漢)焦贛撰　明崇禎虞山毛氏汲古閣刻本　清李廷棨批注　九行十九字白口左右雙邊　内封題“毛氏挍刊　汲古閣藏板”　六冊

370000－1542－0005554　145/5　子部/術數類

河洛理數七卷　(宋)陳摶撰　明末清初刻本　十行二十字白口單魚尾四周單邊　内封題“因行世多年　其板以致模糊　今本堂重鐫修補考正　字跡無訛”　鈐有“齊魯大學圖書館藏書”　六冊

370000－1542－0005555　144/3　子部/術數類

新編評註通玄先生張果星宗大全十卷　(明)陸位輯　清乾隆書業堂刻文瑞樓印本　雙欄下欄十二行二十四字白口單魚尾左右雙邊　内封題“文瑞樓藏板”　鈐有“蘇州綠蔭堂鑑記精造書籍章”“齊魯大學圖書館藏書”　六冊

370000－1542－0005556　146/25　子部/術數類

新刻賴太素天星催官解二卷附破愚論一卷　(明)朱傅撰　(明)熊汝嶽參補　明萬曆四十二年(1614)刻本　上欄小字雙行四字下欄九行二十四字小字雙行同白口單魚尾四周單邊　二冊

370000－1542－0005557　140/1　子部/術數類

欽定協紀辨方書三十六卷首一卷　(清)李廷耀等撰　清乾隆翻刻内府朱墨套印本　九行二十字白口單魚尾四周雙邊　鈐有“齊魯大學圖書館藏書”　十五冊

370000－1542－0005558　141/5　子部/術數類

皇極經世書八卷首一卷　(清)王植撰　清乾隆二十一年(1756)刻本　九行二十一字小字雙行同白口四周單邊　無格　鈐有“齊魯大學圖書館藏書”　八冊

370000－1542－0005559　142/2　子部/術數類

燃犀集十卷　(清)王醇業撰　清康熙五十九年(1720)王氏白溪草廬刻本　九行二十一字小字雙行同粗黑口單魚尾四周單邊　内封題“康熙庚子歲新鐫　選日燃犀　白溪草廬藏板”　鈐有“齊魯大學圖書館藏書”“近有僞刻本集封面裝他本通書以蒙混者四方君子須認板心内燃犀集無悮”“蛾術餘晷”“翻刻必究”　二冊

370000－1542－0005560　142/5　子部/術數類

選時造命四卷附宅譜邇言二卷　(清)魏青江纂　清乾隆七年(1742)刻本　十行二十四字白口雙魚尾左右雙邊　鈐有“齊魯大學圖書館藏書”　六冊

370000－1542－0005561　142/8　子部/術數類

選擇天鏡三卷　(清)任端書輯　(清)熊鎮遠訂　清乾隆十三年(1748)文聚樓刻朱墨套印本　行數不等字數不等白口左右雙邊　内封題“乾隆十三年鐫　梁溪文聚樓梓”　鈐有“齊魯大學圖書館藏書”　六冊

370000－1542－0005562　145/1　子部/術數類

卜法詳考四卷　(清)胡煦纂　清雍正胡氏葆璞堂刻本　十行二十四字小字雙行同白口四周雙邊　鈐有"尊生""琯""三禅室主丁卯年後所得""尊生所臧"　四册

370000－1542－0005563　145/2　子部/術數類

大六壬　(囗)囗囗撰　清初懷慶郭載騋校刻本　十行二十四字白口單魚尾四周單邊　有刻工　無格　内封題"懷慶楊衙藏板"　十三册

370000－1542－0005564　145/7　子部/術數類

卜筮正宗十四卷　(清)王維德輯　清康熙四十八年(1709)刻本　九行二十字小字雙行同白口單魚尾左右雙邊　鈐有"有心質古""拙著黑字""正己化人""齊魯大學圖書館藏書"　三册

370000－1542－0005565　146/4　子部/術數類

增補地理直指原真三卷首一卷　(清)釋如玉撰　清康熙三十五年(1696)還讀齋刻本　八行二十四字小字雙行同白口四周單邊　内封題"四明徹瑩大師重定　增補訂正地理直指原真大全　還讀齋藏板"　鈐有"齊魯大學圖書館藏書"　八册

370000－1542－0005566　146/5　子部/術數類

地學二卷　(清)沈鎬撰　清康熙五十二年(1713)三讓堂刻本　二十四行二十一字白口單魚尾四周單邊　内封題"康熙五十二年新鐫　三讓堂主人謹識"　鈐有"協記珍藏""山東濟南齊魯大學校圖書館"　二册

370000－1542－0005567　146/18　子部/術數類

陽宅大成四種十五卷　(清)魏青江撰　清乾隆六年(1741)刻本　十行二十四字小字雙行同白口單魚尾左右雙邊　鈐有"齊魯大學圖書館藏書"　十六册

370000－1542－0005568　146/2　子部/術數類

新刻訂正原板劉氏家藏二十四山造葬全書八卷　(清)劉春沂撰　清乾隆四十五年(1780)劉氏刻本　十五行二十八字白口單魚尾四周單邊　内封題"劉氏家藏闡微通書　聚錦堂藏板"　鈐有"齊魯大學圖書館藏書"　十二册

370000－1542－0005569　146/9　子部/術數類

乾坤法竅三卷　(清)范宜賓集　清乾隆三十一年(1766)瀋陽范宜賓刻本　佚名批校　十一行二十二字白口單魚尾四周雙邊或四周單邊　内封題"林笏堂藏板"　鈐有"齊魯大學圖書館藏書"　三册

370000－1542－0005570　146/17　子部/術數類

平陽全書十五卷　(清)葉泰輯　清康熙二十六年(1687)文光堂刻本　九行二十一字白口單魚尾左右雙邊或四周單邊　内封題"文光堂梓行"　鈐有"齊魯大學圖書館藏書"　六册

370000－1542－0005571　250/4　子部/農家農學類

佩文齋廣羣芳譜一百卷目錄二卷　(清)汪灝等編修　清刻本　十一行二十一字白口雙魚尾左右雙邊　鈐有"心香珍藏""心香館""夢書""夢書珍臧""吳氏家藏""澹洳""愛日樓""臣鶚"　三十二册

370000－1542－0005572　250/4　子部/農家農學類

佩文齋廣羣芳譜一百卷目錄二卷　(清)汪灝等編修　清刻本　十一行二十一字白口雙魚尾左右雙邊　鈐有"書業德自在江浙蘇閩揀選古今書籍發兑印""張梯青"　三十四册

370000－1542－0005573　821/8　子部/藝術類/書畫之屬

鐵網珊瑚書品十卷畫品六卷　(明)朱存理撰

清雍正六年(1728)年希堯澄鑒堂刻本　李适題跋　十行二十一字小字雙行同白口單魚尾左右雙邊　鈐有"陸樹聲印""臣陸樹聲""鈍丁行者""一片冰心在玉壺""陳賢所藏""勉亭珍臧""楊""馬官敬印""丹銘""協卿讀過""趙郡延适長壽""歸安陸樹聲叔桐父印""遹軒""去疾"　十二册

370000－1542－0005574　821/8　子部/藝術類/書畫之屬
鐵網珊瑚二十卷　(明)都穆撰　清乾隆二十三年(1758)刻本　十行二十二字白口單魚尾左右雙邊　内封題"本衙藏版"　鈐有"齊魯大學圖書館藏書""李氏藏書""冬涵閲過"　四册

370000－1542－0005575　821/58　子部/藝術類/書畫之屬
明董其昌等人墨蹟　(明)董其昌等作　稿本　一册

370000－1542－0005576　821/3　子部/藝術類/書畫之屬
佩文齋書畫譜一百卷　(清)孫岳頒等撰　清刻本　十一行二十一字小字雙行三十至三十一字白口單魚尾左右雙邊　内封題"賜板通行　静永堂藏"　四十册

370000－1542－0005577　821/3　子部/藝術類/書畫之屬
佩文齋書畫譜一百卷　(清)孫岳頒等撰　清刻本　十一行二十一字小字雙行三十至三十一字白口單魚尾左右雙邊　内封題"御賜原板　康熙四十八年　静永堂藏"　鈐有"容劄軒珍臧"　六十册

370000－1542－0005578　821/7　子部/藝術類/書畫之屬
賞奇軒四種合編　(清)口口輯　清刻本　鈐有"齊魯大學圖書館藏書"　四册

370000－1542－0005579　821/7　子部/藝術類/書畫之屬
賞奇軒四種合編　(清)口口輯　清刻本　鈐有"頤園"　四册

370000－1542－0005580　821/41　子部/藝術類/書畫之屬
清河書畫舫十二卷　(明)張丑撰　清乾隆二十八年(1763)吳長元池北草堂刻本　九行二十二字小字雙行同黑口左右雙邊　内封題"池北草堂開彫"　鈐有"齊魯大學圖書館藏書"　十二册

370000－1542－0005581　821/24　子部/藝術類/書畫之屬
湘管齋寓賞編六卷　(清)陳焯輯　清乾隆吳興陳氏聽香讀畫樓刻本　九行二十字小字雙行同黑口左右雙邊　内封題"吳興陳氏聽香讀畫樓重修"　鈐有"雪柯永寶"　六册

370000－1542－0005582　821.9/8　子部/藝術類/書畫之屬
趙秋谷焦秉貞二先生書畫册頁　(清)趙執信　(清)焦秉貞作　稿本　鈐有"成""瓘"　一册

370000－1542－0005583　822/4　子部/藝術類/書畫之屬
墨池編二十卷　(宋)朱長文編　清康熙五十三年(1714)就閒堂刻乾隆印本　十一行二十一字黑口雙魚尾左右雙邊　内封題"家藏正本　就閒堂雕板"　鈐有"碧雲僊館珍藏書畫印""應椿""時於此中得少佳趣"　八册

370000－1542－0005584　822/4　子部/藝術類/書畫之屬
印典八卷　(清)朱象賢撰　清康熙五十三年(1714)就閒堂刻乾隆印本　十一行二十一字黑口雙魚尾左右雙邊　内封題"家藏正本　就閒堂雕板"　鈐有"應椿""時於此中得少佳趣"　四册

370000－1542－0005585　822/4　子部/藝術類/書畫之屬
墨池編二十卷　(宋)朱長文編　清康熙五十三年(1714)就閒堂刻本　十一行二十一字黑口雙魚尾左右雙邊　鈐有"齊魯大學圖書館藏書"　六册

370000－1542－0005586　822/6－2　子部/

藝術類/書畫之屬

漢溪書法通解八卷 (清)戈守智撰 (清)陸聲鐘編次 清乾隆刻本 佚名批注 九行二十一字單白魚尾四周單邊 四册

370000－1542－0005587 822/8 子部/藝術類/書畫之屬

隸法彙纂十卷 (清)項懷述撰 清乾隆四十五年(1780)刻本 十二行二十二字白口四周單邊 内封題"小酉山房藏板" 四册

370000－1542－0005588 822.9/3 子部/藝術類/書畫之屬

御製九符詩 (清)世宗胤禛撰 清孔繼涑寫本 鈐有"繼涑私印""葭谷""高唐郝氏藏本" 一册

370000－1542－0005589 822.9/4 子部/藝術類/書畫之屬

鄧鍾岳書札 (清)鄧鍾岳書 稿本 鈐有"高唐郝氏藏本" 一册

370000－1542－0005590 823/42 子部/藝術類/書畫之屬

欽定承華事略補圖六卷 (元)王惲撰 (清)徐郙等補圖 清光緒内府刻本 十行二十字小字雙行同粗黑口花魚尾四周雙邊 一册

370000－1542－0005591 823/42 子部/藝術類/書畫之屬

欽定承華事略補圖六卷 (元)王惲撰 (清)徐郙等補圖 清光緒内府刻本 十行二十字小字雙行同粗黑口花魚尾四周雙邊 一册

370000－1542－0005592 822/40 子部/藝術類/書畫之屬

曠視山房藏畫集 (明)文徵明繪 稿本 鈐有"曠視山房丁氏珍賞" 一册

370000－1542－0005593 823/176 子部/藝術類/書畫之屬

無聲詩史七卷 (清)姜紹書撰 清康熙五十九年(1720)觀妙齋刻本 八行十六至十八字黑口單魚尾左右雙邊 鈐有"高郵左氏鑒藏" 四册

370000－1542－0005594 824/53 子部/藝術類/篆刻之屬

集古印藪四卷 (明)王常編 (明)顧從德校 明萬曆三年(1575)顧氏芸閣校刻朱印本 徐湯殷題識 白口四周單邊 鈐有"徐湯殷""南州書樓""南州書樓藏書" 四册

370000－1542－0005595 824/4 子部/藝術類/篆刻之屬

選集漢印分韻二卷 (清)袁日省輯 (清)謝雲生摹錄 清嘉慶二年(1797)潄藝堂刻本 六行字數不等白口四周雙邊 鈐有"徐氏壽鴻" 四册

370000－1542－0005596 824/4 子部/藝術類/篆刻之屬

續集漢印分韻二卷 (清)謝景卿輯並摹 清嘉慶八年(1803)潄藝堂刻本 六行字數不等白口四周雙邊 内封題"嘉慶八年季春 潄藝堂藏板" 鈐有"徐氏壽鴻" 二册

370000－1542－0005597 824/6 子部/藝術類/篆刻之屬

半舫印存不分卷 (清)葉墨卿 (清)丁二仲同篆 (清)王琛編 清光緒二十四年(1898)鈐印本 鈐有"王琛私印""雪廬""王琛行四字燕生號雪廬别號補園居士" 二册

370000－1542－0005598 824/11 子部/藝術類/篆刻之屬

種榆仙館印譜不分卷 (清)陳鴻壽刻 (清)郭宗泰輯 清道光元年(1821)鈐印本 無魚尾四周雙邊 四册

370000－1542－0005599 824/13 子部/藝術類/篆刻之屬

華黍齋集印四卷 (清)張學宗輯 清咸豐二年(1852)鈐印本 無魚尾四周雙邊 鈐有"松年之印""寉儕""福恒" 四册

370000－1542－0005600 824/14 子部/藝術類/篆刻之屬

劍閒草堂印稿初集二卷 (清)胡柏年刻 清光緒三十三年(1907)山陰胡氏鈐印本 二册

370000－1542－0005601　824/35　子部/藝術類/篆刻之屬
稽庵古印箋四卷　(清)孫文楷輯並箋　清光緒十一年(1885)益都孫文楷稿本　無魚尾四周單邊　二冊　存二卷(三至四)

370000－1542－0005602　036/11　類叢部/叢書類/家集之屬
河南程氏全書(二程全書)六種　(宋)程顥(宋)程頤撰　(宋)朱熹輯　清康熙石門呂氏寶誥堂刻本　十二行二十二字小字雙行同黑口雙花魚尾左右雙邊　鈐有"齊魯大學圖書館藏書"　十二冊

370000－1542－0005603　824/40　子部/藝術類/篆刻之屬
萬印樓印萃不分卷　(清)陳介祺輯　清鈐印本　均生題識　四冊

370000－1542－0005604　824/44　子部/藝術類/篆刻之屬
斯要堂印譜一卷　(清)許倬篆　清雍正三年(1725)刻鈐印本　無魚尾四周單邊　二冊

370000－1542－0005605　824/45　子部/藝術類/篆刻之屬
孝經集篆不分卷　(清)刁嶸篆　清乾隆三十年(1765)鄆城曾貞珂刻本　無魚尾四周單邊　四冊

370000－1542－0005606　824/48　子部/藝術類/篆刻之屬
齊魯古印攈四卷　(清)高慶齡　(清)高嘉鈺輯　清光緒七年至九年(1881－1883)濰縣高氏古雪書莊刻鈐印本　無魚尾四周單邊　內封題"光緒辛巳季春　高氏所藏""平壽高氏古雪書莊定本"　鈐有"陳子清印""白齋"　四冊

370000－1542－0005607　824/48　子部/藝術類/篆刻之屬
續齊魯古印攈一卷　(清)高鴻裁輯　清光緒七年至九年(1881－1883)濰縣高氏古雪書莊刻鈐印本　無魚尾四周單邊　鈐有"陳子清印""白齋"　一冊

370000－1542－0005608　824/51　子部/藝術類/篆刻之屬
竹雪軒印集八卷　(清)蔡濬源輯　清光緒十一年(1885)鈐印本　無魚尾四周單邊　內封題"光緒十弍年冬月開雕"　四冊

370000－1542－0005609　826/31　子部/藝術類/書畫之屬
初搨右軍十七帖　(晉)王羲之書　清拓本　一冊

370000－1542－0005610　826/28　子部/藝術類/書畫之屬
淳化閣法帖十卷　(宋)王著編　明翻刻拓本　五冊　存五卷(一至二、六至七、九)

370000－1542－0005611　826/28　子部/藝術類/書畫之屬
淳化閣法帖十卷　(宋)王著編　明翻刻拓本　王獻唐題跋　三冊　存三卷(二、六、八)

370000－1542－0005612　826/37　子部/藝術類/書畫之屬
淳化閣法帖十卷　(宋)王著編　**淳化閣帖釋文不分卷**　(宋)劉次莊撰　明萬曆四十三年(1615)肅藩摹刻搨印本　七冊　存六卷(二至三、六至九)

370000－1542－0005613　826/151　子部/藝術類/書畫之屬
御刻三希堂石渠寶笈法帖　(清)梁詩正編　清乾隆十五年(1750)刻石拓本　三十二冊

370000－1542－0005614　826/66　子部/藝術類/書畫之屬
孔彪碑　(漢)□□隸書　清雍正初年墨拓本　佚名題識　鈐有"華東大學圖書館藏書章"　一冊

370000－1542－0005615　826/152　子部/藝術類/書畫之屬
玉虹樓法帖(百一帖)　(清)孔繼涑輯并摹刻　清拓本　八十冊

370000－1542－0005616　826/155　子部/藝術類/書畫之屬

千字文 (唐)釋懷素草書 (明)余子俊摹刻 **前出塞九首** (唐)杜甫詩 (明)宋克書 清拓本 鈐有"雙柏書畫""徐乾學印""王懿榮字正孺" 一册

370000－1542－0005617 826/155－2 子部/藝術類/書畫之屬
千字文 (唐)釋懷素草書 (明)余子俊摹刻 **前出塞九首** (唐)杜甫詩 (明)宋克書 清拓本 一册

370000－1542－0005618 826/155－3 子部/藝術類/書畫之屬
海寧陳太守書千字文 (清)陳奕禧書 稿本 鈐有"奕禧""農官大夫""琅邪王景禧字燕泉印""景禧經眼""閒伴仙人掃落花" 一册

370000－1542－0005619 826/157 子部/藝術類/書畫之屬
淳化秘閣法帖考正十卷附二卷釋文二卷 (清)王澍撰 清乾隆三十三年(1768)冰壺閣刻本 九行十八字白口左右雙邊 内封題"乾隆戊子年鐫 冰壺閣藏板" 鈐有"冰壺閣""沈宗騫""硯圃" 八册

370000－1542－0005620 826/179 子部/藝術類/書畫之屬
魯琪光法書集 (清)魯琪光書 稿本 鈐有"魯琪光印""芝友""琪光""雲石""瀫珊""魯仲子" 一册

370000－1542－0005621 826/229 子部/藝術類/書畫之屬
魯琪光書唐杜甫秋興八首 (清)魯琪光書 稿本 一册

370000－1542－0005622 826/239 子部/藝術類/書畫之屬
陳官俊字冊 (清)陳官俊正書 清寫本 鈐有"琅邪王氏薪傳""字壹卿號荷樵""王薪傳印""荷樵""官俊私印""得來不易" 一册

370000－1542－0005623 826/256 子部/藝術類/書畫之屬
白雲居米帖十二卷 (清)姚士斌輯刻 (清)姚學經續刻 清乾隆五十三年(1788)旌德姚氏摹刻搨印本 十二册

370000－1542－0005624 827/2 子部/藝術類/音樂之屬
五知齋琴譜八卷 (清)周魯封輯 清楹心琴社翻刻紅杏山房本 八行十八字小字雙行同白口單魚尾左右雙邊 内封題"燕山周子安彙輯 琴譜大成 紅杏山房藏板" 鈐有"齊魯大學圖書館藏書" 六册

370000－1542－0005625 827/3 子部/藝術類/音樂之屬
大還閣琴譜六卷附萬峯閣指法閟牋一卷學琴説一卷溪山琴況一卷 (清)徐谼撰 清康熙十二年(1673)刻本 六行大小字相間字數不等白口四周單邊 内封題"大還閣藏板" 十册

370000－1542－0005626 827/4 子部/藝術類/音樂之屬
誠一堂琴譜六卷附琴談二卷 (清)程允基輯 清康熙四十四年(1705)新安程氏刻本 八行大小字相間字數不等白口單魚尾四周雙邊 鈐有"齊魯大學圖書館藏書" 四册

370000－1542－0005627 680/25 子部/雜家類
子華子十卷 (春秋)程本撰 (明)金之俊評閲 明崇禎雷鳴時刻清康熙、雍正間重修本 九行二十字白口單魚尾左右雙邊 鈐有"齊魯大學圖書館藏書" 二册

370000－1542－0005628 680/9 子部/雜家類
吕氏春秋二十六卷 題(秦)吕不韋撰 (明)黄甫龍 (明)沈兆廷訂 明末錢塘朱夢龍刻本 九行十八字小字雙行同白口四周單邊 鈐有"發西齋""北樓""肯於此中得少佳趣""洛詠齋臧書" 六册

370000－1542－0005629 680/12 子部/雜著類
淮南鴻烈解二十一卷 (漢)劉安撰 (漢)高誘注 (明)茅坤評 明萬曆刻本 九行十九

字小字雙行同白口單魚尾左右雙邊　十冊

370000－1542－0005630　680/38　子部/雜著類

淮南鴻烈解選不分卷　(明)張運泰編　清抄本　八行十八字　綠欄　鈐有"絳雲樓""錢謙益印""牧翁蒙叟"　四冊

370000－1542－0005631　680/13－2　子部/雜著類

淮南子二十一卷　(漢)劉安撰　(漢)劉向校定　(明)吳勉學校正　明萬曆吳勉學刻二十子本　九行十八字白口單魚尾左右雙邊　四冊

370000－1542－0005632　680/30　子部/雜著類

劉子一卷　(北齊)劉晝撰　明萬曆六年(1578)吉藩崇德書院刻二十家子書本　佚名批注　十一行二十二字白口單魚尾四周雙邊　一冊

370000－1542－0005633　680/4　子部/雜著類

容齋隨筆十六卷續筆十六卷三筆十六卷四筆十六卷五筆十卷　(宋)洪邁撰　明崇禎三年(1630)馬元調刻本　九行十八字細黑口左右雙邊　鈐有"陸廷燦印""幔亭""棣華書屋""平原陸氏壽椿堂""平原陸氏臧書印""謨觴山館收藏""浦署文印""恭寅""陸紹良印""浦伯子""浦"　十冊

370000－1542－0005634　680/4　子部/雜著類

容齋隨筆十六卷續筆十六卷三筆十六卷四筆十六卷五筆十卷　(宋)洪邁撰　明崇禎三年(1630)馬元調刻本　九行十八字細黑口左右雙邊　鈐有"齊魯大學圖書館藏書"　十冊

370000－1542－0005635　814.6/18　子部/雜著類

東坡先生志林五卷　(宋)蘇軾撰　(明)焦竑評　明刻朱墨套印本　八行十八字白口四周單邊　無格　鈐有"光熙所臧""齊魯大學圖書館藏書"　五冊

370000－1542－0005636　814.6/22　子部/雜著類

東坡先生仇池筆記二卷　(宋)蘇軾撰　明萬曆三十年(1602)趙開美刻本　九行十八字粗黑口單魚尾左右雙邊　二冊

370000－1542－0005637　814.6/30　子部/雜著類

癸辛雜識前集一卷後集一卷續集二卷別集二卷　(宋)周密撰　**山房隨筆一卷**　(元)蔣正子撰　明商氏刻清康熙振鷺堂重編修補印稗海本　九行二十字小字雙行同白口單魚尾四周單邊　六冊

370000－1542－0005638　814.6/19　子部/雜著類

老學庵筆記十卷　(宋)陸遊撰　明刻稗海本　九行二十字白口單魚尾四周單邊　鈐有"基督教齊魯大學圖書館"　二冊

370000－1542－0005639　814.6/4　子部/雜著類

侯鯖錄八卷　(宋)趙令畤撰　明刻稗海本　蕭應椿批校跋　九行二十字小字雙行同白口單魚尾四周單邊　一冊

370000－1542－0005640　814.6/8　子部/雜著類

避暑錄話二卷　(宋)葉夢得撰　明崇禎虞山毛氏汲古閣刻津逮祕書本　八行十九字白口左右雙邊　鈐有"泰山徐氏珍藏""徐政勤印"　四冊

370000－1542－0005641　613/31　子部/雜著類

敬齋古今黈八卷　(元)李冶撰　清乾隆武英殿聚珍版印本　九行二十一字白口單魚尾四周雙邊　鈐有"齊魯大學圖書館藏書"　二冊

370000－1542－0005642　814.6/24　子部/雜著類

宋人雜著一百三種　(明)陶宗儀編　清初刻本　九行二十字白口單白魚尾左右雙邊　鈐有"齊魯大學圖書館藏書"　十冊

370000－1542－0005643　812.38/17　子部/雜著類

餘冬序錄六十五卷　(明)何孟春撰　明嘉靖七年(1528)郴州家塾自刻本　十一行二十一字小字雙行同白口左右雙邊　鈐有"澹園眼福"　十三冊

370000－1542－0005644　814.8/15　子部/雜著類

焦氏筆乘續集八卷　(明)焦竑撰　(明)謝與棟　(明)焦尊生校　明萬曆三十四年(1606)謝與棟刻本　九行十九字白口單魚尾四周單邊　鈐有"齊魯大學圖書館藏書"　二冊　存五卷(一至五)

370000－1542－0005645　814.8/18　子部/雜著類

春社猥談十卷　(明)祝允明輯　明刻本　九行二十字白口單白魚尾左右雙邊　鈐有"仲玉""齊魯大學圖書館藏書"　四冊

370000－1542－0005646　440/59　子部/雜著類

臣鑑錄二十卷　(清)蔣伊輯　清康熙十四年(1675)刻乾隆重修本　九行二十三字單魚尾左右雙邊　八冊　存十三卷(一至十三)

370000－1542－0005647　680/3　子部/雜著類

在園雜志四卷　(清)劉廷璣撰　清康熙五十四年(1715)自刻本(卷一第四十九頁、卷二第二十三頁抄配)　九行十九字小字雙行同細黑口雙順魚尾左右雙邊　四冊

370000－1542－0005648　613/38　子部/雜著類

燕在閣知新錄三十二卷　(清)王棠彙訂　清康熙歙縣王棠燕在閣刻本　十行二十一字小字雙行同白口單魚尾四周單邊　内封題"燕在閣藏板"　鈐有"燕在閣藏板""齊魯大學圖書館藏書"　十六冊

370000－1542－0005649　680/22　子部/雜著類

權衡一書四十一卷　(清)王植輯　清乾隆元年(1736)刻本　十行二十一字小字雙行同白口單魚尾四周單邊　鈐有"齊魯大學圖書館藏書"　二十冊

370000－1542－0005650　610/36　子部/雜著類

增訂集錄十二卷　(清)于光華編　清乾隆四十四年(1779)刻本　九行二十二字小字雙行同白口單魚尾左右雙邊　内封題"乾隆己亥秋日重鐫　英德堂藏板"　鈐有"齊魯大學圖書館藏書"　十六冊

370000－1542－0005651　610/14　子部/雜著類

幼學編　(清)田雯撰　清抄本　十行二十七字小字雙行同　二冊

370000－1542－0005652　610/32　子部/雜著類

澗泉日記三卷　(宋)韓淲撰　清乾隆四十二年(1777)福建刻武英殿聚珍版書本　九行二十一字小字雙行同白口單魚尾四周雙邊　鈐有"齊魯大學圖書館藏書"　一冊

370000－1542－0005653　230/4　子部/雜著類

續談助五卷　(宋)晁載之編　清抄本　九行二十字小字雙行同　無格　鈐有"皖歙程守中臧書之印"　一冊　存一卷(五)

370000－1542－0005654　610/52　子部/雜著類

韋弦自佩錄十二卷　(明)朱輔輯　清康熙四十一年(1702)朱氏家刻本　佚名批注　十行二十一字黑口雙魚尾四周雙邊　六冊

370000－1542－0005655　029/41　子部/雜著類

古學彙纂十卷　(明)周旹雍輯　明崇禎長洲周氏愛日齋刻本　佚名批注　九行二十六字白口四周單邊　無格　鈐有"熙如""小紅蓮龕"　八冊

370000－1542－0005656　814/24　子部/雜著類

智囊補二十八卷 (明)馮夢龍編 明末刻本 九行二十字白口單魚尾四周單邊 内封題“馮猶龍先生重訂 增定智囊補 㛘齋藏版” 鈐有“齊魯大學圖書館藏書” 十二册

370000－1542－0005657 814/24 子部/雜著類

智囊補二十八卷 (明)馮夢龍輯 清乾隆五十九年(1794)刻本 十行二十字白口單魚尾四周單邊 内封題“乾隆甲寅年鐫 本衙梓行” 十二册

370000－1542－0005658 680/32 子部/雜著類

鈍吟老人雜錄十卷 (清)馮班撰 清康熙刻鈍吟老人遺藁本 十四行二十一字小字雙行同黑口單魚尾左右雙邊 鈐有“小延年室”“太虚生” 一册

370000－1542－0005659 613/88 子部/雜著類

獨斷二卷 (漢)蔡邕撰 (明)程榮校 明萬曆新安程氏刻漢魏叢書本 九行二十字白口單魚尾左右雙邊 二册

370000－1542－0005660 015/5 子部/雜著類

程氏演繁露十六卷續集六卷 (宋)程大昌撰 明嘉靖三十年(1551)程煦刻本 十一行二十一字小字雙行同白口單白魚尾左右雙邊 鈐有“江西汪石琴家藏本”“汪琴之章”“蕭氏讀未見書齋珍藏”“汪源” 四册

370000－1542－0005661 680/5 子部/雜著類

古今攷三十八卷 (宋)魏了翁撰 (宋)方回續 (明)謝三賓定 明崇禎九年(1636)謝三賓刻本 九行二十字小字雙行同白口單魚尾四周單邊 七册

370000－1542－0005662 613/9 子部/雜著類

困學紀聞二十卷 (宋)王應麟撰 (清)閻若璩 (清)何焯校注 清乾隆汪氏桐華書塾刻本 十一行二十五字小字雙行三十二字白口單魚尾左右雙邊 内封題“桐華書塾開雕” 八册

370000－1542－0005663 613/9 子部/雜著類

困學紀聞二十卷 (宋)王應麟撰 (清)閻若璩 (清)何焯校注 清乾隆汪氏桐華書塾刻本 十一行二十五字小字雙行三十二字白口單魚尾左右雙邊 内封題“桐華書塾開雕” 鈐有“齊魯大學圖書館藏書” 六册

370000－1542－0005664 613/9 子部/雜著類

困學紀聞二十卷 (宋)王應麟撰 (清)閻若璩校注 清乾隆三年(1738)祁門馬氏叢書樓刻本 十一行二十字小字雙行二十八字白口單魚尾左右雙邊 内封題“叢書樓藏板” 卷末牌記題“閻百詩先生勘本乾隆戊午春月馬氏叢書樓校刊” 鈐有“齊魯大學圖書館藏書” 八册

370000－1542－0005665 613/12 子部/雜著類

甕牖閒評八卷 (宋)袁文撰 清乾隆武英殿聚珍版印本 九行二十一字白口單魚尾四周雙邊 四册

370000－1542－0005666 613/62 子部/雜著類

賓退錄十卷 (宋)趙與旹撰 清乾隆刻本 十行十八字白口單魚尾左右雙邊 内封題“字畫悉照宋本 存恕堂藏板” 鈐有“子江”“桂馨室”“鳴皋” 二册

370000－1542－0005667 613/62 子部/雜著類

賓退錄十卷 (宋)趙與旹撰 清乾隆刻本 十行十八字白口單魚尾左右雙邊 内封題“字畫悉照宋本 存恕堂藏板” 四册

370000－1542－0005668 413/67 子部/雜著類

新刻古今原始十五卷 (明)趙釴撰 (明)胡文焕校 明萬曆胡氏刻格致叢書本 十行二十字白口線魚尾左右雙邊 鈐有“忠州李芋

仙隨身書卷” 三冊

370000－1542－0005669 028/4 子部/雜著類

丹鉛總錄二十七卷 (明)楊慎撰 清乾隆五十九年(1794)虎林楊祖刻本 十行二十字黑口左右雙邊 内封題“乾隆五十九年重鐫 芸暉閣藏板” 六冊

370000－1542－0005670 323/6 子部/雜著類

通雅五十二卷首三卷 (明)方以智撰 (清)姚文燮校訂 清康熙皖桐姚三餘堂重刻方氏浮山此藏軒刻本 十行二十四字小字雙行同白口單魚尾四周單邊 内封題“皖桐姚三餘堂藏板” 十六冊

370000－1542－0005671 323/6 子部/雜著類

通雅五十二卷首三卷 (明)方以智撰 (清)姚文燮校訂 清康熙五年(1666)姚文燮刻本 十行二十四字小字雙行同白口單魚尾四周單邊 内封題“方密之先生手輯 姚經三先生校定 通雅 浮山此藏軒藏板” 鈐有“安愚堂藏書畫印”“竹筠”“竹筠之章”“王肇沅印”“恨不十年讀書”“保之”“此心期與古人同”“我思古人”“學古人”“山麓山房”“吉祥止止”“聽雨樓”“名教中自有樂地”“拙生珍賞”“停雲閣”“愨臣”“有懷投筆”“式友”“膝容軒”“紅樹碧山無限詩”“半榻琴書”“劍關曾蹴連雲棧”“課花齋”“曾經滄海”“學吃虧”“江上純孝翁裔”“薇香書室”“玉潤珠圓”“為善最樂讀書更佳”“河魚天雁多消息”“百花香裏看春耕”“養拙山房”等印 十六冊

370000－1542－0005672 610/45 子部/雜著類

筱園札記不分卷 (清)清世逸民筱園撰 清光緒手稿本 十行字數不等 無格 二冊

370000－1542－0005673 613/11 子部/雜著類

日知錄三十二卷日知錄之餘四卷 (清)顧炎武撰 清乾隆六十年(1795)刻本 清王筠批校 九行二十二字小字雙行同白口單魚尾左右雙邊 内封題“乾隆乙卯新鐫 本衙藏板” 鈐有“谷風審定”“木頭子”“黃梅石谷風臧書印” 十八冊

370000－1542－0005674 613/11 子部/雜著類

日知錄三十二卷日知錄之餘四卷 (清)顧炎武撰 清乾隆六十年(1795)刻本 九行二十二字小字雙行同白口單魚尾左右雙邊 内封題“乾隆乙卯新鐫 本衙藏板” 鈐有“齊魯大學圖書館藏書” 二十四冊

370000－1542－0005675 613/2 子部/雜著類

陔餘叢考四十三卷 (清)趙翼撰 清乾隆五十六年(1791)湛貽堂刻本 十一行二十一字小字雙行三十一字白口單魚尾左右雙邊 鈐有“光風霽月人家”“書業德記發兌” 十二冊

370000－1542－0005676 613/2 子部/雜著類

陔餘叢考四十三卷 (清)趙翼撰 清乾隆五十六年(1791)湛貽堂刻本 十一行二十一字小字雙行三十一字白口單魚尾左右雙邊 十四冊

370000－1542－0005677 613/23 子部/雜著類

稽古日鈔八卷 (清)張方湛等輯 清乾隆三十年(1765)秋曉山房刻本 十行二十四字小字雙行同白口單魚尾左右雙邊 内封題“乾隆乙酉春鐫 秋曉山房藏板” 鈐有“齊魯大學圖書館藏書” 二冊

370000－1542－0005678 613/23 子部/雜著類

稽古日鈔八卷 (清)張方湛等輯 清乾隆二十九年(1764)秋曉山房刻本 十行二十四字小字雙行同白口單魚尾左右雙邊 内封題“乾隆二十九年鐫 秋曉山房藏板” 鈐有“愛日樓”“元和吳石君戊戌以後所得書” 四冊

370000－1542－0005679 613/36 子部/雜

著類

古今釋疑十八卷　(清)方中履撰　清康熙二十一年(1682)安成楊霖刻本　八行二十字小字雙行同細黑口單魚尾左右雙邊　内封題"楊竹菴先生鑒定　桐城方素北著　古今釋疑　汗青閣藏板"　十二册

370000－1542－0005680　613/59　子部/雜著類

訂譌雜錄十卷　(清)胡鳴玉編　清乾隆二十三年(1758)戢箴書屋刻本　十行二十字小字雙行同黑口單魚尾四周單邊　二册

370000－1542－0005681　613/99　子部/雜著類

潛邱劄記六卷　(清)閻若璩撰　清乾隆十年(1745)閻氏眷西堂刻本　十一行二十字小字雙行同白口單魚尾左右雙邊　鈐有"篴伯長壽""李海"　十一册

370000－1542－0005682　613/99　子部/雜著類

左汾近稿一卷　(清)閻詠撰　清乾隆十年(1745)閻氏眷西堂刻本　十一行二十字小字雙行同白口單魚尾左右雙邊　一册

370000－1542－0005683　613/99　子部/雜著類

潛邱劄記六卷　(清)閻若璩撰　清乾隆十年(1745)閻氏眷西堂刻大成齋印本　十一行二十字小字雙行同白口單魚尾左右雙邊　内封題"眷西堂藏板"　六册

370000－1542－0005684　613/99　子部/雜著類

左汾近稿一卷　(清)閻詠撰　清乾隆十年(1745)閻氏眷西堂刻大成齋印本　十一行二十字小字雙行同白口單魚尾左右雙邊　一册

370000－1542－0005685　613/99　子部/雜著類

潛邱劄記六卷　(清)閻若璩撰　清乾隆十年(1745)閻氏眷西堂刻本　十一行二十字小字雙行同白口單魚尾左右雙邊　内封題"閻百詩先生全集　眷西堂原本　大成齋重梓"　六册

370000－1542－0005686　613/99　子部/雜著類

左汾近稿一卷　(清)閻詠撰　清乾隆十年(1745)閻氏眷西堂刻本　十一行二十字小字雙行同白口單魚尾左右雙邊　一册

370000－1542－0005687　814/8　子部/小説家類

稗海四十八種續二十二種　(明)商濬輯　明萬曆會稽商氏半埜堂刻本(癸辛雜識前集一卷後集一卷續集二卷別集二卷、山房隨筆卷一配清康熙振鷺堂修補本)　九行二十字小字雙行同白口單魚尾四周單邊　鈐有"山陰李廷基師周之章""獨持風裁""齊魯大學圖書館藏書"　七十七册

370000－1542－0005688　814.6/31　子部/小説家類

稗海四十八種續二十二種　(明)商濬輯　明刻本　九行二十字小字雙行同白口單魚尾四周單邊　鈐有"基督教齊魯大學圖書館"　六册　存六種四十一卷(嬾真子五卷、歸田錄二卷、東坡先生志林十二卷、蘇黄門龍川別志二卷、澠水燕談錄十卷、冷齋夜話十卷)

370000－1542－0005689　814/55　子部/小説家類

稗史彙編一百七十五卷　(明)王圻輯　明萬曆刻本　十行二十字小字雙行同白口單黑魚尾左右雙邊　一册　存二卷(一百四十四至一百四十五)

370000－1542－0005690　814.3/2　子部/小説家類

西京雜記六卷　(晉)葛洪撰　(明)唐琳點校　明刻本　九行二十字小字雙行同白口四周單邊　内封題"快閣藏板"　一册

370000－1542－0005691　814.3/2　子部/小説家類

古今注三卷　(晉)崔豹撰　(明)唐琳點校　明刻本　九行二十字小字雙行同白口四周單邊　内封題"快閣藏板"　一册

370000－1542－0005692　941/1　子部/小説家類

山海經十八卷　(晉)郭璞傳　清康熙五十三年至五十四年(1714－1715)歙縣項絪羣玉書堂刻本　十一行二十一字小字雙行同細黑口單魚尾四周單邊　内封題“依宋本挍定　項氏群玉書堂”　鈐有“金山高氏尚志堂藏書印”　二册

370000－1542－0005693　941/1　子部/小説家類

山海經十八卷　(晉)郭璞傳　清乾隆十八年(1753)天都黃氏槐蔭草堂刻本　十一行二十一字小字雙行同白口單魚尾四周單邊　内封題“天都黃曉峰校刊　槐蔭草堂藏板”　二册

370000－1542－0005694　941/1　子部/小説家類

山海經十八卷　(晉)郭璞傳　清康熙五十三年至五十四年(1714－1715)歙縣項絪羣玉書堂刻本　十一行二十一字小字雙行同細黑口單魚尾四周單邊　内封題“依宋本挍定　項氏群玉書堂”　鈐有“我生戊寅”　一册

370000－1542－0005695　814.3/1　子部/小説家類

山海經十八卷　(晉)郭璞傳　清乾隆十八年(1753)天都黃氏槐蔭草堂刻本　十一行二十一字小字雙行同白口單魚尾四周雙邊　内封題“天都黃曉峰校刊　槐蔭草堂藏版”　鈐有“光風霽月人家”“子元”“周錫璋印”　一册

370000－1542－0005696　814.6/27　子部/小説家類

新訂增補夷堅志五十卷　(宋)洪邁紀　(明)鍾惺增評　(明)鍾人傑校訂　明李玄暉、鄧嗣德刻本　九行二十字眉批小字雙行四字白口單白魚尾四周單邊　十二册

370000－1542－0005697　814.6/28　子部/小説家類

劇談錄二卷　(宋)唐駢撰　(明)毛晉訂　明崇禎虞山毛氏汲古閣刻津逮祕書本　八行十九字小字雙行同白口左右雙邊　鈐有“張昭潛印”　一册

370000－1542－0005698　814.8/12　子部/小説家類

五色線二卷　(宋)口口撰　(明)毛晉訂　明崇禎虞山毛氏汲古閣刻津逮祕書本　八行十九字白口左右雙邊　二册

370000－1542－0005699　814.3/3　子部/小説家類

山海經廣注十八卷附山海經雜述一卷圖五卷　(清)吳志伊注　清乾隆五十一年(1786)金閶書業堂刻本　九行二十二字白口左右雙邊　内封題“乾隆五十一年夏鐫　金閶書業堂藏板”　六册

370000－1542－0005700　814.3/3　子部/小説家類

山海經廣注十八卷附山海經雜述一卷圖五卷　(清)吳志伊注　清乾隆刻本　九行二十二字白口左右雙邊　二册

370000－1542－0005701　814.3/8　子部/小説家類

山海經釋義十八卷　(明)王崇慶撰　明萬曆大業堂刻本　九行十九字小字雙行同白口單魚尾四周單邊　一册　存十四卷(五至十八)

370000－1542－0005702　425/3　子部/小説家類

南北史續世説十卷　(唐)李垕撰　明萬曆安茂卿刻萬曆三十七年(1609)俞安期重修本　十行二十字白口單魚尾左右雙邊　八册　存八卷(一至八)

370000－1542－0005703　814.5/6　子部/小説家類

唐摭言十五卷　(五代)王定保撰　清乾隆二十一年(1756)德州盧見曾雅雨堂刻本　十行二十一字小字雙行同白口單魚尾四周單邊　鈐有“懷辛居士”“博明鑑藏”“均之所藏”“吳興許氏”“讀畫齋藏”　四册

370000－1542－0005704　814.5/12　子部/小説家類

封氏聞見記十卷　(唐)封演撰　清乾隆德州盧氏雅雨堂刻本　十行二十一字小字雙行同白口單魚尾四周單邊　四册

370000－1542－0005705　814.6/3　子部/小説家類

世説新語六卷　(南朝宋)劉義慶撰　(南朝梁)劉孝標注　(明)吳中珩校　明吳中珩刻本　九行十八字小字雙行同白口單魚尾左右雙邊　鈐有"齊魯大學圖書館藏書"　六册

370000－1542－0005706　814.6/3　子部/小説家類

世説新語三卷　(南朝宋)劉義慶撰　(南朝梁)劉孝標注　(明)王世懋批點　明萬曆九年(1581)喬懋敬刻本　九行二十字小字雙行同黑口單魚尾左右雙邊　鈐有"津門王鳳岡風篁館收藏印""夢澤鑒賞""慕山所臧""古梁李氏"　六册

370000－1542－0005707　814.5/7　子部/小説家類

北夢瑣言二十卷　(宋)孫光憲撰　清乾隆二十一年(1756)德州盧氏雅雨堂刻本　十行二十一字小字雙行同白口單魚尾四周單邊　内封題"乾隆丙子鐫　北夢瑣言　雅雨堂藏板"　鈐有"容舠軒珍藏"　四册

370000－1542－0005708　814.6/15　子部/小説家類

清異録二卷　(宋)陶穀撰　清康熙四十七年(1708)陳世修刻本　十一行二十一字小字雙行約三十四字黑口雙魚尾左右雙邊　鈐有"修盦""曹鏡三""臣鑑私印"　二册

370000－1542－0005709　814.6/15　子部/小説家類

清異録二卷　(宋)陶穀撰　清康熙四十七年(1708)陳世修刻本　十一行二十一字小字雙行約三十四字黑口雙魚尾左右雙邊　内封題"漱六閣藏書"　鈐有"臣湄私印""子伊"　二册

370000－1542－0005710　814.6/15　子部/小説家類

清異録二卷　(宋)陶穀撰　清康熙四十七年(1708)陳世修刻本　十一行二十一字小字雙行約三十四字黑口雙魚尾左右雙邊　内封題"漱六閣藏書"　鈐有"光熙所臧"　一册

370000－1542－0005711　814.6/15　子部/小説家類

名句文身表異録十四卷　(明)王志堅輯　清康熙四十七年(1708)陳世修刻本　十一行二十一字小字雙行約三十四字黑口雙魚尾左右雙邊　内封題"漱六閣藏書"　一册

370000－1542－0005712　814/44　子部/小説家類

新刻注釋故事白眉十卷　(明)許以忠輯　明嘉瑞堂刻本　上欄小字雙行六字下欄十行二十字小字雙行同白口四周單邊　四册

370000－1542－0005713　814.8/39　子部/小説家類

精選黄眉故事十卷　(明)鄧志謨彙編　清康熙三十六年(1697)刻本　佚名批注　上欄四字小字雙行五字下欄十行二十字小字雙行同白口單魚尾四周單邊　六册

370000－1542－0005714　814.8/14　子部/小説家類

七修類稿五十一卷續稿七卷　(明)郎瑛撰　清乾隆四十年(1775)耕煙草堂刻本　九行二十字黑口左右雙邊　内封題"耕煙草堂開雕"　鈐有"退庵讀過""姜安印""怡亭""麗生""達鄉讀過"　十六册

370000－1542－0005715　814.8/14　子部/小説家類

七修類稿五十一卷續稿七卷　(明)郎瑛撰　清乾隆四十年(1775)耕煙草堂刻本　九行二十字小字雙行同黑口左右雙邊　鈐有"筆研精良"　七册　存二十七卷(類稿三十二至五十一、續稿七卷)

370000－1542－0005716　814.9/229　子部/小説家類

玉劍尊聞十卷　(清)梁維樞撰　(清)梁清遠　(清)梁清傳校　清順治刻本　八行二十字

小字雙行同白口四周單邊　鈐有“讀書便佳”五册

370000－1542－0005717　814.9/1　子部/小説家類
池北偶談二十六卷　(清)王士禛撰　清康熙四十年(1701)高廷掄刻本　十一行二十三字小字雙行同黑口單魚尾左右雙邊　鈐有“劉瞻魯印”　八册

370000－1542－0005718　814.9/1　子部/小説家類
池北偶談二十六卷　(清)王士禛撰　清康熙四十年(1701)高廷掄刻本　十一行二十三字小字雙行同黑口單魚尾左右雙邊　六册

370000－1542－0005719　029/5　子部/小説家類
廣東新語二十八卷　(清)屈大均撰　清康熙三十九年(1700)木天閣刻本　十一行十九字白口線魚尾四周單邊　内封題“番禺屈翁山先生撰　廣東新語　木天閣繡版”　鈐有“愛日樓”“吴石君壬子後所得物”“吴鶚長壽”十册

370000－1542－0005720　814.9/123　子部/小説家類
居易錄三十四卷　(清)王士禛撰　清康熙刻乾隆印本　十行二十字小字雙行同黑口單魚尾左右雙邊　鈐有“容刴軒珍藏”　八册

370000－1542－0005721　813/129　子部/小説家類
分甘餘話四卷　(清)王士禛撰　清康熙四十九年(1710)刻本　佚名批校　十行十九字黑口雙魚尾左右雙邊　一册

370000－1542－0005722　814.9/30　子部/小説家類
古夫于亭雜錄五卷　(清)王士禛撰　清康熙六十年(1721)刻本　十行十九字小字雙行同粗黑口雙順魚尾左右雙邊　四册

370000－1542－0005723　814.9/78　子部/小説家類
香祖筆記十二卷　(清)王士禛撰　清康熙刻本　十行十九字小字雙行二十九字白口單魚尾左右雙邊　鈐有“容刴軒珍藏”　六册

370000－1542－0005724　814.9/78　子部/小説家類
香祖筆記十二卷　(清)王士禛撰　清康熙刻本　十行十九字小字雙行二十九字白口單魚尾左右雙邊　鈐有“邵廷杰印”“雪樵”“此書畫曾在邵雪樵家”“渠梁邵氏雪樵藏本”四册

370000－1542－0005725　943/15　子部/小説家類
皇華紀聞四卷　(清)王士禛撰　清康熙刻本　清劉伍寬題識　十行十九字粗黑口單魚尾左右雙邊　鈐有“此亭”“伍寬”　二册

370000－1542－0005726　814.9/170　子部/小説家類
隴蜀餘聞一卷　(清)王士禛撰　清康熙刻雍正印王漁洋遺書本　十行十九字黑口單魚尾左右雙邊　鈐有“均谷所珎”“易簹氏神鉤僊館珍藏圖書”　一册

370000－1542－0005727　814.9/170　子部/小説家類
隴蜀餘聞一卷　(清)王士禛撰　清康熙刻乾隆印王漁洋遺書本　十行十九字黑口單魚尾左右雙邊　鈐有“齊魯大學圖書館藏書”一册

370000－1542－0005728　814.9/170　子部/小説家類
隴蜀餘聞一卷　(清)王士禛撰　清康熙刻雍正印王漁洋遺書本　十行十九字黑口單魚尾左右雙邊　鈐有“齊魯大學圖書館藏書”一册

370000－1542－0005729　814.9/27　子部/小説家類
陶廬雜錄六卷　(清)法式善撰　清抄本　十行二十一字小字雙行同　無格　六册

370000－1542－0005730　814.9/55　子部/

小說家類

寄園寄所寄十二卷 (清)趙吉士撰 清康熙休寧趙氏刻本 十一行二十一字白口單魚尾左右雙邊 鈐有“半闌花韻軒”“泉唐馮氏家藏” 八冊

370000－1542－0005731 814.9/34 子部/小說家類

益智錄十一卷 (清)解鑒撰 清咸豐、同治間稿本 九行二十一字 無格 鈐有“毗陵周菊伍收藏書畫印”“周郎”“菊塢讀過”“老蠹” 十二冊 存六卷(一至三、五、七至八)

370000－1542－0005732 814.9/60 子部/小說家類

存古齋續晨鐘集二十卷 (清)劉光泗 (清)劉光洙輯 清康熙四十四年(1705)劉氏存古齋刻本 十行十八字白口單魚尾左右雙邊 内封題“存古齋藏板” 六冊

370000－1542－0005733 814.9/63 子部/小說家類

續板橋雜記三卷附雪鴻小記一卷 (清)珠泉居士撰 清乾隆酉酉山房刻本 八行十六字白口左右雙邊 内封題“酉酉山房藏板” 鈐有“齊魯大學圖書館藏書” 二冊

370000－1542－0005734 814.9/65 子部/小說家類

觚賸續編四卷 (清)鈕琇輯 清康熙四十一年(1702)臨野堂刻本 十行十九字白口單魚尾左右雙邊 二冊

370000－1542－0005735 814.7/17 集部/小說類/長篇之屬

新刻忠義水滸傳八卷一百十五回 (元)施耐庵撰 (清)金聖歎批 清乾隆四十年(1775)刻本 十四行三十二字白口單魚尾四周單邊 無格 内封題“乾隆四十年重鐫” 八冊

370000－1542－0005736 814.8/48 集部/小說類/長篇之屬

第五才子書水滸傳七十五卷七十回 (明)施耐庵撰 (清)金聖歎刪定 清雍正十二年(1734)坊刻貫華堂本 十行二十二字白口單魚尾左右雙邊 鈐有“西江主人”“深柳讀書堂”“杏花春雨江南” 二十冊

370000－1542－0005737 814.8/47 集部/小說類/長篇之屬

李卓吾先生批評三國志一百二十回 (元)羅貫中撰 (明)李贄評 明刻本 十行二十二字小字雙行同白口單白魚尾四周單邊 無格 六冊 存四十回(一至四十)

370000－1542－0005738 814.9/84 集部/小說類/長篇之屬

新鐫批評出像通俗奇俠禪真逸史八集四十回 (明)方汝浩撰 清初文新堂刻本 九行二十二字白口四周單邊 無格 内封題“文新堂梓行” 十六冊

370000－1542－0005739 814/38 集部/小說類/長篇之屬

新鐫批評出像通俗演義禪真後史十集十卷六十回 (明)方汝浩撰 明末金衙刻本 九行二十字白口四周單邊 内封題“清溪道人批評演義 禪真後史 續有後史一書其間揄美刺回閑邪崇正蹟則真事則核揔有裨于世教編輯既成無敢自隱用公同志識者鑒之 錢塘金衙梓” 二十三冊

370000－1542－0005740 814.8/2 集部/小說類/長篇之屬

四雪草堂重訂通俗隋唐演義二十卷一百回 (清)齊東野人原本 (清)沒世農夫彙編 (清)鶴樵子參訂 清乾隆五十八年(1793)刻本 十行二十三字白口單魚尾四周單邊 内封題“乾隆五十八年秋鐫 四雪草堂原本 崇德書院藏板” 二十冊

370000－1542－0005741 814.9/160 集部/小說類/長篇之屬

南史演義三十二卷 (清)杜綱編 清乾隆六十年(1795)刻本 九行二十字小字雙行同白口單魚尾左右雙邊 内封題“乾隆乙卯年鐫” 四冊

370000－1542－0005742 690/6 集部/小說類/長篇之屬

新刻陳宏謀批評記史通鑑三十九卷　（清）陳弘謀輯　清乾隆五十二年(1787)刻本　九行二十字白口單魚尾左右雙邊　内封題“乾隆丁未年　神仙通鑑　京板”　四十册

370000－1542－0005743　814.9/140　集部/小説類/長篇之屬
綠野仙踪八十回　（清）李百川撰　清光緒二十一年(1895)集誼會校刻本　十行二十四字白口單魚尾四周雙邊　内封題“增像綠野仙踪全傳　光緒乙未年集誼會校刊”　十六册

370000－1542－0005744　814.9/140　集部/小説類/長篇之屬
綠野仙踪八十回　（清）李百川撰　清刻本　九行二十一字白口單魚尾四周單邊　十册　存三十八回(四十三至八十)

370000－1542－0005745　814.8/34－2　集部/小説類/長篇之屬
臯鶴堂批評第一奇書金瓶梅一百回　原題（清）李笠翁先生撰　（清）張竹坡批　清康熙三十四年(1695)刻本　十一行二十二字小字雙行同白口四周單邊　無格　内封題“康熙乙亥年”　二十四册

370000－1542－0005746　814.9/194　集部/小説類/長篇之屬
臯鶴堂批評第一奇書金瓶梅一百回　原題（清）李笠翁先生撰　（清）張竹坡批　清康熙三十四年(1695)刻本　十一行二十二字小字雙行同白口四周單邊　無格　内封題“康熙乙亥年　在茲堂”　二十四册

370000－1542－0005747　814.9/92－2　集部/小説類/長篇之屬
儒林外史五十六回　（清）吳敬梓撰　清同治八年(1869)羣玉齋木活字印本　九行二十字小字雙行同白口單魚尾四周單邊　内封題“同治己巳秋擺印　羣玉齋活字板”　六册

370000－1542－0005748　814.9/126　集部/小説類/長篇之屬
草木春秋演義五卷三十二回　（清）江洪撰　清大文堂刻本　十行二十一字白口單魚尾四周單邊　内封題“雲間子演義　大文堂梓”　四册

370000－1542－0005749　024/1　類叢部/類書類
藝文類聚一百卷　（唐）歐陽詢輯　明嘉靖二十八年(1549)張松平陽府刻本　十四行二十八字白口單魚尾左右雙邊　有刻工　鈐有“紫藤華館”“紹庭珍臧”　二十四册

370000－1542－0005750　025/4　類叢部/類書類
唐宋白孔六帖一百卷目錄二卷　（唐）白居易輯　（宋）孔傳續輯　明嘉靖刻本　十行十八字小字雙行同白口單白魚尾左右雙邊　有刻工　鈐有“皖南張師亮筱漁氏校書於篤素堂”“桐山張氏藏弆金石文字書畫圖籍之章”“曾在張謹甫處”“張師亮印”“小愚所藏”“筱漁張氏手校藏書”“篤素堂張曉漁校藏圖籍之章”“清奉買來勤加讎校鬻及抛殘謂之不孝唯張氏子孫手澤是好”“子孫永寶”“楓葉蘆花”等　五十册

370000－1542－0005751　025/4　類叢部/類書類
唐宋白孔六帖一百卷目錄二卷　（唐）白居易輯　（宋）孔傳續輯　明嘉靖刻本　十行十八字小字雙行同白口單白魚尾左右雙邊　有刻工　鈐有“九野氏”“垓印”“寒碧莊章”“蓉峯”“劉恕私印”“齊魯大學圖書館藏書”　十六册　存三十七卷(六十四至一百)

370000－1542－0005752　025/3　類叢部/類書類
古香齋鑒賞袖珍初學記三十卷　（唐）徐堅等輯　清乾隆内府刻古香齋袖珍十種本　九行十八字小字雙行同白口單魚尾四周雙邊　鈐有“齊魯大學圖書館藏書”　二十四册

370000－1542－0005753　323/63　類叢部/類書類
文選雙字類要三卷　題（宋）蘇易簡撰　明嘉靖十九年(1540)姚虞、季本刻本　十行二十字小字雙行同白口單白魚尾左右雙邊　鈐有

"知止叟姓王氏名承真""只恐他生再讀難" 六冊

370000－1542－0005754 026/3 類叢部/類書類

冊府元龜一千卷目錄十卷 (宋)王欽若等編 (明)李嗣京參閱 (明)文翔鳳訂正 (明)黄國琦較釋 明崇禎十五年(1642)黄國琦刻清康熙十一年(1672)黄九錫補綴乾隆十九年(1754)丁序賢金陵修補本 十行二十字小字雙行同白口四周單邊 鈐有"小李山房圖籍""小李山房""海寧陳鱣觀"等印 二百四十冊

370000－1542－0005755 028/7 類叢部/類書類

冊府元龜獨制三十卷 (明)曹胤昌評選 明末刻本 佚名圈點批注 九行二十二字白口四周單邊 鈐有"齊魯大學圖書館藏書" 十二冊

370000－1542－0005756 015/4 類叢部/類書類

新刻事物紀原十卷 (宋)高承撰 (明)胡文煥校正 明萬曆胡文煥刻格致叢書本 十行二十字白口單魚尾左右雙邊 鈐有"忠州李芋仙隨身書卷" 五冊

370000－1542－0005757 020/3 類叢部/類書類

海錄碎事二十二卷 (宋)葉廷珪輯 明萬曆二十六年(1598)劉鳳校刻本 佚名校注 十二行二十一字小字雙行同白口單魚尾左右雙邊 鈐有"知止叟姓王氏名承真""種義堂葛珍藏""茶坡與寓目焉""鐘山退耆""知止叟耄年重讀""只恐他生再讀難""合驩禾館珍藏" 二十四冊

370000－1542－0005758 026/2 類叢部/類書類

群書考索前集六十六卷後集六十五卷續集五十六卷別集二十五卷 (宋)章如愚輯 明正德三年至十三年(1508－1518)劉洪慎獨書齋刻本 佚名圈點批注 十四行二十八字小字雙行同黑口雙順魚尾四周雙邊 前集卷六十六末牌記題"皇明正德三年慎獨書齋刊行" 前集目錄末牌記題"皇明正德戊寅慎獨書亝刊行" 後集目錄末牌記題"皇明正德戊辰慎獨書亝刊行" 鈐有"太谷孫氏家臧""董其昌印""衛陽道人孫阜昌珍臧印" 八十八冊 缺十八卷(前集三十一至四十八)

370000－1542－0005759 026/13 類叢部/類書類

群書考索別集二十五卷 (宋)章如愚輯 明正德三年(1508)慎獨品鼎新刻本 十四行二十八字小字雙行同黑口雙順魚尾四周雙邊 牌記題"正德三年慎獨品鼎新刊行" 四冊

370000－1542－0005760 026/5 類叢部/類書類

新編古今事文類聚前集六十卷後集五十卷續集二十八卷別集三十二卷 (宋)祝穆輯 **新集三十六卷外集十五卷** (元)富大用輯 **遺集十五卷** (元)祝淵輯 明萬曆三十二年(1604)金谿唐富春校補刻本 十一行二十四字小字雙行同白口單魚尾四周單邊 内封題"重刊七集 雲林唐積秀梓行" 鈐有"蘇門山人""張符升印""蘇門""符升私印""張印""一字不猶人""紫級""宜畧識字""閒中魔障""使人有淩雲志""身在書生壯士間""苦海一生少讀書""天榜進士""但覺高歌有鬼神""地下有知音""落落""齊魯大學圖書館藏書""所學何事" 六十四冊

370000－1542－0005761 026/5 類叢部/類書類

新編古今事文類聚前集六十卷後集五十卷續集二十八卷別集三十二卷 (宋)祝穆輯 **新集三十六卷外集十五卷** (元)富大用輯 明嘉靖刻本 十四行二十八字黑口雙順黑魚尾四周單邊 三十冊 存一百二十七卷(後集五十卷,別集一至十一、十四至十九、二十四至三十二,新集三十六卷,外集十五卷)

370000－1542－0005762 026/8 類叢部/類書類

皇朝類苑六十三卷目錄五卷 (宋)江少虞編

清道光山芝書屋抄本　佚名批校　九行二十字小字雙行不等白口雙魚尾四周單邊　紅格　鈐有"齊魯大學圖書館藏書"　二十四册

370000－1542－0005763　026/11　類叢部/類書類

古今合璧事類備要前集六十九卷後集八十一卷續集五十六卷别集九十四卷外集六十六卷　(宋)謝維新輯　(宋)虞載輯　明嘉靖三十一年至三十五年(1552－1556)夏相刻本　八行十七字小字雙行二十四字白口單魚尾左右雙邊　有刻工　鈐有"葉氏德輝鑒臧""觀古堂""齊魯大學圖書館藏書"　六十四册

370000－1542－0005764　028/18　類叢部/類書類

古今合璧事類備要前集六十九卷後集八十一卷續集五十六卷别集九十四卷外集六十六卷　(宋)謝維新輯　明嘉靖三十一年至三十五年(1552－1556)夏相刻本　八行十七字小字雙行二十四字白口單魚尾左右雙邊　有刻工　二十册　存六十九卷(前集六十九卷)

370000－1542－0005765　026/12　類叢部/類書類

錦繡萬花谷前集四十卷後集四十卷續集四十卷　(宋)囗囗輯　明嘉靖十五年(1536)錫山秦汴繡石書堂刻本(前集卷四十第十四至十五頁、續集卷四十第五至七頁抄配)　十二行二十一字小字雙行同白口單魚尾左右雙邊　鈐有"王念曾印""歗緱""寶應王氏梅田鶴簃藏書""曾在李鹿山處""齊魯大學圖書館藏書"　二十六册

370000－1542－0005766　029/20　類叢部/類書類

小學紺珠十卷　(宋)王應麟編　(清)陳守誠校訂　清乾隆刻本　十行二十一字小字雙行同白口單魚尾四周雙邊　内封題"恕堂藏版"　鈐有"尚志""齊魯大學圖書館藏書"　五册

370000－1542－0005767　026/14　類叢部/類書類

事類賦三十卷　(宋)吳淑撰注　清乾隆三十年(1765)無錫華氏劍光閣重校刻本　十一行二十字小字雙行同黑口單魚尾左右雙邊　内封題"乾隆乙酉新鐫　重訂事類賦　劍光閣藏板"　四册

370000－1542－0005768　026/14　類叢部/類書類

廣事類賦四十卷　(清)華希閔撰　(清)鄒升恒參　(清)華希閎重訂　清乾隆二十九年(1764)無錫華氏劍光閣重校刻本　十一行二十字小字雙行同黑口單魚尾左右雙邊　内封題"乾隆甲申新鐫　重訂廣事類賦　劍光閣藏板"　鈐有"劍光閣臧書""錫山華氏圖書印""希閎""蕢囿"　六册

370000－1542－0005769　029/26　類叢部/類書類

廣事類賦四十卷　(清)華希閔撰　清康熙劍光閣刻本　十二行二十字小字雙行同白口單魚尾左右雙邊　内封題"乾隆甲申新鐫　劍光閣藏板"　鈐有"齊魯大學圖書館藏書"　十册

370000－1542－0005770　330/70　類叢部/類書類

新增説文韻府羣玉二十卷　(元)陰時夫輯　(元)陰中夫注　(明)王元貞校正　明萬曆十八年(1590)刻本　十行二十二字小字雙行同白口單魚尾左右雙邊　十册

370000－1542－0005771　330/70　類叢部/類書類

新增説文韻府羣玉二十卷　(元)陰時夫編輯　(元)陰中夫編注　(明)王元貞校正　清乾隆二十四年(1759)敦化堂刻本　十一行二十二字小字雙行同白口單魚尾左右雙邊　内封題"乾隆廿四年刊　重鐫韻府群玉原本　敦化堂藏板"　鈐有"齊魯大學圖書館藏書"　十册

370000－1542－0005772　020/2　類叢部/類書類

古今類書纂要增刪十二卷　(明)璩昆玉集纂　(明)沈際飛鑒定　(明)葉文懋閲較　明崇

禎七年(1634)刻本　十行十六至十八字小字雙行三十二字白口單白魚尾四周單邊　六册

370000－1542－0005773　020/2　類叢部/類書類

古今類書纂要增删十二卷　(明)璩昆玉集纂　(明)沈際飛鑒定　(明)葉文懋閲較　明崇禎七年(1634)刻本　十行十六至十八字小字雙行三十二字白口單白魚尾四周單邊　鈐有"曾臧沈本淵處"　四册

370000－1542－0005774　025/2　類叢部/類書類

唐類函二百卷目錄二卷　(明)俞安期輯　明萬曆三十一年(1603)自刻本　十行二十字小字雙行同下黑口單魚尾四周單邊　四十册

370000－1542－0005775　025/2　類叢部/類書類

唐類函二百卷目錄二卷　(明)俞安期輯　明萬曆三十一年(1603)自刻本　佚名圈點　十行二十字小字雙行同下黑口單魚尾四周單邊　鈐有"齊魯大學圖書館藏書"　六十册

370000－1542－0005776　026/1　類叢部/類書類

類雋三十卷　(明)鄭若庸輯　明萬曆六年(1578)汪珙校刻本　清汪昉跋　佚名批注　九行十八字白口左右雙邊　有刻工　鈐有"叔明""率真""蒼巖山人書屋記""蓬僊""山陰許光治印"　四册　存四卷(一至四)

370000－1542－0005777　028/1　類叢部/類書類

天中記六十卷　(明)陳耀文輯　明萬曆二十三年(1595)刻本　佚名批校　十一行二十一字小字雙行同白口單魚尾左右雙邊　鈐有"碧雲僊館珍藏書畫印""紹庭"　三十二册　存三十二卷(一至二十三、五十二至六十)

370000－1542－0005778　028/2　類叢部/類書類

八編類纂二百八十五卷六經圖六卷八編類纂圖二卷　(明)陳仁錫輯　明天啓刻本　十行二十字小字雙行同白口單魚尾四周單邊　有刻工　九十六册

370000－1542－0005779　028/5　類叢部/類書類

修辭指南二十卷　(明)浦南金輯　明嘉靖三十六年(1557)浦氏五樂堂刻本　九行十八字小字雙行同白口單魚尾左右雙邊　有寫工刻工　鈐有"林汲山房藏書""支離子"　四册

370000－1542－0005780　028/8　類叢部/類書類

新刻劉太史評釋舉業續古今文弢錦繡詞林九卷　(明)劉曰寧纂輯　(明)吳道南校正　(明)周文翀删定　明萬曆書林金陵周中玉刻本　上欄小字雙行四字下欄九行二十字小字雙行同白口單魚尾四周雙邊　内封題"一續舉業古今文弢評林　金陵周崑岡繡鋟"　鈐有"潘其恪印""允欽""馬士莊""士也""且快齋""澹然居士"　四册

370000－1542－0005781　028/9　類叢部/類書類

喻林一百二十卷　(明)徐元太輯　明萬曆四十三年(1615)自刻本　十行二十字小字雙行同白口單魚尾四周單邊　有寫工刻工　鈐有"齊魯大學圖書館藏書"　三十二册

370000－1542－0005782　028/10　類叢部/類書類

詩雋類函一百五十卷　(明)俞安期輯　(明)梅鼎祚增定　明萬曆三十七年(1609)自刻本　十行二十字小字雙行同細黑口單魚尾四周單邊　有刻工　鈐有"齊魯大學圖書館藏書""君珮""樹德堂"　三十册

370000－1542－0005783　028/11　類叢部/類書類

潛確居類書一百二十卷　(明)陳仁錫輯　明崇禎三年至五年(1630－1632)徐氏大觀堂刻本　十行二十字小字雙行同白口單魚尾四周單邊　内封題"吳門大觀堂發行"　鈐有"介石居藏板""八閩潭城徐氏""齊魯大學圖書館藏書"　六十八册

370000－1542－0005784　028/12　類叢部/

類書類

山堂肆考二百二十八卷補遺十二卷 （明）彭大翼纂著 （明）張幼學編輯 明萬曆二十三年（1595）刻四十七年（1619）張幼學重修本 上欄小字雙行三字下欄十一行二十二字白口單魚尾四周單邊 内封題“梅墅石渠閣藏板” 鈐有“玉芝園藏板”“椿”“碧雲僊館珍藏書畫印”“紹庭”“齊魯大學圖書館藏書” 九十册

370000－1542－0005785 028/12 類叢部/類書類

山堂肆考二百二十八卷補遺十二卷 （明）彭大翼纂著 （明）張幼學編輯 明萬曆二十三年（1595）刻四十七年（1619）張幼學重修本 上欄小字雙行三字下欄十一行二十二字白口單魚尾四周單邊 内封題“梅墅石渠閣藏板” 鈐有“齊魯大學圖書館藏書” 八十册

370000－1542－0005786 028/12 類叢部/類書類

山堂肆考二百二十八卷補遺十二卷 （明）彭大翼纂著 （明）張幼學編輯 明萬曆二十三年（1595）刻四十七年（1619）張幼學重修本 上欄小字雙行三字下欄十一行二十二字白口單魚尾四周單邊 内封題“梅墅石渠閣藏板” 鈐有“齊魯大學圖書館藏書” 六十册

370000－1542－0005787 028/13 類叢部/類書類

經濟類編一百卷 （明）馮琦輯 明萬曆三十二年（1604）馮瑗、周家棟等刻本 十行二十字白口四周單邊 鈐有“齊魯大學圖書館藏書”“光熙所臧” 五十册

370000－1542－0005788 028/14 類叢部/類書類

博物典彙二十卷 （明）黄道周撰 明末刻本 九行十九字小字雙行同白口四周單邊 鈐有“齊魯大學圖書館藏書” 十五册

370000－1542－0005789 028/15 類叢部/類書類

群書集事淵海四十七卷 （口）口口輯 明弘治十八年（1505）賈性刻本 十二行二十四字粗黑口雙魚尾四周雙邊 鈐有“周生景湯”“齊魯大學圖書館藏書” 三十册

370000－1542－0005790 028/17 類叢部/類書類

三才圖會一百六卷 （明）王圻輯 （明）王思義等續輯 明萬曆三十七年（1609）刻王爾賔重修本 九行二十二字小字雙行同白口單魚尾四周單邊 鈐有“齊魯大學圖書館藏書” 九十一册 缺十卷（身體六至七、衣服一至三、人事一至五）

370000－1542－0005791 028/19 類叢部/類書類

麗句集六卷 （明）許之吉輯 明天啓刻本 九行十九字小字雙行同白口四周單邊 内封題“李本寧先生較閲 秣陵藏版” 鈐有“四快堂” 六册

370000－1542－0005792 028/22 類叢部/類書類

槎庵小乘四十一卷 （明）來斯行輯 明崇禎四年（1631）刻本 九行二十字白口線魚尾左右雙邊 鈐有“春波樓”“劉大杰藏書” 二十册

370000－1542－0005793 029/11 類叢部/類書類

記事珠不分卷 （明）劉國翰輯 明抄本 八行字數不等 無格 鈐有“爾雅樓書畫章”“珊瑚閣珍藏印”“蘇孫珍臧”“蘇孫心賞”“蘇孫”“引達鑑藏”“大興翁氏石墨書樓珍臧圖書”“子明”“翁引達印”“齊魯大學圖書館藏書” 五册

370000－1542－0005794 214/1 類叢部/類書類

廣博物志五十卷 （明）董斯張撰 明萬曆四十五年（1617）高暉堂刻本 九行十八字小字雙行同白口單魚尾四周單邊 鈐有“齊魯大學圖書館藏書” 二十四册

370000－1542－0005795 214/1 類叢部/類書類

廣博物志五十卷 （明）董斯張撰 明萬曆四十五年(1617)高暉堂刻本 九行十八字小字雙行同白口單魚尾四周單邊 内封題“廣博物志 高暉堂藏板” 鈐有“齊魯大學圖書館藏書” 三十二册

370000－1542－0005796 214/1 類叢部/類書類

廣博物志五十卷 （明）董斯張撰 明萬曆四十五年(1617)高暉堂刻本 九行十八字小字雙行同白口單魚尾四周單邊 鈐有“玉函山房臧書”“山東濟南齊魯大學校圖書館” 八册

370000－1542－0005797 413/91 類叢部/類書類

古今萬姓統譜一百四十卷 （明）淩迪知編 （明）淩述知校 明萬曆刻本 九行二十字小字雙行同白口單魚尾四周單邊 鈐有“耕讀傳家濟陽丁氏書畫之章”“頓首” 二十四册

370000－1542－0005798 440/97 類叢部/類書類

歷代帝王姓系統譜六卷氏族博考十四卷 （明）淩迪知撰 （明）吳京校 明萬曆刻汲古閣重修本 九行二十字小字雙行同白口單魚尾四周單邊 内封題“汲古閣藏板” 五册

370000－1542－0005799 029/15 類叢部/類書類

蘭雪堂古事苑定本十二卷 （明）鄧志謨輯 （清）戴珉等參訂 清康熙二十五年(1686)蘭雪堂刻本 九行二十一字小字雙行同白口單魚尾左右雙邊 内封題“蘭雪堂定本 古事苑 本衙藏板” 八册

370000－1542－0005800 038/2 類叢部/類書類

新刊唐荆川先生稗編一百二十卷目錄三卷 （明）唐順之輯 明萬曆九年(1581)茅一相文霞閣刻本(卷一至二抄配) 十行二十字小字雙行同白口單魚尾四周雙邊 鈐有“吳興湯氏珍藏”“善本書” 四十册

370000－1542－0005801 813/116 類叢部/類書類

增訂二三場羣書備考四卷 （明）袁黄撰 （明）袁儼注 （明）沈昌世增 明崇禎大觀堂刻本 九行二十一字小字雙行同白口單魚尾四周單邊 内封題“大觀堂梓” 鈐有“高陽壽翁” 六册

370000－1542－0005802 029/2 類叢部/類書類

淵鑑類函四百五十卷目録四卷 （清）張英 （清）王士禛等撰 清康熙清吟堂刻本 十行二十一字小字雙行同黑口雙魚尾四周單邊 内封題“御定淵鑑類函奉旨刷印頒行 板藏清吟堂” 鈐有“齊魯大學圖書館藏書” 二百册

370000－1542－0005803 029/1 類叢部/類書類

子史精華一百六十卷 （清）吳襄等編 清雍正五年(1727)武英殿刻後印本 八行二十四字小字雙行同白口單魚尾四周單邊 四十册

370000－1542－0005804 029/1 類叢部/類書類

子史精華一百六十卷 （清）吳襄等編 清雍正翻刻武英殿本 八行二十四字小字雙行同白口單魚尾四周單邊 鈐有“齊魯大學圖書館藏書” 三十二册

370000－1542－0005805 029/13 類叢部/類書類

佩文韻府一百六卷 （清）張玉書等編 清康熙五十年(1711)武英殿刻雍正印本 十行二十五字小字雙行同白口單魚尾四周單邊 九十五册

370000－1542－0005806 029/13 類叢部/類書類

佩文韻府一百六卷 （清）張玉書等編 清雍正翻刻内府本 十行二十五字小字雙行同白口單魚尾四周單邊 九十六册

370000－1542－0005807 029/3 類叢部/類書類

格致鏡原一百卷 （清）陳元龍編 清雍正十

三年(1735)刻本　十一行二十一字小字雙行同黑口雙魚尾左右雙邊　鈐有"九葉傳經""星渚干元仲珍藏書籍""子子孫孫引无極""元仲珍藏""嘉興錢晉甫藏書畫印""齊魯大學圖書館藏書"　二十四册

370000－1542－0005808　029/3　類叢部/類書類

格致鏡原一百卷　(清)陳元龍編　清雍正十三年(1735)刻本　十一行二十一字小字雙行同黑口雙魚尾左右雙邊　三十二册

370000－1542－0005809　029/19　類叢部/類書類

分類字錦六十四卷　(清)何焯編　清雍正翻刻康熙内府本　八行二十四字小字雙行同白口單魚尾四周單邊　六十四册

370000－1542－0005810　029/22　類叢部/類書類

通俗編三十八卷　(清)翟灝編　清乾隆翟氏無不宜齋刻本　十二行二十二字白口單魚尾左右雙邊　内封題"無不宜齋雕木"　鈐有"溢樓所藏""齊魯大學圖書館藏書"　十册

370000－1542－0005811　029/22　類叢部/類書類

通俗編三十八卷　(清)翟灝編　清乾隆翟氏無不宜齋刻本(序、目録抄配)　十二行二十二字白口單魚尾左右雙邊　五册

370000－1542－0005812　029/22　類叢部/類書類

通俗編三十八卷　(清)翟灝編　清乾隆翟氏無不宜齋刻本　十二行二十二字白口單魚尾左右雙邊　鈐有"齊魯大學圖書館藏書"　六册

370000－1542－0005813　029/14　類叢部/類書類

類腋天部八卷地部十六卷人部十五卷物部十六卷　(清)姚培謙　(清)張卿雲輯　清乾隆七年(1742)、九年(1744)姚氏清妙軒、二十八年(1763)、三十年(1765)張隆孫刻本　六行十四字小字雙行二十一字白口單魚尾左右雙邊　牌記題"清妙軒雕板"　二十四册

370000－1542－0005814　029/17　類叢部/類書類

二酉彙刪二十四卷　(清)王訓纂輯　清康熙三年(1664)安丘王氏擇雅堂刻本　九行二十四字白口四周單邊　無格　内封題"擇雅堂藏版"　鈐有"齊魯大學圖書館藏書"　十二册

370000－1542－0005815　029/18　類叢部/類書類

類林新咏三十六卷　(清)姚之駰輯　清康熙刻本　十行二十字小字雙行同白口單魚尾左右雙邊　内封題"文暎書屋藏板"　鈐有"齊魯大學圖書館藏書"　十六册

370000－1542－0005816　029/21　類叢部/類書類

事物異名録四十卷　(清)厲荃原輯　(清)關槐增纂　清乾隆五十三年(1788)刻本　清周伯華題識　十一行二十一字小字雙行同白口單魚尾左右雙邊　内封題"乾隆戊申年鐫　本衙藏板"　鈐有"齊魯大學圖書館藏書"　十六册

370000－1542－0005817　029/21　類叢部/類書類

事物異名録四十卷　(清)厲荃原輯　(清)關槐增纂　清乾隆五十三年(1788)刻本　十一行二十一字小字雙行同白口單魚尾左右雙邊　内封題"乾隆戊申年鐫　本衙藏板"　鈐有"齊魯大學圖書館藏書"　十册

370000－1542－0005818　029/27　類叢部/類書類

三才彙編六卷　(清)龔在升纂輯　(清)顧理美增著　清康熙五年(1666)毛氏汲古閣刻本　九行二十四字小字雙行同白口單魚尾左右雙邊　無格　内封題"嘉善龔聞園先生纂輯　三才彙編　虞山汲古閣藏版"　鈐有"詒安艸堂印章""翻刻必究""齊魯大學圖書館藏書"　六册

370000－1542－0005819　029/29　類叢部/

類書類

省軒考古類編十二卷　(清)柴紹炳撰　(清)姚培謙評　(清)柴世堂校　清雍正四年(1726)刻本　十行二十一字小字雙行同黑口雙魚尾左右雙邊　鈐有"弄石山房""景顔珍藏"　四册

370000－1542－0005820　029/40　類叢部/類書類

唐詩金粉十卷　(清)沈炳震輯　清乾隆刻本　十一行二十二字小字雙行同白口單魚尾左右雙邊　内封題"冬讀書齋藏板"　鈐有"必勤"　二册

370000－1542－0005821　029/42　類叢部/類書類

讀書紀數略五十四卷　(清)宫夢仁編　清康熙四十六年至四十七年(1707－1708)宫夢仁維揚刻本　十一行二十一字小字雙行同下黑口單魚尾四周雙邊　鈐有"居易堂記""滋陽縣圖書館藏書印"　十六册

370000－1542－0005822　613/78　類叢部/類書類

尚友錄正略不分卷　(清)高爾庚撰　清光緒十八年(1892)覆校稿本　十行二十五字　無格　四册

370000－1542－0005823　470/45　子部/宗教類/佛教之屬

銷釋金剛科儀錄説記四卷　題(後秦)釋鳩摩羅什譯　(宋)宗鏡禪師述　(元)釋成桂註　明正德刻本　佚名批注　八行十七字小字雙行二十三至二十四字黑口四周雙邊　三册　存三卷(二至四)

370000－1542－0005824　692/19　子部/宗教類/佛教之屬

金剛般若波羅蜜經四卷　(宋)楊圭集注　明戚繼光刻本　佚名批注圈點　九行十八字小字雙行同白口單魚尾四周單邊　鈐有"齊魯大學圖書館藏書"　二册

370000－1542－0005825　692/47　子部/宗教類/佛教之屬

佛説持明藏八大摠持王經一卷　(宋)釋施護譯　元刻磧砂藏本　王獻唐題跋　每版三十行六行十七字　無格　一册

370000－1542－0005826　692/47　子部/宗教類/佛教之屬

聖無能勝金剛火陀羅尼經一卷　(宋)釋法天譯　元刻磧砂藏本　王獻唐題跋　每版三十行六行十七字　無格　一册

370000－1542－0005827　692/4　子部/宗教類/佛教之屬

湖州雙髻禪菴語錄一卷杭州西天目山師子禪院語錄一卷示禪人語一卷　(元)釋原妙撰　(元)參學門人編　元元貞二年(1296)刻本　十行二十字黑口雙魚尾四周雙邊　鈐有"毛晉私印""子晉""姚氏舜咨圖書""宣文閣鑒書畫博士印""劉履芬""小安樂窩""漢章經眼""王崇焕""松陵史明古收藏書畫記""歷劫不磷"　一册

370000－1542－0005828　692/23　子部/宗教類/佛教之屬

成唯識論俗詮十卷　(明)釋明昱撰　明萬曆四十年(1612)皖城吳用先刻本　十行二十字小字雙行同下黑口單魚尾四周雙邊　十册

370000－1542－0005829　692/46　子部/宗教類/佛教之屬

角虎集二卷　(清)濟能纂輯　清乾隆三十五年(1770)海幢禪寺刻本　十行二十一字白口四周雙邊　牌記題"乾隆歲次庚寅花朝　幢禪寺重梓"　二册

370000－1542－0005830　691/4　子部/道家類

莊子郭註十卷　(晉)郭象撰　(唐)陸德明音義　明萬曆三十三年(1605)鄒之嶧等校刻本　九行十八字小字雙行同白口單魚尾四周單邊　十册

370000－1542－0005831　691/26　子部/道家類

莊子獨見三十三篇　(清)胡文英撰　清乾隆刻本　十行十九字白口單魚尾左右雙邊　内

封題“南華經獨見箋註　三多齋藏版”　鈐有“齊魯大學圖書館藏書”　四冊

370000－1542－0005832　690/2　子部/宗教類/道教之屬

仙佛奇踪八卷　(明)洪應明輯　明萬曆刻本(卷一抄配)　楊宗翔批注圈點　八行十八字白口單魚尾四周單邊　鈐有“元通求道”“齊魯大學圖書館藏書”　四冊　存四卷(一至四)

370000－1542－0005833　691/1　子部/道家類

關尹子二卷　(周)尹喜撰　(宋)陳顯微注　(明)朱蔚然閱　(明)孫鑛等評　明天啓讀書坊刻合諸名家批點諸子全書本　九行二十字白口四周單邊　四冊

370000－1542－0005834　691/3　子部/道家類

南華真經旁注五卷　(明)方虚名撰　(明)孫平仲音校　明萬曆金陵唐氏世德堂刻本　上欄十三行七字下欄六行十七字夾窄行六行小字不等白口左右雙邊　五冊

370000－1542－0005835　691/22－2　子部/道家類

南華真經評注五卷　(戰國)莊周撰　(晉)郭象評　(晉)向秀注　清武林人文聚新刻本　上欄小字雙行七字下欄六行十七字小字不等白口單魚尾左右雙邊　内封題“武林人文聚新鐫　楊衙藏板”　五冊

370000－1542－0005836　691/23　子部/道家類

南華真經解不分卷　(清)宣穎撰　清積秀堂刻本　九行二十四字小字雙行同白口單魚尾四周雙邊　内封題“積秀堂梓行”　鈐有“齊魯大學圖書館藏書”　六冊

370000－1542－0005837　691/31　子部/道家類

老子集解二卷考異一卷　(明)薛蕙撰　明嘉靖刻本　八行十七字小字雙行同白口單魚尾四周單邊　鈐有“裒繹山房圖書印”　二冊

370000－1542－0005838　691/32　子部/道家類

解莊十二卷　(明)陶望齡撰　(明)郭正域評　明天啟元年(1621)吳興茅兆河朱墨套印本　九行十九字白口四周單邊　無格　鈐有“曾任江州司馬”“夢蜨艸堂金石圖書”“經史子集傳家寶清俸購而手自校”　十二冊

370000－1542－0005839　811.5/4　集部/楚辭類

楚辭八卷末一卷　(清)屈復新集注　清乾隆三年(1738)刻本　九行二十字小字雙行同白口單魚尾四周雙邊　無格　鈐有“仲荊”　四冊

370000－1542－0005840　811.5/18　集部/楚辭類

楚辭燈四卷　(清)林雲銘撰　(清)林沅較　清康熙三十六年(1697)林氏挹奎樓刻本　八行二十字小字雙行同白口單魚尾左右雙邊　内封題“挹奎樓主人識語”　二冊

370000－1542－0005841　812.12/6　集部/別集類/漢魏六朝別集

諸葛忠武侯全書二十卷　(明)王士騏編　(明)薛寀評　明崇禎十一年(1638)吳天挺刻本　清朱口南貞居士題跋　九行十九字小字雙行同白口四周單邊　鈐有“啓周所好”“王良棟印”“邵岐”“启周”“邵鼎久讀書畫記”“邵貞久定”“曾在周榕處”　四冊

370000－1542－0005842　812.12/4　集部/別集類/漢魏六朝別集

東方先生集一卷　(漢)東方朔撰　(明)吕兆禧校　明刻本　九行二十字小字雙行同白口單白魚尾左右雙邊　一冊

370000－1542－0005843　812.13/2　集部/別集類/漢魏六朝別集

陸士龍集四卷　(晉)陸雲撰　明嘉靖薛應旂刻六朝詩集本　十行十八字白口左右雙邊　鈐有“齊魯大學圖書館藏書”　一冊

370000－1542－0005844　812.13/3　集部/別集類/漢魏六朝別集

陶淵明集八卷首一卷末一卷 （晉）陶潛撰 清刻五色套印本 九行二十一字小字雙行同白口單魚尾四周雙邊 藍框 無格 鈐有“周儁”“吉士” 二冊

370000－1542－0005845 812.13/3 集部/别集類/漢魏六朝别集
陶淵明集八卷首一卷末一卷 （晉）陶潛撰 清末刻套印本 九行二十一字小字雙行同白口單魚尾四周單邊 無格 二冊

370000－1542－0005846 812.13/3 集部/别集類/漢魏六朝别集
陶淵明集八卷首一卷末一卷 （晉）陶潛撰 清末刻套印本 九行二十一字小字雙行同白口單魚尾四周單邊 無格 鈐有“齊魯大學圖書館藏書” 二冊

370000－1542－0005847 812.14/1 集部/别集類/漢魏六朝别集
庾子山集十六卷附年譜一卷 （北周）庾信撰（清）倪璠註釋 清康熙二十六年（1687）錢塘倪氏刻本 佚名圈點 十行二十字小字雙行同白口單魚尾左右雙邊 内封題“康熙二十六年鐫 崇岫堂藏版” 鈐有“齊魯大學圖書館”“鄒尚文” 十冊

370000－1542－0005848 812.15/1 集部/别集類/唐五代别集
元氏長慶集六十卷補遺六卷 （唐）元稹撰（明）馬元調校 明萬曆三十二年（1604）馬元調魚樂軒刻本 十行二十一字小字雙行同白口單魚尾左右雙邊 内封題“寶儉堂藏板” 九冊

370000－1542－0005849 812.15/1 集部/别集類/唐五代别集
白氏長慶集七十一卷目錄二卷 （唐）白居易撰 （明）馬元調校 明萬曆三十二年（1604）馬元調魚樂軒刻本 十行二十一字小字雙行同白口單魚尾左右雙邊 二十三冊

370000－1542－0005850 812.15/1 集部/别集類/唐五代别集
元氏長慶集六十卷補遺六卷 （唐）元稹撰（明）馬元調校 明萬曆三十二年（1604）馬元調魚樂軒刻本 十行二十一字小字雙行同白口單魚尾左右雙邊 内封題“寶儉堂藏板” 鈐有“齊魯大學圖書館藏書” 六冊 存二十六卷（元氏長慶集一至二十六）

370000－1542－0005851 812.15/3 集部/别集類/唐五代别集
韓昌黎集評註八卷 （清）許鴻磐輯並評 稿本 行數不等字數不等 八冊

370000－1542－0005852 812.15/5 集部/别集類/唐五代别集
王右丞集二十八卷首一卷末一卷 （唐）王維撰 （清）趙殿成箋注 清乾隆刻本 十行二十字小字雙行同白口單魚尾左右雙邊 牌記題“颺錦齋田翠含刊” 十六冊

370000－1542－0005853 812.16/71 集部/别集類/唐五代别集
王右丞集二十八卷首一卷末一卷 （唐）王維撰 （清）趙殿成箋注 清乾隆刻本 十行二十字小字雙行同白口單魚尾左右雙邊 内封題“王右丞集箋註” 八冊

370000－1542－0005854 812.25/9 集部/别集類/唐五代别集
類箋唐王右丞詩集十卷 （唐）王維撰 （宋）劉辰翁評 （明）顧起經注 **集外編一卷唐諸家同詠集一卷唐諸家贈題集一卷歷朝諸家評王右丞詩畫鈔一卷唐王右丞［維］年譜一卷** （明）顧起經輯撰 明嘉靖三十五年（1556）無錫顧氏奇字齋刻本 九行十八字小字雙行同細黑口單魚尾左右雙邊 五冊

370000－1542－0005855 812.25/9 集部/别集類/唐五代别集
唐王右丞文集四卷 （唐）王維撰 （明）顧起經編 明嘉靖三十五年（1556）無錫顧氏奇字齋刻本 九行十八字小字雙行同細黑口單魚尾左右雙邊 一冊

370000－1542－0005856 812.15/7 集部/别集類/唐五代别集
重刊五百家註音辯昌黎先生文集四十卷

（唐）韓愈撰　（宋）魏仲舉輯　清乾隆四十九年(1784)富氏刻本　十行約十八字小字雙行約二十三字白口雙魚尾左右雙邊　内封題“遵依宋本　五百家注音辯韓昌黎先生全集”　鈐有“齊魯大學圖書館藏書”　二十四册

370000－1542－0005857　812.15/27　集部/别集類/唐五代别集
昌黎先生集四十卷外集十卷遺文一卷　（唐）韓愈撰　（宋）廖瑩中校　**朱子校昌黎先生集傳一卷**　（宋）朱熹撰　明徐氏東雅堂翻刻宋廖氏世綵堂本　佚名圈點　九行十七字小字雙行同細黑口雙魚尾四周雙邊　鈐有“李南澗藏書印”“大雲山房”　八册　存二十九卷（二至四、九至十二、十七至二十一、三十六至四十，外集十卷，遺文一卷，朱子校昌黎先生集傳一卷）

370000－1542－0005858　812.15/8　集部/别集類/唐五代别集
河東先生集四十五卷外集二卷龍城録二卷附録二卷集傳一卷　（唐）柳宗元撰　明嘉靖郭雲鵬濟美堂刻本　九行十七字小字雙行同細黑口雙魚尾四周雙邊　鈐有“吴鷴”“愛日樓”“石君辛巳以後所得書”　十册

370000－1542－0005859　812.15/8　集部/别集類/唐五代别集
河東先生全集録六卷　（清）儲欣輯　清康熙刻本　九行二十五字小字雙行同粗黑口花魚尾左右雙邊　内封題“在陸艸堂點定　河東先生全集録　松鱗堂”　鈐有“齊魯大學圖書館藏書”　三册

370000－1542－0005860　812.15/22　集部/别集類/唐五代别集
曲江張文獻先生文集十二卷附録一卷　（唐）張九齡撰　（明）謝正蒙重編　明萬曆四十四年(1616)謝正蒙刻本　九行十八字白口單魚尾四周單邊　鈐有“閻愉之印”“人當自立”　四册

370000－1542－0005861　812.15/30　集部/别集類/唐五代别集
羅昭諫集八卷　（唐）羅隱撰　清康熙九年(1670)張瓚瑞榴堂刻本　舜湖閣芳女史批　十一行二十字白口雙魚尾四周雙邊　鈐有“吴興劉氏嘉業堂臧”　二册

370000－1542－0005862　812.16/1　集部/别集類/宋别集
莆陽知稼翁集二卷　（宋）黄公度撰　（明）黄廷宣　（明）黄廷用重校　明天啓五年(1625)黄崇翰刻本　九行二十字小字雙行同白口單魚尾四周單邊　四册

370000－1542－0005863　812.16/3　集部/别集類/宋别集
蘇老泉文集十三卷　（宋）蘇洵撰　（明）茅坤　（明）焦竑等評　明凌濛初刻朱墨套印本（卷三抄配）　八行十八字白口四周單邊　鈐有“曾在潘景鄭家”　六册

370000－1542－0005864　812.16/5　集部/别集類/宋别集
渭南文集五十二卷目録二卷　（宋）陸游撰　明萬曆四十年(1612)陸夢祖刻本　十行二十二字白口四周單邊　鈐有“溫葆淳印”　六册

370000－1542－0005865　812.16/5　集部/别集類/宋别集
渭南文集五十卷　（宋）陸游撰　明末毛氏汲古閣刻本（卷一至二十六抄配）　八行十八字白口左右雙邊　鈐有“齊魯大學圖書館藏書”　十二册

370000－1542－0005866　812.16/6　集部/别集類/宋别集
司馬文正公傳家集八十卷附録一卷目録二卷　（宋）司馬光撰　（清）陳弘謀重訂　**司馬文正公[光]年譜一卷**　（清）陳弘謀輯　清乾隆六年(1741)陳弘謀校刻本　十一行二十一字小字雙行同粗黑口單魚尾左右雙邊　内封題“乾隆六年重校刊　年譜輯附　培遠堂藏板”　鈐有“齊魯大學圖書館藏書”　十二册

370000－1542－0005867　812.16/6　集部/别集類/宋别集
司馬文正公傳家集八十卷附録一卷目録二卷

（宋）司馬光撰　（清）陳弘謀重訂　**司馬文正公[光]年譜一卷**　（清）陳弘謀輯　清乾隆六年(1741)陳弘謀校刻本　十一行二十一字小字雙行同粗黑口單魚尾左右雙邊　内封題“乾隆六年重挍刊　年譜輯附　培遠堂藏板”　鈐有“應椿”“碧雲僊館珍藏書畫印”　十二册

370000－1542－0005868　812.16/7　集部/別集類/宋別集

司馬文正公集八十二卷首一卷目録二卷　（宋）司馬光撰　清乾隆九年(1744)山西臨汾劉組曾刻本　九行二十二字小字雙行同白口單魚尾左右雙邊　内封題“乾隆甲子年重鐫　百禄堂藏板”　鈐有“紫藤花館”“頵公鑑藏書畫印”　二十册

370000－1542－0005869　812.16/9　集部/別集類/宋別集

趙清獻公集十卷目録二卷　（宋）趙抃撰　明刻本　九行二十字白口單白魚尾四周單邊　鈐有“紫藤花館”“頵公鑑藏書畫印”　四册

370000－1542－0005870　812.16/10　集部/別集類/宋別集

後山先生集二十四卷　（宋）陳師道撰　（清）趙鴻烈校　清雍正八年(1730)雲間趙鴻烈刻本　十行十九字小字雙行不等黑口單魚尾左右雙邊　内封題“雍正庚戌夏鐫　學稼軒藏板”　鈐有“仰觀象平古人”“傳萬堂藏書”“齊魯大學圖書館藏書”　十册

370000－1542－0005871　812.16/40　集部/別集類/宋別集

曾文定公全集二十卷首一卷末一卷　（宋）曾鞏撰　（清）彭期編訂　清康熙三十二年(1693)江西彭期七業堂刻本　九行二十字小字雙行同白口單魚尾左右雙邊　内封題“康熙壬申年新鐫　七業堂校梓”　鈐有“五經史漢傳家”“齊魯大學圖書館藏書”　二十册

370000－1542－0005872　812.15/20　集部/別集類/宋別集

坡仙集十六卷　（宋）蘇軾撰　（明）李贄評輯　明萬曆二十八年(1600)陳邦泰繼志齋刻本　九行二十字白口單魚尾四周單邊　牌記題“萬曆庚子歲録梓於繼志齋中”　十六册

370000－1542－0005873　812.16/42　集部/別集類/宋別集

蘇文忠公海外集四卷　（宋）蘇軾撰　（清）王時宇重校　**年譜一卷**　（宋）王宗稷編　清乾隆四十年(1775)瓊山王時宇校刻本　九行二十一字小字雙行同白口單魚尾四周雙邊　無格　鈐有“望花樓藏”“清吟書屋”“齊魯大學圖書館藏書”　四册

370000－1542－0005874　812.16/47　集部/別集類/宋別集

廬陵歐陽文忠公全集一百五卷附年譜一卷　（宋）歐陽修撰　清康熙十一年(1672)廬陵曾弘焉文堂刻本　十行二十字小字雙行同白口單魚尾四周單邊　内封題“廬陵歐陽文忠公全集　焉文堂重梓”　鈐有“齊魯大學圖書館藏書”　二十四册

370000－1542－0005875　812.16/57　集部/別集類/宋別集

宋丞相文山先生全集二十卷　（宋）文天祥撰　清康熙十二年(1673)廬陵曾弘刻本　十行二十字小字雙行同白口單魚尾四周雙邊　鈐有“高陽酒徒”　八册

370000－1542－0005876　036/9　集部/別集類/宋別集

廬陵宋丞相信國公文忠烈先生全集十六卷　（宋）文天祥撰　（清）文從偉等輯　清雍正三年(1725)刻本　十行二十字白口單魚尾四周雙邊　内封題“廬陵文丞相文山先生全集　雍正三年新鐫　五桂堂藏版”　十六册

370000－1542－0005877　812.16/64　集部/別集類/宋別集

楊文節公詩集四十二卷錦繡策二卷文集四十二卷末一卷　（宋）楊萬里撰　（清）彭淑校訂　（清）陳霖仝校　清乾隆五十九年至六十年(1794－1795)刻本　十行二十四字小字雙行同白口單魚尾四周單邊　錦繡策内封題“乾

隆五十九年新鐫　全集現在付刊　忠節祠藏板”　文集内封題“乾隆六十年新鐫　帶經軒藏板”　二十七册

370000－1542－0005878　612/2　集部/别集類/宋别集

朱子大全一百卷目錄二卷續集十卷别集十卷　(宋)朱熹撰　明天順四年(1460)賀沈、胡緝刻本　十一行二十二字小字雙行同黑口雙魚尾四周雙邊　八册　存二十八卷(一至二十六、目錄二卷)

370000－1542－0005879　812.16/72　集部/别集類/宋别集

朱子文集大全類編一百十一卷　(宋)朱熹撰　(清)朱玉編　清康熙六十一年至雍正八年(1722－1730)福建朱玉輯刻本　十二行二十四字小字雙行同黑口單魚尾四周單邊　内封題“紫陽書堂鈔本　朱子文集大全類編　采芝山房藏版　翻刻千里必究”　鈐有“紫陽書堂”“齊魯大學圖書館藏書”　四十八册

370000－1542－0005880　812.16/75　集部/别集類/宋别集

南澗甲乙稿二十二卷　(宋)韓元吉撰　清乾隆武英殿聚珍版排印武英殿聚珍版書本　九行二十一字小字雙行同白口單魚尾四周雙邊　二册　存八卷(一至八)

370000－1542－0005881　812.16/78　集部/别集類/宋别集

吴郡樂圃朱先生餘藁十卷集外附編一卷補遺一卷　(宋)朱長文撰　(宋)朱思編　清康熙五十一年(1712)朱岳壽刻本　十行二十一字小字雙行不等白口雙魚尾四周單邊　鈐有“吴郡朱氏”“風雅”　二册

370000－1542－0005882　811.16/6　集部/别集類/宋别集

絜齋集二十四卷附補遺一卷　(宋)袁爕撰　清乾隆四十二年(1777)福建翻刻道光、同治間遞修光緒二十一年(1895)增刻武英殿聚珍版書本　九行二十一字白口單魚尾四周雙邊　七册

370000－1542－0005883　812.17/1　集部/别集類/元别集

清閟閣全集十二卷　(元)倪瓚撰　(清)曹培廉校　清康熙五十二年(1713)曹氏城書室刻本　十一行二十一字小字雙行三十二字白口單魚尾四周單邊　鈐有“綠雲僊館珍藏”　四册

370000－1542－0005884　812.17/4　集部/别集類/元别集

許文正公遺書十二卷首一卷末二卷　(元)許衡撰　清乾隆五十五年(1790)刻本　九行二十二字白口單魚尾四周單邊　無格　内封題“乾隆五十五年鐫　大中丞穆大人鑒定　許文正公遺書　家藏繡板”　鈐有“齊魯大學圖書館藏書”　八册

370000－1542－0005885　812.17/8　集部/别集類/元别集

道園集不分卷　(元)虞集撰　(清)左印喆輯　(清)裘思通補輯　清康熙刻雍正二年(1724)裘思通補刻本　揞叟題識　九行二十字小字雙行同白口單魚尾四周雙邊　二十册　存道園學古錄、道園類集

370000－1542－0005886　812.18/1　集部/别集類/明别集

升菴先生文集八十一卷目錄四卷　(明)楊慎撰　(明)楊有仁編輯　(明)趙開美校正　(明)陳邦瞻重校　(明)王藩臣　(明)蕭如松仝校　明萬曆二十九年(1601)王藩臣刻本　十行二十字小字雙行同白口單魚尾左右雙邊　鈐有“碧雲仙館”　十六册

370000－1542－0005887　812.18/1　集部/别集類/明别集

升菴外集一百卷　(明)楊慎撰　(明)焦竑編　(明)顧起元校　明萬曆四十五年(1617)刻本　佚名批注　十行二十字小字雙行同白口單魚尾左右雙邊　鈐有“更上樓家藏”“松陵世家”　十六册

370000－1542－0005888　812.18/2　集部/别集類/明别集

劉文烈公全集十二卷 (明)劉理順撰 (清)劉聖箴輯 清順治刻康熙重修本 九行二十字白口單魚尾四周單邊 六册

370000－1542－0005889 812.18/3 集部/別集類/明別集

徐文長文集三十卷補遺一卷 (明)徐渭撰 (明)袁宏道評點 明刻本 九行二十字白口單白魚尾四周單邊 内封題"讀書坊藏板" 鈐有"松山" 八册

370000－1542－0005890 812.18/43 集部/別集類/明別集

徐文長文集三十卷附四聲猿一卷 (明)徐渭撰 (明)袁宏道評點 明萬曆四十二年(1614)鍾人傑刻本 九行二十字白口單白魚尾四周單邊 鈐有"臣楊淳印""心愚氏" 八册

370000－1542－0005891 812.18/4 集部/別集類/明別集

儼山外集四十卷 (明)陸深撰 明嘉靖二十五年(1546)陸楫刻本 十行二十字白口白魚尾左右雙邊 鈐有"楊氏海原閣藏""儀晉觀堂""香南室""物每歸於所好" 八册

370000－1542－0005892 812.18/4 集部/別集類/明別集

陸文裕公續集十卷 (明)陸深撰 明嘉靖三十年(1551)陸楫刻本 十行二十字白口白魚尾左右雙邊 四册

370000－1542－0005893 812.18/5 集部/別集類/明別集

李中麓閒居集十五卷 (明)李開先撰 清道光十八年(1838)李廷棨抄本 九行二十五字小字雙行同 無格 鈐有"曾藏文安邢氏""仲采""邢藍田" 十五册

370000－1542－0005894 812.18/7 集部/別集類/明別集

袁了凡先生兩行齋集十四卷 (明)袁黄撰 (明)袁儼校 明刻本 九行二十一字小字雙行同白口單魚尾四周單邊 鈐有"四明盧氏抱經樓藏書印""嘉興圖書館藏""嘉興董氏保澤齋臧印" 十二册

370000－1542－0005895 812.18/8 集部/別集類/明別集

楊椒山先生集四卷年譜一卷 (明)楊繼盛撰 (清)胡范重訂 清康熙三十七年(1698)河北容城胡范河南睢縣刻本 十行二十字黑口雙魚尾四周單邊 内封題"五世堂藏板" 鈐有"私立齊魯大學國學研究所藏書之章" 五册

370000－1542－0005896 812.18/10 集部/別集類/明別集

康對山先生集四十五卷首一卷 (明)康海撰 清康熙五十一年(1712)馬逸姿刻本 十行二十字白口左右雙邊 鈐有"崇德堂" 八册

370000－1542－0005897 812.18/11 集部/別集類/明別集

陶菴文集七卷詩集八卷吾師錄一卷 (明)黄淳耀撰 **谷簾學吟一卷** (明)黄淵耀撰 清康熙刻本 九行十九字小字雙行同黑口左右雙邊 鈐有"身世滄桑""時還讀我書" 六册

370000－1542－0005898 812.18/11 集部/別集類/明別集

陶菴文集七卷詩集八卷吾師錄一卷 (明)黄淳耀撰 清康熙刻本 九行十九字小字雙行同黑口左右雙邊 鈐有"嘉樹齋""齊魯大學圖書館藏書" 四册

370000－1542－0005899 812.18/12 集部/別集類/明別集

左忠毅公集三卷左侍御公集一卷 (明)左光斗撰 **左忠毅公[光斗]年譜二卷** (清)左宰編 清乾隆刻本 十行二十字白口單魚尾左右雙邊 六册

370000－1542－0005900 812.18/13 集部/別集類/明別集

來禽館集二十九卷 (明)邢侗撰 明萬曆四十六年(1618)刻清康熙十九年(1680)鄭雍重修本 九行二十一字白口單魚尾四周單邊 十二册

370000－1542－0005901　812.18/14　集部/別集類/明別集

檀園集十二卷　（明）李長蘅撰　清康熙二十八年（1689）陸廷燦刻本　九行十八字小字雙行同細黑口左右雙邊　四册

370000－1542－0005902　812.18/16　集部/別集類/明別集

蠛蠓集五卷　（明）盧柟撰　明萬曆三十年（1602）張其忠刻清乾隆十年（1745）修補本　九行十八字白口單魚尾四周雙邊　五册

370000－1542－0005903　812.18/16　集部/別集類/明別集

蠛蠓集五卷　（明）盧柟撰　明萬曆三十年（1602）張其忠刻清乾隆十年（1745）修補同治四年（1865）重修補本　九行十八字白口單魚尾四周雙邊　鈐有“齊魯大學圖書館藏書”　五册

370000－1542－0005904　812.18/19　集部/別集類/明別集

斛山楊先生遺稿四卷　（明）楊爵撰　明萬曆六年（1578）陳世寶、曾如春刻本　十行二十字小字雙行同白口單魚尾四周雙邊　鈐有“博物洽聞圖書”　四册

370000－1542－0005905　812.18/21　集部/別集類/明別集

懷麓堂全集一百卷　（明）李東陽撰　清康熙二十年（1681）刻本（有抄補）　十行二十字白口單魚尾四周單邊　無格　鈐有“齊魯大學圖書館藏書”　十册　缺四十六卷（詩後稿五至十、文後稿一至三十、詩文續稿一至十）

370000－1542－0005906　812.18/21　集部/別集類/明別集

懷麓堂全集一百卷　（明）李東陽撰　清康熙二十年（1681）刻本　十行二十字白口單魚尾四周單邊　無格　内封題“懷麓堂全集　蔣慎齋先生手校　蔡韓兩憲臺鑒定　茶鐸重梓”　鈐有“斯文在兹”“雲陽文集”　十九册　缺六卷（文稿六至十一）

370000－1542－0005907　812.18/22　集部/別集類/明別集

滄溟先生集三十卷附録一卷　（明）李攀龍撰　明隆慶刻本　十行二十字白口單魚尾左右雙邊　鈐有“齊郝祖脩章”“黟山李氏臧書”“芸樓”“安如閣”　五册

370000－1542－0005908　812.18/23　集部/別集類/明別集

太師誠意伯劉文成公集二十卷首一卷　（明）劉基撰　清康熙四十六年（1707）僧月川刻雍正八年（1730）浙江萬里補刻乾隆十一年（1746）劉氏印本　十行二十三字白口單魚尾左右雙邊　鈐有“齊魯大學圖書館藏書”　十册

370000－1542－0005909　812.18/23　集部/別集類/明別集

太師誠意伯劉文成公集二十卷首一卷　（明）劉基撰　清康熙四十六年（1707）劉標僧月川刻雍正八年（1730）浙江萬里補刻本（有抄補）　十行二十三字白口單魚尾左右雙邊　鈐有“與木石居”“序經”“粱梅珎臧”　十五册

370000－1542－0005910　812.18/24　集部/別集類/明別集

于肅愍公集八卷附録一卷　（明）于謙撰　明嘉靖六年（1527）大梁書院刻本　九行二十一字白口四周單邊　鈐有“光熙之印”“裕如祕笈”“齊魯大學圖書館藏書”　八册

370000－1542－0005911　812.18/29　集部/別集類/明別集

青邱高季迪先生詩集十八卷遺詩一卷　（明）高啓撰　（清）金檀輯注　**扣舷集一卷鳧藻集五卷**　（明）高啓撰　（清）金檀輯　**附錄一卷**　（清）金檀輯　**年譜一卷**　（清）金檀輯　清雍正六年至七年（1728－1729）桐鄉金檀文瑞樓刻本　十一行二十二字小字雙行三十三字白口單魚尾左右雙邊　内封題“文瑞樓藏版”　二十四册

370000－1542－0005912　812.28/13　集部/別集類/明別集

高季迪先生大全集十八卷　（明）高啓撰　清

康熙長州許氏竹素園刻本　十行二十字白口單魚尾左右雙邊　鈐有“仁圃圖書”“齊魯大學圖書館藏書”“青邑洞藏書印”“汶陽施石寧書畫記”　四冊

370000－1542－0005913　812.18/44　集部/別集類/明別集

空同子集六十六卷附錄二卷　（明）李夢陽撰　（明）鄧雲霄　（明）潘之恒彙校　明萬曆三十年（1602）鄧雲霄刻本　十行二十字白口白魚尾左右雙邊　十二冊

370000－1542－0005914　812.18/48　集部/別集類/明別集

唐荊川先生文集十二卷　（明）唐順之撰　明嘉靖三十二年（1553）刻本　十行二十字白口雙魚尾四周單邊　十二冊

370000－1542－0005915　812.18/48　集部/別集類/明別集

荊川文集十八卷　（明）唐順之撰　（清）唐少游編　清康熙五十一年（1712）唐執玉刻本　清楊廷錫識　十行二十一字黑口單魚尾左右雙邊　內封題“二南堂藏版”　鈐有“鑒湖任純如藏書印”“古懽書屋珍賞”“當陽侯裔”“楊謹堂讀”　八冊

370000－1542－0005916　812.18/53　集部/別集類/明別集

王文恪公集三十六卷　（明）王鏊撰　（明）朱國楨訂　**鵑音一卷白社詩草一卷**　（明）王禹聲撰　**名公筆記一卷**　明萬曆震澤王氏三槐堂刻本　九行二十字白口線魚尾四周單邊　鈐有“四庫全書館進呈御覽”　八冊

370000－1542－0005917　812.18/56　集部/別集類/明別集

大復集三十七卷　（明）何景明撰　明嘉靖三十四年（1555）袁璨刻本　十行十八字白口雙魚尾四周雙邊　鈐有“研易樓臧書印”“沈氏粹芬閣所得善本書”　十六冊

370000－1542－0005918　812.18/64　集部/別集類/明別集

何大復先生集三十八卷　（明）何景明撰　清乾隆十五年（1750）信陽何氏賜策堂刻本　九行二十字白口單魚尾四周雙邊　內封題“乾隆庚午歲重鐫　賜策堂藏板”　鈐有“寶應劉氏食舊德齋藏書記”“食舊德齋藏書”“寶應劉氏嶽雲字佛卿”　八冊

370000－1542－0005919　812.18/58　集部/別集類/明別集

鈐山堂集四十卷　（明）嚴嵩撰　清嘉慶十一年（1806）刻本　十行二十一字小字雙行同粗黑口單魚尾四周單邊　鈐有“太倉錢氏聽邠館所藏金石書畫印”　八冊

370000－1542－0005920　812.18/61　集部/別集類/明別集

瀟碧堂集二十卷　（明）袁宏道撰　明萬曆三十六年（1608）袁氏書種堂刻本　九行十八字白口單白魚尾四周單邊　牌記題“萬曆戊申秋勾吳袁氏書種堂校梓”　鈐有“小蘇寓目”“程濱遺印”　八冊

370000－1542－0005921　812.18/66　集部/別集類/明別集

五品稿不分卷　（明）李若訥撰　明萬曆刻本　九行二十字白口單魚尾四周雙邊　鈐有“餘姚謝氏永耀樓藏書”　十冊

370000－1542－0005922　812.18/69　集部/別集類/明別集

清江貝先生詩集十卷文集三十卷　（明）貝瓊撰　（清）金檀編輯　清康熙五十八年（1719）金檀燕翼堂刻本　十一行二十一字小字雙行不等白口單魚尾左右雙邊　內封題“燕翼堂藏板”　鈐有“伯寅臧書”　六冊

370000－1542－0005923　812.18/76　集部/別集類/明別集

葛端肅公文集十八卷　（明）葛守禮撰　明萬曆十年（1582）刻清乾隆五十年（1785）鍾大受修補本　九行二十字白口雙魚尾四周雙邊　八冊

370000－1542－0005924　812.18/81　集部/別集類/明別集

宗伯集八十一卷　（明）馮琦撰　明萬曆三十

五年(1607)刻本　九行十七字白口單魚尾左右雙邊　二十一册

370000－1542－0005925　812.18/85　集部/別集類/明別集
邊華泉集八卷集稿六卷　(明)邊貢撰　清康熙四十四年(1705)歷城張氏刻嘉慶、咸豐間修補宣統三年(1911)重修補印本　十行二十二字小字雙行同白口四周單邊　内封題"宣統辛亥五月修補康熙乙酉歷城張氏刻本"　六册

370000－1542－0005926　812.18/85　集部/別集類/明別集
邊華泉集八卷集稿六卷　(明)邊貢撰　清康熙四十四年(1705)歷城張氏刻嘉慶、咸豐間修補宣統三年(1911)重修補印本　十行二十二字小字雙行同白口四周單邊　内封題"宣統辛亥五月修補康熙乙酉歷城張氏刻本"　六册

370000－1542－0005927　812.18/85　集部/別集類/明別集
邊華泉集八卷集稿六卷　(明)邊貢撰　清康熙四十四年(1705)歷城張氏刻嘉慶、咸豐間修補印本　十行二十二字小字雙行同白口四周單邊　内封題"嘉慶十年補刊　聽雨堂藏板"　鈐有"壽餘秘玩""筆諫堂主人純齋秘玩"　六册

370000－1542－0005928　812.19/216　集部/別集類/明別集
愚谷集十卷　(明)李舜臣撰　清康熙五年(1666)刻本　十行二十一字白口單魚尾四周單邊　鈐有"景傳詩"　四册

370000－1542－0005929　812.18/27　集部/別集類/清別集
尊水園集畧十二卷補遺二卷　(清)盧世㴶撰　(清)程先貞等輯　清順治刻十七年(1660)盧孝餘增刻本　九行十九字白口單線魚尾四周單邊　内封題"見賔堂藏板"　鈐有"齊魯大學圖書館藏書"　八册

370000－1542－0005930　812.19/26　集部/別集類/清別集
牧齋初學集詩註二十卷　(清)錢謙益撰　(清)錢曾箋注　清玉詔堂刻本　十行二十字小字雙行同下黑口單魚尾四周單邊　内封題"玉詔堂藏板"　六册

370000－1542－0005931　812.19/26　集部/別集類/清別集
牧齋初學集詩註二十卷　(清)錢謙益撰　(清)錢曾箋注　清春暉堂刻本　十行二十字小字雙行同下黑口單魚尾四周單邊　鈐有"劍華""元林氏章""蕭大庸印"　七册

370000－1542－0005932　812.29/15　集部/別集類/清別集
牧齋有學集詩註十四卷　(清)錢謙益撰　(清)錢曾箋注　清春暉堂刻本　十行二十字小字雙行同黑口單魚尾四周單邊　内封題"春暉堂藏板"　鈐有"紫藤花館""青松沈應泰""元林氏章"　五册

370000－1542－0005933　812.29/15　集部/別集類/清別集
牧齋有學集詩註十四卷　(清)錢謙益撰　(清)錢曾箋注　清玉詔堂刻本　十行二十字小字雙行同黑口單魚尾四周單邊　内封題"玉詔堂藏板"　六册

370000－1542－0005934　812.19/1　集部/別集類/清別集
寒松堂全集十二卷　(清)魏象樞撰　清康熙刻本　十行二十字下黑口單魚尾左右雙邊　鈐有"逍遙道人""寬夫清賞""洪洞曹氏書畫之印""自怡齋珍玩"　十二册

370000－1542－0005935　812.19/7　集部/別集類/清別集
板橋集　(清)鄭燮撰　清乾隆刻本　詩鈔十行十九字詞鈔八行十四至十六字左右雙邊　鈐有"齊魯大學圖書館藏書"　四册

370000－1542－0005936　812.19/8　集部/別集類/清別集
蠶尾集十卷續集二卷後集二卷　(清)王士禛撰　清康熙刻本　十行十九字小字雙行約三

十字粗黑口單魚尾左右雙邊　鈐有"邵廷杰印""雪樵""渠梁邵氏雪樵藏本""此書畫曾在邵雪樵家"　六冊

370000－1542－0005937　812.19/8　集部/別集類/清別集

蠶尾集十卷　(清)王士禛撰　清康熙刻本　清蚓廬題識　十行十九字小字雙行約三十字粗黑口單魚尾左右雙邊　鈐有"蚓廬所作"　四冊

370000－1542－0005938　812.19/121　集部/別集類/清別集

王漁洋遺書　(清)王士禛撰　清康熙刻後印本　行款不一　牌記題"康熙己酉吳郡沂詠堂雕"　六十五冊　存二十四種二百二卷(漁洋山人詩集二十二卷、續集十六卷,漁洋山人精華錄十卷,居易錄三十四卷,粵行三志三卷,隴蜀餘聞一卷,長白山錄一卷、補遺一卷,蜀道驛程記二卷,秦蜀驛程後記二卷,二家詩選二卷,漁洋山人文略十四卷,蠶尾集十卷、續集二卷、後集二卷,香祖筆記十二卷,池北偶談二十六卷,十種唐詩選十七卷,歷仕錄一卷,唐人萬首絕句選七卷,隴首集一卷,皇華紀聞四卷,剪桐載筆一卷,載書圖詩一卷,清瘠齋心賞編一卷,考功集選四卷,華泉先生集選四卷,睡足軒詩選一卷)

370000－1542－0005939　812.19/9　集部/別集類/清別集

飴山文集十二卷附錄一卷　(清)趙執信撰　清乾隆三十九年(1774)益都趙氏因園刻本　十行二十一字白口單魚尾左右雙邊　内封題"乾隆甲午秋七月　因園藏板"　四冊

370000－1542－0005940　812.19/9　集部/別集類/清別集

飴山詩集二十卷聲調譜二卷續譜一卷談龍錄一卷　(清)趙執信撰　清乾隆十七年(1752)益都趙氏因園刻本　十行二十一字白口單魚尾四周單邊　内封題"乾隆壬申新鐫　因園藏板"　五冊

370000－1542－0005941　812.18/9　集部/別集類/清別集

施愚山先生全集九十七卷　(清)施閏章撰　清康熙、乾隆間刻本　十一行二十一字小字雙行同白口單魚尾四周雙邊　牌記題"康熙戊子九月楝亭梓行"　鈐有"黃陂范氏藏書""任卿過眼""齊魯大學圖書館藏書""一六淵海"　二十冊

370000－1542－0005942　812.18/9　集部/別集類/清別集

施愚山先生全集九十五卷　(清)施閏章撰　清康熙、乾隆間刻本　十一行二十一字小字雙行同白口單魚尾四周雙邊　文集、詩集内封題"楝亭藏本"　遺集内封題"乾隆己未年鐫　本衙藏板"　文集、詩集牌記題"康熙戊子九月楝亭梓行"　鈐有"檀尊藏書""豐府藏書""時於此中得少佳趣""應椿""宣州施氏穀玉堂藏書"　二十四冊　缺二卷(外集一至二)

370000－1542－0005943　812.19/12　集部/別集類/清別集

道古堂文集四十八卷詩集二十六卷　(清)杭世駿撰　清乾隆四十一年(1776)刻本　十行二十一字小字雙行同白口單魚尾左右雙邊　鈐有"顨公鑑臧書畫印""紫藤花館""富勝遺金""六印家珍臧"　十六冊

370000－1542－0005944　812.19/14　集部/別集類/清別集

湖海樓全集詩十二卷補遺一卷詞二十卷文六卷儷體文十二卷　(清)陳維崧撰　(清)陳淮編校　清乾隆六十年(1795)江蘇宜興陳氏刻本　十行二十一字小字雙行同白口單魚尾左右雙邊　内封題"乾隆乙卯新鐫　浩然堂藏版"　二十四冊

370000－1542－0005945　812.19/17　集部/別集類/清別集

湖海樓詩集八卷陳迦陵文集六卷陳迦陵儷體文集十卷迦陵詞全集三十卷　(清)陳維崧撰　清康熙二十六年至二十八年(1687－1689)陳宗石患立堂刻本　十二行二十二字小字雙行同粗黑口單魚尾左右雙邊　文集内封題

"陳其年文集　本衙藏板"　詞全集内封題"彊善堂本衙藏板"　十四册

370000－1542－0005946　812.19/18　集部/别集類/清别集

孫文定公全集六種十二卷　(清)孫廷銓撰　清康熙十七年(1678)師儉堂刻本　八行二十字白口四周單邊或四周雙邊　内封題"師儉堂藏板"　鈐有"家在滇南翠海間"　九册

370000－1542－0005947　812.19/182　集部/别集類/清别集

孫文定公全集六種十二卷　(清)孫廷銓撰　清康熙十七年(1678)師儉堂刻本　佚名批注　八行二十字白口四周單邊或四周雙邊　内封題"師儉堂藏板"　六册　存五種八卷(沚亭删定文集二卷、漢史憶二卷、沚亭自删詩一卷、琴譜指法省文一卷、南征紀略二卷)

370000－1542－0005948　812.19/32　集部/别集類/清别集

匠門書屋文集三十卷　(清)張大受撰　清雍正七年(1729)顧詒禄刻本　小蓮戈培圈點　十行二十一字小字雙行不等白口左右雙邊　鈐有"碧雲僊館珍藏書畫印""椿""遂初""小蓮"　四册

370000－1542－0005949　812.19/36　集部/别集類/清别集

西澗草堂集四卷詩集四卷　(清)閻循觀撰　清乾隆三十八年(1773)閻循霦刻本　十行二十二字小字雙行同白口單魚尾左右雙邊　内封題"乾隆癸巳年鐫　西澗草堂文集　樹滋堂藏板"　二册

370000－1542－0005950　812.19/36　集部/别集類/清别集

西澗草堂集四卷　(清)閻循觀撰　清乾隆三十八年(1773)閻循霦刻本　十行二十二字小字雙行同白口單魚尾左右雙邊　内封題"乾隆癸巳年鐫　西澗草堂文集　樹滋堂藏板"　鈐有"石君辛巳以後所得書"　一册

370000－1542－0005951　812.19/40　集部/别集類/清别集

午亭文編五十卷　(清)陳廷敬撰　(清)林佶輯録　清康熙四十七年(1708)林佶寫刻乾隆四十三年(1778)澤州印本　十一行二十一字小字雙行不等黑口單魚尾左右雙邊　鈐有"私立齊魯大學國學研究所藏書之章"　十六册

370000－1542－0005952　812.19/40　集部/别集類/清别集

午亭文編五十卷　(清)陳廷敬撰　(清)林佶輯録　清康熙四十七年(1708)林佶寫刻乾隆四十三年(1778)澤州印本　十一行二十一字小字雙行不等黑口單魚尾左右雙邊　鈐有"種松書屋""齊魯大學圖書館藏書"　十六册

370000－1542－0005953　812.19/40　集部/别集類/清别集

午亭山人第二集三卷　(清)陳廷敬撰　清乾隆于大梃刻本　十一行二十一字小字雙行不等黑口單魚尾左右雙邊　一册

370000－1542－0005954　812.19/43　集部/别集類/清别集

有懷堂文藁二十二卷詩藁六卷　(清)韓菼撰　清康熙四十二年(1703)刻本　十一行二十一字小字雙行同白口單魚尾四周單邊　内封題"本衙藏板"　鈐有"紹庭""碧雲僊館珍藏書畫印""椿印"　八册

370000－1542－0005955　812.19/43　集部/别集類/清别集

有懷堂詩藁六卷文藁二十二卷　(清)韓菼撰　清康熙四十二年(1703)刻本　十一行二十一字小字雙行同白口單魚尾四周單邊　内封題"康熙四十二年鐫　本衙藏板"　鈐有"齊魯大學圖書館藏書"　六册

370000－1542－0005956　812.19/50　集部/别集類/清别集

西堂雜俎一集八卷二集八卷三集八卷西堂剩稿二卷西堂秋夢録一卷西堂小草一卷論語詩一卷右北平集一卷看雲草堂集八卷述祖詩一卷于京集五卷哀絃集一卷擬明史樂府一卷外國竹枝詞一卷　(清)尤侗撰　清康熙刻本

十行二十一字小字雙行同下細黑口單魚尾四周單邊　鈐有"玉函山房臧書""齊魯大學圖書館藏書""維新周記"　十五册

370000－1542－0005957　812.19/80　集部/別集類/清別集

西堂餘集年譜圖詩一卷小影圖贊一卷年譜二卷性理吟一卷後性理吟一卷續論語詩一卷艮齋倦藁詩集八卷文集十二卷艮齋雜説十卷看鑑偶評五卷明史擬藁六卷外國傳八卷宮閨小名録五卷　(清)尤侗撰　清康熙刻本　十行二十一字小字雙行同下細黑口單魚尾四周單邊　鈐有"玉函山房臧書""齊魯大學圖書館藏書""維新周記"　二十册　缺二卷(外國傳一至二)

370000－1542－0005958　812.19/213　集部/別集類/清別集

外國竹枝詞一卷百末詞六卷讀離騷一卷　(清)尤侗撰　清康熙刻本　十行二十一字小字雙行同白口單魚尾四周單邊　鈐有"揮霞""無味人""守經堂"　一册

370000－1542－0005959　812.19/74　集部/別集類/清別集

曝書亭集八十卷附録一卷　(清)朱彝尊撰　**笛漁小稿十卷**　(清)朱昆田撰　清刻本　十二行二十三字白口單魚尾左右雙邊　鈐有"書業德新發兑""齊魯大學圖書館藏書"　十六册

370000－1542－0005960　812.19/74　集部/別集類/清別集

曝書亭集八十卷附録一卷　(清)朱彝尊撰　**笛漁小稿十卷**　(清)朱昆田撰　清刻本　十二行二十三字白口單魚尾左右雙邊　鈐有"漢口善成堂書局督造書籍印""容剨軒珍藏"　二十册

370000－1542－0005961　812.19/82　集部/別集類/清別集

聰山集十三卷　(清)申涵光撰　清康熙刻本　九行二十字白口單魚尾四周單邊或四周雙邊　内封題"劉雲龕論定　渾脱居藏版"　鈐有"齊魯大學圖書館藏書"　六册

370000－1542－0005962　812.19/96　集部/別集類/清別集

切問齋集十六卷　(清)陸燿撰　清乾隆五十七年(1792)刻本　九行二十字白口單魚尾左右雙邊　内封題"乾隆壬子年開雕　暉吉堂藏板"　鈐有"齊魯大學圖書館藏書"　八册

370000－1542－0005963　812.19/97　集部/別集類/清別集

樂善堂全集四十卷目録四卷　(清)高宗弘曆撰　清刻本　七行十八字白口單魚尾四周雙邊　無格　鈐有"齊魯大學圖書館藏書""惟精惟弌""乾隆宸翰"　十二册

370000－1542－0005964　812.19/97　集部/別集類/清別集

樂善堂全集定本三十卷　(清)高宗弘曆撰　(清)蔣溥等重編　清刻本　九行十七字白口單魚尾四周雙邊　鈐有"齊魯大學圖書館藏書"　十册

370000－1542－0005965　812.19/97　集部/別集類/清別集

樂善堂全集定本三十卷　(清)高宗弘曆撰　(清)蔣溥等重編　清刻本　九行十七字白口單魚尾四周雙邊　鈐有"宛平查星階珍藏章""齊魯大學圖書館藏書"　十册

370000－1542－0005966　812.19/98　集部/別集類/清別集

采石山房集八卷　(清)魯逢年撰　清康熙刻本　九行二十一字小字雙行同白口單魚尾左右雙邊　鈐有"劉氏惟喆鑑賞""中憲大夫""齊魯大學圖書館藏書"　四册

370000－1542－0005967　812.19/130　集部/別集類/清別集

安雅堂未刻稿八卷附入蜀集二卷　(清)宋琬撰　清乾隆三十一年(1766)家刻本　十行二十一字小字雙行同黑口雙魚尾左右雙邊　鈐有"李錦章"　八册

370000－1542－0005968　812.19/223　集

部/别集類/清别集

安雅堂全集文集二卷重刻文集二卷詩一卷祭臯陶一卷二鄉亭詞三卷未刻稿八卷入蜀集二卷書啓一卷 （清）宋琬撰　清順治至乾隆間刻本　行款不一　十六册

370000－1542－0005969　811.2/71　集部/别集類/清别集

安雅堂拾遺詩八卷文二卷 （清）宋琬撰　清乾隆十一年（1746）刻本　佚名批校　十行二十字小字雙行同白口單魚尾四周單邊　内封題“重刻安雅堂拾遺詩集”　三册　缺一卷（安雅堂拾遺文一）

370000－1542－0005970　812.19/134　集部/别集類/清别集

西圃叢辨三十二卷二學亭文涘四卷硯思集六卷晚香詞一卷西圃文説三卷西圃詩説一卷西圃詞説一卷 （清）田同之撰　清乾隆刻本　十行十九字小字雙行同粗黑口單魚尾左右雙邊　鈐有“蘇完瓜爾佳氏景霖藏書畫之印”　十册

370000－1542－0005971　812.19/137　集部/别集類/清别集

東坡養生集十二卷 （清）王如錫編次　（清）丘象升批評　清康熙三年（1664）刻本　九行十八字白口四周單邊　十二册

370000－1542－0005972　812.19/138　集部/别集類/清别集

帶經堂集九十二卷 （清）王士禛撰　（清）程哲校編　清康熙四十九年至五十年（1710－1711）程氏七略書堂刻乾隆十二年（1747）黄晟重修本　十行十九字小字雙行同白口單魚尾左右雙邊　内封題“帶經堂集　王阮亭先生著　七略書堂校刊”　鈐有“容刹軒珍藏”　四十八册

370000－1542－0005973　812.19/156　集部/别集類/清别集

沈歸愚詩文全集文鈔二十卷文鈔餘集六卷詩鈔二十卷詩鈔餘集八卷矢音集四卷黄山遊草一卷台山遊草一卷南巡詩一卷歸田集一卷八秩壽詩一卷九秩壽詩一卷説詩晬語二卷浙江通省志圖説一卷附年譜一卷 （清）沈德潛撰　清乾隆教忠堂刻本　十行十九字小字雙行同白口單魚尾左右雙邊　内封題“教忠堂藏版”　鈐有“愛蓮居士”　二十册

370000－1542－0005974　812.19/185　集部/别集類/清别集

鸞嘯堂集詩二卷文一卷 （清）李沂撰　清康熙刻本　朱知足題識　九行二十字白口單魚尾四周雙邊　鈐有“光暮”“苟堂”“林君書畫”　五册

370000－1542－0005975　812.23/12　集部/别集類/漢魏六朝别集

陶靖節集八卷附録一卷陶靖節集總論一卷 （晉）陶潛撰　（明）潘璁閱　明崇禎刻阮陶合集本　九行十八字小字雙行同白口單白魚尾左右雙邊　鈐有“齊魯大學圖書館藏書”　二册　存八卷（陶靖節集八卷）

370000－1542－0005976　812.25/43　集部/别集類/唐五代别集

分類補註李太白詩二十五卷 （唐）李白撰　（宋）楊齊賢集注　（元）蕭士贇補注　（明）許自昌校　**附唐翰林李太白［白］年譜一卷** （宋）薛仲邕撰　明萬曆許自昌刻本　佚名圈點批注　九行二十字小字雙行同白口單魚尾左右雙邊　鈐有“齊魯大學圖書館藏書”　十二册

370000－1542－0005977　812.25/65　集部/别集類/唐五代别集

分類補註李太白詩二十五卷 （唐）李白撰　（宋）楊齊賢集注　（元）蕭士贇補注　（明）許自昌校　**附唐翰林李太白［白］年譜一卷** （宋）薛仲邕撰　明萬曆許自昌刻本　九行二十字小字雙行同白口單魚尾左右雙邊　八册

370000－1542－0005978　812.25/3　集部/别集類/唐五代别集

杜工部集二十卷附録諸家詩話一卷唱酬題詠附録一卷少陵先生［杜甫］年譜一卷 （唐）杜甫撰　（清）錢謙益箋注　清康熙六年（1667）

季振宜静思堂刻本　佚名錄清王士禛　清王士禄批注　十一行二十字小字雙行三十字黑口雙魚尾四周雙邊　内封題"季滄葦先生校閱　錢牧齋先生箋註杜工部集　静思堂藏板"　鈐有"史貽直印""青宫太保大學士之章""紫藤花館""應椿""紹庭""廷彪""爲健"　十册

370000－1542－0005979　812.25/15　集部/别集類/唐五代别集
杜詩通四十卷　(明)胡震亨撰　(清)朱茂時訂　清順治七年(1650)朱茂時刻李杜詩通本　清方功惠題識　九行十九字小字雙行同細黑口單魚尾左右雙邊　鈐有"碧琳琅館臧書""陸海草堂收藏""曾臧文安邢氏""柳橋經眼""三緣山會中旭松館藏書""巴陵方功惠柳橋印""碧琳琅館珍臧""大學堂藏書樓之章"　十二册

370000－1542－0005980　812.25/29　集部/别集類/唐五代别集
讀杜心解六卷首二卷　(唐)杜甫撰　(清)浦起龍解　清雍正二年(1724)無錫浦氏寧我齋刻本　佚名批注　十行二十二字小字雙行三十三字白口單魚尾左右雙邊　内封題"錫山浦起龍是正　少陵全書　静寄東軒藏板"　鈐有"容絜軒珍藏"　六册

370000－1542－0005981　812.25/29　集部/别集類/唐五代别集
讀杜心解六卷首二卷　(唐)杜甫撰　(清)浦起龍解　清刻本　叔達批注題識　十行二十二字小字雙行三十三字白口單魚尾左右雙邊　内封題"錫山浦起龍是正　少陵全書　静寄東軒藏板"　卷二之一後牌記題"雍正甲辰十月前磵浦氏刊定"　鈐有"湘帆""賞心樂事"　八册

370000－1542－0005982　812.25/56　集部/别集類/唐五代别集
杜詩偶評四卷　(清)沈德潛撰　清乾隆十二年(1747)賦閒草堂刻本　十行十九字小字雙行二十九字白口單魚尾左右雙邊　鈐有"王海颿印""梧桐百尺樓"　二册

370000－1542－0005983　812.25/35　集部/别集類/唐五代别集
杜解傳薪□□卷　(清)趙星海撰　清同治稿本　行數不等字數不等白口單魚尾四周雙邊　無格　鈐有"趙氏家藏""齊魯大學圖書館藏書"　五册　存二卷(卷三之一至八、卷四之一至二)

370000－1542－0005984　812.25/37　集部/别集類/唐五代别集
杜律啟蒙十二卷年譜一卷　(清)邊連寶集註　清乾隆四十二年(1777)刻本　九行十九字小字雙行同白口單魚尾左右雙邊　無格　内封題"乾隆丁酉初刻"　鈐有"退思堂藏書""齊魯大學圖書館藏書"　四册

370000－1542－0005985　812.25/5　集部/别集類/唐五代别集
杜詩詳注二十五卷首一卷諸家咏杜附錄一卷杜詩補註一卷年譜一卷　(唐)杜甫撰　(清)仇兆鰲輯注　清康熙仇氏刻本　十行二十二字小字雙行同下黑口左右雙邊　内封題"史官仇兆鰲誦習　進呈本新鐫　本文較正無訛名注搜羅悉備武林藏板"　鈐有"紹庭""紫藤華館""碧雲僊館"　二十四册

370000－1542－0005986　812.25/5　集部/别集類/唐五代别集
杜詩詳注二十五卷附諸家咏杜附錄一卷杜詩補註一卷年譜一卷　(唐)杜甫撰　(清)仇兆鰲輯注　清康熙仇氏刻本　佚名圈點　十行二十二字小字雙行同下黑口左右雙邊　内封題"史官仇兆鰲誦習　進呈本新鐫　本文較正無訛名注搜羅悉備武林藏板"　十三册　缺二卷(二十四至二十五)

370000－1542－0005987　812.25/38　集部/别集類/唐五代别集
辟疆園杜詩注解五言律十二卷七言律五卷附杜子美[甫]年譜一卷　(清)顧宸撰　清康熙映旭齋刻本　佚名圈點批注　九行二十一字白口單魚尾左右雙邊　内封題"錢牧齋先生鑒定　映旭齋梓行"　鈐有"齊魯大學圖書館藏書"　十六册

370000－1542－0005988　812.25/4　集部/别集類/唐五代别集
李義山詩集三卷附錄諸家詩評一卷李義山詩譜一卷　(唐)李商隱撰　(清)朱鶴齡箋注　(清)沈厚塽輯評　清同治九年(1870)廣州倅署刻三色套印本　十行二十一字小字雙行同白口單魚尾左右雙邊　牌記題"同治庚午季冬刊於廣州倅署"　鈐有"堅叔攷藏經籍碑版""堅叔""董堅叔""董"　四册

370000－1542－0005989　812.25/4　集部/别集類/唐五代别集
李義山詩集三卷附錄諸家詩評一卷李義山詩譜一卷　(唐)李商隱撰　(清)朱鶴齡箋注　清順治刻本　十行二十一字小字雙行同白口單魚尾左右雙邊　鈐有"私立齊魯大學中國文學系印"　四册

370000－1542－0005990　812.25/28　集部/别集類/唐五代别集
李義山詩集三卷　(唐)李商隱撰　(清)紀昀點論　清乾隆嵩山書院刻鏡烟堂十種本　十行二十一字小字雙行同白口單魚尾四周雙邊　鈐有"齊魯大學圖書館藏書"　二册

370000－1542－0005991　812.25/4　集部/别集類/唐五代别集
李義山詩集十六卷　(唐)李商隱撰　(清)姚培謙箋注　(清)王原閱　清乾隆刻本　佚名圈點眉批　十行二十一字小字雙行三十二字白口單魚尾左右雙邊　内封題"松桂讀書堂藏板"　鈐有"陳養珊藏""桐華舸""海昌王氏書畫""桐舟"　四册

370000－1542－0005992　812.25/4　集部/别集類/唐五代别集
李義山詩集十六卷　(唐)李商隱撰　(清)姚培謙箋　(清)王原閱　清乾隆五年(1740)華亭姚氏松桂讀書堂刻本　莊湛岩校并錄清朱彝尊　何焯　紀昀評　十行二十一字小字雙行三十二字白口單魚尾左右雙邊　内封題"松桂讀書堂藏板"　鈐有"藕花邨裏是農家""仙評一字西生""僊評珍臧""僊評過眼""莊湛嵒"　四册

370000－1542－0005993　812.25/52　集部/别集類/唐五代别集
李義山詩集十六卷　(唐)李商隱撰　(清)姚培謙箋　清乾隆五年(1740)華亭姚氏松桂讀書堂刻本　十行二十一字小字雙行三十一至三十三字白口單魚尾左右雙邊　内封題"李義山詩集箋註　松桂讀書堂藏版"　鈐有"李錦章"　二册

370000－1542－0005994　812.25/12　集部/别集類/唐五代别集
劉賓客詩集九卷　(唐)劉禹錫撰　(清)趙鴻烈編校　清雍正元年(1723)涵碧齋刻本　十行十九字小字雙行不等黑口單魚尾左右雙邊　内封題"涵碧齋臧版"　鈐有"東武李文騶印""文騶之章"　四册

370000－1542－0005995　812.25/16　集部/别集類/唐五代别集
玉谿生詩詳註三卷　(唐)李商隱撰　(清)馮浩編注　(清)胡重參校　清乾隆四十五年(1780)桐鄉馮氏德聚堂刻嘉慶元年(1796)增補本　十一行二十五字小字雙行三十三字單魚尾左右雙邊　内封題"玉谿生詩詳註　重校本　德聚堂藏版"　鈐有"觀自在齋臧書之印""惕盦行篋珍藏書畫印"　四册

370000－1542－0005996　812.25/16　集部/别集類/唐五代别集
玉谿生詩詳註三卷　(唐)李商隱撰　(清)馮浩編注　(清)胡重參校　清乾隆四十五年(1780)桐鄉馮氏德聚堂刻嘉慶元年(1796)增補本　十一行二十五字小字雙行三十三字單魚尾左右雙邊　内封題"玉谿生詩詳註　重校本　德聚堂藏版"　四册

370000－1542－0005997　812.25/17　集部/别集類/唐五代别集
韓昌黎詩集編年箋注十二卷　(唐)韓愈撰　(清)方世舉考訂　清乾隆二十三年(1758)德州盧氏雅雨堂刻本　錄清朱彝尊　李憲喬　施晉　何焯批注　李世鈴題識　十行二十三字小字雙行同白口單魚尾四周單邊　内封題"春及堂藏版"　鈐有"李氏祕笈""春暉堂書

畫記”“臨川李氏”“李翊熉所藏金石書畫”“守素齋書畫記”“聯琇私印”“小湖”“李世鈐印” 六册

370000－1542－0005998 812.25/55 集部/別集類/唐五代別集
韓昌黎詩集編年箋注十二卷 （唐）韓愈撰 （清）方世舉考訂 清乾隆二十三年(1758)德州盧氏雅雨堂刻本 十行二十三字小字雙行同白口單魚尾四周單邊 内封題“德州盧雅雨商定 口口堂藏版” 鈐有“經緯書庫珍藏印記” 十二册

370000－1542－0005999 812.25/63 集部/別集類/唐五代別集
昌黎先生詩集注十一卷附年譜一卷 （清）顧嗣立刪補 清康熙三十八年(1699)顧氏秀野草堂刻本 莊湛岩錄清朱彝尊等批注 十一行二十字小字雙行三十字白口單魚尾左右雙邊 内封題“秀野草堂藏版” 鈐有“別裁僞體親風雅”“莊恩澤章”“汪廷堅印”“學山” 四册

370000－1542－0006000 812.25/33 集部/別集類/唐五代別集
白香山詩長慶集二十卷後集十七卷別集一卷補遺二卷 （唐）白居易撰 **年譜一卷** （清）汪立名撰 **年譜舊本一卷** （宋）陳振孫撰 清康熙四十一年(1702)、四十二年(1703)汪立名一隅草堂刻本 十二行二十一字白口單魚尾左右雙邊 内封題“古歙汪西亭編訂 白香山詩集 長慶集 後集 別集 白集補遺 一隅草堂藏板” 鈐有“容刱軒珍藏” 十八册

370000－1542－0006001 812.25/44 集部/別集類/唐五代別集
温飛卿詩集九卷 （唐）溫庭筠撰 （明）曾益注 （清）顧予咸補注 （清）顧嗣立重校 清康熙三十六年(1697)蘇州顧氏秀野草堂刻本 十一行二十字小字雙行二十九字白口單魚尾左右雙邊 内封題“秀野艸堂” 鈐有“齊魯大學圖書館藏書” 二册

370000－1542－0006002 812.25/64 集部/別集類/宋別集
宋邵康節先生伊川擊壤集九卷集外詩一卷附三世名賢一卷漁樵問答一卷康節先生訓世孝弟詩一卷 （宋）邵雍撰 （明）吳瀚摘注 （明）吳泰增注 （明）吳元維校閱 清康熙八年(1669)邵養定、邵養貞刻本 九行十八字小字雙行同白口單魚尾四周單邊 六册

370000－1542－0006003 812.26/2 集部/別集類/宋別集
王荆文公詩五十卷 （宋）王安石撰 （宋）李壁箋注 清乾隆五年至六年(1740－1741)張宗松清綺齋刻本 十一行二十一字小字雙行三十一字細黑口單魚尾左右雙邊 鈐有“紫藤華館”“碧雲僊館珍藏書畫印”“南湖艸堂楊氏藏書印”“椿印”“紹庭珍藏”等印 八册

370000－1542－0006004 812.26/4 集部/別集類/宋別集
施注蘇詩四十二卷總目二卷 （宋）蘇軾撰 （宋）施元之 （宋）顧禧注 （清）邵長蘅等刪補 **蘇詩續補遺二卷** （宋）蘇軾撰 （清）馮景補注 **王注正譌一卷** （清）邵長蘅撰 **東坡先生[蘇軾]年譜一卷** （宋）王宗稷撰 清康熙三十八年(1699)宋犖刻本 十行二十一字小字雙行三十一字粗黑口四周單邊 鈐有“王毓寶晉齋氏之印章”“壽餘祕玩”“寶晉齋印” 十二册

370000－1542－0006005 812.26/4 集部/別集類/宋別集
施注蘇詩四十二卷總目二卷 （宋）蘇軾撰 （宋）施元之 （宋）顧禧注 （清）邵長蘅等刪補 **蘇詩續補遺二卷** （宋）蘇軾撰 （清）馮景補注 **王注正譌一卷** （清）邵長蘅撰 **東坡先生[蘇軾]年譜一卷** （宋）王宗稷撰 清康熙三十八年(1699)宋犖刻本 十行二十一字小字雙行三十一字粗黑口四周單邊 鈐有“味青齋臧書” 十册

370000－1542－0006006 812.26/4 集部/別集類/宋別集
施注蘇詩四十二卷 （宋）蘇軾撰 （宋）施元

之 (宋)顧禧注 (清)邵長蘅等刪補 **蘇詩續補遺二卷** (宋)蘇軾撰 (清)馮景補注 **王注正譌一卷** (清)邵長蘅撰 **東坡先生[蘇軾]年譜一卷** (宋)王宗稷撰 清雍正翻刻康熙本 十行二十一字小字雙行約三十一字粗黑口單魚尾四周單邊 鈐有"容劄軒珍藏" 十六冊

370000－1542－0006007 812.26/24 集部/別集類/宋別集
蘇東坡詩集注三十二卷失編一卷 (宋)王十朋輯注 (清)朱翠庭纂 (清)顧嗣立分編 **年譜一卷** (宋)王宗稷撰 清雍正刻乾隆四十七年(1782)修補本 佚名批注 十一行十九字小字雙行二十八至二十九字不等白口單魚尾左右雙邊 內封題"乾隆壬寅重定" 鈐有"齊魯大學圖書館藏書" 十六冊

370000－1542－0006008 812.26/8 集部/別集類/宋別集
石湖居士詩集三十四卷 (宋)范成大撰 (清)顧嗣皋等重訂 清康熙二十七年(1688)顧氏依園刻本 十一行二十一字小字雙行同細黑口單魚尾左右雙邊 內封題"依園藏板" 鈐有"額公六十後讀""大庸""別裁僞體親風雅""嵩秀堂藏書" 四冊

370000－1542－0006009 812.26/27 集部/別集類/宋別集
宛陵先生集六十卷附拾遺一卷附錄一卷 (宋)梅堯臣撰 明萬曆四年(1576)姜奇方刻本 九行十八字白口單魚尾左右雙邊 鈐有"玉笥山房藏書印""山陰宋氏臧書" 十五冊

370000－1542－0006010 812.26/31 集部/別集類/宋別集
泠然齋詩集八卷 (宋)蘇泂撰 清抄本 八行二十一字小字雙行同 無格 二冊

370000－1542－0006011 812.27/1 集部/別集類/金別集
元遺山詩集八卷 (金)元好問撰 清乾隆四十三年(1778)南昌萬廷蘭刻本 十二行二十三字小字雙行同白口單魚尾四周單邊 鈐有"應椿""紹庭" 二冊

370000－1542－0006012 812.28/2 集部/別集類/明別集
重刻一峯先生集十卷 (明)羅倫撰 (清)羅述祖等編 清康熙六十年(1721)羅氏刻本 八行十六字白口單魚尾四周單邊 無格 八冊

370000－1542－0006013 812.28/4 集部/別集類/明別集
九靈山房集三十卷補編二卷附戴九靈先生[良]年譜一卷 (明)戴良撰 清乾隆三十七年(1772)浙江戴氏刻本 十行二十一字黑口雙魚尾左右雙邊 內封題"乾隆辛卯重刻傳經書屋藏版" 鈐有"遇園圖章""耿白原印""愨臣""額公鑑藏書畫印""讀書種子不絕""恨不十年讀書""酒到花能勸詩成鳥共吟""生有書畫藏""大庸" 八冊

370000－1542－0006014 812.28/4 集部/別集類/明別集
九靈山房集三十卷補編二卷 (明)戴良撰 清乾隆三十七年(1772)戴氏刻初印本 十行二十一字黑口雙魚尾左右雙邊 內封題"乾隆辛卯重刻 本衙藏板" 鈐有"光熙之印""裕如祕笈""齊魯大學圖書館藏書" 八冊

370000－1542－0006015 812.28/5 集部/別集類/明別集
鳥鼠山人小集十六卷後集二卷可泉擬涯翁擬古樂府二卷擬漢樂府八卷附錄二卷補遺一卷願學編二卷 (明)胡纘宗撰 明嘉靖刻清順治十三年(1656)周盛時補修本 十一行二十字小字雙行同白口單魚尾四周單邊 十四冊

370000－1542－0006016 812.28/5 集部/別集類/明別集
鳥鼠山人小集十六卷後集二卷可泉擬涯翁擬古樂府二卷擬漢樂府八卷附錄二卷補遺一卷願學編二卷唐雅八卷雍音四卷 (明)胡纘宗撰 **胡氏榮哀錄二卷** (明)胡初被編 明嘉靖刻清至民國間遞修補本 十一行二十字小字雙行同白口單魚尾四周單邊 二十三冊

370000－1542－0006017　812.48/8　集部/別集類/明別集

玉茗堂詩集十三卷　(明)湯顯祖撰　(明)沈際飛選　明崇禎刻本　九行二十字白口四周單邊　鈐有"徐性私印""高士之裔""漢廣生平珍賞""別下齋印""馨士""梅齋""漢廣""學然後知不足"　五冊

370000－1542－0006018　812.28/15　集部/別集類/清別集

青箱堂詩三十三卷　(清)王崇簡撰　(清)宋琬定　(清)李炌較　清康熙刻本　九行十八字白口單線魚尾左右雙邊　鈐有"齊魯大學圖書館藏書"　六冊

370000－1542－0006019　812.28/15　集部/別集類/清別集

青箱堂詩三十三卷　(清)王崇簡撰　(清)宋琬定　(清)李炌較　清康熙刻本　九行十八字白口單線魚尾左右雙邊　鈐有"齊魯大學圖書館藏書之章""齊魯大學哈佛燕京學社購置"　六冊

370000－1542－0006020　812.28/25　集部/別集類/明別集

白沙子全集十卷首一卷末一卷附白沙子古詩教解二卷　(明)陳獻章撰　清乾隆三十六年(1771)碧玉樓刻本　十行二十一字白口單魚尾四周雙邊　二十冊

370000－1542－0006021　812.28/25　集部/別集類/明別集

白沙子全集十卷首一卷末一卷附白沙子古詩教解二卷　(明)陳獻章撰　清乾隆三十六年(1771)碧玉樓刻本　十行二十一字白口單魚尾四周雙邊　内封題"撫藩學三大人鑒定　乾隆辛卯重鐫　白沙子全集　碧玉樓藏板"　鈐有"自然之室臧書"　十冊

370000－1542－0006022　812.28/27　集部/別集類/明別集

張南湖先生詩集四卷　(明)張綖撰　清抄本　十行二十六字　無格　四冊

370000－1542－0006023　812.28/32　集部/別集類/明別集

華泉先生集選四卷附錄一卷　(明)邊貢撰　(清)王士禛選　**睡足軒詩選一卷**　(明)邊習撰　(清)王士禛　(清)徐夜選　清康熙刻本　十行十九字小字雙行不等粗黑口左右雙邊　一冊

370000－1542－0006024　812.28/1　集部/別集類/清別集

守坡居士詩集十卷　(清)宮去矜撰　稿本　十行十九字小字雙行同細黑口單魚尾四周單邊　十冊

370000－1542－0006025　812.29/1　集部/別集類/清別集

白燕栖詩草二卷東皋雜詠一卷茫茫吟一卷聯句一卷集句一卷也紅詞一卷　(清)博爾都撰　清康熙抄本　十一行十八字　無格　鈐有"怡府世寳""冰玉主人珍玩""明善堂珍藏書畫印記"　四冊

370000－1542－0006026　812.29/1　集部/別集類/清別集

修菴詩鈔三卷恭壽堂詩一卷　(清)德普撰　清康熙抄本　十一行十八字　無格　鈐有"怡府世寳""冰玉主人珍玩""明善堂珍藏書畫印記"　三冊

370000－1542－0006027　812.29/1　集部/別集類/清別集

花嶼讀書堂小藁一卷　(清)呑珠撰　清康熙抄本　十一行十八字　無格　鈐有"怡府世寳""冰玉主人珍玩""明善堂珍藏書畫印記"　一冊

370000－1542－0006028　812.29/2　集部/別集類/清別集

補閒集二卷　(清)孔傳鋕撰　(清)顧彩訂　清康熙四十五年(1706)刻本　九行十九字小字雙行同白口單魚尾左右雙邊　鈐有"齊魯大學圖書館藏書"　二冊

370000－1542－0006029　812.29/11　集部/別集類/清別集

些餘集六卷　(清)熊賜履撰　稿本　清張燾

李宗唐　黄嗣艾　周季陶　王獻唐　任方向題跋　九行字數不等白口單魚尾四周雙邊　鈐有“黄梅石谷風藏書印”“徐珍”“靈瑣”“小東珍賞”“永貞”“行道”“獻”“唐”“張壽私印”“舫齋”“周維銘章”　四册

370000－1542－0006030　812.29/13　集部/別集類/清別集

棲雲閣詩十六卷拾遺三卷　（清）高珩撰　（清）趙執信選定　清乾隆三年（1738）刻二十一年（1756）補刻合印本（有抄配）　九行十九字白口單魚尾四周單邊　鈐有“齊魯大學圖書館藏書”　四册

370000－1542－0006031　812.29/13　集部/別集類/清別集

棲雲閣詩十六卷拾遺三卷　（清）高珩撰　（清）趙執信選定　清乾隆三年（1738）刻二十一年（1756）補刻四十四年（1779）印本　九行十九字白口單魚尾四周單邊　鈐有“畏天齋藏板”　四册

370000－1542－0006032　812.29/102　集部/別集類/清別集

曝書亭集詩註二十二卷附年譜一卷　（清）朱彝尊撰　（清）楊謙注　清乾隆木山閣刻本　佚名圈點　十一行二十三字小字雙行三十字白口單魚尾左右雙邊　内封題“木山閣藏板”　鈐有“李錦章”　十六册

370000－1542－0006033　812.29/102　集部/別集類/清別集

曝書亭集詩註二十二卷附年譜一卷　（清）朱彝尊撰　（清）楊謙注　清乾隆木山閣刻本　十一行二十三字小字雙行三十字白口單魚尾左右雙邊　鈐有“齊魯大學圖書館藏書“　十册

370000－1542－0006034　812.29/14　集部/別集類/清別集

蓮洋集二十卷附年譜一卷附録一卷　（清）吴雯撰　（清）張體乾校　清乾隆三十九年（1774）浮山張氏荆圃草堂校刻本　十一行二十三字小字雙行同白口單魚尾左右雙邊　鈐有“假司馬印”“老藤”“賜古書齋”“汪昉私印”“叔明”“鮑瑞駿印”“桐舟氏”“應椿”“紹庭”　四册

370000－1542－0006035　812.29/16　集部/別集類/清別集

江干草一卷　（清）丁耀亢撰　清康熙十二年（1673）家刻本　九行二十一字白口單魚尾四周單邊　無格　鈐有“仲采臧書”“曾臧文安邢氏”“仲采”“石達摩室”“古陶主人”　一册

370000－1542－0006036　812.29/20　集部/別集類/清別集

吴詩集覽二十卷補註二十卷　（清）吴偉業撰　（清）靳榮藩輯　**吴詩談藪二卷拾遺一卷**　（清）靳榮藩輯　清乾隆四十年（1775）蘇州凌雲亭刻本　九行二十一字小字雙行同粗黑口單魚尾四周雙邊　内封題“凌雲亭藏版”　鈐有“紹庭珍臧”“紫藤花館”“碧雲僊館珍藏書畫印”“應椿”“齊魯大學圖書館藏書之章”“齊魯大學哈佛燕京學社購置”　二十八册

370000－1542－0006037　812.29/22　集部/別集類/清別集

佳山堂詩集十卷二集九卷　（清）馮溥撰　清康熙十九年（1680）刻二十七年（1688）補刻本　九行十九字小字雙行同粗黑口雙順魚尾左右雙邊　鈐有“齊魯大學哈佛燕京學社購置”“齊魯大學圖書館藏書之章”　七册

370000－1542－0006038　812.29/101　集部/別集類/清別集

佳山堂詩集十卷　（清）馮溥撰　清康熙刻本　九行十九字小字雙行同黑口雙魚尾左右雙邊　鈐有“齊魯大學圖書館藏書”　四册

370000－1542－0006039　812.29/30　集部/別集類/清別集

瘦瓢山人蛟湖詩鈔不分卷　（清）黄慎撰　清抄本　十行十八字白口單魚尾四周雙邊　鈐有“樂山堂”“崑瓊”“恂叔”“受括”“珍臧”　二册

370000－1542－0006040　812.29/32　集部/別集類/清別集

平山堂詩集二卷 (清)劉應賓撰 (清)黄文焕等選 清康熙刻本 八行十七字白口單魚尾四周雙邊 二册

370000－1542－0006041 812.29/34 集部/別集類/清別集
二十四泉草堂集十二卷 (清)王苹撰 清康熙五十六年(1717)文登于熙學京師刻本 十二行二十二字白口雙魚尾左右雙邊 鈐有“退庵讀過” 四册

370000－1542－0006042 812.29/35 集部/別集類/清別集
禝飢亭後集十二卷 (清)祁寯藻撰 稿本 八行二十一字小字雙行同 無格 二册

370000－1542－0006043 812.29/36 集部/別集類/清別集
夢樓詩集二十四卷 (清)王文治撰 清乾隆六十年(1795)食舊堂刻本 十一行二十二字小字雙行同白口單魚尾四周單邊 内封題“乾隆乙卯 夢樓詩集 食舊堂藏板” 六册

370000－1542－0006044 812.29/42 集部/別集類/清別集
壽藤齋詩三十五卷 (清)鮑倚雲撰 清嘉慶十三年(1808)鮑桂星刻本 九行十八至二十一字不等小字雙行不等白口四周單邊 無直欄 八册

370000－1542－0006045 812.29/52 集部/別集類/清別集
硯香舘詩草一卷 (清)王荔泉撰 稿本 八行字數不等 無格 鈐有“僊寰”“荔泉”“子畬”“桂蟾”“殿芳”等印 一册

370000－1542－0006046 812.29/46 集部/別集類/清別集
留硯堂集集古詩三卷 (清)張漢撰 清刻本 十行二十四字小字雙行同白口單魚尾左右雙邊 一册

370000－1542－0006047 812.29/54 集部/別集類/清別集
觀稼樓詩二卷 (清)朱緗撰 清康熙刻本 十行十八字小字雙行同粗黑口單魚尾左右雙邊 一册

370000－1542－0006048 812.29/67 集部/別集類/清別集
樊榭山房集十卷續集十卷 (清)厲鶚撰 清乾隆武林繡墨齋刻本 十二行二十四字小字雙行三十七字白口單魚尾四周單邊 牌記題“武林東街金洞橋繡墨齋開刊” 鈐有“武林玉鑑堂書坊發兑”“齊魯大學圖書館藏書” 六册

370000－1542－0006049 812.29/68 集部/別集類/清別集
漁洋山人精華錄十卷 (清)王士禛撰 (清)林佶編 清康熙三十九年(1700)侯官林佶寫刻本 十一行二十一字小字雙行三十一字黑口單魚尾左右雙邊 鈐有“曾爲古平壽郭申堂臧” 十册

370000－1542－0006050 812.29/68 集部/別集類/清別集
漁洋山人精華錄十卷 (清)王士禛撰 (清)林佶編 清雍正翻刻康熙三十九年(1700)本 十一行二十一字下黑口單魚尾左右雙邊 鈐有“邵廷杰印”“雪樵”“渠梁邵氏雪樵藏本”“此書畫曾在邵雪樵家” 四册

370000－1542－0006051 812.29/129 集部/別集類/清別集
漁洋山人詩集二十二卷 (清)王士禛撰 清康熙八年(1669)吳郡沂泳堂刻本 十行十九字小字雙行同白口單魚尾四周單邊 牌記題“康熙己酉吳郡沂詠堂雕” 鈐有“齊魯大學圖書館藏書” 四册

370000－1542－0006052 812.29/228 集部/別集類/清別集
載書圖詩一卷附池北書庫記 (清)禹之鼎繪圖 (清)張起麟記事 清康熙刻雍正印本 十行十九字白口單魚尾左右雙邊 鈐有“齊魯大學圖書館藏書” 一册

370000－1542－0006053 812.29/251 集部/別集類/清別集

漁洋山人感舊集十六卷　(清)王士禛輯　(清)盧見曾補傳　清乾隆十七年(1752)德州盧見曾刻本　十一行二十一字小字雙行三十一至三十二字白口單魚尾左右雙邊　八册

370000－1542－0006054　812.29/24　集部/別集類/清別集

漁洋山人精華錄箋注十二卷年譜一卷補注一卷　(清)金榮箋注　(清)徐淮纂輯　清乾隆金氏鳳翽堂刻本　十一行二十字小字雙行約三十字白口單魚尾左右雙邊　内封題"鳳翽堂藏板　姑蘇閶門外楓橋小橋浜徐宅發兑"　鈐有"星階珍藏""李氏藏書""冬涵閲過"　十四册

370000－1542－0006055　812.29/24　集部/別集類/清別集

漁洋山人精華錄箋注十二卷年譜一卷補注一卷　(清)金榮箋注　(清)徐淮纂輯　清乾隆翻刻金氏鳳翽堂本　十一行二十字小字雙行約三十字白口單魚尾左右雙邊　内封題"鳳翽堂藏板"　鈐有"齊魯大學圖書館藏書"　八册

370000－1542－0006056　812.29/24　集部/別集類/清別集

漁洋山人精華錄箋注十二卷年譜一卷補注一卷　(清)金榮箋注　(清)徐淮纂輯　清乾隆翻刻金氏鳳翽堂本　十一行二十字小字雙行約三十字白口單魚尾左右雙邊　内封題"鳳翽堂藏板"　六册

370000－1542－0006057　812.29/24　集部/別集類/清別集

漁洋山人精華錄箋注十二卷年譜一卷補注一卷　(清)金榮箋注　(清)徐淮纂輯　清乾隆翻刻金氏鳳翽堂本　佚名圈點　十一行二十字小字雙行約三十字白口單魚尾左右雙邊　内封題"鳳翽堂藏板"　鈐有"頤貞堂鑑藏印"　六册

370000－1542－0006058　812.29/9　集部/別集類/清別集

漁洋山人精華錄訓纂十卷附漁洋山人自撰年譜二卷金氏精華錄箋注辨訛一卷　(清)惠棟編撰　清乾隆東吳惠氏紅豆齋刻本　佚名圈點批注　十行二十一字白口單魚尾四周雙邊　内封題"紅豆齋藏板"　鈐有"雙桂軒書坊""張氏藏書""湘西許氏""許伯英珍賞章""伯英過眼""寄情于此"　十二册

370000－1542－0006059　812.29/17　集部/別集類/清別集

漁洋山人精華錄會心偶筆六卷　(清)伊應鼎撰　清乾隆二十三年(1758)廣川袁承寵刻本　十行十九字小字雙行同白口單魚尾四周單邊　内封題"戊寅新鐫"　鈐有"圖他布""逸菴"　六册

370000－1542－0006060　812.19/221　集部/別集類/清別集

敬業堂詩集五十卷　(清)查慎行撰　清康熙五十八年(1719)刻本　十一行二十一字小字雙行同白口單魚尾左右雙邊　十册

370000－1542－0006061　812.29/71　集部/別集類/清別集

香樹齋詩集十八卷續集十二卷　(清)錢陳羣撰　清乾隆十六年(1751)刻二十四年(1759)續刻本　十行十九字白口單魚尾左右雙邊　十册

370000－1542－0006062　812.29/72　集部/別集類/清別集

香樹齋詩續集二十八卷　(清)錢陳羣撰　清乾隆二十四年(1759)刻乾隆續刻本　十行十九字小字雙行同白口單魚尾左右雙邊　鈐有"又逋氏存覽""齊魯大學圖書館藏書"　八册

370000－1542－0006063　812.29/93　集部/別集類/清別集

舒嘯閣詩集十二卷補遺一卷　(清)李兆齡撰　**家傳一卷**　(清)陳儀撰　清乾隆刻本　九行十九字小字雙行同白口單魚尾四周單邊　鈐有"齊魯大學圖書館藏書"　四册

370000－1542－0006064　812.29/124　集部/別集類/清別集

黃琢山房集十卷　(清)吳璜撰　清乾隆刻本

十二行二十三字小字雙行三十五字白口單魚尾左右雙邊　鈐有“黄琢山房”“齊魯大學圖書館藏書”　二册

370000－1542－0006065　812.49/47　集部/別集類/清別集
馮舍人遺詩六卷　(清)馮廷櫆撰　清雍正十一年(1733)馮德培刻本　十行十九字粗黑口單魚尾四周單邊　一册

370000－1542－0006066　812.29/134　集部/別集類/清別集
飴山詩集二十卷　(清)趙執信撰　清乾隆十七年(1752)青州趙氏因園刻本　十行二十一字白口單魚尾四周單邊　内封題“乾隆壬申新鐫　因園藏板”　鈐有“宜古堂藏印”“眉陰館珍藏書畫印”“齊魯大學圖書館藏書”　四册

370000－1542－0006067　812.29/134　集部/別集類/清別集
飴山詩集二十卷　(清)趙執信撰　清乾隆十七年(1752)青州趙氏因園刻本　佚名批注　十行二十一字白口單魚尾四周單邊　内封題“乾隆壬申新鐫　因園藏板”　鈐有“陸氏雲孫”　四册

370000－1542－0006068　812.19/9　集部/別集類/清別集
飴山詩集二十卷　(清)趙執信撰　清乾隆十七年(1752)青州趙氏因園刻本　十行二十一字白口單魚尾左右雙邊　内封題“乾隆壬申新鐫　因園藏板”　四册

370000－1542－0006069　812.29/135　集部/別集類/清別集
蕭亭詩選六卷　(清)張實居撰　(清)王士禛批點　清康熙桓臺知縣孫元衡刻本　十行二十字小字雙行同粗黑口單魚尾左右雙邊　鈐有“邵廷杰印”“雪樵”“渠梁邵氏雪樵藏本”“此書畫曾在邵雪樵家”　二册

370000－1542－0006070　812.29/135　集部/別集類/清別集
蕭亭詩選六卷　(清)張實居撰　(清)王士禛批點　清康熙桓臺知縣孫元衡刻本　十行二十字小字雙行同粗黑口單魚尾左右雙邊　鈐有“齊魯大學圖書館藏書”　二册

370000－1542－0006071　812.29/141　集部/別集類/清別集
海愚詩鈔十二卷　(清)朱孝純撰　清乾隆五十九年(1794)刻本　十行二十一字小字雙行同白口單魚尾左右雙邊　鈐有“齊魯大學圖書館藏書”　四册

370000－1542－0006072　812.29/148　集部/別集類/清別集
甌北詩鈔十六卷　(清)趙翼撰　清乾隆五十六年(1791)刻本　十行二十一字小字雙行約三十一字白口單魚尾左右雙邊　内封題“湛貽堂藏板”　鈐有“李錦章”　六册

370000－1542－0006073　812.29/108　集部/別集類/清別集
厚石齋詩集十二卷　(清)汪孟鋗撰　清乾隆刻本　十二行二十三字白口單魚尾四周單邊　鈐有“齊魯大學圖書館藏書”　二册

370000－1542－0006074　812.29/114　集部/別集類/清別集
考功集選四卷　(清)王士禄撰　清康熙刻雍正印本　十行二十字小字雙行同黑口單魚尾左右雙邊　鈐有“齊魯大學圖書館藏書”　二册

370000－1542－0006075　812.29/114　集部/別集類/清別集
考功集選四卷　(清)王士禄撰　清康熙刻雍正印本　十行二十字小字雙行同黑口單魚尾左右雙邊　鈐有“齊魯大學圖書館藏書”　一册

370000－1542－0006076　812.29/157　集部/別集類/清別集
隨輦集十卷續集一卷　(清)高士奇撰　清康熙刻本　十一行二十字黑口雙魚尾四周單邊　内封題“清吟堂藏板”　鈐有“李錦章”“樨齋”“淑韓藏書”　四册

370000－1542－0006077　812.29/151　集部/别集類/清别集

後村詩集七卷附吴越遊草一卷　(清)王文治撰　清康熙刻本　黄裳題跋　九行二十字小字雙行三十一字黑口單魚尾左右雙邊　内封題"本衙藏版"　四册

370000－1542－0006078　812.29/159　集部/别集類/清别集

道古堂詩集二十六卷　(清)杭世駿撰　清乾隆刻本　十行二十一字小字雙行同白口單魚尾左右雙邊　鈐有"臣士鼎印""彝伯"　六册

370000－1542－0006079　812.29/160　集部/别集類/清别集

嶺南詩集八卷　(清)李文藻撰　清刻本　九行二十一字白口單魚尾左右雙邊　二册

370000－1542－0006080　812.29/166　集部/别集類/清别集

别畫湖莊小草二卷　(清)張僖撰　清光緒二十三年(1897)稿本　七行十八字小字雙行同　無框欄　鈐有"别畫湖莊""張僖長生安樂""遲園居士""李錦章"　一册

370000－1542－0006081　812.29/167　集部/别集類/清别集

小獨秀齋詩二卷補遺一卷附錄一卷窺園吟稿二卷江上吟一卷　(清)喬億撰　清乾隆刻本　佚名批　十行十九字小字雙行同白口單魚尾左右雙邊　一册

370000－1542－0006082　812.29/168　集部/别集類/清别集

白山岷鑄陶一卷　(清)永寧撰　**鷹青山人集杜一卷**　(清)李鍇撰　清乾隆石觀保刻本　清芊禪題識　九行十四字白口單魚尾左右雙邊　鈐有"愛日樓""元和吳石君戊戌以後所得書""吳鶚"　一册

370000－1542－0006083　812.29/174　集部/别集類/清别集

天橋初稿一卷　(清)周虹撰　(清)夏荃選　清抄本　十行二十字細黑口四周單邊　棕絲欄　一册

370000－1542－0006084　812.29/181　集部/别集類/清别集

響泉集二十八卷　(清)顧光旭撰　清乾隆四十一年(1776)刻五十八年(1793)增補本　十行十九字小字雙行同白口單魚尾左右雙邊　三册　存十四卷(一至五、十一至十九)

370000－1542－0006085　812.29/182　集部/别集類/清别集

西河草堂詩賸正集六卷續集六卷　(清)葉兆蘭撰　清安知老人戈講武抄本　九行字數不等　無格　二册

370000－1542－0006086　812.29/184　集部/别集類/清别集

夕陽書屋詩初編四卷　(清)程盛修撰　清安知老人戈講武抄本　戈講武跋　九行三十二至三十四字不等　無格　鈐有"戈秋蕟"　二册

370000－1542－0006087　812.29/185　集部/别集類/清别集

餘園詩鈔六卷　(清)繆沅撰　(清)沈德潛　(清)金志章編輯　清乾隆十年(1745)刻本　十行十九字小字雙行同白口單魚尾左右雙邊　二册

370000－1542－0006088　812.29/202　集部/别集類/清别集

御製詩集十卷二集十卷三集八卷　(清)聖祖玄燁撰　(清)高士奇編　清康熙四十二年(1703)宋犖刻本、清康熙内府刻本(三集)　六行十六字小字雙行同白口單魚尾四周雙邊　六册

370000－1542－0006089　812.29/63　集部/别集類/清别集

御製詩初集四十四卷目錄四卷二集九十卷目錄十卷　(清)高宗弘曆撰　清乾隆刻本　九行十七字小字雙行同白口單魚尾四周雙邊　鈐有"齊魯大學圖書館藏書"　三十八册

370000－1542－0006090　812.29/63　集部/别集類/清别集

御製詩初集四十四卷目錄四卷二集九十卷目

錄十卷　(清)高宗弘曆撰　清乾隆刻本　九行十七字小字雙行同白口單魚尾四周雙邊　鈐有"齊魯大學圖書館藏書"　三十五册　缺十二卷(初集三十三至四十四)

370000－1542－0006091　812.29/179　集部/别集類/清别集

御製平定廓爾喀詩一卷　(清)高宗弘曆撰　清乾隆董誥寫本　八行十五字小字雙行同　鈐有"臣""誥"　一册

370000－1542－0006092　812.29/204　集部/别集類/清别集

濟南竹枝詞一卷　(清)王初桐撰　清乾隆五十八年(1793)刻本　十行二十字小字雙行同黑口單魚尾左右雙邊　鈐有"竹所""愛日樓"　一册

370000－1542－0006093　812.29/233　集部/别集類/清别集

夢筑堂詩初集一卷　(清)單襄棨撰　(清)李懷民選評　清乾隆五十七年(1792)高密單氏清穆堂刻本　九行十八字白口四周單邊　無格　内封題"清穆堂藏版"　一册

370000－1542－0006094　812.29/235　集部/别集類/清别集

蔗尾詩集十五卷　(清)鄭方坤撰　清乾隆元年(1736)刻增修本　十行十九字小字雙行同白口單魚尾左右雙邊　鈐有"齊魯大學圖書館藏書"　二册　存六卷(一至四、十四至十五)

370000－1542－0006095　812.29/206　集部/别集類/清别集

西堂秋夢錄一卷　(清)尤侗撰　清康熙刻西堂全集本　十行二十一字細黑口單魚尾四周單邊　鈐有"容刴軒珍藏"　一册

370000－1542－0006096　812.29/208　集部/别集類/清别集

西堂小草一卷　(清)尤侗撰　清康熙刻西堂全集本　十行二十一字細黑口單魚尾四周單邊　鈐有"容刴軒珍藏"　一册

370000－1542－0006097　812.29/229　集部/别集類/清别集

外國竹枝詞一卷　(清)尤侗撰　(清)尤珍注　清康熙刻西堂全集本　上欄小字二十行四字下欄十行二十一字小字雙行同細黑口單魚尾四周單邊　鈐有"容刴軒珍藏"　一册

370000－1542－0006098　812.29/209　集部/别集類/清别集

論語詩一卷右北平集一卷　(清)尤侗撰　清康熙刻西堂全集本　十行二十一字細黑口單魚尾四周單邊　鈐有"容刴軒珍藏"　一册

370000－1542－0006099　812.29/238　集部/别集類/清别集

孔尚任佚詩一卷　(清)孔尚任撰　(清)倪匡世選定　清抄本　十行二十字白口四周單邊　一册

370000－1542－0006100　812.29/256　集部/别集類/清别集

黄山詩留十六卷　(清)法若真撰　清康熙法檽刻本　十行二十一字小字雙行同白口單魚尾左右雙邊　十二册

370000－1542－0006101　812.29/261　集部/别集類/清别集

南皐山人詩集類稿七卷　(清)高鳳翰撰　(清)宋弼選　清乾隆二十八年(1763)膠州高元質刻本　陸如槓批注題跋　十行十九字小字雙行同白口單魚尾左右雙邊　鈐有"東海""尌百""和平滋厚福""明甫""劉鉅玢印""璘若""鞠溪""如槓""家在鄧禹封國"　二册

370000－1542－0006102　812.35/2　集部/别集類/唐五代别集

顔魯公文集十五卷補遺一卷附年譜行狀碑傳　(唐)顔真卿撰　清嘉慶七年(1802)顔崇槼刻本　十二行二十字小字雙行同細黑口單魚尾左右雙邊　内封題"嘉慶七年六月刊　曲阜顔氏藏版"　鈐有"真卿""今之揚州人"　六册

370000－1542－0006103　812.35/4　集部/别集類/唐五代别集

唐大家韓昌黎文公文選八卷　(唐)韓愈撰　(明)歸有光輯　(明)顧錫疇評閱　明崇禎刻四大家文選本　佚名圈點　九行二十字白口單白魚尾四周單邊　鈐有"山左歷城蕭氏翰紬收藏之印""齊魯大學圖書館藏書"　二册

370000－1542－0006104　812.35/5　集部/別集類/唐五代別集

朱文公校昌黎先生文集四十卷外集十卷遺文一卷附傳一卷　(唐)韓愈撰　(宋)朱熹考異　(宋)王伯大音釋　(明)朱吾弼重編　明萬曆朱崇沐刻本　九行十八字小字雙行同白口單白魚尾四周雙邊　内封題"朱文公校正宋本重刊　天德堂梓行"　鈐有"齊魯大學圖書館藏書"　十六册

370000－1542－0006105　812.35/5　集部/別集類/唐五代別集

朱文公校昌黎先生文集四十卷外集十卷遺文一卷附傳一卷　(唐)韓愈撰　(宋)朱熹考異　(宋)王伯大音釋　(明)朱吾弼重編　明萬曆朱崇沐刻本　九行十八字小字雙行同白口單白魚尾四周雙邊　内封題"朱文公校正宋本重刊　天德堂梓行"　八册

370000－1542－0006106　812.35/11　集部/別集類/唐五代別集

韓文四十卷外集十卷遺集一卷附集傳一卷　(唐)韓愈撰　明嘉靖十六年(1537)游居敬刻韓柳文本　佚名批注　十一行二十二字小字雙行同白口白魚尾左右雙邊　鈐有"震澤楊叔梅藏書記""慶集堂圖書""笑讀古人書""熙印""品高""江春""孔昭氏"　六册

370000－1542－0006107　812.35/12　集部/別集類/唐五代別集

唐大家韓文公文抄十六卷　(唐)韓愈撰　(明)茅坤批評　明萬曆七年(1579)茅一桂刻唐宋八大家文抄本　九行十九字小字雙行同白口單線魚尾左右雙邊　五册

370000－1542－0006108　812.35/10　集部/別集類/唐五代別集

李太白文集三十六卷　(唐)李白撰　(清)王琦輯注　清乾隆二十四年(1759)刻本　十行二十字小字雙行同白口單魚尾左右雙邊　内封題"李青蓮全集輯註　寶笏樓藏板"　鈐有"大壺山人""容劄軒珍藏""愛日樓印"　十二册

370000－1542－0006109　811.35/5　集部/別集類/唐五代別集

唐歐陽先生文集八卷附錄一卷　(唐)歐陽詹撰　清吳城繡谷亭續藏抄本　清法式善題識　十行十七字白口單魚尾四周單邊　鈐有"詩龕居士存素堂圖書印""詩龕書畫印""吳城""齊魯大學圖書館藏書""光熙所臧"　一册　存四卷(五至八)

370000－1542－0006110　812.36/3　集部/別集類/宋別集

宋大家蘇文定公文抄二十卷　(宋)蘇轍撰　(明)茅坤批評　明萬曆七年(1579)茅一桂刻唐宋八大家文抄本　九行十九字小字雙行同白口單線魚尾左右雙邊　鈐有"齊魯大學圖書館藏書"　三册

370000－1542－0006111　812.36/4　集部/別集類/宋別集

箋釋梅亭先生四六標準四十卷　(宋)李劉撰　(明)孫雲翼箋　(明)唐鯉飛校　明萬曆四十四年(1616)唐鯉飛刻本　十行二十一字小字雙行同白口單魚尾左右雙邊　内封題"梅墅石渠閣梓"　鈐有"蔣氏家珍""樂此不疲"　十二册

370000－1542－0006112　812.36/8　集部/別集類/宋別集

岳忠武王文集八卷首一卷末一卷　(宋)岳飛撰　(清)黄邦寧纂　清乾隆三十五年(1770)黄邦寧刻本　清方功惠題識　十行二十字小字雙行同白口單魚尾左右雙邊　鈐有"方柳橋家藏本""□經據史齋珍藏書畫法帖印""柳橋""裕如""藏在城南迎旭樓""雲間珊枝氏毛遇順珍藏金石書畫于詠華館之印""遇順""已晉""毛氏三知""進甫氏""定子""高陽崔氏藏書"　四册

370000－1542－0006113　812.36/14　集部/別集類/宋別集

張南軒先生文集七卷　(宋)張栻撰　(清)張伯行重訂　清康熙四十八年(1709)儀封張氏正誼堂刻本　佚名圈點　十行二十二字白口單魚尾四周單邊　内封題“康熙四十八年新鐫　正誼堂藏板”　鈐有“正誼堂藏版”“留幾分心”“内野李氏藏”“臣晉之印”“退亭”“齊魯大學圖書館藏書”“真性學傳”　二册

370000－1542－0006114　812.36/21　集部/別集類/宋別集

東坡文選二十卷　(宋)蘇軾撰　(明)鍾惺選　明閔氏刻朱墨套印本　九行二十字白口四周單邊　無格　鈐有“伯氏敬”“鍾惺之印”“富氏臧書”　八册

370000－1542－0006115　812.36/18　集部/別集類/宋別集

宋大家蘇文忠公文選十六卷　(宋)蘇軾撰　(明)歸有光選　(明)顧錫疇評　明崇禎刻四大家文選本　九行二十字眉批十八行四字白口單魚尾四周單邊　八册

370000－1542－0006116　812.39/109　集部/別集類/宋別集

海瓊玉蟾先生文集六卷續二卷　(宋)葛長庚撰　(明)南極老人臞僊重編　明萬曆刻本　九行二十字白口單線魚尾四周單邊　四册

370000－1542－0006117　812.36/30　集部/別集類/宋別集

春秋傳十五卷春秋權衡十二卷七經小傳三卷春秋意林二卷　(宋)劉敞撰　清乾隆十六年(1751)水西劉氏刻本　十行二十一字小字雙行同白口單魚尾左右雙邊　鈐有“舊雨草堂”“愛日樓”“吳鶚長壽”　八册

370000－1542－0006118　812.38/1　集部/別集類/明別集

端簡鄭公文集十二卷　(明)鄭曉撰　(明)鄭履淳輯　明萬曆二十八年(1600)鄭心才刻本　十行十九字白口單魚尾左右雙邊　八册　存八卷(一至八)

370000－1542－0006119　812.38/2　集部/別集類/明別集

王弇州集二十卷　(明)王世貞撰　(清)張汝瑚選　清康熙二十一年(1682)郢雪書林刻本　十行二十字小字雙行同白口單魚尾四周單邊　無格　内封題“康熙貳拾壹年　郢雪書林梓行”　十册

370000－1542－0006120　812.38/3　集部/別集類/明別集

太史升菴文集八十一卷　(明)楊慎撰　明崇禎十二年(1639)書林陳宗器刻本　十行二十字白口單魚尾四周單邊　鈐有“珠明閣珍臧印”“合肥李氏珠明閣臧”　十四册

370000－1542－0006121　812.38/4　集部/別集類/明別集

剪桐載筆一卷　(明)王象晉撰　明末毛晉刻本　八行十九字白口左右雙邊　二册

370000－1542－0006122　812.38/7　集部/別集類/明別集

左忠貞公剩藁四卷　(明)左懋第撰　(清)左彤九輯　清乾隆五十八年(1793)左彤九刻本　九行十九字小字雙行同白口單魚尾四周雙邊　無格　鈐有“齊魯大學圖書館藏書”　四册

370000－1542－0006123　812.38/8　集部/別集類/明別集

蘿石山房文鈔二卷　(明)左懋第撰　(清)李清編　清乾隆五年(1740)刻本　九行十九字白口單魚尾四周雙邊　無格　鈐有“齊魯大學圖書館藏書”　二册

370000－1542－0006124　812.38/10　集部/別集類/明別集

王陽明先生文鈔二十卷　(明)王守仁撰　(清)張問達編　清康熙致和堂刻本　九行二十三字小字雙行同白口單魚尾四周單邊　内封題“致和堂梓行”　鈐有“齊魯大學圖書館藏書”　十二册

370000－1542－0006125　812.38/18　集部/別集類/明別集

震川先生集三十卷别集十卷　(明)歸有光撰　清康熙十年至十四年(1671－1675)崑山歸氏刻乾隆四十八年(1783)歸景灝修補印本　十行二十字白口左右雙邊　鈐有"家在黄彎嶺北紫云邨"　十二册

370000－1542－0006126　812.38/143　集部/别集類/明别集
洹詞十二卷　(明)崔銑撰　明趙府味經堂刻本　十行二十字上細黑口四周雙邊　十册

370000－1542－0006127　812.39/1　集部/别集類/清别集
匏星堂文集不分卷　(清)沈顥撰　清抄本　十行二十字小字雙行同黑口左右雙邊　鈐有"謙牧堂藏書記""謙牧堂書畫記""秋士居""道州何氏臧書""道州何氏收藏圖書印""花岸""正始"　四册

370000－1542－0006128　812.39/9　集部/别集類/清别集
梅原文鈔不分卷　(清)吳廷爕撰　清抄本　九行二十一字小字雙行同　無格　鈐有"蘭枝館寶臧印""孟延"　七册

370000－1542－0006129　812.39/21　集部/别集類/清别集
耀廛集二卷　(清)孔繼浩撰　清王士瓚抄本　九行十八字白口單魚尾四周雙邊　鈐有"莊谷"　六册

370000－1542－0006130　812.39/36　集部/别集類/清别集
望溪先生文偶抄不分卷　(清)方苞撰　(清)王兆符　(清)程崟輯　清乾隆刻本　九行十九字粗黑口單魚尾左右雙邊　鈐有"濟南郭口""齊魯大學圖書館藏書"　五册

370000－1542－0006131　812.39/46　集部/别集類/清别集
香樹齋文集二十八卷　(清)錢陳羣撰　清乾隆刻本　十行十九字白口單魚尾左右雙邊　鈐有"齊魯大學圖書館藏書"　七册

370000－1542－0006132　812.39/57　集部/别集類/清别集
陳檢討四六二十卷　(清)陳維崧撰　(清)程師恭注　(清)陳明善校閲　清乾隆三十五年(1770)武進陳明善校刻本　九行二十一字小字雙行同白口單魚尾左右雙邊　内封題"乾隆庚寅年新鎸　漁古山房藏版"　鈐有"容䣓軒珍藏"　六册

370000－1542－0006133　812.39/43　集部/别集類/清别集
壯悔堂文集十卷遺稿一卷　(清)侯方域撰　清順治刻後印本　九行十八字白口四周單邊　六册

370000－1542－0006134　812.39/16　集部/别集類/清别集
移晴堂四六二卷補遺一卷　(清)曹秀先撰　清刻本　十行十九字小字雙行同白口單魚尾左右雙邊　二册

370000－1542－0006135　812.39/18　集部/别集類/清别集
留硯堂集駢體二卷　(清)張漢撰　清雍正刻本　十行二十四字小字雙行同白口單魚尾左右雙邊　一册

370000－1542－0006136　812.39/73　集部/别集類/清别集
栖雲閣文集十五卷　(清)高珩撰　清乾隆四十四年(1779)高貽榮等刻本　九行十九字白口單魚尾四周單邊　鈐有"齊魯大學圖書館藏書"　六册　存十二卷(四至十五)

370000－1542－0006137　812.39/63　集部/别集類/清别集
漁洋山人文略十四卷　(清)王士禛撰　清康熙刻本　十行十九字黑口單魚尾左右雙邊　鈐有"齊魯大學圖書館藏書"　四册

370000－1542－0006138　812.39/63　集部/别集類/清别集
漁洋山人文略十四卷　(清)王士禛撰　清康熙刻本　十行十九字黑口單魚尾左右雙邊　鈐有"邵廷杰印""雪樵""渠梁邵氏雪樵藏本""此書畫曾在邵雪樵家"　六册

370000－1542－0006139　812.39/63　集部/別集類/清別集

漁洋山人文略十四卷　(清)王士禛撰　清康熙刻本　十行十九字黑口單魚尾左右雙邊　四冊

370000－1542－0006140　812.29/2　集部/別集類/清別集

補閒集二卷　(清)孔傳鋕撰　(清)顧彩訂　清康熙四十五年(1706)刻本　九行十九字小字雙行同白口單魚尾左右雙邊　鈐有"孔昭焯""俊三"　二冊

370000－1542－0006141　812.19/9　集部/別集類/清別集

飴山文集十二卷附録一卷　(清)趙執信撰　清乾隆三十九年(1774)青州趙氏因園刻本　十行二十一字白口單魚尾左右雙邊　内封題"乾隆甲午秋七月　因園藏板"　四冊

370000－1542－0006142　812.39/97　集部/別集類/清別集

忠雅堂文集十二卷　(清)蔣士銓撰　清乾隆五十一年(1786)刻本　十一行二十一字白口單魚尾左右雙邊　内封題"乾隆丙午歲鐫　藏園存版"　鈐有"諸暨圖書館之符信""諸暨圖書館收藏印"　六冊

370000－1542－0006143　812.39/105　集部/別集類/清別集

在陸草堂文集六卷　(清)儲欣撰　(清)吳之彦編　清雍正元年(1723)儲掌文淑慎堂刻本　九行二十二字黑口單魚尾左右雙邊　内封題"雍正元年孟夏新鐫　淑慎堂藏板"　二冊

370000－1542－0006144　812.39/123　集部/別集類/清別集

御製避暑山莊三十六景詩并圖高宗恭和三十六景詩二卷　(清)聖祖玄燁　(清)高宗弘曆撰　(清)沈崳繪圖　(清)揆敘　(清)鄂爾泰等注　清乾隆六年(1741)内府刻朱墨套印本　六行十六字小字雙行二十一字白口單魚尾四周雙邊　二冊

370000－1542－0006145　812.39/115　集部/別集類/清別集

御製八徵耄念之寶記一卷　(清)高宗弘曆撰　清乾隆五十四年(1789)彭元瑞泥金寫本　六行十字四周雙邊　瓷青紙泥金字　鈐有"臣""瑞"　一冊

370000－1542－0006146　812.39/117　集部/別集類/清別集

御製史論問一卷　(清)高宗弘曆撰　清乾隆紀昀寫本　六行八字　花箋紙　無格　鈐有"臣""昀"　一冊

370000－1542－0006147　812.39/118　集部/別集類/清別集

御製開惑論一卷　(清)高宗弘曆撰　清乾隆竇光鼐寫本　六行十二字小字雙行同　花箋紙　鈐有"太上皇帝之寶""八徵耄念之寶""古希天子""五福五代堂古稀天子寶""八旬天恩""避暑山莊""臣""鼐"等印　一冊

370000－1542－0006148　812.39/139　集部/別集類/清別集

御製文淵閣記一卷　(清)高宗弘曆撰　清乾隆陸錫熊寫本　六行十字　花箋紙　鈐有"乾隆御覽之寶""寶笈三編""三希堂精鑑璽""宜子孫""嘉慶鑒賞""臣""錫熊"等印　一冊

370000－1542－0006149　812.39/120　集部/別集類/清別集

香雪文鈔六卷　(清)曹學詩撰　清乾隆刻本　九行二十一字粗黑口單魚尾左右雙邊　内封題"染翠軒藏版"　八冊

370000－1542－0006150　812.39/122　集部/別集類/清別集

卷施閣文甲集十卷乙集十卷詩集二十卷附結軒詩八卷年譜一卷　(清)洪亮吉撰　清乾隆六十年(1795)貴陽節署刻本　十一行二十二字黑口雙魚尾四周單邊　内封題"乾隆乙卯仲秋刊於貴陽節署"　鈐有"紅某花館臧書""張祖年"　十四冊

370000－1542－0006151　812.39/122　集部/別集類/清別集

卷施閣文甲集十卷乙集十卷詩集二十卷附鮚軒詩八卷 （清）洪亮吉撰 清乾隆六十年(1795)貴陽節署刻本 十一行二十二字黑口雙魚尾四周單邊 鈐有“饌清氏觀”“企椒珍賞” 十六冊

370000－1542－0006152 812.39/125 集部/别集類/清别集
笠洲文集十卷 （清）瞿源洙撰 清乾隆十九年(1754)刻本 十行二十二字白口單魚尾四周單邊 無格 鈐有“望山樓臧書” 五冊

370000－1542－0006153 812.39/130 集部/别集類/清别集
潛州集不分卷 （清）張貞撰 清康熙刻渠亭山人半部藁本 九行十八字細黑口單魚尾左右雙邊 鈐有“容刴軒珍藏” 二冊

370000－1542－0006154 812.39/131 集部/别集類/清别集
渠亭文藁不分卷 （清）張貞撰 清康熙安丘張氏家刻雍正印本 九行十九字粗黑口花魚尾左右雙邊 鈐有“容刴軒珍藏” 二冊

370000－1542－0006155 812.39/132 集部/别集類/清别集
西堂剩藁二卷 （清）尤侗撰 清康熙刻西堂全集本 十行二十一字小字雙行同下細黑口單魚尾四周單邊 鈐有“容刴軒珍藏” 二冊

370000－1542－0006156 812.39/151 集部/别集類/清别集
敬事初編二卷 （清）任玥撰 清康熙十六年(1677)刻本 九行二十二字白口單魚尾左右雙邊 二冊

370000－1542－0006157 812.39/157 集部/别集類/清别集
蒿菴集三卷附錄一卷 （清）張爾岐撰 （清）胡德琳編 清乾隆三十八年(1773)胡德琳東昌郡齋刻本 十行二十一字白口單魚尾左右雙邊 一冊

370000－1542－0006158 812.39/171－2 集部/别集類/清别集
白田草堂存稿二十四卷附行狀崇祀鄉賢錄 （清）王懋竑撰 清乾隆刻本 十二行二十二字小字雙行同白口單魚尾左右雙邊 鈐有“馬裕藻” 六冊

370000－1542－0006159 815.39/148 集部/别集類/清别集
留仙文集不分卷 （清）蒲松齡撰 （清）蒲庭橘輯 清道光四年(1824)蒲庭橘抄本 九行二十六字 無格 一冊

370000－1542－0006160 812.39/2 集部/别集類/清别集
介石堂古文十卷 （清）郭起元撰 清乾隆十一年(1746)福建郭氏刻本 九行十九字白口單魚尾左右雙邊 鈐有“閩戴成芬芷農圖籍” 二冊

370000－1542－0006161 811.1/11 集部/楚辭類
楚辭一卷 （戰國）屈原等著 （清）胡介祉校 清康熙三十三年(1694)胡氏谷園校刻本 八行十七字白口四周單邊 鈐有“莘野鄭氏家臧” 一冊

370000－1542－0006162 811.1/11 集部/别集類/漢魏六朝别集
陶靖節集六卷 （晉）陶潛撰 （清）胡介祉輯 清康熙三十三年(1694)胡氏谷園校刻本 八行十七字白口四周單邊 鈐有“莘野鄭氏家臧” 一冊

370000－1542－0006163 811.1/11 集部/總集類
浣花集十卷 （唐）韋莊撰 （清）胡介祉校 清康熙三十三年(1694)胡氏谷園校刻本 八行十八字小字雙行同白口四周單邊 鈐有“莘野鄭氏家臧” 一冊

370000－1542－0006164 811.1/11 集部/總集類
唐太宗御製集二卷 （唐）李世民撰 （清）胡介祉校 清康熙三十三年(1694)胡氏谷園校刻本 八行十八字小字雙行同白口四周單邊 鈐有“莘野鄭氏家臧” 一冊

370000－1542－0006165　811.1/11　集部/總集類

王司馬集八卷　(唐)王建撰　(清)胡介祉校　清康熙三十三年(1694)胡氏谷園校刻本　八行十八字小字雙行同白口四周單邊　鈐有“莘野鄭氏家臧”　一册

370000－1542－0006166　811.1/13　集部/總集類

文選十二卷　(南朝梁)蕭統輯　(明)張鳳翼纂注　明萬曆刻本　十一行二十二字小字雙行同白口單魚尾左右雙邊　鈐有“囗政讀書之記”　十二册

370000－1542－0006167　811.1/13　集部/總集類

梁昭明文選二十四卷　(南朝梁)蕭統選　(明)張鳳翼纂注　(明)盧之頤重訂　明天啟六年(1626)盧之頤刻本　九行二十字小字雙行同白口單白魚尾四周單邊　鈐有“齊魯大學圖書館藏書”　九册

370000－1542－0006168　811.1/13－2　集部/總集類

六家文選六十卷　(南朝梁)蕭統輯　(唐)李善等注　明丁覲刻本　十行十八字小字雙行二十六字白口四周單邊　二十册

370000－1542－0006169　811.1/36　集部/總集類

文選纂註評林十二卷　(南朝梁)蕭統輯　(明)張鳳翼纂注　明萬曆刻本　上欄小字雙行五字下欄十一行二十二字小字雙行同白口單魚尾四周單邊　鈐有“一階水印”　十二册

370000－1542－0006170　811.1/44　集部/總集類

文選章句二十八卷　(南朝梁)蕭統輯　(唐)李善注　(明)陳與郊編　明萬曆二十五年(1597)刻清康熙十四年(1675)陳之問校補印本　十行二十字小字雙行同白口線魚尾左右雙邊　十二册

370000－1542－0006171　811.1/37　集部/總集類

昭明文選六臣彙註疏解十九卷　(清)顧施禎纂輯　(清)鄭重鑒定　清康熙二十六年(1687)江蘇顧氏心耕堂刻本　八行二十二字小字雙行同白口左右雙邊　十二册

370000－1542－0006172　811.1/16　集部/總集類

文選六十卷　(南朝梁)蕭統選　(唐)李善注　(清)何焯評　(清)葉樹藩增訂　清乾隆三十四年至三十七年(1769－1772)長洲葉氏海緑軒刻朱墨套印本　十二行二十五字小字雙行三十六字白口單魚尾左右雙邊　內封題“重刻昭明文選李善註　長洲葉涵峰參訂　何義門先生評點　海錄軒藏板”　鈐有“樹藩”“涵峯”“海錄軒”“長州葉氏圖書”“華南軒轅”“蔭棠”“逢恩”“容釰軒珍藏”　十二册

370000－1542－0006173　811.1/20　集部/總集類

文選補遺四十卷　(宋)陳仁子編輯　清乾隆二年(1737)茶陵陳氏重刻東山書院本(文選補遺卷三至五配補清道光二十五年琅嬛館刻本)　清山芝書屋題識　十行十八字小字雙行二十三字白口單魚尾左右雙邊　內封題“楚茶陵同備輯　乾隆貳年仲秋　十五世孫文煜重梓”　目錄後牌記題“茶陵東山書院刊行”　鈐有“齊魯大學圖書館藏書”　十二册

370000－1542－0006174　811.1/14　集部/總集類

重訂文選集評十五卷首一卷末一卷　(清)于光華編　清乾隆四十五年(1780)錫山鍾絅廣州刻本　十行二十四字小字雙行三十六字白口單魚尾左右雙邊　鈐有“齊魯大學圖書館藏書”　十六册

370000－1542－0006175　811.1/14　集部/總集類

重訂文選集評十五卷首一卷末一卷　(清)于光華編　清乾隆四十六年(1781)刻本　十行二十四字小字雙行三十六字白口單魚尾左右雙邊　內封題“乾隆辛丑夏鐫　心簡齋重訂　鴛湖芸暉閣藏板”　鈐有“齊魯大學圖書館藏書”　十五册　缺一卷(五)

370000－1542－0006176　811.1/24　集部/總集類

文體明辯六十一卷首一卷目録六卷附録十四卷目録二卷　(明)徐師曾輯　明萬曆十九年(1591)刻本　佚名批注　十行十九字小字雙行同白口單白魚尾左右雙邊　鈐有"張純之印""昌名""孤雄氏""齊魯大學圖書館藏書"　二十四册

370000－1542－0006177　811.1/26　集部/總集類

歷朝名媛詩詞十二卷　(清)陸昶評選　清乾隆三十八年(1773)紅樹樓刻本　九行十九字白口左右雙邊　内封題"乾隆癸巳新鐫　紅樹樓藏板"　四册

370000－1542－0006178　811.1/27　集部/總集類

太平三書十二卷　(清)張萬選編　清順治五年(1648)褎古堂張萬選刻本　八行二十字小字雙行同白口單魚尾四周單邊　四册

370000－1542－0006179　811.1/30　集部/總集類

古文雋十六卷　(明)趙燿輯　(明)徐中行訂　(明)朱大典重訂　明崇禎元年(1628)東萊趙胤昌刻本　雙欄下欄十行二十字小字雙行同白口四周單邊　鈐有"白琮私印"　十六册

370000－1542－0006180　811.1/40　集部/總集類

伊人思一卷　(明)沈宜修輯　明崇禎繡垂館刻本　九行二十字小字雙行同白口四周單邊　内封題"繡垂館"　一册

370000－1542－0006181　811.15/3　集部/總集類

初唐四傑集　(清)項家達輯　清乾隆四十六年(1781)星渚項氏校刻本　九行二十一字小字雙行同單魚尾四周雙邊　内封題"乾隆辛丑仲春　初唐四傑集　星渚項氏校刊"　十册

370000－1542－0006182　811.15/4　集部/總集類

唐韓昌黎集四十卷附録一卷遺文一卷外集十卷唐柳河東集四十五卷附録一卷外集五卷遺文一卷　(明)蔣之翹輯注　明崇禎豹變齋刻本　佚名批注圈點　九行十七字小字雙行同白口左右雙邊　内封題"蔣楚樨先生輯注　豹變齋藏板"　二十八册

370000－1542－0006183　811.18/1　集部/總集類

明六名家集　(清)張汝瑚輯　清康熙視古堂刻本　十行二十字小字雙行同白口單魚尾四周單邊　無格　内封題"視古堂藏版"　劉文成先生集内封題"康熙貳拾壹年　溫陵書林梓行"　李滄溟先生集内封題"郢雪書林梓行"　鈐有"本衙藏板""經州蔣氏箸生臧書記"　十六册

370000－1542－0006184　811.18/2　集部/總集類

明五大家集　(清)張汝瑚輯　清康熙視古堂刻本　十行二十字小字雙行同白口單魚尾四周單邊　無格　内封題"視古堂藏版　郢雪書林梓行"　鈐有"本衙藏板""經州蔣氏箸生臧書記""囗經齋"　十六册

370000－1542－0006185　811.19/7　集部/總集類

紅樓夢圖詠不分卷　(清)改琦繪圖　(清)李筠嘉輯題　清光緒五年(1879)淮浦居士刻本　鈐有"改琦私印""玉壺山人""玉壺""淮浦居士""顧恒"　四册

370000－1542－0006186　811.19/7　集部/總集類

紅樓夢圖詠不分卷　(清)改琦繪圖　(清)李筠嘉輯題　清光緒五年(1879)淮浦居士刻本　鈐有"改琦私印""玉壺山人""玉壺""淮浦居士""顧恒""柳溪小隱""琴韻書聲""官居吴門""古越雁埠居士""緑野主人圖印"　四册

370000－1542－0006187　811.19/24　集部/總集類

詞科掌録十七卷詞科餘話七卷舉目一卷

（清）杭世駿輯　清乾隆浙江杭氏道古堂刻本　十一行二十一字黑口單魚尾左右雙邊　内封題"道古堂藏版"　八册

370000－1542－0006188　811.2/3　集部/總集類

采菽堂古詩選三十八卷補遺四卷　（清）陳祚明輯　清乾隆十三年（1748）刻本　十行二十字小字雙行同白口單魚尾左右雙邊　鈐有"應椿""碧雲僊館珍藏書畫印""紫藤花館""時於此中得少佳趣""雲屏珍臧"　十六册

370000－1542－0006189　811.2/5　集部/總集類

金詩選四卷名字爵里録一卷元詩選六卷補遺一卷名氏爵里攷一卷元詩總論一卷　（清）顧奎光輯　（清）陶玉禾等參評　清乾隆十六年（1751）刻本　十行十九字小字雙行同白口單魚尾左右雙邊　内封題"金元詩選合刻　嘉蔭書屋珍藏"　鈐有"經州蔣氏箸生臧書記""華東大學圖書館臧書章"　六册

370000－1542－0006190　811.2/7　集部/總集類

詩紀前集十卷正集一百三十卷附録一卷外集四卷别集十二卷　（明）馮惟訥輯　（明）吴琯校定　明萬曆四十一年（1613）馮琦、黄承玄刻本　九行十九字小字雙行同白口單魚尾四周雙邊　三十二册

370000－1542－0006191　811.2/7　集部/總集類

詩紀一百五十六卷目録三十六卷　（明）馮惟訥輯　（明）吴琯校定　明萬曆吴琯、謝陛、陸弼、俞策金陵刻本　九行十九字小字雙行同白口單魚尾四周雙邊　鈐有"頵公鑑臧書畫印""紹庭""齊郡馮氏家臧"　四十册

370000－1542－0006192　811.2/9　集部/總集類

少鶴先生評古詩十九首並諸家擬作一卷　（清）李憲喬撰　**古詩十九首解一卷**　（清）張庚撰　清稿本　第一册稿本行數不等字數不等第二册鈔本十一行二十字　二册

370000－1542－0006193　811.2/13　集部/總集類

宛雅三編二十四卷　（清）施念曾　（清）張汝霖編　清乾隆安徽宣城張氏刻本　十行二十一字小字雙行三十二字白口單魚尾左右雙邊　鈐有"齊魯大學圖書館藏書"　五册　缺四卷（二十一至二十四）

370000－1542－0006194　811.2/21　集部/總集類

彙纂詩法度鍼三十三卷首一卷　（清）徐文弼撰　清乾隆二十四年（1759）刻本　十行二十二字小字雙行四十四字單魚尾左右雙邊　内封題"同文堂藏板"　鈐有"齊魯大學圖書館藏書"　四册

370000－1542－0006195　811.2/25　集部/總集類

咏物詩選八卷　（清）俞琰輯　清雍正三年（1725）寧儉堂刻本　十行二十一字小字雙行同黑口單魚尾左右雙邊　内封題"歷朝咏物詩選　寧儉堂藏板"　鈐有"齊魯大學圖書館藏書"　四册

370000－1542－0006196　811.2/29　集部/總集類

詩倫二卷　（清）汪薇輯　清武英殿聚珍版木活字印本　九行二十一字小字雙行同白口單魚尾四周雙邊　鈐有"光熙所臧""齊魯大學圖書館藏書"　二册

370000－1542－0006197　811.2/30　集部/總集類

詩法二集八卷首一卷　（清）游藝輯　清康熙書林余氏餘慶堂刻本　八行十六字小字雙行同白口四周單邊　無格　内封題"餘慶堂梓"　鈐有"明耀李記""齊魯大學圖書館藏書"　八册

370000－1542－0006198　811.2/37　集部/總集類

應試排律精選六卷　（清）狄之武　（清）申贊皇箋　（清）裘漫士　（清）周石帆鑑定　（清）周大樞選釋　清乾隆安迎堂刻本　九行

二十字小字雙行同白口單魚尾左右雙邊　無格　内封題“應試排律精選鯨鏗集　二集嗣出　翻刻必究　安迎堂藏板”　鈐有“齊魯大學圖書館藏書”　二冊

370000－1542－0006199　811.2/38　集部/總集類

應試五排精選五卷　(清)吳昌宗　(清)申贊皇箋　(清)裘漫士　(清)申笏山鑑定　(清)周大樞選釋　清乾隆安迎堂刻本　九行二十字小字雙行同白口單魚尾左右雙邊　無格　内封題“應試五排精選鯨鏗二集　千里翻刻必究　安迎堂藏板”　鈐有“齊魯大學圖書館藏書”　四冊

370000－1542－0006200　811.2/41　集部/總集類

石冠堂唐人試帖詩鈔四卷　(清)張尹評選　清乾隆刻本　十行二十字小字雙行同白口單魚尾四周單邊　鈐有“一片冰心在玉壺”“六箴堂”“齊魯大學圖書館藏書”　二冊

370000－1542－0006201　811.2/44　集部/總集類

近光集二十八卷雜論一卷　(清)汪士鋐編纂　(清)徐修仁參注　清康熙五十八年(1719)汪士鋐刻本　九行十九字小字雙行同黑口單魚尾左右雙邊　鈐有“惠泉”“乙軒臧書”“寶名堂藏書”　八冊

370000－1542－0006202　811.2/47　集部/總集類

本事詩十二卷　(清)徐釚輯　清康熙刻雍正印本　十一行二十一字小字雙行二十九字白口單魚尾左右雙邊　六冊

370000－1542－0006203　811.2/49　集部/總集類

詩歸五十一卷　(明)鍾惺　(明)譚元春同選　明萬曆四十五年(1617)刻本　佚名批點眉批　九行十八字小字雙行同白魚尾左右雙邊　鈐有“志豐”　十二冊

370000－1542－0006204　813/115　集部/總集類

古詩歸十五卷唐詩歸三十六卷　(明)鍾惺　(明)譚元春輯　(明)劉斅重訂　明末刻詩歸本　十行十九字小字雙行同白口單魚尾左右雙邊　無格　内封題“天籟堂藏板”　古詩歸内封題“彙錦堂藏板”　鈐有“菊蔭書屋”“霞裳”　十冊

370000－1542－0006205　811.2/53　集部/總集類

古詩箋三十二卷　(清)王士禛選　(清)聞人倓箋　清乾隆三十一年(1766)芷蘭堂刻本　十行二十一字小字雙行同白口單魚尾左右雙邊　鈐有“絕學無爲閒道人”　八冊　存十五卷(七言詩一至十五)

370000－1542－0006206　811.2/56　集部/總集類

詩紀選二卷　(明)張居仁選　明張居仁刻本　九行十八字白口單白魚尾四周雙邊　二冊

370000－1542－0006207　811.2/61　集部/總集類

詩林韶濩二十卷　(清)顧嗣立類選　清康熙四十四年(1705)秀野草堂刻本　佚名批注　十一行二十一字小字雙行同白口雙順魚尾左右雙邊　内封題“秀野草堂藏板”　鈐有“胡氏子岐鑒賞”　六冊

370000－1542－0006208　811.2/64　集部/總集類

慎墨堂詩拾九卷首一卷末一卷附錄一卷慎墨堂筆記一卷　(清)鄧漢儀撰　(清)夏荃輯　清抄本　十行二十字黑口雙魚尾四周單邊　六冊

370000－1542－0006209　811.2/68　集部/總集類

古詩歌一卷　(清)□□輯　清抄本　九行二十四字　無格　一冊

370000－1542－0006210　811.2/75　集部/總集類

阮亭選古詩三十二卷　(清)王士禛選　清康熙三十六年(1697)刻本　佚名批注　十行二十一字小字雙行同粗黑口單魚尾左右雙邊

鈐有"弘農""海闊天空""行雲流水"　六册

370000－1542－0006211　811.2/75　集部/總集類

阮亭選古詩三十二卷　（清）王士禛選　清康熙三十六年(1697)刻本　佚名圈點　十行二十一字小字雙行同粗黑口單魚尾左右雙邊　鈐有"陳百斯藏書之印"　八册

370000－1542－0006212　811.2/80　集部/總集類

徵詩一卷　劉大同輯　稿本　十行二十至二十七字白口單魚尾四周雙邊　鈐有"劉大同印"　一册

370000－1542－0006213　811.2/81　集部/總集類

佩文齋詠物詩選四百八十六卷　（清）聖祖玄燁敕編　清康熙四十六年(1707)内府刻本　十一行二十一字細黑口雙魚尾左右雙邊　六十四册

370000－1542－0006214　811.2/87　集部/總集類

瀛奎律髓四十九卷　（宋）方回輯　（清）吳孟舉重閲　清康熙五十年至五十一年(1711－1712)石門吳氏黄葉村莊刻本　十行十九字小字雙行二十八字黑口雙魚尾左右雙邊　内封題"黄葉邨莊重校　方虚谷瀛奎律髓　評註圈點悉依原本"　鈐有"黄葉村莊藏書"　十册

370000－1542－0006215　811.2/93　集部/總集類

御定歷代題畫詩類一百二十卷　（清）陳邦彦輯　清康熙四十六年(1707)内府刻本　十一行二十三字黑口單魚尾左右雙邊　鈐有"章綬銜印""紫伯收藏""綬""銜""磨兜堅室""瓜廬外史""歸安章綬銜字紫伯印""章綬銜印""紫伯"　四十八册

370000－1542－0006216　811.2/189　集部/總集類

湖山靈秀集十六卷　（清）席玕輯　清乾隆二十一年(1756)席芬校刻本　九行十九字小字雙行同白口單魚尾左右雙邊　内封題"凝和堂藏板"　四册

370000－1542－0006217　811.25/2　集部/總集類

全唐詩九百卷目錄十二卷　（清）曹寅等編　清康熙四十四年至四十六年(1705－1707)揚州詩局刻本　十一行二十一字小字雙行三十二字黑口雙魚尾左右雙邊　鈐有"雲瑀""魏氏理雲珍藏書畫"　一百二十册

370000－1542－0006218　811.25/7　集部/總集類

唐詩百名家全集　（清）席啓寓編錄　清康熙東山席氏琴川書屋刻後印本　十行十八字小字雙行不等白口單魚尾左右雙邊　内封題"唐詩百名家全集　琴川書屋校栞"　鈐有"掃葉山房督造書籍""私立齊魯大學國學研究所藏書之章"　六十四册

370000－1542－0006219　811.25/16　集部/總集類

唐詩別裁集十卷　（清）沈德潛　（清）陳培脈同選　清康熙五十六年(1717)刻本　佚名批注　錄湘靈批點　十行十九字小字雙行二十九字黑口單魚尾左右雙邊　内封題"長洲沈確士　陳樹滋同選　唐詩別裁集　碧梧書屋藏版"　鈐有"達卿讀過""曾在陳達卿處""淮陰陳氏仲璋"　十册

370000－1542－0006220　811.25/16　集部/總集類

唐詩別裁集十卷　（清）沈德潛　（清）陳培脈選　清刻本　十行十九字小字雙行不等黑口單魚尾左右雙邊　内封題"長洲沈確士陳樹滋同選　碧梧書屋藏版"　鈐有"孫晉之印""康后"　五册

370000－1542－0006221　811.25/15　集部/總集類

重訂唐詩別裁集二十卷　（清）沈德潛選　清乾隆刻本(卷九至十一抄補)　清顧鈺批注　清顧楨題識　清于師皋題識　八行十六字小字雙行同白口單魚尾四周單邊　鈐有"東吳

人”“楨”“植印”“建叔”“明忠諫顧洞陽十三世孫”“師皋” 二十冊

370000－1542－0006222 811.2/72 集部/總集類

唐詩觀瀾集二十四卷附唐人小傳一卷 (清)李因培選評 (清)淩應曾編注 清乾隆二十四年(1759)刻本 九行二十一字小字雙行同白口單魚尾左右雙邊 鈐有“石泉”“宮製錦印”“筆歌墨舞” 六冊 存八卷(一至八)

370000－1542－0006223 811.25/18 集部/總集類

東嵒草堂評訂唐詩鼓吹十卷 (元)郝天挺注 (明)廖文炳解 (清)朱三錫評 (清)朱之枚 (清)朱吳敏同訂 清康熙刻本 佚名批點 十一行二十一字小字雙行同白口單魚尾四周雙邊 鈐有“容刹軒珍臧” 十冊

370000－1542－0006224 811.25/18 集部/總集類

東嵒草堂評訂唐詩鼓吹十卷 (元)郝天挺注 (明)廖文炳解 (清)朱三錫評 (清)朱之枚 (清)朱吳敏同訂 清康熙刻本 佚名批點 十一行二十一字小字雙行同白口單魚尾四周雙邊 鈐有“齊魯大學圖書館藏書” 八冊

370000－1542－0006225 811.25/18 集部/總集類

東嵒艸堂評訂唐詩鼓吹十卷 (元)郝天挺注 (明)廖文炳解 (清)朱三錫評 清康熙刻本 佚名過錄程湘衡評 十一行二十一字小字雙行同白口單魚尾四周雙邊 鈐有“水竹山房”“江陰李綸全字佑申印”“江陰李氏水竹勻分屋藏書印” 四冊

370000－1542－0006226 811.25/18 集部/總集類

唐詩鼓吹十卷 (元)郝天挺注 (明)廖文炳解 (清)趙執信評點 清乾隆二十七年(1762)刻本 王獻唐批校題識 十一行二十一字小字雙行同黑口單魚尾左右雙邊 內封題“乾隆壬午年新鐫 光霽堂藏板” 鈐有“江南省狀元境光霽堂周氏書林發兑” 六冊

370000－1542－0006227 811.25/22 集部/總集類

唐人萬首絶句選七卷 (宋)洪邁原本 (清)王士禛選 清刻本 清潘德輿評點校跋 十行十九字小字雙行二十九字黑口單魚尾左右雙邊 鈐有“四農” 四冊

370000－1542－0006228 811.25/22 集部/總集類

唐人萬首絕句選七卷 (宋)洪邁原本 (清)王士禛選 清康熙刻雍正十年(1732)印本 十行十九字黑口雙魚尾左右雙邊 鈐有“齊魯大學圖書館藏書” 二冊

370000－1542－0006229 811.25/23 集部/總集類

唐雅二十六卷 (明)張之象編 明嘉靖二十年(1541)長水書院刻本 九行十七字小字雙行同白口白魚尾左右雙邊 鈐有“溫陵張氏臧書”“海曲馬氏”“暫得於己”“快然自足” 十冊 存十四卷(十三至二十六)

370000－1542－0006230 811.25/20 集部/總集類

唐音審體二十卷 (清)錢良擇輯 清康熙刻本 九行二十字小字雙行二十八字白口單魚尾四周單邊 鈐有“曾鴻鑄印”“私立齊魯大學國學研究所藏書之章” 八冊

370000－1542－0006231 811.25/25 集部/總集類

庚補箋釋批評唐詩直解七卷首一卷 (明)李攀龍原選 (清)葉羲昂直解 (清)詹廷對校閱 (明)蔣一葵箋釋 (明)鍾惺批評 (清)葉羲昂庚補 清初刻本 佚名圈點批注 上欄小字雙行十二字下欄八行十七字小字雙行同白口左右雙邊 鈐有“齊魯大學圖書館藏書” 三冊

370000－1542－0006232 811.25/28 集部/總集類

御定全唐詩錄一百卷 (清)徐倬輯 清康熙四十五年(1706)內府刻本 十一行二十一字

小字雙行三十二字粗黑口雙魚尾左右雙邊　鈐有"誦清芬齋收藏""文弨借觀""長垣李氏收藏書畫記"　二十冊

370000－1542－0006233　811.25/28　集部/總集類

御定全唐詩錄一百卷　（清）徐倬輯　清刻本　十一行二十一字小字雙行三十二字粗黑口雙魚尾左右雙邊　鈐有"江南楊氏""吳縣楊學沂岫隱父金石文字印信長壽""瘞班館主"　二十四冊

370000－1542－0006234　811.25/28　集部/總集類

御定全唐詩錄一百卷　（清）徐倬輯　清刻本　十一行二十一字小字雙行三十二字粗黑口雙魚尾左右雙邊　六冊　存二十五卷（二十二至四十六）

370000－1542－0006235　811.25/31　集部/總集類

應試唐詩類釋十九卷附應試唐詩備考一卷　（清）臧岳編次　清乾隆三十九年（1774）衣德堂刻本　八行二十字小字雙行同白口單魚尾左右雙邊　內封題"乾隆三十九年重鐫　聞式堂唐詩類釋　衣德堂藏板"　鈐有"齊魯大學圖書館藏書""近有喪心無恥奸徒暗謀翻刻字畫舛錯賜顧者須認本齋原板字樣庶無訛錯濛混之悮衣德堂謹白"　八冊

370000－1542－0006236　811.25/32　集部/總集類

唐人五言排律詩論三卷　（清）蔣鵬翮編釋　清康熙五十四年（1715）武進蔣氏寒三草堂刻乾隆二十二年（1757）印本　九行二十字小字雙行同白口左右雙邊　鈐有"齊魯大學圖書館藏書"　四冊

370000－1542－0006237　811.25/35　集部/總集類

才調集十卷　（五代）韋縠輯　（清）馮舒（清）馮班評點　清刻本　清佚名批注　八行十九字小字雙行三十字行間鐫評白口單魚尾左右雙邊　內封題"宋本校正　才調集　虞山二馮先生閱本　宛委堂發兌"　鈐有"聚錦堂""齊魯大學圖書館藏書"　六冊

370000－1542－0006238　811.25/35　集部/總集類

才調集十卷　（五代）韋縠輯　（清）馮舒（清）馮班評點　清康熙四十三年（1704）新安汪氏垂雲堂刻本　八行十九字小字雙行三十字行間鐫評白口單魚尾左右雙邊　內封題"宋本校正　才調集　虞山二馮先生閱本"　鈐有"光熙所藏""白恩佑印""齊魯大學圖書館藏書"　六冊

370000－1542－0006239　811.25/36　集部/總集類

唐詩筌蹄集六卷末三卷　（清）黃六鴻註釋　清乾隆二十年（1755）瑞德堂刻本　九行二十字小字雙行同白口單魚尾左右雙邊　內封題"乾隆二十年新鐫　瑞德堂梓"　二冊

370000－1542－0006240　811.25/38　集部/總集類

唐詩成法十二卷　（清）屈復撰　（清）吳家龍校閱　清乾隆八年（1743）弱水草堂刻本　九行十九字小字雙行同白口單魚尾左右雙邊　鈐有"墨池""齊魯大學圖書館藏書"　四冊

370000－1542－0006241　811.25/39　集部/總集類

唐詩貫珠六十卷　（清）胡以梅箋　清康熙五十四年（1715）江蘇素心堂刻本　九行二十三字小字雙行同細黑口單魚尾左右雙邊　牌記題"蘇城藩司南上升平橋直東至鐵瓶巷貞節坊素心堂胡梓行"　鈐有"老榆書屋""齊魯大學圖書館藏書"　十二冊

370000－1542－0006242　811.25/39　集部/總集類

唐詩貫珠六十卷　（清）胡以梅箋　清康熙五十四年（1715）江蘇素心堂刻本　九行二十三字小字雙行同細黑口單魚尾左右雙邊　內封題"嘉興九思堂藏板"　牌記題"蘇城藩司南上升平橋直東至鐵瓶巷貞節坊素心堂胡梓行"　十六冊

370000－1542－0006243　811.25/46　集部/總集類

十種唐詩選十三卷　(清)王士禛刪纂　清康熙三十一年(1692)刻本　十行十九字小字雙行約二十八字黑口單魚尾左右雙邊　内封題"南芝堂藏板"　鈐有"有裒堂圖書印""肇麗之印""農官大夫之章""澹如"　三冊　存十種十七卷(河嶽英靈集選一卷、中興間氣集選一卷、國秀集選一卷、篋中集選一卷、搜玉集選一卷、御覽詩集選一卷、極玄集選一卷、又玄集選一卷、才調集選三卷、唐文粹詩選六卷)

370000－1542－0006244　811.25/49　集部/總集類

唐詩類苑二百卷　(明)張之象纂輯　(明)王徹補訂　(明)趙應元編次　(明)曹仁孫校正　明萬曆二十九年(1601)曹仁孫刻本　十行二十字小字雙行同白口單魚尾四周雙邊　鈐有"蘊古齋臧書""虞山周佐季臧書""劉絜敖"　六十四冊

370000－1542－0006245　811.25/50　集部/總集類

松陵集十卷　(唐)皮日休　(唐)陸龜蒙撰　明末毛氏汲古閣刻本　八行十九字小字雙行同白口左右雙邊　鈐有"吳榷之印""超士"　八冊

370000－1542－0006246　811.25/51　集部/總集類

唐詩正聲二十二卷　(明)高棅輯　(明)吳山民評醳　(明)陳佶較閱　明天啟刻本　九行二十字小字雙行同白口單白魚尾四周單邊　鈐有"吳嵋私印""鳳音"　八冊

370000－1542－0006247　811.25/52　集部/總集類

唐詩品彙九十卷拾遺十卷詩人爵里詳節一卷　(明)高棅編　明弘治六年(1493)張璁刻本　十行二十字小字雙行同白口雙魚尾四周雙邊　鈐有"環生過眼""有恒堂口松書屋藏書記"　二十冊

370000－1542－0006248　811.25/54　集部/總集類

王摩詰詩集六卷　(唐)王維撰　(宋)劉辰翁評點　明刻本　九行二十字小字雙行同白魚尾四周單邊　内封題"小築藏版"　鈐有"研頤堂臧本"　一冊

370000－1542－0006249　811.25/54　集部/總集類

杜子美詩集二十卷　(唐)杜甫撰　(宋)劉辰翁評點　明刻本　九行二十字小字雙行同白口白魚尾四周單邊　内封題"小築藏版"　鈐有"研頤堂臧本"　三冊

370000－1542－0006250　811.25/55　集部/總集類

御選唐詩三十二卷目錄三卷　(清)聖祖玄燁敕編　(清)陳廷敬總閱　清康熙五十二年(1713)内府刻朱墨套印本　七行十七字小字雙行二十三至二十四字不等白口單魚尾四周雙邊　鈐有"徐衡之印""光焰萬丈樓""容刱軒珍藏""真州吳氏有福讀書堂臧書""東海"　四十八冊

370000－1542－0006251　811.25/55　集部/總集類

御選唐詩三十二卷目錄三卷　(清)聖祖玄燁敕編　(清)陳廷敬總閱　清康熙五十二年(1713)内府刻朱墨套印本　七行十七字小字雙行二十三至二十四字不等白口單魚尾四周雙邊　鈐有"廷選藏書"　三十二冊

370000－1542－0006252　811.25/58　集部/總集類

刪補唐詩選脉箋釋會通評林六十卷附古今名家論括一卷　(明)周珽輯註　(明)陳繼儒批點　明崇禎八年(1635)刻本　上欄小字雙行六字下欄十行十八字小字雙行同白口四周單邊　鈐有"壽餘祕玩""京江燕翼堂錢氏藏書""李錦章""素軒"　十二冊　存二十八卷(初五古上、下,初七古上、下,盛七古一至七,初五律上、中、下,盛五律上、中上,盛七律上、下,初五絕,盛五絕,中五絕,晚五絕,初七絕,盛七絕上、中、下,初五排上、下)

370000－1542－0006253　811.25/59　集部/總集類

唐詩解五十卷詩人爵里一卷　(明)唐汝詢選釋　清順治十六年(1659)萬笈堂刻本　九行十九字小字雙行同白口單魚尾四周單邊　鈐有"臣振"　十六冊

370000－1542－0006254　811.25/60　集部/總集類

唐人選唐詩八種二十三卷　(明)毛晉編　明崇禎元年(1628)毛氏汲古閣刻本　八行十九字小字雙行同白口左右雙邊　鈐有"南沙翁子""翁萊史阿蘭那室圖書"　八冊　存七種十三卷(御覽詩一卷、搜玉小集一卷、極玄集二卷、河嶽英靈集三卷、國秀集三卷、中興間氣集二卷、篋中集一卷)

370000－1542－0006255　811.25/62　集部/總集類

唐句分編五十四卷　(清)郎文勳選輯　清初抄本　九行字數不等四周單邊　八冊　存十五卷(分類一至四、六、九至十、十二至十五,分韻十五至十六、二十九至三十)

370000－1542－0006256　811.25/64　集部/總集類

晚唐詩選七卷　(□)陸延嘉選　稿本　九行二十二字　無格　四冊

370000－1542－0006257　811.25/65　集部/總集類

而菴説唐詩九卷首一卷　(清)徐增撰　清乾隆刻本　佚名批校　九行二十二字小字雙行同白口單魚尾四周單邊　無格　六冊

370000－1542－0006258　811.25/66　集部/總集類

全唐詩逸三卷　(日本)上毛河世寧纂輯　清抄本　十行二十二字小字雙行同白口單魚尾左右雙邊　一冊

370000－1542－0006259　811.25/67　集部/總集類

唐詩四種合選觀妓集一卷名花集一卷名媛集一卷香奩集一卷　(明)楊肇祉選　明美錦堂刻本　八行十八字白口四周單邊　内封題"美錦堂梓"　鈐有"齊魯大學圖書館藏書"　一冊

370000－1542－0006260　811.25/70　集部/總集類

應制唐詩百章一卷　(清)胡御璣輯　清胡御璣手寫本　八行二十一字　絹本　鈐有"胡御璣""天儀"　一冊

370000－1542－0006261　811.25/75　集部/總集類

唐賢三昧集三卷　(清)王士禛編　清康熙江蘇吳門書林刻本　十行十九字黑口單魚尾左右雙邊　内封題"吳門書林梓"　鈐有"怡府世寶""明善堂覽書畫印記"　一冊

370000－1542－0006262　811.25/21　集部/總集類

唐詩韶音箋註六卷　(清)沈廷芳編　清乾隆二十四年(1759)刻本　九行十九字小字雙行同白口單魚尾左右雙邊　内封題"乾隆己卯年新鐫　柏香堂藏板"　鈐有"進呈御覽之書""南澗居士""竹西書屋"　二冊

370000－1542－0006263　811.25/14　集部/總集類

全五代詩一百卷補遺一卷　(清)李調元編　清乾隆刻本　十行二十一字小字雙行約三十二字白口單魚尾左右雙邊　内封題"羅江李雨村編　本衙藏板"　鈐有"張"　三十二冊

370000－1542－0006264　811.26/14　集部/總集類

宋百家詩存二十卷　(清)曹庭棟輯　清乾隆六年(1741)刻本　十一行二十一字小字雙行同白口單魚尾左右雙邊　鈐有"曹葆宸印"　二十冊

370000－1542－0006265　811.26/17　集部/總集類

宋詩類選二十四卷　(清)王史鑑撰錄　清康熙五十一年(1712)刻本　佚名圈注　九行二十字小字雙行同黑口雙魚尾左右雙邊　鈐有"尹氏臧書"　十二冊

370000－1542－0006266　811.26/9　集部/總集類

宋四名家詩鈔四種　(清)周之鱗　(清)柴升編選　清康熙三十二年(1693)刻本　王獻唐題跋　十行二十一字小字雙行同黑口單魚尾左右雙邊　鈐有"獻唐""守藏吏"　六冊

370000－1542－0006267　812.26/17　集部/總集類

宋四名家詩鈔四種　(清)周之鱗　(清)柴升編選　清康熙三十二年(1693)刻修補本　佚名圈點　十行二十一字小字雙行同黑口單魚尾左右雙邊　内封題"宋四名家詩　弘訓堂藏板"　鈐有"名山堂珍賞""味經堂""齊魯大學圖書館藏書"　二冊　存七卷(東坡先生詩鈔一至七)

370000－1542－0006268　811.27/1　集部/總集類

元詩選初集一百十四卷首一卷二集一百三卷三集一百三卷　(清)顧嗣立編　清康熙三十三年(1694)秀野草堂刻四十一年(1702)增刻五十九年(1720)續增本　十三行二十三字小字雙行三十三至三十四字白口雙魚尾左右雙邊　鈐有"椿""碧雲僊館珍藏書畫印"　三十二冊

370000－1542－0006269　811.27/1　集部/總集類

元詩選初集一百十四卷首一卷　(清)顧嗣立編　清康熙三十三年(1694)秀野草堂刻本　十三行二十三字小字雙行三十三至三十四字白口雙魚尾左右雙邊　内封題"秀野草堂藏版"　鈐有"吳石君壬子後所得物""愛日樓"　二十四冊

370000－1542－0006270　811.27/1　集部/總集類

元詩選癸集十六卷　(清)顧嗣立輯　(清)席世臣補　清嘉慶三年(1798)南沙席氏刻本　十三行二十三字小字雙行三十三至三十四字白口雙魚尾左右雙邊　内封題"秀野草堂原本"　鈐有"八千卷樓臧閱書""光緒辛巳所得""額公鑑藏書畫印""碧雲仙館"　十六冊

370000－1542－0006271　811.27/5　集部/總集類

元詩選六卷補遺一卷元詩選名氏爵里攷一卷元詩總論一卷　(清)顧奎光選輯　(清)陶瀚　(清)陶玉禾參評　清乾隆十六年(1751)刻本　十行十九字小字雙行同白口單魚尾左右雙邊　鈐有"嘉禾私印""蘊眞愜所遇"　六冊

370000－1542－0006272　811.28/15　集部/總集類

元詩鈔本不分卷　(口)口口輯　清抄本　八行二十四字小字雙行同白口單魚尾四周雙邊　四冊

370000－1542－0006273　811.28/21　集部/總集類

元詩四大家虞伯生詩八卷補遺一卷揭曼碩詩三卷楊仲弘詩八卷范德機詩七卷　(明)毛晉輯　明末毛氏汲古閣刻本　清彪詔校注　九行十九字白口左右雙邊　内封題"元詩四大家　汲古閣藏板"　鈐有"莫繩孫印""莫友芝圖書印""臣彪""今獻""博古齋收藏善本書籍""桃蓉春經眼印""彪詔""今獻""夷白齋"　十六冊

370000－1542－0006274　811.28/1　集部/總集類

列朝詩集乾集二卷甲集前編十一卷甲集二十二卷乙集八卷丙集十六卷丁集十六卷閏集六卷　(清)錢謙益輯　清順治九年(1652)毛氏汲古閣刻本　十五行二十八字白口雙魚尾四周雙邊　三十冊

370000－1542－0006275　811.28/1　集部/總集類

列朝詩集乾集二卷甲集前編十一卷甲集二十二卷乙集八卷丙集十六卷丁集十六卷閏集六卷　(清)錢謙益輯　清順治九年(1652)毛氏汲古閣刻本　十五行二十八字白口雙魚尾四周雙邊　内封題"絳雲樓選　本衙藏板"　鈐有"毛氏正本""汲古閣"　四十八冊

370000－1542－0006276　811.28/2　集部/總集類

明詩綜一百卷　(清)朱彝尊錄　(清)汪森緝評　清康熙刻雍正印本　清劉伍寬批注題識　十一行二十一字小字雙行約三十一字白口單魚尾左右雙邊　内封題"朱竹垞太史選本　六峰閣藏版"　鈐有"海右堂""此亭""劉伍寬""子孫保之"　三十二冊

370000－1542－0006277　811.28/2　集部/總集類

明詩綜一百卷　(清)朱彝尊錄　(清)汪森緝評　清康熙刻乾隆印本　十一行二十一字小字雙行約三十一字白口單魚尾左右雙邊　三十二冊

370000－1542－0006278　811.28/3　集部/總集類

山左明詩鈔三十五卷　(清)宋弼輯　清乾隆三十六年(1771)益都李文藻恩平縣署刻本　十一行二十一字小字雙行同黑口單魚尾左右雙邊　鈐有"琢之""筆諫堂主人純齋秘玩""壽餘祕玩""肥城張氏珍臧""能玉之印"　八冊

370000－1542－0006279　811.28/6　集部/總集類

四十賢人集□□卷　(清)□□輯　清抄本　十行二十三字　無格　鈐有"苦行頭陀""忍饑誦經"　一冊

370000－1542－0006280　811.1/10　集部/總集類

滕王閣全集十三卷徵彙詩文不分卷　(清)蔡士英輯　清順治十四年(1657)刻本　九行二十字白口單魚尾四周單邊　五冊　缺五卷(滕王閣全集三至七)

370000－1542－0006281　811.29/1　集部/總集類

江左十五子詩選十五卷　(清)宋犖選　(清)邵長蘅訂　清康熙四十二年(1703)刻本　十行十九字小字雙行二十八字粗黑口左右雙邊　鈐有"紫藤花館""顥公"　四冊

370000－1542－0006282　811.29/3　集部/總集類

國朝山左詩鈔六十卷　(清)盧見曾纂　清乾隆二十三年(1758)德州盧氏雅雨堂刻本　十行二十一字小字雙行同白口單魚尾四周單邊　鈐有"齊魯大學圖書館藏書之章""齊魯大學哈佛燕京學社購置"　四十冊

370000－1542－0006283　811.29/3　集部/總集類

國朝山左詩鈔六十卷　(清)盧見曾纂　清乾隆二十三年(1758)德州盧氏雅雨堂刻本　十行二十一字小字雙行同白口單魚尾四周單邊　二十冊

370000－1542－0006284　811.29/3　集部/總集類

國朝山左詩鈔六十卷　(清)盧見曾纂　清乾隆二十三年(1758)德州盧氏雅雨堂刻本　十行二十一字小字雙行同白口單魚尾四周單邊　内封題"乾隆戊寅鐫　雅雨堂藏板"　鈐有"昭餘渠夢翔臧書之印""家住雨隹山汾水東"　十六冊

370000－1542－0006285　811.29/3　集部/總集類

國朝山左詩鈔六十卷　(清)盧見曾纂　清乾隆二十三年(1758)德州盧氏雅雨堂刻後印本　十行二十一字小字雙行同白口單魚尾四周單邊　内封題"乾隆戊寅鐫　雅雨堂藏板"　鈐有"容刴軒珍藏"　十二冊

370000－1542－0006286　811.29/3　集部/總集類

國朝山左詩鈔六十卷　(清)盧見曾纂　清乾隆二十三年(1758)德州盧氏雅雨堂刻後印本　十行二十一字小字雙行同白口單魚尾四周單邊　鈐有"仲華""齊魯大學圖書館藏書"　二十冊

370000－1542－0006287　811.29/4　集部/總集類

感舊集十六卷　(清)王士禛輯　(清)盧見曾補傳　清乾隆十七年(1752)德州盧見曾刻本　十一行二十一字小字雙行二十七字白口單魚尾左右雙邊　鈐有"經州蔣氏箸生臧書記"

八冊

370000－1542－0006288　811.29/4　集部/總集類

感舊集十六卷　(清)王士禛輯　(清)盧見曾補傳　清乾隆十七年(1752)德州盧見曾刻本　十一行二十一字小字雙行二十七字白口單魚尾左右雙邊　鈐有"張嘉珵藏書之印"　八冊

370000－1542－0006289　811.29/4　集部/總集類

感舊集十六卷　(清)王士禛輯　(清)盧見曾補傳　清乾隆十七年(1752)德州盧見曾刻本　十一行二十一字小字雙行二十七字白口單魚尾左右雙邊　鈐有"容舠軒珍藏"　六冊　缺卷一第一至二十頁

370000－1542－0006290　811.29/5　集部/總集類

南宋襍事詩七卷　(清)沈嘉轍等撰　清雍正刻本　十一行二十一字小字雙行約二十八字白口單魚尾左右雙邊　鈐有"椿印""樂此不疲"　八冊

370000－1542－0006291　811.29/5　集部/總集類

南宋襍事詩七卷　(清)沈嘉轍等撰　清雍正刻乾隆印本　十一行二十一字小字雙行約二十八字白口單魚尾左右雙邊　鈐有"經州蔣氏箸生藏書記""華東大學圖書館藏書章""開卷有益"　二冊

370000－1542－0006292　811.29/7　集部/總集類

欽定國朝詩別裁集三十二卷　(清)沈德潛纂評　清乾隆二十六年(1761)刻本　十行十九字小字雙行約二十八字白口單魚尾左右雙邊　鈐有"齊魯大學圖書館藏書之章""齊魯大學哈佛燕京學社購置""西山曹氏珍藏""後初""怡亭""志在繼武"　十六冊

370000－1542－0006293　811.29/12　集部/總集類

江左三大家泣鬼驚神近體詩鈔一卷古體詩鈔一卷　(清)王大癡子輯　稿本　七行二十二字單魚尾四周雙邊　内封題"金壇王大癡子輯　恨不十年讀山房藏本"　鈐有"乾坤一府儒""齊魯大學圖書館藏書"　一冊

370000－1542－0006294　811.29/13　集部/總集類

國朝六家詩鈔八卷　(清)劉執玉選　(清)許庭堅　(清)鄒容成等參閲　清乾隆三十二年(1767)刻本　佚名批注　十行二十一字小字雙行三十字黑口單魚尾左右雙邊　内封題"乾隆丁亥新鐫　詒燕樓藏板"　鈐有"㦗綺珍臧書畫""折中一是""齊魯大學圖書館藏書"　八冊

370000－1542－0006295　811.29/40　集部/總集類

國朝四大家詩鈔四種二十四卷　(清)屠讓庵編　清乾隆三十一年(1766)江蘇玉映堂刻本　七行十五字白口單魚尾左右雙邊　内封題"山陽阮澂園先生鑒定　玉映堂藏板"　十冊

370000－1542－0006296　811.29/30　集部/總集類

二家詩鈔二十卷　(清)邵長蘅編選　清康熙三十四年(1695)刻本　十行二十一字小字雙行約三十一字粗黑口單魚尾四周單邊　鈐有"齊魯大學圖書館藏書""蘐桂珎藏金石書畫印"　五冊

370000－1542－0006297　811.29/39　集部/總集類

嶺南三大家詩選二十四卷　(清)王隼輯　清康熙三十一年(1692)廣州原刻本　文朱圈點批注題識　十行十九字小字雙行同粗黑口單魚尾左右雙邊　鈐有"吳興姚伯子覯元鑑藏書畫圖籍之印"　八冊

370000－1542－0006298　039/467　集部/總集類

李氏三先生詩鈔三十一卷　(清)李懷民等撰　清乾隆高密王氏刻本　佚名批注　十行二十二字白口單魚尾四周雙邊　鈐有"南州書樓藏書　徐湯殷整理"　四冊

370000－1542－0006299　811.29/14　集部/總集類

國朝邑人詩鈔不分卷　(清)趙青壇輯　清乾隆三年(1738)稿本　八行二十至二十二字無格　鈐有"齊魯大學圖書館藏書"　二册

370000－1542－0006300　811.29/22　集部/總集類

本朝館閣詩二十卷附録一卷續附録一卷　(清)阮學浩　(清)阮學濬編　清乾隆二十三年(1758)刻本　十行二十一字小字雙行不等黑口雙魚尾左右雙邊　内封題"乾隆戊寅秋新鐫　困學書屋藏版"　鈐有"齊魯大學圖書館藏書"　十二册

370000－1542－0006301　811.29/50　集部/總集類

今詩粹十五卷　(清)魏畊　(清)錢价人仝選　清初刻本(卷十至十四沈宗敬抄補)　清沈宗敬題　九行二十字小字雙行同白口單魚尾四周單邊　鈐有"寧極堂印""沈孟學圖書記""獅峯""宗敬"　十册　缺一卷(十五)

370000－1542－0006302　811.29/53　集部/總集類

霄峥集六卷　(清)宫國苞選　清乾隆稿本　九行二十九字小字雙行不等　無格　六册

370000－1542－0006303　811.29/62　集部/總集類

儒雅堂著述稿三卷秋闈十章一卷山東鄉試朱卷一卷　(清)東泉老人輯　清道光、咸豐間樂陵東泉老人輯抄本　八行字數不等　無格　一册

370000－1542－0006304　811.29/74　集部/總集類

皇清詩選三十卷首一卷　(清)孫鋐輯評　(清)黄朱芾編校　清康熙二十七年(1688)刻本　九行十九字小字雙行同白口單魚尾四周雙邊　三十册

370000－1542－0006305　026/15　集部/總集類

文苑英華一千卷　(宋)李昉等輯　明隆慶元年(1567)胡維新、戚繼光刻本　十一行二十二字小字雙行同白口單魚尾四周單邊　有刻工　鈐有"曾聞""齊魯大學圖書館藏書"　二百册

370000－1542－0006306　811.1/9　集部/總集類

三賢文集十二卷　(清)張斐然　(清)楊澁輯　清康熙十八年(1679)刻本　十行二十字白口單魚尾四周雙邊　鈐有"志涑"　十册

370000－1542－0006307　811.3/8　集部/總集類

新刊名世文宗三十卷　(明)胡時化編　明萬曆七年(1579)李充實刻本　雙欄下欄十行二十二字小字雙行同白口單魚尾四周雙邊　三十二册

370000－1542－0006308　811.3/8　集部/總集類

新刊名世文宗三十卷　(明)胡時化編　明萬曆七年(1579)李充實刻本　雙欄下欄十行二十二字小字雙行同白口單魚尾四周雙邊　二十四册

370000－1542－0006309　811.3/9　集部/總集類

古逸書三十卷首一卷後卷一卷　(明)潘基慶選注　明萬曆刻本　八行二十字小字雙行同白口單魚尾四周單邊　十册

370000－1542－0006310　470/41　集部/總集類

漢魏别解十六卷　(明)黄澍　(明)葉紹泰輯　明崇禎十一年(1638)香谷山房刻本　九行二十六字白口四周單邊　無格　鈐有"沈煌""晦公"　十册

370000－1542－0006311　811.3/10　集部/總集類

秦漢文準十二卷　(明)程夢庚輯　明萬曆四十四年(1616)刻本　九行二十字白口白魚尾左右雙邊　鈐有"二半齋""演綸""言遠""王言遠印""種德堂之印"　四册

370000－1542－0006312　811.3/46　集部/總集類

秦漢文鈔十二卷　(明)馮有翼輯　(明)汪德元訂　明萬曆刻本　雙欄下欄九行十七字小字雙行同白口白魚尾四周單邊　鈐有“安樂堂藏書記”“明善堂珍藏書畫印記”“齊魯大學圖書館藏書”　四冊

370000－1542－0006313　811.3/18　集部/總集類

古文品外錄二十四卷　(明)陳繼儒選評　(明)董其昌　(明)蔡祖芬仝校　明刻本　九行二十一字小字雙行同白口單魚尾四周單邊　八冊

370000－1542－0006314　811.3/60　集部/總集類

古文瀾編二十卷　(明)王志堅輯　明崇禎五年(1632)刻槐蔭堂印本　九行二十字白口單魚尾四周單邊　内封題“槐蔭堂藏板”　鈐有“齊魯大學圖書館藏書”　十冊　存十卷(一至十)

370000－1542－0006315　811.3/61　集部/總集類

文章練要十卷　(清)王源撰　清乾隆九年(1744)居業堂刻本　九行二十二字小字雙行同白口雙魚尾左右雙邊　内封題“乾隆九年重鐫　居業堂梓行”　鈐有“三樂齋藏書”“齊魯大學圖書館藏書”　十冊

370000－1542－0006316　811.3/61　集部/總集類

文章練要十卷　(清)王源撰　清乾隆九年(1744)居業堂刻初印本　佚名圈點批注　九行二十二字小字雙行同白口雙魚尾左右雙邊　鈐有“盈盈秋水淡淡春山”“綿祖圖章”“勵德氏”　四冊

370000－1542－0006317　811.3/62　集部/總集類

張太史評選秦漢文範十三卷　(明)張溥評選　(清)吳偉業參訂　明末刻本　上欄小字雙行四字下欄八行二十字小字雙行同白口單魚尾四周單邊　内封題“本衙藏板　翻刻必究”　六冊

370000－1542－0006318　811.3/63　集部/總集類

古文斲前集十六卷　(清)姚廷謙評註　清康熙六十一年(1722)華亭姚氏遂安堂刻本　九行二十一字小字雙行同黑口雙魚尾左右雙邊　内封題“康熙壬寅年新鐫　遂安堂藏版”　鈐有“遂安堂印”　十冊

370000－1542－0006319　811.3/68　集部/總集類

古文淵鑒六十四卷　(清)徐乾學等輯並注　清康熙内府刻五色套印本　九行二十字小字雙行同眉批小字雙行六字黑口單魚尾四周單邊　鈐有“體元主人”“稽古右文之章”　二十四冊

370000－1542－0006320　811.3/68　集部/總集類

古文淵鑒六十四卷　(清)徐乾學等編　清刻五色套印本　九行二十字小字雙行同眉批小字雙行六字黑口雙魚尾四周單邊　鈐有“體元主人”“稽古右文之章”　二十冊

370000－1542－0006321　811.3/39　集部/總集類

古文分編集評四集　(清)于光華編　清乾隆刻本　上欄小字雙行六字下欄九行二十四字小字雙行三十六字白口單魚尾四周單邊　初集内封題“心簡齋編次　務本堂藏板”　二集内封題“務本堂藏板”　三集、四集内封題“友于堂藏板”　鈐有“齊魯大學圖書館藏書”“卯金之子少宗珍藏”　二十冊

370000－1542－0006322　811.3/66　集部/總集類

天下才子必讀書十五卷　(清)金聖歎批　清康熙敦化堂刻本　佚名圈點　十一行二十三字小字雙行同白口左右雙邊　内封題“敦化堂藏板”　鈐有“齊魯大學圖書館藏書”　八冊

370000－1542－0006323　811.3/75　集部/

總集類

西山先生真文忠公續文章正宗二十卷 (宋)真德秀輯　明嘉靖四十三年(1564)杜陵蔣氏家塾刻本　十行二十一字小字雙行同白口單魚尾左右雙邊　鈐有"廓""長源""少京"　二十册

370000－1542－0006324　811.3/80　集部/總集類

明文奇賞四十卷 (明)陳仁錫評選　明天啓三年(1623)刻本　佚名圈點　十行二十一字白口單魚尾四周單邊　鈐有"幔亭""餘姚謝氏永耀樓藏書""弘""殷""楨""謝模私印"　二十册

370000－1542－0006325　811.3/82　集部/總集類

賦彙錄要箋畧二十八卷 (清)吴光昭撰　(清)陳書仝輯　清乾隆二十三年(1758)刻本　十行二十一字小字雙行同粗黑口雙魚尾左右雙邊　内封題"乾隆戊寅年鐫　汲古齋藏板"　十二册

370000－1542－0006326　811.3/78　集部/總集類

斯文精萃不分卷 (清)尹繼善編　清乾隆二十九年(1764)刻京都三槐堂書鋪印本　八行二十一字白口左右雙邊　内封題"京都隆福寺胡同三槐堂書鋪梓行"　鈐有"李錦章""文慶堂發兑"　十二册

370000－1542－0006327　811.3/79　集部/總集類

評註才子古文二十六卷 (清)金聖歎原選　(清)王之績評注　清文源堂書坊刻本　上欄小字雙行八字下欄十行二十三字小字雙行同白口單魚尾四周單邊　内封題"聖歎才子古文盛行一時惜無音註如名山欲遊而不得人為導殊增煩悶先生詳釋則暗室之一燈兼加評語尤稱全美海内具眼自共珍之十二大家歷朝名文""文源堂書坊重刊"　十册

370000－1542－0006328　811.3/83　集部/總集類

詞致錄十六卷 (明)李天麟輯　明萬曆十五年(1587)刻本　十行二十字白口白魚尾四周單邊　鈐有"鎦承幹印""南林劉氏求恕齋藏"　十二册

370000－1542－0006329　811.3/84　集部/總集類

妙絶古今不分卷 (宋)湯漢輯　明嘉靖四十二年(1563)衢州府刻本　八行十七字小字雙行同白口白魚尾左右雙邊　鈐有"碧巢祕笈定本""休陽汪氏裘杼樓藏書印""從吾好齋"　一册

370000－1542－0006330　811.3/89　集部/總集類

古文奇賞二十二卷 (明)陳仁錫選評　明萬曆四十六年(1618)刻本　十行二十字小字雙行同白口四周單邊　十二册

370000－1542－0006331　811.3/90　集部/總集類

御定歷代賦彙正集一百四十卷目錄二卷外集二十卷逸句二卷補遺二十二卷 (清)陳元龍編　清雍正翻刻康熙四十五年(1706)内府本　十一行二十一字黑口單魚尾左右雙邊　鈐有"水竹居""望山樓藏書"　六十册

370000－1542－0006332　811.3/27　集部/總集類

公羊傳選二卷 (清)儲欣評　清乾隆三十八年(1773)刻本　九行二十五字白口四周單邊　内封題"乾隆癸巳新鐫　宜興儲同人先生評　同文堂梓行"　一册

370000－1542－0006333　811.3/27　集部/總集類

穀梁傳選二卷 (清)儲欣評　清乾隆三十八年(1773)刻本　九行二十五字白口四周單邊　一册

370000－1542－0006334　811.3/27　集部/總集類

戰國策選四卷 (清)儲欣評　清乾隆三十八年(1773)刻本　九行二十五字白口四周單邊　内封題"乾隆癸巳新鐫　宜興儲同人先生

評　同文堂梓行”　三冊

370000－1542－0006335　811.3/27　集部/總集類

國語選八卷　(清)儲欣評　清乾隆三十八年(1773)刻本　九行二十五字白口四周單邊　内封題“乾隆癸巳新鐫　宜興儲同人先生評　同文堂梓行”　二冊

370000－1542－0006336　811.32/4　集部/總集類

秦文歸十卷　(明)鍾惺選評　明末古香齋刻秦漢文歸本　九行二十六字白口四周單邊　無格　鈐有“青溪館藏書”　五冊

370000－1542－0006337　811.32/6　集部/總集類

三國文二十卷　(明)張采輯　(明)徐孚遠　(明)陳子龍鑒定　明崇禎刻本　九行十九字白口單魚尾左右雙邊　無格　十冊

370000－1542－0006338　811.35/1　集部/總集類

國瑋集五十五卷　(明)方岳貢評選　明刻本　九行十九字白口左右雙邊　鈐有“鄭燮之印”“板橋”　六冊　存十卷(唐文一至十)

370000－1542－0006339　811.3/70　集部/總集類

唐宋八家文讀本三十卷　(清)沈德潛編　清乾隆十五年(1750)江蘇刻本　十行二十字白口單魚尾左右雙邊　無格　十二冊

370000－1542－0006340　811.3/55　集部/總集類

唐宋八大家類選十四卷　(清)儲欣編選　清乾隆三十八年(1773)同文堂刻本　九行二十五字白口四周單邊　内封題“乾隆癸巳新鐫　宜興儲同人先生評　同文堂梓行”　鈐有“齊魯大學圖書館藏書”　八冊

370000－1542－0006341　811.3/19　集部/總集類

唐宋八大家文分體讀本一集八卷二集八卷三集八卷　(清)汪份編輯　清康熙五十八年至五十九年(1719－1720)長洲汪氏遄喜齋刻本　八行二十四字小字雙行同黑口單魚尾四周單邊　無格　内封題“康熙五十八年新鐫”“康熙五十九年刻　遄喜齋藏板”　鈐有“齊魯大學圖書館藏書”　二十四冊　缺六卷(一集七至八、二集一至四)

370000－1542－0006342　811.3/48　集部/總集類

唐宋八大家文鈔一百四十四卷　(明)茅坤編　明崇禎刻本　九行二十字白口單魚尾四周單邊　鈐有“基督教齊魯大學圖書館”　十冊

370000－1542－0006343　811.36/7　集部/總集類

宋文鑑删十二卷　(明)張溥删閲　明末刻本　九行十九字白口單魚尾左右雙邊　鈐有“齊魯大學圖書館藏書”　六冊

370000－1542－0006344　811.37/1　集部/總集類

元文類删四卷　(明)張溥删閲　明末刻本　九行十九字白口單魚尾左右雙邊　四冊

370000－1542－0006345　811.38/1　集部/總集類

皇明十六名家小品三十二卷　(明)陸雲龍編　明崇禎六年(1633)峥霄舘刻本　九行十九字小字雙行同白口四周單邊　内封題“峥霄舘藏板　翻刻必究”　十六冊　存十一家二十二卷(徐渭二卷、李維禎二卷、湯顯祖二卷、陳仁錫二卷、屠隆二卷、曹學佺二卷、董其昌二卷、黄汝亨二卷、虞淳熙二卷、袁宏道二卷、袁中道二卷)

370000－1542－0006346　811.38/2　集部/總集類

皇明十大家文選二十五卷　(明)陸弘祚批選　明刻本　九行二十字白口單魚尾四周單邊　鈐有“趙執瑒印”“伯哲之章”“壯學堂”“齊魯大學圖書館藏書”　六冊　缺四種十一卷(李夢陽四卷、唐順之二卷、王守仁三卷、王慎中二卷)

370000－1542－0006347　811.38/3　集部/

總集類

新刊陳眉公先生精選論膾八卷 (明)陳繼儒選 明末刻本 九行二十四字白口單魚尾四周單邊 鈐有“齊魯大學圖書館藏書” 十冊

370000－1542－0006348 811.38/4 集部/總集類

岳石帆先生鑒定四六宙函三十卷 (明)李自榮輯 (明)王世茂釋 (明)蔣時機校 明天啓五年(1625)蔣時機刻本 九行二十字小字雙行同白口單魚尾四周單邊或左右雙邊 無格 鈐有“齊魯大學圖書館藏書” 十六冊

370000－1542－0006349 811.39/8 集部/總集類

憑山閣增輯留青新集三十卷 (清)陳枚編選 (清)陳德裕增輯 清乾隆積秀堂刻本 十一行二十四字小字雙行同白口單魚尾四周單邊 內封題“應酬全書 西泠陳簡侯選 積秀堂梓行” 鈐有“齊魯大學圖書館藏書”“內有錢謙益屈大均等文數則遵旨確查奉□□江寧總局” 三十二冊

370000－1542－0006350 811.39/8 集部/總集類

憑山閣增輯留青新集三十卷 (清)陳枚編選 (清)陳德裕增輯 清緯文堂刻本 十一行二十四字小字雙行同白口單魚尾四周雙邊 內封題“西泠陳簡侯選 緯文堂梓” 二十四冊

370000－1542－0006351 811.39/10 集部/總集類

本朝館閣賦十二卷 (清)程洵 (清)葉抱崧同編 清乾隆二十九年(1764)刻本 十行二十一字上黑口單魚尾左右雙邊 內封題“乾隆甲申冬新鐫 天台齊息園山陽阮蘊邨兩先生鑒定 南匯葉方宣長洲程奐若仝編 困學齋藏版” 鈐有“齊魯大學圖書館藏書” 八冊

370000－1542－0006352 815/2 集部/總集類

翰海十二卷 (明)沈佳胤輯 明末金閶徐含靈刻本 佚名批注 九行二十字白口單魚尾四周雙邊 內封題“金閶徐含靈梓” 六冊

370000－1542－0006353 815/8 集部/總集類

賴古堂名賢尺牘新鈔十二卷 (清)周在浚 (清)周在梁輯 清康熙周氏賴古堂刻本 九行二十字小字雙行同白口單魚尾四周單邊 內封題“情話軒藏板” 鈐有“奇書無價”“四六散章長篇短札俱全”“齊魯大學圖書館藏書” 四冊

370000－1542－0006354 815.6/4 集部/總集類

聽嚶堂選蘇長公尺牘二卷黃山谷尺牘二卷 (清)黃始編 清康熙金閶寶翰樓刻本 佚名圈點 九行二十四字白口左右雙邊 內封題“金閶寶翰樓梓行” 鈐有“齊魯大學圖書館藏書” 三冊

370000－1542－0006355 815.9/1 集部/別集類/清別集

小倉山房尺牘六卷 (清)袁枚撰 清乾隆五十四年(1789)刻本 佚名批注圈點 九行二十一字白口單魚尾四周單邊 內封題“乾隆己酉 隨園藏版” 鈐有“齊魯大學圖書館藏書”“貴文堂藏書” 四冊

370000－1542－0006356 815.9/17 集部/總集類

友聲初集五集後集五集新集五集 (清)張潮輯 清乾隆四十五年(1780)心齋刻本 八行二十字小字雙行同白口四周單邊 內封題“乾隆庚子秋鐫 本衙藏板” 鈐有“齊魯大學圖書館藏書” 八冊

370000－1542－0006357 815.9/21 集部/總集類

分類尺牘新語廣編二十四卷補一卷 (清)汪淇輯並評 清康熙七年(1668)汪淇刻本 九行二十四字小字雙行同白口單魚尾四周雙邊 無格 鈐有“俞氏瑞浮”“吳廷先印”“遠杲之印”“齊魯大學圖書館藏書” 四冊

370000－1542－0006358 815.9/30 集部/

別集類/清别集

曾爵相與英使威妥瑪札 (清)曾國藩撰 清德馨氏抄本 八行二十三字白口四周單邊 一册

370000－1542－0006359 815.9/40 集部/别集類/清别集

繡虎軒尺牘初集八卷二集八卷三集八卷 (清)曹煜撰 清康熙芥子園刻本 十一行二十三字小字雙行同白口單魚尾左右雙邊 内封題"金壇曹凝菴先生著 傳萬堂梓行" 二十四册

370000－1542－0006360 813/21 集部/詩文評類

文心雕龍十卷 (南朝梁)劉勰撰 (清)黄叔琳注 (清)紀昀評 清乾隆六年(1741)黄氏養素堂刻本 九行十九字小字雙行約二十八字眉批小字雙行五字白口單魚尾左右雙邊 内封題"養素堂藏板" 鈐有"椿""恨不十年讀書" 六册

370000－1542－0006361 813/84 集部/詩文評類

詩品三卷 (南朝梁)鍾嶸撰 明崇禎虞山毛氏汲古閣刻津逮祕書本 八行十九字小字雙行同白口左右雙邊 一册

370000－1542－0006362 813/84 集部/詩文評類

詩品二十四則 (唐)司空圖撰 明崇禎虞山毛氏汲古閣刻津逮祕書本 八行十九字小字雙行同白口左右雙邊 一册

370000－1542－0006363 813/84 集部/詩文評類

風騷旨格一卷 (唐)齊己撰 明崇禎虞山毛氏汲古閣刻津逮祕書本 八行十九字小字雙行同白口左右雙邊 一册

370000－1542－0006364 813/5 集部/詩文評類

苕溪漁隱叢話前集六十卷後集四十卷 (宋)胡仔撰 清乾隆五年至六年(1740－1741)楊佑啓耘經樓刻本 佚名批注 十三行二十一至二十三字黑口雙魚尾左右雙邊 内封題"依宋板重雕 耘經樓藏板" 鈐有"應椿""紹庭""紫藤華館""恨不十年讀書""知聖道齋臧書""遇讀者善""礭兜堅" 十册

370000－1542－0006365 813/65 集部/詩文評類

東萊先生古文關鍵二卷 (宋)呂祖謙撰 (宋)蔡文子注 (清)徐樹屏考異 清乾隆十八年(1753)刻本 九行二十一字小字雙行三十一字白口單魚尾左右雙邊 内封題"乾隆癸酉新鐫 浙西顧氏讀畫齋藏版" 二册

370000－1542－0006366 813/23 集部/詩文評類

浩然齋雅談三卷 (宋)周密撰 清乾隆武英殿聚珍版排印武英殿聚珍版書本 九行二十一字小字雙行同白口單魚尾四周雙邊 二册

370000－1542－0006367 813/84 集部/詩文評類

冷齋夜話十卷 (宋)釋惠洪輯 明崇禎虞山毛氏汲古閣刻津逮祕書本 八行十九字小字雙行同白口左右雙邊 一册

370000－1542－0006368 813/84 集部/詩文評類

芥隱筆記一卷 (宋)龔頤正撰 明崇禎虞山毛氏汲古閣刻津逮祕書本 八行十九字小字雙行同白口左右雙邊 一册

370000－1542－0006369 613/67 集部/詩文評類

文通三十卷閏一卷 (明)朱荃宰撰 明天啓六年(1626)刻本 九行二十字白口四周單邊 鈐有"金永基印""莊士彦眉壽""紅薇館臧書記""蛾術齋臧""擁書萬卷亦足以豪""麥谿張氏""籍圃主人" 六册

370000－1542－0006370 813/62 集部/詩文評類

唐音癸籤三十三卷 (明)胡震亨撰 清順治十五年(1658)刻本 十行十九字小字雙行同白口單魚尾左右雙邊 四册

370000－1542－0006371　813/67　集部/詩文評類
全唐詩話六卷　（明）毛晉編　明末毛氏汲古閣刻本　八行十九字小字雙行同白口左右雙邊　二册

370000－1542－0006372　813/95　集部/詩文評類
文品芾函三卷　（明）陳仁錫選　明末刻本　九行二十二字小字雙行同書眉小字雙行六字白口四周單邊　無格　三册

370000－1542－0006373　813/73　集部/詩文評類
古今詩話探奇二卷　（清）蔣鳴珂輯　清乾隆刻本　八行十八字小字雙行同白口單魚尾四周雙邊　鈐有"古槑主人書畫之印""李錦章"　二册

370000－1542－0006374　813/38　集部/詩文評類
宋詩紀事一百卷　（清）厲鶚　（清）馬曰琯同輯　清乾隆十一年(1746)浙江厲氏刻本　十一行二十二字小字雙行三十二字黑口單魚尾左右雙邊　鈐有"紫藤華館""紹庭"　十八册

370000－1542－0006375　813/38　集部/詩文評類
宋詩紀事一百卷　（清）厲鶚　（清）馬曰琯同輯　清乾隆十一年(1746)浙江厲氏刻本　十一行二十二字小字雙行三十二字黑口單魚尾左右雙邊　三十二册

370000－1542－0006376　813/51　集部/詩文評類
五代詩話十卷　（清）王士禛原編　（清）鄭方坤删補　清乾隆十九年(1754)鄭氏杞菊軒刻耕禮堂印本　十一行二十一字小字雙行同白口單魚尾左右雙邊　内封題"增補五代詩話　耕禮堂藏板"　六册　缺二卷(九至十)

370000－1542－0006377　813/52　集部/詩文評類
五代詩話十卷　（清）王士禛原編　（清）鄭方坤删補　清乾隆十九年(1754)鄭氏杞菊軒刻本　十一行二十一字小字雙行同白口單魚尾左右雙邊　内封題"五代詩話　杞菊軒藏板"　七册

370000－1542－0006378　813/117　集部/詩文評類
蛟川詩話四卷　（清）張懋延纂　清抄本　十行二十一字小字雙行同　無格　一册

370000－1542－0006379　813/15　集部/詩文評類
藝苑名言八卷　（清）蔣瀾纂輯　清乾隆四十年(1775)蔣瀾懷谷軒刻本　八行十六字小字雙行同白口四周單邊或左右雙邊　無格　内封題"乾隆乙未嘉平新鐫　懷谷軒藏版"　鈐有"齊魯大學圖書館藏書"　八册

370000－1542－0006380　813/29　集部/詩文評類
漁洋詩話三卷　（清）王士禛撰　清乾隆二十三年(1758)李文藻竹西書屋刻本　九行十九字小字雙行同黑口單魚尾四周雙邊　内封題"乾隆戊寅重刊　竹西書屋藏板"　一册

370000－1542－0006381　813/30　集部/詩文評類
漁洋山人詩問二卷　（清）王士禛撰　（清）郎梅溪　（清）劉大勤問　清乾隆三十三年(1768)王祖肅刻本　八行十八字白口單魚尾左右雙邊　一册

370000－1542－0006382　813/32　集部/詩文評類
帶經堂詩話三十卷首一卷　（清）王士禛撰　（清）張宗柟編輯　清乾隆刻本　十二行二十三字細黑口單魚尾左右雙邊　鈐有"爲善讀書""大白居圖書記""季貞珍藏"　八册

370000－1542－0006383　813/44　集部/詩文評類
王文簡公七古平仄論一卷　（清）王士禛撰　清乾隆五十七年(1792)新城縣刻本　佚名批校圈點　少華山人題　九行十九字黑口四周雙邊　鈐有"齊魯大學圖書館藏書"　一册

370000－1542－0006384　813/71　集部/詩文評類

彙纂詩法度鍼三十三卷首一卷　(清)徐文弼編輯　清乾隆二十四年(1759)刻本　佚名圈點批注　十行二十二字小字雙行約四十二字白口單魚尾左右雙邊　鈐有“世德堂記”“忠信待人”“李錦章”　八册

370000－1542－0006385　813/31　集部/詩文評類

偶論四名家詩四卷　(清)李憲喬撰　稿本　何錦題　十一行字數不等白口單魚尾四周單邊　鈐有“萊郡李子”“少鶴道人”“君子以朋友講習”“何錦之印”　一册　存二卷(曝書亭集錄一卷、帶經堂集錄一卷)

370000－1542－0006386　813/34　集部/詩文評類

初白菴詩評三卷　(清)查慎行撰　(清)張載華輯　**詞綜偶評一卷**　(清)許昂霄閱　(清)張載華輯　清乾隆四十二年(1777)海鹽張氏涉園觀樂堂精刻本　十二行二十三字小字雙行三十三字黑口單魚尾左右雙邊　内封題“涉園觀樂堂藏板”　三册

370000－1542－0006387　813/96　集部/詩文評類

聲調譜前譜一卷後譜一卷續譜一卷　(清)趙執信撰　清乾隆趙氏因園自刻本　十行二十一字小字雙行同白口單魚尾四周單邊　無格　鈐有“齊魯大學圖書館藏書”　一册

370000－1542－0006388　813/96　集部/詩文評類

聲調譜前譜一卷後譜一卷續譜一卷　(清)趙執信撰　清乾隆趙氏因園自刻本　佚名批注　十行二十一字小字雙行同白口單魚尾四周單邊　無格　一册

370000－1542－0006389　812.19/9　集部/詩文評類

聲調譜前譜後譜續譜　(清)趙執信撰　清乾隆青州趙氏因園刻本　十行二十一字小字雙行同白口單魚尾四周單邊　内封題“因園藏板”　一册

370000－1542－0006390　812.19/9　集部/詩文評類

談龍錄一卷　(清)趙執信撰　清乾隆三十九年(1774)青州趙氏因園刻本　九行十九字黑口單魚尾左右雙邊　内封題“乾隆甲午秋七月　因園藏板”　一册

370000－1542－0006391　813/107　集部/詩文評類

凝寒閣詩話不分卷　(清)李憲喬撰　清抄本　十行字數不等　無格　一册

370000－1542－0006392　812.47/2　集部/戲劇類

西厢記不分卷　(元)王實甫撰　清四色抄本　八行十九至二十字　無格　鈐有“陳氏庚園”　三册

370000－1542－0006393　812.47/2－2　集部/戲劇類

碧筠齋古本北西廂五卷　(元)王實甫撰　(元)關漢卿續　清同治十年(1871)自樂主人抄本　九行二十一字白口單魚尾　藍絲欄　鈐有“談笑有鴻儒”　四册

370000－1542－0006394　812.47/4　集部/戲劇類

鏡香園毛聲山評第七才子書十二卷首一卷　(元)高明撰　(清)毛綸　(清)毛宗崗評　清乾隆十一年(1746)張元振刻本　九行二十二字小字雙行同白口單魚尾四周單邊　内封題“乾隆丙寅新鐫　張元振梓行”　八册

370000－1542－0006395　812.48/4　集部/戲劇類

粲花齋新樂府四種八卷　(明)吳炳撰　明末金陵三美堂刻本　九行二十字白口單白魚尾四周單邊　鈐有“古平壽陳官俊收臧之印”　四册

370000－1542－0006396　812.48/10　集部/戲劇類

新編目連救母勸善戲文三卷　(明)鄭之珍編

明萬曆十年(1582)鄭氏高石山房刻本　十行二十四字小字雙行同白口單魚尾四周單邊　三冊

370000－1542－0006397　812.48/11　集部/戲劇類

紫簫記二卷　(明)湯顯祖撰　清初刻本　佚名批校圈點　九行十九字白口左右雙邊　二冊　缺卷一第一至五頁

370000－1542－0006398　812.48/15　集部/戲劇類

吳山三婦合評牡丹亭還魂記二卷　(明)湯顯祖撰　(清)陳同評點　(清)錢宜清　(清)談則評　**或問一卷**　(清)吳儀一撰　清康熙刻緑野山房印本　上欄小字雙行七字下欄十行二十字小字雙行同黑口單魚尾四周單邊　内封題"玉茗堂原本　緑野山房"　六冊

370000－1542－0006399　812.49/2－2　集部/戲劇類

長生殿二卷　(清)洪昇撰　清乾隆三十七年(1772)張洽淡雅堂抄本　十行二十五字白口單魚尾左右雙邊　内封題"樂齋主人新抄　乾隆壬辰嘉平月訂"　鈐有"淡淡春山""洽印""長樂""樂齋張洽""樂齋"　四冊

370000－1542－0006400　812.49/10　集部/戲劇類

紅雪樓九種曲(清容外集)　(清)蔣士銓撰　清乾隆紅雪樓刻本　九行二十二字白口單魚尾四周單邊　内封題"紅雪樓藏板"　鈐有"容齋軒珍藏""泰伯子書畫之寶""怡情悦性""曠園主人""吳士芬""雲芷"　十二冊

370000－1542－0006401　812.49/39　集部/戲劇類

比目魚傳奇二卷　(清)李漁撰　(清)泉唐蘭癡重訂　清抄本　十三行字數不等　無格　二冊

370000－1542－0006402　812.49/40　集部/戲劇類

桂林霜傳奇(賜衣記)二卷　(清)蔣士銓撰　(清)張三禮評文　(清)楊迎鶴正譜　清抄本　佚名校　九行二十二字白口單魚尾四周單邊　二冊

370000－1542－0006403　812.49/49－2　集部/戲劇類

桃花扇四卷首一卷　(清)孔尚任撰　清光緒二十一年(1895)蘭雪堂刻本　王獻唐題跋　九行二十字白口左右雙邊　鈐有"王獻唐""獻唐""方寸桃源"　五冊

370000－1542－0006404　812.49/44－1　集部/戲劇類

瑞筠圖傳奇二卷　(清)夏綸撰　清乾隆十六年(1751)世光堂刻惺齋五種本　上欄眉批小字雙行六字下欄十行二十字白口單魚尾四周單邊　内封題"惺齋五種之一"　鈐有"震宇""震宇所藏"　一冊

370000－1542－0006405　812.49/44－2　集部/戲劇類

花萼吟傳奇二卷　(清)夏綸撰　清乾隆十七年(1752)世光堂刻惺齋續編本　上欄眉批小字雙行六字下欄十行二十字白口單魚尾四周單邊　内封題"惺齋壬申續編"　鈐有"震宇""震宇所藏"　一冊

370000－1542－0006406　812.49/57　集部/戲劇類

擬明史樂府一卷　(清)尤侗撰　清康熙刻本　上欄小字雙行四字下欄十行二十一字小字雙行同細黑口單魚尾四周單邊　一冊

370000－1542－0006407　812.47/8　集部/戲劇類

繡像十五貫十六卷　(清)鴛湖逸史刪改　清同治十一年(1872)刻本　佚名校　十行二十字白口單魚尾四周單邊　内封題"同治壬申重鐫　續集嗣出　本堂校刊正"　四冊

370000－1542－0006408　812.49/60　集部/戲劇類

寫心劇十六齣　(清)徐爔撰　清抄本　八行十八字　無格　四冊

370000－1542－0006409　812.48/9　集部/

戲劇類

繡像六美圖中外緣全傳十二集七十六回　(囗)囗囗撰　清抄本　十行三十二字　無格　十二册

370000－1542－0006410　811.4/1　集部/戲劇類

六十種曲十二集　(明)毛晉輯　清初刻本　九行十九字小字雙行同白口左右雙邊　内封題"汲古閣訂正　本衙藏板"　九十六册

370000－1542－0006411　811.4/86　集部/總集類

樂府詩集一百卷目錄二卷　(宋)郭茂倩輯　清初毛氏汲古閣刻本　十一行二十一字小字雙行同細黑口單魚尾左右雙邊　内封題"汲古閣藏板"　鈐有"壽餘祕玩""李明華""魏"　二十册

370000－1542－0006412　811.45/2　集部/詞類

花間集四卷　(五代)趙崇祚輯　(明)湯顯祖評　明文治堂刻本　八行十八字小字雙行同白口四周單邊　二册

370000－1542－0006413　811.48/3　集部/詞類

新鐫古今大雅北宮詞紀六卷　(明)陳所聞粹選　(明)陳邦泰輯次　明萬曆三十二年(1604)陳氏繼志齋刻本　上欄小字雙行五字下欄十行二十字小字雙行同白口四周單邊　十册

370000－1542－0006414　812.49/34　集部/詞類

詞名集解六卷續二卷樂府標源二卷院本名目一卷雜劇待考一卷琴曲萃覽一卷宋樂類編一卷宮調彙錄二卷樂府遺聲一卷附解毒編目錄　(清)汪汲撰　清乾隆刻本　九行二十四字白口單魚尾四周雙邊　解毒編内封題"古愚山房藏板"　鈐有"望水過眼""城西草堂"　八册

370000－1542－0006415　811.4/10　集部/詞類

古今詞選十二卷　(清)沈時棟選　(清)尤侗　(清)朱彝尊定　清康熙五十五年(1716)沈氏瘦吟樓精刻本　九行二十字小字雙行同白口單魚尾左右雙邊　内封題"康熙丙申新鐫　至山堂藏板"　鈐有"古黟胡氏""秋谷珍臧""詞原倒流三峽水""暗香姜白石殘日柳屯田"　十二册

370000－1542－0006416　812.4/6　集部/詞類

詞略不分卷　(清)蔣慶第輯鈔　清同治、光緒間蔣慶第手稿本　十行二十字白口單魚尾　紅格　四册

370000－1542－0006417　811.4/13　集部/曲類

納書楹曲譜外集二卷　(清)葉堂訂譜　(清)王文治參訂　清乾隆五十七年(1792)葉氏納書楹刻本　六行十八字小字雙行同行間小字標工尺譜白口單魚尾四周雙邊　無格　二册

370000－1542－0006418　811.4/17　集部/曲類

納書楹曲譜正集四卷續集四卷外集二卷　(清)葉堂訂譜　(清)王文治參訂　清乾隆五十七年(1792)葉氏納書楹刻本　六行十八字小字雙行同行間小字標工尺譜白口單黑魚尾四周雙邊　無格　内封題"乾隆壬子春鐫　納書楹藏板"　鈐有"文安邢氏"　十册

370000－1542－0006419　811.4/65　集部/曲類

納書楹曲譜正集四卷續集四卷外集二卷補遺四卷玉茗堂四夢曲譜八卷　(清)葉堂訂譜　(清)王文治參訂　清乾隆五十七年至五十九年(1792－1794)葉氏納書楹刻本　六行十八字小字雙行同行間小字標工尺譜白口單黑魚尾四周雙邊　無格　二十册

370000－1542－0006420　811.4/12　集部/曲類

納書楹曲譜補遺四卷　(清)葉堂訂譜　(清)王文治參訂　清乾隆五十九年(1794)葉氏納書楹刻本　六行十八字小字雙行同行間小字

標工尺譜白口單魚尾四周雙邊　無格　内封題“乾隆甲寅春鐫　納書楹藏板”　四册

370000－1542－0006421　811.4/30　集部/曲類

一笠菴北詞廣正譜十八帙附南戲北詞正謬一卷　(清)徐于室原稿　(清)李玄玉更定　清康熙青蓮書屋刻本　六行二十五字小字雙行同白口單魚尾左右雙邊　内封題“吳門李元玉手訂　一笠菴北詞廣正九宫譜　青蓮書屋定本”　鈐有“齊魯大學圖書館藏書”　四册

370000－1542－0006422　811.4/66　集部/曲類

賞心集曲譜十二集　(清)□□撰　清抄本　六行十六字　無格　十二册

370000－1542－0006423　811.4/69　集部/詞類

詞律二十卷　(清)萬樹撰　清康熙二十六年(1687)萬氏堆絮園刻本　七行二十一字小字雙行同白口單魚尾左右雙邊　内封題“堆絮園藏板”　鈐有“勤齋臧書”“臣鍾”“陽羨萬氏圖書”　八册

370000－1542－0006424　811.4/75　集部/詞類

古香岑草堂詩餘四集十七卷　(明)顧從敬等選　(明)沈際飛評　明末刻吳門童涌泉印本　佚名圈點　上欄十八行五字下欄九行十九字小字雙行同白口單魚尾四周單邊　内封題“鐫古香岑批點草堂詩餘四集　重訂正集　搜採新集　校訛别集　精選續集　吳門童湧泉梓”　鈐有“庭□堂印”“翻刻必究”　八册

370000－1542－0006425　811.4/83　集部/詞類

諸家宫詞不分卷　(明)甄敬輯　明末刻本　八行十六字白口四周單邊　鈐有“古鄖邑平碧草堂張增”“嘻是余所藏也而聚散又何堂惟後賢得此齊實惜兮俾斯帙之不亡”　一册

370000－1542－0006426　811.49/4　集部/詞類

昭代詞選三十八卷　(清)蔣重光輯　清乾隆三十二年(1767)經鉏堂刻本　十行二十字小字雙行同粗黑口單魚尾左右雙邊　内封題“乾隆丁亥年新鐫　經鉏堂藏板”　鈐有“葉德輝煥彬甫臧書印”“齊魯大學圖書館藏書”　十二册

370000－1542－0006427　812.49/181　集部/詞類

休園詩餘一卷　(清)鄭俠如撰　清康熙刻本　九行二十字白口左右雙邊　無格　二册

370000－1542－0006428　812.49/155　集部/曲類

錦上花四十八回　(清)侯芝撰　清嘉慶修月閣刻本(第十一至十二回、四十三至四十六回抄配)　十行二十字白口單魚尾四周單邊　内封題“□□新鐫　脩月閣藏板”　二十四册

370000－1542－0006429　814.9/131　集部/曲類

天雨花三十回　(清)陶貞懷撰　清光緒十八年(1892)蕉竹軒主人抄本　十三行三十二字　無格　十册

370000－1542－0006430　811.4/26　集部/曲類

二十一史彈詞輯註十卷　(明)楊慎編　(清)孫德威輯注　清康熙習是堂刻本　佚名批注　十行二十字小字雙行同下黑口雙魚尾左右雙邊　内封題“楊升菴先生原本　廿一史彈詞輯註　習是堂藏板”　鈐有“齊魯大學圖書館藏書”　二册

370000－1542－0006431　811.4/26:C4　集部/曲類

廿一史彈詞註十卷　(明)楊慎撰　(清)張三異增訂　清乾隆五十一年(1786)張氏視履堂刻本　十一行二十一字小字雙行同白口單魚尾四周單邊　内封題“四庫館大總裁核定明史詞注載十一卷　視履堂藏板”　四册

370000－1542－0006432　811.4/26:C2　集部/曲類

廿一史彈詞註十卷　(明)楊慎撰　(清)張三異增訂　清乾隆五十一年(1786)張氏視履堂

刻本　十一行二十一字小字雙行同白口單魚尾四周單邊　内封題"四庫館大總裁核定　明史詞注載十一卷　視履堂藏板"　六冊

370000－1542－0006433　811.4/26:C3　集部/曲類

廿一史彈詞註十卷　(明)楊慎撰　(清)張三異增訂　清乾隆五十一年(1786)張氏視履堂刻本　十一行二十一字小字雙行同白口單魚尾四周單邊　内封題"四庫館大總裁核定　明史詞注載十一卷　視履堂藏板"　六冊

370000－1542－0006434　811.4/26:C4　集部/曲類

明史彈詞註二卷　(清)張三異撰　(清)張仲璜注　清乾隆五十一年(1786)張氏視履堂刻本　十一行二十一字小字雙行同白口單魚尾四周單邊　二冊

370000－1542－0006435　811.4/26:C2　集部/曲類

明史彈詞註二卷　(清)張三異撰　(清)張仲璜注　清乾隆五十一年(1786)張氏視履堂刻本　十一行二十一字小字雙行同白口單魚尾四周單邊　二冊

370000－1542－0006436　811.4/26:C3　集部/曲類

明紀彈詞註二卷　(清)張三異撰　(清)張仲璜注　清乾隆五十一年(1786)張氏視履堂刻本　十一行二十一字小字雙行同白口單魚尾四周單邊　二冊

370000－1542－0006437　811.4/20　集部/曲類

歷代史略詞話一卷續歷代史略詞話一卷　(明)楊慎撰　(清)葛用霖編　清康熙五十年(1711)葛用霖抄本　八行二十二字黑口單魚尾四周雙邊　鈐有"葛用霖印""沃埜"　四冊

370000－1542－0006438　038/3－3　類叢部/叢書類/彙編之屬

廣漢魏叢書八十種　(明)何允中輯　明萬曆二十年(1592)刻本　九行二十字小字雙行同白口單白魚尾左右雙邊　鈐有"齊魯大學圖書館藏書""水明樓圖書""舊止艸堂"　十五冊　存四種五十三卷(易傳三卷、論衡三十卷、風俗通義十卷、拾遺記十卷)

370000－1542－0006439　038/5－2　類叢部/叢書類/彙編之屬

說郛一百二十卷一千二百十六種　(元)陶宗儀輯　(明)陶珽重輯　清順治三年(1646)周南李際期宛委山堂刻本　九行二十字白口單白魚尾左右雙邊　内封題"宛委山堂藏版"　鈐有"齊魯大學圖書館藏書"　一百十冊　存一百九卷(一至五十八、六十九至八十、八十二至一百二十)

370000－1542－0006440　038/5－2　類叢部/叢書類/彙編之屬

說郛續四十六卷五百一種　(明)陶珽輯　清順治三年(1646)周南李際期宛委山堂刻本　九行二十字白口單白魚尾左右雙邊　鈐有"齊魯大學圖書館藏書"　四十冊　缺五種五卷(殉身錄一卷、霏雪錄一卷、農田餘話一卷、雨航雜錄一卷、宛陵二水評一卷)

370000－1542－0006441　038/8　類叢部/叢書類/彙編之屬

唐宋叢書一百二種　(明)鍾人傑　(明)張遂辰輯　明末刻本　佚名校點　九行二十字小字雙行同白口單白魚尾左右雙邊　内封題"經德堂藏板"　二十四冊

370000－1542－0006442　466/3　類叢部/叢書類/彙編之屬

枕函小史五種四卷　(明)閔于忱編　明閔于忱松筠館刻朱墨套印本　佚名批注　七行十七字白口四周單邊　鈐有"知足知不足""曾過津沽王氏家"　二冊　存三種四卷(蘇長公譚史二卷、米襄陽譚史一卷、東坡居士艾子雜說一卷)

370000－1542－0006443　038/11　類叢部/叢書類/彙編之屬

尚白齋鐫陳眉公寶顏堂祕笈十六種四十八卷尚白齋鐫陳眉公訂正祕笈二十一種四十九卷　(明)陳繼儒輯　明萬曆繡水沈氏尚白齋刻

本　八行十八字小字雙行同白口四周單邊　六十四冊　存三十六種九十七卷(玉照新志六卷,雲煙過眼錄四卷,學古編一卷,筆疇二卷,書品一卷,樂郊私語一卷,清暑筆談一卷,貧士傳二卷,焚椒錄一卷,歸有園塵談一卷,娑羅館清言二卷,娑羅館逸稿二卷,續娑羅館清言二卷,冥寥子游二卷,甲乙剩言一卷,廣莊一卷,瓶史一卷,偶譚一卷,野客叢書十二卷、附錄一卷,考槃餘事四卷,見聞錄八卷,珍珠船四卷,妮古錄四卷,群碎錄一卷,偃曝談餘二卷,巖棲幽事一卷,枕譚一卷,太平清話四卷,書蕉二卷,眉公筆記二卷,眉公書畫史一卷,安得長者言一卷,狂夫之言三卷、續二卷,香案牘一卷,讀書鏡十卷,清明曲一卷)

370000－1542－0006444　039/27:C1　類叢部/叢書類/彙編之屬

微波榭叢書(戴氏遺書)三十八種　(清)孔繼涵輯　清乾隆曲阜孔氏微波榭刻本　十行二十一字小字雙行同白口單魚尾四周雙邊　五十六冊　存三十二種一百二十一卷(東原文集十卷,毛鄭詩考證四卷、首一卷,杲溪詩經補注二卷,考工記圖二卷,孟子字義疏證三卷,聲韻考四卷,聲類表九卷、首一卷,原善三卷,原象一卷,續天文略二卷,水地記一卷,方言疏證十三卷,周髀算經二卷、附音義一卷,九章算術九卷、附音義一卷、策算一卷,海島算經一卷,孫子算經三卷,五曹算經五卷,夏侯陽算經三卷,張丘建算經三卷,五經算術二卷、附考證一卷,緝古算經一卷,數術記遺一卷,句股割圜記三卷,春秋地名一卷,春秋長一卷,春秋金鎖匙一卷,國語補音三卷,孟子十四卷、附音義二卷,五經文字三卷,附五經文字疑一卷,新加九經字樣一卷,附九經字樣疑一卷)

370000－1542－0006445　039/27:C2　類叢部/叢書類/彙編之屬

微波榭叢書(戴氏遺書)三十八種　(清)孔繼涵輯　清乾隆曲阜孔氏微波榭刻本　十行二十一字小字雙行同白口單魚尾四周雙邊　二十二冊　存二十種八十三卷(東原文集十卷,毛鄭詩考證四卷、首一卷,杲溪詩經補注二卷,考工記圖二卷,孟子字義疏證三卷,聲韻考四卷,聲類表九卷、首一卷,原善三卷,原象一卷,續天文略二卷,水地記一卷,方言疏證十三卷,春秋地名一卷,春秋長歷一卷,春秋金鎖匙一卷,國語補音三卷,孟子十四卷、附音義二卷,五經文字三卷,附五經文字疑一卷,新加九經字樣一卷)

370000－1542－0006446　039/27:C3　類叢部/叢書類/彙編之屬

微波榭叢書(戴氏遺書)三十八種　(清)孔繼涵輯　清乾隆曲阜孔氏微波榭刻本　十行二十一字小字雙行同白口單魚尾四周雙邊　十二冊　存十二種五十六卷(東原文集十卷,毛鄭詩考證四卷、首一卷,杲溪詩經補注二卷,考工記圖二卷,孟子字義疏證三卷,聲韻考四卷,聲類表九卷、首一卷,原善三卷,原象一卷,續天文略二卷,水地記一卷,方言疏證十三卷)

370000－1542－0006447　039/99:C1　類叢部/叢書類/彙編之屬

秘書廿一種　(清)汪士漢校輯　清康熙七年(1668)新安汪氏刻本　佚名批校　十行二十字小字雙行同白口單魚尾四周單邊　内封題"本衙藏板"　十六冊

370000－1542－0006448　039/99:C2　類叢部/叢書類/彙編之屬

秘書廿一種　(清)汪士漢校輯　清乾隆七年(1742)文盛堂刻本　十行二十字小字雙行同白口單魚尾四周單邊　内封題"文盛堂藏板"　鈐有"基督教齊魯大學圖書館"　十八冊

370000－1542－0006449　039/103:C2　類叢部/叢書類/彙編之屬

檀几叢書一百五十七種　(清)王晫　(清)張潮輯　清康熙三十四年(1695)、三十六年(1697)仁和王氏霞舉堂刻本　九行二十字小字雙行同白口四周單邊　鈐有"齊魯大學圖書館藏書"　十四冊

370000－1542－0006450　039/36　類叢部/叢書類/彙編之屬

雅雨堂叢書十三種 (清)盧見曾編 清乾隆二十一年(1756)德州盧見曾雅雨堂刻初印本 十行二十一字小字雙行同白口單魚尾四周單邊 内封題"乾隆丙子鐫 雅雨堂藏板" 鈐有"紫藤華館""覛公鑑藏書畫印""馬氏家臧" 十九冊 缺二種四十六卷(戰國策三十三卷、大戴禮記十三卷)

370000－1542－0006451 039/36 類叢部/叢書類/彙編之屬
雅雨堂叢書十三種 (清)盧見曾輯 清乾隆二十一年(1756)德州盧氏刻本 十行二十一字小字雙行同白口單魚尾四周單邊 内封題"乾隆丙子鐫 雅雨堂藏板" 二十八冊

370000－1542－0006452 039/36：C4 類叢部/叢書類/彙編之屬
雅雨堂叢書十三種 (清)盧見曾輯 清乾隆二十一年(1756)德州盧氏刻本 十行二十一字小字雙行同白口單魚尾四周單邊 内封題"乾隆丙子鐫 雅雨堂藏板" 二十八冊

370000－1542－0006453 039/36 類叢部/叢書類/彙編之屬
雅雨堂叢書十三種 (清)盧見曾輯 清乾隆二十一年(1756)德州盧氏刻本 十行二十一字小字雙行同白口單魚尾四周單邊 内封題"乾隆丙子鐫 雅雨堂藏板" 鈐有"容齋軒珍藏" 二十二冊

370000－1542－0006454 039/36 類叢部/叢書類/彙編之屬
雅雨堂叢書十三種 (清)盧見曾輯 清乾隆二十一年(1756)德州盧氏刻本 十行二十一字小字雙行同白口單魚尾四周單邊 内封題"乾隆丙子鐫 雅雨堂藏板" 十二冊 缺二種五十卷(李氏易傳十七卷、高氏戰國策三十三卷)

370000－1542－0006455 039/46 類叢部/叢書類/彙編之屬
貸園叢書初集十二種 (清)周永年輯 清乾隆五十四年(1789)歷城周氏竹西書屋據益都李氏刻本重編印本 十一行二十二字小字雙行同黑口雙魚尾左右雙邊 鈐有"齊魯大學圖書館藏書" 十六冊

370000－1542－0006456 039/46 類叢部/叢書類/彙編之屬
貸園叢書初集十二種 (清)周永年輯 清乾隆五十四年(1789)歷城周氏竹西書屋據益都李氏刻本重編印本 十一行二十二字小字雙行同黑口雙魚尾左右雙邊 内封題"竹西書屋藏板" 鈐有"私立齊魯大學國學研究所藏書之章" 十六冊

370000－1542－0006457 039/46 類叢部/叢書類/彙編之屬
貸園叢書初集十二種 (清)周永年輯 清乾隆五十四年(1789)歷城周氏竹西書屋據益都李氏刻本重編印本 十一行二十二字小字雙行同黑口雙魚尾左右雙邊 十三冊 存十種四十二卷(九經古義十六卷、易例二卷、春秋左傳補註六卷、左傳評三卷、聲韻考四卷、石刻鋪敘二卷、鳳墅漢帖釋文二卷、三事忠告四卷、蒿菴閒話二卷、談龍錄一卷)

370000－1542－0006458 039/104：C2 類叢部/叢書類/彙編之屬
龍威祕書一百七十八種 (清)馬俊良輯 清乾隆、嘉慶間石門馬氏大酉山房刻本 九行二十字小字雙行同黑口左右雙邊 内封題"乾隆甲寅年刊 大酉山房" 八十冊

370000－1542－0006459 039/506 類叢部/叢書類/彙編之屬
沈氏抱經樓鈔本叢書一百二十一種 (清)沈德壽輯 清光緒沈氏抱經樓抄本 八或九行字數不等 内封題"沈氏抱經樓鈔藏" 鈐有"沈德壽收藏書畫記""抱經樓臧善本""惟書是寶""藥盦卅年精力所聚""沈氏抱經樓鈔藏""吳興抱經樓臧""德壽檢理書籍""辛勤置書以遺子孫永寶""浙東沈德壽家臧之印""沈氏家臧""亞東沈氏抱經樓鑒賞圖書印""壽" 二百二十四冊 存一百二十一種五百三十一卷(佩觿三卷,廣雅十卷,五經文字三卷,癸巳論語解十卷,駁五經異義二卷,禮記纂言節錄三十六篇不分卷,周秦刻石釋音一

卷，左氏傳説二十卷，春秋通義一卷，皇祐新樂圖記三卷，九經三傳沿革例一卷，敷文書説一卷，尚書蔡注考誤一卷，春秋微旨三卷，春秋胡傳考誤一卷，匡謬正俗八卷，官箴一卷，涉史隨筆一卷，唐史論斷三卷，籀史二卷，臣軌二卷，春明退朝錄三卷，石刻鋪叙二卷，唐書直筆四卷，古刻叢鈔一卷，逸周書十卷，五代史纂誤三卷，兩漢刊誤補遺十卷，翰苑羣書十二種十三卷，麟臺故事四卷，孝肅包公奏議十卷、附孝肅包公傳一卷、包公遺事一卷，范文正公政府奏議二卷，嚴州圖經三卷，景定嚴州新定續志十卷，蜀碑記十卷，河朔訪古記三卷，豐清敏公遺事一卷，州縣提綱四卷，東南紀聞三卷，中吳紀聞一至二，翰林志一卷，北道刊誤志一卷，杜陽雜編三卷，獨醒雜志十卷、附錄一卷，棊經十三篇不分卷，茅亭客話十卷，漢武帝内傳一卷，畫繼十卷，海語三卷，宋景文公筆記三卷，燕翼貽謀錄五卷，永嘉先生八面鋒十三卷，考古篇十卷，雞肋篇三卷，玉照新志五卷，尉繚子二卷，文子纘義十二卷，攷古質疑六卷，五行大義五卷，冷齋夜話十卷，湛淵静語二卷，法書要錄十卷，稽神錄六卷，日聞錄一卷，左氏蒙求一卷，珞琭子賦注二卷，南部新書十卷，廬山記三卷、附廬山記略一卷，朝野類要五卷，人物志三卷，潁川小語二卷，琴操二卷，玉堂嘉話八卷，畫簾緒論一卷，公是先生弟子記一卷，道山清話一卷，東齋記事五卷、補遺一卷，地理葬書集註一卷，山居新話一卷，泊宅編十卷，坦齋通編一卷，廣川畫跋六卷，慎子一卷，元包數總義二卷，王文正筆錄一卷，文始真經言外經旨三卷，文昌雜錄六卷，孫子一卷，吳子一卷，司馬法一卷，帝範二卷，齊民要術十卷，歸田錄二卷，西京雜記六卷，吹劍錄外集一卷，愧郯錄十五卷，鼎錄一卷，海岳名言一卷，皇荂曲一卷，梅屋詩藁一卷、梅屋第三藁一卷、梅屋第四藁一卷，謝宣城詩集五卷，斜川集六卷，桂苑筆耕集二十卷，芸隱横舟藁一卷，芸隱倦游藁一卷，皇甫持正集六卷，西渡集一卷，瓜廬詩一卷，麟角集一卷，謝惠連集一卷，清非集二卷，西麓詩藁一卷，支遁集二卷、補遺一卷、附高僧傳一卷，孫公談圃三卷，莆陽黄御史集二卷，汶陽端平詩雋四卷，吾竹小藁一卷，禪月集十二卷，華陽真逸詩二卷，會稽三賦一卷，山谷老人刀筆二十卷、附山谷老人傳一卷）

370000－1542－0006460　039/507　類叢部/叢書類/彙編之屬

然松書屋叢鈔四種　（清）顧沅輯　清道光然松書屋抄本　十一行二十四字小字雙行同白口雙魚尾四周雙邊　一册

370000－1542－0006461　039/474　類叢部/叢書類/彙編之屬

遠碧樓劉氏寫本叢書七種　（元）黄公紹等撰　清抄本　十行二十一字小字雙行同黑口單魚尾左右雙邊　十五册

370000－1542－0006462　039/25　類叢部/叢書類/彙編之屬

雙楳景闇叢書十七種　葉德輝輯　清光緒、宣統間長沙葉氏郎園刻本　十一行二十二字小字雙行同黑口雙魚尾左右雙邊　内封題“長沙葉氏郎園刊行”　五册

370000－1542－0006463　039/25　類叢部/叢書類/彙編之屬

雙楳景闇叢書十七種　葉德輝輯　清光緒、宣統間長沙葉氏郎園刻本　十一行二十二字小字雙行同黑口雙魚尾左右雙邊　内封題“長沙葉氏郎園刊行”　五册

370000－1542－0006464　036/7　類叢部/叢書類/自著之屬

范文正公集二十卷別集四卷政府奏議二卷尺牘三卷　（宋）范仲淹撰　**遺文一卷**　（宋）范純仁　（宋）范純粹撰　**年譜一卷**　（宋）樓鑰撰　**年譜補遺一卷祭文一卷褒賢集一卷褒賢祠記二卷諸賢贊頌論疏一卷論頌一卷詩頌一卷遺跡一卷言行拾遺事錄四卷鄱陽遺事錄一卷義莊規矩一卷**　明嘉靖范惟元等刻本　十二行二十一字小字雙行同白口單白魚尾左右雙邊　鈐有“錫山王克父氏世臧”“齊魯大學圖書館藏書”　二十四册

370000－1542－0006465　038/9　類叢部/叢書類/自著之屬
王端節公全集三種　(明)王徵撰　明末刻清嘉慶二十一年(1816)印本　行款不一　八册

370000－1542－0006466　038/16　類叢部/叢書類/自著之屬
吕新吾全集二十種　(明)吕坤輯撰　明萬曆刻清同治、光緒間修補印本　行款不一　三十册　存十七種五十一卷(四禮疑五卷、喪禮餘言一卷,四禮翼八卷,小兒語一卷、演一卷、續三卷、女小兒語一卷,疹科一卷,呻吟語六卷,交泰韻一卷,宗約歌一卷,好人歌一卷,黄帝陰符經一卷,救命書一卷,河工書一卷,省心紀一卷,天日一卷,展城或問一卷,去僞齋文集十卷,無如引四卷,疾苦條陳一卷)

370000－1542－0006467　038/16　類叢部/叢書類/自著之屬
吕新吾全集二十種　(明)吕坤輯撰　明萬曆刻清同治、光緒間修補印本　行款不一　鈐有"齊魯大學圖書館藏書"　八册　存四種十六卷(交泰韻一卷,四禮翼八卷,四禮疑五卷、喪禮餘言一卷,疹科一卷)

370000－1542－0006468　039/5　類叢部/叢書類/自著之屬
杭大宗七種叢書八種　(清)杭世駿撰　清乾隆杭賓仁羊城刻本　十行二十一字小字雙行同白口單魚尾左右雙邊　鈐有"紹庭"　六册

370000－1542－0006469　039/5　類叢部/叢書類/自著之屬
杭大宗七種叢書八種　(清)杭世駿撰　清乾隆杭賓仁羊城刻本　十行二十一字小字雙行同白口單魚尾左右雙邊　六册

370000－1542－0006470　039/5　類叢部/叢書類/自著之屬
杭大宗七種叢書八種　(清)杭世駿撰　清乾隆杭賓仁羊城刻本　十行二十一字小字雙行同白口單魚尾左右雙邊　鈐有"紫藤華館""臣應椿"　四册　存四種七卷(諸史然疑一卷、晉書補傳贊一卷、石經考異二卷、榕城詩話三卷)

370000－1542－0006471　038/20　類叢部/叢書類/自著之屬
高子全書八種　(明)高攀龍撰　清乾隆七年(1742)華希閔劍光閣刻本　佚名圈點　九行十九字小字雙行同白口單魚尾四周單邊　内封題"劍光閣藏版"　十八册

370000－1542－0006472　038/15　類叢部/叢書類/自著之屬
李竹嬾先生説部全書八種　(明)李日華撰　明刻清乾隆三十三年(1768)曹秉鈞修補本　八行十九字白口四周單邊　鈐有"寶勤堂書畫印""光熙所藏""齊魯大學圖書館藏書"　十册

370000－1542－0006473　039/283：C1　類叢部/叢書類/自著之屬
二曲集四種　(清)李顒撰　清康熙三十二年(1693)鄠縣王心敬輯刻後印本　九行二十字白口單魚尾四周雙邊　鈐有"滿城張氏藏書印""廷霖之章""味古山房""齊魯大學圖書館藏書"　十六册

370000－1542－0006474　039/101　類叢部/叢書類/自著之屬
楊氏全書八種　(清)楊名時撰　清乾隆五十九年(1794)江陰葉氏水心草堂刻本　十行二十一字小字雙行同白口單魚尾左右雙邊　内封題"水心草堂藏板"　八册

370000－1542－0006475　039/302　類叢部/叢書類/自著之屬
孫夏峰全集十三種　(清)孫奇逢撰　清康熙、乾隆間刻道光至光緒遞刻重印本　行款不一　鈐有"齊魯大學圖書館藏書"　五册　存四種六卷(遊譜一卷,孝友堂家規一卷,夏峯答問一卷、附徵君孫先生年譜二卷,乙丙紀事一卷)

370000－1542－0006476　039/343　類叢部/叢書類/自著之屬
清獻堂全編八種　(清)趙佑撰　清乾隆五十二年(1787)仁和趙氏刻本　九行二十字小字

雙行同白口單魚尾左右雙邊　内封題"本衙藏板"　鈐有"齊魯大學圖書館藏書"　三十二册

370000－1542－0006477　039/305　類叢部/叢書類/自著之屬
陸雲士雜著九種　(清)陸次雲撰　清康熙二十二年(1683)刻本　九行十九字小字雙行同白口單魚尾左右雙邊　内封題"本衙藏版"　鈐有"齊魯大學圖書館藏書"　十二册

370000－1542－0006478　039/349　類叢部/叢書類/自著之屬
劉仁寶文集十一種　(清)劉道明撰　(清)張伯行鑒定　清康熙劉氏德榮堂刻本　九行十八至二十二字小字雙行同白口單魚尾左右雙邊　内封題"德榮堂藏板"　鈐有"静觀自得""瑀學正宗""德榮堂藏板""齊魯大學圖書館藏書"　八册

370000－1542－0006479　039/255　類叢部/叢書類/自著之屬
世德堂遺書七種　(清)王鉞撰　清康熙刻本　十行二十二字白口或九行二十字小字雙行同黑口單魚尾左右雙邊　鈐有"齊魯大學圖書館藏書"　九册　存七種二十四卷(讀書蕞殘一卷、粤遊日記一卷、星餘筆記一卷、暑窗臆說二卷、朱子語類纂十三卷、世德堂文集二卷、世德堂詩集四卷)

370000－1542－0006480　039/255　類叢部/叢書類/自著之屬
世德堂遺書七種　(清)王鉞撰　清康熙刻本　九行二十字小字雙行同黑口單魚尾左右雙邊　鈐有"齊魯大學圖書館藏書"　四册　存五種十八卷(讀書蕞殘一卷、粤遊日記一卷、星餘筆記一卷、暑窗臆說二卷、朱子語類纂十三卷)

370000－1542－0006481　039/271　類叢部/叢書類/自著之屬
朱文端公藏書十八種　(清)朱軾撰　清康熙至乾隆刻本　八行二十字小字雙行同白口單魚尾四周雙邊　内封題"進呈御覽　本衙藏板"　鈐有"齊魯大學圖書館藏書""張""珠雲仙館藏書印"　九十六册

370000－1542－0006482　039/266　類叢部/叢書類/自著之屬
心齋十種　(清)任兆麟撰　清乾隆震澤任氏忠敏家塾刻本　九行十七字小字雙行同白口單魚尾左右雙邊　鈐有"齊魯大學圖書館藏書"　八册　缺一種一卷(綱目通論一卷)

書名筆畫字頭索引

一畫

二畫

三畫

四畫

五畫

六畫

七畫

八畫

九畫

十畫

十一畫

十二畫

十三畫

十四畫

十五畫

十六畫

十七畫

十八畫

十九畫

二十畫

二十一畫

二十二畫

二十三畫

二十四畫

二十五畫

二十八畫

二十九畫

三十畫

書名筆畫索引

一畫

二畫

三畫

四畫

五畫

六畫

七畫

八畫

九畫

十畫

十一畫

十二畫

十三畫

十四畫

十五畫

十六畫

十七畫

十八畫

十九畫

二十畫

二十一畫

二十二畫

二十三畫

二十四畫

二十五畫

二十八畫

二十九畫

三十畫